Ludwig von Mises

Ação Humana

Um Tratado de Economia

Ludwig von Mises

Ação Humana

Um Tratado de Economia

4ª Edição

São Paulo | 2023

Título Original: *Human Action: A Treatise On Economics*
Copyright © 2023 – LVM Editora e Instituto Liberal

Os direitos desta edição pertencem à LVM Editora, sediada na
Rua Leopoldo Couto de Magalhães Júnior, 1098, Cj. 46
04.542-001 • São Paulo, SP, Brasil
Telefax: 55 (11) 3704-3782
contato@lvmeditora.com.br

Gerente Editorial | Chiara Ciadarot
Editor-chefe | Pedro Henrique Alves
Tradução | Donald Stewart Jr.
Revisão | Tatiana Gabbi
Capa | Mariangela Ghizellini

Impresso no Brasil, 2023

Dados Internacionais de Catalogação na Publicação (CIP)
Angélica Ilacqua CRB-8/7057

V947a	Von Mises, Ludwig
	Ação humana / Ludwig von Mises; tradução de Donald Stewart Jr. – São Paulo: Instituto Ludwig von Mises Brasil, 2023.
	1020 p.
	Bibliografia
	ISBN 978-65-5052-070-0
	1. Economia de mercado 2. Liberdade 3. Socialismo 4. Capitalismo 5. Escola Austríaca I. Título II. Stewart Jr., Donald
23-1124	CDD 330.122

Índices para catálogo sistemático:

1. Economia de mercado

Reservados todos os direitos desta obra.

Proibida a reprodução integral desta edição por qualquer meio ou forma, seja eletrônica ou mecânica, fotocópia, gravação ou qualquer outro meio sem a permissão expressa do editor. A reprodução parcial é permitida, desde que citada a fonte.

Esta editora se empenhou em contatar os responsáveis pelos direitos autorais de todas as imagens e de outros materiais utilizados neste livro. Se porventura for constatada a omissão involuntária na identificação de algum deles, dispomo-nos a efetuar, futuramente, as devidas correções.

Estamos diante de uma tradução histórica de Donald Stewart Jr. (1931-1999), um brasileiro visionário, empreendedor de ideias, além de um exímio estudioso do liberalismo. Fundador do Instituto Liberal do Rio de Janeiro, em 1983, e membro de sociedades liberais internacionais como Sociedade Mont Pèlerin, CATO Institute, Liberty Fund, Institute of Economic Affairs, etc. Donald trouxe ao público brasileiro, em 1990, a tradução completa de *Ação Humana* de Ludwig von Mises. Hoje, mais de trinta anos após seu primeiro lançamento em língua portuguesa, ainda louvamos o seu espírito liberal e iniciativa editorial única no universo liberal nacional.

Por escolha editorial, assim, resolvemos não adequar terminologias ou efetuar mudanças drásticas na consagrada tradução de Donald. Esta 4ª edição brasileira, além do óbvio atrativo da obra em si, nada mais nada menos que a *magnum opus* de Mises, tem em sua tradução histórica a maestria e dedicação de um dos maiores e mais renomados liberais brasileiros.

O editor,
Pedro Henrique Alves

Prefácio à Terceira Edição

É com grande satisfação que vejo este livro em sua terceira edição, com uma bela impressão e por uma editora tão bem-conceituada.

Cabem aqui duas observações terminológicas.

Primeira: emprego o termo "liberal" com o sentido a ele atribuído no século XIX e, ainda hoje, em países da Europa continental. Esse uso é imperativo, porque simplesmente não existe nenhum outro termo disponível para significar o grande movimento político e intelectual que substituiu os métodos pré-capitalísticos de produção pela livre empresa e economia de mercado; o absolutismo de reis ou oligarquias pelo governo representativo constitucional; a escravatura, a servidão e outras formas de cativeiro pela liberdade de todos os indivíduos.

Segunda: nas últimas décadas, o significado do termo "psicologia" tem ficado cada vez mais restrito a psicologia experimental, uma disciplina que emprega os métodos de pesquisa das ciências naturais.Por outro lado, tornou-se usual desprezar os estudos que anteriormente haviam sido chamados de psicológicos, considerando-os "psicologia literária" ou uma forma não científica de entendimento. Sempre que se faz referência a "psicologia" em estudos econômicos, tem-se em mente exatamente essa psicologia literária. E, portanto torna-se aconselhável introduzir um termo especial neste sentido. Sugeri em meu livro *Theory and History* (New Haven, 1957, p. 264-274) o termo "temologia" e o uso em meu ensaio *The Ultimate Foundation of Economic Science* (Princeton,1962), recentemente publicado. Entretanto, a minha sugestão não teve a intenção de ser retroativa e de alterar o uso do termo "psicologia" em livros já previamente publicados; portanto, continuo a empregar o termo "psicologia" nesta nova edição da mesma forma como empreguei na primeira.

Existem duas traduções já publicadas da primeira edição de *Ação Humana:* uma tradução italiana feita pelo Sr. Tullio Bagiotti, professor da Universidade Boconni em Milão, sob o título *L'Azione Umana,Trattato di economia,* publicada pela Unione Tipografico-Editrice Torinese, em 1959; e uma tradução espanhola feita pelo Sr. Joaquin Reig Albiol, sob o título de *La Acción Humana (Tratado de Economia),* publicada em dois volumes pela Fundação Ignácio Villalonga, em Valença (Espanha), em 1960.

Sinto-me em dívida com muitos amigos pela ajuda e por conselhos que recebi durante a preparação deste livro.

Antes de tudo, gostaria de lembrar dois estudiosos já falecidos, Paul Mantoux e William E. Rappad, que, por me terem dado a oportunidade de ensinar no famoso Graduate Institute of International Studies em Genebra, Suíça, proporcionaram-me o tempo e o incentivo para iniciar os trabalhos de um plano tão em longo prazo.

Gostaria de expressar meus agradecimentos ao senhor Arthur Goddard, senhor Percy Greaves, doutor Henry Hazlitt, professor Israel M. Kirzner, senhor Leonard E. Read, senhor Joaquin Reig Albiol e doutor George Reisman, pelas valiosas e úteis sugestões.

Mas, acima de tudo, quero agradecer a minha esposa pelo seu firme estímulo e ajuda.

Ludwig von Mises *Nova York*
Março, 1966

Ação
Humana

Um Tratado de Economia

Sumário

Introdução
1. Economia e praxeologia 21
2. O problema epistemológico de uma teoria geral da ação humana 24
3. Teoria econômica e a prática da ação humana 28
4. Resumo 31

PARTE I
AÇÃO HUMANA

Capítulo 1 – O Agente Homem
1. Ação propositada e reação animal 35
2. Os pré-requisitos da ação humana 37
   Sobre a felicidade 38
   Sobre instintos e impulsos 40
3. Ação humana como um dado irredutível 41
4. Racionalidade e irracionalidade; subjetivismo e objetividade da investigação praxeológica 43
5. Causalidade como um requisito da ação 47
6. O alter ego 48
   Sobre a utilidade dos instintos 52
   O objetivo absoluto 54
   O homem vegetativo 54

Capítulo 2 – Os Problemas Epistemológicos
da Ciência da Ação Humana
1. Praxeologia e história 57
2. O caráter formal e apriorístico da praxeologia 59
   A pretensa heterogeneidade lógica do homem primitivo 63
3. O apriorismo e a realidade 65
4. O princípio do individualismo metodológico 69
   Eu e nós 71
5. O princípio do singularismo metodológico 72
6. As características individuais e variáveis da ação humana 74
7. O escopo e o método específico da história 76
8. Concepção e compreensão 80
   História natural e história humana 87
9. Sobre tipos ideais 88
10. O modo de proceder da economia 93
11. As limitações dos conceitos praxeológicos 99

Capítulo 3 – A Economia e a Revolta Contra a Razão
1. A revolta contra a razão 103

2. O exame lógico do polilogismo................................ 106
3. O exame praxeológico do polilogismo 108
4. O polilogismo racista.. 116
5. Polilogismo e compreensão................................... 119
6. Em defesa da razão.. 121

CAPÍTULO 4 – UMA PRIMEIRA ANÁLISE DA CATEGORIA AÇÃO
1. Meios e fins.. 125
2. A escala de valores... 127
3. A escala de necessidades.................................... 129
4. A ação como troca... 130

CAPÍTULO 5 – O TEMPO
1. O tempo como um fator praxeológico 133
2. Passado, presente e futuro.................................. 134
3. A economia de tempo... 135
4. A relação temporal entre ações.............................. 136

CAPÍTULO 6 – A INCERTEZA
1. Incerteza e ação.. 139
2. O significado da probabilidade.............................. 140
3. Probabilidade de classe..................................... 141
4. Probabilidade de caso....................................... 144
5. Avaliação numérica da probabilidade de caso................. 148
6. Apostas, jogos de azar e jogos recreativos.................. 150
7. A predição praxeológica..................................... 152

CAPÍTULO 7 – AÇÃO NO MUNDO
1. A lei da utilidade marginal................................. 155
2. A lei dos rendimentos 163
3. O trabalho humano como um meio 167
   Trabalho imediatamente gratificante e trabalho mediatamente
   gratificante.. 173
   O gênio criador... 175
4. Produção 177

PARTE II
AÇÃO NA SOCIEDADE

CAPÍTULO 8 – A SOCIEDADE HUMANA
1. Cooperação humana... 183
2. Uma crítica da visão holística e metafísica da sociedade ... 185
   A praxeologia e o liberalismo 193
   Liberalismo e religião...................................... 195
3. A divisão do trabalho....................................... 198

4. A lei de associação de Ricardo............................... 199
   Erros comuns sobre a lei de associação 201
5. Os efeitos da divisão do trabalho 205
6. O indivíduo na sociedade 205
   A fábula da comunhão mística 207
7. A grande sociedade.. 210
8. O instinto de agressão e destruição........................... 212
   Equívocos correntes da moderna ciência natural especialmente do darwinismo... 216

Capítulo 9 – O Papel das Ideias
1. A razão humana 221
2. Visão de mundo e ideologia................................... 222
   A luta contra o erro 228
3. O poder 232
   O tradicionalismo como uma ideologia 236
4. O meliorismo e a ideia de progresso........................... 237

Capítulo 10 – O Intercâmbio na Sociedade
1. Troca autística e troca interpessoal.......................... 241
2. Vínculos contratuais e vínculos hegemônicos................... 242
3. A ação e o cálculo.. 245

PARTE III
CÁLCULO ECONÔMICO

Capítulo 11 – Valoração sem Cálculo
1. A gradação dos meios.. 251
2. A ficção da troca na teoria elementar do valor e dos preços... 252
   A teoria do valor e o socialismo 256
3. O problema do cálculo econômico 258
4. O cálculo econômico e o mercado............................... 261

Capítulo 12 – O Âmbito do Cálculo Econômico
1. O significado das Expressões Monetárias 263
2. Os limites do cálculo econômico............................... 266
3. A variabilidade dos preços.................................... 269
4. A estabilização... 270
5. A base da ideia de estabilização.............................. 275

Capítulo 13 – O Cálculo Econômico como um Instrumento da Ação
1. O cálculo monetário como um método de pensar................. 281
2. O cálculo econômico e a ciência da ação humana............... 283

PARTE IV
CATALÁXIA OU ECONOMIA DE MERCADO

CAPÍTULO 14 – ÂMBITO E METODOLOGIA DA CATALÁXIA
1. A delimitação dos problemas catalácticos 287
   A negação da economia 289
2. O método das construções imaginárias 291
3. A autêntica economia de mercado 293
   A maximização dos lucros 295
4. A economia autística 299
5. O estado de repouso e a economia uniformemente circular 300
6. A economia estacionária 307
7. A integração das funções catalácticas 308
   A função empresarial na economia estacionária 312

CAPÍTULO 15 – O MERCADO
1. As características da economia de mercado 315
2. Capital e bens de capital 317
3. Capitalismo 322
4. A soberana do consumidor 328
   O emprego metafórico da terminologia política 330
5. Competência 332
6. Liberdade 338
7. A desigualdade de riqueza e de renda 347
8. Lucro e perda empresarial 349
9. Lucros e perdas empresariais numa economia em desenvolvimento 354
   A condenação moral do lucro 360
   Algumas observações sobre o mito do subconsumo e sobre o argumento do poder de compra 361
10. Promotores, gerentes, técnicos e burocratas 364
11. O processo de seleção 372
12. O indivíduo e o mercado 375
13. A propaganda comercial 381
14. A *Volkswirtschaft* 384

CAPÍTULO 16 – OS PREÇOS
1. O processo de formação dos preços 389
2. Valoração e avaliação 393
3. Os preços dos bens de ordens superiores 395
   Uma limitação à formação dos preços dos fatores de produção .. 400
4. Contabilidade de custo 401
5. Cataláxia lógica *versus* cataláxia matemática 412
6. Preços monopolísticos 420
   O tratamento matemático da teoria de preços monopolísticos ... 441
7. Reputação comercial 443

8. Monopólio de demanda.. 447
9. Efeitos de preços monopolísticos sobre o consumo 449
10. A discriminação de preços por parte do vendedor 452
11. A discriminação de preço por parte do comprador............... 455
12. A conexidade dos preços 456
13. Preços e renda.. 457
14. Preços e produção... 459
15. A quimera de preços sem mercado 460

Capítulo 17 – A Troca Indireta
1. Meios de troca e moeda 465
2. Observações sobre alguns erros frequentes 466
3. Demanda por moeda e oferta de moeda........................ 468
   A importância epistemológica da toeria da origem da moeda de Carl Menger 473
4. A determinação do poder aquisitivo da moeda 476
5. O problema de Hume e Mill e a força motriz da moeda.......... 484
6. Mudanças no poder aquisitivo de origem monetária e de origem material.. 488
   Inflação e deflação; inflacionismo e deflacionismo............... 491
7. O cálculo monetário e as mudanças no poder aquisitivo 493
8. A antecipação de prováveis mudanças no poder aquisitivo 495
9. O valor específico da moeda 497
10. As implicações da relação monetária 499
11. Os substitutos da moeda 501
12. A limitação da emissão de meios fiduciários................... 504
    Observações sobre as discussões relativas à atividade bancária livre 515
13. Tamanho e composição dos encaixes 520
14. O balanço de pagamentos 522
15. As taxas de câmbio interlocais 524
16. A taxa de juros e a relação monetária 531
17. Os meios de troca secundários 536
18. A visão inflacionista da história 540
19. O padrão-ouro.. 545
    Cooperação monetária internacional 550

Capítulo 18 – A Ação na Passagem do Tempo
1. A valoração dos diferentes períodos de tempo................... 555
2. A preferência temporal como um requisito essencial da ação 559
   Observações em torno da evolução da teoria da preferência temporal ... 564
3. Os bens de capital... 567
4. Período de produção, período de espera e período de provisão 570
   A prolongação do período de provisão além da expectativa de vida do ator 576
   Algumas aplicações da teoria da preferência temporal............ 576

5. A conversibilidade dos bens de capital......................... 580
6. A influência do passado sobre a ação 583
7. Acumulação, manutenção e consumo de capital.................. 592
8. A mobilidade do investidor................................... 596
9. Moeda e capital; poupança e investimento 599

Capítulo 19 – A Taxa de Juros
1. O fenômeno do juro... 603
2. Juro originário 605
3. O nível da taxa de juros...................................... 611
4. O juro originário numa economia mutável 613
5. O cálculo do juro 615

Capítulo 20 – O Juro, a Expansão de Crédito e o Ciclo Econômico
1. Os Problemas 617
2. O componente empresarial na taxa bruta de juro do mercado...... 618
3. O prêmio compensatório como um componente da taxa bruta de juros de mercado 621
4. O mercado de crédito.. 625
5. Os efeitos das mudanças na relação monetária sobre o juro originário.. 628
6. Os efeitos da inflação e da expansão de crédito sobre a taxa bruta de juros do mercado 630
   A alegada ausência de depressões numa organização totalitária 645
7. Os efeitos da deflação e da contração do crédito sobre a taxa bruta e juro do mercado 646
   A diferença entre expansão do crédito e inflação simples 650
8. A teoria monetária, ou do crédito circulante, relativa ao ciclo econômico... 651
9. Efeitos da recorrência do ciclo econômico sobre a economia de mercado... 656
   O papel dos fatores de produção disponíveis nos primeiros estágios do *boom* 660
   Os erros das explicações não monetárias do ciclo econômico 662

Capítulo 21 – Trabalho e Salários
1. Trabalho introvertido e trabalho extrovertido................... 671
2. O trabalho como fonte de alegria e de tédio 672
3. O salário 677
4. Desemprego cataláctico...................................... 683
5. Salário bruto e salário líquido................................. 686
6. Salários e subsistência 688
   Uma comparação entre a explicação historicista dos salários e o teorema da regressão 696
7. Efeitos da desutilidade do trabalho sobre a disponibilidade de mão de obra 697

Consideração quanto à interpretação popular da "Revolução Industrial" 704
8. Os efeitos das vicissitudes do mercado sobre os salários 711
9. O mercado de trabalho.. 713
   O trabalho dos animais e dos escravos 716

Capítulo 22 – Os Fatores de Produção
             Originais de Natureza não Humana
1. Observações gerais relativas à teoria da renda................... 725
2. O fator tempo na utilização da terra............................ 728
3. A terra submarginal 731
4. A terra como local para se estar............................... 732
5. O preço da terra 733
   O mito da terra 735

Capítulo 23 – A Realidade do Mercado
1. A teoria e a realidade 737
2. O papel do poder 738
3. O papel histórico da guerra e da conquista 741
4. O homem como um dado da realidade.............................. 742
5. O período de ajustamento 743
6. A limitação do direito de propriedade e os problemas relativos aos custos e aos benefícios externos 746
   As externalidades da criação intelectual....................... 753
   Privilégios e quase privilégios................................ 755

Capítulo 24 – Harmonia e Conflito de Interesses
1. A origem dos lucros e perdas no mercado 757
2. A limitação da progenitura 760
3. A harmonia dos interesses "corretamente entendidos" 766
4. A propriedade privada.. 776
5. Os conflitos do nosso tempo 778

PARTE V
A COOPERAÇÃO SOCIAL SEM O MERCADO

Capítulo 25 – A Construção Imaginária de uma Sociedade Socialista
1. A origem histórica da ideia socialista......................... 785
2. A doutrina socialista 790
3. O caráter praxeológico do socialismo........................... 792

Capítulo 26 – A Impossibilidade do Cálculo
             Econômico no Sistema Socialista
1. O problema 795
2. Erros passados na concepção do problema........................ 798

3. Sugestões recentes para o cálculo econômico socialista 800
4. Tentativa e erro... 801
5. O quase mercado... 803
6. As equações diferenciais da economia matemática............... 808

PARTE VI
A INTERVENÇÃO NO MERCADO

Capítulo 27 – O Governo e o Mercado
1. A ideia de um terceiro sistema 815
2. O intervencionismo 816
3. A delimitação das funções governamentais 819
4. A probidade como padrão supremo das ações individuais......... 823
5. O significado de *laissez-faire* 829
6. A interferência direta do governo no consumo.................. 832
   Corrupção 834

Capítulo 28 – O Intervencionismo via Tributação
1. O imposto neutro 837
2. O imposto total... 838
3. Objetivos fiscais e não fiscais da tributação..................... 840
4. Os três tipos de intervencionismo fiscal........................ 841

Capítulo 29 – A Restrição da Produção
1. A natureza da restrição 843
2. O preço da restrição... 844
3. A restrição como um privilégio................................ 848
4. A restrição como sistema econômico 856

Capítulo 30 – A Interferência na Estrutura de Preços
1. O governo e a autonomia do mercado 859
2. A reação do mercado à interferência do governo................ 864
   Observações sobre as causas do declínio da civilização antiga...... 868
3. O salário mínimo 871
   Aspectos catalácticos do sindicalismo trabalhista................. 879

Capítulo 31 – Manipulação da Moeda e do Crédito
1. O governo e a moeda 883
2. O aspecto intervencionista da moeda de curso legal.............. 886
3. A evolução dos métodos de manipulação dos meios de pagamento . 889
4. Os objetivos da desvalorização da moeda...................... 892
5. A expansão do crédito 897
   A quimera das políticas anticíclicas 902
6. O controle de câmbio e os acordos bilaterais.................... 904

CAPÍTULO 32 – CONFISCO E REDISTRIBUIÇÃO
1. A filosofia do confisco 909
2. A reforma agrária 910
3. Taxação confiscatória 911
   Taxação confiscatória e risco empresarial. 914

CAPÍTULO 33 – SINDICALISMO E CORPORATIVISMO
1. O sindicalismo 917
2. As falácias do sindicalismo 918
3. Influxos sindicalistas nas políticas econômicas populares 920
4. O socialismo de guildas e o corporativismo 921

CAPÍTULO 34 – A ECONOMIA DE GUERRA
1. A guerra total 927
2. A guerra e a economia de mercado 931
3. Guerra e autarquia 935
4. A inutilidade da guerra 937

CAPÍTULO 35 – ESTADO PROVEDOR *VERSUS* MERCADO
1. A acusação contra a economia de mercado 941
2. A pobreza 943
3. A desigualdade 948
4. A insegurança 960
5. A justiça social 962

CAPÍTULO 36 – A CRISE DO INTERVENCIONISMO
1. Os frutos do intervencionismo 965
2. A exaustão do fundo de reserva. 965
3. O fim do intervencionismo 968

PARTE VII
A IMPORTÂNCIA DA CIÊNCIA ECONÔMICA

CAPÍTULO 37 – O CARÁTER PECULIAR DA CIÊNCIA ECONÔMICA
1. A singularidade da economia 975
2. A economia e a opinião pública 976
3. A ilusão dos antigos liberais 977

CAPÍTULO 38 – A IMPORTÂNCIA DO ESTUDO DA ECONOMIA
1. O estudo da economia 981
2. A economia como profissão. 983
3. A previsão econômica como profissão 985
4. A economia e as universidades 986
5. Educação geral e economia 990

6. A economia e o cidadão 992
7. A economia e a liberdade 994

Capítulo 39 – A Economia e os Problemas
                 Essenciais da Existência Humana
1. A ciência e a vida 995
2. A economia e os julgamentos de valor 997
3. O conhecimento econômico e a ação humana 999

Índice Remissivo 1001

Introdução

1
Economia e Praxeologia

A economia é a mais nova das ciências. É verdade que, nos últimos duzentos anos, surgiram muitas ciências novas, além das disciplinas que eram familiares aos antigos gregos. Essas ciências novas, entretanto, eram apenas partes do conhecimento já existentes no sistema tradicional de ensino e que se tornaram autônomas. O campo de estudo foi mais bem subdividido e tratado com novos métodos; foram, assim, descobertos novos campos de conhecimento que até então não tinham sido percebidos, e as pessoas começaram a ver as coisas por ângulos novos, diferentes daqueles de seus precursores. O campo mesmo não se expandiu. Mas a economia abriu para as ciências humanas um domínio até então inacessível, no qual não se havia jamais pensado. A descoberta de uma regularidade na sequência e interdependência dos fenômenos de mercado foi além dos limites do sistema tradicional de saber, pois passou a incluir um conhecimento que não podia ser considerado como lógica, matemática, psicologia, física, nem como biologia.

Durante muito tempo os filósofos ansiaram por identificar os fins que Deus ou a Natureza estariam procurando atingir no curso da história humana. Tentaram descobrir a lei que governa o destino e a evolução do gênero humano. Mas mesmo aqueles cuja investigação não sofria influência de tendências teológicas tiveram seus esforços inteiramente frustrados, porque estavam comprometidos com um método defeituoso. Lidavam com a humanidade como um todo ou através de conceitos holísticos tais como nação, raça ou igreja. Estabeleciam de forma bastante arbitrária os fins que fatalmente determinariam o comportamento de tais conjuntos. Mas não conseguiam responder satisfatoriamente a indagação relativa a que fatores compeliriam os indivíduos a se comportarem de maneira tal que fizesse com que o suposto objetivo pretendido pela inexorável evolução do conjunto, fosse atingido. Recorreram a artifícios insensatos: interferência milagrosa da Divindade, seja pela revelação, seja pela delegação a profetas ou líderes consagrados enviados por Deus; harmonia pré-estabelecida, predestinação; ou, ainda, influência de uma fabulosa e mística "alma mundial" ou "alma nacional". Houve quem falasse de uma "astúcia da natureza", que teria implantado no homem impulsos que o guiam involuntariamente pelos caminhos determinados pela Natureza.

Outros filósofos foram mais realistas. Não tentaram adivinhar os desígnios de Deus ou da Natureza. Encaravam as coisas humanas sob o ângulo do poder. Tinham a intenção de estabelecer regras de ação política, como se fossem uma técnica de governo e de condução dos negócios públicos. As mentes mais especulativas formulavam planos ambiciosos para reformar e reconstruir a sociedade. Os mais modestos se contentavam em coletar e sistematizar os dados de experiência histórica. Todos estavam convencidos de que no curso de eventos sociais não existiam regularidades e invariâncias de fenômenos, como já havia sido descoberto no funcionamento do raciocínio humano e no encadeamento de fenômenos naturais. Não tentavam descobrir as leis da cooperação social, porque pensavam que o homem podia organizar a sociedade como quisesse. Se as condições sociais não preenchessem os desejos dos reformadores, se suas utopias se mostrassem irrealizáveis, a culpa era atribuída à deficiência moral do homem. Problemas sociais eram considerados problemas éticos. O que era necessário para construir a sociedade ideal, pensavam eles, eram bons princípios e cidadãos virtuosos. Com homens honrados, qualquer utopia podia ser realizada.

A descoberta da inevitável interdependência dos fenômenos do mercado destronou essa opinião. Desnorteadas, as pessoas tiveram de encarar uma nova visão da sociedade. Aprendendo estupefatas que existe outro aspecto, diferente do bom e do mau, do justo e do injusto, segundo o qual a ação humana podia ser considerada. Na ocorrência de fenômenos sociais prevalecem regularidades as quais o homem tem de ajustar suas ações, se deseja ser bem-sucedido. É inútil abordar fatos sociais com a postura de um censor que os aprova ou desaprova segundo padrões bastante arbitrários e julgamentos de valor subjetivos. Devemos estudar as leis da ação humana e da cooperação social como um físico estuda as leis da natureza. Ação humana e cooperação social vistas como objeto de uma ciência que estuda relações existentes e não mais como uma disciplina normativa de coisas que deveriam ser – esta foi a revolução com consequências enormes para o conhecimento e para a filosofia, bem como para a ação em sociedade.

Por mais de cem anos, entretanto, os efeitos dessa mudança radical nos métodos de raciocínio foram bastante restritos porque se acreditava que só uma pequena parte do campo total da ação humana seria afetada, sejam quais forem os fenômenos de mercado. Os economistas clássicos, nas suas investigações, esbarraram num obstáculo que não conseguiram superar: o aparente paradoxo de valor. Sua teoria do valor era defeituosa e os forçou a restringirem o escopo de sua ciência. Até o final do século XIX a economia política permaneceu uma ciência dos aspectos "econômicos" da ação humana, uma teoria da riqueza e do egoísmo. Lidava com a ação humana apenas na medida em que esta fosse impelida pelo que era – muito insatisfatoriamente – considerada como motivação pelo lucro, e acrescentava que existiam outras ações humanas cujo estudo era tarefa de outras disciplinas. A transformação do pensamento que os economistas clássicos haviam iniciado só foi levada às suas últimas consequências pela moderna economia subjetivista, que transformou a teoria dos preços do mercado numa teoria geral da escolha humana.

Durante muito tempo os homens não foram capazes de perceber que a transição da teoria clássica de valor para a teoria subjetiva de valor era muito mais do que a substituição de uma teoria de mercado menos satisfatória por outra mais satisfatória. A teoria geral da escolha e preferência vai muito além dos limites que cingiam o campo dos problemas econômicos estudados pelos economistas, de Cantillon, Hume e Adam Smith até John Stuart Mill. É muito mais do que simplesmente uma teoria do "aspecto econômico" do esforço humano e da luta para melhoria de seu bem estar material. É a ciência de todo tipo de ação humana. Toda decisão humana representa uma escolha. Ao fazer sua escolha, o homem escolhe não apenas entre diversos bens materiais e serviços. Todos os valores humanos são oferecidos para opção. Todos os fins e todos os meios, tanto os resultados materiais como os ideais, o sublime e o básico, o nobre e o ignóbil são ordenados numa sequência e submetidos a uma decisão que escolhe um e rejeita outro. Nada daquilo que os homens desejam obter ou querem evitar fica fora dessa ordenação numa escala única de gradação e de preferência. A moderna teoria de valor estende o horizonte científico e amplia o campo dos estudos econômicos. Da economia política da escola clássica emerge a teoria geral da ação humana, a *praxiologia*[1]. Os problemas econômicos ou cataláctios[2] estão embutidos numa ciência mais geral da qual não podem mais ser separados. O exame

---

[1] O termo *praxeologia* foi empregado pela primeira vez em 1890 por Espinas, ver seu artigo "Les orígenes de la technologie!", Revue philosophique, p.114-115, ano XV, vol. 30, e seu livro publicado em Paris em 1897 com o mesmo titulo.
Praxeologia: do grego *praxis* – ação, hábito, prática – e *logia* – doutrina, teoria, ciência. É a ciência ou teoria geral da ação humana. Mises definiu ação como "manifestação da vontade humana": ação como sendo um "comportamento propositado". A praxeologia a partir deste conceito apriorístico da categoria ação analisa as implicações plenas de todas as ações. A praxeologia busca conhecimento que seja válido sempre que as condições correspondam exatamente àquelas consideradas na hipótese teórica. Sua afirmação e sua proposição não decorrem da experiência: antecedem qualquer compreensão dos fatos históricos. (Extraído de *Mises Made Easier*. Percy L. Greaves Jr., Nova York, Free Market. Books, 1974. N.T.)

[2] O termo *cataláxia** ou a *ciência das trocas* foi usado primeiramente por Whately. Ver seu livro *Introductory Lectures on Political Economy*, Londres, 1831, p.6.
* *Cataláxia* – a teoria da economia de mercado, isto é, das relações de troca e dos preços. Analisa todas as ações baseadas no cálculo monetário e rastreia a formulação de preços até a sua origem, ou seja, até o momento em que o homem fez sua escolha. Explica os preços de mercado como são e não como deveriam ser. As leis da cataláxia não são julgamentos de valor; são exatas, objetivas e de validade universal. Extraído de *Mises Made Easier*. Percy Greaves Jr. op. cit. (N.T.)

dos problemas econômicos tem necessariamente de começar por atos de escolha: a economia toma-se uma parte – embora até agora a parte elaborada – de uma ciência mais universal: a praxeologia.

2
O PROBLEMA EPISTEMOLÓGICO DE UMA TEORIA GERAL DA AÇÃO HUMANA

Na nova ciência, tudo parecia problemático. Ela era uma intrusa no sistema tradicional de conhecimento; as pessoas estavam perplexas e não sabiam como classificá-la nem como designar o seu lugar. Por outro lado, estavam convencidas de que a inclusão da economia no sistema de conhecimento não necessitava de uma reorganização ou expansão do programa existente. Consideravam completos o seu sistema de conhecimento. Se a economia não cabia nele, a falha só podia estar no tratamento insatisfatório aplicado pelos economistas aos seus problemas.

Rejeitar os debates sobre a essência, o escopo e o caráter lógico da economia, como se fossem apenas uma tergiversação escolástica de professores pedantes, é prova de desconhecimento total do significado desses debates; é um equívoco bastante comum supor que enquanto pessoas pedantes desperdiçavam seu tempo em conversas inúteis acerca de qual seria o melhor método de investigação, a economia em si mesma, indiferente a essas disputas fúteis, seguia tranquilamente o seu caminho. No *Methodenstreit*[3],– entre os economistas austríacos e a Escola Historicista Alemã – que se auto intitulava "guarda-costas intelectual da Casa de Hohenzollern" – bem como nas discussões entre a escola de John Bates Clark e o Institucionalismo americano[4] havia muito mais em jogo do que a simples questão sobre qual seria o melhor procedimento.

A verdadeira questão consistia em definir os fundamentos epistemológicos da ciência da ação humana e sua legitimação lógica. Par-

---

[3] *Methodenstreit* – disputa, argumento ou controvérsia sobre métodos; especificamente a controvérsia sobre o método e o caráter epistemológico da economia na década de 80 do século XIX, entre os seguidores da Escola Austríaca de Economia, liderados por Carl Menger (1840-1921) e os proponentes da Escola Historicista Alemã, liderados por Gustav von Schmioller (1838-1917). A Escola Historicista Alemã sustentava que a história é a única fonte de conhecimento sobre a ação humana e sobre assuntos econômicos, e que só no estudo dos dados e estatísticas históricas a economia poderia formular suas leis e teorias. (N.T.)

[4] *Institucionalismo americano* uma versão americana da Escola Historicista. Considera que as atividades humanas são determinadas por pressões sociais irresistíveis, denominadas Instituições. Propõe a intervenção política como o melhor meio de mudar tais hábitos do homem e de aprimorar o gênero humano. Atribui o infortúnio da humanidade ao capitalismo do tipo *laissez – faire* e procura mudar as instituições pela adoção de soluções coletivas e intervencionistas. (N.T.)

tindo de um sistema epistemológico para o qual o pensamento praxeológico era desconhecido e de uma lógica que reconhecia como científica – além da lógica e da matemática – apenas a história e as ciências naturais empíricas, muitos autores tentaram negar a importância e a utilidade da teoria econômica. O historicismo pretendia substituí-la por história econômica; o positivismo recomendava substituí-la por uma ilusória ciência social que deveria adotar a estrutura lógica e a configuração da mecânica newtoniana. Ambas as escolas concordavam numa rejeição radical de todas as conquistas do pensamento econômico. Era impossível aos economistas permanecerem calados em face de todos esses ataques.

O radicalismo dessa condenação generalizada da economia foi logo superado por um niilismo ainda mais universal. Desde tempos imemoriais, os homens, ao pensar, falar e agir consideraram a uniformidade e imutabilidade da mente humana como um fato inquestionável. Toda investigação científica estava baseada nessa hipótese. Nas discussões sobre o caráter epistemológico da economia, pela primeira vez na história do homem, este postulado também foi negado. O marxismo afirma que a forma de pensar de uma pessoa é determinada pela classe a que pertence. Toda classe social tem sua lógica própria. O produto do pensamento não pode ser nada além de um "disfarce ideológico" dos interesses egoístas da classe de quem elabora o pensamento. A tarefa de uma "sociologia do conhecimento" é desmascarar filosofias e teorias científicas e expor o seu vazio "ideológico". A economia é um expediente "burguês"; os economistas são sicofantas do capital. Somente a sociedade sem classes da utopia socialista substituirá as mentiras "ideológicas" pela verdade.

Este polilogismo, posteriormente, assumiu várias outras formas. O historicismo afirma que a estrutura lógica da ação e do pensamento humano está sujeita a mudanças no curso da evolução histórica. O polilogismo social atribui a cada raça uma lógica própria. Finalmente, temos o irracionalismo sustentando que a razão em si não é capaz de elucidar as forças irracionais que determinam o comportamento humano.

Tais doutrinas vão muito além dos limites da economia. Elas questionam não apenas a economia e a praxeologia, mas qualquer conhecimento humano e o raciocínio em geral. Referem-se à matemática e à física, tanto quanto à economia. Parece, portanto, que a tarefa de refutá-las não cabe a nenhum setor específico do conhecimento, mas à epistemologia e à filosofia. Essa é, aparentemente, a justificativa para a atitude daqueles economistas que tranquilamente continuam seus estudos sem se importar com problemas epistemológicos nem com as objeções levantadas pelo polilogismo e pelo irracionalismo. Ao físico, pouco importa se alguém estigmatiza suas teorias como burguesas, ocidentais ou judias; da mesma maneira, o economista deveria ignorar a calúnia e a difamação. Deveria deixar os cães latirem e não prestar atenção aos seus latidos. É conveniente que se lembre do ditado de Spinoza: *Sane sicut lux se ipsamet tenebras manifestat sic veritas norma sui et falsi est*[5].

Entretanto, no que concerne à economia, a situação não é bem a mesma que em relação à matemática e às ciências naturais. O polilogismo e o irracionalismo atacam a praxeologia e a economia. Embora suas afirmações sejam feitas de maneira geral, referindo-se a todos os ramos do conhecimento, na realidade visam às ciências relativas à ação humana. Afirmam ser uma ilusão acreditar que a pesquisa científica pode produzir resultados válidos para gente de todas as épocas, raças e classes sociais, e se comprazem em depreciar certas teorias físicas e biológicas como burguesas ou ocidentais. Mas, se a solução de questões práticas necessita da aplicação dessas doutrinas estigmatizadas, esquecem sua desaprovação. A tecnologia da União Soviética utiliza sem escrúpulos todos os resultados da física, química e biologia burguesa. Os físicos e engenheiros nazistas não desprezaram a utilização de teorias, descobertas e invenções das raças e nações "inferiores". O comportamento dos povos de todas as raças, religiões, nações, grupos linguísticos ou classes sociais demonstra claramente que eles não endossam as doutrinas do polilogismo e do irracionalismo no que concerne à matemática, à lógica e às ciências naturais.

Mas, no que diz respeito à praxeologia e à economia, as coisas se passam de maneira inteiramente diferente. O principal motivo do desenvolvimento das doutrinas do polilogismo, historicismo e irracionalismo foi proporcionar uma justificativa para desconsiderar os ensinamentos da economia na determinação de políticas econômicas. Os socialistas, racistas, nacionalistas e estatistas fracassaram nas suas tentativas de refutar as teorias dos economistas e demonstrar o acerto de suas doutrinas espúrias. Foi precisamente essa frustração que os impeliu a negar os princípios lógicos e epistemológicos sobre os quais se baseia o raciocínio humano, tanto nas atividades cotidianas como na pesquisa científica.

Não é admissível desembaraçar-se dessas objeções meramente com bases nos motivos políticos que as inspiraram. A nenhum

---

[5] Em português, "Sem dúvida que assim como a luz se manifesta a si mesma e às trevas, da mesma forma a verdade é, ao mesmo tempo, a norma de si e do falso". (N.T.)

cientista é permitido presumir de antemão que a desaprovação de suas teorias deve ser infundada porque seus críticos estão imbuídos de paixão ou preconceito partidário. Ele deve responder a cada censura sem considerar seus motivos subjacentes ou sua origem. Não menos admissível é silenciar em face de frequente opinião de que os teoremas de economia são válidos apenas em condições hipotéticas que não se verificam na vida real e que, portanto, são inúteis para a compreensão da realidade. É estranho que algumas escolas aprovem esta opinião e, ao mesmo tempo, calmamente, desenhem suas curvas e formulem suas equações. Não se importam com o significado do seu raciocínio e nem como este se relaciona com o mundo real da vida e da ação.

Essa atitude é, sem dúvida, indefensável. O primeiro dever de qualquer investigação científica é descrever exaustivamente e definir todas as condições e suposições, com base nas quais pretende validar suas afirmações. É um erro considerar a física como um modelo e um padrão para a pesquisa econômica. Mas as pessoas comprometidas com esta falácia deviam ter aprendido pelo menos uma coisa: nenhum físico jamais acreditou que o esclarecimento de algumas condições e suposições de um teorema da física esteja fora do campo de interesse da pesquisa da física. A questão central que a economia tem obrigação de responder é sobre a relação entre suas afirmações e a realidade da ação humana, cuja compreensão é o objeto dos estudos da economia.

Portanto, compete à economia examinar minuciosamente a afirmativa segundo a qual seus ensinamentos são válidos apenas para o sistema capitalista, durante o curto e já esvaecido período liberal da civilização ocidental. É dever da economia, e de nenhum outro campo do saber, examinar todas as objeções levantadas de diversos ângulos contra a utilidade das afirmativas da teoria econômica para a elucidação dos problemas da ação humana. O sistema de pensamento econômico deve ser construído de tal maneira que se mantenha a prova de qualquer crítica por parte do irracionalismo, do historicismo, do panfisicalismo, do behaviorismo e de todas as modalidades de polilogismo. É uma situação intolerável a de que os economistas ignorem os argumentos que diariamente são promovidos para demonstrar a futilidade e o absurdo dos esforços da economia.

Não se pode mais continuar lidando com os problemas econômicos da maneira tradicional. É necessário construir a teoria cataláctica sobre a sólida fundação de uma teoria geral da ação humana, a praxeologia. Este procedimento não apenas a protegerá contra inúmeras críticas falaciosas, mas possibilitará o esclarecimento de muitos problemas que até agora não foram adequadamente percebidos e, menos ainda, satisfatoriamente resolvidos. Especialmente no que se refere ao problema fundamental do cálculo econômico.

3
TEORIA ECONÔMICA E A PRÁTICA DA AÇÃO HUMANA

É comum a muita gente censurar a economia por ser retrógrada. Ora, é óbvio que a nossa teoria econômica não é perfeita. Não existe perfeição no conhecimento humano, nem em qualquer outra conquista humana. A onisciência é negada ao homem. A teoria mais elaborada que parece satisfazer completamente a nossa sede de conhecimento pode um dia ser emendada ou superada por uma nova teoria. A ciência não nos dá certeza final e absoluta. Apenas nos dá convicção dentro dos limites de nossa capacidade mental e do prevalecente estado do conhecimento científico. Um sistema científico não é senão um estágio na permanente busca de conhecimento. É necessariamente afetado pela insuficiência inerente a todo esforço humano. Mas reconhecer estes fatos não implica que o estágio atual da economia seja retrógrado. Significa apenas que a economia é algo vivo – e viver implica tanto imperfeição como mudança.

A acusação do alegado atraso é levantada contra a economia a partir de dois pontos de vista diferentes.

Existem, de um lado, alguns naturalistas e físicos que censuram a economia por não ser uma ciência natural e não aplicar os métodos e procedimentos de laboratório. Um dos propósitos deste tratado é demolir a falácia dessas ideias. Nestas observações introdutórias, será suficiente dizer algumas palavras sobre seus antecedentes psicológicos. É comum, a quem tem mentalidade estreita, depreciar diferenças encontradas nas outras pessoas. O camelo, na fábula, desaprova todos os outros animais por não terem uma bossa, e os ruritânios criticam os laputânios por não serem ruritânios. O pesquisador que trabalha em laboratório considera este trabalho como a única fonte válida para investigação, e equações diferenciais como a única forma adequada de expressar os resultados do pensamento científico. É simplesmente incapaz de perceber os problemas epistemológicos da ação humana. Para ele, a economia não pode ser nada além de uma espécie de mecânica.

Há outros que asseguram que algo deve estar errado com as ciências sociais, porque as condições sociais são insatisfatórias. As ciências sociais conseguiram resultados espantosos nos últimos duzentos ou trezentos anos e a aplicação prática desses resultados foi o que deu origem a uma melhoria, sem precedentes, no padrão de vida em geral. Mas, dizem esses críticos, as ciências sociais falharam completamente no que diz respeito a tornar mais satisfatórias as condições sociais. Não eliminaram a miséria e a fome, crises econômicas e desemprego, guerra e tirania. São estéreis e não contribuíram para a promoção da liberdade e do bem estar geral.

Esses rabugentos não chegam a perceber que o tremendo progresso da tecnologia de produção e o consequente aumento de riqueza e bem estar só foram possíveis graças à adoção daquelas políticas liberais que representavam a aplicação prática dos ensinamentos da economia. Foram as ideias dos economistas clássicos que removeram os controles que velhas leis, costumes e preconceitos impunham sobre o progresso tecnológico, libertando o gênio dos reformadores da camisa de força das guildas, da tutela do governo e das pressões sociais de vários tipos. Foram essas ideias que reduziram o prestígio de conquistadores e expropriadores e demonstraram o benefício social decorrente da atividade empresarial. Nenhuma das grandes invenções modernas teria tido utilidade prática se a mentalidade da era pré-capitalista não tivesse sido completamente demolida pelos economistas. O que é comumente chamado de "revolução industrial" foi o resultado da revolução ideológica efetuada pelas doutrinas dos economistas. Foram eles que explodiram velhos dogmas: que é desleal e injusto superar um competidor produzindo melhor e mais barato; que é iníquo desviar-se dos métodos tradicionais de produção; que as máquinas são um mal porque trazem desemprego; que é tarefa do governo evitar que empresários fiquem ricos e proteger o menos eficiente na competição com o mais eficiente; que reduzir a liberdade dos empresários pela compulsão ou coerção governamental em favor de outros grupos sociais é um meio adequado para promover o bem estar nacional. A economia política inglesa e a fisiocracia francesa indicaram o caminho do capitalismo moderno. Foram elas que tornaram possível o progresso decorrente da aplicação das ciências naturais, proporcionando às massas benefícios nunca sequer imaginados.

O que há de errado com a nossa época é precisamente a difundida ignorância do papel desempenhado por essas políticas de liberdade econômica na evolução tecnológica dos últimos duzentos anos. As pessoas tornaram-se prisioneiras da falácia segundo a qual o progresso nos métodos de produção foi contemporâneo à política de *laissez-faire* apenas por acidente. Iludidos pelos mitos marxistas, consideram o estágio atual de desenvolvimento como o resultado da ação de misteriosas "forças produtivas" que não dependem em nada de fatores ideológicos. A economia clássica, estão convencidos, não foi um fator no desenvolvimento do capitalismo, mas, ao contrário, foi seu produto, sua "superestrutura ideológica", foi uma doutrina destinada a defender os interesses espúrios dos exploradores capitalistas. Consequentemente, a abolição do capitalismo e a substituição da economia de mercado e da livre iniciativa pelo socialismo totalitário não prejudicaria o ulterior progresso da tecnologia. Ao contrário, promoveria o desenvolvimento tecnológico pela remoção dos obstáculos que os interesses egoístas dos capitalistas colocaram no seu caminho.

O traço característico dessa era de guerras destrutivas e de desintegração social é a revolta contra a economia. Thomas Carlyle denominava a economia de "ciência triste" e Karl Marx estigmatizou os economistas como sicofantas da burguesia. Charlatães – exaltando suas poções mágicas e seus atalhos para o paraíso terrestre – se satisfazem em desdenhar a economia, qualificando-a como "ortodoxa" ou "reacionária". Demagogos se orgulham do que chamam de suas vitórias sobre a economia. O homem "prático" alardeia sua ignorância em economia e seu desprezo pelos ensinamentos de economistas "teóricos". As políticas econômicas das últimas décadas têm sido o resultado de uma mentalidade que escarnece de qualquer teoria econômica bem fundamentada e glorifica as doutrinas espúrias de seus detratores. O que é conhecido como economia "ortodoxa" não é ensinado nas universidades da maior parte dos países, sendo virtualmente desconhecida dos líderes políticos e escritores. A culpa da situação econômica insatisfatória certamente não pode ser imputada à ciência que os governantes e massas ignoram e desprezam.

É preciso que se enfatize que o destino da civilização moderna desenvolvida pelos povos de raça branca nos últimos duzentos anos está inseparavelmente ligado ao destino da ciência econômica. Esta civilização pôde surgir porque esses povos adotaram ideias que resultavam da aplicação dos ensinamentos da economia aos problemas de política econômica. Necessariamente sucumbirá se as nações continuarem a seguir o rumo que tomaram, enfeitiçadas pelas doutrinas que rejeitam o pensamento econômico.

É verdade que a economia é uma ciência teórica e, como tal, se abstém de qualquer julgamento de valor. Não lhe cabe dizer que fins as pessoas deveriam almejar. É uma ciência dos meios a serem aplicados para atingir os fins escolhidos e não, certamente, uma ciência para escolha dos fins. Decisões finais, a avaliação e a escolha dos fins, não pertencem ao escopo de nenhuma ciência. A ciência nunca diz a alguém como deveria agir; meramente mostra como alguém deve agir se quiser alcançar determinados fins.

Para muita gente pode parecer que isso é muito pouco, e que uma ciência limitada à investigação do ser, e incapaz de expressar um julgamento de valor sobre os mais elevados e definitivos fins não tem qualquer importância para a vida e a ação humana. Isto também é um erro. Entretanto, o desmascaramento desse erro não é tarefa destas notas introdutórias. É um dos objetivos deste tratado.

4
Resumo

Estas observações preliminares se faziam necessárias a fim de explicar por que este tratado coloca os problemas econômicos no vasto campo de uma teoria geral da ação humana. No estágio atual, tanto do pensamento econômico como das discussões políticas acerca dos problemas fundamentais da organização social, não é mais possível isolar o estudo dos problemas catalácticos. Estes problemas são apenas um segmento de uma ciência geral da ação humana, e só assim podem ser tratados.

Parte I

Ação Humana

Capítulo 1
O Agente Homem[1]

1
Ação Propositada e Reação Animal

Ação humana é comportamento propositado. Também podemos dizer: ação é a vontade posta em funcionamento, transformada em força motriz; é procurar alcançar fins e objetivos; é a significativa resposta do ego aos estímulos e às condições do seu meio ambiente; é o ajustamento consciente ao estado do universo que lhe determina a vida. Estas paráfrases podem esclarecer a definição dada e prevenir possíveis equívocos. Mas a própria definição é adequada e não necessita de complemento ou comentário.

Comportamento consciente ou propositado contrasta acentuadamente com comportamento inconsciente, isto é, os reflexos e as respostas involuntárias das células e nervos do corpo aos estímulos. As pessoas têm uma tendência para acreditar que as fronteiras entre comportamento consciente e a reação involuntária das forças que operam no corpo humano são mais ou menos indefinidas. Isto é correto apenas na medida em que, às vezes, não é fácil estabelecer se um determinado comportamento deve ser considerado voluntário ou involuntário. Entretanto, a distinção entre consciência e inconsciência é bastante nítida e pode ser bem determinada.

O comportamento inconsciente dos órgãos e células do organismo, para o nosso ego, é um dado como qualquer outro do mundo exterior. O homem, ao agir, tem que levar tudo em conta: tanto o que se passa no seu próprio corpo quanto outros dados externos, como por exemplo, as condições meteorológicas ou as atitudes de seus vizinhos. Existe, é claro, certa margem dentro da qual o comportamento propositado pode neutralizar o funcionamento do organismo. Se torna factível, dentro de certos limites, manter o corpo sob controle. Às vezes o homem pode conseguir, pela sua força de vontade, superar a doença, compensar insuficiências inatas ou

---

[1] A expressão *acting man* é frequente em toda esta obra de Ludwig von Mises. Por seu poder de síntese – que facilita a sintaxe sem trair a semântica – preferimos traduzi-la literalmente por "agente homem", em vez de utilizar as formas "homem em ação" ou "homem que age" como fizeram as traduções francesa e espanhola (N.T.)

adquiridas de sua constituição física, ou suprimir reflexos. Até onde isto seja possível, estende-se o campo de ação propositada. Se um homem se abstém de controlar reações involuntárias de suas células e centros nervosos, embora pudesse fazê-lo, seu comportamento, do nosso ponto de vista, é propositado.

O campo da nossa ciência é a ação humana e não os eventos psicológicos que resultam numa ação. É isto, precisamente, que distingue a teoria geral da ação humana, praxeologia, da psicologia. O objeto da psicologia são os fatores internos que resultam ou podem resultar numa determinada ação. O tema da praxeologia é a ação como tal. É isto também que estabelece a relação entre a praxeologia e o conceito psicanalítico do subconsciente. A psicanálise também é psicologia, e não investiga a ação, mas as forças e fatores que impelem o homem a agir de uma determinada maneira. O subconsciente psicanalítico é uma categoria psicológica e não praxeológica. Quer uma ação provenha de uma clara deliberação, quer provenha de memórias esquecidas e desejos reprimidos que, das profundezas onde se encontram, dirigem a vontade, sua natureza não se altera. Está agindo tanto o assassino, cujo impulso subconsciente (o *id*) conduz ao crime, quanto o neurótico, cujo comportamento aberrante parece sem sentido para o observador superficial; ambos, como todo mundo, procuram atingir certos objetivos. É mérito da psicanálise ter demonstrado que mesmo o comportamento de neuróticos e psicopatas tem um sentido, que eles também agem com o objetivo de alcançar fins, embora nós, que nos achamos normais e sãos, consideremos sem sentido o raciocínio que lhes determina a escolha de fins, e inadequados os meios que escolhem para atingir esses fins.

O termo "inconsciente", como usado pela praxeologia, e os termos "subconsciente" e inconsciente", como aplicados pela psicanálise, pertencem a dois diferentes sistemas de pensamento e pesquisa. A praxeologia, não menos que outros campos do conhecimento, deve muito à psicanálise. Portanto, é ainda mais necessário perceber bem a linha que separa a praxeologia da psicologia.

Ação não é simplesmente uma manifestação de preferência. O homem também manifesta preferência em situações nas quais eventos e coisas são inevitáveis ou se acredita que o sejam. Assim sendo, o homem pode preferir bom tempo a chuva e pode desejar que o sol dispersasse as nuvens. Aquele que apenas almeja ou deseja não interfere ativamente no curso dos acontecimentos nem na formação de seu destino. Por outro lado, o agente homem escolhe, determina e tenta alcançar um fim. Entre duas coisas, não podendo ter ambas, seleciona uma e desiste da outra. Ação, portanto, sempre implica tanto obter como renunciar.

Expressar desejos e esperanças ou anunciar uma ação planejada podem ser formas de ação, na medida em que tenham o propósito de atingir um determinado objetivo. Mas não devem ser confundidas com as ações a que se referem; não são idênticas às ações que anunciam, recomendam ou rejeitam. Ação é algo real. O que conta é o comportamento total do homem e não sua conversa sobre ações planejadas, mas não realizadas. Por outro lado, é preciso distinguir claramente ação e trabalho. Ação significa o emprego de meios para atingir fins. Geralmente, um dos meios empregados é o trabalho do agente homem. Mas nem sempre é assim. Em circunstâncias especiais, apenas uma palavra é necessária: quem emite ordens ou proibições pode estar agindo sem que esteja realizando trabalho. Falar ou não falar, sorrir ou ficar sério podem ser ações. Consumir e divertir-se são ações tanto quanto abster-se do consumo e do divertimento que nos são acessíveis.

A praxeologia, portanto, não distingue o homem "ativo" e enérgico do homem "passivo" e indolente. O homem vigoroso que diligentemente se empenha em melhorar suas condições age tanto quanto o homem letárgico que indolentemente aceita as coisas como lhe acontecem. Porque não fazer nada e ser indolente também são ações e também determinam o curso dos eventos. Onde quer que haja condições para interferência humana, o homem age, pouco importando se o faz por meio de ação ou omissão. Aquele que aceita o que poderia mudar age tanto quanto aquele que interfere no sentido de obter um resultado diferente. Um homem que se abstém de influenciar o funcionamento de fatores psicológicos e instintivos também age. Ação é não somente fazer, mas, não menos, omitir aquilo que possivelmente poderia ser feito.

Podemos dizer que ação é a manifestação da vontade humana. Mas isto não acrescentaria nada ao nosso conhecimento. Porque o termo *vontade* significa nada mais do que a faculdade do homem de escolher entre diferentes situações; preferir uma, rejeitar outra, e comportar-se em consonância com a decisão tomada, procurando alcançar a situação escolhida e renunciando a outra.

2
OS PRÉ-REQUISITOS DA AÇÃO HUMANA

Chamamos contentamento ou satisfação aquele estado de um ser humano que não resulta, nem pode resultar, em alguma ação. O agente homem está ansioso para substituir uma situação menos satisfatória, por outra mais satisfatória. Sua mente imagina situações que lhe são mais propícias, e sua ação procura realizar esta situação desejada. O incentivo que impele o homem à ação é sempre algum desconforto[2]. Um homem perfeitamente satisfeito com a sua situação não teria incentivo para mudar as coisas. Não teria nem aspirações nem desejos; seria perfeitamente feliz. Não agiria; viveria simplesmente livre de preocupações.

Mas, para fazer um homem agir não bastam o desconforto e a imagem de uma situação melhor. Uma terceira condição é necessária: a expectativa de que um comportamento propositado tenha o poder de afastar ou pelo menos aliviar o seu desconforto. Na ausência desta condição, nenhuma ação é viável. O homem tem de se conformar com o inevitável. Tem de se submeter a sua sina.

Estas são as condições gerais da ação humana. O homem é um ser que vive submetido a essas condições. É não apenas *homo sapiens*, mas também *homo agens*. Seres humanos que, por nascimento ou por defeitos adquiridos, são irremediavelmente incapazes de qualquer ação (no estrito senso do termo e não apenas no senso legal), praticamente não são humanos. Embora as leis e a biologia os considerem homens, faltam-lhes a característica essencial do homem. A criança recém-nascida também não é um ser agente. Ainda não percorreu o caminho desde a concepção até o pleno desenvolvimento de suas capacidades. Mas, ao final desta evolução, torna-se um ser agente.

Sobre a felicidade

Coloquialmente dizemos que alguém é "feliz" quando consegue atingir seus fins. Uma descrição mais adequada deste estado seria dizer que está mais feliz do que estava antes. Entretanto, não há nenhuma objeção válida ao costume de definir a ação humana como a busca da felicidade.

Mas devemos evitar equívocos geralmente aceitos por todos. O objetivo final da ação humana é, sempre, a satisfação do desejo do agente homem. Não há outra medida de maior ou menor satisfação, a não ser o julgamento individual de valor, diferente de uma pessoa para outra, e para a mesma pessoa em diferentes momentos. O que faz alguém sentir-se desconfortável, ou menos desconfortável, é estabelecido a partir de critérios decorrentes de sua própria vontade e julgamento, de sua avaliação pessoal e subjetiva. Ninguém tem condições de determinar o que faria alguém mais feliz.

---

[2] Cf Locke, J. *An Essay Concerning Human Understanding*, Oxford, Fraser, 1894, vol. 1, p. 331-333; *Leibniz, Nouveaux essais sur l'entendement humain*, Fammarion, *p. 119*.

Estabelecer este fato de forma alguma o identifica com as antíteses de egoísmo e altruísmo, de materialismo e idealismo, de ateísmo e religião. Há pessoas cujo único propósito é desenvolver as potencialidades de seu próprio ego. Há outras para as quais ter consciência dos problemas de seus semelhantes lhes causa tanto desconforto ou até mesmo mais desconforto do que suas próprias carências. Há pessoas que desejam apenas a satisfação de seus apetites para a relação sexual, comida, bebida, boas casas e outros bens materiais. Mas existem aquelas que se interessam mais por satisfações comumente chamadas de "ideais" ou "elevadas". Existem pessoas ansiosas por ajustar suas ações às exigências da cooperação social; existem, por outro lado pessoas refratárias, que desprezam as regras da vida social. Há pessoas para quem o objetivo final da peregrinação terrestre é a preparação para uma vida beata. Há outras que não acreditam nos ensinamentos de nenhuma religião e não permitem que suas ações sejam influenciadas por eles.

A praxeologia é indiferente aos objetivos finais da ação. Suas conclusões são válidas para todos os tipos de ação. Independentemente dos objetivos pretendidos. É uma ciência de meios e não de fins. Emprega o termo felicidade no sentido meramente formal. Na terminologia praxeológica, a proposição "o único objetivo do homem é alcançar a felicidade" é tautológica. Não implica nenhuma afirmação sobre a situação da qual o homem espera obter felicidade.

O conceito segundo o qual o incentivo da atividade humana é sempre algum desconforto e que seu objetivo é sempre afastar tal desconforto tanto quanto possível, ou seja, fazer o agente homem sentir-se mais feliz, é a essência dos ensinamentos do eudemonismo e do hedonismo.A ataraxia epicurista é aquele estado de perfeita felicidade e contentamento que toda atividade humana pretende alcançar sem nunca atingi-lo plenamente. Em face da importância desta percepção, tem pouco valor o fato de que muitos representantes dessa filosofia tenham falhado em reconhecer o caráter meramente formal das noções de "dor" e "prazer" e lhes tenham dado um significado carnal e material. As doutrinas teológicas e místicas, bem como as de outras escolas de uma ética heteronômica, não abalaram a essência do epicurismo porque não puderam levantar outras objeções além de sua negligência em relação aos prazeres "nobres" e "elevados". É verdade que os escritos de muitos dos primeiros defensores do eudemonismo, do hedonismo e do utilitarismo são, em muitos aspectos passíveis de mal-entendido. Mas a linguagem de filósofos modernos e, mais ainda aquela dos economistas modernos é tão precisa e direta que não deixa margem a equívocos.

Sobre instintos e impulsos

O método utilizado pela sociologia dos instintos não favorece a compreensão dos problemas fundamentais da ação humana. Essa escola classifica os vários objetivos concretos da ação humana e atribui a cada classe um instinto específico como seu propulsor. O homem é considerado um ser guiado por vários instintos e propensões inatos. Supõe-se que esta explicação arrasa de uma vez por todas com os ensinamentos odiosos da economia e da ética utilitária. Entretanto, Feuerbach já observara corretamente que todo instinto é um instinto para a felicidade[3]. O método usado pela psicologia do instinto e pela sociologia do instinto consiste numa classificação arbitrária dos objetivos imediatos da ação e uma hipóstase de cada um deles. Onde a praxeologia diz que o objetivo de uma ação é remover algum desconforto, a psicologia do instinto o atribui à satisfação de um impulso instintivo.

Muitos defensores da escola do instinto estão convencidos de terem provado que a ação não é determinada pela razão, mas provêm das insondáveis profundezas das forças, impulsos, instintos e propensões inatas que não são passíveis de qualquer explicação racional. Estão certos de terem conseguido revelar a superficialidade do racionalismo e desacreditar a economia, comparando-a a um tecido de conclusões falsas extraídas de falsas pressuposições psicológicas[4]. No entanto, racionalismo, praxeologia e economia não lidam com as causas e objetivos finais da ação, mas com os meios usados para a consecução do fim pretendido. Por mais insondáveis que sejam as profundezas de onde emerge um impulso ou instinto, os meios que o homem escolhe para satisfazê-lo são determinados por uma consideração racional de custos e benefícios[5].

Quem age por impulso emocional também exerce uma ação. O que distingue uma ação emocional de outras ações é a avaliação do seu custo e do seu benefício. Emoções perturbam as avaliações. Para quem age arrebatado pela paixão, o objetivo parece mais desejável e o preço a ser pago parece menos oneroso do que quando avaliado friamente. Ninguém contesta que, mesmo agindo emocionalmente, o homem avalia meios e fins e dispõe-se a pagar um preço maior pela obediência ao impulso apaixonado. Punir de forma mais suave ofensas criminais cometidas num estado de excitação emocional ou de intoxicação do

---

[3] Cf. Feuerbach, *Saammtliche Werke* Stuttgart, Bolin and Jodo, 1907, vol. 10, p. 231.

[4] Cf. William McDougall, *An Introduction to Social Psychology*, 14 ed. Boston, 1921, p. 11.

[5] Cf. Mises, *Epistemological Problems of Economics*. Trad. G. Reisman (New York, 1960), p. 52 e segs.

que se punem outras ofensas equivale a encorajar tais excessos. A ameaça de severa retaliação não deixa de frear mesmo as pessoas guiadas por uma paixão aparentemente irresistível.

Interpretamos o comportamento animal com a pressuposição de que o animal cede aos impulsos que prevalecem no momento. Como observamos que o animal se alimenta, coabita e ataca outros animais ou os homens, falamos de instintos de alimentação, de reprodução e de agressão. Supomos que esses instintos sejam inatos e requeiram satisfação.

Mas o mesmo não ocorre com o homem. O homem não é um ser que não possa abster-se de ceder ao impulso que mais urgentemente lhe exija satisfação. O homem é um ser capaz de subjugar seus instintos, emoções e impulsos: que pode racionalizar seu comportamento. É capaz de renunciar à satisfação de um impulso ardente para satisfazer outros desejos. O homem não é um fantoche de seus apetites. Um homem não violenta qualquer mulher que excite seus sentidos; não devora qualquer pedaço de comida que lhe apeteça; não agride qualquer pessoa que gostaria de matar. O homem organiza suas aspirações e desejos numa escala e escolhe; em resumo, ele age. O que distingue o homem de uma besta é precisamente o fato de que ele ajusta seu comportamento deliberadamente. O homem é o ser que tem inibições, que pode controlar seus impulsos e desejos, que tem o poder de reprimir desejos e impulsos instintivos.

Pode ocorrer que um impulso apresente-se com tal veemência que nenhum ônus provocado por sua satisfação pareça suficientemente forte para impedir o indivíduo de satisfazê-lo. Neste caso, também há escolha: o homem decide por ceder ao impulso em questão.[6]

3
Ação humana como um dado irredutível

Desde tempos imemoriais os homens têm manifestado ansiedade por saber qual é a fonte de toda energia, a causa de todos os seres e de toda mudança, a substância última da qual tudo deriva e que é a causa de si mesmo. A ciência é mais modesta. Tem consciência dos limites da mente humana e da sua busca de conhecimento. Procura investigar cada fenômeno até as suas causas. Mas compreende que esses esforços esbarram inevitavelmente em muros intransponíveis. Existem fenômenos que não podem ser analisados nem ter sua origem

---

[6] Nestes casos, tem especial importância a circunstância de que as duas satisfações em questão – aquela esperada se cedermos e aquela que teríamos se evitássemos suas consequências desagradáveis – não são simultâneos. Ver adiante p. 485 – 496.

rastreada até outros fenômenos. Estes são os dados irredutíveis. O progresso da pesquisa científica pode conseguir demonstrar que algo ate então considerado como um dado básico pode ser subdividido em componentes. Mas haverá sempre alguns fenômenos irredutíveis, indivisíveis, algum dado irredutível.

O monismo ensina que existe apenas uma substância básica; o dualismo diz que existem duas; o pluralismo, que existem muitas. Não tem sentido discutir tais questões. São meras disputas metafísicas insolúveis. O presente estado do nosso conhecimento não nos proporciona os meios de resolvê-las com uma explicação que um homem razoável considerasse satisfatória.

O monismo materialista afirma que vontades e pensamentos humanos são o produto do funcionamento dos órgãos, das células do cérebro e dos nervos. O pensamento, a vontade e a ação são produzidos apenas por processos materiais que um dia serão completamente explicados pela investigação no campo da física ou da química. Essa também é uma hipótese metafísica, embora seus adeptos a considerem como uma verdade científica inegável e inabalável.

Várias doutrinas têm sido formuladas para explicar a relação entre corpo e mente. São meras conjecturas sem qualquer referência a fatos reais. Tudo o que se pode afirmar com certeza é que existem relações entre processos mentais e fisiológicos. Quanto à natureza e ao funcionamento desta conexão, sabemos muito pouco, se é que sabemos alguma coisa.

Julgamentos concretos de valor e ações humanas definidas não são passíveis de maiores análises. Podemos honestamente supor ou acreditar que sejam inteiramente dependentes de (ou condicionados por) suas causas. Mas, uma vez que não sabemos como fatos exteriores – físicos ou fisiológicos – produzem na mente humana pensamentos e vontades definidas que resultam em atos concretos, temos de enfrentar um insuperável *dualismo metodológico*. No estado atual de nosso conhecimento, os postulados fundamentais do positivismo, do monismo e do panfisicalismo são meros postulados metafísicos, desprovidos de qualquer base científica, sem sentido e sem utilidade na pesquisa científica. A razão e a experiência nos mostram dois mundos diferentes: o mundo exterior dos fenômenos físicos, químicos e fisiológicos e o mundo interior do pensamento, do sentimento, do julgamento de valor e da ação propositada. Até onde sabemos hoje, nenhuma ponte liga esses dois mundos. Idênticos eventos exteriores resultam, às vezes, em respostas humanas diferentes, enquanto que eventos exteriores diferentes produzem, às vezes, a mesma resposta humana. Não sabemos por quê.

Em face desta realidade, não podemos deixar de apontar a falta de bom senso dos postulados essenciais do monismo e do materialismo. Podemos acreditar ou não que as ciências naturais conseguirão um dia explicar a produção de ideias definidas, julgamentos de valor e ações, da mesma maneira como explicam a produção de um composto químico: o resultado necessário e inevitável de certa combinação de elementos. Até que chegue esse dia, somos obrigados a concordar com o dualismo metodológico.

Ação humana é um dos instrumentos que promovem mudança. É um elemento de atividade e transformação cósmica. Portanto, é um tema legítimo de investigação científica. Como – pelo menos nas condições atuais – não pode ser rastreada até suas origens, tem de ser considerada como um dado irredutível e como tal deve ser estudada.

É verdade que as mudanças produzidas pela ação humana são insignificantes quando comparadas com a ação das poderosas forças cósmicas. Do ponto de vista da eternidade e do universo infinito, o homem é um grão infinitesimal. Mas, para o homem, a ação humana e suas vicissitudes são a coisa real. Ação é a essência de sua natureza e de sua existência, seu meio de preservar a vida e de se elevar acima do nível de animais e plantas. Por mais perecível e evanescente que todo esforço humano possa ser, para o homem e para sua ciência é de fundamental importância.

4
Racionalidade e irracionalidade; subjetivismo e objetividade da investigação praxeológica

Ação humana é necessariamente sempre racional. O termo "ação racional" é, portanto, pleonástico e, como tal deve ser rejeitado. Quando aplicados aos objetivos finais da ação, os termos racional e irracional são inadequados e sem sentido. O objetivo final da ação é sempre a satisfação de algum desejo do agente homem. Uma vez que ninguém tem condições de substituir os julgamentos de valor de um indivíduo pelo seu próprio julgamento, é inútil fazer julgamentos dos objetivos e das vontades de outras pessoas. Ninguém tem condições de afirmar o que faria outro homem mais feliz ou menos descontente. Aquele que critica está informando-nos o que imagina que faria se estivesse no lugar do seu semelhante, ou então está proclamando, com arrogância ditatorial, o comportamento do seu semelhante que lhe seria mais conveniente.

É usual qualificar uma ação como irracional se ela visa a obter satisfações ditas "ideais" ou "elevadas" à custa de vantagens tangíveis ou "materiais". Neste sentido, as pessoas costumam dizer – algumas vezes aprovando, outras vezes desaprovando – que um homem que sacrifica sua vida, saúde ou riqueza para atingir objetivos "elevados" (como a fidelidade às suas convicções religiosas, filosóficas ou políticas, ou a libertação e florescimento de sua nação) está movido por considerações irracionais. Não obstante, a tentativa de atingir esses objetivos elevados não é mais nem menos racional ou irracional do que aquela feita para atingir outros objetivos humanos. É um erro admitir que a vontade de satisfazer as necessidades mais simples da vida e da saúde é mais racional, mais natural ou mais justificada, que a tentativa para obter outros bens ou amenidades. É claro que o apetite por comida e abrigo é comum aos homens e a outros mamíferos e que, como regra, um homem, ao qual falta comida e abrigo, concentra seus esforços na satisfação dessas necessidades urgentes e não se importa muito com outras coisas. O impulso para viver, para preservar sua própria vida e para aproveitar as oportunidades de fortalecer suas forças vitais é característica primordial da vida, presente em todo ser vivo. Entretanto, ceder a este impulso não é – para o homem – uma necessidade inevitável.

Enquanto todos os animais são incondicionalmente guiados pelo impulso de preservação de sua própria vida e pelo de proliferação, o homem tem o poder de comandar até mesmo esses impulsos. Ele pode controlar tanto seus desejos sexuais, como sua vontade de viver. Pode renunciar à sua vida quando as condições para preservá-la parecem insuportáveis. O homem é capaz de morrer por uma causa e de suicidar-se. Viver, para o homem, é o resultado de uma escolha, de um julgamento de valor.

O mesmo se passa com o desejo de viver com fartura. A simples existência de ascetas e de homens que renunciam a ganhos materiais por amor e fidelidade, as suas convicções, preservação de sua dignidade e respeito próprio, é uma evidência de que a luta por amenidades tangíveis não é inexorável, mas, sobretudo, fruto de uma escolha. Naturalmente, a imensa maioria prefere a vida à morte, e a riqueza à pobreza.

É uma arbitrariedade considerar apenas a satisfação das necessidades fisiológicas do organismo como "natural" e, portanto, "racional", e tudo mais como "artificial", e, portanto, "irracional". O traço característico da natureza humana é o de buscar não apenas comida, abrigo e coabitação, como outros animais, mas, também, o de buscar outros tipos de satisfação. O homem tem desejos e necessidades especificamente humanos, que podemos chamar de "mais elevados" do que aqueles que têm em comum com outros mamíferos.[7]

Quando aplicados aos meios escolhidos para atingir os fins os termos racional e irracional implicam um julgamento sobre a oportunidade e a adequação do procedimento empregado. O crítico aprova ou desaprova um método conforme seja ou não mais adequado para atingir o fim em questão. É fato que a razão não é infalível e que o homem frequentemente erra ao selecionar e utilizar meios. Uma ação inadequada ao fim pretendido fracassa e decepciona. Embora não consiga atingir o fim desejado, é racional, ou seja, é o resultado de uma deliberação sensata – ainda que defeituosa —, é uma tentativa de atingir um objetivo determinado – embora uma tentativa ineficaz. Os médicos que há cem anos empregavam certos métodos no tratamento do câncer, métodos esses rejeitados pelos médicos contemporâneos, estavam, do ponto de vista da patologia de nossos dias, mal informados e eram consequentemente ineficientes. Mas eles não agiam irracionalmente; faziam o melhor possível. É provável que daqui a cem anos os médicos tenham à sua disposição métodos mais eficientes para o tratamento dessa doença. Serão, então, mais eficientes, mas não mais racionais que os médicos atuais.

O oposto de ação não é *comportamento irracional*, mas a resposta automática aos estímulos por parte dos órgãos e instintos do organismo que não podem ser controlados pela vontade de uma pessoa. Ao mesmo estímulo o homem pode, sob certas condições, reagir tanto por uma resposta automática como pela ação. Se um homem absorve um veneno, os órgãos reagem organizando a sua defesa; além disso, pode haver a interferência da sua ação pela administração de um antídoto.

Quanto ao problema contido na antítese racional e irracional, não há diferença entre as ciências naturais e as ciências sociais. A ciência sempre é, tem de ser, racional. É um esforço para conseguir um domínio mental dos fenômenos do universo, através da organização sistemática de todo o conjunto de conhecimento disponível. Entretanto, conforme já foi assinalado anteriormente, a decomposição de qualquer conhecimento em seus elementos constituintes tem necessariamente de, mais cedo ou mais tarde, atingir um ponto além do qual não pode prosseguir. A mente humana nem mesmo é capaz de

---

[7] Sobre os erros na lei de ferro dos salários veja adiante p. 688; sobre o mal entendido acerca da teoria de Malthus, ver adiante p. 760-765.

conceber um tipo de conhecimento que não seja limitado por um dado irredutível, inacessível a uma maior análise e ao desdobramento. O método científico que conduz a mente até esse ponto é racional. O dado irredutível pode ser considerado um fato irracional.

É moda, nos dias de hoje, criticar as ciências sociais por serem meramente racionais. A objeção mais frequente levantada contra a economia é a de que ela negligencia a irracionalidade da vida e da realidade e tenta confinar a variedade infinita de fenômenos em áridos esquemas racionais ou em abstrações insípidas. Nenhuma censura podia ser mais absurda. Como todo ramo do conhecimento, a economia vai até onde pode ser conduzida por métodos racionais. Em determinado momento para, reconhecendo o fato de que está diante de um dado irredutível, isto é, diante de um fenômeno que não pode ser mais desdobrado ou analisado – pelo menos no presente estágio do nosso conhecimento.[8]

Os ensinamentos da praxeologia e da economia são válidos para qualquer ação humana, independentemente de seus motivos, causas ou objetivos subjacentes. Os julgamentos finais de valor e os objetivos finais da ação humana são dados para qualquer tipo de investigação científica; não são passíveis de maior análise. A praxeologia lida com os meios e recursos escolhidos para a obtenção de tais objetivos finais. Seu objeto são os meios, não os fins.

É neste sentido que nos referimos ao subjetivismo da ciência geral da ação humana. Esta ciência considera os objetivos finais escolhidos pelo agente homem como dados, é inteiramente neutra em relação a eles e se abstém de fazer julgamentos de valor. O único padrão que utiliza é o de procurar saber se os meios escolhidos para a obtenção dos fins pretendidos são ou não os mais adequados. Se o eudemonismo fala em felicidade, se o utilitarismo e a economia falam em utilidade, devemos interpretar estes termos subjetivamente, como sendo aquilo que o agente homem procura obter porque, a seu juízo, considera desejável. É neste formalismo que consiste o progresso do significado moderno do eudemonismo, do hedonismo e do utilitarismo, contrapondo-se ao seu antigo significado materialista, bem como o progresso da moderna teoria subjetivista de valor, que contrasta com a teoria objetivista de valor como é interpretada pela economia política clássica. Ao mesmo tempo, é neste subjetivismo que se assenta a objetividade da nossa ciência. Por ser subjetivista e considerar os julgamentos de valor do agente homem como dados irredutíveis não passíveis de qualquer outro exame crítico, coloca-se acima de disputas de partidos e facções, é indiferente

---

[8] Veremos mais adiante (p. 77-78) como as ciências sociais empíricas lidam com o dado irredutível.

aos conflitos de todas as escolas de dogmatismo ou doutrinas éticas, é livre de valorações e de ideias ou julgamentos preconcebidos, é universalmente válida e absoluta e simplesmente humana.

5
Causalidade como um requisito da ação

O homem tem condições de agir porque tem a capacidade de descobrir relações causais que determinam mudanças e transformações no universo. Ação requer e pressupõe a existência da causalidade. Só pode agir o homem que percebe o mundo à luz da causalidade. Neste sentido é que podemos dizer que a causalidade é um requisito da ação. A categoria, *meios* e *fins* pressupõe a categoria *causa* e *efeito*. Num mundo sem causalidade e sem a regularidade dos fenômenos, não haveria campo para o raciocínio humano nem para a ação humana. Um mundo assim seria um caos no qual o homem estaria perdido e não encontraria orientação ou guia. O homem nem é capaz de imaginar um universo caótico de tal ordem.

O homem não pode agir onde não percebe nenhuma relação causal. A recíproca desta afirmativa não é verdadeira. Mesmo quando conhece a relação causal, o homem também pode deixar de agir, se não tiver condições de influenciar a causa.

O arquétipo da pesquisa da causalidade era: onde e como devo interferir de forma a mudar o curso dos acontecimentos, do caminho que eles seguiriam na ausência da minha interferência, para uma direção que melhor satisfaça meus desejos? Neste sentido, o homem levanta a questão: quem ou o que está na origem das coisas? Ele procura a regularidade ou a "lei", porque quer interferir. Só mais tarde é que esta procura foi mais extensivamente interpretada pela metafísica como uma procura da causa final da vida e da existência. Foram necessários séculos para fazer retornar ideias extravagantes e exageradas à questão bem mais modesta: de que modo alguém deve interferir ou deveria ser capaz de interferir para conseguir atingir este ou aquele fim.

O tratamento dado ao problema da causalidade nas últimas décadas foi bastante insatisfatório, graças à confusão provocada por alguns físicos eminentes. Esperemos que este desagradável capítulo da história da filosofia seja uma advertência para futuros filósofos.

Existem mudanças cujas causas são desconhecidas para nós, pelo menos no momento atual. Algumas vezes conseguimos adquirir um conhecimento parcial que nos permite afirmar: em 70% de todos os casos, resulta *A* em *B*; nos casos remanescentes, resulta em *C*, ou mesmo em *D*, *E*, *F* e assim por diante. A fim de substituir esta informação fragmentada por informação mais precisa, seria necessário decompor *A* em seus componentes. Enquanto isto não for conseguido, temos de aquiescer com o que é conhecido como lei estatística. Mas isso não afeta o significado praxeológico da causalidade. Ignorância total ou parcial em algumas áreas não elimina a categoria da causalidade.

Os problemas filosóficos, epistemológicos e metafísicos da causalidade e da indução imperfeita estão fora do escopo da praxeologia. Devemos simplesmente estabelecer o fato de que, para poder agir, o homem precisa conhecer a relação causal entre eventos, processos ou situações. E, somente se conhecer essa relação, sua ação pode atingir os objetivos pretendidos. Temos consciência de que ao fazer esta afirmativa, estamo-nos movendo num círculo. Porque a evidência de que percebemos corretamente uma relação causal só é estabelecida quando a ação guiada por este conhecimento conduz ao resultado esperado. Mas não podemos evitar este círculo vicioso precisamente porque a causalidade é um requisito da ação. E por ser um requisito, a praxeologia não pode deixar de dedicar alguma atenção a esse problema fundamental da filosofia.

6
O ALTER EGO

Se estivermos preparados para utilizar o termo causalidade no seu *lato sensu*, a teleologia pode ser denominada uma espécie de investigação das causas. Causas finais são, antes de tudo, causas. A causa de um evento é entendida como uma ação ou quase ação que procura atingir algum fim.

Tanto o homem primitivo como a criança, numa ingênua atitude antropomórfica, considera bastante plausível que toda mudança ou evento seja o resultado da ação de um ser agindo da mesma maneira que eles. Acreditam que animais, plantas, montanhas, rios e fontes, e até mesmo pedras e corpos celestes são, como eles, seres que agem, sentem e têm propósitos. Somente num estágio mais avançado do desenvolvimento cultural é que o homem renuncia a essas ideias animistas e as substitui por uma visão mecanicista do mundo. O mecanicismo se revela um principio de conduta tão satisfatório que as pessoas acabam por acreditá-lo, capaz de resolver todos os problemas do pensamento e da pesquisa científica. O materialismo e o panfisicalismo proclamam o mecanicismo como a essência de todo conhecimento e os métodos experimentais e matemáticos das ciências naturais como a única forma científica de pensamento. Todas as mudanças devem ser compreendidas como movimentos sujeitos às leis da mecânica.

Os defensores do mecanicismo não se preocupam com os problemas ainda não resolvidos da base lógica e epistemológica dos princípios da causalidade e da indução amplificante. Para eles, esses princípios são corretos porque funcionam. O fato de que experiências em laboratório conseguem obter os resultados previstos pelas teorias e de que nas fábricas as máquinas funcionam da maneira prevista pela tecnologia prova – assim dizem eles – a confiabilidade dos métodos e conclusões da ciência natural moderna. Sendo certo que a ciência não nos pode dar a verdade – e quem sabe realmente o que é a verdade? —, não se pode negar que ela consegue conduzir-nos ao sucesso.

Mas justamente quando aceitamos este ponto de vista pragmático é que o vazio do dogma panfisicalista se torna manifesto. A ciência, como já foi assinalada acima, não conseguiu resolver os problemas da relação mente/corpo. Os panfisicalistas certamente, não podem sustentar que os procedimentos que recomendam tenham, em algum momento, solucionado os problemas das relações inter-humanas e das ciências sociais. No entanto, é fora de dúvida que o princípio segundo o qual um ego lida com todo ser humano como se fosse um ser que pensa e age como ele mesmo já evidencia sua utilidade tanto no dia a dia como na pesquisa científica. Não se pode negar que este princípio é correto.

É fora de dúvida que a prática de considerar os semelhantes como seres que pensam e agem como eu, o ego, tem dado certo; por outro lado, parece ser impossível fazer uma verificação prática equivalente para um postulado que determine que os seres devam ser tratados da mesma maneira que os objetos das ciências naturais. Os problemas epistemológicos que são suscitados pela compreensão do comportamento de outras pessoas não são menos complicados do que os suscitados pela causalidade e pela indução amplificante. Pode-se admitir que fosse impossível apresentar evidência conclusiva para a proposição de que a minha lógica é a lógica de todas as outras pessoas e, certamente, a única lógica humana; que as categorias da minha ação são as categorias da ação de todas as pessoas e, certamente, também as categorias de toda ação humana. Não obstante, o pragmático deve lembrar-se de que essas proposições funcionam tanto na prática como na ciência, e o positivista não deve esquecer que, ao dirigir-se a seus semelhantes, pressupõe – tácita e implicitamente – a validade intersubjetiva da lógica e, portanto, a realidade da existência do pensamento e ação do *alter ego* e de seu caráter eminentemente humano.[9]

Pensar e agir são características próprias do homem. São privilégios exclusivos de todos os seres humanos. Caracterizam o homem, independentemente de sua qualidade de membro da espécie zoológica, mesmo como *homo sapiens*. Não é propósito de a praxeologia investigar a relação entre pensar e agir. Para a praxeologia, é suficiente estabelecer o fato de que há somente um modo de ação que é humano e que é compreensível para a mente humana. Se existem, ou podem existir, em algum lugar, outros seres – super-humanos ou subumanos – que pensam e agem de maneira diferente, é algo que está fora do alcance da mente humana. Devemos restringir nossos esforços ao estudo da ação humana.

Esta ação humana, inextricavelmente ligada ao pensamento humano, está condicionada pela necessidade da lógica. É impossível à mente humana conceber relações lógicas diferentes da sua estruturação lógica. É impossível à mente humana conceber um modo de ação cujas categorias sejam diferentes das categorias que determinam suas próprias ações.

O homem só dispõe de dois princípios para apreensão mental da realidade: a teleologia e a causalidade. O que não puder ser colocado em qualquer destas duas categorias é inacessível à mente humana. Um evento que não possa ser interpretado por um desses dois princípios é, para o homem, inconcebível e misterioso. Uma mudança pode ser concebida como consequência de uma causalidade mecanicista ou de um comportamento propositado; para a mente humana, não há outra hipótese disponível.[10] Na realidade, como já foi mencionado, a teleologia pode ser considerada uma espécie de causalidade. Mas assinalar este fato não anula as diferenças essenciais entre essas duas categorias.

A visão pan-mecanicista do mundo está comprometida com um monismo metodológico; admite apenas a causalidade mecanicista porque lhe atribui todo valor cognitivo ou, pelo menos, um valor cognitivo maior do que a teleologia. Isto é uma superstição metafísica. Ambos os princípios da cognição – causalidade e teleologia – são, por força das imitações da razão humana, imperfeitos e não implicam conhecimento definitivo. A causalidade nos leva a um

---

[9] Cf. Alfred Schütz, *Der sinnhafte Aufbau der sozialen Welt* .Viena. 1932), p. 18.

[10] Cf. Karel Englis, *Begründung der Teleologie als Form des empirischen Erkennens* .Brünn, 1930, p. 15 e segs.

regressus in infiniturn[11] que a razão nunca consegue exaurir. A teleologia quer saber, tão logo se coloca a questão, qual é a fonte da energia primeira. Os dois métodos logo esbarram num dado irredutível que não pode ser analisado ou interpretado. O raciocínio e a investigação científica nunca podem proporcionar uma completa tranquilidade de espírito, uma certeza apodítica ou uma cognição perfeita de todas as coisas. Quem pretende isso tem de recorrer à fé e tentar acalmar sua consciência adotando um credo ou uma doutrina metafísica.

Se não transcendermos o uso da razão e a experiência, temos de admitir que nossos semelhantes agem. Não podemos negar este fato em favor de um preconceito ou de uma opinião arbitrária. A experiência do dia a dia não prova apenas que o único método adequado para estudar as condições do nosso meio ambiente não é o fornecido pela categoria da causalidade; prova ainda, convincentemente, que nossos semelhantes são seres agentes, como nós também o somos. O único processo viável para interpretação e análise da ação humana é o proporcionado pela compreensão e análise do nosso próprio comportamento propositado.

O problema do estudo e análise da ação das outras pessoas não está de forma alguma ligado ao problema da existência de uma *alma* ou de uma *alma imortal*. Enquanto as objeções do empirismo, behaviorismo e positivismo forem dirigidas contra qualquer espécie de teoria da alma, não têm nenhum valor para a análise do nosso problema. A questão que temos de enfrentar é a de saber se é possível compreender intelectualmente a ação humana se nos recusarmos a compreendê-la como comportamento propositado, que procura atingir determinados fins. O behaviorismo e o positivismo querem aplicar à realidade da ação humana os métodos empíricos das ciências naturais. Interpretam a ação como uma resposta aos estímulos. Mas esses estímulos, em si mesmos, não são passíveis de descrição pelos métodos das ciências naturais. Qualquer tentativa de descrevê-los tem de se referir ao significado que o agente homem lhes dá. Podemos chamar de estímulo a oferta de uma mercadoria à venda. Mas o que é essencial nesta oferta e a distingue de outras ofertas não pode ser explicado sem que se considere o significado que os agentes atribuem a essa situação. Não há artifício dialético que possa negar o fato de que o homem é movido pelo desejo de atingir determinados fins. É este comportamento propositado – ação – que é o objeto de nossa ciência. Não podemos abordá-lo, se negligenciarmos o significado que o agente homem as-

---

[11] Processo de procurar indefinitivamente em cada situação à etapa precedente. (N.T.)

socia a uma situação, ou seja, a uma dada conjuntura, e ao seu próprio comportamento diante da mesma.

Não é apropriado ao físico buscar causas finais, porque não há indicação de que os eventos que são o objeto do estudo da física possam ser interpretados como o resultado da ação de um ser que quer atingir fins a maneira humana. Tampouco é apropriado ao praxeologista desconsiderar a existência da vontade e da intenção dos seres agentes; são fatos inquestionáveis. Quem desconsiderá-los não estará mais estudando a ação humana. Algumas vezes – mas não sempre – os eventos em questão podem ser investigados tanto pelo ângulo da praxeologia como pelo ângulo das ciências naturais. Mas quem lida com a descarga de uma arma de fogo, sob o ângulo da física ou da química, não é um praxeologista. Negligencia o próprio problema que a ciência do comportamento propositado do homem procura esclarecer.

Sobre a utilidade dos instintos

A prova do fato de que só existem duas vias para a pesquisa humana – causalidade ou teleologia – é fornecida pelos problemas relacionados com a utilidade dos instintos. Existem tipos de comportamento que, por um lado, não podem ser interpretados pelos métodos das ciências naturais e, por outro lado, não podem ser considerados como ação humana propositada. Para compreender esses tipos de comportamento, temos de recorrer a um artifício. Atribuímos-lhes o caráter de uma quase ação; estamo-nos referindo aos instintos úteis.

Destacamos duas observações: primeira, a tendência, inerente a um organismo vivo, de responder a um estímulo, de acordo com um mesmo padrão; segunda, os efeitos favoráveis deste tipo de comportamento para o fortalecimento ou a preservação das forças vitais do organismo. Se pudéssemos interpretar tal comportamento como o resultado de ação propositada visando a determinados fins, poderíamos qualificá-lo como ação e lidar com ele de acordo com os métodos teleológicos da praxeologia. Mas como não encontramos nenhum vestígio de uma mente consciente por trás desse comportamento, supomos que um fator desconhecido – chamamo-lo *instinto* – o provocou. Dizemos que o instinto dirige este quase propositado comportamento animal, bem como, as respostas úteis, embora inconscientes, dos músculos e nervos do homem. Entretanto, o simples fato de hipostasiar o elemento inexplicado desse comportamento como uma força e chamá-lo de instinto, não aumenta nosso conhecimento. Não devemos esquecer que a palavra instinto é apenas um marco divisório que indica um ponto além do qual somos incapazes, pelo menos até o presente momento, de prosseguir com nossa investigação.

A biologia conseguiu descobrir uma explicação "natural", isto é, mecanicista, para vários processos que anteriormente eram atribuídos ao funcionamento dos instintos. Não obstante, muitos outros subsistem que não podem ser interpretados como respostas mecânicas ou químicas a estímulos mecânicos ou químicos. Os animais manifestam atitudes que não podem ser compreendidas, a não ser pela suposição da existência de um fator atuante.

O intuito do behaviorismo de estudar a ação humana, exteriormente, com os métodos da psicologia animal, é ilusório. Tão logo o comportamento animal vai além dos simples processos fisiológicos, como a respiração e o metabolismo, só pode ser investigado com a ajuda dos conceitos desenvolvidos pela praxeologia. O behaviorista aborda o objeto de suas investigações com as noções humanas de propósito e êxito. Aplica inadvertidamente ao objeto de seus estudos os conceitos humanos de utilidade e perniciosidade. Ilude-se ao excluir qualquer referência verbal à consciência e à busca de objetivos. Na verdade, sua mente procura por objetivos em toda parte e mede cada atitude com o gabarito de uma noção deturpada de utilidade. A ciência do comportamento humano – a não ser a fisiologia – não pode deixar de se referir a significado e propósito. Não pode aprender nada da psicologia animal nem da observação das reações inconscientes de crianças recém-nascidas. Ao contrário, é a psicologia animal e a psicologia infantil que não podem rejeitar a ajuda proporcionada pela ciência da ação humana. Sem as categorias praxeológicas, não teríamos condições de conceber e compreender o comportamento tanto de animais como de crianças.

A observação do comportamento instintivo de animais enche o homem de espanto e levanta questões às quais ninguém pode responder satisfatoriamente. No entanto, o fato de animais e até mesmo plantas reagirem de uma maneira quase propositada não é mais nem menos milagroso do que a capacidade do homem para pensar e agir, do que o fato de prevalecerem, no universo inorgânico, as correspondências funcionais descritas pela física, ou do que o fato de ocorrerem processos biológicos no universo orgânico. Tudo isso é milagroso no sentido de que é um dado irredutível para a nossa mente perscrutadora.

O que chamamos instinto é também um dado irredutível. Como os conceitos de movimento, força, vida, consciência, o conceito de instinto também é, simplesmente, um termo para designar um dado básico. Com toda certeza, não "explica" nada nem indica uma causa ou uma causa final.[12]

---

[12] *"La vie est une cause premiere qui nous échappe comme toutes les causes premiéres et dont la science expérimentale*

O OBJETIVO ABSOLUTO

Para evitar qualquer possível mal-entendido quanto às categorias praxeológicas, parece ser necessário enfatizar um truísmo.

A praxeologia, como as ciências históricas da razão humana, lida com a ação propositada do *homem*. Se mencionar *fins*, o que tem em vista são os fins que o agente homem procura atingir. Falar de *significado*, referir-se ao significado que o agente homem atribui às suas ações.

A praxeologia e a história são manifestações da mente humana e, como tal, estão condicionadas pela aptidão intelectual dos homens mortais. A praxeologia e a história não pretendem saber nada sobre as intenções de uma mente superior e objetiva, sobre um significado objetivo inerente ao curso dos acontecimentos e a evolução histórica; nem sobre os planos que Deus ou a Natureza ou *Weltgeist* ou o Destino está tentando realizar ao dirigir o universo e os negócios humanos. Não têm nada em comum com o que se chama de filosofia da história. Não pretendem revelar informações sobre o verdadeiro, objetivo e absoluto significado da vida e da história, como pretendem fazê-lo Hegel, Comte, Marx e muitos outros autores.[13]

O HOMEM VEGETATIVO

Algumas filosofias aconselham o homem a buscar como objetivo final de sua conduta a renúncia completa a qualquer ação. Encaram a vida como um mal, cheia de dor, sofrimento e angústia, e apoditicamente negam que qualquer esforço humano possa tomá-la tolerável. A felicidade só pode ser alcançada pela completa extinção da consciência, da vontade e da vida. A única maneira de alcançar a glória e a salvação é tornar-se perfeitamente passivo, indiferente, inerte como as plantas. O bem supremo é o abandono do pensamento e da ação.

Esta é a essência dos ensinamentos de várias filosofias indianas, especialmente do budismo, e de Schopenhauer. A praxeologia não tem nada a comentar sobre elas. É neutra em relação a todos os julgamentos de valor e à escolha de objetivos finais. Sua tarefa não é a de aprovar ou desaprovar, mas a de descrever o que é.

---

n'a pas à se préoccuper." Claude Bernard, *Law science expérimentale* (Paris, 1878), p. 137.

[13] Sobre filosofia de a história ver Mises, *Theory and History,* New Haven, 1957, p. 159 e segs.

O objeto do estudo da praxeologia é a ação humana. Lida com o homem e não com o homem transformado numa planta e reduzido numa existência meramente vegetativa.

Capítulo 2
Os Problemas Epistemológicos da Ciência da Ação Humana

1
Praxeologia e história

Existem dois ramos principais das ciências da ação humana: a praxeologia e a história.

História é o conjunto e a arrumação sistemática de todos os dados relativos à experiência da ação humana. Lida com o conteúdo concreto da ação humana. Estuda todos os esforços humanos na sua infinita variedade e multiplicidade, e todas as ações individuais com todas as suas implicações acidentais, especiais ou particulares. Examina as ideias que guiam o agente homem e o resultado de suas ações. Abrange todos os aspectos das atividades humanas. É, por um lado, história geral e, por outro, a história de vários segmentos mais específicos. Existe a história da ação política e militar, das ideias e da filosofia, das atividades econômicas, da tecnologia, da literatura, arte e ciência, da religião, dos hábitos e costumes e de muitos outros aspectos da vida humana. Há também a etnologia e a antropologia, desde que não seja uma parte da biologia, e há ainda a psicologia enquanto não seja fisiologia, nem epistemologia, nem filosofia. Existe ainda a linguística, enquanto não seja lógica nem fisiologia do idioma.[1]

O tema de todas as ciências históricas é o passado. Elas não nos podem ensinar algo que seja aplicável a todas as ações humanas, ou seja, aplicável também ao futuro. O estudo da história torna um homem sábio e judicioso. Mas não proporciona conhecimento e habilidade que possam ser utilizados na execução de tarefas concretas.

---

[1] A história econômica, a economia descritiva e a estatística econômica também são história. O termo *sociologia* é empregado com dois significados diferentes. A sociologia descritiva lida com os fenômenos históricos da atividade da ação humana que não são abordados pela economia descritiva; de certo modo, invade o campo da etnologia e da antropologia. Por outro lado, a sociologia geral aborda experiência histórica de unir o ponto de vista mais universal de vista do que os outros ramos da história. A própria história, por exemplo, se ocupa de unir determinada cidade ou cidades num período específico, ou de um determinado ou de certa geografia. Max Weber em seu tratado principal (*Wirtschaft und Gesellschaft* Tülingen, 1922, p. 513-600) trata da cidade em geral, isto é, com toda a experiência histórica relativa às cidades, sem qualquer limitação de períodos históricos, áreas geográficas, individual ou povos, nações, raças e civilizações.

As ciências naturais também lidam com eventos passados. Toda experiência é uma experiência de algo que já se passou; não há experiência de acontecimentos futuros. Mas a experiência à qual as ciências naturais devem todo seu sucesso é aquela em que os elementos específicos que sofrem alteração podem ser observados isoladamente. As informações assim acumuladas podem ser usadas para indução, um processo peculiar de inferência que já deu evidência pragmática de sua utilidade, embora ainda necessite de uma satisfatória caracterização epistemológica.

A experiência com a qual as ciências da ação humana têm de lidar é sempre uma experiência de fenômenos complexos. No que diz respeito à ação humana, não se pode realizar experiência em laboratório. Nunca temos condição de observar a mudança em um elemento isolado, mantendo-se todos os demais inalterados. A experiência histórica, na condição da experiência de fenômenos complexos, não nos fornece fatos, no sentido com que as ciências naturais empregam este termo, para designar eventos isolados testados em experiências. A informação proporcionada pela experiência histórica não pode ser usada como material para a construção de teorias ou para previsão de eventos futuros. Toda experiência histórica está aberta a várias interpretações e de fato, é interpretada de diversas maneiras.

Os postulados do positivismo e escolas metafísicas congêneres são, portanto, ilusórios. É impossível reformar as ciências da ação humana obedecendo a padrões da física ou de outras ciências naturais. Não há possibilidade de estabelecer *a posteriori* uma teoria de conduta humana e dos eventos sociais. A história não pode provar nem refutar qualquer afirmação de caráter geral, da mesma maneira que as ciências naturais aceitam ou rejeitam uma hipótese, com base em experiências de laboratório. Neste campo, não é possível provar por experiências que uma hipótese seja falsa ou verdadeira.

Os fenômenos complexos para cuja existência contribuem diversas causas não nos permitem afirmar que uma teoria esteja certa ou errada. Pelo contrário, esses fenômenos só se tornam inteligíveis através da interpretação que lhes é dada com base em teorias já existentes e que foram desenvolvidas a partir de outras fontes. No caso dos fenômenos naturais, a interpretação de um evento não pode contrariar teorias já satisfatoriamente testadas por experiências. No caso de eventos históricos, não há tal restrição. Os analistas desses eventos estão livres para recorrer a interpretações bastante arbitrárias. Onde existe algo a ser explicado, a mente humana sempre conseguiu inventar *ad hoc* alguma teoria imaginária, desprovida de qualquer justificação lógica.

No campo da história, é a praxeologia que proporciona uma limitação semelhante à representada pela experimentação no caso das teorias que tentam interpretar e elucidar eventos físicos, químicos ou fisiológicos. A praxeologia não é uma ciência histórica, mas uma ciência teórica e sistemática. Seu escopo é a ação humana como tal. Independentemente de quaisquer circunstâncias ambientais, acidentais ou individuais que possam influir nas ações efetivamente realizadas. Sua percepção é meramente formal e geral, e não se refere ao conteúdo material nem às características peculiares de cada ação. Seu objetivo é o conhecimento válido para todas as situações onde as condições correspondam exatamente àquelas indicadas nas suas hipóteses e inferências. Suas afirmativas e proposições não derivam da experiência. São como a lógica e a matemática. Não estão sujeitas a verificação com base na experiência e nos fatos. São tanto lógica como temporalmente anteriores a qualquer compreensão de fatos históricos. É um requisito necessário para qualquer percepção intelectual de eventos históricos. Sem sua ajuda, nossa percepção do curso dos eventos históricos ficaria reduzida ao registro de mudanças caleidoscópicas ou de uma desordem caótica.

2
O CARÁTER FORMAL E APRIORÍSTICO DA PRAXEOLOGIA

É moda na filosofia contemporânea a tendência de negar a existência de qualquer conhecimento *a priori*. Todo conhecimento humano, afirmam, deriva da experiência. Esta atitude pode ser facilmente compreendida como reação excessiva contra as extravagâncias da teologia ou contra filosofias espúrias da história e da natureza. Os metafísicos estavam ansiosos para descobrir, de modo intuitivo, os preceitos morais, o significado da evolução histórica, as propriedades da alma e da matéria e as leis que governam eventos físicos, químicos e fisiológicos. Suas especulações etéreas manifestavam uma alegre indiferença por conhecimentos corriqueiros. Estavam convencidos de que a razão poderia explicar todas as coisas e responder a todas as questões, sem recorrer à experiência.

As ciências naturais modernas devem seu sucesso ao método de observação e experimentação. Não há duvida de que o empirismo e o pragmatismo estão certos, na medida em que simplesmente descrevem os processos das ciências naturais. Mas também é certo que estão inteiramente errados ao pretender rejeitar qualquer tipo de conhecimento *a priori* e considerar a lógica, a matemática e a praxeologia como disciplinas empíricas e experimentais ou como meras tautologias.

No que diz respeito à praxeologia os erros dos filósofos se devem a sua completa ignorância em economia[2] e, frequentemente, à sua indecorosa insuficiência de conhecimentos de história. Aos olhos do filósofo, o tratamento de temas filosóficos têm uma vocação nobre e sublime que não deve ser colocada no mesmo baixo nível de outras ocupações lucrativas. O professor ressente o fato de que ele obtém um rendimento com a filosofia; ele se ofende com a ideia de que ganha dinheiro da mesma maneira que um artesão ou um lavrador. Assuntos pecuniários são coisas desprezíveis, e o filósofo, investigando os transcendentes problemas da verdade e dos valores absolutos eternos, não deveria conspurcar sua mente, dando atenção a assuntos de economia.

O problema de saber se existem ou não elementos de pensamento *a priori* – isto é, condições intelectuais de pensamento, necessárias e inevitáveis, anteriores a qualquer momento real de concepção e experiência – não deve ser confundido com o problema genético de como o homem adquiriu sua capacidade mental, caracteristicamente humana. O homem é descendente de ancestrais não humanos que não tinham essa capacidade. Esses ancestrais estavam dotados de alguma potencialidade que, no curso dos séculos de evolução, os transformou em seres dotados de razão. Essa transformação foi conseguida pela influência do meio cósmico atuando sobre sucessivas gerações. Resulta daí a conclusão dos partidários do empirismo filosófico: o raciocínio é fruto da experiência e representa uma adaptação do homem as condições do seu meio ambiente.

Essa ideia, quando coerentemente adotada, nos leva à conclusão de que teriam existido entre nossos ancestrais pré-humanos vários estágios intermediários. Teriam existido seres que, embora ainda não equipados com a faculdade da razão, estariam dotados com alguns elementos rudimentares de raciocínio. Não tinham ainda uma mente lógica, mas uma mente pré-lógica (ou de uma lógica bastante imperfeita). Suas funções lógicas desconexas e defeituosas evoluíram passo a passo do estado pré-lógico até o estado lógico. A razão, a inteligência e a lógica são, portanto, fenômenos históricos. Há uma história da lógica como existe a história das diferentes técnicas. Nada sugere que a lógica, como a conhecemos, seja o último estágio, o estágio final da evolução intelectual. A lógica humana é uma fase histórica entre a au-

---

[2] Poucos filósofos tinham mais familiaridade com vários ramos do conhecimento contemporâneo que Bergson. Entretanto, uma observação casual do seu último livro, evidencia claramente que Bergson ignorava totalmente o teorema fundamental de valor e de troca. Falando de troca ele comenta: *"l'on ne peut le pratiquer sans s'être demandé si les deux objets échangés sont bien de même valeur, c'est-à-dire échangeables contre un même troisiéme"*, Les Deux Sources de la morale et de la religion, Paris, 1932, p. 68.

sência de lógica pré-humana por um lado e a lógica sobre-humana por outro. A razão e a mente – os equipamentos mais eficientes de que são dotados os seres humanos na sua luta pela sobrevivência – fazem parte do contínuo fluxo de eventos zoológicos. Não são eternos nem imutáveis. São transitórios.

Além disso, não há dúvida de que todo ser humano repete na sua evolução pessoal não apenas a metamorfose fisiológica de uma simples célula em um organismo mamífero de grande complexidade, mas, também, a metamorfose espiritual de uma existência meramente vegetativa e animal em uma mente dotada de razão. Esta transformação não se completa na vida pré-natal do embrião e sim mais tarde, quando a criança recém-nascida, passo a passo, desperta para a consciência humana. Portanto, todo homem na sua primeira infância, começando das profundezas da escuridão, evolui por vários estágios de estrutura lógica da mente.

Há também o caso dos animais. Estamos inteiramente a par do abismo intransponível que separa a nossa razão dos processos reativos do cérebro e dos nervos dos animais. Mas, ao mesmo tempo, podemos imaginar as forças que neles se debatem, tentando encontrar a luz da compreensão. Os animais são como prisioneiros ansiosos para se libertarem da condenação à escuridão eterna e ao inevitável automatismo. Solidarizamo-nos com eles porque nós mesmos estamos numa posição semelhante: lutamos, em vão, para romper as limitações de nosso aparato intelectual, empenhando-nos inutilmente em conseguir obter inatingível cognição perfeita.

Porém, o problema do *a priori* é de outra espécie. Não lida com o problema de saber como a razão e a consciência surgiram. Refere-se à característica necessária e essencial da estrutura lógica da mente humana.

As relações lógicas fundamentais não estão sujeitas a prova ou refutação. Qualquer tentativa de prová-las tem que pressupor sua validade. É impossível explicá-las a um ser que já não as possua, por conta própria. Os esforços para defini-las, de acordo com as regras de uma definição, inevitavelmente fracassam. São proposições básicas que antecedem qualquer definição real ou nominal. São categorias finais, impossíveis de serem analisadas. A mente humana é absolutamente incapaz de imaginar outras categorias lógicas diferentes das suas. Para o homem, suas relações lógicas são imprescindíveis e inevitáveis, qualquer que seja a forma que possam assumir no caso de seres sobre-humanos. É o pré-requisito indispensável da percepção e da experiência.

É também um pré-requisito indispensável da memória. Há uma tendência, nas ciências naturais, em descrever a memória como um caso particular de um fenômeno mais geral. Todo organismo vivo conserva os efeitos de um estímulo anterior; o estado atual da matéria inorgânica é consequência de todos os efeitos que sobre ela atuaram no passado. O estado atual do universo é o produto de seu passado. Podemos, portanto, num sentido metafórico livre, dizer que a estrutura geológica do nosso planeta conserva a memória de mudanças cósmicas anteriores, e que o organismo de um homem é a sedimentação das fatalidades e vicissitudes, suas e de seus ancestrais. Mas memória é algo inteiramente diferente do fato de haver uma unidade estrutural e uma continuidade da evolução cósmica. É um fenômeno de consciência e, como tal, condicionado *a priori* pela lógica. Psicólogos ficam intrigados com o fato de que o homem não se lembre de nada do tempo em que era um embrião ou uma criança de colo. Freud tenta explicar esta falta de lembrança como produzida pela supressão de reminiscências desagradáveis. Na realidade, não há nada a ser lembrado de estágios inconscientes. O automatismo animal e as respostas inconscientes e estímulos fisiológicos não são elementos para lembrança, nem por embriões ou criancinhas, nem por adultos. Somente situações conscientes podem ser lembradas.

A mente humana não é uma tábula rasa na qual os eventos externos registram sua própria história. Está equipada com o ferramental necessário para compreender a realidade. O homem adquiriu esse ferramental, isto é, a estrutura lógica de sua mente, ao longo de sua evolução de uma ameba até o estado atual. Mas as ferramentas são anteriores a qualquer experiência.

O homem não é apenas um animal totalmente sujeito aos estímulos inevitáveis que determinam as circunstâncias de sua vida. É também um ser agente. E a categoria ação é logicamente antecedente a qualquer ato concreto. O fato de que o homem não tenha o poder criativo para imaginar categorias diferentes das suas relações lógicas fundamentais nem dos princípios de causalidade e teologia nos impõe o que pode ser chamado de *apriorismo metodológico*.[3]

Qualquer pessoa no seu dia a dia frequentemente é testemunha da imutabilidade e da universalidade das categorias do pensamento e da ação. Quem se dirige aos seus semelhantes, querendo informá-los ou convencê-los, perguntando e respondendo, só pode assim proceder porque está dotado de algo comum a todos os homens: a estrutura lógica da razão humana. A ideia de que A possa ser ao mesmo tempo

---

[3] Apriorismo metodológico é a doutrina segundo a qual existe conhecimento que antecede a experiência (ou as percepções sensoriais). (N.T.)

anti A, ou que preferir *A* e *B* possa ser a mesma coisa que preferir *B* e *A* é simplesmente inconcebível e absurda para a mente humana. Não temos condição de compreender qualquer tipo de pensamento pré-lógico ou metalógico. Não podemos imaginar um mundo sem causalidade e teleologia.

Não interessa ao homem determinar se existem, além da esfera acessível à sua inteligência, outras esferas nas quais haja algo categoricamente diferente do pensamento e ação humanos. Nenhum conhecimento dessas outras esferas penetra na mente humana. É inútil perguntar se as coisas, em si mesmas, são diferentes de como as vemos, ou se existem mundos inacessíveis e ideias impossíveis de serem compreendidas. Esses problemas estão além do alcance da cognição humana. O conhecimento humano é condicionado pela estrutura da mente humana. Se, como tema de investigação, se escolhe a ação humana, isto significa que forçosamente iremos estudar as categorias da ação que são próprias à mente humana e que são sua projeção no mundo exterior em evolução e mudança. Todos os teoremas da praxeologia se referem sempre a essas categorias da ação e são válidos apenas na órbita em que operam tais categorias. Assim sendo, não contribuem com qualquer informação acerca de mundos e relações nunca sonhados ou nunca imaginados.

Portanto, a praxeologia é duplamente humana. É humana porque reclama para os seus teoremas validade universal em toda ação humana. É humana também porque lida apenas com a ação humana e não pretende saber nada sobre ações não humanas – sejam elas sub-humanas ou super-humanas.

A PRETENSA HETEROGENEIDADE LÓGICA DO HOMEM PRIMITIVO

Constitui equívoco bastante generalizado supor que os escritos de Lucien Lévy-Bruhl dão suporte à doutrina segundo a qual a estrutura lógica da mente do homem primitivo era e continua a ser categoricamente diferente da do homem civilizado. Ao contrário, o que Lévy-Bruhl demonstra sobre as funções mentais do homem primitivo, com base num exame cuidadoso de todo material etnológico disponível, evidencia claramente que os relances lógicos fundamentais e as categorias do pensamento e da ação desempenham nas atividades intelectuais dos selvagens o mesmo papel que desempenham na nossa própria vida. O conteúdo do pensamento do homem primitivo difere do conteúdo do nosso pensamento, mas a estrutura formal e lógica é comum a ambos.

É verdade que o próprio Lévy-Bruhl afirma que a mentalidade dos povos primitivos é essencialmente "mística e pré-lógica; as representações coletivas do homem primitivo são reguladas pela "lei da participação" e consequentemente são indiferentes à lei da contradição. Entretanto, a distinção que Lévy-Bruhl faz entre pensamento pré-lógico e lógico refere-se ao conteúdo e não à forma e à estrutura categorial do pensamento. Ele mesmo declara que também entre as pessoas como nós existem ideias e relações entre ideias comandadas pela "lei de participação", lado a lado com aquelas sujeitas à lei do raciocínio. "O pré-lógico e o místico são coexistentes com o lógico".[4]

Lévy-Bruhl relega os ensinamentos essenciais do cristianismo ao âmbito da mente pré-lógica.[5] Ora, podem-se apresentar, e têm sido apresentadas, muitas objeções contra as doutrinas cristãs, e sua interpretação pela teologia. Mas ninguém se atreveria a afirmar que os filósofos e precursores do cristianismo – entre eles Santo Agostinho e Santo Tomás – tivessem uma mente cuja estrutura lógica fosse categoricamente diferente da dos nossos contemporâneos. A disputa entre um homem que acredita em milagres e outro que não acredita refere-se ao conteúdo do pensamento e não à sua estrutura lógica. Alguém que tente demonstrar a possibilidade da existência de milagres pode errar. Mas desmascarar seu erro – como mostram os brilhantes ensaios de Hume e Mill – não é menos complicado do que demonstrar o erro de qualquer falácia filosófica ou econômica.

Exploradores e missionários relatam que na África e na Polinésia o homem primitivo se contém diante da primeira percepção que lhe causam os acontecimentos e nunca raciocina se pode de alguma maneira, modificá-los.[6] Educadores americanos e europeus, às vezes, relatam o mesmo de seus alunos. Com relação aos Mossi, no Niger, Lévy-Bruhl cita a observação de um missionário: "a conversa com eles gira em torno de mulheres, comida e, na época das chuvas, colheitas".[7] Que outros assuntos preferem muitos dos contemporâneos e vizinhos de Newton, Kant e Lévy-Bruhl?

A conclusão a se tirar dos estudos de Lévy-Bruhl pode ser mais bem expressa em suas próprias palavras: "a mente primitiva, como a

---

[4] Lévy-Bruhl, *How Natives Think*, trans. by L.A. Clare. New York, 1932, p. 386.

[5] *Ibid.*, p. 377.

[6] Lévy-Bruhl, *Primitive Mentality*, trans. by L.A. Clare New York, 1923, p. 27-29.

[7] *Ibid.*, p. 27.

nossa, está ansiosa para encontrar as causas dos acontecimentos, mas não as procura na mesma direção em que nós o fazemos".[8]

Um camponês ansioso por obter uma boa colheita pode – dependendo do conteúdo de suas ideias – escolher vários métodos. Pode realizar algum ritual mágico, pode partir numa peregrinação, pode acender uma vela ao seu santo padroeiro ou pode empregar mais fertilizante e de melhor qualidade. Mas, qualquer que seja a sua escolha, ela é sempre ação, isto é, o emprego de meios para atingir fins. Mágica, num sentido mais amplo é uma variedade de tecnologia. Exorcismo é uma ação deliberada, propositada, baseada numa visão de mundo que a maior parte dos nossos contemporâneos condena como superstição e, consequentemente, como inadequada. Mas o conceito de ação não implica que a mesma seja orientada por uma teoria correta e por uma tecnologia que garanta a obtenção do objetivo pretendido. Implica apenas que o executante da ação acredite que os meios aplicados produzirão o efeito desejado.

Nenhum ensinamento proporcionado pela etnologia ou pela história contradiz a afirmação segundo a qual a estrutura lógica da mente é uniforme em todos os homens, de todas as raças, idades e países.[9]

3
O APRIORISMO E A REALIDADE

O raciocínio apriorístico é meramente conceitual e dedutivo. Não pode produzir nada além de tautologias e raciocínios analíticos. Todas as suas implicações derivam logicamente das premissas e nelas estão contidas. Decorre daí a objeção frequentemente feita ao apriorismo, segundo a qual este modo de pensar não pode acrescentar nada ao nosso conhecimento.

Todos os teoremas geométricos já estão contidos nos seus axiomas. O conceito de um triângulo retângulo já contém o teorema de Pitágoras. Este teorema é uma tautologia e sua dedução resulta num raciocínio analítico. Não obstante, ninguém pretenderia afirmar que a geometria em geral e o teorema de Pitágoras em particular não acrescentam nada ao nosso conhecimento. A cognição a partir de raciocínio meramente dedutivo também é criativa e abre para a nossa mente acesso a regiões antes inacessíveis. A tarefa mais importante

---

[8] *Ibid.*, p. 437.

[9] Ver os brilhantes estudos de Ernest Cassirer, *Philosophie der symbolischen Formen*. Berlin, 1925, vol. 2, 78.

do raciocínio apriorístico é, por um lado, revelar tudo o que se pode inferir das categorias, conceitos e premissas e, por outro, mostrar o que não se pode inferir. Sua função é tornar claro e evidente o que antes era obscuro e desconhecido.[10]

No próprio conceito da moeda já está implícito todos os teoremas da teoria monetária. A teoria quantitativa não acrescenta nada ao nosso conhecimento que já não esteja virtualmente contido no conceito de moeda. Essa teoria não faz mais do que transformar, desenvolver e revelar conhecimento; analisa apenas, sendo, portanto tautológica como o teorema de Pitágoras em relação ao conceito de triângulo retângulo. No entanto, ninguém negaria o valor cognitivo da teoria quantitativa. Só poderá ignorá-la aquele que não estiver familiarizado com o raciocínio econômico. Uma longa série de fracassos na solução de problemas, que deveriam ter sido abordados sob a luz da teoria quantitativa, atesta bem que não foi tarefa fácil atingir o presente estágio de conhecimento.

Não é deficiência do sistema o fato de a ciência apriorística não nos proporcionar uma percepção total da realidade. Seus conceitos e teoremas são ferramentas mentais que facilitam o acesso a uma melhor compreensão da realidade; é claro que não é em si mesma a totalidade do conhecimento factual sobre todas as coisas. A teoria, por um lado, e a compreensão da vida e da realidade instável por outro, não estão em oposição. Sem a teoria, sem uma ciência apriorística da ação humana, não é possível compreender a realidade da ação humana.

A correspondência entre conhecimento racional e experimental constitui, há muito tempo, um dos problemas fundamentais da filosofia. Como para todos os outros problemas da crítica do conhecimento, a abordagem dos filósofos refere-se apenas às ciências naturais. Os filósofos ignoram as ciências da ação humana. Por isso, suas contribuições não têm utilidade para a praxeologia.

Habitualmente, adota-se, no tratamento dos problemas epistemológicos da economia, uma das soluções sugeridas para as ciências naturais. Alguns autores recomendam o convencionalismo de Poincaré.[11] Há quem considere as premissas do raciocínio econômico uma questão de linguística ou de postulados convencionais.[12] Outros preferem aceitar as ideias desenvolvidas por Einstein, que levanta a

---

[10] A ciência diz Meyerson é *"l'acte par lequel nous ramenons à l'identique ce qui nous a, tout d'abord, paru n'être pas tel."* (*De L'explication dans dles sciences*, Paris, 1927, p. 154). Ver também Morris R. Cohen, *A Preface to Logic*. New York, 1944, pp. 11-14.

[11] Henri Poincaré, *La science et L' hypothèse*, Paris, 1918, p. 69.

[12] Felix Kaufmann, *Methodolgy of Social Science*, Londres, 1944, p. 46-47.

seguinte questão: "como pode a matemática, um produto da razão humana, que não depende de nenhuma experiência, corresponder tão primorosamente à realidade? Seria a razão humana, sem ajuda da experiência, através apenas do raciocínio, capaz de descobrir a essência das coisas reais?" E ele mesmo responde: "na medida em que os teoremas de matemática referem-se à realidade, não são exatos, e, na medida em que são exatos, não se referem à realidade".[13]

Ocorre, entretanto, que as ciências da ação humana são radicalmente diferentes das ciências naturais. Todos os autores que pretendem estabelecer uma base epistemológica das ciências da ação humana segundo o padrão das ciências naturais erram lamentavelmente.

O verdadeiro tema da praxeologia, ação humana tem a mesma origem que o raciocínio humano. Ação e razão são congêneres e homogêneas; podem até serem considerados dois aspectos diferentes da mesma coisa. O poder que tem a razão de esclarecer, através de simples raciocínio, as características essenciais da ação é consequência do fato de que a ação é um produto da razão. Os teoremas que o raciocínio praxeológico consegue adequadamente estabelecer são não apenas impecavelmente verdadeiros e incontestáveis como os teoremas matemáticos. Mais ainda, referem-se, com a plena rigidez de sua certeza apoditica e de sua incontestabilidade. A realidade da ação como ela se apresenta na vida e na história. A praxeologia transmite conhecimento exato e preciso das coisas reais.

O ponto de partida da praxeologia não consiste numa escolha de axiomas nem numa decisão sobre métodos de investigação, mas na reflexão sobre a essência da ação. Em qualquer ação as categorias praxeológicas se manifestam completa e perfeitamente. Não há modo de ação imaginável no quais meios e fins ou custos e benefícios não possam ser claramente distinguidos e precisamente separados. Não existe nada que corresponda apenas aproximadamente ou incompletamente a categoria econômica da troca. Existe apenas troca e não troca; e, no que diz respeito a qualquer troca, todos os teoremas gerais relativos a trocas são válidos com toda sua rigidez e com todas as suas implicações. Não existe uma transição gradual de troca para não troca nem de troca direta para troca indireta. Jamais se poderá realizar uma experiência que possa contradizer estas afirmativas.

Tal experiência seria desde logo impossível porque toda experiência relativa à ação humana está condicionada pelas categorias praxeológicas e só pode ser realizada mediante sua aplicação. Se

---
[13] Albert Einstein, *Geometrie und Erfahrung*, Berlin, 1923, p. 3.

não tivéssemos em nossas mentes os esquemas lógicos estabelecidos pelo raciocínio praxeológico, nunca estaríamos em condição de discernir e compreender qualquer ação. Perceberíamos os movimentos, mas não o ato de comprar ou vender, nem tampouco preços, salários, juros e assim por diante. Somente pela utilização dos esquemas praxeológicos é que nos tornamos capazes de realizar a experiência de um ato de compra e venda: e o fazemos independentemente dos nossos sentidos perceberem, concomitantemente, quaisquer movimentos de homens ou coisas no mundo exterior. Sem a ajuda do conhecimento praxeológico jamais aprenderíamos algo sobre meios de troca. Uma moeda, sem esse conhecimento, seria apenas um disco de metal, nada mais. A prática relativa ao uso de moeda só é possível graças à compreensão da categoria praxeológica *meio de troca*.

A experiência relativa à ação humana difere da relativa aos fenômenos naturais porque requer e pressupõe o conhecimento praxeológico. Por esta razão, os métodos das ciências naturais são inadequados para o estudo da praxeologia, da economia e da história.

Ao afirmar caráter apriorístico da praxeologia não estamos esboçando um plano para uma futura nova ciência diferente das ciências tradicionais da ação humana. Não estamos afirmando que a ciência teórica da ação humana deveria ser apriorística, mas sim que é, e sempre foi, apriorística. Qualquer tentativa de refletir sobre os problemas suscitados pela ação humana está necessariamente ligada ao raciocínio apriorístico. Não faz nenhuma diferença neste particular se os homens, ao discutirem um problema, são teóricos, buscando apenas o conhecimento puro, ou estadistas, políticos e cidadãos comuns, ansiosos por compreender o que está ocorrendo e por descobrir que tipo de política ou de conduta melhor serviria aos seus próprios interesses. As pessoas podem começar uma discussão a partir do significado de alguma experiência concreta, mas o debate inevitavelmente se desvia dos aspectos acidentais e ambientais e encaminha-se para uma análise de princípios fundamentais; imperceptivelmente abandonam-se os acontecimentos factuais que haviam provocado a discussão. A história das ciências naturais é o registro de teorias e hipóteses descartadas porque refutadas pela experiência. Lembrem-se, por exemplo, das ideias erradas da velha mecânica, refutadas por Galileu, ou o que ocorreu com a teoria flogística. Isto não ocorre na história da economia. Os defensores de teorias logicamente incompatíveis indicam os mesmos eventos como prova de que seu ponto de vista foi testado pela experiência. A verdade é que a ocorrência de um fenômeno complexo – e no campo da ação humana todas as ocorrências são fenômenos complexos – pode sempre ser interpretado com base em várias teorias antitéticas. Esta interpretação será considerada satisfatória ou insatisfatória, conforme seja nossa opinião acerca das teorias em questão, estabelecida de antemão com base em raciocínio apriorístico.[14]

A história não nos pode ensinar qualquer regra geral, princípio ou lei. Não há meio de extrair de uma experiência histórica, *a posteriori*, qualquer teoria ou teorema relativo à conduta humana ou às políticas. Os dados da história não seriam nada além de uma tosca acumulação de ocorrências sem nexo, um monte de confusão, se não pudessem ser esclarecidos, amimados e interpretados pelo conhecimento praxeológico sistematizado.

4
O PRINCÍPIO DO INDIVIDUALISMO METODOLÓGICO

A praxeologia lida com as ações individuais dos homens. Só mais tarde no curso de suas investigações, é que consegue compreender a cooperação humana, e a ação social é então considerada como um caso particular da categoria mais universal da ação humana.

Este individualismo metodológico tem sido veementemente atacado por várias escolas metafísicas e depreciado como uma falácia nominalista. A noção de um indivíduo, dizemos críticos, é uma abstração vazia. O homem verdadeiro é, necessariamente, sempre um membro de um conjunto social. É até mesmo impossível imaginar a existência de um homem separado do resto da humanidade, dissociado da sociedade. O homem como homem é o produto de uma evolução social. Sua característica mais importante, a razão, só poderia surgir numa estrutura de interdependência social. Não há pensamento que não dependa dos conceitos e noções da linguagem. E a linguagem é manifestamente um fenômeno social. O homem é sempre membro de uma coletividade. Como o conjunto é tanto lógica como temporalmente anterior às suas partes ou membros, o estudo do indivíduo é posterior ao estudo da sociedade. O único método adequado para o tratamento científico dos problemas humanos é o método utilizado pelo universalismo ou pelo coletivismo.

Ora, a controvérsia quanto à anterioridade do conjunto ou de seus componentes é inútil. Logicamente as noções de um conjunto e suas partes são correlativas. Como conceitos lógicos, ambos estão desvinculados do tempo.

---

[14] Ver E.P. Cheyney, *Law in History and Other Essays*, New York, 1927, p. 27.

Não menos inadequado em relação ao nosso problema é a referência ao antagonismo entre realismo e nominalismo, ambos os termos sendo entendidos com o sentido que lhes atribuíam o escolasticismo medieval. Não se contesta que, na esfera da ação humana, as entidades sociais têm existência real. Ninguém se atreveria a negar que nações estados, municipalidades, partidos, comunidades religiosas são fatores reais determinantes do curso dos eventos humanos. O individualismo metodológico longe de contestar o significado desses conjuntos coletivos, considera como uma de suas principais tarefas descrever e analisar o seu surgimento e o seu desaparecimento, as mudanças em suas estruturas e em seu funcionamento. E escolhe o único método capaz de resolver este problema satisfatoriamente. Inicialmente, devemos dar-nos conta de que todas as ações são realizadas por indivíduos.

Um conjunto opera sempre por intermédio de um ou de alguns indivíduos cujas ações estão relacionadas ao conjunto de forma secundária. É o significado que os agentes individuais, e todos que são afetados pela sua ação, atribuem a uma ação que determina o seu caráter. É o significado que distingue uma ação como ação de um indivíduo e outra como ação do estado ou da municipalidade. É o carrasco, e não o estado, que executa um criminoso. É o significado daqueles interessados na execução que distingue, na ação do carrasco, uma ação do estado. Um grupo de homens armados ocupa um local. É o significado daqueles envolvidos nesta ocupação que a atribui não aos soldados e oficiais, mas à sua nação. Se investigarmos o significado das várias ações executadas pelos indivíduos, necessariamente aprenderemos tudo sobre as ações dos conjuntos coletivos. Porque um coletivo social não tem existência e realidade fora das ações de seus membros individuais. A vida de um coletivo é vivida nas ações dos indivíduos que constituem o seu corpo. Não há coletivo social concebível que não seja operativo pelas ações de alguns indivíduos. A realidade de um todo social consiste em seus rumos e resoluções das ações específicas por parte dos indivíduos. Portanto, a maneira de compreender conjuntos coletivos é através da análise das ações individuais.Como ser agente e pensante, o homem já emerge de sua existência pré-humana como um ser social. A evolução da razão, da linguagem e da cooperação é o resultado de um mesmo processo; estes três elementos estão inseparável e necessariamente ligados. Mas esse processo ocorreu nos indivíduos. Consiste em mudanças no comportamento dos indivíduos.Não se dá a não ser nos indivíduos. A essência da sociedade é a própria ação dos indivíduos.

Que existem nações, estados, igrejas, que existe cooperação social na divisão do trabalho, é algo que só pode ser percebido pelas ações de alguns indivíduos. Ninguém jamais percebeu uma nação sem perceber seus membros. Neste sentido, podemos dizer que um coletivo social começa a existir através das ações de seus indivíduos. Isto não significa que o indivíduo seja temporalmente antecedente. Significa apenas que são as ações específicas dos indivíduos que constituem o coletivo.

Não é necessário discutir se a sociedade é a soma resultante da adição de seus elementos ou se, além disso, é um ser *sui generis* ou ainda, se é razoável ou não falar de sua vontade, planos, desejos e ações e atribuir-lhe uma "alma" própria. Essa discussão pedante é inútil. Um conjunto coletivo é um aspecto particular das ações de vários indivíduos e, como tal, é algo verdadeiro que influencia o curso dos eventos.

É ilusório acreditar que se podem visualizar conjuntos coletivos. Nunca são visíveis; nossa percepção de um conjunto coletivo depende sempre dos significados que lhe atribuímos. Podemos ver uma multidão, isto é, uma grande quantidade de pessoas. Se essa multidão é um mero ajuntamento ou uma massa humana (no sentido com que este termo é usado pela psicologia contemporânea), se é um corpo organizado ou qualquer outra entidade social, é uma questão que só pode ser respondida pela compreensão do significado que cada um atribui à sua existência. E esse significado supõe sempre uma apreciação individual. É a nossa compreensão, um processo mental, e não os nossos sentidos, que nos permite perceber a existência de entidades sociais.

Quem pretende iniciar o estudo da ação humana a partir de entidades coletivas esbarra num obstáculo insuperável, qual seja, o fato de que um indivíduo pode pertencer ao mesmo tempo, e na realidade pertence – com exceção das tribos mais primitivas —, a várias entidades coletivas. Os problemas suscitados pela coexistência de um grande número de entidades sociais e seus antagonismos recíprocos só podem ser resolvidos pelo individualismo metodológico[15].

Eu e nós

O *Ego* é a unidade do ser agente. É um dado irredutível cuja existência não pode ser negada ou decomposta por nenhum argumento ou sofisma.

O *Nós* é sempre o resultado de uma soma que junta dois ou mais *Egos*. Se alguém diz *Eu*, nenhuma outra informação é necessária

---
[15] Ver adiante p. 185-193, a crítica da teoria coletivista da sociedade.

para estabelecer o seu significado. O mesmo é válido com relação ao Tu e desde que a pessoa em questão seja precisamente indicada, com relação ao *Ele*. Mas, se alguém diz *Nós*, é preciso alguma informação adicional para indicar quais *Egos* estão compreendidos nesse *Nós*. É sempre um simples indivíduo que diz *Nós;* mesmo que muitos indivíduos o digam em coro, permanece sendo diversas manifestações individuais.

O *Nós* não pode agir de maneira diferente do modo como os indivíduos agem no seu próprio interesse. Eles podem tanto agir juntos, em acordo como um deles pode agir por todos. Neste último caso, a cooperação dos outros consiste em propiciar uma situação que torna a ação de apenas um homem efetiva para todos. Somente nesse sentido é que o representante de uma entidade social age pelo todo; os membros individuais do corpo coletivo ou obrigam ou permitem que a ação de uma só pessoa lhes seja também concernente.

As tentativas da psicologia para anular o *Ego* e desmascará-lo como uma ilusão, são inúteis. O *Ego* praxeológico está além de qualquer dúvida. Pouco importa o que um homem foi ou o que virá a ser; ao agir, e no próprio ato de escolher, ele é um *Ego*.

Do *pluralis logicus* (e do meramente protocolar *pluralis majestaticus*) devemos distinguir o *pluralis gloriosus*. Se um canadense, sem a menor noção de patinação no gelo, proclama "nós somos os melhores jogadores de hóquei do mundo", ou se um campeão italiano orgulhosamente afirma "nós somos os mais notáveis pintores do mundo", ninguém se sentirá enganado. Mas, no que diz respeito aos problemas políticos e econômicos, o *pluralis gloriosus* evolui para o *pluralis imperialis* e, como tal, representa um papel significativo na propagação de doutrinas que influirão significativamente na determinação de políticas econômicas internacionais.

5
O PRINCÍPIO DO SINGULARISMO METODOLÓGICO

A investigação praxeológica tem sua origem na ação individual – na ação de um indivíduo. Não lida, de forma imprecisa, com a ação humana em geral, mas com ação específica, concreta, que uma determinada pessoa realiza numa determinada data e num determinado local. Evidentemente, não se interessa pelas circunstâncias acidentais ou ambientais desta ação nem pelo que a distingue de outras ações, mas apenas pelo que é necessário e universal na ação do homem.

A filosofia do universalismo, desde tempos imemoriais, bloqueou o acesso a uma compreensão satisfatória dos problemas praxeológicos e, por isso mesmo, os universalistas contemporâneos são inteiramente incapazes de encontrar a forma de abordá-los. Universalismo[16], coletivismo e realismo conceitual[17] só sabem lidar com conjuntos e universos. Especulam sobre o gênero humano, nações, estados, classes, sobre vício e virtude, certo e errado, sobre conjuntos inteiros de necessidades ou de mercadorias. Perguntam, por exemplo: por que o valor do "ouro" é maior do que o do "ferro"? Assim sendo, nunca encontram soluções, mas somente antinomias e paradoxos. O caso mais ilustrativo é o do paradoxo do valor que frustrou até mesmo o trabalho dos economistas clássicos.

A praxeologia pergunta: o que acontece quando alguém age? O que significa dizer que um indivíduo, aqui e agora, em qualquer tempo e em qualquer lugar, age? O que resulta se ele escolhe uma coisa e rejeita outra?

O ato de escolher é sempre uma decisão entre várias oportunidades franqueadas à sua escolha individual. O homem nunca escolhe entre vício e virtude, mas somente entre dois modos de ação que consideramos do nosso ponto de vista, virtuoso ou vicioso. O homem nunca escolhe entre "ouro" e "ferro" de forma abstrata, mas sempre entre uma determinada quantidade de ouro e uma determinada quantidade de ferro. Cada ação é estritamente limitada por suas consequências imediatas. Se quisermos tirar conclusões corretas, precisamos, antes de tudo, examinar essas limitações.

A vida humana é uma sequência incessante de ações singulares. Mas a ação singular não é, de forma alguma, isolada. É um elo numa cadeia de ações que, juntas, formam uma ação de um nível mais elevado, objetivando um fim mais distante. Toda ação tem dois aspectos. Por um lado, é uma ação parcial no conjunto de uma ação mais abrangente, a realização parcial de um objetivo maior.

---

[16] *Universalismo* é o conceito holístico ou coletivista que considera a sociedade como uma entidade que tem vontade e objetivos próprios, independentes e separados daqueles dos indivíduos. Ao sustentar que famílias e comunidades dirigem o desenvolvimento dos indivíduos, os universalistas consideram os agregados sociais, tais como as nações, como um todo articulado ao qual as funções do indivíduo devem subordinar-se. Um proponente moderno do universalismo foi Othmar Spanm, 1878-1950, cujas ideias serviram de base ao nazismo. Extraído de *Mises Made Easier*. Percy Greaves Jr., op. cit. (N.T.)

[17] *Realismo conceitual* é a teoria segundo a qual abstrações universais, classes gerais ou tipos ideais não constatáveis na prática têm uma realidade independente, igual e, às vezes, superior à realidade de suas partes componentes individuais. Por exemplo, o realismo conceitual considera o termo abstrato "capital" como algo concreto e real, com usos e características diferentes dos "bens de capital" que o constituem. Outro exemplo é o de "renda nacional". Extraído de *Mises Made Easier*. Percy Greaves Jr., op. cit. (N.T.)

Por outro lado é, em si mesma, um todo no que diz respeito ao seu propósito de realizar apenas uma parte do objetivo final.

Depende do escopo do projeto que o agente homem pretenda realizar naquele momento, quer se trate de uma ação de objetivo mais distante ou de uma ação parcial visando a um objetivo mais imediato. A praxeologia não tem necessidade de levantar questões do tipo das levantadas pela *Gestaltpsychologie*.[18] O caminho de grandes realizações sempre passa pela execução de pequenas tarefas. Uma catedral é algo mais do que um monte de pedras colocadas juntas. Mas a única maneira de construir uma catedral é colocar pedra sobre pedra. Para o arquiteto, o projeto global é o principal. Para o pedreiro, é a simples parede, é cada pedra em si. O que conta para a praxeologia é o fato de que o único método para realizar tarefas maiores consiste em construir desde as fundações, passo a passo, etapa por etapa.

6
AS CARACTERÍSTICAS INDIVIDUAIS E VARIÁVEIS DA AÇÃO HUMANA

O conteúdo da ação humana, isto é, os fins pretendidos e os meios escolhidos e aplicados na consecução destes fins, é determinado pelas qualidades pessoais de cada agente homem. O homem é o produto, é a herança fisiológica de uma longa evolução zoológica. Nasce como descendente e herdeiro de seus ancestrais; seu patrimônio biológico é o sedimento, o precipitado, de toda experiência vivida por seus antepassados. O homem não nasce no mundo em geral, mas num determinado meio ambiente. Suas características inatas ou herdadas e tudo o que a vida lhe imprimiu fazem do homem o que ele é durante a sua peregrinação terrestre. Tal é a sua sina e o seu destino. Sua vontade não é "livre" no sentido metafísico do termo. É determinada pelo seu passado e por todas as influências a que estiveram expostos ele mesmo e os seus ancestrais.

A herança e o meio ambiente moldam as ações do ser humano. Sugerem-lhe tanto os fins como os meios. O homem não vive simplesmente como homem *in abstrato*; vive como um membro de sua

---

[18] *Gestaltpsychologie* – escola de psicologia que sustenta que os homens percebem o significado ou a realidade das coisas de acordo com a forma, padrão, configuração ou arranjo como um todo, e não pela decomposição em partes ou unidades separadas do todo. Exemplos: uma melodia tem maior significado para o ouvinte do que as notas isoladas; três linhas iguais formando um triângulo equilátero têm uma significação diferente das mesmas linhas dispostas de outra maneira. (N.T.)

família, de sua raça, de seu povo e de sua época; vive como cidadão de seu país; como membro de um determinado grupo social; como profissional de certa profissão; como seguidor de determinadas ideias religiosas, metafísicas, filosóficas e políticas; como partidário em muitas lutas e controvérsias. Não cria, por si mesmo, suas ideias e padrões de valores; toma-os de empréstimo a outras pessoas. Sua ideologia é influenciada pelo seu meio ambiente. São poucos os homens que têm o dom de pensar ideias novas e originais e de mudar o corpo tradicional de crenças e doutrinas.

O homem comum não especula sobre os grandes problemas. Ampara-se na autoridade de outras pessoas, comporta-se como "um sujeito decente deve comportar-se", como um cordeiro no rebanho. É precisamente esta inércia intelectual que caracteriza um homem como um homem comum. Entretanto, apesar disso, o homem comum efetivamente escolhe. Prefere adotar padrões tradicionais ou padrões adotados por outras pessoas porque está convencido de que esse procedimento é o mais adequado para atingir o seu próprio bem estar. E está apto a mudar sua ideologia e, consequentemente, o seu modo de ação, sempre que estiver convencido de que a mudança servirá melhor a seus interesses. A maior parte do comportamento cotidiano de um homem é pura rotina. Pratica determinados atos sem lhes emprestar uma atenção especial. Muitas coisas faz porque foi treinado em sua infância para fazê-las, porque outras pessoas comportam-se da mesma maneira e porque é esse o costume em seu meio. Adquire hábitos, desenvolve reações automáticas. Condescende com esses hábitos somente porque aprecia seus efeitos. Tão logo percebe que agir da forma habitual pode dificultar a obtenção de fins desejados, muda seu comportamento. Um homem criado num local onde a água é limpa adquire o hábito de descuidadamente bebê-la ou usá-la para banho e limpeza. Mas, quando se muda para outro local onde a água é poluída e insalubre, dedicará a maior atenção a procedimentos e cautelas com os quais não se preocupava antes. Deixa de proceder de acordo com a rotina tradicional e automática, com o objetivo de preservar sua saúde. O fato de uma ação ser praticada normalmente, de um modo que poderíamos denominar de automático não significa que não seja graças a uma vontade consciente e a uma escolha deliberada. Condescender com uma rotina que possivelmente poderia ser mudada também é ação.

A praxeologia não se ocupa do conteúdo variável da ação, mas de sua forma pura e de sua estrutura categorial. O estudo dos aspectos ambientais e acidentais da ação humana é tarefa da história.

7
O ESCOPO E O MÉTODO ESPECÍFICO DA HISTÓRIA

O escopo da história é o estudo de todos os dados relativos à ação humana. O historiador recolhe e analisa criticamente todos os documentos disponíveis. Com base nas informações encontradas desenvolve o seu trabalho.

Tem sido afirmado que a tarefa da história é a de mostrar como os eventos aconteceram, sem sujeitá-los a pressuposições e valores (*wertfrei*, isto é, neutro em relação a julgamentos de valor). O relato do historiador deveria ser uma imagem fiel do passado, como se fosse uma fotografia intelectual, fornecendo uma completa e imparcial descrição dos fatos. Deveria reproduzir, diante de nosso intelecto, o passado com todas as suas características.

Ora, uma reprodução real do passado requereria uma duplicação humanamente impossível de se conseguir. A história não é uma reprodução intelectual, mas uma representação condensada do passado em termos conceituais. O historiador não deixa, meramente, que os fatos falem por si. Na formulação de sua narrativa, o historiador ordena os fatos segundo o ponto de vista das ideias subjacentes à sua exposição. Não relata os fatos como aconteceram, mas apenas os fatos *relevantes*. Não aborda os documentos livre de pressuposições, mas equipado com todo o aparato do conhecimento científico de sua época, ou seja, com todos os ensinamentos contemporâneos da lógica matemática, da praxeologia e da ciência natural.

É óbvio que o historiador não se deve deixar influenciar por preconceitos ou por dogmas partidários. Aqueles que consideram os eventos históricos como instrumentos para apoio das teses defendidas por seu partido não são historiadores, mas propagandistas e apologistas. Não pretendem adquirir conhecimento, mas, apenas, justificar o programa de seus partidos. Estão lutando pelos dogmas de uma doutrina metafísica, religiosa, nacional, política ou social. Usam o nome de história como fachada, com o intuito de iludir os crédulos. Um historiador deve, antes de tudo, procurar obter o conhecimento. Deve libertar-se de qualquer parcialidade. Deve ser neutro em relação a qualquer julgamento de valor.

O aludido postulado da *Wertfreiheit* pode ser facilmente obedecido no campo da ciência apriorística – lógica matemática e praxeologia – e no campo da ciência natural. Não é difícil estabelecer logicamente a linha de separação entre um tratamento científico, imparcial, essas disciplinas e um tratamento deformado pela superstição, ideias preconcebidas e paixão. No caso da história é muito mais difícil respeitar o requisito da neutralidade de julgamento de valor, porque o tema dessa disciplina – o real conteúdo acidental e ambiental da ação humana – consiste exatamente em julgamentos de valor. Ao exercer a sua atividade, o historiador está sempre fazendo julgamentos de valor. Os julgamentos de valor dos homens cujas ações ele relata são o substrato de suas investigações.

Tem sido afirmado que o historiador não pode evitar julgamentos de valor. Nenhum historiador – nem mesmo o cronista ingênuo ou o repórter de jornal – registra os fatos como acontecem. Ele tem que discriminar, que selecionar alguns eventos que considera dignos de serem registrados, e silenciar sobre outros. Essa escolha implica em si mesma, um julgamento de valor. É necessariamente condicionada pela visão que o historiador tem do mundo e, portanto, não é imparcial e sim o resultado de ideias preconcebidas. A história não pode ser nada além do que uma distorção de fatos; nunca pode ser verdadeiramente científica, isto é, neutra em relação a valores, pretendendo apenas descobrir a verdade.

Não há dúvida de que pode haver abuso no arbítrio que a seleção de fatos coloca nas mãos do historiador. Pode ocorrer, e tem ocorrido que a escolha do historiador seja orientada por preconceitos partidários. Não obstante, os problemas em questão são muito mais complicados do que parecem. Sua solução deve ser buscada com base num exame mais profundo dos métodos da história.

Ao lidar com um problema histórico, o historiador usa todo o conhecimento proporcionado pela lógica, matemática, ciências naturais e, especialmente, pela praxeologia. Contudo, as ferramentas mentais proporcionadas por essas disciplinas não históricas não são suficientes para que o historiador desempenhe sua tarefa.

Embora sejam ajudas indispensáveis, não são suficientes para responder às questões que lhe são colocadas.

O curso da história é determinado pelas ações dos indivíduos e pelos efeitos dessas ações. As ações são determinadas pelos julgamentos de valor dos agentes individuais, isto é, pelos fins que pretendem obter e pelos meios que utilizam para atingir esses fins. A escolha dos meios é o resultado de todo um conjunto de conhecimentos tecnológico dos agentes individuais. Em muitos casos, é possível avaliar os efeitos dos meios escolhidos do ponto de vista da praxeologia ou das ciências naturais. Mas ainda persiste muita coisa cuja elucidação não pode ser conseguida apenas com a ajuda dessas disciplinas.

A tarefa específica da história, para a qual utiliza um método específico, é o estudo desses julgamentos de valor e dos efeitos das ações, na medida em que não possam ser analisados à luz dos ensinamentos de outros ramos do conhecimento. O problema genuíno do historiador está em interpretar as coisas tal como aconteceram. Mas não consegue fazê-lo baseando-se unicamente nos teoremas das outras ciências. Sempre remanesce no fundo de cada um de seus problemas algo que resiste à análise feita com base nos ensinamentos das outras ciências. Estas são as características singulares e peculiares a cada evento histórico e só podem ser analisadas recorrendo-se à *compreensão*.[19]

A unicidade ou individualidade que existe no fundo de qualquer fato histórico, quando já se exauriram todas as possibilidades de interpretá-lo pela lógica, pela matemática, pela praxeologia e pelas ciências naturais, é um dado irredutível. Mas, se as ciências naturais diante de seus dados irredutíveis não têm alternativas a não ser a de aceitá-los como tal, a história pode pretender explicar seus dados irredutíveis. Embora não seja possível explicar suas causas – não seriam dados irredutíveis se tal explicação fosse possível —, o historiador pode tentar compreendê-los por ser ele mesmo um ser humano. Na filosofia de Bergson, essa compreensão é chamada de intuição, ou seja, *"la sympathie par laquelle on se transporte à l'intérieur d'un objet pour coïncider avec ce qu'il a d'unique et par conséquent d'inexprimable"*.[20] A epistemologia alemã nos fala *das spezifische Verstehen der Geisteswissenschaften* ou, simplesmente, *Verstehen*. É o método que todos os historiadores e todas as pessoas aplicam quando comentam eventos humanos passados ou quando tentam prever eventos futuros. A descoberta e a delimitação dessa *compreensão* foi uma das mais importantes contribuições da epistemologia moderna. Não é, certamente, um projeto para uma nova ciência que ainda não existe e que deve ser criada, nem tampouco uma recomendação para um novo método a ser aplicado nas ciências já existentes.

A *compreensão* não deve ser confundida com aprovação ainda que condicional ou circunstancial. O historiador, o etnólogo e o psicólogo

---

[19] *Understanding* – esta palavra, traduzida por "compreensão", será frequentemente usada, ao longo deste livro, com o seguinte significado: "o poder da mente humana de perceber ou apreender o significado de uma situação com a qual se defronta. Compreensão é mais o resultado da percepção intelectual do que do conhecimento factual, embora não deve nunca contradizer os ensinamentos válidos dos outros ramos do conhecimento, inclusive os das ciências naturais. A compreensão é usada por todo o mundo e é o único método apropriado para lidar com a história e com a incerteza das condições futuras, ou em qualquer situação em que o nosso conhecimento seja incompleto." Extraído de *Mises Made Easier*, Percy L. Greaves Jr., op. cit. (N.T.)

[20] Henri Bergson, *La pensée et le mouvant*, 4. ed., Paris, 1934, p. 205.

às vezes registram ações que são, no seu entender, repulsivas e repugnantes; eles as compreendem apenas como ações, ou seja, estabelecendo os propósitos subjacentes e os meios tecnológicos e praxeológicos empregados na sua execução. Compreender um caso individual não significa justificá-lo ou desculpá-lo.

Tampouco se deve confundir a *compreensão* com o prazer da experiência estética. A empatia (*Einfühlung*) e a *compreensão* são duas atitudes completamente diferentes. Uma coisa é compreender uma obra de arte do ponto de vista histórico, determinar seu lugar, significado e importância no fluxo de eventos, e outra é apreciá-la emocionalmente como uma obra de arte. Podemos contemplar uma catedral com os olhos de um historiador. Mas também podemos contemplá-la, seja com entusiástica admiração, seja como um turista indiferente. Os mesmos indivíduos são capazes de ambas as reações: a apreciação estética e a compreensão científica.

A *compreensão* registra o fato de que um indivíduo ou um grupo de indivíduos se engaja numa determinada ação impelida por determinadas escolhas e julgamentos de valor e pelo desejo de atingir determinados fins, aplicando, para a obtenção desses fins, determinados meios que lhe são sugeridos por determinadas doutrinas tecnológicas, terapêuticas e praxeológicas. Além disso, procura avaliar a intensidade dos efeitos ocasionados por uma ação; tenta atribuir a cada ação a sua relevância, ou seja, sua particular influência no curso dos acontecimentos.

O escopo da *compreensão* é a percepção mental de fenômenos que não podem ser plenamente elucidados pela lógica, matemática, praxeologia, nem pelas ciências naturais; sua investigação prossegue quando estas disciplinas já não têm contribuição a oferecer. Ao mesmo tempo, não pode contradizer os ensinamentos desses outros ramos do conhecimento.[21] A existência real do demônio é atestada por inúmeros documentos históricos que são bastante confiáveis sob muitos aspectos. Muitos tribunais, funcionando com plenas garantias processuais, com base no depoimento de testemunhas e na confissão dos acusados, proclamaram a existência de relações carnais entre o diabo e as bruxas. Não obstante, nenhum apelo à *compreensão* justificaria a tentativa de algum historiador afirmar que o diabo realmente existiu e interferiu em eventos humanos, a não ser nas perturbações visionárias de algum cérebro humano.

---

[21] Ver Ch. V. Langlois e Ch. Seignobos, *Introduction to the Study of History*. Trad. G.G. Berry, Londres, 1925, p. 205-208.

Enquanto isto é normalmente aceito no que diz respeito às ciências naturais, existem historiadores que adotam outra atitude quanto à teoria econômica. Tentam objetar os teoremas da economia apelando para documentos que presumivelmente conteriam provas de que a realidade seria incompatível com tais teoremas. Não percebem que fenômenos complexos não podem provar ou refutar qualquer teorema e, portanto, não podem ser confrontados com qualquer afirmação teórica. A história econômica só é possível porque existe uma teoria econômica capaz de explicar as consequências das ações econômicas. Se não houvesse uma teoria econômica, toda a história relativa a fatos econômicos não seria mais do que uma coleção de dados desconexos, sujeita a qualquer interpretação arbitrária.

8
Concepção e compreensão

As ciências da ação humana têm como tarefa a compreensão do significado e da relevância da própria ação humana. Para isso, recorrem a dois procedimentos epistemológicos diferentes: concepção e compreensão. A concepção é a ferramenta mental da praxeologia; compreensão é a ferramenta mental específica da história.

O conhecimento praxeológico é conhecimento conceitual. Refere-se ao que é indispensável na ação humana. É conhecimento de categorias e proposições universais.

O conhecimento da história refere-se ao que é único e peculiar em cada classe de eventos. Primeiramente, analisa cada objeto de seu estudo com o auxílio das ferramentas mentais proporcionadas por todas as outras ciências. Tendo concluído este trabalho preliminar, enfrenta o seu problema específico: a elucidação das características singulares e específicas de cada caso por meio da compreensão.

Como foi mencionado acima, tem sido afirmado que a história não pode ser científica porque a compreensão da história depende dos julgamentos de valor do historiador. A compreensão, afirmam, é apenas um termo eufemista para designar arbitrariedade. Os escritos dos historiadores são sempre unilaterais e parciais; não relatam os fatos; deformando-os.

É um fato irrefutável o de que livros sobre história são escritos a partir de vários pontos de vista. Existem histórias da Reforma escritas tanto do ponto de vista católico como do protestante. Existem histórias "proletárias" e histórias "burguesas"; existem historiadores conservadores e historiadores liberais. Cada nação, partido e grupo linguístico tem seus próprios historiadores e suas próprias ideias sobre história.

Mas o problema que essas diferenças de interpretação acarretam não deve ser confundido com a distorção intencional de fatos feita por propagandistas e apologistas disfarçados de historiadores. Aqueles acontecimentos que possam ser explicados de forma inquestionável, com base na documentação existente, devem ser estabelecidos preliminarmente pelo historiador. Nestes casos, não cabe a interpretação pessoal. É uma tarefa a ser realizada com o emprego das ferramentas fornecidas pelas ciências não históricas. As informações são coligidas através de uma cautelosa e crítica observação dos registros existentes. Sempre que as teorias das ciências não históricas, nas quais o historiador se baseia para examinar criticamente as fontes de informação, são razoavelmente confiáveis ou certas, não pode haver discordâncias importantes quanto à interpretação das informações. As afirmativas do historiador ou estão certas ou contrariam a realidade, podem ser provadas ou refutadas com base nos documentos disponíveis; ou então são vagas, porque as fontes não nos fornecem informação suficiente. Neste caso, os autores podem discordar, mas apenas com base numa interpretação sensata das evidências disponíveis. Na discussão em torno dessas divergências não cabem afirmativas arbitrárias.

Entretanto, os historiadores frequentemente divergem em relação aos ensinamentos das ciências não históricas. Resultam, então, divergências em relação ao exame crítico dos registros disponíveis e em relação às conclusões que deles derivam. Surge um conceito incontornável, cuja causa não decorre de interpretação contraditória em relação ao acontecimento histórico em questão, mas de uma controvérsia não resolvida, relacionada com as ciências não históricas.

Um antigo historiador chinês poderia relatar que os pecados do imperador provocaram uma seca catastrófica e que as chuvas só voltaram quando ele expiou suas faltas.

Nenhum historiador moderno aceitaria este relato, porque tal explicação meteorológica contraria fundamentos incontestáveis da ciência contemporânea. Mas a mesma unanimidade não existe em relação a inúmeras questões teológicas, biológicas ou econômicas. Daí as divergências entre os historiadores.

Um defensor da doutrina racial do arianismo nórdico consideraria como espantoso e simplesmente inacreditável um relato sobre realizações morais e intelectuais de raças "inferiores". Trataria tais relatos da mesma maneira com que os historiadores modernos tratariam o relato do historiador chinês. Nenhum acordo pode ser alcançado, em relação à história do cristianismo, entre autores que consideram os evangelhos como escrituras sagradas e os que os consideram como documentos humanos. Historiadores católicos e protestantes discordam acerca de muitas questões de fato porque partem de ideias teológicas diferentes. Um mercantilista ou um neomercantilista sempre divergirá de um economista. Uma explicação da história monetária alemã dos anos de 1914 a 1923 estará condicionada pelas doutrinas monetárias do autor. Os fatos da Revolução Francesa são apresentados de maneira diferente por aqueles que acreditam nos direitos sagrados do rei e aqueles que defendem outros pontos de vista.

Os historiadores divergem nessas questões, não em decorrência de sua capacidade como historiadores, mas na aplicação das ciências não históricas aos temas históricos. Discordam como os médicos agnósticos discordam em relação aos milagres de Lourdes, da comissão médica designada para recolher as provas relativas àqueles milagres. Somente os que acreditam que os fatos escrevem sua própria história na tábula rasa da mente humana culpam os historiadores por tais diferenças de opinião. Não percebem que a história não pode ser estudada sem pressuposições, de tal sorte que são as divergências em relação às pressuposições, ou seja, em torno do conteúdo dos ramos não históricos do conhecimento, que determinam o sentido da narrativa dos fatos históricos.

São também essas pressuposições que determinam a decisão do historiador relativa à escolha dos fatos que devem ser mencionados e dos que devem ser omitidos por serem considerados irrelevantes. Para descobrir por que uma vaca não está dando leite, um veterinário moderno não considerará como há trezentos anos se consideravam informações relativas à maldição de alguma bruxa. Da mesma maneira, o historiador seleciona, da infinidade de acontecimentos que precederam o fato objeto de seu estudo, aqueles que poderiam contribuir para o seu surgimento – ou para o seu retardamento – e negligencia aqueles que, de acordo com sua compreensão das ciências não históricas, não o influenciam.

Mudanças nos ensinamentos das ciências não históricas implicam, consequentemente, reescrever a história. Cada geração tem que rever os mesmos problemas históricos porque estes lhe aparecem sob uma nova luz. A antiga visão teológica do mundo conduziu a um enfoque da história diferente daquele sugerido pelos ensinamentos da ciência natural moderna. A teoria econômica subjetivista dá lugar a um relato histórico completamente diferente daquele que se baseia em doutrinas mercantilistas. Na medida em que as divergências entre os historiadores se originem dessas discordâncias, não é o resultado de uma suposta imprecisão ou incerteza nos estudos históricos. Ao contrário, é o resultado da falta de unanimidade no campo dessas outras ciências que são comumente chamadas de ciências exatas.

Para evitar possíveis equívocos, é necessário enfatizar alguns outros pontos. As divergências acima referidas não devem ser confundidas:

1. Com distorções mal-intencionadas dos fatos.

2. Com tentativas para justificar ou condenar ações de um ponto de vista legal ou moral.

3. Com a inserção, meramente incidental, de observações que impliquem julgamentos de valor, numa exposição rigorosa e objetiva sobre determinados assuntos. A objetividade de um tratado de bacteriologia não fica prejudicada se o seu autor, adotando o ponto de vista humano, considera a preservação da vida humana como um bem supremo e, aplicando este critério, qualifica como bom um método eficaz de matar germes e, como mau, um método que seja ineficaz. Um germe se escrevesse este livro, inverteria estes julgamentos, embora o conteúdo material do livro não diferisse do escrito pelo bacteriologista. Da mesma maneira, um historiador europeu, ao tratar das invasões mongólicas do século XIII pode falar de acontecimentos "favoráveis" ou "desfavoráveis", porque adota o ponto de vista dos defensores da civilização ocidental. Mas a adoção dos valores de uma das partes não interfere necessariamente no conteúdo material do seu estudo. Pode – do ponto de vista do conhecimento contemporâneo – ser absolutamente objetivo. Um historiador mongol poderia endossá-lo completamente, salvo quanto àquelas observações incidentais.

4. Com o exame feito por uma das partes nos casos de antagonismos militares ou diplomáticos, a luta de grupos em conflito pode ser tratada do ponto de vista das ideias, motivos e desejos que impulsionaram um dos lados em disputa. Para um completo entendimento do que aconteceu, é necessário considerar as ações de ambos os lados. O resultado é o produto da interação de ambas as partes. Mas, para compreender suas ações, o historiador deve tentar ver como as coisas se apresentaram ao agente homem no momento crítico e não apenas como as vemos hoje, amparados por todo o conhecimento contemporâneo. A história da política de Lincoln nas semanas e meses que precederam a Guerra Civil é, sem dúvida, incompleta. Na realidade, nenhum estudo histórico é completo. Independente da simpatia que possa ter pelos confederados

ou pelos nortistas, ou mesmo sendo neutro, o historiador deve tratar, de maneira objetiva, a política de Lincoln na primavera de 1861. Tal investigação é uma preliminar indispensável para responder à questão maior de como irrompeu a Guerra Civil.

Finalmente, aclarados estes problemas, podemos enfrentar a verdadeira questão: existe algum elemento subjetivo na compreensão da história e, se existe, de que maneira influencia o resultado dos estudos históricos?

Na medida em que a tarefa da compreensão seja estabelecer que as pessoas agissem motivadas por determinados julgamentos de valor e objetivando determinados fins, não pode haver discordância entre autênticos historiadores, isto é, aqueles desejosos de compreender efetivamente como ocorreram os acontecimentos passados. Pode haver incerteza, devido à insuficiência de informações. Mas isso nada tem a ver com a compreensão. Refere-se ao trabalho preliminar a ser realizado pelo historiador.

Entretanto, a compreensão tem outra tarefa a cumprir. Deve avaliar os efeitos produzidos por uma ação e a intensidade dos mesmos; deve lidar com a relevância das causas de cada ação.

Defrontamo-nos agora com uma das principais diferenças entre a física e a química, de um lado, e as ciências da ação humana, do outro. No domínio dos eventos físicos e químicos existem (ou, pelo menos, é correntemente aceitável que existam) relações constantes entre magnitudes, e o homem é capaz de descobrir essas constantes com um razoável grau de precisão, através de experiências de laboratório. No campo da ação humana, não existem tais relações constantes. Os economistas acreditaram, por algum tempo, que haviam descoberto uma relação constante entre as variações da quantidade de moeda e o preço das mercadorias. Supunham que um aumento ou diminuição da quantidade de moeda em circulação resultaria numa variação proporcional no preço das mercadorias. A economia moderna já demonstrou clara e irrefutavelmente a falácia desta suposição.[22] Estão inteiramente equivocados os economistas que pretendem substituir o que chamam de "economia qualitativa" por uma "economia quantitativa". Não existem, no campo da economia, relações constantes e, consequentemente, nenhuma medição é possível. Se um estatístico conclui que um aumento de 10% na oferta de batatas em Atlantis, num determinado momento, foi acompanhado de uma queda de 8% no preço, não está estabelecido de

---

[22] Ver adiante p. 479-483.

forma alguma o que aconteceu ou o que poderá acontecer com uma variação na oferta de batatas em qualquer outro país ou em qualquer outro momento. Não "mediu" a "elasticidade da demanda" das batatas. Apenas estabeleceu um fato histórico único e específico. Nenhum homem inteligente duvida de que o comportamento dos homens em relação a batatas ou a qualquer outra mercadoria é variável. As pessoas avaliam as coisas de maneira diferente; a mesma pessoa muda sua avaliação quando mudam as circunstâncias.[23]

Fora do campo da história econômica, ninguém jamais ousou afirmar que prevalecem relações constantes na história humana. Nos conflitos armados do passado, um soldado europeu equivalia a vários soldados de povos mais atrasados. Mas ninguém cometeria a tolice de "medir" a dimensão da superioridade europeia.

A impraticabilidade da medição não decorre da falta de meios técnicos para a efetivação da medida. Deve-se à ausência de relações constantes. Se o problema fosse apenas de insuficiência técnica, pelo menos uma estimativa aproximada seria possível em alguns casos. Não é possível porque o problema principal está no fato de que não existem relações constantes. Os ignorantes positivistas repetem frequentemente que a economia é uma disciplina retrógrada por não ser "quantitativa".

Ela não é quantitativa e não pode efetuar medições porque não existem constantes. Dados estatísticos referentes a eventos econômicos são dados históricos. Referem-se àquilo que já aconteceu numa situação histórica e que não acontecerá de novo. Fenômenos físicos podem ser interpretados com base no nosso conhecimento das relações constantes descobertas pela experimentação. Os acontecimentos históricos não permitem idêntico tratamento.

O historiador pode enumerar todos os fatores que contribuíram para provocar um determinado acontecimento, bem como todos os que o dificultaram ou concorreram para retardá-lo ou abrandá-lo. Mas não pode, a não ser pela compreensão, relacionar quantitativamente os vários fatores causais com os efeitos produzidos. Não pode, a não ser pela compreensão, atribuir, a cada um dos n fatores, seu peso, sua importância na produção do efeito P. No âmbito da história, a compreensão equivale, por assim dizer, à análise quantitativa e à medição.

A tecnologia nos pode dizer à espessura que deve ter uma chapa de aço para não ser perfurada por um tiro de um fuzil Winchester a uma distância de trezentas jardas. Pode, portanto, explicar por que um homem

---

[23] Ver adiante p. 412-414.

que se protegeu com uma chapa de aço de espessura conhecida foi ou não atingido por um tiro. A história, por outro lado, é incapaz de explicar com a mesma segurança por que o preço do leite subiu 10%, ou por que o presidente Roosevelt derrotou o governador Dewey nas eleições de 1944, ou por que a França adotou de 1870 a 1946 uma constituição republicana. Tais problemas só podem ser abordados pela compreensão.

A compreensão tenta atribuir a cada fator histórico sua relevância. Ao utilizar a compreensão, não podemos recorrer à arbitrariedade nem ao capricho. A liberdade do historiador é limitada pelo seu empenho de explicar satisfatoriamente uma realidade. Sua aspiração maior deve ser a busca da verdade. Mas há, na compreensão, necessariamente, um elemento de subjetividade. A compreensão do historiador está, sempre, matizada pelos traços de sua personalidade. Reflete sua mentalidade.

As ciências apriorísticas – a lógica, a matemática e a praxeologia – pretendem formular conclusões válidas incondicionalmente para todos os seres dotados da estrutura lógica da mente humana. As ciências naturais buscam obter conhecimentos válidos para todos os seres dotados não só da faculdade de raciocinar, mas também dos sentidos humanos. A uniformidade da lógica e das sensações humanas confere a esses ramos do conhecimento o caráter de validade universal. Pelo menos é esse o princípio que norteava o estudo dos físicos. Somente em anos recentes começaram eles a perceber os limites dos seus esforços e, abandonando a excessiva pretensão dos físicos mais antigos, descobriram o "princípio da incerteza". Admite, hoje, que existem fatos inobserváveis cuja impossibilidade de observação é uma questão epistemológica.[24]

A compreensão histórica nunca pode chegar a conclusões que sejam aceitas por todas as pessoas. Dois historiadores que estejam de inteiro acordo no que diz respeito aos ensinamentos das ciências não históricas e que também estejam de acordo em relação à interpretação dos fatos a serem considerados poderão discordar quanto à compreensão da relevância desses fatos. Podem estar de inteiro acordo ao estabelecer que os fatos a, b e c contribuíram para produzir o efeito P; não obstante, poderão discordar profundamente quanto à relevância da contribuição de a, b e c para produzir o resultado final. Na medida em que a compreensão pretende atribuir a cada fator a sua relevância, está sujeita à influência de julgamentos subjetivos. Certamente, estes não são julgamentos de valor, nem expressam as preferências do historiador. São julgamentos de relevância.[25]

---

[24] Ver A. Eddington, *The Philosophy of Physical Science*, Nova York, 1939, p. 28-48.

[25] Como não estamos fazendo uma dissertação sobre epistemologia geral, mas, apenas, a base indispensá-

Os historiadores podem divergir por várias razões. Podem adotar pontos de vista diferentes em relação aos ensinamentos das ciências não históricas; podem basear seu raciocínio no maior ou menor conhecimento dos dados históricos; podem ter uma compreensão diferente acerca dos motivos e objetivos dos agentes homens e dos meios que utilizaram. Sobre todas essas divergências, pode haver acordo mediante um exame racional "objetivo"; é possível alcançar um acordo em termos gerais. Mas quando os historiadores divergem com respeito a julgamentos de relevância, é impossível encontrar uma solução aceitável a todos os homens sensatos.

Os métodos intelectuais da ciência não diferem, em espécie, daqueles aplicados pelo homem comum no seu raciocínio cotidiano. O cientista utiliza as mesmas ferramentas que o leigo, embora com maior precisão e perícia. A compreensão não é um privilégio dos historiadores. Qualquer pessoa faz uso dela. Quando observa as condições de seu meio ambiente, qualquer pessoa é um historiador. Todas as pessoas usam a compreensão ao lidar com a incerteza de eventos futuros aos quais precisam ajustar suas próprias ações. O que distingue o raciocínio de um especulador é a compreensão que tem da relevância dos fatores que determinarão os eventos futuros. E – deixemnos enfatizar mesmo neste princípio de nossas investigações – a ação visa sempre a situações futuras e, portanto, incertas. Sendo assim, é sempre especulação. O agente homem olha o futuro, por assim dizer, com olhos de historiador.

História natural e história humana

A cosmogonia, a geologia e a ciência que se ocupa das mutações biológicas são disciplinas históricas na medida em que lidam com eventos específicos do passado. Entretanto, utilizam os mesmos métodos epistemológicos das ciências naturais e, portanto, não precisam recorrer à compreensão. Às vezes, recorrem a estimativas aproximadas das magnitudes que são objeto de seu estudo. Mas tais estimativas não são julgamentos de relevância. São apenas um método de determinar relações quantitativas menos perfeito do que uma medição "exata". Não devem ser confundidas com a situação no campo da ação humana, que se caracteriza pela ausência de relações constantes.

---

vel de um tratado de economia, não é necessária enfatizar as analogias entre a compreensão da relevância histórica e a tarefa do médico ao fazer um diagnóstico. A epistemologia da biologia está fora dos limites da nossa investigação.

Quando falamos de história, o que temos em mente é apenas história da ação humana, cuja ferramenta mental específica é a compreensão.

A afirmativa de que a moderna ciência natural deve todo seu progresso ao método experimental é algumas vezes criticada, fazendo-se referência ao caso da astronomia. Ora, a astronomia moderna é essencialmente uma aplicação das leis físicas, descobertas experimentalmente em nosso planeta, aos corpos celestes. Antigamente, a astronomia estava baseada, sobretudo, na suposição de que os movimentos dos corpos celestes eram imutáveis. Copérnico e Kepler simplesmente tentaram descobrir que tipo de curva a Terra faz em torno do Sol. Como o círculo era considerado a curva "mais perfeita", Copérnico o escolheu para a sua teoria. Mais tarde, por idêntica suposição, Kepler substituiu o círculo pela elipse. Somente depois dos descobrimentos de Newton é que a astronomia tornou-se, verdadeiramente, uma ciência natural.

9
Sobre tipos ideais

A história lida com eventos singulares que não se repetem no fluxo irreversível dos acontecimentos humanos. Um evento histórico não pode ser descrito sem que se faça referência às pessoas nele envolvidas e ao local e data de sua ocorrência. Se um acontecimento pode ser narrado sem a necessidade de tais referências, não é um evento histórico, mas um fato das ciências naturais. A informação de que o professor X, no dia 20 de fevereiro de 1945, realizou determinada experiência em seu laboratório é uma informação de natureza histórica. O físico considera, entretanto, que devemos abstrair-nos da pessoa do experimentador e da data e local da experiência. Considera apenas as circunstâncias que, em sua opinião, têm importância para atingir o resultado pretendido; essas circunstâncias, quando repetidas, produzirão de novo o mesmo resultado. Transforma o evento histórico num *fato* das ciências naturais empíricas. Desdenha a ativa participação do experimentador e tenta imaginar-se como um observador imparcial, narrando a realidade. Não compete à praxeologia tratar desses problemas epistemológicos.

Embora os eventos históricos sejam singulares e não se repitam, sua característica comum consiste no fato de serem, sempre, ação humana. A história os entende como ações humanas; concebe o seu significado por meio da cognição praxeológica e tenta compreender este significado pesquisando seus aspectos específicos e individuais. O que importa para a história é sempre o significado que os homens atribuem em cada caso: o significado que atribuem à situação que pretendem alterar, o significado que atribuem às suas ações e o significado que atribuem aos efeitos produzidos por suas ações.

O aspecto segundo o qual a história ordena e classifica a infinita variedade de eventos é o seu significado. O único princípio que aplica para sistematização do objeto de seus estudos – homens, ideias, instituições, entidades sociais e artefatos – é a afinidade de seus significados. De acordo com esta afinidade de significados é que a história concebe os tipos ideais.

Os tipos ideais são conceitos específicos empregados na investigação histórica e na apresentação de seus resultados. São conceitos de compreensão e, como tal, são inteiramente diferentes dos conceitos e categorias praxeológicos e dos conceitos das ciências naturais. Um tipo ideal não é um conceito de classe, porque sua descrição não indica os elementos característicos cuja presença determina com precisão e sem ambiguidade a que classe pertence. Um tipo ideal não pode ser definido; deve ser caracterizado pela enumeração dos aspectos cuja presença, de um modo geral, determina se, num caso concreto, estamos ou não diante do tipo ideal em questão. É peculiar ao tipo ideal o fato de que nem todas as características precisam estar sempre presentes. Se a falta de algumas características impede, ou não, que se considere um determinado espécime como tipo ideal depende do julgamento de relevância que é feito pela compreensão. O tipo ideal, em si mesmo, é o resultado de uma compreensão dos motivos, ideias e objetivos dos indivíduos agentes e dos meios de que se utilizam.

Um tipo ideal não tem nada a ver com dados estatísticos ou com médias. A maior parte de suas características não é passível de determinação numérica e, por esta razão, não poderia ser objeto do cálculo de médias. Mas esta não é a razão principal. Estatísticas médias indicam o comportamento dos membros de uma classe ou de um tipo já definido em relação a aspectos que têm em comum, aspectos estes que não são os mesmos que foram adotados para defini-lo. O fato de já pertencer a uma classe ou a um tipo deve ser do conhecimento do estatístico antes de começar a investigar outros aspectos e de utilizar o resultado dessa investigação para o estabelecimento de médias. Podemos calcular a idade média dos senadores ou podemos calcular médias relativas a algum aspecto específico para todas as pessoas de uma mesma idade. Mas é logicamente impossível dizer que uma pessoa é membro de uma classe em função de dados médios.

Nenhum problema histórico pode ser tratado sem a ajuda dos tipos ideais. Mesmo quando o historiador lida com um só personagem ou com um único evento, não tem como evitar a referência a tipos ideais. Fala-se de Napoleão, tem que se reportar a tipos ideais como comandante, ditador, líder revolucionário; se trata da Revolução Francesa, utiliza tipos ideais como revolução, desintegração de um regime estabelecido, anarquia. Às vezes, a referência a um tipo ideal consiste meramente no registro de sua inaplicabilidade ao caso em questão. De qualquer forma, todos os eventos históricos são descritos e interpretados com base em tipos ideais. O leigo, também, ao lidar com eventos do passado ou do futuro, faz uso, ainda que inconscientemente, de tipos ideais.

Se a alusão a um determinado tipo ideal é ou não útil e conveniente para a percepção adequada dos fenômenos, é algo que só pode ser determinado por meio da compreensão. Não é o tipo ideal que determina a compreensão; ao contrário, é o desejo de uma melhor compreensão que requer a elaboração e a utilização dos tipos ideais.

Os tipos ideais são elaborados utilizando-se ideias e conceitos formulados pelas ciências não históricas. Qualquer cognição de fenômenos históricos está condicionada pelos ensinamentos de outras ciências, depende delas e não pode jamais contradizê-las. Mas o conhecimento histórico lida com temas e métodos diferentes dos das outras ciências, as quais, por sua vez, não utilizam a compreensão. Consequentemente, os tipos ideais não devem ser confundidos com conceitos das ciências não históricas, nem tampouco com conceitos e categorias praxeológicas. Eles – os tipos ideais – nos proporcionam, certamente, as ferramentas mentais indispensáveis ao estudo da história. Entretanto, não nos proporcionam a compreensão de eventos singulares que constituem o próprio tema da história. Um tipo ideal, portanto, nunca pode resultar exclusivamente de um conceito praxeológico.

Ocorre com frequência que um termo usado pela praxeologia para designar um conceito praxeológico também é utilizado pelo historiador para designar um tipo ideal. Neste caso, o historiador usa uma *mesma* palavra para expressar duas coisas diferentes. O termo é aplicado, às vezes, com seu significado praxeológico e, mais frequentemente, para designar um tipo ideal. Neste último caso, o historiador atribui ao termo em questão um significado diferente daquele que lhe atribui a praxeologia; transforma o seu significado ao transferi-lo para outro campo de conhecimento. O conceito da palavra "empresário" para a economia é diferente do que é atribuído pela história econômica ao tipo ideal "empresário". (Um terceiro conceito para a mesma palavra é o seu significado legal). O conceito econômico da palavra "empresário" é um conceito precisamente definido e que representa uma função claramente integrada na estrutura de uma teoria econômica de mercado.[26] O tipo ideal "empresário", como entendido pela história, não abrange as mesmas pessoas. Ninguém, ao se referir ao "empresário" do ponto de vista histórico, estará referindo-se ao engraxate, ao motorista de seu próprio táxi, ao pequeno comerciante ou ao pequeno agricultor. O que a economia estabelece com relação à função empresarial é rigorosamente válido para qualquer empresário, independentemente de quaisquer condições geográficas ou temporais e dos diversos ramos de atividade. O que a história econômica estabelece para seus tipos ideais pode variar em função das circunstâncias particulares de idade, país, ramo de negócio e muitas outras condições. Para a história, tem pouca utilidade um conceito geral de empresário. Interessa-se mais por tipos de empresários, tais como o americano da época de Jefferson, o alemão da indústria pesada no tempo de Guilherme II, o da indústria têxtil da Nova Inglaterra nas décadas que precederam a Primeira Guerra Mundial, o protestante da *haute finance* de Paris, os empresários autodidatas etc. etc.

Se a utilização de um determinado tipo ideal é recomendável, ou não, depende essencialmente do modo como compreendemos os acontecimentos. É muito comum, hoje em dia, recorrer a dois tipos ideais: o regime político dos partidos de esquerda (progressista) e o dos partidos de direita (fascistas). Entre os primeiros, encontram-se as democracias ocidentais, algumas ditaduras latino-americanas e o bolchevismo russo; o segundo compreende o fascismo italiano e o nazismo alemão. Esta tipificação é o resultado de um determinado modo de compreensão. Outro modo seria contrastar democracia e ditadura.Neste caso, o bolchevismo russo, o fascismo italiano, o nazismo alemão e a ditadura latina americana fariam parte do tipo ideais ditadura e os sistemas ocidentais pertenceriam ao tipo ideal democracia.

A Escola Historicista de *Wirtschaftliche Staatswissenschaften*[27] na Alemanha, e o Institucionalismo, nos Estados Unidos, cometeram um erro fundamental ao considerar a economia como uma ciência que estuda o comportamento de um tipo ideal, o *homo oeconomicus*. De acordo com essa doutrina, a economia clássica ou ortodoxa não lida com o homem como ele realmente é e se limita a analisar a conduta de um ser fictício ou hipotético guiado exclusivamente por motivos "econômicos", isto é, pelo desejo de conseguir o maior ganho possível, material ou monetário. Este suposto personagem, fruto da imaginação de uma filosofia espúria, não tem, nem nunca teve contrapartida na realidade. Nenhum

---

[26] Ver adiante p. 306-310.

[27] Os aspectos econômicos da ciência política. (N.T.)

homem é motivado exclusivamente pelo desejo de se tornar tão rico quanto possível; muitos sequer são influenciados por este anseio desprezível. É desnecessário, ao se estudar a vida e a história, perder tempo ocupando-se de tal homúnculo irreal.

Mesmo que fosse esse o significado da economia clássica, o *homo oeconomicus* certamente não seria um tipo ideal. O tipo ideal não é apenas a personificação de uma faceta ou de um aspecto dos vários desejos e objetivos do homem. É a representação de fenômenos complexos da realidade tanto de homens como de instituições ou de ideologias.

Os economistas clássicos tentaram explicar a formação dos preços. Tinham plena consciência do fato de que preços não são um produto das atividades de um grupo de pessoas, mas o resultado de uma interação de todos aqueles que atuam no mercado. Era esse o significado de sua afirmativa segundo a qual a oferta e a procura determinam a formação de preços. Entretanto, os economistas clássicos falharam nas suas tentativas de estabelecer uma teoria de valor que fosse satisfatória. Não conseguiram encontrar uma explicação para o aparente paradoxo de valor. Ficaram desorientados diante do pretenso paradoxo que afirma ser o "ouro" mais valioso que o "ferro", embora este seja mais "útil" que aquele. Por isso não puderam elaborar uma teoria geral de valor e não puderam perceber que o comportamento dos consumidores é a verdadeira fonte dos fenômenos de produção e de troca no mercado. Esta deficiência os forçou a abandonar o ambicioso propósito de desenvolver uma teoria geral da ação humana. Tiveram que se contentar com uma teoria que explicava apenas as atividades dos homens de negócio, sem remontar às escolhas individuais como razões finais, determinantes da ação. Lidaram apenas com as ações dos homens de negócios ansiosos por comprar pelo menor preço e vender pelo mais caro. O consumidor não foi considerado na elaboração de suas teorias. Mais tarde, os epígonos da economia clássica explicaram e justificaram essa deficiência como um procedimento intencional e metodologicamente necessário. Asseguravam que os economistas clássicos restringiam, deliberadamente, o campo de suas investigações a apenas um aspecto da ação humana: o aspecto "econômico". Asseguravam, ainda, que os economistas clássicos desejavam usar a imagem fictícia de um homem impelido apenas por motivos "econômicos", embora tivessem plena consciência do fato de que os homens reais são impelidos por muitos outros motivos "não econômicos". Lidar com estes outros motivos, asseverava um grupo desses exegetas, não é tarefa da economia, mas de outros ramos do conhecimento. Outro grupo admitia que o estudo desses motivos "não econômicos" e de sua influência na formação dos preços também era tarefa da economia, mas acreditavam que devia ser deixada para futuras gerações. Mostraremos, num estágio posterior destas nossas investigações, que essa distinção entre motivos "econômicos" e "não econômicos" da ação humana é insustentável.[28] Por ora o importante é consignar que essa doutrina do lado "econômico" da ação humana deturpa inteiramente os ensinamentos dos economistas clássicos. Nunca afirmaram o que essa doutrina lhes atribui. Tentaram compreender a verdadeira formação de preços – não de preços fictícios, como os que seriam determinados se os homens agissem sob a influência de hipotéticas condições, diferentes daquelas que realmente ocorrem. Os preços que tentavam explicar e realmente explicam – embora sem remontar suas origens às preferências do consumidor – são preços reais de mercado. A oferta e procura a que se referem são fatores reais determinados por todos os motivos que instigam os homens a comprar ou vender. O que havia de errado na sua teoria era o fato de não associar a demanda às preferências dos consumidores; faltou-lhes uma teoria da demanda que fosse plenamente satisfatória. Mas nunca em seus textos consideraram que a demanda fosse determinada exclusivamente por motivos "econômicos", no sentido de serem distintos de motivos "não econômicos". Como restringiram sua teorização às ações dos homens de negócios, não trataram dos motivos do consumidor final. Não obstante, sua teoria dos preços pretendia ser uma explicação dos preços reais, independentemente dos motivos e ideias que impulsionavam os consumidores.

A moderna economia subjetiva tem seu início com o esclarecimento do aparente paradoxo do valor. Nem limita seus teoremas apenas às ações dos homens de negócios, nem lida com um fictício *homo oeconomicus*. Trata das categorias inexoráveis de qualquer ação humana. Seus teoremas relativos a preços de mercadorias, salários e juros se referem a todos esses fenômenos, sem qualquer referência aos motivos que levavam as pessoas a comprar ou vender ou a se abster de comprar ou de vender. Já é tempo de abandonar inteiramente qualquer referência à tentativa estéril de justificar a deficiência dos economistas mais antigos através do apelo ao ilusório *homo oeconomicus*.

10
O MODO DE PROCEDER DA ECONOMIA

O escopo da praxeologia é a explicação da categoria ação humana. Tudo o que precisamos para deduzir qualquer teorema praxeológico é o conhecimento da essência da ação humana. É um conhecimen-

---
[28] Ver adiante p. 287-289 e 295-299.

to que já possuímos, porque somos seres humanos; está presente em todos os seres de descendência humana que, por razões patológicas, não tenham sido reduzidos a uma existência meramente vegetativa. Nenhuma experiência especial é necessária para que se compreendam esses teoremas e nenhuma experiência, por mais rica que fosse, poderia revelá-los a um ser que não soubesse, *a priori*, o que é ação humana. O único modo de perceber estes teoremas é a análise lógica do conhecimento, inerente ao ser humano, do que seja a categoria ação. Precisamos refletir e procurar entender em que consiste a ação humana. Como a lógica e a matemática, o conhecimento praxeológico está em nós; não vem de fora.

Todos os conceitos e teoremas da praxeologia estão implícitos na categoria ação humana. A tarefa fundamental consiste em extraí-los e deduzi-los, em explicar suas implicações e definir as condições universais da ação em si. Uma vez conhecidas as condições necessárias para qualquer ação, devemos ir mais adiante e procurar definir – é claro que num sentido formal e categorial – que condições gerais mínimas são necessárias para determinadas formas de ação. Seria possível lidar com esta segunda tarefa delineando todas as condições imaginárias e deduzindo, a partir delas, todas as consequências logicamente possíveis. Um sistema que procurasse tudo compreender estabeleceria uma teoria relativa à ação humana, não apenas como ocorre nas condições e circunstâncias existentes no mundo real onde o homem vive e age. Lidaria também com ações hipotéticas que poderiam ocorrer sob condições irrealizáveis em mundos imaginários.

Porém, o objetivo da ciência é entender a realidade. Não é uma ginástica mental ou um passatempo lógico. Por esse motivo, a praxeologia restringe suas investigações ao estudo da ação sob as condições e pressuposições que existem no mundo real. Somente estuda a ação sob condições que não ocorreram ou que nunca ocorrerão, nas duas hipóteses seguintes: quando trata de situações que, embora não reais mais no presente e no passado, poderiam tornar-se reais no futuro; e quando examina condições irreais ou irrealizáveis se este exame é necessário para uma adequada percepção do que está ocorrendo sob as condições existentes na realidade.

Entretanto, essa referência à percepção da realidade, à experiência, não afeta o caráter apriorístico da praxeologia e da economia. A experiência meramente orienta nossa curiosidade na direção de certos problemas e a desvia de outros. Indica o que devemos pesquisar, mas não nos diz como deveríamos proceder na nossa busca do conhecimento. Além do mais, não é a experiência, mas simplesmente o raciocínio, que nos indica as situações hipotéticas irrealizáveis que devemos investigar para entender melhor o que acontece no mundo real.

A desutilidade[29] do trabalho não é uma característica categorial e apriorística. Podemos, sem incorrer em contradição, imaginar um mundo no qual o trabalho não provoque desconforto, e podemos descrever as situações que prevaleceriam em tal mundo.[30] Mas, no mundo real, o que existe é a desutilidade do trabalho. Somente teoremas baseados no pressuposto de que ninguém paga para trabalhar, são aplicáveis para a compreensão do que ocorre em nosso mundo.

A experiência nos ensina que existe a desutilidade do trabalho. Mas não nos ensina diretamente. Não há nenhum fenômeno que se apresente como desutilidade do trabalho. Existem apenas dados colhidos pela nossa experiência que são interpretados, com base em conhecimento apriorístico, como significando que os homens consideram o lazer – ou seja, a ausência do trabalho – como uma situação mais desejável do que o dispêndio de trabalho, evidentemente mantidas constantes as demais condições. Percebemos que os homens renunciam a vantagens que poderiam obter se trabalhassem mais – isto é: estão dispostos a fazer sacrifícios para usufruir o lazer. Inferimos deste fato que o lazer é considerado um bem e que o trabalho é considerado uma carga. Mas não seria possível chegar a essa conclusão sem uma prévia percepção praxeológica.

Uma teoria de troca indireta e todas as teorias que dela derivam – como a teoria do crédito circulante[31] – são aplicáveis apenas para interpretar eventos num mundo no qual seja praticada a troca indireta. Num mundo em que só se praticasse a troca direta, uma teoria da troca indireta seria mero passatempo intelectual. É pouco provável que os economistas de tal mundo se ocupassem com os problemas da troca indireta, moeda e tudo o mais. É menos provável ainda que a ciência econômica viesse a existir nesse mundo imaginário. Entretanto, em nosso mundo real, esses estudos são uma parte essencial da teoria econômica.

---

[29] *Disutility* – o estado ou capacidade de produzir consequências indesejáveis, tais como aborrecimento, desconforto, irritação, incômodo, dor ou sofrimento. O contrário de utilidade. (N.T.)

[30] Ver adiante p. 167-170.

[31] *Crédito circulante* – crédito oferecido pelos bancos sob a forma de notas bancárias (notas promissórias sem juros, pagáveis contra apresentação) ou depósitos à vista criados especialmente para este fim. Distingue-se do crédito oferecido com base em seus próprios fundos ou com base em fundos depositados pelos seus clientes. O crédito circulante coloca, à disposição dos tomadores, fundos novos, criados sem que tenha havido diminuição ou restrição nos fundos disponíveis para as demais pessoas. (N.T.)

O fato de a praxeologia, ao se preocupar com a compreensão da realidade, intensificar sua investigação sobre aqueles problemas de maior interesse para seu propósito não altera o caráter apriorístico de seu raciocínio. Mas determina a maneira pela qual a economia, até agora a única parte estruturada da praxeologia, apresenta os resultados de seus esforços.

A economia não adota o mesmo procedimento que a lógica e a matemática. Não se limita a formular um sistema de meros raciocínios aprioristas desvinculados da realidade. Adota, nas suas análises, pressupostos que sejam úteis para compreensão da realidade. Não existe, nos tratados e monografias sobre economia, uma separação marcada entre a ciência pura e a aplicação prática de seus teoremas e situações históricas ou políticas específicas. Para apresentação sistematizada de suas conclusões, a economia adota uma forma na qual estão entrelaçadas a teoria apriorística e a interpretação de fenômenos históricos.

É óbvio que este procedimento é necessário, tendo em vista a própria natureza e essência do tema que a economia aborda. Já deu provas de sua utilidade. Entretanto, não devemos subestimar o fato de que a utilização deste procedimento singular, e inclusive algo estranho do ponto de vista da lógica, requer cautela e sutileza, e que mentes superficiais e pouco críticas são frequentemente induzidas ao erro pelo emprego descuidado desses dois diferentes métodos epistemológicos.

Não existe algo que se possa chamar de método histórico de análise econômica ou mesmo uma economia institucional. Existem economia e história econômica; e as duas não devem ser confundidas. Todos os teoremas de economia são necessariamente válidos, sempre que ocorrerem as premissas por eles adotadas. Claro está que não têm significação prática em situações onde tais condições não existam. Os teoremas referentes à troca indireta não são aplicáveis a situações onde não exista troca indireta. Mas isto não diminui sua validade.[32]

As tentativas, por parte de muitos políticos e importantes grupos de pressão, de desacreditar a economia e de difamar os economistas têm provocado confusão no debate econômico. O poder embriaga tanto um ditador como uma maioria democrática. Ainda que, relutantemente, sejam forçados a admitir que estejam sujeitos às leis da natureza, rejeitam a própria noção de lei econômica. Não são eles os que legislam como lhes convém? Não são eles que têm o poder de derrotar seus adversários? Nenhum senhor guerreiro admite qualquer limite ao seu poder, a não ser aquele que lhe é imposto por uma força militar superior

---

[32] Ver Frank H. Knight, *The Ethics of Competition and Other Essays*, Nova York, 1935, p.139.

à sua. Sempre existirão penas servis para redigir complacentemente doutrinas adequadas aos detentores do poder. E chamam estas deturpações de "economia histórica". De fato, a história econômica é um extenso registro de políticas de governo que falharam porque foram elaboradas com um imprudente desrespeito às leis da economia.

É impossível compreender a história do pensamento econômico se não atentarmos para o fato de que a economia tem sido um desafio à vaidade dos detentores do poder. Um verdadeiro economista jamais será benquisto por autocratas e demagogos, que sempre o considerarão um intrigante e que, quanto mais estiverem intimamente convencidos de que suas objeções são corretas e fundamentadas, mais o odiarão.

Diante de toda essa agitação frenética, é oportuno consignar o fato de que o ponto de partida de todo raciocínio praxeológico e econômico, ou seja, a categoria ação humana, não dá margem a qualquer crítica ou objeção. Nenhum apelo a quaisquer considerações históricas ou empíricas pode invalidar a afirmativa segundo a qual os homens têm o propósito de atingir determinados fins. Nada que se possa dizer sobre irracionalidade, sobre os abismos insondáveis da alma humana, sobre a espontaneidade dos fenômenos vitais, sobre automatismos, reflexos ou tropismos, pode invalidar a afirmativa segundo a qual o homem usa sua razão para realizar seus desejos e aspirações. Tendo por princípio inabalável a categoria ação humana, a praxeologia e a economia progridem passo a passo por meio do raciocínio dedutivo. Definindo, com precisão, premissas e condições, constroem um sistema de conceitos e extraem por meio de raciocínio logicamente incontestável todas as conclusões possíveis. Em relação às conclusões assim obtidas, só se podem admitir duas atitudes: ou se evidenciam erros lógicos na série de deduções que produziram as conclusões ou se deve reconhecer sua correção e validade.

É inútil alegar que a vida e a realidade não são lógicas. A vida e a realidade não são nem lógicas nem ilógicas; são simplesmente dados. Entretanto, a lógica é o único instrumento de que o homem dispõe para compreendê-las. É inútil alegar que a vida e a história são inescrutáveis e inefáveis e que a razão humana não consegue penetrar na sua essência. Aqueles que assim pensam se contradizem ao formular teorias – sem dúvida teorias espúrias – sobre aquilo que consideram inescrutáveis. Muitas coisas estão fora do alcance da mente humana. Mas o homem só poderá adquirir um conhecimento, por menor que seja se utilizar a capacidade que lhe é proporcionada pela razão.

Não menos ilusórias são as tentativas de contrapor a compreensão aos teoremas da economia. O domínio da compreensão histórica é tão somente a elucidação daqueles problemas que não podem ser inteiramente explicados pelas ciências não históricas. A compreensão não pode contradizer as teorias formuladas pelas ciências não históricas. A compreensão não pode ir além de, por um lado, estabelecer o fato de que as pessoas são motivadas por certas ideias, visam a atingir certos fins e aplicam certos meios para atingir estes fins; e, por outro, atribuir aos vários fatores históricos a sua relevância, na medida em que isto não possa ser feito pelas ciências não históricas. A compreensão não autoriza nenhum historiador a afirmar que o exorcismo foi, em algum momento, um meio adequado de devolver a saúde a uma vaca doente. Tampouco lhe é permitido sustentar que uma lei econômica não era válida na antiga Roma ou no império dos incas.

O homem não é infalível. Busca a verdade, isto é, a mais adequada compreensão da realidade que lhe é permitida pelas limitações de sua mente e de sua razão. O homem nunca poderá ser onisciente. Nunca poderá ter absoluta certeza de não serem equivocadas as suas conclusões e de não ser um erro aquilo que considera uma verdade incontestável. O mais que o homem pode fazer é submeter sempre todas as suas teorias ao mais rigoroso exame crítico. Para o economista, isto significa rastrear todos os teoremas econômicos até a sua origem certa e inquestionável – a categoria ação humana – e comprovar, pela mais cuidadosa análise, todas as premissas e inferências desde esta origem até o teorema em exame. De modo algum pudesse pretender que esse procedimento seja uma garantia de que erros não serão cometidos. Mas é, sem dúvida, o método mais eficaz de evitá-los.

A praxeologia – portanto também a economia – é um sistema dedutivo. Sua força provém do ponto de partida de suas deduções, ou seja, de categoria ação humana. Nenhum teorema econômico, que não esteja consistentemente ligado a esta origem por uma irrefutável sequência lógica, pode ser considerado como válido. Qualquer afirmativa proclamada sem esta ligação é arbitrária e insustentável. Não é possível tratar qualquer parte da economia sem enquadrá-la numa teoria geral da ação.

As ciências empíricas partem dos eventos singulares e progridem do que é individual e específico para o que é mais universal, o que lhes possibilita um tratamento mais compartimentalizado. Podem lidar com segmentos de seu campo de investigação sem se preocupar com o conjunto. Em contrapartida, o economista não pode, jamais, ser um especialista. Ao lidar com qualquer problema, deve ter sempre uma visão abrangente de todo o conjunto.

Os historiadores costumam incorrer neste erro. São propensos a inventar teorias *ad hoc*. Chegam, às vezes, a esquecer de que é impossível inferir relações causais do estudo de fenômenos complexos. Sua pretensão de investigar a realidade sem qualquer referência ao que depreciativamente qualificam como ideias preconcebidas e inúteis. Na verdade, aplicam inadvertidamente doutrinas populares que há muito tempo já foram desmascaradas como falaciosas e contraditórias.

11
AS LIMITAÇÕES DOS CONCEITOS PRAXEOLÓGICOS

As categorias e conceitos praxeológicos foram formulados para compreensão da ação humana. Tornam-se contraditórios e sem sentido, se tentarmos aplicá-los a circunstâncias diferentes das existentes na vida real. O ingênuo antropomorfismo das religiões primitivas é inaceitável ao pensamento filosófico. Da mesma forma, é igualmente questionável a pretensão de certos filósofos em definir, usando conceitos praxeológicos, os atributos de um ser absoluto, livre de todas as limitações e fraquezas do ser humano.

Os filósofos e teólogos escolásticos, e também os teístas e deístas do Iluminismo, conceberam um ser absoluto e perfeito, eterno, onisciente e onipotente e que, apesar disso, planejava e agia, objetivava atingir fins e empregava meios para atingir esses fins. Ora, só age quem se considera em uma situação insatisfatória, e só reitera a ação quem não é capaz de suprimir o seu desconforto de uma vez por todas. Quem age está descontente com sua situação e, portanto, não é onipotente. Se estivesse satisfeito, não agiria e se fosse onipotente, já teria, há muito tempo, suprimido completamente a sua insatisfação. Um ser todo-poderoso não tem necessidade de escolher entre várias situações de maior ou menor desconforto. A onipotência pressupõe o poder de atingir qualquer objetivo e desfrutar a felicidade plena, sem ser incomodado por quaisquer limitações. Mas isto é incompatível com o próprio conceito de ação. Para um ser todo-poderoso, não existem as categorias meios e fins. Está acima de qualquer percepção, conceitos ou compreensão que sejam inerentes ao ser humano. Para um ser todo-poderoso, quaisquer "meios" lhe permitem realizar tarefas ilimitadas; pode empregar todos os "meios" para atingir qualquer fim ou pode atingir todos os fins sem empregar nenhum "meio". Está além da capacidade da mente humana lucubrar o conceito de onipotência até as suas últimas consequências lógicas. Os paradoxos são insolúveis. Teria o ser todo-poderoso o poder de realizar algo que não lhe fosse possível modificar mais tarde? Se tiver este poder, então existem limites à sua força e ele não é todo-poderoso; se lhe falta este poder, só por este fato já não é todo-poderoso.

Acaso serão compatíveis a onipotência e a onisciência? A onisciência pressupõe que todos os acontecimentos futuros já estão inalteravelmente determinados. Se existe a onisciência, a onipotência é inconcebível. A impossibilidade de alterar o predeterminado curso dos acontecimentos é uma restrição de poder incompatível com o conceito de onipotência; são limitados o seu poder e o seu controle sobre os fenômenos. A ação é uma manifestação do homem que está restringida pelos limitados poderes de sua mente, pelas características fisiológicas de seu corpo, pelas vicissitudes de seu meio ambiente e pela escassez de fatores dos quais depende o seu bem estar. É inútil aludir às imperfeições e fraquezas do ser humano, quando se pretende descrever um ente absolutamente perfeito. A própria ideia de perfeição absoluta é, sob todos os aspectos, autocontraditória. O estado de perfeição absoluta só pode ser concebido como algo completo, final e não sujeito a qualquer mudança. A menor mudança poderia apenas reduzir sua perfeição e transformá-lo num estado menos perfeito que o anterior; a simples possibilidade de que ocorra uma mudança é incompatível com o conceito de perfeição absoluta. Mas a ausência de mudança – isto é, a completa imobilidade, imutabilidade e rigidez – são equivalentes à ausência de vida. A vida e a perfeição são incompatíveis, como também o são a morte e a perfeição.

O ser vivo não é perfeito porque é passível de sofrer mudanças; o morto não é perfeito porque lhe falta a vida.

A linguagem dos homens que vivem e agem utiliza formas comparativas e superlativas ao comparar situações melhores ou piores. A noção de absoluto não permite comparações; é uma noção limite. O absoluto é indeterminável, impensável e inexprimível. É uma concepção quimérica. Não existe felicidade plena, nem pessoas perfeitas, nem eterno bem estar. Qualquer tentativa para descrever as condições de um País das Maravilhas ou a vida dos anjos resulta em paradoxos insuperáveis. Em qualquer situação existem limitações e não perfeição; existem tentativas de superar obstáculos, assim como frustração e descontentamento.

Quando os filósofos já não se interessavam mais pelo absoluto, os utopistas retomaram o tema, elaborando sonhos sobre o estado perfeito. Não percebem que o estado, o aparato social de compulsão e coerção, é uma instituição criada para lidar com a imperfeição humana, e que sua função essencial consiste em aplicar punições em minorias, a fim de proteger as maiorias das consequências danosas de certas ações. Com homens "perfeitos", não haveria necessidade de compulsão e coerção. Os utopistas, entretanto, não levam em consideração a natureza humana nem as inexoráveis condições de vida humana. Godwin imaginava que o homem pudesse tornar-se imortal quando fosse abolida a propriedade privada.[33] Charles Fourier tartamudeava sobre oceanos contendo limonada ao invés de água salgada.[34] O sistema econômico de Marx, cegamente, ignora a existência da escassez material dos fatores de produção. Trotsky chegou a afirmar que no paraíso proletário "o homem médio alcançará o nível intelectual de um Aristóteles, de um Goethe ou de um Marx. E sobre estes cumes, novas alturas serão alcançadas".[35]

Atualmente, as quimeras mais populares são a estabilização e a segurança. Analisaremos estes *slogans* mais adiante.

---

[33] William Godwin, *An Enquiry Concerning Political Justice and its Influence on General Virtue and Happiness*, Dublin, 1793, vol. 2, p. 393-403.

[34] Charles Fourier, *Théorie des quatre mouvements*, Obras completas, 3. ed., Paris, 1846, vol. 1, p. 43.

[35] Leon Trotsky, *Literature and Revolution*. Trad. por R. Strunsky, Londres, 1925, p. 256.

Capítulo 3
A Economia e a Revolta Contra a Razão

1
A revolta contra a razão

Houve, ao longo da história, filósofos que não hesitaram em superestimar a capacidade da razão. Supunham que o homem fosse capaz de descobrir, pelo raciocínio, as causas originais dos eventos cósmicos ou os objetivos que a força criadora do universo, determinante de sua evolução, pretendia alcançar. Discorreram sobre o "absoluto" com a tranquilidade de quem descreve o seu relógio de bolso. Não hesitaram em anunciar valores eternos e absolutos nem em estabelecer códigos morais que deveriam ser respeitados por todos os homens.

Houve também uma longa série de criadores de utopias. Imaginavam paraísos terrestres onde só prevaleceria a razão pura. Não percebiam que aquilo que consideravam como razões finais ou como verdades manifestas eram tão somente fantasia de suas mentes. Consideravam-se infalíveis e, com toda tranquilidade, defendiam a intolerância e o uso da violência para oprimir dissidentes e heréticos. Prefeririam a implantação de um regime ditatorial, ou para si mesmo, ou para aqueles que se dispusessem a executar fielmente os seus planos. Acreditavam que essa era a única forma de salvação para uma humanidade sofredora.

Houve Hegel. Certamente foi um pensador profundo; suas obras são um rico acervo de ideias estimulantes. Não obstante, escreveu sempre dominado pela ilusão de que *Geist*, o Absoluto, revelava-se por seu intermédio. Não havia nada no universo que não estivesse ao alcance da sabedoria de Hegel. Pena que sua linguagem fosse tão ambígua, a ponto de ensejar múltiplas interpretações. Os hegelianos de direita entenderam-na como um endosso ao sistema prussiano de governo autocrático, bem como aos dogmas da igreja prussiana. Os hegelianos de esquerda extraíram de suas teorias o ateísmo, o radicalismo revolucionário mais intransigente e doutrinas anarquistas.

Houve Augusto Comte. Pensava conhecer o futuro que estava reservado para a humanidade. E, portanto, considerava-se o supremo legislador. Pretendia proibir certos estudos astronômicos, por considerá-los inúteis. Planejava substituir o cristianismo por uma nova religião e chegou a escolher uma mulher para ocupar o lugar da Virgem. Comte pode ser desculpado, já que era louco, no sentido mesmo com que a patologia emprega este vocábulo. Mas como desculpar os seus seguidores?

Muitos outros exemplos deste tipo poderiam ser enumerados. Mas não podem ser usados como argumentos contra a razão, o racionalismo ou a racionalidade. Tais desvarios não têm nada a ver com o problema essencial que consiste em procurar saber se a razão é ou não o instrumento adequado e único de que dispõe o homem para obter tanto conhecimento quanto lhe seja possível. Aqueles que, honesta e conscienciosamente, procuram a verdade jamais pretenderam que a razão e a pesquisa científica possam responder a todas as questões.

Sempre tiveram plena consciência das limitações da mente humana. Não podem ser responsabilizados pela tosca filosofia de um Haeckel, nem pelo simplismo de diversas escolas materialistas.

Os filósofos racionalistas sempre estiveram preocupados em mostrar tanto os limites da teoria apriorística quanto os da investigação empírica.[1] David Hume, o fundador da economia política inglesa, os utilitaristas e os pragmatistas americanos não podem ser acusados de haver superestimado a capacidade do homem para alcançar a verdade. Seria mais justificável acusar a filosofia dos últimos duzentos anos de um excesso de agnosticismo e de cepticismo do que de um excesso de confiança no que poderia ser alcançado pela mente humana.

A revolta contra a razão, atitude mental típica de nossa época, não se origina na falta de modéstia, cautela ou autocrítica por parte dos filósofos. Tampouco pode ser atribuída a falhas na evolução da moderna ciência natural. Ninguém pode ignorar as fantásticas conquistas da tecnologia e da terapêutica. É inútil atacar a ciência moderna, seja do ponto de vista do intuicionismo e do misticismo, seja de qualquer outro ângulo. A revolta contra a razão foi dirigida para outro alvo. Não tinham em mira as ciências naturais, e sim a economia. O ataque às ciências naturais foi uma consequência lógica e natural do ataque à economia. Seria inconcebível impugnar o uso da razão em um determinado campo do conhecimento, sem impugná-lo também nos demais.

Esta insólita reação teve sua origem na situação existente em meados do século XIX. Os economistas já tinham, naquela época, demonstrado cabalmente que as utopias socialistas não passavam de ilusões fantasiosas. Entretanto, as deficiências da ciência econômica clássica

---
[1] Ver, por exemplo, Louis Rougier, *Les paralogismes du rationalisme*, Paris, 1920.

os impediram de compreender por que qualquer plano socialista é irrealizável; mas eles já sabiam o suficiente para demonstrar a futilidade dos programas socialistas. As ideias comunistas já estavam derrotadas. Os socialistas não tinham como responder às devastadoras críticas que lhes eram feitas, nem como aduzir qualquer argumento novo em seu favor.Parecia que o socialismo estava liquidado, e para sempre.

Só havia um caminho para evitar a derrocada: atacar a lógica e a razão e substituir o raciocínio pela intuição mística. Estava reservado a Karl Marx o papel histórico de propor esta solução. Com base no misticismo dialético de Hegel, Marx, tranquilamente, arrogou-se a capacidade de predizer o futuro. Hegel pretendia saber que *Geist*, ao criar o universo, desejava instaurar a monarquia de Frederico Guilherme III. Mas Marx estava mais bem informado sobre os planos de *Geist*: havia descoberto que a evolução histórica nos conduziria, inevitavelmente, ao estabelecimento do milênio socialista. O socialismo estava fadado a acontecer "com a inexorabilidade de uma lei da natureza". E como, segundo Hegel, cada fase ulterior da história é melhor e superior do que a que a antecedeu, não cabia nenhuma dúvida de que o socialismo, a etapa final da evolução da humanidade, seria perfeito sob todos os aspectos. Assim sendo, resultava inútil a discussão dos detalhes do funcionamento de uma comunidade socialista. A história, no devido tempo, disporia todas as coisas da melhor maneira; e para isso não necessitava da ajuda dos homens, meros seres mortais.

Mas havia ainda um obstáculo principal a superar: a crítica devastadora dos economistas. Marx, entretanto, já tinha uma solução para superar este obstáculo. A razão humana, afirmava ele, por sua própria natureza, não tem condições de descobrir a verdade. A estrutura lógica da mente varia segundo as várias classes sociais. Não existe algo que se possa considerar como uma lógica universalmente válida. A mente humana só pode produzir "ideologias", ou seja, segundo a terminologia marxista, um conjunto de ideias destinadas a dissimular os interesses egoístas da classe social de quem as formula. Portanto, a mentalidade "burguesa" dos economistas é absolutamente incapaz de produzir algo que não seja uma apologia ao capitalismo. Os ensinamentos da ciência "burguesa", que são uma consequência da lógica "burguesa", não têm nenhuma validade para o proletariado, a nova classe social que abolirá todas as classes e transformará a Terra num paraíso.

Mas, evidentemente, a lógica da classe proletária não é apenas a lógica de uma classe. "As ideias que a lógica proletária engendra não são ideias partidárias, mas emanações da lógica mais pura e simples".[2]

---

[2] Ver Joseph Dietzgen, *Briefe über Logik speziell demokratisch-proletarische Logik*, 2. ed., Stuttgart, 1903, p. 112.

Mais ainda, em virtude de algum privilégio especial, a lógica de certos burgueses não estava manchada pelo pecado original de sua condição burguesa. Karl Marx, o filho de um próspero advogado, casado com a filha de um nobre prussiano, e seu colaborador Frederick Engels, um rico fabricante de tecidos, se consideravam acima de suas próprias leis e, apesar da origem burguesa, se julgavam dotados da capacidade de descobrir a verdade absoluta.

Compete à história explicar as condições que fizeram com que essa doutrina tão primária se tornasse tão popular. A tarefa da economia é outra. Compete-lhe analisar o polilogismo marxista, bem como todos os demais tipos de polilogismo formados segundo o mesmo modelo, e demonstrar suas falácias e contradições.

2
O EXAME LÓGICO DO POLILOGISMO

O polilogismo marxista assegura que a estrutura lógica da mente é diferente nas várias classes sociais. O polilogismo racial difere do polilogismo marxista apenas na medida em que atribui uma estrutura lógica peculiar a cada raça, e não a cada classe. Assim, todos os membros de uma determinada raça, independentemente da classe a que pertencem, são dotados da mesma estrutura lógica.

Não há necessidade de fazer, agora, uma análise crítica de como essas doutrinas entendem os conceitos *social, classe e raça*. Não é necessário perguntar aos marxistas como e quando um proletário que ascende à condição burguesa transforma sua mente proletária em uma mente burguesa. Tampouco interessa solicitar aos racistas que expliquem qual a lógica peculiar a alguém cuja estirpe racial não seja pura. Existem objeções bem mais sérias a serem levantadas. Nem os marxistas, nem os racistas, nem os defensores de qualquer outra forma de polilogismo foram além de afirmar que a estrutura lógica da mente é diferente para as várias classes, raças ou nações. Nunca tentaram demonstrar precisamente em que aspectos a lógica dos proletários difere da lógica dos burgueses, ou de que modo a lógica dos arianos difere da lógica dos não arianos, ou a lógica dos alemães, da lógica dos franceses ou dos ingleses. Aos olhos dos marxistas, a teoria dos custos comparativos elaborada por Ricardo é falsa, porque seu autor era burguês. Os racistas alemães condenam a mesma teoria, porque Ricardo era judeu; e os nacionalistas alemães, porque ele era inglês. Alguns professores alemães recorreram aos três argumentos para invalidar as teorias ricardianas. Entretanto, não basta rejeitar uma teoria inteira meramente em função da origem do seu autor. O que se espera é que, primeiro, seja apresentado um sistema lógico diferente do utilizado pelo autor criticado para, em seguida, examinar ponto por ponto da teoria contestada e mostrar onde, em seu raciocínio, são feitas inferências que, embora corretas do ponto de vista da lógica do autor, sejam desprovidas de validade segundo o ponto de vista da lógica proletária, ariana ou alemã. Finalmente, deveria ser explicado o tipo de conclusões a que chegaríamos pela substituição de inferências defeituosas por inferências corretas, segundo a lógica adotada pelo crítico. Como todos sabem esta tentativa nunca foi e nunca poderá ser feita por ninguém.

Além disso, é fato inegável que existem divergências, quanto a questões essenciais, entre pessoas que pertencem à mesma classe, raça ou nação. Infelizmente existem alemães – diziam os nazistas – que não pensam como um verdadeiro alemão. Mas se um alemão nem sempre pensa como deveria, e, ao contrário, pensa segundo uma lógica não germânica, a quem caberá decidir qual forma de pensar é verdadeiramente alemã e qual não é? O já falecido professor Franz Oppenheimer assegurava que "o indivíduo erra com frequência, por perseguir seus interesses; uma classe, no geral, não erra nunca".[3] Esta afirmativa sugere a infalibidade do voto majoritário. Entretanto, os nazistas rejeitavam o critério de decisão pelo voto majoritário como sendo manifestamente antigermânico. Os marxistas fingem aceitar o princípio democrático do voto majoritário.[4] Mas, na hora da verdade, são a favor de que uma minoria governe, desde que esta minoria pertença ao seu próprio partido. Lembremo-nos de como Lenin dissolveu, à força, a Assembleia Constituinte – eleita sob os auspícios de seu próprio governo, sob sufrágio universal de homens e mulheres – porque apenas um quinto de seus membros eram bolchevistas!

Um defensor do polilogismo, para ser consistente, terá de sustentar que certas ideias são corretas, porque seu autor pertence a uma determinada classe, nação ou raça. Mas a consistência lógica não é uma de suas virtudes. Por isso, os marxistas não hesitam em qualificar como "pensador proletário" qualquer pessoa que defenda suas doutrinas. Todos os outros são taxados de inimigos da classe e de traidores da sociedade. Hitler, ao menos, era mais franco ao afirmar que o único método disponível para distinguir os verdadeiros alemães dos "mestiços" e dos alienígenas consistia em enunciar as características de um alemão genuíno

---

[3] Ver Franz Oppenheimer, *System der Soziologie*, Viena, 1926, vol. 2, p. 559.

[4] Deve-se enfatizar que a justificação da democracia não se baseia na suposição de que as maiorias têm sempre razão, e menos ainda de que são infalíveis. Ver adiante p. 188-191.

e verificar quem nelas se enquadrava.[5] Ou seja, um homem moreno, cujas características físicas de modo algum se enquadravam no protótipo da raça superior dos louros arianos, se arrogou ao dom de descobrir a única doutrina adequada à mente alemã e de não aceitar como alemães todos aqueles que não aceitassem essa doutrina, quaisquer que fossem as suas características físicas. Não é necessário acrescentar mais nada para provar a insanidade dessa teoria.

3
O EXAME PRAXEOLÓGICO DO POLILOGISMO

Uma ideologia, no sentido com que os marxistas empregam o termo, é uma doutrina que, embora errada do ponto de vista da autêntica lógica proletária, é conveniente aos interesses egoístas da classe que a formulou. Assim sendo, uma ideologia é sempre falsa, mas atende aos interesses da classe que a formulou, precisamente por causa de sua falsidade. Muitos marxistas acreditam ter provado este princípio ao alegarem que as pessoas não almejam o conhecimento em si. O que interessa ao cientista é ser bem-sucedido. As teorias são formuladas, invariavelmente, objetivando-se sua aplicação prática. A ciência pura ou a desinteressada busca da verdade é algo que, na realidade, não existe.

Só para argumentar, admitamos que todo esforço para alcançar a verdade seja motivado por considerações sobre sua aplicação prática para atingir determinado objetivo. Ainda assim, isto não explica por que uma teoria "ideológica" – isto é, falsa – seria mais proveitosa do que uma teoria correta. O fato de a aplicação prática de uma teoria produzir o resultado previsto é universalmente aceito como uma confirmação de sua validade. É um paradoxo afirmar que uma doutrina falsa possa ser mais útil do que uma doutrina correta.

Os homens usam armas de fogo. Para aprimorá-las, desenvolveu-se a balística. Mas é claro que, precisamente porque desejavam uma maior eficácia, fosse para caçar animais, fosse para se matarem uns aos outros, procuraram desenvolver uma teoria balística correta. De nada serviria uma balística meramente "ideológica".

Para os marxistas, não passa de uma "pretensão arrogante" o fato de os cientistas afirmarem ter na simples busca do conhecimento uma motivação suficiente para seu trabalho. Assim, afirmam que Maxwell chegou à sua teoria das ondas eletromagnéticas graças a interesses co-

---
[5] Ver seu discurso na convenção do partido em Nuremberg, 03/09/1933, Frankfurter Zeitung, 04/09/1933, p. 2.

merciais na implantação do telégrafo sem fio.⁶ É irrelevante, neste nosso exame da questão da ideologia, se isto é verdade ou não. O que importa é saber se o suposto interesse dos industriais do século XIX, que consideravam o telégrafo sem fio como "a pedra filosofal e o elixir da juventude",⁷ induziu Maxwell a formular uma teoria correta sobre as ondas eletromagnéticas ou se o induziu a formular uma superestrutura ideológica dos interesses egoístas da classe burguesa. Não há dúvida de que a pesquisa bacteriológica foi motivada não apenas pelo desejo de combater doenças contagiosas, mas também pelo desejo dos produtores de vinho e de queijo em melhorar seus métodos de produção. Mas o resultado obtido, certamente, não é "ideológico", no sentido com que os marxistas empregam este termo.

O que levou Marx a formular sua doutrina sobre ideologias foi o desejo de solapar o prestígio da ciência econômica. Marx tinha plena consciência da sua incapacidade para refutar as objeções levantadas pelos economistas quanto à praticabilidade dos projetos visionários dos socialistas. Na verdade, estava tão fascinado pelas teorias dos economistas clássicos ingleses, que as considerava intocáveis. Ou Marx nunca chegou, a saber, das dúvidas que a teoria clássica de valor suscitava nas mentes mais judiciosas, ou, se chegou, a saber, não compreendeu suas transcendências. Suas ideias econômicas são pouco mais do que uma versão deturpada das teorias de Ricardo. Quando Jevons e Menger abriram uma nova era do pensamento econômico, a carreira de Marx como autor de textos sobre economia já tinha terminado; o primeiro volume de *Das Kapital* já havia sido publicado alguns anos antes. A única reação de Marx à teoria do valor marginal foi o adiamento da publicação dos subsequentes volumes de sua obra principal, que só vieram a ser publicados depois da sua morte.⁸

---

⁶ Ver Lancelot Hogben, *Science for the Citizen*, Nova York, 1938, p. 726-728.

⁷ Ibid, p. 726.

⁸ (Extraída da tradução espanhola de *Human Action*, feita por Joaquim Reig Albiol, Madrid, 1980, p. 132). Mises alude aqui, com a sobriedade de sempre, ao silêncio absoluto e suspeito em que Marx se encerra, depois da publicação do primeiro volume de *O capital*, circunstância que verdadeiramente chama a atenção do estudioso, levando em conta, atuem, que até o momento Marx havia sido um prolífico escritor. Com efeito, aos 28 anos, publica sua primeira obra, *Economia política e filosofia* (1844), seguindo-se *A Sagrada Família* (1845), *A ideologia alemã* (1846), *Miséria da filosofia* (1847), *O manifesto comunista* (1848) e *Contribuição à crítica da economia política* (1857). Quando, em 1867, publica *O capital*, Marx tem 49 anos; está na plenitude de sua forma física e intelectual.
Por que, então, desde este momento, deixa de escrever, particularmente se já tinha redigido os segundo e terceiro volumes, antes mesmo de estruturar o primeiro, conforme afirma Engels ao prefaciar o citado segundo volume? Teriam por acaso os descobrimentos subjetivistas de Jevons e Menger lhe condenado ao silêncio? Há quem sustente que Marx não entregou aos seus editores o manuscrito original, por ter visto demonstrada a invalidez da célebre teoria da mais valia; por ter percebido que era indefensável a tese do salário *vitalmente necessário*, assim como o dogma fundamental do *progressivo empobrecimento das massas* no regime de mercado. Teria então decidido abandonar sua atividade científico-literária, deixando, voluntariamente, de oferecer ao público os dois volumes seguintes de *O capital*, que só seriam editados

Ao desenvolver sua doutrina sobre ideologia, Marx tinha em vista a economia e a filosofia social do utilitarismo. Sua única intenção era destruir a reputação dos ensinamentos econômicos que não conseguia refutar por meio da lógica e do raciocínio. Deu à sua doutrina o caráter de lei universal, válida para todas as classes sociais em todos os tempos, porque, se sua aplicabilidade ficasse restrita a um único evento histórico, não poderia ser considerada como lei universal. Pelas mesmas razões não limitou a validade de sua doutrina ao pensamento econômico, estendendo-a a todos os ramos do conhecimento.

Segundo Marx, a economia burguesa prestou à burguesia um duplo serviço. Primeiro, na luta contra o feudalismo e o despotismo real e, depois, na luta contra a nascente classe proletária. A economia propiciava uma justificativa racional e moral para a exploração capitalista. Era se quisermos empregar um termo posterior a Marx, a racionalização das reivindicações dos capitalistas.[9] Foram os capitalistas, envergonhados de sua cobiça e das motivações mesquinhas de sua própria conduta, e desejosos de evitar a condenação por parte da sociedade, que encorajaram seus sicofantas, os economistas, a formular doutrinas que lhes reabilitassem perante a opinião pública.

Ora, recorrer ao conceito de racionalização proporciona apenas uma descrição psicológica dos motivos que impelem um homem ou um grupo de homens a formular um teorema ou mesmo toda uma teoria. Mas não nos informa nada sobre a validade ou nulidade da teoria em exame. Se for constatada a falsidade da teoria proposta, o conceito de racionalização serve apenas como uma interpretação psicológica das causas que levaram seus autores ao erro. Mas, se não conseguimos apontar falhas na teoria proposta, nenhum apelo ao conceito de racionalização pode anular sua validade. Se fosse verdade que os economistas não teriam outro intuito que não o de defender as injustas reivindicações dos capitalistas, ainda assim suas teorias poderiam ser bastante corretas. O único meio aceitável de refutar uma teoria é submetê-la ao exame da razão e substituí-la por outra teoria melhor. Ao lidar com o teorema de Pitágoras ou com a teoria dos custos comparativos, não estamos interessados na motivação psicológica que impeliu Pitágoras e Ricardo a formularem estes teoremas, embora isto possa ser importante para o historiador ou para o biógrafo. Para a ciência, a única questão relevante é saber se esses teoremas resistem a um exame

---

por Engels em 1884, quase trinta anos depois da publicação do primeiro volume. Como diria Mises, este é um tema que pode ser abordado pela via da *compreensão histórica*. (N.T.)

[9] Se bem que o termo racionalização seja novo, a ideia em si já era conhecida há muito tempo. Ver, por exemplo, as palavras de Benjamin Franklin: "É tão conveniente ser uma *criatura razoável*, porque isto nos permite encontrar uma razão para tudo o que pretendemos fazer". *Autobiography*, Nova York, 1944, p. 41.

lógico e racional. Os antecedentes sociais ou raciais de seus autores são irrelevantes do ponto de vista da ciência.

É verdade que as pessoas, quando querem justificar seus interesses particulares, procuram usar doutrinas que são mais ou menos aceitas pela opinião pública em geral. Mais ainda, são perfeitamente capazes de inventar e propagar doutrinas que possam servir aos seus próprios interesses. Mas isto não explica por que tais doutrinas, que favorecem os interesses de uma minoria em detrimento dos demais, são aceitas pela opinião pública em geral. Essas doutrinas "ideológicas" quer sejam o produto de uma "falsa consciência" que força o homem a pensar inadvertidamente de uma maneira que convém aos interesses de sua classe, quer sejam o produto de uma deliberada distorção da verdade, terão sempre que se defrontar com as ideologias formuladas pelas demais classes e superá-las. Surge então uma disputa entre ideologias conflitantes. Os marxistas explicam a vitória ou a derrota nesses conflitos como uma consequência do determinismo histórico. *Geist*, a fonte mítica de toda energia, segue um plano definido e predeterminado. Conduz a humanidade, etapa por etapa, até o estágio final representado pela bem-aventurança do socialismo. Cada etapa é o produto de certo estágio tecnológico; todas as demais características da época são a necessária superestrutura ideológica daquele estágio tecnológico. *Geist* vai forçando o homem a conceber, e a realizar, no devido tempo, a tecnologia adequada ao momento que está vivendo. Tudo o mais é consequência desse estágio tecnológico. O moinho manual tornou possível a sociedade feudal; a máquina a vapor, por seu turno, deu lugar ao capitalismo.[10] A vontade e a razão humanas desempenham apenas um papel secundário nessas mudanças. A inexorável evolução histórica obriga o homem – independentemente de sua vontade – a pensar e agir de acordo com os padrões correspondentes à sua época. Os homens se iludem ao acreditar que são livres para escolher entre várias ideias ou entre o que pensam ser certo e errado. Os homens em si não pensam; é o determinismo histórico que se manifesta através de seus pensamentos.

Isto é simplesmente uma doutrina mística, que se apoia apenas na dialética hegeliana: a propriedade privada capitalista é a primeira negação da propriedade privada individual; provoca, com a inexorabilidade de uma lei da natureza, a sua própria negação, qual seja, a propriedade pública dos meios de produção.[11] É claro que uma doutrina mística, base-

---

[10] *"Le moulin à bras vous donnera la société avec le souzerain; le moulin à vapeur, La société avec le capitaliste industriel."* Marx, *Misére de la philosophie*, Paris e Bruxelas, 1847, p. 100.

[11] Marx, *Das Kapital*, 7. ed., Hamburgo, 1914, vol. 1, p. 728-729.

ada na intuição, não deixa de ser mística por se apoiar em outra doutrina igualmente mística. Este artifício, de forma alguma, explica por que um pensador tem que necessariamente formular ideologias que atendam aos interesses de sua classe. Admitamos, só para argumentar, que o homem formule doutrinas benéficas aos seus interesses. Mas, será que o interesse de um homem coincide sempre com o interesse de toda a sua classe? O próprio Marx teve de admitir que a organização do proletariado como classe e, consequentemente, como partido político, foi continuamente perturbada por conflitos entre os próprios trabalhadores.[12] É fato inegável que existem conflitos de interesses irreconciliáveis entre os trabalhadores que recebem salários obtidos pelos sindicatos e os trabalhadores que permanecem desempregados porque a obrigação de pagar os salários obtidos por pressão sindical impede que haja demanda para atender a toda a oferta de mão de obra. Também não se pode negar que os trabalhadores de países relativamente mais populosos e os de países menos populosos têm interesses nitidamente antagônicos em relação às leis de imigração. A declaração de que a substituição do capitalismo pelo socialismo é do interesse de todos os proletários não passa de afirmativa arbitrária de Marx e de outros socialistas. Não pode ser provada pela mera alegação de que a ideia socialista é a emanação do pensamento proletário e, portanto, certamente benéfica aos interesses do proletariado.

Com base nas ideias de Sismondi, Frederick List, Marx e da Escola Historicista Alemã, foi elaborada, e teve grande aceitação, a seguinte interpretação acerca das vicissitudes do comércio exterior britânico: na segunda metade do século XVIII e na maior parte do século XIX, era conveniente aos interesses da burguesia inglesa uma política de livre comércio. Como consequências disso, os economistas ingleses elaboraram uma doutrina do livre comércio e os empresários organizaram um movimento popular que, finalmente, conseguiu abolir as tarifas protecionistas. Mais tarde, mudaram as condições: a burguesia inglesa, já não podendo suportar a competição dos produtos estrangeiros, passou a exigir tarifas protecionistas. Os economistas, então, elaboraram uma teoria protecionista para substituir a ideologia do livre comércio e a Inglaterra retornou ao protecionismo.

O primeiro erro dessa interpretação é considerar a "burguesia" como uma classe homogênea composta de membros cujos interesses são os mesmos. Um empresário está sempre premido pela necessidade de ajustar sua atividade empresarial e comercial às condições institucionais de seu país. Sua atuação como empresário ou como capitalista, em longo prazo, não é favorecida nem prejudicada pela

---
[12] *The Communist Manifesto*, vol. 1.

existência ou não de tarifas. Quaisquer que sejam as condições institucionais ou de mercado, o empresário procurará produzir os produtos que lhe proporcionam maior lucro. O que pode prejudicar ou favorecer seus interesses, em curto prazo, são apenas as *mudanças* no cenário institucional. Mas estas mudanças não afetam da mesma maneira, nem com a mesma intensidade, todos os ramos de negócio ou todas as empresas. Uma medida que beneficia um setor ou uma empresa pode ser prejudicial a outros setores ou empresas. Quando são estabelecidos direitos alfandegários, apenas um reduzido número de itens pode interessar a cada empresário. E, para cada item, os interesses das diversas firmas e setores são geralmente antagônicos.

Um determinado setor ou empresa pode ser favorecido pelos privilégios concedidos pelo governo. Mas, se os mesmos privilégios são concedidos a todos os setores e empresas, todo empresário perde – não só como consumidor, mas também como comprador de matérias primas, produtos quase acabados, máquinas e equipamentos – de um lado, tanto quanto ganha de outro. O interesse egoísta de um indivíduo pode levá-lo a solicitar proteção para seu próprio setor ou empresa. Mas não pode motivá-lo a solicitar proteção generalizada para todos os setores ou empresas, se não estiver certo de que será mais protegido do que todas as outras atividades.

Os industriais ingleses, do ponto de vista dos interesses de sua classe, não estavam mais interessados do que os demais cidadãos ingleses na revogação das *Corn Laws*.[13] Os proprietários de terra se opunham à revogação dessas leis, porque uma diminuição nos preços dos produtos agrícolas reduziria o valor do aluguel da terra. Um interesse que seja comum a todos os industriais só pode ser concebido com base na já ultrapassada lei de ferro dos salários ou na não menos insustentável doutrina que estabelece serem os lucros o resultado da exploração dos trabalhadores.

Num mundo organizado com base na divisão do trabalho, qualquer mudança afeta, de alguma maneira, os interesses imediatos de

---

[13] *Corn Laws* – leis que prevaleceram na Inglaterra de 1436 a 1846 para regulamentar o comércio de grãos. Por volta de 1790, foi se tornando cada vez mais evidente que estas leis tinham como principal efeito proteger os proprietários de terra da competição externa e, dessa maneira, aumentavam os preços do pão e dos cereais que eram a dieta básica dos operários na indústria. Em 1838, foi fundada em Manchester a *Anti-Corn Law League*, liderada por Richard Cobden (1804-1865), o "apóstolo do livre comércio", e por Jon Bright (1811-1889), que conseguiram em 1846 a revogação das Corn Laws e a aceitação crescente dos princípios do *laissez-faire* da Escola de Manchester. Obs: *Corn*, traduzido para o português geralmente como milho, é a expressão usada na língua inglesa para designar cereal ou o cereal de maior consumo na alimentação. Assim, na Inglaterra, *corn* é trigo; nos EUA, milho; na Escócia, aveia e, nos países da Europa continental, centeio. (N.T.)

muitos setores. Por isso, é sempre fácil rejeitar uma doutrina que proponha alterações nas condições existentes, acusando-a de ser um disfarce "ideológico" dos interesses de um determinado grupo. Este tipo de acusação tem sido a principal atitude de muitos escritores contemporâneos. Não foi Marx o primeiro a assim proceder; antes dele, outros já haviam adotado tal procedimento.

Neste sentido, cabe recordar as tentativas de alguns escritores do século XVIII de qualificar os credos religiosos como uma maneira de os sacerdotes iludirem fraudulentamente as pessoas, com o objetivo de aumentar o poder e a riqueza, tanto para si, como para seus aliados, os exploradores. Os marxistas endossaram esta afirmativa, ao qualificar a religião como "ópio das massas".[14] Nunca ocorreu aos defensores dessas ideias que, onde existem interesses egoístas a favor, deve necessariamente haver também interesses egoístas contra. O fato de simplesmente proclamar que um evento favorece os interesses de uma determinada classe não pode ser aceito como explicação satisfatória para a realização desse evento. O que se faz necessário é procurar saber por que o resto da população, cujos interesses foram prejudicados, não conseguiu frustrar os esforços daqueles a quem tal evento favorecia.

Qualquer firma e qualquer ramo de negócio tem interesse em aumentar as vendas de seus produtos. Entretanto, em longo prazo, prevalece a tendência para equalizar o retorno das várias atividades produtoras. Se a demanda para os produtos de um determinado setor aumenta, fazendo crescer os seus lucros, novos capitais se deslocarão para esse setor e a competição provocada pelos novos investimentos fará diminuir os lucros. De forma alguma se pode afirmar que a venda de produtos nocivos é mais lucrativa do que a venda de produtos saudáveis. Se a produção de determinada mercadoria é considerada ilegal e aqueles que a produzem correm o risco de serem processados, multados ou presos, seus lucros deverão ser suficientemente altos para compensar os riscos incorridos. Este fato, entretanto, não altera a taxa média de retorno dos produtores da mercadoria em questão.

Os ricos, os proprietários das fábricas que já estão em operação, não têm um interesse específico na manutenção do mercado livre. Embora não desejem que suas fortunas sejam confiscadas ou expro-

---

[14] O significado que o marxismo contemporâneo atribuiu a esta expressão, a saber, que a droga religiosa tenha sido propositalmente administrada ao povo, pode ter sido o significado que lhe atribuía o próprio Marx. Mas não resulta da passagem na qual – em 1843 – Marx cunhou esta expressão. Ver R. P. Casey, *Religion in Russia*, Nova York, 1946, p. 67-69.

priadas, são favoráveis a medidas que os protejam de novos competidores. Aqueles que defendem a livre iniciativa e o livre mercado não defendem os interesses dos que são ricos hoje. Ao contrário, querem que seja aberta a possibilidade para homens desconhecidos – os empresários de amanhã – usarem sua habilidade e engenho, proporcionando, desta forma, uma vida mais agradável para as gerações vindouras. Querem que se mantenha aberto o caminho para maior progresso econômico. São eles que formam a verdadeira vanguarda do progresso.

As ideias a favor do livre comércio, que foram tão bem-sucedidas no século XIX, estavam respaldadas pelas teorias dos economistas clássicos. O prestígio dessas ideias era tão grande, que nada, nem mesmo os grupos cujos interesses eram contrariados por elas, podia impedir que fossem apoiadas pela opinião pública e que as medidas legislativas necessárias ao seu funcionamento fossem promulgadas. São as ideias que fazem a história e não a história que faz as ideias.

É inútil argumentar com místicos e profetas. Eles baseiam suas afirmativas na intuição e não são capazes de submetê-las ao exame racional. Os marxistas se julgam dotados de uma voz interior que lhes revela o curso da história. Se existem pessoas que não ouvem esta voz, isto é apenas uma evidência de que não fazem parte do grupo dos eleitos. É uma insolência dessas pessoas, que vivem no mundo das trevas, pretender contradizer os iluminados. Deviam, por uma questão de decência, retirar-se para um canto e lá permanecerem caladas.

Não obstante, a ciência não pode deixar de examinar todas as questões, embora seja óbvio que nunca conseguirá convencer aqueles que negam a supremacia da razão. Para estabelecer, entre várias doutrinas antagônicas, qual é a certa e quais são as erradas, a ciência não pode recorrer à intuição. É fato inegável que o marxismo não é a única doutrina existente. Existem outras "ideologias" além do marxismo. Os marxistas alegam que a aplicação dessas outras doutrinas seria prejudicial à maioria. Mas os defensores dessas doutrinas dizem exatamente o mesmo em relação ao marxismo.

Os marxistas consideram que só um autor de origem proletária pode elaborar uma doutrina que não seja viciada pelos interesses da classe dominante. Mas, quem é proletário? Certamente o doutor Marx, o industrial e "explorador" Engels e Lênin, descendentes de famílias nobres, não eram de origem proletária. Por outro lado, Hitler e Mussolini eram genuínos proletários que conheceram a pobreza quando jovens. O conflito entre os bolcheviques e os mencheviques, ou entre Stálin e Trotsky, não pode ser considerado como conflito de classes. Foram conflitos entre seitas de fanáticos que se acusavam, uns aos outros, de traidores.

A essência da filosofia marxista consiste em proclamar: somos nós que temos razão, porque somos os porta-vozes da nascente classe proletária; a argumentação lógica não pode invalidar nossos ensinamentos, porque eles são inspirados no poder supremo que determina o destino da humanidade. Nossos adversários erram, porque lhes falta a intuição que guia o nosso pensamento; não podemos culpá-los de, por pertencerem a outras classes, não serem dotados da genuína lógica proletária e se tornarem vítimas de ideologias. O impenetrável desígnio da história, que nos escolheu para a vitória, os condenou à derrota. O futuro nos pertence.

4
O POLILOGISMO RACISTA

O polilogismo marxista é uma tentativa fracassada de salvar as insustentáveis doutrinas socialistas. Tentou substituir o raciocínio pela intuição, apelando para o supersticioso das massas populares. Mas é precisamente esta atitude que coloca o polilogismo marxista e seu subproduto, a chamada "sociologia do conhecimento", numa posição definitivamente antagônica em relação à ciência e ao raciocínio.

Com o polilogismo dos racistas, as coisas se passam de maneira diferente. Este tipo de polilogismo está em consonância com tendências atuais do empirismo, tendências estas que, embora erradas, estão muito em moda. É irrefutável o fato de que a humanidade está dividida em várias raças, que têm características físicas diferentes. Para os partidários do materialismo filosófico, os pensamentos são uma secreção do cérebro, como a bílis é uma secreção da vesícula biliar. Sendo assim, a consistência lógica lhes impede de rejeitar a hipótese de que os pensamentos segregados pelas diversas raças possam ter diferenças essenciais. O fato de a anatomia, até o momento, não ter descoberto diferenças anatômicas nas células do cérebro das diversas raças não invalida a doutrina segundo a qual a estrutura lógica da mente seria diferente nas diversas raças, uma vez que sempre seria possível, em futuras pesquisas, descobrir tais diferenças.

Na opinião de alguns etnólogos, não se pode falar de civilizações superiores ou inferiores, nem considerar certas raças como mais atrasadas. Há civilizações, de várias raças, diferentes da civilização ocidental dos povos de origem caucasiana, mas elas não são inferiores. Cada raça tem uma mentalidade própria. Não se podem comparar civilizações usando padrões de comparação extraídos de uma delas. Os ocidentais consideram a civilização chinesa como estagnada e os habitantes da Nova Guiné como bárbaros primitivos. Mas os chineses e os nativos da Nova Guiné desprezam a nossa civilização tanto quanto desprezamos a deles. Tais opiniões são julgamentos de valor e, portanto, arbitrárias. As diversas raças têm estruturas lógicas diferentes. Cada civilização é adequada à mente da sua raça, assim como a nossa civilização é adequada à nossa mente. Somos incapazes de compreender que aquilo que chamamos de atraso, para alguns, não é atraso. Visto pelo ângulo de sua lógica, é uma forma de se ajustar às condições da natureza, melhor do que a nossa, supostamente progressista.

Estes etnólogos enfatizam, com razão, que não é tarefa do historiador – e o etnólogo também é um historiador – formular juízos de valor. Entretanto, estão inteiramente errados quando pretendem que as outras raças tenham sido guiadas por objetivos distintos daqueles que estimularam o homem branco. O maior desejo dos asiáticos e dos africanos, tanto quanto dos povos de origem europeia, é o sucesso na luta pela sobrevivência; e, para isso, usam a razão, sua arma mais importante e mais antiga. Procura livrar-se dos animais ferozes e da doença, evitar a fome e aumentar a produtividade do trabalho. Não há dúvida de que na consecução desses objetivos os brancos foram mais bem-sucedidos. Todas as outras raças procuram aproveitar-se das conquistas do mundo ocidental. Aqueles etnólogos estariam certos se os mongóis ou os africanos, atormentados por uma doença penosa, renunciassem a ajuda de um médico europeu, porque, segundo sua mentalidade ou sua visão do mundo, é preferível sofrer a ser aliviado da dor. Gandhi negou a sua própria teoria, ao dar entrada num hospital moderno para ser operado da apendicite.

Aos índios norte-americanos faltou a engenhosidade para inventar a roda. Os habitantes dos Alpes não foram capazes de fabricar esquis que lhes tornariam a vida bem mais agradável. Tais deficiências não se devem a uma mentalidade diferente daquelas outras raças que há muito tempo já conheciam a roda e os esquis; foram falhas, mesmo quando consideradas do ponto de vista dos índios ou dos montanheses alpinos.

Entretanto, estas reflexões se referem apenas aos motivos que determinam ações específicas e não ao único problema realmente relevante, qual seja, o de saber se existe entre as várias raças uma diferença na estrutura lógica da mente, uma vez que é isto que os racistas alegam.[15]

---

[15] Ver L. G. Tirala, *Rasse Geist und Seele*, Munique, 1935, p. 190 e segs.

Podemos repetir aqui o que já foi dito nos capítulos precedentes sobre a estrutura lógica da mente e sobre os princípios categoriais do pensamento e da ação. Umas poucas observações adicionais serão suficientes para refutar definitivamente o polilogismo racial ou qualquer outro tipo de polilogismo.

As categorias pensamento e ação humana não são nem produtos arbitrários da mente humana, nem convenções. Não têm uma existência própria, externa ao universo e alheio ao curso dos eventos cósmicos. São fatos biológicos e têm uma função específica na vida e na realidade. São instrumentos do homem na sua luta pela existência, no seu esforço para se ajustar tanto quanto possível à realidade do universo e para eliminar o desconforto até onde lhe seja possível. São, portanto, apropriadas às condições do mundo exterior e refletem as circunstâncias com que a realidade se apresenta. Funcionam e, neste sentido, são verdadeiras e válidas.

Consequentemente, erram todos aqueles que supõem que a percepção apriorística e o raciocínio puro não nos proporcionam informações sobre a realidade e sobre a estrutura do universo. As relações lógicas fundamentais e as categorias pensamento e ação constituem a fonte de onde brota todo conhecimento humano. São adequadas à estrutura da realidade, revelam esta estrutura à mente humana e, nesse sentido, são para o homem fatos ontológicos básicos.[16] Não podemos saber o que um intelecto super-humano seria capaz de pensar ou compreender. Para o homem, toda cognição está condicionada pela estrutura lógica de sua mente e implícita nesta estrutura. Os êxitos alcançados pelas ciências empíricas e sua aplicação prática são uma demonstração desta evidência. Onde a ação humana é capaz de atingir os fins a que se propõe não há lugar para agnosticismo.

Se tivesse existido uma raça que houvesse desenvolvido uma estrutura lógica da mente diferente da nossa, ela não teria podido recorrer à razão na sua luta pela vida. Os únicos meios de que disporia para sobreviver seriam suas reações instintivas. A seleção natural se encarregaria de eliminar todos os espécimes desta hipotética raça que tentassem empregar o raciocínio para determinar o seu comportamento; só sobreviveriam aqueles que se fiassem apenas nos seus instintos. Isto significa que só poderiam sobreviver aqueles cujo nível mental não fosse superior ao dos animais.

Os pesquisadores ocidentais reuniram uma expressiva quantidade de informações relativa às civilizações mais refinadas da China e

---

[16] Ver Morris R. Cohen, *Reason and Nature*, Nova York, 1931, p. 202-205; *A Preface to Logic*, Nova York, 1944, p. 42-44, 54-56, 92, 180-187.

da Índia, bem como acerca das civilizações primitivas dos aborígenes asiáticos, americanos, australianos e africanos. Podemos dizer que tudo o que vale a pena saber sobre estas raças, já o sabemos. Mesmo assim, nunca um defensor do polilogismo tentou usar estes dados para explicar a alegada diferença lógica desses povos ou dessas civilizações.

5
POLILOGISMO E COMPREENSÃO

Alguns defensores dos princípios do marxismo e do racismo interpretam a base epistemológica de seus partidos de uma maneira peculiar. Admitem que a estrutura lógica da mente seja a mesma para todas as raças, nações ou classes. O marxismo, ou o racismo, afirmam seus defensores, nunca pretendeu negar este fato inegável. O que estas doutrinas queriam dizer é que a compreensão histórica, a apreciação estética e os juízos de valor dependem dos antecedentes pessoais de cada um. Esta nova interpretação, na realidade, não encontra apoio no que escreveram os defensores das doutrinas polilogistas. Não obstante, devemos analisá-la como se fosse uma doutrina nova e independente.

Não há necessidade de repetir uma vez mais que os julgamentos de valor, assim como a escolha de objetivos de qualquer pessoa, refletem suas características físicas e todas as vicissitudes de sua vida.[17] Mas, do reconhecimento disto à crença de que a herança racial ou o fato de pertencer a uma classe social, em última análise, determinam os julgamentos de valor e a escolha de objetivos, vai uma grande distância. As notórias diferenças na forma de ver o mundo ou nos padrões de comportamento de maneira alguma correspondem às diferenças de raça, nacionalidade ou classe.

Seria difícil imaginar uma maior discrepância quanto a julgamento de valor do que a existente entre os ascetas e os desejosos de gozar a vida despreocupadamente. Um abismo separa devotos, monges e freiras do resto da humanidade. Entretanto, existem pessoas que se dedicam a uma vida monástica entre todas as raças, nações, classes ou castas. Enquanto alguns descendiam de reis e de nobres, outros eram simples mendigos. São Francisco e Santa Clara e seus ardentes seguidores eram todos nascidos na Itália, e não se pode dizer que os italianos sejam um povo que despreze os prazeres temporais. O puritanismo é de origem anglo-saxônica, mas também o mesmo se pode

---
[17] Ver p. 74-75.

dizer da luxúria que existia nos reinados dos Tudor, dos Stuart e da casa de Hannover. O principal defensor do ascetismo no século XIX foi o conde Leon Tosltoy, um rico membro da libertina aristocracia russa. Tolstoy considerava a sonata *Kreutzer*, de Beethoven, obra-prima de um filho de pais extremamente pobres, como a manifestação mais importante da filosofia que ele tanto considerava.

O mesmo ocorre com valores estéticos. Todas as raças e nações tiveram períodos clássicos e românticos. Apesar de todo esforço de propaganda, os marxistas nunca conseguiram criar uma arte ou literatura especificamente proletária. Os escritores, pintores e músicos "proletários" não criaram novos estilos nem estabeleceram novos valores estéticos. O que os caracteriza é tão somente a tendência a qualificar tudo o que detestam como burguês" e tudo o de que gostam como "proletário".

A compreensão histórica, tanto do historiador como do agente homem, reflete a personalidade do seu autor.[18] Mas, se o historiador e o político estão imbuídos do desejo de buscar a verdade, não se deixarão iludir por preconceitos partidários, a não ser que sejam muito ineptos e ineficientes. É irrelevante que um historiador ou político considerem um determinado fator como benéfico ou prejudicial; não lhes advirá nenhuma vantagem em exagerar ou depreciar a relevância de um entre os diversos fatores intervenientes. Somente um pseudo-historiador inepto ainda acredita que possa servir à sua causa ao distorcer a realidade.

Podemos dizer o mesmo com relação à compreensão do político. Que vantagem teria um defensor do protestantismo em desprezar o tremendo poder do catolicismo, ou um liberal em ignorar a relevância dos ideais socialistas? Para ser bem-sucedido, o político deve ver as coisas como elas realmente são; quem se apoia em fantasias acaba fracassando. Os julgamentos de relevância diferem dos julgamentos de valor, porque têm por objetivo avaliar uma situação que não depende do arbítrio do autor. Cada autor avaliará a relevância de uma situação segundo sua personalidade, o que impossibilita a existência de unanimidade de pontos de vista. Então, cabe novamente a pergunta: que vantagem poderia uma raça ou uma classe obter de uma distorção "ideológica" da realidade?

Como já foram assinaladas, as mais sérias divergências encontradas nos estudos de história são decorrentes de diferenças no campo das ciências não históricas e não de diferentes modos de compreensão.

---

[18] Ver p. 85-87.

Muitos historiadores e escritores modernos estão imbuídos do dogma marxista, segundo o qual o advento do socialismo é não só inevitável, como também extremamente desejável, e as forças trabalhistas foram designadas para a histórica missão de destruir o sistema capitalista. Partindo dessa premissa, consideram natural que os partidos de "esquerda", os eleitos, recorram à violência e ao crime para atingir seus objetivos. Uma revolução não pode ser feita por meios pacíficos. Não vale a pena perder tempo com insignificâncias como a chacina das quatro filhas do último tzar, de Leon Trotsky, de dezenas de milhares de burgueses russos, e assim por diante. Por que mencionar os ovos quebrados, se todos sabem que não se pode fazer uma omelete sem quebrar os ovos? Mas, se alguma dessas vítimas ousa defender-se ou mesmo revidar a agressão, será duramente criticada. São poucos os que se atrevem a simplesmente mencionar os atos de sabotagem, destruição e violência praticados por grevistas. Em compensação, são pródigos em condenar as medidas que as companhias, quando atacadas, adotam para proteger sua propriedade e a vida de seus empregados e clientes.

Tais discrepâncias não são devidas nem a julgamentos de valor nem a uma compreensão diferente da realidade. São consequências de teorias contraditórias sobre a evolução histórica e econômica. Se o advento do socialismo é inevitável e só pode ser alcançado por métodos revolucionários, os crimes cometidos pelos "progressistas" são incidentes menores, sem importância. Por outro lado, a autodefesa e o contra-ataque dos "reacionários", que possivelmente retardarão a vitória final do socialismo, são considerados crimes gravíssimos. Enquanto estes são amplamente destacados, aqueles são considerados meros atos de rotina.

6
EM DEFESA DA RAZÃO

Um racionalista judicioso não teria a pretensão de afirmar que a razão humana pode chegar a fazer com que o homem se torne onisciente. Teria consciência do fato de que, por mais que aumente o conhecimento, sempre haverá dados irredutíveis que não são passíveis de elucidação ou compreensão. Não obstante, acrescentaria o nosso racionalista, na medida em que o homem é capaz de adquirir conhecimento, necessariamente terá que contar com a razão. Um dado irredutível é o irracional. Tudo o que é conhecível, na medida em que já seja conhecido, é necessariamente racional. Não existe uma forma irracional de cognição nem tampouco uma ciência da irracionalidade.

Com relação a problemas ainda não resolvidos, podemos formular diversas hipóteses, desde que não contradigam a lógica ou conhecimento incontestáveis. Mas serão apenas hipóteses.

Ignoramos quais sejam as causas das diferenças inatas da capacidade ou do talento humano. A ciência não é capaz de explicar por que Newton e Mozart foram geniais, enquanto a maioria dos homens não tem tanto talento. Mas o que não é aceitável é atribuir a genialidade à raça ou à ancestralidade. A questão a ser respondida é por que uma pessoa difere de seus irmãos de sangue e dos outros membros de sua raça.

Supor que as grandes realizações da raça branca se devem a alguma superioridade racial constitui um erro um pouco mais compreensível. De qualquer forma, não é mais do que uma hipótese vaga em flagrante contradição com o fato de que devemos a outras raças a própria origem da civilização. Tampouco podemos saber se no futuro outras raças suplantarão a civilização ocidental.

Entretanto, esta hipótese deve ser avaliada pelos seus próprios méritos. Não deve ser condenada de antemão só porque os racistas nela se baseiam para postular que existe um conflito irreconciliável entre os vários grupos raciais e que as raças superiores devem escravizar as inferiores. A lei de associação formulada por Ricardo há muito tempo já mostrou o equívoco representado por esta maneira de interpretar a desigualdade dos homens.[19] Não tem sentido combater o racismo, negando fatos óbvios. É inútil negar que, até o momento, algumas raças muito pouco ou mesmo nada contribuíram para o progresso da civilização e podem, neste sentido, ser chamadas de inferiores.

Se quisermos extrair, a qualquer preço, alguma verdade dos ensinamentos marxistas podemos dizer que as emoções influenciam muito o raciocínio humano. Ninguém pode negar este fato óbvio; tampouco devemos creditar ao marxismo esta descoberta. E nada disso tem qualquer importância para a epistemologia. São inúmeros os fatores, tanto de sucesso, como de erro. É tarefa de a psicologia enumerá-los e classificá-los.

A inveja é uma fraqueza muito comum. Muitos intelectuais invejam a renda elevada de negociantes prósperos e este ressentimento os conduz ao socialismo. Acreditam que as autoridades de uma comunidade socialista lhes pagariam salários maiores do que aqueles que poderiam ganhar no regime capitalista. Mas o fato de essa inveja existir não desvia a ciência do dever de examinar cuidadosamente as

---
[19] Ver adiante p. 198-205.

doutrinas socialistas. Os cientistas devem analisar qualquer doutrina como se os seus defensores não tivessem outro propósito a não ser a busca do conhecimento. Os vários tipos de polilogismo, em vez de analisar teoricamente doutrinas contrárias às suas, preferem revelar os antecedentes e os motivos de seus autores. Tal procedimento é incompatível com os mais elementares princípios do raciocínio.

É um artifício medíocre julgar uma teoria por seus antecedentes históricos, pelo "espírito" de seu tempo, pelas condições materiais de seu país de origem ou por alguma qualidade pessoal de seu autor. Uma teoria só pode ser julgada pelo tribunal da razão. O único critério a ser aplicado é o critério da razão. Uma teoria pode estar certa ou errada. Ocorre que, dado o nosso estágio de conhecimento, talvez não seja possível determinar seu acerto ou erro. Mas uma teoria jamais poderá ser válida para um burguês ou um americano, se não for igualmente válida para um proletário ou um chinês.

Se as doutrinas marxistas ou racistas fossem corretas, seria impossível explicar por que seus seguidores, quando estão no poder, procuram logo silenciar teorias que lhes sejam dissidentes e perseguir quem as defende. O próprio fato de que existem governos intolerantes e partidos políticos que procuram colocar seus opositores fora da lei, ou mesmo exterminá-los, é uma prova manifesta do poder da razão. Isto não significa que uma doutrina esteja correta só porque os seus adversários recorrem à polícia e à violência das massas para combatê-la. Significa que aqueles que recorrem à violência estão, no seu subconsciente, convencidos da improcedência de suas próprias doutrinas.

É impossível demonstrar a validade dos fundamentos apriorísticos da lógica e da praxeologia, sem recorrer a estes mesmos fundamentos. A razão é um dado irredutível e não pode ser analisada ou questionada por si mesma. A própria existência da razão humana é um fato não racional. A única afirmação que pode ser feita sobre a razão é que ela é o marco que separa os homens dos animais e a ela devemos todas as realizações que consideramos especificamente humanas.

Para aqueles que pensam que o homem seria mais feliz se renunciasse ao uso da razão e tentasse deixar-se conduzir somente pela intuição e pelos instintos, não há melhor resposta do que recordar as conquistas da sociedade humana. A economia, ao descrever a origem e o funcionamento da cooperação social, fornece todas as informações necessárias a uma escolha entre a racionalidade e a irracionalidade. Se o homem cogitasse de se libertar da supremacia da razão, deveria procurar saber ao que, forçosamente, estaria renunciando.

Capítulo 4
Uma Primeira Análise da Categoria Ação

1
Meios e fins

Denominamos fim, meta ou objetivo o resultado que se pretende alcançar com uma ação. Estes termos também são usados, habitualmente, quando nos referimos a fins, metas ou objetivos intermediários, ou seja, etapas que o agente homem quer atingir porque acredita que, dessa maneira, alcançará o seu fim, meta ou objetivo definitivo. Na essência, o fim, meta ou objetivo de qualquer ação é sempre aliviar algum desconforto.

Denominamos meios tudo aquilo que utilizamos para atingir qualquer fim, meta ou objetivo. No nosso universo não existem meios; só existem coisas. Uma coisa só se torna um meio quando a razão humana percebe a possibilidade de empregá-la para atingir um determinado fim e realmente a emprega com este propósito. O homem percebe mentalmente a utilidade das coisas, isto é, a capacidade que elas têm de servir aos seus fins, e, ao agir, ele as transforma em meios. É de fundamental importância compreender que tudo aquilo que compõe o mundo exterior ao homem só se transforma em meios pelo funcionamento da mente humana e pela ação por ela engendrada. Os objetos do mundo exterior são apenas fenômenos do universo físico; é o tema das ciências naturais. O que os transforma em meios é o significado que o homem lhes atribui e a ação daí resultante. A praxeologia não lida com o mundo exterior, mas com a conduta do homem em relação ao mundo exterior. A realidade praxeológica não é o universo físico, mas a reação consciente do homem ao estado em que se encontra o universo. A economia não trata de coisas ou de objetos materiais tangíveis; trata de homens, de suas apreciações e das ações que daí derivam. Bens, mercadorias, riquezas, assim como todos os outros conceitos econômicos, não são elementos da natureza; são elementos que derivam do significado que o homem lhes atribui e de sua conduta em relação a eles. Quem quiser lidar com estes elementos não deve procurá-los no mundo exterior, porque só poderá encontrá-los no significado que lhes atribui o agente homem.

A praxeologia e a economia não consideram a ação humana e seus propósitos como seriam, ou como deveriam ser, se todos os homens seguissem uma mesma filosofia absolutamente válida e fossem dotados de um perfeito conhecimento tecnológico. Uma ciência, cujo tema é o homem, imperfeito como ele é, não pode abrigar noções tais como validade absoluta ou onisciência. Um fim é tudo aquilo que os homens procuram obter. Um meio é tudo aquilo que os homens empregam na sua ação.

É tarefa da tecnologia e da terapêutica, em seus respectivos campos de atuação, refutar teorias científicas erradas. É tarefa da economia desmascarar doutrinas errôneas no campo da ação social. Mas, se os homens, em vez de seguirem a recomendação da ciência, deixarem-se guiar por preconceitos falaciosos, os erros passam a ser a realidade e, como tal, devem se tratados. Os economistas, por exemplo, consideram que o controle de câmbio é um meio inadequado para atingir os objetivos pretendidos por aqueles que a ele recorrem. Entretanto, se a opinião pública se deixa iludir e os governos recorrem ao controle de câmbio, o curso dos acontecimentos é determinado por essa atitude. A medicina de nossos dias considera a doutrina que atribuía efeitos terapêuticos à mandrágora apenas um mito. Entretanto, enquanto este mito era considerado verdade, a mandrágora era um bem econômico, e as pessoas se dispunham a pagar um preço para sua aquisição. Ao lidar com preços, à economia não interessa quanto uma coisa deve valer, mas sim quanto vale segundo aqueles que têm interesse em obtê-la. A economia lida com preços reais, pagos e recebidos em transações reais, e não com preços hipotéticos, que existiriam se as pessoas fossem diferentes do que são na realidade.

Os meios são, necessariamente, sempre escassos, isto é, insuficientes para alcançar todos os objetivos pretendidos pelo homem. Se não fosse assim, seria desnecessária qualquer ação humana para obtê-los. Se não houvesse a insuficiência de meios, não haveria necessidade de ação.

É usual chamar de objetivo ao fim último que se pretende alcançar, e de bens aos meios empregados para alcançá-lo. Ao aplicar estes termos, os economistas são levados a raciocinar como tecnólogos e não como praxeólogos. Fazem uma distinção entre *bens livres* e *bens econômicos*. Chamam de bens livres tudo aquilo que, existindo em abundância, não precisa ser economizado. Tais bens, entretanto, não são objeto de qualquer ação humana. São condições gerais do bem estar do homem; são parte do meio ambiente no qual o homem vive e age. Somente os bens econômicos são o substrato da ação e somente deles se ocupa a economia.

Os bens econômicos, que servem diretamente para satisfazer as necessidades humanas e cuja utilização não necessita do concurso de outros bens econômicos, são chamados bens de consumo ou bens de primeira ordem. Os meios que só podem satisfazer as necessidades humanas indiretamente, ou seja, quando complementados pelo concurso de outros bens, são chamados de bens de produção ou fatores de produção, ou bens de uma ordem mais remota ou mais elevada. O serviço prestado por um bem de produção consiste em permitir a obtenção de um produto, mediante a cooperação com outros bens de produção complementares. Este produto pode ser um bem de consumo; pode também ser um bem de produção que, quando combinado com outros, proporcionará um bem de consumo. Podemos imaginar os bens de produção ordenados de acordo com a proximidade em relação ao bem de consumo para cuja produção é utilizada. Os bens de produção que estão mais próximos dos bens de consumo são considerados como de segunda ordem; os bens de produção usados para produzir os de segunda ordem são chamados de bens de terceira ordem, e assim sucessivamente.

O propósito desta organização dos bens em ordens é proporcionar uma base para a teoria do valor e dos preços dos fatores de produção. Veremos mais adiante como o valor e o preço dos bens de uma ordem mais elevada dependem do valor e do preço dos bens de ordens mais baixas em cuja produção são utilizados. Os bens de consumo são a base e a origem da valoração de todos os demais bens, em função de sua importância na produção dos referidos bens de consumo.

Na prática, não é necessário ordenar bens de produção em várias ordens, da segunda até a enésima. Também é supérflua a discussão bizantina sobre a ordenação mais elevada ou mais baixa de um determinado bem. Pouco importa chamar o grão de café, ou o café torrado, ou o pó de café, ou o café pronto na xícara, de bem de consumo; a terminologia adotada é irrelevante. Porque, no que tange ao problema de valor, tudo o que dissermos sobre um bem de consumo pode ser aplicado a qualquer bem de uma ordem mais elevada (exceto em relação àqueles da ordem mais elevada de todas) se o consideramos como um produto.

Um bem econômico não precisa estar necessariamente representado por algo tangível. Os bens econômicos imateriais são chamados de serviços.

2
A ESCALA DE VALORES

O agente homem sempre escolhe entre várias oportunidades que lhe são oferecidas. Prefere uma alternativa e rejeita outras.

Costuma-se dizer que o agente homem, ao organizar suas ações, tem uma escala de necessidades ou de valores em sua mente. Com base nessa escala, satisfaz às necessidades a que atribui maior valor, isto é, às necessidades mais urgentes, e deixa de satisfazer àquelas a que atribui menor valor, isto é, às necessidades menos urgentes. Não há objeção a que assim se interprete o comportamento humano. Entretanto, não devemos esquecer-nos de que a escala de valores ou de necessidades só se manifesta na realidade da ação. Estas escalas não têm uma existência real, distinta do comportamento efetivo dos indivíduos. A única fonte da qual deriva nosso conhecimento em relação a estas escalas é a observação das ações do homem. Toda ação está sempre perfeitamente ajustada à escala de valores ou de necessidades, porque estas escalas nada mais são do que um instrumento para interpretar a ação do homem.

As doutrinas de caráter ético pretendem estabelecer escalas de valores segundo as quais o homem deveria agir, embora nem sempre o faça. Atribuem-se a estas doutrinas o papel de distinguir o certo do errado e o de aconselhar o homem sobre que objetivos devem ser perseguidos como bem supremo. São disciplinas normativas que pretendem saber como as coisas deveriam ser. Não são neutras em relação aos fatos; preferem julgá-los à luz dos pontos de vista que adotaram como padrão.

A praxeologia e a economia condenam esta atitude, porque têm consciência do fato de que os objetivos da ação humana não podem ser avaliados por nenhum padrão absoluto. Os objetivos finais são um dado irredutível; são meramente subjetivos e diferem de pessoa para pessoa e para a mesma pessoa em momentos diferentes de sua vida. A praxeologia e a economia lidam com os meios empregados para atingir fins escolhidos pelos indivíduos. Não se manifestam sobre questões tais como se o *sibaritismo* é melhor do que o ascetismo. Só se preocupam em verificar se os meios empregados são ou não apropriados para atingir os objetivos que o homem deseja alcançar.

As noções de anormalidade e perversidade não têm significado no campo econômico. A economia não qualifica de desarrazoado o indivíduo que prefira o desagradável, o prejudicial e o penoso ao agradável, ao benéfico e ao prazeroso. Afirma, apenas, que este indivíduo é diferente dos outros; que ele gosta do que os outros detestam que considera útil o que os outros evitam; que tem prazer em suportar a dor que os outros evitam porque os machuca. As noções de normal e anormal podem ser usadas antropologicamente para distinguir entre os que se comportam como a maioria das pessoas e os que são considerados exceções, casos atípicos e extravagantes; podem ser aplicadas biologicamente para distinguir aqueles cujo comportamento preserva as forças vitais, daqueles cujo comportamento é autodestrutivo; podem ser aplicadas num sentido ético, para distinguir quem age corretamente de quem age de forma diferente da que deveria. Entretanto, no campo de uma ciência teórica da ação humana, não cabem tais distinções. A escolha de objetivos finais resulta ser, sempre, meramente subjetiva e, portanto, arbitrária.

Valor é a importância que o agente homem atribui aos seus objetivos finais. Somente a objetivos finais é que se atribui um valor primário, original. Os meios são valorados de forma derivativa, segundo sua utilidade e contribuição para alcançar o objetivo final. Sua valoração deriva do valor atribuído ao respectivo objetivo. Só têm importância na medida em que tornam possível atingir algum objetivo, algum fim. Valor não é algo intrínseco à natureza das coisas. Só existe em nós; é a maneira pela qual o homem reage às condições de seu meio ambiente.

Da mesma forma, o valor não está nas palavras ou nas doutrinas. É a conduta humana, exclusivamente, que cria o valor. O que importa é como os homens agem e não o que dizem sobre valor. A retórica dos moralistas e a pompa dos programas partidários têm importância apenas na medida em que possam influenciar ou determinar as ações dos homens.

3
A ESCALA DE NECESSIDADES

Não obstante haver quem discorde, a realidade é que a imensa maioria das pessoas objetiva, antes de tudo, a uma melhoria de suas condições materiais. Desejam comida melhor e mais farta, melhores casas e roupas e milhares de outras comodidades. Aspiram a ter saúde e fartura. Considerando a existência destes objetivos, a fisiologia aplicada tenta determinar que meios sejam mais indicados para prover a maior satisfação possível. Distingue, segundo este ponto de vista, entre as necessidades "reais" e os apetites espúrios do homem. Ensina às pessoas como devem agir e que meios devem empregar para atingir seus objetivos.

A importância de tais doutrinas é evidente. O fisiologista deve distinguir entre uma ação sensata e uma ação contraproducente, segundo seu ponto de vista. Deve contrastar métodos judiciosos de alimentação com métodos insensatos. Pode condenar certos tipos de comportamento como absurdos e contrários às necessidades "reais". Entretanto, tais julgamentos estão fora do campo de interesse de uma ciência que lida com a realidade da ação humana. O que interessa à praxeologia e à economia é o que um homem faz e não o que devia fazer. A medicina pode estar certa ou errada ao qualificar o álcool e a nicotina como venenos. Mas a economia tem que explicar os preços do tabaco e da bebida tais como são e não como seriam em outras condições.

No campo da economia, não há lugar para uma escala de necessidades diferente de uma escala de valores que seja reflexo do próprio comportamento humano. A economia lida com o homem real, frágil, e não como seres ideais, oniscientes e perfeitos como só os deuses poderiam ser.

4
A AÇÃO COMO TROCA

Qualquer ação é uma tentativa para substituir uma situação menos satisfatória por outra mais satisfatória. Denominamos troca a uma alteração voluntariamente provocada. Uma condição menos desejável é trocada por outra mais desejada. Abandonamos o que nos satisfaz menos, para obter algo que nos agrada mais. Aquilo que se abandona, chamamos de preço pago para atingir o objetivo desejado. Ao valor do preço pago, chamamos de custo. O custo é igual ao valor atribuído à satisfação de que nos privamos, a fim de obter o objetivo pretendido.

A diferença entre o valor do preço pago (os custos incorridos) e o valor da meta alcançada é chamada de ganho ou lucro ou renda líquida. Neste sentido elementar, o lucro tem um caráter meramente subjetivo; é um incremento de satisfação do agente homem; é um fenômeno psíquico que não pode ser medido nem pesado. A remoção de um desconforto pode ser maior ou menor; mas o quanto uma satisfação supera outra é algo que só pode ser sentido; não pode ser estabelecido ou determinado de uma maneira objetiva. Um julgamento de valor não mede; apenas ordena segundo uma escala, ou seja, gradua. Expressa uma ordem de preferência e sequência, mas não significa uma medida ou um peso. Somente os números ordinais podem ser aplicados, quando se trata de valor, e não os números cardinais.

Não faz sentido falar de cálculo de valores. O cálculo só é possível quando lidamos com números cardinais. A diferença de valor entre duas situações é inteiramente psíquica e pessoal. Não se pode projetá-la no mundo exterior. Só o indivíduo pode senti-la e nem mesmo ele poderia transmiti-la a outra pessoa. É uma grandeza de intensidade e não de quantidade.

A fisiologia e a psicologia desenvolveram vários métodos por meio dos quais pretendem ter conseguido um substituto para a impossível quantificação – grandezas de intensidade. A economia não tem por que analisar conceitos tão questionáveis. Até mesmo os seus defensores se dão conta de que tais conceitos não são aplicáveis a julgamentos de valor.

E mesmo que fossem, ainda assim não teriam interesse no exame de problemas econômicos, porque a economia lida com a ação em si, e não com os fatos psíquicos que podem resultar em determinadas ações.

Ocorre que, frequentemente, uma ação não consegue atingir o objetivo desejado. Às vezes, embora o resultado seja inferior ao pretendido, ainda assim constitui uma melhoria em relação à situação anterior; neste caso, ainda existe um ganho, embora menor que o esperado. Mas também pode ocorrer que a ação acarrete um estado de coisas menos desejável que a situação anterior que se desejava modificar. Neste caso, a diferença entre o resultado obtido e o custo incorrido é o que denominamos de prejuízo.

Capítulo 5
O Tempo

1
O Tempo Como um Fator Praxeológico

A noção de mudança implica a noção de sequência temporal. Num universo rígido, eternamente imutável, não haveria a noção de tempo. Este universo seria uma coisa morta. Os conceitos de mudança e de tempo estão inseparavelmente ligados. Toda ação pretende uma determinada mudança e, portanto, implica uma ordem temporal. A razão humana não é capaz de conceber uma existência ou uma ação sem a noção de tempo.

Quem age distingue entre o tempo antes da ação, o tempo usado na ação, e o tempo depois de terminada a ação. O ser humano não pode abstrair-se da passagem do tempo.

A lógica e a matemática lidam com um sistema ideal de pensamento. Suas relações e implicações são coexistentes e interdependentes. Podemos também dizer que são síncronas ou que são atemporais. Uma mente perfeita poderia compreendê-las, todas ao mesmo tempo. A incapacidade da mente humana em realizar esta síntese faz do pensamento em si uma ação, que progride, passo a passo, de um estado menos satisfatório, de menor conhecimento para outro estado mais satisfatório, de maior conhecimento. Não obstante, é preciso não confundir a ordem temporal na qual o conhecimento é adquirido com a simultaneidade lógica de todas as partes que integram um sistema dedutivo apriorístico. Em tal sistema, as noções de anterioridade e consequência são apenas metafóricas, pois não se referem ao sistema, mas sim à nossa própria ação intelectiva. O sistema lógico em si não implica as noções de tempo nem de causalidade. Há uma correspondência funcional entre seus elementos, mas não há nem causa, nem efeito.

A distinção epistemológica entre o sistema lógico e o sistema praxeológico consiste exatamente no fato de que este pressupõe as categorias tempo e causalidade. O sistema praxeológico também é apriorístico e dedutivo; como sistema, é atemporal. A diferença entre um e outro reside no fato de a praxeologia ter a mudança como um de seus elementos; as noções de mais cedo ou mais tarde e de causa e efeito fazem parte do sistema. Anterioridade e consequência são conceitos essenciais no raciocínio praxeológico; o mesmo ocorre com a irreversibilidade dos eventos. No contexto do sistema praxeológico, qualquer referência à correspondência funcional é tão metafórica e ilusória quanto a referência à anterioridade e consequência no sistema lógico.[1]

2
PASSADO, PRESENTE E FUTURO

O que proporciona ao ser humano a noção de tempo, a consciência da passagem do tempo, é a ação. A ideia de tempo é uma categoria praxeológica.

A ação está sempre dirigida ao futuro; consiste essencial e necessariamente em planejar e agir com vistas a um futuro melhor. O objetivo da ação é sempre fazer com que as condições futuras sejam mais satisfatórias do que seriam sem sua interferência. O desconforto que impele um homem a agir é causado pela insatisfação com as condições futuras que provavelmente adviriam caso nada fosse feito para impedi-las. A ação só pode influir o futuro, nunca o presente, que a cada fração infinitesimal de segundo se transforma em passado. O homem adquire consciência do tempo, quando planeja converter uma situação presente menos satisfatória numa situação futura mais satisfatória.

Para a meditação contemplativa, o tempo é apenas duração, *"la durée pure, dont l'écoulement est continu, et où l'on passe, par gradations insensibles, d'un état à l'autre: continuité réellement vécue".*[2] O "agora" do presente é sempre deslocado para o passado, ficando retido apenas na memória. Refletindo sobre o passado, dizem os filósofos, o homem toma consciência do tempo.[3] Entretanto, não é o recordar que proporciona ao homem as categorias mudança e tempo, mas sim o desejo de aprimorar suas condições de vida.

O tempo que medimos graças a aparelhos mecânicos é sempre passado, e o tempo a que os filósofos se referem pode ser tanto passado como

---

[1] Num tratado de economia não há necessidade de discutir a possibilidade de se formular a mecânica como um sistema axiomático no qual o conceito de causa e efeito fosse substituído pelo de função. Será mostrado mais adiante que a mecânica axiomática não pode servir de modelo para o estudo do sistema econômico. Ver adiante p. 415-420.

[2] Henri Bergson, *Matière et mémoire*, 7 ed., Paris, 1911, p. 205: "duração pura, cujo fluxo é contínuo, na qual se passa, por gradações insensíveis, de um estado a outro: continuidade realmente vivida".

[3] Edmund Hussel, "Vorlesungen zur Phänomenologie des inneren Zeitbewusstseins", *Jahrbuch für Philosophie und Phänomenologische Forschung*, vol.9, 1923, p. 391 e segs.; A. Schütz, loc. cit., p. 152.

futuro. Neste sentido, o presente é apenas uma linha ideal que separa o passado do futuro. Mas, do ponto de vista praxeológico, existe entre o passado e o futuro um momento presente real. A ação se processa no presente real porque utiliza esse instante e, portanto, encarna sua realidade.[4] A reflexão retrospectiva posterior distingue, no instante que passou, em primeiro lugar, a ação praticada e as condições que aquele instante oferecia à ação. Aquilo que não pode mais ser feito ou consumido, porque passou o momento de fazê-lo, contrasta o passado com o presente. Aquilo que ainda não pode ser feito ou consumido, porque ainda não chegou o momento de fazê-lo, contrasta o futuro com o passado. O momento presente oferece à ação oportunidades e tarefas para as quais, até então, era muito cedo e para as quais, daqui em diante, será muito tarde.

O presente, enquanto duração, é a continuação das condições e oportunidades oferecidas à ação. Qualquer tipo de ação necessita de condições especiais às quais deve ajustar-se para atingir os objetivos pretendidos. O conceito de presente é, portanto, diferente para os vários tipos de ação. Nada tem a ver com o tempo astronômico ou com os vários métodos de medir a passagem do tempo. O presente, para a praxeologia, compreende todo o tempo passado que ainda tenha atualidade, isto é, que ainda possibilite a ação. O presente se estende, conforme a ação que se tenha em vista, até a Idade Média, até o século XIX, até o ano ou mês passado, até ontem e até o minuto ou fração de segundo que acabou de passar. Quando alguém diz: "hoje em dia já não se adora Zeus", está referindo-se a um presente distinto daquele que o motorista do carro tem em mente quando pensa: *agora* ainda é cedo para fazer a curva.

Como o futuro é incerto, permanece sempre indefinida e vaga a sua parcela que podemos considerar como *agora*, ou seja, como presente. Alguém que tivesse dito em 1913: "atualmente, agora, a liberdade de pensamento na Europa é incontestável" não imaginava que esse presente muito cedo viria a ser o passado.

3
A ECONOMIA DE TEMPO

O homem está sujeito à passagem do tempo. Ele nasce, cresce, fica velho e morre. Seu tempo é escasso. Precisa economizá-lo como economiza outros fatores escassos.

---

[4] *"Ce que j'appelle mon présent, c'est mon attitude vis-à-vis de l'avenir immédiat, c'est mon action imminente"*. Bergson, op. cit., p. 152: "O que chamo de meu presente é minha atitude frente ao futuro imediato, é minha ação iminente".

Economizar tempo tem uma característica peculiar em virtude da singularidade e da irreversibilidade da ordem temporal. A importância disto se manifesta ao longo de toda a teoria da ação humana.

Há um fato que precisa ser destacado: economizar tempo é algo distinto de economizar bens e serviços. Mesmo no "país da fantasia", o homem seria forçado a economizar tempo, a não ser que fosse imortal ou dotado de uma eterna juventude e de uma saúde indestrutível. Embora todos os seus apetites pudessem ser satisfeitos imediatamente, sem qualquer trabalho, o homem teria de ordenar o seu tempo, uma vez que existem satisfações incompatíveis entre si, impossíveis de serem desfrutadas ao mesmo tempo. Mesmo para esse homem, o tempo seria escasso e sujeito à circunstância do *mais cedo* ou do *mais tarde*.

4
A RELAÇÃO TEMPORAL ENTRE AÇÕES

Duas ações de um indivíduo nunca são sincrônicas; sua relação temporal é necessariamente a de mais cedo ou mais tarde. As ações de vários indivíduos podem ser consideradas sincrônicas somente à luz dos métodos físicos de medição do tempo. O sincronismo só é uma noção praxeológica quando se refere à ação conjunta de vários homens[5].

As ações individuais sucedem-se uma às outras. Nunca podem ser realizadas no mesmo instante; podem apenas ocorrer numa sucessão mais ou menos rápida. Certas ações servem a vários propósitos de uma só vez. Seria errôneo considerá-las como uma coincidência de várias ações.

As pessoas, frequentemente, não entendem bem o significado do termo "escala de valores" e, consequentemente, menosprezam os obstáculos que impossibilitam considerar a existência de sincronismo nas várias ações de um indivíduo. Supõem essas pessoas que os vários atos de um homem são o resultado de uma escala de valores independente e anterior aos seus próprios atos, e de um plano previamente traçado, segundo o qual esses atos são realizados. A escala de valores e o plano, aos quais se atribui imutabilidade por certo período de tempo, são hipostasiados como sendo a causa e o motivo das várias ações individuais. Assim, o sincronismo que não existia em relação aos vários atos passa a ser facilmente encontrado na escala de valores e no plano. Mas não podemos esquecer que a escala de valores é apenas uma ferramenta lógica.

---

[5] Para evitar qualquer interpretação errônea, é importante que se enfatize que este teorema não tem nada a ver com o teorema de Einstein relativo à relação temporal de eventos distantes entre si no espaço.

A escala de valores só se manifesta na ação real; só pode ser percebida a partir da observação da ação real. Portanto, é inadmissível compará-la com a ação real ou usá-la como critério para avaliação das causas das efetivas ações realizadas pelo homem.

É igualmente inadmissível pretender diferenciar ação racional e ação denominada de irracional, com base numa comparação entre a ação real e a ação que havia sido planejada para ser realizada. É muito possível que os objetivos estabelecidos ontem para uma ação a ser realizada hoje não coincidam com os objetivos que agora nos interessam; aqueles planos feitos ontem para orientar a ação de hoje não são um padrão mais objetivo e menos arbitrário para avaliação da ação real do que qualquer outro conjunto de ideias e normas.

Tem-se tentado conceituar a noção de ação não racional pelo seguinte raciocínio: se a é preferido a b e b a c, logicamente a deveria ser preferido a c. Mas se c é preferido a a, estamos diante de um modo de agir ao qual não podemos atribuir consistência e racionalidade.[6] Este raciocínio não leva em consideração o fato de que duas ações de um indivíduo nunca são sincrônicas. Se, numa ação, a é preferido a b e, em outra, b a c, por menor que seja o intervalo entre as duas ações, não se pode construir uma escala de valores uniforme na qual a precede b e b precede c. Também não se pode considerar uma posterior terceira ação como coincidente com as duas anteriores. Este exemplo só serve para provar que julgamentos de valor não são imutáveis e que, portanto, uma escala de valores que se abstrai do fato de que as várias ações de um indivíduo não são sincrônicas pode resultar contraditória em si mesma.[7]

Não devemos confundir o conceito lógico de coerência (isto é, ausência de contradição) com o conceito praxeológico de coerência (isto é, constância ou fidelidade aos mesmos princípios). A coerência lógica só tem lugar no pensamento e a constância só tem lugar na ação.

A constância e a racionalidade são noções completamente diferentes. Se nossos valores mudaram, permanecer fiel a princípios de ação anteriormente adotados por razões de constância não seria um procedimento racional, mas simplesmente teimosia. Somente num caso a ação pode ser constante: quando se prefere o de maior valor ao de menor valor. Se os valores mudam, a ação também tem que mudar. Se as circunstâncias não são mais as mesmas, não tem sentido

---

[6] Ver Felix Kaufmann, "On the Subject-Matter of Economics Science", *Economica*, vol. 18, p. 390.

[7] Ver P.H. Wicksteed, *The Common Sense of Political Economy*, ed. Robbins, Londres, 1933, vol. 1, p.32 e segs.; L. Robbins, *An Essay on the Nature and Significance of Economic Science*, 2 ed., Londres, 1935, p. 91 e segs.

manter-se fiel a um plano de ação anterior. Um sistema lógico deve ser coerente e sem contradições, porque implica a coexistência de todas as suas partes e teoremas. Na ação, que segue necessariamente a ordem temporal, não tem sentido pretender-se tal coerência. A ação deve ser adequada ao seu propósito e, portanto, deve sempre ajustar-se a condições que variam.

A presença de espírito é considerada uma virtude. Um homem tem presença de espírito se tem a habilidade de ajustar a sua ação tão rapidamente, que torne o menor possível o intervalo entre a emergência de novas condições e o ajuste de suas ações. Se entendemos a constância como fidelidade a um plano anteriormente traçado, independente das mudanças de condições, seremos forçados a concluir que a presença de espírito e a reação rápida são o oposto da constância.

Quando o especulador vai à Bolsa, pode ter esboçado um determinado plano para suas operações. Quer se mantenha fiel ao seu plano, ou não, suas ações não deixam de ser racionais, mesmo no sentido que aqueles que pretendem distinguir ação racional de irracional atribuem ao termo "racional". Este nosso especulador, ao longo do dia, talvez realize operações que sejam consideradas incoerentes por um observador que não estivesse atualizado das mudanças ocorridas no mercado. Isso não obstante do fato de o especulador continuar fiel ao princípio de obter lucros e evitar prejuízos.

Consequentemente, deverá ajustar sua conduta às mudanças nas condições de mercado e ao seu próprio julgamento quanto à futura evolução dos preços.[8]

Por mais que se deturpem as coisas, não será possível formular uma noção de ação "irracional" cuja "irracionalidade" não esteja baseada num julgamento de valor arbitrário. Suponhamos que uma pessoa resolva agir inconsequentemente, apenas com o propósito de refutar a afirmativa praxeológica de que não há ação irracional. Esta pessoa também estaria pretendendo alcançar um determinado objetivo: refutar um teorema praxeológico, o que é razão suficiente para ter um comportamento diferente do que teria em outras condições. Seria apenas uma maneira inadequada de tentar refutar a praxeologia.

---

[8] É claro que os planos também podem ser contraditórios. Algumas vezes, as contradições podem existir em virtude de um julgamento equivocado. Mas, em outras vezes, podem ser intencionais, a serviço de um determinado propósito. Se, por exemplo, o programa de um governo ou de um partido político promete melhores preços aos produtores e, ao mesmo tempo, promete baixar o custo de vida, poderá estar propondo objetivos incompatíveis, por razões demagógicas. O programa em si é contraditório; mas o objetivo que seus autores querem atingir, ao defenderem e anunciarem as medidas incompatíveis, não contém nenhuma contradição.

Capítulo 6
A Incerteza

1
Incerteza e ação

A incerteza do futuro está implícita na própria noção de ação. Que o homem aja e que o futuro seja incerto não constituem, de forma alguma, realidades independentes. São apenas duas diferentes maneiras de enunciar a mesma coisa.

Podemos supor que o resultado de todos os eventos e mudanças seja determinado unicamente por leis eternas e imutáveis que regulam a evolução e o desenvolvimento do universo. Podemos considerar a interconexão e interdependência de todos os fenômenos, isto é, sua concatenação causal, como uma realidade fundamental e suprema. Podemos rejeitar completamente a noção de acaso. Mas, por mais que assim seja, ou pareça ser para uma mente dotada de uma inteligência perfeita, permanece indubitável que para o agente homem o futuro é desconhecido. Se o homem pudesse conhecer o futuro, não teria que escolher e, portanto, não agiria. Seria um autômato, reagindo aos estímulos, sem vontade própria.

Alguns filósofos procuram desacreditar a noção de vontade humana, considerando-a uma ilusão, ou autoilusão, porque o homem tem fatalmente que obedecer às inevitáveis leis da causalidade. Podem ou não ter razão, se estão referindo-se a uma força motriz fundamental ou a sua causa. Entretanto, no que diz respeito ao homem, a ação é algo definitivo. Não estamos afirmando que o homem seja "livre" para escolher e agir. Simplesmente estamos enunciando o fato de que o homem escolhe e age, e de que os métodos das ciências naturais para explicar por que ele age de uma maneira e não de outra não são aplicáveis.

As ciências naturais não podem prever o futuro. Podem prever os resultados a serem obtidos com determinadas ações. Não obstante, dois tipos de situação permanecem imprevisíveis: aquele em que os fenômenos naturais não são suficientemente conhecidos, e aquele decorrente de atos de escolha humana. Nossa ignorância em relação a essas duas situações cobre de incerteza todas as ações humanas. Certeza apodítica só existe na órbita do sistema dedutivo da teoria apriorística. Quando lidamos com a realidade, a certeza limita-se a uma probabilidade.

Não é tarefa da praxeologia investigar se devem ou não ser tidos como certos alguns dos teoremas das ciências naturais empíricas. Esta questão não tem importância prática para as considerações praxeológicas. De qualquer maneira, os teoremas da física e da química têm um grau tão elevado de probabilidade que podemos considerá-los certos para aplicações práticas. Podemos prever, na prática, o funcionamento de uma máquina construída de acordo com uma determinada tecnologia. Mas a construção de uma máquina é apenas uma etapa de um programa mais amplo, qual seja o de fornecer ao consumidor o que a máquina produz. Se este produto atenderá ou não convenientemente ao consumidor, é problema que depende de condições futuras imprevisíveis no momento em que construímos a máquina. Portanto, qualquer que seja o grau de certeza no que diz respeito à previsibilidade do que a máquina produzirá não pode eliminar a incerteza inerente à ação como um todo. Futuras necessidades ou valorações, a reação dos homens às novas condições, novos conhecimentos tecnológicos e científicos, novas ideologias ou políticas, não podem ser antecipadas a não ser com maior ou menor probabilidade. Toda ação refere-se a um futuro desconhecido.

Os problemas relativos à verdade e à certeza são do interesse de uma teoria geral do conhecimento humano. O problema da probabilidade, por outro lado, interessa principalmente à praxeologia.

2
O SIGNIFICADO DA PROBABILIDADE

Os matemáticos têm provocado confusão em torno do estudo da probabilidade. Desde que esse tema começou a ser estudado, foi tratado com ambiguidade. Quando o *Chevalier* de Méré consultou Pascal sobre problemas relativos ao jogo de dados, o grande matemático devia ter usado de franqueza e dito ao seu amigo que a matemática não tem como ajudar um jogador em jogos de pura sorte. Em vez disso, formulou sua resposta empregando a linguagem simbólica da matemática. O que poderia ter sido facilmente explicado em linguagem coloquial foi enunciado numa terminologia pouco familiar à imensa maioria, e por isso mesmo recebido com um respeito reverencial. As pessoas imaginavam que aquelas fórmulas enigmáticas continham alguma revelação importante que só os iniciados poderiam perceber; ficaram com a impressão de que existia um método científico de jogar e de que os ensinamentos esotéricos da matemática continham uma maneira de ganhar sempre. Assim, o místico Pascal tornou-se, sem pretendê-lo, o padroeiro dos jogadores. Os livros teóricos sobre o cálculo de probabilidade fazem propaganda gratuita para os cassinos, exatamente porque são incompreensíveis para os leigos.

Não foram menores os danos provocados pelos equívocos do cálculo de probabilidades no campo da pesquisa científica. A história de todos os ramos do conhecimento registra exemplos de má aplicação do cálculo de probabilidades, tornando-o, como observara John Stuart Mill, "o verdadeiro opróbrio da matemática".[1]

O problema decorrente de inferências feitas a partir de uma probabilidade é muito mais complexo do que os problemas específicos tratados pelo cálculo de probabilidades. Somente um enfoque matemático obsessivo poderia resultar no preconceito segundo o qual probabilidade significa sempre frequência.

Outro erro foi aplicar ao problema da probabilidade o raciocínio indutivo usado nas ciências naturais. A tentativa de substituir a categoria de causalidade por uma teoria universal de probabilidade foi a característica principal de um fracassado sistema filosófico que alguns anos atrás estava muito em moda.

Uma afirmação se diz provável quando o nosso conhecimento sobre seu conteúdo é insuficiente; quando não sabemos tudo o que é necessário para precisar e separar o verdadeiro do falso. Mas, por outro lado, embora insuficiente, possuímos algum conhecimento e podemos dizer algo mais do que *non liquet*[2] ou *ignoramus*.[3]

Existem dois tipos de probabilidades. Podemos chamá-los de probabilidade de classe (ou probabilidade de frequência) e probabilidade de caso (relativa às ciências da ação humana). O campo de aplicação da primeira é o das ciências naturais, regido inteiramente pela causalidade; o campo de aplicação da segunda é o das ciências da ação humana, regido inteiramente pela teleologia.

3
Probabilidade de Classe

Probabilidade de classe significa o seguinte: sabemos ou presumimos saber tudo sobre o comportamento de uma classe de eventos ou

---

[1] John Stuart Mill, *A System of Logic Ratiocinative and Inductive*, p.353, nova impressão, Londres, 1936.

[2] Em linguagem jurídica: o que não está claro ou provado. (N.T.)

[3] O que não sabemos do ponto de vista legal. (N.T.)

fenômenos; mas, quanto a específicos eventos singulares, não sabemos nada, a não ser que são elementos dessa classe.

Sabemos, por exemplo, que existem noventa bilhetes numa loteria, dos quais cinco serão sorteados. Portanto, sabemos tudo sobre o comportamento de toda a classe de bilhetes. Mas, em relação aos bilhetes que serão premiados, só sabemos que integram a classe de bilhetes.

Suponhamos uma estatística sobre mortalidade registrada em uma determinada área, num certo período de tempo. Se considerarmos que não haverá variação em relação à mortalidade, podemos dizer que sabemos tudo em relação à mortalidade da população em questão. Mas, quanto à expectativa de vida de um determinado indivíduo, nada podemos afirmar, a não ser que este indivíduo faz parte daquele grupo de pessoas.

Os símbolos matemáticos do cálculo de probabilidade refletem essa deficiência de conhecimento. Não aumentam, não aprofundam, nem complementam o nosso conhecimento.

Apenas expressam-no em linguagem matemática; exprimem em fórmulas algébricas o que já sabíamos de antemão. Não acrescentam nada ao nosso conhecimento acerca de eventos singulares. Tampouco, evidentemente, acrescentam algo ao nosso conhecimento em relação ao comportamento da classe, uma vez que este conhecimento já era total – ou era assim considerado – no início de nossas considerações sobre o assunto.

É um erro grave pensar que o cálculo de probabilidade fornece ao jogador informações que possam eliminar ou diminuir seus riscos. Ao contrário do que popularmente se acredita, o cálculo de probabilidade é inútil ao jogador, tanto quanto qualquer outro tipo de raciocínio lógico ou matemático. A característica essencial do jogo é a de lidar com a sorte, com o desconhecido. As esperanças de sucesso do jogador não se baseiam em considerações sólidas. O jogador não supersticioso pensa da seguinte maneira: "tenho uma pequena chance, (ou melhor: não é impossível) de ganhar, estou disposto a fazer a aposta. Sei que, apostando, estou me comportando como um tolo. Mas os maiores tolos são os que têm mais sorte. Seja o que Deus quiser!"

O raciocínio frio deve mostrar ao jogador que suas chances não aumentam ao comprar dois bilhetes em vez de um, numa loteria na qual o total de prêmios é menor do que o valor dos bilhetes. Se comprasse todos os bilhetes, certamente perderia uma parte de seu desembolso. Não obstante, todo jogador de loteria prefere comprar mais de um bilhete. Os frequentadores de cassinos e de máquinas caça-níqueis não conseguem parar de jogar. Não chegam a pensar no fato de que, se as regras do jogo favorecem o banqueiro, quanto mais jogarem, mais perderão. A tentação do jogo consiste exatamente na sua imprevisibilidade e na chance de ganhar.

Imaginemos que uma caixa contenha bilhetes com o nome de dez pessoas e que o nome sorteado teria de pagar cem dólares. Quem contratasse um seguro com todos os participantes, mediante um prêmio de dez dólares cada, poderia garantir ao perdedor uma indenização integral, uma vez que haveria arrecadado cem dólares e pagaria esta importância a um deles. Mas, se segurasse apenas um deles pelo mesmo prêmio de dez dólares, não estaria fazendo uma operação de seguro e, sim, jogando. Estaria substituindo-se ao segurado. Receberia dez dólares e teria a chance ou de ganhá-los ou de perdê-los junto com outros noventa dólares.

Se alguém promete pagar uma determinada importância, em caso de morte de uma terceira pessoa, e cobra por essa promessa uma quantia adequadamente calculada de acordo com a expectativa de vida, não estará procedendo como um segurador, mas como um jogador. Uma operação de seguro implica necessariamente segurar uma classe inteira ou aquilo que possa razoavelmente ser considerado como tal. O conceito básico da operação de seguros é formar um *pool* e distribuir os riscos e não o cálculo de probabilidade. O cálculo matemático necessário pode ser feito com as quatro operações elementares da aritmética. O cálculo de probabilidade é inteiramente desnecessário.

Isto fica claramente evidenciado quando percebemos que a eliminação de riscos pela formação de um *pool* pode ser efetuada sem que se recorra a métodos atuariais. É conduta habitual na vida cotidiana. Qualquer comerciante inclui no seu custo uma parcela para compensar perdas que regularmente ocorrem no seu negócio. "Regularmente", neste contexto, significa: o montante dessas perdas é conhecido em relação ao conjunto de artigos em questão. O vendedor de frutas sabe, por exemplo, que uma em cada cinquenta maçãs apodrecerá antes de ser vendida, sem poder precisar qual delas. Desta forma, acrescenta aos seus custos o montante necessário para cobrir a perda.

A definição, como apresentada acima, do que seja a característica fundamental da probabilidade de classe, é a única satisfatória do ponto de vista lógico. Evita o círculo vicioso implícito nas definições que se referem à idêntica probabilidade de ocorrência dos eventos. Ao proclamar nossa ignorância sobre eventos singulares – sabemos apenas que são elementos de uma classe cujo comportamento é bem conhecido – desfaz-se o círculo vicioso. Além disso, torna-se desnecessário fazer referência à ausência de regularidade numa sequência de eventos singulares.

O aspecto característico de uma operação de seguro consiste em lidar com toda a classe de eventos. Supondo que conhecemos tudo sobre o comportamento de todos os elementos da classe, deixa de haver risco comercial numa operação de seguro.

Tampouco existe o risco na operação de um cassino ou de uma loteria. No caso da loteria, o resultado é previsível, se todos os bilhetes foram vendidos. Se algum bilhete não foi vendido, o empresário da loteria está, em relação a esse bilhete, na mesma situação que um comprador qualquer de bilhetes.

4
Probabilidade de caso

Probabilidade de caso significa: conhecemos alguns dos fatores que determinam o resultado de um evento; mas existem outros fatores que também podem influenciar o resultado e sobre os quais nada sabemos.

A probabilidade de caso só tem em comum, com a probabilidade de classe, a deficiência de nosso conhecimento. Em todos os outros aspectos, estas duas formas de probabilidade são completamente diferentes.

Frequentemente queremos prever um evento futuro com base no nosso conhecimento sobre o comportamento da classe a que esse evento pertence. Um médico pode estimar a chance de cura de um paciente, se ele sabe que 70% das vítimas da mesma doença se recuperam. Se expressar corretamente este conhecimento, dirá apenas que a probabilidade de cura é de 0.7, isto é, de cada dez pacientes, em média, morrem três. Todas as previsões sobre eventos externos, isto é, eventos no campo das ciências naturais, são deste tipo. Não são previsões sobre o resultado de casos futuros, mas informações sobre a frequência dos possíveis resultados. São baseadas ou em informações estatísticas ou simplesmente numa estimativa aproximada e empírica.

Estes tipos de declaração sobre o que é mais provável não constituem probabilidade de caso. Na realidade, não sabemos nada acerca do caso em questão, a não ser que se enquadra numa classe, cujo comportamento conhecemos ou pensamos que conhecemos.

Imaginemos que um cirurgião diz a um paciente, a quem vai operar, que trinta em cada cem dos que se submetem a essa operação morrem. Se o paciente perguntar se o número de mortes já está completo, é porque não entendeu o sentido da afirmação do médico. Estará incorrendo no erro conhecido como "ilusão do jogador", da mesma maneira que o jogador de roleta que confunde probabilidade de caso com probabilidade de classe ao supor que, após uma série de dez vermelhos sucessivos, a possibilidade de a próxima bola cair no preto é maior do que antes. Todos os prognósticos médicos, quando baseados em conhecimento fisiológico, lidam com probabilidade de classe. Um médico a quem se perguntam quais as chances de cura de uma determinada doença poderá responder que são de sete para três. Se, entretanto, o médico examinar o paciente, poderá ter uma opinião diferente. Se o paciente é jovem e vigoroso, e tinha boa saúde antes de contrair a doença, o médico pode achar que as chances de cura são maiores: em vez de 7:3, são, digamos, 9:1. O enfoque lógico continua o mesmo, embora possa não estar baseado em dados estatísticos, mas num resumo aproximado da própria experiência anterior do médico com casos semelhantes. O que o médico sabe é apenas o comportamento de uma classe. No exemplo acima, é a classe dos jovens e vigorosos atacados pela doença em questão.

A probabilidade de caso é uma característica específica do nosso enfoque em relação aos problemas que ocorrem no campo da ação humana, onde qualquer referência à frequência é inadequada, uma vez que lidamos com eventos que, por serem únicos, não pertencem a nenhuma classe. Podemos conceber a classe "eleições presidenciais americanas". Este conceito de classe pode ser útil ou até mesmo necessário para vários tipos de considerações, como, por exemplo, para tratar do assunto sob o ângulo da lei eleitoral. Mas, se estamos lidando com a eleição de 1944 – seja antes dela, para avaliar seu futuro resultado, seja depois, analisando os fatores que o determinaram —, estamos tratando de um caso individual, único e que não se repetirá. Cada caso se caracteriza por suas circunstâncias únicas; é em si mesmo uma classe. Todas as características que permitiriam enquadrá-lo em alguma classe são irrelevantes para o problema em questão.

Suponhamos que dois times de futebol, os Azuis e os Amarelos, vão jogar amanhã. Os Azuis, até agora, sempre ganharam dos Amarelos. Este conhecimento não é conhecimento sobre uma classe de eventos. Se fosse, teríamos de concluir que os Azuis são sempre vitoriosos e que os Amarelos são sempre derrotados. Não teríamos dúvida quanto ao resultado do jogo; teríamos certeza de que os Azuis ganhariam mais uma vez. O simples fato de considerarmos o resultado do jogo de amanhã como apenas provável mostra que o consideramos como um evento único e não como uma classe de eventos.

Por outro lado, em relação à previsão do resultado do jogo de amanhã, consideramos relevante o fato de os Azuis terem sido sempre vitoriosos. Nosso prognóstico seria favorável a uma nova vitória dos Azuis. Se fôssemos argumentar com base no raciocínio apropriado à probabilidade de classe, não atribuiríamos importância àquele fato. Se, ao contrário, incidíssemos na "ilusão do jogador", sustentaríamos que o jogo de amanhã seria ganho pelos Amarelos.

Se arriscássemos alguma quantia na chance de vitória de um dos dois times, isto seria qualificado como uma aposta. Seria considerado jogo, se tratasse de probabilidade de classe.

Fora do campo da probabilidade de classe, tudo aquilo compreendido comumente pelo termo probabilidade refere-se ao modo especial de raciocinar empregado no exame de eventos históricos singulares e individualizado, ou seja, refere-se à compreensão de eventos históricos, que é matéria específica das ciências históricas.

A compreensão se baseia, sempre, em conhecimento incompleto. Podemos pensar que conhecemos os motivos que impelem os homens a agir, os fins que pretendem alcançar e os meios que pretendem empregar para a consecução desses fins. Podemos ter uma opinião precisa em relação aos efeitos a serem esperados da operação desses fatores. Não obstante, esse conhecimento é insuficiente. Não podemos deixar de considerar a possibilidade de termos avaliado mal a sua influência ou de não termos considerado alguns fatores cuja interferência não preveria ou, pelo menos, não preveríamos na medida certa.

O jogo, a engenharia e a especulação são três maneiras diferentes de lidar com o futuro.

O jogador não sabe nada sobre o evento do qual depende o resultado de seu jogo. Tudo o que sabe é a frequência do resultado favorável de uma série desses eventos, conhecimento esse que é inútil para sua aposta. Confia na sorte, que é sua única forma de planejamento.

A vida em si está exposta a muitos riscos. A qualquer momento sofre a ameaça de acidentes fatídicos que não podem ser controlados ou, pelo menos, não na medida necessária. Todo homem confia na sorte; depende da sorte para não ser atingido por um raio ou mordido por uma cobra. Há, na vida humana, um componente de risco de jogo. O homem pode atenuar algumas das consequências desses desastres e acidentes sobre o seu patrimônio, subscrevendo apólices de seguro. Ao fazê-lo, está como que apostando na chance contrária. Da parte do segurado, o seguro é um jogo. Os prêmios pagos são gastos em vão, se não ocorre o sinistro.[4] Em relação a eventos naturais incontroláveis, o homem está sempre na posição do jogador.

O engenheiro, por outro lado, sabe tudo o que precisa para uma solução tecnicamente satisfatória de seu problema, por exemplo, a construção de uma máquina. Na medida em que tenha alguma incerteza decorrente de algum conhecimento imperfeito, procura eliminá-la adotando margens de segurança. O engenheiro sabe apenas resolver problemas solúveis ou, então, sabe que existem problemas que não podem ser resolvidos no atual estágio de conhecimento. Às vezes, descobre pela experiência adversa que o seu conhecimento era menos completo do que imaginava e que, portanto, deixou de perceber a indeterminação de algumas questões que supunha poder controlar. Tentará então tornar seu conhecimento mais completo. Naturalmente, nunca poderá eliminar completamente o elemento de risco presente na vida humana. Mas, em princípio, opera sempre numa órbita de certeza. Seu objetivo é ter completo controle dos elementos com que lida.

É costume, hoje em dia, falar de "engenharia social". Este termo é, da mesma forma que planejamento, sinônimo de ditadura e de tirania totalitária. A ideia implícita nesse conceito é a de que se podem tratar seres humanos da mesma maneira que o engenheiro manipula os elementos com os quais constrói pontes, estradas e máquinas. Na construção de sua utopia, o engenheiro social substitui a vontade das pessoas pela sua própria vontade. A humanidade se dividiria em duas classes: de um lado, o ditador todo-poderoso e, do outro, os tutelados, que ficam reduzidos à condição de mero peão de um plano ou engrenagens de uma máquina. Se isto fosse possível, o engenheiro social não precisaria preocupar-se em compreender as ações das demais pessoas. Teria ampla liberdade para lidar com elas, como a tecnologia lida com madeira e ferro.

No mundo real, o agente homem defronta-se com o fato de que seu semelhante age por conta própria. A necessidade de ajustar suas ações às dos outros faz dele um especulador, para quem sucesso e fracasso dependem de sua maior ou menor habilidade em compreender o futuro. Toda ação é uma especulação. No curso da vida humana não há estabilidade e, consequentemente, não há segurança.

---

[4] No seguro de vida, o gasto em vão do segurado consiste apenas na diferença entre a quantia recebida do segurador e a que teria acumulado pela poupança.

5
AVALIAÇÃO NUMÉRICA DA PROBABILIDADE DE CASO

A probabilidade de caso não é passível de avaliação numérica. O que é comumente considerado como tal, quando examinado mais detidamente, mostra ter uma característica diferente.

Na véspera da eleição presidencial de 1944, alguém poderia dizer:

a) Estou disposto a apostar três dólares contra um que Roosevelt será eleito.

b) Acho que, do total de eleitores, 45 milhões exercerão o seu direito de votar, dos quais, 25 milhões votarão por Roosevelt.

c) Estimo as chances de Roosevelt em 9 por 1.

d) Tenho certeza de que Roosevelt será eleito.

A afirmativa (d), obviamente, é arbitrária. Esse alguém perguntado, como testemunha juramentada, se tem tanta certeza da futura vitória de Roosevelt quanto do derretimento de um bloco de gelo exposto a uma temperatura de 150 graus, certamente responderá não. Retificaria sua afirmativa e diria: "Estou pessoalmente convencido de que Roosevelt ganhará a eleição. Esta é a minha opinião. Mas, é claro, não posso ter certeza; apenas posso expressar a minha compreensão das condições existentes".

O caso da afirmativa (a) é semelhante. Quem a afirma acredita que tem grandes chances de ganhar a aposta. A relação 3:1 resulta da interação de dois fatores: a opinião de que Roosevelt será eleito e a propensão para apostar.

A afirmativa (b) é uma avaliação do resultado da próxima eleição. Sua estimativa numérica refere-se não a um maior ou menor grau de probabilidade, mas ao resultado esperado da votação. Tal afirmativa pode ser baseada numa pesquisa sistemática do tipo Gallup ou simplesmente em estimativas.

A afirmativa (c) é diferente. É uma proposição acerca do resultado esperado, expresso em termos aritméticos. Certamente não significa que, em dez casos semelhantes, nove sejam favoráveis a Roosevelt e um desfavorável. Não tem nada a ver com probabilidade de classe. Então, qual é o seu significado?

É uma expressão metafórica. As metáforas são usadas na linguagem comum geralmente para identificar, imaginariamente, um objeto abstrato com outro que pode ser percebido pelos sentidos. Entretanto, esta não é uma característica necessária da linguagem metafórica, mas simplesmente uma consequência do fato de que o concreto, normalmente, nos é mais familiar do que o abstrato. As metáforas, por pretenderem explicar algo que é menos conhecido pela comparação com algo mais conhecido, consistem, na maior parte das vezes, em identificar algo abstrato com algo concreto, mais conhecido. No nosso caso específico, pretende-se tornar mais compreensível uma situação complexa, recorrendo a uma analogia com um ramo da matemática, o cálculo de probabilidade. Certamente, este cálculo matemático é mais popular do que a análise da natureza epistemológica da compreensão.

De nada adianta usar a lógica para uma crítica da linguagem metafórica. Analogias e metáforas são sempre imperfeitas e insatisfatórias do ponto de vista da lógica. É comum procurar-se um *tertium comparationis*.[5] Nem mesmo a isso se pode recorrer no caso da nossa metáfora, porque a comparação seria baseada num conceito que é, em si mesmo, falso no próprio campo do cálculo de probabilidades, qual seja, a "ilusão do jogador". Ao afirmar que as chances de Roosevelt são de 9:1, a ideia é a de que Roosevelt está, em relação à próxima eleição, na posição de alguém que tenha 90% de todos os bilhetes de uma loteria. Está implícito que esta proporção 9:1 nos diz algo real acerca do resultado do caso específico que estamos tratando. Não é necessário evidenciar de novo o erro contido nessa ideia.

Não menos inadmissível é recorrer ao cálculo de probabilidade ao lidar com hipóteses no campo das ciências naturais. As hipóteses são explicações provisórias, conscientemente baseadas em argumentos logicamente insuficientes. Sobre uma hipótese, tudo o que se pode perguntar é se contradiz, ou não, tanto o princípio lógico como fatos testados experimentalmente e considerados verdadeiros. Contradiz-se, terá que ser rejeitada; se não, poderá ser considerada possível – para o atual estágio de conhecimento. (A intensidade da convicção pessoal é puramente subjetiva). No exame de uma hipótese, não são consideradas nem a frequência provável nem a compreensão histórica.

O termo "hipótese" é uma denominação errônea, quando aplicado a determinados modos de interpretar eventos históricos. Se um historiador afirma que, para a queda da dinastia Romanoff, teve especial importância o fato de que a família real era de origem alemã, não está formulando uma hipótese. Os fatos em que se baseia são fora de dúvida. Havia, na Rússia, uma animosidade geral contra os alemães e,

---

[5] Base de comparação. (N.T.)

como os Romanoff, por duzentos anos, vinham casando-se com descendentes de famílias alemãs, eram tidos por muitos russos como uma família germanófila, mesmo por aqueles que acreditavam que o tzar Paulo não era filho de Pedro III. Não obstante, permanece a questão sobre que relevância teriam tido esses fatos na série de eventos que culminaram com a queda dessa dinastia. Não há nenhuma outra forma de elucidar tais problemas, a não ser pela compreensão histórica.

6
Apostas, jogos de azar e jogos recreativos

Aposta é um comprometimento com outra pessoa, através do qual arriscamos dinheiro ou outros bens, antecipando o resultado de um determinado evento. Sobre esse resultado, não sabemos mais do que se pode saber pela compreensão. Assim sendo, podemos apostar no resultado de uma próxima eleição ou de um jogo de tênis. Também podemos apostar, em relação a uma afirmativa factual, qual a opinião certa e qual a errada.

Jogo de azar é um comprometimento com outra pessoa, através do qual arriscamos dinheiro ou outros bens no resultado de um evento. Tudo o que se conhece é o comportamento da classe a que pertence o evento.

Às vezes, a aposta e o jogo de azar associam-se na mesma operação. O resultado de uma corrida de cavalos depende tanto da ação humana – da parte do proprietário, do tratador e do jóquei – como de fatores não humanos – as qualidades do cavalo. A maior parte dos que arriscam dinheiro no turfe é, simplesmente, de jogadores. Mas, por conhecer as pessoas envolvidas, os aficionados do turfe acreditam saber algo mais; na medida em que este fator influencia sua decisão, são apostadores. Além disso, supõem conhecer os cavalos; fazem um prognóstico com base no seu conhecimento acerca do comportamento das diversas classes de cavalos. Nesta medida, são jogadores.

Em outros capítulos trataremos dos métodos que os homens de negócio aplicam ao lidar com o problema da incerteza do futuro. Por ora, faremos apenas mais uma observação.

Participar de jogos recreativos pode ser tanto um fim como um meio. É um fim para aqueles que anseiam pela estimulação e excitação que as vicissitudes do jogo recreativo lhes proporcionam, ou para aqueles cuja vaidade é favorecida pela demonstração de habilidade e superioridade, frutos de sua maior destreza e perícia. É um meio para os profissionais que, vencendo, ganham dinheiro.

Participar de um jogo recreativo pode ser considerado uma ação. Mas não se deve inverter esta afirmação e considerar qualquer ação um jogo, ou lidar com as ações como se fosse uma mera recreação. O objetivo imediato, ao participar de um jogo recreativo, é o de derrotar o parceiro, respeitando as regras estabelecidas. É um caso especial e peculiar de ação; a maior parte das ações não tem por objetivo derrotar alguém. Aspiram a uma melhoria das condições de vida. Pode ocorrer que esta melhoria seja obtida à custa de alguém, mas, certamente, não é sempre assim. Certamente não é assim, para não dizer menos, no funcionamento normal de uma sociedade operando segundo princípios da divisão do trabalho.

Numa sociedade regida pelos princípios do mercado livre, não há a menor analogia entre a participação em jogos e a condução de negócios. O jogador de cartas ganha dinheiro de seu antagonista servindo-se de habilidades e astúcias. O empresário ganha dinheiro fornecendo aos consumidores os bens que desejam adquirir. Pode haver uma analogia entre o jogador de cartas e o blefista. Não há necessidade de aprofundamento neste assunto. Quem considerar a condução de negócios como trapaça está na pista errada.

O aspecto característico dos jogos é o antagonismo de dois ou mais jogadores ou grupo de jogadores.[6] O aspecto característico dos negócios numa sociedade, isto é, numa ordem baseada na divisão do trabalho, é a harmonia dos esforços de seus membros. Quando começam a se antagonizar, caminham para a desintegração social.

Numa economia de mercado, competição não significa antagonismo, no sentido com que este termo é aplicado para exprimir a confrontação de interesses incompatíveis. É verdade que a competição pode, às vezes, ou mesmo frequentemente, evocar nos competidores aqueles sentimentos de ódio e malícia que com frequência acompanham o desejo de prejudicar outras pessoas. Por isso, os psicólogos são propensos a confundir combate e competição. A praxeologia deve resguardar-se dessas ambiguidades artificiais enganosas. Do ponto de vista praxeológico, existe uma diferença fundamental entre competição cataláctica e combate. Os competidores aspiram à

---

[6] O jogo de "paciência" ou "solitário" não é um jogo de uma só pessoa; é apenas um passatempo, um meio de escapar do tédio. Certamente não representa um padrão do que acontece numa sociedade comunista, como supõem John von Neumann e Oscar Morgenstern. *Theory of Games and Economic Behavior*, p.86, Princeton, 1944.

excelência e proeminência de suas realizações dentro de uma ordem de cooperação mútua. A função da competição é a de atribuir a cada membro de um sistema social aquela posição na qual pode melhor servir à sociedade como um todo. É uma maneira de selecionar o mais apto para cada tarefa. Onde existir cooperação social, alguma forma de seleção terá que ser aplicada. Somente quando a atribuição das várias tarefas aos vários indivíduos é feita por decisão de um ditador, sem que os indivíduos em questão possam fazer valer suas virtudes e habilidades, é que não há competição.

Mais adiante, teremos de lidar com a função da competição.[7] Por ora, devemos apenas enfatizar que é errado aplicar a terminologia de extermínio mútuo a problemas de cooperação mútua como os existentes numa sociedade. As expressões militares são inadequadas para descrever operações comerciais. Não é mais do que uma pobre metáfora falar da conquista de um mercado. Não há conquista quando uma firma oferece produtos melhores e mais baratos. Somente num sentido metafórico pode-se falar de estratégia em operações comerciais.

7
A PREDIÇÃO PRAXEOLÓGICA

O conhecimento praxeológico permite predizer com certeza apodítica as consequências de vários modos de agir. Mas, é claro, tal predição nunca pode implicar em aspectos quantitativos. Os problemas quantitativos, no campo da ação humana, só podem ser abordados pela compreensão.

Podemos predizer como veremos mais tarde, que – mantidas constantes as demais condições – uma queda na demanda de *a* resultará numa queda de preço de *a*. Mas não podemos prever a extensão dessa queda. Esta questão só pode ser resolvida pela compreensão.

A deficiência fundamental implícita em todo enfoque quantitativo dos problemas econômicos consiste em negligenciar o fato de que não existem relações constantes entre as chamadas dimensões econômicas. Tampouco existe constância ou continuidade nas valorações e na formação das relações de troca dos diversos bens. Cada dado novo provoca um remanejamento de toda a estrutura de preços. A compreensão, ao tentar perceber o que ocorre na mente das pessoas, pode

---
[7] Ver adiante p. 332-336.

abordar o problema de prognosticar situações futuras. Podemos considerar esse método insatisfatório e os positivistas podem, arrogantemente, desprezá-lo. Mas tais julgamentos arbitrários não devem e não podem obscurecer o fato de que a compreensão é o único método apropriado para lidar com a incerteza de situações futuras.

Capítulo 7
Ação no Mundo

1
A lei da utilidade marginal

A ação ordena e prefere; a princípio conhece apenas os números ordinais e não os cardinais. Mas o mundo exterior ao qual o agente homem tem que ajustar sua conduta é um mundo de definições quantitativas, onde entre causa e efeito existem relações quantitativas. Se não fosse assim, se determinadas coisas pudessem render serviços ilimitados, elas não seriam escassas e não seriam consideradas como meios.

O agente homem valora as coisas como meios para diminuir o seu desconforto. Do ângulo das ciências naturais, os diversos eventos que satisfazem às necessidades humanas são vistos de formas bastante diferentes. Para o agente homem, esses eventos são mais ou menos da mesma espécie. Ao avaliar estados de satisfação bem diferentes e os meios para alcançá-los, o homem ordena todas as coisas em *uma* única escala, qual seja a escala da sua própria satisfação. A satisfação obtida com a alimentação ou com a contemplação de uma obra de arte constitui segundo o juízo do agente homem, uma necessidade mais urgente ou menos urgente; avaliando-as e agindo, o homem as ordena segundo uma escala do que é mais intensamente ou menos intensamente desejado. Para o agente homem só existem vários graus de relevância e urgência em relação ao seu próprio bem estar.

Quantidade e qualidade são categorias do mundo exterior. Só indiretamente adquirem importância e significado para a ação. Uma vez que cada coisa só pode produzir um efeito limitado, algumas coisas são consideradas escassas e tratadas como meios. Como os efeitos que as coisas são capazes de produzir são diferentes, o agente homem distingue vários tipos de coisas. Como uma mesma quantidade e qualidade de meios pode sempre produzir um mesmo efeito, a ação não faz distinção entre quantidades idênticas de um meio homogêneo. Mas isto não significa que o homem atribua o mesmo valor às várias idênticas porções do meio em questão. Cada porção é valorada separadamente. A cada porção é atribuída uma posição própria na escala de satisfações, embora as diversas porções, de mesma magnitude, possam ser intercambiadas *ad libitum*.[1]

---
[1] Livremente. (N.T.)

Quando o agente homem tem que optar entre dois ou mais meios diferentes, ele ordena as distintas porções de cada um deles. Atribui a cada porção sua posição segundo uma hierarquia de satisfação. Isto não significa que as várias porções do mesmo meio tenham que ocupar posições sucessivas nesta hierarquia.

O estabelecimento desta hierarquia mediante a valoração é feito exclusivamente pela ação e através da ação. O tamanho que uma porção precisa ter para merecer uma posição isolada na hierarquia depende das condições únicas e individuais segundo as quais o homem age em cada caso. A ação não lida com unidades físicas ou metafísicas avaliadas de maneira abstrata e acadêmica; a ação é sempre uma escolha entre alternativas. Esta escolha tem que ser feita, necessariamente, entre quantidades específicas de meios. Podemos chamar de unidade a menor quantidade que possa ser objeto de uma escolha. Mas devemos estar prevenidos para não incorrermos no erro de considerar que o valor de uma soma de tais unidades deriva do valor das unidades; o valor da soma não coincide com a adição do valor atribuído a cada unidade.

Suponhamos que um homem possua cinco unidades do bem *a* e três unidades do bem *b*, e que atribua às unidades de *a* as seguintes posições na hierarquia de satisfação: 1, 2, 4, 7 e 8; e às unidades de *b*, as posições 3, 5 e 6. Isto significa: se tiver que escolher entre duas unidades de *a* e duas unidades de *b*, preferirá perder duas unidades de *a* a duas unidades de *b*.

Mas, se tiver que escolher entre três unidades de *a* e duas unidades de *b*, preferirá perder as duas unidades de *b* às três unidades de *a*. Ao valorar um conjunto de diversas unidades, o que importa sempre e somente é a utilidade do conjunto como um todo – isto é, o incremento de bem estar que dele depende ou, o que é o mesmo, a redução de bem estar que sua perda provocaria. Não é necessário recorrer a processos aritméticos, nem a somas, nem a multiplicações; trata-se tão somente de estimar a utilidade decorrente de possuir o conjunto, ou uma parte dele.

Neste contexto, *utilidade* significa simplesmente: relação causal para a redução de algum desconforto. O agente homem supõe que os serviços que um determinado bem podem produzir irão aumentar o seu bem estar e a isto denomina utilidade do bem em questão. Para a praxeologia, o termo utilidade é equivalente à importância atribuída a alguma coisa em razão de sua suposta capacidade de reduzir o desconforto. A noção praxeológica de utilidade (valor de uso subjetivo segundo a terminologia dos primeiros economistas da Escola Austríaca) deve ser claramente diferenciada da noção tecnológica de utilidade (valor de uso objetivo, segundo a terminologia dos mesmos economistas). Valor de uso objetivo é a relação entre uma coisa e o efeito que a mesma pode produzir. É ao valor de uso objetivo que nos referimos ao empregar termos tais como "valor calórico" ou "potência calorífica" do carvão. O valor de uso subjetivo não coincide necessariamente com o valor de uso objetivo. Existem coisas às quais é atribuído um valor de uso subjetivo, porque as pessoas erroneamente acreditam que tenham capacidade de produzir um efeito desejado. Por outro lado, existem coisas capazes de produzir um efeito desejado, às quais nenhum valor de uso é atribuído, porque as pessoas ignoram esta possibilidade.

Recordemos o estágio do pensamento econômico que prevalecia quando foi elaborada a moderna teoria do valor, por Carl Menger, William Stanley Jevons e Leon Walras. Quem pretender formular uma teoria de valor, ainda que elementar, tem que, primeiro, considerar o conceito de utilidade. Na verdade, nada é mais plausível do que admitir que as coisas sejam valoradas de acordo com a sua utilidade. Mas surge então um problema que os economistas clássicos não conseguiram resolver. Percebiam que havia coisas cuja "utilidade" era maior e que eram valoradas por menos que outras de menor utilidade. O *ferro* tem menos valor que o *ouro*. Este fato parece ser incompatível com uma teoria de valor e preços baseada nos conceitos de utilidade e valor de uso. Os economistas clássicos, por isso, abandonaram esta teoria e tentaram explicar, por outras teorias, os fenômenos de valor e de troca no mercado. Somente mais tarde perceberam os economistas que esse aparente paradoxo era fruto de uma formulação defeituosa do problema em questão. As valorações e decisões que resultam nas relações de troca do mercado não decorrem de uma escolha entre *ouro* e *ferro*. O agente homem nunca está numa situação de ter de escolher entre *todo* o ouro e *todo* o ferro.

Escolhe, num determinado momento e lugar, sob determinadas condições, entre certa quantidade de ouro e certa quantidade de ferro. Sua decisão, ao escolher entre 100 onças de ouro e 100 toneladas de ferro, nada tem a ver com a decisão que tomaria se estivesse na situação bastante improvável de ter que escolher entre todo o ouro e todo o ferro. Para sua decisão, a única coisa que importa é saber se, nas condições existentes, considera que a satisfação direta ou indireta proporcionada pelas 100 onças de ouro é maior ou menor do que a satisfação proporcionada pelas 100 toneladas de ferro. Ao tomar sua decisão, não está expressando um julgamento filosófico ou acadêmico em relação ao valor "absoluto" do ouro e do ferro; não está julgando o que é mais importante para a humanidade, se o ouro ou o ferro; não está perorando como um tratadista de princípios éticos ou de filosofia da história. Está simplesmente escolhendo entre duas satisfações que não pode ter ao mesmo tempo.

O ato de preferir ou rejeitar (e as escolhas e decisões daí decorrentes) não significa uma medição. A ação não mede a utilidade ou o valor, simplesmente escolhe entre alternativas. É inconcebível o conceito de utilidade total ou valor total.[2] Não há nenhuma operação racional que nos permita deduzir do valor de uma determinada quantidade ou número de coisas o valor de uma maior ou menor quantidade ou número dessas mesmas coisas. Não há como calcular o valor total de um gênero de coisas, se conheceu apenas o valor de uma parte. Não há como estabelecer o valor de uma parte, se conheceu apenas o valor total do gênero em questão. Não há operações matemáticas, quando se trata de valor e valorações; o que se costuma chamar de cálculo de valor simplesmente não existe. A valoração do estoque total de dois bens pode diferir da valoração de partes desse estoque. Um homem isolado que possua sete vacas e sete cavalos pode atribuir um valor maior a um cavalo do que a uma vaca e pode, se defrontado com a alternativa, preferir perder uma vaca a um cavalo. Mas, ao mesmo tempo, o mesmo homem, se defrontado com a alternativa de escolher entre todos os seus cavalos e todas as suas vacas, pode preferir ficar com as vacas e perder os cavalos. Os conceitos de utilidade total e valor total só têm sentido se aplicados a situações onde tenhamos de escolher entre quantidades totais de bens. Procurar saber o que é mais útil e valioso, se o ouro em si ou o ferro em si, só teria sentido numa situação em que a humanidade, ou uma parte isolada da humanidade, tivesse de escolher entre *todo* o ouro e *todo* o ferro disponíveis.

O julgamento de valor refere-se apenas àquela quantidade com a qual está relacionado o específico ato de escolha. Uma quantidade de um determinado bem é *ex definitione*, composta de partes homogêneas, sendo que cada uma destas partes pode sempre prestar os mesmos serviços, ou ser substituída por qualquer outra parte. Portanto, ao se efetuar a escolha, não é necessário definir qual a parte que foi escolhida. Todas as partes – unidades – do estoque disponível são julgadas igualmente úteis e valiosas, quando se considera o problema de renunciar a *uma* delas. Se a quantidade diminui pela perda de uma unidade, o agente homem tem que decidir de novo como utilizar as várias unidades do estoque remanescente. É óbvio que o estoque menor não poderá mais render os mesmos serviços que o maior poderia. A utilização que se faria das diversas unidades diminuídas

---

[2] É importante notar que este capítulo não trata de preços ou valores de mercado, mas de valor de uso subjetivo. Preço é uma consequência do valor de uso subjetivo. Ver capítulo XVI.

do estoque era, para o agente homem, a utilização menos importante entre todas aquelas que ele pretendia obter das várias unidades do estoque maior. A satisfação que obteria com o uso de uma das unidades cedidas era a menor entre aquelas satisfações que o estoque total poderia proporcionar-lhe. É apenas o valor desta satisfação marginal que o homem considerará, ao decidir renunciar a uma unidade do estoque completo. Quando defrontado com o problema de que valor atribuir a uma unidade de um conjunto homogêneo, o homem decide atribuindo-lhe o menor valor de uso entre todos aqueles que pode obter de todas as unidades do conjunto; decide, tomando por base a utilidade marginal.

Se um homem defronta-se com a alternativa de ceder uma unidade de sua provisão de *a* ou de ceder uma unidade de sua provisão de *b*, não fará a comparação entre o valor total de seu estoque de *a* e o valor de seu estoque de *b*. Comparará apenas os valores marginais de *a* e *b*. Embora possa considerar o valor de toda a quantidade de *a* maior do que o valor de toda a quantidade de *b*, o valor marginal de *b* poderá ser maior que o valor marginal de *a*.

O mesmo raciocínio se aplica quando se trata de aumentar a quantidade disponível de um bem pela aquisição de uma quantidade adicional do mesmo bem.

Para descrever esses fatos, a economia não necessita recorrer à terminologia empregada pela psicologia. Tampouco precisa recorrer a raciocínios e argumentos psicológicos para prová-los. Quando afirmamos que os atos de escolha não dependem do valor atribuído a toda uma classe de necessidades, mas apenas do valor atribuído às necessidades específicas em questão, independentemente da classe a que pertençam, não estamos adicionando nada ao nosso conhecimento nem estamos relacionando-o a algum conhecimento mais fundamentado ou mais geral. Esta maneira de falar, em termos de classes de necessidades, só tem sentido se lembrarmos da importância que teve o paradoxo do valor para a história do pensamento econômico. Carl Menger e Böhm-Bawerk tiveram que empregar o termo "classe de necessidades" para poder refutar as objeções levantadas pelos que consideravam o *pão* mais valioso que a *seda*, porque a classe "necessidade de alimentação" é mais importante que a classe "necessidade de roupas de luxo".[3] Hoje, o conceito "classe de necessidades" é inteiramente desnecessário. Não tem significado para a ação e, portanto, também não o tem para a teoria do valor; além do mais, é capaz de induzir ao

---

[3] Ver Carl Menger, *Grundsätze der Volkswirtschaftslehre*, Viena, 1871, p. 88 e segs.; Böhm-Bawerk, *Kapital und Kapitalzins*, 3. ed., Innsbruck, 1909, parte 2, p. 237 e segs.

erro e à confusão. Os conceitos e as classificações não são mais que ferramentas mentais; só adquirem sentido e significação no contexto das teorias que os utilizam.[4] Não há sentido em ordenar as várias necessidades em "classes de necessidades", para depois concluir que tal classificação não tem interesse para a teoria do valor.

A lei da utilidade marginal e do valor marginal decrescente não tem nada a ver com a lei de Gossen relativa à saturação de necessidades (primeira lei de Gossen). Ao tratar da utilidade marginal, não estamos lidando nem com prazer sensual nem com saturação ou saciedade. Não transpomos a esfera do raciocínio praxeológico, ao estabelecermos a seguinte definição: a utilização que um indivíduo faz de uma unidade de um conjunto homogêneo de bens, se dispõe de n unidades, e que não faria se só dispusessem de $n-1$ unidades, mantidas iguais às demais circunstâncias, constitui a utilização menos urgente, ou seja, a sua utilização marginal. Por isso, consideramos a utilidade derivada da unidade em questão como utilidade marginal. Para chegar a esta conclusão, não precisamos de nenhuma experiência fisiológica ou psicológica, de nenhum conhecimento ou raciocínio. Decorre necessariamente de nossa premissa o fato de que o homem age (escolhe) e de que, no primeiro caso, tinha n unidades de um conjunto homogêneo de bens e, no segundo caso, $n-1$ unidades. Nestas condições, não se pode conceber outro resultado. Nossa afirmativa é formal e apriorística, e não depende de nenhuma experiência.

Só há duas alternativas: ou existem ou não existem estágios intermediários entre o desconforto que impele um homem a agir e a situação na qual não pode mais haver nenhuma ação (seja porque foi atingido um estado de perfeita satisfação ou porque o homem não é capaz de conseguir nenhuma melhoria nas suas condições). Se não existem estágios intermediários, então só caberia uma ação; tão logo esta ação fosse consumada, atingiríamos uma situação em que nenhuma nova ação seria possível. Ora, isto é manifestamente incompatível com a nossa pressuposição de que existe ação; contraria as condições gerais pressupostas na categoria ação. Portanto, só a primeira alternativa é aceitável. Mas, então, existem vários graus na aproximação assintótica ao estado em que não haveria mais ação. Assim sendo, a lei de utilidade marginal já está implícita na categoria ação. É simplesmente o reverso da afirmativa que diz preferirmos o que nos dá mais satisfação ao que nos dá menos satisfação.

---

[4] No mundo, não existem classes. É a nossa mente que classifica os fenômenos para assim ordenar o nosso conhecimento. A questão de saber se certo modo de classificar os fenômenos atinge ou não esse objetivo é diferente da questão de saber se esta classificação é logicamente admissível ou não.

Se a quantidade disponível aumenta de *n-1* para *n* unidades, este incremento só pode ser usado para atender a uma necessidade que é menos urgente ou menos penosa do que todas aquelas que pudessem ser atendidas por meio da quantidade *n-1*.

A lei de utilidade marginal não se refere a valor de uso objetivo, mas a valor de uso subjetivo. Não lida com a capacidade física ou química que as coisas têm para produzir um determinado efeito, mas com a sua relevância para o bem estar de um homem como ele o entende em cada momento e em cada situação. Não lida com o valor das coisas, mas com o valor dos serviços que um homem espera delas obter.

Se admitíssemos que a utilidade marginal se referisse a coisas e ao seu valor de uso objetivo, seríamos forçados a concluir que a utilidade marginal poderia tanto aumentar como diminuir, ao se incrementar a quantidade de unidades disponíveis. Pode suceder que o emprego de certa quantidade mínima – *n* unidades – de um bem *a* proporcione uma satisfação maior do que uma unidade de um bem *b*. Mas, se a quantidade disponível de *a* é menor do que *n*, *a* só pode ser usado para outro serviço que é considerado menos valioso do que o serviço esperado de uma unidade *b*. Neste caso, um incremento na quantidade de *a*, de *n-1* para *n* unidades, resulta num aumento do valor atribuído a uma unidade de *a*. O possuidor de cem toras de madeira poderá construir uma cabana que o protegerá da chuva melhor que uma capa impermeável. Mas, se só dispõe de menos de cem toras, poderá usá-las para fazer o piso da cabana que o protegerá da umidade do solo. Se tivesse noventa e cinco toras, estaria disposto a trocar a capa impermeável por cinco toras. Se só tivesse dez toras, não trocaria sua capa nem por outras dez toras. Um homem cuja poupança fosse $100 poderia não querer executar um determinado trabalho para receber $200. Mas se sua poupança fosse $2.000 e estivesse extremamente ansioso para adquirir um bem indivisível que custasse $2.100, estaria disposto a executar o mesmo trabalho por apenas $100. Tudo isso está em perfeito acordo com a lei da utilidade marginal corretamente formulada, segundo a qual o valor das coisas depende da utilidade dos serviços que elas são capazes de proporcionar. Não tem cabimento algo como uma lei de utilidade marginal crescente.

A lei da utilidade marginal não deve ser confundida nem com a doutrina de *mensura sortis*, de Bernoulli, nem com a lei Weber-Fechner. Na base da contribuição de Bernoulli estava o fato, conhecido e nunca negado, de que as pessoas desejam satisfazer suas necessidades mais urgentes antes de satisfazer as menos urgentes, e de que um homem rico tem mais condições de satisfazer suas necessidades do que um homem pobre. Entretanto, as inferências que Bernoulli sacou destes truísmos estão todas erradas. Formulou uma teoria matemática segundo a qual o incremento de satisfação diminui quando aumenta a riqueza do indivíduo. Sua afirmativa de que, como regra geral, é muito provável que, para um homem cuja renda seja de 5.000 ducados, um ducado significa tanto quanto meio ducado para um homem cuja renda seja de 2.500 ducados, é simplesmente fantasiosa. Deixemos de lado, como objeção a essa afirmativa, que não há meio de fazer comparações que não sejam apenas arbitrárias entre as valorações de pessoas diferentes. O método de Bernoulli também é inadequado às valorações de uma mesma pessoa, conforme varie o seu nível de renda. Não percebe que a única coisa que se pode dizer no caso é que, com uma renda crescente, cada novo incremento é usado para satisfazer uma necessidade menos urgente do que a anteriormente satisfeita antes de ocorrer o incremento. Não soube ver que, ao valorar, escolher e agir, não fazemos medições nem estabelecemos equivalências; apenas comparamos, isto é, preferimos ou recusamos.[5] Assim sendo, nem Bernoulli, nem os matemáticos e economistas que adotaram este raciocínio poderiam esclarecer o paradoxo do valor.

Os erros decorrentes do fato de confundir a lei de Weber-Fechner da psicofísica com a teoria de valor subjetivo já foram bem analisados por Max Weber, que apesar de não ser suficientemente versado em economia, estava por demais influenciado pelo historicismo para ter uma percepção correta dos princípios básicos do pensamento econômico. Não obstante, sua engenhosa intuição lhe permitiu seguir a direção certa.

A teoria da utilidade marginal, afirma Weber, "não foi formulada fundamentando-se na psicologia, mas, mais exatamente – se devemos usar um termo epistemológico – de maneira pragmática, isto é, fundamentando-se nas categorias meias e fins." [6]

Se alguém deseja eliminar um estado patológico tomando certa quantidade de remédio, não obterá melhor resultado se simplesmente aumentar a dose. O excedente ou não fará mais efeito do que a dose apropriada, ou será contraproducente. O mesmo ocorre com todos os tipos de satisfação, embora o ótimo, frequentemente, só seja atingido pela aplicação de uma grande dose, e esteja longe o ponto em que

---

[5] Ver Daniel Bernoulli, *Versuch einer neuen Theorie zur Bestimmung von Glücksfällen*. Trad. Pringsheim, Leipzig, 1896, p. 27 e segs.

[6] Ver Max Weber, *Gesammelte Aufsätze zur Wissenschaftslehre*, Tübingen, 1922, p. 149 e 372. O termo "pragmático", como empregado por Weber, naturalmente se presta à confusão. É impróprio aplicá-lo fora do contexto da filosofia do pragmatismo. Se Weber tivesse conhecido o termo "praxeologia", provavelmente o teria preferido.

novos aumentos são contraproducentes. E assim é porque o nosso mundo é um mundo de causalidade e de relações quantitativas entre causa e efeito. Quem quiser eliminar o desconforto de viver num quarto com a temperatura de 2 graus centígrados, procurará aquecê-lo até uma temperatura de 19 ou 20 graus. Certamente não é pelo estabelecido na lei de Weber-Fechner que alguém pretenderá aquecê-lo até uma temperatura de 80 ou 150 graus. Tampouco isso tem a ver com a psicologia; tudo o que a psicologia pode fazer para explicar este caso é estabelecer como um dado irredutível o fato de que o homem, como regra, prefere a preservação da vida e da saúde à morte e à doença. O que importa para a praxeologia é apenas a certeza de que o agente homem escolhe entre alternativas. O fato de o homem se ver diante de alternativas, tendo que escolher – e efetivamente escolhe —, se deve ao fato de ele viver em um mundo quantitativo, e não em um mundo onde não existe o conceito de quantidade, o que é até mesmo inimaginável para a mente humana.

A confusão do conceito de utilidade marginal com a lei de Weber-Fechner teve sua origem no equívoco de se considerarem apenas os meios de atingir satisfação e não a satisfação em si mesma. Se tivessem pensado na satisfação, não adotariam a absurda ideia de explicar o desejo por mais calor aludindo à intensidade decrescente da satisfação provocada por sucessivos incrementos do correspondente estímulo. O fato de que o indivíduo, normalmente, não queira aumentar a temperatura de seu quarto para 50 graus nada tem a ver com a intensidade da sensação de calor. Que um indivíduo não aqueça seu quarto até a temperatura que outras pessoas normais o fariam e que ele mesmo preferiria se não estivesse mais interessado em comprar um terno novo ou em assistir a uma sinfonia de Beethoven, não pode ser explicado recorrendo-se às ciências naturais. Somente os problemas relativos ao valor de uso objetivo podem ser analisados pelas ciências naturais; a valoração deste valor de uso objetivo, feita pelo agente homem, é algo bem diferente.

2
A LEI DOS RENDIMENTOS

Dizemos que um bem econômico produz efeitos quantitativamente definidos, em se tratando de bens de primeira ordem (bens de consumo), quando uma quantidade a de causa produz – seja de uma só vez, seja em diversas vezes num determinado período de tempo – uma quantidade A de efeito. Quando se trata de bens de ordens mais elevadas (bens de produção), isto significa: uma quantidade b de causa produz uma quantidade B de efeito, desde que a causa complementar c contribua com a quantidade C de efeito; somente a contribuição dos efeitos B e C produz a quantidade p do bem de primeira ordem D. Existem, neste caso, três quantidades: b e c dos dois bens complementares B e C, e p do produto D.

Mantendo-se b constante, chamamos de ótimo o valor de c que resulta no maior valor de p/c. Se diversos valores de c resultam no maior valor de p/c, consideramos como ótimo aquele valor que resulta no maior valor p. Se os dois bens complementares são utilizados na proporção ótima, ambos produzem o rendimento máximo; seu poder de produzir, seu valor de uso objetivo, é plenamente utilizado; nenhuma fração de um ou de outro é desperdiçada. Se nos afastamos dessa combinação ótima, aumentando a quantidade de c sem alterar a quantidade de B, o rendimento, geralmente, aumentará, mas não na proporção do aumento da quantidade de C. Se for possível aumentar a produção de p para $p1$, aumentando a quantidade de apenas um dos fatores complementares – por exemplo, substituindo c por cx, sendo x maior que 1 – teremos sempre que $p1 > p$ e $p1c < pcx$. Pois, se fosse possível compensar qualquer diminuição de b por um correspondente aumento de c, de tal maneira que a quantidade p permanecesse inalterada, a produtividade física de B seria ilimitada e B não seria considerado como escasso e, portanto, não seria um bem econômico. Seria indiferente ao agente homem se a quantidade disponível de B fosse maior ou menor. Até mesmo uma dose infinitesimal de B seria suficiente para produzir qualquer quantidade de D, desde que a quantidade de C fosse suficientemente grande. Por outro lado, um aumento na quantidade disponível de B não poderia aumentar a produção de D, se não aumentasse a quantidade de C. O rendimento total do processo se deveria a C; B não poderia ser um bem econômico. Um fator capaz de prestar tais serviços ilimitados é, por exemplo, o conhecimento de qualquer relação causal. A fórmula, a receita que nos ensina a preparar café, uma vez conhecida, rende serviços ilimitados. Não perde sua capacidade de produzir, por mais que seja usada; sua capacidade produtiva é inesgotável; não é, portanto, um bem econômico. O agente homem nunca se acha diante do dilema de ter que escolher entre o valor de uso de uma fórmula conhecida e qualquer outra coisa útil.

A lei dos rendimentos afirma que existem combinações ótimas de bens econômicos de uma ordem mais elevada (fatores de produção). Se nos afastamos desse ótimo, incrementando a quantidade de apenas um dos fatores, a produção ou não aumenta ou pelo menos não aumenta na proporção da quantidade incrementada. Esta lei, como foi demonstrada acima, é consequência obrigatória do fato de que uma relação quantitativa determinada entre um bem econômico e os efeitos produzidos pela sua aplicação constitui condição necessária para que este bem seja um bem econômico.

Que existe esta combinação ótima é tudo o que a lei dos rendimentos, também chamada lei dos rendimentos decrescentes, ensina. Existem inúmeras outras questões que esta lei não esclarece e que só *a posteriori* podem ser resolvidas pela experiência.

Se o efeito causado por um dos fatores complementares é indivisível, o ótimo é a única combinação que produz o resultado pretendido. Para tingir uma peça de tecido com certa tonalidade, é necessária uma quantidade determinada de tinta. Uma quantidade maior ou menor frustraria o objetivo pretendido. Quem tiver mais corante que o necessário não deve usar o excedente. Quem tiver menos corante que o necessário deve tingir apenas uma parte da peça. O rendimento decrescente, neste exemplo, resulta na completa inutilidade da quantidade adicional, que não deve sequer ser utilizada para não frustrar o objetivo pretendido.

Em outros casos, certa quantidade mínima é necessária para produzir o mínimo de efeito. Entre esse efeito mínimo e o ótimo existe uma zona na qual doses crescentes resultam num incremento proporcional ou mais que proporcional do efeito. Para fazer uma máquina funcionar é necessário uma quantidade mínima de lubrificante. Se uma quantidade adicional de lubrificante aumenta o rendimento da máquina proporcionalmente ou mais que proporcionalmente à quantidade adicionada é algo que só pode ser apurado se recorrermos à experiência tecnológica.

A lei dos rendimentos não responde às seguintes questões: 1) se a dose ótima é ou não a única capaz de produzir o efeito desejado; 2) se existe ou não um limite rígido acima do qual qualquer aumento do fator variável é inteiramente inútil; 3) se a queda na produção provocada por um desvio progressivo do ótimo ou o aumento de produção provocado pela aproximação progressiva do ótimo são ou não proporcionais ao aumento ou diminuição do fator variável. Estas questões só podem ser resolvidas experimentalmente. Mas a lei de rendimentos em si, isto é, o fato de que existe uma combinação ótima, é válida *a priori*.

A lei de Malthus da população e os conceitos de superpopulação absoluta e de população ótima que dela derivam são a aplicação da lei de rendimentos a um problema específico. Referem-se a mudanças na quantidade de trabalho humano, mantidos constantes os demais fatores. As pessoas, que por considerações políticas rejeitaram a lei de Malthus, combateram com paixão, embora com argumentos falhos, a lei dos rendimentos – lei essa que, incidentalmente, só conheciam como a lei dos rendimentos decrescentes da aplicação de capital e trabalho ao fator terra. Hoje não é mais necessário dar atenção a essas objurgações vazias. A validade da lei dos rendimentos não está limitada ao emprego de fatores de produção em relação à terra. Os esforços para refutar ou demonstrar sua validade por investigações históricas ou experimentais da produção agrícola são tão supérfluos quanto seus resultados. Quem quisesse refutar essa lei deveria explicar por que as pessoas estão dispostas a pagar um preço pela terra. Se a lei não fosse válida, um agricultor nunca procuraria expandir sua fazenda. Bastaria multiplicar indefinidamente a produção de qualquer pedaço de terra, multiplicando o seu aporte de capital e trabalho.

Às vezes as pessoas supõem que, enquanto a lei dos rendimentos decrescentes é válida no caso da produção agrícola, no que diz respeito à produção industrial, prevaleceria uma lei de rendimentos crescentes. Foi necessário muito tempo para que compreendessem que a lei dos rendimentos se aplica igualmente a todos os setores da produção. É um erro distinguir, na aplicação desta lei, entre agricultura e indústria. O que é chamado – numa terminologia imperfeita ou mesmo errada – lei dos rendimentos crescentes nada mais é do que um reverso da lei dos rendimentos decrescentes que, em si mesma, é uma formulação inadequada da lei dos rendimentos. Se nos aproximamos da combinação ótima aumentando a quantidade de apenas um dos fatores, mantendo os demais sem alteração, a produção por unidade do fator variável aumenta proporcionalmente ou mais que proporcionalmente do que o aumento do mencionado fator variável. Suponhamos que uma máquina operada por 2 trabalhadores produz p; quando operada por 3 trabalhadores, $3p$; quando operada por 4 trabalhadores, $6p$; quando operada por 5 trabalhadores, $7p$; e quando operada por 6 trabalhadores, também $7p$. Neste caso, o rendimento ótimo por trabalhador ocorre quando a máquina é operada por 4 trabalhadores, ou seja, $6/4\,p$, enquanto nas outras combinações os rendimentos por trabalhador são respectivamente $1/2p, p, 7/5p$ e $7/6p$. Se, em vez de 2 trabalhadores, empregamos 3 ou 4, o rendimento aumenta numa proporção maior do que o aumento do número de trabalhadores; a produção aumenta numa proporção de 1:3:6 e o número de trabalhadores numa proporção 2:3:4. Estamos diante de um rendimento crescente por trabalhador. Mas isso nada mais é do que o reverso da lei dos rendimentos decrescentes.

Uma usina ou empresa que se afasta da combinação ótima dos fatores empregados será necessariamente menos eficaz do que uma usina ou empresa que se afasta menos da combinação ótima. Tanto na agricultura como na indústria, existem muitos fatores de produção que não são perfeitamente divisíveis. Por isso, sobretudo nas indústrias de transformação, é geralmente mais fácil obter a combinação ótima ao se ampliar, em vez de se reduzir, o tamanho da usina ou da empresa. Se a menor unidade de um dos fatores, ou de diversos fatores, é tão grande a ponto de não se poder obter a exploração ótima numa usina ou empresa pequena ou média, a única maneira de atingir o ótimo será através do aumento das instalações. São esses fatos que explicam a superioridade da produção em larga escala. A importância deste problema será plenamente mostrada, mais adiante, ao examinarmos as questões relativas à contabilidade de custos.

3
O TRABALHO HUMANO COMO UM MEIO

Denomina-se trabalho o emprego das funções e manifestações fisiológicas da vida humana como um meio. A simples manifestação das potencialidades da energia humana e dos processos vitais, quando não são utilizados para atingir os objetivos externos, diferentes do mero funcionamento desses processos vitais e do papel fisiológico que desempenham na consumação biológica, não é trabalho; é simplesmente vida. O homem trabalha ao usar suas forças e habilidades como um meio para diminuir seu desconforto, e ao substituir o escoamento espontâneo de suas faculdades físicas e tensões nervosas pela exploração propositada de sua energia vital. O trabalho é um meio e não um fim em si mesmo.

Qualquer indivíduo tem apenas uma quantidade limitada de energia para gastar e cada unidade de trabalho só pode produzir um efeito limitado. Não fosse assim, o trabalho humano seria disponível em abundância; não seria escasso e não seria considerado um meio para eliminar o desconforto e, como tal, economizado.

No mundo onde o trabalho fosse economizado somente em razão do fato de estar disponível em quantidade insuficiente para atingir todos os objetivos para os quais pudesse ser usado como um meio, a quantidade de trabalho disponível seria igual à quantidade total de trabalho que todos os homens fossem capazes de despender. Em tal mundo, todos desejariam trabalhar até que se exaurisse sua momentânea capacidade de trabalho. O tempo que não fosse consumido pela recreação ou pela restauração da capacidade de trabalho despendida no trabalho precedente seria inteiramente dedicado ao trabalho. Qualquer não utilização da plena capacidade de trabalhar seria considerada uma perda. Trabalhando mais, aumentaríamos o nosso bem estar. Deixar de utilizar uma parte do potencial existente seria considerado uma renúncia a um bem estar não compensado por um correspondente aumento de bem estar. A própria noção de preguiça seria desconhecida. Ninguém pensaria: posso fazer isso ou aquilo; mas: não vale a pena, não compensa, prefiro o meu lazer. Todos considerariam sua total capacidade de trabalho como uma disponibilidade de fatores de produção que deveria ser utilizada completamente. Até mesmo uma chance de um pequeno aumento de bem estar seria incentivo suficiente para trabalhar, se por acaso não houvesse, no momento, melhor uso para a quantidade de trabalho em questão.

No nosso mundo real, as coisas são diferentes. O dispêndio de trabalho é penoso. Não trabalhar é considerado mais satisfatório do que trabalhar. O lazer, tudo o mais sendo igual, é preferível ao esforço. As pessoas trabalham somente porque consideram o rendimento do trabalho maior do que a diminuição da satisfação acarretada pela redução do lazer. Trabalhar implica uma desutilidade.

A psicologia e a fisiologia podem tentar explicar este fato. Não há necessidade de a praxeologia investigar se conseguirão tal intento ou não. Para a praxeologia, é um dado de fato o de que os homens preferem usufruir o lazer e, portanto, consideram sua própria capacidade de produzir efeitos de maneira diferente daquela com que consideram a capacidade dos fatores de produção materiais. O homem, ao considerar o dispêndio de seu próprio trabalho, examina não somente se há outro objetivo mais desejável que possa ser obtido com o emprego da quantidade de trabalho em questão, como também se não seria mais desejável abster-se de qualquer dispêndio suplementar de trabalho. Também podemos exprimir este fato dizendo que a obtenção de lazer é um objetivo da ação proposta ou um bem econômico de primeira ordem. Ao empregar esta terminologia um pouco rebuscada, devemos considerar o lazer como qualquer outro bem econômico do ponto de vista da utilidade marginal. Devemos concluir que a primeira unidade de lazer satisfaz um desejo mais urgentemente sentido do que a segunda, e esta, um desejo mais urgente que a terceira, e assim por diante. Invertendo esta posição, temos a afirmativa de que a desutilidade do trabalho sentida pelo trabalhador aumenta numa proporção maior do que a quantidade de trabalho despendida.

Não obstante, não é necessário que a praxeologia estude a questão de saber se a desutilidade do trabalho aumenta proporcionalmente ao aumento da quantidade de trabalho, ou mais que proporcionalmente. (Se este problema tem alguma importância para a fisiologia e para a psicologia, e se estas ciências poderão ou não elucidá-lo, é algo que pode ser deixado sem resposta). O que importa é que o trabalhador suspende o trabalho no momento em que deixa de considerar a utilidade de continuar a trabalhar como uma suficiente compensação para a desutilidade do dispêndio adicional de trabalho. Ao fazer este julgamento, ele compara – deixando de lado a queda de rendimento provocada pela fadiga crescente – cada porção de tempo de trabalho com a mesma quantidade de produto obtido nas porções precedentes. Mas a utilidade das unidades produzidas diminui à medida que prossegue o trabalho e que aumenta a quantidade já produzida. Os produtos das unidades de trabalho anteriores proporcionaram a satisfação de necessidades mais importantes do que aquelas satisfeitas por trabalho realizado posteriormente. A satisfação dessas necessidades menos importantes pode não ser considerada como uma recompensa suficiente para continuar trabalhando, ainda que a comparação seja feita com a mesma quantidade de produção física.

Portanto, é irrelevante para a praxeologia procurar saber se a desutilidade do trabalho é proporcional ao dispêndio total de trabalho ou se aumenta numa proporção maior do que o tempo gasto no trabalho. De qualquer maneira, a propensão a despender as porções de trabalho ainda não utilizadas diminui – mantidas constantes as demais condições – à medida que aumentam as porções já despendidas. Se esta queda na propensão a trabalhar se manifesta com uma intensidade maior ou menor, é sempre uma questão de dados econômicos e não de princípios categoriais.

A desutilidade atribuída ao trabalho explica por que, ao longo da história, concomitantemente com o progressivo aumento da produtividade física do trabalho, proporcionado pelo avanço tecnológico e pela maior abundância de capital, desenvolveu-se uma tendência nítida na direção de reduzir a jornada de trabalho. Um dos prazeres que o homem moderno pode desfrutar mais que os seus antepassados é o tempo disponível para o lazer. Neste sentido, é possível responder à questão, frequentemente levantada por filósofos e filantropos, se o progresso econômico tornou ou não o homem mais feliz. Se a produtividade do trabalho fosse menor do que é hoje no mundo capitalista, o homem seria forçado ou a trabalhar mais ou a renunciar a muitos prazeres.

Ao estabelecer este fato, os economistas não estão afirmando que o único meio de alcançar a felicidade é através do maior conforto material, da vida luxuosa ou de mais lazer. Estão apenas registrando o fato de que os homens se encontram numa melhor posição para prover-se com aquilo que consideram suas necessidades.

O *insight* praxeológico fundamental, segundo o qual os homens preferem o que lhes dá mais satisfação ao que lhes dá menos satisfação e valoram as coisas com base na sua utilidade, não precisa ser corrigido ou complementado com alguma alusão à desutilidade do trabalho. Estas proposições já implicam afirmar que o trabalho é preferível ao lazer somente quando o produto do trabalho é mais urgentemente desejado do que o desfruto do lazer.

A posição singular que o fator trabalho ocupa no nosso mundo se deve ao seu caráter não específico. Todos os fatores de produção primários obtidos na natureza – isto é, todas as coisas e forças naturais que o homem pode usar para melhorar seu bem estar – têm poderes e virtudes específicos. Existem fins para cuja obtenção tais fatores são mais adequados, fins para os quais são menos adequados e fins para os quais são totalmente inadequados. Mas o trabalho humano é ao mesmo tempo adequado e indispensável para a realização de qualquer processo ou sistema de produção que se possa imaginar.

Evidentemente, não se pode generalizar quando falamos de trabalho humano. É um erro fundamental não perceber que os homens e sua capacidade de produzir são diferentes. O trabalho que certo indivíduo pode realizar é mais adequado para atingir certos fins, menos adequado para outros fins e de todo inadequado para outros mais. Uma das deficiências da economia clássica foi não dar suficiente atenção a este fato e não considerá-lo na formulação de sua teoria de valor, preços e salários. Os homens não fazem do trabalho em geral o objeto de seu interesse econômico, mas, sim, de tipos específicos de trabalho. Os salários não são pagos pelo trabalho despendido, mas pelos resultados do trabalho que diferem muito em qualidade e quantidade. A produção de cada produto específico requer o emprego de trabalhadores capazes de realizar o tipo de trabalho em questão. É absurdo pretender minimizar esta realidade, alegando que a principal demanda e oferta de trabalho são por trabalho comum, não qualificado, que qualquer pessoa com boa saúde pode realizar; e que os trabalhos qualificados daqueles que têm aptidões particulares inatas e adquiridas por treinamento especial, são em larga medida, uma exceção. É inútil tentar averiguar se eram essas as condições num passado remoto ou mesmo se, nas tribos primitivas, as diferenças na capacidade de trabalho, inata ou adquirida, foram o fator principal para que o trabalho fosse considerado como objeto de interesse econômico. Ao lidarmos com as circunstâncias dos povos civilizados, é inadmissível não considerar as diferenças na qualidade do trabalho efetuado. O trabalho que as várias pessoas são capazes de realizar é diferente, porque os homens não nascem iguais e porque a habilidade e a experiência que adquirem ao longo de suas vidas acentuam ainda mais essa diferença.

Ao falar do caráter não específico do trabalho humano, certamente não estamos afirmando que todo trabalho humano seja da mesma qualidade. O que queremos dizer é, mais precisamente, que as diferenças no tipo de trabalho necessário à produção dos vários bens são maiores que as diferenças nas capacidades inatas dos homens. Ao enfatizar este ponto, não estamos tratando da *performance* do gênio; o trabalho do gênio está fora da órbita do agir humano ordinário – é como um dom do destino, que ocorre na humanidade de um momento para outro.[7] Além disso, não consideramos as barreiras institucionais que impedem alguns grupos de pessoas de ter acesso a certas ocupações e ao treinamento que estas requerem. As diferenças inatas dos vários indivíduos não rompem a uniformidade zoológica nem a homogeneidade da espécie humana a ponto de dividir a oferta de trabalho em compartimentos estanques. Portanto, a oferta potencialmente disponível para realizar qualquer tipo de trabalho excede a demanda real para este tipo de trabalho. A oferta de qualquer tipo de trabalho especializado pode ser aumentada, ao se retirarem trabalhadores de outros setores e treiná-los adequadamente. A possibilidade de atender às necessidades de qualquer setor de produção nunca é limitada, permanentemente, pela falta de gente capaz de realizar tarefas especializadas. Apenas em curto prazo pode ocorrer uma escassez de especialistas. Em longo prazo, esta pode ser eliminada, treinando-se pessoas que tenham as aptidões inatas requeridas.

O trabalho é o mais escasso de todos os meios primários de produção, porque não tem um caráter específico e porque todas as variedades de produção requerem o dispêndio de trabalho. Consequentemente, a escassez dos outros meios primários de produção – isto é, os meios de produção não humanos obtidos na natureza – torna-se para o agente homem uma escassez daqueles meios primários de produção cuja utilização requeira o menor dispêndio de trabalho.[8] Por isso, é a oferta de trabalho disponível que determina em que medida o fator natureza, em cada uma de suas variedades, pode ser explorado para a satisfação de necessidades.

Se a oferta de trabalho que os homens são capazes e estão dispostos a realizar aumenta, a produção também aumenta. O trabalho não pode deixar de ser utilizado sob a alegação de ser inútil para o atendimento de novas necessidades. O homem isolado, autossuficiente, sempre pode melhorar suas condições ao trabalhar mais. No mercado de trabalho de uma sociedade regida pelas leis de mercado, há comprador para toda oferta de trabalho. Pode haver abundância e excesso apenas em segmentos do mercado de trabalho; isto resultaria no deslocamento do trabalho desses setores para outros, provocando um aumento de produção nestes outros setores do sistema

---

[7] Ver adiante p. 175-177.

[8] É claro que certos recursos naturais são tão escassos, que são inteiramente utilizados.

econômico. Por outro lado, um aumento na quantidade de terra disponível – mantidos constantes os outros fatores – só resultaria num aumento de produção se a terra adicional fosse mais fértil do que a anteriormente disponível.[9] O mesmo ocorreria em relação a equipamentos aptos a realizar uma produção futura. A possibilidade de utilização de bens de capital também depende da quantidade de trabalho disponível. Seria desperdício usar a capacidade de produção existente, se o trabalho necessário pudesse ser empregado para satisfação de necessidades mais urgentes.

Fatores complementares de produção só podem ser usados na medida da disponibilidade do mais escasso entre eles. Suponhamos que a produção de uma unidade de p requeira a utilização de 7 unidades de a e de 3 unidades de b, e que tanto a como b só possam ser usados para a produção de p. Se estão disponíveis 49 a e 2.000 b, não se poderá produzir mais que $7p$. A quantidade disponível de a determina a quantidade de b que pode ser aproveitada. Somente a é considerado um bem econômico; somente por a as pessoas estarão dispostas a pagar um preço; o preço total de p é função do preço de 7 unidades de a. Por outro lado, b não é um bem econômico e nenhum preço lhe é atribuído, já que existem quantidades de b que permanecem sem aproveitamento.

Podemos tentar imaginar um mundo no qual todos os fatores de produção estivessem tão plenamente empregados que não haveria oportunidade de empregar todas as pessoas ou, pelo menos, de empregá-las na medida em que estivessem dispostas a trabalhar. Em tal mundo, haveria abundância de mão de obra; um aumento na oferta de trabalho não poderia acarretar nenhum aumento na quantidade total produzida. Pressupõe-se, ainda, que todos os homens têm a mesma capacidade e disposição para o trabalho, e que inexiste a desutilidade do trabalho, em tal mundo o trabalho não seria um bem econômico. Se este mundo fosse uma comunidade socialista, um aumento na população seria considerado como um aumento no número de consumidores ociosos. Se fosse uma economia de mercado, os salários pagos não seriam suficientes para evitar a fome. Quem quisesse trabalhar estaria disposto a fazê-lo por qualquer salário, por mais baixo que fosse, mesmo que insuficiente para suas necessidades vitais. Ficariam felizes em retardar um pouco a morte por inanição.

Não há necessidade de maior delonga sobre os paradoxos dessa hipótese, nem de discussão sobre os problemas de tal mundo. Nosso mundo

---

[9] Havendo liberdade de mobilidade do trabalho, seria desperdício explorar terras incultas, se estas não forem tão férteis de modo a compensar o custo total desta operação.

é diferente. O trabalho é mais escasso do que os fatores materiais de produção. Não estamos lidando, por ora, com o problema da população ótima. Estamos lidando, apenas, com o fato de que existem fatores materiais de produção que permanecem sem ser utilizados, porque o trabalho necessário é utilizado para a satisfação de necessidades mais urgentes. No nosso mundo, não há abundância, mas insuficiência de força de trabalho, e existem fatores materiais de produção inaproveitados, quais sejam: terras, jazidas minerais e até mesmo usinas e equipamentos.

Esta situação poderia ser mudada por um aumento de população, de tal forma que todos os fatores materiais necessários à produção de alimentos, indispensáveis – no sentido estrito deste termo – à preservação da vida humana, estivessem sendo plenamente utilizados. Mas, não sendo esse o caso, esta situação não pode ser alterada por qualquer progresso tecnológico dos métodos de produção. A substituição de métodos de produção menos eficientes por outros mais eficientes não torna o trabalho abundante, enquanto existirem fatores materiais disponíveis cuja utilização possa aumentar o bem estar humano. Ao contrário, tais progressos aumentam a produção e, portanto, a quantidade de bens de consumo. Os procedimentos para "economizar a mão de obra" aumentam a oferta de bens. Não ocasionam "desemprego tecnológico".[10]

Todo produto é o resultado do emprego de trabalho e de fatores materiais. O homem economiza tanto o trabalho como fatores materiais.

Trabalho imediatamente gratificante e trabalho mediatamente gratificante

Como regra geral, o trabalho gratifica de forma indireta a quem trabalha, ou seja, pela supressão do desconforto provocado pela obtenção de um fim. O trabalhador renuncia ao lazer e suporta a desutilidade do trabalho para usufruir o produto de seu trabalho ou o que outras pessoas estão dispostas a lhe dar por esse produto. O dispêndio de trabalho é, para quem trabalha, um meio para atingir fins, um preço pago e um custo incorrido.

Mas existem casos em que o trabalho gratifica imediatamente o trabalhador. Ele obtém uma satisfação imediata de seu dispêndio de trabalho. O rendimento é duplo. Consiste, de um lado, na realização do produto e, de outro, na satisfação que a própria execução do trabalho proporciona ao trabalhador.

---

[10] Ver adiante p. 871-881.

Muitas pessoas interpretaram este fato de forma absurda e basearam neste equívoco plano fantásticos de reforma social. Um dos principais dogmas do socialismo é que o trabalho tem desutilidade apenas no sistema capitalista de produção, enquanto que no regime socialista seria puro prazer. Não precisamos considerar as efusões lunáticas do pobre Charles Fourier. Mas o socialismo "científico" de Marx não difere neste ponto dos utopistas. Alguns de seus mais notáveis defensores, Frederick Engels e Karl Kautsky, expressamente declaram que um dos principais efeitos do regime socialista seria transformar em prazer o padecimento do trabalho.[11]

O fato, frequentemente ignorado, é que as atividades que nos trazem uma gratificação imediata e que são, portanto, fontes diretas de prazer e deleite são essencialmente diferentes do trabalho. Somente um tratamento muito superficial dos fatos em questão pode deixar de perceber essas diferenças. Remar numa canoa em parque público aos domingos só do ponto de vista da hidromecânica pode ser comparado a remar numa galé. Quando o ato de remar é considerado apenas um meio para atingir fins, ele se torna diferente, assim como cantarolar uma ária no chuveiro é diferente de cantá-la num recital. O remador despreocupado e o cantor de banheiro tiram uma satisfação imediata da sua atividade e não uma gratificação indireta. O que fazem, portanto, não é trabalho, não é o emprego de suas funções fisiológicas para atingir fins outros além do simples exercício dessas funções. É um mero prazer. É um fim em si mesmo; é feito pelo prazer de fazer, sem qualquer outro benefício. Como não é trabalho, não pode ser chamado de trabalho imediatamente gratificante.[12]

Às vezes, a um observador superficial, parece que o trabalho alheio constitui fonte de satisfação imediata, porque ele mesmo gosta de se imaginar realizando aquele trabalho. Da mesma forma que as crianças brincam de escola, de soldado, de trem, também os adultos gostam de se imaginar nesta ou naquela função. Pensam que o maquinista adora dirigir sua locomotiva tanto quanto eles gostariam, se lhes fosse permitido brincar com ela. O contador, indo apressado para o escritório, sente inveja do guarda civil que, pensa ele, é pago para passear tranquilamente, fazendo sua ronda. Mas o guarda civil sente inveja do contador que, sentado numa cadeira confortável, em ambiente refrigerado, ganha dinheiro fazendo alguns rabiscos, o que não pode a

---

[11] Karl Kautsky, *Die soziale Revolution*, Berlim, 1911, p. 16 e segs., vol. 2. Com relação a Engels ver adiante p. 675.

[12] Remar seriamente, como um esporte, e praticar o canto seriamente, embora como amador, constituem trabalho introvertido. Ver adiante p. 671-672.

seu juízo, ser chamado de trabalho. Não vale a pena perder tempo analisando as opiniões de quem, por interpretar erroneamente o trabalho alheio, o considera mero passatempo.

Existem, entretanto, casos em que o trabalho é imediatamente gratificante. Existem alguns tipos de trabalho que, em pequenas doses e em certas condições, proporcionam uma gratificação imediata. Mas essas doses são tão pequenas, que não representam papel importante no conjunto da ação humana e na produção para satisfação de necessidades. Nosso mundo se caracteriza pelo fenômeno da desutilidade do trabalho. As pessoas trocam a desutilidade provocada pelo trabalho pelo produto do trabalho; para elas, o trabalho é fonte de gratificação indireta.

Na medida em que certo tipo de trabalho proporciona prazer em vez de pena, uma gratificação imediata e não a sensação de sua desutilidade, nenhum salário é pago a quem o executa. Ao contrário, o executante deste "trabalho" é que deve comprar o prazer e pagar por ele. A caça foi e é para muitas pessoas um trabalho normal, gerador de desutilidade. Mas, para outras pessoas, é puro prazer. Na Europa, amantes da caça compram dos proprietários das zonas de caça o direito de matar certo número de determinados animais. O preço pago por este direito é separado do preço a ser pago pela unidade de animal efetivamente caçado. Se os dois preços fossem somados, o total certamente excederia a quantia que teríamos que despender se quiséssemos comprar a mesma caça no mercado. Um cervo vagando entre rochedos e penhascos tem um preço maior do que terá mais tarde, depois de morto, trazido para o vale e preparado para que sua carne, sua pele e seus chifres sejam aproveitados, muito embora, para matá-lo, tenha sido necessário fazer uma fatigante escalada e gastar algum material. Podemos dizer que um dos serviços que um cervo vivo é capaz de prestar é o de proporcionar ao caçador o prazer de matá-lo.

O GÊNIO CRIADOR

Muito acima dos milhões de indivíduos que nascem e morrem, destacam-se os pioneiros, os homens cujos atos e ideias abriram novos caminhos para a humanidade. Para esses gênios desbravadores[13], criar é a essência da vida. Viver, para eles, significa criar.

---

[13] Líderes (*führers*) não são pioneiros. Conduzem o povo pelos caminhos que os pioneiros abriram. O pioneiro abre o caminho por regiões antes inacessíveis, sem se importar se alguém trilhará este novo caminho. O líder dirige seu povo para os objetivos que esse povo deseja alcançar.

As atividades desses homens prodigiosos não podem ser inteiramente enquadradas no conceito praxeológico de trabalho. Não são trabalho porque, para o gênio, não são meios, mas fins em si mesmos. Para o gênio, viver é criar e inventar. Para ele, não há lazer, mas apenas intervalos de esterilidade e frustração. Seu estímulo não vem do desejo de obter um resultado, mas do próprio ato de produzi-lo. A realização não o gratifica nem direta nem indiretamente. Não o gratifica indiretamente porque seus semelhantes, na melhor das hipóteses, não manifestam, por sua realização, nenhum interesse e, até mesmo, frequentemente a recebem com escárnio, chacota e perseguição. Muitos gênios poderiam usar seus dons para tornar sua vida agradável e alegre; mas sequer cogitam desta possibilidade e escolhem o seu caminho sem hesitação, mesmo se espinhoso. O gênio quer realizar o que considera sua missão, mesmo sabendo que pode ser conduzido ao seu próprio desastre.

Tampouco o gênio obtém de sua atividade criativa uma gratificação imediata. Criar, para ele, é uma agonia e um tormento; é uma luta incessante e penosa contra obstáculos internos e externos, que o consome e esgota. O poeta austríaco Grillparzer soube descrever esta situação num poema comovente: "Adeus a Gastein".[14] Podemos supor que, ao escrevê-lo, não pensou somente em suas próprias penas e atribulações, mas também nos sofrimentos ainda piores de um grande homem, Beethoven, com cuja sorte muito se identificava e a quem compreendeu, melhor do que qualquer de seus contemporâneos, graças à sua zelosa afeição e compreensiva admiração pelo grande compositor. Nietzsche se comparava à chama que insaciavelmente se consome e se destrói.[15] Tais agonias são fenômenos que não têm nada em comum com as conotações geralmente atribuídas às noções de trabalho e esforço, de produção e sucesso, de ganhar o pão e gozar a vida.

As obras do gênio criador, seus pensamentos e teorias, seus poemas, pinturas e composições, não podem ser classificadas, praxeologicamente, como produtos do trabalho. Não são o resultado do emprego de uma capacidade de trabalho que poderia ser usada para produzir outras amenidades, para a "produção" de uma obra-prima de filosofia, arte ou literatura. Pensadores, poetas e artistas são, frequentemente, incapazes de realizar qualquer outro trabalho. Seja como for, o tempo e esforço que devotam às ativi-

---

[14] Parece não haver tradução inglesa deste poema. O livro de Douglas Yates, *Franz Grillparzer, a Critical Biography*, Oxford, 1946, p. 57, vol. 1, faz um pequeno resumo, em inglês, do seu conteúdo.

[15] Para uma tradução inglesa do poema de Nietzsche, ver M. A. Mügge, *Friedrich Nietzsche*, Nova York, 1911, p. 275.

dades criadoras não é subtraído do que empregariam para outros propósitos. As circunstâncias, às vezes, condenam à esterilidade um homem que teria tido a capacidade de criar coisas inauditas; talvez não lhe deixem alternativa a não ser morrer de fome ou usar todas as suas forças na luta pela simples sobrevivência. Mas, se o gênio consegue alcançar as metas a que se propôs, ninguém, além dele, pagará pelos "custos" incorridos. Goethe talvez tenha sido estorvado por suas funções na corte de Weimar. Mas certamente não se teria desincumbido melhor de seus deveres como ministro de estado, diretor de teatro e administrador de minas, se não tivesse escrito suas peças, poemas e novelas.

Além do mais, é impossível substituir o trabalho de um gênio criador pelo trabalho de qualquer outra pessoa. Se Dante e Beethoven não tivessem existido, não seria possível produzir a *Divina comédia* ou a *Nona sinfonia*, atribuindo esta tarefa a outras pessoas. Nem a sociedade nem qualquer indivíduo podem fazer existir um gênio e sua obra. Nem a "demanda", por maior que seja, nem ordens peremptórias de governo produzem o menor efeito. O gênio não produz por encomenda. Os homens não podem aperfeiçoar as condições naturais e sociais de forma a provocar o surgimento do gênio criador e sua obra. É impossível formar gênios pela eugenia, treiná-los nas escolas ou organizar suas atividades. Mas, sem dúvida, a sociedade pode ser organizada de tal maneira que impeça o surgimento de pioneiros e suas descobertas.

O talento criativo do gênio é, para a praxeologia, um fato irredutível. Aparece na história como um presente do destino. Não é, de forma alguma, o resultado de uma produção no sentido com que a economia emprega este termo.

4
PRODUÇÃO

A ação, se bem-sucedida, atinge o objetivo pretendido. Produz o produto desejado.

A produção não é um ato de criação; não gera algo que não existia. É a transformação de elementos dados mediante arranjos e combinações. O produtor não é um criador. O homem só é criativo no plano do pensamento e da imaginação. No mundo dos fenômenos externos, é apenas um transformador. Tudo o que pode fazer é combinar os meios disponíveis de tal maneira, que em decorrência das leis da natureza ocorra o resultado pretendido.

Houve época em que era costume distinguir entre a produção de bens tangíveis e a prestação de serviços. O carpinteiro que fabricava mesas e cadeiras era considerado produtivo; mas o mesmo não se dizia do médico cujos conselhos ajudavam o carpinteiro a recuperar sua capacidade de fabricar mesas e cadeiras. Fazia-se uma diferenciação entre o vínculo médico-carpinteiro e o vínculo carpinteiro-alfaiate. O médico, afirmava-se, não produz nada por si mesmo; tira sua subsistência do que os outros produzem, é mantido por carpinteiros e alfaiates. Num período ainda anterior, os fisiocratas franceses sustentavam que todo trabalho que não tirasse algo do solo era improdutivo. Em sua opinião, só eram produtivas a agricultura, a pesca, a caça e a exploração de minas e jazidas. A indústria não acrescentava nada ao valor dos materiais empregados, a não ser o valor das coisas consumidas pelos trabalhadores.

Os economistas de hoje riem de seus predecessores por terem feito distinções tão insustentáveis. Melhor fariam se tirassem a venda dos seus próprios olhos. A maneira como muitos autores contemporâneos abordam diversos problemas econômicos – como, por exemplo, publicidade e *marketing* – nada mais é do que uma recaída em erros grosseiros que já não deviam mais ser cometidos.

Outra opinião também muito aceita pretende fazer diferenças entre o emprego de trabalho e o de fatores materiais de produção. Sustentam os seus seguidores que a natureza dispensa seus dons gratuitamente; mas o trabalho, tendo em vista a sua desutilidade, deve ser pago. Ao despender esforço e superar a desutilidade do trabalho, o homem acrescenta algo que não existia antes no universo. Neste sentido, o trabalho era considerado criativo. Este conceito também está errado. A capacidade de trabalho do homem é um dado do universo, como o são as capacidades inerentes ao solo e às substâncias animais. Nem mesmo o fato de que uma parte da capacidade de trabalho pode permanecer sem ser usada a diferencia dos fatores de produção não humanos; estes também podem permanecer sem serem usados. A disposição dos indivíduos para superar a desutilidade do trabalho resulta do fato de preferirem o produto do trabalho à satisfação que derivaria de um lazer mais prolongado.

Só a mente humana, que dirige a ação e a produção, é criativa. A mente também pertence ao universo e à natureza; é uma parte do mundo existente e dado. Chamar a mente de criativa não implica entregar-se a especulações metafísicas. Qualificamo-la de criativa porque só conseguimos rastrear as mudanças provocadas pela ação humana até o ponto em que nos defrontamos com a intervenção da razão dirigindo as atividades humanas. A produção não é algo físico, material e externo; é um fenômeno intelectual e espiritual. Seus requisitos essenciais não são o trabalho humano e as forças naturais e coisas externas, mas a decisão da mente de usar esses fatores como meios para alcançar fins. O que produz o produto não é o esforço e o aborrecimento em si mesmos, mas o fato de que os esforços são guiados pela razão. Só a mente humana é capaz de diminuir o desconforto.

A metafísica materialista dos marxistas interpreta esta realidade de maneira inteiramente falsa. As propaladas "forças produtivas" não são algo material. A produção é um fenômeno espiritual, intelectual e ideológico. É o método que o homem dirigido pela razão, emprega para diminuir o seu desconforto na medida do possível. O que distingue a nossa situação da dos nossos ancestrais que viveram há mil ou vinte mil anos não é algo material, mas algo espiritual. As mudanças materiais são fruto de mudanças espirituais.

Produzir é alterar o que existe segundo os desígnios da razão. Tais desígnios – as receitas, as fórmulas, as ideologias – são o fundamental; transformam os fatores originais – tanto os humanos como não humanos – em meios. O homem produz usando a razão; escolhe os fins e emprega os meios para atingi-los. A suposição popular segundo a qual a economia lida com as condições materiais da vida humana é um grande equívoco. A ação humana é uma manifestação da mente. Neste sentido, a praxeologia pode ser considerada uma ciência moral (*Geisteswissenschaft*).

Naturalmente, não sabemos o que *é* a mente, do mesmo modo que não sabemos o que *são* a vida, o movimento, a eletricidade. Mente é apenas a palavra empregada para designar aquele fator desconhecido que possibilitou aos homens tantas realizações: as teorias e os poemas, as catedrais e as sinfonias, os automóveis e os aviões.

PARTE II

AÇÃO NA SOCIEDADE

Capítulo 8
A Sociedade Humana

1
Cooperação Humana

Sociedade é ação concertada, cooperação.

A sociedade é a consequência do comportamento propositado e consciente. Isso não significa que os indivíduos tenham firmado contratos por meio dos quais teria sido formada a sociedade. As ações que deram origem à cooperação social, e que diariamente se renovam, visavam apenas à cooperação e à ajuda mútua, a fim de atingir objetivos específicos e individuais. Esse complexo de relações mútuas criadas por tais ações concertadas é o que se denomina sociedade. Substitui, pela colaboração, uma existência isolada – ainda que apenas imaginável – de indivíduos. Sociedade é divisão de trabalho e combinação de esforços. Por ser um animal que age, o homem torna-se um animal social.

O ser humano nasce num ambiente socialmente organizado. Somente nesse sentido é que podemos aceitar quando se diz que a sociedade – lógica e historicamente – antecede o indivíduo. Com qualquer outro significado, este dito torna-se sem sentido ou absurdo. O indivíduo vive e age em sociedade. Mas a sociedade não é mais do que essa combinação de esforços individuais. A sociedade em si não existe, a não ser através das ações dos indivíduos. É uma ilusão imaginá-la fora do âmbito das ações individuais. Falar de uma existência autônoma e independente da sociedade, de sua vida, sua alma e suas ações, é uma metáfora que pode facilmente conduzir a erros grosseiros.

É inútil perguntar se é a sociedade ou o indivíduo que deve ser considerado como fim supremo, e se os interesses da sociedade devem ser subordinados aos do indivíduo ou vice-versa. Ação é sempre ação de indivíduos. O elemento social ou relativo à sociedade é certa orientação das ações individuais. A categoria *fim* só tem sentido quando referida à ação. A teologia e a metafísica da história podem discutir os fins da sociedade e os desígnios que Deus pretende realizar no que concerne à sociedade, da mesma maneira que discutem a razão de ser de todas as outras partes do universo. Para a ciência, que é inseparável da razão – instrumento evidentemente inadequado para tratar de problemas desse tipo —, seria inútil envolver-se em especulações desta natureza.

No quadro da cooperação social podem emergir, entre os membros da sociedade, sentimentos de simpatia e amizade e uma sensação de comunidade. Esses sentimentos são a fonte, para o homem, das mais agradáveis e sublimes experiências. São o mais precioso adorno da vida; elevam a espécie animal homem às alturas de uma existência realmente humana. Entretanto, esses sentimentos não são como tem sido afirmado, os agentes que engendraram as relações sociais. São fruto da cooperação social e só vicejam no seu quadro; não precederam o estabelecimento de relações sociais e não são a semente de onde estas germinam.

Os fatos fundamentais que fizeram existir a cooperação, a sociedade e a civilização, e que transformaram o animal homem num ser humano, é o fato de que o trabalho efetuado valendo-se da divisão do trabalho é mais produtivo que o trabalho solitário, e o fato de que a razão humana é capaz de perceber esta verdade. Não fosse por isso, os homens permaneceriam sempre inimigos mortais uns dos outros, rivais irreconciliáveis nos seus esforços para assegurar uma parte dos escassos recursos que a natureza fornece como meio de subsistência. Cada homem seria forçado a ver todos os outros como seus inimigos; seu intenso desejo de satisfazer seus próprios apetites o conduziria a um conflito implacável com seus vizinhos. Nenhum sentimento de simpatia poderia florescer em tais condições.

Alguns sociólogos têm afirmado que o fato subjetivo original e elementar na sociedade é uma "consciência da espécie".[1] Outros sustentam que não haveria sistemas sociais se não houvesse um "senso de comunidade ou de propriedade comum".[2] Podemos concordar, desde que estes termos um pouco vagos e ambíguos sejam corretamente interpretados. Podemos chamar de consciência da espécie, senso de comunidade ou senso de propriedade comum, o reconhecimento do fato de que todos os outros seres humanos são virtuais colaboradores na luta pela sobrevivência, porque são capazes de reconhecer os benefícios mútuos da cooperação, enquanto que os animais não têm essa faculdade. Entretanto, não devemos esquecer que são os dois fatos essenciais acima mencionados que fazem existir tal consciência ou tal senso de existência. Num mundo hipotético, onde a divisão do trabalho não aumentasse a produtividade, não haveria sociedade. Não haveria qualquer sentimento de benevolência e de boa vontade.

O princípio da divisão do trabalho é um dos grandes princípios básicos do devenir cósmico e da mudança evolucionária. Os biologistas

---

[1] F.H. Giddings, *The Principles of Sociology*. Nova York, 1926, p. 17.

[2] R.M. MacIver, *Society*. Nova York, 1937, p. 6-7.

tinham razão em tomar emprestado da filosofia social o conceito de divisão do trabalho e em adaptá-lo a seu campo de investigação. Existe divisão do trabalho entre as várias partes de qualquer organismo vivo. Mais ainda, existem no reino animal, colônias integradas por seres que colaboram entre si; tais entidades, formadas, por exemplo, por formigas ou abelhas, costumam ser chamadas, metaforicamente, de "sociedades animais". Mas não devemos jamais nos esquecer de que o traço característico da sociedade humana é a cooperação propositada; a sociedade é fruto da ação humana, isto é, apresenta um esforço consciente para a realização de fins. Nenhum elemento desse gênero está presente, ao que se saiba, nos processos que resultaram no surgimento dos sistemas estruturais e funcionais de plantas e de corpos animais ou no funcionamento das sociedades de formigas, abelhas e vespas. A sociedade humana é um fenômeno intelectual e espiritual. É a consequência da utilização deliberada de uma lei universal que rege a evolução cósmica, qual seja a maior produtividade da divisão do trabalho. Como em todos os casos de ação, o reconhecimento das leis da natureza é colocado a serviço dos esforços do homem desejoso de melhorar suas condições de vida.

2
Uma crítica da visão holística e metafísica da sociedade

Segundo as doutrinas do universalismo, do realismo conceitual, do *holismo*, do coletivismo e de alguns representantes da *Gestaltpsychologie*, a sociedade é uma entidade que vive sua própria vida, independente e separada das vidas dos diversos indivíduos, agindo por sua própria conta e visando a seus próprios fins, que são diferentes dos pretendidos pelos indivíduos. Assim sendo, é evidente que pode surgir um antagonismo entre os objetivos da sociedade e os objetivos individuais. Para salvaguardar o florescimento e futuro desenvolvimento da sociedade, torna-se necessário controlar o egoísmo dos indivíduos e obrigá-los a sacrificar seus desígnios egoístas em benefício da sociedade. Chegando a esta conclusão, todas as doutrinas holísticas têm forçosamente de abandonar os métodos tradicionais da ciência humana e do raciocínio lógico e adotar uma profissão de fé teológica ou metafísica. Forçosamente têm de admitir que a Providência, através de seus profetas, apóstolos e líderes carismáticos, obrigam os homens – que são perversos por natureza, isto é, dispostos a perseguir seus próprios fins – a entrar no caminho certo que o Senhor ou o *Weltgeist* ou a história quer que eles trilhem.

Esta filosofia é a mesma que desde tempos imemoriais caracteriza as crenças de tribos primitivas. Tem sido um elemento de todos os ensinamentos religiosos. O homem é obrigado a respeitar a lei promulgada por um poder super-humano e obedecer às autoridades, encarregadas por este poder de fazer cumprir a lei. A ordem criada por esta lei, à sociedade humana, é consequentemente obra de uma Divindade e não do homem. Se o Senhor não tivesse interferido e não tivesse iluminado a humanidade pecadora, a sociedade não teria surgido. Não há dúvida de que a cooperação social é uma bênção para os homens; não há dúvida de que o homem só conseguiu livrar-se do barbarismo e da miséria moral e material de seu estado primitivo porque se organizou em sociedade. Entretanto, por si mesmo, jamais encontraria o caminho da sua própria salvação, uma vez que a adaptação às exigências da cooperação social e a submissão aos preceitos da lei moral lhe impunham restrições por demais pesadas. Do ponto de vista de sua débil inteligência, consideraria qualquer renúncia a alguma vantagem esperada como um mal e uma privação. Não seria capaz de perceber as vantagens incomparavelmente maiores, mas posteriores, que a renúncia a prazeres imediatos e visíveis lhe proporcionaria. Se não fosse pela revelação sobrenatural, não teria jamais percebido o que o destino exigia que fizesse para seu próprio bem e o da sua descendência.

A teoria científica elaborada pela filosofia social do racionalismo e do liberalismo do século XVIII e pela moderna economia não recorre a nenhuma interferência miraculosa de poderes sobre-humanos. Toda vez que o indivíduo substitui a ação isolada pela ação concertada, resulta uma melhora imediata e perceptível de sua situação. As vantagens advindas da cooperação pacífica e da divisão do trabalho são universais. Beneficiam imediatamente quem assim age e não apenas, futuramente, os seus descendentes. Aquilo que o indivíduo sacrifica em favor da sociedade é amplamente compensado por vantagens ainda maiores. Seu sacrifício é apenas temporário e aparente; renuncia a um ganho menor para poder obter um maior em seguida. Nenhum ser razoável deixa de perceber fato tão evidente. O que motiva a intensificação da cooperação social – ampliando a divisão de trabalho, fortalecendo a proteção legal e garantindo a paz – é o desejo de todos os interessados em melhorar suas próprias condições de vida. Ao defender o seu próprio – corretamente compreendido – interesse, o indivíduo contribui para intensificar a cooperação e a convivência pacífica. A sociedade é fruto da ação humana, isto é, do desejo humano de diminuir seu desconforto tanto quanto lhe seja possível. A fim de explicar seu surgimento e evolução, não é necessário recorrer a uma doutrina, certamente ofensiva a uma pessoa verdadeiramente religiosa, segundo a qual a criação original foi tão defeituosa, que reiteradas intervenções sobre-humanas seriam necessárias para evitar seu fracasso.

O papel histórico da teoria da divisão do trabalho tal como foi elaborada pela economia política inglesa, de Hume a Ricardo, consistiu em demolir completamente todas as doutrinas metafísicas relativas à origem e ao funcionamento da cooperação social. Consumou a emancipação espiritual, moral e intelectual da humanidade, que fora iniciada pelo epicurismo. Substituiu a antiga ética heterônoma e intuicionista por uma moralidade racional e autônoma. A lei e a legalidade, o código moral e as instituições sociais não são mais reverenciados como decretos insondáveis da Providência. Sua origem é humana e o único critério que lhes deve ser aplicado é o da sua adequação ao bem estar humano. O economista utilitarista não diz: *Fiat justitia, pereat mundus*.[3] O que diz é: *Fiat justitia, ne pereat mundus*.[4] Não pede ao homem que renuncie ao seu bem estar em benefício da sociedade. Recomenda-lhe que compreenda quais são os seus verdadeiros interesses. Aos seus olhos, a grandeza de Deus não se manifesta pela diligente interferência nos diversos interesses de príncipes e de políticos, mas por dotar as criaturas com a razão e com o impulso para a busca da felicidade.[5]

O problema essencial de todas essas filosofias sociais do tipo universalista, coletivista, holística é o seguinte: como identificar a verdadeira lei, o autêntico profeta de Deus e a autoridade legítima? Pois muitos pretendem terem sido enviados pela Providência e cada um prega um evangelho diferente. Para o crente fiel, não pode haver dúvida; tem plena confiança de haver adotado a única doutrina verdadeira. Mas é exatamente essa firmeza de convicções que torna os antagonismos irreconciliáveis. Cada grupo está disposto a fazer prevalecer seus próprios princípios. Como não há argumentação lógica capaz de decidir entre os vários credos dissidentes, não resta outro meio para resolver tais disputas a não ser o conflito armado. As doutrinas sociais não racionalistas, não utilitaristas e não liberais têm de provocar conflitos armados e guerras civis até que um dos

---

[3] Faça-se justiça, (embora) o mundo seja destruído. (N.T.)

[4] Faça-se justiça, (e) o mundo não será destruído. (N.T.)

[5] Muitos economistas, entre eles Adam Smith e Bastiat, acreditavam em Deus. Portanto, admiravam nos fatos que haviam descoberto o zelo providencial do "Grande Diretor da Natureza". Os críticos ateus os condenam por isso. Entretanto, estes críticos não percebem que zombar das referências à "mão invisível" não invalida os ensinamentos essenciais da filosofia social racionalista e utilitarista. É preciso compreender que a alternativa é a seguinte: ou a associação é um processo humano porque atende melhor aos interesses dos indivíduos e os indivíduos em si são capazes de perceber as vantagens que derivam de ajustar suas vidas às regras da cooperação social, ou então um ser superior impõe sobre homens relutantes a subordinação à lei e às autoridades sociais. Pouco importa se chamamos esse ser superior de Deus, *Weltgeist* *, Destino, História, *Wotan*** ou Forças Produtivas, e que título seja conferido aos seus apóstolos, os ditadores.

* – O Espírito do Mundo. (N.T.)

** – Deus da Guerra e da Sabedoria. (N.T.)

adversários seja aniquilado ou subjugado. A história das grandes religiões é um registro de batalhas e guerras como também o é a história das pseudorreligiões modernas que são o socialismo, a estatolatria e o nacionalismo.

A intolerância e a propaganda apoiadas na espada do verdugo ou do carrasco são inerentes a qualquer sistema de ética heterônoma. As leis de Deus ou do Destino reivindicam uma validade universal e proclamam que todos os homens devem obediência às autoridades que elas declaram serem legítimas. Enquanto durou o prestígio dos códigos de moralidade heterônomos e seu corolário filosófico – o realismo conceitual – não houve lugar para a tolerância e para a paz duradoura. Quando uma luta cessava, era somente para se reunirem forças para nova batalha. A ideia de tolerância para com pontos de vista divergentes só pôde prosperar quando as doutrinas liberais quebraram o feitiço do universalismo. Para a filosofia utilitarista, a sociedade e o estado deixam de ser considerados como instituições para manutenção de uma ordem mundial que, por considerações inacessíveis à mente humana, agradava à Divindade, embora manifestamente contrariasse os interesses temporais de muitos ou mesmo da imensa maioria dos que vivem hoje em dia. A sociedade e o estado são, ao contrário, o principal meio para que qualquer pessoa possa atingir os fins a que se propõe. São criações do esforço humano; sua sustentação e seu aperfeiçoamento são tarefas que não diferem essencialmente das demais preocupações da ação humana. Os defensores de uma moralidade heterônoma e da doutrina coletivista não conseguem demonstrar racionalmente a correção de seu conjunto de princípios éticos nem a superioridade ou a exclusiva legitimidade de seu ideal social. São obrigados a pedir às pessoas que aceitem credulamente seu sistema ideológico e que se submetam à autoridade que elas consideram como legítima; ou então silenciar o dissidente e impor-lhe a submissão.

Haverá sempre, naturalmente, indivíduos ou grupos de indivíduos de inteligência tão curta, que não conseguem perceber os benefícios que a cooperação social lhes proporciona. Há outros cuja solidez moral e força de vontade, são tão fracas, que não conseguem resistir à tentação de obter uma vantagem efêmera através de ações prejudiciais ao funcionamento natural do sistema social. Isto porque o ajustamento dos indivíduos às exigências da cooperação social requer sacrifícios. Em verdade são sacrifícios apenas temporários e aparentes, uma vez que são mais do que compensados pelas vantagens incomparavelmente maiores que a vida em sociedade proporciona. Mas, no instante mesmo em que renunciamos uma satisfação desejada, sentimos certo desconforto, e não é qualquer pessoa que percebe benefícios posteriores e se comporta em função disso. O anarquismo sustenta que a educação poderia fazer com que todos compreendessem qual seria o comportamento mais condizente com os seus interesses; devidamente instruídos, todos se conformariam com as regras de conduta indispensáveis à preservação da sociedade. Os anarquistas afirmam que uma ordem social na qual ninguém tivesse privilégios à custa de seus concidadãos poderia existir sem necessidade de qualquer compulsão ou coerção para impedir ações prejudiciais à sociedade. Tal sociedade ideal poderia prescindir do estado e do governo, isto é, poderia prescindir do poder de polícia que é o aparato social de coerção e compulsão.

Os anarquistas deixam de perceber o fato inegável de que algumas pessoas são ou muito limitadas intelectualmente ou muito fracas para se ajustar espontaneamente às condições da vida social. Mesmo se admitirmos que todos os adultos sadios sejam dotados da faculdade de compreender as vantagens da cooperação social e de agir consequentemente, ainda assim restaria o problema das crianças, dos velhos e dos loucos. Podemos concordar com a afirmação de que pessoas que agem de maneira antissocial devem ser consideradas como doentes mentais e receber cuidados médicos. Mas, enquanto não forem curados e, enquanto existirem crianças e velhos, algo precisa ser feito para que não se coloque em risco a sociedade. Uma sociedade anarquista estaria à mercê de qualquer indivíduo. A sociedade não pode existir sem que a maioria das pessoas esteja disposta a impedir, pela ameaça ou pela ação violenta, que minorias venham a destruir a ordem social. Este poder é atribuído ao estado ou ao governo.

O estado ou o governo é o aparato social de compulsão e coerção. Tem o monopólio da ação violenta. Nenhum indivíduo tem o direito de usar violência ou ameaça de violência se o governo não o investir neste direito. O estado é essencialmente uma instituição para a preservação de relações pacíficas entre os homens. Não obstante, para preservar a paz, deve estar preparado para reprimir as tentativas de violação da paz.

A doutrina social liberal, baseada nos ensinamentos da ética utilitarista e da economia, vê o problema da relação entre governo e governados de um ângulo diferente daquele do universalismo e do coletivismo. O liberalismo entende que os governantes, que são sempre uma minoria, não podem permanecer indefinidamente no poder sem o apoio consentido da maioria dos governados. Qualquer que seja o sistema de governo, a base sobre a qual é construído e que o sustenta é sempre o entendimento dos governados de que obedecer e ser leal a este governo serve melhor os seus próprios interesses do que a insurreição e o estabelecimento de um novo regime. A maioria tem o poder de rejeitar um governo impopular e usa este poder quando se convence de que o seu bem estar assim o exige. Em longo prazo, não pode haver governo impopular. A guerra civil e a revolução são os meios pelos quais as maiorias descontentes derrubam governantes e métodos de governo que não lhes convêm. Para preservar a paz social, o liberalismo é favorável ao governo democrático. A democracia, portanto, não é uma instituição revolucionária. Ao contrário, é precisamente o modo de evitar revoluções e guerras civis, porque possibilita o ajustamento pacífico do governo à vontade da maioria. Quando os homens no poder e suas políticas, desagradam à maioria, na primeira eleição são substituídos por outros que defendem outras políticas.

O conceito de governo majoritário ou governo pelo povo como recomenda o liberalismo não visa à supremacia do medíocre, do inculto ou dos bárbaros. Os liberais também acham que uma nação deve ser governada pelos mais aptos a esta tarefa. Mas acreditam que a aptidão para governar é mais bem demonstrada pela capacidade de convencer os seus cidadãos do que pelo uso da força. Nada garante, evidentemente, que os eleitores confiarão o poder ao candidato mais competente. Mas nenhum outro sistema poderia oferecer tal garantia. Se a maioria da nação está dominada por princípios falsos e prefere candidatos indignos, não há outro remédio a não ser tentar mudar suas ideias, explicando princípios mais consistentes e recomendando homens melhores. Nenhuma minoria conseguirá êxitos duradouros ao recorrer a outros métodos.

O universalismo e o coletivismo não podem aceitar a solução democrática para o problema do poder. Em sua opinião, o indivíduo, ao agir de acordo com o código ético, não o faz em benefício direto de seus interesses particulares, mas, ao contrário, renuncia aos seus próprios objetivos em benefício dos desígnios da Divindade ou da comunidade. Ademais, a razão, por si só, não é capaz de conceber a supremacia dos valores absolutos e a validade incondicional da lei sagrada, nem de interpretar corretamente cânones e mandamentos. Portanto, na visão do universalismo e do coletivismo, é inútil tentar convencer a maioria pela persuasão e conduzi-la, amigavelmente, ao caminho certo. Os que receberam a inspiração celestial, iluminados por tal carisma, têm o dever de pregar o evangelho aos dóceis e de recorrer à violência contra os intratáveis. O líder carismático é o vigário da Divindade, o representante da comunidade, instrumento da história. É infalível e tem sempre razão. Suas ordens são a norma suprema.

O universalismo e o coletivismo são necessariamente sistemas de governo teocrático. A característica comum de todas as suas variantes é a postulação de uma entidade sobre-humana à qual os indivíduos devem obediência. O que as diferencia uma das outras é apenas a denominação que dão a esta entidade e o conteúdo das leis que proclamam em seu nome. O poder ditatorial de uma minoria não encontra outra forma de legitimação a não ser apelando para um suposto mandato recebido de uma autoridade suprema e sobre-humana. Pouco importa se o autocrata baseia sua autoridade no direito sagrado dos reis ou na missão histórica da vanguarda do proletariado; nem se o ser supremo se denomina *Geist* (Hegel) ou *Humanité* (Auguste Comte). Os termos sociedade e estado, como empregados pelos adeptos contemporâneos do socialismo, do planejamento e do controle social das atividades dos indivíduos, têm o significado de uma divindade. Os padres dessa nova religião atribuem a seu ídolo todas aquelas virtudes que os teólogos atribuem a Deus: onipotência, onisciência, bondade infinita, etc.

Se admitirmos que exista, acima e além das ações individuais uma entidade imperecível que visa a seus próprios fins, diferentes dos homens mortais, teremos já estruturado o conceito de um ser sobre-humano. Não podemos, então, fugir da questão sobre que fins têm precedência, sempre que houver um conflito: se os do estado ou sociedade, ou os do indivíduo. A resposta a esta questão já está implícita no próprio conceito de estado ou sociedade como entendido pelo coletivismo e pelo universalismo. Postularam-se a existência de uma entidade que por definição é mais elevada, mais nobre e melhor do que os indivíduos, não pode haver qualquer dúvida de que os objetivos desse ser eminente devem prevalecer sobre os dos míseros mortais. (É verdade que certos amantes de paradoxos – Max Stirner[6], por exemplo – se divertem invertendo as coisas e, assim, sustentam que a precedência é do indivíduo). Se a sociedade, ou o estado, é uma entidade dotada de vontade e intenção e de todas as outras qualidades que lhe são atribuídas pela doutrina coletivista, então é simplesmente absurdo confrontar as aspirações triviais do pobre indivíduo com seus majestosos desígnios.

O caráter quase teológico de todas as doutrinas coletivistas torna-se evidente nos seus conflitos mútuos. Uma doutrina coletivista não proclama a superioridade do ente coletivo *in abstrato*; proclama sempre a proeminência de um determinado ídolo coletivista e, ou nega liminarmente a existência de outros ídolos do mesmo gênero, ou os relega a uma posição subordinada e auxiliar em relação ao seu próprio ídolo. Os adoradores do estado proclamam a excelência de um determinado estado, qual seja o seu próprio estado; os nacionalistas, a excelência da

---

[6] Ver Max Stirner (Johann Kaspar Schmidt), *The Ego and his Own*, Trad. S.T. Byngton, Nova York, 1907.

sua própria nação. Se dissidentes contestam o seu programa, anunciando a superioridade de outro ídolo coletivista, sua única resposta é repetir muitas vezes: nós estamos certos porque uma voz interior nos diz que nós estamos certos e vocês estão errados. Os conflitos entre coletivistas de seitas ou credos antagônicos não podem ser resolvidos pela discussão racional; só podem ser resolvidos pelo recurso à força das armas. As alternativas aos princípios liberais e democráticos do governo da maioria são os princípios militares do conflito armado e da opressão ditatorial.

Todas as variantes de credos coletivistas estão unidas na sua implacável hostilidade às instituições políticas fundamentais do sistema liberal: governo da maioria, tolerância para com as opiniões divergentes, liberdade de pensamento, de expressão e de imprensa, igualdade de todos perante a lei. Essa união dos credos coletivistas nas suas tentativas de destruir a liberdade deu origem à suposição equivocada de que a controvérsia política atual seja entre individualismo e coletivismo. Na verdade, é uma luta entre o individualismo de um lado e uma variedade de seitas coletivistas do outro. E o ódio e hostilidade mútuos entre essas seitas são ainda mais ferozes que sua aversão ao sistema liberal. Não é uma seita marxista uniforme que ataca o capitalismo, mas um bando de grupos marxistas. Esses grupos – por exemplo, stalinistas, trotskistas, mencheviques, seguidores da II Internacional, entre outros – lutam uns contra os outros de forma desumana e brutal. Ademais, existem muitas outras seitas não marxistas que aplicam os mesmos métodos atrozes nas suas lutas internas. Se o coletivismo vier a substituir o liberalismo, o resultado será uma luta sangrenta e interminável.

A terminologia corrente deturpa inteiramente os fatos. A filosofia comumente denominada individualismo é uma filosofia de cooperação social e de intensificação progressiva dos vínculos sociais. Por outro lado, a aplicação das ideias coletivistas só pode resultar na desintegração social e na luta armada permanente. É claro que todas as variedades de coletivismo prometem a paz eterna a partir do dia de sua vitória final e da derrota completa de todas as outras ideologias e seus defensores. Entretanto, para que estes planos sejam realizados, é necessária uma mudança radical no gênero humano. Os homens devem ser divididos em duas classes: de um lado, o ditador onipotente, quase divino, e, do outro, as massas, que devem abdicar da vontade e do raciocínio próprio para se tornarem meros peões no tabuleiro do ditador. As massas devem ser desumanizadas, para que se possa fazer de um homem o seu senhor divinizado. Pensar e agir, as características primordiais do homem, tornar-se-iam o privilégio de um só homem. Não é necessário mostrar que tais desígnios são irrealizáveis. Os impérios milenaristas dos ditadores são fadados ao fracasso; nunca duram mais do que alguns anos. Já assistimos à queda de muitas destas ordens "milenares". As remanescentes não terão melhor sorte.

O atual ressurgimento das ideias coletivistas, causa principal das agonias e desastres de nosso tempo, tem sido tão bem-sucedido, que fez esquecer as ideias essenciais da filosofia social liberal. Hoje em dia, mesmo aqueles que são a favor das instituições democráticas ignoram essas ideias. Os argumentos que invocam para justificar a liberdade e a democracia estão infectados por erros coletivistas; suas doutrinas são muito mais uma distorção do que uma adesão ao verdadeiro liberalismo. Em sua opinião, as maiorias têm sempre razão simplesmente porque têm o poder de derrotar qualquer oposição; governo majoritário equivale à ditadura do partido mais numeroso e a maioria no poder não sente necessidade de se refrear na utilização do seu poder nem na condução dos negócios públicos. Logo que uma facção consegue obter o apoio da maioria dos cidadãos e, desse modo, assume o controle da máquina governamental, considera-se com a faculdade de negar à minoria todos aqueles direitos democráticos por meio dos quais conseguiu alcançar o poder.

Este pseudoliberalismo, evidentemente, é a própria antítese da doutrina liberal. Os liberais não divinizam as maiorias nem as consideram infalíveis; não sustentam que o simples fato de uma política ser apoiada por muitos seja prova de seus méritos para o bem comum. Não recomendam a ditadura da maioria nem a opressão violenta das minorias dissidentes. O liberalismo visa a estabelecer uma constituição política que assegure o funcionamento pacífico da cooperação social e a intensificação progressiva das relações sociais mútuas. Seu objetivo principal é evitar conflitos violentos, guerras e revoluções que necessariamente desintegram a colaboração social e fazem os homens retornarem ao barbarismo primitivo, quando todas as tribos e grupos políticos viviam permanentemente em luta uns com os outros. Como a divisão do trabalho necessita de uma paz duradoura, o liberalismo procura estabelecer um sistema de governo capaz de preservar a paz: a democracia.

A PRAXEOLOGIA E O LIBERALISMO

O liberalismo, no sentido com que esta palavra foi empregada no século XIX, é uma doutrina política. Não é uma teoria, e sim a aplicação das teorias desenvolvidas pela praxeologia, e especialmente pela economia, aos problemas suscitados pela ação humana na sociedade.

Como doutrina política, o liberalismo não é neutro em relação a valores e fins últimos que se pretendem alcançar pela ação. Pressupõe que todos, ou pelo menos a maioria das pessoas, desejem atingir certos objetivos, e lhes informa sobre os meios adequados para a realização de seus planos. Os defensores das doutrinas liberais sabem perfeitamente que os seus ensinamentos só têm validade para as pessoas que estejam comprometidas com essa escolha de valores.

Enquanto a praxeologia e, portanto, também a economia empregam os termos felicidade e diminuição do desconforto num sentido puramente formal, o liberalismo lhes confere um significado concreto. Pressupõe que as pessoas prefiram a vida à morte, a saúde à doença, o alimento à fome, a abundância à pobreza. Indica ao homem como agir em conformidade com essas valorações.

É comum qualificar estas preocupações como materialistas e acusar o liberalismo de incorrer num materialismo grosseiro e de negligenciar as aspirações "mais elevadas" e "mais nobres" da humanidade. Nem só de pão vive o homem, dizem os críticos, ao menoscabar a mediocridade e a desprezível baixeza da filosofia utilitária. Entretanto, estas diatribes exaltadas não têm fundamento porque deformam grosseiramente os ensinamentos do liberalismo.

Primeiro: os liberais não afirmam que os homens deveriam empenhar-se para alcançar os objetivos mencionados acima. O que sustentam é que a imensa maioria prefere uma vida de saúde e abundância à miséria, à fome e à morte. A correção desta afirmativa é incontestável. Prova disso é o fato de que todas as doutrinas antiliberais – os programas teocráticos dos diversos partidos religiosos, estatistas, nacionalistas e socialistas – adotam a mesma atitude em relação a estas questões. Todos prometem a seus seguidores uma vida de abundância. Nunca se atreveram a dizer que a implementação do seu programa prejudicaria o bem estar das pessoas. Muito ao contrário, todas essas facções reafirmam insistentemente que a realização dos planos dos seus rivais resultaria no empobrecimento geral, enquanto que os seus planos proporcionariam abundância aos seus adeptos. Os partidos cristãos, quando se trata de prometer às massas um nível de vida mais alto, não são menos exaltados em suas palavras do que os nacionalistas ou os socialistas. As igrejas modernas falam mais sobre a elevação de salários e de preços agrícolas do que sobre os dogmas da doutrina cristã.

Segundo: os liberais não desdenham as aspirações intelectuais e espirituais dos homens. Ao contrário, são estimulados por um ardente entusiasmo pela perfeição moral e intelectual, pela sabedoria e pela excelência estética. Mas sua visão desses nobres e elevados interesses é muito diferente da visão primária de seus adversários. Não compartilham a ingênua opinião daqueles que creem que qualquer sistema de organização social é capaz de encorajar o pensamento filosófico e científico a produzir obras-primas de arte e de literatura e de tornar as massas mais cultas. Entendem que tudo o que a sociedade pode fazer neste particular é proporcionar um ambiente que não coloque obstáculos insuperáveis no caminho dos gênios e libere suficientemente o homem comum de preocupações materiais para que possa interessar-se por outras coisas além de simplesmente ganhar sua subsistência. No seu entender, o melhor meio de tornar o homem mais humano é combater a pobreza. A sabedoria, as ciências e as artes florescem melhor num mundo de abundância do que num mundo de pobreza.

É uma distorção dos fatos acusar o período liberal de um suposto materialismo. O século XIX não foi somente um século de progresso sem precedente quanto a técnicas de produção e a conforto material das massas. Fez muito mais do que aumentar a duração média da vida humana: suas realizações artísticas e científicas são imperecíveis. Foi uma era que assistiu ao surgimento de músicos, escritores, poetas, pintores e escultores que são imortais; revolucionou a filosofia, a economia, a matemática, a física, a química e a biologia. E, pela primeira vez na história, tornou as grandes obras e os grandes pensamentos acessíveis ao homem comum.

Liberalismo e religião

O liberalismo se baseia numa teoria puramente racional e científica de cooperação social. As políticas que recomenda são a aplicação de um sistema de conhecimento que não tem nada a ver com sentimentos, com credos intuitivos para os quais não se possam apresentar provas logicamente suficientes, com experiências místicas, nem com percepções pessoais de fenômenos sobre-humanos. Neste sentido, podem lhe ser atribuídos os epítetos frequentemente mal compreendidos e erroneamente interpretados – de ateísta e agnóstico. Seria, entretanto um erro grave concluir que as ciências da ação humana e a política derivada de seus ensinamentos – o liberalismo – sejam antiteístas e hostis à religião. Opõem-se radicalmente a todo sistema teocrático, mas são inteiramente neutras em relação a crenças religiosas que não pretendam interferir na condução dos assuntos sociais, políticos e econômicos.

A teocracia é um sistema social que depende de um título sobre-humano para sua legitimação. A lei fundamental de um regime teocrático traduz-se por um *insight* que não é passível de exame racional e não pode ser demonstrado por métodos lógicos. Seu critério máximo é a intuição, que dota a mente com uma certeza subjetiva sobre coisas que não podem ser concebidas pela razão e pelo raciocínio. Quando esta intuição refere-se a um dos tradicionais sistemas, que predica a existência de um Criador Divino, soberano do universo, é religioso. Quando se refere a outro sistema, é chamada de crença metafísica.

Portanto, um sistema de governo teocrático não precisa amparar-se em uma das grandes religiões do mundo. Pode ser o produto de doutrinas metafísicas que rejeitam todas as igrejas e seitas tradicionais e que se orgulha de seu caráter antiteísta e antimetafísico. Nos dias de hoje, os partidos teocráticos mais poderosos se opõem ao cristianismo e a todas as religiões que derivaram do monoteísmo judaico. O que os caracteriza como teocráticos é seu esforço de organizar os assuntos terrenos da humanidade segundo um conjunto de ideias cuja validade não pode ser demonstrada pela razão. Pretendem que seus líderes estejam dotados de um conhecimento inacessível ao resto da humanidade, oposto às ideias sustentadas por aqueles a quem foi negado o carisma. Os líderes carismáticos foram investidos, por um poder místico superior, da missão de dirigir os interesses de uma humanidade transviada. Somente eles são iluminados; todos os demais são ou cegos e surdos, ou malfeitores.

É fato que muitas variantes das grandes religiões históricas foram contaminadas por tendências teocráticas. Seus apóstolos estavam animados de uma paixão pelo poder a fim de subjugar e aniquilar todos os grupos dissidentes. Entretanto, não devemos confundir religião com teocracia.

William James considera como religiosos "os sentimentos, atos e experiências dos indivíduos em sua solidão, na medida em que acreditam ter uma relação com o que consideram ser o divino".[7] Enumera as seguintes crenças como características da vida religiosa: que o mundo visível é parte de um universo mais espiritual do qual retira sua significação principal; que a união ou a relação harmoniosa com este universo superior é nosso verdadeiro fim; que a oração ou a comunhão interior com o espírito desse universo mais elevado – seja ele "Deus" ou "a lei" – é um processo real e efetivo do qual flui uma energia espiritual que produz efeitos tanto materiais como psicológicos. A religião, continua James, também compreende as seguintes características psicológicas: um novo encantamento que se *agrega* à vida como um dom, tomando a forma tanto de um arrebatamento lírico como de um apelo à seriedade e ao heroísmo, juntamente com uma sensação de segurança e de paz, assim como uma disposição para o afeto e o amor em relação aos outros.[8]

Esta caracterização das experiências e sentimentos religiosos da humanidade não faz qualquer referência à organização da cooperação social. A religião, como James a entende, é uma relação puramente pessoal e individual entre o homem e uma divina Reali-

---

[7] W. James, *The Varieties of Religious Experience*, 35. ed., Nova York, 1925, p. 31.

[8] Ibid, p. 485-486.

dade, sagrada e misteriosa, que inspira respeito e temor. Impõe ao homem certo modo de conduta individual. Mas não faz nenhuma referência em relação aos problemas de organização social. São Francisco de Assis, o maior gênio religioso do Ocidente, jamais se interessou por política ou por economia. Queria ensinar aos seus discípulos como viver piamente; mas nunca imaginou elaborar um plano para organizar a produção, nem incitou seus seguidores a recorrerem à violência contra dissidentes. Não pode ser responsabilizado pela interpretação de seus ensinamentos feita pela ordem religiosa que fundou.

O liberalismo não coloca obstáculos no caminho do homem que deseja ajustar sua conduta pessoal e seus interesses privados segundo a forma como ele, pessoalmente, ou sua igreja, ou seita interpretam o evangelho. Mas se opõe radicalmente a qualquer tentativa de impedir a discussão racional dos problemas de bem estar social mediante um apelo à intuição religiosa e à revelação. Não impõe a ninguém o divórcio ou a prática do controle da natalidade. Mas combate àqueles que querem impedir outras pessoas de discutirem livremente os prós e os contras desses assuntos.

Segundo o entendimento liberal, o objetivo da lei moral é forçar os indivíduos a ajustarem sua conduta às exigências da vida em sociedade, a se absterem de quaisquer atos contrários à preservação da cooperação social pacífica e ao aprimoramento das relações inter-humanas. Os liberais acolhem prazerosamente o apoio que ensinamentos religiosos possam dar a estes preceitos morais, que eles também aprovam, mas se opõem a todas aquelas regras que certamente haverão de provocar a desintegração social, qualquer que seja a fonte de onde provenham.

É uma distorção dos fatos dizer, como o fazem muitos defensores da teocracia religiosa, que o liberalismo se opõe à religião. Onde for admitido o princípio da intervenção da igreja nos assuntos temporais, as diversas igrejas, confissões e seitas lutarão entre si. Ao separar a Igreja do estado, o liberalismo estabelece a paz entre as diversas facções religiosas e dá a cada uma delas a oportunidade de pregar seu evangelho sem ser molestada.

O liberalismo é racionalista. Sustenta que é possível convencer a imensa maioria de que os seus próprios interesses, corretamente entendidos, serão mais bem atendidos pela cooperação pacífica no quadro da sociedade do que pela luta intestina e pela desintegração social. Tem plena confiança na razão humana. Pode ser que esse otimismo seja infundado e que os liberais estejam errados. Se for assim, o futuro da humanidade é desesperador.

3
A DIVISÃO DO TRABALHO

A divisão do trabalho, com sua contrapartida, a cooperação humana, constitui o fenômeno social básico.

A experiência ensina ao homem que a ação em cooperação é mais eficiente e mais produtiva do que a ação isolada de indivíduos autossuficientes. As condições naturais determinantes da vida e do esforço humano fazem com que a divisão do trabalho aumente o resultado material por unidade de trabalho despendido. Esses fatos naturais são:

Primeiro: a inata desigualdade dos homens com relação à sua capacidade de realizar diversos tipos de trabalho. Segundo: a distribuição desigual dos recursos naturais, não humanos, sobre a superfície da terra. Pode-se também considerar estes dois fatos como um mesmo fato, qual seja, a diversidade da natureza que faz do universo um complexo de infinita variedade. Se a superfície da terra fosse de tal ordem que as condições físicas de produção fossem as mesmas em qualquer parte, e se os homens fossem entre si tão iguais como o são dois círculos de mesmo diâmetro na geometria euclideana, não teriam surgido, entre os homens, a divisão do trabalho.

Há ainda um terceiro fato: o de existirem tarefas cuja realização excede as forças de um só homem e exige o esforço conjunto de muitos. Algumas tarefas requerem uma quantidade de trabalho que nenhum homem sozinho seria capaz de despender, pelo simples fato de sua capacidade de trabalho ser limitada. Outras poderiam ser realizadas por um indivíduo, mas o tempo que teria que despender seria tão longo, que o resultado só seria alcançado tarde demais, não compensando o trabalho despendido. Em ambos os casos, somente o esforço conjunto torna possível atingir o fim pretendido.

Se houvesse apenas esta terceira condição, certamente a cooperação temporária teria surgido entre os homens. Entretanto, tais alianças transitórias para realizar tarefas específicas que estão acima da capacidade de um só indivíduo não teriam ocasionado uma cooperação social duradoura. As tarefas que só podiam ser executadas dessa maneira não eram muito numerosas nos primeiros estágios da civilização. Além disso, nem sempre todos os interessados estariam de acordo em considerar que o trabalho em questão fosse mais urgente e necessário do que outras tarefas que cada um poderia realizar sozinho. A grande sociedade humana, englobando todos os homens e todas as suas atividades, não se originou de tais alianças ocasionais. A sociedade é muito mais do que uma aliança passageira feita com um propósito específico e que se dissolve logo que o objetivo é alcançado, mesmo que seus participantes estejam dispostos a refazê-la sempre que necessário.

Quando, na divisão de trabalho, um indivíduo ou uma parcela de terra é superior, pelo menos em um aspecto, aos outros indivíduos ou parcelas de terra, fica evidente o aumento de produtividade daí decorrente. Se A pode produzir por unidade de tempo $6p$ ou $4q$, e B apenas $2p$, ou então $8q$, A e B, trabalhando isoladamente, produzirão em média $4p + 6q$; se dividirem o trabalho e cada um cuidar apenas de executar o trabalho em que é mais eficiente, produzirão $6p + 8q$. Mas o que acontece quando A é mais eficiente do que B, não só na produção de p, *mas* também na produção de q?

Foi esse problema que Ricardo levantou, para resolvê-lo em seguida.

4
A LEI DE ASSOCIAÇÃO DE RICARDO

Ricardo formulou a lei da associação para demonstrar quais são as consequências da divisão do trabalho quando um indivíduo ou um grupo coopera com outro indivíduo ou grupo menos eficiente sob todos os aspectos. Seu objetivo era investigar os efeitos do comércio entre duas regiões desigualmente dotadas pela natureza, pressupondo que os produtos, mas não os trabalhadores e os bens de produção acumulados (bens de capital), pudessem livremente circular de uma região para outra. A divisão do trabalho entre as duas áreas, como mostra a lei de Ricardo, aumentará a produtividade do trabalho e é, portanto, mais vantajosa, mesmo que as condições materiais de produção de qualquer bem sejam mais favoráveis em uma dessas áreas do que na outra. É mais vantajosa para a região mais bem-dotada concentrar seus esforços na produção de bens em que sua superioridade seja maior e deixar para a região menos bem-dotada a produção de outros bens onde a superioridade da primeira seja menor. Este paradoxo – que seja mais vantajoso a uma determinada região não aproveitar condições domésticas mais favoráveis à produção de uma mercadoria e adquiri-la de outra região onde as condições de produção sejam menos favoráveis – é o resultado da imobilidade do capital e do trabalho, aos quais não é permitido o acesso aos locais onde as condições de produção são mais favoráveis.

Ricardo tinha plena consciência de que esta sua lei da vantagem comparativa, formulada principalmente para lidar com um problema específico de comércio internacional, era um caso particular da mais universal lei da associação.

Se A é mais eficiente que B de tal maneira que necessite de 3 horas para produzir uma unidade de p, enquanto B precisa de 5 horas, e de 2 horas (contra 4 horas necessárias a B) para produzir uma unidade de q, resulta que ambos sairão ganhando se A se limitar a produzir q e deixar para B a produção de p. Se cada um deles dedicar 60 horas à produção de p e 60 horas à produção de q, o resultado do trabalho de A será $20p + 30q$; o de B será $12p + 15q$; e os dois somados, $32p + 45q$. Mas A, limitando-se produzir somente q, produz $60q$ em 120 horas, enquanto B, limitando-se a produzir p, produz no mesmo tempo $24p$. A soma de suas atividades será portanto $24p + 60q$, a qual – como para A, p tem uma relação de substituição de 3/2 de q, e para B esta relação é de 5/4 de q – significa uma produção maior do que $32p + 45q$. Portanto, é evidente que a divisão de trabalho traz vantagens para todos que dela participam. A colaboração dos mais talentosos, mais capazes e mais esforçados com os menos talentosos, menos capazes e menos esforçados resulta em benefício para ambos. Os ganhos obtidos com a divisão do trabalho são recíprocos.

A lei da associação nos faz compreender as tendências que resultaram na intensificação progressiva da cooperação humana. Concebemos assim o incentivo que induziu as pessoas a não se considerarem simplesmente adversárias na luta pela apropriação dos limitados meios de subsistência fornecidos pela natureza. Constatamos o que as impeliu, e permanentemente as impele, a se juntarem para colaborar. Cada passo na direção de um mais elaborado sistema de divisão do trabalho favorece os interesses de todos os que dele participam. Para compreender por que o homem não permaneceu solitário em busca de alimento e abrigo, como os animais, apenas para si ou, quando muito, para sua companheira e sua prole não precisamos recorrer à miraculosa interferência divina nem à hipótese vazia de sentido de um impulso inato para associação. Tampouco precisamos supor que os indivíduos isolados ou as hordas primitivas um belo dia se comprometeram, por contrato, a estabelecer vínculos sociais. O fator que fez nascer a sociedade primitiva e que contribui diariamente para seu desenvolvimento é a ação humana estimulada pela percepção da maior produtividade alcançada pela divisão do trabalho.

Nem a história, nem a etnologia, nem qualquer outro ramo do conhecimento podem fornecer uma descrição da evolução do homem desde os bandos de ancestrais não humanos até os primitivos grupos sociais de que nos informam as escavações, os mais antigos documentos da história e as notícias dos exploradores e viajantes que encontraram tribos selvagens. A tarefa da ciência no que se refere às origens da sociedade só pode consistir em mostrar os fatores que podem e devem resultar na associação e na sua progressiva intensificação. A praxeologia resolve o problema. Se, e na medida em que, pela divisão do trabalho obtém-se maior produtividade do que a obtida pelo trabalho isolado, e se, e na medida em que, o homem seja capaz de perceber este fato, a ação humana tende, naturalmente, para a cooperação e para a associação; o homem torna-se um ser social não por sacrificar seus interesses em favor de um mítico Moloch, a sociedade, mas porque pretende melhorar seu próprio bem estar. A experiência ensina que esta condição – maior produtividade alcançada pela divisão do trabalho – se torna efetiva porque sua causa – a desigualdade inata dos homens e a desigual distribuição geográfica dos fatores naturais de produção – é real. É este fato que nos permite compreender o curso da evolução social.

Erros comuns sobre a lei de associação

Muitos sofismas têm surgido em virtude da lei de associação de Ricardo, mais conhecida como *lei das vantagens comparativas*. A razão é óbvia. Esta lei contraria todos aqueles que procuram justificar o protecionismo e o isolamento econômico, ao deixar claro que sua única justificativa é a defesa dos interesses egoístas de alguns produtores ou a preparação para a guerra.

O principal objetivo de Ricardo ao formular esta lei foi refutar uma objeção levantada contra a liberdade de comércio internacional. O protecionista pergunta: num regime de livre comércio, qual seria o destino de um país no qual as condições de produção fossem menos favoráveis do que em todos os outros países? Ora, num mundo onde haja liberdade de movimentação, não apenas para mercadorias, mas também para bens de capital e mão de obra, um país tão mal dotado para produção deixaria de ser usado como local de qualquer atividade humana. Se as pessoas têm mais vantagem não explorando as possibilidades físicas oferecidas por este país – porque são comparativamente desvantajosas —, não se estabelecerão nele e o deixarão desabitado como as regiões polares, as tundras e os desertos. Mas Ricardo lida com um mundo cujas condições são determinadas por assentamentos humanos já existentes, um mundo no qual os bens de capital e a mão de obra estão ligados ao solo por determinadas instituições. Em tais circunstâncias, o livre comércio, isto é, a liberdade apenas para circulação de mercadorias, não pode resultar num estado de coisas tal, que capital e trabalho sejam distribuídos pela superfície da terra de acordo com as maiores ou menores oportunidades físicas oferecidas à produtividade do trabalho. É aqui que a lei das vantagens comparativas começa a funcionar. Cada país se dedica aos setores de produção para os quais pode oferecer, comparativamente, embora não absolutamente, condições mais favoráveis. Para os habitantes de um país, é mais vantajoso se abster de explorar algumas oportunidades que sejam – absoluta e tecnologicamente – mais propícias e importar mercadorias produzidas em outro país em condições que são – absoluta e tecnologicamente – menos vantajosas do que os recursos domésticos não utilizados. O caso é análogo ao de um cirurgião que acha mais conveniente contratar alguém para fazer a limpeza da sala de operação e dos instrumentos, embora ele mesmo fosse mais eficiente também nesta tarefa, e, assim, poder dedicar-se exclusivamente à cirurgia, atividade em que sua superioridade é maior.

O teorema das vantagens comparativas não tem nada a ver com a teoria do valor da economia clássica. Não lida com valor nem com preços. É um julgamento analítico; a conclusão está implícita nas duas premissas segundo as quais os fatores de produção tecnicamente possíveis de transportar têm produtividades diferentes de acordo com sua localização e têm sua mobilidade institucionalmente restringida. Este teorema pode, sem prejuízo da correção de suas conclusões, deixar de lado problemas de valoração, porque lhe é possível recorrer a um conjunto de suposições simples. Estas suposições são: que apenas duas mercadorias sejam produzidas; que estas mercadorias tenham livre circulação; que para a produção de cada uma delas sejam necessários dois fatores; que um destes fatores (pode ser tanto trabalho como bens de capital) seja idêntico na produção de ambas as mercadorias, enquanto o outro fator (uma propriedade específica do solo) seja diferente para cada um dos dois processos; que a maior escassez do fator comum a ambos os processos determine a extensão da exploração do fator diferente. Considerando-se estas suposições, que possibilitam estabelecer as relações de substituição entre os dispêndios do fator comum e o produto obtido, o teorema responde à questão levantada.

A lei da vantagem comparativa é independente da teoria clássica de valor, como também o é da lei dos rendimentos, cujo raciocínio é semelhante. Em ambos os casos podemos contentar-nos em comparar apenas os recursos empregados e o produto obtido. Usando a lei dos rendimentos, comparamos a quantidade produzida de uma mesma mercadoria. Usando a lei da vantagem comparativa, comparamos a quantidade produzida de duas mercadorias diferentes. Tal comparação é possível porque se supõe que para a produção de cada uma, além de um fator específico, somente são utilizados fatores não específicos de mesma natureza.

Alguns críticos censuram a hipótese simplista da lei da vantagem comparativa. Entendem que a moderna teoria do valor exige uma reformulação da lei em conformidade com o princípio do valor subjetivo. Somente tal reformulação poderia fornecer uma demonstração conclusiva e satisfatória. Entretanto, não querem este cálculo feito em termos monetários. Preferem recorrer àqueles métodos de análise da utilidade que eles consideram como um meio de fazer cálculo de valor em termos de utilidade. Veremos mais adiante que essas tentativas de eliminar os termos monetários do cálculo econômico são ilusórias. Carecem de coerência e são contraditórias, resultando defeituoso qualquer sistema que nelas se baseie. Nenhum método de cálculo econômico é possível, a não ser o que se baseia em preços monetários estabelecidos pelo mercado.[9]

As premissas simples que serviram de base à lei da vantagem comparativa não têm exatamente, para os economistas modernos, o mesmo significado que tiveram para os economistas clássicos. Alguns seguidores da escola clássica as consideravam como o ponto de partida de uma teoria do valor no comércio internacional. Sabemos hoje que estavam equivocados. Ademais, já percebemos que, em relação à determinação de valores e preços, não há diferença entre comércio doméstico e internacional. O que leva as pessoas a distinguirem entre mercado interno e mercado externo é apenas uma diferença nos dados, isto é, diferentes condições institucionais que restringem a circulação dos fatores de produção e das mercadorias.

Se não quisermos lidar com a lei da vantagem comparativa adotando as suposições simplificadas utilizadas por Ricardo, devemos empregar abertamente o cálculo monetário. Não devemos incidir no erro de supor que uma comparação entre a utilização de fatores de produção de vários tipos e a produção de mercadorias de vários tipos possa ser feita sem a ajuda do cálculo monetário. Ao considerarmos o caso do cirurgião e seu ajudante, devemos dizer: se o cirurgião pode empregar o seu tempo de trabalho, que é limitado, para realizar operações pelas quais ele recebe 50 dólares por hora, é de o seu interesse empregar um ajudante, para manter seus instrumentos em ordem, pagando-lhe 2 dólares por hora, embora este ajudante necessite de três horas para fazer o que o cirurgião faria em uma hora. Ao comparar as condições de dois países, devemos dizer: se as condições são de tal ordem que, na Inglaterra, a produção de 1 unidade de cada uma das mercadorias *a* e *b* necessita o dispêndio de 1 dia de trabalho do mesmo tipo de mão de obra, enquanto que

---

[9] Ver adiante p. 251-260.

na Índia, com o mesmo investimento de capital, para produção de *a* são necessários 2 dias e, para *b*, 3 dias, e se os bens de capital, tanto quanto *a* e *b*, podem circular livremente da Inglaterra para a Índia e vice-versa, enquanto que a mão de obra não pode ser deslocada de um lugar para o outro, os salários na Índia para a produção de *a* tendem a ser 50% e, para a produção de *b*, 33%, 1/3 em relação aos salários na Inglaterra. Se o salário na Inglaterra é de 6 xelins, os salários na Índia seriam equivalentes a 3 xelins na produção de *a* e a 2 xelins na produção de *b*. Tal discrepância de salários para trabalho do mesmo tipo não pode perdurar, se existe mobilidade da mão de obra no mercado interno da Índia. Os trabalhadores se deslocariam da produção de *b* para a produção de *a*; esta migração faria reduzir os salários na fabricação de *a* e aumentá-los na fabricação de *b*. Finalmente, os salários da Índia seriam idênticos em ambas as indústrias. A produção de *a* tenderia a expandir-se e a superar a concorrência inglesa. Por outro lado, a produção de *b* deixaria de ser rentável na Índia e acabaria desativada, enquanto que se expandiria na Inglaterra. O mesmo raciocínio se aplica quando consideramos que a diferença nas condições de produção consiste também, ou exclusivamente, no montante do capital de investimento necessário.

Tem sido afirmado que a lei de Ricardo era válida apenas na sua época e que não tem validade hoje, quando as condições são diferentes. Ricardo via a diferença entre comércio doméstico e comércio internacional pela diferente mobilidade que o capital e o trabalho tinham num caso e no outro. Se supusermos que a circulação de capital, trabalho e mercadorias são livres, só existiria diferença entre comércio interno e comércio internacional na medida em que se considerasse o custo de transporte.

Neste caso, seria supérfluo formular uma teoria de comércio internacional distinta daquela do comércio interno. O capital e o trabalho se distribuiriam na superfície da terra de acordo com as melhores ou piores condições oferecidas à produção pelas diversas regiões. Haveria zonas mais densamente povoadas e mais bem equipadas com capital e outras menos densamente povoadas e com menos capital. Prevaleceria no mundo uma tendência à equalização dos salários para o mesmo tipo de trabalho.

Ricardo, entretanto, parte da suposição de que há mobilidade de capital e trabalho apenas no interior de cada país, e não entre os diversos países. Investiga as consequências da livre circulação de mercadorias nestas condições. (Se também não há circulação de mercadorias, então cada país está isolado economicamente, autárquico, e não existe comércio internacional). A teoria da vantagem comparativa responde a esta questão. É certo que a hipótese de Ricardo era, em larga medida, válida na sua época. Mais tarde, durante o século XIX, as condições mudaram. A imobilidade do capital e do trabalho cedeu terreno; transferências internacionais de capital e mão de obra se tornaram cada vez mais frequentes. Então veio a reação. Hoje, capital e trabalho estão novamente com sua mobilidade restringida. A realidade atual volta a coincidir com as premissas ricardianas.

Os ensinamentos da teoria clássica de comércio internacional estão acima de quaisquer mudanças nas condições institucionais. Permitem-nos estudar os problemas envolvidos em qualquer situação que imaginarmos.

5
Os efeitos da divisão do trabalho

A divisão do trabalho é o resultado da reação consciente do homem à multiplicidade de condições naturais. Por outro lado, é em si mesmo um fator que acentua essas diferenças. Atribui às diversas regiões geográficas funções específicas no complexo do processo de produção. Faz de algumas áreas, zonas urbanas, de outras, zona rural; localiza os vários ramos da indústria, mineração e agricultura em locais diferentes. Mais importante ainda é o fato de que a divisão do trabalho intensifica a desigualdade inata dos homens. O treinamento e a prática de tarefas específicas ajustam melhor os indivíduos às exigências de suas atividades; os homens desenvolvem algumas de suas faculdades inatas e tolhem o desenvolvimento de outras. Surgem as vocações, as pessoas se tornam especialistas.

A divisão do trabalho divide os vários processos de produção em tarefas mínimas, muitas das quais podendo ser realizadas por dispositivos mecânicos. Este fato tornou possível o uso de máquinas e provocou o assombroso progresso das técnicas de produção. A mecanização é fruto da divisão do trabalho, sua consequência mais benéfica, e não sua causa e sua fonte. A maquinaria especializada movida a motor só poderia ser empregada num ambiente social onde predominasse a divisão do trabalho. Cada avanço na direção do uso de máquinas mais especializadas, mais refinadas e mais produtivas exige uma maior especialização das tarefas.

6
O indivíduo na sociedade

A praxeologia, ao estudar o indivíduo isolado, agindo por conta própria e independentemente de seus semelhantes, assim procede para permitir uma melhor compreensão dos problemas da cooperação social. Não assegura que tais seres humanos solitários e autárquicos tenham algum dia existido, nem que o estágio social da história do homem tenha sido precedido por uma era de indivíduos independentes, vagando como animais em busca de comida. A humanização biológica dos ancestrais não humanos do homem e o surgimento dos primitivos laços sociais constituem um mesmo processo. O homem apareceu no cenário dos eventos terrestres como um ser social. O homem isolado, insocial, é uma construção fictícia.

Vista pelo ângulo do indivíduo, a sociedade é o grande meio para atingir todos os fins. A preservação da sociedade é uma condição essencial de quaisquer planos que um indivíduo pretenda realizar. Mesmo o delinquente contumaz que não consegue ajustar sua conduta às exigências da vida num sistema social de cooperação não está disposto a renunciar a nenhuma das vantagens que resultam da divisão do trabalho. Não pretende, conscientemente, destruir a sociedade. O que pretende é apropriar-se de uma parcela da riqueza produzida em conjunto, maior do que aquela que a ordem social lhe consignaria. Ficaria muito infeliz se o comportamento antissocial se generalizasse, acarretando como resultado inevitável o retorno ao estágio de primitiva indigência.

É uma ilusão pensar que o indivíduo, ao renunciar às alegadas benesses de um quimérico estado natural para integrar a sociedade, privou-se de certas vantagens e tem, por isso, direito a uma indenização para compensar o que perdeu. A ideia de que alguém poderia viver melhor se não existisse a sociedade humana, e que, portanto teria sido lesado pela própria existência da sociedade, é uma ideia absurda. Graças à maior produtividade da cooperação social, a população mundial cresceu a um nível muito superior ao que teria crescido, se o rudimentar grau de divisão do trabalho tivesse continuado a prevalecer. Todos os homens usufruem um padrão de vida muito mais elevado do que os seus ancestrais selvagens. A condição natural do homem é de extrema pobreza e insegurança. É uma tolice romântica lamentar o fim daqueles tempos felizes de barbarismo primitivo. Os que lamentam o fim dessa época, se nela tivessem vivido, não teriam atingido a idade adulta, e se o tivessem, estariam privados das oportunidades e amenidades que a civilização proporciona. Jean-Jacques Rousseau e Frederick Engels se tivessem vivido naquele estado primitivo que descrevem com uma ternura nostálgica, não teriam tido o tempo necessário aos seus estudos, nem teriam escrito seus livros.

Um dos privilégios que o indivíduo desfruta em sociedade é o privilégio de viver apesar de doente ou incapacitado fisicamente. O animal doente está condenado à morte. Sua fraqueza torna-lhe difícil encontrar comida e repelir o ataque de outros animais. Os selvagens surdos, míopes ou aleijados não sobrevivem. Mas estes defeitos não privam o homem da possibilidade de se ajustar à vida em sociedade. A maioria dos nossos contemporâneos sofre de alguma deficiência física que a biologia considera patológica. Nossa civilização é, em grande parte, obra desses homens. As forças eliminadoras da seleção natural são grandemente reduzidas pelas condições sociais. É por isso que alguns afirmam que a civilização tende a deteriorar as qualidades hereditárias dos membros da sociedade.

Tais julgamentos são compreensíveis se considerarmos a humanidade com os olhos de um criador que pretende produzir uma raça de homens dotados de certas características. Mas a sociedade não é um haras funcionando com o objetivo de produzir um determinado tipo de homem. Não há nenhum critério "natural" para estabelecer o que é desejável e o que é indesejável na evolução biológica do homem. Qualquer padrão que se escolha é arbitrário, meramente subjetivo, em suma, um juízo de valor. Os termos melhoria racial ou degeneração racial são desprovidos de sentido quando não estão relacionados com planos específicos elaborados para definir o futuro da humanidade.

Na verdade, o homem civilizado está ajustado para viver em sociedade e não para viver como um caçador numa floresta virgem.

A FÁBULA DA COMUNHÃO MÍSTICA

A teoria praxeológica da sociedade é exprobrada pela fábula da comunhão mística.

A sociedade, afirmam os defensores dessa doutrina, não é o produto da ação propositada do homem; não é a cooperação e a divisão de tarefas. Deriva de profundezas insondáveis, de um impulso intrínseco à natureza essencial do homem. É, para um grupo, fecundação pelo espírito, que é Realidade Divina, e participação no poder e no amor de Deus, em virtude de uma *unio mystica*.[10] Para outro grupo, a sociedade é um fenômeno biológico; é consequência da voz do sangue, o laço que une os descendentes da mesma ancestralidade com seus ancestrais e entre si; é a harmonia mística entre o lavrador e o solo por ele cultivado.

É verdade que esses fenômenos psíquicos realmente existem. Existem pessoas que sentem a união mística e colocam esta experi-

---

[10] União espiritual de um indivíduo com um deus, ou com algum outro ser superior, ou com um líder. (N.T.)

ência acima de tudo; e existem homens que creem escutar a voz do sangue e que sentem com o coração e a alma o aroma inconfundível de sua terra natal. A experiência mística e o êxtase arrebatador são fatos que a psicologia deve considerar reais, como qualquer outro fenômeno psíquico. O erro das doutrinas de comunhão não consiste na sua afirmativa de que tais fenômenos realmente existem, mas na crença de que são fatos primordiais não suscetíveis de exame racional.

A voz do sangue, que aproxima o pai de seu filho, não era ouvida pelos selvagens que não percebiam a relação causal entre coabitação e gravidez. Hoje, como esta relação é conhecida de todo o homem que tenha total confiança na fidelidade de sua esposa pode percebê-la. Mas, se tem dúvidas quanto à fidelidade da esposa, a voz do sangue não lhe informa nada. Ninguém jamais se aventurou a afirmar que as dúvidas relativas à paternidade pudessem ser esclarecidas pela voz do sangue. A mãe que tenha cuidado de seu filho desde seu nascimento pode ouvir a voz do sangue. Mas, se perde o contato com a criança muito cedo, pode mais tarde identificá-la por meio de alguma marca no corpo, como por exemplo, aquelas manchas e cicatrizes a que costumavam recorrer os novelistas. Mas o sangue é mudo, se tais observações e as conclusões daí derivadas não lhe fazem falar. A voz do sangue, afirmam os racistas alemães, misteriosamente une todos os membros do povo alemão. Mas a antropologia nos revela que a nação alemã é uma mistura de descendentes de várias raças, sub-raças e linhagens, e não um grupo homogêneo descendente de uma mesma ancestralidade. O eslavo recentemente germanizado, e que só há pouco tempo mudou o seu nome de família por outro cujo som pareça mais germânico, pode acreditar que tenha ligações substanciais com os alemães. Mas não sente nenhum impulso interior impelindo-o a se juntar a seus irmãos e primos que permaneceram tchecos ou poloneses.

A voz do sangue não é um fenômeno original e primordial. É instigada por considerações racionais. Quando um homem acredita estar relacionado com outras pessoas por uma ancestralidade comum, desenvolve sentimentos que são poeticamente descritos como a voz do sangue.

O mesmo se pode dizer do êxtase religioso e do misticismo do solo. A união mística de um crente devoto está condicionada pela sua familiaridade com os ensinamentos básicos de sua religião. Somente aqueles a quem tenha sido ensinada a grandeza e a glória de Deus podem experimentar a comunhão direta com Ele. O misticismo do solo está ligado ao desenvolvimento de determinadas ideias geopolíticas. Assim, pode ocorrer que habitantes da planície ou do litoral incluam na imagem do solo, ao qual se consideram ardorosamente unidos e apegados, regiões montanhosas que lhes são desconhecidas e a cujas condições não conseguiriam adaptar-se, somente por este território pertencer ao corpo político do qual são ou gostariam de ser membros. Por outro lado, frequentemente, não incluem nessa imagem do solo, cuja voz pretendem ouvir, áreas vizinhas com uma estrutura geográfica muito semelhante à do local onde vivem, só porque essas áreas fazem parte de uma nação estrangeira.

Os vários membros de uma nação ou grupo linguístico e os agrupamentos por eles formados nem sempre estão unidos por sentimentos de amizade e boa vontade. A história de cada nação é um repertório de antipatias recíprocas e mesmo de ódio entre suas subdivisões. Bastam lembrar os ingleses e os escoceses, os ianques e os sulistas, os prussianos e os bávaros. Foram as ideologias que superaram tais animosidades e que inspiraram a todos os membros de uma nação ou grupo linguístico os sentimentos de comunidade e de solidariedade que os nacionalistas de nossos dias consideram como um fenômeno natural e original.

A mútua atração sexual entre macho e fêmea é inerente à natureza animal do ser humano e independe de qualquer raciocínio ou teorização. Podemos qualificá-la de original, vegetativa, instintiva ou misteriosa; não há inconveniente em afirmar metaforicamente que faz com que dois seres se sintam um só. Podemos considerá-la como uma comunhão mística de dois corpos, uma comunidade. Entretanto, nem a coabitação nem o que a precede ou sucede geram a cooperação social e os modos de vida em sociedade. Os animais também se juntam para cruzar, mas não desenvolveram relações sociais. A vida em família não é apenas um produto da relação sexual. Não é, de modo algum, nem natural, nem necessário que pais e filhos vivam juntos como se faz em uma família. A relação sexual não resulta necessariamente na formação da família. A família humana é resultado do pensamento, do planejamento e da ação. É este o fato que a distingue radicalmente dos grupos animais que, por analogia, chamamos de famílias animais.

A experiência mística da comunhão ou comunidade não é a fonte das relações sociais, mas o seu produto.

O reverso da fábula da comunhão mística é a fábula da repulsão natural e original entre raças e nações. Tem sido dito que um instinto ensina o homem a distinguir entre congêneres e estrangeiros e a detestar os últimos. Os descendentes de raças nobres abominam qualquer contato com os membros de raças inferiores. Para refutar esta assertiva, basta mencionar a existência da mistura racial. Como não existe atualmente na Europa nenhuma raça pura, somos forçados a concluir que, entre os membros das diversas raças que um dia se estabeleceram no continente europeu, havia atração sexual e não repulsão. Milhões de mulatos e outros mestiços são a evidência viva da falsidade da afirmativa de que existe uma repulsão natural entre as várias raças.

Da mesma forma que o sentimento místico de comunhão, o ódio racial não é um fenômeno natural inato no homem. É o produto de ideologias. Mas mesmo que existisse algo como um ódio natural e inato entre as várias raças, nem por isso a cooperação social seria inútil nem invalidaria a teoria da associação de Ricardo. A cooperação social nada tem a ver com amor pessoal, nem com um mandamento que nos diz para amarmos uns aos outros. As pessoas não cooperam sob a égide da divisão do trabalho porque amam ou deviam amar uns aos outros. Cooperam porque assim servem melhor a seus próprios interesses. Não é o amor, nem a caridade ou qualquer outro sentimento afetuoso, mas sim o egoísmo, corretamente entendido, que originalmente impeliu o homem a se ajustar às exigências da sociedade, a respeitar as liberdades e direitos de seus semelhantes e a substituir a inimizade e o conflito pela cooperação pacífica.

7
A GRANDE SOCIEDADE

Nem toda relação inter-humana é uma relação social. Quando grupos de homens se acometem mutuamente em guerras de extermínio total, quando homens lutam entre si tão impiedosamente como se estivessem destruindo animais e plantas perniciosos, existe, entre as partes combatentes, recíproco efeito e mútua relação, mas não sociedade. Sociedade é ação conjunta e cooperação, na qual cada participante vê o sucesso alheio como um meio de atingir o seu próprio.

As lutas que as tribos e hordas primitivas travavam entre si pelos pontos de água limpa, pelos locais de caça e pesca, pelas pastagens e pelos despojos, eram impiedosas guerras de aniquilação. Eram guerras totais. Do mesmo gênero foram os primeiros encontros, no século XIX, entre os europeus e os aborígenes dos territórios até então inacessíveis. Mas já na era primitiva, muito antes do tempo sobre o qual nos ensinam os documentos históricos, outro tipo de procedimento começou a se desenvolver. As pessoas, mesmo na guerra, preservavam alguns rudimentos de relações sociais previamente estabelecidos; ao lutar contra povos com os quais nunca tinham tido qualquer contato, começaram a considerar a ideia de que entre seres humanos, não obstante a inimizade do momento, seria possível encontrar, posteriormente, formas de cooperação. As guerras eram empreendidas para causar dano ao adversário; mas os atos de hostilidade não eram mais cruéis e impiedosos no pleno sentido dessas expressões. Os beligerantes começaram a respeitar certos limites que numa luta contra homens – diferentemente de contra animais – não deveriam ser ultrapassados. Acima do ódio implacável e do frenesi de destruição e de aniquilação, uma noção social começou a prevalecer. Emergiu a ideia de que todo adversário devia ser considerado como um parceiro potencial numa futura cooperação e que este fato não devia ser negligenciado na condução das operações militares. A guerra deixava de ser considerada como o estado normal das relações inter-humanas. As pessoas começavam a perceber que a cooperação pacífica é a melhor maneira de proceder na luta pela sobrevivência. Podemos mesmo dizer que, quando as pessoas perceberam que é melhor escravizar os derrotados do que matá-los, os guerreiros, embora ainda lutando, estavam também pensando na paz que viria em seguida. A escravidão foi, em larga medida, um passo preliminar no sentido da cooperação.

O reconhecimento de que, mesmo na guerra, nem todo ato deve ser considerado como permissível, que existem atos de guerra legítimos e outros ilícitos, que existem leis, isto é, afinidades sociais que estão acima de todas as nações, mesmo daquelas que estão momentaneamente em luta, foi o que finalmente estabeleceu a Grande Sociedade, que engloba todos os homens e todas as nações. As várias sociedades regionais passaram a constituir uma única sociedade ecumênica.

Os beligerantes não fazem a guerra de forma selvagem, como as bestas, mas, respeitando normas de guerra "humanas" e sociais, renunciam ao uso de alguns métodos de destruição a fim de obter a mesma concessão de seus adversários. Na medida em que tais regras são respeitadas, existem relações sociais entre as partes em luta. Os atos de hostilidade são não apenas associais, mas antissociais. É impróprio definir o termo "relações sociais" de tal maneira que incluam, nesta definição, ações que tenham por objetivo a aniquilação de outras pessoas e a frustração de suas atividades.[11] Onde as únicas relações entre os homens são as dirigidas ao mútuo detrimento, não existem sociedade nem relações sociais.

A sociedade não é apenas interação. Há interação – influência recíproca – de todas as partes do universo: do lobo com o carneiro devo-

---

[11] Esta é a terminologia usada por Leopold von Wiese, *Allgemeine Soziologie*, Munique, 1924, vol. 1, p. 10 e segs.

rado; do micróbio com o homem que ele mata; da pedra que cai com o objeto sobre o qual ela cai. A sociedade, ao contrário, implica sempre a cooperação de homens com outros homens, de forma a permitir que todos os participantes atinjam seus próprios fins.

8
O INSTINTO DE AGRESSÃO E DESTRUIÇÃO

Tem sido dito que o homem é um predador cujos instintos naturais e inatos impelem a lutar, a matar e a destruir. A civilização, ao criar um *laxismo* humanitário antinatural que aliena o homem de sua origem animal, teria abrandado esses impulsos e apetites. Fez do homem civilizado um poltrão decadente que tem vergonha de sua animalidade e orgulhosamente qualifica de humanitarismo sua depravação. Para impedir uma maior degeneração da espécie humana, é imperativo libertá-la dos efeitos perniciosos da civilização. Porque a civilização é tão somente uma invenção engenhosa dos seres inferiores. Estes lacaios são fracos demais para enfrentar os heróis vigorosos, são covardes demais para suportar o merecido castigo de sua completa aniquilação, e são preguiçosos e insolentes demais para serem usados como escravos. Por isso, recorreram a um artifício astucioso. Reverteram os eternos padrões de valor, fixados de forma absoluta pelas imutáveis leis da natureza; propagaram uma moralidade que qualifica como virtude sua própria inferioridade e como vício a proeminência dos nobres heróis. Essa rebelião moral dos escravos deve ser desfeita por uma transposição de todos os valores. A ética dos escravos, esse produto vergonhoso do ressentimento dos mais fracos, deve ser inteiramente rejeitada; deve ser substituída pela ética dos fortes ou, para ser mais preciso, pela supressão de qualquer restrição de natureza ética. O homem deve tornar-se um digno descendente de seus ancestrais, as nobres bestas dos tempos passados.

Usualmente essas doutrinas são chamadas de darwinismo social ou sociológico. Não é necessário examinar se esta terminologia é apropriada ou não. De qualquer forma, é um erro atribuir os epítetos evolucionário e biológico a ensinamentos que, tranquilamente amesquinhando toda a história da humanidade, desde a época em que o homem começou a se alçar acima da existência puramente animal de seus ancestrais não humanos, qualificam-na de marcha contínua em direção à degeneração e à decadência. A biologia, para avaliar as mutações ocorridas nos seres vivos, não dispõe de nenhum outro critério que não seja procurar saber se essas mutações foram ou não bem-sucedidas em seu objetivo de ajustar os indivíduos às condições de seu meio ambiente e, portanto, aumentar suas chances na luta pela sobrevivência. É um fato o de que a civilização, quando avaliada por este critério, deve ser considerada como um benefício e não como um mal. Possibilitou ao homem não ser derrotado na luta contra todos os outros seres vivos, fossem eles animais ferozes ou ainda os mais perniciosos micróbios; multiplicou os meios de subsistência do homem; aumentou sua altura, sua agilidade, sua versatilidade e a duração média de sua vida; deu ao homem o domínio inconteste da terra; multiplicou os números populacionais e elevou o padrão de vida a um nível nunca imaginado pelos rudes habitantes das cavernas da era pré-histórica. Certamente essa evolução bloqueou o desenvolvimento de certas habilidades e dons que lhes haviam sido úteis na luta pela vida e que perderam a utilidade nas novas condições. Por outro lado, desenvolveu outros talentos e habilidades que são indispensáveis à vida em sociedade. Não obstante, uma visão evolucionária e biológica não deve sofismar quanto a essas mudanças. Para o homem primitivo, punhos fortes e combatividade eram tão úteis como o conhecimento da aritmética e da gramática o é para o homem moderno. É totalmente arbitrário, e certamente contrário a qualquer critério biológico, considerar como naturais e adequadas à natureza humana apenas aquelas características que foram úteis ao homem primitivo e condenar os talentos e competências extremamente necessários ao homem civilizado como sinais de degenerescência e de deterioração biológica. Recomendar ao homem que recupere as condições físicas e intelectuais de seus ancestrais pré-históricos é tão absurdo quanto pedir-lhe que renuncie ao seu andar ereto e que deixe crescer o rabo.

Vale a pena lembrar que alguns dos que mais se distinguiram na exaltação dos impulsos selvagens de nossos bárbaros antepassados eram tão frágeis, que sua saúde não teria suportado as exigências do "viver perigosamente". Nietzsche, mesmo antes de seu colapso mental, era tão doente, que o único clima que podia suportar era o do vale do Engadin e alguns distritos italianos. Não teria tido condições de realizar o seu trabalho, se a sociedade civilizada não tivesse protegido seus delicados nervos contra a rudeza da vida. Os apóstolos da violência escreveram seus livros sob o manto protetor da "segurança burguesa", que tanto ridicularizavam e depreciavam. Eram livros para publicar seus sermões incendiários, porque o liberalismo, que desprezavam, lhes garantia liberdade de imprensa. Ficariam desesperados se tivessem que renunciar às vantagens da civilização desdenhada pela sua filosofia. Que espetáculo, ver o tímido escritor que foi Georges Sorel ir tão longe ao seu elogio à brutalidade, a ponto de condenar o sistema moderno de educação por este enfraquecer a inata violência do homem.[12]

Podemos admitir que, no homem primitivo, a propensão a matar e destruir e a disposição para a crueldade fossem inatas. Podemos também supor que, nas condições daqueles tempos, as tendências agressivas e homicidas favorecessem a preservação da vida. Houve um tempo em que o homem foi uma besta brutal (não é necessário investigar se o homem pré-histórico era carnívoro ou herbívoro). Mas não devemos nos esquecer de que era fisicamente um animal fraco; não teria podido enfrentar os grandes predadores se não estivesse equipado com uma arma especial: a razão. O fato de que o homem é um ser racional, e de que, portanto, não cede, sem inibições, a qualquer impulso e determina sua conduta segundo uma deliberação racional, não deve ser considerado como não natural de um ponto de vista zoológico. Falar de conduta racional significa dizer que o homem, diante do fato de não poder satisfazer todos os seus impulsos, desejos e apetites, renuncia àqueles que considera menos urgentes. Para não comprometer o funcionamento da cooperação social, o homem é forçado a se abster de satisfazer aqueles desejos cuja satisfação pudesse perturbar o estabelecimento de instituições sociais. Não há dúvida de que tal renúncia seja penosa. Não obstante, o homem fez a sua escolha. Renunciou à satisfação de alguns desejos incompatíveis com a vida social e deu prioridade à satisfação daqueles desejos que só podem ser realizados, pelo menos de forma plena, mediante um sistema de divisão do trabalho. E assim empreendeu o caminho que conduz à civilização, à cooperação social e à prosperidade.

Esta decisão não é irreversível e final. A escolha dos pais não elimina a liberdade de escolher dos filhos. Estes podem reverter à decisão anterior. Podem, diariamente, proceder a uma inversão de valores e preferir o barbarismo à civilização ou, como colocam alguns autores, a alma ao intelecto, o mito à razão e a violência à paz. Mas terão de escolher. Não é possível ter, ao mesmo tempo, coisas incompatíveis.

A ciência, do ponto de vista de sua neutralidade quanto a valores, não condena os apóstolos da violência por exaltarem o frenesi da morte e os prazeres loucos do sadismo. Os julgamentos de valor são subjetivos, e a sociedade liberal reconhece o direito que todos possuem de expressar livremente seus sentimentos. A civilização não extirpou a tendência original à agressão, à sede de sangue e à crueldade que caracterizaram o homem primitivo. Em muitos homens civilizados,

---

[12] George Sorel, *Réflexions sur la violence*, 3. ed., Paris, 1912, p. 269.

estas tendências estão adormecidas, mas despertam tão logo as barreiras desenvolvidas pela civilização cedam. Lembremo-nos dos horrores inqualificáveis dos campos de concentração nazistas. Os jornais continuamente nos informam sobre crimes abomináveis que atestam os impulsos bestiais latentes. As novelas e filmes mais populares são os que lidam com violência e derramamento de sangue. As corridas de touros e brigas de galo continuam atraindo multidões.

Se um autor diz: "a ralé tem sede de sangue e eu com ela", pode estar tão certo quanto ao afirmar que o homem primitivo também tinha prazer em matar. Mas errá, se omitir o fato de que a satisfação desses desejos sádicos põe em perigo a existência da sociedade; ou quando afirma que a civilização "verdadeira" ou a "boa" sociedade são uma consequência de pessoas que despreocupadamente procuram satisfazer suas paixões violentas, homicidas e cruéis; ou, ainda, quando sustenta que a repressão dos impulsos de brutalidade compromete a evolução do gênero humano e que a substituição do humanitarismo pelo barbarismo salvaria o homem da degenerescência. A divisão do trabalho e a cooperação social repousam no ajuste conciliatório das disputas. Não é a guerra, como dizia Heráclito, mas a paz, que é a fonte de todas as relações sociais. Existem outros desejos inatos no homem, além dos instintos sanguinários. Se ele deseja satisfazer esses outros desejos, terá de abafar o impulso de matar.

Quem deseja preservar a vida e a saúde tem de compreender que o respeito pela vida e pela saúde de outras pessoas serve melhor a seus propósitos do que o procedimento inverso. Podemos lamentar que o mundo seja assim. Mas tais lamentações não alteram a realidade concreta.

É inútil censurar esta afirmação, fazendo referência à irracionalidade. Todos os impulsos instintivos desafiam o exame pela razão porque a razão lida apenas com os meios para atingir os fins desejados e não com os fins últimos em si. Mas o que distingue o homem de outros animais é precisamente o fato de ele não ceder, sem alguma vontade própria, a um impulso instintivo. O homem usa a razão para escolher entre satisfações incompatíveis de desejos opostos.

Não se deve dizer às massas: "satisfaz os teus desejos homicidas: é genuinamente humano e contribui melhor ao seu bem estar". Deve-se dizer: "se quiseres satisfazer tua sede de sangue, deves estar preparado para renunciar a muitos outros desejos. Queres comer, beber, viver numa boa casa, vestir-te e mil outras coisas que só a sociedade pode proporcionar. Não podes ter tudo, tens de escolher. Viver perigosamente e o frenesi do sadismo podem ser do teu agrado, mas são incompatíveis com a segurança e a fartura que também não queres perder".

A praxeologia, como ciência, não pode usurpar o direito do indivíduo de escolher e agir. As decisões finais cabem aos homens e não aos teóricos. A contribuição da ciência à vida e à ação não consiste em estabelecer julgamentos de valor, mas em esclarecer em que condições o homem deve agir, e em elucidar os efeitos dos diversos modos de ação. Coloca à disposição do agente homem todas as informações necessárias de maneira a que a escolha seja feita com pleno conhecimento de suas consequências. Prepara, por assim dizer, uma estimativa de custos e benefícios. Estaria falhando na sua tarefa, se omitisse dessa estimativa um dos itens que poderiam influenciar as decisões e escolhas das pessoas.

Equívocos correntes da moderna ciência natural especialmente do darwinismo

Alguns dos atuais adversários do liberalismo, tanto de direita como de esquerda, apoiam suas teses em interpretações erradas das contribuições da moderna biologia.

1. *Os homens não são iguais.* O liberalismo do século XVIII e, da mesma forma, o igualitarismo de nossos dias partem da "verdade autoevidente" que afirma que "todos os homens são criados iguais, e são dotados pelo Criador com certos direitos inalienáveis". Entretanto, dizem os advogados de uma filosofia biológica da sociedade, a ciência natural já demonstrou, de maneira irrefutável, que os homens são diferentes. No quadro da observação experimental dos fenômenos naturais, não há espaço para o conceito de direitos naturais. A natureza é insensível em relação à vida e à felicidade de qualquer pessoa. A natureza é necessidade e regularidade férreas. É um disparate metafísico juntar a "escorregadia" e vaga noção de liberdade com as leis absolutas e invariáveis da ordem cósmica. Assim, a ideia básica do liberalismo é desmascarada como uma falácia.

Ora, é verdade que o movimento liberal e democrático dos séculos XVIII e XIX tirou uma boa parte de sua força da doutrina da lei natural e dos direitos inatos e imprescritíveis do indivíduo. Essas ideias, que foram originariamente desenvolvidas pela filosofia antiga e pela teologia judaica, impregnaram o pensamento cristão. Algumas seitas anticatólicas fizeram delas o ponto focal de seus programas políticos. Uma longa série de filósofos eminentes as consolidou. Tornaram-se populares e foram a força mais poderosa a atuar na evolução em direção à democracia. Ainda hoje, têm muitos adeptos. Seus defensores não se importam com o fato incontestável de Deus ou a natureza não terem criado os homens iguais, como prova a evidência de que muitos nascem sãos e fortes, enquanto outros nascem aleijados e deformados. Para eles, todas as diferenças se devem à educação, às oportunidades e às instituições sociais.

Mas os ensinamentos da filosofia utilitarista e da economia clássica não têm nada a ver com a doutrina do direito natural. Para elas, o que realmente importa é a utilidade social. Recomendam governo popular, propriedade privada, tolerância e liberdade. Não por serem naturais e justos, mas por serem benéficos. A essência da filosofia de Ricardo é a demonstração de que a cooperação social e a divisão do trabalho são benéficas tanto aos grupos de homens que sob todos os aspectos, são mais eficientes e superiores, como aos grupos de homens menos eficientes e inferiores. Bentham, o radical, clamava: *"Direitos naturais* é puro *nonsense*; direitos naturais e imprescritíveis, *nonsense* retórico".[13] Para ele, "o único objetivo do governo devia ser a maior felicidade do maior número possível de membros da comunidade".[14] Consequentemente, ao investigar o que devia ser considerado um direito, não se preocupa com as ideias preconcebidas concernentes aos planos e intenções de Deus ou da natureza, eternamente inacessíveis aos homens mortais; procura descobrir o que melhor promove o bem estar e a felicidade do homem. Malthus mostrou que a natureza, ao limitar os meios de subsistência, não reconhece a nenhum ser vivo o direito à existência, e que o homem, ao deixar-se levar imprudentemente pelo impulso natural da proliferação, jamais se livraria do espectro da fome. Afirmava ele que a civilização e o bem estar humanos só poderiam desenvolver-se na medida em que o homem aprendesse a controlar os seus apetites sexuais por meio de restrições de ordem moral. Os utilitaristas não combatem o governo arbitrário e os privilégios por serem contrários à lei natural, mas por serem prejudiciais à prosperidade. Recomendam igualdade perante a lei civil, não porque os homens sejam iguais, mas porque tal política é benéfica à comunidade. Ao rejeitar as noções ilusórias de lei natural e igualdade humana, a moderna biologia não fez mais do que repetir o que os utilitaristas defensores do liberalismo e da democracia já haviam ensinado antes, e de maneira bem mais persuasiva. É óbvio que nenhuma doutrina biológica poderá jamais invalidar o que a filosofia utilitarista predica em relação à utilidade social do governo democrático, da propriedade privada, da liberdade e da igualdade perante a lei.

A preponderância atual de doutrinas favoráveis à desintegração social e ao conflito violento resulta não de uma alegada adaptação

---

[13] Bentham, *Anarchical Fallacies; Being an Examination of the Declaration of Rights Issued During the French Revolution*, in *Works*, (Bowring), vol. 2, p. 501.

[14] Bentham, *Principles of the Civil Code*, in *Works*, vol. 1, p. 301.

da filosofia social às descobertas da biologia, mas sim da rejeição quase universal da filosofia utilitária e da teoria econômica. As pessoas substituíram a ideologia "ortodoxa" da harmonia dos interesses corretamente entendidos – isto é, os interesses em longo prazo de todos os indivíduos, grupos ou nações – por uma ideologia de conflitos irreconciliáveis entre classes e entre nações. Os homens estão lutando uns contra os outros porque estão convencidos de que a liquidação e extermínio de adversários é o único meio de promover o seu próprio bem estar.

2. *As implicações sociais do darwinismo.* A teoria da evolução como exposta por Darwin, afirma uma escola do darwinismo social, demonstrou claramente que, na natureza, não há nada que se possa chamar de paz ou respeito pela vida e bem estar de outrem. Na natureza, o que existe é a permanente luta e o implacável aniquilamento dos fracos, que não conseguem se defender. Os planos do liberalismo para uma paz eterna – tanto nas relações domésticas como nas internacionais – são o produto de um racionalismo ilusório em contradição evidente com a ordem natural.

Entretanto, o conceito de luta pela existência, que Darwin tomou emprestado a Malthus e aplicou à sua teoria, deve ser entendido num sentido metafórico. Seu significado está na afirmação de que um ser vivo resiste ativamente às forças que possam prejudicar a sua própria vida. Essa resistência, para ser bem-sucedida, deve ajustar-se às condições do meio ambiente onde o ser em questão deseja subsistir. Não é necessariamente uma guerra de extermínio, como nas relações entre os homens e os micróbios morbíficos. A razão tem demonstrado que, para o homem, o meio mais adequado de melhorar sua condição é a cooperação social e a divisão do trabalho. Estas são as ferramentas mais importantes na sua luta pela sobrevivência. Mas só funcionam onde existe a paz. As guerras, as guerras civis e as revoluções são prejudiciais ao sucesso do homem na sua luta pela existência, porque desarticulam o aparato da cooperação social.

3. *A razão e o comportamento racional, qualificados de antinaturais.* A teologia cristã condenou as funções animais do corpo humano e descreveu a "alma" como algo externo aos fenômenos biológicos. Numa reação excessiva contra esta filosofia, alguns contemporâneos têm uma propensão para desvalorizar tudo aquilo que diferencia o homem dos outros animais. Aos seus olhos, a razão humana é inferior aos instintos e impulsos animais; é antinatural e, portanto, inferior. Para eles, os termos racionalismo e comportamento racional têm uma conotação de opróbrio. O homem perfeito, o homem verdadeiro, é um ser que obedece mais aos seus instintos primordiais do que à sua razão.

A verdade evidente é que a razão, o traço mais característico do homem, também é um fenômeno biológico. Não é mais nem menos natural do que qualquer outra característica da espécie *homo sapiens*, como, por exemplo, o caminhar ereto e a falta de pelagem.

Capítulo 9
O Papel das Ideias

1
A Razão Humana

A razão é o traço particular e característico do homem. Não é necessário, à praxeologia, procurar saber se a razão é um instrumento adequado para a percepção da verdade final e absoluta. A praxeologia lida com a razão apenas na medida em que esta habilita o homem a agir.

Todos os objetos que são o substrato da sensação, percepção e observação humanas também passam diante dos sentidos dos animais. Mas somente o homem tem a faculdade de transformar estímulos sensoriais em observações e experiência. E somente o homem pode ordenar suas várias observações e experiências num sistema coerente.

O pensamento precede a ação. Pensar é deliberar sobre a ação antes de agir, e refletir em seguida sobre a ação efetuada. Pensar e agir são inseparáveis. Toda ação está sempre baseada numa ideia específica quanto a relações causais. Quem pensa uma relação causal, pensa um teorema. Ação sem pensamento e prática sem teoria são inimagináveis. O raciocínio pode ser falso e a teoria incorreta; mas o pensamento e a teoria estão presentes em toda ação. Por outro lado, pensar implica sempre imaginar uma futura ação. Mesmo quem pensa sobre uma teoria pura pressupõe que a teoria é correta, isto é, que uma ação efetuada de acordo com o seu conteúdo teria por resultado um efeito compatível com seus ensinamentos. Para a lógica, o fato de esta ação ser factível ou não é irrelevante.

É sempre o indivíduo que pensa. A sociedade não pensa, da mesma forma que não come nem bebe. A evolução do raciocínio humano, desde o pensamento simples do homem primitivo até o pensamento mais sutil da ciência moderna, ocorreu no seio da sociedade. Não obstante, o pensamento em si é uma façanha individual. Existe ação conjunta, mas não pensamento conjunto. Existe apenas a tradição, que preserva e transmite pensamentos a outros, como um estímulo para sua reflexão. Entretanto, o homem não tem como se apropriar dos pensamentos de seus precursores, a não ser repensando-os de novo. Só então, partindo da base dos pensamentos de seus predecessores, terá condições de ir mais adiante. O principal veículo da tradição é a palavra. O pensamento está ligado à palavra e vice-versa. Os conceitos estão embutidos em termos. A linguagem é uma ferramenta do pensamento, como também da ação na sociedade.

A história do pensamento e das ideias é um discurso transmitido de geração em geração. O pensamento de uma época se apoia no pensamento das épocas anteriores. Sem esta ajuda, o progresso intelectual teria sido impossível. A continuidade da evolução humana, semeando para a descendência e colhendo no solo preparado e cultivado pelos ancestrais, se manifesta também na história da ciência e das ideias. Herdamos dos nossos antepassados não apenas uma provisão de vários tipos de bens que são a fonte de nossa riqueza material; herdamos também ideias e pensamentos, teorias e tecnologias, às quais nosso pensamento deve a sua produtividade.

Mas pensar é sempre uma manifestação individual.

2
Visão de mundo e ideologia

As teorias que orientam a ação são frequentemente imperfeitas e insatisfatórias. Podem ser contraditórias e, portanto, inadequadas à ordenação em um sistema amplo e coerente.

Se considerarmos como um conjunto coerente todas as teorias que guiam a conduta de certos indivíduos ou grupos e tentarmos ordená-las tanto quanto possível em um sistema, isto é, um corpo abrangente de conhecimento, pode-se qualificar tal sistema de visão de mundo. Uma visão de mundo é, como teoria, uma interpretação de todas as coisas e, como norma para ação, uma opinião quanto a melhor maneira de diminuir o desconforto na medida do possível. Uma visão de mundo, portanto, é, por um lado, uma explicação de todos os fenômenos e, por outro, uma tecnologia, ambos os termos considerados no seu sentido mais amplo. A religião, a metafísica e a filosofia almejam fornecer uma visão de mundo. Interpretam o universo e aconselham aos homens uma maneira de agir.

O conceito de ideologia é menos amplo do que o de visão de mundo. Ao nos referirmos à ideologia, temos em mente apenas a ação humana e a cooperação social. Problemas decorrentes da metafísica, de dogmas religiosos ou das ciências naturais, assim como das tecnologias que deles derivam, não são considerados. Ideologia é o conjunto de todas as nossas doutrinas relativas à conduta individual e às relações sociais. Tanto a visão de mundo como a ideologia vão além dos limites impostos a um estudo, neutro e acadêmico, das coisas como são na realidade. Não são apenas teorias científicas, mas também doutrinas acerca do que deveria ser, isto é, acerca dos fins últimos que o homem deveria pretender atingir nas suas preocupações terrenas.

O ascetismo ensina que o único meio de que o homem dispõe para remover a dor e atingir a quietude plena, a alegria e a felicidade é a renúncia às preocupações terrenas e mundanas. Não há salvação fora da renúncia ao bem estar material, da aceitação passiva das adversidades da peregrinação terrestre e da dedicação exclusiva à preparação para a glória eterna. Entretanto, o número daqueles que coerente e sistematicamente adotam os princípios do ascetismo é tão pequeno, que não é fácil citar mais do que alguns poucos nomes. Parece que a passividade completa recomendada pelo ascetismo contraria a natureza. A atração pela vida triunfa. Os princípios ascéticos têm sido adulterados. Até os mais beatos eremitas, contrariando seus princípios rígidos, fazem concessões à vida e às preocupações terrenas. Mas, quando alguém considera um interesse material e substitui ideais puramente vegetativos pelo reconhecimento da importância das coisas deste mundo, por mais que esta atitude seja incompatível com as doutrinas que professa, estará lançando uma ponte que o liga aos que aprovam a realização de fins temporais. Ao fazê-lo, passa a ter algo em comum com todas as demais pessoas.

Sobre coisas que nem o raciocínio puro nem a experiência são capazes de elucidar, o pensamento humano pode diferir tão radicalmente ao ponto impedir a realização de qualquer acordo. Nesta esfera onde a livre fantasia da mente não sofre restrição – nem do pensamento lógico, nem da experiência sensorial —, o homem pode dar vazão à sua individualidade e à sua subjetividade. Nada é mais pessoal do que as noções e imagens sobre a transcendência. Os termos da linguagem são incapazes de transmitir o que é dito sobre o transcendente; ninguém pode afirmar que aquele que escuta lhes atribui o mesmo sentido que lhes é atribuído por aquele que fala. Em relação a coisas que estão além da compreensão, não pode haver acordo. As guerras religiosas são as mais terríveis, porque são empreendidas sem qualquer perspectiva de conciliação.

Mas, quando se trata de coisas terrenas, a afinidade natural de todos os homens e a identidade das condições biológicas necessárias à preservação da vida entram em cena. A maior produtividade da cooperação sob a divisão do trabalho torna a sociedade o principal meio de que dispõe qualquer indivíduo para atingir seus próprios fins, quaisquer que eles sejam. A manutenção da cooperação social e sua progressiva intensificação tornam-se do interesse de todos.

Qualquer visão de mundo e qualquer ideologia que não estejam inteiramente e incondicionalmente comprometidas com a prática do ascetismo e com a reclusão anacorética devem prestar atenção ao fato de que a sociedade é o grande meio para atingir objetivos temporais. Sendo assim, surge uma base comum da qual se deve partir para resolver os problemas secundários e os detalhes da organização da sociedade. Por mais que as várias ideologias sejam conflitantes entre si, estarão sempre de acordo numa questão: a conveniência de se manter a vida em sociedade.

Este fato, às vezes, passa despercebido porque, ao lidar com filosofias e ideologias, as pessoas se preocupam mais com o que essas doutrinas afirmam em relação às coisas transcendentes e impenetráveis e menos com o que postulam em relação às atividades terrenas. Entre as várias partes de um sistema ideológico, frequentemente, existe um abismo intransponível. Para o agente homem, somente os ensinamentos que resultam em preceitos de ação têm realmente importância, e não as doutrinas puramente acadêmicas, que não se aplicam no quadro da cooperação social. Podemos deixar de considerar a filosofia do ascetismo como consistente e inflexível, uma vez que tão rígido ascetismo resultaria, necessariamente, na extinção de seus adeptos. Todas as outras ideologias, ao admitirem a procedência das preocupações terrenas, são forçadas, em alguma medida, a reconhecer o fato de que a divisão do trabalho é mais produtiva do que o trabalho isolado. Reconhecem, portanto, a necessidade da cooperação social.

A praxeologia e a economia não têm condições de examinar os aspectos transcendentes e metafísicos de qualquer doutrina. Mas, por outro lado, nenhum apelo a dogmas e credos, religiosos ou metafísicos, pode invalidar os teoremas e teorias relativos à cooperação social como elaborados pelo raciocínio praxeológico correto. Se uma filosofia admite a necessidade de laços sociais entre os homens, ela se coloca, quanto aos problemas de ação em sociedade, numa posição básica da qual não se pode afastar apelando para convicções pessoais ou profissões de fé insusceptíveis de um rigoroso exame pelos métodos racionais.

Este fato fundamental é frequentemente ignorado. As pessoas creem que diferentes visões de mundo criam conflitos irreconciliáveis. Os antagonismos básicos entre partidos comprometidos com diferentes visões de mundo não podem, dizem essas pessoas, ser resolvidos pelo compromisso. Derivam das profundezas da alma humana e são a expressão da comunhão inata do homem com as forças sobrenaturais e eternas. Não pode haver, jamais, cooperação entre pessoas separadas por diferentes visões de mundo.

Entretanto, se examinarmos os programas de todos os partidos – tanto os programas habilmente elaborados e difundidos, como aqueles que os partidos realmente adotam quando no poder —, podemos facilmente denunciar o caráter falacioso dessa interpretação. Todos os partidos políticos de nossos dias têm por objetivo o bem estar material e a prosperidade de seus adeptos. Prometem proporcionar condições econômicas mais satisfatórias aos seus seguidores. Neste particular, não há diferença entre a Igreja Católica Romana e as várias confissões protestantes, quando se envolvem em questões sociais e políticas; nem entre o cristianismo e as religiões não cristãs, ou entre os defensores da liberdade econômica e as várias espécies de materialismo marxista, ou entre nacionalistas e internacionalistas, ou entre racistas e amigos da paz internacional. É verdade que muitos desses partidos acreditam que só poderão prosperar a expensas de outros partidos e chegam a considerar a aniquilação ou a submissão de outros grupos como condição necessária à prosperidade do seu grupo. Entretanto, o extermínio ou a submissão de outros não é o objetivo final, mas um meio de atingir aquilo a que visam como objetivo final o florescimento do seu próprio grupo. Se percebessem que os seus próprios desígnios são inspirados por teorias espúrias que não conduzirão aos resultados esperados, mudariam os seus programas.

As declarações pomposas que as pessoas fazem sobre coisas incognoscíveis e que transcendem o poder da mente humana, suas cosmologias, visões de mundo, religiões, misticismos, metafísicas e fantasias conceituais, diferem bastante umas das outras. Mas a essência prática de suas ideologias, isto é, seus ensinamentos relativos aos fins a serem atingidos na vida terrena e os meios para consecução desses fins, mostram muita semelhança. Existem, sem dúvida, diferenças e antagonismos em relação tanto aos fins quanto aos meios. Entretanto, as diferenças em relação a fins não são irreconciliáveis; não se opõem à cooperação e ao ajuste amigável no campo da ação em sociedade. Na medida em que as divergências sejam apenas de meios e modos, são de caráter técnico e, como tal, passíveis de exame por métodos racionais. Quando, no calor de conflitos partidários, uma das facções declara: "não podemos prosseguir nossas negociações com você porque estamos diante de uma questão que afeta a nossa visão de mundo; neste particular devemos ser inflexíveis e fiéis aos nossos princípios, haja o que houver", basta examinar o assunto mais detidamente para perceber que o antagonismo não é tão sério como parece. De fato, para todos os partidos comprometidos com a promoção do bem estar material das pessoas e, portanto, em favor da cooperação social, questões de organização social e da condução da ação em sociedade não são problemas de princípios fundamentais nem de visões de mundo, mas apenas questões ideológicas. São problemas técnicos em relação aos quais algum acordo é sempre possível. Nenhum partido preferiria, deliberadamente, a desintegração social, a anarquia e o retorno ao barbarismo primitivo a uma solução que custasse o sacrifício de algum aspecto ideológico.

Num programa partidário, estas questões técnicas têm, certamente, uma grande importância. Um partido está comprometido com certos meios; recomenda certos métodos de ação política e rejeita inteiramente todos os outros métodos e políticas, por julgá-los inadequados. Um partido é um corpo que reúne homens desejosos de empregar os mesmos meios de ação. O que diferencia os homens e forma os partidos é a escolha dos meios. Portanto, para o partido como tal, os meios escolhidos são essenciais. Um partido acaba, se a inutilidade dos meios que recomenda se tornar evidente. Os líderes partidários, cujo prestígio e carreira política estão ligados ao programa do partido, podem ter amplos motivos para recusar a discussão aberta de seus princípios; podem atribuir-lhes o caráter de fins últimos que não devem ser questionados por estarem baseados numa visão de mundo. Mas para as pessoas em nome de quem os líderes partidários pretendem agir, para os eleitores que eles desejam atrair e cujos votos cabalam, as coisas se apresentam de outra maneira. Essas pessoas não fazem objeção a que se examine cada ponto do programa partidário. Consideram tal programa apenas uma recomendação de meios a serem usados para atingir seus próprios fins, qual seja o bem estar na terra.

O que divide esses partidos que se dizem representativos de uma visão de mundo, isto é, partidos comprometidos com decisões basicamente filosóficas sobre os fins últimos, é apenas um desacordo aparente quanto aos fins últimos. Seus antagonismos se referem ou a crenças religiosas, ou a problemas de relações internacionais, ou a problemas de propriedade dos meios de produção, ou a problemas de organização política. Pode-se demonstrar que todas estas controvérsias são concernentes a meios e não a fins últimos.

Comecemos pelos problemas da organização política de uma nação. Existem defensores de um sistema democrático de governo, da monarquia hereditária, da administração por uma autodenominada elite e de uma ditadura cesarista.[1] É verdade que esses programas frequentemente são recomendados por referência a instituições divinas, a leis eternas do universo, à ordem natural, à inevitável tendência da evolução histórica e a outros conceitos transcendentais.

---

[1] O cesarismo, em nossos dias, é representado pela ditadura bolchevista, fascista ou nazista.

Tais afirmativas não passam de ornamentos acidentais. Ao apelar aos eleitores, os partidos apresentam outros argumentos. Querem mostrar que o sistema que defendem será mais bem-sucedido do que o proposto por outros partidos na realização dos fins visados pelos cidadãos. Enumeram os resultados benéficos alcançados no passado ou em outros países; atacam o programa dos outros partidos, relatando seus fracassos. Recorrem tanto ao raciocínio puro como à interpretação da experiência histórica para demonstrar a superioridade de suas propostas e a futilidade de seus adversários. O argumento principal é sempre: o sistema político que defendemos os fará mais prósperos e mais felizes.

No campo da organização econômica da sociedade, existem os liberais – que defendem a propriedade privada dos meios de produção —, os socialistas – que defendem a propriedade pública dos meios de produção – e os intervencionistas – que defendem um terceiro sistema que, no seu entender, está equidistante do socialismo e do capitalismo. No entrechoque desses partidos também se discute muito sobre questões filosóficas básicas. As pessoas falam da liberdade verdadeira, de igualdade, de justiça social, dos direitos do indivíduo, de comunidade, de solidariedade e de humanitarismo. Mas cada partido pretende demonstrar, pelo raciocínio e por referências à experiência histórica, que só o sistema por ele recomendado poderá tornar os cidadãos prósperos e felizes. Dizem ao povo que a realização de um programa elevará o padrão de vida a um nível mais alto do que o decorrente da adoção do programa de qualquer outro partido. Insistem na conveniência e na utilidade de seus planos. É óbvio que não diferem um do outro quanto aos fins, mas apenas quanto aos meios. Todos querem proporcionar o mais elevado nível de bem estar para a maioria dos cidadãos.

Os nacionalistas asseguram que existem conflitos irreconciliáveis entre os interesses de várias nações, mas que, por outro lado, os interesses de todos os cidadãos na mesma nação podem ser harmonizados. Uma nação só pode prosperar à custa de outras nações; o cidadão individual só pode passar bem se sua nação floresce. Os liberais têm uma opinião diferente. Acreditam que os interesses das várias nações se harmonizam tanto quanto os de vários grupos, classes e camadas da população em uma mesma nação. Acreditam que a cooperação internacional pacífica é um meio, mais apropriado, do que o conflito para atingir o fim pretendido tanto por eles como pelos nacionalistas: o bem estar de sua própria nação. Não defendem a paz e o comércio livre para trair os interesses de sua própria nação em favor de estrangeiros – como acusam os nacionalistas. Ao contrário, consideram a paz e o comércio livre como o melhor meio de enriquecer a sua própria nação. O que separa os partidários do livre comércio dos nacionalistas não são os fins, mas os meios recomendados para atingir os fins comuns tanto a uns como aos outros.

As divergências relativas a credos religiosos não podem ser resolvidas por métodos racionais. Os conflitos religiosos são de natureza implacável e irreconciliável. Todavia, quando uma confissão religiosa se interessa pela ação política e tenta lidar com os problemas da organização social, ela se obriga a levar em conta preocupações terrenas, embora estas possam ser conflitantes com seus dogmas e seus artigos de fé. Nenhuma religião, em suas atividades esotéricas, jamais se aventurou a dizer francamente: a implantação de nossos planos de organização social vos empobrecerá e reduzirá o vosso bem estar. Aqueles que estão consistentemente comprometidos com uma vida de pobreza se retiram da cena política e se refugiam na reclusão anacorética. Mas igrejas e confissões religiosas que visam a angariar adeptos e a influenciar as atividades políticas e sociais de seus seguidores estão adotando princípios de conduta seculares. Ao lidarem com as questões da peregrinação terrestre do homem, são praticamente iguais a qualquer outro partido político. Ao solicitar apoio, enfatizam, mais do que a glória eterna, as vantagens materiais que prometem conseguir para os seus companheiros de fé.

Somente uma visão de mundo cujos adeptos renunciassem a toda atividade terrena, qualquer que ela fosse, poderia negligenciar a importância das comunicações racionais que provam ser a cooperação social o grande meio para atingir todos os objetivos do homem. Uma vez que o homem é um animal social que só pode prosperar em sociedade, todas as ideologias são forçadas a reconhecer a importância primordial da cooperação social. Necessariamente, visam a mais satisfatória organização da sociedade e, necessariamente, aprovam a preocupação do homem em aumentar o seu bem estar material. Portanto, todas as ideologias se colocam sobre um mesmo terreno, que lhes é comum. O que as distingue umas das outras não são as visões de mundo nem as questões transcendentes insusceptíveis de um exame racional, mas sim os meios e caminhos que escolhem. Tais antagonismos ideológicos podem ser meticulosamente examinados pelos métodos científicos da praxeologia e da economia.

A LUTA CONTRA O ERRO

Um exame crítico dos sistemas filosóficos elaborados pelos grandes pensadores da humanidade tem frequentemente revelado fissuras e falhas na impressionante estrutura desses corpos de pensamento universal, aparentemente consistentes e coerentes. Mesmo o gênio, ao delinear uma visão de mundo, nem sempre consegue evitar contradições e silogismos falaciosos.

As ideologias aceitas pela opinião pública são ainda mais infestadas por essas deficiências da mente humana. São, em sua maior parte, justaposições ecléticas de ideias totalmente incompatíveis entre si. Não resistem a um exame lógico de seu conteúdo. Suas inconsistências são irremediáveis e desafiam qualquer tentativa de juntar suas várias partes num sistema de ideias compatíveis umas com as outras.

Alguns autores tentam justificar as contradições das ideologias universalmente aceitas ao ressaltar as alegadas vantagens de um compromisso que, embora insatisfatório do ponto de vista lógico, favoreça o funcionamento tranquilo das relações inter-humanas. Referem-se à falácia muito popular contida na afirmação de que a vida e a realidade são "ilógicas"; sustentam que um sistema contraditório pode revelar sua conveniência ou, mesmo, sua verdade, por funcionar satisfatoriamente; enquanto que um sistema logicamente consistente poderia resultar num desastre. Não há necessidade de refutar novamente tais erros tão populares. O pensamento lógico e a vida real não são órbitas distintas. A lógica é o único meio de que o homem dispõe para dominar os problemas da realidade. O que é contraditório em teoria é não menos contraditório na realidade. Nenhuma inconsistência ideológica pode proporcionar uma solução satisfatória, ou seja, uma solução para os problemas que os fatos da realidade nos apresentam. O único efeito das ideologias contraditórias é esconder os problemas reais e, consequentemente, impedir as pessoas de encontrarem a tempo a política adequada para resolvê-los. As ideologias inconsistentes podem, às vezes, adotar a eclosão de um conflito evidente. Mas certamente agravam os males que escondem e tornam uma solução final mais difícil. Multiplicam as agonias, intensificam os ódios e tornam impossível o ajuste pacífico. É um erro crasso considerar contradições ideológicas como inofensivas ou mesmo benéficas.

O objetivo principal da praxeologia e da economia é substituir os credos contraditórios do ecletismo popular por ideologias consistentes e corretas. Não há outro meio de prevenir a desintegração social e de salvaguardar o constante melhoramento das condições humanas, a não ser aquele que nos proporciona a razão. Os homens devem tentar examinar a fundo todos os problemas que lhes afetam até o ponto além do qual a mente humana não consegue avançar. Não devem se conformar com quaisquer soluções transmitidas pelas gerações anteriores, devem sempre questionar novamente toda teoria e todo teorema; não devem jamais relaxar seus esforços para eliminar as ideias falsas e para encontrar o melhor conhecimento possível. Devem lutar contra o erro, desmascarando as doutrinas espúrias e divulgando a verdade.

Os problemas em questão são puramente de ordem intelectual e, como tal, devem ser tratados. É desastroso deslocá-los para o plano moral e desembaraçar-se dos partidários de ideologias rivais qualificando-os como vilãos. É inútil insistir na afirmação de que nossos propósitos são bons e os de nossos adversários são maus. A questão a ser resolvida é, precisamente, o que deve ser considerado bom ou mau. O dogmatismo rígido, peculiar aos grupos religiosos e aos marxistas, resulta apenas num conflito irreconciliável. Condena de antemão todos os dissidentes como malfeitores, põe em dúvida sua boa-fé, exige-lhes rendição incondicional. Nenhuma cooperação social é possível onde prevaleça uma atitude deste gênero.

Pior ainda é a propensão, bastante popular hoje em dia, para qualificar de lunáticos os partidários de outras ideologias. Os psiquiatras não são capazes de precisar a fronteira entre sanidade e insanidade. Seria absurdo o leigo pretender interferir nesta questão fundamental da psiquiatria. Entretanto, é claro que, se o simples fato de alguém defender opiniões erradas e conformar seus atos a esses erros o caracteriza como doente mental seria difícil encontrar uma pessoa a quem se pudesse atribuir o epíteto de são ou normal. Neste caso, teríamos que considerar como loucas todas as gerações passadas, porque suas ideias sobre os problemas das ciências naturais e, concomitantemente, suas técnicas eram diferentes das nossas. As futuras gerações nos chamarão de loucos pela mesma razão. O homem está sujeito ao erro. Se errar fosse o traço característico da incapacidade mental, então todos deveriam ser considerados como mentalmente incapazes.

O fato de um homem discordar da opinião da maioria de seus contemporâneos não basta para qualificá-lo de lunático. Acaso eram loucos Copérnico, Galileu e Lavoisier? É próprio do curso normal da história que o homem conceba novas ideias, contrárias àquelas de outras pessoas. Algumas dessas ideias são, mais tarde, incorporadas ao sistema de conhecimento considerado como verdadeiro pela opinião pública. Seria admissível aplicar o epíteto "são" apenas às pessoas rústicas, que nunca tiveram ideias próprias, e negá-lo a todos os inovadores?

O procedimento de alguns psiquiatras contemporâneos é verdadeiramente ultrajante. São totalmente ignorantes das teorias da praxeologia e da economia. Seu conhecimento das ideologias atuais é superficial e acrítico. Não obstante, levianamente, chamam de paranoicos os partidários de outras ideologias.

Há pessoas que defendem zelosamente medidas monetárias não ortodoxas, confiantes em que tais medidas farão com que todos prosperem. Seus planos são ilusórios. Entretanto, são a aplicação consistente de uma ideologia monetária inteiramente aprovada pela opinião pública contemporânea e adotada por quase todos os governos. As objeções levantadas pelos economistas contra estes erros ideológicos não são levadas em consideração pelos governos, pelos partidos políticos e pela imprensa.

As pessoas não familiarizadas com a teoria econômica geralmente acreditam que a expansão do crédito e o aumento na quantidade de dinheiro em circulação são meios eficazes para diminuir a taxa de juros e mantê-la abaixo do nível que atingiria num mercado de capitais e empréstimos não manipulado. Esta teoria é completamente ilusória.[2] Não obstante, serve de guia à política monetária e creditícia de quase todos os governos contemporâneos. Ora, com base nessa ideologia defeituosa, não se podem objetar os planos preconizados por Pierre Joseph Proudhon, Ernest Solvay, Clifford Hugh Douglas e uma legião de outros aspirantes a reformadores. Eles são apenas mais consistentes do que outras pessoas. Querem reduzir a taxa de juros a zero e, assim, abolir ao mesmo tempo a escassez de "capital". Quem quiser refutá-los terá de condenar as teorias subjacentes às políticas monetárias e creditícias das grandes nações.

O psiquiatra poderia redarguir que o que caracteriza um homem como lunático é precisamente a falta de moderação e a atitude extremista. Enquanto o homem normal é judicioso o bastante para se controlar, o paranoico ultrapassa todos os limites. Essa resposta não é satisfatória. Todos os argumentos usados em favor da tese de que a taxa de juros pode ser reduzida, pela expansão creditícia, de 5 ou 4% para 3 ou 2%, são igualmente válidos para reduzi-la a zero. À luz das falácias monetárias normalmente aceitas pela opinião pública, os monetaristas que defendem medidas não ortodoxas estão certos.

Há psiquiatras que consideram lunáticos os alemães que esposaram os princípios do nazismo, e pretendem curá-los por procedimentos terapêuticos. Estamos novamente diante do mesmo problema. As doutrinas do nazismo são condenáveis, mas na essência não diferem das ideias socialistas e nacionalistas aceitas pela opinião pública de outros países. O que caracterizou os nazistas foi apenas a aplicação consistente dessas ideologias à situação específica da Ale-

---

[2] Ver adiante, cap. 20.

manha. Como todas as outras nações da mesma época, os nazistas desejavam o controle governamental da atividade econômica, bem como a autossuficiência, ou seja, a autarquia econômica para seu próprio país. O traço característico de sua política foi a recusa em aceitar as desvantagens que a adoção do mesmo sistema por outras nações lhes imporia. Não estavam dispostos a ficarem eternamente "prisioneiros", como diziam numa área relativamente superpovoada, na qual as condições físicas tornavam a produtividade do esforço humano menor do que em outras áreas. Acreditavam que suas grandes cifras populacionais, a favorável posição geográfica de seu país, do ponto de vista estratégico, e a proverbial vitalidade e bravura de suas forças armadas lhes proporcionariam uma boa chance para remediar, pela agressão, os males que deploravam.

Ora, quem aceita como verdadeira a ideologia do nacionalismo e do socialismo, adotando-a como padrão para a política de sua própria nação, não está em condições de refutar as conclusões que os nazistas delas extraíram. O único meio de refutar o nazismo de que dispunham as nações que adotaram aqueles dois princípios foi derrotar os nazistas numa guerra. E, enquanto a ideologia do socialismo e do nacionalismo dominar a opinião pública mundial, os alemães ou outros povos tentarão de novo recorrer à agressão e à conquista, se acaso lhes surgir uma nova oportunidade. Não há esperança de que a mentalidade agressiva seja erradicada, se as falácias ideológicas que a condicionam não forem inteiramente refutadas. Esta não é uma tarefa para psiquiatras, mas para economistas.[3]

O homem só dispõe de um instrumento para combater o erro: a razão.

3
O PODER

A sociedade é um produto da ação humana. A ação humana é conduzida pelas ideologias. Portanto, a sociedade e qualquer ordenamento concreto dos assuntos sociais são fruto de ideologias; as ideologias não são, como supõe o marxismo, o produto de certo estágio da sociedade. Seguramente, os pensamentos e ideias do homem não são uma realização de indivíduos isolados. O próprio pensamento só prospera através da cooperação entre os pensadores. Nenhum indivíduo poderia fazer progredir o seu raciocínio se tivesse necessidade de repensar tudo de novo. O homem só pode avançar seu pensamento

---

[3] Ver Mises, *Omnipotent Government*, New Haven, 1944, p. 221-228, 129-131, 135-140.

porque seus esforços se apoiaram sobre os de gerações passadas, que forjaram as ferramentas do pensamento, os conceitos e as terminologias, e formularam os problemas.

Toda ordem social existente foi pensada e imaginada antes de ser realizada. Esta precedência temporal e lógica do fator ideológico não significa que alguém formule um plano completo de organização social à maneira dos utopistas. O que é pensado antes não é um sistema integrado de organização social que ajuste as ações individuais; o que é e tem que ser pensado antes são as ações de indivíduos em relação aos seus semelhantes e as de grupos de indivíduos já formados em relação a outros grupos. Antes de um homem ajudar seu semelhante a cortar uma árvore, tal cooperação tem de ser imaginada. Antes de se efetuar um ato de escambo, a ideia de mútua troca de bens e serviços tem de ser concebida. Não é necessário que os indivíduos tenham consciência do fato de que essa reciprocidade resulte no estabelecimento de laços sociais e na formação de um sistema social. O indivíduo não planeja e executa ações com o propósito de construir uma sociedade. É a sua conduta e a correspondente conduta dos outros que geram os corpos sociais.

Todo ordenamento social existente é o produto de ideologias previamente pensadas. Numa sociedade, novas ideologias podem surgir e suplantar as mais antigas e assim transformar o sistema social. Não obstante, a sociedade é sempre a criação de ideologias anteriores, tanto no sentido temporal como lógico. A ação é sempre dirigida pelas ideias; realiza o que foi antes pensado.

Se atribuirmos um caráter antropomórfico à ideologia podemos dizer que ela tem poder sobre os homens. Poder é a faculdade ou a capacidade de dirigir ações. Em geral, dizemos apenas que um homem, ou um grupo de homens, é poderoso. Assim sendo, poder se define como a capacidade de dirigir a ação de outras pessoas. Quem tem poder, deve-o a uma ideologia. Somente as ideologias podem conferir a um homem o poder de influenciar a conduta e a escolha de outras pessoas. Alguém só pode vir a ser um líder se estiver apoiado em uma ideologia que torne as outras pessoas dóceis e submissas. O poder, portanto, não é algo tangível e material, mas um fenômeno moral e espiritual. O poder de um rei repousa sobre o reconhecimento da ideologia monárquica por parte de seus súditos.

Quem usa o seu poder para comandar o estado, isto é, o aparato social de coerção e compulsão, governa. Governar é exercer o poder no corpo político. O governo apoia-se sempre no poder, isto é, no poder de dirigir as ações de outras pessoas.

Certamente é possível estabelecer um governo baseado na violenta opressão de pessoas relutantes. O traço característico do estado e do governo consiste no uso da coerção violenta, ou na ameaça de usá-la sobre aqueles que não estão dispostos a ceder voluntariamente. Mas mesmo esta opressão violenta também se baseia no poder ideológico. Quem pretender aplicar a violência necessita da cooperação voluntária de algumas pessoas. Um indivíduo que só possa contar consigo mesmo jamais poderá governar por meio da violência física.[4] Necessita do apoio ideológico de um grupo a fim de subjugar outros grupos. O tirano precisa ter um séquito de adeptos que obedeçam, voluntariamente, a suas ordens. Esta espontânea obediência lhe proporciona o aparato necessário para dominar os demais. O sucesso ou o fracasso de sua dominação depende da relação numérica de dois grupos: dos que apoiam voluntariamente e dos que ele domina pela força. Embora um tirano possa governar durante algum tempo apoiado numa minoria, estando essa minoria armada e a maioria não, em longo prazo uma minoria não consegue manter submissa a maioria. Os oprimidos farão uma rebelião para se libertarem do jugo do tirano.

Um sistema durável de governo tem que estar baseado numa ideologia aceita pela maioria. O "verdadeiro" fator – as "forças efetivas" que sustentam o governo e que atribuem aos governantes o poder de usar violência contra grupos minoritários renitentes – é essencialmente ideológico, moral e espiritual. Os governantes que não reconheceram este princípio básico de governo e, confiando na suposta invencibilidade de suas forças armadas, menosprezaram o espírito e as ideias foram finalmente depostos por seus adversários. A interpretação muito comum em diversos livros sobre política e história, que afirma ser o poder um fator "real" não dependente de ideologias, é um equívoco. O termo *Realpolitik* só tem sentido se usado para designar uma política que considere ideologias comumente aceitas, em contraste com uma política baseada em ideologias não muito conhecidas e, portanto, inadequadas para servir de base a um sistema durável de governo.

Quem interpreta o poder como sendo o poder físico ou "real" de se impor, e considera a ação violenta como a própria origem do governo, vê as coisas do ângulo estreito de um oficial subalterno no comando de uma unidade do exército ou da polícia. A estes subordinados é atribuída uma tarefa específica, na estrutura da ideologia dominante. Seus chefes confiam à sua responsabilidade tropas que não apenas

---

[4] Um *gangster* pode dominar uma pessoa mais fraca ou desarmada. Mas isso não tem nada a ver com a vida em sociedade. É uma ocorrência antissocial.

estão equipadas, armadas e treinadas para o combate, como também imbuídas do espírito de obediência às ordens recebidas. Os comandantes dessas unidades menores consideram este fator moral como algo natural, porque eles também estão animados pelo mesmo espírito e nem mesmo podem imaginar outra ideologia. O poder de uma ideologia consiste precisamente no fato de que as pessoas a ela se submetem sem hesitação e sem escrúpulos.

Para o chefe do governo, entretanto, as coisas são diferentes. Ele precisa esforçar-se para preservar a moral das forças armadas e a lealdade do resto da população, uma vez que estes fatores morais são os únicos elementos "reais" sobre os quais repousa a duração do seu domínio. Seu poder definha, se a ideologia que o suporta perde a força.

As minorias também podem, às vezes, assumir o poder por meio de uma maior capacidade militar e estabelecer, assim, o domínio. Mas tal situação não pode ser duradoura. Se os conquistadores vitoriosos não conseguirem converter logo o sistema de dominação pela força num sistema de governo consentido pela adesão dos governados a uma ideologia, sucumbirão em novos combates. Todas as minorias vitoriosas que estabeleceram um sistema de governo duradouro conseguiram prolongar o seu domínio por meio da adoção de uma ideologia, ainda que tardiamente. Legitimaram sua própria supremacia, seja adotando a ideologia dos vencidos, seja transformando-a. Quando não ocorre nem uma nem outra destas duas hipóteses, o grande número de oprimidos desaloja a minoria opressora, quer por rebelião aberta, quer através da silenciosa, mas constante pressão das forças ideológicas.[5]

Muitas das grandes conquistas históricas puderam durar porque os invasores se aliaram às classes da nação derrotada que tinha o respaldo de ideologia dominante e, assim, foram considerados como governantes legítimos. Foi esse o sistema adotado pelos tártaros na Rússia, pelos turcos nos principados do Danúbio e em grande parte da Hungria e da Transilvânia, e pelos ingleses e holandeses nas Índias Orientais. Um número relativamente insignificante de ingleses podia governar muitas centenas de milhões de indianos, porque os príncipes indianos e a aristocracia proprietária de terras viam na dominação inglesa um meio de preservar seus privilégios e lhe transferiam o apoio que a ideologia aceita pelos indianos em geral dava à sua própria supremacia. O império britânico na Índia foi estável enquanto a ordem social tradicional tinha aprovação da opinião pública. A *Pax*

---

[5] Ver adiante p. 741-743.

Britannica salvaguardava os privilégios dos príncipes e dos latifundiários e protegia as massas das agonias de guerras entre principados e de guerras intestinas de sucessão. Nos dias de hoje,[6] a infiltração de ideias subversivas provenientes do exterior pôs fim à dominação inglesa e à ameaça de preservação da sua antiga ordem social.

Algumas vezes, minorias vitoriosas devem o seu sucesso a uma superioridade tecnológica. Isto não altera a questão. Em longo prazo, não é possível impedir que a maioria tenha acesso às melhores armas. Foram fatores ideológicos, e não o poder de fogo de suas forças armadas, que garantiram o domínio inglês na Índia.[7]

A opinião pública de um país pode estar tão dividida ideologicamente, que nenhum grupo seja suficientemente forte para estabelecer um governo durável. Surge, então, a anarquia. As revoluções e os conflitos internos tornam-se permanentes.

O TRADICIONALISMO COMO UMA IDEOLOGIA

O tradicionalismo é uma ideologia que considera a fidelidade a valores, costumes e modos de proceder, transmitidos ou supostamente transmitidos pelos ancestrais, como certa e conveniente. Não é necessário que esses antepassados sejam os ancestrais no sentido biológico do termo, ou possam honestamente ser assim considerados; às vezes, trata-se apenas daqueles que já habitavam o país, ou que eram adeptos da mesma fé religiosa ou simplesmente precursores no exercício de alguma tarefa específica. Para saber quem deve ser considerado um ancestral e qual o conteúdo do corpo de tradição transmitido, é necessário recorrer aos ensinamentos concretos de cada variedade de tradicionalismo. A ideologia destaca alguns dos ancestrais e relega outros ao esquecimento; às vezes, considera como ancestrais pessoas que nem têm relação direta com a suposta descendência. Frequentemente constrói uma doutrina "tradicional" cuja origem é recente e que difere das ideologias realmente sustentadas pelos ancestrais.

O tradicionalismo tenta justificar suas proposições, alegando que deram excelentes resultados no passado. Saber se os fatos confirmam esta assertiva é outra questão. Pela pesquisa, seria possível, em alguns casos, desmascarar erros nas afirmações históricas de uma crença tradicional. Entretanto, isto nem sempre é suficiente para

---

[6] O autor se refere à década de 1940, quando este livro foi escrito. (N.T.)

[7] Estamos lidando neste caso com a preservação do domínio de uma minoria europeia em países não europeus. Quanto às possibilidades de uma agressão asiática ao Ocidente, ver adiante p. 761-763.

desacreditá-la. Porque a essência do tradicionalismo não está em fatos históricos reais, mas na opinião sobre eles mantida – por mais errada que seja – e no desejo de acreditar em coisas às quais se atribui a autoridade da antiguidade.

4
O MELIORISMO E A IDEIA DE PROGRESSO

As noções de progresso e retrocesso só fazem sentido num sistema teleológico de pensamento. Numa tal estrutura, faz sentido chamar de progresso o aproximar-se da meta desejada, e de retrocesso um movimento na direção oposta. Tais conceitos, se não fazem referência à ação de algum agente e a um objetivo definido, são vazios e desprovidos de sentido.

Uma das deficiências das filosofias do século XIX foi ter interpretado erradamente o significado da mudança cósmica ao introduzir, indevidamente, a ideia de progresso na teoria da transformação biológica. Quando comparamos um determinado estado de coisas com estados anteriores, podemos honestamente usar os termos desenvolvimento e evolução, num sentido neutro. Neste caso, evolução significa o processo que provocou a passagem do estado anterior para o estado atual. Mas devemos prevenir-nos para não cometer o erro fatal que consiste em confundir mudança com melhoria, e evolução com uma passagem para formas superiores de vida. Tampouco é admissível substituir o antropocentrismo religioso e antigas doutrinas metafísicas por um antropocentrismo pseudocientífico.

Não obstante, não é necessário que a praxeologia faça uma crítica desta filosofia. Sua tarefa é refutar os erros contidos nas ideologias correntes.

A filosofia social do século XVIII supunha que a humanidade, finalmente, havia entrado na idade da razão. Enquanto no passado predominaram os erros teológicos e metafísicos, doravante prevaleceria a razão. As pessoas iriam libertar-se cada vez mais das cadeias da superstição e dedicariam todos os seus esforços à melhoria constante das instituições sociais. Cada nova geração daria sua contribuição para essa tarefa gloriosa. Com o tempo, a sociedade se tornaria, cada vez mais, a sociedade dos homens livres, visando ao máximo de felicidade para o maior número de pessoas. É claro que é possível ocorrerem recuos temporários. Mas ao final de tudo triunfaria a boa causa, por ser a causa da razão. As pessoas se diziam felizes por viver uma era de luzes que, pela descoberta das leis que regem a conduta racional, haviam aberto o caminho a uma constante melhoria das condições de vida do homem. Só lamentavam o fato de já serem muito velhas para poder testemunhar todos os benefícios da nova filosofia. "Eu gostaria", dizia Bentham a Philarète Chasles, "de ter o privilégio de viver os anos que me restam no fim de cada século que se seguir a minha morte; assim, eu poderia testemunhar os efeitos de meus escritos".[8]

Todas essas esperanças se baseavam na firme convicção, própria da época, de que as massas são moralmente boas e razoáveis. As camadas superiores, os aristocratas privilegiados que tinham de tudo, eram considerados depravados. O homem comum, especialmente os camponeses e os operários, eram romanticamente glorificados como nobres e como incapazes de fazer um julgamento errado. Os filósofos estavam, portanto, persuadidos de que a democracia, o governo pelo povo, traria a perfeição social.

Este preconceito foi o erro fatal dos humanitaristas, dos filósofos e dos liberais. Os homens não são infalíveis: ao contrário, erram com frequência. Não é verdade que as massas tenham sempre razão e saibam quais são os melhores meios para atingir os fins. "A crença no homem comum" não é mais bem fundamentada do que a crença nos dons sobrenaturais dos reis, dos padres e dos nobres. A democracia garante um sistema de governo de acordo com os desejos e planos da maioria. Mas não pode impedir as maiorias de serem vítimas de ideias falsas nem de adotarem políticas que não só são inadequadas para atingir os fins pretendidos, como também podem ser desastrosas. As maiorias também podem errar e destruir a nossa civilização. A boa causa não triunfará apenas por ser razoável e conveniente. Somente se os homens forem capazes de adotar políticas razoáveis e suscetíveis de atingir os fins por eles mesmos desejados, a civilização se aperfeiçoará e a sociedade e o estado poderão fazer com que os homens fiquem mais satisfeitos, embora não felizes num sentido metafísico. Se esta condição se concretizará ou não, só o futuro imprevisível poderá revelar.

Não há lugar, num sistema praxeológico, para o meliorismo ou para o fatalismo otimista. O homem é livre no sentido de ter que escolher de novo, diariamente, entre políticas que conduzem ao sucesso e políticas que conduzem ao desastre, à desintegração social e ao barbarismo.

O termo progresso não faz sentido quando aplicado a eventos cósmicos ou a uma visão de mundo abrangente. Não temos informações acerca dos planos da fonte de energia que primeiro moveu o mundo. Mas o problema é diferente, se aplicamos este termo no contexto de uma doutrina ideológica. A imensa maioria da humanidade se es-

---
[8] Philarète Chasles. *Études sur les hommes et les moeurs du XIX siècle*, Paris, 1849, p. 89.

força para ter uma maior e melhor abundância de comida, roupas, casas e outros bens materiais. Ao considerarem como melhoria e progresso uma elevação no nível de vida das massas, os economistas não estão aderindo a um materialismo mesquinho. Estão simplesmente reconhecendo o fato de que as pessoas são motivadas pelo desejo de melhorar as condições materiais de sua existência. Julgam as políticas do ponto de vista dos objetivos que os homens querem atingir. Quem desdenha a queda na taxa de mortalidade infantil e o gradual desaparecimento da fome e das epidemias, que atire a primeira pedra no materialismo dos economistas.

Só há um critério para avaliar a ação humana: saber se ela é ou não adequada para atingir os fins escolhidos pelos agentes homens.

Capítulo 10
O Intercâmbio na Sociedade

1
Troca autística[1] e troca interpessoal

A ação é sempre, essencialmente, a troca de um estado de coisas por outro estado de coisas. Se a ação é praticada por um indivíduo sem qualquer referência à cooperação com outros indivíduos, podemos chamá-la de troca autística. Exemplos: o caçador isolado que mata um animal para seu próprio consumo estará trocando o seu lazer e um cartucho por alimento.

Na sociedade, a cooperação substitui a troca autística pela troca interpessoal ou social. O homem dá a outros homens e recebe deles. Surge a interdependência. O homem serve para poder ser servido.

A relação de troca é a relação social fundamental. A troca interpessoal de bens e serviços tece a ligação que une os homens em sociedade. A fórmula social é: *do ut des*[2]. Quando não há reciprocidade internacional, quando uma ação é praticada sem qualquer desejo de ser beneficiada por uma ação concomitante de outros homens, não há troca interpessoal, mas apenas troca autística. É indiferente se a ação autística é benéfica ou prejudicial a outras pessoas, ou se não lhes concerne de forma alguma. Um gênio pode realizar sua tarefa para seu próprio prazer, e não para a multidão: entretanto, é um benfeitor da humanidade. O ladrão, mata sua vítima em seu próprio proveito; o homem assassinado não é, de forma alguma, um parceiro neste crime, mas apenas o seu objeto; o crime, evidentemente, é cometido contra sua vontade. A agressão hostil era uma prática comum aos antepassados não humanos do homem.

A cooperação propositada e consciente é o resultado de um longo processo de evolução. A etnologia e a história nos proporcionam informações interessantes a respeito do surgimento e das formas primitivas de troca interpessoal. Alguns consideram o costume de dar e receber presentes, de estimular previamente um determinado presente a ser recebido, como uma forma precursora da troca

---

[1] Autística – Que envolve só uma pessoa (N.T.)

[2] Do latim – "(Eu) dou como (tu) dás". (N.T.)

interpessoal.[3] Outros consideram a troca silenciosa como a forma primitiva de comércio. Entretanto, dar presentes, na expectativa de ser recompensado por um presente de volta, ou para os favores de alguém cuja animosidade poderia ser desastrosa, já equivale à troca interpessoal. O mesmo se pode dizer da troca silenciosa, que se distingue de outras formas de troca ou de comércio apenas pela ausência de discussão verbal.

É uma característica essencial das categorias da ação humana o fato de ser apolítica e absoluta e de não admitir qualquer gradação. Existe ação ou não ação, troca ou não troca; havendo ação ou troca, tudo o que se aplica à ação e à troca em geral aplica-se a cada caso individual. Da mesma maneira, a fronteira entre troca autística e troca interpessoal é perfeitamente nítida. Dar presente unilateralmente, sem pretender ser recompensado por qualquer forma de conduta da parte do recebedor ou de terceiras pessoas, constitui troca autística. O doador usufrui a satisfação que lhe é proporcionada pela melhoria de condição do recebedor. Para o recebedor, é como se tivesse recebido um presente do céu. Porém, se os presentes são dados para influenciar a conduta de alguma pessoa, já não são unilaterais, mas uma forma de troca interpessoal entre o doador e a pessoa cuja conduta pretende influenciar.

Embora o surgimento de troca interpessoal tenha sido o resultado de uma grande evolução, não se pode conceber uma transição gradual entre troca autística e troca interpessoal. Entre uma e outra não houve nenhuma forma intermediária de troca. A passagem da troca autística para a interpessoal foi um salto para algo inteiramente novo e essencialmente diferente, da mesma forma que também o foi a passagem da reação automática das células e nervos para o comportamento propositado e consciente, ou seja, para a ação.

2
VÍNCULOS CONTRATUAIS E VÍNCULOS HEGEMÔNICOS

Existem dois tipos de cooperação social: cooperação em virtude de contrato e coordenação, e cooperação em virtude de comando e subordinação, ou seja, hegemônica.

Quando a cooperação é baseada em contrato, a relação lógica entre os indivíduos cooperantes é simétrica. Todos são partes nos contratos de troca interpessoal. João tem com Paulo a mesma relação que

---

[3] Gustav Cassel, *The Theory of Social Economy*, Trad. S.L. Banon, nova edição, Londres, 1932, p. 371.

Paulo tem com João. Quando a cooperação é baseada no comando e subordinação, há o homem que comanda e aqueles que obedecem às suas ordens. A relação lógica entre essas duas classes de homens é assimétrica. Há um diretor e pessoas sob suas ordens. Somente o diretor escolhe e decide; os outros – os comandados – são meros peões nas suas ações.

O poder que dá vida e anima qualquer corpo social é sempre poder ideológico, e o fato que transforma um indivíduo em membro de um corpo social é sempre sua própria conduta. Isto também é verdadeiro em relação ao vínculo social hegemônico. Em verdade, as pessoas geralmente já nascem dentro de sistemas hegemônicos, como a família e o estado, o mesmo ocorrendo no caso dos vínculos hegemônicos mais antigos, como a escravidão e a servidão, que, no âmbito da civilização ocidental, já deixaram de existir. Mas nem a violência física, nem a compulsão podem, por si só, forçar um homem a permanecer, contra sua vontade, na condição de vassalo de uma ordem hegemônica. O que a violência ou a ameaça de violência fazem existir é um estado de coisas no qual a submissão é geralmente considerada como preferível à rebelião. Colocado diante da escolha entre as consequências da obediência e as da desobediência, o vassalo prefere a primeira e assim se submete ao vínculo hegemônico. Cada nova ordem de comando o coloca novamente diante dessa escolha. Ao ceder repetidas vezes, ele mesmo dá sua contribuição para a continuação da existência do vínculo social hegemônico. Mesmo submisso a tal sistema, comporta-se como um ser humano que age, isto é, um ser que não cede simplesmente a impulsos cegos, mas usa a sua razão para escolher entre alternativas.

O que diferencia o vínculo hegemônico do vínculo contratual é o alcance das escolhas individuais na determinação do curso dos acontecimentos. Quando um homem decide submeter-se a um sistema hegemônico, torna-se, no âmbito das atividades deste sistema e pelo tempo de sua submissão, um peão manipulado pelas ações daquele que o dirige. Num corpo social hegemônico, e na medida em que dirige a conduta dos seus subordinados, só o diretor age. Os tutelados só agem ao escolher a subordinação. Uma vez escolhida a subordinação, já não agem por si mesmos: são comandados.

No quadro de uma sociedade contratual, os indivíduos que a compõem trocam quantidades definidas de bens e serviços de uma qualidade definida. Ao escolher a submissão num corpo hegemônico, um homem não dá nem recebe nada que seja definido. Integra-se num sistema em que tem de prestar serviços indeterminados e receberá aquilo que o diretor considerar como sendo o seu quinhão. Está à mercê do diretor. Apenas o diretor tem liberdade para escolher. Pouco importa o que concerne à estrutura do sistema, que o diretor seja um indivíduo ou um grupo organizado de indivíduos, um colegiado, ou que o diretor seja um tirano maníaco e egoísta ou um déspota benevolente e paternal.

A distinção entre duas formas de cooperação social é comum a todas as teorias sobre a sociedade. Ferguson a descrevia como o contraste entre nações guerreiras e nações de índole comercial;[4] Saint-Simon, como o contraste entre nações combativas e nações pacíficas ou industriais; Herbert Spencer, como o contraste entre sociedade de liberdade individual e aquelas com uma estrutura militante;[5] Sombart, como o contraste entre heróis e mascates.[6] Os marxistas distinguiam entre a "organização pagã" de um fabuloso estado social primitivo e a glória eterna do socialismo, por um lado, e a inominável degradação do capitalismo, por outro lado.[7] Os filósofos nazistas distinguiam o falso sistema de segurança burguesa do sistema heroico do autoritário *Führertum*. A valoração de ambos os sistemas é diferente, segundo os vários sociólogos. Mas todos estão plenamente de acordo em estabelecer o contraste e também em reconhecer que uma terceira solução não é factível nem imaginável.

A civilização ocidental, bem como a civilização dos povos orientais mais adiantados, são conquistas de homens que cooperaram segundo o padrão de coordenação contratual. Essas civilizações, é verdade, adotaram, em alguns aspectos, vínculos de natureza hegemônica. O estado, como um aparato de compulsão e coerção, é necessariamente uma organização hegemônica. O mesmo ocorre com a família e com uma comunidade de famílias.

Entretanto, o traço característico dessas civilizações reside numa estrutura contratual, adequada à cooperação das famílias individuais. Houve um tempo em que prevalecia uma quase completa autarquia e isolamento econômico de cada unidade familiar. A autossuficiência econômica de cada família foi substituída pela troca interfamiliar de bens e serviços, em todas as nações comumente consideradas como civilizadas, mediante uma cooperação baseada em contrato. A civilização humana, tal como até agora é conhecida pela experiência histórica, é preponderantemente um produto de relações contratuais.

Qualquer tipo de cooperação humana e de reciprocidade social é essencialmente uma ordem pacífica e de solução conciliatória de dis-

---

[4] Ver Adam Ferguson, *An Essay on the History of Civil Society*, nova edição, Basiléia, 1789, p. 208.

[5] Ver Herbert Spencer, *The Principles of Sociology*. Nova York, 1914, vol. 3, p. 575 – 611.

[6] Ver Werner Sombart, *Haendler und Helden*, Munique, 1915.

[7] Ver Frederick Engels, *The Origin of the Family, Private Property and the State*, Nova York, 1942, p. 144.

putas. Nas relações domésticas de qualquer unidade social, seja ela do tipo contratual ou hegemônico, é indispensável que haja paz. Onde existem conflitos violentos, e na medida em que esses conflitos perdurem, não há cooperação nem vínculo sociais. Os partidos políticos que, na ânsia de substituir o sistema contratual pelo sistema hegemônico, evocam a decadência da paz e da segurança burguesa, exaltam a nobreza da violência e do derramamento de sangue, e enaltecem a guerra e a revolução como o método eminentemente natural das relações inter-humanas, são intrinsecamente contraditórios. Porque suas próprias utopias nos são apresentadas como desejosas de paz. O *Reich* dos nazistas e a comunidade dos marxistas são anunciados como sociedades nas quais reinará uma paz inalterável. Devem ser criadas pela pacificação, isto é, pela submissão violenta de todos aqueles que não estejam dispostos a ceder sem violência. Num mundo contratual, diversos estados podem coexistir. Num mundo hegemônico, só pode haver um *Reich* ou uma comunidade e apenas um ditador. O socialismo tem que escolher entre a renúncia às vantagens da divisão do trabalho que se estenda a toda a humanidade e o estabelecimento de uma ordem hegemônica mundial. É este fato que faz do bolchevismo russo, do nazismo alemão e do fascismo italiano movimentos tão "dinâmicos", isto é, tão agressivos. Sob condições contratuais, os impérios se dissolvem em associações livres de nações autônomas. O sistema hegemônico fatalmente tende a absorver qualquer estado independente.

A organização contratual da sociedade pressupõe uma ordem baseada na lei e no direito. É o governo sob o império da lei (*Rechtsstaat*), diferentemente do *welfare state* (*Wohlfahrtsstaat*), ou estado paternalista. O direito e a lei são o conjunto de regras que determinam a órbita na qual os indivíduos têm liberdade de ação. Tal órbita não existe para os tutelados de uma sociedade hegemônica. No estado hegemônico, não há direito nem lei; só existem ordens e regulamentos que o diretor pode mudar diariamente e aplicar tão discriminadamente quanto queira, e às quais os tutelados devem obedecer. Os tutelados só têm uma liberdade: obedecer sem fazer perguntas.

3
A AÇÃO E O CÁLCULO

Todas as categorias praxeológicas são eternas e imutáveis, pois são determinadas unicamente pela estrutura lógica da mente humana e pelas condições naturais da existência do homem. Tanto ao agir, como ao formular teorias sobre a ação, o homem não pode se libertar dessas categorias nem ir além delas. Um tipo de ação categoricamente diferente daquela determinada por essas categorias não é possível nem concebível para o homem. Algo que não seja nem ação nem não ação é completamente incompreensível para o homem. Não há uma história da ação; não há uma evolução que tenha conduzido de não ação até a ação; não há estágios transitórios entre ação e não ação. Há somente agir e não agir. E, para qualquer ação concreta, o que é rigorosamente válido é o que está estabelecido categoricamente em relação à ação em geral.

Toda ação pode usar números ordinais. Para que possa empregar números cardinais, utilizando-os para computação, são necessárias condições especiais. Essas condições emergiram ao longo da evolução histórica da sociedade contratual. Tornou-se, assim, possível a utilização da computação e do cálculo no planejamento da ação futura e no registro dos efeitos da ação passada. Os números cardinais e seu uso nas operações aritméticas também são categorias eternas e imutáveis da mente humana. Mas sua aplicabilidade à premeditação e ao registro da ação depende de certas condições que não existiam nos primeiros estágios da organização social, que só apareceram mais tarde e que podem vir a desaparecer de novo.

Foi a percepção do que estava acontecendo num mundo onde a ação podia ser calculada e computada que levou os homens a elaborar as ciências da praxeologia e da economia. A economia é, essencialmente, uma teoria deste campo da ação, ao qual se aplica o cálculo, ou pode ser aplicado desde que ocorram determinadas condições. Nenhuma outra distinção tem maior significado, tanto para a vida humana como para o estudo da ação humana, do que esta entre ação calculável e ação não calculável. A civilização moderna se caracteriza, acima de tudo, pelo fato de ter elaborado um método que torna possível o uso da aritmética num vasto campo de atividade. É isso que as pessoas têm em mente quando lhe atribuem o – não muito adequado e frequentemente enganador – epíteto de racionalidade.

A compreensão mental e a análise de problemas que estão presentes num sistema de mercado que se utiliza do cálculo foram o ponto de partida do pensamento econômico, o qual finalmente conduziu ao conhecimento praxeológico geral. Entretanto, não é a consideração deste fato histórico que torna necessário iniciar o estudo de um amplo sistema econômico por uma análise da economia de mercado e colocar, antes mesmo desta análise, um exame do problema do cálculo econômico. Não são os aspectos históricos nem heurísticos que impõem tal procedimento, mas as exigências do rigor lógico e sistemático. Os problemas em questão só são visíveis e de natureza prática no âmbito de uma economia de mercado que possibilite o cálculo econômico. Somente através de uma transposição hipotética e figurativa podemos utilizar o cálculo econômico para examinar outros sistemas de organização econômica da sociedade, sistemas esses nos quais nenhum cálculo é possível. O cálculo econômico é a questão fundamental na compreensão de todos os problemas comumente chamados de econômicos.

Parte III

Cálculo Econômico

Capítulo 11
Valoração sem Cálculo

1
A gradação dos meios

O agente homem transfere, para os meios, a valoração dos fins que pretende atingir. Mantidas inalteradas as demais circunstâncias, atribui ao montante total dos vários meios o mesmo valor que atribui ao fim que aqueles meios têm condições de ocasionar. Por ora não precisamos considerar o tempo necessário à produção do fim desejado e a sua influência sobre a relação entre o valor dos fins e o dos meios.

A gradação dos meios, da mesma forma que a dos fins, é um processo de preferir *a* a *b*. Implica em preferir e rejeitar. É manifestação de um julgamento desejar *a* mais intensamente do que *b*. Possibilita a aplicação de números ordinais, mas não a de números cardinais, nem as operações aritméticas que neles se baseiam. Se alguém me oferece a possibilidade de escolher entre três bilhetes que dão direito de assistir às óperas *Aída*, *Falstaff* e *La Traviata*, e, só podendo pegar um, prefiro *Aída*, ou, podendo pagar mais um, prefiro em seguida *Falstaff*, terei feito uma escolha. Isto significa: em determinadas condições, eu prefiro *Aída* e *Falstaff* a *La Traviata*; se só pudesse escolher uma delas, preferiria *Aída* e renunciaria a *Falstaff*. Chama-se o bilhete para *Aída* de *a*, o para *Falstaff* de *b* e o para *La Traviata* de *c*, posso dizer: eu prefiro *a* a *b* e *b* a *c*.

O objetivo imediato da ação é frequentemente a aquisição de um suprimento de coisas tangíveis, contáveis e mensuráveis. Assim sendo, o agente homem tem de escolher entre quantidades contáveis; prefere, por exemplo, *15r* a *7p*; mas se tivesse de escolher entre *15r* e *8p*, poderia preferir *8p*. Podemos enunciar esta situação dizendo que o agente homem atribui a *15r* um valor menor do que *8p* e maior do que *7p*. Isto equivale à constatação de que prefere *a* a *b* e *b* a *c*. A substituição de *8p* por *a*, de *15r* por *b* e de *7p* por *c* não altera o significado da constatação feita nem o fato que ela descreve. Isto certamente não torna possível o cálculo com utilização de números cardinais. Não possibilita o cálculo econômico nem as operações mentais baseadas nele.

2
A FICÇÃO DA TROCA NA TEORIA ELEMENTAR DO VALOR E DOS PREÇOS

A formulação da teoria econômica é tão intrinsecamente dependente dos processos lógicos de cálculo que os economistas não chegaram a perceber o problema fundamental implícito na questão cálculo econômico. Estavam propensos a considerá-lo como algo evidente em si mesmo; não percebiam que o cálculo econômico não é um dado irredutível, mas algo que pode ser reduzido a fenômenos mais elementares. Equivocaram-se em relação ao cálculo econômico. Tomaram-no como uma categoria de toda ação humana e ignoraram o fato de que é apenas uma categoria inerente à ação em circunstâncias especiais. Tinham plena consciência do fato de que a troca interpessoal e, consequentemente, a troca efetuada no mercado utilizando um meio comum – a moeda e, portanto, os preços – são características especiais de certo estágio da organização econômica da sociedade que não existia nas civilizações primitivas e que poderá desaparecer mais adiante no curso das transformações históricas.[1] Mas não chegavam a compreender que os preços expressos em moeda são o único veículo do cálculo econômico. Por isso, a maior parte de seus estudos tem pouca utilidade. Mesmo os escritos dos economistas mais eminentes são, numa certa medida, viciados pelas falácias implícitas nas suas ideias acerca do cálculo econômico.

A teoria moderna do valor e dos preços mostra como as escolhas dos indivíduos, sua preferência por certas coisas e rejeição por outras, resultam no campo da troca interpessoal, no surgimento dos preços de mercado.[2] Estas demonstrações magistrais são insatisfatórias em alguns pontos menores e desfiguradas por expressões inadequadas. Mas, na essência, são irrefutáveis. Na medida em que seja necessário emendá-las, isto deve ser feito através de uma elaboração consistente das ideias fundamentais de seus autores e não pela refutação de seu raciocínio.

---

[1] A Escola Historicista Alemã* reconhecia esta realidade ao afirmar que a propriedade privada dos meios de produção, o intercâmbio no mercado e a moeda são "categorias históricas".

* Escola Historicista Alemã – *German Historical School* – É uma escola de pensamento surgida no século XIX na Alemanha, que sustentava que o estudo de história era a única fonte de conhecimento sobre a ação humana e sobre assuntos econômicos. Essa escola afirmava que os economistas poderiam desenvolver novas e melhores leis da sociedade no estudo das estatísticas e dados históricos. O domínio da Escola Historicista nas universidades alemãs fez com que a economia "liberal" fosse considerada como ridícula e deu ensejo a que promovesse o socialismo de estado e as ideias de planejamento central. Assim, a Escola Historicista forneceu a base ideológica para o surgimento do nazismo. Ver *Mises Made Easier*, Percy L. Greaves Jr, Free Market Books, Nova York, 1974, (N.T.)

[2] Ver especialmente Eugen von Böhm-Bawerk, *Kapital und Kapitalzins*, parte 2, livro III.

Para poder rastrear os fenômenos de mercado até a categoria universal da preferência de *a* a *b*, a teoria elementar do valor e preços é obrigada a usar algumas construções imaginárias. O uso de construções imaginárias, às quais nada corresponde no mundo real, é uma ferramenta indispensável do pensamento. Nenhum outro método contribuiria para uma melhor compreensão da realidade. Não obstante, um dos maiores problemas da ciência consiste em evitar as falácias que o emprego inadequado dessas construções pode acarretar.

A teoria elementar do valor e dos preços, além de outras construções imaginárias de que trataremos mais tarde,[3] recorre à construção de um mercado no qual todas as transações são efetuadas por troca direta. Não há moeda; os bens e serviços são trocados diretamente por outros bens e serviços. Esta construção imaginária é necessária. Deixando de lado o papel intermediário representado pela moeda, podemos compreender melhor que, no fundo, o que é trocado são sempre bens de primeira ordem por outros bens da mesma ordem. A moeda não é mais do que um meio de troca interpessoal. Mas devemos prevenir-nos cautelosamente contra os erros a que esta construção de um mercado de troca direta pode facilmente conduzir.

Um erro crasso que deve sua origem e sua persistência a esta construção imaginária foi supor que o meio de troca é apenas um fator neutro. Segundo essa suposição, a única diferença entre troca direta e indireta consistia em que, nesta última, era usado um meio de troca. A introdução de moeda na transação, diziam, não afetaria as características principais da operação. Não se ignorava o fato de que ao longo da história ocorreram enormes alterações no poder de compra da moeda e que tais alterações frequentemente convulsionavam todo o sistema de trocas. Mas acreditava-se que tais eventos eram excepcionais, causados por políticas inadequadas. Somente a "má" moeda, diziam, poderia produzir tais perturbações. Ademais, as pessoas não compreendiam as relações de causa e efeito desses distúrbios. Admitiam tacitamente que as mudanças no poder de compra ocorriam em relação a todos os bens e serviços, ao mesmo tempo, e na mesma proporção. É isso, certamente, o que está implícito na fábula da neutralidade da moeda. Sustentava-se que toda a teoria cataláctica podia ser elaborada sobre a pressuposição de que só existiria troca direta. Uma vez que fosse elaborada esta teoria, bastaria "simplesmente inserir" a moeda no conjunto de teoremas relativos à troca direta. Entretanto, esta complementação final do sistema cataláctico era considerada como sendo sem importância. Não se acreditava que pudesse alterar algo de essencial na estrutura do estudo de

---

[3] Ver adiante p. 291-311.

economia. A tarefa principal da economia era concebida como o estudo da troca direta. Além disso, o mais que poderia interessar era o exame dos problemas suscitados pela "má" moeda.

Conformados com esta tese, os economistas negligenciaram a importância do correto exame dos problemas da troca indireta. Seu exame dos problemas monetários era superficial; ligava-se apenas vagamente ao corpo principal dos seus estudos do funcionamento do mercado. Por volta do início do século XX, os problemas de troca indireta estavam relegados a um lugar secundário. Havia tratados de cataláxia que lidavam apenas incidental e sumariamente com assuntos monetários, e havia livros sobre moeda e sistema bancário que sequer tentavam integrar esse tema no conjunto do sistema cataláctico. Nas universidades dos países anglo-saxônicos, havia cadeiras separadas para economia e para moeda e sistema bancário; e na maior parte das universidades alemãs os problemas monetários eram quase que totalmente desprezados.[4] Só mais tarde os economistas perceberam que alguns dos mais importantes e mais complicados problemas catalácticos se situam no campo da troca indireta e que uma teoria econômica que não lhes dê a devida atenção é lamentavelmente incompleta.

O despertar do interesse pelas investigações concernentes à relação entre a "taxa natural de juros" e a "taxa monetária de juros", a ascendência da teoria monetária do ciclo econômico, e a completa demolição da doutrina da simultaneidade e uniformidade das mudanças no poder aquisitivo da moeda foram os marcos do novo teor do pensamento econômico. É claro que estas novas ideias eram essencialmente a continuação do trabalho gloriosamente iniciado por David Hume, pela Escola Monetária Inglesa (*British Currency School*)[5], por John Stuart Mill e por Cairnes.

Ainda mais nocivo foi um segundo erro provocado pelo uso imprudente da construção imaginária de um mercado de troca direta.

---

[4] O descuido com os problemas de troca indireta certamente foi influenciado por preconceitos políticos. Ninguém queria renunciar à tese segundo a qual as depressões econômicas seriam um mal inerente ao modo de produção capitalista e que não poderiam ser, de forma alguma, causadas pela tentativa de diminuir a taxa de juros pela expansão de crédito. Os professores de economia mais em evidência consideravam "não científico" explicar as depressões como um fenômeno que se origina "apenas" nos eventos no campo da moeda e do crédito. Havia até estudos sobre a história dos ciclos que sequer aludiam às questões monetárias. Ver, p. ex., Eugen von Bergmann, *Geschichte der nationalökonomischen Krisentheorien*, Stuttgart, 1895.

[5] Escola Monetária Inglesa – *British Currency School* – Grupo que se originou dos escritores de David Ricardo (1772-1823) em oposição à *Banking School*. Em suma, se opunham à prática de emissão fiduciária de notas promissórias pelos bancos comerciais. Eram favoráveis à proibição legal de qualquer emissão de notas bancárias que não fosse 100% lastreada em reservas de ouro. Para maiores referências, ver adiante p. 510. Ver *Mises Made Easier*, Percy L. Greaves Jr. op. cit. (N.T.)

Segundo uma afirmativa falaciosa, os bens e serviços trocados teriam o mesmo valor.

O valor seria considerado como algo objetivo, como uma qualidade intrínseca, inerente às coisas, e não meramente como a expressão do desejo de várias pessoas em adquiri-las. Supunha-se que, primeiro, as pessoas atribuiriam um grau de valor aos bens e serviços, por meio de um ato de medição, para, em seguida, efetuar a troca por outros bens e serviços de igual valor. Esta falácia frustrou o pensamento econômico de Aristóteles e, por quase dois mil anos, o raciocínio de todos aqueles que tinham por definitivas as opiniões desse filósofo. Perturbou seriamente a maravilhosa contribuição dos economistas clássicos, e tornaram inteiramente fúteis os escritos de seus epígonos, especialmente os de Marx e os da escola marxista. A base da economia moderna é a noção de que é precisamente a disparidade de valor atribuída aos objetos trocados que resulta na sua troca. As pessoas compram e vendem unicamente porque atribuem um maior valor àquilo que recebem do que àquilo que cedem. Assim sendo, a noção de uma medição de valor é inútil. Um ato de troca não é precedido nem acompanhado por qualquer processo que possa ser considerado como uma medição de valor.

Um indivíduo pode atribuir o mesmo valor a duas coisas; neste caso, nenhuma troca ocorrerá. Mas se há uma diferença de valor, tudo o que se pode afirmar é que *a* tem mais valor do que *b*. Valores e valorações são quantidades intensivas e não extensivas. Não são suscetíveis de serem compreendidos pela aplicação de números cardinais.

Entretanto, a ideia espúria de que valores são mensuráveis e são realmente medidos na condução de transações econômicas estava tão enraizada, que mesmo economistas eminentes foram vítimas dessa falácia. Até mesmo Friedrich von Wieser e Irving Fisher aceitavam como verdadeira a ideia de que deve haver alguma forma de medir o valor e de que a economia deve ser capaz de indicar e explicar o método pelo qual se poderá fazer esta medição.[6] Os economistas de menor envergadura simplesmente supõem que a moeda serve "de medida de valor".

Ora, é preciso que se compreenda que valorar significa preferir *a* a *b*. Só existe – do ponto de vista do lógico, epistemológico e praxeológico – uma maneira de preferir. Não há diferença entre essa situação e o fato de um enamorado preferir uma mulher às demais; ou de um

---

[6] Para uma análise crítica e refutação do argumento de Fisher, ver Mises, *The Theory of Money and Credit*. Trad H. E. Batson, Londres, 1934, p. 42-44; o mesmo, em relação ao argumento de Wieser: Mises, *Nationalökonomie*, Genebra, 1940, p. 192-194.

homem preferir um amigo a outras pessoas; ou de um colecionador preferir um quadro entre muitos; ou de um consumidor preferir um pão a um pedaço de bolo. Preferir significa sempre querer ou desejar a mais que *b*. Da mesma maneira como não existe padrão de medida para a atração sexual, ou para a amizade e simpatia, ou para o prazer estético, também não existe medida de valor das mercadorias. Se alguém troca um quilo de manteiga por uma camisa, o que podemos dizer desta transação é que – no instante da transação e nas circunstâncias específicas daquele instante – esse alguém prefere uma camisa a um quilo de manteiga. É claro que cada ato de escolha se caracteriza por certa intensidade psíquica de sentimentos. Existem gradações de intensidade no desejo de atingir um determinado objetivo e esta intensidade é que determina o ganho psíquico que a ação bem-sucedida traz no indivíduo que age. Mas as quantidades psíquicas só podem ser sentidas. São inteiramente pessoais, não sendo possível expressar sua intensidade por meios semânticos, nem transmitir informações a seu respeito a outras pessoas.

Não há nenhum método conhecido para calcular uma unidade de valor. Convém recordar que as duas unidades de um mesmo conjunto homogêneo de bens são valoradas diferentemente. O valor atribuído à enésima unidade é menor do que o atribuído à unidade $(n-1)$.

Na sociedade de mercado, existem preços expressos em moeda. O cálculo econômico se efetua com base nos preços monetários. As várias quantidades de bens e serviços entram neste cálculo considerando-se o montante em moeda pela qual são comprados ou vendidos no mercado ou pelo qual poderiam sê-lo. É uma ficção presumir que um indivíduo autossuficiente isolado ou o gerente geral de um sistema socialista, isto é, um sistema no qual não exista um mercado para os bens de produção, possa calcular. Não há nenhuma maneira que possa levar-nos do cálculo monetário de uma economia de mercado para qualquer tipo de cálculo num sistema onde não exista o mercado.

A TEORIA DO VALOR E O SOCIALISMO

Os socialistas, os institucionalistas e os adeptos da Escola Historicista recriminam os economistas por recorrerem à construção imaginária do pensamento e ação de um indivíduo isolado. Esse imaginário Robinson Crusoé, afirmam eles, não serve para o estudo das condições da economia de mercado. Esta censura, até certo ponto, se justifica. Construções imaginárias de um indivíduo isolado e de uma economia planificada sem mercado só se tornam utilizáveis se adotamos a hipótese fictícia, autocontraditória no pensamento e contrária à realidade, de que o cálculo econômico é possível mesmo num sistema desprovido de mercado para os meios de produção.

Foi certamente um erro crasso, da parte dos economistas, não perceberem a diferença entre as condições de uma economia de mercado e as de uma economia sem mercado. Os socialistas, entretanto, são os que menos podem criticar este erro. Isto porque o que lhes permitiu imaginar possível a realização dos planos socialistas foi precisamente imaginar o fato de os economistas terem tacitamente admitido que uma organização socialista da sociedade pudesse recorrer ao cálculo econômico.

É claro que os economistas clássicos e seus epígonos não poderiam perceber os problemas implícitos na impossibilidade do cálculo econômico. Se fosse verdade que o valor das coisas fosse determinado pela quantidade de trabalho necessário à sua produção ou reprodução, não haveria nenhum outro problema para o cálculo econômico. Os adeptos da teoria do valor-trabalho não podem ser acusados de não terem compreendido corretamente os problemas do sistema socialista. Sua falha irremediável foi a de terem adotado uma doutrina de valor insustentável. Os que entre eles, estavam inclinados a considerar a construção imaginária de uma economia socialista, como um modelo viável de ampla reforma da organização social não estavam em contradição com o conteúdo essencial de sua própria teoria. Mas, no caso da cataláxia subjetiva, a situação é diferente; é imperdoável que os economistas modernos não tenham chegado a perceber a essência do problema.

Wieser tinha razão ao declarar que muitos economistas, por tratarem superficialmente a teoria comunista de valor, negligenciaram a elaboração de uma teoria compatível com a própria organização social vigente.[7] É incompreensível que ele mesmo não tenha conseguido evitar esta falha.

A ilusão de que seja possível uma direção racional da ordem econômica numa sociedade baseada na propriedade pública dos meios de produção deve sua origem à teoria do valor dos economistas clássicos, e deve sua persistência aos inúmeros economistas modernos que não foram capazes de levar às últimas conclusões o teorema fundamental da teoria subjetiva. Portanto, as utopias socialistas foram geradas e preservadas pelas deficiências daquelas escolas de pensamento que os marxistas rejeitam como "um disfarce ideológico dos interesses egoístas da burguesia exploradora". Na verdade, foram os erros daquelas escolas que fizeram prosperar as ideias socialistas. Este fato demonstra claramente o vazio dos ensinamentos marxistas a respeito das "ideologias", bem como o de seu descendente moderno, a sociologia do conhecimento.

---

[7] Ver Friedrich von Wieser, *Der natürliche Wert*, Viena, 1889, p. 60, nota 3.

3
O PROBLEMA DO CÁLCULO ECONÔMICO

O agente homem utiliza o conhecimento proporcionado pelas ciências naturais para elaborar a tecnologia, ou seja, a determinação da ação possível no campo dos eventos externos. A tecnologia nos informa o que poderia ser conseguido e como poderia ser conseguido, desde que estejamos dispostos a empregar os meios necessários. Com o progresso das ciências naturais, a tecnologia também progrediu; alguns preferem dizer que o desejo de aprimorar métodos tecnológicos acarretou o progresso das ciências naturais. A quantificação das ciências naturais acarretou a quantificação da tecnologia. A moderna tecnologia é essencialmente a arte aplicada da previsão quantitativa do resultado de uma ação possível. Calcula-se com um razoável grau de precisão o resultado de ações planejadas e isto se faz com o objetivo de orientar a ação de maneira a que um determinado resultado se produza.

Entretanto, a mera informação técnica fornecida pela tecnologia só seria suficiente para efetuar o cálculo econômico, se todos os meios de produção – tanto materiais como humanos – pudessem ser perfeitamente substituídos uns pelos outros segundo proporções determinadas, ou se fossem todos absolutamente específicos. No primeiro caso, todos os meios de produção permitiriam atingir todos os fins, quaisquer que estes fossem, embora segundo proporções diferentes; as coisas se passariam como se só existisse uma única classe de meios – uma única classe de bens econômicos de ordem mais elevada. No segundo caso, cada meio só poderia ser empregado para atingir um determinado fim; neste caso, seria atribuído ao conjunto de fatores complementares, necessários à produção de um bem de primeira ordem, o mesmo valor atribuído a este último. (Mais uma vez, provisoriamente, não estamos considerando as modificações que seriam produzidas pelo fator tempo). Nenhuma dessas duas condições está presente no universo em que o homem age. Os meios só podem ser substituídos uns pelos outros dentro de limites estreitos; são meios mais ou menos específicos para obtenção de vários fins. Mas, por outro lado, os meios, em sua maior parte, não são absolutamente específicos; podem ser empregados para diversas finalidades. O fato de existirem diferentes classes de meios, da maior parte dos meios ser mais adequada para realizar certos fins e menos adequada para atingir outros e absolutamente inútil à produção de outros mais, e que, portanto, os diversos meios possibilitam várias utilizações, coloca para o homem a tarefa de escolher como alocá-los de forma a que possam prestar o melhor serviço. Para esta escolha, de nada adianta recorrer à computação, como faz a tecnologia. A tecnologia opera com quantidades mensuráveis de coisas e efeitos externos; conhece relações causais entre eles, mas desconhece sua relevância em relação às necessidades e desejos humanos. Só se aplica a valor de uso objetivo. Julga todos os problemas segundo o desinteressado ponto de vista de um observador neutro contemplando eventos físicos, químicos e biológicos. No que se refere a valor de uso subjetivo, ao ponto de vista especificamente humano e aos dilemas do agente homem, a tecnologia não tem nada a ensinar. A tecnologia ignora o problema econômico: empregar os meios disponíveis de tal maneira que uma necessidade mais urgentemente sentida não deixe de ser atendida porque os meios apropriados à sua satisfação foram empregados – desperdiçados – para atingir uma necessidade menos urgentemente sentida. Para solucionar tais problemas, a tecnologia e seus métodos de medir e contar são inadequados. A tecnologia nos informa como um dado objetivo pode ser atingido pelo emprego de vários meios que podem ser usados segundo várias combinações, ou como vários meios disponíveis podem ser empregados para certos fins. Mas não consegue informar ao homem quais procedimentos escolher diante da infinita variedade de modos de produção possíveis e imaginários. O que o agente homem quer saber é como empregar os meios disponíveis para remover da melhor forma possível – a mais econômica – o seu desconforto. A tecnologia não lhe fornece mais do que informações acerca das relações causais existentes entre os diversos fatores do mundo externo, como por exemplo: *7a + 3b + 5c +... x n* são capazes de produzir *8P*. Mas, embora conheça os valores atribuídos pelo agente homem aos vários bens de primeira ordem, não pode decidir se é esta fórmula ou qualquer outra, entre a infinita variedade de fórmulas semelhantemente construídas, a que melhor serve à realização dos objetivos perseguidos pelo agente homem. A arte da engenharia pode estabelecer como uma ponte deve ser construída para atravessar um rio, num determinado ponto e com uma determinada capacidade de carga; mas não é capaz de dizer se a construção da ponte em questão absorverá ou não mão de obra e fatores materiais de produção que poderiam ser usados para satisfazer uma necessidade mais urgente. Não pode dizer, sequer, se a ponte devia ser construída, onde devia ser construída e que capacidade de carga deveria ter, e qual deveria ser o sistema de construção escolhido, entre os diversos possíveis. A computação tecnológica pode estabelecer relações entre várias classes de meios apenas na medida em que tais meios possam ser substituídos uns pelos outros para atingir um determinado fim. Mas a ação humana é compelida a descobrir as relações entre todos os meios, por mais díspares que sejam, sem considerar se podem ou não substituir uns aos outros na prestação do mesmo serviço.

A tecnologia e as considerações que dela derivam seriam de pouca utilidade para o agente homem, se não fosse possível introduzir nos seus esquemas técnicos os preços em moeda dos bens e serviços. Os projetos e desenhos dos engenheiros seriam exercícios meramente acadêmicos, se não pudessem comparar custo e receita em relação a uma mesma base. Um pesquisador teórico, na solidão de seu laboratório, não se preocupa com essas questões triviais; só se preocupa com as relações causais entre os vários elementos do universo. Mas o homem prático, ávido em melhorar suas condições de vida, diminuindo o seu desconforto tanto quanto possível, deve saber se, nas condições existentes, o que planeja é o melhor método – ou mesmo se é um método – para tornar a vida menos desconfortável. Deve saber se o que pretende realizar será uma melhoria em relação à situação presente ou em relação às vantagens esperadas de outros projetos tecnicamente possíveis que não podem ser realizadas porque o seu projeto absorverá os meios disponíveis. Tais comparações só podem ser feitas recorrendo-se ao uso de preços monetários.

Assim sendo, a moeda se torna o veículo do cálculo econômico. Não estamos, desta forma, atribuindo outra função à moeda. A moeda é o meio de troca usado universalmente e nada mais. Precisamente porque a moeda é o meio de troca universal, porque a maior parte dos bens e serviços pode ser comprada e vendida no mercado pela utilização da moeda, e somente na medida em que assim seja, é que o homem pode utilizar os preços em moeda para efetuar os seus cálculos. As relações de troca entre moeda e os vários bens e serviços estabelecidos no mercado até ontem, e as que, segundo se espera, serão estabelecidas amanhã, são as ferramentas mentais do planejamento econômico. Onde não existirem preços em moeda, não existirão quantidades econômicas. Neste caso, existirão apenas várias relações quantitativas entre as várias relações de causa e efeito do mundo exterior; não haverá meio de o homem descobrir qual o tipo de ação melhor serviria aos seus esforços para diminuir, tanto quanto possível, o desconforto.

Não precisamos nos deter no exame das condições primitivas da economia doméstica de camponeses autossuficientes, que lidavam apenas com processos de produção extremamente simples. Neste caso, não havia necessidade de cálculo econômico, uma vez que se poderia comparar diretamente o custo e o benefício. Se quisessem camisas, cultivavam o cânhamo, desfiavam, teciam e cosiam. Podiam, sem recorrer a qualquer cálculo, decidir se o trabalho e o esforço despendido seriam compensados pelo produto. Mas para o homem civilizado, o retorno a este tipo de vida não é mais admissível.

4
O CÁLCULO ECONÔMICO E O MERCADO

O tratamento quantitativo dos problemas econômicos não deve ser confundido com os métodos quantitativos que são aplicados no lidar com os problemas dos eventos físicos ou químicos do mundo exterior. O traço característico do cálculo econômico é não ser ele baseado em algo que possa ser considerado como uma medição.

Uma medição consiste em estabelecer a relação numérica de um objeto em relação a outro objeto, que se toma como unidade de medida. A medição se baseia, inevitavelmente, em dimensões espaciais. Com a ajuda da unidade definida de modo espacial, podemos medir a energia e a potência, a capacidade que determinado fenômeno possui de produzir mudanças nas coisas e nas situações e, inclusive, de medir a passagem do tempo. O ponteiro de um mostrador indica diretamente uma relação espacial, e só indiretamente inferimos outras quantidades. A assunção subjacente à medição é a imutabilidade da unidade. A unidade de comprimento é, definitivamente, a base de toda medição. Assume-se que o homem não tem como não considerá-la imutável.

As últimas décadas testemunharam uma revolução no cenário epistemológico tradicional da física, da química e da matemática. Estamos no limiar de inovações cujo alcance é difícil de prever. Pode ser que as futuras gerações de físicos tenham de enfrentar problemas de certo modo semelhantes àqueles com os quais a praxeologia tem de lidar. Talvez venham a ser forçados a abandonar a ideia de que exista algo que não seja afetado por mudanças cósmicas e que possa ser usado como um padrão de medida. Mas, ainda que assim seja a estrutura lógica da medição de entidades terrestres no campo da física macroscópica não se alterará. A medição, no que diz respeito à física microscópica, também é feita com escalas métricas, micrômetros, espectrógrafos – e, definitivamente, com os órgãos sensoriais do homem, o observador e o experimentador, que são definitivamente macroscópicos.[8] Ela não pode se libertar da geometria euclidiana e da noção de um padrão invariável.

Existem unidades monetárias e existem unidades que permitem medir fisicamente os vários bens econômicos e muitos – mas não todos – serviços que são objeto de compra e venda. Mas as relações de troca com as quais lidamos estão sempre variando. Não têm nada de constante ou invariável. Desafiam qualquer tentativa de medição. Não são fatos no sentido com que a física emprega esse termo

---

[8] Ver A. Eddington, *The Philosophy of Physical Science*, p. 98-107, 210-221.

ao proclamar que o peso de uma quantidade de cobre é um fato. São eventos históricos que exprimem algo que aconteceu uma vez, num determinado instante, segundo circunstâncias específicas. A mesma expressão numérica de uma relação de troca pode surgir de novo, mas não se pode garantir que isso ocorrerá e, se ocorrer, não se pode assegurar que esse resultado idêntico terá sido consequência da preservação ou do retorno às mesmas circunstâncias, ou terá sido o resultado da interação de um conjunto de fatores bem diferentes. Os números aplicados pelo agente homem no cálculo econômico não se referem a quantidades medidas, mas a relações de troca que se espera – com base na compreensão – que ocorram no mercado, no futuro. Toda ação humana se orienta por essas relações de troca futuras e somente elas têm importância para o agente homem.

Não estamos lidando, a esta altura da nossa investigação, com o problema de uma "ciência econômica quantitativa", mas apenas com a análise dos processos mentais adotados pelo agente homem que, ao planejar sua conduta, se utiliza de considerações de natureza quantitativa. Como a ação visa sempre a influenciar um futuro estado de coisas, o cálculo econômico está sempre lidando com o futuro. Na medida em que considera eventos passados ou relações de troca já ocorridas, só o faz para melhor orientar a sua ação futura.

A tarefa que o agente homem pretende realizar utilizando-se do cálculo econômico é a de estabelecer o resultado da ação pelo contraste de custos e benefícios. Pelo cálculo econômico, ou se estima qual será o resultado de uma futura ação ou se constata o resultado de uma ação passada. Neste segundo caso, a constatação não é feita apenas com propósitos didáticos e históricos. Seu significado prático é mostrar quanto cada um pode consumir sem prejudicar a futura capacidade de produzir. Foi tendo em vista esse problema que se desenvolveram as noções fundamentais do cálculo econômico – de capital e renda, lucro e prejuízo, consumo e poupança, custo e benefício. A utilização, na prática, dessas noções, e de todas as outras que delas derivam, está inseparavelmente ligada ao funcionamento de um mercado no qual bens e serviços de qualquer natureza sejam trocados mediante o uso de um meio de troca universalmente aceito, qual seja, a moeda. Seriam noções meramente acadêmicas, sem qualquer importância para a ação, num mundo em que a estrutura da ação fosse diferente do que realmente é.

Capítulo 12
O Âmbito do Cálculo Econômico

1
O Significado das Expressões Monetárias

O cálculo econômico abrange tudo o que possa ser trocado por moeda.

Os preços dos bens e serviços ou são dados históricos que descrevem eventos passados ou, então, são antecipações de um evento futuro. Uma informação acerca de um preço passado transmite o conhecimento de que um ou mais atos de troca interpessoal foram efetuados segundo aquela relação de troca. Não nos fornece, diretamente, nenhuma informação sobre preços futuros. Podemos presumir como frequentemente o fazemos, que as condições de mercado que determinaram a formação dos preços no passado recente permanecerão inalteradas ou pelo menos não mudarão substancialmente por certo período, de tal sorte que os preços não se alterarão ou sofrerão apenas pequenas variações. Tais expectativas são razoáveis desde que os preços em questão sejam o resultado de interação de muitas pessoas dispostas a vender e a comprar, desde que as relações de troca lhes pareçam propícias, e que a situação do mercado não tenha sido influenciada por condições que possam ser consideradas como acidentais extraordinárias e que, provavelmente, não se repetirão. Entretanto, a tarefa principal do cálculo econômico não é lidar com os problemas de uma situação de mercado em que não ocorrem mudanças ou só ocorrem pequenas mudanças, mas, sim, lidar com a mudança. O indivíduo, ao agir, ou bem antecipa as mudanças que irão ocorrer sem a sua interferência e procura ajustar suas ações à situação antecipada; ou bem toma a iniciativa de mudar as condições existentes, mesmo que outros fatores possam contribuir para tal mudança. Os preços do passado são para ele simples pontos de partida das suas tentativas de antecipar os futuros preços.

Historiadores e estatísticos se interessam pelos preços passados. O homem, na prática, concentra seu interesse nos preços do futuro, mesmo que seja o futuro imediato do próximo mês, dia ou hora. Para ele, os preços passados representam meramente uma ajuda para antecipar preços futuros. Não só nos seus cálculos preliminares quanto ao possível resultado da ação planejada, como também no seu desejo de avaliar o resultado de suas transações anteriores, o que lhe interessa, sobretudo são os preços futuros.

Pelos balanços e declarações de lucros e perdas, ficamos sabendo qual foi o resultado da ação pela diferença entre o equivalente em moeda do patrimônio líquido (ativo total menos passivo total) no princípio e no fim do período considerado, e pela diferença entre o equivalente em moeda das receitas auferidas e dos custos incorridos. Nessas declarações, é necessário traduzir em moeda todos os elementos do ativo e passivo que não sejam recursos em caixa. Esses elementos devem ser avaliados de acordo com os preços pelos quais poderiam provavelmente ser vendidos no futuro ou, é o caso dos instrumentos de produção, com base nos preços que se espera obter pela venda das mercadorias fabricadas com sua ajuda. Entretanto, práticas antigas dos produtores e disposições do direito comercial e do direito fiscal introduziram uma deformação nos princípios sadios da contabilidade que visam apenas ao maior grau possível de exatidão. Essas práticas e essas leis não estão especialmente interessadas na exatidão dos balanços e das contas de lucros e perdas; são outros os seus objetivos. A legislação comercial procura estabelecer um método de contabilidade que possa indiretamente proteger os credores do risco de perda. Tende, numa certa medida, a avaliar os ativos abaixo de seu valor de mercado, de maneira a fazer o lucro líquido e o patrimônio líquido parecerem menores do que realmente são. Portanto, uma margem de segurança é criada para reduzir o perigo de que, em prejuízo dos credores, possam ser retirados da firma somas elevadas a título de lucro, e de que uma firma já insolvente possa continuar exaurindo os meios disponíveis necessários à satisfação de seus credores. Por outro lado, o direito fiscal é propenso a métodos de computação que fazem com que os ganhos pareçam maiores do que seriam se um método correto e imparcial fosse utilizado. A ideia é aumentar o imposto, sem tornar este aumento visível na taxa nominal do imposto. Devemos, portanto distinguir entre cálculo econômico, conforme praticado pelos empresários ao planejarem suas futuras transações, e a contabilidade de fatos econômicos que atende a outros objetivos. A determinação do imposto a pagar e o cálculo econômico são duas coisas diferentes. Se uma lei submete quem tem empregados domésticos a um imposto, e se estabelece que um empregado homem deva ser computado como duas empregadas mulheres, ninguém interpretaria tal provisão como algo mais do que um método para determinar o valor do imposto devido. Da mesma maneira, se uma lei de heranças estabelece que valores mobiliários devam ser avaliados pela cotação na Bolsa de Valores no dia da morte do falecido, estará simplesmente estipulando uma maneira de calcular o valor do imposto.

Registros contábeis bem feitos, num sistema de contabilidade correto, são exatos até o nível dos centavos. Exibem uma precisão impressionante e a exatidão numérica de seus lançamentos faz supor absoluta certeza quanto aos números escriturados. Na realidade, as cifras mais importantes de uma contabilidade são especulações quanto às futuras condições do mercado. É um erro comparar os itens de qualquer registro contábil aos itens usados num cálculo tecnológico, como por exemplo, no projeto para construção de uma máquina. O engenheiro – no que se refere ao aspecto puramente técnico de seu trabalho – utiliza apenas relações numéricas estabelecidas pelos métodos experimentais das ciências naturais; o empresário tem de usar cifras que resultam de seu entendimento quanto à futura conduta das outras pessoas. O problema principal nos balanços e nas declarações de lucros e perdas é a avaliação dos elementos do ativo e do passivo que não são representados por valores em espécie. Todos esses balanços e declarações são provisórios. Descrevem, na medida do possível, o estado das contas num instante arbitrariamente escolhido, enquanto a vida e a ação prosseguem sem interrupção. É possível encerrar negócios específicos, mas o sistema de produção como um todo não se interrompe. Nem mesmo os ativos e passivos representados por valores em espécie estão imunes a essa indeterminação inerente a todos os lançamentos contábeis. Dependem da futura situação do mercado, tanto quanto qualquer outra conta de inventário ou equipamento. A exatidão numérica das contas e assentamentos contábeis não nos deve impedir de perceber o caráter incerto e especulativo de suas cifras e dos cálculos que com elas se efetuam.

Não obstante, esses fatos não diminuem a eficiência do cálculo econômico. O cálculo econômico é tão eficiente quanto pode ser. Nenhuma reforma poderia aumentar sua eficiência. Propicia ao agente homem todos os serviços que podem ser obtidos com a computação numérica. Não consiste, evidentemente, num meio de conhecer condições futuras com certeza, nem retira da ação o seu caráter especulativo. Mas isto só pode ser considerado como uma deficiência por aqueles que não chegam a perceber o fato de que a vida não é rígida, que todas as coisas estão em permanente mutação e que os homens não podem ter nenhuma certeza quanto ao futuro.

Não é tarefa do cálculo econômico aumentar o conhecimento do homem quanto a condições futuras. Sua tarefa é ajustar as ações do homem, tanto quanto possível, à sua própria opinião relativamente à satisfação de necessidades no futuro. Para isso, o agente homem necessita de um método de computação que se aplique a todos os elementos considerados. Este denominador comum do cálculo econômico é a moeda.

2
OS LIMITES DO CÁLCULO ECONÔMICO

O cálculo econômico não se aplica às coisas que não podem ser compradas ou vendidas com dinheiro.

Existem coisas que não estão à venda e para cuja aquisição são necessários outros sacrifícios além do dispêndio de dinheiro. Aquele que pretende preparar-se para grandes realizações terá de empregar muitos meios, alguns dos quais implicam em dispêndio de dinheiro. Mas as coisas essenciais necessárias à realização deste intento não são compráveis. A honra, a virtude, a glória, assim como o vigor físico, a saúde e a própria vida representam na ação um papel tanto de meios como de fins, sem que possam ser considerados no cálculo econômico.

Existem coisas que não podem ser, de forma alguma, avaliadas em moeda, e existem outras que podem ser avaliadas em moeda apenas em relação a uma fração do valor que lhes é atribuído. A avaliação de um prédio antigo não considera sua importância artística ou histórica, na medida em que estas qualidades não são uma fonte de renda em moeda ou em bens vendáveis. O que sensibiliza a apenas uma pessoa, e não induz outras pessoas a fazer sacrifícios para obter o mesmo prazer, está fora do âmbito do cálculo econômico.

Entretanto, estas considerações não prejudicam a utilidade do cálculo econômico. Todas aquelas coisas que não se incluem entre as que podem ser contabilizadas e calculadas ou são fins ou são bens de primeira ordem. Nenhum cálculo é necessário para que elas sejam levadas em consideração e para que seu valor seja reconhecido. Tudo o que o agente homem precisa para fazer sua escolha é contrastá-las com o custo necessário à sua aquisição ou preservação. Suponhamos que uma municipalidade tenha que decidir entre dois projetos de abastecimento de água. Um deles implica na demolição de um marco histórico, enquanto o outro, à custa de um maior dispêndio, preservaria o marco histórico em questão. O fato de que os sentimentos que recomendam a preservação do monumento não possam ser representados por uma quantia em moeda não impede a decisão da municipalidade. Ao contrário, por não poderem ser expressos em moeda, são içados a uma posição especial que torna a decisão mais fácil. Nenhuma queixa pode ser mais infundada do que lamentar que coisas não vendáveis estejam fora do âmbito do cálculo econômico. Os valores morais e estéticos não sofrem nenhum dano com este fato.

A moeda, os preços em moeda, as transações mercantis, assim como o cálculo econômico que se baseia nesses elementos, são os principais alvos dos críticos. Pregadores loquazes condenam a civilização ocidental como um sistema perverso de traficantes e mascates. A presunção, o farisaísmo e a hipocrisia exultam em escarnecer a "filosofia do dólar", que se supõe típica de nossa época. Reformadores neuróticos, literatos mentalmente desequilibrados e demagogos ambiciosos sentem prazer em acusar a "racionalidade" e em pregar o evangelho do "irracional". Aos olhos desses falastrões, a moeda e o cálculo são as fontes dos piores males. Entretanto, o fato de os homens terem elaborado um método para avaliar tanto quanto possível a conveniência de suas ações e para diminuir o desconforto da maneira mais prática e econômica não impede alguém de ajustar sua conduta aos princípios que considere mais certos. O "materialismo" da Bolsa de Valores e da contabilidade comercial não proíbe a ninguém viver segundo os padrões do monge Thomás de Kempis, nem morrer por uma causa nobre. O fato de as massas preferirem estórias de detetives a poesia, tornando esta menos lucrativa do que aquelas, não tem nada a ver com o uso de moeda nem com contabilidade monetária. Não é culpa da moeda o fato de existirem bandidos, ladrões, assassinos, prostitutas, funcionários e juízes corruptos. Não é verdade que não "valha a pena" ser honesto. Vale a pena para aqueles que preferem a fidelidade aos princípios que consideram certos às vantagens que poderiam obter com outra atitude.

Há outro grupo de críticos que não chega a perceber que o cálculo econômico é um método disponível tão somente às pessoas que atuam num sistema econômico baseado na divisão do trabalho e numa ordem social alicerçada na propriedade privada dos meios de produção. Só pode servir às considerações de indivíduos ou grupos de indivíduos que operem no quadro institucional desta ordem social. Consequentemente, é um cálculo de benefícios privados e não de "bem estar social". Isto significa que os preços de mercado são o fato básico para o cálculo econômico. Só pode ser aplicado em considerações que se baseiem na demanda dos consumidores manifestada no mercado, e não segundo valorações hipotéticas de um ente ditatorial, diretor supremo da economia nacional ou mundial. Aquele que pretende julgar as ações do ponto de vista de uma pretensa "ordem social", isto é, do ponto de vista da "sociedade como um todo", e criticá-las comparando-as com o que se passaria num imaginário sistema socialista onde sua própria vontade fosse soberana, não precisa do cálculo econômico. O cálculo econômico, em termos de preços monetários, é o cálculo feito por empresários produzindo para os consumidores numa sociedade de mercado. Não tem nenhuma utilidade fora desse contexto.

Quem desejar empregar o cálculo econômico não pode considerar a atividade econômica como algo manipulável por uma mente despótica.

Os preços podem ser usados para cálculo, pelos empresários, investidores, proprietários e assalariados de uma sociedade capitalista. De nada servem, preços e cálculos, para tratar de questões estranhas às categorias da sociedade capitalista. Não tem sentido avaliar em dinheiro objetos que não são negociáveis no mercado e introduzir, nos cálculos, dados arbitrários sem qualquer base na realidade. A lei pode determinar o valor a ser pago como indenização por quem tenha causado a morte de alguém. Mas isto não significa que esse seja o preço da vida humana. Onde há escravidão, há preços de mercado para comprar e vender escravos. Onde não há escravidão, o homem, a vida humana e a saúde são *res extra comercium*.[1] Numa sociedade de homens livres, a preservação da vida humana e da saúde são fins e não meios. Não podem ser considerados em nenhum sistema de contabilização de meios.

É possível calcular a soma das rendas e da fortuna de certo número de pessoas, utilizando-se os preços em moeda. Mas não tem sentido calcular a renda nacional ou a riqueza nacional. Na medida em que passamos a raciocinar sobre situações estranhas ao funcionamento de uma sociedade de mercado, não podemos mais nos valer da ajuda dos métodos de cálculo monetário. As tentativas para definir em termos monetários a riqueza de uma nação ou de toda a humanidade são tão infantis quanto os esforços místicos para resolver os enigmas do universo a partir de elucubrações sobre as dimensões da pirâmide de Queops. Se um cálculo mercantil dá o valor de $100 a um fornecimento de batatas, isto significa que será possível vendê-las ou repô-las por esta quantia. Se uma unidade empresarial inteira é estimada em $1.000.000, é porque se supõe que ela possa ser vendida por este montante. Mas qual o significado das diversas rubricas de um balanço da riqueza total de uma nação? Qual o significado do saldo final resultante? O que deve ser incluído e o que deve ser excluído de tal balanço? Seria correto incluir, ou excluir, o "valor" do clima do país ou as habilidades inatas ou adquiridas da população? As pessoas podem converter suas propriedades em moedas, mas uma nação não pode.

Os equivalentes monetários que a ação e o cálculo econômico utilizam são preços em moeda, isto é, relações de troca entre moeda e outros bens e serviços. Os preços não são medidos em moeda: eles consistem numa certa quantidade de moeda. Os preços ou bem são preços do passado ou preços esperados no futuro. Um preço é necessariamente um fato histórico passado ou futuro. Não há nada nos preços que possibilite equipará-los à medição de fenômenos físicos ou químicos.

---

[1] Coisas fora de comércio. (N.T.)

3
A VARIABILIDADE DOS PREÇOS

As relações de troca estão permanentemente sujeitas a mudanças porque as condições que as determinam estão permanentemente mudando. O valor que um indivíduo atribui tanto à moeda como aos bens e serviços são o resultado de uma escolha num momento determinado. O instante seguinte pode engendrar algo novo e introduzir outras considerações e valorações. O que devia ser considerado como um problema digno de exame não é propriamente o fato de os preços flutuarem, mas, sobretudo, o fato de não variarem mais rapidamente.

A experiência de todos os dias ensina, a todos, que as relações de troca no mercado são variáveis. Podemos supor que todos têm consciência desse fato. Não obstante, todas as noções populares de produção e consumo, de técnicas de comercialização e preços são mais ou menos contaminadas por uma vaga e contraditória noção de rigidez dos preços. O leigo tende a considerar como normal e justa a manutenção dos preços registrados ontem e a condenar as mudanças nas relações de troca como violação das leis da natureza e da justiça.

Seria um erro explicar essas crenças populares como a sedimentação de velhas opiniões concebidas ao tempo em que as condições de produção e comercialização eram mais estáveis. Pode-se colocar em dúvida se antigamente havia maior ou menor estabilidade de preços do que hoje em dia. Entretanto, seria mais exato afirmar que a integração de mercados locais em mercados nacionais, resultando finalmente num mercado mundial que cobre todo o planeta, bem como a evolução do comércio no sentido de procurar provisionar continuamente os consumidores fizeram com que as mudanças de preços fossem menos frequentes e menos intensas. Nos tempos pré-capitalistas, havia maior estabilidade quanto a métodos tecnológicos de produção, mas havia uma maior irregularidade no suprimento aos vários mercados locais e no ajuste deste suprimento às variações de demanda. Mas mesmo sendo verdade que os preços fossem um pouco mais estáveis num passado distante, isto teria pouca importância nos dias de hoje. As noções populares de moeda e de preços em moeda não derivam de ideias formadas no passado. Seria errado interpretá-las como reminiscências atávicas. Atualmente, todo indivíduo é confrontado diariamente com tantas situações de compra e venda que seria equivocado imaginar que suas opiniões sobre o assunto decorram simplesmente da aceitação irrefletida de ideias tradicionais.

É fácil compreender por que aqueles cujos interesses de curto prazo são prejudicados por mudanças nos preços reclamam destas mudanças, enfatizando que os preços anteriores eram não só mais justos, como mais normais, e sustentado que a estabilidade dos preços está em conformidade com as leis da natureza e da moralidade. Mas toda mudança de preços favorece os interesses de curto prazo de outras pessoas. Os favorecidos certamente não se sentem impelidos a enfatizar a equidade e a normalidade da rigidez dos preços.

A existência de reminiscências atávicas ou de interesses egoístas de grupos não é suficiente para explicar a popularidade da ideia da estabilidade de preços. Suas raízes devem ser encontradas no fato de as noções concernentes às relações sociais terem sido concebidas segundo o padrão das ciências naturais. Os economistas e os sociólogos que pretendem moldar as ciências sociais segundo o modelo da física ou da fisiologia estão simplesmente cedendo a uma forma de pensar que as ilusões populares adotariam mais tarde.

Mesmo os economistas clássicos não foram capazes de se libertar desse erro. Para eles, valor era algo objetivo, isto é, um fenômeno do mundo exterior, uma qualidade inerente às coisas e, portanto, mensurável. Falharam inteiramente ao não perceber o caráter puramente humano e voluntarista dos julgamentos de valor. Tanto quanto podemos saber hoje, foi Samuel Bailey quem primeiro desvendou o que ocorre quando se prefere uma coisa a outra.[2] Mas o seu livro, assim como os escritos de outros precursores da teoria subjetiva de valor, passou despercebido.

O dever de refutar o erro contido na ideia de que a ação é mensurável não cabe apenas à ciência econômica. É também um dever da política econômica. Porque os fracassos das políticas econômicas dos nossos dias se devem, em certa medida, à lamentável confusão provocada pela ideia de que existe algo fixo e, portanto, mensurável nas relações inter-humanas.

4
A ESTABILIZAÇÃO

Uma excrescência fruto de todos esses erros, é a ideia de estabilização.
Os danos causados pela intervenção governamental nos assuntos monetários e as consequências desastrosas de políticas adotadas com o propósito de reduzir a taxa de juros e incrementar a atividade eco-

---

[2] Ver Samuel Bailey, *A Critical Dissertation on the Nature, Measures and Causes of Values*, Londres, 1825, n. 7 in "Series of Reprints of Scarce Tracts in Economics and Political Science", London School of Economics, Londres, 1931.

nômica através da expansão do crédito deram origem às ideias que acabaram gerando o *slogan* "estabilização". Podemos explicar seu surgimento e sua popularidade; podemos compreendê-lo como sendo o fruto da história da moeda e do crédito nos últimos 150 anos; podemos, por assim dizer, alegar circunstâncias atenuantes para os erros cometidos. Mas nenhuma explicação benevolente conseguirá fazer com que essas falácias possam ser um pouco mais defensáveis.

A estabilidade pretendida por um programa de estabilização é uma noção vazia e contraditória. O impulso para agir, isto é, para melhorar as condições de vida, é inato no homem. O próprio homem muda de momento em momento, e suas valorações, vontades e atos mudam com ele. No domínio da ação, nada é perpétuo, a não ser a mudança. Nada é permanente nessa incessante flutuação; somente as categorias apriorísticas da ação é que são eternas. É inútil tentar separar a valoração e a ação da instabilidade e da variabilidade de seu comportamento e argumentar como se existissem no universo valores eternos independentes dos julgamentos de valor dos homens, capazes de servir como unidade de medida para avaliação da ação.[3]

Todos os métodos sugeridos para medir as variações do poder de compra das unidades monetárias são baseados, de forma mais ou menos inconsciente, na imagem ilusória de um ser eterno e imutável que determina, pela aplicação de um padrão invariável, a quantidade de satisfação que uma unidade de moeda lhe proporciona. Alegar que só se deseja medir as mudanças no poder de compra da moeda constitui uma justificativa pobre dessa ideia mal concebida. O ponto crucial da noção de estabilidade reside principalmente *nesse* conceito de poder aquisitivo. O leigo, influenciado pelas ideias da física, considerava a moeda como um padrão de medida dos preços. Acreditava que as flutuações das relações de troca ocorriam apenas entre as várias mercadorias e serviços, e não entre a moeda e a "totalidade" dos bens e serviços. Mais tarde, as pessoas inverteram o argumento. Não era mais à moeda que se atribuía a constância de valor, mas à "totalidade" das coisas que podiam ser objeto de compra e venda. Começaram a imaginar conjuntos de mercadorias para serem contrastados com a unidade monetária. A ânsia de encontrar índices para medir o poder de compra da moeda silenciava todos os escrúpulos. Tanto a ambiguidade e a incomparabilidade dos registros de preços como o caráter arbitrário dos procedimentos usados no cálculo das medidas não eram levados em consideração.

---

[3] Para a propensão da mente em considerar a rigidez e a imutabilidade como o essencial, e o movimento e a mudança como o acidental, ver Bergson, *La pensée et le mouvant*, p.85 e segs.

O eminente economista americano Irving Fisher, grande paladino do movimento de estabilização nos EUA, contrastava o dólar com uma cesta contendo todas as mercadorias que a dona de casa compra no mercado para o aprovisionamento habitual de sua despensa. Na proporção em que a quantidade de dinheiro necessária para comprar o conteúdo dessa cesta variasse, o poder aquisitivo do dólar também variaria. O objetivo pretendido por essa política de estabilização era a preservação da imutabilidade deste gasto em moeda.[4] Isto teria cabimento se a dona de casa e sua cesta imaginária fossem elementos constantes, se a cesta contivesse sempre os mesmos produtos e a mesma quantidade de cada um, e se não variasse, na vida das famílias, o papel representado por este conjunto de bens. No mundo em que vivemos, nenhuma dessas condições é real.

Em primeiro lugar, existe o fato de que a qualidade das mercadorias varia continuamente. É um erro considerar que todo trigo produzido é de mesma qualidade; isto para não falar de sapatos, chapéus e outras manufaturas. As grandes diferenças de preços que podem ser observadas em vendas simultâneas de mercadorias que a linguagem corrente e as estatísticas colocam sob a mesma rubrica evidenciam claramente esse truísmo. Uma expressão idiomática assevera que duas ervilhas são iguais;[5] mas compradores e vendedores distinguem várias qualidades e tipos de ervilhas. É inútil comparar preços pagos em diferentes locais ou momentos por mercadorias que a tecnologia e a estatística designam pelo mesmo nome, se não houver certeza de que sua qualidade – exceto quanto à diferença de local – é exatamente a mesma. Qualidade neste contexto significa: todas as propriedades às quais os compradores ou os potenciais compradores atribuem importância. O simples fato de que a qualidade de todos os bens e serviços de primeira ordem está sujeita a mudanças desmoraliza um dos pressupostos fundamentais de todos os métodos de cálculo de índices. É irrelevante o fato de que um pequeno número de bens de ordens mais elevadas – especialmente metais e produtos químicos que podem ser bem definidos por meio de fórmulas – seja suscetível de uma descrição precisa de suas características. Uma medição do poder de compra teria que depender dos preços dos bens e serviços de primeira ordem. E não só de alguns, mas de *todos* eles. Empregar os preços dos bens de produção para se medir o poder aquisitivo é um método que não resolveria o problema, porque implicaria em computar várias vezes as diversas fases de produção de um mesmo bem de consumo,

---

[4] Ver Irving Fisher, *The Money Illusion*, Nova York, 1928, p. 19-20.

[5] Para designar coisas exatamente iguais, a língua inglesa possui a expressão *"as like two peas"*, cuja tradução literal é "iguais como duas ervilhas". (N.T.)

o que falsearia o resultado. Restringir-se a um grupo selecionado de bens seria bastante arbitrário e consequentemente vicioso.

Mas, mesmo deixando de lado estes obstáculos intransponíveis, a tarefa continuaria sem solução. Porque não só as características tecnológicas das mercadorias mudam, fazendo surgir novos tipos de bens enquanto outros desaparecem, como o valor que lhes atribuímos também muda, provocando alterações na demanda e na produção. Os pressupostos em que se ampara a doutrina da medição exigiriam homens cujos desejos e valorações fossem imutáveis.

Somente se as pessoas valorassem as mesmas coisas sempre da mesma maneira, poderíamos considerar mudanças nos preços como representativas de mudanças no poder aquisitivo da moeda. Sendo impossível estabelecer a quantidade total de moeda dispendida em bens de consumo, numa determinada fração de tempo, as estatísticas são obrigadas a recorrer aos preços pagos por mercadoria. Isto suscita dois outros problemas, para os quais não há solução apodítica. Torna-se necessário atribuir, às várias mercadorias, coeficientes de importância. Seria evidentemente errado computar os preços das várias mercadorias sem considerar sua respectiva importância na economia doméstica dos indivíduos. Mas o estabelecimento de uma ponderação adequada também é arbitrário. Em segundo lugar, torna-se necessário calcular médias dos dados coletados e ponderados. Mas existem diferentes métodos para cálculo de médias. Existe a média aritmética, a geométrica, a harmônica; existe a quase média, conhecida como a mediana. Cada uma delas conduz a um resultado diferente. Nenhuma delas pode ser considerada como o único modo de obter uma resposta logicamente inatacável. A decisão em favor de um desses métodos de cálculo é arbitrária.

Se todas as circunstâncias humanas fossem imutáveis; se todas as pessoas repetissem sempre as mesmas ações – por ser sempre o mesmo o seu desconforto e a mesma a forma de removê-lo —, ou se pudéssemos assegurar que as mudanças ocorridas em alguns indivíduos ou grupos fossem contrabalançadas por mudanças em sentido contrário em outros indivíduos ou grupos e, portanto, não afetassem a demanda total nem a oferta total, estaríamos vivendo num mundo de estabilidade. Mas nesta hipótese, a ideia de que o poder aquisitivo da moeda pudesse variar é contraditória. Como serão demonstradas mais adiante, mudanças no poder aquisitivo da moeda afetam necessariamente os preços dos vários bens e serviços, em momentos diferentes e numa proporção diferente; consequentemente, produzem mudanças na oferta e procura, na produção e no consumo.[6] A ideia implícita no

---
[6] Ver adiante p. 479-482.

impróprio termo *nível de preços*, como se – mantidas iguais as demais circunstâncias – todos os preços pudessem aumentar e diminuir uniformemente, é uma ideia insustentável. As demais circunstâncias não podem permanecer iguais, quando varia o poder de compra da moeda.

No campo da praxeologia e da economia, carece de sentido a ideia de medição. Numa hipotética situação em que todas as condições fossem rígidas, não haveria mudanças a serem medidas. No nosso mundo sempre cambiante, não existem pontos fixos, dimensões ou relações que possam servir de padrão de medida. O poder de compra da unidade monetária nunca varia uniformemente em relação a todas as coisas vendáveis ou compráveis. As noções de estabilidade e estabilização são vazias de sentido, se não se referem a um estado de rigidez e à sua preservação. Entretanto, esse estado de rigidez não pode sequer ser consistentemente imaginado até suas últimas consequências lógicas; muito menos ainda pode existir na realidade.[7] Onde há ação, há mudança. A ação é uma alavanca para mudanças.

A solenidade pretensiosa exibida pelos estatísticos e pelas agências estatísticas ao anunciarem índices de custo de vida e de poder de compra é desmedida. Esses índices numéricos não são mais do que ilustrações grosseiras e inexatas de mudanças já ocorridas. Nos períodos em que a relação entre a oferta e a demanda por moeda se altera muito lentamente, os índices não nos fornecem nenhuma informação. Nos períodos de inflação e, consequentemente, de variações bruscas de preços, os índices nos proporcionam uma imagem tosca de eventos que cada indivíduo percebe por experiência própria, no seu dia a dia. Uma dona de casa judiciosa sabe mais sobre mudanças de preços que afetam sua economia doméstica do que lhe poderiam ensinar as médias estatísticas. Para ela, de pouco adiantam cálculos feitos sem considerar as mudanças tanto em qualidade quanto em quantidade dos bens que ela pode adquirir aos preços utilizados para calcular o índice. Se, numa apreciação pessoal, ela "medir" as mudanças, considerando apenas os preços de duas ou três mercadorias como um padrão, não estará sendo menos "científica" e nem menos arbitrária do que matemáticos sofisticados ao escolher os seus métodos para computar os dados do mercado.

Na vida prática, ninguém se deixa iludir por índices numéricos. Ninguém aceita a ficção segundo a qual tais índices devem ser considerados como medições. Quando quantidades são medidas, desaparecem as dúvidas e discussões em relação às suas dimensões. É

---

[7] Ver adiante p. 303-305.

questão resolvida. Ninguém ousaria discutir com os meteorologistas sobre medições de temperatura, umidade, pressão atmosférica e outros dados meteorológicos. Por outro lado, ninguém concorda com um índice numérico, se não espera uma vantagem pessoal resultante de sua aceitação pela opinião pública. O estabelecimento de índices numéricos não resolve as disputas; simplesmente as desloca para um campo onde o choque de opiniões e interesses é irreconciliável.

A ação humana provoca mudanças. Na medida em que há ação humana, não há estabilidade, mas incessante alteração. O processo histórico é uma sucessão de mudanças. O homem não tem possibilidade de detê-lo nem de criar uma era de estabilidade fazendo cessar o curso da história. É da natureza humana querer melhorar, conceber novas ideias e ajustar as condições de sua vida em conformidade com essas ideias.

Os preços do mercado são fatos históricos que exprimem um estado de coisas que prevaleceu num determinado instante do irreversível processo histórico. Para a praxeologia, o conceito de medição é desprovido de sentido. No imaginário – e, obviamente, irrealizável – estado de rigidez e estabilidade, não existem mudanças a serem medidas. No mundo real de permanente mudança, não existem pontos fixos, objetos, qualidades ou relações fixas que permitam medir as mudanças ocorridas.

5
A BASE DA IDEIA DE ESTABILIZAÇÃO

O cálculo econômico não necessita de estabilidade monetária no sentido com que este termo é empregado pelos defensores da estabilização. O fato de que a rigidez do poder de compra da unidade monetária é inconcebível e irrealizável não impede o cálculo econômico. O que o cálculo econômico requer é um sistema monetário cujo funcionamento não seja sabotado pela interferência do governo. Quando as autoridades governamentais expandem a quantidade de moeda em circulação, seja para aumentar sua capacidade de gastar, seja para produzir uma temporária baixa na taxa de juros, desarticulam todas as relações monetárias e perturbam o cálculo econômico. O primeiro objetivo de uma política monetária deve ser o de impedir o governo de adotar medidas inflacionárias e de criar condições que estimulem a expansão do crédito por parte dos bancos. Este programa seria bastante diferente do confuso e autocontraditório programa de estabilização do poder de compra.

Para o bom funcionamento do cálculo econômico, basta evitar flutuações grandes e abruptas na oferta de dinheiro. O ouro e, até meados do século XIX, a prata, atenderam muito bem às necessidades do cálculo econômico. As variações na relação entre a oferta e a demanda destes metais preciosos e as consequentes alterações no poder de compra foram tão lentas que o cálculo econômico dos empresários podia desprezá-las sem correr o risco de grandes desvios. A precisão no cálculo econômico é inatingível, mesmo excluindo as imperfeições decorrentes do fato de não se dar a devida atenção às variações monetárias.[8] Ao fazer seus planos, o empresário não pode deixar de empregar dados relativos a um futuro desconhecido; lida necessariamente com preços e custos de produção que só serão conhecidos no futuro. A contabilidade, no seu esforço para estabelecer o resultado da ação passada, tem o mesmo problema, na medida em que depende da estimativa do valor de instalações fixas, estoques e realizáveis contra terceiros. A despeito de todas estas incertezas, o cálculo econômico pode cumprir sua função. Isto porque as incertezas não decorrem do sistema de cálculo. São inerentes à essência da ação que lida sempre com a incerteza do futuro.

A ideia de tornar estável o poder de compra não teve sua origem na tentativa de tornar o cálculo econômico mais preciso. Ela decorreu do desejo de criar algo que ficasse imune ao incessante fluir da atividade humana, um campo que não pudesse ser afetado pelo processo histórico. As dotações destinadas a prover perpetuamente as necessidades de um corpo eclesiástico, de uma instituição de caridade ou de uma família foram durante muito tempo estabelecidas em terras ou em produtos agrícolas. Mais tarde, a elas se acrescentaram anuidades definidas em moeda. Doadores e beneficiários supunham que uma anuidade definida em termos de uma quantidade certa de metais preciosos não seria afetada por mudanças nas condições econômicas. Tais esperanças eram ilusórias. As gerações seguintes constataram que os planos de seus antecessores não se realizaram. Estimulados por esta experiência, começaram a investigar como poderiam atingir os objetivos visados. Foi assim que tiveram início as tentativas de medir as mudanças no poder aquisitivo e as de eliminar essas mudanças.

O problema assumiu maior importância quando os governos começaram a recorrer a empréstimos em longo prazo, perpétuos, cujo principal

---

[8] Nenhum cálculo prático pode jamais ser preciso. A fórmula adotada para o cálculo pode ser exata; mas o cálculo em si utiliza sempre quantidades aproximadas e, portanto, é necessariamente impreciso. A economia é, como já foi mostrado anteriormente, (p. 66), uma ciência exata de coisas reais. Mas quando começamos a raciocinar com dados de preços, desaparece a exatidão e a teoria econômica é substituída pela história econômica.

não seria nunca reembolsado. O estado, essa nova deidade da nascente estatolatria, essa eterna e super-humana instituição imune às fraquezas humanas, oferecia ao cidadão uma oportunidade de colocar sua riqueza a salvo de qualquer vicissitude. Abria o caminho para libertar o indivíduo da necessidade de arriscar e de ter que conseguir sua renda novamente, cada dia, no mercado capitalista. Quem investisse seus recursos em títulos emitidos pelo governo ou por entidades paraestatais ficava liberado das inevitáveis leis do mercado e da soberania dos consumidores. Deixava de ter necessidade de investir recursos para melhor servir os desejos e necessidades dos consumidores. Passava a ter segurança, protegido dos perigos da competição no mercado onde os prejuízos são a punição pela ineficiência; o estado eterno o acolhia sob sua asa e lhe garantia o desfrute tranquilo de seus recursos. Desde então, sua renda não mais decorria do processo de atender os desejos, mas dos impostos arrecadados pelo aparato de compulsão e coerção. Em vez de servir os seus concidadãos, submisso à sua soberania, passava a ser um sócio do governo que arrecadava impostos do povo. O que o governo pagava como juros eram menos do que o mercado oferecia. Mas esta diferença era fartamente compensada pela indiscutível solvência do devedor, o estado, cuja receita não dependia de satisfazer o público, mas da cobrança inflexível do pagamento dos impostos.

Apesar das desagradáveis lembranças deixadas pelos primeiros empréstimos públicos, as pessoas estavam dispostas a confiar generosamente no estado modernizado do século XIX. Em geral, tinha-se como evidente que esse novo estado cumpriria escrupulosamente as obrigações que voluntariamente havia assumido. Os capitalistas e os empresários tinham plena consciência do fato de que, numa sociedade de mercado, o único meio de preservar a riqueza é ganhá-la de novo a cada dia, numa árdua competição com todos, com as firmas já existentes e com as que estão "começando do nada". O empresário envelhecido e cansado, que não estava mais disposto a arriscar sua riqueza duramente conquistada em novas tentativas de servir aos desejos do consumidor, e o herdeiro dos lucros de alguém, indolente e cônscio de sua própria ineficiência, prefeririam investir em títulos da dívida pública, libertando-se, assim, da lei do mercado.

Ora, uma dívida pública perpétua e não amortizável pressupõe a estabilidade do poder de compra. Embora o estado e seu poder de coerção possam ser eternos, os juros pagos sobre a dívida pública só podem ser eternos se baseados num padrão de valor imutável. Desta forma, o investidor, que por razões de segurança evita o mercado, a atividade empresarial e o investimento na livre iniciativa, preferindo títulos do governo, defrontam-se novamente com o problema da mutabilidade de todos os assuntos humanos. Descobre que no quadro de uma sociedade de mercado não há lugar para uma riqueza que não seja dependente do mercado. Seus esforços para encontrar uma fonte inesgotável de renda são inúteis.

Não há neste mundo nada que se possa chamar de estabilidade ou segurança e nenhum esforço humano será capaz de criá-las. Numa sociedade regida pelo mercado, a única maneira de adquirir riqueza e preservá-la é a de ser bem-sucedido ao servir o consumidor. O estado, é claro, pode impor pagamentos aos seus súditos ou tomar recursos por empréstimo. Entretanto, mesmo o mais implacável governante não é capaz de, em longo prazo, violentar as leis que regem a vida e a ação do homem. Se o governo usa os recursos tomados por empréstimo de maneira a melhor servir os desejos dos consumidores, e se é bem-sucedido nessas atividades empresariais, competindo livremente e sem privilégios com empresários privados, está na mesma posição de qualquer outro empreendedor; pode pagar juros porque teve superávit. Mas se o governo investe mal os seus recursos e não produz resultados superavitários, ou se os utiliza para despesas correntes, o capital tomado por empréstimo diminui ou desaparece completamente, secando a fonte de onde deveriam provir os recursos para pagar os juros e o principal. Assim sendo, a única maneira de que dispõe para cumprir os compromissos assumidos nos contratos de crédito é a cobrança de impostos. Ao cobrar impostos com este fim, o governo penaliza os cidadãos pelos recursos que malbaratou no passado. Pelos impostos pagos, os cidadãos não recebem nenhuma contrapartida do aparato governamental. O governo paga juros sobre um capital que consumiu e que já não existe. O Tesouro é onerado pelos resultados desastrados de políticas anteriores.

Em certas circunstâncias, podem-se justificar empréstimos de curto prazo ao governo. Evidentemente, a justificativa popular de empréstimo de guerra não tem sentido. Todos os materiais necessários para conduzir uma guerra devem ser obtidos pela restrição do consumo civil, pelo maior volume de trabalho e pelo consumo de uma parte do capital disponível. O peso do esforço de guerra deve recair sobre a geração em luta. As futuras gerações são afetadas apenas na medida em que, devido ao esforço de guerra, herdarão menos do que herdariam se não tivesse havido uma guerra. Financiar uma guerra através de empréstimos evita a transferência do ônus para os filhos e netos.[9] É simplesmente um

---

[9] Empréstimos, neste contexto, significam recursos tomados por empréstimo daqueles que têm recursos para emprestar. Não nos estamos referindo ao problema da expansão de crédito que ocorre, hoje em dia na América, principalmente em consequência da expansão do crédito feita através dos bancos comerciais.

modo de distribuir a carga entre os cidadãos. Se toda a despesa fosse coberta por impostos, somente aqueles que tivessem recursos disponíveis poderiam ser taxados. As demais pessoas não contribuiriam de maneira adequada. Empréstimos em curto prazo podem ser um recurso para diminuir essa desigualdade, uma vez que permitem uma oportuna tributação sobre os detentores de capital fixo.

O crédito em longo prazo, público ou semipúblico, é um elemento estranho e perturbador à estrutura da sociedade de mercado. Seu estabelecimento foi uma tentativa inútil de ir além dos limites da ação humana e de criar uma órbita de segurança eterna que não pudesse ser afetada pela transitoriedade e instabilidade dos assuntos terrenos. Que presunção arrogante esta de pactuar empréstimos perpétuos, de fazer contratos para a eternidade, de estipular para todo o sempre! Neste particular, pouco importa se os empréstimos eram formalmente perpétuos ou não; intencional e praticamente, eram assim considerados e transacionados. No apogeu do liberalismo, algumas nações ocidentais redimiram parte de sua dívida de longo prazo mediante honrado reembolso do principal. Mas, na maior parte dos casos, as novas dívidas se foram acumulando sobre as antigas. A história financeira do último século mostra um contínuo aumento do montante da dívida pública. Ninguém acredita que os Estados irão suportar eternamente a carga dos juros a pagar. É óbvio que, mais cedo ou mais tarde, todos estes débitos serão liquidados de alguma maneira, diferente daquela prevista no contrato. Uma legião de autores inescrupulosos já se ocupa em preparar a justificação moral para o dia do ajuste final.[10]

O fato de o cálculo econômico, em termos de moeda, não ser apropriado às tarefas que lhe são atribuídas pelos quiméricos planos que visam à implantação de um impraticável regime de absoluta quietude e de eterna segurança, imune às inevitáveis limitações da ação humana, não pode ser considerado uma deficiência. Não há nada que possa ser considerado como valores eternos, absolutos e invariáveis. A procura de um padrão para medir tais valores é inútil. O cálculo econômico não deve ser considerado como imperfeito por não corresponder às ideias confusas de pessoas que desejam uma renda estável que não dependa do processo produtivo dos homens.

---

[10] A mais popular dessas doutrinas está cristalizada na seguinte frase: uma dívida pública não é uma obrigação, porque devemo-la a nós mesmos. Se isto fosse verdade, o cancelamento da dívida pública seria uma operação inofensiva, um mero lançamento contábil. Na realidade, a dívida pública compreende direitos de pessoas que, no passado, confiaram seus recursos ao governo, contra todos aqueles cidadãos que diariamente estão produzindo novas riquezas. Onera-se o segmento produtivo da sociedade em benefício de outro segmento. Há uma maneira de se liberarem os produtores de novas riquezas desta carga: aplicar os impostos necessários aos pagamentos exclusivamente sobre os portadores de títulos. Mas isto significa um flagrante desrespeito ao compromisso assumido.

CAPÍTULO 13
O CÁLCULO ECONÔMICO COMO UM INSTRUMENTO DA AÇÃO

1
O CÁLCULO MONETÁRIO COMO UM MÉTODO DE PENSAR

O cálculo monetário é a estrela guia da ação no sistema social baseado na divisão do trabalho. É a bússola do homem que pretende produzir algo. O homem usa o cálculo para distinguir um processo de produção lucrativo dos não lucrativos; para distinguir aquilo que os consumidores soberanos provavelmente aprovarão daquilo que provavelmente desaprovarão. Todo o simples passo da atividade empresarial está sujeito a um exame minucioso a ser feito por intermédio do cálculo econômico. A premeditação de ações planejadas torna-se, com o cálculo, uma antecipação dos custos e receitas esperadas. A constatação retrospectiva do resultado da atividade passada torna-se a contabilidade de lucros e perdas.

O sistema de cálculo econômico em termos monetários está condicionado por certas instituições sociais. Só pode funcionar num quadro institucional de divisão do trabalho e de propriedade privada dos meios de produção, no qual bens e serviços de todas as ordens são comprados e vendidos através do uso generalizado de um meio de troca chamado moeda.

O cálculo monetário é o método de cálculo empregado pelas pessoas que agem no contexto de uma sociedade baseada no controle privado dos meios de produção. É um instrumento da ação dos indivíduos; é um modo de computar que tem por objetivo avaliar a riqueza e a renda privada e os lucros e perdas dos indivíduos que agem por conta própria numa sociedade de livre empresa.[1] Todos os seus resultados referem-se somente a ações individuais. Quando os estatísticos sumarizam esses resultados, o total obtido é uma soma de ações autônomas da pluralidade de indivíduos que se dirigem a si mesmos, e não o resultado da ação de um corpo coletivo, de um conjunto ou de uma

---
[1] Nas sociedades ou companhias embora constituídas de mais de um indivíduo, são sempre figuras individuais que agem.

totalidade. O cálculo monetário é inteiramente inaplicável e inútil para qualquer consideração que não contemple as coisas do ponto de vista de indivíduos. Implica no cálculo de lucros individualizados e não no de valores "sociais" imaginários ou de bem estar "social".

O cálculo monetário é o principal veículo de planejamento e ação no contexto de uma sociedade livre, dirigida e controlada pelo mercado e seus preços. Desenvolveu-se nesse contexto e foi sendo gradualmente aperfeiçoado, na medida em que no mecanismo de mercado se expandia o conjunto de coisas negociadas com o uso de moeda. Foi o cálculo econômico que conferiu à quantificação, aos números e às operações aritméticas o papel que representam em nossa civilização quantitativa e calculadora. As medições da física e da química só fazem sentido para a ação prática porque existe o cálculo econômico. Foi o cálculo monetário que fez da aritmética uma ferramenta na luta por uma vida melhor. Proporciona um modo de usar as conquistas obtidas em experiências de laboratório para diminuir o desconforto de maneira mais eficaz.

O cálculo monetário atinge sua maior perfeição na contabilidade de capital. Estabelece os preços em moeda dos meios disponíveis e confronta este total com as mudanças produzidas pela ação e pela operação de outros fatores. Esta confrontação mostra as mudanças que ocorreram nos negócios dos indivíduos e a magnitude dessas mudanças; torna legível o sucesso e o fracasso, o lucro e a perda. Intitulou-se de capitalismo o sistema de livre empresa com o evidente intuito de denegri-lo e difamá-lo. Entretanto, esse termo pode ser considerado como bastante pertinente. Evoca o traço mais característico do sistema, seu aspecto mais eminente, qual seja o papel que a noção de capital representa na gestão da livre empresa.

Há pessoas para as quais o cálculo econômico é algo repugnante. Não querem ser despertadas de seus devaneios pela voz crítica da razão. A realidade lhes aborrece, preferem fantasiar sobre um mundo de oportunidades ilimitadas. Incomoda-lhes a maldade de uma ordem social onde tudo é primorosamente calculado em dólares e centavos. Consideram seus resmungos de desaprovação como um comportamento nobre, digno dos amigos do espírito, da beleza e da virtude em contraposição à baixeza ignóbil e à torpeza dos *Babbitt*.[2] Entretanto, o culto da beleza e da virtude, a sabedoria e a busca do conhecimento não são prejudicadas pela racionalidade de uma mente que conta e calcula. Aquela atitude se trata apenas de devaneio romântico que

---

[2] *Babbitt* – termo tirado do livro de mesmo título do escritor norte-americano Sinclair Lewis (1885-1951). É empregado nos EUA para designar, depreciativamente, empresários ou homens de negócios. (N.T.)

não pode prosperar diante de uma crítica séria. O calculador de cabeça fria é o censor severo do visionário estático.

Nossa civilização está inseparavelmente ligada aos métodos de cálculo econômico. Pereceria, se tivesse de renunciar a essa preciosa ferramenta intelectual da ação. Goethe tinha razão em qualificar a contabilidade de partidas dobradas como "uma das mais belas invenções da mente humana".[3]

2
O CÁLCULO ECONÔMICO E A CIÊNCIA DA AÇÃO HUMANA

A evolução do cálculo econômico capitalista foi a condição necessária para o estabelecimento de uma ciência da ação humana, sistemática e coerentemente lógica. A praxeologia e a economia têm um lugar definido na evolução da história humana e no processo de pesquisa científica. Só poderiam tomar corpo quando o agente homem tivesse êxito na criação de um método de pensar que tornasse possível calcular suas ações. A ciência da ação humana, no seu início, era simplesmente uma disciplina que lidava com as ações que podiam ser testadas pelo cálculo monetário. Lidava exclusivamente com o que poderia ser chamado de economia, num sentido restrito, isto é, com aquelas ações que numa sociedade de mercado são efetuadas com a intermediação da moeda. Os primeiros passos no caminho de seu aprimoramento foram investigações avulsas relativas às moedas em circulação, ao crédito e aos preços dos vários produtos. O conhecimento transmitido pela lei de Gresham, as primeiras formulações aproximadas da teoria quantitativa da moeda – como as de Bodin e Davanzati – e a lei de Gregory King são o primeiro albor da percepção da regularidade de fenômenos e da necessidade inevitável que prevaleçam no campo da ação humana. O primeiro sistema mais abrangente de teoria econômica – essa brilhante realização dos economistas clássicos – foi essencialmente uma teoria da ação calculável. Traçou implicitamente a linha divisória entre o que deve ser considerado como econômico e como extra econômico, segundo a linha que separa as ações que podem ser calculadas em termos monetários das demais ações. Partindo dessa base, os economistas tiveram condições de ampliar pouco a pouco o campo de seus estudos, até finalmente desenvolverem um sistema capaz de lidar com todas as escolhas humanas, uma teoria geral da ação.

---

[3] Ver Goethe, *Wilhelm Meister's Apprenticeship*, livro I, cap. X.

Parte IV

Cataláxia ou Economia de Mercado

CAPÍTULO 14
ÂMBITO E METODOLOGIA DA CATALÁXIA

1
A DELIMITAÇÃO DOS PROBLEMAS CATALÁCTICOS

Nunca houve qualquer dúvida ou incerteza quanto ao âmbito da ciência econômica. Desde que se começou a estudar sistematicamente economia ou economia política, têm estado todos de acordo com a ideia de que a tarefa deste ramo do conhecimento é investigar os fenômenos do mercado, isto é, a determinação da relação de troca dos bens e serviços negociados no mercado, sua origem na ação humana e seus efeitos nas ações posteriores. A complexidade de definir com precisão o âmbito da economia não deriva da incerteza quanto à natureza dos fenômenos a serem investigados. Decorre do fato de que os esforços para elucidar os fenômenos em questão devem ir além da órbita do mercado e das transações do mercado. Para conceber plenamente o mercado, é necessário por um lado, estudar a ação de hipotéticos indivíduos vivendo isoladamente e, por outro, contrastar o sistema de mercado com uma imaginária comunidade socialista. Ao estudar a troca interpessoal, não podemos deixar de lidar com a troca autística (intrapessoal). Torna-se, então, difícil definir claramente que ações devem estar compreendidas no âmbito da ciência econômica, em sentido restrito, e quais devem ser excluídas. A economia ampliou seu horizonte e se transformou numa ciência geral de toda e cada ação humana, ou seja, na praxeologia. A questão que emerge está em distinguir os limites concretos dos problemas estritamente econômicos.

As tentativas de definir precisamente os limites do âmbito da cataláxia fracassaram porque escolheram como critério ou os motivos que provocam a ação ou, então, os objetivos que se pretendem alcançar. Mas a variedade e multiplicidade de motivos que instigam a ação de um indivíduo são irrelevantes para um estudo abrangente da ação humana. Toda ação é motivada pelo desejo de suprimir um determinado desconforto. Pouco importa, para a ciência da ação, a maneira pela qual as pessoas qualificam esse desconforto do ponto de vista fisiológico, psicológico ou ético. A tarefa da economia é lidar com os preços de todos os bens, tais como são cobrados e pagos nas transações de mercado. Não deve restringir suas investigações ao estudo daqueles preços que resultam, ou parecem resultar, de comportamentos que possam ser rotulados pela psicologia, pela ética ou por qualquer outra maneira de considerar o comportamento humano. A classificação das ações segundo seus vários motivos pode ser importante para a psicologia e pode proporcionar um termo de referência para uma avaliação moral; não obstante, para a economia, são irrelevantes. Pode-se dizer o mesmo em relação às tentativas de limitar o âmbito da economia às ações que têm por objetivo suprir os indivíduos com os bens tangíveis e materiais do mundo exterior. Estritamente falando, as pessoas não almejam os bens tangíveis em si mesmos; almejam isto sim, os serviços que esses bens podem prestar-lhes. Querem obter o incremento de bem estar que esses serviços são capazes de lhes proporcionar. Mas, sendo assim, é inadmissível excluir do âmbito da ação "econômica" ações que diminuam o desconforto, sem a interposição de coisas tangíveis e visíveis. O conselho de um médico, o ensinamento de um professor, o recital de um artista e outros muitos serviços pessoais são objeto de estudo econômico tanto quanto o desenho de um arquiteto para construir um edifício, a fórmula de um cientista usada na produção de um composto químico ou a contribuição de um autor para a publicação de um livro.

O objeto de estudo da cataláxia são todos os fenômenos de mercado com todas as suas raízes, ramificações e consequências. É um fato o de que as pessoas, ao transacionarem no mercado, não são motivadas apenas pelo desejo de obter alimento, abrigo e satisfação sexual, mas também por inúmeros desejos de natureza "ideal". O agente homem nem sempre está interessado apenas em coisas "materiais", mas também em coisas "ideais". Escolhe entre várias alternativas, sem considerar se elas são classificadas como materiais ou ideais. Nas escalas de valor efetivas, as coisas materiais e espirituais estão entrelaçadas. Mesmo se fosse possível traçar uma separação nítida entre interesses ideais e materiais, é preciso considerar que toda ação concreta ou visa à realização de objetivos tanto materiais como ideais ou é o resultado de uma escolha entre algo ideal e algo material.

Podemos deixar sem resposta a questão de saber se é possível separar as ações que visam à satisfação de necessidades condicionadas pela fisiologia das outras ligadas a necessidades "mais elevadas". Mas não devemos subestimar o fato de que, na realidade, nenhum alimento é valorado apenas pelo seu valor nutritivo e nenhuma casa ou vestimenta apenas por proteger da chuva e do frio. Não se pode negar que a demanda por bens é largamente influenciada por considerações metafísicas, religiosas e éticas, por julgamentos de valor estéticos, por costumes, hábitos, preconceitos, tradições, modas e muitas outras coisas. Para um economista que tentasse restringir suas investigações apenas aos aspectos "materiais", o objeto de sua pesquisa se esvaneceria tão logo começasse a estudá-lo.

A única afirmativa cabível é a seguinte: o principal interesse da economia é a análise da determinação dos preços em moeda dos bens e serviços intercambiados no mercado. Para cumprir essa tarefa, deve partir de uma teoria abrangente da ação humana. Além disso, deve estudar não apenas os fenômenos de mercado, mas também a hipotética conduta de um homem isolado e de uma comunidade socialista. Finalmente, não deve restringir suas investigações às ações que em linguagem comum são chamadas de "econômicas", mas deve também considerar ações que numa linguagem imprecisa são chamadas de "não econômicas".

O âmbito da praxeologia – a teoria geral da ação humana – pode ser precisamente definido e delimitado. Os problemas tipicamente econômicos, os problemas da ação econômica no sentido mais estrito, só de forma aproximada podem ser dissociados do corpo de uma teoria geral praxeológica. Fatos acidentais registrados pela história da ciência econômica ou circunstâncias meramente convencionais influem, quando se trata de definir o campo da economia "propriamente dita".

Não são razões de natureza lógica ou epistemológica, mas consideração de natureza prática e de convenções tradicionais que nos fazem declarar que o campo da cataláxia ou economia no sentido estrito é a análise dos fenômenos de mercado. Isto equivale a dizer: a cataláxia é a análise daquelas ações que são conduzidas com base no cálculo econômico. O intercâmbio mercantil e o cálculo econômico estão ligados de forma inseparável. Um mercado no qual exista apenas troca direta é uma construção imaginária. Por outro lado, a moeda e o cálculo econômico são condicionados pela existência do mercado.

Certamente uma das tarefas da economia consiste em analisar o funcionamento de um imaginário sistema socialista de produção. Mas um estudo dessa natureza só é possível através do estudo da cataláxia, ou seja, através de um sistema onde existam preços em moeda e cálculo econômico.

A NEGAÇÃO DA ECONOMIA

Existem doutrinas que simplesmente negam a existência de uma ciência econômica. O que hoje em dia se ensina nas universidades sob o rótulo de economia é praticamente uma negação da economia.

Aquele que contesta a existência da economia está virtualmente negando que o bem estar da humanidade possa ser afetado pela escassez de fatores externos. Imagina que todo mundo poderia desfrutar a perfeita satisfação de todos os seus desejos, desde que fosse feita uma reforma para superar certos obstáculos causados por instituições inadequadas feitas pelo homem. A natureza é pródiga e generosamente cumula a humanidade com presentes. As condições poderiam ser paradisíacas para um número ilimitado de pessoas. A escassez é uma situação artificialmente criada por práticas estabelecidas. A abolição dessas práticas resultaria em abundância.

Na doutrina de Karl Marx e de seus seguidores, a escassez é apenas uma categoria histórica. É a parte essencial da história primitiva da humanidade que desaparecerá para sempre pela abolição da propriedade privada. Assim que a humanidade efetuar a transição do mundo de necessidade para o mundo de liberdade,[1] atingindo desta forma "a fase superior da sociedade comunista", haverá abundância e, consequentemente, será possível dar "a cada um de acordo com suas necessidades".[2] Não há, no vasto fluxo de escritos marxistas, a menor alusão à possibilidade de que uma sociedade comunista da "fase superior" possa ter que enfrentar uma escassez dos fatores naturais de produção. A realidade da existência da desutilidade do trabalho desaparece pela afirmativa de que trabalhar, numa sociedade comunista, evidentemente não será um encargo, mas um prazer, "a necessidade primordial da vida".[3] As desagradáveis realidades da "experiência" russa são atribuídas à hostilidade dos capitalistas, ao fato de o socialismo não ter ainda alcançado sua "fase superior" por ter sido implantado apenas em um país, e, mais recentemente, pela guerra.

Existem também os inflacionistas radicais, como por exemplo, Proudhon e Ernest Solvay. Para eles, a escassez é criada por restrições artificiais à expansão do crédito e outros métodos de aumentar a quantidade de dinheiro em circulação, restrições essas que são impostas ao público crédulo pelos egoísticos interesses de classe dos banqueiros e de outros exploradores. Recomendam como panaceia que as despesas públicas sejam ilimitadas.

Tal é o mito da possibilidade de fartura e abundância. A economia pode deixar aos historiadores e psicólogos a tarefa de explicar a popularidade dessa maneira de tomar os desejos por realidade e

---

[1] Ver Engels, *Herro Eugen Dübrings Umwälzung der Wissenschaft* – 7. ed. Stuttgart, 1910, p. 306.

[2] Ver Karl Marx, *Zur Kritik des sozialdemokratischen Parteiprogramms von Gotha*, ed. Kreibich, Reichenberg, 1920, p. 17.

[3] Ver ibid.

de satisfazer-se com fantasias. O que a economia tem a dizer sobre essa conversa fiada é que a economia lida com os problemas que o homem tem que enfrentar devido ao fato de que sua vida é condicionada por fatores naturais. Lida com a ação, isto é, com os esforços conscientes para diminuir tanto quanto possível o desconforto. Não tem nada a dizer sobre o que sucederia num mundo, não só inexistente como também inconcebível para mente humana, onde as oportunidades fossem ilimitadas. Em tal mundo, pode-se admitir, não haveria nem lei de valor, nem escassez, nem problemas econômicos. Essas coisas não existiram porque não haveria escolhas a serem feitas, não haveria ação nem tarefas a serem resolvidas pelo raciocínio. Os seres que porventura tivessem florescido num tal mundo jamais teriam desenvolvido o raciocínio e o pensamento. Se algum dia um mundo assim fosse dado aos descendentes da raça humana, estes seres bem-aventurados veriam sua capacidade de pensar se atrofiar e deixariam de ser humanos. Porque a tarefa primordial da razão é enfrentar conscientemente as limitações que a natureza impõe ao homem, é lutar contra a escassez. O homem que age e que pensa é o produto de um universo de escassez onde qualquer gênero de bem estar que possa ser alcançado será fruto de esforço e preocupação, de uma conduta que comumente chamamos de econômica.

2
O MÉTODO DAS CONSTRUÇÕES IMAGINÁRIAS

O método específico da economia é o método das construções imaginárias.

É o método usado pela praxeologia. O fato de que tenha sido cuidadosamente elaborado e aperfeiçoado no campo dos estudos econômicos, no sentido estrito, resulta do fato de que a economia, pelo menos até agora, tem sido a parte mais desenvolvida da praxeologia. Quem quiser expressar uma opinião sobre problemas comumente chamados de econômicos recorre a esse método. O emprego dessas construções imaginárias não é, certamente, um procedimento exclusivo da análise científica dos problemas econômicos. O leigo, ao lidar com eles, recorre ao mesmo método. Mas enquanto as construções do leigo são mais ou menos confusas e embaralhadas, a ciência econômica procura elaborá-las com o máximo cuidado, escrúpulo e precisão, analisando criticamente suas condições e suposições.

Uma construção imaginária é uma imagem conceitual de uma série de eventos resultantes, como consequência lógica, dos elementos de ação empregados na sua formação. É um resultado obtido por dedução; obtido, em última análise, a partir da categoria fundamental da ação, ou seja, do ato de preferir ou rejeitar. Ao configurar tal construção imaginária, o economista não está preocupado em saber se sua construção representa ou não as condições da realidade que ele quer analisar. Tampouco se preocupa em saber se um sistema tal como suposto na sua construção imaginária realmente poderia existir e funcionar. Mesmo construções imaginárias que são inconcebíveis, intrinsecamente contraditórias, ou irrealizáveis, podem ser úteis e até mesmo indispensáveis para a compreensão da realidade, desde que o economista saiba como delas se servir corretamente.

O método das construções imaginárias se justifica pelo seu sucesso. A praxeologia não pode, como as ciências naturais, basear seus ensinamentos em experiências de laboratório, nem na percepção sensorial de objetos externos. Teve que desenvolver métodos inteiramente diferentes dos da física e da biologia. Seria um grave erro buscar no campo das ciências naturais, analogias para as construções imaginárias. As construções imaginárias da praxeologia não podem jamais ser confrontadas com qualquer experiência feita com coisas externas e nem podem ser avaliadas a partir de tais experiências. Sua função é auxiliar o homem num exame que não pode ser feito pelos seus sentidos. Ao confrontar as construções imaginárias com a realidade, não podemos perguntar se correspondem à experiência ou se descrevem adequadamente os dados empíricos. Devemos questionar se as suposições de nossa construção são idênticas às condições das ações que queremos conceber.

A maneira mais adequada para se conceber uma construção imaginária consiste em nos abstrairmos de algumas condições existentes na ação real. Assim fazendo, podemos tentar entender as hipotéticas consequências da ausência dessas condições e conceber os efeitos de sua existência. Portanto, concebemos a categoria ação construindo uma situação imaginária na qual seria inconcebível agir, seja porque o indivíduo estaria plenamente satisfeito e não sente nenhum desconforto, seja porque desconhece qualquer procedimento que permitisse incrementar o seu bem estar (seu estado de satisfação). Assim, podemos conceber a noção de juro originário[4] a partir de uma construção imaginária na qual nenhuma distinção é feita entre satisfações obtidas em períodos de tempo iguais na sua duração independentemente de ocorrerem mais cedo ou mais tarde em relação ao momento da ação.

---

[4] Juro originário – *originary interest* – é a diferença entre o valor presente de bens no futuro imediato e no futuro mais distante. O juro de mercado acrescenta ao juro originário o componente empresarial (incerteza de recebimento) e um componente relativo à expectativa de mudança no valor futuro dos bens, inclusive da unidade monetária em questão. Ver *Mises Made Easier*, Percy L. Greaves Jr, Nova York, Free Market Books, 1974. (N.T.)

O método de construções imaginárias é indispensável para a praxeologia; é o único método de investigação praxeológica e econômica. É, com certeza, um método difícil de manejar porque pode facilmente resultar em silogismos falaciosos. É como caminhar numa crista estreita: de ambos os lados abrem-se os abismos do absurdo e do inconsistente. Somente uma impiedosa autocrítica pode impedir alguém de cair nessas profundezas abissais.

3
A AUTÊNTICA ECONOMIA DE MERCADO

A construção imaginária de uma autêntica economia de mercado, ou seja, de uma economia não obstruída, pressupõe que exista divisão do trabalho e propriedade privada (controle) dos meios de produção e que, consequentemente, exista troca de bens e serviços no mercado. Pressupõe que o funcionamento do mercado não seja obstruído por fatores institucionais. Pressupõe que o governo, o aparato social de compulsão e coerção, pretenda preservar, ou seja, abster-se de impedir o funcionamento do sistema de mercado, protegendo-o das tentativas de transgressão e abuso. O mercado é livre; não há interferência de fatores estranhos ao mercado, tanto nos preços, como nos salários e nos juros. Partindo desses pressupostos, a economia tenta elucidar a operação de uma autêntica economia de mercado. Somente num estágio posterior, depois de ter exaurido tudo o que pode ser apreendido pelo estudo dessa construção imaginária, a ciência econômica passa a examinar os vários problemas provocados pela interferência do governo e de outras organizações que empregam coerção e compulsão no mercado.

É surpreendente que esse procedimento logicamente incontestável, o único modo de resolver os problemas em questão, tenha sido objeto de ataques tão passionais. As pessoas estigmatizaram-no como uma ideia preconcebida em favor de uma política econômica liberal que qualificam de reacionária, imperialista, manchesteriana, negativista e assim por diante. Negam que o conhecimento da realidade possa ser ampliado pela utilização dessas construções imaginárias. Entretanto, esses críticos veementes se contradizem, uma vez que recorrem ao mesmo método para sustentar suas proposições. Ao proporem que seja fixado um salário mínimo, descrevem as hipotéticas condições insatisfatórias de um mercado livre para o trabalho; e ao defenderem o estabelecimento de tarifas aduaneiras, referem-se aos alegados inconvenientes produzidos pelo livre comércio. Certamente, o único meio disponível para elucidar os efeitos de uma medida que limita a livre interação dos fatores que operam num mercado sem interferências externas é através do estudo, antes de tudo, da situação prevalecente num regime de liberdade econômica.

É verdade que os economistas, a partir de suas investigações, concluíram que os objetivos da maior parte das pessoas, ou mesmo praticamente de todas as pessoas, podem ser melhor alcançados, através de seu esforço e trabalho e da política econômica, quando o sistema de livre mercado não é obstruído por decretos governamentais. Não há razão para considerar esta conclusão como preconcebida ou fruto de uma análise superficial. Ao contrário, é o resultado de um exame rigorosamente imparcial de todos os aspectos do intervencionismo.

Também é verdade que os economistas clássicos e seus epígonos costumavam chamar de "natural" o sistema baseado na livre economia de mercado, e de "artificial" e "perturbadora" a intervenção governamental no funcionamento do mercado. Esta terminologia também era fruto do cuidadoso exame que faziam dos problemas do intervencionismo. Ao se expressarem dessa maneira, estavam em conformidade com a prática semântica de seu tempo, que qualificava de "contrária à natureza" qualquer instituição social tida como indesejável.

O teísmo e o deísmo na época do Iluminismo consideravam a regularidade dos fenômenos naturais como uma manifestação da Providência. Quando os filósofos dessa mesma época descobriram que na ação humana e na evolução social também existe uma regularidade de fenômenos, interpretaram essa realidade como sendo mais uma evidência do zelo paternal do Criador do universo. Era esse o verdadeiro significado da doutrina da harmonia preestabelecida adotada por alguns economistas.[5] A filosofia social do despotismo paternalista acentuava o caráter divino da missão dos reis e autocratas destinados a governar os povos. Os liberais replicavam dizendo que o funcionamento do mercado livre, onde o consumidor – isto é, qualquer cidadão – é o soberano, produz melhores resultados do que os decretos de governantes sagrados. Observem o funcionamento do sistema de mercado, diziam eles, e lá descobrirão a mão de Deus.

Ao mesmo tempo em que elaboraram a construção imaginária de uma genuína economia de mercado, os economistas clássicos também elaboraram sua contrapartida lógica, a construção imaginária de uma

---

[5] A doutrina da harmonia preestabelecida no funcionamento de um mercado não obstruído não deve ser confundida com o teorema da harmonia dos interesses corretamente entendidos num sistema de mercado, se bem que exista algo em comum entre ambos. Ver adiante p. 765-775.

comunidade socialista. No processo heurístico que finalmente resultou na descoberta do funcionamento de uma economia de mercado, essa imagem de uma ordem socialista tinha até mesmo uma prioridade lógica. A questão que preocupava os economistas era saber como um alfaiate poderia ser provido de pão e de sapatos, se não houvesse um decreto governamental obrigando o padeiro e o sapateiro a satisfazerem as necessidades do alfaiate. A primeira ideia era a de que a interferência da autoridade seria necessária para fazer com que cada especialista sirva seus concidadãos. Os economistas ficaram surpreendidos quando descobriram que não havia necessidade dessa compulsão. Ao contrastar produtividade e lucratividade, interesse pessoal e bem público, egoísmo e altruísmo, referiam-se implicitamente à imagem de um sistema socialista. Seu espanto com a regulagem "automática", por assim dizer, do sistema de mercado se devia precisamente ao fato de eles se darem conta de que um sistema "anárquico" de produção atendia melhor às necessidades das pessoas do que as ordens de um governo central onipotente. A ideia do socialismo – um sistema de divisão de trabalho inteiramente controlado e dirigido por uma autoridade planejadora – não teve sua origem na cabeça de reformadores utopistas. Esses utopistas visavam mais precisamente à coexistência autárquica de pequenos organismos autossuficientes; veja-se por exemplo o *phalanstére* de Fourier. O desejo de mudanças radicais fez com que os reformistas se voltassem para o socialismo, adotando como modelo a imagem de uma economia dirigida por um governo nacional ou uma autoridade central, imagem essa implícita nas teorias dos economistas.

A MAXIMIZAÇÃO DOS LUCROS

Costuma-se dizer que os economistas, quando tratam dos problemas de uma economia de mercado, são bastante irrealistas ao supor que todos os homens estão sempre querendo obter a maior vantagem possível. Assim procedendo, constroem a imagem de um ser totalmente egoísta e racionalista que só se interessa pelo lucro. Tal *homo oeconomicus* pode servir para retratar um especulador inescrupuloso. Mas, na sua grande maioria, as pessoas são bem diferentes. Para a compreensão da realidade, nada contribui o estudo do comportamento desta imagem irreal.

Não é necessário refutar, uma vez mais, toda confusão, erro e distorção inerentes a essa alegação. As duas primeiras partes deste livro já desmascararam essas falácias. Basta agora tratar do problema da maximização de lucros.

A praxeologia em geral e a economia no seu campo específico, no que concerne à motivação da ação humana, limitam-se a afirmar que o agente homem pretende diminuir o seu desconforto. No contexto específico do mercado, ação significa comprar e vender. O que a ciência econômica tem a afirmar a respeito da oferta e da procura refere-se a todos os casos de oferta e procura e não apenas a oferta e procura ocasionadas por circunstâncias especiais que requeiram uma descrição ou definição especial. Afirmar que um homem, diante da alternativa de obter mais ou menos por uma mercadoria que deseja vender, *ceteris paribus*, escolhe o maior preço, não necessita de nenhum esclarecimento suplementar. O preço maior significa para o vendedor uma melhor satisfação de seus desejos. O mesmo se aplica *mutatis mutandis* ao comprador. O montante poupado na compra da mercadoria em questão pode ser gasto para satisfação de outras necessidades. Comprar no mercado mais barato e vender no mercado mais caro – tudo o mais sendo igual – é uma conduta que não necessita de explicações especiais acerca da motivação e moralidade do agente. É simplesmente o procedimento normal de qualquer transação efetuada no mercado.

Um homem na qualidade de comerciante está a serviço dos consumidores; está fadado a atender aos seus desejos. Não se pode deixar levar por seus caprichos e fantasias. No entanto, os caprichos e fantasias de seus clientes são a lei suprema, sempre que esses clientes estejam dispostos a pagar o preço. O comerciante tem necessidade de ajustar sua conduta à demanda dos consumidores. Se os consumidores, sem gosto pelo belo, preferem coisas feias e vulgares, ele terá de fornecer esses produtos, mesmo contrariando o seu próprio gosto.[6] Se os consumidores não querem pagar pelos produtos nacionais um preço superior aos dos produtos produzidos no exterior, ele deverá comprar produtos estrangeiros, desde que sejam mais baratos. Um empregador não pode conceder fatores à custa de seus clientes. Não pode pagar salários mais altos do que os determinados pelo mercado, se os compradores não estão dispostos a pagar mais caro pelos produtos produzidos em fábricas onde os salários sejam mais elevados do que em outras.

As coisas se passam de maneira completamente diferente quando se trata de gastar a sua própria renda. Qualquer pessoa pode fazer o que bem quiser. Pode dar esmolas. Pode deixar-se levar por doutrinas e preconceitos, discriminar mercadorias de certa origem ou

---

[6] Um pintor, se pretende pintar quadros que possam ser vendidos pelo mais alto preço possível, é um comerciante. Um pintor que não se compromete com o gosto do público comprador e, desdenhando todas as consequências desagradáveis, guia-se exclusivamente pelos seus próprios ideais é um artista, um gênio criador. Ver p. 175-177.

proveniência e preferir o produto pior e mais caro ao melhor – tecnologicamente – e mais barato.

Em regra geral, as pessoas, ao comprarem, não estão presenteando o vendedor. Não obstante, isso pode acontecer. A fronteira entre comprar bens e serviços necessários e fazer caridade é, às vezes, difícil de ser percebida. Quem compra numa feira de caridade geralmente combina uma compra com um donativo. Quem dá uma moeda a um músico cego na calçada certamente não está pagando pela questionável *performance* musical: está simplesmente dando esmolas.

O homem, ao agir, é uma unidade. O comerciante, proprietário único de sua firma, pode às vezes abstrair-se das fronteiras entre negócio e caridade. Se quiser ajudar a um amigo necessitado, sua delicadeza de sentimentos pode levá-lo a tomar uma atitude que permita a esse amigo evitar o constrangimento de viver de esmolas: dá um emprego ao amigo, mesmo não precisando de sua ajuda ou podendo contratar um ajudante equivalente por um salário menor. O salário assim pago aparece formalmente como uma despesa da firma. Na realidade, o comerciante está gastando uma parte de sua renda. Trata-se, estritamente falando, de consumo e não de despesa destinada a aumentar os lucros da firma.[7]

A tendência de considerar apenas o que é tangível, visível e mensurável pode conduzir a erros grosseiros. O que o consumidor compra não é simplesmente alimento ou calorias. Ele não deseja se alimentar como se fosse um lobo: quer fazê-lo na sua condição de homem. A comida satisfaz o apetite de muitas pessoas na medida em que seja melhor preparada e mais saborosa, em que a mesa esteja bem posta e em que o ambiente onde se faz a refeição seja agradável. Estes detalhes são tidos como sem importância à luz de considerações preocupadas exclusivamente com os aspectos químicos da digestão.[8] Mas o fato de terem um papel importante na determinação dos preços de alimentos é perfeitamente compatível com a afirmativa de que as pessoas preferem, *ceteris paribus*, comprar pelo menor preço. Quando um comprador, ao escolher entre dois produtos que os químicos e os técnicos consideram perfeitamente iguais, prefere o mais caro, ele tem uma razão. Se não estiver incidindo em erro, ao pagar mais caro está pagando por serviços que não podem ser percebidos pelos métodos de

---

[7] Esta superposição das fronteiras entre despesas da empresa e gastos de consumo frequentemente é encorajada por condições institucionais. Um gasto debitado na conta de despesas comerciais reduz o lucro líquido e, portanto, o imposto devido. Se o imposto absorve 50% do lucro, o comerciante caridoso gasta apenas 50% de seu próprio bolso. O resto fica por conta do fisco.

[8] Com certeza, a fisiologia da nutrição não negligencia esses detalhes.

investigação específicos da química e da tecnologia. Se um homem prefere ir a um restaurante mais caro só porque quer tomar seus coquetéis perto de um duque, podemos tecer comentários quanto à sua ridícula vaidade, mas não podemos deixar de reconhecer que o comportamento deste homem visa a aumentar o seu estado de satisfação.

O homem, ao agir, está sempre procurando aumentar o seu próprio estado de satisfação. Neste sentido – e em nenhum outro – podemos empregar o termo egoísmo e dizer que a ação é necessariamente egoísta. Mesmo uma ação que visa diretamente a melhorar as condições de outra pessoa é egoísta. O agente tem mais satisfação em fazer outras pessoas comerem do que em comer. A causa do seu desconforto é a consciência do fato de que outras pessoas estão passando necessidade.

Muitas pessoas, é fato, se comportam de outra maneira e preferem encher o próprio estômago e não o dos seus concidadãos. Mas isso não tem nada a ver com economia; é um dado da experiência histórica. Toda e qualquer ação diz respeito à economia, seja ela motivada pela fome do agente, seja pelo seu desejo de aplacar a fome de outras pessoas.

Dizer que a maximização de lucros é definida pelo comportamento do homem que visa em qualquer transação de mercado, a aumentar o máximo possível suas vantagens são nada mais do que estabelecer um circunlóquio pleonástico e perifrástico, pois simplesmente repete o que já está implícito na própria categoria ação. Atribuir-lhe qualquer outro significado seria expressão de uma ideia errada.

Alguns economistas pensam que a tarefa da ciência econômica é determinar a forma de obter a maior satisfação possível para todos ou, pelo menos, para a grande maioria das pessoas. Não se dão conta de que não há como medir a satisfação alcançada pelos vários indivíduos. Interpretam de forma equivocada a característica específica de julgamentos que são feitos com base na comparação da felicidade de diversas pessoas. Ao formular julgamentos de valor arbitrários, acreditam estar estabelecendo fatos. Algumas pessoas podem qualificar de justo o ato de roubar o rico para dar presentes ao pobre. Entretanto, qualificar algo de justo ou injusto é sempre um julgamento de valor subjetivo e, portanto, um julgamento puramente pessoal que não é passível de ser verificado ou refutado. A economia não pretende emitir juízos de valor; aspira tão somente a conhecer as consequências de certos modos de agir.

Tem sido afirmado que as necessidades fisiológicas de todos os homens são idênticas e que essa igualdade pode servir de base para medir o grau de satisfação objetiva. Quem expressa tais opiniões e recomenda o uso desse critério na formulação de políticas governamentais na realidade está propondo que se tratem os homens da mesma maneira que um criador lida com o seu gado. Tais reformadores não percebem que não há um princípio universal válido para todos os homens. O princípio que vier a ser escolhido dependerá dos objetivos que se quer atingir. O criador de gado não alimenta suas vacas com a intenção de fazê-las felizes, mas visando a objetivos específicos que ele mesmo estabelece. Pode preferir mais leite ou mais carne ou qualquer outra coisa. Que tipo de pessoas os criadores de homem querem formar: atletas ou matemáticos? Soldados ou operários? Quem pretender fazer do homem a matéria-prima de um sistema preestabelecido de criação e alimentação na verdade estará arrogando-se poderes despóticos e usando seus concidadãos como um meio para atingir seus próprios fins, que são indubitavelmente diferentes dos que eles mesmos pretenderiam atingir.

Mediante seus próprios julgamentos de valor, um indivíduo distingue entre o que lhe causa mais ou menos satisfação. Os julgamentos de valor que um homem emite sobre a satisfação de outro homem não asseveram nada quanto à satisfação deste outro. Asseguram apenas que a situação deste outro homem melhor satisfaz a quem formula o julgamento. Os reformadores que buscam o máximo de satisfação geral nos dizem apenas qual o estado de coisas que melhor lhes convém.

4
A ECONOMIA AUTÍSTICA

Nenhuma outra construção imaginária causou mais celeuma do que a de um agente econômico isolado dependente apenas de si mesmo. Não obstante, a economia não pode prescindir desse modelo. A fim de estudar a troca interpessoal, a economia precisa compará-la com situações onde não haja troca interpessoal. Assim sendo, imagina duas variantes de uma economia autística: a economia de um indivíduo isolado e a economia de uma sociedade socialista. Ao empregar essa construção imaginária, os economistas não se preocupam com o problema de saber se tal sistema poderia realmente funcionar.[9] Têm plena consciência do fato de que sua construção imaginária é fictícia. Robinson Crusoé – que, apesar de tudo, pode ter existido – e o dirigente supremo de uma comunidade socialista perfeitamente isolada

---

[9] Estamos tratando de problemas de teoria e não de história. Podemos, consequentemente, abstrair-nos da necessidade de refutar as objeções levantadas contra o conceito de um agente isolado, e fazer referência ao papel histórico da economia familiar autossuficiente.

– que nunca existiu – não poderiam planejar e agir como o fazem as pessoas que podem recorrer ao cálculo econômico. Não obstante, na nossa construção imaginária, nada nos impede de considerar que eles utilizassem o cálculo sempre que essa ficção fosse útil na discussão do problema específico a ser estudado.

A construção imaginária de uma economia autística está na raiz da distinção que popularmente se faz entre produtividade e lucratividade, distinção essa que evoluiu até passar a servir de critério para julgamentos de valor. Aqueles que recorrem a essa distinção consideram a economia autística, especialmente a do tipo socialista, o sistema de organização econômica mais desejável e mais perfeita. O julgamento de qualquer fenômeno da economia de mercado é feito com base no fato de tal fenômeno ser ou não justificável do ponto de vista de um sistema socialista. Somente as ações que estejam em conformidade com os planos do gerente desse sistema são consideradas positivas e merecem o epíteto de *produtivas*. Todas as outras atividades efetuadas na economia de mercado são consideradas improdutivas, apesar do fato de poderem ser lucrativas para quem as exerce. Assim sendo, por exemplo, promoção de vendas, publicidade, sistema bancário são considerados atividades lucrativas, mas improdutivas. A economia, é claro, não tem nada a dizer sobre estes julgamentos de valores arbitrários.

5
O ESTADO DE REPOUSO E A ECONOMIA UNIFORMEMENTE CIRCULAR[10]

A única maneira de lidar com o problema da ação é compreender que ela visa sempre a atingir um estado que prescinde de qualquer outra ação, seja porque todo desconforto foi removido, seja porque não é mais possível reduzir o desconforto remanescente. A ação, portanto, tende a um estado de repouso, à ausência de ação.

A teoria dos preços, em consequência, analisa a troca interpessoal a partir desse aspecto. As pessoas seguem trocando bens e serviços no mercado, até que nenhuma outra troca seja possível, pela razão de nenhuma das partes anteverem a possibilidade de obter qualquer melhoria de suas próprias condições como resultado de um novo ato de troca.

---

[10] Economia uniformemente circular – *evenly rotating economy* – é uma economia imaginária, na qual as transações e as condições se repetem sem alteração em cada ciclo de tempo idêntico. Imagina-se que tudo continuará exatamente como antes, inclusive os objetivos e as ideias dos homens. Em tais condições fictícias e repetitivas, não pode haver mudança na oferta e na procura de bens e, portanto, não pode haver mudança nos preços. (N.T.)

Os compradores potenciais consideram insatisfatórios os preços solicitados pelos vendedores potenciais e vice-versa. Nenhuma outra transação se realiza. Surge um estado de repouso. Este estado de repouso, que podemos denominar de *estado de repouso natural*, não é uma construção imaginária. Acontece de tempos em tempos. Quando a Bolsa de Valores fecha, os corretores efetuaram todas as transações que podiam ser feitas ao preço do mercado. Somente os potenciais vendedores e compradores que consideram o preço de mercado muito baixo ou muito alto deixaram, respectivamente, de vender ou comprar.[11] O mesmo é válido em relação a todas as transações. A economia de mercado, em seu conjunto, é, por assim dizer, um grande local de trocas. Nele, permanentemente, estão sendo realizadas as operações que as partes estão dispostas a efetuar ao preço vigente. Novas vendas só podem ser efetuadas quando mudarem as valorações de pelo menos uma das partes.

Há quem considere insatisfatória esta noção de estado de repouso final. Este estado se refere, alegam tais críticos, apenas à determinação de preços dos bens já disponíveis em uma determinada quantidade, sem acrescentar nada quanto aos efeitos provocados por esses preços na produção. A objeção não tem fundamento. Os teoremas implícitos na noção de estado de repouso natural são válidos em relação a todas as transações, sem exceção. É bem verdade que os compradores de fatores de produção começarão imediatamente a produzir e voltarão logo ao mercado para vender seus produtos e comprar o que precisam para seu próprio consumo e para continuar o processo de produção. Mas isso não invalida a noção de estado de repouso natural, pois não se está afirmando que o mesmo será permanente. A calmaria certamente desaparecerá tão logo se modifiquem as momentâneas condições que a provocaram.

A noção de estado de repouso natural não é uma construção imaginária, mas a adequada descrição do que acontece constantemente em qualquer mercado. Neste particular, difere radicalmente da construção imaginária de um estado de repouso final.

Ao tratar do estado de repouso natural, limitamo-nos a examinar o que está acontecendo agora, neste instante. Restringimos nossa atenção ao que acaba de acontecer, sem nos preocuparmos com o que acontecerá mais tarde, seja no instante seguinte, seja amanhã ou mais adiante. Estamos lidando apenas com preços efetivamente pagos em transações realizadas, isto é, com os preços ajustados em transações que acabaram de ocorrer, sem nos importarmos em saber se os preços futuros serão ou não iguais a estes.

---

[11] Para simplificar, não levamos em conta as flutuações de preço ao longo do dia.

Mas agora vamos um pouco mais adiante. Passemos a nos interessar pelos fatores capazes de provocar uma tendência à variação de preços. Tentemos descobrir até onde nos levará esta tendência antes que sua força motriz se esgote, fazendo emergir novo estado de repouso. O preço correspondente a este futuro estado de repouso era chamado de *preço natural* pelos economistas mais antigos; hoje em dia, emprega-se frequentemente o termo *preço estático*. A fim de evitar associações enganosas, é mais conveniente chamá-lo de *preço final* e, correlatamente, falar de *estado de repouso final*. Este estado de repouso final é uma construção imaginária e não uma descrição da realidade. Porque este estado de repouso final nunca poderá ser alcançado. Antes disso, surgirão novos fatores desestabilizadores. O que torna necessário recorrer a essa construção imaginária é o fato de que o mercado, a todo instante, tende a um estado de repouso final. Em cada novo instante posterior, podem surgir fatos novos que alterem esse estado de repouso final. O mercado, embora tendente a um determinado estado de repouso final, nunca o atinge.

O preço de mercado é um fenômeno real; é a relação de troca pela qual foram feitas transações. O preço final é um preço hipotético. Os preços de mercado são fatos históricos e, portanto, temos condição de expressá-los em dólares e centavos, com exatidão numérica. O preço final só pode ser definido se definirmos as condições necessárias ao seu surgimento. Não se lhe pode atribuir valor numérico exato, seja em termos de moeda, seja em termos de quantidades de outros bens. Nunca surgirá no mercado. O preço de mercado nunca pode coincidir com o preço final relativo ao instante em que se realizou a transação no mercado. Mas a cataláxia falharia lamentavelmente na sua tarefa de analisar os problemas de determinação dos preços, se viesse a negligenciar o conceito de preço final. Porque, na situação do mercado da qual emerge o preço de mercado, já estão latentes as forças que continuarão a provocar mudanças nos preços, até que, não surgindo nenhum fato novo, seja estabelecido o preço final e o estado de repouso final. Estaríamos restringindo indevidamente nosso estudo da determinação dos preços, se nos limitássemos a considerar os momentâneos preços de mercado e o estado de repouso natural, e negligenciássemos o fato de que o mercado está sempre sendo perturbado por fatores que provocarão novas mudanças de preço e uma tendência a novo estado de repouso.

O fenômeno, com o qual temos que lidar, é o fato de que as mudanças nos fatores que determinam a formação dos preços não produzem todos os seus efeitos imediatamente. Um lapso de tempo decorre antes que todos os efeitos se tenham exaurido. Entre o surgimento de um dado novo e o perfeito ajustamento do mercado ao mesmo decorre algum tempo. (E, naturalmente, enquanto decorre este período de tempo, surgem outros dados novos). Ao lidar com os efeitos de qualquer mudança nos fatores que influem no mercado, não devemos esquecer de que estamos lidando com eventos que se sucedem, e com uma série de efeitos que também se sucedem uns aos outros. Não temos possibilidade de saber de antemão quanto tempo terá de transcorrer; mas sabemos, com certeza, que algum lapso de tempo deverá transcorrer, embora esse período possa às vezes ser tão curto que nem chegue a desempenhar, na prática, um papel importante.

Os economistas frequentemente cometem o erro de negligenciar o fator tempo. Veja-se, por exemplo, a controvérsia relativa aos efeitos provocados pela mudança na quantidade de dinheiro. Alguns se preocupam apenas com os seus efeitos de longo prazo, isto é, com os preços finais e o estado final de repouso. Outros veem apenas os efeitos de curto prazo, isto é, os preços no instante seguinte ao da mudança. Ambos se equivocam e suas conclusões, consequentemente, são viciadas. Muitos outros exemplos desse mesmo tipo de erro poderiam ser citados.

A construção imaginária do estado de repouso final se caracteriza por dar a máxima importância à mudança na sucessão temporal de eventos. Neste particular, distingue-se da construção imaginária da *economia uniformemente circular*, que se caracteriza por não considerar o fator tempo e as mudanças de dados. (É impróprio e enganador denominar esta construção imaginária, como se faz frequentemente, de economia estática ou de equilíbrio estático, e constitui erro grosseiro confundi-la com a construção imaginária de uma economia estacionária).[12] A economia uniformemente circular é um sistema fictício no qual os preços de mercado de todos os bens e serviços coincidem com os preços finais. No seu contexto, os preços nunca mudam; a estabilidade de preços é total. As mesmas transações se repetem incessantemente. Os bens de uma ordem mais elevada são usados nas mesmas quantidades, através dos mesmos processos, até que os bens de consumo produzidos cheguem às mãos dos consumidores e sejam consumidos. Não ocorrem mudanças nos dados do mercado. Hoje é igual a ontem e amanhã será igual a hoje. O sistema, no seu fluxo perpétuo, fica sempre no mesmo lugar. Gira uniformemente em torno de um centro fixo; sua rotação é uniforme. Seu estado de repouso natural, toda vez que se desequilibra, retorna instantaneamente ao nível anterior. Todos os fatores, inclusive aqueles que provocam desequilíbrio no estado de repouso natural, são constantes. Portanto,

[12] Ver adiante p. 251-307.

os preços – comumente chamados preços estáticos ou de equilíbrio – também permanecem constantes.

A essência dessa construção imaginária é a eliminação do lapso de tempo e da perpétua mudança nos fenômenos de mercado. A noção de qualquer mudança em relação à oferta e demanda são incompatíveis com essa construção. No seu contexto, só podem ser consideradas as mudanças que não afetem a configuração dos fatores que determinam os preços. Não é necessário povoar o mundo imaginário da economia uniformemente circular com homens imortais que não envelhecem nem procriam. Podemos admitir que as crianças nasçam, cresçam e morram, desde que a população total e sua distribuição etária permaneçam inalteradas. Assim, a demanda por mercadorias, cujo consumo seja limitado a certas faixas de idade, não se altera, embora os consumidores não sejam os mesmos.

Na realidade, nada existe que se assemelhe a uma economia uniformemente circular. Não obstante, para poder analisar os problemas de mudança nos dados e do movimento desigual e irregularmente variável, somos obrigados a confrontá-los com uma situação fictícia em que ambos são hipoteticamente eliminados. Portanto, não tem sentido supor que a construção de uma economia uniformemente circular não ajude a elucidar o que ocorre no nosso universo cambiante, e querer que os economistas substituam sua preocupação alegadamente exclusiva com a "estática" por um estudo da "dinâmica". Esse assim chamado método estático é precisamente a ferramenta adequada para o exame da mudança. Não há maneira de estudar os fenômenos complexos da ação, a não ser começando pela abstração completa de qualquer mudança; introduzindo, a seguir, um fator isolado que provoque mudança e, finalmente, analisando seus efeitos na pressuposição de que tudo o mais permaneceu igual. Ademais, é absurdo pensar que a validade do modelo de uma economia uniformemente circular seja tanto maior quanto mais o objeto de nossos estudos, a saber, a ação real, for semelhante a essa construção imaginária, no que diz respeito à ausência de mudança". O método estático, o emprego da construção imaginária de uma economia uniformemente circular, é o único método adequado à análise das mudanças em questão, sejam elas grandes ou pequenas súbitas ou lentas.

As objeções até agora levantadas contra o uso da construção imaginária de uma economia uniformemente circular erraram o alvo completamente. Seus autores não chegaram a perceber quais os problemas engendrados por essa construção, nem por que ela pode suscitar erros e confusão.

Ação é mudança e mudança implica sequência temporal. Mas, na economia uniformemente circular, a mudança e a sucessão de eventos são eliminadas. Agir é fazer escolhas e enfrentar um futuro incerto. Mas, na economia uniformemente circular, não há escolhas e o futuro não é incerto, uma vez que não difere do estado atual já conhecido. Um sistema rígido como esse não pode ser povoado por homens fazendo escolhas e cometendo erros; é um mundo de autômatos sem alma e incapazes de pensar; não é uma sociedade humana, é um formigueiro.

Essas contradições insolúveis, entretanto, não afetam o serviço prestado por essa construção imaginária quando aborda os problemas para cuja solução ela é não só apropriada como também indispensável: o problema da relação entre os preços dos produtos e os dos fatores necessários à sua produção, bem como os problemas implícitos na atividade empresarial e na conta de lucros e perdas. A fim de compreender a função do empresário e o significado da conta de lucros e perdas, construímos um sistema onde tais realidades não existem. Essa imagem é meramente uma ferramenta para o nosso pensamento. Não é a descrição de um estado de coisas possível ou realizável. É até mesmo inconcebível levar a construção imaginária de uma economia uniformemente circular às suas últimas consequências porque é impossível eliminar a figura do empresário do quadro de uma economia de mercado. Os fatores de produção não se podem juntar espontaneamente. Precisam, para ser combinados, dos esforços intencionais de homens que visam a atingir certos fins e são motivados pelo desejo de melhorar seu estado de satisfação. Ao eliminar o empresário, elimina-se a força motriz do sistema de mercado.

Há também outra deficiência. Na construção imaginária de uma economia uniformemente circular, estão tacitamente implícitos a troca indireta e o uso de moeda. Mas que tipo de moeda pode ser essa? Num sistema onde não há mudanças e no qual não há incertezas de qualquer espécie em relação ao futuro, ninguém precisa dispor de dinheiro. Qualquer pessoa sabe precisamente a quantidade de dinheiro de que precisará em qualquer data futura. Está, portanto, em condições de aplicar tudo o que receber de tal maneira que as aplicações vençam na data necessária. Suponhamos que exista apenas ouro em moeda e apenas um banco central. Na medida em que se avança na direção de uma economia uniformemente circular, todos os indivíduos e firmas restringem passo a passo seus encaixes e as quantidades de ouro assim liberadas fluirão para uma utilização não monetária – industrial. Quando o equilíbrio da economia uniformemente circular é finalmente atingido, não há mais encaixes; o ouro não é mais usado com propósitos numéricos. Os indivíduos e as firmas possuem direitos contra o banco central, cuja maturidade corresponde precisamente às suas necessidades nas respectivas datas de suas obrigações. O banco central não precisa de reservas, já que a soma total dos pagamentos de seus clientes é igual à soma total das retiradas. Todas as transações podem ser efetuadas por simples transferência na contabilidade do banco, sem que seja necessário recorrer à moeda. Assim sendo, o "dinheiro" desse sistema não é um meio de troca; nem mesmo é dinheiro; é meramente um *numerário*, uma unidade contábil etérea e indeterminada, com o caráter vago e indefinido que a ilusão de alguns economistas e os erros de muitos leigos têm equivocadamente atribuído à moeda. A interposição dessas expressões numéricas entre vendedor e comprador não afetará a essência da transação; ela é neutra em relação às atividades econômicas das pessoas. Mas a noção de uma moeda neutra é inconcebível e irrealizável.[13] Se fôssemos usar a terminologia imprópria, empregada por muitos autores contemporâneos, teríamos de dizer: moeda é necessariamente um "fator dinâmico"; não há lugar para moeda num sistema "estático". Mas a própria noção de um sistema de mercado sem moeda é autocontraditória.

A construção imaginária de um sistema uniformemente circular é uma noção limitativa. No seu contexto, não existe mais qualquer ação. A luta consciente do ser pensante para diminuir o seu desconforto é substituída pela reação automática. Só podemos utilizar essa construção imaginária tendo sempre em mente o objetivo pelo qual foi criada. Queremos, em primeiro lugar, analisar a tendência, existente em toda ação, no sentido de estabelecer uma economia uniformemente circular; ao fazê-lo atingir o seu objetivo num universo que não seja rígido e imutável, isto é, num universo que esteja vivo e não morto. Em segundo lugar, é necessário que compreendamos as diferenças entre um mundo vivo, onde existe ação, e um mundo rígido. Isto só pode ser constatado pelo *argumentum a contrario* proporcionado pela imagem de uma economia rígida. Desta forma, somos levados à percepção de que lidar com as incertezas do futuro desconhecido – isto é, especular – é inerente a toda ação, e que lucro e prejuízo são características da ação que não podem ser descartadas por crenças baseadas em desejos e não em fatos. Os procedimentos adotados pelos economistas que têm plena consciência destes conhecimentos fundamentais podem ser chamados de *método lógico* de economia, em contraste com o *método matemático*.

Os economistas matemáticos falham por não considerar as ações que, na hipótese imaginária e irrealizável de não surgirem dados novos, provocariam a instauração da economia uniformemente circu-

---

[13] Ver adiante p. 484-487.

lar. Não chegam a notar a existência do especulador individual que age com o propósito de diminuir ao máximo possível o seu desconforto e não com o propósito de implantar uma economia uniformemente circular. Fixam sua atenção exclusivamente no imaginário estado de equilíbrio que o conjunto de todas essas ações individuais engendraria se não houvesse nova mudança nos dados. Descrevem esse equilíbrio imaginário por conjuntos de equações diferenciais simultâneas. Não chegam a perceber que, em tal situação, não haveria mais ação, mas apenas uma sucessão de eventos provocados por uma mística força motriz. Dedicam todos os seus esforços à descrição, por meio de símbolos matemáticos, dos vários "equilíbrios", isto é, estados de repouso e de ausência de ação. Consideram o equilíbrio uma entidade real e não uma noção limitativa, uma simples ferramenta mental. Estão apenas manipulando símbolos matemáticos, um passatempo incapaz de aduzir qualquer conhecimento.[14]

6
A ECONOMIA ESTACIONÁRIA

A construção imaginária de uma economia estacionária tem sido às vezes confundida com a de uma economia uniformemente circular. Mas, na realidade, estas duas construções são diferentes.

A economia estacionária é uma economia na qual a riqueza e a renda dos indivíduos permanecem inalteradas. Nela podem ocorrer mudanças, o que não seria admissível na construção de uma economia uniformemente circular. As cifras populacionais podem aumentar ou diminuir, desde que sejam acompanhadas por um correspondente aumento ou diminuição no total da riqueza e da renda. A demanda por algumas mercadorias pode mudar; mas tais mudanças devem ocorrer tão lentamente, que a transferência de capital dos setores de produção que devem ser reduzidos para aqueles a serem expandidos possa ser feita pela não substituição dos equipamentos usados nos setores em regressão e investidos nos setores em expansão.

A construção imaginária de uma economia estacionária conduz a duas outras construções imaginárias: a economia em crescimento (expansão) e a economia em declínio (contração). Na primeira, tanto a quota *per capita* de riqueza e renda quanto a população tendem a valores numéricos maiores; na segunda, a valores numéricos menores.

---

[14] Para um exame crítico mais detalhado da economia matemática, ver adiante p. 412-419.

Na economia estacionária, a soma de todos os lucros e todos os prejuízos é zero. Na economia em crescimento, o total de lucros excede o total de prejuízos. Na economia em declínio, o total de lucros é menor do que o total de prejuízos.

A precariedade dessas três construções imaginárias fica evidente ao se constatar que elas implicam na possibilidade de medir a riqueza e a renda. Como tais medições não podem ser feitas e nem mesmo concebidas, é inadmissível aplicá-las a uma classificação rigorosa das situações reais. Sempre que a história econômica se atreve a classificar a evolução econômica de um determinado período histórico como estacionário, em crescimento ou em declínio, está, na realidade, recorrendo à compreensão histórica, não significando, portanto, que tenha feito uma "medição".

7
A INTEGRAÇÃO DAS FUNÇÕES CATALÁCTICAS

Quando os homens, ao lidarem com os problemas de suas próprias ações, e quando a história econômica, a economia descritiva e a estatística econômica, ao reportarem as ações de outras pessoas, empregam termos como empresário, capitalista, proprietário, trabalhador e consumidor, estão falando de tipos ideais. Quando a economia emprega os mesmos termos, está falando de categorias catalácticas. Os empresários, capitalistas, proprietários, trabalhadores e consumidores da teoria econômica não são as pessoas vivas que encontramos na realidade da vida e na história. São a corporificação de funções distintas no funcionamento do mercado. O fato de os agentes homens, assim como as ciências históricas, aplicarem, ao raciocinar, conceitos econômicos e construírem seus tipos ideais com base nas categorias da teoria praxeológica não modifica a distinção lógica radical entre tipo ideal e categoria econômica. As categorias econômicas de que nos ocupamos são meras funções integradas; os tipos ideais referem-se a eventos históricos. O homem, vivendo e agindo, exerce necessariamente diversas funções. Nunca é apenas um consumidor. É também empresário, proprietário, capitalista ou trabalhador, ou alguém sustentado pela renda de algum deles. Além disso, as funções do empresário, proprietário, capitalista e trabalhador coexistem muitas vezes na mesma pessoa. A história procura classificar os homens segundo os fins que pretendem atingir e os meios que empregam para atingi-los. A economia, investigando a ação na sociedade de mercado, sem se preocupar com os fins pretendidos pelas pessoas nem com os meios por elas empregados, procura discernir categorias e funções.

São duas tarefas diferentes. A diferença pode ser melhor percebida ao se discutir o conceito cataláctico de empresário.

Na construção imaginária da economia uniformemente circular, não há lugar para a atividade empresarial porque essa construção pressupõe ausência de mudança nos dados que afetam os preços. Se abandonarmos esta suposição de rigidez de dados, perceberemos que a ação, forçosamente, deverá ser afetada por uma mudança nos dados. Como toda ação tem por objetivo, necessariamente, influenciar um futuro estado de coisas – mesmo que, às vezes, seja apenas o futuro imediato do próximo instante —, ele é afetada por todas as mudanças de dados, incorretamente previstos, que venham a ocorrer no lapso de tempo decorrido entre o início e o fim do período no qual se realiza a ação (período de provisão).[15] Portanto, o resultado da ação é sempre incerto. Agir é sempre especular. Isto é válido não só numa economia de mercado, como também no caso de um Robinson Crusoé, o imaginário agente isolado, ou numa economia socialista. Numa construção imaginária de um sistema uniformemente circular, ninguém é empresário nem especulador. Numa economia real, todo ator é sempre um empresário e um especulador; as pessoas dependentes dos atores – os menores numa sociedade de mercado e as massas numa sociedade socialista – são afetadas pelo resultado das especulações dos agentes, embora não sejam elas agentes nem especuladores.

A economia, ao falar de empresários, não se refere a pessoas, mas a uma função específica. Esta função não é uma característica própria de um determinado grupo ou classe de pessoas; é inerente a todas as ações e é exercida por todos os agentes. Ao corporificar esta função numa figura imaginária, estamos recorrendo a um artifício metodológico. O termo empresário, conforme a cataláxia o emprega, significa: agente homem visto exclusivamente do ângulo da incerteza inerente a qualquer ação. Ao usar este termo, não se deve jamais esquecer que toda ação está inserida no fluxo do tempo e que, portanto, envolve especulação. Os capitalistas, os proprietários e os trabalhadores são necessariamente especuladores. O consumidor também o é, ao prover suas necessidades futuras. Do prato à boca muito coisa pode acontecer.

Tentemos conceber a construção imaginária de um puro empresário até as suas últimas consequências. Este empresário não tem capital. O capital necessário à sua atividade empresarial lhe é emprestado pelos capitalistas sob a forma de empréstimo em dinheiro. A lei, sem dúvida, o considera proprietário dos diversos meios de produção adquiridos com o aludido empréstimo, uma vez que seu ativo é igual ao

---

[15] Ver adiante p. 557.

seu passivo exigível. Se for bem sucedido o lucro líquido é seu. Se fracassar, a perda recairá sobre os capitalistas que lhe emprestaram os recursos. Tal empresário seria, de fato, um empregado que especula com o dinheiro do capitalista, ficando com todo o lucro líquido, sem ser responsável pelas perdas. Mas, mesmo que o empresário possa prover uma parte do capital necessário e tomar emprestado apenas o que faltar, na essência, as coisas não são diferentes. Na medida em que as perdas não possam ser absorvidas apenas pelo próprio empresário, recairão sobre o capitalista emprestador. Um capitalista também é, sempre, um empresário e um especulador. Sempre corre o risco de perder seu dinheiro. Não existe algo que se possa chamar de investimento absolutamente seguro.

O proprietário autossuficiente que cultiva sua terra apenas para prover as necessidades de sua própria família sofre a influência das mudanças na fertilidade do solo ou nas suas necessidades pessoais. Numa economia de mercado, o resultado das atividades de um agricultor é afetado por todas as mudanças que alterem a importância de sua propriedade agrícola no aprovisionamento do mercado. O agricultor, evidentemente, mesmo segundo a terminologia corrente, é um empresário. Nenhum proprietário de quaisquer meios de produção, sejam eles bens tangíveis ou moeda, fica imune à incerteza do futuro. O emprego de quaisquer bens tangíveis ou de moeda para produzir algo, ou seja, a provisão para o dia de amanhã, é em si mesmo uma atividade empresarial.

As coisas são essencialmente as mesmas no caso do trabalhador. Ele é possuidor de certas habilidades; suas propriedades inatas são um meio de produção mais adequado a certas tarefas e menos adequado a outras.[16] Se adquiriu a habilidade necessária para efetuar certos tipos de trabalho, está no que diz respeito ao tempo e às despesas absorvidas por esse treinamento, na posição de um investidor. Fez um investimento na expectativa de ser compensado por um rendimento adequado. O trabalhador é um empresário na medida em que seu salário é determinado pelo preço que o mercado atribui ao tipo de trabalho que ele pode executar. Esse preço varia em função de mudanças de condições, da mesma forma que qualquer outro fator de produção.

No contexto da teoria econômica, o significado dos termos em questão é o seguinte: empresário significa o agente homem em relação às mudanças que ocorrem nos dados do mercado. Capitalista e proprietário significam o agente homem em relação às mudanças de

---

[16] Ver p. 169-173, em que sentido o trabalho deve ser considerado como um fator de produção não específico.

valor e de preço que, mesmo quando os dados do mercado permanecem inalterados, decorrem da mera passagem de tempo em consequência da diferença na valoração de bens presentes e bens futuros. Trabalhador significa o homem em relação à utilização do fator de produção trabalho humano. Assim, cada função é primorosamente integrada: o empresário ganha lucros e sofre perdas; os donos dos meios de produção (bens de capital ou terra) ganham o juro original; os trabalhadores ganham salários. Neste sentido, elaboramos a construção imaginária da *distribuição funcional*, que é diferente da distribuição histórica real.[17]

A economia, entretanto, sempre usou e ainda usa o termo "empresário" num sentido diferente daquele que lhe atribui à construção imaginária da distribuição funcional. Ela também denomina de empresário, aqueles que estão ansiosos por lucrar com o ajustamento da produção às prováveis mudanças de situação, aqueles que têm mais iniciativa, maior espírito de aventura, maior rapidez de percepção que a maioria das pessoas, enfim todos os pioneiros dinâmicos que promovem o progresso econômico. Esta noção é bem mais estreita do que o conceito de empresário usado na construção da distribuição funcional; deixa de considerar inúmeros casos que são abrangidos pelo conceito mais amplo. É pena que o mesmo termo tenha sido usado para significar duas noções diferentes. Teria sido mais conveniente usar outro termo para esta segunda noção – por exemplo, o termo "promotor".

Devemos admitir que a noção de empresário-promotor não pode ser definida com rigor praxeológico. (Neste ponto, assemelha-se à noção de dinheiro, que também escapa – diferentemente da noção de meio de troca – a uma rígida definição praxeológica).[18] Não obstante, a economia não pode dispensar o conceito de promotor porque ele se refere a um dado que é uma característica

---

[17] Enfatizemos mais uma vez o fato de que todo mundo, inclusive o leigo, ao lidar com os problemas de determinação de renda, recorre sempre a essa construção imaginária. Os economistas não a inventaram; apenas extraíram-na das deficiências próprias a uma noção popular. Para uma análise epistemológica da distribuição funcional, ver John Bates Clark, *The Distribution of Wealth*, Nova York, 1908, p. 5, e Eugen von Böhm – Bawerk, Gesammelte Schriften, ed. F. X. Weiss, Viena, 1924, p. 299. O termo "distribuição" não deve induzir ninguém a erro; seu emprego nesse contexto deve ser explicado pelo papel representado na história do pensamento econômico pela construção imaginária de um estado socialista (ver p. 294). No funcionamento de uma economia de mercado, não há nada que possa ser chamado de distribuição. Os bens não são primeiro produzidos e depois distribuídos, como seria o caso num estado socialista. A palavra "distribuição", como empregada no termo "distribuição funcional", tem o significado que, há 150 anos, lhe era atribuído. Na linguagem atual, "distribuição" significa a dispersão de bens entre os consumidores, efetuada pelo comércio.

[18] Ver adiante p. 465-466.

da natureza humana, que está presente em todas as transações do mercado, marcando-as profundamente. Referimo-nos ao fato de que vários indivíduos não reagem a uma mudança de condições com a mesma rapidez e nem da mesma maneira. A desigualdade dos homens, que se deve a diferenças tanto nas suas qualidades inatas como nas vicissitudes de suas vidas, se manifesta também dessa maneira. Há no mercado os que abrem o caminho, os que dão o ritmo e os que apenas imitam os procedimentos dos seus concidadãos mais ágeis. O fenômeno da liderança é tão real no mercado como em qualquer outro setor da atividade humana. A força motriz do mercado, o impulso que engendra inovação e progresso incessantes provém do estado de alerta do promotor e de sua avidez de lucros tão grandes quanto possíveis.

Entretanto, não há perigo de que o uso equivocado desse termo possa resultar numa ambiguidade no estudo do sistema cataláctico. As dúvidas que, porventura, surjam podem ser esclarecidas pelo emprego do termo promotor, em vez de empresário.

A função empresarial na economia estacionária

O mercado de futuros pode aliviar o promotor de uma parte de sua função empresarial. Na medida em que um empresário se protege por meio de operações a termo no mercado futuro, ele deixa de ser um empresário e a parte da função empresarial passa a ser exercida pelo outro contratante. O empresário têxtil que, comprando algodão em bruto para sua fábrica, vende a mesma quantidade a termo, estará renunciando a uma parte da sua função empresarial. Não lucrará nem perderá com as mudanças no preço do algodão durante o período em questão. É claro que não estará deixando de exercer a função empresarial. Continuará sendo afetado por aquelas mudanças no preço do fio em geral ou nos preços de artigos especiais de sua fabricação, os quais não são influenciados por uma mudança no preço do algodão bruto. Mesmo que fabrique tecidos apenas como um contratante, mediante uma remuneração pactuada, continua exercendo a função empresarial no que diz respeito aos fundos investidos na sua instalação fabril.

Podemos construir a imagem de uma economia na qual existam mercados de futuros para todos os bens e serviços. Numa tal construção imaginária, a função empresarial é completamente separada de todas as outras funções. Teríamos então uma classe de empresários puros. Os preços determinados nos mercados de futuros orientariam todo o aparato de produção. Só os operadores a termos teriam ganhado ou perdido. Todas as demais pessoas estariam, por assim dizer, seguradas contra os possíveis efeitos adversos da incerteza do futuro; gozariam nesse sentido de plena segurança. Os dirigentes das diversas empresas seriam, por assim dizer, empregados com uma retirada fixa.

Se, além do mais, supusermos que essa economia é uma economia estacionária e que todas as transações futuras estão concentradas numa única empresa, é claro que o total de lucros dessa empresa é equivalente ao total de prejuízos. Bastaria estatizar essa empresa para que surgisse um estado socialista sem lucros nem prejuízos, uma situação de segurança e estabilidade inabaláveis. Mas isso só ocorre porque nossa definição de economia estacionária implica numa igualdade de lucros e perdas. Numa economia em que haja mudanças, aparecerá forçosamente um excesso de lucros ou de perdas.

Seria perda de tempo estender ainda mais essas imagens supersofisticadas que não podem levar mais adiante a análise dos problemas econômicos. A única razão para mencioná-las é a de que elas refletem ideias que servem de base para algumas críticas feitas contra o sistema econômico do capitalismo e para alguns planos ilusórios que visam ao estabelecimento de um controle socialista das atividades empresariais. Ora, é certo que um programa socialista é logicamente compatível com uma economia uniformemente circular e com uma economia estacionária. A predileção dos economistas matemáticos por lidar quase que exclusivamente com essas construções imaginárias e com o estado de "equilíbrio" nelas implícito fez com que as pessoas esquecessem o fato de que tais construções são nada mais do que expedientes do pensamento, imaginando situações irreais e autocontraditórias. Certamente não são modelos adequados à construção de uma sociedade viva, formada por homens que agem.

Capítulo 15
O Mercado

1
As características da economia de mercado

A economia de mercado é o sistema social baseado na divisão do trabalho e na propriedade privada dos meios de produção. Todos agem por conta própria; mas as ações de cada um procuram satisfazer tanto as suas próprias necessidades como também as necessidades de outras pessoas. Ao agir, todos servem seus concidadãos. Por outro lado, todos são por eles servidos. Cada um é ao mesmo tempo um meio e um fim; um fim último em si mesmo e um meio para que outras pessoas possam atingir seus próprios fins.

Este sistema é guiado pelo mercado. O mercado orienta as atividades dos indivíduos por caminhos que possibilitam melhor servir as necessidades de seus semelhantes. Não há, no funcionamento do mercado, nem compulsão nem coerção. O estado, o aparato social de coerção e compulsão, não interfere nas atividades dos cidadãos, as quais são dirigidas pelo mercado. O estado utiliza o seu poder exclusivamente com o propósito de evitar que as pessoas empreendam ações lesivas à preservação e ao funcionamento regular da economia de mercado. Protege a vida, a saúde e a propriedade do indivíduo contra a agressão violenta ou fraudulenta por parte de malfeitores internos e de inimigos externos. Assim, o estado cria e preserva o ambiente onde a economia de mercado pode funcionar em segurança. O *slogan* marxista "produção anárquica" retrata corretamente essa estrutura social como um sistema econômico que não é dirigido por um ditador, um tzar da produção que pode atribuir a cada um uma tarefa e obrigá-lo a obedecer a esse comando. Todos os homens são livres; ninguém tem de se submeter a um déspota. O indivíduo, por vontade própria, se integra num sistema de cooperação. O mercado o orienta e lhe indica a melhor maneira de promover o seu próprio bem estar, bem como o das demais pessoas. O mercado comanda tudo; por si só coloca em ordem todo o sistema social, dando-lhe sentido e significado.

O mercado não é um local, uma coisa, uma entidade coletiva. O mercado é um processo, impulsionado pela interação das ações dos vários indivíduos que cooperam sob o regime da divisão do trabalho. As forças que determinam a – sempre variável – situação do mercado são os julgamentos de valor dos indivíduos e suas ações baseadas nesses julgamentos de valor. A situação do mercado num determinado momento é a estrutura de preços; isto é, o conjunto de relações de troca estabelecido pela interação daqueles que estão desejosos de vender com aqueles que estão desejosos de comprar. Não há nada, em relação ao mercado, que não seja humano, que seja místico. O processo de mercado resulta exclusivamente das ações humanas. Todo fenômeno de mercado pode ser rastreado até as escolhas específicas feitas pelos membros da sociedade de mercado.

O processo de mercado é o ajustamento das ações individuais dos vários membros da sociedade aos requisitos da cooperação mútua. Os preços de mercado informam aos produtores o que produzir, como produzir e em que quantidade. O mercado é o ponto focal para onde convergem e de onde se irradiam as atividades dos indivíduos.

A economia de mercado deve ser estritamente diferenciada do segundo sistema imaginável – embora não realizável – de cooperação social sob um regime de divisão de trabalho: o sistema de propriedade governamental ou social dos meios de produção. Esse segundo sistema é comumente chamado de socialismo, comunismo, economia planificada ou capitalismo de estado. A economia de mercado, ou capitalismo, como é comumente chamada, e a economia socialista são mutuamente excludentes. Não há mistura possível ou imaginável dos dois sistemas; não há algo que se possa chamar de economia mista, um sistema que seria parcialmente socialista. A produção ou é dirigida pelo mercado, ou o é por decretos de um tzar da produção, ou de um comitê de tzares da produção.

Se, numa sociedade baseada na propriedade privada dos meios de produção, alguns desses meios são possuídos e operados por um ente público – ou seja, pelo governo ou uma de suas agências —, isto não significa um sistema misto que combine socialismo e capitalismo. O fato de o estado ou de municipalidades possuírem e operarem algum tipo de instalação industrial não altera as características essenciais da economia de mercado. Essas empresas públicas estão sujeitas à soberania do mercado. Têm de se ajustar – como compradoras de matérias-primas, equipamento e mão de obra, e como vendedoras de bens e serviços – à mecânica da economia de mercado. Estão sujeitas às leis do mercado e, portanto, dependem dos consumidores que lhes podem dar ou negar preferência. Precisam empenhar-se para obter lucros ou, pelo menos, para evitar prejuízos. O governo pode cobrir o déficit de suas empresas recorrendo a fundos públicos. Mas isto também não elimina nem diminui a supremacia do mercado; apenas desloca o déficit para outro setor: os meios para cobrir as perdas serão arrecadados através da cobrança de impostos. Mas as consequências que esta taxação produzirá no mercado e na estrutura econômica serão sempre as previstas pelas leis do mercado. É o funcionamento do mercado, e não a arrecadação de impostos pelo governo, que decide sobre quem incidirão os impostos e como eles afetarão a produção e o consumo. Portanto, é o mercado, e não uma repartição do governo, que determina o funcionamento dessas empresas públicas.

Nada que seja de alguma forma, relacionado com o funcionamento do mercado pode, no sentido praxeológico[1] ou econômico do termo, ser chamado de socialismo. A noção de socialismo, tal como é concebida e definida por todos os socialistas, implica na ausência de um mercado para os fatores de produção e na ausência de preços para esses fatores. A "socialização" de instalações industriais, comerciais e agrícolas – isto é, a transferência de sua propriedade de privada para pública – é um método de conduzir pouco a pouco ao socialismo.

É um passo na direção do socialismo, mas não é em si mesmo o socialismo. (Marx e os marxistas ortodoxos negaram claramente a possibilidade dessa aproximação gradual para o socialismo. Segundo suas doutrinas, a evolução do capitalismo atingirá inevitavelmente um estágio no qual, de um só golpe, ele se transformaria em socialismo).

As empresas públicas operadas pelo governo e a economia da Rússia Soviética, pelo simples fato de comprarem e venderem em mercados, estão conectadas ao sistema capitalista. Dão testemunho dessa conexão ao utilizarem a moeda em seus cálculos. Assim, fazem uso dos métodos intelectuais do sistema capitalista que fanaticamente condenam.

Isto porque o cálculo econômico é a base intelectual da economia de mercado. Os objetivos perseguidos pela ação em qualquer sistema baseado na divisão do trabalho não podem ser alcançados sem o cálculo econômico. A economia de mercado calcula em termos de preços em moeda. Ser capaz de efetuar tal cálculo foi determinante na sua evolução e condiciona seu funcionamento nos dias de hoje. A economia de mercado é uma realidade porque é capaz de calcular.

2
Capital e bens de capital

Há, em todos os seres vivos, um impulso inato para assimilar tudo aquilo que preserve, renove e fortaleça sua energia vital. A superioridade do agente homem se manifesta no fato de ele procurar, consciente e intencionalmente, manter e aumentar sua vitalidade. Ao perse-

---
[1] Ver nota 1 da Introdução. (N.T.).

guir este objetivo, sua engenhosidade o leva a construir ferramentas que, primeiramente, o ajudam a obter alimentos; posteriormente, o induz a descobrir métodos de aumentar a quantidade de alimento disponível e, finalmente, o habilita a satisfazer seus desejos mais urgentes entre aqueles que são especificamente humanos. Böhm-Bawerk assim descreveu este processo: o homem escolhe métodos indiretos de produção que requerem mais tempo, mas que compensam este atraso por gerarem produtos mais abundantes e de melhor qualidade.

No ponto de partida de todo progresso em direção a uma existência mais bem fornida está a poupança – o provisionamento de produtos que torna possível prolongar o período médio de tempo que decorre entre o início do processo de produção e a obtenção de um produto pronto para ser usado ou consumido. Os produtos acumulados com esse objetivo são de duas naturezas: estágios intermediários no processo tecnológico, isto é, ferramentas e produtos quase acabados; ou bens prontos para consumo que permitam ao homem substituir um processo que absorva menos tempo por outro que absorva mais tempo, sem com isto sofrer necessidades no período de espera. Esses bens são chamados de bens de capital. Portanto, a poupança e a consequente acumulação de bens de capital estão na origem de qualquer tentativa do homem de melhorar suas condições de vida; são a base da civilização humana. Sem poupança e sem acumulação de capital não teria sido possível almejar fins não materiais.[2]

Da noção de bens de capital devemos claramente distinguir o conceito de capital.[3] O conceito de capital é o conceito fundamental no cálculo econômico, a ferramenta intelectual mais importante na condução dos negócios numa economia de mercado. Seu correlativo é o conceito de renda.

As noções de capital e renda, como empregadas em contabilidade e nas reflexões rotineiras, das quais a contabilidade é meramente um refinamento, contrastam meios e fins. A mente do agente, ao calcular, traça uma linha divisória entre os bens de consumo que ele pretende utilizar para imediata satisfação de seus desejos e os bens de todas as ordens – inclusive os de primeira ordem[4] – que ele pretende utilizar no futuro,

---

[2] Bens de capital também têm sido definidos enquanto produtos utilizados como fatores de produção e, como tais, distintos dos fatores naturais ou originais de produção, isto é, dos recursos naturais (terra) e do trabalho humano. Essa terminologia deve ser usada com muito cuidado porque ela pode ser facilmente mal interpretada e conduzir ao conceito de capital real criticado mais adiante.

[3] É claro que não tem importância se, por uma questão de simplicidade, adotarmos a terminologia corrente empregando os termos "acumulação de capital".

[4] Para esse homem, estes bens não são bens de primeira ordem*, mas bens de uma ordem mais elevada, fatores de produção ulterior.

* Bens (ou serviços) de primeira ordem são os bens (ou serviços) prontos para serem consumidos e que são

para satisfação de futuras necessidades. A diferenciação de meios e fins torna-se assim uma diferenciação entre investir e consumir, entre o negócio e a casa, entre gastos comerciais e gastos domésticos. O capital – conjunto de bens a ser investido, considerado em termos monetários – é o ponto de partida do cálculo econômico. O objetivo imediato do investimento é aumentar, ou pelo menos preservar, o capital. O montante que pode ser consumido num determinado período de tempo sem diminuir o capital é chamado de renda. Se o consumo é maior do que a renda, diz-se estar havendo um consumo de capital. Se a renda disponível é maior do que o montante consumido, esta diferença é chamada de poupança. Entre as tarefas principais do cálculo econômico estão aquelas correspondentes ao estabelecimento da magnitude da renda, da poupança e do consumo de capital.

A reflexão que conduziu o homem às noções implícitas nos conceitos de capital e renda está latente em qualquer premeditação e planejamento da ação. Até mesmo o mais primitivo dos agricultores tem vagamente consciência das consequências de atos que, modernamente, um contador chamaria de consumo de capital. A relutância do caçador em matar uma corça prenha e o mal-estar sentido pelo guerreiro mais impiedoso ao cortar uma árvore frutífera são manifestações de uma mentalidade que já era influenciada por tais considerações. Essas considerações estavam presentes na antiga instituição do usufruto e em práticas e costumes análogos. Mas somente as pessoas que têm possibilidade de recorrer ao cálculo monetário podem perceber com nitidez a distinção entre recursos econômicos e as vantagens que deles derivam, e podem aplicar tal distinção a todas as classes, tipos e ordens de bens e serviços. Somente pelo cálculo monetário se pode estabelecer esta distinção em relação aos processos industriais altamente desenvolvidos que estão em permanente evolução, bem como em relação às estruturas complicadas da cooperação social de centenas de milhares de profissões especializadas e de tipos de trabalho.

Se, à luz dos modernos sistemas contábeis, contemplarmos a situação dos ancestrais selvagens da raça humana, podemos dizer, metaforicamente, que eles também usavam "capital". Um contador contemporâneo poderia aplicar todos os métodos de sua profissão aos instrumentos primitivos de caça e pesca, à criação de gado, ao preparo do solo, se soubesse que preços atribuir aos vários itens em questão. Alguns economistas concluíram daí que o "capital" é uma categoria

---

efetivamente consumidos pelo usuário final. São os comumente denominados bens de consumo. Bens de segunda ordem são os usados para fazer os de primeira ordem. Bens de terceira ordem são os usados para fazer os bens de segunda ordem, e assim por diante. Os bens de consumo que não são usados para consumo imediato, mas guardados para uso futuro, não são bens de primeira ordem, mas bens de capital ou bens de uma ordem mais elevada. (N.T.)

de toda produção humana, presente em qualquer sistema de produção que se imagine – tanto no isolamento involuntário de Robinson Crusoé, como numa sociedade socialista – e que, portanto, não depende do uso do cálculo econômico.[5] Ao raciocinar assim, estão simplesmente fazendo uma confusão. O conceito de capital é inseparável do contexto do cálculo monetário e da estrutura social de uma economia de mercado, única situação em que é possível efetuar o cálculo monetário. É um conceito que não tem nenhum sentido fora das condições de uma economia de mercado. Só tem um papel a desempenhar nos planos e nos registros dos indivíduos que agem por conta própria no sistema de propriedade privada dos meios de produção que se desenvolveu com a difusão do cálculo econômico em termos monetários.[6]

A contabilidade moderna é o fruto de uma longa evolução histórica. Hoje, há uma unanimidade entre empresários e contadores quanto ao significado de capital. Capital é a soma do equivalente em moeda de todos os ativos menos a soma do equivalente em moeda de todos os passivos, relativos, numa determinada data, às operações de uma determinada empresa. Não importa no que consistam esses ativos, sejam eles terra, edificações, equipamentos, ferramentas, bens de qualquer tipo ou ordem, créditos, direitos, dinheiro em caixa ou qualquer outra coisa.

É histórico o fato de que, nos primórdios da contabilidade, os comerciantes, que foram os iniciadores do uso do cálculo econômico, na sua maior parte não incluíssem o equivalente em moeda de suas edificações e terras na noção de capital. É também um fato histórico o de que os agricultores não tivessem a preocupação em aplicar o conceito de capital às suas terras. Mesmo atualmente, nos países avançados, somente uma parte dos agricultores está familiarizada com práticas contábeis corretas. Muitos se contentam com um sistema contábil que se abstém de considerar a contribuição da terra à produção. Seus lançamentos contábeis não incluem o equivalente em moeda da terra e são, portanto, indiferentes a mudanças neste valor. Contabilidades desse gênero são defeituosas porque deixam de fornecer uma informação que é o único objetivo da contabilização do capital. Não indicam se o funcionamento da fazenda provocou, ou não, uma deterioração da capacidade de as terras contribuírem para a produção, ou seja, de seu valor de uso objetivo. Acontece uma erosão, os registros contábeis ignoram-na, e assim a renda calculada (rendimento líquido) é maior do que a que mostraria um método mais completo de contabilidade. É necessário mencionar esses fatos

---

[5] Ver, neste sentido, R. v. Strigl, *Kapital und Produktion*, Viena, 934, p. 3.

[6] Ver Frank A. Fetter, *Encyclopaedia of the Social Sciences*, vol. 3, p. 90.

históricos, porque eles influenciaram os esforços dos economistas na elaboração da noção de *capital real*.

Os economistas estavam, e ainda hoje estão confundidos pela crença supersticiosa de que a escassez de fatores de produção podia ser eliminada inteiramente ou, pelo menos, numa certa medida, pelo aumento da quantidade de moeda em circulação e pela expansão do crédito. Para poder lidar adequadamente com este problema fundamental de política econômica, consideravam necessário formular a noção de capital real confrontando-a com a noção de capital usada pelo comerciante cujo cálculo se refere a todo o conjunto de suas atividades aquisitivas. Na época em que os economistas começaram a se interessar por estas questões, ainda existiam dúvidas quanto à interpretação que considera o equivalente em moeda da terra como capital. Assim, os economistas entenderam como razoável não considerar a terra na noção de capital real. Definiram capital real como a totalidade disponível de produtos utilizados como fatores de produção. Discussões bizantinas foram travadas para decidir se os estoques de bens de consumo em poder das empresas são ou não capital real. Mas havia quase unanimidade em considerar que dinheiro em caixa não é capital real.

Ora, este conceito de uma totalidade de produtos utilizados como fatores de produção é um conceito sem sentido. O equivalente em moeda dos vários fatores de produção possuídos por uma empresa pode ser definido e somado. Mas, se nos abstrairmos de fazer essa avaliação em termos monetários, a totalidade dos produtos que podem ser utilizados como fatores de produção é simplesmente uma enumeração de quantidades físicas de milhares de bens. Tal inventário não tem nenhuma utilidade para a ação. É uma descrição de uma parte do universo em termos de tecnologia e topografia, sem qualquer relação com o problema que os esforços para aumentar o bem estar do homem suscitam. Podemos aquiescer quanto ao uso semântico da expressão, *bens reais de capital* para designar os fatores de produção existentes. Mas isso não torna mais significativo o conceito de capital real.

A pior consequência do uso dessa noção mítica de capital real foi o fato de que os economistas começaram a especular sobre um falso problema, qual seja o da produtividade do capital (real). Um fator de produção é, por definição, tudo aquilo que é capaz de contribuir para o sucesso de um processo de produção. Seu preço de mercado reflete inteiramente o valor que as pessoas atribuem a essa contribuição. Os serviços esperados do emprego de um fator de produção (isto é, sua contribuição à produtividade) são pagos, nas transações de mercado, de acordo com o valor integral que as pessoas lhes atribuem. Só se atribui valor a esses fatores em função dos serviços que prestam. Esta é a única razão pela qual um pagamento é feito. Uma vez que o preço seja pago, nada mais é devido, por quem quer que seja, como compensação por serviços produtivos adicionais desses fatores de produção. Foi um erro considerar o juro como uma renda derivada da produtividade do capital.[7]

Não menos prejudicial foi uma segunda confusão derivada do conceito de capital real. Começou-se a meditar sobre um conceito de *capital social* enquanto distinto de capital privado. Partindo da construção imaginária de uma economia socialista, pretendeu-se definir um conceito de capital que fosse adequado às atividades econômicas do gerente geral de tal sistema. Tinham razão em supor que este gerente iria querer saber se a sua gestão dos negócios estaria sendo bem-sucedida (do ponto de vista de suas próprias valorações e dos objetivos escolhidos em função dessas valorações) e quanto poderia gastar com a subsistência de seus tutelados, sem diminuir o estoque disponível de fatores de produção, o que comprometeria o rendimento da fase de produção seguinte. Um governo socialista teria uma extrema necessidade dos conceitos de capital e renda para orientar suas operações. Entretanto, num sistema econômico onde não exista propriedade privada dos meios de produção, nem mercado e nem preços para esses bens, os conceitos de capital e renda são meros postulados acadêmicos destituídos de qualquer aplicação prática. Numa economia socialista existem bens de capital, mas não capital.

A noção de capital só faz sentido numa economia de mercado. Serve para que os indivíduos ou grupos de indivíduos possam deliberar ou calcular por sua própria conta. É um instrumento usado pelos capitalistas, empresários e agricultores desejosos de fazer lucros e evitar prejuízos. Não é uma categoria inerente a qualquer ação. É uma categoria da ação numa economia de mercado.

3
Capitalismo

Todas as civilizações, até os dias de hoje, foram baseadas na propriedade privada dos meios de produção. No passado, civilização e propriedade privada sempre andaram juntas. Aqueles que sustentam que a economia é uma ciência experimental, e apesar disso recomendam o controle estatal dos meios de produção, se contradizem lamentavelmente. Se pudéssemos extrair algum ensinamento da experiência histórica, este seria o de que a propriedade privada está inextricavelmente ligada à civilização. Não há nenhuma experiência que

---
[7] Ver adiante p. 605-612.

mostre que o socialismo poderia proporcionar um padrão de vida tão elevado quanto o que é proporcionado pelo capitalismo.[8]

O sistema de economia de mercado nunca chegou a ser tentado de forma completa e pura. Mas, na civilização ocidental, desde a Idade Média, de um modo geral, tem prevalecido uma tendência no sentido de abolir as instituições que entravam o funcionamento da economia de mercado. O constante progresso dessa tendência permitiu o crescimento populacional e a elevação do padrão de vida das massas a um nível sem precedente e até então inimaginável. O trabalhador americano médio desfruta de comodidades que fariam inveja a Cresus, Crasso, aos Médici e a Luís XIV.

Os problemas suscitados pela crítica socialista e intervencionista à economia de mercado são puramente de ordem econômica e só podem ser tratados da maneira pela qual este livro tenta fazê-lo: por uma análise profunda da ação humana e de todos os sistemas imagináveis de cooperação social. O problema psicológico, em decorrência do qual as pessoas desprezam e menoscabam o capitalismo e chamam de "capitalista" tudo o que lhes desagrada, e de "socialista" tudo o que lhes agrada, é um problema que diz respeito à história e deve ser deixado a cargo dos historiadores. Mas há muitos outros temas que devemos colocar em evidência.

Os defensores do totalitarismo consideram o "capitalismo" um mal tenebroso, uma doença terrível que se abateu sobre a humanidade. Aos olhos de Marx, o capitalismo era um estágio inevitável da evolução do gênero humano, mas, ainda assim, o pior dos males; felizmente a salvação estava iminente e livraria o homem definitivamente deste desastre. Na opinião de outras pessoas, teria sido possível evitar o capitalismo se ao menos os homens fossem mais virtuosos ou mais habilidosos na escolha de políticas econômicas. Todas essas lucubrações têm um traço comum. Consideram o capitalismo como um fenômeno ocidental que poderia ser eliminado sem alterar condições que são essenciais ao pensamento e à ação do homem civilizado. Como elas não se preocupam com o problema do cálculo econômico, não chegam a perceber as consequências que seriam produzidas pela abolição desse cálculo. Não chegam a se dar conta de que o homem socialista, para cujo planejamento a aritmética não terá nenhuma utilidade, seria, na sua mentalidade e no seu modo de pensar, inteiramente diferente dos nossos contemporâneos. Ao lidar com o socia-

---

[8] Para um exame da "experiência" russa, ver Mises, *Planned Chaos*, Irvington-on-Hudson, 1947, p. 80-87 (reproduzido na nova edição de Mises, *Socialism*, New Haven, 1951, p. 527- 592).

lismo, não devemos subestimar essa transformação mental, mesmo se estivéssemos dispostos a suportar silenciosamente as desastrosas consequências que adviriam para o bem estar material da humanidade.

A economia de mercado é um modo de agir, fruto da ação do homem sob a divisão do trabalho. Todavia, isto não significa que seja algo acidental ou artificial, algo que possa ser substituído por outro modo de agir qualquer. A economia de mercado é o produto de um longo processo evolucionário. É o resultado dos esforços do homem para ajustar sua ação, da melhor maneira possível, às condições dadas de um meio ambiente que ele não pode modificar. É, por assim dizer, a estratégia cuja aplicação permitiu ao homem progredir triunfalmente do estado selvagem à civilização.

Muitos autores raciocinam da seguinte forma: o capitalismo foi o sistema econômico que possibilitou as realizações maravilhosas dos últimos duzentos anos; portanto, está liquidado porque o que foi benéfico no passado não pode continuar sendo benéfico nos nosso tempo nem no futuro. Tal raciocínio está em contradição flagrante com os princípios do conhecimento experimental. Não é necessário, a essa altura, retornar novamente à questão de saber se a ciência da ação humana pode ou não adotar os métodos experimentais das ciências naturais. Mesmo se fosse possível responder afirmativamente a esta questão, seria absurdo questionar como esses experimentalistas *à rebours* o fazem. A ciência experimental argumenta que, se *a* foi válido no passado, será válido também no futuro. Não tem cabimento afirmar o contrário: se *a* foi válido no passado, não o será no futuro.

É comum censurar os economistas por terem um pretenso desinteresse em relação à história. Os economistas, segundo seus críticos, consideram a economia de mercado como o padrão ideal e eterno de cooperação social. Concentram toda sua atenção no estudo das condições da economia de mercado, negligenciando todo o resto. Pouco lhes importa o fato de que o capitalismo só tenha surgido nos últimos duzentos anos e que ainda hoje esteja restrito a uma área relativamente pequena da superfície terrestre e a uma minoria da população mundial. Houve no passado e há atualmente – continuam esses críticos – outras civilizações com uma mentalidade diferente e com outras formas de conduzir os assuntos econômicos. O capitalismo, quando visto *sub specie aeternitatis*, é um fenômeno passageiro, um estágio efêmero da evolução histórica, uma mera transição da era pré-capitalista para um futuro pós-capitalista.

Todas essas críticas são espúrias. A economia não é, evidentemente, um ramo da história ou de qualquer outra ciência histórica. É a teoria de toda ação humana, a ciência geral das imutáveis categorias da ação e do seu funcionamento em quaisquer condições imagináveis sob as quais o homem age. Por assim ser, constitui a ferramenta mental indispensável para lidar com os problemas históricos e etnográficos. Um historiador ou um etnógrafo que, no seu trabalho, não aproveita da melhor maneira possível todos os ensinamentos da economia, está trabalhando mal. Na realidade, ele não aborda o objeto de sua pesquisa sem estar influenciado por aquilo que despreza como teoria. Está, em cada instante de sua coleta de fatos pretensamente puros, quando os ordena e deles extrai conclusões, guiado por remanescentes confusos e deturpados de doutrinas econômicas perfunctórias, construídas desleixadamente ao longo dos séculos que precederam a elaboração de uma ciência econômica; ciência econômica esta que refutou de forma definitiva aquelas doutrinas superficiais.

A análise dos problemas da sociedade de mercado, a única forma de ação humana na qual o cálculo pode ser aplicado para planejar a ação, abre o caminho para a análise de todos os modos de ação imagináveis e de todos os problemas econômicos com que se defrontam os historiadores e etnógrafos. Todos os métodos não capitalistas de gestão econômica só podem ser estudados a partir da hipótese de que também nesses sistemas possam ser usados os números cardinais para registro da ação passada e planejamento da ação futura. É por esse motivo que os economistas colocam o estudo da autêntica economia de mercado no centro de suas investigações.

Não são os economistas, e sim os seus críticos, que carecem de "senso histórico" e ignoram o fator evolução. Os economistas sempre tiveram consciência do fato de que a economia de mercado é o produto de um longo processo histórico que começou quando a raça humana emergiu dos grupos de outros primatas. Os defensores do que erroneamente é chamado de "historicismo" pretendem desfazer os efeitos das mudanças evolucionárias. A seu ver, tudo aquilo cuja existência não possa ser rastreada até um passado remoto, ou não possa ter sua origem identificada nos costumes de alguma tribo primitiva da Polinésia, é artificial, ou mesmo decadente. Consideram como prova de inutilidade e podridão de uma instituição o fato de ela ser desconhecida para os selvagens. Marx e Engels, e os professores alemães da Escola Historicista, exultaram quando tomaram conhecimento de que a propriedade privada é "apenas" um fenômeno histórico. Para eles, esta era a prova de que os seus planos socialistas eram realizáveis.[9]

---

[9] O produto mais surpreendente desse modo de pensar muito difundido é o livro de um professor prussiano, Bernhard Laum, *Die geschlossene Wirtschaft*, Tübingen, 1933, p. 491. Laum reúne uma vasta coleção de citações de obras etnográficas que mostram que muitas tribos primitivas consideravam a autarquia econômica como natural, necessária e moralmente boa. Conclui daí que a autarquia constitui o sistema de

O gênio criador está em contradição com os seus contemporâneos. Enquanto pioneiro das coisas novas e das quais nunca se ouviu falar, ele está em conflito com a aceitação cega de critérios e valores tradicionais. A seu ver, a rotina de um cidadão normal, do homem médio e comum, não passa de uma estupidez. Para ele, "burguês" é sinônimo de imbecilidade.[10] Os artistas frustrados que se satisfazem em imitar os maneirismos do gênio, a fim de esquecer e de dissimular sua própria impotência, adotam essa terminologia. Esses boêmios chamam tudo o que lhes desagrada de "burguês". Desde que Marx tornou o termo "capitalista" equivalente a "burguês", estas palavras são empregadas como sinônimas. Nos vocabulários de todas as línguas as palavras "capitalistas" e "burguesas" significam hoje tudo o que há de vergonhoso, degradante e infame.[11] Por outro lado, chamam tudo aquilo de que gostam ou que prezam de "socialista". O esquema de raciocínio é o seguinte: um homem, arbitrariamente, chama de "capitalista" tudo o que lhe desagrada e depois deduz dessa designação que aquilo que lhe desagrada é mau.

Esta confusão semântica vai ainda mais longe. Sismondi, os apologistas românticos da Idade Média, todos os autores socialistas, a Escola Historicista prussiana e os Institucionalistas americanos ensinaram que o capitalismo é um sistema injusto de exploração que sacrifica os interesses vitais da maioria da população em benefício exclusivo de um pequeno grupo de aproveitadores. Nenhum homem decente pode defender esse sistema "insensato". Os economistas que sustentam que o capitalismo é benéfico não apenas a um pequeno grupo, mas a todas as pessoas, são "sicofantas da burguesia". Ou são obtusos demais para perceber a realidade, ou então são apologistas vendidos aos interesses egoístas da classe dos exploradores.

---

gestão econômica mais natural e mais conveniente, e que o retorno ao sistema autárquico é um "processo biologicamente necessário".

[10] Guy de Maupassant analisou o pretenso ódio de Flaubert à burguesia no seu *Etude sur Gustave Flaubert*, reeditado nas *Oeuvres complètes de Gustave Flaubert*, Paris, 1885, vol. 7. Flaubert, diz Maupassant, *"aimait le monde"* (p. 67); isto é, gostava de circular na sociedade parisiense composta de aristocratas, de burgueses ricos e da elite de artistas, escritores, filósofos, cientistas, homens de estado e empresários (promotores). Usava o termo burguês como sinônimo de imbecilidade e o definia da seguinte maneira: "Eu chamo de burguês quem quer que tenha pensamentos vis *(pense bassement)*". Portanto, é óbvio que, ao empregar o termo burguês, Flaubert não tinha em mente a burguesia como uma classe social, mas um tipo de imbecilidade que frequentemente ele encontrava nesta classe. Também tinha o maior desprezo pelo homem comum (*"le bon peuple"*). Entretanto, como tinha mais contato com *"gens du monde"* do que com operários, a estupidez dos primeiros o chocava mais do que a dos últimos (p. 86). Essas observações de Maupassant são válidas não somente para Flaubert, mas também para os sentimentos "antiburgueses" de todos os artistas. Incidentalmente, deve ser notado que, de um ponto de vista marxista, Flaubert é um escritor burguês e seus romances são uma "superestrutura ideológica" do "modo de produção capitalista ou burguês".

[11] Os nazistas usavam a palavra "judeu" como sinônimo tanto de "capitalista" como de "burguês".

O capitalismo, no entender desses inimigos da liberdade, da democracia e da economia de mercado, significa a política econômica defendida pelas grandes empresas e pelos milionários. Diante do fato de que alguns – certamente não todos – capitalistas e empresários ricos, nos dias de hoje, são favoráveis a medidas que restringem o livre comércio e a competição e resultam em monopólio, dizem: o capitalismo contemporâneo defende o protecionismo, os cartéis e a abolição da competição. É verdade, acrescentam, que num certo período do passado o capitalismo inglês era favorável ao comércio livre, tanto no mercado interno como nas relações internacionais. Isto ocorria porque, naquela época, os interesses de classe da burguesia inglesa eram melhor atendidos por essa política. Entretanto, as condições mudaram e, hoje, o capitalismo, isto é, a doutrina defendida pelos exploradores, é favorável a outra política.

Já foi mostrado que essa tese deforma grosseiramente tanto a teoria econômica como os fatos históricos.[12] Houve e haverá sempre pessoas cujos interesses egoístas exigem proteção para situações já estabelecidas e que esperam obter vantagens de medidas que restringem a competição. Empresários envelhecidos e cansados, bem como os herdeiros decadentes de pessoas que foram bem sucedidas no passado, não gostam dos ágeis *parvenus* que ameaçam a sua riqueza e posição social eminente. Seu desejo de tornar rígidas as condições econômicas e de impedir o progresso pode ou não ser realizado, dependendo do clima da opinião pública. A estrutura ideológica do século XIX, influenciada pelo prestígio dos ensinamentos dos economistas liberais, tornava inúteis esses desejos. Quando os melhoramentos tecnológicos da era do liberalismo revolucionaram os métodos tradicionais de produção, transporte e comércio, aqueles cujos interesses estabelecidos foram atingidos não pediram proteção porque teria sido inútil. Mas, hoje, o fato de impedir um homem eficiente de competir com um menos eficiente, é considerado como uma tarefa legítima do governo. A opinião pública simpatiza com as solicitações de grupos poderosos para impedir o progresso. Os produtores de manteiga estão tendo sucesso na sua luta contra a margarina e os músicos contra a música gravada. Os sindicatos operários são inimigos mortais de qualquer máquina nova. Não é de estranhar que, em tal ambiente, empresários menos eficientes busquem proteção contra competidores mais eficientes.

Seria correto descrever este estado de coisas da seguinte forma: hoje, muitos ou alguns setores empresariais não são mais liberais; não defendem uma autêntica economia de mercado, mas, ao contrário,

---
[12] Ver p. 111-115.

solicitam ao governo medidas intervencionistas. Mas é inteiramente errado dizer que o significado do conceito de capitalismo mudou e que o "capitalismo maduro" – como o designam os institucionalistas americanos – ou o "capitalismo tardio" – como é chamado pelos marxistas – seja caracterizado por políticas restritivas que visem a proteger interesses constituídos de assalariados, agricultores, lojistas, artesãos e também, às vezes, de capitalistas e empresários. O conceito de capitalismo, como conceito econômico, é imutável; se tem algum significado, significa economia de mercado.

Se aquiescermos em usar uma terminologia diferente, ficaremos privados das ferramentas semânticas próprias para lidar adequadamente com os problemas da história contemporânea e das políticas econômicas. Essa nomenclatura defeituosa só se torna compreensível quando percebemos que os *pseudoeconomistas* e os políticos que a utilizam querem evitar que as pessoas saibam o que é realmente a economia de mercado. Querem que as pessoas acreditem que todas as medidas repulsivas de intervenção estatal são provocadas pelo "capitalismo".

4
A SOBERANIA DO CONSUMIDOR

A direção de todos os assuntos econômicos, na sociedade de mercado, é uma tarefa dos empresários. Deles é o controle da produção. Estão no leme e pilotam o navio. Um observador superficial pensaria que eles são os soberanos. Mas não são. São obrigados a obedecer incondicionalmente às ordens do capitão. O capitão é o consumidor. Não são os empresários, nem os agricultores, nem os capitalistas que determinam o que deve ser produzido. São os consumidores. Se um empresário não obedece estritamente às ordens do público tal como lhe são transmitidas pela estrutura de preços do mercado, sofre perdas, vai à falência, e é assim removido de sua posição eminente no leme do navio. Outro que melhor satisfizer os desejos dos consumidores o substituirá.

Os consumidores prestigiam as lojas nas quais podem comprar o que querem pelo menor preço. Ao comprarem e ao se absterem de comprar, os consumidores decidem sobre quem deve possuir e dirigir as fábricas e as fazendas. Enriquecem um homem pobre e empobrecem um homem rico. Determinam precisamente a quantidade e a qualidade do que deve ser produzido. São patrões impiedosos, cheios de caprichos e fantasias, instáveis e imprevisíveis. Para eles, a única coisa que conta é sua própria satisfação. Não se sensibilizam nem um pouco com méritos passados ou com interesses estabelecidos. Se lhes for oferecido algo que considerem melhor e que seja mais barato, abandonam os seus fornecedores habituais. Na sua condição de compradores e consumidores, são frios e insensíveis, sem consideração por outras pessoas.

Apenas os vendedores de bens e serviços de primeira ordem estão em contato direto com os consumidores e dependem diretamente de suas ordens. Mas eles transmitem as ordens recebidas do público a todos aqueles que produzem os bens e serviços de uma ordem mais elevada. Isto porque os fabricantes de bens de consumo, os varejistas, os prestadores de serviços, os profissionais, são obrigados a adquirir o que necessitam para condução do seu próprio negócio, daqueles fornecedores que lhes vendem pelo menor preço. Se não quiserem comprar pelo menor preço de mercado e não organizarem seu processamento dos fatores de produção de maneira a atender aos desejos do consumidor, oferecendo produtos melhores e mais baratos, serão forçados a fechar o seu negócio. Outros, mais eficientes, mais bem sucedidos na tarefa de comprar e processar fatores de produção, os suplantarão. O consumidor pode dar livre curso aos seus caprichos e fantasias. Os empresários, capitalistas, agricultores têm suas mãos amarradas; são obrigados a conformar suas atividades segundo as ordens do público comprador. Qualquer desvio das linhas prescritas pela demanda dos consumidores lhes é debitado. O mais insignificante desvio, seja intencional ou causado por erro, mau julgamento ou ineficiência, restringe ou suprime os seus lucros. Um desvio mais acentuado resulta em perdas, reduzindo ou absorvendo inteiramente sua riqueza. Os capitalistas, empresários e proprietários de terra só podem preservar e aumentar sua riqueza ou satisfazer melhor os desejos dos consumidores. Não são livres para gastar dinheiro que os consumidores não estejam dispostos a reembolsar pagando mais pelos produtos. Na condução de seus negócios, devem ser insensíveis e duros porque os consumidores – seus patrões – são, eles também, insensíveis e duros.

Os consumidores determinam, em última instância, não apenas os preços dos bens de consumo, mas também os preços de todos os fatores de produção. Determinam a renda de cada membro da economia de mercado. São os consumidores e não os empresários que basicamente pagam os salários ganhos por qualquer trabalhador, pela glamorosa artista de cinema, ou pela faxineira. Cada centavo gasto pelos consumidores determina a direção de todos os processos de produção e os detalhes de organização de todas as atividades mercantis.

Este estado de coisas foi bem descrito ao se denominar o mercado uma democracia na qual cada centavo dá direito a um voto.[13] Seria mais correto dizer que uma constituição democrática é um dispositivo que concede aos cidadãos, na esfera política, aquela mesma supremacia que o mercado lhes confere na sua condição de consumidores. Não obstante, a comparação é imperfeita. Na democracia política, somente os votos dados em favor do candidato ou do programa que obteve a maioria têm influência no curso dos eventos políticos. Os votos colhidos pela minoria não influenciam diretamente as políticas adotadas. Entretanto, no mercado, nenhum voto é dado em vão. Cada centavo gasto tem o poder de influenciar os processos de produção. Os editores não trabalham apenas para a maioria que lê estórias de detetive, mas também para a minoria que lê poesia e tratados de filosofia. As padarias fazem pão não apenas para pessoas saudáveis, mas também para pessoas doentes, submetidas a uma dieta especial. É a disposição de gastar certa quantidade de dinheiro que confere todo o peso à decisão de um consumidor.

É verdade que, no mercado, os vários consumidores não têm o mesmo direito de voto. Os ricos dispõem de mais votos que os cidadãos mais pobres. Mas essa desigualdade é em si mesma, o resultado de um processo eleitoral anterior. Ser rico, numa autêntica economia de mercado, é o resultado do sucesso em conseguir atender melhor os desejos do consumidor. Um homem rico só pode preservar sua fortuna se continuar a servir o consumidor da maneira mais eficiente.

Desta forma, os proprietários dos fatores materiais de produção e os empresários são virtualmente mandatários ou homens de confiança dos consumidores, designados por uma eleição que se repete todos os dias.

No funcionamento de uma economia de mercado só há uma situação na qual a classe proprietária não está completamente sujeita à supremacia do consumidor: preços monopolísticos são uma violação da soberania do consumidor.

O EMPREGO METAFÓRICO DA TERMINOLOGIA POLÍTICA

As ordens dadas pelos empresários na condução dos seus negócios são audíveis e visíveis. Ninguém pode desconhecê-las. Até o *office-boy* sabe quem manda e dirige a empresa. Mas perceber a dependên-

---

[13] Ver Frank A. Fetter, *The Principles of Economics*, 3. ed., Nova York, 1913, p. 394, 410.

cia do empresário, numa situação de mercado, requer um pouco mais de perspicácia. As ordens dadas pelos consumidores não são tangíveis, não podem ser percebidas pelos sentidos. A muitas pessoas falta o discernimento necessário para percebê-las: incorrem, assim, no erro de achar que empresários e capitalistas são autocratas irresponsáveis que não precisam dar conta de seus atos a ninguém.[14]

Uma consequência dessa mentalidade é a prática de aplicar, ao mundo dos negócios, a terminologia do poder político ou a da ação militar. Empresários bem sucedidos são chamados de reis ou duques, suas empresas são consideradas impérios, reinados ou ducados.

Não haveria necessidade de criticar essa linguagem se estivéssemos diante de meras metáforas inofensivas. Mas estamos diante de erros graves que representam um papel nefasto nas doutrinas contemporâneas.

O governo é um aparato de compulsão e coerção. Tem o poder de se fazer obedecer pela força. O soberano político, seja ele um autocrata ou um representante do povo, tem poder para esmagar rebeliões enquanto subsistir o seu poder ideológico.

A posição que os empresários e os capitalistas ocupam na economia de mercado é de outra natureza. Um "rei do chocolate" não tem poder sobre os consumidores, seus clientes. Limita-se a fornecer-lhes chocolate da melhor qualidade e pelo menor preço. Não comanda os consumidores, serve-os. Os consumidores não têm nenhuma obrigação de comprar nas suas lojas. Ele perde o seu "reinado", se os consumidores preferirem gastar os seus centavos em algum outro lugar. Também não "comanda" seus empregados. Contrata os seus serviços, pagando-lhes exatamente aquele valor que os consumidores estão dispostos a lhe restituir ao comprar seu produto. Menor ainda é o poder político exercido pelos capitalistas e empresários. As nações civilizadas da Europa e da América foram durante muito tempo controladas por governos que não prejudicavam significativamente o funcionamento da economia de mercado. Hoje, esses países também estão dominados por partidos que são hostis ao capitalismo e que acreditam que todo dano causado aos capitalistas e empresários é extremamente benéfico para o povo.

Numa economia de mercado que funcione sem entraves, os capitalistas e empresários não podem esperar vantagens pela corrupção de funcionários e políticos. Por outro lado, os funcionários e os políti-

---

[14] Beatrice Webb, *Lady* Passfield, filha de um rico homem de negócios, pode ser citada como um exemplo marcante dessa mentalidade. Ver *My Apprenticeship*, Nova York, 1926, p. 42.

cos não têm condições de fazer chantagem e de extorquir suborno dos homens de negócios. Num país intervencionista, grupos de pressão poderosos se empenham em obter para os seus membros privilégios à custa de indivíduos e grupos mais fracos. Em tal ambiente, os homens de negócio podem considerar conveniente usar a corrupção para se protegerem de atos discriminatórios por parte de membros do poder executivo ou do poder legislativo; uma vez habituados a esses métodos, podem tentar empregá-los para obter privilégios para si mesmos. De qualquer forma, o fato de que os homens de negócio subornem políticos e funcionários, e de que sejam por eles chantageados, não significa dizer que são soberanos e que dirigem os países. São os governados – e não os governantes – que compram os favores e pagam um tributo.

A maioria dos homens de negócio se abstém de recorrer à corrupção, seja por convicção moral, seja por medo. Tentam preservar o sistema de livre iniciativa e procuram defender-se da discriminação usando métodos democráticos legítimos. Formam associações comerciais e tentam influenciar a opinião pública. Os resultados dessas tentativas são bastante limitados, como se constata pelo avanço triunfante das políticas anticapitalistas. O máximo que têm conseguido é adiar por algum tempo algumas medidas especialmente nefastas.

Os demagogos deformam esse estado de coisas da maneira mais grosseira. Eles nos dizem que são essas associações de banqueiros e industriais que governam o país e que dominam o aparato que é chamado de governo "plutodemocrático". Uma simples enumeração das leis promulgadas nas últimas décadas pelo legislativo de qualquer país é suficiente para mostrar a inconsistência desses mitos.

5
COMPETÊNCIA

Na natureza prevalecem conflitos de interesse irreconciliáveis. Os meios de subsistência são escassos. A proliferação tende a exceder a subsistência. Só os animais e plantas mais aptos sobrevivem. O antagonismo entre um animal esfomeado e outro que lhe arranca a comida é implacável.

A cooperação social sob o signo da divisão do trabalho elimina tais antagonismos. Substitui a hostilidade pela associação e mutualidade. Os membros da sociedade são solidários numa aventura comum.

O termo competição, quando aplicado às condições da vida animal, significa a rivalidade que se manifesta na busca de alimento. Podemos chamar este fenômeno de *competição biológica*. A competição biológica não deve ser confundida com a *competição social*, isto é, o esforço dos indivíduos para obter uma posição mais favorável no sistema de cooperação social. Como existirão sempre situações às quais os homens atribuem mais valor, as pessoas se esforçarão por alcançá-las e tentarão superar os seus rivais. A competição social, consequentemente, está presente em qualquer forma concebível de organização social. Se quisermos pensar um estado de coisas no qual não haja competição social, teremos de imaginar um sistema socialista no qual o chefe, na sua função de atribuir a cada indivíduo um lugar e uma tarefa na sociedade, não é ajudado por nenhuma ambição por parte de seus subordinados. Os indivíduos seriam inteiramente indiferentes e não postulariam nenhum cargo. Comportar-se-iam como os cavalos reprodutores de um haras, que não procuram colocar-se num ângulo mais favorável quando o proprietário escolhe o garanhão que vai cobrir sua melhor égua. Mas tais pessoas já não seriam agentes humanos.

A competição cataláctica é uma emulação entre pessoas que querem superar umas às outras. Não é uma luta, embora seja comum o emprego, num sentido metafórico, de termos como ataque e defesa, estratégia e tática, extraídas da terminologia da guerra e dos conflitos violentos. Na competição cataláctica, aqueles que perdem não são aniquilados; são deslocados para um lugar mais modesto no sistema social, um lugar mais compatível com as suas realizações do que aquele que pretendiam alcançar.

Num sistema totalitário, a competição social se manifesta através dos esforços das pessoas em obterem os favores daqueles que estão no poder. Na economia de mercado, a competição se manifesta no fato de que os vendedores devem superar uns aos outros pela oferta de bens e serviços melhores e mais baratos, enquanto que os compradores devem superar uns aos outros pela oferta de preços mais altos. Ao lidar com esta espécie de competição social, que pode ser chamada de *competição cataláctica*, devemos precaver-nos de várias falácias muito difundidas.

Os economistas clássicos eram favoráveis à abolição de todas as barreiras comerciais que impediam as pessoas de competirem no mercado. Medidas restritivas, explicavam eles, resultam no deslocamento da produção de locais onde as condições naturais de produção são mais favoráveis para locais onde são menos favoráveis. Protege o homem menos eficiente contra seu rival mais eficiente. Tendem a perpetuar métodos de produção já ultrapassados. Em suma, restringem a produção e rebaixam o padrão de vida. A fim de que todos prosperem, afirmavam os economistas, a competição devia ser livre para todos. Nesse sentido, falavam de *livre competição*. Não havia nada metafísico no emprego do termo *livre*. Eles defendiam a anulação dos privilégios que impediam as pessoas de terem acesso a certas atividades e mercados. Todas as lucubrações sofisticadas que sofismam quanto à conotação metafísica do adjetivo *livre* aplicado à competição são espúrias; não têm qualquer relação com o problema cataláctico da competição.

No que diz respeito a condições naturais, a competição só pode ser considerada como *livre* em relação aos fatores de produção que não são escassos e, portanto, não é objeto da ação humana. No campo cataláctico, a competição é sempre restringida pela inexorável escassez dos bens e serviços econômicos. Mesmo na ausência de barreiras institucionais criadas para restringir o número de competidores, jamais as circunstâncias permitem que todos possam competir em todos os setores do mercado. Em cada setor, somente grupos relativamente pouco numerosos podem engajar-se na competição.

A competição cataláctica, um dos traços característicos da economia de mercado, é um fenômeno social. Não é um direito, garantido pelo estado e pelas leis, que torne possível a cada indivíduo escolher, à sua vontade, o lugar na estrutura da divisão do trabalho que mais lhe agrade. Atribuir a cada um o seu lugar próprio na sociedade é tarefa dos consumidores que ao comprar ou abster-se de comprar estão determinando a posição social de cada indivíduo. A soberania do consumidor não diminui quando são concedidos privilégios a indivíduos na qualidade de produtores. A entrada num determinado setor industrial é virtualmente livre aos recém-chegados, somente na medida em que os consumidores aprovem a expansão desse setor, ou na medida em que os recém-chegados superem, por um atendimento melhor aos desejos do consumidor, os já estabelecidos. Investimento adicional só se justifica na medida em que satisfaça às mais urgentes necessidades dos consumidores, entre aquelas que ainda não foram atendidas. Se as instalações existentes são suficientes, seria desperdício investir mais capital na mesma indústria. A estrutura de preços do mercado induz os novos investidores a outros setores.

É necessário enfatizar este ponto, porque a falta de percepção dessa realidade está na raiz de muitas queixas sobre a impossibilidade de competição. Cerca de sessenta anos atrás, as pessoas costumavam dizer: ninguém pode competir com as companhias de estrada de ferro; é impossível concorrer com elas, abrindo novas linhas; no campo do transporte terrestre não existe mais competição. A verdade é que, àquela época, as linhas já existentes, em termos gerais, eram suficientes. Para investimentos adicionais de capital, as perspectivas eram mais favoráveis no melhoramento das linhas existentes ou em outros ramos de negócio do que na construção de novas linhas. Entretanto, isto não interferiu no progresso tecnológico dos meios de transporte. O tamanho e o "poder" econômico das companhias de estrada de ferro não impediram o surgimento do automóvel e do avião.

Hoje as pessoas afirmam o mesmo em relação a vários setores dominados por grandes empresas: ninguém pode concorrer com elas; são muito grandes e muito poderosas. Competição, entretanto, não significa que qualquer um possa prosperar simplesmente pela imitação do que outras pessoas fazem. Significa a possibilidade de servir os consumidores através da oferta de algo melhor e mais barato, sem que haja restrição acarretada pelos privilégios concedidos àqueles cujos interesses estabelecidos são afetados pela inovação. Um recém-chegado que quiser desafiar os interesses estabelecidos das firmas existentes precisa sobretudo de massa cinzenta e de ideias. Se o seu projeto é capaz de satisfazer os mais urgentes entre os desejos ainda não atendidos dos consumidores, ou de fornecer bens por um preço mais barato do que os que os fornecedores existentes oferecem, será bem sucedido, apesar do tão falado tamanho e poder das firmas mais antigas.

A competição cataláctica não deve ser confundida com disputas esportivas ou com concursos de beleza. O propósito dessas disputas e concursos é descobrir quem é o melhor boxeador ou a garota mais bonita. A função social da competição cataláctica, certamente, não é a de estabelecer quem é o mais destro, e recompensá-lo com títulos e medalhas. Sua função é garantir a maior satisfação possível do consumidor, numa dada situação das condições econômicas.

A igualdade de oportunidade não é um fator presente nas lutas de boxe e ou concursos de beleza, nem nos outros campos de competição, sejam eles biológicos ou sociais. A imensa maioria das pessoas está, pela estrutura fisiológica de seu corpo, impossibilitada de ganhar o título de campeão de boxe ou de rainha da beleza. Muito poucas pessoas podem competir no mercado como cantores de ópera e artistas de cinema. Os professores universitários são os que têm a situação mais favorável para competir no campo das descobertas científicas. Entretanto, milhares e milhares de professores passam sem deixar nenhum rastro na história das ideias e do progresso científico, enquanto muitas pessoas, mesmo sem as vantagens da universidade, alcançam a glória por suas contribuições extraordinárias.

É comum condenar o fato de a competição cataláctica não oferecer a todos a mesma oportunidade. O começo é muito mais difícil para um menino pobre do que para o filho de um homem rico. Mas os consumidores não estão interessados em saber se aqueles que os servem começaram suas carreiras em condições de igualdade. Seu único interesse é assegurar a melhor satisfação possível de suas necessidades. Como, nesse sentido, o sistema de transmissão hereditária funciona melhor, eles o preferem em vez de outros sistemas menos eficientes. Consideram as coisas do ponto de vista da conveniência e do bem estar sociais e não do ponto de vista de um legado, imaginário e irrealizável direito natural de cada indivíduo competir com chances iguais. Para tornar real este direito, seria necessário colocar em desvantagem os que nascem mais bem dotados intelectualmente e com maior força de vontade que a maioria das pessoas. É óbvio que isso seria um absurdo.

O termo competição é empregado, principalmente, como antítese de monopólio. No entanto, o termo monopólio é aplicado com significados diferentes que precisam ser claramente diferenciados.

A primeira conotação de monopólio, frequentemente implícita no uso popular do termo, significa um estado de coisas no qual o monopolista, seja ele um indivíduo ou um conjunto de indivíduos, tem o controle exclusivo de algo que é vital para as condições de sobrevivência do homem. Este monopolista tem o poder de matar de fome todos aqueles que não obedeçam às suas ordens. Determina, e os outros não têm alternativa: ou se submetem ou morrem. Em tal situação de monopólio, não há nem mercado nem competição cataláctica. O monopolista é o senhor e os outros são escravos inteiramente dependentes das suas boas graças. Não há necessidade de se estender sobre este tipo de monopólio. Ele não tem nenhuma relação com uma economia de mercado. Basta dar um exemplo: um estado socialista universal exerceria esse monopólio absoluto e total; teria o poder de arrasar seus oponentes, fazendo-os morrer de fome.[15]

A segunda conotação de monopólio difere da primeira, na medida em que descreve uma situação compatível com as condições de uma economia de mercado. Um monopolista, neste caso, é um indivíduo, ou um grupo de indivíduos agindo coordenadamente, que tem o controle exclusivo da oferta de uma determinada mercadoria. Se definirmos o termo monopólio dessa maneira, o monopólio está por toda parte. Os produtos de cada indústria de transformação são mais ou menos diferentes uns dos outros. Cada fábrica produz produtos diferentes daqueles produzidos por outra fábrica. Cada hotel tem o monopólio da venda dos seus serviços no local onde está situado. Os serviços profissionais prestados por um médico ou por um advogado nunca são exatamente

---

[15] Ver Trotsky, 1937, como citado por Hayek em *The Road to Serfdom*, Londres, 1944, p. 89. (*O caminho da servidão*, edição do Instituto Liberal, Rio, 1985, p. 123).

iguais aos prestados por outro médico ou advogado. Exceto quanto a certas matérias-primas, gêneros alimentícios e outros produtos de uso corrente, o monopólio está por toda parte no mercado.

Seja como for, o mero fenômeno do monopólio não tem significado ou importância para o funcionamento do mercado e para a determinação de preços. Por si só, não outorga ao monopolista qualquer vantagem na venda de seus produtos. Em virtude da lei dos direitos autorais, qualquer versejador tem o monopólio da venda de sua poesia. Mas isso não influencia o mercado. Pode ser que nenhum preço possa ser obtido em pagamento de seus versos e que seus livros só possam ser vendidos a peso.

O monopólio, nessa segunda acepção da palavra, torna-se um fator para a determinação dos preços, somente se a curva da demanda do produto monopolizado tiver uma forma específica. Se as condições são de tal ordem que o monopolista possa assegurar para si mesmo maiores receitas líquidas, ao vender uma quantidade menor de seu produto por um preço mais elevado em vez de vender uma quantidade maior por um preço mais baixo, estamos diante de um *preço monopolístico* maior do que o preço que o produto alcançaria no mercado, se não houvesse o monopólio. Os preços monopolísticos são um importante fenômeno do mercado, enquanto que o monopólio em si só tem importância se puder resultar na formação de preços monopolísticos.

Costumam-se chamar de preços competitivos aqueles que não são monopolísticos. Embora se questione a adequação dessas terminologias, elas são geralmente aceitas e seria difícil substituí-las. Mas devemos precaver-nos contra possíveis interpretações errôneas. Seria um grave erro deduzir da antítese preço monopolístico/preço competitivo que o primeiro é o resultado da ausência de competição. No mercado, há sempre competição cataláctica. A competição catalática é um fator para determinação de preços monopolísticos, tanto quanto o é para a determinação de preços competitivos. A forma da curva de demanda que torna possível o surgimento de preços monopolísticos e que orienta o comportamento do monopolista é determinada pela competição de todas as outras mercadorias que disputam o dinheiro dos compradores. Quanto mais alto o monopolista fixa o preço pelo qual está disposto a vender, maior será o número de compradores potenciais que usarão seu dinheiro para comprar outros bens. No mercado, toda mercadoria compete com todas as outras mercadorias.

Há quem sustente que a teoria cataláctica dos preços não serve para o estudo da realidade porque nunca houve competição "livre" ou porque, pelo menos, hoje em dia, ela não existe mais. Todas essas doutrinas estão erradas.[16] Interpretam erradamente o fenômeno e simplesmente desconhecem o verdadeiro significado do que seja competição. Inegavelmente, a história das últimas décadas registra um elenco de políticas que visam a restringir a competição. A intenção manifesta dessas disposições é a de assegurar privilégios a certos grupos de produtores, protegendo-os da competição com rivais mais eficientes. Em muitos casos, foram essas políticas que produziram as condições necessárias à emergência de preços monopolísticos. Em muitos outros casos, apenas impediram muitos capitalistas, empresários, agricultores e trabalhadores de entrarem naqueles setores de atividade onde teriam prestado melhores serviços aos seus concidadãos. A competição cataláctica tem sido seriamente restringida, mas, ainda assim, a economia de mercado continua operando, embora prejudicada pela interferência do governo e dos sindicatos. O sistema de competição cataláctica continua funcionando, embora a produtividade do trabalho tenha sido seriamente diminuída.

O objetivo final dessas políticas anticompetitivas é substituir o capitalismo por um sistema socialista de planejamento no qual não haja mais competição cataláctica. Enquanto vertem lágrimas de crocodilo sobre o declínio da competição, os planejadores querem abolir esse sistema competitivo "louco". Em alguns países conseguiram atingir seu objetivo. Mas, no resto do mundo, conseguiram apenas restringir a competição em alguns setores de atividade e aumentar o número de competidores em outros.

As forças que visam à restrição da competição representam um papel essencial nos dias de hoje. É uma tarefa importante para a história de nosso tempo analisar essa realidade. A teoria econômica não necessita dedicar ao tema uma atenção particular. O fato de existirem barreiras comerciais, privilégios, cartéis, monopólios estatais e sindicatos é meramente um dado da história econômica. Não requer nenhum teorema específico para sua interpretação.

6
LIBERDADE

Os filósofos e os juristas têm-se esforçado para definir o conceito de liberdade. Não se pode afirmar que estes esforços tenham sido bem-sucedidos.

---

[16]. Para uma refutação das doutrinas em voga relativas à competição imperfeita e monopolística, ver F.A. Hayek, *Individualism and Economic Order*, Chicago, 1948, p. 92- 118.

O conceito de liberdade só faz sentido na medida em que se refere às relações inter-humanas. Existiram autores que nos falaram de uma liberdade original – natural – de que o homem teria desfrutado num mítico estado natural anterior ao estabelecimento das relações sociais. Entretanto, esses indivíduos ou famílias econômica e mentalmente autossuficientes, vagando pelo mundo, só eram livres na medida em que não encontravam pela frente alguém mais forte. Na impiedosa competição biológica, o mais forte tinha sempre razão e o mais fraco não tinha outra escolha a não ser a submissão incondicional. O homem primitivo certamente não nasceu livre.

Somente no contexto de um sistema social é que se pode atribuir um significado à palavra *liberdade*. No sentido praxeológico, o termo liberdade refere-se à situação na qual um indivíduo tem a possibilidade de escolher entre modos de ação alternativos. Um homem é livre na medida em que lhe seja permitido escolher os seus fins e os meios a empregar para atingi-los. A liberdade de um homem é rigidamente restringida pelas leis da natureza, bem como pelas leis da praxeologia. Ele não pode pretender atingir fins incompatíveis entre si. Há prazeres que provocam efeitos determinados no funcionamento do corpo e da mente; se quiser desfrutá-los, terá de sofrer as consequências. Seria absurdo dizer que o homem não é livre porque não pode, digamos drogar-se, sem sofrer as inevitáveis consequências consideradas como altamente indesejáveis. Embora isso seja evidente para todas as pessoas de bom senso, esta evidência não é bem percebida em situações análogas sujeitas às leis da praxeologia.

O homem não pode, ao mesmo tempo, pretender ter as vantagens decorrentes da cooperação pacífica em sociedade, sob a égide da divisão do trabalho, e permitir-se uma conduta que inevitavelmente terminará por desintegrar a sociedade. Tem necessariamente de escolher entre o respeito a certas regras que tornam a vida em sociedade possível ou a pobreza e a insegurança, se preferir "viver perigosamente", num estado de guerra constante entre indivíduos independentes. Esta é uma lei tão exata na determinação do resultado da ação humana como um todo quanto são as leis da física.

Entretanto, há uma diferença muito importante entre as sequelas que resultam de um desrespeito às leis da natureza e as que resultam de um desrespeito às leis da praxeologia. É claro que ambas as categorias de leis são autoimpositivas; não há necessidade de que ninguém obrigue ao seu cumprimento. Mas os efeitos do seu descumprimento são diferentes. Um homem que ingere veneno só prejudica a si mesmo. Mas um homem que recorre ao roubo prejudica a ordem social como um todo. Enquanto ele desfruta, em curto prazo, das vantagens de sua ação, os efeitos maléficos em longo prazo prejudicam todo mundo. Seu ato é um crime porque tem efeitos prejudiciais para toda a coletividade. Se a sociedade não obstar tal conduta, esta não tardará a se generalizar, pondo um fim à cooperação social e aos benefícios que daí derivam para todos.

A fim de estabelecer e preservar a cooperação social e a civilização são necessárias medidas para impedir que indivíduos antissociais cometam atos que poderiam desfazer tudo o que o homem realizou desde que saiu das cavernas. Para preservar um estado de coisas onde haja proteção do indivíduo contra a ilimitada tirania dos mais fortes e mais hábeis, é necessária uma instituição que reprima a atividade antissocial. A paz – ausência de luta permanente de todos contra todos – só pode ser alcançada pelo estabelecimento de um sistema no qual o poder de recorrer à ação violenta é monopolizado por um aparato social de compulsão e coerção, e a aplicação deste poder em qualquer caso individual é regulada por um conjunto de regras – as leis feitas pelo homem, distintas tanto das leis da natureza como das leis da praxeologia. O que caracteriza um sistema social é a existência desse aparato, comumente chamado de governo.

Os conceitos de liberdade e servidão só fazem sentido quando se referem à forma de funcionamento do governo. Seria impróprio e desorientador dizer que um homem não é livre porque, querendo permanecer vivo, não pode escolher livremente entre beber água e beber cianureto de potássio. Seria também inadequado dizer que um homem não é livre porque a lei impõe sanções ao seu desejo de matar outro homem e porque a polícia e os tribunais são encarregados de aplicar estas sanções. Na medida em que o governo – o aparato social de compulsão e opressão – limita o emprego da violência e da ameaça de violência à supressão e prevenção de atividades antissociais, prevalece aquilo que, razoável e significativamente, pode ser chamado de liberdade. O que é reprimido é unicamente a conduta capaz de provocar a desintegração da cooperação social e da civilização, remetendo o homem de volta às condições que existiam à época em que o *homo sapiens* emergiu da existência, puramente animal de seus ancestrais pré-humanos. Tal coerção não restringe substancialmente o poder de escolha do homem. Mesmo que não houvesse um governo para aplicar as leis feitas pelo homem, o indivíduo não poderia ter, ao mesmo tempo, as vantagens derivadas da existência da cooperação social e o prazer de se entregar, sem restrições, aos seus instintos animais, predatórios e agressivos.

Na economia de mercado, numa organização social do tipo *laissez-faire*, há um campo onde o indivíduo é livre para escolher entre as diversas possibilidades de ação sem ser reprimido pela ameaça de punição.

Contudo, o governo, quando vai além da proteção das pessoas contra a fraude e a violência dos indivíduos antissociais, reduz a liberdade de ação do indivíduo mais do que lhe restringiriam as leis praxeológicas. Assim, podemos definir liberdade como o estado de coisas no qual a faculdade de o indivíduo escolher não é mais limitada pela violência do governo do que o seria, de qualquer forma, pela lei praxeológica.

É isso que deve ser entendido quando se define liberdade como a condição de um indivíduo no contexto de uma economia de mercado. Ele é livre no sentido em que as leis e o governo não o obrigam a renunciar à sua autonomia e autodeterminação em maior medida do que o obrigaria, inexoravelmente, a lei praxeológica. Priva-se apenas da liberdade animal de viver sem qualquer preocupação com os outros seres da sua própria espécie. O que se consegue através do aparato social de compulsão e coerção é o impedimento da ação de indivíduos cuja malignidade, imediatismo ou inferioridade mental impossibilita a compreensão de que, ao praticarem atos lesivos à sociedade, estão prejudicando a si mesmos e a todos os outros seres humanos.

Isto posto devemos examinar se o problema frequentemente levantado do serviço militar e da cobrança de impostos constitui uma restrição da liberdade. Se os princípios da economia de mercado fossem reconhecidos por todos os povos do mundo, não haveria razão para guerras e cada estado poderia viver em paz.[17] Mas, dadas as condições de nosso tempo, uma nação livre está permanentemente ameaçada pelos programas agressivos das autocracias totalitárias. Se quiser preservar sua liberdade, deve estar preparada para defender sua independência. Se o governo de um país livre obriga seus cidadãos a cooperarem para repelir o agressor, e obriga todos os homens capazes a fazerem o serviço militar, não está impondo aos indivíduos uma obrigação maior do que a prescrita pela lei praxeológica. Num mundo de constante agressão e dominação, o pacifismo integral e incondicional equivale a uma submissão incondicional ao mais impiedoso dos opressores. Quem quiser permanecer livre deve combater até a morte aqueles que pretendem privá-lo de sua liberdade. Uma vez que tentativas individuais isoladas estão fadadas ao fracasso, a única forma viável de defesa é encarregar o governo de organizá-la. A tarefa essencial do governo é defender o sistema social, não apenas contra os malfeitores internos, mas também contra os inimigos externos. Aquele que, nos dias de hoje, se opõe ao armamento e ao serviço

---

[17] Ver adiante p. 779-780.

militar está sendo cúmplice, talvez até mesmo sem percebê-lo, dos que visam à escravização geral.

A manutenção de um aparato governamental de tribunais, polícias, prisões e forças armadas requer despesas consideráveis. Cobrar impostos para pagar estas despesas é inteiramente compatível com a liberdade que um indivíduo desfruta numa economia de livre mercado. Tal afirmativa, evidentemente, não significa justificar os métodos de taxação discriminatória e confiscatória utilizados hoje em dia pelos governos que se dizem progressistas. É necessário enfatizar este fato porque, nessa nova era de intervencionismo e de firme "progresso" na direção do totalitarismo, o governo emprega o poder de tributar para destruir a economia de mercado.

Cada passo do governo, além das suas funções essenciais de proteção do tranquilo funcionamento da economia de mercado contra a agressão interna ou externa, é um passo a mais no caminho que conduz diretamente a um sistema totalitário, no qual não haja liberdade alguma.

Liberdade e autonomia são condições asseguradas ao homem, na sociedade, por contrato. A cooperação social num sistema de propriedade privada dos meios de produção significa que, no âmbito do mercado, o indivíduo não é obrigado a obedecer e a servir nenhum soberano. Na medida em que serve outras pessoas, o faz por sua própria vontade, a fim de ser recompensado e servido por elas. Troca bens e serviços; não realiza trabalho compulsório nem presta homenagens. Certamente, não é independente. Depende dos outros membros da sociedade. Mas essa dependência é mútua. O comprador depende do vendedor e o vendedor do comprador.

A grande preocupação de muitos escritores dos séculos XIX e XX foi deturpar e desvirtuar essa evidente realidade. Os trabalhadores, diziam eles, estão à mercê dos seus empregadores. Ora, é verdade que o empregador tem o direito de despedir o empregado. Mas usar esse direito para satisfazer seus caprichos prejudica os seus próprios interesses. É desvantajoso dispensar um bom trabalhador e substituí-lo por outro menos eficiente. O mercado não impede diretamente que alguém prejudique arbitrariamente seus concidadãos; simplesmente impõe uma penalidade a tal comportamento. O lojista tem liberdade para ser rude com seus clientes, mas terá de arcar com as consequências. Os consumidores têm liberdade para boicotar um fornecedor, mas terão de suportar o custo correspondente. No mercado, o que impele todo indivíduo a fazer o máximo esforço para servir seu semelhante e o que reprime tendências inatas à malignidade e ao arbítrio não é a compulsão e coerção por parte dos policiais, verdugos ou tribunais: é o interesse pessoal. O membro de uma sociedade por contrato é livre porque ele só serve os outros ao servir a si mesmo. O que o limita é apenas o inevitável fenômeno natural da escassez. No mais, tem plena liberdade de ação no âmbito do mercado.

Não há outro tipo de liberdade e autonomia diferente daquela proporcionada pela economia de mercado. Numa sociedade hegemônica e totalitária, a única liberdade de que o indivíduo dispõe, porque não lhe pode ser negada, é a liberdade de cometer suicídio.

O estado, o aparato social de coerção e compulsão, é necessariamente um poder hegemônico. Se o governo tivesse a possibilidade de expandir o seu poder *ad libitum*, poderia abolir a economia de mercado e substituí-la por um socialismo totalitário onipresente. Para evitar isso, é necessário controlar o poder do governo. É esse o objetivo de todas as constituições, declarações de direitos e leis. Esse é o significado de todas as lutas que os homens têm travado pela liberdade.

Os detratores da liberdade, nesse sentido, têm razão ao considerar que este é um problema "burguês" e ao acusar os direitos que garantem a liberdade de serem expressos sob a forma negativa. Tratando-se do estado e do governo, liberdade significa impor uma limitação ao exercício do poder policial.

Não seria necessário dar tanta ênfase a este fato óbvio, se os partidários da abolição da liberdade não tivessem intencionalmente provocado uma confusão semântica. Eles perceberam que seria inútil lutar aberta e sinceramente em favor da servidão e da repressão. O ideal de liberdade tinha tal prestígio, que nenhuma propaganda poderia abalar sua popularidade. Desde tempos imemoriais, para a civilização ocidental a liberdade tem sido considerada como o mais precioso dos bens. O que deu ao Ocidente sua proeminência foi precisamente a preocupação com a liberdade, um ideal social estranho aos povos orientais. A filosofia social do Ocidente é essencialmente uma filosofia de liberdade. O conteúdo principal da história da Europa e das comunidades fundados por emigrantes europeus e por seus descendentes em outras partes do mundo é a luta pela liberdade. Um individualismo "vigoroso" caracteriza a nossa civilização. Nenhum ataque frontal à liberdade individual teria a menor chance de ser bem-sucedido.

Foi por isso que os defensores do totalitarismo escolheram outra tática. Eles inverteram o sentido das palavras. Consideram como liberdade autêntica ou verdadeira a situação dos indivíduos num sistema no qual o único direito é o de obedecer a ordens. Nos Estados

Unidos, eles se autointitulam os verdadeiros *liberais* porque são favoráveis a um regime dessa natureza. Chamam de democráticos os métodos do governo ditatorial russo. Chamam os métodos violentos e coercitivos empregados pelos sindicatos de "democracia industrial". Chamam de liberdade de imprensa um sistema em que só o governo seja livre para publicar livros e jornais. Definem liberdade como a faculdade de fazer o que é "correto" e, obviamente, reservam-se o direito de determinar o que é correto e o que não é. Para eles, a onipotência do governo é sinônimo de plena liberdade. Remover todas as limitações do poder de polícia, eis o verdadeiro significado do que chamam de luta pela liberdade.

A economia de mercado, dizem esses pseudoliberais, assegura a liberdade somente a uma classe de exploradores parasitas, a burguesia. Esses salafrários gozam da liberdade de escravizar as massas. O assalariado não é livre; trabalha duro para o benefício exclusivo de seu patrão, o empregador. Os capitalistas se apropriam daquilo que, segundo os direitos inalienáveis do homem, devia pertencer ao trabalhador. No socialismo, o trabalhador desfrutará da liberdade e da dignidade porque não será mais escravo de um capitalista. O socialismo significa a emancipação do homem comum, significa liberdade para todos. Significa, além disso, riqueza para todos.

Essas doutrinas puderam triunfar porque não tiveram pela frente uma crítica racional efetiva. Alguns economistas, brilhantemente, desmascararam esses erros grosseiros e essas contradições. Mas o público ignora os ensinamentos da economia. Os argumentos usados contra o socialismo, pela média dos políticos e escritores, são tolos ou irrelevantes. É inútil defender um alegado direito "natural" de os indivíduos possuírem propriedades, se outras pessoas afirmam que o principal direito "natural" é o da igualdade de renda. Tais disputas jamais serão decididas. De nada adianta criticar aspectos não essenciais ou menores do programa socialista. Não se refuta o socialismo atacando sua posição em relação à religião, ao casamento, ao controle da natalidade e à arte. Além do mais, os críticos do socialismo, frequentemente, trataram essas questões de forma equivocada.

Apesar dessas sérias deficiências dos defensores da liberdade econômica, era impossível que todos se iludissem, o tempo todo, quanto às características essenciais do socialismo. Os mais fanáticos planejadores foram forçados a admitir que seus projetos envolviam a abolição de muitas liberdades de que as pessoas usufruíam num regime capitalista "plutodemocrático". Sentindo-se pressionados, recorreram a um novo subterfúgio. A liberdade a ser abolida, enfatizaram, é apenas a espúria liberdade "econômica" dos capitalistas, que prejudica o homem comum. Fora do "campo econômico" a liberdade será não só preservada, mas consideravelmente aumentada. "Planejamento para a liberdade" está tornando-se ultimamente o *slogan* mais popular dos partidários do governo totalitário e da russificação de todas as nações.

A falácia desse argumento deriva de uma consideração espúria, qual seja a de separar, como se fossem distintos na vida e na ação humana, o campo "econômico" do campo "não econômico". Em relação a esse assunto não é necessário acrescentar nada ao que já foi dito anteriormente neste livro. Não obstante, há outro ponto que precisa ser esclarecido.

A liberdade, tal como dela desfrutaram as pessoas nas democracias da civilização ocidental na época em que prevalecia o velho liberalismo, não era o produto de constituições, declarações de direitos, leis ou regulamentos. Estes documentos visavam apenas a salvaguardar a liberdade, firmemente estabelecida pelo funcionamento do mercado, contra os abusos cometidos pelos detentores do poder. Nenhum governo e nenhuma lei civil podem garantir ou propiciar um clima de liberdade, a não ser pela defesa e sustentação das instituições fundamentais em que se baseia a economia de mercado. Governo significa sempre coerção e compulsão e, por necessidade, é o oposto de liberdade. O governo é um garantidor da liberdade e só é compatível com a liberdade se seu campo de ação é adequadamente restringido à preservação do que chamamos de liberdade econômica. Onde não há economia de mercado, as provisões constitucionais e legais, por melhor intencionadas que sejam, permanecem como letra morta.

A liberdade do homem no regime capitalista é fruto da competição. O trabalhador não depende das boas graças de um empregador. Se o empregador o dispensa, ele encontra outro emprego.[18] O consumidor não está à mercê do lojista. É livre para comprar em outra loja, se preferir. Ninguém precisa beijar a mão de outras pessoas ou temer seu desfavor. As relações interpessoais são de natureza prática. A troca de bens e serviços é mútua; comprar e vender não é um favor, é uma transação movida pelo interesse de ambas as partes.

É certo que, na qualidade de produtor, todo homem depende, seja diretamente – como no caso do empresário —, seja indiretamente – como no caso do trabalhador assalariado —, da demanda dos consumidores. Entretanto, esta dependência da supremacia dos consumidores não é ilimitada. Se alguém tiver fortes razões para desafiar a soberania do consumidor, pode fazê-lo. No âmbito do mercado, todos têm o pleno direito de resistir à opressão. Ninguém é forçado a

---

[18] Ver adiante p. 683-686.

produzir bebidas ou armas, se isso lhe pesa na consciência. É possível que tenha de pagar um preço por suas convicções; não há, neste mundo, nenhum objetivo que possa ser alcançado de graça. Cabe a cada um decidir entre uma vantagem material e aquilo que considera seu dever. Na economia de mercado, cada indivíduo é o árbitro supremo no que diz respeito à sua própria satisfação.[19]

A sociedade capitalista só tem um meio de obrigar um indivíduo a mudar sua ocupação ou local de trabalho: pagar menos àqueles que não querem ajustar-se aos desejos do consumidor. É exatamente esse tipo de pressão para mudar de ocupação ou de local de trabalho que muitas pessoas consideram inadmissível e esperam que venha a ser abolido pelo socialismo. São incapazes de compreender que a única alternativa possível consiste em atribuir às autoridades amplos poderes para determinar qual o setor e qual o local de trabalho de cada um.

Na qualidade de consumidor, o homem não é menos livre. É ele quem resolve o que é mais e o que é menos importante para si mesmo. Escolhe a forma de gastar o seu dinheiro de acordo com a sua própria vontade.

A substituição da economia de mercado pelo planejamento econômico elimina a liberdade e deixa ao indivíduo um direito apenas: o de obedecer. A autoridade que comandar todas as questões econômicas controlará todos os aspectos da vida e da atividade de um homem. Será o único empregador. O trabalho será compulsório porque o empregado terá de aceitar o que o chefe se dignar a lhe oferecer. O tzar econômico determinará qualitativa e quantitativamente o que o consumidor poderá consumir. Não haverá setor da vida humana onde uma decisão seja tomada com base nos julgamentos de valor do indivíduo. As autoridades escolhem as tarefas de cada um, providenciam o seu treinamento e designam o local e forma de trabalho que julgarem mais convenientes.

---

[19] Na esfera política, a resistência à opressão exercida pelas autoridades estabelecidas é a *ultima ratio* dos oprimidos. Por mais ilegal e insuportável que seja a opressão, por mais dignos e nobres que sejam os motivos dos rebeldes e por mais benéficas que sejam as consequências da ação violenta, uma revolução é sempre um ato ilegal, desintegrador da ordem constituída pelo estado e pelo governo. A característica essencial do governo civil é a de ser ele, no seu território, a única instituição que tem o direito de recorrer a medidas violentas ou de outorgar legitimidade a medidas de força empregadas por outras instituições. Uma revolução é um ato de guerra entre cidadãos; ela destrói os próprios fundamentos da legalidade e, quando muito, só é eliminada pelos discutíveis usos internacionais em matéria de beligerância. Se for vitoriosa, pode estabelecer uma nova ordem legal e um novo governo. Mas jamais poderá promulgar uma lei que estabeleça o "direito de resistir à opressão". Assegurar tal direito às pessoas que se arriscam a oferecer resistência armada às forças armadas do governo equivale à anarquia e é incompatível com qualquer forma de governo. A Assembleia Constituinte da Primeira Revolução Francesa foi suficientemente insensata a ponto de decretar esse direito, mas não a ponto de levar a sério o seu próprio decreto.

Tão logo seja removida a liberdade econômica que o mercado proporciona aos seus participantes, todas as liberdades políticas e declarações de direitos tornam-se uma farsa. O *habeas corpus* e a instituição do júri são uma impostura se, a pretexto de conveniência econômica, a autoridade tiver o poder necessário para deportar para o polo ártico ou para o deserto qualquer cidadão que lhe desagrade, condenando-o a "trabalhos forçados" por toda a vida. A liberdade de imprensa é um mero subterfúgio, se a autoridade controla as gráficas e as usinas de papel. E também o são todos os demais direitos do homem.

Um homem é livre na medida em que possa moldar a sua vida segundo seus próprios planos. Um homem cuja sorte seja determinada pelos planos de uma autoridade superior – que detém o poder de planejar – não é livre no sentido com que o termo "livre" foi usado e entendido por todo o mundo, até que a revolução semântica de nossos dias tivesse provocado uma confusão no sentido das palavras.

7
A DESIGUALDADE DE RIQUEZA E DE RENDA

A desigualdade de riqueza e de renda é uma característica essencial da economia de mercado.

O fato de a liberdade ser incompatível com a igualdade de riqueza e de renda tem sido salientado por muitos autores. Não é necessário proceder a um exame dos argumentos emocionais utilizados em seus escritos. Tampouco é necessário perguntar se a renúncia à liberdade poderia por si mesma, garantir o estabelecimento da igualdade de riqueza e de renda, e se uma sociedade poderia subsistir com base em tal igualdade. Nossa tarefa consiste meramente em descrever o papel da desigualdade no quadro da sociedade de mercado.

Na sociedade de mercado, a compulsão direta e a coerção só podem ser empregadas para prevenir atos prejudiciais à cooperação social. No mais, a polícia não interfere na vida dos cidadãos. Quem respeita as leis não precisa temer carcereiros e verdugos. A pressão necessária para obrigar um indivíduo a contribuir para o esforço conjunto de produção é exercida pela estrutura de preços do mercado. Essa pressão é indireta. Confere à contribuição de cada indivíduo uma recompensa proporcional ao valor que os consumidores atribuem a essa contribuição. Ao premiar os esforços dos indivíduos segundo seu valor, deixa a cada um a escolha entre uma maior ou menor utilização de suas próprias faculdades e aptidões. Este método não pode, evidentemente, eliminar as desvantagens da inferioridade pessoal inata. Mas provê um incentivo para que todos apliquem, ao máximo, suas faculdades e aptidões.

A única alternativa a essa pressão financeira, tal como a exerce o mercado, é a pressão direta e coercitiva exercida pelo aparato policial. As autoridades devem ser incumbidas da tarefa de determinar a quantidade e qualidade de trabalho que cada indivíduo é obrigado a realizar. O fato de os indivíduos serem diferentes no que concerne a suas aptidões faz com que seja necessário o exame de suas personalidades por parte das autoridades. O indivíduo se torna, por assim dizer, um recluso de uma penitenciária, a quem é atribuída uma determinada tarefa. Se não conseguir cumprir o que as autoridades lhe prescreveram, será passível de punição.

É importante perceber em que consiste a diferença entre a pressão direta exercida para impedir uma ação criminosa e a exercida para extorquir uma determinada *performance*. No primeiro caso, tudo o que se requer do indivíduo é que ele se abstenha de certo comportamento definido com precisão pela lei. De uma maneira geral, é fácil constatar se a interdição foi, ou não, observada. No segundo caso, o indivíduo é compelido a realizar uma tarefa determinada; a lei o obriga a realizar uma ação indefinida, cuja determinação fica a cargo da decisão do poder executivo. O indivíduo é obrigado a obedecer às ordens da administração, quaisquer que elas sejam. Se forem adequadas às suas forças e faculdades e se o indivíduo empregou o melhor de seus esforços, é algo extremamente difícil de saber. A conduta e a personalidade de todo cidadão ficam subordinadas às decisões das autoridades. Na economia de mercado, diante de um tribunal, o promotor é obrigado a apresentar evidência suficiente da culpa do acusado. Mas, quando se trata de executar um trabalho obrigatório, cabe ao acusado provar que a tarefa que lhe foi atribuída estava além de suas possibilidades ou que fez o melhor que podia. Os administradores combinam na mesma pessoa as funções de legislador, de poder executivo, de promotor público e de juiz. Os acusados ficam inteiramente à sua mercê. É isso que as pessoas têm em mente, quando falam de falta de liberdade.

Nenhum sistema de divisão social do trabalho pode prescindir de um método que torne os indivíduos responsáveis por sua contribuição ao esforço conjunto de produção. Se essa responsabilidade não for estabelecida pela estrutura de preços do mercado, com a consequente desigualdade de renda e de riqueza, deverá ser imposta pelos métodos de compulsão habitualmente empregados pela polícia.

8
LUCRO E PERDA EMPRESARIAL

Lucro, no sentido mais amplo, é o ganho decorrente da ação; o aumento de satisfação (redução de desconforto) obtido; é a diferença entre o maior valor atribuído ao resultado obtido e o menor valor atribuído aos sacrifícios feitos para obtê-lo; em outras palavras, é rendimento menos custo. Realizar um lucro é invariavelmente o objetivo de toda ação. Se uma ação não atinge aos objetivos visados, o rendimento ou não excede os custos, ou lhes é inferior. Neste último caso, o resultado é uma perda, uma diminuição de satisfação.

Lucro e perda, neste sentido original, são fenômenos psíquicos e, como tais, não são suscetíveis de medição nem podem ser expressos de uma maneira tal que informe a outras pessoas quanto à sua intensidade. Uma pessoa pode dizer que *a* lhe convém mais do que *b*; mas não pode informar a outra pessoa, a não ser de maneira vaga e imprecisa, em que medida a satisfação obtida de *a* excede a obtida de *b*.

Na economia de mercado, tudo aquilo que é comprado e vendido em termos de moeda tem seu preço estabelecido em dinheiro. No cálculo monetário, o lucro aparece como um excedente do montante recebido sobre o despendido, enquanto que a perda, como um excedente do montante despendido sobre o recebido. Lucro e perda podem ser expressos em quantidades definidas de moeda. É possível determinar, em termos de moeda, quanto um indivíduo ganhou ou perdeu. Entretanto, esta não é uma constatação relativa ao lucro ou à perda psíquica do indivíduo. É a constatação de um fenômeno social, da avaliação que os outros membros da sociedade fazem da contribuição de um indivíduo ao esforço comum. Não nos informa a respeito do aumento, ou diminuição de satisfação, ou felicidade do indivíduo. Reflete apenas a avaliação que seus concidadãos fazem da sua contribuição à cooperação social. Essa avaliação, em última análise, é determinada pelos esforços que cada membro da sociedade faz, a fim de obter o maior lucro psíquico possível. É o resultado do efeito composto de todos os julgamentos de valor, pessoais e subjetivos, manifestados pela conduta das pessoas no mercado. Mas essa avaliação não deve ser confundida com os julgamentos de valor em si.

Não podemos sequer imaginar uma situação em que as pessoas ajam sem a intenção de obter um lucro psíquico e na qual suas ações não resultem nem em lucro psíquico nem em perda psíquica.[20] Na

---
[20] Se uma ação não melhora nem piora o nosso estado de satisfação, ainda assim implica uma perda psíqui-

construção imaginária da economia uniformemente circular[21] não há nem lucros nem perdas em moeda. Mas todo indivíduo obtém um lucro psíquico de suas ações, sem o que ele não agiria de forma alguma. O fazendeiro alimenta e ordenha suas vacas e vende o leite porque atribui um valor maior às coisas que pode comprar com o dinheiro assim ganho do que aos custos incorridos. A ausência de lucros e perdas monetárias numa economia uniformemente circular se deve ao fato de que, não se considerando as diferenças provocadas pela maior valoração de bens presentes em relação a bens futuros, a soma dos preços de todos os fatores complementares necessários à produção é exatamente igual ao preço do produto.

No mundo real, diferenças entre a soma dos preços dos fatores complementares de produção e os preços dos produtos aparecem a todo instante. São essas diferenças que resultam em lucros e perdas monetárias. Mais adiante analisaremos a maneira pela qual essas diferenças afetam os vendedores de trabalho, os vendedores de fatores naturais de produção e os capitalistas, na qualidade de emprestadores de dinheiro. Por ora, limitaremos nossa atenção ao lucro e perda do empresário-promotor. É a essa situação que as pessoas se referem quando, em linguagem corrente, empregam os termos lucro e perda.

O empresário, como todo agente homem, é sempre um especulador. Lida com situações futuras e incertas. Seu sucesso ou fracasso dependem da acuidade com que antecipa a ocorrência de eventos incertos. Se falhar no seu julgamento do que deverá ocorrer, está condenado ao fracasso. A única fonte de onde brota lucro de um empresário é a sua capacidade de antecipar melhor do que outras pessoas qual será a demanda futura dos consumidores. Se todos fossem capazes de antecipar corretamente qual seria, no futuro, a situação de mercado de uma determinada mercadoria, o preço dessa mercadoria e os preços dos seus fatores complementares de produção já estariam, desde hoje, ajustados a essa situação futura. Nem lucro nem perda poderiam advir para aqueles que se lançassem nessa atividade econômica.

A função específica do empresário é determinar a maneira pela qual devem ser empregados os fatores de produção; é decidir com que

---

ca, graças à inutilidade do esforço psíquico realizado. O indivíduo em questão estaria melhor se tivesse ficado inerte, desfrutando da vida.

[21] Mises denomina de economia uniformemente circular (*evenly rotating economy*) uma construção imaginária na qual se repetem, a cada ciclo de tempo, as mesmas transações. Não ocorrem mudanças no mercado. Hoje é igual a ontem, e amanhã será igual a hoje. Em tais condições fictícias, repetitivas e constantes não pode haver qualquer mudança na oferta e demanda e, portanto, não há mudança nos preços. A noção de economia uniformemente circular é um expediente útil para o estudo dos efeitos provocados pela introdução de mudanças individuais específicas. (N.T.).

objetivos específicos estes devem ser utilizados. Ao fazê-lo, o empresário é guiado somente pelo seu interesse egoísta de realizar lucros e acumular riqueza. Mas não pode iludir a lei do mercado. Para ser bem sucedido, precisa servir melhor os consumidores. Seu lucro depende da aprovação de sua conduta pelos consumidores.

Não devemos confundir lucro e perda empresarial com outras circunstâncias que possam afetar os rendimentos do empresário.

A capacidade tecnológica do empresário, não afeta o lucro ou perda especificamente empresarial. Quando a sua própria competência tecnológica contribui para melhorar a rentabilidade do seu negócio e aumentar a sua renda líquida, estamos diante de uma compensação por trabalho prestado. É um salário pago ao empresário por esse trabalho. O fato de que nem todo processo de produção seja tecnologicamente adequado para produzir o produto esperado também não influencia o lucro ou perda especificamente empresarial. Tais falhas são evitáveis ou não. No primeiro caso, devem-se à aplicação de uma tecnologia ineficiente. Sendo assim, as perdas resultantes devem ser debitadas à deficiência pessoal do empresário, isto é, à sua falta de capacidade tecnológica ou à sua incapacidade para contratar auxiliares qualificados. No segundo caso, a falha se deve ao fato de que o presente estágio do conhecimento tecnológico não nos dá condições de controlar plenamente as circunstâncias das quais depende o êxito. Esta deficiência pode ser causada tanto pelo conhecimento incompleto das condições que conduziriam ao sucesso, como pela ignorância de métodos que permitam controlar plenamente algumas das condições de sucesso já conhecidas. Os preços dos fatores de produção levam em consideração esse estado insatisfatório do nosso conhecimento e da nossa capacidade tecnológica. O preço da terra arável, por exemplo, por ser determinada pelo rendimento médio esperado, leva em conta o fato de existirem más colheitas. O fato de garrafas se quebrarem, contribuindo, portanto, para a diminuição da produção de champanhe, não afeta o lucro e perda empresarial. Trata-se apenas de um dos fatores que determinam o custo de produção e o preço do champanhe.[22]

Os acidentes que afetam o processo de produção, os meios de produção ou os produtos, enquanto ainda estão nas mãos do empresário, são um item do cálculo de custo da produção. A experiência, que proporciona ao industrial todos os outros conhecimentos tecnológicos, tam-

---

[22] Ver Mangoldt, *Die Lehre vom Unternehmergewinn*, Leipzig, 1885, p. 82. O fato de que a partir de 100 litros de vinho não se possa produzir 100 litros de champanhe, mas uma quantidade menor, tem o mesmo significado que o fato de que 100 quilos de beterraba não rendem 100 quilos de açúcar, mas uma quantidade menor.

bém lhe provê a informação acerca da redução média da produção física que tais acidentes podem acarretar. Ao constituir reservas de contingências, ele transforma estes efeitos em custos de produção. Quanto a contingências cuja incidência é rara ou muito irregular para ser tratada dessa maneira por firmas de tamanho normal, uma ação conjunta de um grupo de firmas pode resolver o problema. As firmas cooperam entre si quando fazem um seguro contra danos provocados por incêndio, inundação ou outras contingências semelhantes. Neste caso, a provisão para contingências é substituída pelo prêmio do seguro. De qualquer forma, os riscos decorrentes da possibilidade de acidentes não introduzem incerteza no processo tecnológico.[23] Se um empresário não cuida deste problema como deveria, está dando uma prova de sua deficiência técnica. As perdas daí decorrentes devem ser debitadas à aplicação de técnicas inadequadas e não à sua função empresarial.

A eliminação dos empresários que deixam de dar às suas empresas um grau adequado de eficiência tecnológica, ou cuja ignorância tecnológica vicia o cálculo dos custos, é efetuada pelo mercado da mesma maneira como são eliminados os empresários cujo desempenho nas funções tipicamente empresariais é deficiente.

Pode ocorrer que um empresário seja muito bem-sucedido na sua função tipicamente empresarial, a ponto de compensar perdas provocadas por seus erros tecnológicos. Também pode ocorrer que um empresário possa contrabalançar perdas ocorridas por falhas na sua função empresarial com ganhos derivados de sua superioridade tecnológica ou com rendimentos mais elevados ocasionados pela maior produtividade dos fatores de produção que ele emprega. Mas não devemos confundir as várias funções que estão misturadas na gestão de uma empresa. O empresário mais eficiente do ponto de vista tecnológico ganha mais do que o menos eficiente, sob a forma de salários ou quase salários, da mesma forma que o trabalhador mais eficiente ganha mais do que o menos eficiente. A máquina mais eficiente e o solo mais fértil produzem maiores quantidades físicas por unidade de custo despendido; rendem um aluguel maior do que uma máquina menos eficiente ou um solo menos fértil. Os salários mais altos e a renda maior são *ceteris paribus*, o corolário de uma maior produção física. Mas os lucros e perdas especificamente empresariais não são obtidos da quantidade material produzida. Dependem do ajuste da produção aos desejos mais urgentes dos consumidores. São obtidos na medida em que o empresário acerta, em maior ou menor extensão, ao antecipar o estado futuro – necessariamente incerto – do mercado.

---
[23] Ver Knight, *Risk, Uncertainty and Profit*, Boston, 1921, p. 211-213.

O empresário também está exposto a riscos políticos. As políticas governamentais, as revoluções e as guerras podem prejudicar ou arruinar seus negócios. Tais eventos, entretanto, não afetam apenas os empresários; afetam a economia de mercado em si e todos os indivíduos, embora não todos na mesma medida. Para cada empresário, esses eventos são dados que ele não pode alterar. Se puder, ele os antecipará a tempo. Mas nem sempre lhe será possível ajustar suas operações de maneira a evitar danos. Quando os perigos vislumbrados atingem apenas uma parte do território onde exerce sua atividade, pode evitar operar nessas áreas ameaçadas e preferir países onde o perigo seja menos iminente. Mas se não puder emigrar, terá de ficar onde está. Mesmo se todos os empresários estivessem plenamente convencidos de que a vitória total do bolchevismo seria inevitável, nem por isso abandonariam suas atividades empresariais. A expectativa de uma iminente expropriação impeliria os capitalistas a consumir os seus haveres. Os empresários seriam forçados a ajustar seus planos a essa nova situação do mercado, criada pelo aludido consumo de capital e pela ameaça de estatização de suas indústrias e estabelecimentos comerciais. Mas, nem por isso, os empresários deixariam de existir. Se alguns param, seu lugar é ocupado por novos empresários ou por antigos empresários que expandem suas atividades. Na economia de mercado haverá sempre empresários. As políticas hostis ao capitalismo podem privar os consumidores da maior parte dos benefícios que teriam se as atividades empresariais fossem livres. Mas não poderão eliminar os empresários, a não ser que destruam inteiramente a economia de mercado.

O lucro e a perda empresarial derivam, em última análise, da incerteza quanto à futura composição da oferta e da procura.

Se todos os empresários fossem capazes de antecipar corretamente o futuro estado do mercado, não haveria lucros nem perdas. Os preços de todos os fatores de produção já estariam hoje ajustados aos preços que os produtos teriam amanhã. Ao comprar os fatores de produção, o empresário teria de desembolsar (considerando a diferença de preço entre bens presentes e bens futuros) uma quantia não menor do que a que os compradores lhe pagariam mais tarde pelo produto. Um empresário só pode fazer um lucro se antecipar as condições futuras mais corretamente do que outros empresários. Só assim pode comprar os fatores de produção complementares por preços cuja soma, levando em conta a diferença temporal, é menor do que o preço pelo qual vende o produto.

Se quisermos construir a imagem de uma economia cujas condições se alterem permanentemente e na qual não haja lucros nem perdas, temos de recorrer a uma hipótese irrealizável: a de que todos os indivíduos têm uma perfeita presciência de todos os eventos futuros.

Se os primitivos caçadores e pescadores, aos quais habitualmente se atribui a primeira acumulação de capital, conhecessem de antemão todas as vicissitudes futuras dos assuntos humanos, e se eles e seus descendentes, até o dia do julgamento final, equipados com a mesma onisciência, tivessem assim avaliado todos os fatores de produção, jamais teriam surgido os lucros e as perdas empresariais. Lucros e perdas empresariais são criados pela diferença entre os preços esperados e os preços reais fixados mais tarde pelo mercado. É possível confiscar lucros e transferi-los dos indivíduos que os realizaram para outras pessoas. Mas lucros e perdas jamais poderão desaparecer de um mundo sujeito a mudanças, a não ser que esse mundo seja povoado por pessoas oniscientes.

9
LUCROS E PERDAS EMPRESARIAIS NUMA ECONOMIA EM DESENVOLVIMENTO

Na construção imaginária de uma economia estacionária, a soma dos lucros de todos os empresários é igual à soma das perdas de todos os empresários. O que um empresário lucra é, no total do sistema econômico, contrabalançado pela perda de outro empresário. O que os consumidores gastam a mais para adquirir certa mercadoria é contrabalançado pela redução de suas despesas na aquisição de outras mercadorias.[24]

Numa economia em desenvolvimento as coisas se passam de forma diferente.

Chamamos de economia em desenvolvimento uma economia na qual a quota *per capita* de capital investido está aumentando. Ao usar este termo, não estamos expressando um julgamento de valor. Não adotamos nem o ponto de vista "materialista", segundo o qual tal progresso é bom, nem a visão "idealista", que o considera um mal ou, pelo menos, irrelevante um ponto de vista "mais elevado". É certamente inegável o fato de que a imensa maioria das pessoas considera as consequências do progresso material como uma situação muito desejável e aspira por condições que só podem ser realizadas numa economia em desenvolvimento.

Na economia estacionária, os empresários, no exercício de suas funções específicas, não podem fazer mais do que retirar fatores de produ-

---

[24] Se quiséssemos recorrer ao conceito enganoso de "renda nacional", tão usado hoje em dia, deveríamos dizer que nenhuma parcela da renda nacional é constituída por lucros.

ção – admitindo que eles sejam conversíveis para outros usos[25] – de um setor de produção para empregá-los num outro setor; ou, ainda, utilizar o equivalente à depreciação de capital ocorrida no curso do processo de produção para expandir algum setor industrial em detrimento de outro. Na economia em desenvolvimento, a gama de atividades empresariais compreende, além disso, a determinação da utilização que deve ser dada aos bens de capital adicionais, acumulados por novas poupanças. A injeção desses bens adicionais de capital implica no aumento da renda total produzida, isto é, no aumento da oferta de bens de consumo que podem ser consumidos sem diminuir o capital disponível e, portanto, sem reduzir a quantidade de produção futura. O aumento da renda é efetuado ou por uma expansão da produção sem alteração dos métodos tecnológicos de produção, ou pelo aperfeiçoamento dos métodos tecnológicos, o qual não teria sido possível se não tivesse havido o aumento da quantidade de bens de capital.

É dessa riqueza adicional que emana o excedente dos lucros empresariais sobre as perdas empresariais. E é fácil demonstrar que esse excedente não pode jamais absorver o aumento total de riqueza produzido pelo progresso econômico. As leis do mercado dividem essa riqueza adicional entre os empresários, os trabalhadores e os proprietários de certos fatores materiais de produção de tal maneira que a parte do leão vai para os grupos não empresariais.

Antes de qualquer coisa, devemos compreender que lucros empresariais não são um fenômeno permanente e, sim, um fenômeno transitório. Há no que concerne aos lucros e perdas, uma tendência inerente ao seu desaparecimento. O mercado tende para a emergência de preços finais e para o estado de repouso final.[26] Se não ocorressem novas mudanças que interrompessem esse movimento e criassem a necessidade de um ajuste da produção a essas novas condições, os preços de todos os fatores complementares de produção – levando em conta devidamente a preferência temporal – acabariam por ser iguais ao preço do produto, sem deixar espaço para lucros

---

[25] Ver adiante, com mais detalhes, p. 580-583.

[26] Mises denomina estado de repouso final – *final state of rest* – um hipotético estado final ao qual as ações individuais no mercado conduziriam. Atingi-lo significaria que todas as ações no mercado teriam cessado, porque todos os objetivos possíveis de serem atingidos já o teriam sido e, consequentemente, não haveria motivo para nenhuma nova ação no mercado. O estado final de repouso não será jamais atingido, uma vez que os objetivos do homem não só são ilimitados, como também variam permanentemente, e cada novo objetivo ou cada mudança na escala de valores individuais provoca um novo conjunto de ações que conduz a um novo e diferente estado de repouso final. Consequentemente, o estado final de repouso a que as ações individuais estariam conduzindo está sempre se deslocando antes de ser atingido. Esta construção imaginária é útil como uma orientação para compreender os movimentos no mercado num determinado momento. (N.T.)

ou perdas. Em longo prazo, qualquer aumento de produtividade beneficia exclusivamente os trabalhadores e alguns grupos de proprietários de terra e de bens de capital.

No grupo dos proprietários de bens de capital, são beneficiados:

1. Aqueles cuja poupança aumentou a quantidade de bens de capital disponíveis. A eles pertence essa riqueza adicional, fruto da restrição de seu próprio consumo.

2. Os proprietários dos bens de capitais já existentes que, graças ao aperfeiçoamento dos métodos tecnológicos de produção, podem utilizá-los melhor do que antes. Evidentemente, tais ganhos são apenas temporários. Estão fadados a desaparecer porque provocam uma intensificação da produção dos bens de capital em questão.

Por outro lado, o aumento na quantidade de bens de capital disponíveis reduz a produtividade marginal desses bens, provocando, desta forma, uma diminuição no seu preço, e prejudicando assim todos aqueles capitalistas que não participaram, ou pelo menos não suficientemente, do processo de poupança e da acumulação dos bens de capital adicionais.

No grupo dos proprietários de terras são beneficiados todos aqueles para os quais a nova disponibilidade de bens de capital resulta numa maior produtividade de suas fazendas, florestas, pesqueiros, minas etc. Por outro lado, são prejudicados todos aqueles cujas propriedades se tenham porventura tornado submarginais, em virtude do maior rendimento obtido nas terras pertencentes aos que foram beneficiados.

Quanto aos trabalhadores, todos obtêm ganhos duradouros decorrentes do aumento na produtividade marginal do trabalho. Mas, por outro lado, em curto prazo, alguns podem ser prejudicados; sobretudo aqueles que se especializaram na realização de trabalhos tornados obsoletos em consequência da evolução tecnológica e que, não sendo capazes de realizar outro tipo de tarefa, acabam ganhando menos do que ganhavam antes, apesar do aumento geral no nível dos salários.

Todas essas mudanças nos preços dos fatores de produção começam a ocorrer tão logo tenham início as ações empresariais que ajustarão os processos de produção às novas circunstâncias. Ao lidar com esse problema de mudança dos dados do mercado, devemos precaver-nos contra a falácia popular de distinguir como se fossem coisas diferentes, os efeitos a curto e em longo prazo. O que ocorre em curto prazo são precisamente os primeiros estágios de uma cadeia de transformações sucessivas que tende a produzir os efeitos de longo prazo.

O efeito de longo prazo é, no nosso caso, o desaparecimento dos lucros e perdas empresariais. Os efeitos de curto prazo são os estágios preliminares desse processo de eliminação que, finalmente – se não for interrompido por novas mudanças nos dados —, resultaria numa economia uniformemente circular.

É necessário compreender que o próprio aparecimento de um excedente do total de lucros empresariais sobre o total de perdas empresariais está intimamente ligado ao fato de que o processo de eliminação do lucro e perda empresarial tem seu início no mesmo momento em que os empresários começam a ajustar o complexo de produção aos novos dados. Não há um instante sequer, ao longo de toda essa sequência de eventos, em que as vantagens decorrentes do aumento de capital disponível e dos aperfeiçoamentos técnicos beneficiem apenas os empresários. Se a riqueza e a renda dos demais estratos sociais permanecessem inalteradas, as pessoas só poderiam comprar os produtos adicionais pela restrição proporcional de suas compras de outros produtos. Se fosse assim, os lucros de um grupo de empresários seriam exatamente iguais às perdas incorridas por outros grupos.

O que ocorre é o seguinte: os empresários, ao se engajarem na utilização dos capitais recém acumulados e na aplicação de novos métodos tecnológicos de produção, necessitam adquirir fatores de produção complementares. Sua demanda por esses fatores é uma demanda adicional que provoca um aumento dos preços dos fatores em questão. Somente na medida em que ocorra esse aumento nos preços e salários, os consumidores estarão em condição de comprar os novos produtos sem diminuir a compra de outros bens. Somente nessa medida pode surgir um excedente do total de lucros empresariais sobre o total de perdas empresariais.

O veículo do progresso econômico é a acumulação de capitais adicionais por meio da poupança e do aperfeiçoamento dos métodos tecnológicos de produção, cuja ocorrência está quase sempre condicionada pela existência dessa prévia acumulação de capital. Os agentes do progresso são os empresário-promotores interessados em obter lucros pelo ajuste de seus negócios de forma a satisfazer os consumidores da melhor maneira possível. Ao realizar os seus projetos, promovendo o progresso econômico, os empresários têm necessariamente de dividir os benefícios decorrentes do progresso com os trabalhadores e também com uma parte dos capitalistas e proprietários de terras, incrementando passo a passo a participação desses grupos até que a sua própria parte desapareça inteiramente.

Pelo exposto, fica evidente quão absurdo é falar de uma "taxa de lucro", ou de "taxa normal de lucro", ou de uma "taxa média de lucro". O lucro não é função nem depende da quantidade de capital empregado pelo empresário. O capital não "gera" lucro. Lucros e perdas dependem exclusivamente do sucesso ou fracasso do empresário ao ajustar a produção à demanda dos consumidores. Não há nada que se possa chamar de "normal" ou "equilibrado" em relação a lucros. Pelo contrário, lucros e perdas são sempre um fenômeno decorrente de um desvio da "normalidade", de mudanças não previstas pela maioria das pessoas, e de um "desequilíbrio". Não poderiam existir num mundo de normalidade e equilíbrio. Numa economia em movimento prevalece sempre uma tendência ao desaparecimento dos lucros e perdas. Somente a ocorrência de novas mudanças pode fazer renascer os lucros e perdas. Numa situação estacionária a "taxa média" de lucros e perdas é zero. Um excesso do total de lucros sobre o total de perdas é uma prova do fato de estar havendo progresso econômico e melhora do nível de vida de todos os estratos da população. Quanto maior esse excesso, maior o incremento de prosperidade geral.

Muitas pessoas são absolutamente incapazes de lidar com o fenômeno do lucro empresarial sem manifestar um sentimento de hostilidade invejosa. Para essas pessoas, a fonte do lucro é a exploração dos assalariados e dos consumidores, isto é, uma injusta redução dos salários e um não menos injusto aumento nos preços dos produtos. De direito, não deveria haver lucro nenhum.

A economia é indiferente em relação a esses juízos de valores arbitrários. Não lhe interesse saber se os lucros devem ser aprovados ou condenados do ponto de vista de uma pretensa lei natural ou de um pretenso código de moralidade eterno e imutável que só pode ser compreendido através da intuição pessoal ou da revelação divina. A economia meramente estabelece o fato de que lucros e perdas são fenômenos essenciais na economia de mercado. Não pode haver uma economia de mercado sem eles. Certamente, é possível, para a polícia, confiscar todos os lucros. Mas tal política, necessariamente, converteria a economia de mercado num caos. Não há a menor dúvida de que o homem tem o poder de destruir muitas coisas e, ao longo da história, tem usado amplamente este poder. Ele também pode destruir a economia de mercado.

Se esses supostos moralistas não estivessem cegos pela sua própria inveja, perceberiam que não se pode falar de lucro sem falar simultaneamente de seu corolário, a perda. Não silenciariam sobre o fato de que as condições preliminares para o desenvolvimento econômico são criadas por aquelas cuja poupança acumula o capital adicional e pelos inventores; e de que a utilização dessas condições favoráveis ao progresso econômico é efetuada pelos empresários. As demais pessoas não contribuem para o progresso, mas são beneficiadas pela cornucópia de abundância que a atividade de outros lhes enseja.

O que tem sido dito acerca da economia em desenvolvimento, *mutatis mutandis*, pode ser aplicado às condições de uma economia em regressão, isto é, uma economia na qual a quota de capital investido *per capita* está diminuindo. Numa tal economia, há um excedente do total de perdas empresariais sobre o total de lucros. Aqueles que não conseguem livrar-se do hábito enganoso de pensar em termos de coletivos e de grupos inteiros poderiam levantar a questão: como poderia haver atividade empresarial numa economia em recessão? Por que alguém haveria de se lançar numa empresa se já sabe de antemão que suas chances de ter lucros são matematicamente menores do que as chances de sofrer perdas? Entretanto, este é um modo falacioso de colocar o problema. Os empresários, como todo mundo, não agem como membros de uma classe, mas como indivíduos. Nenhum empresário está preocupado com a sorte de todos os empresários. É irrelevante para um determinado empresário o que acontece com outras pessoas que as teorias, em função de certas características, catalogam como pertencentes à mesma classe que ele. Na economia de mercado, viva e perpetuamente em movimento, existem sempre lucros a serem auferidos por empresários eficientes. O fato de que numa economia em regressão o total das perdas exceda o total dos lucros não detém um homem que tenha confiança na sua própria capacidade. Um empresário, ao conceber uma ação futura, não recorre ao cálculo de probabilidade, que de nada lhe serve no campo da compreensão. Confia na sua própria capacidade de compreender melhor as futuras condições do mercado do que na de seus concidadãos menos dotados.

A função empresarial, o empenho dos empresários por obter lucros, é a força motriz da economia de mercado. Lucro e perda são os instrumentos por meio dos quais os consumidores exercem sua supremacia no mercado. O comportamento dos consumidores engendra os lucros e as perdas e, desta forma, transfere a propriedade dos meios de produção das mãos dos menos eficientes para as mãos dos mais eficientes. Quanto melhor um homem servir os consumidores, mais influente se tornará na direção das atividades econômicas. Se não houvesse lucro e perda, os empresários não saberiam quais são as necessidades mais urgentes dos consumidores. Mesmo que alguns empresários pudessem adivinhá-las, não teriam os meios para ajustar corretamente a produção a elas.

A empresa que visa ao lucro está sujeita à soberania do consumidor, enquanto que as instituições sem fim lucrativo não dependem da resposta do público. A produção pelo lucro é necessariamente produção para o consumo, uma vez que os lucros só podem ser ganhos quando se fornece aos consumidores aquilo que eles, preferencialmente, desejam.

A crítica ao lucro feita pelos moralistas e pregadores erra o alvo. Não é culpa dos empresários se o consumidor – o povo, o homem comum – prefere bebidas alcoólicas à bíblia e romances policiais a livros sérios, e se o governo prefere canhões à manteiga. O empresário não tem lucros maiores por vender coisas "más" em vez de vender coisas "boas". Seus lucros são tanto maiores quanto mais consiga prover os consumidores com aquilo que eles mais desejam. As pessoas não bebem bebidas fortes para satisfazer os "capitalistas do álcool", nem vão à guerra para aumentar os lucros dos "mercadores da morte". A existência de uma indústria de armamentos é consequência do espírito beligerante, não sua causa.

Não compete aos empresários fazer as pessoas substituírem ideologias malsãs por ideologias saudáveis. Cabe aos filósofos mudar as ideias e os ideais das pessoas. O empresário serve os consumidores tal como eles são hoje, por mais perversos e ignorantes que sejam.

Podemos admirar aqueles que se abstêm de obter ganhos com a produção de armas ou de bebidas alcoólicas. Entretanto, sua conduta louvável é um mero gesto sem efeito prático. Mesmo que todos os capitalistas e empresários agissem assim, a guerra e o alcoolismo não desapareceriam. Como ocorria na época pré-capitalista, os governos produziriam suas próprias armas e os bebedores destilariam sua própria bebida.

A CONDENAÇÃO MORAL DO LUCRO

O lucro advém do ajuste da utilização dos fatores de produção materiais e humanos às novas situações. É precisamente as pessoas a quem tal ajuste da produção favorece que, competindo entre si e pagando preços que superam os custos incorridos pelo vendedor, geram os lucros. O lucro empresarial não é uma "recompensa" assegurada pelo cliente ao fornecedor que lhe serviu melhor do que outro fornecedor indolente e rotineiro; é o resultado da avidez dos compradores em sobrepujar outros que estão igualmente ansiosos em adquirir uma parte dos bens cuja oferta é limitada.

Os dividendos das companhias são comumente chamados de lucros. Na realidade, são juros sobre o capital investido mais uma parte dos lucros que não são reinvestidos nas empresas. Se a empresa funciona mal, não pagando dividendos, ou então os dividendos pagos correspondem apenas aos juros sobre todo o capital ou somente sobre uma parte dele.

Os socialistas e os intervencionistas consideram lucro e juro como uma *renda não ganha,* subtraída aos trabalhadores que, assim, são privados de uma considerável parte do produto de seu esforço. No seu entender, a produção existe graças ao trabalho como tal e a nada mais, e, portanto, de direito, deveria beneficiar somente a quem moureja no trabalho.

Entretanto, o trabalho em si produz muito pouco se não for ajudado pela poupança prévia e pela acumulação de capital. Os produtos são fruto de uma cooperação entre trabalho e bens de capital, cooperação essa que existe graças a uma acertada direção empresarial. Os poupadores, cujas economias constituem e mantêm o capital, e os empresários, que conduzem este capital para a utilização que melhor serve ao consumidor, não são menos indispensáveis ao processo de produção do que os trabalhadores. Não tem sentido atribuir todo o valor gerado ao aporte do trabalho e silenciar quanto à contribuição dos que aportam capitais e ideias empresariais. O que produz objetos úteis não é o esforço físico em si, mas o esforço físico adequadamente dirigido pela mente humana para consecução de objetivos específicos. Quanto maior (com o avanço do bem estar geral) for o papel dos bens de capital e quanto mais eficiente for sua utilização na cooperação dos fatores de produção, mais absurda se torna a glorificação romântica da simples realização de trabalhos manuais de rotina. Os maravilhosos melhoramentos econômicos dos últimos duzentos anos foram conseguidos graças aos capitalistas que proveram os necessários bens de capital e a uma elite de técnicos e empresários. A grande maioria dos trabalhadores manuais foi beneficiada por mudanças que não só eles não provocaram como também, frequentemente, tentaram impedir.

Algumas observações sobre o mito do subconsumo e sobre o argumento do poder de compra

Ao falar de subconsumo, as pessoas querem referir-se a um estado de coisas no qual uma parte dos bens produzidos não pode ser consumida porque aqueles que poderiam consumi-los, por serem pobres, são impedidos de comprá-los. Esses bens permanecem sem serem vendidos, ou só são vendidos por preços que não chegam a cobrir o custo de produção. Consequentemente, surgem vários desarranjos e distúrbios cujo conjunto é chamado de depressão econômica.

Ora, acontece que muitas vezes os empresários erram ao tentar antecipar a situação futura do mercado. Em vez de produzir aqueles bens cuja demanda pelos consumidores é mais intensa, produzem bens cuja demanda é menos urgente, ou artigos que são de todo invendáveis. Esses empresários ineficientes sofrem perdas, enquanto seus competidores mais eficientes, que souberam antecipar os desejos do consumidor, auferem lucros. As perdas do primeiro grupo de empresários não são causadas por uma abstenção geral por parte do público; devem-se ao fato de que o público prefere comprar outros bens.

Se fosse verdade, como está implícito no mito do subconsumo, que os trabalhadores são pobres demais para comprar os produtos porque os empresários e os capitalistas se apropriam daquilo que, por direito, pertence aos assalariados, a situação não se alteraria. Os "exploradores" supõem-se, não exploram por mero capricho. O que querem, insinua-se, é aumentar o seu próprio consumo ou o seu próprio investimento à custa dos "explorados". Eles não levam o seu butim para fora do universo. Gastam-no, seja comprando objetos de luxo para suas casas, seja comprando bens de produção para expansão de suas empresas. Evidentemente, sua demanda é dirigida para bens diferentes daqueles que os assalariados comprariam se os lucros tivessem sido confiscados e distribuídos entre eles. Os erros empresariais, relativos à existência ou não de mercado para os diversos tipos de mercadorias criados por essa "exploração", não diferem em nada de quaisquer outras deficiências empresariais. Erros empresariais resultam em perdas para os empresários ineficientes e são contrabalançados pelos lucros dos empresários eficientes. Fazem com que os negócios andem bem para alguns grupos de indústrias e mal para outros. Não obstante, não provocam uma depressão geral da economia.

O mito do subconsumo é um disparate autocontraditório e sem fundamento. Seu raciocínio não resiste ao mais elementar exame. É indefensável mesmo que, só para argumentar, se aceite como correta a doutrina da "exploração".

O argumento do poder de compra flui de uma maneira ligeiramente diferente. Consiste em afirmar que um aumento de salários é um pré-requisito da expansão da produção. Se os salários não aumentarem, de nada adianta a indústria aumentar a quantidade e melhorar a qualidade dos bens produzidos, porque os produtos adicionais não encontrariam comprador ou só teriam como compradores aqueles que reduzissem suas compras de outros bens. O que é necessário, em primeiro lugar, para conseguir o progresso econômico, seria fazer com que os salários subissem continuamente. A pressão e a compulsão do governo ou do sindicato forçando o aumento dos salários seriam os principais veículos do progresso.

Como foi demonstrada acima, a aparição de um excedente do total de lucros empresariais sobre o total de perdas empresariais está indissoluvelmente ligado ao fato de que uma parcela dos benefícios derivados do aumento de bens de capital disponíveis e do aperfeiçoamento dos processos tecnológicos vai para os grupos não empresariais. O aumento dos preços dos fatores complementares de produção, e dos salários em primeiro lugar, não é uma concessão que os empresários têm de fazer, a contragosto, às demais pessoas, nem tampouco um astucioso artifício para aumentar seus lucros. É um fenômeno inevitável e necessário na cadeia de eventos sucessivos, provocado pelo empenho empresarial de obter lucro ao ajustar a oferta de bens de consumo à nova situação. O mesmo processo que resulta num excedente de lucros sobre perdas empresariais provoca, em primeiro lugar – isto é, antes que surja esse excedente —, o aparecimento de uma tendência de aumento dos salários e de preços de muitos fatores de produção. E é ainda o mesmo processo que, no curso dos eventos, faz desaparecer este excedente de lucros sobre perdas, se não ocorrerem novas mudanças que aumentem a quantidade de bens de capital disponíveis. O excedente de lucros sobre perdas não é uma consequência do aumento dos preços dos fatores de produção. Os dois fenômenos – o aumento dos preços dos fatores de produção e o excedente de lucros sobre perdas – são, ambos, etapas de um processo de ajustamento da produção ao aumento na quantidade de bens de capital e às mudanças tecnológicas, processo esse que é impulsionado pela ação dos empresários. Somente na medida em que os outros segmentos da população sejam previamente enriquecidos por esse ajuste, é que o excedente de lucros sobre perdas pode existir por certo período de tempo.

O erro básico do argumento do poder de compra consiste em interpretar equivocadamente essa relação causal. Inverte completamente as coisas ao considerar o aumento nos salários como a força motriz do desenvolvimento econômico.

Discutiremos numa outra parte deste livro[27] as consequências das tentativas dos governos e da violência organizada dos sindicatos para impor salários maiores do que os que vigorariam num mercado livre de interferências. Por ora, acrescentaremos somente mais um comentário.

Ao falar de lucros e perdas, preços e salários, o que temos em mente são lucros e perdas reais, preços reais e salários reais. Muitas pessoas se confundem por não perceberem a diferença entre valores monetários e valores reais. Esse problema também será abordado, exaustivamente, em capítulos posteriores. Mencionaremos apenas, incidentalmente, o fato de que um aumento real de salários é compatível com uma redução de salários nominais.

---

[27] Ver adiante p. 871-881.

10
PROMOTORES, GERENTES, TÉCNICOS E BUROCRATAS

O empresário contrata os técnicos, isto é, pessoas que têm capacidade e talento para executar certos tipos e quantidades de trabalho. A categoria de técnicos inclui os grandes inventores, os ases da ciência aplicada, os construtores e projetistas, bem como os executores das tarefas mais simples. O empresário também é um técnico, na medida em que contribui pessoalmente para a execução técnica de seus planos empresariais. O técnico contribui com seu esforço físico e mental; mas é o empresário enquanto empresário que dirige este trabalho na direção de objetivos determinados. E o empresário em si mesmo age como se fosse, por assim dizer, um mandatário dos consumidores.

Os empresários não são onipresentes. Não podem atender, eles mesmos, às múltiplas tarefas que lhes são incumbidas. Ajustar a produção de forma a suprir, da melhor maneira possível, os consumidores com os bens que eles desejam prioritariamente não consiste apenas em elaborar um plano geral para utilização de recursos. Não há a menor dúvida de que essa é a principal função do promotor e do especulador. Mas, além dos grandes ajustamentos, também são necessários inúmeros pequenos ajustamentos. Cada um destes últimos pode parecer insignificante e de pequeno porte para o resultado final. Mas o efeito cumulativo de uma série de pequenos erros pode ser tal, que acabe frustrando inteiramente o êxito de uma solução correta para os grandes problemas. De qualquer forma, é indiscutível o fato de que cada falha na condução de pequenos problemas resulta num desperdício de fatores de produção escassos, reduzindo, consequentemente, a possibilidade de satisfazer os consumidores da melhor maneira possível.

É importante compreender em que medida a questão de que estamos tratando difere das tarefas técnicas incumbidas aos técnicos. A execução de qualquer projeto que o empresário tenha decidido realizar requer um grande número de pequenas decisões. Cada uma dessas decisões deve ser tomada de maneira a privilegiar a solução que – sem contrariar os objetivos gerais do projeto como um todo – seja a mais econômica. Deve evitar custos supérfluos, sejam pequenos ou grandes. O técnico, de seu ponto de vista puramente tecnológico, pode não perceber qualquer diferença entre as alternativas de solução para um determinado detalhe ou pode preferir uma dessas alternativas em função de sua maior capacidade de produção. Mas o empresário é motivado pelo lucro. Isto o obriga a preferir a solução mais econômica, isto é, aquela que evita empregar fatores de produção cuja utilização impediria que os desejos dos consumidores fossem mais bem satisfeitos. Entre os vários métodos em relação aos quais os técnicos são neutros, o empresário preferirá aquele cuja aplicação implica um menor custo. Poderá rejeitar a sugestão do técnico, favorável a um método mais oneroso, que assegure uma maior produção, se seu cálculo lhe indicar que o aumento de produção não compensa o aumento de custo. Não apenas nas grandes decisões e nos planos gerais, mas também nas decisões de pequenos problemas, à medida que surgem no dia a dia, o empresário tem que cumprir sua função de ajustar a produção à demanda dos consumidores tal como a refletem os preços do mercado.

O cálculo econômico tal como é praticado na economia de mercado, e especialmente o sistema contábil de partidas dobradas, aliviam o empresário do envolvimento com muitos pequenos detalhes, permitindo-lhe dar uma maior atenção às grandes tarefas sem precisar enredar-se numa miríade de pequenas questões cujo atendimento supera a capacidade de qualquer mortal. Pode, assim, designar uns assistentes a quem encarrega de zelar por tarefas empresariais de menor importância. E esses assistentes, por sua vez, seguindo o mesmo princípio, podem ser ajudados por outros colaboradores que zelarão por tarefas de importância ainda menor. Desta forma, estrutura-se toda uma hierarquia gerencial.

Um gerente é, por assim dizer, um sócio menor do empresário, quaisquer que sejam os termos legais e financeiros de seu contrato. O único aspecto relevante reside no fato de o gerente ser obrigado, pelo seu próprio interesse financeiro, a empregar o melhor de seus esforços na realização das funções empresariais que lhe são atribuídas num campo de ação limitado e definido com precisão.

É o sistema contábil de partidas dobradas que torna possível o funcionamento de um sistema gerencial. Graças a esse sistema contábil, o empresário tem condições de separar o cálculo de cada setor da empresa de maneira a poder determinar sua participação na empresa como um todo. Ele pode, assim, contemplar cada setor como se fosse uma entidade separada e avaliá-lo segundo sua respectiva contribuição ao sucesso global da empresa. Nesse sistema de contabilidade comercial, cada seção de uma empresa representa uma entidade completa, como se fosse um negócio independente. Supõe-se que cada seção "possua" uma determinada parte do capital da empresa, que compre e venda a outras seções, que tenha suas próprias receitas e despesas, que seus procedimentos resultem em lucro ou prejuízo, imputáveis à sua própria direção independentemente do resultado das outras seções. Desta forma, o empresário pode atribuir à gerência de cada seção uma grande margem de autonomia. A única recomendação que faz a alguém encarregado de dirigir um serviço específico é a de que, em sua gestão, realize o maior lucro possível. Um exame da contabilidade mostra em que medida os gerentes foram bem sucedidos na realização desse objetivo.

Todo gerente e subgerente são responsáveis pelo bom funcionamento de sua seção ou subseção. Se a contabilidade mostra um lucro, este fato será considerado a seu favor; e se apresenta um prejuízo, será em seu detrimento. Seu próprio interesse o impele a dedicar a maior atenção e empenho à condução da seção a seu cargo. Se incorrer em perdas, será substituído por outra pessoa de quem o empresário espera uma melhor *performance*; ou então a seção será desativada. De qualquer forma, o gerente perderá seu emprego. Se consegue realizar lucros, sua renda aumentará ou, pelo menos, não corre o risco de perdê-la. Se o gerente tem ou não direito a uma parte do lucro atribuído à sua seção, é questão de menor importância no que concerne ao seu interesse pessoal nos resultados da operação da seção que dirige. Seu bem estar está intimamente ligado ao bom funcionamento da sua seção. Sua tarefa não é, como a do técnico, a de realizar um determinado trabalho de acordo com as instruções recebidas. É ajustando – nos limites deixados ao seu discernimento – o funcionamento de sua seção à realidade do mercado. Naturalmente, da mesma forma que um empresário pode combinar na sua própria pessoa funções de empresário e de técnico, a união de várias funções também pode ocorrer no caso de um gerente.

A função gerencial é sempre subordinada à função empresarial. Pode aliviar o empresário de algumas de suas responsabilidades menores; nunca poderá evoluir a ponto de substituir a função empresarial. Afirmar o contrário é confundir a categoria atividade empresarial tal como definida na construção imaginária da distribuição funcional, com aquilo que se passa na realidade viva de uma economia de mercado. A função do empresário não pode ser dissociada da decisão sobre qual utilização deve ser dada aos fatores de produção para execução de tarefas específicas. O empresário controla os fatores de produção; é esse controle que lhe proporciona lucro ou perda empresarial.

É possível remunerar o gerente pagando por seus serviços proporcionalmente à contribuição da sua seção ao lucro do empresário. Mas isso não é importante. Como já foi salientado antes, o gerente está sempre interessado no sucesso do setor a seu cargo. Mas o gerente não pode ser responsabilizado patrimonialmente pelas perdas incorridas. Essas perdas são suportadas pelos proprietários do capital empregado. Não podem ser transferidas para o gerente.

A sociedade pode, tranquilamente, deixar aos proprietários de bens de capital a tarefa de escolher o melhor emprego possível para esses bens. Ao se engajarem em projetos específicos, estes proprietários colocam em risco seus bens, sua riqueza e sua posição social. Estão mais interessados no sucesso de sua atividade empresarial do que a sociedade como um todo. Para a sociedade como um todo, o desperdício de capital investido num determinado projeto significa apenas a perda de uma pequena parte de seus recursos totais; para o proprietário, significa muito mais, podendo chegar a representar a perda total de sua fortuna. Quando se dá carta branca ao gerente, as coisas se passam de maneira diferente; ao especular, ele estará arriscando o dinheiro de outras pessoas. Não avalia as possibilidades de um projeto arriscado do mesmo ângulo de quem é responsável pelas perdas. O gerente se torna temerário precisamente quando é remunerado por uma parte dos lucros sem participar igualmente dos projetos.

A ilusão de que a função gerencial possa abranger a totalidade da atividade empresarial e de que o gerente possa ser um perfeito substituto do empresário é resultado de uma interpretação equivocada do que sejam as sociedades anônimas, entidades mercantis típicas dos negócios de nossos dias. Assevera-se que estas sociedades são dirigidas por gerentes assalariados, enquanto os acionistas são meros espectadores passivos. Todos os poderes se acham concentrados nas mãos de empregados contratados. Os acionistas são ociosos e inúteis; colhem o que os gerentes semearam.

Essa doutrina desconsidera inteiramente o papel que o mercado de capitais e de divisas, a bolsa de valores e de ações – aquilo que numa linguagem pertinente denomina-se simplesmente de "mercado" – desempenha na direção das empresas. As operações neste mercado, em virtude de preconceitos populares anticapitalistas, são rotuladas de jogo de azar, de mera loteria. De fato, as mudanças nos preços das ações ordinárias e preferenciais e dos demais valores mobiliários são o meio utilizado pelos capitalistas para controlar o fluxo de capital. A estrutura de preços resultante das especulações nos mercados de capital e de divisas e nas grandes bolsas de mercadorias não apenas determina o volume de capital disponível para a condução dos negócios de cada companhia; cria, além disso, um estado de coisas ao quais os gerentes têm que se ajustar cuidadosamente.

A direção geral de uma companhia é exercida pelos acionistas e seus mandatários eleitos, os diretores. Os diretores indicam e demitem os gerentes. Nas companhias menores, e às vezes até mesmo nas grandes, as funções de diretor e gerente estão reunidas na mesma pessoa. Em última instância, uma companhia bem sucedida nunca é controlada por gerentes assalariados. A emergência de uma classe gerencial onipotente não é um fenômeno do livre funcionamento do mercado. Muito pelo contrário, decorre de políticas intervencionistas que visam conscientemente a eliminar a influência dos acionistas e virtualmente a expropriá-los. Na Alemanha, Itália e Áustria, foi o passo preliminar para a substituição da livre empresa pelo dirigismo estatal; o mesmo ocorreu na Inglaterra, no que se refere ao Banco da Inglaterra e às ferrovias. Tendências semelhantes predominam nos Estados Unidos em relação aos serviços públicos. As magníficas realizações das empresas comerciais e industriais não resultaram da atividade de uma oligarquia de gerentes assalariados; foram engendradas por pessoas que estavam ligadas à companhia pela propriedade de uma parte considerável, ou da maior parte, das ações, pessoas essas que uma parcela do público considera como aproveitadores e tubarões.

É o empresário que decide, independentemente de qualquer interferência gerencial, em que ramos de atividade devem aplicar capital e qual a quantidade de capital a empregar. É ele que determina a expansão e a contratação do tamanho de seu negócio e de suas principais seções. É ele que determina a estrutura financeira da empresa. Essas são as decisões essenciais, basilares na implantação e condução de um negócio. Tanto nas sociedades anônimas, como em qualquer outra forma legal de empresa, essas decisões recaem exclusivamente sobre o empresário. Qualquer assessoramento dado ao empresário neste particular é apenas de caráter ancilar; os especialistas em direito, estatística e tecnologia fornecem informações de como transcorreram as coisas no passado, mas a decisão final que implica sempre um julgamento quanto ao futuro estado do mercado cabe exclusivamente ao empresário. A execução dos detalhes dos seus projetos pode ser confiada aos gerentes.

As funções sociais da elite gerencial não são menos indispensáveis ao funcionamento da economia de mercado do que as funções da elite de inventores, técnicos, engenheiros, projetistas, cientistas e pesquisadores. Na classe dos gerentes, muitos homens eminentes servem a causa do progresso econômico. Gerentes competentes recebem altos salários e, frequentemente, uma participação nos lucros totais da empresa. Muitos deles, no curso de suas carreiras, acabam sendo, eles mesmos, capitalistas e empresários. Não obstante, a função gerencial é diferente da função empresarial.

Constitui um erro grave confundir o papel do empresário com o do gerente, como o faz a antítese popular "patrão/empregado". Essa confusão é, evidentemente, intencional. Destina-se a obscurecer o fato de que a função empresarial é completamente diferente da função gerencial, responsável apenas por questões secundárias na condução da empresa. Considerando-se a estrutura dos negócios, a alocação de capital aos vários setores de produção e às várias empresas, o tamanho e a linha de produção de cada fábrica e de cada estabelecimento comercial como fatos dados, e ficando implícito que nenhuma mudança ocorrerá no futuro em relação aos mesmos, tudo o que se tem a fazer é cumprir as velhas rotinas. Num mundo estacionário como esse, evidentemente, não há necessidade de inovadores e promotores; o total de lucros é contrabalançado pelo total de perdas. Para evidenciar a falácia dessa doutrina, basta comparar a estrutura da economia americana em 1960 com a existente em 1940.

Mas, mesmo num mundo estacionário, não teria sentido dar ao "trabalho", como pretende um *slogan* popular, uma participação na gerência dos negócios. A adoção dessa ideia resultaria no sindicalismo.[28]

Existe também uma propensão para confundir gerente com burocrata.

A *gerência burocrática*, diferentemente da *gerência que visa ao lucro*, é o método usado na condução de assuntos administrativos, cujos efeitos não têm valor em dinheiro no mercado. A boa *performance* no cumprimento dos deveres confiados a um departamento de polícia é da maior importância para preservação da cooperação social e beneficia todos os membros da sociedade. Mas não tem preço no mercado; não pode ser vendida nem comprada. Assim sendo, não pode confrontar o resultado obtido com as despesas incorridas. É benéfica, resulta em ganhos, mas esses ganhos não podem ser expressos em termos monetários, como o são os lucros. Os métodos de cálculo econômico e, especialmente, a contabilidade de partidas dobradas não lhes são aplicáveis. O sucesso ou o fracasso das atividades de um departamento de polícia não podem ser apurados pelos procedimentos aritméticos utilizados pelas atividades com fins lucrativos. Nenhum contador pode informar se um departamento de polícia ou uma de suas subdivisões é rentável ou não.

A quantia a ser investida em cada setor de atividade econômica que tem no lucro a sua motivação é determinada pelo comportamento dos consumidores. Se a indústria automobilística triplicasse o seu capital investido, certamente prestaria melhores serviços ao público. Haveria maior disponibilidade de carros. Mas essa expansão da indústria automobilística impediria que esse capital fosse investido em outros setores de produção nos quais atenderia a necessidades mais urgentes dos consumidores. Este fato tornaria improfícua a expansão da indústria automobilística e aumentaria os lucros em outros setores de produção. No seu afã para obter o maior lucro possível, os empresários são obrigados a alocar a cada setor de atividade somente aquela quantidade de capital que pode ser empregada sem comprometer a satisfação dos desejos mais urgentes dos consumidores. Desta forma, as atividades empresariais são, por assim dizer, automaticamente dirigidas pelos desejos dos consumidores como refletidos na estrutura de preços dos bens de consumo.

---

[28] Ver adiante p. 917-925.

A alocação de fundos para a realização das tarefas incumbidas ao governo não sofre esse tipo de limitação. Não resta a menor dúvida de que os serviços prestados pelo departamento de polícia da cidade de Nova York poderiam ser consideravelmente melhorados se sua dotação orçamentária fosse triplicada. Mas a questão está em saber se esse melhoramento seria suficiente para justificar ou a diminuição dos serviços prestados por outro departamento – por exemplo, os do departamento de higiene pública – ou a restrição do consumo dos contribuintes. Esta questão não pode ser respondida pela contabilidade do departamento de polícia. Este só tem condições de informar sobre as despesas incorridas; não tem como fornecer nenhuma informação acerca dos resultados obtidos, uma vez que esses resultados não podem ser expressos em termos monetários. Os cidadãos devem determinar diretamente o volume de serviços que desejam receber e pelos quais estão dispostos a pagar. Desincumbem-se dessa tarefa ao elegerem conselheiros municipais e governantes que estejam dispostos a agir de acordo com os desejos dos eleitores.

Assim, o prefeito e os vários secretários são limitados pelo orçamento do município.

Não podem agir discricionariamente, fazendo o que consideram a melhor solução para os vários problemas que os cidadãos têm de enfrentar. São obrigados a gastar os recursos segundo as alocações feitas no orçamento. Não podem usá-los para outros fins. A auditoria no campo da administração pública é inteiramente diferente daquela que é feita nas empresas que visam ao lucro. Seu objetivo é verificar se os fundos alocados foram despendidos em estrita conformidade com as provisões do orçamento.

Nos negócios com objetivo de lucro, a liberdade de ação dos gerentes e subgerentes é limitada por considerações de lucro e perda. A motivação pelo lucro é a diretriz necessária e suficiente para submetê-los aos desejos dos consumidores. Não há necessidade de limitar sua liberdade de ação por instruções detalhadas e minuciosas. Se forem eficientes, essa ingerência seria no mínimo supérflua, senão perniciosa por lhes atar as mãos. Se forem ineficientes, ela não contribuiria para melhorar o seu desempenho. Tal ingerência somente lhes proporcionaria a desculpa pouco convincente de que seu fracasso foi causado por regulamentos inadequados. A única instrução necessária é evidente em si mesma e nem precisa ser explicada: procure obter lucro.

Na administração pública, na condução dos negócios do governo, as coisas são diferentes. Neste campo, a liberdade de ação dos governantes e de seus auxiliares não é limitada por considerações de lucro e perda. Se seu chefe supremo – seja ele o povo soberano ou um déspota soberano – deixar-lhes as mãos livres, estará renunciando à sua própria soberania. Esses governantes se converteriam em agentes que não precisariam prestar contas a ninguém e seu poder suplantaria o do povo ou o do déspota. Fariam o que quisessem e não o que seu chefe esperava que fizessem. Para evitar esse resultado e para submetê-los à vontade do chefe, é necessário dar-lhes instruções detalhadas de como devem proceder em cada caso. Ficam assim obrigados a cuidar de suas tarefas, obedecendo estritamente a essas regras e regulamentos. Sua liberdade para ajustar seus atos ao que lhes parece à solução mais apropriada de um problema concreto é limitada por essas normas. São burocratas, isto é, pessoas que em qualquer circunstância devem observar um conjunto de regras inflexíveis.

A gestão burocrática é uma conduta fadada a cumprir regras e regulamentos detalhados, fixados por uma autoridade superior. É a única alternativa à gestão orientada pela motivação de lucro. A gestão com objetivo de lucro é inaplicável quando lidamos com objetivos que não têm valor de mercado expresso em termos de moeda ou quando queremos conduzir sem objetivo de lucro uma atividade que poderia ser conduzida com base nessa motivação. O primeiro caso é o da administração do aparato social de coerção e compulsão; o segundo caso é o da direção de uma instituição sem fins lucrativos, como por exemplo, uma escola, um hospital ou um sistema postal. Sempre que a gestão de um sistema não seja orientada pela motivação do lucro, terá que ser dirigida por regras burocráticas.

A gestão burocrática não é em si mesma, um mal. É o único método apropriado para administrar o poder público, isto é, o aparato social de compulsão e coerção. Como o governo é necessário, a burocracia – na esfera do governo – também é necessária. Onde o cálculo econômico não é aplicável, os métodos burocráticos são a única alternativa. Por isso, um governo socialista deve aplicá-los a todos os seus campos de ação.

Nenhum negócio, qualquer que seja seu tamanho ou seu propósito, jamais se tornará burocrático enquanto for gerido, pura e exclusivamente, com base na motivação do lucro. Mas quando abandona a motivação do lucro, trocando-a pela ideia de prestação de serviço – isto é, o princípio segundo o qual os serviços devem ser prestados sem que se considere que os preços cobrados sejam suficientes para cobrir os custos —, deve também substituir a gestão empresarial pelos métodos burocráticos.[29]

---

[29] Para um estudo detalhado deste problema, ver Mises, *Bureaucracy*, New Haven, 1944.

11
O PROCESSO DE SELEÇÃO

O processo de seleção que ocorre no mercado é impulsionado pela combinação de esforços de todos os participantes da economia de mercado. Motivado pelo desejo de diminuir tanto quanto possível o seu próprio desconforto, cada indivíduo procura, por um lado, colocar-se numa posição que lhe permita contribuir ao máximo para que as demais pessoas tenham a maior satisfação possível e, por outro lado, tirar o melhor proveito dos serviços por elas oferecidos. Em outras palavras: tenta vender no mercado mais caro e comprar no mercado mais barato. A resultante desses esforços é não apenas a estrutura de preços, mas também a estrutura social, a atribuição de tarefas específicas aos vários indivíduos. O mercado torna as pessoas ricas ou pobres, determina quem dirigirá as grandes usinas e quem limpará o chão, fixa quantas pessoas trabalharão nas minas de cobre e quantas nas orquestras sinfônicas. Nenhuma dessas decisões é definitiva: são revogáveis a qualquer momento. O processo de seleção não para nunca. Vai adiante, ajustando o aparato social de produção às mudanças na oferta e procura. Revê, incessantemente, suas decisões prévias e força todo mundo a se submeter a um reexame de seu caso. Ninguém pode considerar sua posição como assegurada e não existe nenhum direito que garanta uma posição conquistada no passado. Ninguém pode eximir-se da lei do mercado, da soberania do consumidor.

A propriedade dos meios de produção não é um privilégio: é uma responsabilidade social. Os capitalistas e os proprietários de terras são compelidos a utilizar sua propriedade de maneira a satisfazer, da melhor forma, os consumidores. Se forem lentos e ineptos no cumprimento de seus deveres, sofrem perdas. Se não aprendem a lição e não mudam o seu comportamento, perdem sua fortuna. Nenhum investimento é seguro para sempre. Quem não utilizar sua propriedade para servir o consumidor da maneira mais eficiente está condenado ao fracasso. Não há lugar para as pessoas que querem usufruir suas fortunas na ociosidade e na imprudência. O proprietário deve procurar investir seus recursos de maneira a não diminuir o principal e a renda.

No tempo dos privilégios de casta e das barreiras comerciais, havia rendas que não dependiam do mercado. Os príncipes e os membros da nobreza viviam à custa de escravos e servos humildes que eram obrigados a trabalhar de graça, a pagar dízimos e tributos. A propriedade da terra só podia ser adquirida por conquista ou por generosidade do conquistador. Só podia ser perdida por abjuração do doador ou para outro conquistador. Mesmo mais tarde, quando os nobres e seus vassalos começaram a vender seus excedentes de produção no mercado, não podiam ser desalojados pela competição de pessoas mais eficientes. A competição só podia existir de forma muito limitada. A aquisição de grandes extensões rurais era reservada aos nobres; a de propriedades urbanas, aos burgueses do município, a de pequenas propriedades agrícolas, aos camponeses. No campo das artes e ofícios, a competição era restringida pelas guildas. Os consumidores não podiam satisfazer seus desejos de forma mais econômica, uma vez que o controle de preços proibia os vendedores de oferecer preços menores. Os compradores ficavam à mercê de seus fornecedores. Se estes produtores privilegiados se recusassem a empregar as matérias-primas mais adequadas e os métodos de produção mais eficientes, os consumidores se viam forçados a suportar as consequências dessa teimosia e desse conservadorismo.

O proprietário de terras que vive em perfeita autossuficiência, dos frutos de sua própria atividade agrícola é independente do mercado. Mas o agricultor moderno que compra equipamentos, fertilizantes, sementes, mão de obra, assim como outros fatores de produção, e vende produtos agrícolas, está sujeito às leis do mercado. Sua renda depende dos consumidores e ele terá de adaptar suas operações aos desejos dos consumidores.

A função selecionadora do mercado também funciona em relação ao trabalho. O trabalhador é atraído por aquele tipo de trabalho no qual espera ganhar mais. Da mesma forma que os fatores materiais de produção, o fator trabalho também é alocado para aquelas atividades nas quais serve melhor ao consumidor. Prevalece a tendência de não desperdiçar qualquer quantidade de trabalho na satisfação de uma demanda menos urgente, se uma demanda mais urgente não foi ainda satisfeita. Como todos os outros estratos da sociedade, o trabalhador também está sujeito à supremacia dos consumidores. Se desobedecer, será penalizado por uma redução nos seus ganhos.

A seleção feita pelo mercado não instaura ordens sociais, castas ou classes, no sentido marxista do termo. Empresários e promotores não formam uma classe social integrada. Todo indivíduo tem liberdade para se tornar um promotor, se estiver disposto a depender da sua própria capacidade de antecipar, melhor do que seus concidadãos, as futuras condições do mercado, e se a sua disposição de agir por conta própria e sob sua responsabilidade for aprovada pelos consumidores. É enfrentando espontaneamente as situações, aceitando o desafio ao qual o mercado submete todo aquele que deseja tornar-se um empresário ou permanecer nesta posição eminente, que se ascende à condição de empresário. Todos têm a possibilidade de tentar sua sorte. Quem quiser iniciar um negócio não precisa esperar que alguém o convide ou o encoraje. Deve lançar-se por conta própria e deve saber como conseguir os meios necessários.

Diz-se com frequência que, nas condições de um capitalismo "tardio" ou "maduro", não é mais possível, a quem não tenha dinheiro, galgar a escada da riqueza e atingir a posição de empresário. Ninguém jamais tentou demonstrar esta tese. Pelo contrário, desde que ela foi enunciada, a competição dos grupos empresariais e capitalistas mudou consideravelmente. Uma grande parte dos antigos empresários e seus herdeiros foram eliminados e outras pessoas, novos empresários, tomaram os seus lugares. É indiscutivelmente verdadeiro que, nos últimos anos, foram intencionalmente implantadas instituições que, se não forem logo abolidas, tornarão impossível o funcionamento do processo de seleção do mercado.

Os consumidores escolhem os líderes da indústria e do comércio exclusivamente pela capacidade por estes demonstrada de ajustar a produção às necessidades dos próprios consumidores. Nenhuma outra característica ou mérito lhes interessa. Querem um fabricante de sapatos que fabrique sapatos bons e baratos. Não pretendem confiar a direção do negócio de calçados a pessoas amáveis, de boas maneiras, que tenham dons artísticos, sejam cultas ou possuam quaisquer outros talentos e virtudes. Um homem de negócios bem-sucedido, frequentemente, é desprovido daqueles atributos que contribuem para o sucesso pessoal em outras esferas da vida.

É muito frequente, hoje em dia, condenar os capitalistas e os empresários. O homem comum tem uma tendência a zombar das pessoas que são mais prósperas que ele. Pensa que, se essas pessoas são mais ricas, é simplesmente porque são menos escrupulosas, e que, se ele não fosse tão respeitador das leis da moralidade e da decência, também seria rico.

Ora, não há dúvida de que, nas condições criadas pelo intervencionismo, muitas pessoas enriquecem pelo suborno e pela corrupção. Em alguns países, o intervencionismo já solapou a supremacia do mercado a tal ponto, que é mais vantajoso para o homem de negócios recorrer à ajuda de alguém no governo do que depender de sua capacidade de melhor satisfazer os desejos dos consumidores. Mas não é a isso que se referem os críticos mais populares da riqueza alheia. Tais críticos sustentam que a maneira pela qual se adquire riqueza numa genuína economia de mercado é condenável de um ponto de vista ético.

Contra tais argumentos, é necessário enfatizar que, na medida em que o funcionamento do mercado não seja sabotado pela interferência do governo e por outros fatores de coerção, o sucesso nos negócios é a prova de serviços prestados aos consumidores. Um homem pobre não é necessariamente inferior ao próspero empresário; ele pode destacar-se por suas realizações científicas, literárias ou artísticas, ou por sua liderança cívica. Mas, no sistema social de produção, ele é inferior. O gênio criador pode ter razões para desdenhar o sucesso comercial; pode ser até que tivesse êxito nos negócios, se não tivesse preferido outras coisas. Mas os funcionários e operários que alardeiam sua superioridade moral iludem-se a si mesmos e encontram consolo nessa ilusão. Não querem admitir que fossem postos à prova por seus concidadãos, os consumidores, não seriam aprovados.

Também se afirma frequentemente que o fracasso do homem pobre no processo de competição é causado por sua falta de instrução. Só pode haver igualdade de oportunidade, costuma-se dizer, quando a educação, em qualquer grau, se torna acessível a todos. Prevalece hoje a tendência de reduzir as diferenças entre as pessoas a diferenças de educação, negando-se a existência de diferenças inatas como a inteligência, a força de vontade e o caráter. Geralmente não se percebe que a educação nunca pode ser mais do que uma doutrinação de teorias e ideias já conhecidas. A educação, qualquer que seja o seu benefício, é transmissão de doutrinas e valores tradicionais. É, por necessidade, conservadora; produz imitação e rotina, e não aperfeiçoamento e progresso. Os inovadores e os gênios criadores não se formam nas escolas. Eles são precisamente aqueles homens que questionam o que a escola lhes ensinou.

Para ser bem-sucedido nos negócios, um homem não precisa ter um diploma de administração de empresas. Essas escolas treinam os subalternos para trabalhos rotineiros. Certamente não formam empresários. Não é possível ensinar uma pessoa a ser empresário. Um homem se torna empresário ao perceber oportunidades e preencher vazios. O julgamento penetrante, a capacidade de previsão e a energia que a função empresarial requer não se aprendem na escola. Os homens de negócio mais bem-sucedidos foram frequentemente ignorantes, se considerarmos os critérios escolásticos do corpo docente. Mas estavam à altura de sua função social de ajustar a produção à demanda mais urgente. Em razão desse mérito, são escolhidos pelos consumidores para liderar a atividade econômica.

12
O INDIVÍDUO E O MERCADO

Costuma-se falar, num sentido metafórico, das forças automáticas e anônimas que influenciam o "mecanismo" do mercado. Ao empregar tais metáforas, as pessoas estão propensas a desconsiderar o fato de que os únicos fatores que dirigem o mercado e influenciam a formação de preços são as ações intencionais dos homens. Não há nenhum automatismo; existem apenas homens conscientes e que, deliberadamente, visam a atingir os objetivos que escolheram. Não existem misteriosas forças mecânicas; existe apenas a vontade humana de diminuir o desconforto. Não existe anonimato; existo eu e você e Paulo e Ana e todos os outros. E cada um de nós é tanto produtor como consumidor.

O mercado é um corpo social; é o corpo social por excelência. Os fenômenos do mercado são fenômenos sociais. São resultantes da contribuição ativa de cada indivíduo. Mas os fenômenos de mercado são diferentes da contribuição individual que os engendram. O indivíduo os tem na conta de algo dado, permanente, que ele não teria condições de alterar. Nem sempre percebe que ele mesmo é uma parte, embora pequena, do conjunto de elementos que a cada momento determina o estado do mercado. Por não perceber esta realidade, sente-se à vontade para criticar os fenômenos de mercado, para condenar, em seus concidadãos, uma conduta que consideraria inteiramente correta se ele mesmo a tivesse. Condena o mercado por sua insensibilidade e por seu descaso em relação às pessoas; reclama por um controle social que pudesse "humanizá-lo". Por um lado, pede medidas que protejam o consumidor do produtor. Por outro, na qualidade de produtor, insiste, com maior veemência ainda, em que o protejam dos consumidores. O resultado destas atitudes contraditórias são os modernos métodos de intervenção do estado, cujos exemplos mais significativos são a *Sozialpolitik* da Alemanha imperial e o *New Deal* americano.

É uma falácia antiga a que diz ser uma tarefa legítima do governo civil proteger o produtor menos eficiente contra a competição do mais eficiente. Reclama-se por uma "política dos produtores" como algo distinto da "política dos consumidores". As pessoas, ao mesmo tempo em que repetem bombasticamente o truísmo segundo o qual o único objetivo da produção consiste em fornecer amplas provisões para o consumo, enfatizam, com maior eloquência ainda, a necessidade de proteger o produtor "industrioso" contra o consumidor "ocioso".

Ora, produtores e consumidores são a mesma pessoa. A produção e o consumo são fases diferentes da ação. Quando fala de produtores e consumidores, a cataláxia corporifica essas diferenças. Mas, na realidade, são a mesma pessoa. É certamente possível proteger um produto menos eficiente contra a competição de outros mais eficientes. Tal privilégio concede ao privilegiado os benefícios que o mercado livre só concede a alguém que consiga atender melhor aos desejos dos consumidores. Assim sendo, o privilégio é concedido à custa de uma diminuição da satisfação dos consumidores. Se apenas um produtor, ou um pequeno grupo, é privilegiado, seus benefícios são obtidos em detrimento das demais pessoas. Mas se todos os produtores forem privilegiados na mesma medida, todos perdem como consumidor o que ganham como produtores. Além disso, todos são prejudicados porque, se os homens mais eficientes forem impedidos de empregar seu talento naqueles setores onde possam prestar o melhor serviço ao consumidor, a produção diminui.

Se um consumidor acredita ser mais conveniente ou mais justo pagar um preço maior por cereais produzidos no seu país do que por cereais importados, ou pagar um preço maior por artigos produzidos por empresas pequenas ou que empreguem trabalhadores sindicalizados do que por artigos de outra procedência, ele deve ser livre para fazê-lo. Teria apenas de estar convencido de que as mercadorias oferecidas à venda atendem àquelas condições que justificam o pagamento de um preço maior. Leis que proibissem a falsificação de etiquetas e de marcas registradas seriam suficientes para alcançar os mesmos objetivos visados pelas tarifas, pela legislação trabalhista ou pelos privilégios concedidos às pequenas empresas. Mas é fora de dúvida que os consumidores não agem desta maneira. O fato de uma mercadoria ser etiquetada como importada não diminui a sua comerciabilidade se ela for melhor ou mais barata, ou ambas as coisas. Como regra, os compradores querem comprar o mais barato possível, independentemente da origem do artigo ou de algumas características particulares dos produtores.

A raiz psicológica das políticas em favor dos produtores, tal como são adotadas hoje em dia em todas as partes do mundo, pode ser identificada em doutrinas econômicas espúrias. Essas doutrinas negam terminantemente que o fato de conceder privilégios a produtores menos eficientes possa ser prejudicial aos consumidores. Seus defensores alegam que tal medida prejudica apenas àqueles por ela discriminados. Quando pressionados, embora admitindo que os consumidores também são prejudicados, alegam que as perdas dos consumidores são mais do que compensadas pelo aumento de renda que fatalmente ocorrerá em consequência das medidas em questão.

Assim, nos países industrializados da Europa, os protecionistas se apressam em proclamar que as tarifas sobre produtos agrícolas prejudicam exclusivamente os interesses dos agricultores dos países onde a agricultura é a atividade predominante e os interesses dos comerciantes de cereais. Sem dúvida, esses interesses são prejudicados. Mas também é certo que os consumidores do país que adota as tarifas também são prejudicados, pois terão de pagar maiores preços por sua comida. O protecionista retruca dizendo que isso, evidentemente, não é um ônus.

E acrescenta: a quantia adicional paga pelo consumidor doméstico aumenta a renda dos agricultores e o seu poder de compra; estes gastarão todo o excedente comprando mais produtos fabricados pelos setores não agrícolas da população. Tal paralogismo pode ser facilmente refutado, se recorrermos à conhecida anedota do homem que pede ao taberneiro que lhe dê uma determinada quantia de dinheiro, sob a alegação de que isto não lhe custará nada, uma vez que gastará todo este dinheiro na própria taberna. Mas, de qualquer forma, a falácia protecionista conquistou a opinião pública e isso, por si só, explica a popularidade das medidas nela inspiradas. Muitas pessoas simplesmente não percebem que o único efeito da proteção é desviar a produção dos setores em que se poderia produzir mais por unidade de capital e de trabalho despendido, para aqueles setores onde se produz menos, tornando as pessoas mais pobres e não mais prósperas.

O argumento final em favor do protecionismo moderno e do empenho de cada país em tornar-se economicamente autárquico pode ser localizado na crença equivocada de que estes são os melhores meios de fazer com que cada cidadão, ou pelo menos a grande maioria dos cidadãos, fique mais rico. O termo riqueza, neste contexto, significa um aumento na renda real individual e uma melhoria no padrão de vida. Não há dúvida de que a política de isolamento econômico é, necessariamente, um corolário da intervenção na vida econômica, e que é o produto de tendências beligerantes, tanto quanto um dos fatores que fomentam essas tendências. Mas persiste o fato de que não teria sido possível vender aos eleitores a ideia do protecionismo, se não tivesse sido possível convencê-los de que a proteção não só não prejudica o seu padrão de vida, mas aumenta-o consideravelmente.

É importante enfatizar este fato porque ele desnuda inteiramente mitos propagados por muitos livros populares. Segundo esses mitos, o homem contemporâneo já não estaria mais motivado pelo desejo de melhorar seu bem estar material e de elevar o seu padrão de vida. Os economistas que afirmassem o contrário estariam equivocados. O homem moderno daria prioridade a coisas "não econômicas" ou "não racionais" e estaria disposto a renunciar ao bem estar material em favor de aspirações "ideais". Seria um grave erro, no qual incidem frequentemente os economistas e empresários, interpretar os eventos do nosso tempo a partir de um ponto de vista "econômico" e criticar as ideologias em voga, apontando seus equívocos econômicos. As pessoas aspirariam mais por outras coisas do que simplesmente por uma boa vida.

Seria difícil equivocar-se mais grosseiramente ao interpretar a história de nossa época. Nossos contemporâneos são impelidos por um zelo fanático quando se trata de obter maiores vantagens, e por um apetite ilimitado para aproveitar a vida. Um dos fenômenos sociais mais característicos de nossos dias é o grupo de pressão, onde as pessoas se aliam no afã de promover o seu próprio bem estar, empregando quaisquer meios, legais ou ilegais, pacíficos ou violentos. Para o grupo de pressão, nada importa mais do que o aumento da renda real de seus membros. Nada mais o preocupa. Pouco lhe importa se a realização de seu programa prejudique os interesses vitais de outras pessoas, de sua própria região ou país, ou de toda a humanidade. Mas, evidentemente, todo grupo de pressão procura justificar suas reivindicações como benéficas ao bem estar do público em geral, e estigmatizar seus críticos como canalhas desprezíveis, idiotas e traidores. Na luta por seus objetivos, o grupo de pressão emprega um ardor quase religioso.

Sem exceção, todos os partidos políticos prometem a seus seguidores uma renda real maior. Neste particular, não há diferença entre nacionalistas e internacionalistas, ou entre os adeptos da economia de mercado e os defensores do socialismo e do intervencionismo. Quando um partido pede a seus seguidores que façam sacrifícios pela sua causa, invariavelmente explica que esses sacrifícios são temporariamente necessários para que se atinja o objetivo maior, qual seja, a melhoria do bem estar material de seus membros. Cada partido considera um complô insidioso contra seu prestígio e sua sobrevivência o fato de alguém questionar a eficácia dos seus planos como o meio de tornar mais prósperos os membros do grupo. Cada partido nutre um ódio mortal pelos economistas que ousam formular tais críticas.

Todas as variedades de políticas que favorecem os produtores amparam-se na alegada capacidade que teriam essas políticas de aumentar o padrão de vida dos seus seguidores. O protecionismo e a autossuficiência econômica, a pressão e a compulsão sindical, a legislação trabalhista, os salários mínimos, as despesas públicas, a expansão do crédito, os subsídios e outros artifícios são sempre recomendados por seus apologistas como o melhor ou o único meio de aumentar a renda real dos eleitores cujos votos pretendem angariar. Todo homem de estado ou político, invariavelmente, diz aos seus eleitores: meu programa vos trará tanta abundância quanto às circunstâncias permitirem, enquanto que o programa de meus adversários vos trará a pobreza e a miséria.

É verdade que alguns intelectuais, segregados em seus círculos esotéricos, falam de forma diferente. Proclamam a prioridade do que denominam de valores absolutos eternos e aparentam, nas suas perorações – mas não em sua conduta pessoal —, um desdém pelas coisas terrenas e transitórias. Mas o público ignora tais manifestações. O objetivo principal da ação política em nossos dias é assegurar aos membros do grupo de pressão o maior bem estar material possível. A única maneira de um líder ser bem-sucedido é instilar nas pessoas a convicção de que o seu programa é a melhor forma de atingir esse objetivo.

O equívoco das políticas em favor dos produtores consiste no fato de que se baseiam uma concepção errada da economia.

Quem estiver disposto a ceder à tendência, muito em voga, de explicar as coisas humanas pelo recurso à terminologia da psicopatologia pode ser tentado a dizer que o homem moderno – ao confrontar uma política em favor dos produtores com uma política em favor dos consumidores – está sendo vítima de uma espécie de esquizofrenia. Não chega a perceber que é uma pessoa única e indivisível, isto é, um indivíduo, e, como tal, é tanto um produtor como um consumidor. A unidade de sua consciência se separa em duas partes; sua mente se divide, numa luta interna contra si mesmo. Mas pouco importa se adotamos ou não esta maneira de descrever o fato de que a doutrina econômica que resulta nestas políticas é errada. Não estamos interessados na fonte patológica de onde o erro pode brotar, mas no erro em si e nas suas raízes lógicas. A questão essencial é desmascarar o erro por meio de um raciocínio. Se uma afirmação não puder ser demonstrada como logicamente errada, a psicopatologia não tem condições de qualificar como patológico o estado da mente de onde deriva essa afirmação. Se um homem imagina ser o rei do Sião, a primeira coisa que o psiquiatra deve verificar é se ele é ou não, realmente, aquilo que ele pensa ser. Somente se esta pergunta for respondida negativamente, o homem pode ser considerado louco.

É fora de dúvida que a maior parte dos nossos contemporâneos está comprometida com uma interpretação errônea do vínculo produtor-consumidor. Ao comprar, os indivíduos se comportam como se só estivessem ligados ao mercado como compradores, e vice-versa ao vender. Como compradores, preconizam medidas severas para se protegerem dos vendedores; e, como vendedores, preconizam medidas não menos severas contra os compradores. Mas essa conduta antissocial que abala as próprias fundações da cooperação social não é uma consequência de um estado mental patológica. É o produto de uma mentalidade estreita que não chega a perceber como a economia de mercado funciona e nem consegue antecipar os efeitos finais que suas próprias ações haverão de provocar.

É admissível sustentar que a imensa maioria dos nossos contemporâneos não está, mental e intelectualmente, ajustada à vida numa sociedade de mercado, embora tenham, eles mesmos e seus pais, inconscientemente, contribuído, com suas ações, para criar essa sociedade. Mas este desajuste é fruto, exclusivamente, do fato de não serem reconhecidas como falsas doutrinas que o são.

13
A PROPAGANDA COMERCIAL

O consumidor não é onisciente. Não sabe onde encontrar, pelo menor preço, o que deseja comprar. Frequentemente não sabe sequer que tipo de mercadoria ou serviço é o mais adequado para remover com eficácia o desconforto específico que o atormenta. Na melhor das hipóteses, conhece as condições de mercado no passado recente e ajusta seus planos com base nesse conhecimento. A tarefa da propaganda comercial é a de fornecer-lhe informações sobre a efetiva situação do mercado.

A propaganda comercial deve ser atrevida e ruidosa. Seu objetivo é atrair a atenção das pessoas mais lentas, despertar desejos latentes, induzir o homem a substituir a rotina tradicional pela inovação. Para ser bem-sucedida, a publicidade deve ajustar-se à mentalidade do público-alvo. Deve respeitar o gosto e falar a língua desse público. A publicidade é estridente, barulhenta, vulgar, exagerada, porque o público não reage a sugestões polidas. É o mau gosto do público que força os anunciantes a fazer campanhas publicitárias de mau gosto. A arte da publicidade evoluiu, tornando-se um ramo da psicologia aplicada, uma disciplina irmã da pedagogia.

A publicidade, como todas as coisas feitas para atender o gosto das massas, repugna as pessoas de bom gosto. Esta repugnância influencia os juízos que habitualmente se fazem da propaganda comercial: a publicidade e todos os outros métodos de propaganda comercial são condenados como um dos mais ultrajantes subprodutos da competição sem limites; devia ser proibida. Ainda segundo esses juízos, os consumidores deviam ser instruídos por peritos imparciais; as escolas públicas, a imprensa "independente", as cooperativas deveriam exercer esta função.

Restringir o direito do homem de negócios de anunciar seus produtos seria o mesmo que restringir a liberdade dos consumidores de gastar sua renda de acordo com seus desejos e necessidades. Impedir-lhes-ia de conhecer, tanto quanto podem e desejam a situação do mercado e as condições que possam considerar relevantes ao escolher o que comprar e o que não comprar. Não teriam condições para decidir com base na opinião que eles mesmos formassem quanto às vantagens atribuídas pelo vendedor aos seus produtos; seriam forçados a agir com base na recomendação de outras pessoas. É provável que, seguindo essas recomendações, deixassem de cometer alguns erros. Mas os consumidores individuais estariam sob a tutela de guardiães. Se a publicidade não for restringida, os consumidores estarão, por assim dizer, na posição de um júri que se informa sobre o caso ouvindo as testemunhas e examinando diretamente todos os outros elementos de prova. Se a publicidade for restringida, estarão na posição de um júri ao qual um funcionário relata o resultado do seu próprio exame dos elementos de prova.

Uma falácia largamente difundida assevera que uma publicidade bem feita pode convencer os consumidores a comprar tudo o que o anunciante quiser que eles comprem. O consumidor, segundo essa lenda, está simplesmente indefeso diante da "alta pressão" da publicidade. Se isso fosse verdade, o sucesso ou o fracasso nos negócios dependeriam apenas do modo de fazer a publicidade. Entretanto, ninguém acredita que qualquer tipo de publicidade pudesse fazer com que os fabricantes de candelabros conservassem sua posição face à lâmpada elétrica, os cocheiros face aos automóveis, a pena de ganso face à pena metálica e, mais tarde, face à caneta tinteiro. Quem quer que admita esta evidente realidade, implicitamente admite que a qualidade da mercadoria anunciada é decisiva para o sucesso da campanha publicitária. Portanto, não há razão para afirmar que a publicidade é um método de enganar o público ingênuo.

Certamente é possível, pela publicidade, induzir uma pessoa a experimentar um artigo que não seria comprado se suas qualidades fossem conhecidas de antemão. Mas, na medida em que todas as firmas concorrentes tenham acesso à publicidade, o artigo melhor, do ponto de vista dos desejos dos consumidores, terminará inevitavelmente por suplantar o artigo menos apropriado, quaisquer que sejam os métodos de publicidade empregados. Os truques e artifícios da publicidade estão disponíveis tanto ao vendedor do melhor produto quanto ao do pior. Mas só o primeiro tem a vantagem conferida pela melhor qualidade de seu produto.

A publicidade de um produto é feita considerando-se que, como regra geral, o comprador tem condições de formar uma opinião correta quanto à utilidade do artigo comprado. A dona de casa que experimenta uma determinada marca de sabão ou de comida em lata aprende, pela experiência, se vale a pena continuar a comprar e consumir esse produto. Portanto, a publicidade só compensa se o exame do primeiro exemplar comprado não resulta na recusa do consumidor em continuar a comprá-lo. Os homens de negócio sabem que não compensa anunciar produtos que não sejam bons.

Já nos campos onde a experiência não tem nada a nos ensinar, as coisas se passam de maneira inteiramente diferente. A experiência não tem como confirmar ou refutar as afirmações da propaganda política, religiosa e metafísica. Em relação à vida num outro mundo e ao absoluto, não há experiência possível ao homem que vive no nosso mundo. Em questões políticas, a experiência é sempre uma experiência de fenômenos complexos passíveis de diferentes interpretações; o único critério aplicável a doutrinas políticas é o raciocínio apriorístico. Assim sendo, a propaganda política e a propaganda comercial são coisas essencialmente diferentes, embora frequentemente recorram às mesmas técnicas.

Existem muitos males para os quais a tecnologia e a terapêutica contemporâneas não têm remédio. Existem moléstias incuráveis e defeitos físicos irreparáveis. É deplorável que algumas pessoas tentem explorar o sofrimento de seus semelhantes, oferecendo-lhes curas milagrosas. Tais receitas não rejuvenescem os velhos nem tornam belas as mulheres feias; servem apenas para despertar esperanças. O funcionamento do mercado não seria prejudicado se as autoridades proibissem esse tipo de publicidade, cuja veracidade não pode ser evidenciada pelos métodos experimentais das ciências naturais. Mas quem estiver disposto a conferir este poder ao governo estaria sendo inconsistente, se objetasse em submeter ao mesmo crivo as afirmações das diversas igrejas e seitas. A liberdade é indivisível. Quando se começa a restringi-la, tem início um processo difícil de ser interrompido. Se atribuirmos ao governo a tarefa de fiscalizar a veracidade dos anúncios de perfume e de pasta de dente, não poderemos contestar-lhe o direito de fiscalizar a veracidade de questões muito mais importantes no campo da religião, da filosofia e da ideologia social.

A ideia de que a propaganda comercial possa forçar os consumidores a se curvarem à vontade dos anunciantes é falsa. A publicidade jamais poderá conseguir fazer com que artigos melhores ou mais baratos sejam superados por artigos piores ou mais caros.

Os custos incorridos pela publicidade, do ponto de vista do anunciante, são um componente do custo total de produção. Um comerciante gasta dinheiro em publicidade se, e na medida em que, espera que o aumento de vendas correspondente aumente o seu lucro líquido. Neste particular, não há diferença entre os custos de publicidade e qualquer outro custo de produção. Há quem tente distinguir entre custos de produção e custos de venda. Um aumento nos custos de produção costuma dizer, aumenta a oferta, enquanto um aumento nos custos de venda (aí incluídos os gastos em publicidade) aumenta a demanda.[30] Isto é, um erro. Todos os custos de produção são feitos

---

[30] Ver Chamberlin, *The Theory of Monopolistic Competition*, Cambridge, Mass., 1935, p. 123 e segs.

com a intenção de aumentar a demanda. Se o fabricante de caramelos emprega matéria-prima de melhor qualidade, seu objetivo é aumentar a demanda, da mesma maneira que quando escolhe uma embalagem mais atraente, quando decora suas lojas de uma forma mais acolhedora ou quando gasta mais em publicidade. Ao aumentar o custo de produção por unidade produzida, o objetivo é sempre aumentar a demanda. Se o comerciante quer aumentar a oferta, terá de aumentar o custo total de produção, o que frequentemente resulta numa diminuição do custo por unidade.

14
A *VOLKSWIRTSCHAFT*

A economia de mercado, em princípio, não respeita fronteiras políticas. Seu âmbito é mundial.

O termo *Volkswirtschaft* foi empregado na Alemanha, durante muito tempo, pelos partidários da onipotência governamental. Somente mais tarde os ingleses e os franceses começaram a falar de *"British economy"* e *"l'économie française"* como algo distinto das economias de outros países. Mas nem a língua inglesa nem a língua francesa produziram uma palavra equivalente ao termo *Volkswirtschaft*. Com a tendência moderna de planejamento nacional e de autarquia nacional, a doutrina implícita nessa palavra alemã tornou-se popular por toda parte. Não obstante, apenas na língua alemã podem-se exprimir todas essas ideias numa só palavra.

Por *Volkswirtschaft* se entende a direção e o controle, pelo estado, do conjunto de todas as atividades econômicas de uma nação soberana. É o socialismo realizado nas fronteiras políticas de cada nação. Ao empregar este termo, as pessoas têm plena consciência de que as condições reais são diferentes do estado, de coisas que consideram como o único, desejável e adequado. Mas julgam tudo o que acontece na economia de mercado pela comparação com o seu ideal. Consideram haver um conflito irreconciliável entre os interesses da *Volkswirtschaft* e os interesses egoístas dos indivíduos ansiosos por obter lucros. Não hesitam em dar prioridade aos interesses da *Volkswirtschaft* sobre os dos indivíduos. O cidadão honrado deveria colocar sempre os interesses *volkswirtschafiliche* (os interesses econômicos da nação) acima dos seus próprios interesses egoístas. Deveria agir por conta própria, como se fosse um agente do governo executando suas ordens. *Gemeinnutz geht vor Eigennutz* (o bem estar nacional precede o interesse individual) era o princípio fundamental da gestão econômica nazista. Mas como as pessoas são por demais obtusas e viciosas para agir de acordo com esta regra, a tarefa do governo é impor a sua aplicação. Os príncipes alemães do século XVII e XVIII, notadamente os eleitores Hohenzollern de Brandenburgo e os reis da Prússia, estavam plenamente à altura dessa tarefa. No século XIX, mesmo na Alemanha, as ideologias liberais importadas do ocidente suplantaram as políticas, já implantadas e testadas, do nacionalismo e do socialismo. Não obstante, a *Sozialpolitik* de Bismark e seus sucessores, e mais tarde o nazismo, acabaram por restaurá-las.

Os interesses de uma *Volkswirtschaft* (economia nacional) são considerados como implacavelmente opostos não só aos interesses individuais, como também às economias nacionais dos demais países. A situação mais desejável de uma *Volkswirtshachft* seria a completa autossuficiência econômica. Uma nação que dependesse de qualquer importação do estrangeiro não teria independência econômica; sua soberania seria uma impostura. Portanto, uma nação que não pudesse produzir internamente tudo de que precisa teria de se lançar, forçosamente, à conquista dos territórios necessários. Para ser realmente soberana e independente, uma nação deveria ter um *Lebensraum* (espaço vital), isto é, um território tão extenso e tão rico em recursos naturais, que lhe permitisse viver autarquicamente com um nível de vida não inferior ao de nenhum outro país.

Assim sendo, a ideia de *Volkswirtschaft* é a negação mais radical da economia de mercado. As políticas econômicas de todos os países nas últimas décadas foram, em maior ou menor grau, orientadas por essa ideia. Foi sua aplicação, consistente e firme, que provocou as terríveis guerras dos nossos séculos e que poderá deflagrar guerras ainda mais nefastas no futuro.

Desde os primórdios da história da humanidade, estes dois princípios opostos – a economia de mercado e a *Volkswirtschaft* – se têm afrontado. O governo, isto é, o aparato social de coerção e compulsão, é um requisito necessário à cooperação pacífica. A economia de mercado não pode dispensar um poder de polícia que salvaguarde seu funcionamento normal, através da ameaça ou da aplicação de violência contra os perturbadores da paz. Mas os indispensáveis administradores deste poder e seus subordinados armados acabam por se sentir tentados a usar suas armas para implantar sua própria dominação totalitária. Para os reis e os generalíssimos, a simples existência de alguns aspectos da vida dos seus súditos que não dependa da regulamentação do estado constitui um desafio. Príncipes, governantes e generais nunca são liberais espontaneamente. Tornam-se liberais quando forçados pelos cidadãos.

Os problemas que os planos dos socialistas e dos intervencionistas suscitam serão abordados mais adiante neste livro.[31] Por ora, devemos apenas responder à questão de saber se, de algum modo, a *Volkswirtschaft* é compatível com a economia de mercado. Isto porque os defensores da ideia da *Volkswirtschaft* não consideram o seu programa meramente como um padrão para o estabelecimento de uma futura ordem social. Declaram enfaticamente que, mesmo num sistema de economia de mercado – que no seu entender é um produto degradado e corrompido, fruto de políticas contrárias à natureza humana —, as *Volkswirtschaft* dos vários países seriam unidades integradas cujos interesses são irremediavelmente antagônicos àqueles das demais *Volkswirtschaft*. Nesse modo de ver, o que separa uma *Volkswirtschaft* de outras não é simplesmente, como os economistas quiseram fazer crer, uma questão de instituições políticas. Não são apenas os entraves ao comércio e à migração, estabelecidos por interferência do governo na economia, nem as diferenças na legislação ou na proteção assegurada aos indivíduos pelos tribunais e pelos organismos judiciais que fazem surgir a diferença entre comércio interno e comércio externo. Esta diferença, dizem eles, seria, ao contrário, o resultado inevitável da própria natureza das coisas, o resultado de um fator inextricável; não poderia ser suprimida por nenhuma ideologia e produziria seus efeitos, quer as leis, os administradores e juízes tomassem ou não conhecimento dela. Assim sendo, a seus olhos, a *Volkswirtschaft* evidencia-se como um fenômeno natural, enquanto que a *Weltwirtschaft*, a economia mundial, a sociedade humana ecumênica abrangendo o mundo inteiro, não seria mais do que um fantasma imaginado por uma doutrina perversa, urdida com o objetivo de destruir a civilização.

A verdade é que os indivíduos, ao agirem na qualidade de produtores e consumidores, de vendedores e compradores, não fazem qualquer distinção entre mercado interno e mercado externo. Fazem uma distinção entre comércio local e comércio com regiões mais distantes, na medida em que os custos de transporte tenham alguma importância. Se intervenções do governo, como, por exemplo, tarifas alfandegárias, tornam as transações internacionais mais onerosas, tal fato é considerado da mesma maneira que os custos de transporte. Uma tarifa sobre a importação de caviar produz o mesmo efeito que produziria um aumento dos preços de transporte. Uma rígida proibição da importação de caviar provoca um estado de coisas equivalente àquele que prevaleceria se o transporte provocasse uma deterioração insuperável de sua qualidade.

Nunca houve, na história do Ocidente, algo que se pudesse chamar de autarquia nacional ou regional. Houve, podemos admitir, um perí-

---

[31] Ver adiante cap. 26. (N.T.)

odo no qual a divisão de trabalho ficava circunscrita aos membros de uma família. Houve autarquia econômica em famílias e tribos que não praticavam a troca interpessoal. Mas, assim que surgiu, a troca interpessoal ultrapassou as fronteiras políticas. A troca entre os habitantes de regiões distantes umas das outras, entre os membros de várias tribos, vilas e comunidades políticas precedeu a prática de troca entre vizinhos. No princípio, o que as pessoas queriam adquirir pela troca e pelo comércio eram coisas que não podiam produzir elas mesmas, a partir de seus próprios recursos. O sal, assim como outros minerais e metais, cujas jazidas são desigualmente distribuídas na superfície terrestre, os cereais que não podiam ser cultivados no solo doméstico e os objetos que somente os habitantes de algumas regiões eram capazes de fabricar foram as primeiras mercadorias a serem comercializadas. O comércio surgiu sob a forma de comércio exterior. Somente mais tarde é que se desenvolveu o comércio doméstico, entre vizinhos. As primeiras brechas abertas na economia familiar fechada foram feitas por produtos procedentes de regiões distantes. Nenhum consumidor jamais se preocupou, por si mesmo, em saber se o sal ou os metais que comprava eram de procedência "doméstica" ou estrangeira". Se não fosse assim, os governos não teriam tido nenhum motivo para interferir por meio de tarifas alfandegárias e de outras barreiras ao comércio exterior.

Mas, mesmo que um governo consiga impor barreiras, separando inteiramente o seu mercado interno dos mercados externos, estabelecendo assim uma perfeita autarquia nacional, não estará criando uma *Volkswirtschaft*. Uma economia de mercado que seja perfeitamente autárquica continua sendo uma economia de mercado; forma um sistema cataláctico fechado e isolado. O fato de seus cidadãos serem privados das vantagens que poderiam obter, em consequência da divisão internacional do trabalho, é simplesmente um dado das suas condições econômicas. Somente se uma nação assim isolada tornar-se cabalmente socialista converterá sua economia de mercado numa *Volkswirtschaft*.

Fascinadas pela propaganda neomercantilista, as pessoas empregam uma linguagem que é incompatível com os princípios que elas mesmas adotam para guiar o seu comportamento e com todas as características da ordem social na qual vivem. Não é de hoje que os ingleses se acostumaram a chamar de "nossas" as fábricas e fazendas localizadas na Inglaterra e mesmo aquelas localizadas nos Domínios, nas Índias Orientais e nas colônias. Nenhum inglês, entretanto, salvo se desejasse mostrar o seu zelo patriótico e impressionar outras pessoas, estaria disposto a pagar um preço maior pelos produtos de "suas próprias" fábricas do que pelos produtos de fábricas "estrangeiras". Mas mesmo que quisesse fazê-lo, não seria adequado designar como "nossas" as fábricas localizadas dentro das fronteiras políticas de seu país. Em que sentido, antes da estatização das minas de carvão localizadas na Inglaterra, um londrino poderia chamar de "nossa" uma mina inglesa, que não lhe pertencia, e de "estrangeira" uma mina localizada na Ruhr? Tanto pelo carvão "inglês" como pelo carvão "alemão", tinha de pagar integralmente o preço de mercado. Não é a "América" que compra champanhe da "França". É sempre um indivíduo americano que compra de um indivíduo francês.

Enquanto ainda houver algum espaço para ações individuais, enquanto houver propriedade privada e troca de bens e serviços entre indivíduos, não há *Volkswirtschaft*. Somente se as escolhas individuais forem substituídas pelo controle integral do governo, poderá a *Volkswirtschaft* emergir como uma entidade real.

Capítulo 16
Os Preços

1
O processo de formação dos preços

Numa permuta ocasional, na qual as pessoas que normalmente não recorrem ao comércio trocam bens, geralmente sem que haja negociação, a relação de troca é determinada de forma vaga e imprecisa. A cataláxia, a teoria das relações de troca e preços, não pode determinar qual seria a efetiva relação de troca. Tudo o que pode afirmar em relação a essas trocas é que só podem ser efetuadas se cada uma das partes atribui maior valor ao que recebe do que ao que renuncia.

A reiteração de atos individuais de troca vai dando origem ao mercado, à medida que a divisão de trabalho evolui numa sociedade baseada na propriedade privada. Como o fato de produzir para o consumo de outras pessoas se torna regra geral, os membros da sociedade necessariamente compram e vendem. A multiplicação dos atos de troca e o aumento do número de pessoas que oferecem ou desejam as mesmas mercadorias reduzem as diferenças de valoração entre as partes. O aperfeiçoamento da troca indireta, graças ao uso da moeda, dividiu as transações em duas partes diferentes: compra e venda. O que para uma das partes é uma venda, para a outra é uma compra. A divisibilidade da moeda, ilimitada na prática, torna possível determinar com precisão as relações de troca, que passam a ser conhecidas, em via de regra, por preços expressos em moeda. Estes são determinados entre margens bastante estreitas: por um lado, as valorações do comprador marginal e do ofertante marginal, que se abstém de vender, e, por outro lado, as valorações do vendedor marginal e do comprador potencial marginal, que se abstém de comprar.

A concatenação do mercado é o resultado das atividades de empresários, promotores, especuladores, corretores e negociantes de mercados futuros. Há quem pense que a cataláxia se baseia no pressuposto – que contraria a realidade – de que todos os que operam no mercado são dotados de um conhecimento perfeito e, portanto, estão em condições de obter a maior vantagem possível de todas as oportunidades de compra e venda. É verdade que alguns economistas realmente acreditavam que esse pressuposto estava implícito na teoria dos preços. Esses autores foram não só incapazes de perceber em quais aspectos um mundo povoado por homens que tivessem o mesmo conhecimento e a mesma capacidade de previsão seria diferente do mundo real; falharam também por não perceber que nem mesmo eles recorreram a tal pressuposto ao formular suas próprias teorias sobre preços.

Num sistema econômico, no qual todo agente tem condições de reconhecer corretamente a situação do mercado com o mesmo grau de percepção, o ajustamento dos preços a qualquer mudança dos dados seria alcançado instantaneamente. É impossível imaginar tal uniformidade de conhecimento e avaliação das mudanças dos dados, a não ser pela intervenção de forças sobre-humanas. Teríamos de supor que cada homem seria informado por um anjo sobre a mudança de dados ocorrida, e receberia instruções de como ajustar sua conduta, da maneira mais adequada, a essa mudança. Certamente, o mercado com o qual a cataláxia lida é composto por pessoas que têm diferentes graus de informação sobre as mudanças de dados e que, mesmo quando têm a mesma informação, avaliam-na de forma diferente. O funcionamento do mercado reflete o fato de que as mudanças nos dados são percebidas inicialmente apenas por umas poucas pessoas e que pessoas diferentes chegam a conclusões diferentes ao avaliar os seus efeitos. Os indivíduos mais empreendedores e mais brilhantes tomam a dianteira e são seguidos pelos outros. Os mais observadores avaliam melhor as situações que os menos inteligentes e, desta forma, são mais bem-sucedidos nas suas ações. Os economistas não devem jamais subestimar o fato de que a desigualdade dos homens, inata ou adquirida, faz com que eles se ajustem de forma diferente às condições do seu meio ambiente.

A força motriz do processo de mercado não provém dos consumidores nem dos proprietários dos meios de produção – terra, bens de capital e trabalho –; provém dos empresários que inovam e especulam. São pessoas que buscam o lucro, tirando proveito das diferenças de preços. Mais perspicazes e com maior visão do que os outros homens, procuram descobrir oportunidades de lucro. Compram quando e onde consideram que os preços estão muito baixos e vendem quando e onde consideram que os preços estão muito altos. Abordam os proprietários dos fatores de produção e, ao competir entre si, provocam um aumento nos preços desses fatores até o limite correspondente à sua previsão dos preços futuros dos produtos. Abordam também os consumidores e igualmente a competição provoca uma redução nos preços dos bens de consumo até o ponto em que toda a oferta possa ser vendida. A especulação visando ao lucro é a força motriz do mercado e também da produção.

No mercado, a agitação não para nunca. A construção imaginária de uma economia uniformemente circular não tem contrapartida no mundo real. Não é possível, jamais, sobrevir um estado de coisas no qual a soma dos preços dos fatores complementares de produção, levando-se em conta a preferência temporal, seja igual ao preço dos produtos e no qual nenhuma futura mudança seja esperada. Há sempre uma oportunidade de lucro esperando por alguém. Os especuladores são sempre atraídos pela perspectiva de lucro.

A construção imaginária da economia uniformemente circular é uma ferramenta mental para compreensão do que são lucros e perdas empresariais. Certamente não serve como modelo para explicar o processo de formação dos preços. Os preços finais correspondentes a essa concepção imaginária não são, de forma alguma, idênticos aos preços de mercado. As atividades dos empresários ou de quaisquer outros atores da cena econômica não são guiadas por considerações do gênero preços de equilíbrio ou economia uniformemente circular. O que os empresários consideram é a sua estimativa de qual será o preço futuro e não preços finais ou preços de equilíbrio. Descobrem discrepâncias entre a soma dos preços dos fatores complementares de produção e a sua estimativa do preço futuro dos produtos, e procuram aproveitar-se dessas discrepâncias. Essa atuação dos empresários resultaria finalmente no surgimento da economia uniformemente circular, se não houvesse novas mudanças nos dados.

A atividade dos empresários provoca uma tendência à equalização dos preços de produtos idênticos em todas as subdivisões do mercado, levando-se na devida conta os custos de transporte e o tempo nele gasto. As diferenças de preços que não sejam meramente transitórias e que não estejam condenadas a desaparecer em consequência da ação empresarial são sempre fruto de obstáculos específicos que obstruem a tendência inerente à equalização. Alguma intervenção impede a atuação daqueles que procuram obter lucros. Um observador que não esteja bem familiarizado com as particularidades do mercado em questão geralmente não tem condições de perceber a barreira institucional que impede a equalização dos preços. Mas os comerciantes do ramo sabem muito bem o que lhes impossibilita tirar vantagem de tais diferenças.

Os estatísticos abordam este problema muito superficialmente. Quando observam diferenças no preço por atacado de uma mercadoria entre duas cidades ou países, que não sejam inteiramente imputáveis a custos de transporte, tarifas e impostos, concordam em afirmar que o poder de compra da moeda e o "nível" de preços são diferentes.[1] Com base

---

[1] Algumas vezes, a diferença de preço registrada pela estatística é apenas aparente. As cotações de preço podem referir-se a várias qualidades do artigo considerado. Ou podem, segundo práticas mercantis do local, significar coisas diferentes. Por exemplo, podem incluir ou não gastos de embalagem; podem

nestas informações estatísticas, são feitos programas para eliminar tais diferenças através de medidas monetárias. Entretanto, a causa dessas diferenças não é de índole monetária. Se os preços em ambos os países são cotados em termos da mesma moeda, é preciso explicar o que impede os homens de negócio de se engajarem em operações comerciais que fariam desaparecer as diferenças de preço. A situação não se altera, se os preços são expressos em moedas diferentes porque a relação de troca entre vários tipos de moeda tende para um ponto no qual não haja mais margem para extrair lucros das diferenças de preços das mercadorias. Sempre que persistem diferenças nos preços das mercadorias entre duas praças, cabe à história econômica e à economia descritiva investigar as barreiras institucionais que impedem a realização de transações que resultariam na equalização dos preços.

Todos os preços que conhecemos são preços passados. São fatos da história econômica. Ao falarmos de preços atuais, está implícito que supomos que os preços do futuro imediato não serão diferentes dos preços do passado recente. Entretanto, tudo o que se pode afirmar em relação a preços futuros é mera inferência da nossa compreensão de como serão os eventos futuros.

A história econômica nos diz apenas que, numa determinada data e num determinado lugar, duas partes, A e B, trocaram uma determinada quantidade de mercadoria a por um determinado número de unidades da moeda p. Quando, com base em tais atos de compra e venda, nos referimos ao preço de mercado de a, estamos sendo guiados por uma percepção teórica, de base apriorística. É a percepção segundo a qual, na ausência de fatores específicos que produzam diferenças de preço, os preços pagos no mesmo tempo e lugar para quantidades iguais da mesma mercadoria tendem a ser iguais, isto é, tendem a um preço final. Mas os efetivos preços de mercado nunca alcançam esse estado final. Os vários preços de mercado dos quais podemos obter informação são engendrados sobre condições diferentes. É inadmissível confundir médias calculadas a partir desses preços efetivos com preços finais.

Somente em relação a bens fungíveis negociados em mercados organizados como as bolsas de valores ou de mercadorias é que podemos admitir, ao comparar preços, que estes se referem à mesma qualidade. Fora de tais casos e dos preços de mercadorias cuja homogeneidade pode ser exatamente estabelecida através de análise técnica, constitui erro grave desconsiderar as diferenças de qualidade das mercadorias em questão. Mesmo no comércio atacadista de fibras vegetais para

---

referir-se a preços à vista ou a prazo, e assim por diante.

fabricação de tecidos, a diferença de qualidade tem uma importância decisiva. Uma comparação de preços de bens de consumo é ilusória, sobretudo graças à diferença de qualidade. A quantidade negociada numa transação também é relevante na determinação do preço pago por unidade. Ações de uma companhia vendidas num grande lote obtêm um preço diferente do que obteriam se fossem vendidas em diversos pequenos lotes.

É necessário insistir e repisar estes fatos porque é comum, hoje em dia, contrapor dados estatísticos de preços à teoria dos preços. Entretanto, os dados estatísticos de preços são inteiramente questionáveis. São precários, porque são baseados em circunstâncias que, geralmente, não permitem a comparação dos vários dados entre si, sua colocação em séries e o cálculo de suas médias. No afã de realizar operações matemáticas, os estatísticos deixam de considerar a heterogeneidade dos dados disponíveis. A informação de que certa firma vendeu numa determinada data um determinado par de sapatos por seis dólares constitui um fato da história econômica. Um estudo do comportamento dos preços dos sapatos de 1923 a 1939 é conjectural, por mais sofisticados que sejam os métodos aplicados.

A cataláxia mostra que as atividades empresariais tendem a fazer desaparecer as diferenças de preços não devidas a custo de transporte ou barreiras comerciais. Nenhuma experiência jamais conseguiu contradizer esse teorema. Os resultados obtidos pela comparação arbitrária de coisas desiguais são irrelevantes.

2
Valoração e avaliação

Os preços se constituem, em última instância, por julgamentos de valor dos consumidores. São o resultado da valoração, do ato de preferir *a* a *b*. São um fenômeno social, na medida em que são consequência da interação das valorizações de todos os indivíduos que participam do funcionamento do mercado. Cada indivíduo, ao comprar ou não comprar e ao vender ou não vender, dá sua contribuição para a formação dos preços de mercado. Mas quanto mais amplo o mercado, menor o peso de cada contribuição individual. Por isso a estrutura dos preços de mercado parece, ao indivíduo, um dado ao qual ele deve ajustar sua própria conduta.

As valorações que resultam na determinação dos preços são diferentes. Cada parte atribui um valor maior ao bem que recebe do que ao bem que abandona. A relação de troca – o preço – não decorre de uma igualdade nas valorações feitas pelas partes, mas, ao contrário, é fruto de uma discrepância entre essas valorações.

É necessário distinguir claramente avaliação de valoração. Uma avaliação não depende, de forma alguma, da valoração subjetiva de quem avalia. Quem avalia não pretende estabelecer o valor de uso subjetivo do bem em questão, mas antecipar o preço que o mercado lhe atribuirá. Valoração é um julgamento de valor que exprime uma preferência. Avaliação é uma antecipação de um fato esperado. Visa a estabelecer que preços sejam pagos no mercado por certa mercadoria ou que quantidade de dinheiro será necessária para comprar uma determinada mercadoria.

Não obstante, valoração e avaliação estão estreitamente ligadas. Nas suas valorações, um agricultor autárquico limita-se a comparar diretamente a importância que atribui aos diferentes meios de diminuir o seu desconforto. As valorações de um homem que compra e vende no mercado não podem deixar de considerar os preços do mercado; elas dependem da avaliação. Para saber o significado de um preço, é preciso conhecer o poder de compra da quantidade de dinheiro correspondente. É necessário, de uma maneira geral, estar familiarizado com os preços daqueles bens que se pretendem adquirir e, com base nesse conhecimento, avaliar quais serão os seus preços futuros. Quando um indivíduo fala do custo incorrido na compra de algum bem, ou do custo a ser incorrido na compra de bens que pretende adquirir, exprime esses custos em termos de moeda. Mas esta quantidade de moeda representa, a seu juízo, o grau de satisfação que poderia obter se a utilizasse para adquirir outros bens. A valoração usa a avaliação feita com base na estrutura de preços do mercado; mas o seu objetivo final é sempre comparar modos alternativos para diminuir o desconforto.

Em última análise, são sempre os julgamentos subjetivos de valor feitos pelos indivíduos que determinam a formação dos preços. A cataláxia, ao conceber o processo de formação dos preços, retorna à categoria fundamental da ação: preferir *a* a *b*. Tendo em vista os erros em que frequentemente se incorre, convém enfatizar que a cataláxia lida com preços reais, isto é, com preços que efetivamente são pagos em transações específicas, e não com preços imaginários. O conceito de preço final é uma mera ferramenta mental para abordar um problema especial, o do surgimento do lucro e perda empresarial. O conceito de preço "justo" ou "legítimo" é desprovido de qualquer significado científico; é um disfarce para certos desejos, uma tentativa de fugir da realidade. Os preços de mercado são inteiramente determinados pelos julgamentos de valor tais como os homens os revelam ao agir.

Quando alguém diz que os preços tendem para um ponto no qual a demanda total é igual à oferta total, está recorrendo a outra maneira de expressar a mesma concatenação de fenômenos. A oferta e a demanda são o resultado da conduta de compradores e vendedores. Se a oferta aumenta, mantidas inalteradas as demais circunstâncias, os preços devem diminuir. Pelo preço anterior, antes de ter aumentado a oferta, todos os que estivessem dispostos a pagá-lo poderiam comprar a quantidade que quisessem. Quando a oferta aumenta, é preciso que os antigos compradores adquiram quantidades maiores ou que novos compradores se interessem em comprar. Isto só pode ser obtido a um preço menor.

É possível representar graficamente essa interação por meio de duas curvas – a da oferta e a da procura – cuja interseção indica o preço. Também é preciso compreender que essas representações gráficas ou matemáticas não alteram a essência da nossa interpretação e não acrescentam nada à nossa percepção. É importante lembrar que não temos qualquer conhecimento ou experiência que nos revele a forma dessas curvas. O que realmente sabemos, sempre, são os preços de mercado – isto é, apenas um ponto que interpretamos como a interseção de duas curvas hipotéticas e não as curvas em si. Desenhar tais curvas pode ser um modo prático para explicar o problema a estudantes. Para as verdadeiras tarefas da cataláxia, trata-se de mero acessório.

3
OS PREÇOS DOS BENS DE ORDENS SUPERIORES

O mercado é um processo coerente e indivisível. É um entrelaçamento indissolúvel de ações e reações, de avanços e recuos. Entretanto, a insuficiência de nossa capacidade mental nos obriga a dividi-lo em partes e a analisar separadamente cada uma delas. Ao recorrer a tais divisões artificiais, não devemos esquecer que a aparente existência autônoma dessas partes é um artifício de nossa mente. São apenas partes, isto é, não podem ser concebidas como independentes da estrutura geral do todo.

Os preços dos bens de ordens mais elevadas são, em última análise, determinados pelos preços dos bens da ordem mais baixa, da primeira ordem, ou seja, dos bens de consumo. Consequentemente, dependem basicamente das valorações subjetivas de todos os membros da sociedade de mercado. Entretanto, é importante assinalar que estamos diante de uma conexão de preços e não de uma conexão de valorações. Os preços dos fatores complementares de produção são condicionados pelos preços dos bens de consumo. Os fatores de produção são avaliados em função dos preços dos produtos, e dessa avaliação emerge o seu preço. As avaliações, e não as valorações, é que são transferidas dos bens de primeira ordem para os bens de ordens mais elevadas. Os preços dos bens de consumo engendram as ações que resultam na formação dos preços dos fatores de produção. Estes preços estão diretamente ligados aos preços dos bens de consumo. Em relação às valorações dos indivíduos, os preços dos fatores de produção estão ligados apenas de forma indireta, qual seja, por intermédio dos preços dos bens de consumo para cuja produção são utilizados.

Os problemas que a teoria dos preços dos fatores de produção tem obrigação de resolver devem ser abordados pelos mesmos métodos utilizados na análise dos preços dos bens de consumo. Concebamos o funcionamento do mercado de bens de consumo em dois tempos. Imaginemos primeiro, um estado de coisas que resulte em atos de troca; nesta hipótese, o desconforto de vários indivíduos pode ser diminuído porque as várias pessoas valoram os mesmos bens de uma maneira diferente. Em seguida, imaginemos uma situação na qual não ocorram mais atos de troca porque os agentes não esperam obter qualquer aumento de satisfação com essas novas trocas. Procedamos da mesma maneira para compreender a formação dos preços dos fatores de produção: o funcionamento do mercado é impulsionado e mantido em movimento pelo empenho de empresários – promotores ansiosos por aproveitar a diferença entre os preços dos fatores de produção e os preços que esperam obter pelos produtos. Esse mercado ficaria paralisado se algum dia surgisse uma situação em que a soma dos preços dos fatores complementares de produção – considerando-se os juros – fosse igual aos preços dos produtos, e ninguém acreditasse que pudessem ocorrer novas mudanças de preços. Está, assim, descrito o processo, de forma adequada e completa, assinalando-se, positivamente, o que o impulsiona e, negativamente, o que paralisaria o seu funcionamento. Importância maior deve ser dada à descrição positiva. A descrição negativa, que corresponde às construções imaginárias do preço final e da economia uniformemente circular, é meramente uma explicação auxiliar. Porque o essencial não é analisar conceitos imaginários, que jamais se apresentam na vida e na ação, mas examinar como se formam os preços pelos quais são efetivamente vendidos e comprados os bens de ordens mais elevadas.

Devemos esse método a Gossen, Carl Menger e Böhm-Bawerk. O principal mérito consiste em mostrar que o fenômeno de formação de preços está inextricavelmente ligado ao funcionamento do mercado. Esse método faz uma distinção entre: a) a valoração direta dos fatores de produção, que relaciona o valor do produto com o conjunto de fatores complementares de produção, e b) os preços dos diversos fatores de produção que são formados no mercado, resultantes da competição entre os que desejam comprá-los. A valoração tal como pode ser praticada por um agente isolado (Robinson Crusoé ou um comitê diretor da produção socialista) não pode resultar na determinação de algo como uma cotação de valor. A valoração pode apenas ordenar os bens segundo uma escala de preferências. Jamais poderá atribuir a um bem algo que possa ser considerado como uma quantidade ou magnitude de valor. Seria absurdo falar de uma soma de valorações ou de valores. O que se pode afirmar é que, levando-se na devida conta a preferência temporal, o valor atribuído a um produto é igual ao valor do conjunto inteiro de fatores complementares de produção. Mas seria absurdo afirmar que o valor atribuído a um produto é igual "à soma" dos valores atribuídos aos vários fatores complementares de produção. Não se podem somar valores ou valorações. Podem-se somar preços expressos em termos de moeda, mas não escalas de preferência. Não se podem dividir valores nem isolar uma parte deles. Um julgamento de valor consiste apenas em preferir a a b.

O processo de imputação de valor não possibilita inferir o valor de cada um dos fatores de produção a partir do valor do produto por eles formado. Não fornece dados que possam servir como elementos para o cálculo econômico. Somente o mercado, ao estabelecer preços para cada fator de produção, torna possível o cálculo econômico. O cálculo econômico lida sempre com preços e nunca com valores.

O mercado determina os preços dos fatores de produção da mesma maneira que determina os preços dos bens de consumo. O processo de mercado é uma interação de homens que, deliberadamente, procuram eliminar, da melhor maneira possível, a sua insatisfação. É impossível omitir ou eliminar do processo de mercado os homens que, por seus atos, o fazem funcionar. Não se pode estudar o mercado de bens de consumo, sem se considerarem as ações dos consumidores. Não se pode estudar o mercado de bens de uma ordem mais elevada, sem se considerarem as ações dos empresários e o fato de que o uso de moeda é essencial nas suas transações. Não há nada automático ou mecânico no funcionamento do mercado. Os empresários, no desejo de obter lucros, se apresentam como se fossem compradores num leilão, no qual os proprietários dos fatores de produção colocam à venda a terra, os bens de produção e o trabalho. Cada empresário quer superar seus competidores pela oferta de preços maiores. Suas ofertas são limitadas, de um lado, pela previsão que fazem dos preços futuros dos produtos e, do outro, pela necessidade de arrebatar os fatores de produção das mãos de outros empresários com quem estão competindo.

É o empresário que impede a persistência de uma atividade produtiva que não atenda aos desejos mais urgentes dos consumidores pelo menor custo possível. Todas as pessoas procuram obter a melhor satisfação possível de seus desejos e, nesse sentido, procuram colher o maior benefício possível. A mentalidade dos promotores, especuladores e empresários não é diferente da dos seus semelhantes. Simplesmente, eles são superiores às massas em energia e poder mental. São os líderes que iluminam o caminho do progresso material. São os primeiros a perceber que há uma discrepância entre o que é feito e o que poderia ser feito. Imaginam o que os consumidores gostariam de ter e procuram satisfazê-los. Ao perseguirem seus objetivos, oferecem preços maiores por alguns fatores de produção e provocam a redução do preço de outros fatores de produção pela redução da respectiva demanda. Ao fornecerem ao mercado os bens de consumo cuja venda proporciona os lucros mais elevados, criam uma tendência para uma redução nos seus preços. Ao restringirem a produção dos bens de consumo que não oferecem perspectivas de lucro, produzem uma tendência a que seus preços aumentem. Todas essas transformações sucedem-se incessantemente e só poderiam parar se fosse alcançada a situação irrealizável da economia uniformemente circular e do equilíbrio estático.

Ao traçarem seus planos, os empresários consideram, em primeiro lugar, os preços do passado imediato que são erradamente chamados de preços *atuais*. É claro que os empresários nunca usam esses preços nos seus cálculos, sem considerarem as mudanças previsíveis. Os preços do passado imediato são apenas o ponto de partida para prognosticar os preços futuros. Os preços do passado não influenciam a determinação dos preços futuros. Pelo contrário, é a antecipação dos preços futuros dos produtos que determina os preços dos fatores complementares de produção. A formação de preços não tem – no que concerne às mútuas relações de troca entre várias mercadorias[2] – qualquer relação causal direta com os preços do passado. A alocação de fatores de produção não conversíveis entre os vários setores de produção[3] e a quantidade de bens de capital disponível para produção futura são grandezas históricas; neste sentido, o passado influi na elaboração da produção futura e afeta os preços do futuro. Mas, de forma direta, os preços dos fatores de produção são determinados exclusivamente pela previsão dos preços futuros dos produtos. O fato de que ontem as pessoas valoravam e avaliavam as mercadorias de forma diferente é irrelevante. Os consumidores não se importam com

---

[2] O mesmo não ocorre em relação às mútuas relações de troca entre moeda e bens e serviços vendáveis. Ver adiante p. 477-479.

[3] O problema dos bens de capital não conversíveis é tratado adiante, p. 580-587.

investimentos feitos em função de condições do mercado já ultrapassadas; tampouco se inquietam com os interesses estabelecidos dos empresários, capitalistas, proprietários de terras e trabalhadores que podem ser prejudicados por mudanças na estrutura de preços. Tais sentimentos não influem na formação dos preços. (É precisamente o fato de o mercado não respeitar interesses estabelecidos que faz com que os interessados peçam a interferência do governo). Os preços do passado são, para o empresário, que é quem determina a produção futura, mera ferramenta mental. Os empresários não constroem de novo, a cada dia, uma estrutura de preços inteiramente nova, nem redistribuem os fatores de produção entre os vários setores da indústria. Limitam-se a transformar o legado recebido do passado, adaptando-o melhor às novas condições. Dependendo da intensidade com que tais condições tenham mudado, será maior ou menor o grau de mudança ou de preservação da situação anterior.

O processo econômico é uma contínua interação de produção e consumo. As atividades de hoje são ligadas às do passado através do conhecimento tecnológico existente, da quantidade e qualidade dos bens de capital disponíveis e da distribuição da propriedade desses bens entre os diversos indivíduos. São ligadas ao futuro pela própria essência da ação humana; qualquer ação visa sempre à melhoria de condições futuras. Para encontrar seu caminho num futuro incerto e desconhecido, o homem pode recorrer a duas ajudas: a experiência dos eventos passados e a sua capacidade de compreensão. O conhecimento dos preços passados é uma parte dessa experiência e, ao mesmo tempo, o ponto de partida para a compreensão do futuro.

Se os preços passados fossem apagados da memória, o processo de formação de preços se tornaria uma tarefa árdua, mas não impossível, no que concerne às relações de troca entre as várias mercadorias. Seria mais difícil para os empresários ajustar a produção à demanda do público, mas, ainda assim, poderiam fazê-lo. Ser-lhes-ia necessário reunir de novo todos os dados necessários às suas operações. Incidiriam, inevitavelmente, em erros que hoje conseguem evitar graças à experiência de que dispõem. Flutuações de preços seriam mais intensas no princípio; fatores de produção seriam desperdiçados; necessidades deixariam de ser satisfeitas. Mas, decorrido algum tempo e depois de se pagar caro, seria readquirida a experiência necessária ao bom funcionamento do mercado.

O fato essencial é que a competição entre os empresários na busca de lucros não permite que persistam preços *falsos* para os fatores de produção. A atuação dos empresários é o elemento que plasmaria uma irrealizável economia uniformemente circular, se não ocorressem novas mudanças. Na hasta pública mundial que chamamos de mercado, os empresários são os licitantes dos fatores de produção. Ao licitarem, são, por assim dizer, os mandatários dos consumidores. Cada empresário representa um aspecto diferente dos desejos dos consumidores, por oferecerem ou uma mercadoria diferente, ou outro modo de produzir a mesma mercadoria. A competição entre empresários é, em última análise, uma competição entre as várias possibilidades de que dispõe a humanidade para diminuir o máximo possível, pela aquisição de bens de consumo, o seu desconforto. As decisões dos consumidores de comprar uma mercadoria e adiar a compra de outra determinam os preços dos fatores de produção necessários à fabricação dessas mercadorias. A competição entre empresários faz com que os preços dos bens de consumo sejam determinantes na formação dos preços dos fatores de produção. Reflete no mundo exterior o conflito que a inexorável escassez dos fatores de produção provoca no íntimo de cada indivíduo. Faz com que sejam obedecidas as decisões dos consumidores quanto a que uso deve ser feito dos fatores de produção não específicos e quanto à intensidade com que devem ser usados os fatores de produção específicos.

O processo de formação de preços é um processo social. Consuma-se pela interação de todos os membros da sociedade. Todos colaboram e cooperam, cada um no papel específico que escolheu para si mesmo no contexto da divisão do trabalho. Competindo na cooperação e cooperando na competição, estamos todos contribuindo para realizar o resultado final, qual seja, a estrutura de preços do mercado, a alocação dos fatores de produção de modo a satisfazer os diversos tipos de necessidades e a determinação da cota de cada indivíduo. Estes três eventos não são três coisas diferentes. São apenas aspectos diferentes de um fenômeno indivisível que nosso exame analítico subdivide em três partes. No mercado, ocorrem em conjunto e no mesmo ato. Somente as pessoas inspiradas por pendores socialistas, ou que não conseguem libertar-se dos métodos e anseios socialistas, falam de três processos diferentes ao lidar com os fenômenos de mercado: a determinação dos preços, o direcionamento do esforço de produção e a distribuição.

UMA LIMITAÇÃO À FORMAÇÃO DOS PREÇOS DOS FATORES DE PRODUÇÃO

O processo que faz com que os preços dos fatores de produção derivem dos preços dos produtos só pode atingir seu objetivo se não mais do que um dos fatores complementares é absolutamente específico e não tem substituto, isto é, não é apropriado a nenhum outro uso. Se a produção de um produto requer o emprego de dois ou mais fatores absolutamente específicos, estes terão necessariamente um preço cumulativo. Se todos os fatores de produção fossem absolutamente específicos, o processo de formação de preços seria apenas cumulativo. Permitiria somente afirmação do seguinte tipo: considerando-se que ao combinar $3a$ e $5b$ obtêm uma unidade de p, $3a$ mais $5b$ é igual a $1p$, e o preço final de $3a + 5b$, levando-se na devida conta a preferência temporal, é igual ao preço final de $1p$. Como não existem empresários interessados em licitar por a e b com o intuito de produzir algo diferente de p, torna-se impossível determinar preços de uma forma mais elaborada. Somente se surgir uma demanda por a (ou por b) provocada por empresários que desejem empregar a (ou b) para outros fins, haverá disputa entre estes empresários e aqueles que pretendem produzir p, fazendo existir um preço para a (ou para b) que determine também o preço de b (ou de a).

Um mundo em que todos os fatores de produção fossem absolutamente específicos poderia operar com tais preços cumulativos. Em tal mundo, não existiria o problema de como alocar os meios dos vários setores de produção. No nosso mundo real, as coisas são diferentes. Existem muitos meios de produção escassos, que podem ser empregados com vários propósitos. Na realidade, portanto, o problema econômico consiste em procurar saber como empregar esses fatores de tal maneira, que nenhuma unidade seja usada para satisfação de uma necessidade menos urgente, se esta utilização impedisse a satisfação de uma necessidade mais urgente. É este o problema que o mercado resolve ao determinar os preços dos fatores de produção. O serviço social prestado para essa solução não fica diminuído pelo fato de que para fatores que só possam ser empregados cumulativamente só possa haver preços cumulativos.

Os fatores de produção que, combinados entre si numa certa proporção, podem ser usados para produção de várias mercadorias, e que não podem ser empregados de nenhuma outra forma, devem ser considerados como fatores específicos de produção. São absolutamente específicos em relação à produção de um produto intermediário que pode ser utilizado com vários propósitos. O preço desse produto intermediário só lhes pode ser atribuído de forma cumulativa. Não faz diferença se esse produto intermediário pode ser diretamente percebido pelos sentidos ou se é meramente o resultado invisível e intangível de seu emprego conjunto.

4
Contabilidade de custo

Nos cálculos do empresário, custos são o montante em moeda necessário para adquirir os fatores de produção. O empresário procura engajar-se naqueles negócios que previsivelmente produzirão o maior superávit de receitas sobre custos e evitar negócios que produzirão um menor resultado ou até mesmo um prejuízo. Ao agir assim, está ajustando seu esforço à melhor satisfação possível das necessidades dos consumidores. O fato de um projeto não ser lucrativo porque os seus custos são maiores que suas receitas resulta do fato de que existe a possibilidade de empregar os fatores de produção de forma mais útil. Ou seja, existem outros produtos pelos quais os consumidores estão dispostos a pagar preços que cobrem o custo dos aludidos fatores de produção. Por outro lado, os consumidores não estão dispostos a pagar preços rentáveis por aquelas mercadorias cuja produção não é lucrativa.

A contabilidade de custos é afetada pelo fato de que nem sempre ocorrem as duas condições seguintes:

Primeira, cada aumento na quantidade dos fatores despendidos na produção de um bem de consumo aumenta sua capacidade de diminuir o desconforto.

Segunda, cada aumento na quantidade de um bem de consumo requer um aumento proporcional, ou até mesmo mais que proporcional, do dispêndio dos fatores de produção.

Se estas duas condições fossem sempre e sem exceção preenchidas, cada incremento z gasto para aumentar a quantidade m de uma mercadoria g seria empregado para satisfazer uma necessidade considerada como menos urgente do que a menos urgente das necessidades já satisfeitas pela quantidade m anteriormente disponível. Ao mesmo tempo, o incremento z necessitaria do emprego de fatores de produção que deixariam de ser usados para satisfazer outras necessidades consideradas como mais prementes do que aquelas cuja satisfação deixou de ser atendida para que se pudesse produzir a unidade marginal de m. Por um lado, o valor marginal da satisfação obtida com o aumento na quantidade disponível de g diminuiria. Por outro, os custos necessários à produção de quantidades adicionais de g teriam uma desutilidade marginal maior; fatores de produção deixariam de ser empregados na satisfação de necessidades mais urgentes. A produção deve parar no momento em que a utilidade marginal do incremento deixa de compensar o aumento marginal de desutilidade dos custos.

Ora, essas duas condições ocorrem com frequência, mas não de modo geral e sem exceção. Existem muitas mercadorias, de todas as ordens de bens, cuja estrutura física não é homogênea e que, portanto, não são perfeitamente divisíveis.

Evidentemente, seria possível escamotear o descumprimento da primeira condição mencionada acima por um sofisticado jogo de palavras. Alguém poderia dizer: metade de um automóvel não é um automóvel. Se acrescentarmos à metade de um automóvel um quarto de um automóvel, não aumentamos a "quantidade" disponível; somente quando se completa o processo de fabricação, produzindo-se um carro completo, teremos um aumento na "quantidade" disponível. Não obstante, esta interpretação não vai ao fundo da questão. O problema que nos interessa é que nem todo aumento de dispêndio aumenta proporcionalmente o valor de uso objetivo, ou seja, a capacidade física de prestar um determinado serviço. Os vários incrementos de dispêndio produzem resultados diferentes. Existem incrementos cujo dispêndio é inútil, a não ser que eles sejam complementados por determinadas quantidades de incrementos adicionais.

Por outro lado – no caso de descumprimento da segunda condição – um aumento na produção física nem sempre requer um aumento proporcional de dispêndio e, às vezes, nem mesmo um dispêndio adicional. Pode ocorrer que os custos não aumentem, ou que o seu aumento provoque um crescimento mais do que proporcional à produção. Isto porque muitos meios de produção não são homogêneos nem perfeitamente divisíveis. Este é o fenômeno conhecido no mundo dos negócios como a superioridade da produção em larga escala. Em linguagem econômica, trata-se da lei dos rendimentos crescentes ou dos custos decrescentes.

Consideremos – caso A – uma situação na qual nem todos os fatores de produção sejam perfeitamente divisíveis e na qual a plena utilização dos serviços produtivos propiciados por cada novo elemento indivisível de um fator requeira a plena utilização de novos elementos (igualmente indivisíveis) de cada um dos fatores complementares. Assim sendo, em cada conjunto produtivo, cada um dos elementos – cada máquina, cada trabalhador, cada pedaço de matéria-prima – só pode ser plenamente utilizado se todos os serviços produtivos dos outros elementos forem também plenamente empregados. Dentro de tais limites, a produção de uma parte da produção máxima possível não requer uma despesa maior do que a requerida pela máxima produção possível. Podemos também dizer que o tamanho mínimo industrial sempre produz a mesma quantidade de produtos; é impossível produzir uma quantidade menor de produtos, mesmo que uma parte não seja aproveitada.

Consideremos – caso B – uma situação na qual um grupo de agentes produtivos (p) é, para todos os efeitos práticos, perfeitamente divisível. Por outro lado, os agentes que não são perfeitamente divisíveis podem ser divididos de tal maneira que a plena utilização dos serviços de cada novo elemento indivisível de um agente requeira plena utilização dos elementos indivisíveis dos outros fatores complementares imperfeitamente divisíveis. Assim sendo, para aumentar a produção de um conjunto de fatores que não podem mais ser divididos, e para passar de uma produção parcial a uma mais completa utilização da sua capacidade produtiva, bastaria aumentar a quantidade de p, ou seja, dos fatores perfeitamente divisíveis. Entretanto, devemos estar prevenidos para não cometermos o erro de julgar que isto, necessariamente, implica numa diminuição do custo médio de produção. Certamente, os fatores imperfeitamente divisíveis estarão sendo mais bem utilizados e, portanto, uma vez que o custo de produção graças à utilização desses fatores não se alterou, a cota parte por unidade produzida diminui. Mas, por outro lado, um aumento no emprego de fatores de produção perfeitamente divisíveis só pode ser conseguido se tais fatores forem retirados de outras aplicações. O preço desses fatores perfeitamente divisíveis tende a aumentar – mantendo-se inalteradas as demais condições – na medida em que eles sejam usados para possibilitar um melhor aproveitamento da capacidade produtiva do conjunto de fatores que não são perfeitamente divisíveis. Não devemos limitar o exame de nosso problema ao caso em que a quantidade adicional de p seja retirada de outras empresas que produzem o mesmo produto de uma maneira menos eficiente, forçando portanto essas empresas a diminuir sua produção. É óbvio que neste caso – competição entre uma empresa mais eficiente e outra menos eficiente, ambas produzindo o mesmo produto a partir da mesma matéria-prima – o custo médio de produção daquela que está ampliando sua produção decresce. Um exame mais abrangente do problema nos leva a um resultado diferente. Se as unidades de p são retiradas de outros empregos onde estariam sendo utilizadas para a produção de outros artigos, surge uma tendência de aumento de preço dessas unidades de p. Essa tendência pode ser compensada por outras tendências que, acidentalmente, tenham um sentido contrário; às vezes pode ser tão fraca que seus efeitos são desprezíveis. Mas a tendência em questão existe sempre e, ainda que apenas potencialmente, influi na configuração dos custos.

Finalmente, consideremos – caso C – uma situação na qual vários fatores de produção imperfeitamente divisíveis só possam ser divididos de tal maneira que, dadas as condições do mercado, qualquer que seja o tamanho da correspondente unidade produtiva por eles formada, não haja combinação alguma na qual a plena utilização da capacidade produtiva de um fator torne possível a plena utilização da capacidade produtiva dos demais fatores imperfeitamente divisíveis.

Na prática, só este caso *C* tem importância, uma vez que os casos *A* e *B* só ocorrem excepcionalmente no mundo dos negócios. O que caracteriza o caso *C* é a variação desigual da configuração dos custos de produção. Se todos os fatores imperfeitamente divisíveis são utilizados aquém de sua plena capacidade, uma expansão de produção resulta numa diminuição do custo médio de produção, a não ser que um aumento nos preços a serem pagos pelos fatores perfeitamente divisíveis contrabalance essa diminuição. Mas, logo que seja atingida a plena utilização da capacidade de um dos fatores imperfeitamente divisíveis, nova expansão da produção provoca um aumento brusco dos custos. Em seguida, volta a existir uma tendência à diminuição do custo médio de produção até que, novamente, seja atingida a plena utilização de outro fator imperfeitamente divisível.

Mantidas inalteradas as demais condições, quanto mais aumentar a produção de certo artigo, mais fatores de produção serão retirados de outros empregos onde poderiam ser utilizados para a produção de outros artigos. Portanto – mantidas inalteradas as demais condições – o custo médio de produção aumenta com o aumento da quantidade produzida. Entretanto, esta lei geral é gradualmente suplantada pelo fato de que nem todos os fatores de produção são perfeitamente divisíveis, e de que, na medida em que possam ser divididos, não o são de tal maneira que a plena utilização de um deles resulte na plena utilização de outros fatores imperfeitamente divisíveis.

O empresário, ao examinar a viabilidade de um projeto, coloca-se sempre diante da seguinte questão: em que medida os preços previstos para os produtos excederão os seus custos? Se o empresário ainda não se comprometeu em relação ao projeto em questão, porque ainda não fez nenhum investimento irrecuperável, o que lhe interessa é o custo médio do produto. Mas, se já tem um interesse estabelecido no ramo de negócio em questão, procurará ver as coisas do ângulo do custo adicional a ser despendido. Quem já possui uma instalação produtiva que não está sendo plenamente utilizada não considera o custo médio de produção, mas apenas o custo marginal. Sem considerar o montante já despendido em investimentos inconversíveis, está interessado apenas em saber se a receita proveniente da venda de uma quantidade adicional de produto excederá o custo adicional incorrido na sua produção. Mesmo que o montante total investido nessas instalações produtivas inconversíveis tenha de ser considerado como perda, o empresário continuará produzindo, desde que espere obter um razoável[4] superávit de receita sobre custos correntes.

---

[4] Razoável, neste contexto, quer dizer que o retorno previsto para o capital conversível usado para conti-

Em virtude de erros muito comuns, convém enfatizar que, se não existem as condições necessárias ao surgimento de preços monopolísticos, um empresário não tem possibilidade de aumentar seu retorno líquido ao diminuir a produção aquém da quantidade correspondente à demanda dos consumidores. Mas este problema será tratado mais tarde na seção 6.

O fato de que um fator de produção não seja perfeitamente divisível não significa sempre que só possa ser construído e empregado nesse tamanho único. Em alguns casos, pode ser assim. Mas, como regra geral, é possível haver várias dimensões desses fatores. Quando, entre as várias dimensões possíveis de um fator – por exemplo, uma máquina —, uma dimensão é escolhida porque seus custos de produção e operação são menores por unidade produzida do que os de outras dimensões, as coisas são essencialmente idênticas. Neste caso, a superioridade da fábrica maior não consiste no fato de ela utilizar uma máquina à plena capacidade, enquanto a fábrica menor utiliza apenas uma parte da capacidade de uma máquina do mesmo tamanho. Consiste, mais exatamente, no fato de que a fábrica maior emprega uma máquina que opera com uma melhor utilização dos fatores de produção do que a máquina menor utilizada pela fábrica menor.

O fato de que muitos fatores de produção não sejam perfeitamente divisíveis tem uma importância muito grande em todos os setores de produção. Representa um papel primordial nos empreendimentos industriais. Mas devemos estar prevenidos para não interpretarmos equivocadamente o seu significado.

Um desses equívocos estava implícito na doutrina segundo a qual prevalece na indústria uma lei de retornos crescentes, enquanto que na agricultura e na mineração prevalece uma lei de retornos decrescentes. Esta falácia já foi refutada anteriormente.[5] Na medida em que existe uma diferença a este respeito entre as condições na agricultura e nas indústrias de processamento, ela decorre de circunstâncias da atividade considerada. A imobilidade do solo e o fato de que a produção agrícola depende das estações torna impossível aos fazendeiros aproveitar a capacidade dos muitos fatores de produção móveis com o mesmo grau de utilização possível na maior parte das indústrias. O tamanho ótimo de uma unidade de produção agrícola é, em geral, bem menor do que no caso das indústrias de processamento. É óbvio, sem precisar de maiores explicações, que a con-

---

nuar a produção é, pelo menos, não inferior ao retorno previsto para seu uso em outros projetos.

[5] Ver p. 164-166.

centração na agricultura não pode atingir níveis comparáveis aos atingidos pelas indústrias de transformação.

Entretanto, a desigualdade na distribuição dos recursos naturais sobre a superfície terrestre, que é um dos dois fatores de onde decorre a maior produtividade da divisão do trabalho, impõe limites à concentração das indústrias de transformação. A tendência a uma progressiva especialização dos processos industriais e à sua integração e concentração num pequeno número de estabelecimentos é contrabalançada pela dispersão geográfica dos recursos naturais. O fato de a produção de matérias-primas e de alimentos não pode ser concentrada e forçar as pessoas a se dispersarem sobre a face da terra também obriga as indústrias de processamento a certo grau de descentralização. Assim sendo, torna-se necessário considerar os problemas de transporte como um fator específico dos custos de produção. Os custos de transporte devem ser ponderados face às economias que possam ser alcançadas com maior especialização. Enquanto em alguns ramos industriais a máxima concentração é o melhor método de reduzir custos, em outros ramos certo grau de descentralização é mais vantajoso. Nos setores de serviços, as desvantagens da concentração tornam-se tão grandes, que praticamente superam suas vantagens.

Há também um fator de natureza histórica. No passado, bens de capital foram imobilizados em locais onde os nossos contemporâneos não os colocariam. Pouco importa se essa localização era, para a geração que a decidiu, a mais econômica. De qualquer forma, a geração atual está diante de um *fait accompli*; deve ajustar suas operações a essa realidade e deve levá-la em consideração ao lidar com problemas de localização de indústrias de transformação.[6]

Finalmente, existem fatores institucionais. Existem barreiras comerciais e migratórias. Existem diferenças de organização política e de métodos de governo entre os vários países. Vastas áreas são administradas de tal maneira, que é praticamente fora de questão escolhê-las como sede para qualquer investimento, por mais favoráveis que sejam os seus recursos naturais.

A contabilidade de custo empresarial deve lidar com todos esses fatores geográficos, históricos e institucionais. Mas, além deles, existem fatores puramente técnicos que limitam o tamanho ótimo das fábricas e das firmas. Uma fábrica ou firma de tamanho maior pode necessitar de provisões e procedimentos que seriam desnecessários no

---

[6] Para uma análise completa do conservadorismo imposto aos homens pela limitada convertibilidade de muitos bens de capital, ou seja, pelo fator histórico que influi na produção, veja adiante p. 580-581

caso de uma fábrica ou firma menor. Em muitos casos os dispêndios ocasionados por tais provisões e procedimentos podem ser compensados pela redução nos custos, decorrentes de uma melhor utilização da capacidade de alguns dos fatores não perfeitamente divisíveis empregados. Em outros casos, isto pode não ocorrer.

No sistema capitalista, as operações aritméticas necessárias à contabilidade de custo e à comparação de custos e receitas podem ser facilmente efetuadas porque existem métodos disponíveis de cálculo econômico. Não obstante, a contabilidade de custo e o cálculo do significado econômico de um empreendimento não é apenas um problema matemático que possa ser resolvido satisfatoriamente por todos aqueles que estejam familiarizados com as quatro operações aritméticas. A questão principal é a determinação do equivalente em moeda dos itens a serem considerados no cálculo. É um erro supor, como fazem muitos economistas, que esses equivalentes são magnitudes dadas, determinadas unicamente pelas condições econômicas vigentes. Ao contrário, constituem uma antecipação especulativa de condições futuras incertas e, como tal, dependem da compreensão que o empresário tem do futuro estado do mercado. O termo custos *fixos* é, neste sentido, bastante enganador.

Toda ação visa a atender, da melhor maneira possível, a futuras necessidades. Para atingir seus objetivos deve fazer o melhor uso possível dos fatores de produção disponíveis. Entretanto, pouco importa como se desenvolveu o processo histórico que deu origem à configuração atual de fatores disponíveis. O que importa e influi nas decisões concernentes à futura ação é apenas o resultado desse processo histórico, isto é, a quantidade e qualidade dos fatores disponíveis hoje. Esses fatores são avaliados exclusivamente com base na sua capacidade de prestar serviços que resultem numa diminuição do desconforto. O montante de dinheiro gasto no passado para sua produção e aquisição é irrelevante.

Já salientamos anteriormente que um empresário, quando tem que tomar uma nova decisão, se já investiu dinheiro para realização de um determinado projeto, está numa situação diferente de quem ainda vai iniciar o seu investimento. O primeiro possui um conjunto de fatores de produção inconversíveis que podem ser empregados para certos fins. Suas decisões quanto a novas ações são influenciadas por esse fato. Avalia esse conjunto, não pelo que já gastou para adquiri-lo, mas, exclusivamente, segundo a sua utilidade para ação futura. O fato de ter gasto mais ou menos para sua aquisição é irrelevante. Serve apenas para determinar quanto o empresário ganhou ou perdeu no passado e qual o estado atual de sua fortuna; é apenas um elemento do processo histórico que resultou no estado atual de disponibilidade de fatores de produção. Mas não é considerado no planejamento da ação futura e nem no cálculo relativo a essa ação. É irrelevante que os lançamentos contábeis da firma registrem um valor diferente do preço atual de tais fatores inconversíveis de produção.

Evidentemente, os lucros e perdas já incorridos podem motivar uma firma a operar de uma maneira diferente daquela que operaria se não tivesse sido afetada por tais lucros e perdas. Perdas passadas podem tornar precária a situação financeira de uma firma, especialmente se tiverem gerado um endividamento, onerando-a com pagamentos de juros e amortização do principal. Entretanto, tais pagamentos não podem ser considerados parte dos custos fixos, pois não têm qualquer relação com as operações correntes. Não são causados pelo processo de produção, mas pelos métodos empregados pelo empresário no passado para conseguir o capital e os bens de capital necessários. São apenas acidentais do ponto de vista da continuidade operacional. Mas podem obrigar a firma em questão a uma gestão dos seus negócios diferente da que adotaria se fosse financeiramente mais forte. As necessidades de caixa para fazer em face de pagamentos devidos não afetam os seus custos; influem na avaliação que a firma faz de dinheiro à vista ou dinheiro a prazo. Podem obrigá-la a vender estoques num momento inadequado ou usar seu equipamento fixo de produção de maneira a desgastá-lo excessivamente, prejudicando o seu uso futuro.

No que concerne à contabilidade de custo, é indiferente se uma firma possui o capital investido ou se tomou emprestado uma maior ou menor parte dele e está obrigada a cumprir os termos do contrato de empréstimo que rigidamente fixa a taxa de juros e as datas de vencimento do principal e dos juros. Os custos de produção incluem apenas os juros sobre o capital que ainda existe e é usado pela empresa. Não incluem juros sobre capitais dilapidados no passado em consequência de investimentos malfeitos ou de gestão ineficiente das operações correntes. A tarefa do empresário é, sempre, a de empregar os bens de capital disponíveis agora, da melhor maneira possível, para satisfazer necessidades futuras. Na busca desse objetivo, não deve desorientar-se em virtude de erros e falhas passadas, cujas consequências não podem mais ser evitadas. Uma fábrica já existente talvez não tivesse sido construída se o empresário tivesse previsto melhor a situação atual. É inútil lamentar um fato histórico como esse. O que importa é verificar se a fábrica ainda pode prestar serviços e, em caso afirmativo, como melhor aproveitá-la. Certamente, para o empresário, é doloroso não conseguir evitar erros. As perdas incorridas enfraquecem a sua situação financeira. Mas não afetam os custos a serem considerados no planejamento da ação futura.

É importante salientar esse ponto, porque ele tem sido deformado na interpretação corrente e na justificação de várias medidas. Não se "reduzem custos" aliviando-se a carga financeira de algumas firmas e empresas. Uma política que tem como meta abonar uma redução total ou parcial das dívidas ou dos juros correspondentes não reduz os custos. Transfere riqueza dos credores para os devedores; desloca a incidência das perdas incorridas no passado por um grupo; por exemplo, dos portadores de ações ordinárias para os detentores de ações preferenciais ou debêntures. Este argumento de redução de custo é frequentemente usado em favor de uma desvalorização monetária. A falácia implícita é sempre a mesma.

O que habitualmente denominamos de custos fixos são também custos relativos à utilização dos fatores de produção já existentes, que são rigidamente inconversíveis ou só podem ser adaptados a outra atividade produtiva com uma perda considerável. Estes fatores têm uma característica de maior durabilidade do que os outros fatores necessários. Mas não são permanentes. São utilizados no processo de produção. A cada unidade produzida, uma parte da capacidade produtiva da máquina é exaurida. A extensão desse desgaste pode ser precisamente determinada pela tecnologia e, consequentemente, pode ser calculada em termos de moeda.

Mas não é somente o equivalente em moeda do desgaste da máquina que o cálculo empresarial tem de considerar. O homem de negócios não está preocupado apenas com a duração da vida tecnológica da máquina; ele tem de considerar o futuro estado do mercado. Embora uma máquina possa ainda ser utilizável do ponto de vista técnico, as condições do mercado podem torná-la obsoleta e sem valor. Se a demanda por seus produtos diminui consideravelmente ou desaparece completamente, ou se surgem métodos mais eficientes de fabricação desses produtos, a máquina em questão, do ponto de vista econômico, é mera sucata. Ao planejar a gestão do seu negócio, o empresário tem de considerar com o maior cuidado o futuro estado do mercado. O montante dos custos "fixos" a serem considerados nos seus cálculos depende da sua compreensão dos eventos futuros. Não podem ser fixados simplesmente por um raciocínio tecnológico.

O técnico pode determinar qual será a produção ótima de um conjunto de equipamentos. Mas este ótimo tecnológico pode ser diferente daquele que o empresário considera no seu cálculo econômico. Suponhamos que uma fábrica esteja equipada com máquinas que podem ser utilizadas por um período de dez anos. A cada ano, consideram-se 10% do seu custo original como depreciação. No terceiro ano, as condições do mercado colocam o empresário diante de um dilema:

ele pode dobrar sua produção do ano em curso e vendê-la a um preço que (além de cobrir o aumento dos custos variáveis) excede a cota de depreciação do corrente ano e o valor presente da depreciação correspondente ao último ano. Mas esta duplicação da produção triplica o desgaste do equipamento, e o superávit proveniente da venda da produção duplicada não é suficiente para compensar o valor presente da depreciação correspondente ao nono ano. Se o empresário fosse adotar nos seus cálculos a depreciação anual como um elemento rígido, teria de considerar a duplicação da produção como algo não lucrativo, uma vez que a receita adicional é menor que o custo adicional. Abster-se-ia de expandir a produção além do ótimo tecnológico. Mas o empresário não calcula dessa maneira, embora na sua contabilidade possa adotar a mesma depreciação para cada ano. O empresário pode preferir ter agora uma fração do valor presente da depreciação correspondente ao nono ano, em vez dos serviços tecnológicos que a máquina poderá prestar-lhe no nono ano; depende da sua opinião acerca do futuro estado do mercado.

A opinião pública, os governos e os legisladores, assim como o fisco, consideram uma instalação produtiva como uma fonte permanente de receitas. Acreditam que o empresário, ao fazer as devidas provisões para a depreciação anual, estará sempre em condições de colher um razoável retorno do capital investido nos seus bens duráveis de produção. Na realidade, as coisas são diferentes. Uma instalação de produção, como, por exemplo, uma fábrica e seu equipamento, é um fator de produção cuja utilidade depende das condições cambiantes do mercado e da habilidade do empresário de usá-la, ajustando-se a essas mudanças de condições.

Não há, no campo do cálculo econômico, nada que seja constante, no sentido em que este termo é usado em relação aos fatos econômicos. Os elementos essenciais do cálculo econômico são antecipações especulativas de condições futuras. Os usos e costumes comerciais e o direito comercial estabeleceram normas específicas para contabilidade e auditoria. A contabilidade é exata, se bem que apenas em relação a essas regras. Os registros contábeis não refletem com precisão o estado real dos negócios. O valor de mercado de um conjunto de bens duráveis de produção pode ser diferente do valor contábil. A prova disso é que a Bolsa de Valores valora as ações sem considerar essas cifras.

Portanto, a contabilidade de custo não é um processo aritmético que possa ser estabelecido e examinado por um árbitro indiferente. Não opera com base em grandezas determinadas de uma forma única que possa ser constatada objetivamente. Seus itens essenciais são o resultado de um julgamento das condições futuras, julgamento esse que é sempre e necessariamente influenciado pela opinião que o empresário tem quanto ao futuro estado do mercado.

Tentativas para estabelecer a contabilidade de custos numa base "imparcial" estão fadadas ao fracasso. O cálculo de custos é uma ferramenta mental da ação, o desígnio propositado de fazer o melhor uso dos meios disponíveis, a fim de melhorar uma situação futura. É necessariamente volitivo e não factual. Se fosse feito por um árbitro indiferente, o seu caráter mudaria completamente. O árbitro não lida com o futuro; lida com o passado morto e com regras rígidas que são inúteis na vida real e na ação. Ele não antecipa mudanças; está inconscientemente imbuído do preconceito de que a economia uniformemente circular é o estado normal e o mais desejável dos negócios humanos. No seu programa, não há lugar para lucros. Sua noção de taxa de lucro "legítima" ou de um retorno "legítimo" do capital investido é confusa. Entretanto, essas coisas não existem. Na economia uniformemente circular não existem lucros. Na economia real, os lucros não são determinados com base num conjunto de regras que permita classificá-los como legítimo ou ilegítimo. O lucro nunca é normal. Onde há normalidade, isto é, ausência de mudança, não pode haver lucros.

5
Cataláxia lógica *versus* Cataláxia matemática

Os problemas de preços e de custos também foram tratados por métodos matemáticos. Houve até mesmo economistas que sustentaram que o único método apropriado para lidar com problemas econômicos é o método matemático; escarneciam os economistas lógicos chamando-os de "literários".

Se esse antagonismo entre economistas lógicos e matemáticos fosse apenas um desacordo em relação ao procedimento mais adequado a ser usado no estudo de economia, seria supérfluo perder tempo com este assunto. O melhor método mostraria sua superioridade, ao proporcionar melhores resultados. Pode ser também que diferentes tipos de procedimento sejam necessários para a solução de problemas diferentes e que, para alguns deles, um método seja melhor do que outro.

Entretanto, não se trata de uma disputa sobre questões heurísticas, mas uma controvérsia que atinge a base da ciência econômica. O método matemático deve ser rejeitado não só por sua aridez; é um método inteiramente vicioso, que parte de falsas premissas e chega a conclusões erradas. Seus silogismos não são apenas estéreis; eles desviam o interesse do estudo dos problemas reais e deturpam as relações entre os vários fenômenos.

As ideias e procedimentos dos economistas matemáticos não são uniformes. Existem três correntes de pensamento que precisam ser tratadas separadamente.

A primeira é representada pelos estatísticos que procuram descobrir leis econômicas a partir do estudo da experiência econômica. Procuram transformar a economia numa ciência "quantitativa". Seu programa está condensado no lema da Sociedade Econometria: ciência quer dizer medição.

O equívoco fundamental implícito nesse raciocínio já foi mostrado anteriormente.[7] A história econômica trata sempre de fenômenos complexos. Não pode jamais transmitir um conhecimento do mesmo gênero do que um pesquisador extrai de uma experiência de laboratório. A estatística é um método para apresentação de fatos históricos relativos a preços e outros dados relevantes da ação humana. Não é economia e não pode produzir teoremas ou teorias econômicas. A estatística de preços é história econômica. A percepção de que, *ceteris paribus*, um aumento na demanda resultará num aumento dos preços não decorre da experiência. Ninguém jamais esteve ou estará em condições de observar uma mudança em um dos dados do mercado, *ceteris paribus*. O que costumam chamar de economia quantitativa simplesmente não existe. Todas as quantidades econômicas que conhecemos são dadas da história econômica. Nenhuma pessoa razoável poderá alegar que a relação entre preço e oferta é, de maneira geral, ou em relação a certas mercadorias, constante. Ao contrário, sabemos que os fenômenos externos afetam pessoas diferentes de diferentes maneiras; que as reações das mesmas pessoas aos mesmos eventos externos variam e que não é possível classificar os indivíduos em grupos de pessoas que tenham as mesmas reações. Esta percepção é um produto de nossa teoria apriorística. É verdade que os empiristas rejeitam esta teoria; asseguram que todo conhecimento deriva da experiência histórica. Não obstante, contradizem seus próprios princípios quando vão além do registro puro e simples de cada um dos preços vigentes e começam a tirar médias e construir séries. Somente um preço pago, num determinado momento e lugar, por certa quantidade de uma mercadoria específica, pode ser considerado um dado da experiência e um fato estatístico. A formação de grupos de vários

---

[7] Ver p. 57-59 e 84-86.

preços, assim como o cálculo de preços médios, implica em considerações teóricas que lhes são lógica e temporalmente antecedentes. A maior ou menor importância a ser atribuída a certos detalhes concomitantes ou a certas contingências circunstanciais dos preços em questão depende igualmente de um raciocínio teórico. Ninguém se atreveria a sustentar que um aumento de a por cento na oferta de qualquer mercadoria deve sempre – em qualquer país e em qualquer tempo – resultar na diminuição de b por cento no seu preço. Mas, como nenhum economista quantitativo jamais se atreveu a definir precisamente, com base na experiência estatística, as condições específicas que fazem variar a relação $a:b$, fica evidente a inutilidade desse tipo de esforço. Acresce também que a moeda não é um padrão de medida dos preços; é um meio cuja relação de troca varia da mesma maneira, se bem que, geralmente, não com a mesma velocidade e com a mesma extensão com que variam as relações de troca recíprocas das diversas mercadorias e serviços vendáveis.

Não há necessidade de nos estendermos mais sobre a refutação das pretensões da economia quantitativa. A despeito dos pomposos pronunciamentos de seus defensores, na prática, ninguém conseguiu demonstrar seus teoremas. O finado Henry Schultz dedicou sua pesquisa à medição da elasticidade da demanda de diversas mercadorias. O professor Paul H. Douglas exaltou o resultado dos estudos de Schultz como "um trabalho tão necessário para fazer da economia uma ciência mais ou menos exata, quanto o foi a determinação dos pesos atômicos para o desenvolvimento da química".[8] A verdade é que Schultz nunca pretendeu determinar a elasticidade da demanda de qualquer mercadoria como tal; os dados nos quais se apoiava diziam respeito apenas a certas áreas geográficas e certos períodos históricos. Suas conclusões quanto a uma determinada mercadoria, por exemplo, batatas, não se referem a batatas em geral, mas a batatas nos Estados Unidos nos anos de 1875 a 1929.[9] São, quando muito, contribuições bastante discutíveis e insatisfatórias a capítulos da história econômica. Certamente não representam um esclarecimento do confuso e contraditório programa da economia quantitativa. Deve ser enfatizado que as duas outras escolas de economia matemática têm plena consciência da futilidade da economia quantitativa; jamais se atreveram a usar quaisquer grandezas descobertas pelos econometristas nas suas fórmulas e equações e, portanto, jamais as adotaram para solução de problemas concretos. Não há, no domínio da ação humana, nenhuma possibilidade de lidar com eventos futuros, a não ser pela via da compreensão.

---

[8] Ver Paul H. Douglas, em *Econometrica*, vol. 7, p. 105.

[9] Ver Henry Schultz, *The Theory and Measurement of Demand*, University of Chicago Press, 1938, p. 405-427.

O segundo campo abordado pelos economistas matemáticos é o da relação entre preços e custos. Ao lidar com esses problemas, os economistas matemáticos não levam em consideração o funcionamento do mercado e, além disso, procuram abstrair-se do uso da moeda, inerente a todo cálculo econômico. Entretanto, como falam de preços e custos em geral, e comparam preços e custos, tacitamente subentendem o uso e a existência de moeda. Os preços são sempre representados por quantidades de moeda e os custos só podem ser considerados no cálculo econômico se expressos em termos de moeda. Se não fosse assim, os custos seriam expressos em termos de um conjunto de quantidades de diversos bens e serviços a serem gastos para obtenção de um produto. Por outro lado, os preços – se é que cabe aplicar este vocábulo a relações de troca efetuadas por simples permuta – seriam a enumeração de quantidades de vários bens pelos quais o "vendedor" pode trocar uma determinada mercadoria. Os bens considerados como "preços" não são os mesmos a que se referem os "custos". Uma comparação de tais preços e custos, expressos em quantidades de bens, é impossível. Sabemos já, com base na compreensão praxeológica, que o vendedor atribui aos bens que entrega um valor menor do que aos que recebe; sabemos também que vendedor e comprador estão em contínuo desacordo quanto à valoração, que é subjetiva, dos dois bens trocados; e sabemos, ainda, que o empresário só se engaja num projeto quando espera receber, pelo produto, bens aos quais atribui maior valor do que aos bens gastos na produção. É esse conhecimento apriorístico que nos permite prever a conduta que um empresário adotará ao recorrer ao cálculo econômico. Mas o economista matemático ilude a si mesmo quando procura lidar com esses problemas de uma maneira mais geral omitindo qualquer referência às expressões monetárias. É inútil estudar as questões suscitadas pela imperfeita divisibilidade dos fatores de produção, sem aludir ao cálculo econômico em termos de moeda. Tal estudo nunca pode ir além do conhecimento já disponível, isto é: todo empresário procura produzir os artigos cuja venda lhe proporcionará uma receita de valor maior do que o conjunto de todos os bens gastos na sua produção. Mas, se não há troca indireta e se nenhum meio de troca é usado, o empresário só poderá ser bem-sucedido se for dotado de uma inteligência sobre-humana. Teriam de perceber, num só relance, todas as relações de troca possíveis no mercado, e conseguir atribuir, a cada bem, sua posição segundo essas mesmas relações de troca.

Não se pode negar que todas as investigações referentes à relação entre preços e custos pressupõem tanto o uso de moeda como o processo de mercado. Mas os economistas matemáticos fecham seus olhos a este fato óbvio. Formulam equações e traçam curvas para tentar descrever a realidade; na verdade, só conseguem descrever uma situação hipotética e irrealizável, sem qualquer semelhança com os problemas catalácticos em questão. Substituem as expressões monetárias usadas no cálculo econômico por símbolos algébricos, e acreditam que este procedimento torna-lhes o raciocínio mais científico. Causam muito boa impressão a uma pessoa leiga; na realidade, apenas confundem e embaralham temas que são tratados de forma satisfatória nos livros-texto de contabilidade e aritmética comercial.

Alguns desses matemáticos chegaram a afirmar que se poderia efetuar o cálculo econômico com base em unidades de utilidade, denominando este método de análise de utilidade. Seu erro é compartilhado pelo terceiro grupo de economistas matemáticos.

O traço característico desse terceiro grupo é o fato de seus membros pretenderem, aberta e conscientemente, resolver os problemas catalácticos, sem fazer qualquer referência à economia de mercado. Seu ideal é construir uma teoria econômica segundo os padrões da mecânica. Recorrem seguidamente a analogias com a mecânica clássica que, na opinião deles, é o modelo único e perfeito para a investigação científica. Não há necessidade de explicar de novo por que esta analogia é superficial e enganadora, nem de explicitar as diferenças radicais entre ação humana propositada e movimento, que é o tema central da mecânica. Basta enfatizar um ponto: o significado prático das equações diferenciais em ambos os casos.

As reflexões que resultam na formulação de uma equação têm, necessariamente, um caráter não matemático. A formulação de uma equação é a consumação do nosso conhecimento; não aumenta, diretamente, o nosso saber. Não obstante, na mecânica, uma equação pode prestar importantes serviços. Como existem relações constantes entre diversos elementos da mecânica e como essas relações podem ser confirmadas pela experimentação, torna-se possível usar equações para solução de problemas tecnológicos específicos. A nossa civilização industrial moderna é, em grande parte, fruto dessa utilização das equações diferenciais da física. Entretanto, não existem relações constantes desse tipo entre os elementos da economia. As equações formuladas pela economia matemática não passam de uma ginástica mental inútil e assim permanecerão, mesmo que viessem a exprimir muito mais do que na realidade exprimem.

Uma reflexão econômica correta não deve esquecer nunca estes dois princípios fundamentais da teoria do valor: primeiro, que toda valoração que resulta em ação significa sempre preferir ou rejeitar; não exprime jamais equivalência ou indiferença. Segundo, que não há maneira de comparar as valorações de indivíduos diferentes ou as valorações dos mesmos indivíduos em momentos diferentes, a não ser pela verificação da ordem de preferência com que esses indivíduos classificam as alternativas em questão.

Na construção imaginária da economia uniformemente circular, todos os fatores de produção são empregados de tal maneira, que cada um deles presta o melhor serviço possível. Nenhuma mudança concebível e viável poderia aumentar o estado de satisfação; nenhum fator é empregado para satisfazer uma necessidade a, se este emprego impedir a satisfação de uma necessidade b, considerada como preferível a a. Certamente é possível descrever esta imaginária alocação de recursos por meio de equações diferenciais e representá-la graficamente por meio de curvas. Mas tais expedientes não nos dizem nada quanto ao processo do mercado. Apenas registram uma situação imaginária na qual o processo de mercado deixaria de funcionar. Os economistas matemáticos desprezam a análise teórica do processo de mercado e se distraem examinando de forma vaga uma noção auxiliar utilizada nessa análise, mas que é desprovida de qualquer sentido quando usada fora desse contexto.

Na física, estamos diante de mudanças que os sentidos registram. Percebemos uma regularidade na sequência dessas mudanças e essas observações nos permitem formular uma ciência da física. Nada sabemos quanto às forças que geram essas mudanças. Para o pesquisador, são dados irredutíveis, cuja análise não se consegue aprofundar. Pela observação, descobrimos a conexão existente entre vários fenômenos e atributos observáveis. É essa mútua interdependência de dados que o físico descreve nas suas equações diferenciais.

Na praxeologia, sabemos antes de tudo que os homens têm o propósito de provocar mudanças. É com base nesse conhecimento que se efetua o estudo da praxeologia, diferenciando-a das ciências naturais. Conhecemos as forças que provocam as mudanças e este conhecimento apriorístico nos permite compreender os processos praxeológicos. O físico não sabe o que "é" a eletricidade. Conhece apenas os fenômenos atribuídos ao que chamamos de eletricidade. Já o economista sabe o que impulsiona o processo de mercado. Graças a esse conhecimento é que ele pode distinguir os fenômenos de mercado de outros, e descrever o processo de mercado.

Ora, o economista matemático não acrescenta nada à elucidação do processo de mercado. Limita-se a descrever um modelo auxiliar que é utilizado pelos economistas lógicos como um conceito limite, ou seja, como uma descrição de um estado de coisas no qual não haja mais ação e o processo de mercado atinja completa imobilidade.

Sua contribuição resume-se a isto. Aquilo que o economista lógico descreve em palavras quando define as construções imaginárias do estado final de repouso e da economia uniformemente circular – e que o próprio economista matemático também tem que descrever em palavras antes de iniciar suas operações matemáticas – é transformado em símbolos algébricos. Em suma: trata-se de uma analogia superficial que foi levada muito além do que deveria ter sido.

Tanto o economista lógico como o matemático afirmam que a ação humana, em última análise, conduz ao estabelecimento de um estado de equilíbrio, que seria alcançado se não ocorressem novas mudanças. Mas o economista lógico vai mais além. Mostra como as atividades de indivíduos empreendedores, promotores e especuladores, ansiosos por obterem lucros, aproveitando-se das discrepâncias na estrutura de preços, tendem a eliminar essas discrepâncias e, assim fazendo, secam a fonte de lucro e perda empresarial. Mostram como esse processo finalmente resultaria no advento de uma economia uniformemente circular. É essa a tarefa da teoria econômica. A descrição matemática de vários estados de equilíbrio é mera digressão. O importante é analisar o processo de mercado.

Uma comparação dos métodos de análise econômica nos permite compreender melhor a necessidade, tão frequentemente apontada, de alargar o campo da ciência econômica através da formulação de uma teoria dinâmica que não se limite simplesmente a problemas estáticos. Esta crítica não se aplica à economia lógica, que é, essencialmente, uma teoria que lida com processos e mudanças, e que só recorre a construções imaginárias de imobilidade para elucidar os fenômenos relativos à mudança. Mas não se pode dizer o mesmo em relação à economia matemática. Suas equações e fórmulas limitam-se, a descrever estados de equilíbrio e de imobilidade. Seus procedimentos matemáticos não nos podem trazer nenhuma informação acerca da formação de tais estados ou de sua transformação em outros estados. A solicitação por uma teoria dinâmica justifica-se plenamente no que diz respeito à economia matemática, que não tem como atender a essa solicitação. Os problemas de análise do processo de mercado, isto é, a única questão econômica que realmente importa, desafiam qualquer abordagem matemática. A introdução do parâmetro tempo nas equações não é uma solução; não chega sequer a indicar as deficiências essenciais do método matemático. Proclamar que toda mudança envolve tempo e que toda mudança implica sempre uma sequência temporal é o mesmo que dizer que onde há rigidez e imobilidade não existe o fator tempo. A principal deficiência da economia matemática não é ignorar a sequência temporal, mas ignorar o funcionamento do processo de mercado.

O método matemático é incapaz de explicar como, a partir de um estado de desequilíbrio, surgem as ações que tendem a estabelecer um equilíbrio. É possível, sem dúvida, indicar as operações matemáticas necessárias para transformar a descrição matemática de um determinado estado de desequilíbrio na descrição matemática de um estado de equilíbrio. Mas essas operações matemáticas de forma alguma descrevem o processo de mercado que as discrepâncias na estrutura de preços põem em marcha. As equações diferenciais da mecânica, ao descreverem um movimento, o fazem com precisão, indicando a trajetória, a cada fração de tempo decorrido. As equações econômicas não fazem a menor referência à situação real a cada instante do intervalo de tempo entre o estado de desequilíbrio e o de equilíbrio. Somente aqueles que estiverem inteiramente dominados pelo preconceito de que a economia deve ser uma pálida réplica da mecânica poderão subestimar o peso dessa objeção. Uma metáfora superficial e bastante imperfeita não substitui os serviços prestados pela economia lógica.

Em todos os capítulos da cataláxia podem ser observadas as devastadoras consequências do tratamento matemático dado à economia. Para ilustrar este fato, bastam dois exemplos. O primeiro nos é proporcionado pela assim chamada equação de troca,[10] uma tentativa fútil e enganadora dos economistas matemáticos para explicar as mudanças no poder de compra da moeda.[11] O segundo pode ser mais bem apresentado ao se fazer referência à observação do professor Schumpeter, segundo a qual o consumidor, ao valorar os bens de consumo "*ipso facto*, também valora os meios de produção que entram na produção desses bens".[12] Dificilmente se poderia conceber o processo de mercado de uma maneira mais errada.

A economia não é uma questão de bens e serviços, mas de ações de homens vivos. Seu objetivo não é ficar estendendo-se sobre construções imaginárias como a do equilíbrio. Estas construções são apenas ferramentas de raciocínio. A única tarefa da economia é a análise das ações dos homens, a análise de processos.

---

[10] O autor se refere à célebre equação de troca MV=PQ, elaborada por Irving Fisher (1867- 1947) em *Purchasing Power of Money* (1911) para explicar as variações do "nível geral de preços", em que M é a quantidade de dinheiro, V, sua velocidade de circulação, P, o nível de preços e Q, a quantidade de bens. (N.T.)

[11] Ver adiante p. 465-467.

[12] Ver Joseph A. Schumpeter, *Capitalism, Socialism and Democracy*, Nova York, 1942. Para uma crítica dessa afirmativa, ver Hayek, "The use of Knowledge in Society", *Individualism and the Social Order*, Chicago, 1948, p. 89.

6
PREÇOS MONOPOLÍSTICOS

Preços competitivos são o resultado de um completo ajustamento dos vendedores à demanda dos consumidores. A totalidade da oferta disponível é vendida pelo preço competitivo, e os fatores de produção específicos são utilizados até o ponto permitido pelos preços dos fatores complementares não específicos. Nenhum estoque disponível deixa de ser ofertado no mercado e a utilização de uma unidade marginal dos fatores de produção específicos não gera receita líquida. O processo econômico como um todo funciona a serviço dos consumidores. Não há conflito entre os interesses dos compradores e os dos vendedores, entre os interesses dos produtores e os dos consumidores. Os proprietários de várias mercadorias não têm como desviar o consumo e a produção da orientação que lhes é dada pelas valorações dos consumidores, pela quantidade disponível de bens e serviços de toda espécie e pelo nível de conhecimento tecnológico.

Qualquer vendedor isolado veria sua própria receita aumentar, se uma redução das quantidades disponíveis por seus competidores aumentasse o preço pelo qual ele poderia vender seu próprio estoque. Mas, num mercado competitivo, nenhum vendedor tem condições de obter esta vantagem. Se não tiver algum privilégio decorrente de uma intervenção estatal na economia, terá de se submeter às determinações do mercado.

O empresário, enquanto tal está sempre sujeito à soberania do consumidor. O mesmo não ocorre com os proprietários de bens e fatores de produção vendáveis, nem, obviamente, com o empresário na sua qualidade de proprietário de tais bens e fatores. Em certas condições, é mais vantajoso para eles restringir a oferta e vender cada unidade por um preço maior. Os preços assim determinados, preços monopolísticos, infringem a soberania do consumidor e a democracia do mercado.

As condições e circunstâncias especiais necessárias à emergência de preços monopolísticos e suas características catalácticas são:

1. É preciso que haja monopólio de oferta. A totalidade da oferta da mercadoria monopolizada é controlada por um único vendedor ou por um grupo de vendedores que agem em comum acordo. O monopolista – seja um indivíduo ou um grupo – tem a possibilidade de restringir a quantidade oferecida à venda ou utilizada na produção, a fim de aumentar o preço por unidade vendida, sem precisar temer a interferência de outros ofertantes da mesma mercadoria.

2. O monopolista ou não tem condições de discriminar entre os compradores ou se abstém de fazê-lo.[13]

3. A reação do público comprador ao aumento do preço para um valor acima do virtual preço competitivo, reação esta que consiste em uma diminuição da demanda, não é suficiente para tornar as receitas líquidas resultantes das vendas a qualquer preço superior ao preço competitivo menores do que as receitas líquidas resultantes das vendas ao preço competitivo. Portanto, é supérfluo entrar em discussões sofisticadas sobre o que deva ser considerado como atributo de identidade de um artigo. Não é necessário discutir se todas as gravatas são exemplares de um *mesmo* artigo ou se deviam ser separadas segundo seu tecido, cor e desenho. É inútil estabelecer delimitações acadêmicas dos vários artigos. A única coisa que importa é a maneira pela qual os compradores reagem ao aumento do preço. Para a teoria dos preços monopolistas, é irrelevante constatar que cada fabricante de gravatas produz artigos diferentes e considerar cada um deles como um monopolista. A cataláxia não lida com o monopólio em si, mas com os preços monopolísticos. Um comerciante de gravatas diferentes das oferecidas por outros comerciantes só poderia conseguir exercer preços monopolísticos se os compradores não reagissem ao aumento de preço de maneira a torná-lo desvantajoso.

O monopólio é um pré-requisito para o aparecimento de preços monopolísticos, mas não é o único pré-requisito. É necessário atender a uma condição adicional, qual seja, certa conformação da curva da demanda. A mera existência de monopólio não significa que essa condição esteja atendida. O editor de um livro do qual detenha os direitos de publicação é um monopolista. Mas pode ser que não consiga vender uma única cópia, por menor que seja o preço solicitado. O preço pelo qual o monopolista vende sua mercadoria nem sempre é um preço monopolístico. Preços monopolísticos são apenas os preços pelos quais é mais vantajoso para o monopolista restringir a quantidade a ser vendida do que expandir suas vendas até o limite que o mercado competitivo permitiria. É o resultado de um desígnio deliberado no sentido de restringir o comércio da mercadoria em questão.

4. É um erro fundamental supor que existe uma terceira categoria de preços que não sejam nem monopolísticos nem competitivos. Se deixarmos de lado o problema da discriminação de preços de que trataremos mais adiante, um determinado preço ou é um preço competitivo ou um preço monopolístico. As afirmativas em sentido contrário

---

[13] A discriminação de preços é tratada mais adiante, p. 452-455.

se devem à crença equivocada de que as condições de competição não são livres e perfeitas, a não ser que todos tenham condições de se apresentar como vendedores de uma determinada mercadoria.

A quantidade disponível de qualquer mercadoria é limitada. Se não o fosse, em relação à demanda do público, a mercadoria em questão não seria considerada um bem econômico e nenhum preço lhe seria atribuído. Portanto, é enganador aplicar o conceito de monopólio de tal maneira que abranja todo o conjunto de bens econômicos. A mera limitação da disponibilidade existente é a fonte do valor econômico e de todos os preços; tal limitação, entretanto, não é suficiente para gerar preços monopolísticos.[14]

A expressão competição monopolística ou imperfeita tem sido aplicada a situações em que existem algumas diferenças nos produtos dos diversos fabricantes e vendedores. Isto significa a inclusão de quase todos os bens de consumo na categoria de bens monopolizados. Não obstante, a única questão relevante no estudo da determinação de preços é a de procurar saber se essas diferenças podem ser usadas pelo vendedor para uma deliberada restrição da oferta, a fim de aumentar sua receita líquida. Somente quando esta possibilidade existe e é efetivada, podem surgir preços monopolísticos diferentes dos preços competitivos. Pode ocorrer que cada vendedor tenha uma clientela que prefira sua marca àquela dos seus competidores, e que não deixe de comprá-la, mesmo por um preço maior. Mas o problema para o vendedor é saber se o número dessas pessoas é suficientemente grande para compensar a redução de vendas provocada pela abstenção de outros clientes. Só neste caso lhe será vantajoso substituir preços competitivos por preços monopolísticos.

Interpretações erradas da expressão *controle da oferta* têm dado margem a uma grande confusão. Qualquer fabricante de qualquer produto tem sua parcela de controle sobre a oferta das mercadorias que coloca à venda. Se tivesse produzido uma maior quantidade do produto a, teria aumentado a oferta e provocado uma tendência de menor preço. Mas a questão está em procurar saber por que não produziu uma quantidade maior de a. Ao produzir apenas a quantidade p do produto a, estaria ele procurando ajustar-se aos desejos dos consumidores da melhor maneira que lhe seria possível? Ou estaria ele desafiando as ordens dos consumidores em proveito próprio? No primeiro caso, se ele não produz uma quantidade maior de a, é porque, se produzisse uma quantidade de a maior do que p teria de retirar fatores de produção escassos de outros setores nos quais esses fatores teriam sido utilizados para satisfazer

---

[14] Ver a refutação dessa enganadora ampliação do conceito de monopólio em Richard T. Ely, *Monopolies and Trusts*, Nova York, 1906, p. 1-36.

necessidades mais urgentes dos consumidores. Não produz $p + r$, mas apenas p, porque este aumento de produção tornaria seu negócio não lucrativo ou menos lucrativo, enquanto ainda existem outras aplicações mais lucrativas para investir o capital disponível. No segundo caso, deixou de produzir r porque lhe era mais vantajoso deixar uma parte da quantidade disponível de um fator específico de produção monopolizado m sem ser utilizada. Se não detivesse o monopólio de m, teria sido impossível obter qualquer vantagem por restringir a produção de a. Seus competidores teriam fornecido o que faltasse e não lhe seria possível exercer preços mais elevados.

Ao estudar os preços monopolísticos, devemos sempre procurar o fator monopolizado m. Se este fator não existir, não pode haver preço monopolístico. A primeira condição para haver preços monopolísticos é a existência de um bem monopolizado. Se não há retenção de uma parte desse bem m, um empresário não terá possibilidade de substituir preços competitivos por preços monopolísticos.

Lucro empresarial não tem nada a ver com monopólio. Se um empresário tem a possibilidade de vender por preços monopolísticos, deve esta vantagem ao fato de deter o monopólio de um fator específico m. Realiza o ganho decorrente do monopólio pela sua condição de proprietário de m, e não pela sua atividade empresarial.

Suponhamos que um acidente deixe uma cidade sem eletricidade por muitos dias e obrigue os residentes a recorrerem unicamente à luz de velas. O preço das velas aumenta para s; a esse preço, a quantidade total disponível seria vendida. Os comerciantes de velas realizariam um bom lucro, ao venderem todo seu estoque por s. Mas tais comerciantes poderiam combinar reter uma parte do seu estoque e vender o resto pelo preço $s + t$. Enquanto s teria sido o preço competitivo, $s + t$ é um preço monopolístico. O excedente ganho pelos comerciantes ao venderem pelo preço $s + t$, sobre o que teriam ganhado vendendo apenas por s, é o seu específico ganho monopolístico.

Pouco importa a maneira utilizada pelos comerciantes para restringir a quantidade à venda. A destruição física de uma parte do estoque disponível é um exemplo clássico de ação monopolística. Há pouco tempo atrás, foi o que fez o governo brasileiro ao queimar grande quantidade de café.[15] O mesmo efeito pode ser obtido, deixando-se de usar uma parte da quantidade disponível.

---

[15] O autor escreveu *Human Action* na década de 1940. Refere-se, sem dúvida, ao episódio da queima do café feita pelo governo de Getúlio Vargas no início da década de 1930, no bojo de uma crise na economia nacional e internacional que se seguiu à queda da Bolsa de Nova York em 1929. (N.T.)

Embora os lucros sejam incompatíveis com a construção imaginária da economia uniformemente circular, os preços monopolísticos e os típicos ganhos monopolísticos não o são.

5. Quando as quantidades disponíveis do bem m são possuídas não apenas por um homem, firma, companhia ou instituição, mas por diversos proprietários que desejam substituir o preço competitivo pelo preço monopolístico, é necessário que façam um acordo entre si (comumente conhecido como um cartel e estigmatizado na legislação antitruste americana como uma conspiração) para definir a parcela de m que cada participante está autorizado a vender, obviamente pelo preço monopolístico. A parte essencial de qualquer cartel é a atribuição de quotas aos seus membros. A arte de formar um cartel consiste na habilidade em conseguir chegar a um acordo em relação às quotas. Um cartel se desintegra no momento em que seus membros não mais aceitam a quota que lhes foi atribuída. Simples conversas entre os proprietários de m quanto ao desejo de exercer preços maiores não produzem efeitos práticos.

Geralmente o que torna possível a emergência de preços monopolísticos são políticas de governo; por exemplo: barreiras alfandegárias. Se os proprietários de m não aproveitam a oportunidade de fazer um acordo para praticar preços monopolísticos, os governos, frequentemente, se encarregam de organizar o que a lei americana chamada de *"restraint of trade"*.[16] O poder de polícia força os proprietários de m – geralmente terra, recursos minerais e instalações de pesca – a limitarem sua produção. Os exemplos mais destacados deste método nos são proporcionados, em nível nacional, pela política agrícola americana e, em nível internacional, pelos eufemisticamente chamados Acordos Intergovernamentais de Controle de Mercadorias. Desenvolveu-se uma nova semântica para descrever este tipo de intervenção estatal na economia. O ato de restringir a produção e, consequentemente, o correspondente consumo é chamado de "evitar excedentes"; e o efeito pretendido, qual seja, um preço maior por unidade vendida, é chamado de "estabilização". É claro que essas quantidades de m não são consideradas como "excedentes" por aqueles que não as consumiram. Também é óbvio que essas pessoas teriam preferido um preço menor a um preço maior "estabilizado".

6. O conceito de competição não inclui a exigência de que deva haver um grande número de competidores. Competição é sempre uma disputa entre dois indivíduos ou duas empresas, qualquer que seja o

---

[16] Intervenção do governo com o propósito de regular, de organizar o mercado. (N.T.)

número de outros interessados pela mesma recompensa. Ninguém jamais sustentou que a competição eleitoral num sistema bipartidário seja menos competitiva do que num sistema de vários partidos. O número de competidores só tem importância na análise dos preços monopolísticos na medida em que é um dos fatores de que depende o sucesso das tentativas dos concorrentes para formar um cartel.

7. Se for possível ao vendedor aumentar sua receita líquida por meio de uma restrição das vendas e de um aumento do preço das unidades vendidas, existem, normalmente, diversos preços monopolísticos que satisfazem essa condição. Em geral, *um* desses preços monopolísticos proporciona a maior receita líquida. Mas também pode ocorrer que vários preços monopolísticos sejam igualmente vantajosos para o monopolista. Podemos chamar esse preço monopolístico ou esses preços monopolísticos mais vantajosos de preço monopolístico ótimo ou preços monopolísticos ótimos.

8. O monopolista não sabe de antemão de que maneira o consumidor irá reagir a um aumento nos preços. Precisa recorrer ao processo de tentativa e erro para saber se o bem monopolizado pode ser vendido com vantagem a qualquer preço superior ao preço competitivo e, sendo assim, qual dos vários preços monopolísticos possíveis é o preço monopolístico ótimo ou um dos preços monopolísticos ótimos. Na prática, isso é muito mais difícil do que o economista imagina, quando, ao traçar curvas de demanda, atribui ao monopolista uma infalível capacidade de previsão. Devemos, pois, incluir uma condição especial para o surgimento de preços monopolísticos: a aptidão do monopolista para descobrir tais preços.

9. Um caso especial é o do monopólio incompleto. A maior parte da qualidade total disponível pertence ao monopolista; o resto pertence a uma ou algumas pessoas que não estão dispostas a cooperar com o monopolista num acordo para restringir as vendas, o que, desse modo, possibilitaria a existência de preços monopolísticos. Entretanto, a relutância desses proprietários menores não impede o estabelecimento de preços monopolísticos, se a porção $p1$ controlada pelo monopolista é suficientemente grande em comparação com a porção $p2$ correspondente a todos os proprietários menores. Suponhamos que a oferta total $(p=p1+p2)$ possa ser vendida ao preço c por unidade e que uma quantidade $p-z$, ao preço monopolístico d. Se $d(p1-z)$ é maior do que $cp1$, é vantajoso para o monopolista restringir suas vendas, qualquer que seja o comportamento dos proprietários menores. Estes tanto podem continuar vendendo ao preço c, como podem aumentar seus preços para d. O único ponto importante é que os proprietários menores não estejam dispostos a reduzir as quantidades que eles

estão vendendo. A redução total necessária deve ser absorvida pelo proprietário de *p1*. Tal circunstância influirá nos seus planos e geralmente resultará no surgimento de um preço monopolístico diferente do que teria sido estabelecido se o monopólio fosse completo.[17]

10. O duopólio e o oligopólio não são tipos especiais de monopólio, mas, meramente, variantes para estabelecimento de preços monopolísticos. Duas ou mais pessoas possuem a quantidade total. Estão dispostas a vender por preços monopolísticos e a restringir suas vendas na proporção necessária. Mas, por alguma razão, não querem agir em concerto. Cada uma delas segue seu próprio caminho, sem qualquer acordo formal ou tácito com seus competidores. Mas cada uma delas sabe que seus rivais pretendem restringir monopolisticamente as suas vendas, para poderem obter preços mais altos por unidade e os correspondentes ganhos monopolísticos. Cada uma delas observa cuidadosamente a conduta de seus rivais, à qual procura ajustar seus próprios planos. Sucedem-se marchas e contramarchas, espertezas recíprocas, cujo resultado depende da sagacidade dos contendores. Os duopolistas e os oligopolistas têm dois objetivos em mira: por um lado, descobrir o preço monopolístico mais vantajoso para os vendedores e, por outro, transferir para os seus rivais, tanto quanto possível, o ônus de restringir as vendas. Precisamente porque não conseguem chegar a um acordo em relação às quotas de redução que devem corresponder a cada um, não agem em concerto como fazem os membros de um cartel.

Não se deve confundir duopólio e oligopólio com monopólio incompleto ou com monopólio estabelecido através da competição. No caso de monopólio incompleto, só o grupo monopolístico está disposto a reduzir suas vendas de maneira a fazer prevalecer o preço monopolístico; os outros vendedores se recusam a limitar suas vendas. Já os duopolistas e oligopolistas estão dispostos a reter uma parte de sua produção, não a colocando à venda no mercado. No caso de *dumping*, um grupo *A* diminui drasticamente seus preços com o objetivo de obter um monopólio completo ou incompleto, forçando todos ou quase todos os seus competidores, o grupo *B*, a fecharem seus negócios. Reduz os seus preços a um nível que inviabiliza a operação dos seus competidores mais vulneráveis. O grupo *A* poderá sofrer perdas, ao vender por preço tão baixo; mas tem condições de suportar essas perdas por um tempo maior que os outros, e confia que será amplamente compensado mais tarde, por ganhos monopolísticos. Este processo

---

[17] Obviamente, um monopólio incompleto entrará em colapso se os proprietários menores resolverem expandir suas vendas.

não tem nada a ver com preços monopolísticos. É uma manipulação para conseguir alcançar uma posição monopolista.

Pode-se questionar se o duopólio e o oligopólio têm importância prática. Geralmente, as partes interessadas chegam pelo menos a um acordo tácito em relação às suas respectivas quotas de redução de vendas.

11. O bem monopolizado cuja retenção parcial permite o estabelecimento de preços monopolísticos pode ser um bem de uma ordem inferior ou um bem de uma ordem mais elevada, um fator de produção. Pode consistir no controle do conhecimento tecnológico necessário à produção, a "receita". Tais receitas são em geral bens livres, uma vez que sua capacidade de produzir determinados efeitos é ilimitada. Só podem tornar-se bens econômicos se forem monopolizadas e se o seu emprego for restringido. Qualquer preço pago pelos serviços prestados por uma receita é sempre um preço monopolístico. É irrelevante se a restrição ao uso da receita resulta de condições institucionais – tais como patentes e direitos autorais – ou se resulta do fato de que a fórmula é mantida em segredo e ninguém consegue descobri-la.

O fator de produção complementar cuja monopolização pode resultar no estabelecimento de preços monopolísticos pode também consistir na possibilidade de certa pessoa intervir na produção de determinada mercadoria, quando os consumidores atribuem a esta intervenção um significado especial. Essa possibilidade pode ocorrer seja pela natureza da mercadoria ou do serviço em questão, seja por disposições institucionais que protegem as marcas registradas. As razões pelas quais os consumidores atribuem tanto valor à contribuição de uma pessoa ou firma são múltiplas. Podem advir de uma confiança especial no indivíduo ou firma em virtude de experiência anterior;[18] simplesmente de um preconceito sem fundamento ou um erro; esnobismo; crenças mágicas ou metafísicas cuja inconsistência seja ridicularizada pelas pessoas de bom senso. Um medicamento de uma determinada marca pode ter a mesma composição química e eficácia fisiológica que outro de marca diferente. Não obstante, se os compradores atribuem um significado especial à etiqueta deste último e estão dispostos a pagar preços mais altos pelo produto que tiver este rótulo, o vendedor poderá, se a configuração da demanda é propícia, exercer preços monopolísticos.

O monopólio que permite ao monopolista restringir a oferta sem que haja reação por parte das outras pessoas pode consistir na maior produtividade de um fator de que o monopolista dispõe, em com-

---

[18] Ver adiante p. 443-447 sobre reputação comercial.

paração com a menor produtividade do fator correspondente de que dispõem os seus competidores potenciais. Se a margem entre a maior produtividade do fator monopolizado e a produtividade de seus competidores potenciais é suficientemente grande para permitir o surgimento de um preço monopolístico, estamos diante de uma situação que podemos chamar de monopólio marginal.[19]

Ilustremos o monopólio marginal pela referência ao seu exemplo mais frequente nos dias de hoje, qual seja, a possibilidade de uma tarifa aduaneira, em certas circunstâncias, gerar um preço monopolístico. Suponhamos que Atlantis estabeleça uma tarifa t sobre cada unidade importada da mercadoria p, cujo preço no mercado internacional é s. Se o consumo interno de p em Atlantis, ao preço $s + t$, é a e a produção interna de p é b, sendo b menor do que a, o custo de p para um comprador marginal é $s + t$. Os fabricantes domésticos podem vender toda sua produção ao preço $s + t$. A tarifa é eficaz e oferece aos fabricantes locais o incentivo para expandir a produção de p desde a quantidade b até uma quantidade ligeiramente menor do que a. Mas, se b é maior do que a, as coisas se passam de maneira diferente. Se supusermos que b é tão grande que, mesmo ao preço s, ultrapassa o consumo interno e o excedente tem que ser exportado, a imposição de uma tarifa não afeta o preço de p. Tanto o preço interno como o preço internacional permanecem inalterados. Entretanto, a tarifa, ao discriminar entre a produção nacional e a estrangeira, concede aos fabricantes nacionais um privilégio que pode ser usado para estabelecer um monopólio, desde que ocorram certas condições adicionais. Se for possível encontrar, no intervalo entre s e $s + t$, um preço monopolístico, torna-se lucrativo para as empresas nacionais formar um cartel. O cartel vende no mercado interno de Atlantis a um preço monopolístico e coloca o excedente no exterior ao preço internacional. Naturalmente, como a quantidade de p oferecida no mercado mundial aumenta em consequência da restrição da quantidade vendida em Atlantis, o preço internacional diminuiu de s para $s1$. Há, portanto, outra condição para o surgimento do preço interno monopolístico: que a redução na receita resultante dessa diminuição do preço internacional não seja suficientemente grande a ponto de absorver todo o ganho monopolístico do cartel doméstico.

Em longo prazo, o referido cartel nacional não pode preservar sua posição monopolística se o acesso ao seu setor de atividade é livre. O fator

---

[19] O uso da expressão "monopólio marginal", como de qualquer outra, é opcional. É inútil objetá-la sob a alegação de que qualquer outro monopólio que seja capaz de dar origem a preços monopolísticos também possa ser qualificado de monopólio marginal.

monopolizado cuja utilização é restringida pelo cartel (no que se refere ao mercado interno) para poder exercer preços monopolísticos é uma condição geográfica que pode ser facilmente superada por qualquer novo investidor que instale uma nova usina dentro das fronteiras de Atlantis. No mundo industrial moderno, cujo traço característico é um contínuo progresso tecnológico, a fábrica mais nova geralmente será mais eficiente do que a mais antiga, e produzirá a custos médios menores. O incentivo para novos investidores é, portanto, duplo. Consiste não apenas no ganho monopolístico dos membros do cartel, mas também na possibilidade de superá-los, graças a menores custos de produção.

Quando isto ocorre, as instituições vêm em socorro dos antigos fabricantes que formam o cartel. As patentes lhes concedem um monopólio legal que ninguém pode infringir. É claro que somente alguns dos seus processos de produção podem ser protegidos por patentes. Mas um competidor que seja impedido de recorrer a esses processos e de fabricar os artigos correspondentes pode ficar numa situação tão desfavorável que prefira não ingressar no campo de atividade da indústria cartelizada.

O detentor de uma patente usufrui de um monopólio legal que, se as demais condições forem propícias, pode ser usado para estabelecer preços monopolísticos. Fora do campo específico abrangido pela patente, esta também pode proporcionar, subsidiariamente, o estabelecimento e a preservação de um monopólio marginal, quando existirem condições institucionais favoráveis ao seu surgimento.

Podemos admitir que alguns cartéis internacionais puderam existir mesmo sem a interferência de qualquer governo cuja proteção, em outros casos, seria indispensável. Existem algumas mercadorias, como por exemplo, os diamantes e o mercúrio, cujas disponibilidades são limitadas a poucas fontes pela natureza. Os proprietários desses recursos podem facilmente associar-se para agir de comum acordo. Mas tais cartéis, no conjunto da produção mundial, desempenhariam apenas um papel secundário. Sua importância econômica seria muito pequena. A grande importância que os cartéis têm hoje em dia resulta de políticas intervencionistas adotadas pelos governos de todos os países. O problema, representado pela existência de monopólios, que a humanidade tem de enfrentar não é uma consequência do funcionamento da economia de mercado. É o resultado de deliberadas ações governamentais. Não é um dos males inerentes ao capitalismo, como alardeiam os demagogos. Ao contrário, é fruto de políticas hostis ao capitalismo, que visam a sabotar e impedir o seu funcionamento.

O exemplo clássico de país dos cartéis foi a Alemanha. Nas últimas décadas do século XIX, o *Reich* (império) alemão iniciou um vasto plano de *Sozialpolitik*.[20] A ideia era elevar a renda e o padrão de vida dos assalariados, através de várias medidas da então chamada legislação trabalhista, do tão exaltado plano de previdência social de Bismark e da pressão e compulsão sindicais para obtenção de salários mais elevados. Os defensores dessa política desdenharam as advertências dos economistas. As leis econômicas não existem, diziam eles.

A dura realidade é que a *Sozialpolitik* aumentou os custos de produção na Alemanha. Cada avanço da legislação feita com o intuito de proteger o trabalhador e cada greve bem-sucedida desequilibravam as condições industriais, em detrimento das empresas alemãs. Tornava-se cada vez mais difícil superar seus competidores estrangeiros, cujos custos não eram afetados pelas decisões internas da Alemanha. Se os alemães tivessem condições de poder renunciar às exportações de manufaturados e de produzir apenas para o mercado interno, as tarifas poderiam proteger as fábricas alemãs da intensa competição internacional. A indústria alemã poderia vender seus produtos num mercado interno por preços mais elevados. O que o assalariado ganhasse a mais, em decorrência da nova legislação e dos sindicatos, seria absorvido pelos preços mais elevados que teria de pagar pelos artigos que comprasse. O salário real só cresceria na medida em que houvesse um avanço nos processos tecnológicos e, consequentemente, um aumento na produtividade do trabalho. A proteção tarifária tornaria a *Sozialpolitik* inócua.

Mas a Alemanha é, e já o era ao tempo em que Bismark implementou sua política trabalhista, um país predominantemente industrial. Suas fábricas exportavam uma parte considerável da sua produção. Essas exportações possibilitavam aos alemães a importação dos alimentos e matérias-primas que não conseguiam produzir no próprio país, o qual era relativamente superpovoado e mal dotado de recursos naturais. Esta situação não poderia ser corrigida simplesmente pela adoção de uma tarifa protecionista. Somente os cartéis poderiam evitar que a Alemanha sofresse as consequências desastrosas da sua política trabalhista "progressista". Os cartéis vendiam por preços monopolísticos no mercado interno e por preços mais baixos no mercado internacional. Os cartéis são a consequência e o desfecho inevitáveis de uma política trabalhista "progressista", na medida em que afetam indústrias dependentes de suas vendas no mercado externo. Os cartéis, sem dúvida, não podem assegurar aos trabalhadores os ganhos sociais ilusórios que os

---

[20] Literalmente, política social. Mais especificamente, a política intervencionista implementada por Bismark na Alemanha, em 1881. A *Sozialpolitik* alemã foi a precursora do estado provedor na Europa e do *New Deal*, iniciado em 1933 por Roosevelt, nos EUA. (N.T.)

políticos trabalhistas e os líderes sindicais lhes prometeram. Não há como elevar os salários de todos aqueles desejosos de ganhar salários maiores do que os decorrentes da produtividade de cada tipo de trabalho. O que os cartéis conseguiam era, meramente, contrabalançar os ganhos aparentes em salários nominais por aumentos correspondentes nos preços domésticos das mercadorias. Conseguiam, assim, evitar, por algum tempo, o efeito mais desastroso da fixação de salários mínimos, qual seja, desemprego permanente em larga escala.

Para todas as indústrias que não podem subsistir apenas com o mercado interno e precisam vender no exterior uma parte de sua produção, a função da tarifa, nessa nossa era de intervenção governamental, é possibilitar o estabelecimento de preços domésticos monopolísticos. Quaisquer que tenham sido, no passado, os propósitos e os efeitos das tarifas, tão logo um país exportador resolva adotar medidas destinadas a aumentar a renda dos assalariados ou dos agricultores acima dos valores potenciais do mercado, terá de recorrer a programas que resultarão em preços domésticos monopolísticos para as mercadorias em questão. A força de um governo nacional é limitada ao território sujeito à sua soberania. Tem poder para aumentar os custos domésticos de produção. Não tem poder para forçar os estrangeiros a pagar preços correspondentemente mais altos pelos seus produtos. Se não quiser renunciar às exportações, terá de subsidiá-las. O subsídio pode ser pago abertamente, com os recursos provenientes da arrecadação, ou terá de ser absorvido pelos consumidores através dos preços monopolísticos do cartel.

Os defensores da intervenção governamental na economia atribuem ao "estado" o poder de beneficiar, mediante um simples *fiat*, certos grupos que atuam no mercado. Na realidade, este poder é o poder que tem o governo de favorecer grupos monopolísticos. Os ganhos advindos da situação de monopólio permitem financiar os "ganhos sociais". Na medida em que esses ganhos monopolísticos não sejam suficientes, as diversas medidas intervencionistas adotadas paralisam o funcionamento do mercado; surgem o desemprego em massa, depressão e consumo de capital. Isso explica a avidez de todos os governos contemporâneos em favorecer o monopólio em todos aqueles setores do mercado que, de alguma maneira, estão ligados ao comércio exterior.

Se um governo não pode ou não consegue atingir seus propósitos monopolísticos dessa maneira, recorre a outros expedientes. No campo do carvão e da potassa, o governo imperial da Alemanha promoveu compulsoriamente a formação de cartéis. O *New Deal* americano foi impedido, pela oposição dos meios empresariais, de organizar as grandes indústrias nacionais na base de cartéis obrigatórios. Conseguiu o seu intento em alguns setores vitais da agricultura, para os quais adotou medidas destinadas a restringir a produção, a fim de que pudessem existir preços monopolísticos. Uma longa série de acordos foi firmada entre governos dos mais importantes países, com o propósito de se estabelecerem preços monopolísticos internacionais para várias matérias-primas e alimentos.[21] É propósito declarado das Nações Unidas manter tais planos.

12. É necessário encarar essa política favorável ao monopólio, adotada pelos governos contemporâneos, como um fenômeno uniforme, a fim de se discernirem as razões que a têm motivado. Do ponto de vista cataláctico, estes monopólios não são iguais. Os cartéis resultantes de acordo entre empresários que se aproveitam do incentivo que lhes é proporcionado pelas tarifas protecionistas são exemplos de monopólios marginais. Quando o governo impõe, diretamente, preços monopolísticos, estamos diante de situações de monopólio de licença.[22] O fator de produção cuja restrição produz o preço monopolístico é a licença que a lei exige de todo aquele que pretenda fornecer algo aos consumidores.

Tais licenças podem ser concedidas de diferentes maneiras:

a) A licença é concedida a, praticamente, todos os que a solicitarem. Isto equivale a uma situação em que não seja necessária licença.

b) As licenças são concedidas mediante uma seleção. A competição fica restringida. Não obstante, só podem surgir preços monopolísticos se os licenciados entrarem em acordo e se a configuração da demanda for própria.

c) Só uma licença é concedida. O licenciado – por exemplo, o detentor de uma patente ou de um direito autoral – é um monopolista. Se a configuração da demanda é propícia e se o licenciado quer obter ganhos monopolísticos, nada o impede de fazê-lo.

d) As licenças são concedidas para uma determinada quantidade. Os licenciados só têm autorização para produzir ou vender uma quantidade definida, a fim de impedi-los de perturbar os planos das autoridades. A própria autoridade é que regula o estabelecimento de preços monopolísticos.

Finalmente, há casos em que o governo estabelece um monopólio com propósitos fiscais. Os ganhos monopolísticos ficam para o Te-

---

[21] Uma coleção desses acordos foi publicada em 1943 pelo International Labor Office, sob o título *Intergovernmental Commodity Control Agreements*.

[22] Os termos *licença* e *licenciado* não são empregados aqui no sentido técnico utilizado pela legislação de patentes.

souro Nacional. Muitos governos europeus instituíram o monopólio do tabaco. Outros monopolizaram o sal, os fósforos, serviços de telégrafo e telefone, radiodifusão e assim por diante. Sem exceção, todo país tem um monopólio estatal dos serviços postais.

13. O monopólio marginal nem sempre deve sua existência a um fator institucional do tipo de tarifas aduaneiras. Pode também devê-la a diferenças suficientemente grandes na fertilidade ou produtividade de alguns fatores de produção.

Já foi dito ser um erro grosseiro falar de um monopólio da terra e referir-se a preços e ganhos monopolísticos para explicar os preços de produtos agrícolas e a renda da terra. Todos os casos de preços monopolísticos de produtos agrícolas registrados pela história são casos de monopólio de licença criados por decreto governamental. Não obstante, a constatação desse fato não significa que diferenças na fertilidade do solo não possam jamais dar origem a preços monopolísticos. Se a diferença entre a fertilidade do solo mais pobre ainda cultivado e a mais rica das terras ociosas disponíveis para um aumento de produção fosse tão grande que permitisse aos proprietários de terra já cultivada adotar um preço monopolístico vantajoso, eles poderiam considerar a possibilidade de fazer um acordo para restringir a produção e, assim, obter ganhos monopolísticos. Na realidade, as condições físicas da agricultura não confirmam esta hipótese. Precisamente por isso, os agricultores, quando querem preços monopolísticos, não agem por conta própria: pedem a intervenção do governo.

Em vários setores da indústria de mineração, as condições são, frequentemente, mais propícias ao surgimento de preços monopolísticos baseados em monopólios marginais.

14. Diz-se, repetidamente, que as reduções de custo propiciadas pela produção em larga escala têm gerado uma tendência à implantação de preços monopolísticos nas indústrias de transformação. Esse tipo de monopólio seria chamado, na terminologia que adotamos, de monopólio marginal.

Antes de entrar na análise deste tópico, devemos deixar claro o papel que um aumento ou uma diminuição do custo de produção médio unitário representa nas considerações de um monopolista que procura obter o preço monopolístico mais vantajoso possível. Consideremos a hipótese em que o proprietário de um fator complementar de produção monopolizado, por exemplo, uma patente, também é o fabricante do produto p. Se o custo médio de produção de uma unidade de p, independentemente da existência da patente, diminui com o aumento da quantidade produzida, o monopolista deverá ponderar esta circunstância com os ganhos que poderá obter através de uma restrição da produção. Se, por outro lado, o custo unitário de produção cai ao diminuir a produção total, o incentivo para restringir a produção de uma forma monopolística aumenta ainda mais. É óbvio que o simples fato de a produção em larga escala geralmente proporcionar uma redução nos custos de produção não é em si mesmo um fator que favoreça o surgimento de preços monopolísticos; pelo contrário, é muito mais um fator impeditivo.

Aqueles que acusam a produção em larga escala de fazer proliferar os preços monopolísticos estão, na verdade, querendo dizer que a maior eficiência da produção em massa torna difícil, ou mesmo impossível, a sobrevivência da produção em pequena escala. Um grande fabricante acredita que pode recorrer a preços monopolísticos impunemente porque o pequeno fabricante não tem condições de desafiar seu monopólio. Ora, é certamente verdadeiro que, em muitos setores das indústrias de transformação, seria tolice querer produzir para abastecer o mercado com os altos custos de produção de pequenas e inadequadas instalações. Uma moderna fábrica de tecidos não tem por que temer a concorrência de um antiquado tear; seus rivais são outras fábricas mais ou menos adequadamente equipadas. Mas isso não quer dizer que ela possa vender a preços monopolísticos. A competição também existe entre as grandes empresas. Prevalecem-se preços monopolísticos nos produtos produzidos por grandes empresas, as razões devem ser buscadas ou na existência de patentes, ou no monopólio da propriedade de minas e outras fontes de matéria prima, ou em cartéis baseados na proteção das tarifas aduaneiras.

Não devemos confundir as noções de monopólio e de preços monopolísticos. O simples monopólio em si é catalacticamente sem importância, se não resulta em preços monopolísticos. Os preços monopolísticos são importantes unicamente porque são o resultado de uma conduta comercial que desafia a supremacia dos consumidores e substitui o interesse do público pelos interesses privados do monopolista. Constituem o único caso no funcionamento da economia de mercado em que a distinção entre produção para lucro e produção para uso pode, numa certa medida, ser feita, se estivermos dispostos a negligenciar o fato de que ganhos monopolísticos nada têm a ver com lucros propriamente ditos. Não podem ser enquadrados naquilo que a cataláxia qualifica de lucro; representam um aumento do preço obtido pela venda dos serviços prestados por alguns fatores de produção, sejam eles fatores materiais ou meramente institucionais. Quando os empresários e os capitalistas, na ausência de circunstâncias monopolísticas, abstêm-se de expandir a produção de certo setor industrial porque as oportunidades que lhes são oferecidas em outros setores são mais atrativas, de modo nenhum estão contrariando os desejos dos consumidores. Ao contrário, estão seguindo precisamente a linha que lhes foi indicada pela demanda tal como manifestada no mercado.

Preconceitos de natureza política têm ofuscado a discussão do problema do monopólio, impedindo que seja dada atenção a aspectos mais essenciais. Diante de cada caso de preços monopolísticos, devemos, antes de qualquer coisa, procurar saber quais são os obstáculos que impedem as pessoas de desafiarem os monopolistas. Ao responder a esta questão, descobrimos o papel representado pelos fatores institucionais no surgimento de preços monopolísticos. Não tem sentido falar de conspiração em relação às transações entre firmas americanas e cartéis alemães. Se uma firma americana quisesse produzir um artigo protegido por uma patente detida por alemães, seria obrigada pela lei americana a chegar a um acordo com os produtores alemães.

15. Há um caso especial que pode ser denominado de monopólio decorrente de uma falha (*failure monopoly*).

No passado, capitalistas investiram recursos numa fábrica projetada para produzir o artigo p. Eventos posteriores tornaram evidente que esse investimento foi um fracasso. Os preços que podem ser obtidos na venda de p são tão baixos, que o capital investido nos equipamentos inconversíveis da fábrica não tem retorno. Está perdido. Entretanto, esses preços são suficientemente altos para render um razoável retorno sobre o capital variável a ser empregado na produção de p. Se a perda irrevogável representada pelo capital investido no equipamento inconversível foi devidamente contabilizada, acarretando uma correspondente redução do capital, e se daí resultar que, considerando-se o capital reduzido, a operação da fábrica torna-se rentável, seria novo erro abandonar completamente a produção. A fábrica poderia trabalhar à plena capacidade, produzindo a quantidade q de p, e vender cada unidade pelo preço s.

Mas a situação poderia ser tal, que tornasse possível à empresa obter ganhos monopolísticos ao restringir a produção a $q/2$ e ao vender cada unidade de p por $3s$. Nessas condições, o capital investido no equipamento inconversível deixa de ser uma perda total. Produz um modesto retorno, a saber, o ganho monopolístico.

Essa empresa, agora, vende por preços monopolísticos e obtém ganhos monopolísticos, embora o capital total investido esteja rendendo pouco, em comparação com o que os investidores poderiam ter ganhado se tivessem investido em outros negócios. A empresa deixa de oferecer ao mercado os serviços que a capacidade ociosa de seu equipamento imobilizado poderia render, e ganha mais do que ganharia se produzisse à plena carga. Ela deixa de atender às ordens do público. O público estaria mais bem servido se os investidores não tivessem cometido o erro de imobilizar uma parte do seu capital para a produção de p. Naturalmente, p não seria produzido. Mas, em troca, os consumidores poderiam obter os artigos de que hoje estão privados porque o capital necessário à sua produção foi desperdiçado na construção de um conjunto industrial concebido para produzir p. Não obstante, as coisas sendo como são depois que esse erro irreparável foi cometido, os consumidores querem mais p e estão dispostos a pagar o que agora é o seu virtual preço competitivo de mercado, a saber, s. Não aprovam, nas circunstâncias atuais, a conduta da empresa que se abstém de utilizar uma parte de capital variável para produzir p. Esta parcela certamente não fica sem ser usada. É aproveitada em outros setores e produz alguma outra coisa, digamos m. Mas, nas condições atuais, os consumidores prefeririam um aumento na quantidade disponível de p a um aumento na quantidade disponível de m. A prova disso é que se não houvesse a restrição monopolística da capacidade de produção de p, como é o caso na hipótese formulada, a lucratividade de uma produção da quantidade q, vendida ao preço s, seria maior do que a obtida com o aumento da quantidade produzida do artigo m.

Dois aspectos característicos deste caso devem ser destacados. Primeiro, os preços monopolísticos pagos pelos compradores ainda são inferiores ao que seria o custo total de produção de p, se fosse considerado o investimento total realizado. Segundo, os ganhos monopolísticos não são suficientemente grandes para transformar a aventura cometida num bom investimento. Continua sendo um investimento ruinoso. É precisamente este fato que possibilita a posição monopolística da firma. Ninguém deseja entrar neste campo de atividade porque a produção de p dá prejuízo.

O monopólio decorrente da falha não é, de modo algum, mera construção acadêmica. Ocorre hoje em dia, por exemplo, em algumas companhias de estrada de ferro. Convém, entretanto, precavermo-nos do erro de interpretar qualquer caso de capacidade ociosa como sendo um monopólio desse tipo. Mesmo na ausência de circunstâncias monopolísticas, pode ser mais lucrativo empregar o capital variável para outros propósitos, em vez de expandir a produção até o limite da capacidade de seu equipamento imobilizado inconversível; neste caso, a restrição de produção está em perfeita conformidade com o que determina o mercado com os desejos dos consumidores.

16. Os monopólios locais são, geralmente, de origem institucional. Mas também existem monopólios locais que surgem em decorrência de condições do mercado livre. Muitas vezes o monopólio institucional é instaurado para enfrentar um monopólio já existente ou que, provavelmente, viria a existir, sem qualquer interferência autoritária no mercado.

Uma classificação cataláctica de monopólios locais deve distinguir três grupos: monopólio marginal, monopólio de espaço limitado e monopólio de licença.

Um *monopólio marginal* local se caracteriza pelo fato de o obstáculo impeditivo da entrada de novos competidores consistirem no custo relativamente alto de transporte. Não são necessárias tarifas para garantir – a uma firma que possua todas as jazidas de material necessárias à fabricação de ladrilhos – uma proteção parcial contra a competição de fabricantes cujas instalações sejam distantes do local em questão. Os custos de transporte lhe permitem uma margem que, a configuração da demanda sendo propícia, pode ensejar um vantajoso preço monopolístico.

Até aí, monopólios marginais locais não diferem, do ponto de vista cataláctico, de outros casos de monopólio marginal. O que os distingue, tornando necessário tratá-los de maneira especial, é a sua relação com a renda da terra, por um lado, e com o desenvolvimento da cidade, por outro.

Suponhamos que uma área A que dispõe de condições favoráveis para o assentamento de uma população urbana crescente esteja sujeita a um monopólio de materiais de construção. Consequentemente, os custos de construção são mais elevados do que seriam se não houvesse o monopólio. Mas não há razão para que aqueles que avaliam os prós e os contras da escolha de A como local para morar paguem preços maiores para compra ou para aluguel de suas casas. Esses preços são determinados, por um lado, pelos preços correspondentes em outras áreas e, por outro, pelas vantagens advindas de se morar em A, quando comparadas às de se morar em qualquer outro lugar. O gasto maior na construção não afeta esses preços; sua incidência recai sobre a renda da terra. O ônus dos ganhos monopolísticos dos vendedores de materiais de construção recai sobre os proprietários de solo urbano. Esses ganhos absorvem receitas que, na sua ausência, iriam para os aludidos proprietários. Mesmo no caso – pouco provável – em que a demanda de casas seja de tal ordem que possibilite aos proprietários da terra exercer preços monopolísticos ao vendê-las ou alugá-las, os preços monopolísticos dos materiais de construção afetariam apenas as receitas dos proprietários de terra e não os preços a serem pagos pelos compradores ou locatários.

O fato de o ônus representado pelos ganhos monopolísticos recair sobre o preço do uso urbano da terra não significa que ela não impeça o crescimento da cidade. Provoca um adiamento no uso da zona periférica da cidade. O momento em que se torna mais vantajoso deixar de usar terra da periferia com finalidades agrícolas para utilizá-la com finalidade de desenvolvimento urbano só ocorre mais tarde.

Ora, deter o crescimento de uma cidade é uma faca de dois gumes. Seu proveito para o monopolista é ambíguo. Ele não pode saber se as condições futuras serão de molde a atrair mais pessoas para A, que é o único mercado para os seus produtos. Uma das atrações que uma cidade oferece aos recém-chegados é o seu tamanho, sua população numerosa. A indústria e o comércio tendem a se instalar nos grandes centros. Se a ação monopolista atrasa o crescimento da comunidade urbana pode desviar o fluxo para outras localidades. Pode-se perder uma oportunidade que talvez não surja de novo. Pode ser que grandes receitas futuras estejam sendo sacrificadas por ganhos comparativamente menores em curto prazo.

Portanto, é pelo menos questionável que o proprietário de um monopólio marginal local esteja atendendo melhor os seus próprios interesses ao exercer preços monopolísticos. Frequentemente seria mais vantajoso para ele discriminar entre os diversos compradores. Poderia vender a preços maiores para construções no centro da cidade e a preços menores para projetos na zona periférica. O alcance do monopólio marginal local é bem menor do que geralmente se supõe.

O *monopólio de espaço limitado* decorre do fato de que condições físicas limitam determinada atividade unicamente a uma ou a muito poucas firmas. O monopólio surge, quando só existe uma firma operando nessa atividade ou quando as poucas firmas que nela operam agem de comum acordo.

Às vezes é possível que duas companhias de transporte operem no mesmo percurso. Há casos em que duas ou até mais companhias participam do fornecimento de gás, eletricidade e telefone aos residentes de uma área. Mas, mesmo nesses casos excepcionais, praticamente não existe competição real. A situação é propícia ao entendimento, pelo menos, tácito, entre os competidores. A exiguidade de espaço resulta de uma maneira ou de outra, em monopólio.

Na prática, o monopólio de espaço limitado está intimamente ligado ao monopólio de licença. É praticamente impossível operar nesse campo, sem um entendimento com as autoridades locais que controlam as ruas e o seu subsolo. Mesmo na ausência de leis que exijam uma autorização para o funcionamento de uma empresa de serviços públicos, seria sempre necessário algum entendimento com as autoridades municipais. É irrelevante o fato de esses entendimentos serem ou não legalmente qualificados de concessão.

O monopólio, sem dúvida, não resulta necessariamente em preços monopolísticos. O fato de uma concessionária de serviços públicos poder ou não exercer preços monopolísticos depende das circunstâncias especiais de cada caso. Mas, certamente, existem casos em que pode. Talvez uma companhia mal assessorada adote uma política de preços monopolísticos, quando o que melhor atenderia seus interesses de longo prazo seria cobrar preços menores. Mas não há garantia, nesse caso, de que um monopolista perceberá o que é mais vantajoso para si mesmo.

Devemos admitir que o monopólio de espaço limitado pode, frequentemente, resultar em preços monopolísticos. Nesse caso, estamos diante de uma situação na qual o processo de mercado não cumpre sua função democrática.[23]

A empresa privada hoje em dia é muito impopular. A propriedade privada dos meios de produção é especialmente antipatizada nos setores em que pode emergir o monopólio de espaço limitado, mesmo que a companhia não cobre preços monopolísticos e mesmo que seus resultados sejam pequenos ou mesmo negativos. Uma companhia privada de "utilidade pública" é vista pelos intervencionistas e pelos políticos socialistas como um inimigo público. Os eleitores aprovam qualquer sanção que lhes seja imposta pelas autoridades. É tido como evidente que essas empresas deviam ser estatizadas, em nível federal ou municipal. Os ganhos monopolísticos, dizem eles, nunca beneficiam os cidadãos. Devem pertencer, exclusivamente, ao estado.

As políticas estatizantes das últimas décadas resultaram, quase sem exceção, em fracassos financeiros, serviços de má qualidade e corrupção política. Cegas pelos seus preconceitos anticapitalistas, as pessoas toleram o serviço de má qualidade e a corrupção e, durante muito tempo, não se importam com o fracasso financeiro. Entretanto, esse fracasso é um dos fatores que mais contribuiu para o surgimento da crise intervencionista atual.[24]

17. Costumam-se qualificar as políticas sindicais como métodos monopolísticos que visam a substituir salários competitivos por salá-

---

[23] Sobre a importância desse fato, ver adiante p. 773-775.

[24] Ver adiante, p. 965-968.

rios monopolísticos. Não obstante, como regra geral, os sindicatos trabalhistas não pretendem impor salários monopolísticos. Um sindicato procura restringir a competição no seu próprio setor do mercado de trabalho, a fim de aumentar os seus salários. Mas não devemos confundir restringir a competição com política de preços monopolísticos. O traço característico dos preços monopolísticos consiste no fato de que a venda de apenas uma parte p da oferta total P disponível aufere uma receita líquida maior do que a que seria auferida com a venda da quantidade P. O monopolista obtém um ganho monopolístico ao deixar de ofertar ao mercado $P\text{-}p$. Não é o tamanho desse ganho que caracteriza a situação de preço monopolístico, mas o fato de haver, por parte do monopolista, uma ação intencional para produzi-lo. O monopolista tem interesse em aproveitar a totalidade de seu estoque disponível; tem o mesmo interesse por cada fração do seu estoque. Se uma parte deixa de ser vendida, ele perde. Não obstante, prefere deixar de usar uma parte porque, na configuração da demanda prevalecente, é mais vantajoso para ele agir desta maneira. A situação específica do mercado é que motiva a sua decisão. O monopólio, que é uma das duas condições indispensáveis para o surgimento de preços monopolísticos, pode ser – e geralmente é – fruto de uma intervenção institucional no mercado. Mas essas forças exteriores não resultam diretamente em preços monopolísticos. Somente quando uma segunda condição for atendida, haverá oportunidade para ação monopolística.

É diferente no caso de simples restrição de oferta. Nesta hipótese, os autores da restrição não estão preocupados com o que possa ocorrer com a parcela da oferta que eles impedem de chegar ao mercado. Pouco lhes importa o destino das pessoas que são impedidas de trabalhar. Só lhes interessa aquela parte da oferta que é oferecida no mercado. A ação monopolística só é vantajosa para o monopolista quando a receita líquida a preços monopolísticos é maior do que a receita líquida ao preço competitivo virtual. A ação restritiva, por outro lado, é sempre vantajosa para o grupo privilegiado e desvantajoso para aqueles que são excluídos do mercado. Invariavelmente, aumenta o preço unitário e, portanto, a receita líquida do grupo privilegiado. As perdas do grupo excluído do mercado não são consideradas pelo grupo privilegiado.

Pode ocorrer que os benefícios obtidos pelo grupo privilegiado com a restrição da competição sejam muito superiores aos que obteria com um possível preço monopolístico. Mas isto é outro problema. Não faz desaparecerem as diferenças catalácticas entre os dois modos de ação.

Os sindicatos trabalhistas procuram alcançar uma posição monopolística no mercado de trabalho. Mas, uma vez alcançando-a, suas políticas são restritivas; não são políticas de preços monopolísticos. Procuram restringir a oferta de trabalho no seu setor, sem se importar com a sorte dos que são excluídos. Conseguem implantar barreiras à imigração em todos os países relativamente pouco povoados, conservando, assim, salários relativamente altos. Os trabalhadores estrangeiros excluídos são obrigados a ficar nos seus países, nos quais a produtividade marginal do trabalho e, consequentemente, os salários são menores. A tendência para uma equalização de salários que prevalece, quando há mobilidade de mão de obra de um país para outro, fica paralisada. No mercado interno, os sindicatos não permitem a competição de trabalhadores não sindicalizados e limitam o ingresso no respectivo sindicato. Aqueles que não foram admitidos no sindicato devem conformar-se com trabalhos de menor remuneração ou permanecer desempregados. Os sindicatos não estão interessados na sorte dessas pessoas.

Mesmo se um sindicato assume a responsabilidade de pagar aos seus membros desempregados, graças às contribuições de seus membros que continuam trabalhando, um auxílio desemprego, não inferior ao que ganham estes últimos, sua ação não se constitui em uma política de preços monopolísticos. Porque os trabalhadores sindicalizados desempregados não são as únicas pessoas cujo poder aquisitivo é prejudicado pela ação sindical que impõe salários superiores aos que prevaleceriam no mercado; aqueles que foram impedidos de entrar para o sindicato também tiveram os seus interesses prejudicados.

O TRATAMENTO MATEMÁTICO DA TEORIA DE PREÇOS MONOPOLÍSTICOS

Os economistas matemáticos têm dedicado uma atenção especial à teoria dos preços monopolísticos, como se fosse um capítulo da cataláxia que se presta melhor do que os outros a um tratamento matemático. Entretanto, os serviços que a matemática pode prestar nesse campo também são inexpressivos.

Em relação a preços competitivos, a matemática não nos pode dar mais do que uma descrição matemática de vários estados de equilíbrio e de diferentes aspectos da construção imaginária de uma economia uniformemente circular. Não nos diz nada acerca das ações que seriam capazes de estabelecer esses equilíbrios e essa economia uniformemente circular, se não ocorressem novas mudanças.

Na teoria de preços monopolísticos, a matemática chega um pouco mais perto da realidade. Mostra como o monopolista poderia descobrir o preço monopolístico ótimo sempre que tivesse à sua disposição todos os dados necessários. Mas o monopolista não conhece a forma da curva de demanda. O que ele conhece são apenas pontos de interseção da oferta e da procura, ocorridos no passado. Portanto, não tem como fazer uso de fórmulas matemáticas para saber se existe um preço monopolístico para o artigo monopolizado e, se soubesse, não poderia dizer qual dos vários preços monopolísticos é o preço ótimo. As representações gráficas e matemáticas são, por esse motivo, tão inúteis neste como em qualquer outro setor da ação. Mas, pelo menos, esquematizam as deliberações do monopolista, não se limitando, como no caso dos preços competitivos, a descrever uma construção meramente auxiliar de análise teórica, que não tem qualquer contrapartida na realidade.

Os economistas matemáticos contemporâneos têm confundido o estudo de preços monopolísticos. Consideram o monopolista não como o vendedor de um bem monopolizado, mas como um empresário e produtor. Entretanto, é necessário distinguir claramente o ganho monopolístico do lucro empresarial. O ganho monopolístico só pode ser obtido pelo vendedor de uma mercadoria ou serviço. Um empresário só pode obtê-los na qualidade de vendedor de um bem monopolizado, e não na qualidade de empresário. As vantagens ou desvantagens que podem decorrer da diminuição ou do aumento dos custos unitários de produção, graças a uma elevação da produção total, diminuem ou aumentam a receita líquida do monopolista e influenciam a sua conduta. Mas a abordagem cataláctica dos preços monopolísticos não pode esquecer que o típico ganho monopolístico, devidamente considerada a curva da demanda, deriva exclusivamente do monopólio de um bem ou de um direito. É somente isto que proporciona ao monopolista a oportunidade de restringir a oferta sem temer que outras pessoas possam frustrar a sua ação pela expansão da quantidade ofertada. As tentativas de definir as condições necessárias ao surgimento de preços monopolísticos, recorrendo-se à configuração dos custos de produção, são inúteis.

É um erro descrever uma situação de mercado que resulta em preços competitivos dizendo-se que um produtor qualquer poderia vender pelo preço de mercado uma quantidade maior do que a que realmente vende. Isto só seria possível se duas condições especiais fossem preenchidas: que o produtor em questão, A, não seja o produtor marginal, e que a expansão da produção não implique em custos adicionais que não possam ser recuperados pela venda da quantidade adicional. Sendo assim, a expansão realizada pelo produtor A força o produtor marginal a parar a sua produção; a quantidade oferecida à venda permanece inalterada.

O traço característico do preço competitivo, e que o distingue do preço monopolístico, é que o primeiro resulta de uma situação na qual os proprietários de bens e serviços de todas as ordens são obrigados a servir os desejos dos consumidores. Num mercado competitivo, não existe o que se costuma chamar de política de preço dos vendedores, cuja única alternativa é vender o máximo possível pelo melhor preço que lhes for oferecido. O monopolista, por outro lado, ganha mais deixando de oferecer ao mercado uma parte da oferta de que dispõe, a fim de obter ganhos especificamente monopolísticos.

7
REPUTAÇÃO COMERCIAL

Convém reiterar, mais uma vez, que o mercado é composto de pessoas que não são oniscientes e que possuem apenas um conhecimento mais ou menos incompleto das condições correntes.

O comprador deve contar sempre com a honorabilidade do vendedor. Mesmo na compra de bens de produção, o comprador, embora seja geralmente um perito no assunto, depende, numa certa medida, da confiabilidade do vendedor. Isto é ainda mais verdadeiro no mercado de bens de consumo. Neste caso, na maior parte das vezes, o vendedor tem mais experiência técnica e comercial do que o comprador. A tarefa do comerciante não é apenas vender o que o cliente pede; deve frequentemente aconselhá-lo na escolha da mercadoria que melhor possa satisfazer suas necessidades. O varejista não é apenas um vendedor, é também um amistoso conselheiro. O público não patrocina cada loja descuidadamente. O homem prefere, sempre que possível uma loja ou uma marca com a qual ele mesmo ou amigos dignos de confiança tenham tido uma boa experiência anterior.

A boa reputação comercial é o renome que um comerciante conquista, graças ao seu comportamento anterior. Implica na expectativa de que quem tem boa reputação continuará fazendo jus a essa fama. A boa reputação não é um fenômeno que só ocorre nas relações comerciais. Está presente em todas as relações sociais. Determina a escolha do cônjuge, dos amigos e dos candidatos a votar nas eleições. A cataláxia lida apenas com a reputação comercial.

Pouco importa se a boa reputação é merecida ou se é apenas fruto da imaginação e de ideias falaciosas. O que conta na ação humana não é a verdade tal como possa parecer a um ser onisciente, mas as opiniões de pessoas passíveis de erro. Existem situações nas quais os clientes estão dispostos a pagar um preço maior por um produto de uma determinada marca, embora produtos similares de mesma estrutura física e química sejam mais baratos. Os especialistas podem julgar irracional este comportamento. Mas ninguém tem capacidade suficiente para ser especialista em todos os campos que são relevantes para suas escolhas. Por isso, frequentemente as pessoas substituem o conhecimento do verdadeiro estado das coisas pela confiança que depositam em outras pessoas. O consumidor normal nem sempre seleciona o artigo ou o serviço que deseja, mas o fornecedor em quem confia. Paga um prêmio àqueles em quem confia.

O papel que a boa reputação desempenha no mercado não enfraquece nem restringe a competição. Todos podem adquirir uma boa reputação, como também podem perdê-la. Muitos reformistas, impelidos por seus preconceitos em favor de governos paternalistas, preconizam a adoção de certificados de qualidade emitidos pela autoridade em substituição às marcas comerciais. Teriam razão se os dirigentes e burocratas fossem dotados de onisciência e perfeita imparcialidade. Mas, como esses funcionários não estão imunes às fraquezas humanas, a efetivação de tais planos simplesmente substituiria os defeitos dos cidadãos pelos dos delegados do governo. Não se faz um homem mais feliz impedindo-o de escolher entre uma marca de cigarros ou de comida enlatada que mais lhe agrade e outra que menos lhe agrade.

Adquirir uma boa reputação requer não apenas honestidade e zelo no trato com os clientes, como também implica em gastos. É preciso certo tempo para conseguir uma clientela firme. Até consegui-la, talvez seja necessário suportar perdas a serem compensadas por lucros futuros.

Do ponto de vista do vendedor, a boa reputação comercial é, por assim dizer, um fator de produção necessário que, consequentemente, tem o seu preço. Não importa que, habitualmente, o equivalente em moeda da boa reputação não conste dos lançamentos contábeis nem apareça nos balanços. Quando um negócio é vendido, um preço é pago pela boa reputação, desde que seja possível transferi-la ao adquirente.

Consequentemente, é um problema da cataláxia investigar a natureza dessa coisa específica chamada reputação comercial. Ao examiná-la, devemos distinguir três casos diferentes.

Caso 1 – A boa reputação comercial faculta ao vendedor a possibilidade de vender por preços monopolísticos ou de discriminar entre as diversas categorias de compradores. Este primeiro caso não difere de outros exemplos de preços monopolísticos ou de discriminação de preços.

Caso 2 – A boa reputação comercial permite ao vendedor tão somente vender a preços equivalentes aos de seus competidores. Se não tivesse uma boa reputação, não conseguiria vender nada, a não ser que diminuísse os preços. Neste caso, a boa reputação é tão importante quanto as instalações do seu negócio, a manutenção de um estoque de mercadorias bem sortidas e a contratação de bons ajudantes. Os custos incorridos para adquirir uma boa reputação representam o mesmo papel de outros gastos mercantis. Devem ser cobertos da mesma maneira, pelo excedente da receita total sobre os custos totais.

Caso 3 – O vendedor, num círculo limitado de clientes fiéis, desfruta de uma reputação tão boa, que lhe permite vender por preços superiores aos cobrados pelos seus competidores de menor renome. Não obstante, esses preços não são preços monopolísticos. Não resultam do propósito deliberado de restringir as vendas para aumentar a receita líquida. Pode ser que o vendedor não tenha possibilidade de vender uma maior quantidade, como é o caso, por exemplo, de um médico que atende o máximo possível de clientes, embora cobre mais caro que seus colegas menos solicitados. Pode ser também que a expansão de vendas requeira investimentos adicionais e que o vendedor ou não disponha do capital ou considere que existem aplicações mais rentáveis. Neste caso, o que impede uma expansão da produção e da oferta de mercadorias e serviços não é uma ação propositada da parte do vendedor, mas a situação do mercado.

Como a interpretação equivocada desses fatos tem gerado toda uma mitologia de "competição imperfeita" e de "competição monopolística", é necessário fazer um exame mais detalhado das considerações de um empresário que está ponderando os prós e contras de uma expansão de seu negócio.

Expandir uma instalação produtora, tanto quanto aumentar a produção ao passar de uma utilização parcial à plena utilização de uma instalação produtora, requer investimento adicional de capital, o que só é oportuno se não houver outro investimento mais lucrativo disponível.[25] Pouco importa se o empresário é suficientemente rico para investir recursos próprios ou se precisaria tomá-los por empréstimo. Este capital próprio do empresário que não é empregado na sua firma não está "ocioso". Está sendo utilizado em algum outro setor do sistema econômico. Para serem empregados na expansão do negócio em questão, estes recursos terão de ser retirados do seu atual emprego.[26]

---

[25] Gastos adicionais de publicidade também significam aporte adicional de capital.

[26] Dinheiro em caixa, mesmo quando excede às proporções correntes e é chamado de "entesouramento",

O empresário só mudará de posição se esperar dessa mudança um aumento de sua renda líquida. Acresce ainda que existem outras dúvidas que podem dificultar o desejo de expandir uma empresa próspera, mesmo que a situação do mercado pareça ser propícia. O empresário pode duvidar da sua própria capacidade para dirigir com sucesso uma empresa maior. Pode também ser influenciado pelo exemplo proporcionado por empresas prósperas para as quais a expansão foi ruinosa.

Um comerciante que, graças à sua esplêndida reputação, tem possibilidade de vender por preços mais elevados que os de seus competidores de menor renome poderia, obviamente, abster-se de usufruir desta vantagem e reduzir os seus preços ao nível dos de seus competidores. Como qualquer vendedor de mercadorias ou de trabalho, poderia abster-se de tirar o máximo de vantagem da situação do mercado e vender por um preço tal, que a demanda supere a oferta. Ao agir assim, estaria presenteando algumas pessoas. Os beneficiários seriam aqueles que puderam comprar por esse preço menor. Outros, embora dispostos a pagar o mesmo preço, ficariam de mãos vazias, porque a oferta não teria sido suficiente.

Toda restrição na produção e oferta de qualquer artigo decorre sempre de decisões de empresários desejosos de obter o maior lucro possível e de evitar perdas. O traço característico dos preços monopolísticos não deve ser procurado no fato de os empresários não terem produzido maior quantidade do artigo em questão e, consequentemente, não terem provocado uma queda nos seus preços. Tampouco deve ser atribuído ao fato de que fatores complementares de produção permaneceram sem utilização, embora seu emprego pudesse ter reduzido o preço do produto. A única questão relevante é saber se a restrição da produção resulta da retenção pelo proprietário – monopolista – de determinados bens e serviços, a fim de obter preços mais elevados para o restante. O traço característico dos preços monopolísticos reside no desrespeito aos desejos dos consumidores. Um preço competitivo para o cobre significa que o preço final do cobre tende para um ponto no qual as jazidas são exploradas na medida permitida pelos preços dos fatores complementares de produção não específicos necessários; a mina marginal não produz renda. Os consumidores estão obtendo todo o cobre que eles mesmos determinam, tendo em vista o preço que atribuem ao cobre e a todas as outras mercadorias. Um preço monopolístico do cobre significa que as jazidas são exploradas com menor intensidade porque isso é mais vantajoso para os proprietários; o capital e o trabalho que teriam sido empregados na produção adicional de cobre, se

---

é uma maneira de empregar fundos disponíveis. No prevalecente estado do mercado, o ator considera guardar dinheiro em caixa como o melhor emprego para uma parte de seus ativos.

a soberania dos consumidores não fosse infringida, são empregados na produção de outros artigos para os quais a demanda dos consumidores é menos intensa. Os interesses dos proprietários das jazidas de cobre prevalecem sobre os dos consumidores. As jazidas de cobre existentes não são exploradas segundo os desejos do público.

Os lucros também são, obviamente, fruto de uma discrepância entre os desejos dos consumidores e as ações dos empresários. Se todos os empresários tivessem tido no passado uma perfeita antevisão do atual estado do mercado, não teriam surgido nem lucros nem perdas. A competição entre eles já teria ajustado, no passado – levando em conta a referência temporal —, os preços dos fatores complementares de produção aos preços atuais dos produtos. Mas esta constatação não elimina a diferença fundamental entre lucros e ganhos monopolísticos. O empresário lucra na medida em que consegue atender melhor os desejos dos consumidores do que outros o fariam. O monopolista obtém ganhos monopolísticos diminuindo a satisfação dos consumidores.

8
MONOPÓLIO DE DEMANDA

Preços monopolísticos só podem emergir de um monopólio de oferta. Um monopólio de demanda não produz uma situação de mercado diferente daquela que existiria se a demanda não fosse monopolizada. O comprador monopolístico – seja ele um indivíduo ou um grupo de indivíduos agindo de comum acordo – não pode obter um ganho específico correspondente ao ganho monopolístico de um vendedor monopolístico. Se restringir a demanda, comprará por preços mais baixos; mas a quantidade comprada também diminuirá.

Da mesma maneira que os governos restringem a competição, a fim de melhorar a situação de vendedores privilegiados, também podem restringir a competição para favorecer compradores privilegiados. Inúmeras vezes os governos embargam a exportação de certas mercadorias. Desta forma, pela exclusão de compradores estrangeiros, procuram obter uma redução nos preços domésticos. Mas este preço reduzido não é uma contrapartida do preço monopolístico.

O que é habitualmente estudado sob o nome de monopólio de demanda são certos fenômenos da determinação dos preços de fatores complementares de produção específicos.

A produção de uma unidade da mercadoria m requer, além do emprego de vários fatores não específicos, o emprego de uma unidade de cada um dos dois fatores absolutamente específicos a e b. Nem a nem b podem ser substituídos por qualquer outro fator; por outro lado, a só pode ser usada em combinação com b e vice-versa. A disponibilidade de a excede largamente a disponibilidade de b. Portanto, é impossível aos detentores de a obter qualquer preço por a. A demanda por a é sempre menor do que a oferta; a não é um bem econômico. Se a é um mineral cuja extração requer o uso de capital e trabalho, a propriedade da jazida não gera um benefício. Não existe nenhuma receita de aluguel da mina.

Mas se os proprietários de a formam um cartel, podem mudar completamente a situação. Podem restringir a oferta de a a uma fração tal, que a oferta de b seja maior que a oferta de a. Assim, a torna-se um bem econômico pelo qual se paga um preço, enquanto o preço de b reduz-se a zero. Se, então, os proprietários de b reagirem e também formarem um cartel, uma luta de preços se estabelece entre os dois conjuntos monopolísticos, sobre cujo resultado a cataláxia não tem nada a dizer. Como já foi salientado, o processo de formação de preços não produz um único resultado determinado quando mais de um dos fatores de produção necessários são de caráter absolutamente específico.

Não importa que a situação do mercado seja ou não de tal ordem que os fatores a e b, juntos, possam ser vendidos por preços monopolísticos. Não faz nenhuma diferença se o preço de um conjunto compreendendo uma unidade de a e de b é um preço monopolístico ou um preço competitivo.

Assim, o que às vezes é visto como um monopólio de demanda transforma-se, sob condições particulares, num monopólio de oferta. Os vendedores de a e de b desejam cobrar preços monopolísticos sem se importar em saber se o preço de m pode ou não se transformar num preço monopolístico. A única coisa que lhes importa é obter o maior preço que os compradores estão dispostos a pagar pelos dois fatores a e b juntos. Este caso não apresenta nenhum aspecto que permita qualificá-lo como *monopólio de demanda*. Esta expressão, entretanto, torna-se compreensível, se levarmos em consideração as circunstâncias acidentais do conflito entre os dois grupos. Se os proprietários de a (ou de b) são ao mesmo tempo os empresários que fabricam m, seu cartel tem uma aparência externa de monopólio de demanda. Mas esta combinação de duas funções catalácticas numa mesma pessoa não altera o problema básico; o que está em jogo é o ajuste de interesses entre dois grupos de vendedores monopolísticos.

Nosso exemplo se aplica, *mutatis mutandis*, ao caso em que a e b podem também ser empregados para outros propósitos além da produção de m, desde que esses outros empregos sejam de menos rentabilidade.

9
EFEITOS DE PREÇOS MONOPOLÍSTICOS SOBRE O CONSUMO

O consumidor pode reagir a preços monopolísticos de maneiras diferentes.

1. Apesar da alta de preço, o consumidor individual não restringe suas compras do artigo monopolizado. Prefere restringir a compra de outros bens (se todos os consumidores reagissem dessa maneira, o preço competitivo já teria aumentado ao nível do preço monopolístico).

2. O consumidor restringe sua compra do artigo monopolizado de maneira a não gastar mais do que gastaria, num regime de preços competitivos, para comprar uma quantidade maior. (Se todas as pessoas reagissem dessa maneira, o vendedor não receberia mais com o preço de monopólio do que com o preço competitivo; não obteria nenhum ganho desviando-se do preço competitivo).

3. O consumidor restringe sua compra da mercadoria monopolizada, de maneira a gastar menos do que gastaria num regime de preços competitivos; usa o dinheiro assim poupado para comprar outros bens que, normalmente, não compraria. (Se todas as pessoas reagissem dessa maneira, o vendedor estaria se prejudicando ao substituir o preço competitivo por um preço maior; nenhum preço monopolístico poderia emergir. Neste caso, somente um benfeitor que quisesse dissuadir seus semelhantes do hábito de usar drogas perniciosas elevaria o preço do artigo em questão acima do preço competitivo).

4. O consumidor gasta, na compra da mercadoria monopolizada, mais do que gastaria num regime de preços competitivos, e só adquire uma quantidade menor.

Neste caso, qualquer que seja a reação do consumidor, sua satisfação pessoal parece ter sido prejudicada do ponto de vista de suas próprias valorações. Não estará sendo tão bem servido pelos preços monopolísticos como estaria no caso de preços competitivos. O ganho monopolístico do vendedor corresponde à perda sofrida pelo comprador. Mesmo se alguns consumidores (como no caso 3) adquirissem bens que não teriam sido comprados se não houvesse o preço monopolístico, sua satisfação é menor do que seria num outro regime de preços. O capital e o trabalho que deixaram de ser utilizados na fabricação de produtos cuja produção diminui em consequência da restrição monopolística da oferta de um dos fatores complementares necessários à sua produção são empregados na produção de outras coisas que, de outro modo, não seriam produzidas. Mas os consumidores atribuem valor menor a essas outras coisas.

Entretanto, existe uma exceção a essa regra geral, segundo a qual os preços monopolísticos beneficiam o vendedor, prejudicam o comprador e desrespeitam a supremacia dos interesses do consumidor. Se num mercado competitivo um dos fatores complementares, digamos f, necessário à produção do bem de consumo g, não logra conseguir um preço, embora a produção de f implique em várias despesas, e se os consumidores estão dispostos a pagar pelo bem de consumo g um preço que torne sua produção possível num mercado competitivo, o preço monopolístico de f torna-se uma condição necessária para a produção de g. Essa é a ideia que as pessoas expressam ao defender a legislação em favor de patentes e de direitos autorais. Se os inventores e os autores não pudessem ganhar dinheiro inventando e escrevendo, estariam sendo impedidos de dedicar seu tempo a essas atividades e de arcar com os custos correspondentes. O público não teria nenhuma vantagem pela ausência de preços monopolísticos para f. Ao contrário, deixaria de ter a satisfação que lhe proporcionaria a aquisição de g.[27]

Muitas pessoas estão alarmadas com o uso imprudente de depósitos de minerais e de petróleo, que não podem ser renovados. Nossos contemporâneos, dizem essas pessoas, dilapidam reservas não renováveis, sem qualquer consideração pelas gerações futuras. Estamos consumindo a nossa herança e a dos nossos descendentes. Ora, tais recriminações carecem de sentido. Não sabemos se as gerações futuras dependerão das mesmas matérias-primas das quais dependemos hoje. É verdade que a exaustão das jazidas petrolíferas e mesmo das de carvão vêm progredindo rapidamente. Mas é muito provável que daqui a cem ou quinhentos anos as pessoas recorram a outras fontes de calor e energia. Ninguém sabe se, ao usarmos mais comedidamente esses depósitos, não nos estaríamos privando inutilmente de certos benefícios, sem, nem por isso, propiciar qualquer vantagem para o homem do século XXI ou XXV. É inútil fazer provisões para épocas cuja capacidade tecnológica não pode nem mesmo imaginar.

Mas é contraditório o fato de que as pessoas que lamentam o esgotamento de alguns recursos naturais condenem com a mesma veemência as atuais restrições monopolísticas à sua exploração. É,

---
[27] Ver adiante p. 773-775.

certamente, o preço monopolístico que acarreta uma redução no ritmo de esgotamento da reserva do mercúrio. Aqueles que se assustam com a possibilidade de uma futura escassez de mercúrio devem bendizer esse efeito monopolístico.

A economia, ao evidenciar essas contradições, não pretende "justificar" preços monopolísticos para petróleo, minerais e minérios. A tarefa da economia não é justificar ou condenar. Deve simplesmente analisar os efeitos que os diferentes tipos de ação humana certamente provocarão. Não deve entrar na arena onde defensores e adversários dos preços monopolísticos procuram defender suas causas.

Ambas as partes, nessa acalorada controvérsia, recorrem a argumentos falaciosos. Os antimonopolistas erram ao atribuir a qualquer monopólio o poder de prejudicar os compradores restringindo a oferta e implantando preços monopolísticos. Não menos errado é supor que numa economia de mercado, sem entraves e interferências governamentais, prevaleça uma tendência para formação de monopólios. Falar de *capitalismo monopolístico* em vez de *intervencionismo monopolístico*, e de *cartéis privados* em vez de *cartéis estabelecidos pelo governo*, nada mais é do que uma grotesca distorção da realidade. Os preços monopolísticos estariam limitados a alguns minerais que só podem ser extraídos em poucos locais e a monopólios locais de espaço limitado, se os governos não os encorajassem.[28]

Os partidários do monopólio erram ao creditar aos cartéis a economia típica da produção em larga escala. A concentração monopolística nas mãos de um só produtor, dizem eles, geralmente reduz o custo médio de produção e, portanto, aumenta a quantidade de capital e trabalho disponíveis para produção adicional. Não obstante, não é necessário nenhum cartel para eliminar os estabelecimentos que produzem a custos mais elevados. A competição no mercado livre alcança esse resultado sem que haja necessidade de qualquer monopólio ou de qualquer preço monopolístico. Ao contrário, frequentemente, o propósito da cartelização patrocinada pelo governo é preservar a existência de indústrias e de fazendas que o mercado livre teria feito desaparecer precisamente porque seus custos de produção são muito elevados. O mercado livre teria eliminado, por exemplo, as fazendas submarginais e preservado aquelas cuja produção é economicamente viável aos preços de mercado. Mas o *New Deal* preferiu adotar uma sistemática diferente: forçou todos os agricultores a uma redução proporcional de sua produção. Com essa política monopolística aumen-

---
[28] Ver p. 429.

tou o preço dos produtos agrícolas a tal nível, que tornou viável a exploração de solos submarginais.

Igualmente erradas são as conclusões derivadas de uma confusão entre as economias decorrentes da padronização de produtos e o monopólio. Se as pessoas desejassem apenas um tipo padronizado de determinada mercadoria, a produção de alguns artigos poderia ser organizada de uma maneira mais econômica e os custos seriam correspondentemente diminuídos. Mas se as pessoas se comportassem dessa maneira, a padronização e a consequente redução nos custos também ocorreriam, mesmo que não houvesse monopólio. Quando, por outro lado, os consumidores são *forçados* a se contentar com um único modelo, não se está aumentando a sua satisfação, e sim a diminuindo. Um ditador pode considerar que a conduta dos consumidores é bastante absurda. Por que as mulheres não vestem uniformes como os soldados? Por que teriam de ser tão fascinadas pelas roupas da moda? Pode ser que tenha razão, dependendo dos critérios e valores que adota nos seus julgamentos. Mas o problema é que a valoração é pessoal, individual e arbitrária. A democracia do mercado consiste no fato de que as pessoas fazem elas mesmas suas escolhas e de que nenhum ditador lhes pode obrigar a submeterem-se aos seus julgamentos de valor.

10
A DISCRIMINAÇÃO DE PREÇOS POR PARTE DO VENDEDOR

Tanto os preços competitivos como os preços monopolísticos são os mesmos para todos os compradores. Prevalece no mercado uma tendência para eliminar todas as discrepâncias nos preços de uma mesma mercadoria ou serviço. Embora sejam diferentes as valorações dos compradores e a intensidade com que demandam no mercado, todos pagam os mesmos preços. O homem rico não paga mais pelo pão do que o homem menos rico, embora estivesse disposto a pagar um preço maior se não pudesse comprá-lo por menos. O entusiasta por música que prefere restringir seu consumo de comida a perder um concerto de Beethoven paga pelo bilhete de entrada o mesmo que alguém que considera a música como um simples passatempo e que não hesitaria em deixar de assistir ao concerto se, para isso, tivesse de renunciar a algumas frivolidades. A diferença entre o preço que alguém paga por uma mercadoria e o maior preço que consentiria em pagar por ela é, às vezes, chamada de margem do consumidor.[29]

---

[29] Ver A. Marshall, *Principles of Economics*, 8. ed., Londres, 1930, p. 124-127.

Entretanto, podem surgir no mercado situações que tornem possível ao vendedor discriminar entre os compradores, cobrando-lhes preços diferentes pela mesma mercadoria ou serviço. Pode obter preços que, às vezes, atingem a um nível tal que faça desaparecer toda a margem do consumidor. São necessárias duas condições para que a discriminação de preços seja vantajosa para o vendedor.

A primeira condição é que aqueles que compram por um preço menor não possam revender a mercadoria ou o serviço por um preço maior às pessoas que foram discriminadas pelo vendedor. Se essa revenda não puder ser evitada, frustra-se a possibilidade de discriminar. A segunda condição é que o público não reaja de tal maneira, que a receita líquida do vendedor seja menor do que a receita líquida que obteria se o preço cobrado fosse uniforme. Esta segunda condição é sempre necessária nas situações em que seja vantajoso para o vendedor substituir preços competitivos por preços monopolísticos. Mas também pode surgir numa situação de mercado que não ensejasse a possibilidade de ganhos monopolísticos, uma vez que a discriminação de preço não implica em que o vendedor restrinja a quantidade vendida. Ele não perde completamente nenhum comprador; tem apenas de considerar que alguns compradores podem restringir o montante de suas compras. Mas, como regra geral, tem a possibilidade de vender o remanescente de seu estoque a pessoas que não comprariam nada ou que comprariam apenas uma quantidade menor se tivessem que pagar o preço competitivo uniforme.

Consequentemente, a configuração dos custos de produção não afeta as considerações do vendedor que discrimina. Os custos de produção não sofrem nenhuma alteração, uma vez que a quantidade total produzida e vendida permanece a mesma.

O exemplo mais frequente de discriminação de preço nos é oferecido pelos médicos. Um doutor que possa dar oitenta consultas semanais e que cobre $ 3 por cada uma tem seu tempo todo tomado atendendo a trinta pacientes e ganha $ 240 por semana. Se cobrarem dos dez pacientes mais ricos, que consomem cinquenta consultas, $ 4 em vez de $ 3, eles só consumirão quarenta consultas. O doutor, então, vende as dez consultas remanescentes por $ 2 cada a pacientes que não estariam dispostos a pagar $ 3 pelos seus serviços profissionais. Assim sendo, seus ganhos semanais aumentam para $ 270.

Como o vendedor só pratica a discriminação se lhe for mais vantajoso do que vender a um preço uniforme, é óbvio que o resultado é uma distorção no consumo e na alocação dos fatores de produção aos seus diversos empregos. A discriminação implica sempre num aumento do dispêndio total para aquisição do bem em questão. Os compradores devem compensar esse maior dispêndio diminuindo outras compras. Como é muito pouco provável que os beneficiários da discriminação de preços gastem seus ganhos na compra dos mesmos bens que os prejudicados deixam de adquirir, são inevitáveis as mudanças nos dados do mercado e na produção.

No exemplo acima, saem prejudicados os dez pacientes mais ricos; pagam $ 4 por um serviço pelo qual costumavam pagar $ 3. Mas não é só o médico que obtém vantagem com a discriminação; os pacientes a quem ele cobra $ 2 também são beneficiados. É claro que os recursos para pagar os honorários do médico serão obtidos pela renúncia a outras satisfações. Entretanto, os pacientes valoram essas outras satisfações por menos do que a consulta ao médico. O grau de satisfação atingido é, portanto, maior.

Para melhor compreensão da discriminação de preço, convém lembrar que, no regime da divisão do trabalho, a competição entre todos aqueles que desejam adquirir o mesmo produto não prejudica necessariamente a posição de cada competidor. Os interesses dos competidores são antagônicos apenas em relação aos serviços oferecidos pelos fatores complementares de produção fornecidos pela natureza. Esse inescapável antagonismo natural é superado pelas vantagens advindas da divisão do trabalho. Na medida em que os custos médios de produção possam ser reduzidos pela produção em larga escala, a competição entre aqueles que desejam adquirir a mesma mercadoria acarreta uma melhoria na situação de cada competidor. O fato de que não só algumas pessoas, mas um grande número delas deseja adquirir a mercadoria c torna possível sua fabricação por processos que reduzem os custos; desta maneira, mesmo pessoas com recursos mais modestos podem adquiri-la. Assim sendo, às vezes, a discriminação de preços pode ensejar a satisfação de uma necessidade que permaneceria insatisfeita se não houvesse a discriminação.

Numa determinada cidade existem p amantes da música, e cada um deles estaria disposto a gastar $ 2 para assistir ao recital de um virtuose. Mas o concerto requer um gasto maior do que 2 dólares e, portanto, não pode ser realizado. No entanto, se fosse possível fazer discriminações na venda dos bilhetes e, se entre os p aficionados de música, n estiverem dispostos a pagar $ 4, o recital poderia ser realizado, desde que a quantia 2 $(n+p)$ dólares fosse suficiente. Neste caso, n pessoas pagariam $ 4 cada uma, e $(p-n)$ pessoas pagariam $ 2, renunciando todas elas à satisfação de alguma outra necessidade menos urgente, se não tivessem preferido ir ao recital. Todas as pessoas na plateia estão melhores do que estariam se a impossibilidade de discriminar o preço tivesse impedido a realização do concerto. Os organizadores têm interesse em aumentar a audiência até o ponto em que o aumento de custo por assistente adicional passe a ser maior do que o preço que o novo assistente está disposto a pagar.

As coisas seriam diferentes se o recital pudesse ser realizado mesmo que o preço do bilhete fosse apenas $ 2. Neste caso, a discriminação de preço teria diminuído a satisfação daqueles que pagaram $ 4.

A prática muito comum de vender entradas para espetáculos artísticos ou bilhetes de estrada de ferro por preços diferentes não é o resultado de discriminação de preço no sentido cataláctico do termo. Quem paga um preço maior obtém algo mais do que quem paga um preço menor. Obtém um lugar melhor, uma viagem mais confortável, etc. A verdadeira discriminação de preço ocorre no caso dos médicos que, embora atendendo a cada paciente com o mesmo cuidado, cobram do cliente mais rico mais do que do menos rico. Ocorre no caso de estradas de ferro que cobram mais no caso de certos bens cujo transporte acrescenta mais ao seu valor do que no caso de outros bens, embora os custos ferroviários sejam os mesmos em ambos os casos. É óbvio que tanto o médico como a ferrovia só podem praticar essa discriminação até o limite representado pela possibilidade de o paciente ou o expedidor encontrarem outra solução mais vantajosa para os seus problemas. Mas essa circunstância se refere a uma das condições necessárias ao surgimento de preços discriminatórios.

Seria inútil examinar um estado de coisas no qual a discriminação de preço pudesse ser praticada por todos os vendedores de todos os tipos de mercadorias e serviços. É mais importante enfatizar que numa economia de mercado que não seja sabotada pela interferência governamental as condições necessárias à discriminação de preços são tão raras, que podemos considerá-la um fenômeno excepcional.

11
A DISCRIMINAÇÃO DE PREÇO POR PARTE DO COMPRADOR

Embora um comprador monopolístico não possa tirar vantagens de sua situação monopolística, no caso de discriminação de preço a situação é diferente. Uma só condição é suficiente para fazer surgir a discriminação de preço por parte de um comprador monopolístico, qual seja, a ignorância crassa da situação do mercado por parte dos vendedores. Uma vez que esse tipo de ignorância dificilmente poderia durar muito tempo, a discriminação de preços só pode ser praticada se houver interferência governamental.

O governo suíço instituiu um monopólio estatal para o comércio de cereais. Compra de cereais aos preços do mercado internacional no mercado mundial e a preços mais elevados no mercado interno. No próprio mercado doméstico, paga um preço mais alto aos agricultores que produzem a custos mais elevados nos solos rochosos das regiões de montanha e um preço menos elevado – embora maior do que o do mercado internacional – aos agricultores que cultivam em solo mais fértil.

12
A CONEXIDADE DOS PREÇOS

Se de um determinado processo de produção resultam simultaneamente os produtos p e q, as decisões e ações empresariais são orientadas em função da soma dos preços previstos para p e q. Os preços de p e q são intimamente ligados entre si, uma vez que mudanças na demanda por p (ou por q) acarretam mudanças na oferta de q (ou de p). A relação mútua entre os preços de p e de q pode ser denominada conexidade de produção. O fabricante chama p (ou q) de um subproduto de q (ou p).

Suponhamos a produção do bem de consumo z que requeira o emprego dos fatores p e q, sendo que a produção de p requer o emprego de a e b, e a produção de q o emprego de c e d. Neste caso, mudanças na disponibilidade de p (ou de q) acarretam mudanças na demanda de q (ou por p). É indiferente se a fabricação de z a partir de p e q é efetuada pelas mesmas empresas que produzem p, a partir de a e b, e q, a partir de c e d, ou pelos próprios consumidores como uma etapa preliminar ao seu consumo. Os preços de p e q estão intimamente ligados entre si porque p é inútil ou tem menor utilidade sem q e vice-versa. A relação mútua entre os preços de p e q pode ser denominada de conexidade de consumo.

Se os serviços proporcionados por uma mercadoria b podem ser substituídos, mesmo que não seja de maneira perfeitamente satisfatória, por aqueles proporcionados por outra mercadoria a, uma mudança no preço de uma delas afeta também o preço da outra. A relação mútua entre os preços de a e b pode ser denominada de conexidade de substituição.

As aludidas conexidades de produção, consumo e substituição são casos particulares de conexidade de preços de um número limitado de mercadorias. É necessário que se faça uma distinção entre esses casos particulares de conexidade de preços e a conexidade geral dos preços de todas as mercadorias e serviços. Esta conexidade geral decorre do fato de que para atender a qualquer desejo ou satisfação, além dos vários fatores mais ou menos específicos, há um fator escasso que, apesar das diferenças qualitativas na sua capacidade de produção, pode, nos limites definidos anteriormente com precisão,[30] ser considerado como não específico qual seja, o fator trabalho.

Num mundo hipotético, no qual todos os fatores de produção fossem absolutamente específicos, a ação humana procuraria realizar a satisfação de vários desejos independentes uns dos outros. No nosso mundo verdadeiro, o que inter-relaciona a satisfação de vários desejos é a existência de um grande número de fatores não específicos, aptos a serem empregados para satisfação de diversos fins a serem, numa certa medida substituída uns pelos outros. O fato de que *um* dos fatores, o trabalho, por um lado seja necessário para qualquer tipo de produção e por outro lado seja, nos limites já definidos, não específicos, engendra a conexidade geral de todas as atividades humanas. Este fato faz do processo de formação de preços um conjunto orgânico onde cada engrenagem atua sobre todas as outras. Faz do mercado uma concatenação de fenômenos mutuamente interdependentes.

Seria absurdo considerar um determinado preço como se fosse um fato isolado. Um preço expressa a importância que os agentes homens atribuem a qualquer coisa no atual estágio de seus esforços com vistas a diminuir o desconforto. Não indica uma relação com alguma coisa imutável, mas simplesmente uma posição instantânea num conjunto que varia como se fosse um caleidoscópio. Nesse conglomerado de coisas às quais os julgamentos subjetivos das pessoas atribuem valor, a posição de cada partícula está inter-relacionada com a das outras partículas. O que se denomina de preço é sempre uma relação no interior de um sistema integrado que resulta das várias relações humanas.

13
PREÇOS E RENDA

Um preço de mercado é um fenômeno histórico real, uma relação quantitativa pela quais dois indivíduos trocam quantidades definidas de dois bens específicos, num determinado local e num determinado momento. Refere-se às condições particulares de um ato de troca

---
[30] Ver p. 169-171.

concreto. Em última análise, é determinado pelos julgamentos de valor das pessoas envolvidas. Não decorre da estrutura geral de preços ou da estrutura dos preços de um determinado tipo de bens e serviços. O que se denomina estrutura de preços é uma noção abstrata derivada de uma multiplicidade de preços distintos e concretos. O mercado não estabelece preços para terra, para automóveis em geral ou para salários em geral; estabelece preços para um determinado pedaço de terra, para certo automóvel e para o salário correspondente à prestação de certo serviço. O processo de formação de preços não leva em consideração, de nenhuma forma, a destinação que se pretende dar às coisas trocadas. Por mais diferentes que sejam sob outros aspectos, no momento da troca são apenas mercadorias, isto é, coisas valoradas em função da sua capacidade de diminuir o desconforto.

O mercado não cria nem determina as rendas. Não é um processo de geração de renda. Se o proprietário de um pedaço de terra e o lavrador administrarem com prudência os recursos físicos em questão, a terra e o homem se renovarão e preservarão sua capacidade de prestar serviços: a terra urbana e rural, por um período praticamente indefinido, o homem, durante certo número de anos. Se a situação de mercado para estes fatores de produção não se deteriorar, será possível, no futuro, obter um preço pela sua capacidade produtiva. A terra e a força de trabalho podem ser consideradas fontes de renda, se forem bem administradas, isto é, se sua capacidade de produzir não for prematuramente exaurida por uma exploração imprudente. É a judiciosa restrição no uso dos fatores de produção e não suas propriedades físicas ou naturais que os converte em fontes de renda razoavelmente duráveis. Não há na natureza nada que se possa chamar de fonte permanente de renda. A renda é uma categoria da ação; é o resultado da utilização cuidadosa de fatores escassos. Isto se torna mais evidente ainda no caso de bens de capital. Os fatores de produção produzidos não são permanentes. Embora alguns deles possam durar muitos anos, todos eventualmente se tornam inúteis devido ao desgaste provocado pelo uso e às vezes até mesmo pela simples passagem do tempo. Tornam-se fontes duradouras de renda somente se forem devidamente cuidados. O capital pode ser preservado como uma fonte de renda se o consumo de seus produtos, constantes as condições do mercado, se mantiver num nível que não impeça a reposição das partes desgastadas.

As mudanças nos dados do mercado podem frustrar os esforços para perpetuar uma fonte de renda. O equipamento industrial fica obsoleto se a demanda muda ou se ele for superado por algo melhor. A terra se torna inútil se quantidades suficientes de um solo mais fértil se tornarem acessíveis. A experiência e a habilidade para executar certos tipos de trabalho deixam de ser rentáveis quando novas modas ou novos métodos de produção reduzem o interesse em empregá-las. O sucesso de qualquer provisão para o futuro depende do acerto dos prognósticos que a inspiraram. Nenhuma renda pode estar imune a mudanças que não foram adequadamente previstas.

Tampouco o processo de formação de preços é uma forma de distribuição. Como já foi ressaltado, não há nada na economia de mercado a que se possa aplicar a noção de distribuição.

14
Preços e produção

O processo de formação de preços num mercado não obstruído dirige a produção de forma a melhor servir os desejos manifestados no mercado pelos consumidores. Somente no caso de preços monopolísticos existe a possibilidade de a produção ser desviada de forma limitada, em benefício do detentor do monopólio.

Os preços determinam os fatores de produção a serem utilizados e os que permanecerão sem utilização. Os fatores de produção específicos apenas são empregados se não houver alternativas mais valoradas para os fatores complementares não específicos. Existem processos tecnológicos, terras e bens de capital não conversíveis cuja capacidade de produzir não é usada porque o seu emprego significaria um desperdício do mais escasso de todos os fatores, o trabalho. Enquanto, num mercado livre, a mão de obra não pode permanecer por muito tempo sem ser utilizada, a não utilização de terra e de equipamento industrial inconversível é um fenômeno comum.

É absurdo lamentar o fato de existir capacidade de produção não utilizada. A capacidade de produção não utilizada de um equipamento que se tornou obsoleto em virtude de evolução tecnológica é um sinal de progresso. Seria uma bênção dos céus se o estabelecimento de uma paz duradoura fizesse com que as fábricas de munição deixassem de ser utilizadas ou se a descoberta de um método eficiente para prevenir e curar a tuberculose tornasse obsoletos os sanatórios usados para tratamento das pessoas afetadas por esse mal. Seria razoável deplorar o erro de previsão no passado que resultou em investimentos não produtivos. Entretanto, os homens não são infalíveis. Certo volume de investimentos equivocados é inevitável. O importante é impedir políticas que, como a expansão creditícia artificial, favoreçam os maus investimentos.

A tecnologia moderna poderia facilmente permitir o cultivo de laranjas e uvas em estufas no Ártico ou nos países subárticos. Todos considerariam isto uma loucura. Mas, no fundo, é o mesmo que preservar o cultivo de cereais em terrenos rochosos e montanhosos à custa de tarifas e outras práticas protecionistas, enquanto por toda parte existem terras férteis e não aproveitadas. A diferença é apenas de grau.

Os habitantes do Jura suíço preferem fabricar relógios em vez de cultivar trigo. Fabricar relógios é, para eles, a maneira mais barata de adquirir trigo. Por outro lado, plantar trigo é a maneira mais barata de adquirir relógios, para um agricultor canadense. O fato de que os habitantes do Jura não plantam trigo e os canadenses não fabricam relógios merece tanto destaque quanto o fato de que os alfaiates não fazem os seus sapatos e os sapateiros não fazem suas roupas.

15
A QUIMERA DE PREÇOS SEM MERCADO

Os preços são um fenômeno do mercado. São gerados pelo processo de mercado e são a parte essencial da economia de mercado. Não existem preços fora da economia de mercado. Os preços não podem ser fabricados como se fossem um produto sintético. Resultam de certa constelação de circunstâncias, de ações e reações dos membros de uma sociedade de mercado. É inútil conjecturar sobre quais seriam os preços se fossem diferentes as circunstâncias que os determinaram. Tais propósitos são tão insensatos quanto as especulações estapafúrdias sobre qual teria sido o curso da história se Napoleão tivesse morrido na batalha de Arcole ou se Lincoln tivesse ordenado ao Major Anderson a retirar-se do Forte Sumter.

Não menos inútil é conjecturar sobre quais deveriam ser os preços. Todo mundo fica satisfeito quando diminuem os preços das coisas que quer comprar e aumentam os preços das coisas que quer vender. Ao expressar tais aspirações, um homem estará sendo sincero se admitir que este é um ponto de vista pessoal. Outra coisa seria incitar o governo a usar o seu poder de coerção e opressão para interferir na estrutura de preços do mercado para atender o seu interesse pessoal. As inevitáveis consequências de tal política intervencionista serão analisadas na sexta parte deste livro.

Mas é iludir-se ou enganar os outros querer considerar tais desejos e julgamentos arbitrários de valor como verdades objetivas. Na ação humana, o que importa são os desejos dos vários indivíduos de atingir fins. Em relação à escolha desses fins, não se aplica o conceito de verdade; o que importa é o valor. Julgamentos de valor são necessariamente subjetivos, quer sejam formulados por um ou por muitos homens, por um néscio, por um professor ou por um estadista.

Qualquer preço de mercado é necessariamente o resultado da interação das forças intervenientes, isto é, da demanda e da oferta. Qualquer que seja a situação do mercado que tenha dado origem a determinado preço, este é sempre adequado, genuíno e real em relação a essa situação. Não pode ser maior se nenhum comprador está disposto a pagar mais, e não pode ser menor se nenhum vendedor está disposto a vender por menos. Somente a existência de pessoas dispostas a comprar ou a vender pode modificar os preços.

A economia analisa o processo do mercado que dá origem aos preços das mercadorias, aos salários e às taxas de juros. Não lida com fórmulas que nos permitiriam calcular um preço "correto" diferente daquele estabelecido no mercado pela interação de compradores e vendedores.

Por trás dos esforços que procuram determinar preços sem mercado está à confusa e contraditória noção de custos reais. Se os custos fossem uma coisa real, isto é, uma quantidade independente de julgamentos pessoais de valor, objetivamente discerníveis e mensuráveis, seria possível a um árbitro imparcial determinar o seu valor e, consequentemente, o preço correto. Não há necessidade de nos estendermos sobre o absurdo contido nessa ideia. Custo é um fenômeno de valoração. Custo é o valor atribuído ao desejo de satisfazer a necessidade mais importante ainda não satisfeita porque os meios necessários para satisfazê-la foram empregados para satisfazer aquela outra necessidade de cujo custo nos está ocupando. A obtenção de um excedente entre o valor do produto e o valor dos custos incorridos, o lucro, é o objetivo de qualquer esforço produtivo. Lucro é a recompensa da ação bem-sucedida. Não pode ser definido sem que se faça referência à valoração. É um fenômeno de valoração e não tem nenhuma relação direta com fenômenos físicos ou de qualquer outra natureza do mundo exterior.

A análise econômica não tem alternativa senão a de reduzir todos os componentes do custo a julgamentos de valor. Os socialistas e os intervencionistas qualificam como "ganho não merecido" o lucro empresarial, o juro sobre capital e a renda da terra, porque consideram que somente o esforço físico e mental do trabalho é real e digno de ser recompensado. Entretanto, a realidade não recompensa o esforço físico e mental. Se o esforço físico e mental é desenvolvido segundo planos bem concebidos, seu resultado aumenta os meios disponíveis para a satisfação de necessidades. A questão relevante é sempre a mesma, independentemente do que as pessoas possam considerar como justo ou equitativo. O que importa é saber qual o sistema de organização social que melhor possibilita a obtenção daqueles fins pelos quais as pessoas estão dispostas a despender esforço físico e mental. A questão é a seguinte: economia de mercado ou socialismo? Não há uma terceira solução. A noção de uma economia de mercado sem preços de mercado é absurda. A própria ideia de preços de custo é irrealizável.

Mesmo se a ideia de preço de custo for aplicada apenas no caso de lucros empresariais, paralisa-se o mercado. Se as mercadorias e os serviços devem ser vendidos por um preço menor do que o de mercado, a oferta será sempre menor do que a demanda. Assim sendo, o mercado não pode determinar nem o que deveria ser produzido nem para quem as mercadorias e serviços deveriam ir. O resultado é o caos.

O mesmo se aplica a preços monopolísticos. É de todo conveniente que não se adotem políticas que possam resultar no surgimento de preços monopolísticos. Mas, quer os preços monopolísticos sejam provocados por políticas governamentais pró-monopólio, quer se devam à ausência de tais políticas, nenhuma "investigação" ou especulação acadêmica tem condições de descobrir qual seria o preço ao qual a demanda igualaria a oferta. O fracasso de todas as tentativas para encontrar uma solução para o monopólio de espaço limitado, no caso dos serviços públicos, prova claramente esta verdade.

É da própria essência dos preços serem eles o resultado da ação de indivíduos e de grupos de indivíduos que agem em seu próprio interesse. O conceito cataláctico de relações de troca e preços exclui tudo aquilo que seja decorrente de ações de uma autoridade central, de pessoas que recorram à violência e à ameaça em nome da sociedade, ou o estado, ou de um grupo de pressão armado. Ao enfatizar que não é função do governo determinar preços, não estamos saindo das fronteiras do pensamento lógico. Um governo não pode determinar preços pela mesma razão que uma gansa não pode pôr ovos de galinha.

Podemos imaginar um sistema social no qual não existam preços, e imaginar também decretos governamentais que estabeleçam os preços num nível diferente daquele que seria determinado pelo mercado. Uma das tarefas da economia é estudar os problemas decorrentes de tais hipóteses. Entretanto, precisamente porque queremos examinar estes problemas, Torna-se necessário distinguir claramente entre preços e decretos governamentais. Os preços são, por definição, determinados pelas pessoas ao comprarem e venderem ou ao se absterem de comprar e de vender. Não devem ser confundidos com *fiats* emitidos por governos ou por outras agências que dispõem de um aparato de coerção e compulsão para fazer cumprir suas determinações.[31]

---

[31] A fim de não confundir o leitor com o emprego de muitos termos novos, limitar-nos-emos a utilizar a linguagem corrente que denomina estes *fiats* governamentais de *preços, taxas de juros, salários decretados ou impostos por outras agências de compulsão (sindicatos, no caso)*. Mas não devemos perder de vista a diferença fundamental que existe entre os preços, juros e salários, tais como determinados no mercado, e as manifestações jurídicas relativas ao estabelecimento de valores máximos ou mínimos para preços, juros e salários que visam a impedir o surgimento dos valores que seriam determinados pelo mercado.

Capítulo 17

A Troca Indireta

1
Meios de Troca e Moeda[1]

A troca entre pessoas é denominada de troca indireta quando, entre as mercadorias e serviços que constituem o objetivo final da transação, se interpõe um ou mais meios de troca. A teoria da troca indireta tem como tema central o estudo das relações de troca entre os meios de troca por um lado e os bens e serviços por outro. As proposições dessa teoria se aplicam a todos os casos de troca indireta e a todas as coisas que são empregadas como meios de troca.

Um meio de troca que seja de uso comum é denominado de moeda. A noção de moeda é vaga, uma vez que sua definição implica o emprego da expressão "uso comum", que é igualmente vaga. Existem situações nas quais se torna difícil definir se um meio de troca é ou não de uso "comum" e se pode ser denominado de moeda. Mas esta imprecisão na caracterização da moeda não afeta, de forma nenhuma, a exatidão e a precisão exigidas pela teoria praxeológica. Porque tudo o que possa ser predicado sobre moeda é válido para qualquer meio de troca. Resulta, portanto, irrelevante preservar o termo tradicional *teoria da moeda*, ou substituí-lo por outra denominação. A teoria da moeda foi e continua sendo a teoria da troca indireta e dos meios de troca.

---

[1] *Money*, no original. Mises emprega a palavra *money*, como se verá logo adiante, com o significado de "um meio de troca que seja de uso comum". Preferimos adotar na tradução a palavra "moeda", embora a palavra "dinheiro" esteja consagrada pelo jargão técnico. Essa escolha deveu-se ao fato de que a palavra *money* é frequentemente usada no texto original em expressões ou substantivos compostos; nestes casos, a palavra moeda ou é de uso mais frequente na língua portuguesa ou permite uma tradução mais fluente. Expressões como p*aper money, money theory, credit money, fiat money, money substitutes, quasi money, quantity of money, issue of money* ficam mais bem traduzidas com o emprego da palavra moeda do que com o emprego da palavra dinheiro. O fato de não existir na língua portuguesa um adjetivo derivado do substantivo dinheiro, enquanto que para a palavra moeda o adjetivo "monetário" é de uso corrente e consagrado, fortaleceu ainda mais essa escolha. Assim sendo, de uma maneira geral adotamos a palavra moeda como tradução de *money*, reservando o uso da palavra dinheiro para expressões em que, na língua portuguesa, seu emprego é inequívoco, como por exemplo: ganhar dinheiro (*to make money*). Com idêntica dificuldade tiveram que se defrontar os tradutores da versão espanhola (Joaquim Reig Albiol) e da versão francesa (Raoul Audouin). O primeiro traduziu *money* por dinero, fazendo uso também do adjetivo *dinerario*. O segundo preferiu usar *monnaie*, reservando a palavra *a*rgent para os casos em que seu uso é consagrado na língua francesa. (N.T.)

2
OBSERVAÇÕES SOBRE ALGUNS ERROS FREQUENTES

Os equívocos lastimáveis decorrentes de doutrinas monetárias de aceitação geral que desencaminharam as políticas monetárias de quase todos os governos dificilmente teriam ocorrido se muitos economistas não tivessem cometido erros crassos ao lidar com problemas monetários e se não se tivessem apegado obstinadamente a esses erros.

Há, em primeiro lugar, a ideia espúria da suposta neutralidade da moeda.[2] Uma excrescência dessa doutrina foi a noção de "nível" de preços que sobe ou desce proporcionalmente ao aumento ou diminuição da quantidade de moeda em circulação. Não chegou a ser percebido o fato de que mudanças na quantidade de moeda nunca podem afetar os preços de todos os bens e serviços ao mesmo tempo e com a mesma intensidade. Tampouco foi percebido que mudanças no poder de compra de uma unidade monetária estão necessariamente ligadas às mudanças nas relações recíprocas entre compradores e vendedores. Para se provar a doutrina de que a quantidade de moeda e os preços aumentam e diminuem proporcionalmente, recorreu-se, ao se lidar com a teoria da moeda, a um procedimento inteiramente diferente daquele que a economia moderna adota ao lidar com todos os seus demais problemas. Em vez de partir das ações dos indivíduos, como a cataláxia deve fazer em todos os casos, sem exceção, foram elaboradas fórmulas com o objetivo de abranger a totalidade da economia de mercado. Os elementos dessas fórmulas eram: a quantidade total de moeda disponível na *Volkswirtschaft* (economia nacional); o volume de trocas, isto é, o equivalente em moeda de todas as transferências de mercadorias e serviços efetuados na *Volkswirtschaft*; a velocidade média de circulação das unidades monetárias; o nível de preços. Essas fórmulas aparentemente evidenciavam a correção da doutrina do nível de preço. Em realidade, essa forma de raciocínio é um caso típico de círculo vicioso. Porque a equação de troca já pressupõe a doutrina do nível de preços que pretende demonstrar. No fundo, não é mais do que uma expressão matemática da doutrina – insustentável – de que existe uma proporcionalidade entre as variações da quantidade de moeda e dos preços.[3]

Ao se examinar a equação de troca, pressupõe-se que um de seus elementos – a quantidade total de moeda, o volume de trocas, a velo-

---

[2] A teoria do cálculo monetário não se enquadra na teoria da troca indireta. É uma parte da teoria geral praxeológica.

[3] Ver p. 200-201. Contribuição importante à história e terminologia dessa doutrina foi fornecida por Hayek em *Prices and Production*, ed. rev. Londres, 1935, p. 1 e segs., p. 129 e segs.

cidade de circulação – sofra variações, sem que ninguém questione como tais variações ocorrem. Deixa-se de perceber que as variações nessas grandezas não surgem na *Volkswirtschaft* em si, mas nas disposições individuais de cada agente, e que é a interação das reações desses agentes que resulta numa alteração da estrutura de preços. Os economistas matemáticos se recusam a raciocinar a partir da demanda e oferta de moeda, feitas pelos diversos indivíduos. Introduzem, em vez disso, o enganoso conceito de velocidade de circulação, elaborado segundo os padrões da mecânica.

Não é necessário, por ora, questionar se os economistas matemáticos têm ou não razão em supor que os serviços prestados pela moeda consistem inteira ou essencialmente na sua rotatividade, na sua circulação. Mesmo que isso fosse verdade, ainda assim seria errado explicar o poder de compra – o preço – da unidade monetária com base nos seus serviços. Os serviços prestados pela água, uísque ou café não determinam os preços pagos por essas mercadorias. Apenas explicam por que as pessoas, na medida em que queiram utilizá-los, demandam, sobre certas condições, determinadas quantidades dessas mercadorias. É sempre a demanda que influencia a estrutura de preços e não a utilidade intrínseca, o valor objetivo de uso.

É inegável que em relação à moeda a tarefa da cataláxia é mais ampla do que em relação aos bens vendáveis. É tarefa da psicologia e da fisiologia, e não da cataláxia, explicar porque as pessoas desejam os serviços que lhes podem prestar as diversas mercadorias; em relação à moeda, entretanto, a análise dessa questão é uma tarefa da cataláxia. Somente a cataláxia nos pode indicar que vantagens um homem espera obter ao manter moeda em seu poder. Mas não são essas vantagens que determinam o poder de compra da moeda. O desejo de usufruí-las é apenas um dos fatores que geram a demanda por dinheiro. É a demanda, elemento subjetivo cuja intensidade é inteiramente determinada por julgamentos de valor e não por razões objetivas ou pela capacidade de provocar certo efeito, que desempenham um papel na formação das relações de troca do mercado.

A deficiência da equação de troca e de seus elementos básicos está no fato de considerar os fenômenos de mercado de um ponto de vista holístico. Baseia-se numa ilusória noção de economia nacional (*Volkswirtschaft*). Mas onde existe, no estrito sentido do termo, uma *Volkswirtschaft*, não existe mercado, nem preços, nem moeda. Num mercado existem apenas indivíduos ou grupos de indivíduos que agem em concerto. O que motiva esses agentes são seus próprios interesses e não os interesses da economia como um todo. Para que essas noções de volume de trocas ou velocidade de circulação tenham algum sentido, é necessário reportá-las às ações individuais que lhes dão origem. É inadmissível recorrer a essas noções para explicar as ações individuais. A primeira questão que a cataláxia deve colocar em relação a variações na quantidade total de moeda disponível no mercado é a de procurar saber como tais variações afetam a conduta dos diversos indivíduos. A ciência econômica moderna não pergunta quanto vale "o ferro" ou "o pão", mas quanto vale uma quantidade definida de ferro ou de pão, para um indivíduo agindo num determinado momento e lugar. Não pode proceder de forma diferente ao tratar do tema moeda. A equação de troca[4] é incompatível com os princípios fundamentais do pensamento econômico. É uma recaída em formas de pensar já superadas, do tempo em que as pessoas ainda não compreendiam os fenômenos praxeológicos porque baseavam seu pensamento em noções holísticas. É uma forma de pensar estéril, como também o eram as especulações em relação ao valor do "ferro" ou do "pão".

A teoria da moeda é uma parte essencial da teoria cataláctica. Deve ser tratada da mesma maneira com que são tratados todos os outros problemas catalácticos.

3
DEMANDA POR MOEDA E OFERTA DE MOEDA

Prevalecem, na negociabilidade das várias mercadorias e serviços, diferenças consideráveis. Há bens para os quais não é difícil encontrar quem os queira comprar, pagando o mais alto preço possível, nas circunstâncias do momento, ou pelo menos um preço apenas um pouco menor. Há outros bens para os quais é muito difícil encontrar rapidamente um comprador, mesmo que o vendedor esteja disposto a se contentar com uma contrapartida muito menor do que a que poderia obter se pudesse encontrar algum outro pretendente cuja demanda fosse maior. É essa diferença na negociabilidade das várias mercadorias e serviços que engendra a troca indireta. Um homem que, num momento dado, não pode adquirir o que precisa para sua casa ou seu negócio, ou que não sabe ainda que bens irá precisar no futuro incerto, aumenta a possibilidade de atingir seu objetivo final se trocar um bem menos negociável que pretende vender por outro mais negociável. Pode também ocorrer que as características físicas da mercadoria de que deseja desfazer-se (como por exem-

---

[4] O autor se refere à equação de troca MV = PT elaborada por Irving Fisher, na qual M é a quantidade de moeda existente, V a sua velocidade de circulação, P o nível geral de preços e T o volume total de transações. (N.T.)

plo, o fato de ser perecível, ter custos de estocagem elevados ou coisas análogas) obriguem-no a não esperar muito. Às vezes pode ser forçado a se desfazer do bem em questão pelo medo de que o seu valor de mercado se deteriore. Em todos estes casos, sua situação melhora quando adquire um bem de maior negociabilidade, mesmo que este bem não possa satisfazer, diretamente, nenhuma de suas próprias necessidades.

Um meio de troca é um bem que as pessoas adquirem, não para seu próprio consumo ou para empregar na sua atividade produtiva, mas com o propósito de trocá-lo mais tarde por bens que pretendem consumir ou usar na sua atividade produtiva.

A moeda é um meio de troca. É o bem mais negociável; as pessoas o desejam porque imaginam utilizá-lo em futuras trocas interpessoais. Moeda é aquilo que é geralmente aceito e comumente usado como meio de troca. É sua única função. Todas as outras funções que as pessoas atribuem à moeda são meramente aspectos particulares dessa função primordial e única, a de ser um meio de troca.[5]

Meios de troca são bens econômicos. São escassos; há uma demanda por eles. Há no mercado pessoas que desejam adquiri-los e estão dispostas a trocar bens e serviços por eles. Os meios de troca têm um valor de troca. As pessoas fazem um sacrifício para adquiri-los; pagam um "preço" para obtê-los. A peculiaridade desses preços reside meramente no fato de que eles não podem ser expressos em termos de moeda. Em relação aos bens e serviços vendáveis, referimo-nos aos seus preços em moeda. Quando se trata de moeda, referimo-nos ao seu poder de compra em relação aos vários bens vendáveis.

Existe uma demanda por meios de troca porque as pessoas querem manter uma reserva em moeda. Todo membro de uma sociedade de mercado quer manter uma determinada quantidade de moeda em seu bolso ou à sua disposição. Às vezes quer manter um encaixe[6] maior, às vezes um menor; em casos excepcionais, pode até renunciar a manter qualquer encaixe. De qualquer forma, a imensa maioria das pessoas deseja não apenas possuir vários bens vendáveis; quer também possuir moeda. Seu encaixe não é apenas um resíduo, uma parte não gasta de sua fortuna. Não é um saldo residual depois de todos os atos intencionais de compra e venda terem sido consumados. Seu montante é determinado por uma deliberada demanda por moeda. E, como no

---

[5] Ver Mises, *The Theory of Money and Credit*. Trad. H. E. Batson, Londres e Nova York, 1934, p. 34-37.

[6] A palavra encaixe é usada nesta tradução com o sentido de saldo de caixa ou saldo monetário que os indivíduos desejam ter a sua disposição, seja ele representado por moeda em espécie ou por saldos bancários. (N.T.)

que diz respeito a todos os outros bens, são as mudanças na relação entre demanda por e oferta de moeda que produzem as mudanças na relação de troca entre moeda e os bens vendáveis.

Cada unidade monetária pertence a um dos membros que atuam na economia de mercado. A transferência de moeda das mãos de um agente para outro é imediata e contínua; não sofre solução de continuidade. Não há uma fração de tempo na qual a moeda não pertença a um indivíduo ou a uma empresa, e que esteja apenas "circulando".[7] Não tem sentido distinguir entre moeda em circulação e moeda ociosa. Tampouco cabe distinguir entre moeda em circulação e moeda entesourada. O que se chama de entesouramento é um nível de encaixe líquido que – segundo a opinião pessoal de um observador – excede o que é considerado normal e adequado. Entretanto, entesourar é manter moeda em caixa. A moeda entesourada continua sendo moeda e exerce, enquanto entesourada, a mesma função de uma reserva de caixa considerada normal. Quem entesoura moeda acredita que existam condições especiais que tornam conveniente acumular uma reserva de caixa maior do que a que ele mesmo manteria se a situação fosse diferente, ou do que aquela que outra pessoa manteria, ou do que aquela que um economista considera adequada. Agindo assim, estará influenciando a configuração da demanda por moeda, da mesma maneira que qualquer demanda "normal" a influenciaria.

Muitos economistas evitam usar os termos demanda e oferta no sentido de demanda por e oferta de moeda para tê-la como encaixe, porque temem que se faça confusão com a terminologia corrente usada pelos banqueiros. De fato, costuma-se chamar de demanda por moeda a demanda por empréstimos em curto prazo, e de oferta de moeda a oferta de tais empréstimos. Por isso, o mercado de empréstimos em curto prazo é conhecido como o mercado de dinheiro. Diz-se que o dinheiro está escasso quando prevalece uma tendência de elevação da taxa de juros para empréstimos de curto prazo; diz-se que há bastante dinheiro quando a taxa de juros desses empréstimos está em baixa. Esse modo de falar está tão enraizado, que nem se cogita em modificá-lo. Mas tem ajudado a difundir equívocos lastimáveis. Faz com que as pessoas confundam as noções de moeda e de capital, induzindo-as a acreditar que o aumento da quantidade de moeda pode reduzir, de forma duradoura, a taxa de juros. Mas, precisamente por serem esses erros tão crassos e evidentes, é pouco provável que o uso de terminologia correta possa criar qualquer mal-entendido. É difícil imaginar que os economistas possam errar em questões tão fundamentais.

---

[7] A moeda pode estar sendo transportada, pode viajar em trens, navios ou aviões de um lugar para outro. Não obstante, mesmo neste caso, está sempre sujeita ao controle de alguém, pertence a alguém.

Outros sustentam que não se devia falar de demanda e oferta de moeda porque os propósitos dos que demandam moeda diferem dos propósitos dos que demandam mercadorias. As mercadorias, dizem eles, são demandadas, em última análise, a fim de serem consumidas, enquanto que a moeda é demandada a fim de ser utilizada em novos atos de troca. Esta objeção também é infundada. Um meio de troca termina sempre por ser passado adiante em novas transações. Mas, antes disso, as pessoas procuram acumular certo montante a fim de estar em condições de efetuar uma compra no momento em que ela possa ser efetivada. Precisamente porque as pessoas não desejam prover suas necessidades no mesmo momento em que se desfazem dos bens e serviços que trazem ao mercado, precisamente porque querem esperar, ou são forçadas a esperar, até que surjam condições mais propícias para efetuar suas compras, é que utilizam a troca indireta através da interposição de um meio de troca, em vez de recorrerem à troca direta. O fato de que a moeda não se desgaste pelo uso que dela se faz, e de que possa prestar seus serviços praticamente por um período ilimitado de tempo é um fator importante na configuração de sua oferta. Mas isso não altera o fato de que o valor que se atribui à moeda deva ser explicado da mesma maneira como se explica o valor que se atribui a todos os outros bens: pela demanda daqueles que desejam adquirir-lhes certa quantidade.

Os economistas têm tentado enumerar os fatores que no contexto de um sistema econômico podem aumentar ou diminuir a demanda de moeda. Tais fatores são: os números populacionais; o grau em que as famílias suprem autarquicamente suas necessidades ou que produzem com vistas a suprir as necessidades de outras pessoas, vendendo seus produtos e comprando mercadorias; a distribuição da atividade comercial e das épocas de pagamento, ao longo do ano; a existência de instituições para o ajuste de débitos que se anulam mutuamente, do gênero câmaras de compensação (*clearinghouses*). Todos esses fatores, sem dúvida, influenciam a demanda de moeda e o nível de encaixe dos diversos indivíduos e firmas. Mas influenciam apenas de forma indireta, pelo que representam nas considerações que as pessoas fazem relativamente à determinação do montante que consideram apropriado manter como encaixe. O elemento decisivo é sempre o julgamento de valor das pessoas envolvidas. Os vários agentes decidem sobre qual deve ser, no seu entendimento, o adequado nível de encaixe. Levam a cabo sua decisão, deixando de comprar mercadorias, ações e títulos de renda, vendendo ou, ao contrário, aumentando suas compras desses ativos. Em relação à moeda, as coisas não se passam de forma diferente do que ocorre em relação a todos os outros bens e serviços. A demanda de moeda é determinada pela conduta das pessoas que desejam adquiri-la para mantê-la em caixa.

Outro argumento apresentado contra a noção de demanda de moeda foi o seguinte: a utilidade marginal da unidade monetária diminui muito mais lentamente do que a de outras mercadorias; na realidade, sua diminuição é tão lenta que, na prática, pode ser ignorada. Em relação à moeda, ninguém jamais considera sua demanda como totalmente satisfeita, e ninguém jamais renuncia a uma oportunidade de ter mais dinheiro, desde que o sacrifício correspondente para obtê-lo não seja grande. Portanto, a demanda de moeda pode ser considerada ilimitada. Entretanto, a própria noção de uma demanda ilimitada é, em si mesma, contraditória. Esse argumento é inteiramente falso: confunde a demanda de moeda para ser mantida em caixa com o desejo de maior riqueza expressa em termos de moeda. Quando uma pessoa diz que sua sede por dinheiro jamais será saciada, não está querendo dizer que o montante de seu encaixe nunca será suficientemente grande. O que realmente está dizendo é que nunca se considerará suficientemente rico. Se ganhar uma quantia adicional de dinheiro, não a usará para aumentar o seu encaixe, ou só usará uma parte para este propósito. Utilizará este ganho adicional ou para consumo imediato ou para investimento. Ninguém mantém em seu poder mais dinheiro do que o que deseja manter em caixa.

A percepção de que a relação de troca entre moeda de um lado e mercadorias e serviços vendáveis de outro é determinada da mesma maneira que as relações de troca recíprocas entre os vários bens vendáveis, isto é, pela demanda e oferta, foi a essência da *teoria quantitativa da moeda*. Essa teoria consiste essencialmente numa aplicação da teoria geral da oferta e demanda ao caso particular da moeda. Seu mérito foi tentar explicar o poder de compra da moeda, recorrendo ao mesmo raciocínio que é empregado para explicar todas as outras relações de troca. Seu defeito foi recorrer a uma interpretação holística. Foi considerar a quantidade total de dinheiro na *Volkswirtschaft* (economia nacional) e não as ações individuais dos homens e das firmas. Um corolário dessa visão equivocada consistiu na suposição de que prevalece uma proporcionalidade entre as variações da quantidade – total – de moeda e as dos preços em moeda. Os primeiros críticos da teoria quantitativa falharam nas suas tentativas de refutar os erros nela contidos e em substituí-la por uma teoria mais satisfatória. Não combateram o que havia de errado na teoria quantitativa; ao contrário, atacaram o seu núcleo de verdade. Pretenderam negar que existe uma relação causal entre as variações de preços e as da quantidade de moeda. Esta negação os conduziu a um labirinto de erros, contradições e contrassensos. A moderna teoria monetária retoma o fio da teoria quantitativa tradicional na medida em que parte do reconhecimento do fato de que mudanças no poder de compra da moeda devem ser consideradas segundo os princípios que são aplicados a todos os fenômenos de mercado, e de que existe uma relação entre as mudanças na demanda e na oferta de moeda, por um lado, e as mudanças no poder de compra, por outro.

Nesse sentido, podemos considerar a moderna teoria quantitativa como uma variante melhorada da primitiva teoria quantitativa.

A IMPORTÂNCIA EPISTEMOLÓGICA DA TOERIA DA ORIGEM DA MOEDA DE CARL MENGER

Carl Menger concebeu não somente uma irrefutável teoria praxeológica da origem da moeda. Ele também percebeu a importância de sua teoria para elucidação dos princípios fundamentais da praxeologia e dos seus métodos de pesquisa.[8]

Alguns autores tentaram justificar a origem da moeda como resultado de decreto ou convenção. A autoridade, o estado, ou um pacto entre os cidadãos, teria, deliberada e conscientemente, estabelecido a troca indireta e a moeda. A principal deficiência dessa doutrina não está apenas em imaginar que as pessoas de uma época que desconhecia a troca indireta pudessem conceber um plano para uma nova ordem econômica, inteiramente diferente das condições reais de seu tempo, e que pudessem compreender a importância de tal plano. Tampouco está no fato de que a história não nos fornece qualquer indício em apoio a essas afirmativas. Existem razões mais substanciais para rejeitá-las.

Se admitirmos que as condições das partes interessadas melhoram quando substituem a troca direta pela troca indireta e, subsequentemente, dão preferência a usar como meio de troca certos bens que se caracterizam por sua negociabilidade particularmente alta, fica difícil entender por que alguém, ao lidar com a origem da troca indireta, deveria atribuí-la a um decreto autoritário ou a um pacto explícito entre os cidadãos. Um homem que estivesse tendo dificuldade em obter pela troca direta o que desejasse adquirir aumentaria as chances de realizar seu intento nas próximas tentativas de troca, se adquirisse um bem de maior negociabilidade. Sendo assim, não haveria necessidade de interferência do governo ou de um pacto entre os cidadãos. A feliz ideia de assim proceder poderia ocorrer aos indivíduos mais perspicazes e os menos bem-dotados poderiam imitá-los. Certamente, é mais plausível admitir que as vantagens imediatas proporcionadas pela tro-

---

[8] Ver os livros de Carl Menger *Grundsätze der Volkswirtschaftslehre*, Viena, 1871, p. 250 e segs., ibid., 2 ed., Viena 1923, p. 241 e segs.; *Untersuchungen über die Methode der Sozialwissenschaften*, Leipzig, 1883, p. 171 e segs.

ca indireta tivessem sido percebidas pelos interessados do que supor que um gênio tivesse sido capaz de conceber toda uma sociedade empregando moeda nas suas transações e, adotando a hipótese do pacto, tivesse sido capaz de explicar tal concepção a todas as demais pessoas.

Se, entretanto, não admitirmos que os indivíduos tivessem conseguido descobrir que seria mais vantajoso recorrer à troca indireta do que esperar por uma oportunidade de troca direta, e, só para argumentar, se admitirmos que a moeda tivesse sido introduzida pelas autoridades ou por um pacto, teríamos de esclarecer algumas questões adicionais. Deveríamos investigar que medidas teriam sido empregadas a fim de induzir as pessoas a adotarem um procedimento cuja utilidade não compreendiam e que, tecnicamente, seria mais complicado do que a troca direta. Podemos presumir que teria sido usada a compulsão. Mas, então, devemos indagar, também, quando e quais as circunstâncias que fizeram com que a troca indireta e o uso de moeda deixaram de ser um procedimento indesejável – ou pelo menos indiferente – para as pessoas envolvidas, e passaram a ser um procedimento vantajoso.

O método praxeológico remete todos os fenômenos às ações individuais. Se as condições de troca interpessoal são de tal ordem que a troca indireta facilita as transações e se, e na medida em que, as pessoas têm consciência dessas vantagens, mais cedo ou mais tarde a troca indireta e a moeda passarão a existir. A experiência histórica mostra que estas condições estavam e estão presentes. Se não fosse assim, seria inconcebível que as pessoas tivessem adotado a troca indireta e a moeda, ou que não as tivessem abandonado.

A questão histórica relativa à origem da troca indireta e da moeda, afinal de contas, não diz respeito à praxeologia. A única coisa relevante é que a troca indireta e a moeda existem porque as condições para sua existência estavam e ainda estão presentes. Sendo assim, a praxeologia não precisa recorrer a hipóteses segundo as quais esses modos de intercâmbio teriam sido estabelecidos por um decreto autoritário ou por um pacto. Os estatistas podem, se preferirem, continuar a atribuir a "invenção" da moeda ao estado, por mais improvável que assim tenha sido. O que importa é que um homem adquire um bem não para consumi-lo ou usá-lo na produção, mas para desfazer-se dele num posterior ato de troca. Quando algumas pessoas adotam essa conduta em relação a um determinado bem, este passa ser um meio de troca; quando essa conduta se generaliza, aquele bem passa a ser moeda. Todos os teoremas da teoria cataláctica dos meios de troca e da moeda referem-se aos serviços que um bem presta na sua qualidade de meio de troca. Mesmo se fosse verdade que o impulso para introdução da troca indireta e da moeda tivesse sido dado pelas autoridades ou por um acordo entre os membros da sociedade, isto não enfraqueceria em nada a constatação de que somente o comportamento das pessoas efetuando suas trocas pode criar a troca indireta e a moeda.

A história nos pode dizer onde e quando, pela primeira vez, foram usados meios de troca, e como, subsequentemente, se foi reduzindo o número de bens empregados para esse fim. Como a diferenciação entre a noção mais abrangente de meio de troca e a noção mais específica de moeda não é clara e precisa, mas gradual, não é possível determinar, de comum acordo, quando teria ocorrido a histórica transição de um simples meio de troca para moeda. A resposta a essa questão só pode ser dada pela compreensão histórica. Mas, como já foi mencionada antes, a distinção entre troca direta e troca indireta é bastante clara, e tudo o que a cataláxia estabelece em relação a meios de troca aplica-se a toda a categoria de bens que sejam demandados e adquiridos para serem usados como meios de troca.

Na medida em que a afirmativa segundo a qual a troca indireta e a moeda foram estabelecidas por decreto ou por convenção pretende ser um relato de eventos históricos, cabe aos historiadores demonstrar sua falsidade. Na medida em que seja apresentada meramente como afirmativa histórica, não afeta absolutamente a teoria cataláctica de moeda e sua explicação da evolução da troca indireta. Mas, se pretende ser uma afirmativa sobre a ação humana e os eventos sociais, é uma afirmativa inútil, pois não diz nada sobre a ação. Declarar que, um dia, governantes ou cidadãos reunidos em assembleia tiveram a súbita inspiração de que seria uma boa ideia realizar as trocas de forma indireta, por intermédio de um meio de troca comumente usado, não é uma afirmativa sobre a ação humana. É simplesmente uma forma de fugir ao problema em questão.

É necessário que se compreenda que não se está contribuindo em nada para a concepção científica das ações humanas e dos fenômenos sociais, ao se declarar que o estado, ou um líder carismático, ou uma inspiração que tenha baixado sobre as pessoas os tenham criado. Tampouco tais afirmativas podem refutar os ensinamentos de uma teoria que mostre como tais fenômenos podem ser entendidos como "o produto não intencional, o resultado não deliberadamente pretendido ou visado pelos esforços individuais de cada um dos membros da sociedade".[9]

---

[9] Ver Menger, *Untersuchungen*, c.1, p. 178.

4
A DETERMINAÇÃO DO PODER AQUISITIVO DA MOEDA

Tão logo um bem econômico comece a ser demandado não apenas por aqueles que desejam usá-lo para consumo ou produção, mas também por pessoas que desejam usá-lo como meio de troca e dele se desfazerem, quando necessário, num posterior ato de troca, a demanda por este bem aumenta. Surge, assim, novo emprego para o bem em questão, criando uma demanda adicional. Como para qualquer outro bem econômico, tal demanda adicional acarreta um aumento no seu valor de troca, isto é, na quantidade de outros bens que são oferecidos para adquiri-lo. A quantidade de outros bens que alguém pode obter ao se desfazer de um meio de troca, ou seja, o seu "preço" expresso em termos de vários bens e serviços é em parte determinado pela demanda daqueles que desejam adquiri-lo como meio de troca. Se as pessoas deixam de usar o bem em questão como meio de troca, essa demanda específica adicional desaparece e o seu "preço", consequentemente, diminui.

Assim sendo, a demanda por um meio de troca compõe-se de duas demandas parciais: a demanda dos que pretendem usá-lo para consumo ou produção e a dos que desejam usá-lo como um meio de troca.[10] No que concerne à moeda metálica moderna, fala-se da demanda industrial e da demanda monetária. O valor de troca (o poder aquisitivo) de um meio de troca é o resultado do efeito acumulado dessas duas demandas parciais.

Ora, a amplitude daquela demanda de um meio de troca que decorre de sua utilidade como meio de troca depende do seu valor de troca. Este fato provoca dificuldades que muitos economistas consideram insolúveis, a ponto de se absterem de prosseguir nessa linha de raciocínio. É ilógico, dizem eles, explicar o poder aquisitivo da moeda, referindo-se à demanda de moeda; e a demanda de moeda, referindo-se ao seu poder aquisitivo.

A dificuldade, entretanto, é apenas aparente. O poder aquisitivo a que nos referimos ao falarmos do volume da demanda específica, não é o mesmo poder aquisitivo cuja magnitude determina essa demanda específica. O problema está em conceber como se forma o poder aquisitivo do futuro imediato, do momento seguinte. Para resolver este problema, referimo-nos ao poder aquisitivo do passado imediato, do momento que acabou de passar. São duas grandezas distintas. É um

---

[10] Os problemas de uma moeda que se destina a ser exclusivamente um meio de troca, sem possibilidade de prestar qualquer outro serviço em função do qual fosse demandada, serão tratados adiante, na seção 9.

erro objetar ao nosso teorema, que pode ser chamado de teorema da regressão, sob a alegação de que estaríamos criando um círculo vicioso.[11]

Mas, dizem os críticos, o teorema da regressão equivale simplesmente a fazer recuar o problema. Continuaria sendo necessário explicar como se determina o poder aquisitivo de ontem. Se for explicado da mesma maneira, fazendo-se referência ao poder aquisitivo de anteontem e assim por diante, entraríamos num *regressus in infinitum*. Esse raciocínio, afirmam os críticos, certamente não é uma solução completa e logicamente satisfatória do problema em questão. O que esses críticos não percebem é que a regressão não é infinita. Ela atinge um ponto no qual a explicação se completa e nenhuma outra questão fica sem resposta. Se, passo a passo, remontarmos às origens do poder aquisitivo da moeda chegará finalmente o ponto em que o bem considerado começa a servir como meio de troca. Neste ponto, o valor de troca de ontem é determinado exclusivamente pela demanda não monetária – industrial – que é manifestada apenas por aqueles que pretendem usar esse bem com outras finalidades e não como um meio de troca.

Mas, continuam ainda os críticos, com isto pretende-se simplesmente explicar a parte do poder aquisitivo da moeda decorrente dos serviços por ela prestados como meio de troca pelo fato de que a mesma pode ser utilizada com fins industriais. O problema em si, a explicação do específico componente monetário de seu valor de troca, continuaria sem solução. Mais uma vez, os críticos estão equivocados. Aquela parte do valor total da moeda que resulta dos serviços por ela prestados como meio de troca é inteiramente explicada pela referência específica a esses serviços monetários e à demanda por eles criada. Dois fatos não podem ser negados e não o são por ninguém: primeiro, que a demanda de um meio de troca é determinada por considerações relativas ao seu valor de troca que resulta tanto dos serviços monetários como dos serviços industriais que o meio de troca em questão pode prestar; segundo, que o valor de troca de um bem que ainda não foi demandado para servir como meio de troca é determinado exclusivamente pela demanda das pessoas que o usarão com fins industriais, isto é, para consumo ou para produção. Ora, o teorema da regressão pretende interpretar a primeira

---

[11] O autor deste livro desenvolveu o teorema da regressão do poder de compra na primeira edição de seu livro *Theory of Money and Credit*, publicado em 1912, p. 97-123, da tradução em língua inglesa. Este teorema tem sido criticado segundo diversos pontos de vista. Algumas das objeções levantadas, especialmente por B.M. Anderson no seu interessante livro *The Value of Money*, publicado em 1917, ver p. 100 e segs. da edição de 1936, merecem um exame cuidadoso. A importância dos problemas em questão torna necessário que também sejam examinadas as objeções de H. Ellis, *German Monetary Theory* 1905-1933, Cambridge, 1934, p. 77 e segs. No texto acima, todas as objeções levantadas são identificadas e detalhadamente examinadas.

aparição de uma demanda monetária por um bem, que até então só era demandado para fins industriais, como sendo influenciada pelo valor de troca que lhe é atribuído nesse momento e que é função apenas dos seus serviços não monetários. Isso certamente não significa explicar o valor de troca especificamente monetário de um meio de troca, com base no seu valor de troca industrial.

Finalmente, tem-se objetado, ao teorema da regressão, que sua abordagem seria histórica e não teórica. Esta objeção também não tem fundamento. Explicar um evento do ponto de vista histórico significa mostrar como foi produzido pelas forças e fatores que operam numa certa data e num certo lugar. Essas forças e fatores são os elementos fundamentais da interpretação. São os dados finais e, como tal, não são suscetíveis de ulteriores análises ou reduções. Explicar um fenômeno do ponto de vista teórico significa justificar sua aparição com base em regras gerais que já fazem parte de um sistema teórico. O teorema da regressão atende a essa exigência. Faz remontar o específico valor de troca de um meio de troca a essa sua função, e aos próprios teoremas relativos ao processo de valoração e de formação de preço formulados pela teoria geral cataláctica. Deduz das regras de uma teoria mais universal a explicação de um caso particular. Mostra como o fenômeno específico necessariamente decorre da aplicação de regras que são válidas para todos os fenômenos. Não faz afirmativas do tipo: isto aconteceu naquele momento e naquele lugar. O que afirma é: isto sempre acontece quando ocorrem determinadas condições; sempre que um bem que não tenha sido demandado antes para ser usado como meio de troca começa a ser demandado com essa finalidade, os mesmos efeitos surgem de novo; nenhum bem pode ser empregado como meio de troca se já não tiver um valor de troca em razão de seus outros empregos, no momento mesmo em que começa a ser usado como meio de troca. E todas essas afirmativas, que estão implícitas no teorema da regressão, são enunciadas da forma apodítica que está implícita na natureza apriorística da praxeologia. As coisas têm de acontecer assim. Ninguém poderá conceber um caso hipotético no qual as coisas pudessem ocorrer de forma diferente.

O poder aquisitivo da moeda é determinado pela demanda e oferta, do mesmo modo que o são os preços de todos os bens e serviços vendáveis. Como a ação visa sempre a obter condições futuras mais satisfatórias, quem pretender adquirir ou se desfazer de moeda estará, evidentemente, antes de tudo, interessado no seu futuro poder aquisitivo e na futura configuração dos preços. Mas não poderá formar um juízo quanto ao futuro poder aquisitivo da moeda, a não ser pela observação do seu comportamento no passado recente. É este o fato que diferencia radicalmente a determinação do poder aquisitivo da moeda da determinação das relações de troca entre os vários bens e serviços vendáveis. Em relação a esses últimos, os agentes só levam em consideração sua importância para satisfação de futuros desejos. Se uma nova mercadoria, ainda desconhecida, é colocada à venda, como foi o caso, por exemplo, dos aparelhos de rádio há algumas décadas atrás, a única preocupação de um indivíduo é procurar saber se a satisfação que este invento lhe proporcionará será ou não maior do que a satisfação que esperaria obter com os outros bens que deixará de comprar para poder adquirir a coisa nova. O conhecimento dos preços passados é, para o comprador, meramente um meio de saber qual é a margem do consumidor.[12] Se não estiver interessado em conhecê-los, poderia, se fosse necessário, efetuar suas compras sem que lhes fossem familiares os preços de mercado do passado imediato, que são comumente chamados de preços atuais. Poderia fazer julgamentos de valor sem necessariamente fazer uma avaliação.[13] Como já foi mencionado anteriormente, a perda da memória de todos os preços passados não impediria a formação de novas relações de troca entre as várias coisas vendáveis. Mas, se desaparecesse o conhecimento sobre o poder aquisitivo da moeda, o processo que deu origem à troca indireta e aos meios de troca teria de começar de novo da estaca zero. Seria necessário começar a empregar alguns bens, de maior negociabilidade do que outros, como meios de troca. A demanda desses bens aumentaria e acrescentaria ao montante do valor de troca derivado de seu uso industrial (não monetário) um componente específico derivado dessa nova utilização como meio de troca. Um julgamento de valor em relação à moeda só pode ser feito baseado numa avaliação. A aceitação de uma moeda pressupõe que o correspondente objeto já tenha um valor de troca em consequência de sua utilidade para o consumo ou para a produção. Nem um comprador nem um vendedor poderiam julgar o valor de uma unidade monetária, se não tivessem informações quanto ao seu valor de troca – seu poder aquisitivo – no passado imediato.

A relação entre a demanda de moeda e a oferta de moeda, que pode ser denominado de relação monetária, determina o nível do poder aquisitivo. A relação monetária de hoje, que é formada com base no poder aquisitivo de ontem, determina o poder aquisitivo de hoje. Quem deseja aumentar seu encaixe, restringe suas compras e aumenta suas vendas, produzindo assim uma tendência de baixa nos preços. Quem deseja diminuir seu encaixe, aumenta suas compras – seja para

---

[12] Mises denomina de margem do consumidor (*consumer's surplus*) a diferença entre o preço efetivamente pago por um bem e o maior valor que se estaria disposto a pagar. Ver cap. XVI, seção 10. (N.T.)

[13] Ver diferença entre valoração (julgamento de valor) e avaliação, na seção 2, "Valoração e avaliação", do capítulo XVI, "Preços". (N.T.)

consumo, seja para produção e investimento – e restringe suas vendas, produzindo assim uma tendência de alta nos preços.

Qualquer mudança na quantidade de moeda forçosamente alterará a distribuição de bens vendáveis, possuídos pelos diversos indivíduos e firmas. A quantidade de moeda disponível no mercado como um todo não pode aumentar ou diminuir, a não ser pelo aumento ou diminuição dos encaixes de certos membros individualmente. Podemos imaginar se assim preferirmos que cada membro receba uma parte da moeda adicional, ou arque com uma parte da redução, no momento mesmo em que a moeda adicional é injetada ou retirada do sistema.

Mas quer façamos ou não essa suposição, o resultado final de nossa demonstração permanece o mesmo. Esse resultado será no sentido de que as mudanças na estrutura de preços, provocadas por mudanças na quantidade de moeda disponível no sistema econômico, nunca afetam os preços das várias mercadorias e serviços ao mesmo tempo e na mesma proporção.

Suponhamos que o governo emita uma quantidade adicional de papel-moeda. Ao fazê-lo, o governo pretende ou comprar mercadorias e serviços, ou pagar dívidas em que incorreu ou seus respectivos juros. De qualquer maneira, o erário entra no mercado com uma demanda adicional de bens e serviços; passa a ter condições de comprar mais bens do que poderia fazê-lo antes. Os preços desses bens aumentam. Se o governo, nas suas compras, tivesse gasto dinheiro arrecadado de impostos, os contribuintes teriam restringido as suas e, enquanto os preços dos bens comprados pelo governo aumentassem, diminuiriam os preços de outros bens. Porém, essa queda nos preços dos bens que os contribuintes costumam adquirir não ocorre se o governo aumenta a quantidade de dinheiro à sua disposição, sem reduzir a quantidade de dinheiro em poder do público. Os preços de algumas mercadorias – aquelas que o governo compra – aumentam imediatamente, enquanto que os preços de outras mercadorias permanecem inalterados por algum tempo. No entanto, o processo continua. Aqueles que venderam as mercadorias compradas pelo governo estão agora em condições de comprar mais do que costumavam fazer antes. Os preços daquilo que essas pessoas passam a comprar em maior quantidade também aumentam. Assim, a reação em cadeia se transmite de um grupo de mercadorias e serviços para outro, até que todos os preços e salários tenham aumentado. O aumento nos preços, portanto, não é sincrônico para as várias mercadorias e serviços.

Quando, finalmente, em consequência do aumento na quantidade de moeda, todos os preços tiverem aumentado este aumento não terá afetado as várias mercadorias e serviços na mesma proporção. Porque o processo afeta a posição material dos vários indivíduos de maneira diferente. Enquanto o processo está em curso, algumas pessoas usufruem os benefícios de obter preços maiores pelos bens ou serviços que vendem, enquanto os preços das coisas que compram ainda não aumentaram ou não aumentaram na mesma proporção. Por outro lado, existem pessoas que estão na infeliz situação de vender mercadorias e serviços cujos preços ainda não aumentaram, ou pelo menos não na mesma proporção dos preços dos bens que precisam comprar para seu consumo diário. Para os primeiros, o progressivo aumento nos preços é uma vantagem; para os segundos, é uma calamidade. Além disso, os devedores são favorecidos em detrimento dos credores. Quando o processo chega a um final, a riqueza dos vários indivíduos foi afetada de forma e em proporções diferentes. Alguns enriqueceram, outros empobreceram. As condições não são mais as mesmas que antes. O novo estado de coisas resulta em mudanças na intensidade de demanda dos diversos bens. A relação dos preços em moeda dos bens e serviços vendáveis não é a mesma de antes. A estrutura de preços mudou, além de todos os preços em termos de moeda terem aumentado. Os preços finais que tendem a ser estabelecidos pelo mercado, tão logo os efeitos do aumento na quantidade de moeda se tenham consumado inteiramente, não são iguais aos preços finais anteriores multiplicados pelo mesmo coeficiente.

O principal defeito da velha teoria quantitativa, assim como da equação de troca dos economistas matemáticos, foi o fato de seus defensores terem ignorado essa questão fundamental. A mudança na oferta de moeda também provoca, forçosamente, uma mudança em outros dados. O sistema de mercado antes e depois da injeção ou da retirada de uma quantidade de moeda não se modifica apenas na medida em que os encaixes dos indivíduos e os preços aumentaram ou diminuíram. Mudaram também as recíprocas relações de troca entre as várias mercadorias e serviços, que, se quisermos recorrer a metáforas, seriam mais bem descritas pela imagem de uma revolução de preços do que pela enganadora comparação com uma elevação ou redução do "nível de preços".

Podemos, por ora, deixar de lado os efeitos sobre todos os pagamentos a prazo, tais como os estipulam os contratos. Mais tarde nos ocuparemos deste assunto, bem como da repercussão dos eventos monetários no consumo e na produção, no investimento e nos bens de capital, na acumulação e no consumo de capital. Mas, mesmo deixando de lado todas essas coisas, não nos devemos esquecer de que mudanças na quantidade de moeda afetam os preços de uma maneira desigual. O momento em que os preços dos diversos bens e serviços são afetados, assim como a intensidade com que o são, depende das circunstâncias de cada caso específico. No curso de uma expansão monetária (inflação), a primeira reação não é apenas a elevação mais rápida e mais acentuada de alguns preços em relação a outros. Pode até ocorrer que certos preços, num primeiro momento, diminuam por corresponderem a mercadorias que são demandadas principalmente por pessoas cujos interesses foram prejudicados.

As mudanças na relação monetária não são causadas apenas pelas emissões de papel moeda feitas pelos governos. Um aumento na produção dos metais preciosos que são empregados como moeda produz os mesmos efeitos, embora, obviamente, sejam outros os grupos populacionais que se beneficiam ou que são prejudicados por esse aumento. Os preços também sobem da mesma maneira se, sem que tenha havido uma correspondente redução na quantidade de moeda disponível, diminuir a demanda de moeda em razão de uma tendência geral de diminuição de encaixes. O dinheiro assim gasto adicionalmente, em decorrência desse "desentesouramento", provoca uma tendência de alta dos preços idêntica à que se produziria se essa quantidade adicional proviesse das minas de ouro ou da emissão de papel moeda. Inversamente, os preços caem quando diminui a oferta de moeda (por exemplo, no caso de recolhimento de papel-moeda) ou quando aumenta a demanda por moeda (por exemplo, no caso de entesouramento para manter maiores encaixes). O processo é sempre desigual e escalonado, desproporcional e assimétrico.

Poderia ser e tem sido objetado que a produção normal das minas de ouro que chega ao mercado poderia acarretar um aumento na quantidade de moeda, mas não na renda – e menos ainda na riqueza – dos proprietários das minas. Essas pessoas ganham apenas sua renda "normal" e, portanto, ao gastá-la, não poderiam perturbar as condições do mercado nem a prevalecente tendência ao estabelecimento de preços finais e ao equilíbrio da economia uniformemente circular. Para eles, a produção anual das minas não significaria um aumento de riqueza e não os impeliria a oferecer preços maiores. Continuariam a viver no mesmo padrão de sempre. Seus gastos, nesses limites, não poderiam revolucionar o mercado. Portanto, a produção normal de ouro, embora certamente aumentando a quantidade de dinheiro disponível, não poderia pôr em marcha um processo de depreciação do valor da moeda. Seria neutra em relação aos preços.

Diante deste raciocínio, deve-se antes de qualquer coisa observar que uma economia em desenvolvimento na qual a população está aumentando e a divisão do trabalho, assim como seu corolário, a especialização industrial, estão sendo aperfeiçoadas, prevalece uma tendência a aumentar a demanda por dinheiro. Novas pessoas surgem em cena e querem ter seus encaixes de moeda. A autossuficiência econômica, isto é, a produção doméstica para atendimento de suas próprias necessidades, diminui e as pessoas se tornam mais dependentes do mercado; isto, em termos gerais, impele-as a aumentarem os seus encaixes. Assim sendo, a tendência ao aumento dos preços decorrentes do que é denominado produção "normal" de ouro confronta-se com uma tendência contrária de redução de preços decorrente da maior demanda por moeda. Entretanto, estas duas tendências opostas não se neutralizam reciprocamente. Ambos os processos seguem o seu próprio curso e resultam numa perturbação das condições sociais existentes, tornando uns mais ricos e outros mais pobres. Ambos afetam os preços dos vários bens em graus e momentos diferentes. É verdade que o aumento dos preços de algumas mercadorias provocado por um desses processos, pode ser compensado pela diminuição causada pelo outro processo. Pode ocorrer que, no final, alguns ou muitos preços retornem ao seu nível anterior. Mas este resultado final não é fruto de uma ausência dos movimentos que são provocados pelas mudanças na relação monetária. Este resultado, na realidade, é fruto do efeito conjunto e da coincidência de dois processos independentes um do outro, sendo que cada um, pelo seu lado, provoca alterações nas condições do mercado, bem como na situação material dos vários indivíduos e grupos de indivíduos. A nova estrutura de preços pode não ser muito diferente da anterior. Mas é a resultante de duas séries de mudanças, decorrentes de dois processos distintos, que realizaram plenamente todas as transformações sociais que lhes são inerentes.

O fato de os proprietários das minas de ouro contarem com uma renda anual estável, proveniente do ouro que produzem, não elimina o efeito do ouro recém produzido sobre os preços. Os proprietários das minas tiram do mercado, em troca do ouro produzido, os bens e serviços necessários à exploração da sua jazida e os bens necessários ao seu consumo e aos seus investimentos em outras linhas de produção. Se não tivessem produzido esta quantidade de ouro, os preços não teriam sido afetados por ela. Não importa que os aludidos proprietários tenham previsto e capitalizado a produção futura e que tenham ajustado o seu padrão de vida à expectativa de uma renda estável e regular proveniente da exploração das suas minas. Os efeitos que o ouro recém produzido exerce nos seus gastos e nos gastos das pessoas cujos encaixes irão pouco a pouco aumentar só começam a se produzir no momento em que este ouro estiver disponível nas mãos dos proprietários das minas. Se, na expectativa de futuros rendimentos, gastaram antecipadamente e o rendimento esperado deixa de ocorrer, a situação é idêntica ao do caso em que um consumo foi financiado por um crédito baseado em expectativas que não foram confirmadas pelos fatos posteriores.

As mudanças no volume dos encaixes desejados pelas várias pessoas só se neutralizam quando se repetem regularmente e estão ligadas por uma reciprocidade causal. Os assalariados não são pagos todos os dias, mas em determinados dias de pagamento ao final de uma ou várias semanas. Tais pessoas não procuram manter seus encaixes no mesmo nível durante este período; o montante de dinheiro que mantêm em caixa diminui à medida que se aproxima o dia do próximo pagamento. Por outro lado, os comerciantes que lhes fornecem as mercadorias de que necessitam aumentam seus encaixes concomitantemente. Um movimento condiciona o outro; existe entre eles uma interdependência que os harmoniza temporal e quantitativamente. Nem o comerciante nem o seu cliente se deixam influenciar por essas flutuações recorrentes. Seus encaixes, assim como, respectivamente, suas operações comerciais e seus gastos de consumo, levam em conta o período completo e consideram-no como um todo.

Foi esse fenômeno que induziu os economistas a imaginarem uma circulação regular da moeda e a negligenciarem as variações nos encaixes individuais. Entretanto, estamos diante de uma concatenação que está limitada a um campo estreito e nitidamente circunscrita. A neutralização só pode ocorrer na medida em que o aumento do encaixe de um grupo de pessoas esteja temporal e quantitativamente relacionado com a diminuição do encaixe de outro grupo, e na medida em que essas variações sejam autocompensatórias no curso de um período que os membros de ambos os grupos considerem como um todo, ao planejar os seus respectivos encaixes. Fora desse campo, tal neutralização não é possível.

5
O problema de Hume e Mill e a força motriz da moeda

Seria possível imaginar um estado de coisas no qual as mudanças no poder aquisitivo da moeda ocorressem ao mesmo tempo e com a mesma intensidade em relação a todas as mercadorias e serviços e proporcionalmente às mudanças ocorridas seja na demanda, seja na oferta de moeda? Em outras palavras, seria possível imaginar uma moeda que fosse neutra, no contexto de um sistema econômico outro que não a construção imaginária de uma economia uniformemente circular? Esta pertinente questão pode ser denominada de o problema de Hume Mill.

Ninguém contesta o fato de que nem Hume nem Mill conseguiram encontrar uma resposta afirmativa para essa questão.[14] Seria possível respondê-la categoricamente pela negativa?

Imaginemos dois sistemas, A e B, de economia uniformemente circulares. Os dois sistemas são independentes e não têm qualquer conexão entre si. Os dois sistemas diferem um do outro apenas pelo fato de que para cada quantidade m de moeda em A corresponde uma quantidade $n\,m$ em B, n sendo maior ou menor do que 1; suponhamos que não existam pagamentos a prazo e que a moeda usada em ambos os sistemas só tem utilização puramente monetária, sendo impossível dar-lhe qualquer uso não monetário. Consequentemente, os preços nos dois sistemas guardam entre si a proporção $1:n$. Seria imaginável que as condições em A pudessem ser alteradas de um só golpe e de tal maneira que se tornassem equivalentes às condições em B?

A resposta a essa questão deve, obviamente, ser negativa. Quem quiser respondê-la afirmativamente terá de supor que um *deus ex machina* aborda cada indivíduo ao mesmo tempo, aumenta ou diminui os seus encaixes, multiplicando-os por n, e lhe diz que doravante deve multiplicar por n todos os preços que utiliza nas suas avaliações e cálculo. Isto só pode acontecer por milagre.

Já foi assinalado anteriormente que, na construção imaginária de uma economia uniformemente circular, a própria noção de dinheiro se esvaece num processo de cálculo irreal, autocontraditório e desprovido de qualquer significado[15]. É impossível atribuir qualquer função à troca indireta, aos meios de troca e à moeda numa tal construção imaginária cuja principal característica é a imutabilidade e a rigidez das circunstâncias.

Onde não há incerteza quanto ao futuro, não há qualquer necessidade de encaixe. Como a moeda, necessariamente, só pode ser mantida em poder das pessoas sob a forma de encaixe, não havendo encaixe, não pode haver moeda. O uso de meios de troca e a manutenção de encaixes são condicionados pelo fato de que as condições econômicas variam. A moeda em si mesma é um elemento de troca; sua existência é incompatível com a ideia de um fluxo regular de eventos numa economia uniformemente circular.

---

[14] Ver Mises, *Theory of Money and Credit*, p. 140-142.

[15] Ver p. 305-306.

Além de seus efeitos sobre os pagamentos a prazo, toda mudança na relação monetária altera as condições dos diversos membros da sociedade. Alguns ficam mais ricos, outros mais pobres. Pode ocorrer que os efeitos de uma mudança na demanda e na oferta de moeda coincidam, grosso modo, com os efeitos da mudança em sentido contrário que estejam ocorrendo ao mesmo tempo e com a mesma intensidade; podem ocorrer que o resultante desses dois movimentos opostos seja tal, que não se registrem mudanças importantes na estrutura de preços. Mesmo assim, não deixam de existir os efeitos nas condições dos vários indivíduos. Cada mudança na relação monetária segue seu próprio curso e produz os seus próprios efeitos. Se um movimento inflacionário ocorre ao mesmo tempo em que um deflacionário, ou se uma inflação é seguida por uma deflação de tal maneira que ao final os preços não se alterem significativamente, as consequências sociais de cada um dos dois movimentos não se anulam reciprocamente. Às consequências sociais de uma inflação somam-se as de uma deflação. Não há nenhuma razão para supor que os favorecidos pelo primeiro movimento serão prejudicados pelo segundo, ou vice-versa.

A moeda não é um *numéraire* abstrato nem um padrão de valor ou de preços. É necessariamente um bem econômico e, como tal, é valorada e avaliada pelos seus próprios méritos, isto é, pelos serviços que dela se esperam retendo-a em caixa. No mercado, há sempre mudança e movimento. A moeda só existe porque existem flutuações; é um elemento de troca não porque "circula", mas porque pode ser mantida em caixa. As pessoas só conservam moeda em caixa porque sabem que podem ocorrer mudanças cuja amplitude e natureza são absolutamente imprevisíveis.

A moeda, que só pode ser concebida numa economia que sofre mudanças, é, em si mesma, um elemento provocador de novas mudanças. Cada mudança das circunstâncias econômicas atua sobre a moeda fazendo dela a força motriz de novas mudanças. Cada alteração nas recíprocas relações de troca entre os vários bens não monetários produz mudanças não somente na produção e no que é comumente denominado de distribuição, como também acarreta mudanças na relação monetária, provocando assim mais mudanças. Nada do que ocorre na órbita dos bens vendáveis deixa de afetar a órbita da moeda e tudo o que acontece na órbita da moeda afeta a órbita das mercadorias.

A noção de uma moeda neutra é tão contraditória quanto a de uma moeda com poder aquisitivo estável. A moeda que não tivesse ela mesma uma força motriz não seria, como as pessoas presumem frequentemente, uma moeda perfeita; pelo contrário, não seria de modo algum uma moeda.

Muitas pessoas acreditam, erradamente, que uma moeda perfeita deveria ser neutra e dotada de poder aquisitivo estável, e uma política monetária adequada consistiria em fazer existir essa moeda perfeita. É compreensível que se adote essa ideia como uma reação contra os postulados ainda mais falsos dos inflacionistas. Mas é uma reação excessiva, intrinsecamente confusa e contraditória, e que tem provocado graves danos por ter sido reforçada por um erro inveterado, inerente ao pensamento de vários filósofos e economistas.

O equívoco desses pensadores foi o de aceitar a crença muito comum segundo a qual um estado de repouso seria mais perfeito do que um estado de movimento. Como a ideia de perfeição implica no fato de não ser possível imaginar um estado mais perfeito, qualquer mudança diminuiria, consequentemente, essa perfeição. O que de melhor se pode dizer de um movimento é que ele se dirige para um estado de perfeição no qual haja repouso porque cada novo movimento conduziria a um estado menos perfeito. O movimento seria, assim, encarado como a ausência de equilíbrio e de plena satisfação, como uma manifestação de inquietude e carência. Na medida em que tais reflexões estabeleçam meramente o fato de que a ação visa a diminuir o desconforto e, finalmente, a atingir a plena satisfação, elas são procedentes. Mas não nos devemos esquecer de que o repouso e o equilíbrio estão presentes não apenas numa situação de contentamento perfeito na qual as pessoas seriam perfeitamente felizes; estão também presentes num estado em que as pessoas, se bem que tenham muitas necessidades, não veem nenhum meio de melhorar sua situação. A ausência de ação não é apenas o resultado de uma plena satisfação; pode também ser o corolário da impossibilidade de tornar as coisas mais satisfatórias. Pode tanto significar desespero como felicidade.

A neutralidade da moeda e a estabilidade do seu poder aquisitivo não são compatíveis com o nosso universo real, onde há ação e mudança incessante; só são compatíveis com um sistema econômico que seja rígido. Um mundo no qual estivessem presentes os pressupostos necessários à existência de uma moeda neutra e estável seria um mundo sem ação.

Portanto, não é estranho nem errado que no nosso mundo em constante mudança a moeda não seja neutra nem tenha um poder aquisitivo estável. Todos os planos para tornar a moeda neutra e estável são contraditórios. A moeda é um elemento de ação e, consequentemente, de mudança. As mudanças na relação monetária, isto é, na relação entre demanda e oferta de moeda, afetam a relação de troca entre a moeda por um lado e as mercadorias vendáveis por outro. Essas mudanças não afetam ao mesmo tempo e com a mesma intensidade os preços das várias mercadorias e serviços. Consequentemente, afeta de maneira diferente a riqueza dos vários membros da sociedade.

6
MUDANÇAS NO PODER AQUISITIVO DE ORIGEM MONETÁRIA E DE ORIGEM MATERIAL

As mudanças no poder aquisitivo da moeda, isto é, na relação de troca entre moeda e os bens e mercadorias vendáveis, podem ter sua origem tanto pelo lado da moeda como pelo lado dos bens e mercadorias vendáveis. Podem ser provocadas tanto por variações na demanda e oferta de moeda como na demanda e oferta de outros bens e serviços. Consequentemente, podemos distinguir entre as mudanças no poder aquisitivo de origem monetária (*cash-induced changes*) ou de origem material (*goods-induced changes*).

As mudanças de origem material do poder aquisitivo podem ser provocadas pela variação da oferta ou da demanda de determinadas mercadorias e serviços. Um aumento ou diminuição geral na demanda por todos os bens e serviços ou pela maior parte deles só pode ser de origem monetária.

Examinemos agora as consequências sociais e econômicas das mudanças no poder aquisitivo da moeda, considerando-se as três seguintes pressuposições: primeira, que a moeda em questão só pode ser usada como moeda – isto é, como meio de troca —, não tendo nenhuma outra utilização; segunda, que só existe intercâmbio de bens presentes, não existindo troca de bens presentes por bens futuros; terceira, que não consideraremos os efeitos das mudanças no poder aquisitivo da moeda sobre o cálculo monetário.

Respeitadas essas pressuposições, a mudança de origem monetária do poder aquisitivo limita-se a deslocar a distribuição de riqueza entre os diferentes indivíduos. Alguns ficam mais ricos, outros mais pobres; alguns são mais bem compensados, outros menos; o que alguns ganham é pago pelas perdas de outros. Entretanto, seria inadmissível interpretar este fato dizendo-se que a satisfação total não se alterou, ou que, mesmo não tendo havido uma mudança na disponibilidade total, o estado de satisfação total ou a felicidade como um todo teria aumentado ou diminuído em decorrência das mudanças na distribuição de riqueza. As noções de satisfação total ou de felicidade total são desprovidas de qualquer significado. É impossível encontrar um padrão para comparar os diferentes graus de satisfação ou de felicidade alcançado pelos diversos indivíduos.

As mudanças de origem monetária do poder aquisitivo, indiretamente, acarretam outras mudanças, ao favorecer a acumulação de capitais novos ou o consumo de capitais existentes. Se esses efeitos secundários ocorrerão ou não, e em que direção, é algo que depende dos dados específicos de cada caso. Mais adiante iremos tratar desses importantes problemas.[16]

As mudanças de origem material do poder aquisitivo, às vezes, não são mais do que consequências de um deslocamento da demanda de alguns bens para outros. Se são provocadas por um aumento ou uma diminuição na oferta de bens, não são meramente transferências de algumas pessoas para outras. Não significam que Pedro ganha o que Paulo perde. Algumas pessoas podem ficar mais ricas, embora ninguém empobreça, e vice-versa.

Podemos descrever este fato da seguinte maneira: sejam A e B dois sistemas independentes que não têm qualquer ligação um com o outro. Ambos os sistemas usam o mesmo tipo de moeda, uma moeda que não pode ser usada com propósito não monetário.

Consideremos ainda – caso 1 – que A e B diferem um do outro, porque em B a quantidade total de moeda é $n.m$, sendo m a quantidade de moeda em A; ao mesmo tempo, consideremos também que a cada encaixe c e a cada crédito em moeda d existentes em A corresponde um encaixe nc e um crédito em termos de moeda nd em B. No mais, A e B são iguais. Suponhamos agora – caso 2 – que A e B difiram um do outro unicamente porque em B a oferta de certa mercadoria r é np, sendo p a oferta total desta mercadoria em A; suponhamos também que a cada estoque v desta mercadoria r em A corresponda um estoque nv em B. Em ambos os casos, n é maior do que 1. Se perguntarmos a qualquer indivíduo de A se concorda em fazer um pequeno sacrifício para trocar sua posição pela correspondente posição em B, a resposta será unanimemente negativa no caso 1. Mas, no caso 2, todos os proprietários de r e todos aqueles que não possuem r, mas que desejam possuir uma quantidade – isto é, ao menos uma pessoa —, responderão afirmativamente.

Os serviços que a moeda pode prestar são condicionados pelo nível de seu poder aquisitivo. Ninguém quer ter em caixa um determinado número de moedas ou um determinado peso de moedas; o que se pretende é ter em caixa um determinado montante de poder aquisitivo. Como o funcionamento do mercado tende a fixar o poder aquisitivo da moeda, no seu estado final, num nível em que coincidam a oferta

---

[16] Ver adiante cap. 20.

e a demanda de moeda, não pode haver jamais excesso ou deficiência de moeda. Cada indivíduo e todos os indivíduos juntos desfrutam plenamente das vantagens que a troca indireta e o uso de moeda lhes pode proporcionar, qualquer que seja sua quantidade. As mudanças no poder aquisitivo da moeda acarretam mudanças na distribuição de riqueza entre os vários membros da sociedade. Do ponto de vista das pessoas que desejam enriquecer por intermédio dessas mudanças, a quantidade de moeda pode ser considerada insuficiente ou excessiva, e o apetite por tais ganhos pode resultar em políticas que provoquem variações de origem monetária no poder aquisitivo. Entretanto, os serviços que a moeda presta não pode ser aperfeiçoados nem reparados, se a quantidade de moeda mudar. Pode ocorrer um excesso ou uma deficiência de moeda nos encaixes individuais. Mas tal circunstância pode ser remediada pelo aumento ou diminuição do consumo ou do investimento. (É claro que não devemos incorrer no erro de confundir demanda por moeda para encaixe com o desejo de maior riqueza). A quantidade de moeda disponível na economia como um todo é sempre suficiente para assegurar, a todas as pessoas, todos os serviços que a moeda pode prestar e que efetivamente presta.

Considerando-se as coisas a partir desse ponto de vista, podemos qualificar como desperdício todas as despesas incorridas para efetuar um aumento na quantidade de moeda. O fato de que coisas que poderiam prestar outros serviços úteis sejam usadas como moeda e deixem assim de ter esses outros empregos pode ser considerado como uma redução desnecessária das limitadas oportunidades com que o homem conta para satisfação de suas necessidades. Foi essa ideia que levou Adam Smith e Ricardo a considerarem que seria bastante vantajoso reduzir o custo de produção de moeda, recorrendo-se ao uso de papel moeda. Entretanto, as coisas tomam outra feição quando analisadas de uma perspectiva da história monetária. Quando se constatam as consequências catastróficas das grandes inflações de papel-moeda, é forçoso reconhecer que os gastos inerentes à produção de ouro são um mal menor. Seria inútil replicar que essas catástrofes foram provocadas pelo uso impróprio que os governos fizeram do poder de emitir moeda e crédito, e que governos mais sérios teriam adotado políticas melhores. Considerando-se que a moeda não pode ser neutra, nem pode ter um poder aquisitivo estável, os planos de um governo com vistas a determinar a quantidade de moeda não podem jamais ser imparciais nem equitativos em relação a todos os membros da sociedade. Quaisquer que sejam as medidas que um governo adote com a intenção de influir no nível do poder aquisitivo, elas dependerão sempre dos julgamentos de valor dos governantes. Favorecem sempre os interesses de alguns grupos de pessoas em detrimento de outros grupos; jamais atendem o que é chamado de bem comum ou de bem estar público. As políticas monetárias não podem estar baseadas em considerações de natureza científica.

A escolha de um bem a ser usado como um meio de troca e como moeda nunca é indiferente. Dessa escolha dependerá o curso das mudanças de origem monetária do poder aquisitivo. A questão que realmente importa é a de saber quem deve fazer a escolha: as pessoas, comprando e vendendo no mercado, ou o governo? Foi o mercado que, através de um processo de seleção ao longo dos tempos, atribuiu finalmente aos metais preciosos ouro e prata o caráter de moeda. Por duzentos anos os governos têm interferido na moeda escolhida pelo mercado. Mesmo o estadista mais fanático não se atreveria a dizer que essa interferência tem sido benéfica.

Inflação e deflação; inflacionismo e deflacionismo

As noções de inflação e deflação não são conceitos praxeológicos. Não foram criadas pelos economistas, mas pela linguagem corrente do público e dos políticos. Refletem o equívoco muito difundido de que existe algo que possa ser considerado como uma moeda neutra e de poder aquisitivo estável. Desse ponto de vista, o termo inflação tem sido empregado para significar mudanças de origem monetária que resultam em diminuição do poder aquisitivo, e o termo deflação para significar mudanças de origem monetária que resultam em aumento do poder aquisitivo.

Entretanto, esses termos são aplicados sem que se perceba que o poder aquisitivo nunca permanece constante e que, portanto, sempre existe inflação ou deflação. Essas flutuações, que são necessariamente permanentes, na medida em que sejam pequenas e insignificantes não chegam a ser percebidas; o uso dos termos em questão fica reservado às grandes mudanças do poder aquisitivo. Uma vez que definir se o ponto em que uma mudança no poder aquisitivo merece ser qualificado de grande depende de julgamentos pessoais, tornasse evidente que inflação e deflação são termos aos quais falta a precisão categorial necessária aos conceitos praxeológicos, econômicos e cataláticos. A cataláxia só pode empregá-los quando usa os seus teoremas para interpretar os eventos da história econômica e os programas políticos. Além disso, o uso desses dois termos pode ser conveniente, mesmo em tratados estritamente cataláticos, sempre que seu emprego não resulte em mal-entendido e possibilite um texto mais claro e menos pedante. Mas não se deve esquecer que tudo o que a cataláxia predica em relação à inflação e deflação – isto é, grandes mudanças de origem monetária do poder aquisitivo – são válidas também em relação a pequenas mudanças, embora, evidentemente, as consequências decorrentes de pequenas mudanças sejam menos importantes do que as de grandes mudanças.

Os termos inflacionismo e deflacionismo, inflacionista e deflacionista, se aplicam a programas políticos que resultam em inflação ou deflação no sentido de grandes mudanças de origem monetária do poder aquisitivo.

A revolução semântica, que é uma das principais características de nossos dias, também alterou o significado dos vocábulos inflação e deflação. Hoje, muitas pessoas chamam de inflação ou deflação não ao grande aumento ou redução da oferta de moeda, mas à sua inexorável consequência: a tendência generalizada de aumento ou redução dos preços das mercadorias e dos salários. Essa inovação semântica está longe de ser inofensiva. Representa um papel importante no fomento das tendências populares em favor do inflacionismo.

Em primeiro lugar, hoje já não existe um termo para designar o que a palavra inflação significa. É difícil combater uma política que não tem nome. Os homens de estado e os escritores não têm mais a possibilidade de recorrer a uma terminologia que seja aceita e compreendida pelo público quando procuram condenar a suposta conveniência de emitir grandes quantidades adicionais de moeda. Torna-se necessário elaborar uma análise detalhada e descrever tal política em todos os seus detalhes, recorrendo a cálculos minuciosos toda vez que a ela se referem; e são obrigados a repetir este fastidioso procedimento sempre que abordam o tema. Como essa política não tem nome, torna-se autoexplanatória e uma questão de fato. Propaga-se sem encontrar resistência.

O segundo inconveniente consiste no fato de aqueles que se lançam numa luta inútil e vã contra a inevitável consequência da inflação – o aumento dos preços – denominar seus esforços de luta contra a inflação. Enquanto estão apenas combatendo os sintomas, presumem estar combatendo as raízes do mal. Como não compreendem a relação causal entre o aumento na quantidade de moeda de um lado e o aumento nos preços de outro, tornam as coisas ainda piores. Como um bom exemplo disso, merece ser citado o caso dos subsídios concedidos aos agricultores, durante a Segunda Guerra Mundial, pelos governos dos Estados Unidos, Canadá e Inglaterra. O tabelamento de preços reduziu a oferta das mercadorias tabeladas porque sua produção implicava em perdas para os produtores marginais. Para evitar esta consequência, os governos concederam subsídios aos agricultores cujos custos de produção eram maiores.Esses subsídios foram financiados por aumentos adicionais na quantidade de moeda. Se os consumidores tivessem pagado preços maiores pelos produtos em questão não se teriam produzido os correspondentes efeitos inflacionários. Os consumidores só poderiam usar para este gasto adicional moeda que já existisse previamente. Assim sendo, confundir a inflação propriamente dita com suas consequências pode, na prática, produzir uma inflação ainda maior.

Indiscutivelmente, essa conotação "moderna" dos termos inflação e deflação confunde e engana as pessoas e, por isso, deve ser inteiramente evitada.

7
O CÁLCULO MONETÁRIO E AS MUDANÇAS NO PODER AQUISITIVO

O cálculo monetário utiliza em suas contas os preços das mercadorias e serviços que foram determinados, ou teriam sido determinados, ou presumivelmente serão determinados no mercado. Conforme variem os preços, variam as suas conclusões.

As mudanças de origem monetária do poder aquisitivo não podem ser levadas em conta em tais cálculos. É possível substituir cálculos feitos com base em uma determinada moeda a por cálculos feitos com base numa outra moeda b. Neste caso, os cálculos não são afetados por mudanças no poder aquisitivo de a; mas sofrerão as consequências de mudanças ocorridas no poder aquisitivo de b. Não há como livrar qualquer cálculo econômico das consequências de mudanças no poder aquisitivo da moeda em que foi baseado.

Todos os resultados do cálculo econômico e todas as conclusões que dele derivam acham-se condicionados pelas vicissitudes das mudanças de origem monetária do poder aquisitivo. Em decorrência do aumento ou diminuição no poder aquisitivo, surgem diferenças entre os itens que utilizaram preços anteriores e aqueles que utilizaram preços posteriores; o cálculo indica lucros ou perdas que decorrem unicamente das mudanças de origem monetária ocorridas no poder aquisitivo. Se compararmos tais lucros ou perdas com o resultado de um cálculo feito com base numa moeda cujo poder aquisitivo tenha sofrido mudanças menos intensas, podemos qualificá-los como sendo apenas imagináveis ou aparentes. Mas é preciso não esquecer que tal constatação só é possível pela comparação com cálculos feitos com base em outras moedas. Como não existe moeda alguma cujo poder aquisitivo seja estável, tais lucros e perdas aparentes estão presentes em qualquer cálculo econômico, qualquer que seja a moeda em que se baseie. É impossível distinguir com precisão lucros e perdas reais daqueles que são apenas aparentes.

Pode-se, portanto concluir que o cálculo econômico não é perfeito. Entretanto, ninguém é capaz de sugerir um método que possa livrar o cálculo econômico dessas imperfeições ou imaginar um sistema monetário que possa remover inteiramente essa fonte de erro.

Ninguém poderá negar que o mercado livre conseguiu desenvolver um sistema de meios de pagamento que tem respondido bem às exigências tanto da troca indireta como do cálculo econômico. Os objetivos do cálculo econômico não chegam a ser frustrados por imprecisões decorrentes de modificações do poder aquisitivo que sejam lentas e relativamente pequenas. As mudanças de origem monetária do poder aquisitivo, na amplitude com que ocorreram nos últimos duzentos anos com a moeda metálica, especialmente com o ouro, não chegaram a influenciar gravemente o resultado dos cálculos econômicos empresariais a ponto de torná-los inúteis. A experiência histórica mostra que, na prática, esses métodos de cálculo serviram muito bem aos propósitos da condução dos negócios. O exame teórico demonstra ser impossível imaginar, e ainda menos realizar, um método melhor. Em vista disso, não tem sentido qualificar o cálculo monetário como algo imperfeito. O homem não tem o poder de mudar as categorias da ação humana. Tem, necessariamente, de ajustar sua conduta a elas.

Os homens de negócios jamais consideraram necessário liberar o cálculo monetário baseado no padrão-ouro de sua dependência em relação às flutuações do poder aquisitivo. As propostas para melhorar o sistema de moeda de curso legal pela adoção de um padrão baseado em números-índices ou pela adoção de um padrão baseado num conjunto de mercadorias não foram feitas tendo em vista as transações comerciais e o cálculo monetário. Seu propósito era proporcionar um padrão mais estável para os contratos de empréstimo em longo prazo. Os empresários nem sequer consideraram necessário modificar os seus sistemas de contabilidade de maneira a reduzir as margens de erro decorrentes de flutuações do poder aquisitivo. Poderiam, por exemplo, em vez de adotar a prática de depreciar os equipamentos duráveis por meio de parcelas anuais de seu preço de aquisição, constituir reservas de depreciação representadas por uma percentagem do custo de reposição, de modo a poder dispor do montante necessário no momento em que a reposição fosse conveniente. Mas o mundo dos negócios não mostrou interesse em adotar tais inovações.

Tudo isso é válido apenas em relação à moeda que não está sujeita a mudanças de origem monetária do poder aquisitivo que sejam rápidas e de grande amplitude. Mas uma moeda sujeita a mudanças rápidas e grandes torna-se inteiramente inadequada para ser usada como meio de troca.

8
A ANTECIPAÇÃO DE PROVÁVEIS MUDANÇAS NO PODER AQUISITIVO

As considerações de cada indivíduo, que determinam o seu comportamento em relação à moeda, são baseadas no seu conhecimento dos preços do passado imediato. Se lhe faltasse esse conhecimento, não estaria em condições de decidir qual deveria ser o montante do seu encaixe e quanto gastaria para adquirir os diversos bens. Não é possível imaginar um meio de troca sem um passado. Não há nada que possa vir a ser um meio de troca que já não seja um bem econômico ao qual as pessoas atribuem um valor de troca antes mesmo de ser procurado como meio de troca.

Mas o poder aquisitivo que nos é legado pelo passado imediato modifica-se em função de qual seja hoje a demanda e a oferta de moeda. Ação humana implica sempre uma provisão para o futuro, mesmo que este futuro seja apenas o próximo instante. Quem compra, o faz sempre para consumo ou produção futuros. Na medida em que imagine que o futuro será diferente do presente e do passado, modifica sua valoração e sua avaliação. Isto é tão verdadeiro em relação à moeda quanto em relação a todos os bens vendáveis. Nesse sentido, podemos dizer que o valor de troca da moeda hoje é uma antecipação do seu valor de troca amanhã. A base de todos os julgamentos relativos à moeda é o seu poder aquisitivo tal como tenha sido no passado imediato. Mas, na medida em que se espera que ocorram mudanças no poder aquisitivo provocado por mudanças nos encaixes, um segundo fator entra em cena: a antecipação dessas mudanças.

Quem acredita que os preços dos bens que lhe interessam irão aumentar compra uma quantidade maior desses bens do que compraria se não houvesse essa expectativa de alta; consequentemente, reduz seu encaixe. Quem acredita que os preços irão diminuir reduz suas compras e, portanto, aumenta seu encaixe. Enquanto tais antecipações especulativas estão limitadas a algumas mercadorias, não produzem uma tendência geral de mudança dos encaixes. Mas é diferente quando as pessoas acreditam estar no limiar de grandes mudanças de origem monetária do poder aquisitivo. Quando há uma expectativa de que os preços em moeda de todos os bens aumentarão ou diminuirão, as pessoas intensificam ou reduzem suas compras. Este comportamento fortalece e acelera consideravelmente a tendência de alta ou de baixa dos preços. O processo continua até que desapareça a expectativa de mudanças no poder aquisitivo da moeda. Só então essa tendência a comprar ou vender deixa de existir e as pessoas começam novamente a aumentar ou diminuir seus encaixes.

Mas, quando o público está convencido de que o aumento da quantidade de moeda irá continuar indefinidamente e de que, consequentemente, os preços de todas as mercadorias e serviços continuarão subindo, todos procuram comprar o máximo possível e restringir ao mínimo seus encaixes. Isto porque, nessas circunstâncias, os custos incorridos para manter os encaixes correspondem às crescentes perdas decorrentes da diminuição progressiva do poder aquisitivo. As vantagens de manter um encaixe terão de ser pagas com sacrifícios que são considerados insuportáveis. Nas grandes inflações europeias dos anos 20, esse fenômeno foi denominado de *corrida aos bens reais (flight into real goods – Flucht in die Sachwerte)* ou de *alta desastrosa*[17] (*crack-up boom – Katastrophenhausse*). Os economistas matemáticos não conseguem compreender a relação causal entre o aumento na quantidade de moeda e o que denominam de "velocidade de circulação".

O traço característico desse fenômeno é que o aumento na quantidade de moeda acarreta uma diminuição na demanda de moeda. A tendência de queda do poder aquisitivo gerado pelo aumento da quantidade de moeda provoca uma propensão generalizada de redução dos encaixes, o que intensifica ainda mais a queda do poder aquisitivo. Chega-se finalmente a uma situação em que os preços pelos quais as pessoas estariam dispostas a se desfazer dos bens "reais" já estão de tal modo majorados pela expectativa de diminuição do poder aquisitivo, que ninguém dispõe de uma quantidade de dinheiro em caixa suficiente para comprá-los. O sistema monetário desmorona; cessam todas as transações na moeda em questão; o pânico reduz o poder aquisitivo a zero. As pessoas retornam à troca direta ou passam a usar outro tipo de moeda.

O curso de uma inflação crescente é esse: no princípio, a quantidade adicional de moeda provoca um aumento nos preços de algumas mercadorias e serviços; outros preços sobem em seguida. O aumento de preços afeta as várias mercadorias e serviços, como já foi mostrado, em diferentes momentos e com intensidade diferente.

---

[17] Alta desastrosa ou alta de pânico – *crack-up-boom* – é o estágio final de um período de alta *(boom)* que ocorre na fase final de uma espiral inflacionária. A alta desastrosa provoca uma "fuga para valores reais" e acaba com a inflação por uma quebra total do sistema monetário. (N.T.)

Essa primeira etapa do processo inflacionário pode durar vários anos. Durante esse período, os preços de muitos dos bens e serviços ainda não estão ajustados à nova relação monetária. Ainda existem pessoas no país que não se deram conta do fato de que estão diante de uma revolução nos preços, que resultará numa alta generalizada, embora não na mesma intensidade para todas as mercadorias e serviços. Essas pessoas ainda acreditam que os preços diminuirão um dia. Enquanto esperam por esse dia, reduzem suas compras e aumentam seus encaixes; enquanto persistirem essas ideias na opinião pública, ainda haverá tempo para o governo mudar a sua política inflacionária.

Mas um dia a opinião pública desperta. De repente, percebe que a inflação é uma política deliberada que deverá prosseguir indefinidamente. Sobrevém o pânico. Todos querem trocar seu dinheiro por bens "reais", sejam eles necessários ou não, qualquer que seja o preço a pagar por eles. Em muito pouco tempo, em poucas semanas ou mesmo em poucos dias, aquilo que era empregado como moeda deixa de servir como meio de troca. Transforma-se num pedaço de papel. Ninguém aceita mais esse papel sem valor em troca de uma mercadoria, qualquer que ela seja.

Foi o que aconteceu com a *moeda continental* na América em 1781, com os *mandats territoriaux* na França em 1796, e com o *marco* alemão em 1923. Para que alguma coisa seja usada como meio de troca, é preciso que a opinião pública acredite que sua quantidade não aumentará sem limite. A inflação é uma política que não pode durar indefinidamente.

9
O VALOR ESPECÍFICO DA MOEDA

Na medida em que um bem usado como moeda seja valorado e avaliado em função do seu emprego com propósitos não monetários, os problemas daí decorrentes não requerem tratamento especial. O objeto da teoria da moeda consiste simplesmente em estudar o componente do valor atribuído à moeda que depende de sua utilização como meio de troca.

Ao longo da história, diversas mercadorias já foram utilizadas como meio de troca. Uma longa evolução eliminou a função monetária da maior parte dessas mercadorias. Permaneceram apenas duas: o ouro e a prata. Na segunda metade do século XIX, um número cada vez maior de governos, deliberadamente, desmonetizou a prata.

Em todos esses casos, o que é empregado como moeda é uma mercadoria que também é usada com propósitos não monetários.

No padrão-ouro, o ouro é moeda e a moeda é ouro. Pouco importa se as leis atribuem curso legal apenas às moedas cunhadas pelo governo. O que importa é que essas moedas contenham realmente um determinado peso de ouro e que qualquer barra de ouro possa ser transformada em moedas. No padrão-ouro, o dólar e a libra eram apenas nomes dados a uma quantidade específica de ouro, segundo critérios definidos como precisão pela lei. Podemos chamar esse tipo de moeda de *moeda-mercadoria*.

Outro tipo de moeda é a *moeda-crédito*. A moeda-crédito tem sua origem no uso dos substitutos de moeda. Era comum o uso de créditos absolutamente seguros, pagáveis à vista, como substitutos da correspondente quantia em dinheiro a que esses créditos davam direito. (Trataremos nas próximas seções das características e dos problemas dos substitutos da moeda). O mercado não deixou de usar tais créditos quando, um dia, sua liquidez imediata foi suspensa e, portanto, surgiram dúvidas quanto à segurança e à solvência do devedor. Enquanto esses créditos eram créditos contra um devedor de indiscutível solvência e podiam ser recebidos no vencimento sem pré-aviso e sem qualquer despesa, seu valor de troca era igual ao seu valor nominal; era essa perfeita equivalência que lhes conferia o caráter de substituto de moeda. A partir do momento em que seu resgate foi suspenso, seu vencimento adiado *sine die*, e, consequentemente, dúvidas surgiram quanto à solvência do devedor ou pelo menos quanto à sua disposição de pagar, os referidos créditos perderam uma parte do valor que tinham. Passaram a serem meramente créditos que não rendiam juros, contra um devedor duvidoso, e sem um vencimento bem definido. Mas, como eram usados como meio de troca, seu valor de troca não caiu ao nível a que teria caído se fossem simplesmente créditos.

É perfeitamente admissível presumir que tal moeda-crédito possa continuar a ser usada como um meio de troca, mesmo perdendo a sua condição de crédito contra um banco ou um tesouro, tornando-se dessa maneira uma *moeda-fiat (fiat money)*. Moeda-*fiat* é uma moeda que consiste em meras peças simbólicas que não têm nenhum emprego industrial nem representam um crédito contra alguém.

Cabe à história econômica e não à cataláxia investigar se em épocas passadas houve moeda-*fiat* ou se qualquer moeda que não fosse moeda-mercadoria era moeda-crédito. À cataláxia interessa apenas consignar a possibilidade da existência da moeda-*fiat*.

O que é importante lembrar é que, para qualquer moeda, sua desmonetarização – isto é, o abandono de seu uso como um meio de troca – resulta necessariamente numa diminuição considerável do seu valor de troca. A confirmação prática disso torna-se evidente quando se examina o ocorrido nos últimos noventa anos, quando o uso da prata como moeda-mercadoria veio sendo progressivamente restringido.

Há casos de moeda-crédito e de moeda-*fiat* materializadas em moedas metálicas. Tal moeda é, por assim dizer, impressa em prata, níquel ou cobre. Se tal peça de moeda-*fiat* for desmonetarizada, manterá um valor de troca correspondente ao seu conteúdo metálico. Mas este valor é muito pequeno; na prática, não tem nenhuma importância.

Manter encaixes requer sacrifícios. Na medida em que uma pessoa mantenha dinheiro no seu bolso ou um saldo credor na sua conta bancária, estará renunciando à possibilidade de empregá-lo na aquisição de bens para seu consumo ou para empregar na produção. Na economia de mercado, esses sacrifícios podem ser calculados com precisão. Equivalem ao juro originário que teria sido ganho se a importância em questão fosse investida. O fato de que uma pessoa aceite voluntariamente a perda dos juros que poderia ganhar é prova evidente de que prefere as vantagens de manter o seu encaixe.

É possível enumerar as vantagens que as pessoas pretendem obter ao manter certo encaixe. Mas é uma ilusão supor que uma análise desses motivos pudesse fornecer-nos uma teoria da determinação do poder aquisitivo que torne dispensáveis as noções de encaixe e de demanda e oferta de moeda.[18] As vantagens e os inconvenientes de manter certos os encaixes não são fatores objetivos que possam influenciar diretamente o tamanho dos encaixes. Cada indivíduo pondera tais circunstâncias e estabelece uma ordem de preferência. O resultado é um julgamento de valor, subjetivo, que varia de acordo com a personalidade de cada um. Pessoas diferentes e as mesmas pessoas em momentos diferentes valoram os mesmos fatos objetivos de maneira diferente. Da mesma forma que o conhecimento da saúde e das condições físicas de um homem não nos informa sobre quanto ele estaria disposto a gastar com alimentos de certo poder nutritivo, o conhecimento da sua situação material não nos permite fazer afirmativas precisas em relação ao tamanho do seu encaixe.

10
AS IMPLICAÇÕES DA RELAÇÃO MONETÁRIA

A estrutura de preços, ou seja, a relação de troca entre a moeda e os bens vendáveis é determinada exclusivamente pela relação monetária, isto é, pela relação entre a demanda e a oferta de moeda.

---

[18] Essa tentativa foi feita por Greidanus, *The Value of Money*, Londres, 1932, p. 197 e segs.

Se a relação monetária não se alterar, não pode surgir uma pressão inflacionária (expansionista) nem deflacionária (contracionista) sobre o comércio, as empresas, a produção, o consumo e o emprego. As afirmativas em sentido contrário refletem apenas as queixas daqueles que relutam em ajustar suas atividades à demanda dos seus semelhantes, tal como manifestada no mercado. Não é graças a uma alegada escassez de moeda que os preços de produtos agrícolas são insuficientes para assegurar a agricultores submarginais os ganhos que eles gostariam de auferir. A causa do infortúnio desses agricultores é que existem outros agricultores produzindo a custos menores.

Um aumento na quantidade de bens produzidos, mantidas iguais as demais circunstâncias, deve provocar uma melhoria na situação das pessoas. Os preços dos bens cuja produção aumentou sofrem uma diminuição. Mas uma queda desses preços expressos em moeda não reduz em nada os benefícios decorrentes da maior produção de riqueza. Alguém poderá considerar injusto se a parte dessa riqueza adicional que vai para os credores aumenta; essa crítica é, no entanto, discutível, na medida em que o aumento do poder aquisitivo tenha sido corretamente previsto e adequadamente computado por meio de um prêmio compensatório (*price premium*) negativo.[19] Mas ninguém poderá alegar que uma queda nos preços provocada por um aumento da produção dos bens em questão constitui prova evidente da existência de algum desequilíbrio, impossível de ser eliminado a não ser por um aumento da quantidade de moeda. É claro que, como regra geral, todo aumento na produção de algumas ou de todas as mercadorias acarreta uma nova alocação dos fatores de produção entre os vários setores da atividade econômica. Se a quantidade de moeda permanece inalterada, a necessidade dessa realocação torna-se visível através da estrutura de preços. Alguns setores de produção tornam-se mais lucrativos, enquanto que, em outros, os lucros diminuem ou surgem prejuízos. Assim sendo, o funcionamento do mercado tende a eliminar esses desequilíbrios de que tanto se fala. É possível, mediante um aumento na quantidade de moeda, retardar ou interromper esse processo de ajustamento. É impossível iludi-lo ou torná-lo menos doloroso àqueles que terão de suportá-lo.

Se as mudanças de origem monetária do poder aquisitivo da moeda, decorrentes de medidas do governo resultassem apenas em transferência

---

[19] Sobre as relações existentes entre a taxa de juros e as variações no poder aquisitivo, ver adiante cap. 20.★

★ Mises denomina de prêmio compensatório o acréscimo feito nas taxas de juro para compensar os previsíveis futuros aumentos nos preços. O prêmio compensatório é negativo quando reflete uma antecipação do aumento do poder aquisitivo, isto é, uma diminuição dos preços; é positivo quando reflete uma antecipação da queda do poder aquisitivo, isto é, um aumento dos preços, como ocorre quanto há uma expectativa de inflação. Ver *Mises Made Easier*, Percy L. Greaves Jr., op. cit. (N.T.)

de riqueza de algumas pessoas para outras, não seria admissível condená-las com base na neutralidade científica da cataláxia. Obviamente, pretender justificá-las como convenientes ao bem comum ou à prosperidade geral é, sem dúvida, uma fraude. Mas, ainda assim, alguém poderia considerá-las como medidas políticas adequadas a favorecer os interesses de alguns grupos de pessoas a expensas de outros, sem que haja maiores inconvenientes. Não obstante, existem outras consequências a considerar.

Não há necessidade de salientar as consequências que uma continuada política deflacionária forçosamente provocaria. Ninguém defende tal política. As massas, assim como intelectuais e políticos sequiosos por aplausos, são favoráveis à inflação. A propósito dessas tendências, devemos enfatizar três pontos. Primeiro: uma política inflacionária ou expansionista provoca inevitavelmente, por um lado, uma exacerbação do consumo e, por outro, investimentos equivocados. Assim sendo, desperdiça capital e dificulta a satisfação de futuras necessidades.[20] Segundo: o processo inflacionário não elimina a necessidade de ajustar produção e de realocar recursos. Meramente atrasa esse ajuste, tornando-o mais preocupante. Terceiro: a inflação não pode ser adotada como uma política permanente porque, necessariamente, em longo prazo, resulta no colapso do sistema monetário.

Um lojista ou um estalajadeiro podem ser vítimas da ilusão de que, para serem mais prósperos, basta que o público aumente os seus gastos. Para eles, o importante é impelir o público a gastar mais. Mas é surpreendente que essa crença pudesse ser apresentada ao mundo como uma nova filosofia social. Lorde Keynes e seus discípulos atribuíram à insuficiência da propensão para o consumo a responsabilidade por tudo aquilo que consideravam insatisfatório na situação econômica. No seu entender, para que houvesse prosperidade, bastava que as pessoas gastassem mais; isto acarretaria um aumento na produção. Para possibilitar as pessoas a gastarem mais, recomendavam uma política "expansionista".

Essa doutrina é tão velha quanto errada. Será analisada e refutada no capítulo que trata do ciclo econômico.[21]

11
Os substitutos da moeda

Créditos a uma determinada quantidade de moeda, resgatáveis à vista, contra um devedor sobre cuja solvência e disposição de pagar

---

[20] Ver adiante p. 642-645.

[21] Ver adiante p. 628-634.

não para a menor dúvida, proporcionam a um indivíduo todos os serviços que a moeda pode proporcionar desde que todas as pessoas com quem esse indivíduo efetue transações estejam perfeitamente familiarizadas com as características essenciais dos créditos em questão: liquidez imediata, assim como solvência e disposição de pagar por parte do devedor. Podemos denominar tais créditos de substitutos de moeda, uma vez que podem substituir a moeda nos encaixes dos indivíduos ou das empresas. As características técnicas e legais de tais substitutos de moeda não dizem respeito à cataláxia. Um substituto de moeda pode materializar-se numa nota bancária ou através de um depósito à vista num banco comercial (moeda-bancária ou moeda-cheque),[22] desde que o banco esteja preparado para resgatar suas notas ou honrar os depósitos, diariamente e livre de despesas. Moedas fracionárias simbólicas também são substitutas de moeda, desde que o portador possa trocá-las a qualquer momento, e sem despesas, por moeda. Para que isso ocorra, não é necessário que o governo imponha por lei tal equivalência. O que importa é que essas peças simbólicas possam ser convertidas em dinheiro, sem custos e sem demora. Se a quantidade total de moeda simbólica é mantida em limites razoáveis, não há necessidade de que o governo garanta o seu valor de troca ao par com o seu valor nominal. A demanda do público por moeda fracionária permite que todos possam trocá-la facilmente por dinheiro. O importante é que cada portador de um substituto de moeda tenha certeza de que pode, a qualquer momento e livre de despesas, trocá-lo por dinheiro.

Se o devedor – seja ele o governo ou um banco – mantém em seu poder uma reserva de moeda real equivalente a 100% dos substitutos de moeda, podemos denominar o substituto de moeda de *certificado de moeda*. Cada certificado de moeda representa – não necessariamente no sentido legal, mas no sentido cataláctico – uma correspondente quantidade de moeda mantida em reserva. A emissão de certificados de moeda não aumenta a quantidade de coisas capazes de atender a demanda por moeda e ser mantida como encaixe. Consequentemente, a variação da quantidade e do valor dos certificados de moeda não altera a quantidade de moeda nem a relação monetária; não altera o poder aquisitivo da moeda.

Quando a reserva monetária mantida pelo devedor para respaldar sua emissão de substitutos de moeda é menor do que a quantidade

---

[22] Denominam-se de moeda-cheque – *checkbook money* – ou moeda-bancária – *deposit currency* – os depósitos à vista nos bancos. Do mesmo modo que as notas bancárias, a moeda bancária é um substituto de moeda e moeda no sentido mais amplo. Só as reservas do banco são moeda *stricto sensu*. O excesso de moeda bancária sobre as reservas é o que se denomina de meios fiduciários ou moeda fiduciária. (N.T.)

total dos substitutos emitidos, denominamos o excedente de substitutos em relação à reserva de *moeda fiduciária*. Geralmente, não é possível assegurar se um determinado espécime de substituto de moeda é um certificado de moeda ou moeda fiduciária. Uma parte da quantidade total de substitutos de moeda em circulação está usualmente coberta pela reserva correspondente. Assim sendo, uma parte da quantidade total dos substitutos de moeda em circulação são certificados de moeda, sendo a restante moeda fiduciária. Entretanto, este fato só pode ser percebido por quem está familiarizado com os balanços dos bancos. A nota bancária, o depósito bancário ou a moeda fracionária em si mesma não nos informam acerca de sua verdadeira característica cataláctica.

A emissão de certificados de moeda não aumenta os recursos que o banco pode empregar nas suas operações de empréstimo. Um banco que não emita moeda fiduciária só pode conceder *crédito-mercadoria (commodity credit)*,[23] isto é, só pode emprestar os seus próprios recursos e o montante de moeda que lhe foi confiado pelos seus clientes. A emissão de moeda fiduciária possibilita aos bancos efetuarem empréstimos além dos limites representados por suas reservas. Desta maneira, o banco pode conceder não só crédito mercadoria, mas também *crédito-circulante*, isto é, crédito concedido através da emissão de moeda fiduciária.

Embora seja indiferente existir uma maior ou menor quantidade de certificados de moeda, o mesmo não se pode dizer da moeda fiduciária. A moeda fiduciária afeta os fenômenos do mercado da mesma maneira que a moeda em si. Variações na sua quantidade influenciam a determinação do poder aquisitivo da moeda e dos preços e – temporariamente – também a taxa de juros.

Os economistas, antigamente, usavam uma terminologia diferente. Muitos deles costumavam empregar a expressão moeda para designar também os substitutos de moeda, uma vez que estes prestavam o mesmo serviço que a moeda. Entretanto, esta terminologia não é adequada. O primeiro objetivo de uma terminologia científica é facilitar a análise dos problemas envolvidos. A tarefa da teoria cataláctica da moeda – diferentemente da teoria legal e das disciplinas que ensinam técnicas bancárias e contábeis – é o estudo dos

---

[23] Mises chama de crédito mercadoria – *commodity credit* – o crédito representado por notas bancárias ou crédito em conta corrente para o qual o banco mantém reservas monetárias de 100%. Crédito mercadoria contrasta com o crédito circulante (*circulation credit*), que é o crédito representado por notas bancárias ou depósitos em conta corrente especialmente emitidos ou criados com esse propósito e, portanto, sem a correspondente reserva. Ver *Mises Made Easier*, Percy L. Greaves Jr., op. cit. (N.T.)

problemas relativos à determinação dos preços e das taxas de juros. Esta tarefa exige que se faça uma distinção nítida entre certificados de moeda e moeda fiduciária.

O termo *expansão de crédito* tem sido frequentemente mal interpretado. É importante compreender que o crédito-mercadoria não pode ser expandido. A única forma de expandir o crédito é através do crédito circulante. Mas a concessão de crédito circulante nem sempre significa expansão de crédito. Se a quantidade de moeda fiduciária previamente emitida já consumou todos os seus efeitos sobre o mercado, se os preços, salários e taxas de juros já se ajustaram à quantidade total de moeda propriamente dita acrescida da moeda fiduciária (quantidade de moeda no sentido mais amplo), a concessão de crédito circulante que não represente um aumento na quantidade de moeda fiduciária não constitui expansão de crédito. A expansão de crédito só ocorre quando o crédito é outorgado mediante a emissão de uma quantidade adicional de moeda fiduciária, e não quando os bancos reemprestam a moeda fiduciária que recebem em pagamento de créditos feitos anteriormente.

12
A LIMITAÇÃO DA EMISSÃO DE MEIOS FIDUCIÁRIOS

As pessoas usam e aceitam os substitutos de moeda como se fosse moeda porque têm plena confiança de que lhes será possível trocá-los por moeda a qualquer momento e sem qualquer custo. Aqueles que compartilham essa confiança e que, portanto, lidam com os substitutos de moeda, como se moeda fossem, podem ser chamados de *clientes* do agente emissor, seja ele um banqueiro, um banco ou uma autoridade qualquer. Pouco importa que o órgão emissor seja ou não dirigido segundo os padrões usuais da atividade bancária. As peças de moeda fracionária emitidas pelo Tesouro Nacional também são substitutos de moeda, embora o Tesouro geralmente não contabilize o montante emitido como exigível e não considere esse montante como parte da dívida interna. Também é irrelevante se o portador de um substituto de moeda tem ou não um direito legalmente estabelecido de convertê-lo em moeda. O importante é que o substituto de moeda possa ser trocado por moeda, sem demora e sem despesa alguma.[24]

---

[24] Tampouco importa se as leis conferem ou não aos substitutos de moeda o caráter de moeda de curso legal. Se tais títulos são efetivamente utilizados pelas pessoas como substitutos de moeda e se têm o mesmo poder aquisitivo que a correspondente quantidade de moeda, considerá-los como moeda de curso legal

Emitir certificados de moeda é uma atividade que tem custos. As notas bancárias precisam ser impressas, as moedas cunhadas; um complexo sistema contábil para controlar os depósitos precisa ser implantado; as reservas precisam ser guardadas com segurança; existe o risco de falsificação de cheques e de notas bancárias. Como contrapartida de todas essas despesas, existe apenas a pequena chance de que algumas notas bancárias emitidas sejam destruídas, e a possibilidade ainda mais remota de que alguns depositantes se esqueçam de sacar seus depósitos. Emitir certificados de moeda é um negócio desastroso, se não estiver acompanhado da possibilidade de emitir moeda fiduciária. Nos primórdios da atividade bancária, havia bancos cuja única operação consistia na emissão de certificados de moeda. Mas esses bancos cobravam de seus clientes pelo serviço prestado. De qualquer forma, a cataláxia não está interessada nos aspectos essencialmente técnicos dos bancos que não emitem moeda fiduciária. O único interesse da cataláxia por certificados de moeda reside na conexão existente entre a emissão destes e a emissão de moeda fiduciária.

Enquanto a quantidade de certificados de moeda é cataliticamente sem importância, um aumento ou diminuição na quantidade de moeda fiduciária afeta a determinação do poder aquisitivo da moeda da mesma maneira que o fazem as variações na quantidade de moeda. Daí a importância fundamental de saber se existem ou não limites ao aumento da quantidade de moeda fiduciária.

Se a clientela de um banco compreende todos os membros da economia de mercado, o limite à emissão de moeda fiduciária é o mesmo que o estabelecido para o aumento da quantidade de moeda. Um banco que seja, num país isolado ou no mundo inteiro, a única instituição emitente de moeda fiduciária, e cuja clientela compreenda todos os indivíduos e firmas, terá de observar na gestão dos seus negócios as duas regras seguintes:

Primeira: evitar qualquer ação que possa despertar suspeitas nos seus clientes – isto é, no público. Se os clientes começarem a perder a confiança, procurarão resgatar as notas bancárias e retirar seus depósitos. Até onde um banco pode aumentar suas emissões de moeda fiduciária sem gerar desconfiança depende de fatores psicológicos.

---

serviria apenas para evitar que pessoas de má-fé recorressem à chicana pelo mero prazer de molestar seus semelhantes. Se, entretanto, tais títulos não são substitutos de moeda e são negociados com um desconto do seu valor nominal, conferir-lhes a qualidade de moeda de curso legal equivale a estabelecer autoritariamente uma limitação dos preços, a fixar um preço máximo para o ouro e para as divisas estrangeiras, e um preço mínimo para os títulos que não são mais substitutos de moeda, mas moeda crédito ou moeda-*fiat*. Nessas circunstâncias, surgem os efeitos descritos pela lei de Gresham.

Segunda: não aumentar o montante de moeda fiduciária a um ritmo tal que possa gerar nos clientes a convicção de que o aumento nos preços poderia continuar indefinidamente e cada vez mais rápido. Porque, se o público estiver convencido de que assim será, reduzirá seus encaixes, refugiando-se na aquisição de valores "reais", o que poderá provocar uma alta desastrosa (*crack-up boom*). Essa catástrofe não pode ocorrer sem que tenha havido primeiro o esvaecimento da confiança. O público procurará transformar os meios fiduciários em moeda propriamente dita, para poder refugiar-se em valores reais, isto é, para comprar indiscriminadamente qualquer mercadoria. Quando isso ocorre, o banco fica insolvente. Se o governo interfere, liberando o banco da obrigação de resgatar suas notas bancárias e honrar os depósitos que nele foram feitos, nas condições pactuadas com o público, a moeda fiduciária transforma-se em moeda-crédito ou moeda-*fiat*. A suspensão do pagamento em espécie muda radicalmente a situação. Já não se trata mais de moeda fiduciária, de certificados de moeda ou de substitutos de moeda. O governo intervém, impondo a sua moeda de curso legal. O banco perde sua independência; torna-se um instrumento da política governamental, uma agência subordinada do Tesouro Nacional.

Do ponto de vista cataláctico, os problemas mais importantes relativos à emissão de moeda fiduciária por parte de um banco isolado, ou de bancos agindo em concerto, cuja clientela abrange todos os indivíduos, não são os relativos a que limites devam ter essas emissões. Esses problemas serão analisados no capítulo 20, dedicado às relações entre a quantidade de moeda e a taxa de juros.

Tendo chegado a este ponto de nossa reflexão, o que devemos fazer agora é examinar o problema da coexistência de vários bancos independentes. Independência significa que cada banco emitente de moeda fiduciária segue o seu próprio curso e não age em concerto com outros bancos. Coexistência significa que cada banco tem uma clientela limitada que não abrange todos os membros do sistema de mercado. Para simplificar, suponhamos que nenhum indivíduo ou firma é cliente de mais de um banco. Nossas conclusões não seriam afetadas se adotássemos a suposição de que existem pessoas que são clientes de mais de um banco e pessoas que não são clientes de qualquer banco.

A questão a ser colocada não é a de procurar saber se existem limites à emissão de moeda fiduciária feita por tais bancos independentes e coexistentes. Pois, se existem limites até mesmo à emissão de moeda fiduciária por parte de um banco único cuja clientela compreendesse todas as pessoas, é óbvio que também existem limites para uma multiplicidade de bancos independentes e coexistentes. O que queremos mostrar é que, para tal multiplicidade de bancos independentes e coexistentes, os limites são muito mais rigorosos do que para um banco único com uma clientela ilimitada.

Suponhamos que num sistema de mercado existam hoje diversos bancos independentes em funcionamento. Embora anteriormente só se usasse moeda-mercadoria, esses bancos introduziram o uso de substitutos de moeda, uma parte dos quais é moeda fiduciária. Cada banco tem uma clientela e tem certa quantidade de moeda fiduciária emitida, a qual é mantida como substituto de moeda nos encaixes dos vários clientes. A quantidade total de moeda fiduciária emitida pelos bancos e absorvida pelos encaixes dos seus clientes alterou a estrutura de preços e poder aquisitivo da unidade monetária. Mas esses efeitos já foram consumados e no momento o mercado já não sofre mais os efeitos da expansão de crédito efetuada no passado.

Suponhamos agora que um dos aludidos bancos resolva emitir uma quantidade adicional de moeda fiduciária, enquanto os outros bancos não adotam este procedimento. Os clientes do banco expansionista – sejam eles clientes antigos ou os novos clientes angariados em decorrência da expansão – recebem créditos adicionais, expandem suas atividades comerciais e se apresentam no mercado demandando uma quantidade adicional de bens e serviços, o que provoca um aumento dos preços. Aqueles que não são clientes do banco expansionista não estão em condições de arcar com estes novos preços; são forçados a restringir suas compras. Assim sendo, processa-se no mercado uma transferência de bens dos não clientes para os clientes do banco expansionista. Os clientes compram dos não clientes mais do que vendem; têm mais a pagar do que a receber. Mas os substitutos de moeda emitidos pelo banco expansionista não são adequados para pagamento aos não clientes, uma vez que estes não lhes atribuem à característica de substitutos de moeda. Para poder efetuar os pagamentos devidos aos não clientes, os clientes precisam, antes, trocar por moeda os substitutos de moeda emitidos pelo seu próprio banco – o banco expansionista. O banco expansionista tem de resgatar suas notas bancárias e honrar os seus depósitos. Suas reservas – estamos supondo que apenas uma parte dos substitutos de moeda emitidos tinham o caráter de moeda fiduciária – diminuem. Aproxima-se o momento em que o banco – depois de exaurir suas reservas monetárias – não terá mais condições de resgatar os substitutos de moeda ainda em circulação. Para evitar a insolvência, precisará retornar, o mais rápido possível, a uma política de fortalecimento de suas reservas monetárias. Terá de renunciar aos seus métodos expansionistas.

Essa reação do mercado a uma expansão de crédito efetuada por um banco com uma clientela limitada foi brilhantemente descrita pela Escola Monetária (*Currency School*). O caso particular tratado pela Escola Monetária referia-se a uma coexistência da expansão de crédito efetuada por um banco central privilegiado ou por todos os bancos de um país e a política não expansionista adotada pelos bancos de outro país. Nossa demonstração abrange o caso mais geral da coexistência de uma multiplicidade de bancos com clientelas diferentes, bem como o caso ainda mais geral da existência de um banco com uma clientela limitada num sistema em que as demais pessoas não operam com bancos nem consideram quaisquer créditos como substitutos de moeda. Pouco importa, evidentemente, se supusermos que os clientes de um banco vivem bastante separados dos clientes de outro banco ou se vivem lado a lado. São meras diferenças circunstanciais que não afetam a essência do problema cataláctico em questão.

Um banco nunca pode emitir mais substitutos de moeda do que os seus clientes estão dispostos a manter como encaixe. Um cliente do banco nunca pode manter em substitutos de moeda uma parcela do seu encaixe total maior do que a que corresponde à proporção de seu movimento comercial com outros clientes do mesmo banco em relação ao seu movimento comercial total. Por questões de sua própria conveniência, os clientes se manterão, geralmente, abaixo dessa proporção máxima. Assim sendo, a emissão de moeda fiduciária fica limitada. Podemos admitir que todos estejam dispostos a aceitar em suas transações notas bancárias emitidas por qualquer banco ou cheques sacados contra qualquer banco. Mas todos depositarão rapidamente no seu próprio banco não só os cheques como também as notas bancárias dos outros bancos com os quais não operam como clientes. Na sequência da operação o seu banco procederá ao ajuste de contas com o banco emissor. Assim, o processo descrito acima se põe em marcha.

Muita tolice tem sido escrita em relação à obstinada predileção do público por notas bancárias emitidas por bancos duvidosos. Na verdade, exceção feita a pequenos grupos de homens de negócios que foram capazes de distinguir entre bons e maus bancos, o público sempre olhou as notas bancárias com desconfiança. Foram as cartas patentes que os governos concederam a determinados bancos privilegiados que, aos poucos, eliminaram essa desconfiança. O argumento, muito usado, de que as notas bancárias de menor valor acabam nas mãos de pessoas pobres e ignorantes, que não têm como distinguir entre notas boas e más, não pode ser levado a sério. Quanto mais pobre o recebedor de uma nota bancária, e menos familiarizado com a prática bancária, mais rapidamente gastará a nota recebida e esta mais rapidamente retornará, via comércio varejista ou atacadista, ao banco emissor ou chegará às mãos de pessoas que estejam habituadas com as práticas bancárias.

É muito fácil para um banco aumentar o número de pessoas que estão dispostas a aceitar empréstimos concedidos por meio de uma expansão de créditos e pagos com substitutos de moeda. Mas é muito difícil para qualquer banco aumentar sua clientela, isto é, o número de pessoas que estão dispostas a considerar estes créditos como substitutos de moeda e a mantê-los em seus encaixes. Aumentar a clientela é um processo tão lento e trabalhoso como conseguir ter uma boa reputação comercial. Por outro lado, um banco pode perder sua clientela muito rapidamente. Se quiser preservá-la, não pode permitir jamais que exista qualquer dúvida quanto à sua capacidade e disposição de cumprir rigorosamente todas as suas obrigações segundo os termos contratados. Deverá, por isso, manter reservas suficientemente grandes para resgatar todas as notas bancárias que lhe forem apresentadas por um portador. Portanto, nenhum banco pode contentar-se em apenas emitir moeda fiduciária; deverá manter reservas em relação aos substitutos de moeda emitidos, combinando desta forma a emissão de moeda fiduciária e de certificados de moeda.

Foi um erro grave acreditar que a função da reserva é proporcionar os meios para resgatar as notas bancárias cujos portadores não têm mais confiança no banco. A confiança depositada num banco e nos substitutos de moeda que ele emite é algo indivisível. Ou está presente em todos os seus clientes ou se desfaz inteiramente. Se alguns clientes perdem a confiança, os outros também perdem. Nenhum banco, ao emitir moeda fiduciária e conceder crédito circulante, pode cumprir as obrigações que assumiu ao emitir substitutos de moeda, se todos os seus clientes perderam a confiança e quiserem resgatar as suas notas bancárias e sacar os seus depósitos. Esta é a característica essencial, ou a fragilidade essencial, de um banco que emite moeda fiduciária e que concede crédito circulante. Nenhuma política de reservas nem exigências legais de reservas mínimas pode evitar esse risco. O máximo que uma reserva pode fazer é retirar do mercado um excedente de moeda fiduciária emitida. Se o banco emitir mais notas bancárias do que seus clientes podem empregar nas suas transações com outros clientes, terá forçosamente de resgatar esse excesso.

As leis que obrigam os bancos a manterem reservas numa determinada proporção em relação à quantidade total de depósitos e de notas bancárias emitidas são eficazes apenas para limitar o aumento da quantidade de moeda fiduciária e de crédito circulante. São inúteis, na medida em que visem a garantir, na eventualidade de uma perda de confiança, o imediato resgate das notas bancárias e a imediata devolução das importâncias depositadas.

A Escola Bancária (*Banking School*),[25] ao lidar com esses problemas, falhou lamentavelmente. Foi confundida pela ideia falsa segundo a qual as próprias necessidades do comércio limitavam rigidamente a quantidade máxima de notas bancárias que um banco poderia emitir. Não chegou a perceber que a demanda de crédito por parte do público é função das facilidades que os bancos estão dispostos a conceder nas suas operações de empréstimo, e que os bancos que não se preocupam com a sua própria solvência têm possibilidade de expandir o crédito circulante baixando a taxa de juros a níveis inferiores aos do mercado. Não é verdade que o máximo que um banco pode emprestar, se limitar seus empréstimos a descontos de duplicatas resultantes da compra e venda de matérias-primas e produtos semiacabados, seja uma quantidade determinada exclusivamente pela atividade comercial que independe da política adotada pelo banco. Esta quantidade se amplia ou se contrai na medida em que diminui ou aumenta a taxa de desconto. Diminuir a taxa de juros equivale a aumentar aqueles empréstimos que são equivocadamente considerados como uma necessidade normal e legítima da atividade comercial.

A Escola Monetária deu uma explicação bastante correta para as crises recorrentes que perturbavam a vida econômica inglesa nos anos 30 e 40 do século XIX. O Banco da Inglaterra e outros bancos ingleses expandiam o crédito, enquanto nos países com os quais a Inglaterra comerciava não havia expansão de crédito, ou pelo menos não na mesma intensidade. A consequência inevitável desse estado de coisas foi uma drenagem de recursos para o exterior. Todos os esforços da Escola Bancária para refutar essa teoria foram inúteis. Infelizmente, a Escola Monetária equivocou-se em dois pontos. Em primeiro lugar, não chegou a perceber que o remédio que propunha – qual seja a proibição legal de emissão de notas bancárias em valor superior às reservas metálicas – não era a única solução para o problema. Jamais lhe ocorreu a ideia de que a atividade bancária poderia funcionar sob o regime da livre iniciativa.

---

[25] Escola Bancária – *Banking School*. A Escola Bancária se opunha à Escola Monetária, ver cap. 11, nota 5, na controvérsia quanto às leis a que deveria ser submetido o Banco da Inglaterra (século XIX) e que seriam a base do sistema monetário inglês. Baseada nos escritos de Adam Smith (1723-1790), a Escola Bancária defendia aquilo que se tornou conhecido como "Princípio de Fullarton". Segundo esse princípio, enquanto um banco garantisse a conversibilidade de suas notas bancárias em espécie (ouro), para o que deveria manter reservas "adequadas", seria impossível haver um excesso de emissão de notas bancárias. A Escola Bancária argumentava que, nessas condições, a emissão de notas bancárias seria útil à atividade comercial, não aumentaria os preços, e a quantidade emitida seria automaticamente limitada pelas necessidades do comércio e não pelo desejo do banco emissor. Para maiores detalhes ver Ludwig von Mises, *The Theory of Money and Credit*, op. cit., p. 305-312, 343-345, 368-370. Ver também *Mises Made Easier*, de Percy L. Greaves Jr., op. cit. (N.T.)

Seu segundo equívoco foi não ter percebido que depósitos em contas correntes sujeitos a cheque são substitutos de moeda e, na medida em que excedam as reservas, são moedas fiduciárias; consequentemente, é um veículo de expansão do crédito, do mesmo modo que as notas bancárias. O único mérito da Escola Bancária foi reconhecer que depósitos em conta corrente são substitutos de moeda tanto quanto notas bancárias. No mais, a Escola Bancária equivocou-se em tudo. Guiou-se pela contraditória ideia da neutralidade da moeda; tentou refutar a teoria quantitativa da moeda, invocando um *deus ex machina*, o tão falado entesouramento, e interpretou equivocadamente os problemas relativos à taxa de juros.

É importante assinalar que a implantação de restrições legais à emissão de moeda fiduciária deve a sua existência ao fato de que os governos concediam privilégios especiais a um ou a alguns bancos, impedindo, portanto, a livre evolução da atividade bancária. Se os governos não tivessem interferido em favor de certos bancos, se não tivessem liberado alguns da obrigação que pesa sobre todos os indivíduos e firmas numa economia de mercado – a obrigação de cumprir seus compromissos estabelecidos em contrato —, não teria havido nenhum problema na atividade bancária. Os limites naturais à expansão de crédito teriam sido suficientes. A preocupação com a sua própria solvência teria obrigado todos os bancos a serem cautelosos ao emitir moeda fiduciária. Os bancos que não observassem essas regras básicas iriam à bancarrota, e o público, sentindo o problema na própria pele, tornar-se-ia duplamente desconfiado e receoso.

As atitudes dos governos europeus em relação à atividade bancária sempre foram falsas e hipócritas. A suposta preocupação com o bem estar da nação, com o público em geral e com o povo pobre e ignorante em particular nunca foi mais do que um pretexto, um subterfúgio. O que na realidade os governos desejavam era inflação e expansão de crédito. Aqueles americanos que, por duas vezes, conseguiram evitar a criação de um banco central tinham consciência do perigo desse tipo de instituição; é pena que não tivessem chegado a perceber que o mal contra o qual lutavam estava presente em qualquer que fosse a intervenção na atividade bancária. Hoje em dia, mesmo os mais fanáticos defensores da intervenção do estado não podem negar que os males da atividade bancária livre seriam mínimos quando comparados com os desastrosos efeitos das gigantescas inflações produzidas por bancos privilegiados e controlados pelo governo.

A afirmação de que os governos interferiram na atividade bancária, a fim de restringir a emissão de moeda fiduciária e de evitar a expansão do crédito é pura ficção. O pensamento predominante nos governos, ao contrário, era inteiramente favorável à inflação e à expansão creditícia. As autoridades concederam privilégios aos bancos porque queriam suprimir os limites que o mercado livre inevitavelmente estabelece à expansão do crédito ou porque desejavam aumentar a arrecadação do Tesouro Nacional. Ou ambos como ocorreram na maioria dos casos. Estavam convencidas de que a moeda fiduciária é um meio eficiente de diminuir a taxa de juros, e estimularam os bancos a expandir o crédito, certas de que, assim, beneficiariam tanto a atividade econômica como a arrecadação do Tesouro. Somente quando os indesejáveis efeitos da expansão do crédito se tornaram mais visíveis, foram promulgadas leis para restringir a emissão de notas bancárias – e, às vezes, também os depósitos em conta corrente – que não fossem respaldadas por reservas em espécie. Jamais chegou a ser seriamente considerada a possibilidade de se permitir o livre funcionamento da atividade bancária, precisamente porque teria sido por demais eficazes na limitação à expansão creditícia. Isto porque os dirigentes, os intelectuais e o público em geral eram unânimes em acreditar que a atividade comercial tem um legítimo direito a uma quantidade de crédito circulante "normal" e "necessária", e que essa quantidade não poderia ser alcançada sob a égide da livre atividade bancária.[26]

Muitos governos só consideravam a emissão de moeda fiduciária de um ponto de vista fiscal. Para eles, a função principal dos bancos seria emprestar dinheiro ao Tesouro. Os substitutos de moeda eram vistos com simpatia porque abriam o caminho para o papel-moeda emitido pelo governo. A nota bancária conversível era apenas o primeiro passo para a nota bancária não conversível. Com o avanço da estatolatria e do intervencionismo econômico, essas ideias passaram a ter uma aceitação geral e ninguém mais as questionou. Nenhum governo, hoje, se dispõe a examinar a possibilidade de liberar a atividade bancária, porque nenhum governo está disposto a renunciar àquilo que considera como fonte de recursos de fácil manejo. O que hoje é denominado de precauções financeiras para o caso de uma guerra é meramente a possibilidade de dispor, por meio de bancos privilegiados e controlados pelo governo, de todo o dinheiro que uma nação possa precisar para suas aventuras bélicas. Um inflacionismo radical, embora não admitido explicitamente, é a característica essencial da ideologia econômica de nossa época.

---

[26] A noção de uma expansão creditícia "normal" é absurda. A emissão de moeda fiduciária adicional, qualquer que seja a quantidade, provoca sempre aquelas mudanças na estrutura de preços cuja descrição é o objeto de estudo da teoria do ciclo econômico. É claro que se a quantidade adicional não é grande, também não o serão os seus inevitáveis efeitos.

Mas, mesmo na época em que o liberalismo desfrutava o seu maior prestígio e os governos eram mais desejosos de manter a paz e o bem estar do que de fomentar a guerra, a morte, a destruição e a miséria, a opinião pública nutria preconceitos em relação à atividade bancária. Exceção feita aos países anglo-saxões, a opinião pública estava convencida de que uma das principais tarefas de um bom governo era a de baixar a taxa de juros e de que a expansão do crédito era o meio apropriado para atingir esse objetivo.

A Inglaterra não vinha cometendo esses erros, quando em 1844 reformou a sua legislação bancária. Mas os dois equívocos da Escola Monetária viciaram essa famosa lei.[27] Por um lado, foi preservado o sistema de intervenção do governo na atividade bancária. Por outro, foram estabelecidos limites apenas à emissão de notas bancárias não cobertas por reservas em espécie. A moeda fiduciária foi evitada apenas quando sob a forma de notas bancárias; podia florescer sob a forma de depósitos em conta corrente.

Levando a ideia implícita na teoria da Escola Monetária às suas últimas consequências lógicas, alguém poderia sugerir que todos os bancos fossem forçados por lei a manter uma reserva de 100% do total de substitutos de moeda (notas bancárias e depósitos a vista). Esse é o núcleo central em que se baseia o plano denominado de plano de "100% de recursos obrigatórios", do professor Irving Fisher. Mas o professor Fisher também propunha no seu plano a adoção de um número-índice padrão. Já foi assinalado anteriormente por que tal programa é ilusório e equivale a conceder plenos poderes ao governo para manipular o poder aquisitivo segundo os apetites de grupos de pressão poderosos. Mas mesmo se o plano de reserva de 100% tivesse sido adotado com base no autêntico padrão ouro, não teria eliminado inteiramente os inconvenientes inerentes a qualquer intervenção do governo na atividade bancária. Para impedir qualquer nova expansão do crédito, basta submeter a atividade bancária às regras gerais das leis civis e comerciais que compelem todos os indivíduos e firmas a cumprirem suas obrigações nos estritos termos em que foram pactuadas. Se os bancos permanecerem como estabelecimentos privilegiados sujeitos a disposições legislativas especiais, continuarão sendo um instrumento que o governo pode utilizar com objetivos fiscais. Enquanto for assim, qualquer restrição quanto à emissão de moeda fiduciária depende das boas intenções do

---

[27] A lei referida é o *British Bank Charter Act*, conhecida como *Peel's Act* de 1844, em homenagem ao seu patrocinador e líder político da Escola Monetária, que foi o primeiro *Lord of the Treasury* e primeiro-ministro da Inglaterra, *Sir* Robert Peel (1788-1850). (N.T.).

governo e do Parlamento. Um limite poderá ser estabelecido em períodos considerados como normais; será suprimido sempre que o governo entender tratar-se de uma emergência e assim justificar o recurso a medidas extraordinárias. Se um governo e o partido político que lhe dá sustentação quiserem aumentar as despesas sem aumentar os impostos, para não comprometer a sua popularidade, não hesitarão em qualificar de emergência a situação correspondente. Os políticos, para financiar projetos pelos quais os contribuintes não estão dispostos a pagar maiores impostos, recorrem à impressão de papel moeda e à subserviência dos banqueiros que desejam servir às autoridades que regulamentam a atividade bancária.

Só será possível evitar os perigos inerentes à expansão de crédito dando-se liberdade à atividade bancária. É verdade que, assim, não se evitaria uma lenta expansão de crédito, mantida dentro de limites bastante estreitos, por parte dos bancos que fossem cautelosos e que mantivessem o público informado acerca da situação financeira. Em contrapartida, se a atividade bancária fosse livre, a expansão creditícia, com todas as suas inevitáveis consequências, não se teria tornado uma característica permanente – que muitos qualificam de normal – do sistema econômico. Somente a atividade bancária livre poderia evitar as crises e as depressões da economia de mercado.

Examinando a história dos últimos dois séculos, não se pode deixar de reconhecer que os erros cometidos pelo liberalismo no tratamento dos problemas da atividade bancária representaram um golpe mortal na economia de mercado. Não havia nenhuma razão para abandonar o princípio da livre iniciativa na atividade bancária. A maioria dos políticos liberais simplesmente capitulou diante da hostilidade popular em relação a empréstimos e pagamentos de juros. Não chegaram a perceber que a taxa de juros é um fenômeno de mercado e que, portanto, não pode ser manipulada *ad libitum* pelo governo ou por uma instituição qualquer. Acreditaram na lenda segundo a qual é benéfico diminuir a taxa de juros e no fato de que a expansão do crédito é o melhor meio de obter dinheiro barato. Nada prejudicou mais a causa do liberalismo do que a repetição quase regular de surtos febris de crescimento e de dramáticos colapsos dos mercados artificialmente criados, seguidos por períodos de estagnação e declínio prolongados. A opinião pública acabou convencendo-se de que tais ocorrências são inevitáveis numa economia de mercado livre. As pessoas não compreenderam que aquilo de que se queixavam era a consequência inevitável de políticas que visavam a reduzir a taxa de juros por meio de uma expansão creditícia. Obstinadamente, não só mantiveram essas políticas como ainda tentaram combater suas indesejáveis consequências, aumentando cada vez mais a interferência do governo.

Observações sobre as discussões relativas à atividade bancária livre

A Escola Bancária afirmava que seria impossível ocorrer um excesso de emissão de notas bancárias se o banco se limitasse a conceder empréstimos de curto prazo.[28] Quando o empréstimo fosse pago, no seu vencimento, as notas bancárias retornariam ao banco e assim desapareceriam do mercado. Entretanto, isso só poderia ocorrer se o banco restringisse o volume de créditos que vinha concedendo (mesmo assim isto não anularia os efeitos da expansão de crédito anterior; simplesmente acrescentaria a estes os efeitos de uma posterior contração do crédito). Na prática, o banco substituía as letras vencidas e pagas, descontando novas letras de câmbio (concedendo novos créditos). Assim sendo, ao montante de notas bancárias retiradas do mercado por causa do pagamento do empréstimo anterior corresponderia um montante de notas bancárias emitidas novamente.

Num sistema em que a atividade bancária é livre, a concatenação que impõe um limite à expansão do crédito funciona de uma maneira diferente. Não tem nenhuma relação com o processo a que alude o denominado Princípio de Fullarton.[29] O limite em questão decorre do fato de que a expansão do crédito em si não amplia a clientela do banco, ou seja, o número de pessoas que atribuem aos créditos à vista contra esse banco o caráter de substitutos de moeda. Uma vez que a emissão adicional de meios fiduciários por parte de um banco, como já foi mostrado anteriormente, aumenta o montante que os clientes do banco expansionista pagam a terceiros, aumenta concomitantemente a demanda de resgate dos substitutos de moeda por ele emitidos. Desta forma, o banco expansionista é forçado a voltar a ser prudente.

Este fato jamais foi questionado em relação aos depósitos à vista em contas correntes. É óbvio que um banco expansionista ficaria

---

[28] Ver p. 507-509.

[29] John Fullarton (1780-1849) foi um destacado representante da Escola Bancária inglesa. Tendo trabalhado na Índia (1802-1813), onde se associou ao Banco de Calcutá, retorna rico à Inglaterra e publica *The Regulation of Currencies* (1844). Seu princípio consiste em afirmar que o crédito em curto prazo (noventa dias), concedido pelos bancos para desconto de duplicatas baseadas em operações efetivas, não aumenta o montante de meios de pagamento em circulação e, portanto, não tem efeito inflacionário. Tal tese foi acolhida pelo British Bank Charter Act (Peel's Act), que regulou o funcionamento do Banco da Inglaterra e dos bancos ingleses em geral, até a Primeira Guerra Mundial. Ver notas anteriores 25 e 27 sobre Escola Bancária e Peel's Act. Extraído da tradução espanhola de *Human Action*. (N.T.)

logo numa posição difícil, ao fazer a compensação com outros bancos. Entretanto, no que se refere a notas bancárias, há quem sustente que as coisas se passam de uma forma diferente.

Ao lidar com os problemas relativos aos substitutos de moeda, a cataláxia afirma que esses créditos são usados por certo número de pessoas como se fosse moeda; são, como a moeda, dados e recebidos em pagamento de transações ou mantidos em caixa. Tudo o que a cataláxia afirma em relação aos substitutos de moeda pressupõe este estado de coisas. Mas seria absurdo acreditar que toda nota bancária emitida por qualquer banco torna-se efetivamente um substituto de moeda. O que torna a nota bancária um substituto de moeda é a reputação comercial do banco emitente. Se houver alguma dúvida quanto à capacidade e disposição do banco para pagar qualquer nota bancária por ele emitida, à vista e sem despesa para o portador, a reputação comercial do banco ficará prejudicada e as notas bancárias perderão o seu caráter de substituto de moeda. Podemos admitir que todas as pessoas não só estejam dispostas a receber essas letras duvidosas enquanto empréstimo como até mesmo prefira recebê-las imediatamente, se a alternativa for esperar mais tempo pelo pagamento devido. Porém, se surgir qualquer dúvida quanto à sua liquidez, as pessoas se apressarão em se desfazer delas o mais rápido possível. Manterão em seus encaixes a moeda e os substitutos de moeda que consideram suficientemente seguros, e se desembaraçarão das notas bancárias sob suspeição. Essas notas bancárias serão negociadas com um desconto e este fato as levará de volta ao banco emissor, que é o único que está obrigado a resgatá-las pelo valor nominal.

O tema pode ser ainda melhor esclarecido se examinarmos as condições da atividade bancária na Europa continental. Lá os bancos comerciais estavam livres de qualquer limitação relativa a depósitos em conta corrente. Podiam conceder crédito circulante e assim expandir o crédito, se adotassem os métodos usados pelos bancos dos países anglo-saxões. Entretanto, o público europeu não estava acostumado a considerar tais depósitos como substitutos de moeda. Como regra geral, um homem que recebesse um cheque procuraria descontá-lo imediatamente, retirando, portanto o dinheiro do banco. Tornava-se impossível a um banco comercial conceder empréstimos, a não ser por valores insignificantes, via crédito em conta corrente do cliente; tão logo este fizesse um cheque, o montante correspondente seria retirado do banco. Somente as grandes empresas costumavam considerar os depósitos em conta corrente como substitutos de moeda. Embora os bancos centrais, na maior parte desses países, não estivessem sujeitos a qualquer restrição legal quanto à concessão de créditos em conta corrente, estavam impedidos de fazê-lo em larga escala porque a clientela do banco que estava acostumada a usar a conta corrente era muito pequena. As notas bancárias eram, praticamente, o único instrumento de crédito circulante e de expansão de crédito.

Nos anos 80 do século XIX, o governo austríaco tentou popularizar o uso de cheques pela criação de um departamento de contas correntes sujeitas a cheque junto ao Serviço de Poupança dos Correios. Deu resultado, até certo ponto. Os saldos nesse departamento do Serviço de Poupança dos Correios foram usados como substitutos de moeda por uma clientela maior do que a que operava com contas correntes vinculadas ao Banco Central do país. O sistema foi preservado mais tarde pelos novos estados que sucederam ao Império de Habsburgo, após 1918. Também foi adotado em outras nações europeias, como, por exemplo, na Alemanha. É importante notar que esse tipo de conta corrente era uma iniciativa exclusivamente estatal e que o crédito circulante que o sistema possibilitava era usado somente pelos governos. É significativo o fato de que a aludida instituição austríaca de poupança postal, assim como a maioria de suas réplicas nos demais países, nunca foi denominada de *Banco* de Poupança, mas *Serviço* de Poupança. Exceção feita a essas contas correntes com o Serviço de Poupança dos Correios, as notas bancárias – e, em pequena escala, também os depósitos no Banco Central emissor controlado pelo governo – foram o principal instrumento para criação de crédito circulante. Quando alguém fala de expansão de crédito em relação a esses países, está referindo-se quase que unicamente a notas bancárias.

Nos Estados Unidos, muitos empregadores pagam salários por meio de cheques. Na medida em que os beneficiários descontam os cheques imediatamente, retirando o dinheiro do banco, este método significa apenas que o ônus de manipular o dinheiro do pagamento é transferido do empregador para o banco. Não tem implicações catalácticas. Se todos os cidadãos procedessem dessa maneira com os cheques recebidos, os depósitos não seriam substitutos de moeda e não poderiam ser usados como instrumentos para concessão de crédito circulante. É exclusivamente o fato de uma grande parte do público considerar os depósitos como substitutos de moeda que os torna o que se costuma denominar de moeda-cheque ou moeda escritural.

É um erro associar a noção de liberdade da atividade bancária com a imagem de um estado de coisas no qual todo mundo pudesse emitir notas bancárias e enganar o público *ad libitum*. As pessoas se referem frequentemente ao ditado de um americano anônimo, citado por Tooke: "Liberdade na atividade bancária equivale a liberdade para trapacear".[30] Entretanto, a liberdade de emitir notas bancárias teria limitado consideravelmente o seu emprego, se não chegasse a suprimi-lo inteiramente. Foi essa a ideia expressa por Cernuschi diante da Comissão de Inquérito da Atividade Bancária Francesa em 24 de outubro de 1865: "Estou convencido de que aquilo que é denominado de livre atividade bancária resultaria no completo desaparecimento das notas bancárias na França. Quero que todos tenham o direito de emitir notas bancárias para que ninguém as aceite mais".[31]

Talvez algumas pessoas sustentem a opinião de que as notas bancárias são mais práticas e manuseáveis do que a moeda metálica e recomendem o seu uso por razões de conveniência. Se for esse o caso, o público deveria estar disposto a pagar um preço para evitar os inconvenientes de carregar um peso em moedas metálicas no seu bolso. Por esse motivo, antigamente, as notas bancárias emitidas por bancos de indiscutível solvência tinham um valor ligeiramente superior ao da correspondente moeda metálica. Pelo mesmo motivo, os cheques de viagem (*traveller's checks*) são muito usados, embora o banco emitente cobre uma comissão ao emiti-los. Mas nada disso tem qualquer relação com o problema em questão. Não serve como justificativa para as políticas que procuram intensificar o uso de notas bancárias pelo público. Os governos não fomentaram o uso de notas bancárias a fim de poupar incômodos às senhoras quando saem para fazer compras. Seu propósito era diminuir a taxa de juros e obter uma fonte de crédito barato para suas tesourarias. No seu entendimento, o aumento da quantidade de moeda fiduciária era um meio de promover o bem estar.

As notas bancárias não são indispensáveis. Todas as conquistas do capitalismo teriam ocorrido mesmo que elas nunca tivessem existido. Além disso, os depósitos em conta corrente podem prestar o mesmo serviço que as notas bancárias. E a interferência do governo na atividade bancária não pode ser justificada pelo pretexto hipócrita de que agricultores e assalariados, pobres e ignorantes, precisam ser protegidos contra a maldade dos banqueiros.

Mas alguém poderia perguntar: e se os bancos comerciais formassem um cartel? Será que os bancos não poderiam fazer um conluio para expandir indefinidamente suas emissões de moeda fiduciária? Essa objeção é absurda.

---

[30] Em inglês, o ditado contém uma rima: *"Free trade in banking, is free trade in swindling"*. (N.T.)

[31] Ver Cernuschi, *Contre le billet de banque*, Paris, 1886, p. 55.

Na medida em que o público não seja privado, por interferência do governo, do seu direito de sacar seus depósitos, nenhum banco pode arriscar sua reputação fazendo um conluio com bancos cuja reputação não é tão boa quanto a sua. É preciso não esquecer que todo banco que emite moeda fiduciária está sempre numa situação bastante precária. Seu ativo mais valioso é a sua reputação. Se surgir dúvidas em relação à sua perfeita confiabilidade e solvência, estará inevitavelmente condenado à bancarrota. Seria um suicídio para um banco de boa reputação ligar o seu nome a outros bancos menos acreditados. Num regime de atividade bancária livre, um cartel dos bancos destruiria todo o sistema bancário do país. Não atenderia aos interesses de qualquer banco.

A maior parte dos bancos de boa reputação é acusada pelo seu conservadorismo e pela sua relutância em expandir o crédito. Para aqueles que não merecem crédito, tais restrições são consideradas um defeito. Na verdade, esta é a primeira e mais importante regra a ser obedecida na gestão de um banco num regime de atividade bancária livre.

Para os nossos contemporâneos, é extremamente difícil conceber o funcionamento da livre atividade bancária, porque consideram a necessidade de intervenção do governo na atividade bancária como evidente em si mesma. Entretanto, convém recordar que essa intervenção do governo parte do pressuposto de que a expansão de crédito é um meio adequado para manter baixa a taxa de juros, sem prejudicar ninguém, a não serem os desalmados capitalistas. Os governos intervieram exatamente porque sabiam que a atividade bancária livre manteria a expansão de crédito dentro de limites bastante estreitos.

Os economistas têm razão quando afirmam que na situação atual da atividade bancária é recomendável a intervenção do governo. Mas essa situação atual da atividade bancária não é o resultado do funcionamento de uma economia de mercado livre. É, ao contrário, fruto das tentativas de vários governos desejosos de criar condições para expandir o crédito em larga escala. Se o governo não tivesse interferido, o uso de notas bancárias e de depósito em conta corrente ficaria restrito àqueles que sabem muito bem como distinguir entre bancos solventes e insolventes. Nunca teria sido possível uma expansão de crédito em larga escala. Foram os governos os grandes responsáveis pela difusão do respeito supersticioso com que o homem comum considera qualquer pedaço de papel no qual o Tesouro tenha imprimido as palavras mágicas: *moeda de curso legal*.

Na atual situação, a intervenção do governo na atividade bancária poderia se justificar se fosse feita com o objetivo de corrigir esse lamentável estado de coisas, e de impedir ou pelo menos restringir seriamente qualquer nova expansão de crédito. Na realidade, o principal objetivo da intervenção do governo hoje em dia continua sendo o de intensificar a expansão de crédito. Essa política está fadada ao fracasso. Mais cedo ou mais tarde resultará numa catástrofe.

13
Tamanho e composição dos encaixes

São os indivíduos e as firmas que possuem e mantêm em seus encaixes a quantidade total de moeda e de substitutos de moeda. A parcela mantida por cada um é determinada pela utilidade marginal. Cada indivíduo procura manter certa parte de sua riqueza em caixa, em forma líquida; livra-se de um excesso de caixa, aumentando suas compras, e corrige uma insuficiência de caixa, aumentando suas vendas. O economista não se deve deixar enganar pela terminologia comumente empregada que confunde a demanda por moeda para encaixe com a demanda por riqueza e por bens vendáveis.

O que é válido para indivíduos e firmas também é válido em relação a um grupo de indivíduos e firmas. O critério adotado para considerar tais indivíduos e firmas como um grupo e somar seus encaixes não tem a menor importância. O encaixe de uma cidade, de uma província ou de um país é a soma dos encaixes de seus habitantes.

Suponhamos que em uma economia de mercado circule apenas um tipo de moeda e que os substitutos de moeda sejam ou desconhecidos ou usados por todo mundo sem qualquer distinção. Existem, por exemplo, a moeda-ouro e notas bancárias resgatáveis, emitidas por um banco mundial, e que todos consideram como substitutos de moeda. Nessa hipótese, as medidas que dificultam a troca de mercadorias e serviços não afetam a situação monetária e nem o tamanho dos encaixes. As tarifas aduaneiras, os embargos e as barreiras migratórias afetam a tendência de equalização dos preços, salários e taxas de interesse. Não influem diretamente sobre os encaixes.

Se um governo pretender que seus súditos aumentem o montante de seus encaixes, deverá ordenar-lhes que depositem certa importância numa instituição e a mantenham bloqueada. A necessidade de dispor dessa quantia forçaria todo mundo a vender mais e comprar menos; os preços domésticos cairiam; as exportações aumentariam e as importações diminuiriam; certa quantidade de moeda seria importada. Mas, se o governo simplesmente obstruísse a importação de bens e a exportação de moeda, não conseguiria atingir o seu objetivo. Porque, se as importações diminuem mantidas invariadas as demais circunstâncias, as exportações diminuiriam concomitantemente.

O papel que a moeda desempenha no comércio internacional não é diferente do que desempenha no comércio interno. A moeda é um meio de troca tanto no comércio internacional como no mercado interno. Tanto num como no outro, as compras e vendas provocam variações meramente passageiras nos encaixes dos indivíduos e das firmas, a não ser que as pessoas desejem efetivamente aumentar ou diminuir o tamanho de seus encaixes. Um excedente de moeda só aflui para um país se os seus habitantes desejam, mais do que os estrangeiros, aumentar os seus encaixes. Uma saída de moeda só ocorre se os seus habitantes desejam, mais do que os estrangeiros, reduzir os seus encaixes. Uma transferência de moeda de um país para outro, que não seja compensada por uma transferência no sentido oposto, nunca é o resultado involuntário de transações comerciais internacionais. É sempre fruto de mudanças intencionais nos encaixes dos seus respectivos habitantes. Da mesma maneira que o trigo só é exportado se os residentes de um país desejam exportar um excedente de trigo, também a moeda só é exportada se os residentes desejarem exportar uma determinada quantia que consideram excedente.

Se um país passar a usar substitutos de moeda que não têm curso no estrangeiro, dará origem a um excedente de moeda. A criação desses substitutos de moeda equivale a um aumento da quantidade de moeda no sentido mais abrangente, isto é, moeda-mercadoria mais moeda fiduciária. Os residentes no país procurarão desfazer-se da sua parte desse excedente, aumentando suas compras de bens domésticos ou de bens estrangeiros. No primeiro caso, caem as exportações; no segundo, as importações aumentam. Em ambos os casos o excedente de moeda sai do país. Como, de acordo com o nosso pressuposto, os substitutos de moeda não podem ser exportados, é sempre a moeda propriamente dita que sai. O resultado disso é que na quantidade doméstica de moeda, no sentido abrangente (moeda-mercadoria + moeda fiduciária), a parcela de moeda diminui e a de moeda fiduciária aumenta. O estoque de moeda no sentido estrito (moeda-mercadoria) agora é menor do que anteriormente.

Suponhamos agora que os substitutos de moeda percam essa condição. O banco que os emitiu já não os resgata em termos de moeda. O que antes eram substitutos de moeda, agora são créditos contra um banco que não cumpre suas obrigações, um banco cuja capacidade e disposição de honrar seus compromissos é questionável. Ninguém sabe se e quando serão resgatados. Mas pode ocorrer que esses créditos continuem a ser usados pelo público como moeda-crédito. Enquanto substitutos de moeda, eram considerados como equivalentes à quantidade de moeda a que davam direito a qualquer momento. Como moeda crédito, são agora negociados mediante um desconto.

Quando as coisas chegam a esse ponto, é possível que haja uma intervenção do governo, decretando que a moeda-crédito é moeda de curso legal pelo seu valor nominal.[32] Todo credor é obrigado a aceitá-la em pagamento pelo seu valor nominal. Ninguém pode discriminá-la. O decreto governamental procura obrigar o público a tratar coisas de diferente valor de troca como se tivessem o mesmo valor de troca. Interfere na estrutura de preços que seria determinada pelo mercado. Fixa preços mínimos para a moeda-crédito e preços máximos para a moeda-mercadoria (ouro) e para as divisas estrangeiras. O resultado alcançado não é o que o governo pretendia. A diferença entre o valor de troca da moeda crédito e do ouro não deixa de existir. Como é proibido empregar a moeda-mercadoria segundo o seu preço de mercado, as pessoas não a empregam para comprar e vender ou para pagar débitos. Preferem mantê-la em caixa ou exportá-la. A moeda-mercadoria desaparece do mercado interno. Diz a lei de Gresham que a má moeda expulsa do país a boa moeda. Seria mais correto dizer que a moeda que o governo tentou desvalorizar por decreto desaparece e a moeda que o decreto valorizou permanece.

A saída da moeda-mercadoria não é, portanto, a consequência de um balanço de pagamentos desfavorável, mas o resultado de uma interferência do governo na estrutura dos preços.

14
O BALANÇO DE PAGAMENTOS

A comparação entre o equivalente em moeda de todas as entradas e todas as saídas de um indivíduo ou de um grupo de indivíduos, durante certo período de tempo, é denominada de balanço de pagamentos. A coluna do crédito é sempre igual à coluna do débito. O balanço está sempre em equilíbrio.

---

[32] Frequentemente a outorga de curso legal foi dada a notas bancárias quando elas ainda eram substitutas de moeda e, como tal, equivalentes à moeda em valor de troca. Nesse momento, o decreto não tinha importância cataláctica. Agora, torna-se importante porque o mercado já não os considera como substitutos de moeda.

Se quisermos conhecer a posição de um indivíduo no contexto de uma economia de mercado, devemos examinar o seu balanço de pagamentos. Dessa maneira, podemos saber tudo sobre o papel que ele desempenha no sistema social da divisão do trabalho. Mostra o que dá aos seus semelhantes e o que recebe deles. Mostra se ele é um cidadão decente que vive por seus próprios meios ou um ladrão ou um mendigo. Mostra se ele consome tudo o que ganha ou se poupa uma parte. Existem muitos aspectos humanos que não se acham refletidos nos livros contábeis; existem virtudes e realizações, vícios e crimes, que a contabilidade não registra. Mas, no que diz respeito à integração de um indivíduo na vida e nas atividades sociais, no que diz respeito à sua contribuição ao esforço conjunto da sociedade e à apreciação que os seus semelhantes fazem dessa contribuição, e, no que diz respeito ao seu consumo daquilo que é ou poderia ser comprado e vendido no mercado, a informação transmitida é completa.

Se juntarmos os balanços de pagamentos de certo número de indivíduos, deixando de lado os itens relativos às transações entre os membros desse grupo, obteremos o balanço de pagamento do grupo. Este balanço nos informa de que maneira os membros do grupo, considerados como um conjunto integrado de pessoas se relaciona com o resto da sociedade de mercado. Assim sendo, podemos formar o balanço de pagamento dos advogados de Nova York, dos agricultores belgas, dos habitantes de Paris ou do cantão de Berna na Suíça. Os estatísticos estão geralmente interessados em estabelecer o balanço de pagamentos dos residentes nos vários países organizados como nações independentes.

Enquanto o balanço de pagamentos de um indivíduo transmite informações completas em relação à sua posição na sociedade, o balanço de um grupo informa muito menos. Não diz nada sobre as relações mútuas dos membros do grupo. Quanto maior o grupo e menos homogêneos os seus membros, mais incompleta é a informação transmitida pelo balanço de pagamentos. O balanço de pagamentos da Dinamarca nos diz mais sobre as condições dos dinamarqueses do que o balanço de pagamento dos Estados Unidos sobre as condições dos americanos. Para descrever as condições econômicas e sociais de um país, não é necessário considerar o balanço de pagamentos de cada um dos habitantes. Não obstante, o grupo a ser considerado deve ser composto de membros que, de uma maneira geral, sejam homogêneos na sua posição social e na sua atividade econômica.

A leitura dos balanços de pagamentos é, sem dúvida, muito instrutiva. Entretanto, para evitar erros muitos frequentes, é preciso saber interpretá-los.

É comum listar separadamente, no balanço de pagamentos de um país, os itens monetários e não monetários. Diz-se que há um saldo no balanço quando a importação de moeda e ouro excede a exportação de moeda e ouro. Diz-se que há um déficit quando as exportações de moeda e ouro excedem as importações. Essa terminologia tem sua origem nos erros inveterados do mercantilismo, que infelizmente conseguem sobreviver a despeito da devastadora crítica dos economistas. As importações e exportações de moeda e ouro são consideradas um resultado involuntário da configuração dos itens não monetários do balanço de pagamentos. Esta consideração é inteiramente errada. Um excedente nas exportações de moeda e ouro não é fruto de uma infeliz concatenação de circunstâncias que acontece a um país como se fosse um acidente da natureza. É o resultado do fato de que os habitantes do país em questão desejam reduzir seus encaixes e preferem comprar mercadorias. É por isso que o balanço de pagamento dos países produtores de ouro é geralmente "desfavorável"; é por isso que o balanço de pagamentos de um país que substitui uma parte de seu estoque de moeda mercadoria por moeda fiduciária é "desfavorável", enquanto perdura tal processo.

Não é necessária nenhuma intervenção diligente de uma autoridade protetora para que um país não perca todo o seu estoque monetário por causa de um balanço de pagamentos desfavorável. Neste particular, as coisas não são diferentes, quer se trate de balanços de pagamentos de indivíduos, quer de grupos. Tampouco são diferentes quando se trata de balanços de pagamentos de uma cidade, de um distrito ou de um país soberano. Não é necessária qualquer interferência do governo para impedir que os habitantes de Nova York gastem todo seu dinheiro em transações com os outros 49 estados da União. Enquanto os americanos atribuírem importância à manutenção de certo encaixe, o problema se resolverá espontaneamente, porque cada um contribuirá mantendo em caixa uma parcela da quantidade de moeda do seu país. Mas, se nenhum americano estiver interessado em manter um encaixe, nenhuma medida governamental em relação ao comércio internacional e aos pagamentos internacionais poderá evitar uma saída de todo o estoque de moeda da América. Para evitá-la, seria necessário proibir a exportação de moeda e de ouro.

15
AS TAXAS DE CÂMBIO INTERLOCAIS

Suponhamos, em primeiro lugar, que só exista um tipo de moeda. Assim sendo, o que é válido em relação aos preços das mercadorias é igualmente válido em relação ao poder aquisitivo da moeda em diversos lugares. O preço final do algodão em Liverpool não pode exceder o preço em Houston, Texas, mais do que o custo de transporte. Se o preço em Liverpool for além desse valor, os comerciantes embarcarão algodão para Liverpool, produzindo assim uma tendência de retorno ao preço final. Não havendo obstáculos institucionais, o preço, em Nova York, de uma ordem para pagar certa quantidade de florins em Amsterdam não pode exceder o montante – representado pelos custos de remeter as moedas metálicas, o embarque, seguro e juros no período – gasto nessas operações. Tão logo ultrapasse esse ponto – o ponto de exportação do ouro *(gold export point)* —, torna-se lucrativo remeter ouro de Nova York para Amsterdam. Tais embarques forçam a taxa de câmbio do florim em Nova York a cair abaixo do ponto de exportação do ouro. Há uma diferença entre a configuração das taxas de câmbio interlocais das mercadorias e a das moedas, graças ao fato de que as mercadorias deslocam-se apenas numa direção, qual seja, dos locais onde há excedente de produção para os locais onde há excedente de consumo. O algodão é embarcado de Houston para Liverpool e não de Liverpool para Houston. Seu preço é menor em Houston do que em Liverpool e a diferença é determinada pelo custo de transporte. Mas a moeda pode ser transferida ora numa direção, ora na outra.

O erro daqueles que pretendem explicar as flutuações das taxas de câmbio interlocais e as transferências de moeda interlocais como consequência dos itens não monetários do balanço de pagamentos reside no fato de atribuírem à moeda um caráter especial. Não chegam a perceber que, em relação a taxas de câmbio interlocais, não há diferença entre moeda e mercadoria. Se é, possível haver comércio de algodão entre Houston e Liverpool, o preço do algodão nesses dois locais não pode diferir além do custo de transporte. Da mesma maneira em que há um fluxo de algodão do sul dos Estados Unidos para a Europa, há um fluxo de ouro dos países produtores de ouro, como a África do Sul, para a Europa.

Deixemos de lado o comércio triangular e o caso dos países produtores de ouro e suponhamos que os indivíduos e firmas comerciem uns com os outros com base no padrão ouro e que não tenham intenção de alterar o tamanho de seus encaixes. De suas compras e vendas resultam créditos que implicam em pagamentos interlocais. Mas, na hipótese que formulamos, estes pagamentos interlocais são equivalentes entre si. O montante que os habitantes de A têm de pagar aos habitantes de B é igual aos montantes que os habitantes de B têm de pagar aos habitantes de A. Assim sendo, é possível poupar os custos de transportar ouro de *A* para *B* e de *B* para *A*. Os créditos e os débitos podem ser ajustados por meio de uma câmara de compensação interlocal. É uma questão meramente técnica que esse ajuste seja efetuado por uma câmara de compensação interlocal ou por transferências feitas no próprio mercado de divisas. De qualquer forma, o preço que um habitante de *A* (ou de *B*) tem de pagar para fazer um pagamento em *B* (ou em *A*) é limitado pelos custos de transporte. Não pode exceder o valor ao par por mais do que os custos de transporte (ponto de exportação do ouro), nem ser inferior ao valor ao par por mais do que os custos de transporte (ponto de importação do ouro).

Admitamos que – mantidas todas as nossas outras suposições – ocorra um desequilíbrio temporário entre os pagamentos devidos de *A* para *B* e os de *B* para *A*. Nessa hipótese, só se pode impedir que seja feita uma transferência de ouro por meio de uma operação de crédito. Se o importador em *A*, que precisa efetuar um pagamento hoje em *B*, puder comprar no mercado de divisas créditos contra os residentes em *B*, com vencimento em noventa dias, poderá poupar os custos de transporte de ouro tomando emprestado, em *B*, o montante em questão, por um período de noventa dias. Os comerciantes que lidam com divisas estrangeiras recorrerão a este procedimento se o custo do empréstimo em *B* não exceder o custo do empréstimo em *A* por mais do que o dobro dos custos de transporte do ouro. Se o custo de expedir o ouro é 1/8%, estarão dispostos a pagar, por um empréstimo há noventa dias, uma taxa de juros de 1% ao ano maior do que a taxa de juros vigente nas transações entre *A* e *B*, se não houvesse a necessidade desses pagamentos interlocais.

Esses mesmos fatos também podem ser expressos, dizendo-se que o saldo diário do balanço de pagamentos entre *A* e *B* determina o nível da taxa de câmbio, dentro dos limites estabelecidos pelos pontos de exportação e de importação do ouro. Mas não deve ser esquecido que isto só ocorre se os residentes de *A* e *B* não pretendem alterar o tamanho de seus encaixes. Somente se for esse o caso, torna-se possível evitar a transferência de ouro e manter a taxa de câmbio dentro dos limites estabelecidos pelos dois pontos da exportação e importação do ouro. Se os residentes de *A* querem reduzir, os seus encaixes e os de *B* querem aumentar os seus, o ouro terá de ser transferido de *A* para *B*; o custo da transferência telegráfica de *A* para *B* atingirá em *A* o ponto de exportação de ouro. O ouro é então transferido de *A* para *B* da mesma maneira que o algodão é regularmente exportado dos Estados Unidos para a Europa. O custo da transferência telegráfica para *B* atinge o ponto de exportação do ouro porque os residentes em *A* estão vendendo ouro para os residentes em *B*, e não porque o seu balanço de pagamentos seja desfavorável.

Isso é válido em relação a quaisquer pagamentos a serem efetuados entre vários locais. Não faz diferença se as cidades em questão pertencem à mesma nação soberana ou a diferentes nações soberanas. Entretanto, a intervenção do governo provoca consideráveis mudanças nessa situação. Todos os governos criaram instituições que possibilitam aos residentes do país fazerem pagamentos domésticos interlocais ao par. Os custos de transporte de moeda de um local para outro são arcados ou pelo Tesouro, ou pelo Banco Central, ou por qualquer outra agência do governo, como por exemplo, o serviço de poupança postal dos diversos países europeus. Por isso, não existe mais um mercado para transferências domésticas interlocais. O público não precisa pagar por uma ordem de pagamento interlocal mais do que por uma local ou, se tem de pagar um pouco mais, esta diferença não guarda qualquer relação com as flutuações dos movimentos de moeda interlocais no interior do país. É essa interferência governamental que tornou mais nítida a diferença entre pagamentos domésticos e pagamentos fora das fronteiras nacionais. Os pagamentos domésticos efetuam-se ao par, enquanto os pagamentos no exterior estão sujeitos às flutuações que ocorrem nos limites dos pontos de exportação e importação do ouro.

Se mais de um tipo de moeda é usado como meio de troca, a taxa de câmbio recíproca entre elas é determinada pelo seu respectivo poder aquisitivo. Os preços finais das várias mercadorias, expressos em cada uma das duas ou das diversas moedas, são proporcionais entre si. A taxa de câmbio final entre os vários tipos de moeda reflete o seu poder aquisitivo em relação às mercadorias. Se surgir uma diferença, surge uma possibilidade para uma transação lucrativa e os esforços dos homens de negócios, ansiosos por se aproveitarem dessa oportunidade, fazem com que essa diferença desapareça de novo. A teoria da paridade do poder aquisitivo das moedas internacionais constitui mera aplicação dos teoremas gerais relativos à determinação de preços ao caso especial da coexistência de vários tipos de moeda.

Pouco importa se os vários tipos de moeda coexistem no mesmo território ou se o seu uso é limitado a uma determinada área. Tanto num caso como no outro, a taxa de câmbio entre elas tende a uma configuração final que torna indiferente comprar ou vender usando essa ou aquela moeda. Na medida em que existam custos de transferência interlocal, será necessário somá-los ou subtraí-los.

As mudanças no poder aquisitivo não ocorrem ao mesmo tempo em relação a todas as mercadorias e serviços. Consideremos, uma vez mais, o caso, de muita importância prática, de haver inflação em apenas um país. O aumento na quantidade doméstica de moeda-crédito ou moeda-*fiat* afeta inicialmente os preços de algumas mercadorias e serviços. Os preços de outras mercadorias permanecem por algum tempo inalterados. A taxa de câmbio entre a moeda nacional e as moedas estrangeiras é determinada na Bolsa, um mercado organizado e dirigido segundo os padrões e costumes comerciais de uma bolsa de valores mobiliários. Os que operam nesse mercado especial estão mais capacitados a antecipar mudanças futuras do que o resto das pessoas. Consequentemente, a estrutura de preços do mercado de câmbio reflete a nova relação monetária mais rapidamente do que os preços de muitas mercadorias e serviços. Tão logo a inflação doméstica começa a afetar os preços de algumas mercadorias, e de qualquer forma muito antes de ter consumado os seus efeitos sobre a maior parte dos preços das mercadorias e serviços, a taxa de câmbio das moedas estrangeiras tende a aumentar até o ponto que corresponderá à configuração final dos preços e salários domésticos.

Este fato tem sido interpretado de uma maneira inteiramente equivocada. As pessoas não chegam a perceber que o aumento da taxa de câmbio de divisas estrangeiras meramente antecipa o movimento ascendente dos preços domésticos. Procuram explicar a elevação da taxa de câmbio como decorrente de um balanço de pagamentos desfavorável. O aumento da demanda de moeda estrangeira, dizem eles, teria sido provocado por uma deterioração da balança comercial ou de outros itens do balanço de pagamentos, ou simplesmente por sinistras manobras de especuladores sem patriotismo. A elevação da taxa de câmbio acarretaria um aumento nos preços domésticos dos produtos importados. Os preços dos produtos domésticos também aumentariam porque, se não subissem, estimulariam os comerciantes a retirá-los do mercado interno e a vendê-los com vantagem no exterior.

Os erros implícitos nessa doutrina muito popular são fáceis de serem evidenciados. Se a renda nominal dos habitantes do país não tivesse sido aumentada pela inflação, eles teriam sido obrigados a restringir o seu consumo, seja de produtos importados, seja de produtos nacionais. No primeiro caso, as importações cairiam e, no segundo, as exportações aumentariam. Desse modo, a balança comercial voltaria a apresentar o que os mercantilistas chamam de saldo favorável.

Quando pressionados, os mercantilistas se veem forçados a admitir a pertinência desse raciocínio. Mas, dizem eles, isto só é aplicável a condições normais de comércio. Não pode ser aplicado no caso de países cuja situação os obriga a importar mercadorias essenciais, tais como alimentos e matérias-primas. As importações desses bens continuam, eles não podem ser reduzidos abaixo de certo mínimo. Deveriam ser importados mesmo por um preço mais elevado. Se a moeda estrangeira necessária para importá-los não puder ser obtida por um adequado montante de exportações, a balança comercial tornar-se-á desfavorável e as taxas de câmbio aumentarão cada vez mais.

Essa ideia é tão ilusória como todas as demais ideias mercantilistas. Por mais urgente ou vital que seja a demanda de alguns bens por parte de um indivíduo ou de um grupo de indivíduos, estes só poderão satisfazê-la no mercado se pagarem o preço de mercado. Se um austríaco quer comprar trigo canadense, terá de pagar o preço de mercado em dólares canadenses. Terá de conseguir os dólares canadenses exportando para o Canadá ou para algum outro país. Ao pagar preços maiores (em xelins, a moeda austríaca) pelos dólares canadenses, a disponibilidade de dólares canadenses não aumenta. Ademais, não poderá pagar tais preços maiores (em xelins) pelo trigo importado, se sua renda (em xelins) permanece inalterada. Somente se o governo austríaco adotar uma política inflacionária e assim aumentar a quantidade de xelins nos bolsos de seus cidadãos terão os austríacos condições de continuar a comprar as quantidades de trigo canadense que costumavam comprar, sem diminuir outras despesas. Se não houver inflação doméstica, qualquer aumento no preço de bens importados resultará ou numa queda do seu consumo ou numa queda do consumo de outros bens. Assim, o processo de ajuste descrito acima entra em funcionamento.

Se um homem não tem dinheiro para comprar pão de seu vizinho, o padeiro, a causa não deve ser atribuída a uma suposta falta de moeda. Ela reside no fato de que esse homem não conseguiu ganhar o dinheiro de que necessitava vendendo bens ou prestando serviços pelos quais as pessoas estivessem dispostas a pagar. O mesmo é verdade em relação ao comércio internacional. Um país pode estar em dificuldades por não conseguir vender no exterior tantas mercadorias quantas teria de vender a fim de comprar todos os alimentos de que seus cidadãos necessitam. Mas isso não significa que as divisas estrangeiras são escassas. Significa que os seus habitantes são pobres. E a inflação doméstica certamente não é um meio apropriado para acabar com a pobreza.

A especulação também não é a causa da formação da taxa de câmbio. Os especuladores simplesmente antecipam as prováveis variações. Se errarem, se o seu prognóstico de que há um processo inflacionário em curso estiver errada, a estrutura de preços e as taxas de câmbio das moedas estrangeiras não corresponderão às suas previsões e eles terão de pagar por seus equívocos, sofrendo as correspondentes perdas.

A doutrina segundo a qual as taxas de câmbio das moedas estrangeiras são determinadas pelo balanço de pagamentos baseia-se numa generalização indevida de um caso particular. Se dois locais, A e B, usam o mesmo tipo de moeda, e se os residentes não desejam fazer quaisquer mudanças no tamanho de seus encaixes, o total pago, durante certo período de tempo, pelos residentes de A aos de B, é igual ao montante pago pelos residentes de B aos de A, e todos os pagamentos podem ser ajustados sem que seja necessário transferir moeda de A para B ou de B para A. Nesse caso, o custo de A da transferência telegráfica para B não pode ultrapassar um ponto ligeiramente abaixo do ponto de exportação do ouro e também não pode cair abaixo de um ponto ligeiramente acima do ponto de importação de ouro, e vice-versa. Dentro dessa margem, o saldo diário do balanço de pagamentos determina a cotação diária da taxa de câmbio. Isto só ocorre enquanto nem os residentes de A nem os de B desejarem alterar o montante de seus encaixes. Se os residentes de A quiserem diminuir os seus encaixes e os de B quiserem aumentar os seus, a moeda será transferida de A para B e o custo, em A, da transferência telegráfica para B, atinge o ponto de exportação do ouro. Portanto, não é porque o balanço de pagamentos em A se tenha tornado desfavorável que se efetua a transferência de moeda para B. O que os mercantilistas chamam de um balanço de pagamentos desfavorável é o resultado de uma deliberada diminuição dos encaixes dos cidadãos de A e um deliberado aumento dos encaixes dos cidadãos de B. Se nenhum residente de A estiver disposto a reduzir seu encaixe, tal fluxo de moeda jamais poderia ocorrer.

A diferença entre o comércio de moeda e o de mercadorias vendáveis é essa: em geral a transferência de mercadorias se faz num único sentido, qual seja, dos locais onde há excedente de produção para aqueles onde há excesso de consumo. Consequentemente, o preço de certa mercadoria no local onde há excedente de produção é, geralmente, menor do que onde há excesso de consumo, e esta diferença corresponde aos custos de transporte. As coisas se passam de maneira diferente com a moeda, não levando em conta o caso dos países produtores de ouro e dos países cujos residentes desejam deliberadamente alterar o tamanho de seus encaixes. A moeda se desloca, ora numa direção, ora na direção oposta. Num momento dado, um país exporta moeda; num outro momento, importa. Todo país exportador logo se transforma em país importador, precisamente por causa de suas exportações anteriores. Por essa única razão é possível poupar os custos de transporte de moeda, recorrendo-se ao mercado de câmbio de moedas estrangeiras.

16
A TAXA DE JUROS E A RELAÇÃO MONETÁRIA

A moeda desempenha nas operações de crédito o mesmo papel que em todas as outras transações mercantis. Em geral, os empréstimos são concedidos em moeda, e os juros e o principal são pagos em moeda. Os pagamentos decorrentes dessas transações influenciam os encaixes apenas temporariamente. As pessoas que recebem os empréstimos, os juros e o principal usam o dinheiro recebido para consumo ou para investimento. Independentemente do fluxo de dinheiro recebido, essas pessoas só aumentarão os seus encaixes se forem motivadas por razões específicas a agir dessa maneira.

O estado final da taxa de juros do mercado é o mesmo para todos os empréstimos do mesmo tipo. As diferenças na taxa de juros são causadas ou por diferenças na confiabilidade e honorabilidade do devedor, ou por diferenças nos termos do contrato.[33] As diferenças nas taxas de juros que não sejam causadas por situações desse tipo tendem a desaparecer. Os pretendentes a um crédito procuram os emprestadores que cobram uma menor taxa de juros. Os emprestadores procuram as pessoas que estão dispostas a pagar uma maior taxa de juros. No mercado de dinheiro, as coisas se passam da mesma maneira que em todos os outros mercados.

Nas operações de crédito interlocais, devem também ser levadas em consideração as taxas de câmbio interlocais, assim como as diferenças que possivelmente existam entre os respectivos padrões monetários. Examinemos o caso de dois países, A e B, sendo que A adota o padrão-ouro e B, o padrão-prata. O emprestador que examina a possibilidade de emprestar moeda de A para um habitante de B deverá, primeiro, vender ouro em troca de prata e, mais tarde, no vencimento do empréstimo, vender prata em troca de ouro. Se neste interregno o preço da prata baixou em relação ao do ouro, o credor, com o principal pago pelo devedor (em prata), só poderá comprar uma quantidade de ouro menor do que a que ele desembolsou quando fez a transação. Portanto, ele só se arriscará a emprestar dinheiro em B se a diferença entre as taxas de juros de A e B for suficiente para cobrir uma esperada queda no preço da prata em relação ao ouro. A tendência de equalização da taxa de juros do mercado para empréstimos de curto prazo, que existe se A e B têm o mesmo padrão monetário, fica seriamente prejudicada quando os padrões são diferentes.

---

[33] Para uma análise mais elaborada, ver p. 618-627.

Se A e B têm o mesmo padrão monetário, os bancos de A não poderão expandir o crédito se os de B não adotarem a mesma política. A expansão de crédito em A faz com que os preços aumentem e que diminua temporariamente a taxa de juros, enquanto os preços e juros em B permanecem inalterados. Consequentemente, as exportações de A diminuem e suas importações aumentam. Além disso, os emprestadores residentes em A procuram fazer suas aplicações de curto prazo em B. O resultado é uma drenagem de recursos para o exterior, que faz com que diminuam as reservas monetárias dos bancos de A. Se os bancos de A não abandonarem sua política expansionista, ficarão insolventes.

Esse processo tem sido interpretado de uma maneira inteiramente errada. As pessoas dizem que o Banco Central de um país tem uma função importante e vital a cumprir, no interesse da nação. O Banco Central teria o sagrado dever, dizem eles, de preservar a estabilidade das taxas de câmbio de moedas estrangeiras e proteger as reservas de ouro da nação contra os ataques dos especuladores estrangeiros e dos seus cúmplices nacionais. A verdade é que tudo o que um banco central faz para evitar que se evapore a sua reserva de ouro, ele o faz para poder preservar a sua própria solvência. Tendo comprometido a sua solidez financeira ao expandir o crédito, precisa agora desfazer o que já fez, para evitar consequências desastrosas. Sua política expansionista finalmente esbarra nos obstáculos que limitam a emissão de moeda fiduciária.

Ao se lidar com questões monetárias, assim como com todos os outros problemas catalácticos, não se deve fazer uso da terminologia militar. Não há uma "guerra" entre os bancos centrais; não existem forças sinistras "atacando" a posição de um banco e ameaçando a estabilidade das taxas de câmbio. Não há necessidade de um "defensor" para "proteger" o sistema monetário de um país. Além do mais, não é verdade que o que impede o banco central ou os bancos privados de um país de reduzirem a taxa de juros do mercado interno sejam considerações sobre a preservação do padrão-ouro e sobre a estabilidade das taxas de câmbio, ou ainda, considerações quanto à necessidade de frustrar as maquinações do cartel internacional formado pelos banqueiros capitalistas. A taxa de juros do mercado não pode ser reduzida por meio de uma expansão de crédito, a não ser por um período curto, e mesmo assim sofrendo todas aquelas consequências descritas na teoria do ciclo econômico.

Quando o Banco da Inglaterra, dando cumprimento aos termos de um contrato, resgata uma nota bancária, não está prestando, desinteressadamente, um serviço vital ao povo inglês. Está simplesmente fazendo aquilo que toda dona de casa faz quando paga a conta do armazém. A ideia de que haja algum mérito especial no fato de um banco central cumprir suas obrigações voluntariamente assumidas só pôde surgir e ganhar corpo porque os governos têm repetidamente concedido a esses bancos o privilégio de não pagar as importâncias que os seus clientes tinham direito de receber. Na realidade, os bancos centrais se tornaram, cada vez mais, meros departamentos subordinados ao Tesouro, simples instrumentos para execução de uma política inflacionária de expansão creditícia. Na prática, não faz a menor diferença se pertencem ou não ao governo e se são diretamente dirigidos por funcionários do governo. Na verdade, os bancos que concedem crédito circulante são hoje em dia e em todos os países apenas sucursais do Tesouro.

Só há uma maneira de manter uma moeda nacional ao par com o ouro e com as divisas estrangeiras: conversibilidade incondicional. O Banco Central tem que comprar, ao par, qualquer quantidade de ouro ou de divisas que lhe for oferecida, dando em pagamento notas bancárias ou depósitos em conta corrente; por outro lado, tem que vender, ao par, sem discriminação, qualquer quantidade de ouro e divisas que lhe for solicitada pelo público, recebendo em pagamento notas bancárias, peças de moeda metálica ou saldos de conta corrente. Esta era a política dos bancos centrais no regime do padrão-ouro (*gold standard*).[34] Esta era também a política dos governos e dos bancos centrais que haviam adotado o sistema monetário comumente denominado de padrão de conversível em ouro (*gold Exchange standard*).[35] A única diferença entre, por um lado, o padrão-ouro "ortodoxo" ou clássico, tal como existiu na Inglaterra dos anos 20 do século XIX até a deflagração da Primeira Guerra Mundial e em outros países, e, por

---

[34] Padrão-ouro – *gold standard* – moeda-mercadoria em que a mercadoria é o ouro. É o sistema monetário nacional ou internacional em que: 1. A unidade monetária é representada por um determinado peso de ouro de qualidade definida; 2. As moedas de ouro são usadas nas transações comerciais, bem como mantidas como encaixe pelos indivíduos; 3. Somente as moedas de ouro têm curso legal irrestrito; 4. A autoridade monetária nacional se obriga a trocar, sem restrições, ouro por unidades monetárias e vice-versa, pelo valor ao par, consideradas apenas as despesas de cunhagem e de manuseio do ouro; 5. A autoridade monetária nacional garante o valor de qualquer moeda metálica fracionária e dos substitutos de moeda, ao par, e os retira de circulação depois de resgatá-los; 6. Não há qualquer restrição à propriedade do ouro nem são impostas limitações à sua movimentação, inclusive para fora do país. Ver *Mises Made Easier*, Percy L. Greaves Jr., op. cit. (N.T.)

[35] Padrão conversível em ouro – *gold exchange standard* – sistema monetário nacional em que: 1. A unidade monetária é definida legalmente como equivalente a um determinado peso de ouro, dito valor paritário; 2. Nas transações domésticas são usados apenas substitutos de moeda, isto é, não existem moedas de ouro; 3. A autoridade monetária nacional garante o valor de todos os substitutos de moeda pelo valor paritário; 4. A autoridade monetária acional é a única detentora de ouro. Todas as demais transações de ouro com o exterior são feitas por seu intermédio. Ver *Mises Made Easier*, Percy L. Greaves Jr., op. cit. (N.T.)

outro lado, o padrão conversível em ouro reside no uso de moedas de ouro no mercado doméstico. No padrão-ouro clássico, uma parte dos encaixes dos cidadãos era constituída por moedas de ouro e o restante por substitutos de moeda. No padrão conversível em ouro, os encaixes consistiam exclusivamente em substitutos de moeda.

Estabilizar o câmbio de moeda estrangeira a uma determinada taxa equivale a resgatá-la por essa taxa.

Um fundo de estabilização do câmbio[36] de moeda estrangeira também só poderá ter êxito no seu funcionamento se mantiver fidelidade aos mesmos princípios.

As razões pelas quais nas últimas décadas os governos europeus têm preferido os fundos de estabilização de câmbio em vez do funcionamento normal dos bancos centrais são óbvias. A legislação relativa aos bancos centrais foi uma conquista de governos liberais ou de governos que não ousavam opor-se abertamente, pelo menos no que diz respeito à política financeira, à opinião pública dos países liberais. Os bancos centrais operavam, consequentemente, segundo o princípio da liberdade econômica. Por esse motivo, foram considerados inadequados nessa nossa época de crescente totalitarismo. As principais características do funcionamento de um fundo de estabilização de câmbio em comparação com as de um banco central são as seguintes:

1. As autoridades mantêm segredo em relação às operações do fundo. As leis têm obrigado os bancos centrais a publicarem informações sobre sua situação a intervalos muito curtos, em geral toda semana. Mas a situação dos fundos de estabilização só é conhecida pelos iniciados. O público só é informado depois de decorrido algum tempo, quando os números só podem interessar a historiadores e nunca a homens de negócios.

2. O segredo torna possível discriminar pessoas que não apoiam o governo. Em muitos países do continente europeu, deu ensejo a casos de corrupção vergonhosa. Em outros, os governos usaram o poder de discriminar para prejudicar empresários pertencentes a minorias linguísticas ou religiosas, ou que apoiavam partidos de oposição.

---

[36] Fundo de estabilização de câmbio – *foreign exchange equalization account* – é um fundo governamental estabelecido num sistema de "padrão conversível em ouro" para efetuar as operações de câmbio dos residentes no país. O governo cede certa quantidade de ouro e divisas estrangeiras para formação do fundo que normalmente opera em segredo, numa tentativa de encobrir e esconder do público os inevitáveis efeitos de uma inflação e expansão de crédito interno. Nos EUA, este fundo tem o nome de "Exchange Stabilization Fund". Ver *Mises Made Easier*, Percy L. Greaves Jr., op. cit. (N.T.)

3. A paridade cambial não é mais fixada por uma lei devidamente promulgada pelo Parlamento e, portanto, do conhecimento de todos os cidadãos. A determinação passa a depender do arbítrio de burocratas. De tempos em tempos a imprensa noticia: a moeda da Ruritânia está fraca. Uma descrição mais correta seria: as autoridades da Ruritânia decidiram aumentar a taxa de câmbio das moedas estrangeiras.[37]

Um fundo de estabilização do câmbio não é uma varinha mágica capaz de acabar com os males da inflação. Não dispõe de quaisquer outros meios além dos disponíveis aos bancos centrais "ortodoxos". E, da mesma forma que os bancos centrais, jamais conseguirão manter estável a taxa de câmbio, se existir no país inflação e expansão do crédito.

Segundo um argumento muito usado, os métodos "ortodoxos" que tentam evitar uma drenagem externa por meio de uma desvalorização não funcionam mais porque as nações já não estão dispostas a obedecer "às regras do jogo". Ora, o padrão-ouro não é um jogo, é uma instituição social. Seu funcionamento não depende de estarem as pessoas dispostas a respeitar certas regras arbitrárias. Seu funcionamento decorre de uma inexorável lei econômica.

Em reforço do argumento em questão, os críticos alegam o fato de que no período entre guerras um aumento da taxa de desconto[38] não conseguiu interromper a drenagem externa, isto é, a saída de moeda metálica e a transferência de saldos bancários para os países estrangeiros. Mas esse fenômeno foi causado pelas políticas governamentais contra o padrão ouro e a favor da inflação. Se a expectativa de uma pessoa é de que irá perder 40% de seu saldo bancário em virtude de uma desvalorização eminente, procurará transferir seu depósito para o estrangeiro e não mudará de ideia só porque a taxa de desconto aumentou 1% ou 2%. Esse aumento da taxa de desconto, obviamente, não compensa uma perda dez ou vinte ou mesmo quarenta vezes maior. Evidentemente, o padrão-ouro não pode funcionar, se os governos têm interesse em sabotar o seu funcionamento.

---

[37] Ver adiante p. 888-891.

[38] Taxa de desconto – *rate of discount* – taxa de juros calculados e pagos adiantadamente. Exceto quando expressamente ressalvado, este termo refere-se à taxa oficial cobrada pelo banco central para desconto dos papéis de curto prazo dos outros bancos. Nos EUA, a taxa de desconto oficial é a taxa que o FED – Federal Reserve Bank – cobra dos bancos afiliados. Na Inglaterra é conhecida como a taxa bancária. Ver *Mises Made Easier*. Percy L. Greaves Jr. op. cit. (N.T.)

17
OS MEIOS DE TROCA SECUNDÁRIOS

O uso de moeda não elimina as diferenças que existem entre os vários bens não monetários no que concerne à sua negociabilidade. Na economia monetária, há uma diferença substancial entre a negociabilidade da moeda e a dos bens vendáveis. Mas entre os vários tipos de bens vendáveis também existem diferenças de negociabilidade. Para alguns deles, é mais fácil encontrar rapidamente um comprador disposto a pagar o maior preço possível, compatível com a situação do mercado. Para outros, é mais difícil. Um título de renda de primeira classe é mais negociável do que uma casa na rua principal da cidade, e um velho casaco de peles é mais negociável do que um autógrafo de um estadista do século XVIII. Já não se faz mais a comparação entre a negociabilidade dos vários bens vendáveis e a negociabilidade perfeita da moeda; compara-se apenas o grau de negociabilidade das várias mercadorias. Cabe, portanto, fazer referência a uma negociabilidade secundária dos bens vendáveis.

Quem possui um estoque de bens de um alto grau de negociabilidade secundária tem possibilidade de restringir o seu encaixe. Quando lhe for necessário aumentá-lo, poderá vender esses bens de alto grau de negociabilidade secundária, sem demora, e pelo preço mais alto praticado no mercado. Assim sendo, o tamanho do encaixe de uma pessoa ou de uma firma é influenciado pelo fato de ela dispor, ou não, de um estoque de bens com um alto grau de negociabilidade secundária. O tamanho dos encaixes e as despesas necessárias para mantê-los podem ser reduzidos se existir uma disponibilidade de bens geradores de renda com um alto grau de negociabilidade secundária.

Consequentemente, surge uma demanda específica por esses bens, pois há pessoas que desejam adquiri-los com vistas a reduzir o custo de manter os seus encaixes. Os preços desses bens são afetados por essa demanda específica; seriam menores se ela não existisse. Esses bens são como um meio de troca secundário, e seu valor de troca resultam de dois tipos de demanda: a demanda relativa aos serviços que prestam como meios de troca secundários e a demanda relativa aos outros serviços que possam prestar.

Os custos incorridos para manter uma importância em caixa equivalem ao juro que se poderia obter se a mesma fosse investida. O custo incorrido para manter um estoque de meios de troca secundários consiste na diferença entre o juro que esses títulos rendem e o maior ganho que poderia ser obtido com outros títulos que diferem dos primeiros apenas por terem uma menor negociabilidade e por serem, portanto, menos adequados a servir como meio de troca secundário.

Desde tempos imemoriais, as joias têm sido usadas como um meio de troca secundário. Hoje, os meios de troca secundários mais usados são:

1. Créditos contra bancos, banqueiros e instituições de poupança que – embora não sejam substitutos de moeda[39] – são resgatáveis à vista ou a curtíssimo prazo.

2. Títulos cujo volume e popularidade são tão grandes, que é possível vender pequenas quantidades deles sem afetar sua cotação no mercado.

3. Finalmente, às vezes, até mesmo certas ações ou mercadorias de muita negociabilidade.

É claro que as vantagens de diminuir os custos de manter um encaixe devem ser confrontadas com certos riscos. A venda de títulos e, ainda mais, a de mercadorias, às vezes, só pode ser feita com uma perda. Esse perigo praticamente não existe no caso de saldos bancários, e os riscos de insolvência do banco são geralmente desprezíveis. Por isso, créditos que rendem juros, contra bancos e banqueiros, e que podem ser resgatados mediante pré-aviso de curtíssimo prazo são os meios de troca secundários mais utilizados.

Não se devem confundir meios de troca secundários com substitutos de moeda. Os substitutos de moeda são pagos e recebidos nas transações, como se moeda fossem. Mas os meios de troca secundários precisam primeiro, ser trocados por moeda ou por substitutos de moeda, quando se pretende usá-los – de maneira indireta – para efetuar pagamentos ou para aumentar os encaixes.

Os créditos utilizados como meios de troca secundários têm, por causa desse emprego, um mercado mais amplo e um preço maior. A consequência disso é que rendem um juro menor do que créditos do mesmo tipo que não são adequados a servir como meios de troca secundários. Os títulos do governo e as letras do Tesouro, que podem ser usados como meios de troca secundários são emitidos em condições mais favoráveis ao devedor do que os empréstimos que não podem ser empregados com essa finalidade. Por conseguinte, os devedores em questão têm um grande interesse em que o mercado de seus títulos seja organizado de forma a torná-los atrativos para aqueles que estão à procura de meios de troca secundários. Procuram fazer com que seja possível aos portadores desses títulos vendê-los ou usá-los como garantia de empréstimos em termos os

---

[39] Por exemplo, depósitos à vista, não sujeitos a cheque.

mais razoáveis possíveis. Ao anunciar ao público as suas emissões, enfatizam essas características como uma vantagem especial.

Pela mesma razão, os bancos e os banqueiros procuram atrair a demanda por meios de troca secundários. Oferecem boas condições aos seus clientes. Competem entre si, encurtando o tempo exigido de pré-aviso. Às vezes, chegam a pagar juros sobre moeda exigível à vista. Nesse tipo de disputa, alguns bancos se excedem e colocam em risco a sua própria solvência.

As condições políticas das últimas décadas aumentaram a importância dos saldos bancários que podem ser considerados como meios de troca secundários. Os governos de quase todos os países estão engajados numa campanha contra os capitalistas; procuram expropriá-los através de medidas fiscais e monetárias. Os capitalistas, por seu lado, procuram proteger sua propriedade mantendo uma parte de seus fundos em valores bastante líquidos, de maneira a poder escapar a tempo dessas medidas confiscatórias. Conservam os seus saldos bancários nos bancos dos países onde o perigo de confisco ou de desvalorização da moeda é, naquele momento, menor. Tão logo mudem as perspectivas, transferem os seus saldos para países que temporariamente lhes parecem oferecer maior segurança. São esses fundos que as pessoas têm em mente quando se referem a "dinheiro quente"(*hot money*).

O sistema de reserva única faz com que o dinheiro quente tenha uma importância muito grande no sistema monetário. Para facilitar aos bancos centrais a tarefa de expandir o crédito, os governos europeus, desde há muito tempo, têm procurado concentrar suas reservas de ouro nas mãos de um banco central. Os outros bancos (os bancos privados, isto é, aqueles que não têm o privilégio especial de emitir notas bancárias) limitam suas disponibilidades de caixa às necessidades de suas transações diárias. Eles já não mantêm mais reservas para fazer face às suas obrigações que vencem todos os dias. Não consideram mais como necessário balancear os vencimentos de seu exigível com os do seu realizável, de maneira a poder, todos os dias, ter condições de cumprir suas obrigações para com os credores, sem qualquer ajuda.Contam com o banco central para o cumprimento de suas obrigações. Quando os credores querem retirar mais do que um montante "normal", os bancos privados tomam emprestados do Banco Central os recursos necessários. Um banco privado considera sua liquidez como satisfatória se possuir uma quantidade suficiente de garantias colaterais contra as quais o banco central lhe empresta dinheiro, ou de letras de câmbio que o banco central poderá redescontar.[40]

---

[40] Tudo isso se refere à situação europeia. As condições americanas são diferentes apenas do ponto de vista

Quando o afluxo de dinheiro quente começou, os bancos privados dos países onde esse dinheiro é temporariamente depositado não viram nada de errado em tratar esses recursos da maneira habitual. Utilizaram os recursos adicionais que lhes foram confiados, aumentando seus empréstimos comerciais. Não se preocuparam com as consequências, embora soubessem que esses fundos poderiam ser retirados logo que surgissem quaisquer dúvidas quanto à política monetária ou fiscal de seus países. A falta de liquidez desses bancos era evidente: de um lado, grandes somas que os clientes tinham o direito de retirar a curtíssimo prazo e, do outro lado, empréstimos comerciais que só seriam recuperados mais tarde. A única maneira segura de lidar com dinheiro quente teria sido manter uma reserva de ouro e de divisas suficientemente grande para devolver a totalidade do dinheiro recebido, a qualquer momento. Evidentemente, esse método tornaria necessário que os bancos cobrassem uma comissão para manter os fundos dos seus clientes em segurança.

A hora da verdade chegou, para os bancos suíços, naquele dia de setembro de 1936, em que a França desvalorizou o franco francês. Os depositantes de dinheiro quente se assustaram; temiam que a Suíça seguisse o exemplo da França. Como era de se esperar, todos procuraram transferir imediatamente seus fundos para Londres ou Nova York, ou até mesmo para Paris, onde seria improvável que, nas semanas seguintes, houvesse uma nova depreciação. Mas os bancos comerciais suíços não estavam em condições de devolver esses fundos sem a ajuda do Banco Nacional. Tinham emprestado os fundos a empresas – uma grande parte delas de países que, devido ao controle de câmbio, tinham seus saldos devedores bloqueados. A única saída seria tomar emprestado no Banco Nacional os fundos correspondentes e, assim, manter a sua solvabilidade. Mas, nesse caso, os depositantes que tivessem recebido o seu dinheiro iriam imediatamente ao Banco Nacional para trocá-lo por ouro ou divisas estrangeiras. Se o Banco Nacional se recusasse a fazê-lo, estaria abandonando o padrão-ouro e desvalorizando o franco suíço. Por outro lado, se o Banco Nacional resgatasse suas notas, perderia a maior parte de suas reservas. O pânico se estabeleceria; os próprios suíços também tentariam transformar o mais possível os seus depósitos em ouro e divisas. O sistema monetário do país entraria em colapso.

A única alternativa para o Banco Nacional Suíço teria sido não dar qualquer ajuda aos bancos privados. Mas isso teria sido equivalente a declarar a insolvência das instituições de crédito mais importantes do país.

---

técnico, mas não do ponto de vista econômico.

Assim sendo, o governo suíço não tinha outra escolha. Só havia uma maneira de evitar a catástrofe econômica: seguir o exemplo francês e desvalorizar o franco suíço. E a situação não admitia espera.

De um modo geral, a situação na Inglaterra era a mesma, quando começou a guerra em setembro de 1939. A *City* de Londres, outrora o centro bancário do mundo, já havia perdido sua importância. Mas, ainda assim, estrangeiros e cidadãos dos Domínios ainda mantinham nos bancos ingleses, na véspera da guerra, consideráveis saldos em curto prazo. Além disso, havia grandes depósitos dos bancos centrais da "zona da libra esterlina".[41] Se o governo inglês não tivesse congelado todos esses saldos através de medidas restritivas ao câmbio de divisas, a insolvência dos bancos ingleses seria inevitável. O controle do câmbio foi uma moratória disfarçada, concedida aos bancos, poupando-os da obrigação de ter de confessar publicamente sua incapacidade de cumprir as obrigações assumidas.

18
A VISÃO INFLACIONISTA DA HISTÓRIA

Uma teoria muito difundida sustenta que a progressiva diminuição do poder aquisitivo da unidade monetária teria tido um papel decisivo na evolução histórica. A humanidade não teria podido atingir o seu atual estado de bem estar se a oferta de moeda não tivesse crescido mais rapidamente que a demanda. A consequente queda no poder aquisitivo, afirma essa teoria, teria sido uma condição necessária para o progresso econômico; a intensificação da divisão do trabalho e o contínuo crescimento da acumulação de capital, que centuplicou a produtividade do trabalho, só teriam podido ocorrer num mundo em que houvesse uma progressiva alta de preços. A inflação daria origem à prosperidade e à riqueza; à deflação, à desgraça e à decadência econômica.[42] Um exame da literatura política e das ideias que por séculos têm orientado as políticas monetária e creditícia das nações revela que essa opinião é aceita por quase todo mundo. Apesar das advertências de alguns economistas, ainda hoje é o núcleo da filosofia econômica leiga. É, também, a essência dos ensinamentos de lorde Keynes e de seus discípulos nos dois hemisférios.

---

[41] Zona da libra esterlina – *sterling área* – termo empregado, desde que a Inglaterra abandonou o padrão-ouro, em 1931, para designar aqueles países que mantinham grande parte de suas reservas monetárias em "libras esterlinas" depositadas no Banco da Inglaterra, a fim de manter a paridade de suas unidades monetárias com a libra inglesa, em vez de com o ouro ou a prata. Ver *Mises Made Easier*, Percy L. Greavers Jr., op. cit. (N.T.)

[42] Ver o estudo crítico de Marianne von Herzfeld, "Die Geeschichte als Funktion der Geldbewegung", *Archiv fuer Sozialwissenschaft*, vol. 56, p. 654-686, e as obras citadas no próprio estudo.

A popularidade do inflacionismo se deve, em grande parte, ao arraigado ódio contra os credores. A inflação é considerada justa porque favorece os devedores em detrimento dos credores. Não obstante, a visão inflacionista da história, de que trataremos nessa seção, tem pouca relação com esse argumento anticredor. Sua afirmativa de que o "expansionismo" é a força motriz do progresso econômico e que o "restricionismo" é o pior de todos os males baseia-se, sobretudo em outros argumentos.

É óbvio que os problemas suscitados pela doutrina inflacionista não podem ser resolvidos recorrendo-se aos ensinamentos da experiência histórica. É fora de dúvida que a história dos preços mostra, de uma maneira geral, uma contínua tendência ascendente, embora às vezes interrompida por períodos curtos. Evidentemente, não há outra maneira de analisar este fato, a não ser pela compreensão histórica. A precisão cataláctica não pode ser aplicada a problemas históricos. Os esforços de alguns historiadores e estatísticos para rastrear as mudanças no poder aquisitivo dos metais preciosos através dos séculos, e medi-las, são inúteis. Já foi mostrado que todas as tentativas de medir grandezas econômicas estão baseadas em suposições inteiramente falsas e demonstram uma ignorância dos princípios fundamentais tanto da economia como da história. Mas o que a história, por meio de seus próprios métodos, podem nos dizer nesse particular é suficiente para justificar a afirmativa de que o poder aquisitivo da moeda tem mostrado ao longo dos séculos uma tendência de queda. Em relação a isso, todos estão de acordo.

Mas não é esse o problema a ser elucidado. A questão é saber se a queda no poder aquisitivo foi, ou não, um fator indispensável na evolução da pobreza de eras passadas para as condições mais satisfatórias do moderno capitalismo ocidental. Esta questão deve ser respondida sem que se recorra à experiência histórica, que pode ser, e sempre é interpretada de diversas maneiras, e à qual os defensores e adversários de qualquer que seja a teoria ou explicação da história se referem como uma prova de suas afirmativas mutuamente contraditórias e incompatíveis. O que se faz necessário é esclarecer os efeitos que as mudanças no poder aquisitivo provocaram sobre a divisão do trabalho, a acumulação de capital e o progresso tecnológico.

Ao lidar com esse problema, não nos podemos satisfazer apenas em refutar os argumentos apresentados pelos inflacionistas em defesa de sua tese. O absurdo desses argumentos é tão evidente, que fica fácil refutá-los e desmascará-los. Desde o começo de sua existência, a ciência econômica já mostrou repetidas vezes que as afirmativas referentes aos supostos benefícios de uma abundância de moeda e aos supostos desastres de uma escassez de moeda são o resultado de erros crassos de raciocínio. Os esforços dos apóstolos do inflacionismo e do expansionismo para refutar o acerto dos ensinamentos dos economistas têm sido absolutamente inúteis.

A única questão relevante é a seguinte: é ou não possível baixar a taxa de juros por meio da expansão de crédito? Esse problema foi exaustivamente tratado no capítulo consagrado a estudar a interdependência da taxa de juros e da relação monetária. Foram mostradas quais são, inevitavelmente, as consequências de *booms* provocados por uma expansão creditícia.

Mas devemos perguntar-nos se não é possível existirem outras razões que possam ser apresentadas em favor da interpretação inflacionista da história. Não teriam os defensores do inflacionismo deixado de recorrer a algum argumento válido que pudesse sustentar sua posição? É certamente necessário que o assunto seja examinado de todos os ângulos possíveis.

Imaginemos um mundo no qual seja rígida a quantidade de moeda. Num primeiro estágio, os habitantes desse mundo produziram toda a quantidade possível da mercadoria a ser usada como moeda. Um novo aumento na quantidade de moeda é impossível. Os meios fiduciários não são conhecidos. Todos os substitutos de moeda – inclusive a moeda fracionária – são certificados de moeda.

Nessas condições, a intensificação da divisão do trabalho, a evolução da autossuficiência econômica das famílias, vilas, distritos e países para o sistema de mercado mundial do século XIX, a progressiva acumulação de capital e o progresso tecnológico dos métodos de produção teriam resultado numa tendência contínua à queda dos preços. Poderia esse aumento do poder aquisitivo da unidade monetária impedir a evolução do capitalismo?

O homem de negócios comum responderia afirmativamente a essa pergunta; vivendo e agindo num mundo em que uma lenta, mas contínua, queda no poder aquisitivo da unidade monetária é considerada como normal, necessária e benéfica, simplesmente não pode compreender um estado de coisas diferentes. No seu entender, as noções de preços em ascensão e lucros estão associadas, do mesmo modo que as de preços em queda e perdas. O fato de que também se possa operar na baixa e que grandes fortunas tenham sido feitas dessa maneira não abala o seu dogmatismo. São casos – diz ele – de transações meramente especulativas de pessoas desejosas por lucrar com a queda nos preços de bens já produzidos e disponíveis; as inovações criativas, os novos investimentos e a utilização de métodos tecnológicos aprimorados requerem o estímulo que a expectativa de aumento de preços propicia; o progresso econômico só é possível num mundo de preços em ascensão.

Esta forma de pensar é insustentável. Num mundo em que fosse crescente o poder aquisitivo da unidade monetária, o modo de pensar das pessoas se ajustaria a esse estado de coisas, da mesma forma que, no nosso mundo, se ajustaram a uma unidade monetária de poder aquisitivo decrescente. Hoje em dia, as pessoas em geral estão prontas a considerar um aumento na sua renda nominal ou monetária como uma melhoria de sua situação material. Mais com os salários e com o equivalente monetário da riqueza do que com o aumento da quantidade de bens disponíveis. Num mundo em que o poder aquisitivo da unidade monetária fosse crescente, todos concentrariam sua atenção na redução do custo de vida. Isto tornaria evidente o fato de que o progresso econômico consiste primordialmente em fazer com que as amenidades da vida sejam cada vez mais acessíveis.

Na condução dos negócios, as reflexões acerca da tendência secular dos preços não são levadas em consideração. Empresários e investidores não se preocupam com tendências seculares. O que orienta suas ações é a sua expectativa de quais serão os preços nas próximas semanas, meses ou, no máximo, nos próximos anos. Não se interessam pelo movimento geral de todos os preços. O que lhes interessa é a existência de diferenças entre os preços dos fatores complementares de produção e o preço previsto dos produtos. Nenhum empresário se lança num empreendimento por acreditar que *os preços*, isto é, os preços de todos os bens e serviços, irão aumentar. Ele se engajará no empreendimento em questão se acreditar que pode extrair um lucro da diferença entre os preços dos bens de várias ordens. Num mundo com uma tendência secular de preços decrescentes, as oportunidades de lucro surgirão da mesma maneira com que surgiram num mundo com uma tendência secular de preços crescentes. A expectativa de um aumento *geral* e progressivo de *todos* os preços não intensifica a produção nem provoca uma melhoria do nível de vida. Ao contrário, acaba resultando numa "fuga para os valores reais", numa alta desastrosa e no colapso do sistema monetário.

Se houver uma expectativa geral de que os preços de todas as mercadorias irão diminuir, a taxa de juros no mercado de curto prazo se reduz no montante correspondente ao prêmio compensatório negativo.[43] Assim sendo, o empresário que utiliza recursos emprestados se protege

---

[43] Ver adiante p. 621-625.★

★ – Ver nota 16 anterior. (N.T.)

das consequências de tal queda nos preços, na mesma medida em que, numa situação de preços crescentes, o emprestador se protege, graças ao prêmio positivo, das consequências da diminuição do poder aquisitivo.

Uma tendência secular de aumento do poder aquisitivo da unidade monetária faria com que os empresários e investidores adotassem regras práticas, empíricas, diferentes daquelas que se desenvolveram em decorrência da tendência secular de queda do poder aquisitivo. Mas com certeza não influenciaria substancialmente o curso dos negócios. Não eliminaria o desejo das pessoas de melhorar sua situação material, tanto quanto possível, por meio de um ajuste adequado da produção. Não privaria o sistema econômico dos fatores que são a origem do progresso material, a saber, o empenho de audazes promotores em obter lucro e a disposição do público para comprar aquelas mercadorias que lhes proporcionam maior satisfação pelo menor custo.

Tais observações, certamente, não são um apelo para que se adote uma política de deflação. Implicam meramente numa refutação das inextirpáveis fábulas inflacionistas. Desmascaram o caráter ilusório da doutrina de lorde Keynes, segundo a qual a fonte da pobreza e da miséria, da depressão econômica e do desemprego deve ser procurada na "pressão contracionista". Não é verdade que "uma pressão deflacionária [...] teria [...] impedido o desenvolvimento da indústria moderna". Não é verdade que a expansão do crédito produza o "milagre [...] de transformar pedra em pão".[44]

A economia não recomenda políticas inflacionárias nem deflacionárias. Não instiga os governos a se imiscuírem na escolha do meio de troca feita pelo mercado. A economia apenas proclama as seguintes verdades:

1. Um governo, ao adotar uma política inflacionista ou deflacionista, não está promovendo o bem estar do público, o bem comum ou os interesses da nação em geral. Está meramente favorecendo um ou alguns grupos da população à custa de outros grupos.

2. É impossível saber previamente que grupos serão favorecidos por uma específica medida inflacionária ou deflacionária, e em que extensão. Esses efeitos dependem do conjunto de circunstâncias do mercado considerado; dependem também, em grande medida, da velocidade do movimento inflacionário ou deflacionário e podem sofrer uma total reversão no curso desses movimentos.

---

[44] Citação extraída de *International Clearing Union, Text of a Paper Containing Proposals by British Experts for an International Clearing Union, April 8, 1943*, publicado pelo Serviço de Informações inglês, uma agência do governo britânico, p. 12.

3. Em qualquer grau, uma expansão monetária resulta em investimentos malbaratados e exacerbação do consumo. A nação, como um todo, fica mais pobre e não mais rica. Esses problemas serão examinados mais detidamente no capítulo XX.

4. Uma inflação continuada acaba provocando uma alta desastrosa e a completa ruína do sistema monetário.

5. A política deflacionária é onerosa para o Tesouro e impopular junto às massas. Por outro lado, a política inflacionária é vantajosa para o Tesouro e bastante popular entre os ignorantes. Na prática, o perigo da deflação é apenas ligeiro, enquanto o perigo da inflação é enorme.

19
O PADRÃO-OURO

Os homens escolheram os metais preciosos, ouro e prata, para servirem como moeda, graças às suas características mineralógicas, físicas e químicas. O uso de moeda, numa economia de mercado é praxeologicamente, um requisito indispensável. Que tenha sido o ouro – e não outra coisa qualquer – o escolhido para ser usado como moeda é apenas um fato histórico e, como tal, não pertence ao campo de estudo da cataláxia. Na história monetária também, tanto quanto nos demais ramos da história, somos obrigados a recorrer à compreensão histórica. Se alguém se apraz em denominar o padrão-ouro de "relíquia bárbara",[45] não poderá objetar que se empregue o mesmo termo para designar qualquer instituição de origem histórica. Assim, o fato de que os ingleses falem inglês – e não dinamarquês, alemão ou francês – também é uma relíquia bárbara, e todo inglês que se opuser à substituição do inglês pelo esperanto é tão dogmático e ortodoxo quanto aqueles que não manifestam entusiasmo por planos que visam a administrar a moeda.

A desmonetização da prata e a implantação do monometalismo ouro foram provocadas por uma deliberada intervenção do governo nos assuntos monetários. É inútil querer saber o que teria ocorrido se tais políticas não tivessem sido adotadas. Mas não se deve esquecer de que não era intenção do governo estabelecer o padrão-ouro. O que o governo pretendia era o bimetalismo. Queria substituir a relação flutuante entre moedas de ouro e prata, que coexistiam independentemente, por uma relação rígida, estabelecida por decreto. As doutrinas

---

[45] Lorde Keynes, no seu discurso perante a Câmara dos Lordes, 23 de maio de 1944.

monetárias subjacentes a esses esforços interpretaram os fenômenos de mercado de uma maneira tão equivocada como somente os burocratas são capazes de fazê-lo. A tentativa de criar um padrão duplo, de ouro e prata, falhou lamentavelmente. Foi este fracasso que gerou o padrão-ouro. O surgimento do padrão-ouro foi uma consequência da esmagadora derrota dos governos e das suas doutrinas favoritas.

No século XVII, os valores atribuídos pelo governo inglês às moedas metálicas resultaram numa sobrevalorização do guinéu em relação à prata, fazendo com que as moedas de prata saíssem de circulação. Só ficaram em circulação as moedas de prata muito gastas pelo uso ou que, por qualquer outro motivo, estavam deformadas e com o peso reduzido; não valia a pena exportá-las ou vendê-las no mercado de metais. Foi assim que a Inglaterra adotou o padrão-ouro, sem que fosse essa a intenção do seu governo. Somente mais tarde é que as leis tornaram *de jure* o padrão-ouro que já era *de facto*. O governo acabou desistindo de injetar moedas de prata no mercado e passou a cunhar apenas moedas fracionárias com um poder liberatório limitadas. Essas moedas fracionárias não eram moeda; eram substitutos de moeda. Seu valor de troca não decorria do seu conteúdo de prata, mas do fato de que podiam ser trocadas por ouro, a qualquer momento, sem demora e sem custo, com base no seu valor nominal. Eram *de facto* notas bancárias impressas em prata, créditos que davam direito a certa quantidade de ouro.

Mais tarde, durante o século XIX, de uma maneira análoga, o padrão duplo foi substituído na França e nos outros países da União Monetária Latina[46] pelo monometalismo ouro *de facto*. Esses governos, quando a queda no preço da prata, no final dos anos de 1870, teria automaticamente substituído o padrão-ouro *de facto* por um padrão-prata *de facto*, suspenderam a cunhagem de prata a fim de preservar o padrão-ouro. Nos Estados Unidos, a estrutura de preços no mercado de ouro e prata já tinha, antes do início da guerra civil, transformado o bimetalismo legal em monometalismo ouro *de facto*. Depois do período dos *greenbacks*,[47] seguiu-se um conflito entre os defensores do padrão-ouro de um lado e os do padrão-prata do outro; saiu vitorioso o

---

[46] União Monetária Latina: uma união monetária formada em 1865 pela França, Bélgica, Itália e Suíça, e mais tarde (1875) também pela Grécia. Embora não fossem membros, seguiram a política da União a Espanha (1868), a Romênia (1868), a Bulgária (1893), a Sérvia e a Venezuela (1891). O objetivo da União era manter a relação fixa de 15,5 onças de prata para uma onça de ouro. Ver *Mises Made Easier*, Percy L. Greaves Jr., op. cit. (N.T.)

[47] Os *greenbacks* foram papel-moeda emitido pelos estados nortistas para financiar a Guerra da Secessão (1861-1865). No final da guerra, eram conversíveis em ouro com base em 40% do seu valor nominal. A partir de 1879, voltaram a ser resgatáveis em ouro até 1933, quando Roosevelt abandonou o padrão-ouro. (N.T.)

padrão-ouro. Uma vez que as nações mais avançadas tinham adotado o padrão-ouro, todas as demais seguiram o mesmo caminho. Depois das grandes aventuras inflacionárias da Primeira Guerra Mundial, a maior parte dos países apressou-se em retornar ao padrão-ouro ou ao padrão conversível em ouro.

O padrão-ouro foi o padrão monetário mundial da era do capitalismo, quando cresceram o bem estar, a liberdade e a democracia, tanto política como econômica. Para os partidários do livre comércio, sua principal virtude consistia precisamente no fato de ser um padrão internacional, necessário às transações do mercado internacional de moedas e de capitais.[48] Foi o meio de troca por intermédio do qual o industrialismo e os capitais ocidentais levaram a civilização às partes mais remotas da superfície terrestre, destruindo preconceitos e superstições, plantando as sementes de uma nova vida e de um novo bem estar, libertando mentes e almas e criando riquezas nunca antes imaginadas. Acompanhou o progresso triunfal e sem precedentes do liberalismo ocidental, pronto a unir todas as nações numa comunidade de nações livres que cooperavam pacificamente umas com as outras.

É fácil compreender por que as pessoas consideravam o padrão-ouro como o símbolo dessa histórica revolução, a maior e mais benéfica de todos os tempos. Todos aqueles que pretendiam sabotar a evolução em direção ao bem estar, à paz, à liberdade e à democracia abominavam o padrão-ouro, e não apenas por causa do seu significado econômico. Para essas pessoas, o padrão-ouro era o lábaro, o símbolo de todas as doutrinas e políticas que pretendiam destruir. Na luta contra o padrão-ouro, havia muito mais em jogo do que preços e mercadorias e taxas de câmbio.

Os nacionalistas condenam o padrão-ouro porque querem afastar seus países do mercado mundial e estabelecer uma autarquia nacional, a mais completa possível. Os governos intervencionistas e os grupos de pressão condenam o padrão-ouro porque o consideram o obstáculo que mais dificulta os seus desejos de manipular os preços e os salários. Mas os ataques mais fanáticos contra o ouro partem daqueles que pretendem expandir o crédito. Para estes, a expansão do crédito seria a panaceia capaz de curar todos os males econômicos; reduzir ou até mesmo eliminar os juros; aumentar salários e preços em benefício de todos, com exceção dos capitalistas parasitas e dos empregadores exploradores; libertar o estado da necessidade de equilibrar o seu orçamento – em resumo, fazer com que todas as pessoas decentes fossem prósperas e felizes. Somente o padrão-ouro, essa diabólica invenção

---

[48] T.E. Gregory, *The Gold Standard and its Future*, 1. ed., Londres, 1934, p. 22 e segs.

de economistas "ortodoxos" perversos e estúpidos, estaria impedindo a humanidade de atingir uma prosperidade perpétua.

O padrão-ouro, certamente, não é um padrão perfeito ou ideal. Não existe perfeição nas coisas humanas. Mas ninguém consegue sugerir-nos algo mais satisfatório que possa ser colocado no seu lugar. O poder aquisitivo do ouro não é estável. Mas as próprias noções de estabilidade e de imutabilidade do poder aquisitivo são absurdas. Num mundo em que haja vida e mudança, não pode haver estabilidade do poder aquisitivo. Na construção imaginária da economia uniformemente circular, não há necessidade de um meio de troca. Uma das características essenciais da moeda é a de ter um poder aquisitivo que varia. Na realidade, os adversários do padrão-ouro não querem estabilizar o poder aquisitivo da moeda. Querem dar aos governos o poder de manipular o poder aquisitivo sem ter de se preocupar com um fator "externo", a saber, a relação monetária do padrão-ouro.

A principal objeção levantada contra o padrão-ouro é que ele torna operante, na determinação dos preços, um fator que nenhum governo pode controlar – as vicissitudes da produção de ouro. Desta forma, uma força "externa" ou "automática" impediria o governo de fazer com que os cidadãos fossem tão prósperos quanto ele gostaria. Os capitalistas internacionais imporiam sua vontade e a soberania nacional seria desrespeitada.

Seja como for, a futilidade das políticas intervencionistas não tem nada a ver com as questões monetárias. Será mostrado mais tarde por que motivo todas as medidas isoladas de intervenção governamental nos fenômenos do mercado não conseguem atingir seus objetivos. Quando um governo intervencionista procura remediar os problemas criados com as suas primeiras intervenções, intervindo ainda mais, acaba convertendo o sistema econômico do seu país num socialismo do tipo alemão. O mercado interno fica completamente abolido, e com ele a moeda e os problemas monetários, ainda que se mantenham alguns termos e expressões típicas da economia de mercado.[49] Em ambos os casos, não é o padrão-ouro que frustra as boas intenções da autoridade paternalista.

O padrão-ouro, ao fazer com que o aumento da disponibilidade de ouro dependa da lucratividade de produzi-lo, automaticamente limita o poder do governo de recorrer à inflação. O padrão-ouro faz com que a determinação do poder aquisitivo da moeda seja independente das ambições e doutrinas dos partidos políticos e dos grupos de pres-

---

[49] Ver adiante cap. 27–31.

são. Isto não é um defeito do padrão-ouro; é a sua principal virtude. Qualquer manipulação do poder aquisitivo é necessariamente arbitrária. Todos os métodos para manipular o poder aquisitivo baseados na descoberta de um padrão de referência, supostamente objetivo e "científico", têm sua origem na ilusão de que as mudanças do poder aquisitivo podem ser "medidas". O padrão-ouro impede que os políticos possam provocar mudanças de origem monetária no poder aquisitivo. Sua aceitação geral implica no reconhecimento de que não se podem enriquecer as pessoas pela impressão de moeda. A aversão ao padrão-ouro origina-se na superstição de que governos onipotentes podem criar riqueza a partir de pequenos pedaços de papel.

Tem sido afirmado que o padrão-ouro também pode ser manipulado. Os governos podem influenciar o nível do poder aquisitivo do ouro, seja pela expansão do crédito, mesmo quando mantida nos limites impostos pela conversibilidade dos substitutos de moeda, seja adotando, indiretamente, medidas que induzam as pessoas a reduzirem o tamanho de seus encaixes. Isso é verdade. Não se pode negar que o aumento nos preços das mercadorias ocorrido entre 1896 e 1914 foi, em grande medida, provocado por tais políticas governamentais. Mas o que importa é que o padrão-ouro limita muito a possibilidade de diminuir o poder aquisitivo da moeda. Os inflacionistas condenam o padrão-ouro precisamente porque consideram essa limitação como um sério obstáculo à realização de seus planos.

O que os expansionistas consideram como defeitos do padrão-ouro são, na realidade, as razões de sua superioridade e de sua utilidade; o padrão-ouro impede os governos de adotarem políticas capazes de provocar inflação em larga escala. O padrão ouro não falha. Os governos queriam suprimi-lo porque estavam comprometidos com a ilusão de que a expansão do crédito é um meio adequado para reduzir a taxa de juros e para "melhorar" a balança comercial.

Não obstante, nenhum governo é suficientemente poderoso para abolir o padrão ouro. O ouro é a moeda do comércio internacional e da comunidade econômica supranacional que congrega toda a humanidade. Não pode ser afetado por medidas de governos cuja soberania é limitada a um determinado país. Enquanto um país não for economicamente autossuficiente no estrito sentido do termo, enquanto existirem algumas brechas nas paredes com que os governos procuram isolar seus países do resto do mundo, o ouro continuará sendo usado como moeda. Não importa que o governo confisque todas as moedas e barras de ouro que caiam em suas mãos e castigue todos os que detenham ouro como se fossem criminosos. A linguagem dos acordos de compensação bilaterais, por meio dos quais os governos tentam eliminar o ouro do comércio internacional, evitam fazer qualquer referência ao ouro. Mas os saldos resultantes desses acordos são calculados em ouro. Quem compra e vende no mercado internacional calcula as vantagens e desvantagens de suas transações em ouro. A despeito do fato de um país ter suprimido qualquer vínculo de sua moeda com o ouro, sua estrutura doméstica de preços permanece estreitamente ligada ao ouro e aos preços do ouro no mercado internacional. Se um governo quiser dissociar a estrutura de seus preços internos daquela existente no mercado mundial, deverá recorrer a outras medidas, tais como tarifas proibitivas de importação e exportação e embargos. A estatização do comércio exterior quer seja oficial, quer seja efetuada pelo controle do câmbio, não elimina o ouro. Os governos, enquanto comerciantes, comerciam usando o ouro como meio de troca.

A luta contra o ouro, que é uma das principais preocupações de todos os governos contemporâneos, não deve ser considerada como um fenômeno isolado. É apenas um item no gigantesco processo de destruição que é a marca de nosso tempo. As pessoas lutam contra o padrão-ouro porque querem substituir a liberdade de comércio pela autossuficiência nacional, a paz pela guerra, a liberdade pelo governo totalitário e onipotente.

Pode ser que um dia a tecnologia descubra um método capaz de aumentar a disponibilidade de ouro a um custo tão baixo a ponto de torná-lo imprestável para a função monetária. Quando isso ocorrer, o padrão-ouro terá de ser substituído por outro padrão. É inútil querer saber, hoje, como esse problema será resolvido. Não temos a menor ideia sobre quais serão as condições no momento em que essa decisão tiver de ser tomada.

Cooperação monetária internacional

O padrão-ouro funciona no âmbito internacional sem precisar de qualquer interferência dos governos. Permite uma cooperação efetiva e real entre os membros da economia de mercado do mundo todo. Não há necessidade da ajuda de qualquer governo para fazer com que o padrão-ouro funcione como padrão internacional.

O que os governos denominam de cooperação monetária internacional, na realidade, é uma ação conjunta, em favor da expansão do crédito; já perceberam que a expansão do crédito, quando limitada a um país apenas, resulta numa drenagem externa. Ainda assim, acreditam que a drenagem externa seria o único empecilho à diminuição da taxa de juros e, consequentemente, à criação da prosperidade eterna. Se todos os governos cooperassem, pensam eles, adotando políticas expansionistas, esse obstáculo poderia ser superado. Bastaria que houvesse um banco internacional que emitisse meios fiduciários que fossem aceitos como substitutos de moeda por todas as pessoas de todos os países.

Não há necessidade de repetir de novo que o que torna impossível baixar a taxa de juros por meio de uma expansão do crédito não é apenas a drenagem externa. Esse problema fundamental está exaustivamente analisado em outros capítulos e seções deste livro.[50]

Mas há outra questão importante a ser examinada.

Suponhamos que exista um banco internacional emitindo meios fiduciários e cuja clientela seja a população do mundo todo. Não importa se esse substituto de moeda vai diretamente para os encaixes dos indivíduos e firmas ou se é mantido, pelos bancos centrais de vários países, como reservas correspondentes à emissão dos substitutos de moeda nacional. O que importa é que haja uma moeda legal aceita pelo mundo todo. As notas bancárias nacionais e a moeda bancária (depósitos à vista) são conversíveis em substitutos de moeda emitidos pelo banco internacional. A necessidade de manter sua moeda ao par com a moeda internacional limita o poder que o banco central de cada país tem para expandir o crédito. Mas as restrições impostas ao banco mundial são as mesmas que limitam a expansão o crédito no caso de um banco único funcionando num sistema econômico isolado, seja esse sistema um país ou o mundo inteiro.

Podemos também supor que o banco internacional não seja um banco emitente de substitutos de moeda, uma parte dos quais são meios fiduciários, mas que seja uma autoridade mundial, emitente de uma moeda-*fiat* internacional. O ouro teria sido inteiramente desmonetizado. A única moeda em uso seria a criada pela autoridade internacional que, portanto, poderia aumentar a quantidade dessa moeda, desde que não levasse as coisas a ponto de provocar uma alta desastrosa (*crack-up boom*) ou um colapso da sua própria moeda.

Estaria assim realizado o ideal keynesiano. Existiria uma instituição que poderia exercer uma "pressão expansionista no comércio mundial".

---

[50] Ver p. 551-513, e adiante p. 630-666.

Entretanto, os defensores de tais planos negligenciam um problema fundamental, qual seja, o da distribuição da quantidade adicional dessa moeda-crédito ou desse papel moeda.

Suponhamos que a autoridade internacional emitisse adicionalmente um determinado montante, montante este que vai todo para um só país, a Ruritânia. O resultado final dessa ação inflacionária seria um aumento nos preços das mercadorias e serviços no mundo todo. Mas, enquanto esse processo estivesse em curso, a situação dos cidadãos dos vários países seria afetada de uma maneira diferente. Os ruritânios são o primeiro grupo a se beneficiar do novo maná. Eles já dispõem de mais dinheiro no bolso, enquanto os habitantes do resto do mundo ainda não receberam a sua parte da moeda adicional. Podem, por isso, comprar por preços maiores que os demais. Assim sendo, os ruritânios retiram mais bens do mercado mundial do que o faziam antes. Os não ruritânios são obrigados a restringir seu consumo porque não podem competir com os maiores preços pagos pelos ruritânios. Enquanto o processo de ajuste dos preços à nova relação monetária ainda está em curso, os ruritânios estão numa posição mais vantajosa do que os não ruritânios; quando o processo chega ao fim, os ruritânios ficam mais ricos à custa dos não ruritânios.

O problema principal dessas aventuras expansionistas é o de saber em que proporção a quantidade adicional de moeda será distribuída entre os vários países. Cada nação defenderá um modo de distribuição que lhe proporcione a maior parcela possível. As nações orientais pouco desenvolvidas, por exemplo, provavelmente recomendariam uma distribuição proporcional ao número de habitantes, o que, obviamente, lhes favoreceria em relação às nações mais industrializadas. Qualquer que fosse o critério adotado, todos ficariam insatisfeitos e se diriam vítimas de um tratamento injusto, dando ensejo a conflitos que acabariam por desintegrar o sistema.

Seria irrelevante objetar dizendo que esse problema não representou um papel importante nas negociações que precederam o estabelecimento do Fundo Monetário Internacional e que foi relativamente fácil chegar a um acordo em relação ao uso dos recursos do Fundo. A Conferência de Bretton Woods realizou-se em circunstâncias muito especiais. A maior parte das nações participantes estava naquele momento inteiramente dependente da benevolência dos Estados Unidos. Essas nações teriam sido destruídas se os Estados Unidos tivessem deixado de lutar pela sua liberdade e de ajudá-las materialmente por meio de empréstimos e arrendamentos. O governo dos Estados Unidos, por outro lado, considerava o acordo monetário como um programa que permitiria a continuação disfarçada dos empréstimos e arrendamentos,[51] após a cessação das hostilidades. Os Estados Unidos estavam dispostos a dar, e os outros participantes – especialmente os países europeus, alguns ainda ocupados pelos exércitos alemães, e os países asiáticos – estavam dispostos a aceitar o que lhes fosse oferecido. Os problemas relativos a essa situação serão mais bem percebidos tão logo a atitude irrealista dos Estados Unidos seja substituída por uma mentalidade mais realista.

O Fundo Monetário Internacional não atingiu os objetivos pretendidos por seus patrocinadores. Nas reuniões anuais do Fundo, discute-se muito e, ocasionalmente, são feitas observações e críticas pertinentes em relação às políticas monetárias e creditícias dos governos e dos bancos centrais. O Fundo, entretanto, continua realizando operações de empréstimo com os vários países e com os vários bancos centrais; considera ser sua principal função a de assistir os governos na manutenção de uma taxa de câmbio que se tornou irreal face à excessiva expansão da moeda legal do país. Os métodos a que recorre e que recomenda são substancialmente os mesmos que são aplicados habitualmente nestas circunstâncias. Os interesses monetários internacionais seguem seu curso como se não existisse o Acordo de Bretton Woods nem o Fundo Monetário Internacional.

A conjuntura mundial, política e econômica, permitiu que o governo americano mantivesse sua promessa de entregar ouro, ao preço de 35 dólares, aos governos e bancos centrais estrangeiros. Mas a continuação e a intensificação da política "expansionista" americana aumentou consideravelmente a drenagem de ouro, deixando as pessoas apreensivas quanto ao futuro da situação monetária. Preocupa-lhes o espectro de uma maior demanda por ouro que possa exaurir as reservas deste metal nos Estados Unidos, forçando-os a abandonarem a sua atual política em relação ao ouro.[52]

---

[51] O autor se refere ao *Lend-lease Act*, promulgado em 17 de março de 1941, que concedia assistência financeira aos países em guerra com a Alemanha nazista e, depois de 7 de dezembro de 1941, com o Japão. Quando começou a guerra na Europa, em 1939, as leis americanas, favoráveis à neutralidade, estipulavam que todas as vendas de material bélico deveriam ser pagas à vista e embarcadas em navios estrangeiros. As encomendas inglesas e francesas, pagas em ouro, logo terminaram com o desemprego em massa da década de 30. Em julho de 1940, a França já havia caído e a Inglaterra informava secretamente ao governo americano que "seria absolutamente impossível continuar", indefinidamente, a pagar em moeda. Após as eleições de novembro do mesmo ano, a situação inglesa tornou-se pública e o presidente pediu ao Congresso que votasse uma lei dando-lhe poderes para vender, emprestar, arrendar ou dar todos os suprimentos de guerra que julgasse necessários para ajudar os países "cuja defesa fosse vital para os Estados Unidos". A ajuda total concedida excedeu (1941- 1948) 50 bilhões de dólares. Ver *Mises Made Easier*. Percy L. Greaves Jr., op. cit. (N.T.)

[52] Tal fato veio a ocorrer mais tarde no governo Nixon, quando os Estados Unidos, unilateralmente, aca-

O traço característico da discussão pública que se trava em torno desse problema está em que, prudentemente, a causa do aumento da demanda por ouro não é mencionada. Nenhuma referência é feita às políticas que dão origem a orçamentos deficitários e à expansão do crédito. Em vez disso, levantam-se queixas sobre algo denominado "insuficiência de liquidez" e "escassez de reservas".

O remédio proposto é aumentar a liquidez, o que pode ser feito pela "criação" de novas "reservas" adicionais. Isto significa que se propõe curar a inflação pelo aumento da inflação.

Não há necessidade de lembrar que a política do governo americano e do Banco da Inglaterra, de manter o preço da onça de ouro no mercado de Londres em 35 dólares, é o único fator que impede as nações ocidentais de se lançarem numa inflação sem limite. Essa política não é diretamente afetada pelo tamanho das "reservas" dos diversos países. A disposição de criar novas "reservas", portanto, não afeta diretamente o problema da relação entre o ouro e o dólar. Afeta indiretamente na medida em que desvia a atenção do público do problema real, a inflação. No mais, a doutrina oficial tem o suporte da interpretação, há muito tempo desacreditada, que atribui todas as dificuldades monetárias ao balanço de pagamentos.

---

baram com a conversibilidade das reservas em dólares. (N.T.)

Capítulo 18
A Ação na Passagem do Tempo

1
A Valoração dos Diferentes Períodos de Tempo

O agente homem distingue o tempo anterior à satisfação de uma necessidade do tempo durante o qual a satisfação está se realizando.

A ação visa sempre a remover um mal-estar futuro, mesmo que o futuro seja apenas o momento iminente. Entre o início da ação e a obtenção do fim pretendido decorre um lapso de tempo, a saber, o tempo de maturação no qual a semente plantada pela ação produz o seu fruto. O exemplo mais óbvio nos é proporcionado pela agricultura. Entre a aragem da terra e a colheita do fruto decorre um considerável lapso de tempo. Outro exemplo é a melhoria da qualidade do vinho pelo envelhecimento. Em alguns casos, entretanto, o tempo de maturação é tão curto que se pode dizer que o objetivo foi atingido instantaneamente.

Na medida em que a ação requer o emprego de trabalho, ela leva em conta o tempo despendido nesse trabalho. A execução de qualquer tipo de trabalho absorve tempo. Em alguns casos, o tempo é tão curto que as pessoas dizem que a tarefa não dá trabalho.

São raros os casos em que um ato simples, indivisível e não repetido é suficiente para atingir o fim pretendido. Geralmente, o que separa o agente do seu objetivo é mais do que apenas um passo. São necessários muitos passos. E, a cada novo passo acrescentado aos anteriores, levanta-se novamente a questão de saber se a marcha para o objetivo escolhido deve continuar ou não. Alguns objetivos são tão distantes que só com uma firme persistência se pode atingi-los. A ação perseverante, dirigida inflexivelmente no sentido do objetivo pretendido, é condição necessária para se obter sucesso. O tempo total gasto, isto é, o tempo trabalhado mais o de maturação, podem ser denominados de período de produção. O período de produção em alguns casos é longo, em outros, curto; às vezes, é tão curto que pode ser inteiramente negligenciado para efeitos práticos.

O incremento da satisfação de necessidades produzido pela obtenção do objetivo é temporalmente limitado. O resultado alcançado só proporciona serviços por um período de tempo que podemos denominar de período de duração da utilidade. O período de duração da utilidade é menor para alguns produtos e maior no caso dos bens habitualmente chamados de bens duráveis. Assim sendo, o agente homem deve sempre levar em conta o período de produção e a duração da utilidade do produto. Ao examinar os inconvenientes de um determinado projeto, ele considera não apenas as despesas com os fatores materiais e com o trabalho necessário, mas também com o período de produção. Ao examinar as vantagens do produto a ser obtido, ele considera a duração da sua utilidade. É claro que, quanto mais durável o produto, maior a quantidade de serviços que presta. Mas, se esses serviços não são cumulativamente disponíveis na mesma data, mas escalonados durante certo lapso de tempo, o elemento tempo, como veremos adiante, representa um papel especial na avaliação a ser feita dos serviços em questão. Há uma diferença entre poder dispor de *n* unidades de um serviço na mesma data e tê-las ao longo de um período de *n* dias, de maneira que apenas uma unidade esteja disponível a cada dia.

É importante notar que o período de produção, assim como a duração da utilidade, são categorias da ação humana e não conceitos elaborados por filósofos, economistas e historiadores para servirem de ferramentas mentais às suas interpretações dos eventos. São elementos essenciais, presentes em cada ato de raciocínio, que precedem e dirigem a ação. É necessário enfatizar este aspecto porque Böhm-Bawerk, a quem a economia deve a descoberta do papel representado pelo período de produção, não chegou a perceber tal diferença.

O agente homem não contempla a sua própria situação com os olhos de um historiador. Não está interessado em saber como a situação atual foi engendrada. Sua única preocupação é fazer o melhor uso dos meios disponíveis para remover, tanto quanto possível, seu desconforto futuro. O passado não lhe importa. Ele tem à sua disposição determinada quantidade de fatores materiais de produção. Não pergunta se esses fatores são dados pela natureza ou se não são o resultado de processos de produção realizados no passado. Pouco lhe importa saber que quantidade de fatores de produção naturais, isto é, fatores originais de produção e trabalho, foram necessários para produzi-los e qual o período de tempo que esses processos de produção consumiram. Valora os meios disponíveis exclusivamente do ponto de vista dos serviços que podem prestar-lhe para tornar mais satisfatória sua situação futura. O período de produção e a duração da utilidade são, para ele, categorias a serem consideradas no planejamento de uma futura ação, e não meros conceitos de análise acadêmica e de pesquisa histórica. Tais categorias são importantes na medida em que o agente terá de escolher períodos de produção mais longos e menos longos, e entre a produção de bens mais duráveis e menos duráveis.

A ação considera, sempre, não o futuro em geral, mas uma fração definida e limitada do futuro. Essa fração é limitada, de um lado, pelo instante em que ocorre a ação. O outro lado depende do agente; cabe a ele decidir e escolher. Há pessoas que só se preocupam com o curto prazo; há outras cuja previdência se estende para além da sua própria expectativa de vida. Podemos denominar a fração do tempo futuro, para a qual o agente de uma determinada ação pretende prover de certa maneira e numa certa medida, de período de provisão. Da mesma maneira que o agente homem escolhe entre os diversos desejos a satisfazer numa mesma fração de tempo futuro, ele também escolhe entre satisfazer desejos realizáveis a curto e em longo prazo. Toda escolha implica também numa escolha do período de provisão. Ao decidir como empregar os vários meios disponíveis para diminuir o seu desconforto, o homem, implicitamente, também está determinando o período de provisão. Na economia de mercado, a demanda dos consumidores também determina a extensão do período de provisão.

Existem vários métodos para estender o período de provisão:

1. A acumulação de maiores estoques de bens de consumo.

2. A produção de bens mais duráveis.

3. A produção de bens que requeiram um maior período de produção.

4. A escolha de métodos que absorvam mais tempo para a produção de bens que também poderiam ser produzidos num menor período.

Os dois primeiros métodos não necessitam de maiores comentários. O terceiro e o quarto precisam ser examinados mais detidamente.

É um dos dados fundamentais da vida e da ação humana o fato de que os processos de produção mais curtos, isto é, aqueles com menor período de produção, não sejam suficientes para remover todo o desconforto. Se todos os bens que os processos mais rápidos podem produzir fossem efetivamente produzidos, subsistiriam ainda necessidades insatisfeitas e continuaria a existir o incentivo a uma ulterior ação. Como o agente homem prefere, sendo iguais as demais circunstâncias, os processos que permitem obter o produto no menor espaço de tempo possível,[1] somente os processos que consomem mais tempo

---

[1] Nas páginas seguintes, mostraremos por que os homens procedem dessa maneira.

são deixados para a ação futura. As pessoas adotam os processos que consomem mais tempo porque elas dão mais valor ao correspondente aumento de satisfação do que à desvantagem de esperar mais pelos seus frutos. Böhm-Bawerk nos fala da maior produtividade dos processos indiretos de produção, que exigem mais tempo. Seria mais exato falar da maior produtividade física dos processos de produção que exigem um maior consumo de tempo. A maior produtividade desses processos nem sempre significa que eles produzam – usando a mesma quantidade de fatores de produção – maior quantidade de produtos. Mais frequentemente, a maior produtividade consiste no fato de que, com esses processos, são produzidos bens que simplesmente não poderiam ser produzidos em menores períodos de produção. Tais processos não são processos indiretos; são o meio mais rápido e mais direto de atingir o objetivo escolhido. Se alguém deseja pescar mais peixes, terá necessariamente de substituir a vara de pescar pelas embarcações e redes de pesca. Não se conhece método melhor, mais rápido e mais barato de produzir aspirina do que o adotado pela indústria farmacêutica. Deixando de lado o erro e a ignorância, não há dúvida de que os processos escolhidos são os mais convenientes e de maior produtividade. Se as pessoas não os considerassem como os processos mais diretos, isto é, aqueles que conduzem ao objetivo pelo caminho mais curto, não os teriam adotado.

Prolongar o período de provisão pela simples acumulação de bens de consumo é uma decorrência do desejo de prover por antecipação, para um maior período de tempo. O mesmo também ocorre no caso da produção de bens cuja durabilidade é proporcionalmente maior do que o maior gasto em fatores de produção.[2] Mas, se pretendemos alcançar metas mais distantes no tempo, o prolongamento do período de produção é um corolário inevitável. O objetivo almejado não pode ser alcançado num período de produção menor.

O adiamento de um ato de consumo significa que o indivíduo prefere a satisfação proporcionada pelo consumo futuro à satisfação que o consumo imediato poderia proporcionar. A escolha de um período de produção mais longo significa que o agente valora mais o produto do processo que só produzirá seus frutos mais tarde do que o produto de um processo que consome menos tempo. Nessas deliberações e nas subsequentes escolhas, o período de produção se nos apresenta como um período de espera. A grande contribuição de Jevons e Böhm-Bawerk foi ter evidenciado a importância do período de espera.

---

[2] Se a maior durabilidade não fosse pelo menos proporcional ao necessário aumento da despesa, seria mais vantajoso aumentar a quantidade de unidades de menor durabilidade.

Se os homens, nas suas ações, não levassem em conta o período de espera, jamais desdenhariam uma meta sob a alegação de estar muito distante no tempo. Diante da alternativa de escolher entre dois processos de produção que, pelo mesmo custo, produzem resultados diferentes, prefeririam sempre aquele processo que produz uma quantidade maior dos mesmos produtos melhores na mesma quantidade, mesmo que esse resultado só pudesse ser alcançado com o aumento do período de produção. Aumentos de custo que resultassem num aumento proporcionalmente maior da duração da utilidade do produto seriam incondicionalmente considerados como mais vantajosos. O fato de os homens não agirem dessa maneira evidencia que eles valoram, diferentemente, frações de tempo de igual duração, conforme estejam mais próximas ou mais distantes do momento em que o agente toma a sua decisão. Sendo iguais as demais circunstâncias, o homem prefere uma satisfação em período mais próximo do que em período mais longo; esperar é uma desutilidade.

Esse fato já está implícito na afirmativa, feita no início deste capítulo, de que o homem distingue o tempo antes de alcançar a satisfação do tempo de vigência da satisfação. Se o elemento tempo representa algum papel na vida humana, não há como valorar igualmente períodos de mesma duração, quer sejam eles mais próximos ou mais distantes. Tal valoração igual significaria que as pessoas não se importam que o sucesso seja alcançado mais cedo ou mais tarde. Seria equivalente a eliminar completamente o elemento tempo do processo de valoração.

O simples fato de se atribuir maior valor aos bens com uma maior duração de utilidade do que aqueles com menor duração, em si mesmo, ainda não implica numa consideração de tempo. Um teto que possa proteger uma casa das inclemências do clima por dez anos vale mais do que um teto que preste esse serviço por apenas cinco anos. A quantidade de serviço prestado é diferente num caso e no outro. Mas a questão que devemos analisar é se um agente, ao fazer suas escolhas, atribui ou não a um serviço que só estará disponível mais tarde o mesmo valor que a um mesmo serviço que estará disponível mais cedo.

2
A PREFERÊNCIA TEMPORAL COMO UM REQUISITO ESSENCIAL DA AÇÃO

O agente homem não avalia períodos de tempo meramente em função da sua duração. Suas escolhas, relativamente à supressão de desconforto futuro, são orientadas pelas categorias *mais cedo* e *mais tarde*. O tempo, para o homem, não é uma substância homogênea em que só duração tenha importância. Não é um *mais* ou um *menos* em tamanho. É um fluxo irreversível cujas frações são consideradas de uma perspectiva diferente conforme estejam mais próximas ou mais distantes do momento em que se efetua a valoração e se toma a decisão. Mantidas inalteradas as demais circunstâncias, satisfazer uma necessidade no futuro mais próximo é preferível a satisfazê-la no futuro mais remoto. Os bens presentes têm mais valor que os bens futuros.

A preferência temporal é um requisito categorial da ação humana. É impossível imaginar uma ação na qual a satisfação mais próxima não seja preferida – desde que sejam iguais as demais circunstâncias – à satisfação mais distante. O próprio ato de satisfazer um desejo implica em que seja preferível satisfazê-lo agora a mais tarde. Quem consome um bem não perecível, em vez de adiar o seu consumo indefinidamente, está atribuindo mais valor à satisfação presente do que à diferida. Se não preferisse a satisfação num futuro mais próximo ao invés de num futuro mais distante, jamais consumiria, nem satisfaria as suas necessidades. Acumularia sem cessar bens que jamais iria consumir e desfrutar. Não consumiria hoje, mas também não consumiria amanhã, porque o amanhã o confrontaria com a mesma alternativa.

A preferência temporal guia não só o primeiro passo, em direção à satisfação de uma necessidade, mas também, todos os passos posteriores. Uma vez satisfeito o desejo a, colocado em primeiro lugar na escala de valores, é preciso escolher entre o desejo b, que está em segundo lugar, e um desejo futuro c, que – na ausência da preferência temporal – ocuparia o primeiro lugar. Se b é preferido a c, a escolha envolve claramente uma preferência temporal. O empenho consciente no sentido de satisfazer necessidades é imperiosamente orientado pelo fato de ser preferível satisfazê-las no futuro mais próximo do que no futuro mais remoto.

O homem ocidental moderno vive e age em circunstâncias diferentes daquelas em que viviam e agiam os seus primitivos ancestrais. Graças aos cuidados providenciais de nossos antepassados, temos à nossa disposição um amplo estoque de produtos intermediários (bens de capital e fatores de produção disponíveis) e de bens de consumo. Nossas atividades são planejadas para um período de provisão maior porque somos os felizes herdeiros de um passado que, pouco a pouco, alargou o período de provisão e nos legou os meios necessários para expandir o período de espera. Ao agir, consideramos períodos cada vez mais longos, sem por isso deixar de satisfazer adequadamente nossas necessidades durante todo o período de provisão. Podemos contar com um fluxo contínuo de bens de consumo e ter à nossa disposição não apenas estoques de bens prontos para serem consumidos, como também estoques de bens de produção, com os quais podemos continuamente fazer novos bens de consumo. Um observador superficial diria que, ao lidarmos com um "fluxo de renda" crescente, não haveria a menor necessidade de fazermos considerações quanto a diferentes valorações para bens presentes e futuros. Bastaria sincronizar a produção e, assim, o elemento tempo perderia toda sua importância. Seria, portanto, sem sentido, concluiria ele, recorrer à preferência temporal para interpretar as condições do mundo de hoje.

O erro básico em que incide essa objeção tão comum provém, como em tantos outros erros, de uma deplorável interpretação da construção imaginária da economia uniformemente circular. No contexto dessa construção imaginária não ocorrem mudanças; todas as coisas seguem um curso invariável. Consequentemente, na economia uniformemente circular não há alteração na alocação de bens para satisfação de necessidades num futuro próximo ou distante. Ninguém pensaria em mudar nada porque – por definição – a alocação prevalecente é a que melhor atenderia a todos, e porque ninguém acreditaria que uma alocação diferente pudesse melhorar sua situação. Ninguém desejaria aumentar seu consumo em curto prazo à custa de seu consumo posterior, ou vice-versa, porque a alocação existente seria preferível a qualquer outra que fosse imaginável e factível.

A distinção praxeológica entre capital e renda é uma categoria lógica baseada no valor diferente que se atribui à satisfação de uma necessidade segundo os diversos períodos do futuro. Na construção imaginária da economia uniformemente circular, está implícito que toda a renda, mas não mais que isso, é consumida e que, portanto, o capital permanece inalterado. Consegue-se, assim, um equilíbrio na alocação de bens para satisfação de necessidades nos diferentes períodos do futuro. É lícito descrever esse estado de coisas afirmando que ninguém quer consumir hoje a renda de amanhã. A concepção da construção imaginária da economia uniformemente circular foi feita, precisamente, de maneira a que essa aludida condição fosse atendida. Mas é necessário compreender que podemos proclamar com a mesma certeza apodítica que, na economia uniformemente circular, ninguém quer ter mais do que já tem. Essas afirmativas são verdadeiras em relação à economia uniformemente circular porque estão implícitas na própria definição dessa construção imaginária. Elas carecem de sentido quando se referem a uma economia na qual haja mudanças, como é o caso de uma economia real. Tão logo ocorram mudanças nos dados, os indivíduos se veem diante da necessidade de escolher não só entre os diversos modos de satisfação de suas necessidades, como também em que períodos devem satisfazê-las. Um novo bem tanto pode ser consumido imediatamente como pode ser investido para produção futura. Qualquer que seja a maneira de empregá-lo, a escolha resultará, necessariamente, de considerações sobre as vantagens esperadas com a satisfação de necessidades em diferentes períodos do futuro. No mundo real, no nosso universo, cada indivíduo, em cada uma de suas ações, é obrigado a escolher em que período do tempo deve satisfazer suas necessidades. Alguns consomem tudo o que ganham, outros consomem uma parte de seu capital, outros poupam uma parte de sua renda.

Aqueles que contestam a validade universal da preferência temporal não conseguem explicar por que um homem nem sempre investe 100 dólares disponíveis hoje para receber 104 dólares um ano mais tarde. É óbvio que esse homem, ao consumir essa quantia hoje, o faz em decorrência de um julgamento de valor que atribui a 100 dólares, hoje, maior valor do que a 104 dólares daqui a um ano. Mesmo no caso de ele preferir investir os 100 dólares, isto não significaria que prefira a satisfação diferida à satisfação imediata. Significa que ele dá menos valor a 100 dólares hoje do que a 104 dólares um ano mais tarde. Cada centavo gasto hoje representa, precisamente, numa economia capitalista, na qual é possível investir até mesmo quantias mínimas, uma prova do maior valor atribuído à satisfação imediata em relação à satisfação diferida.

O teorema da preferência temporal deve ser duplamente demonstrado. Primeiro, no caso de poupança simples, na qual as pessoas têm que escolher entre o consumo imediato de uma quantidade de bens e o consumo posterior da mesma quantidade. Segundo, no caso de poupança capitalista, na qual a escolha deve ser feita entre o consumo imediato de uma quantidade de bens e o consumo posterior, seja de uma maior quantidade de bens, seja de bens que lhes proporcionarão uma satisfação à qual – não considerando a diferença temporal – atribuem um maior valor. A prova foi dada em ambos os casos. Não há nenhum outro caso imaginável.

Pode-se procurar uma explicação psicológica para o problema da preferência temporal. A impaciência e o mal-estar causados pela espera são, certamente, fenômenos psicológicos. Podemos tentar elucidá-los pela evocação das limitações temporais da vida humana: o nascimento, o crescimento e a maturidade do indivíduo, e seu inevitável envelhecimento e morte. Há no curso da vida humana, um momento oportuno para tudo, assim como um *muito cedo* e um *muito tarde*. Não obstante, o problema praxeológico de maneira nenhuma tem relação com esses aspectos psicológicos. É preciso conceber e não apenas compreender. É preciso conceber que um homem que não prefira uma satisfação mas cede à mesma satisfação mais tarde jamais chegará a consumir e a desfrutar.

O problema praxeológico, por outro lado, também não deve ser confundido com o fisiológico. Quem quiser sobreviver deve, antes de tudo, cuidar da preservação de sua vida no momento presente. A sobrevivência e a satisfação de necessidades vitais são pressupostos indispensáveis para a satisfação de qualquer necessidade futura. Isto nos faz compreender por que, em todas as situações em que a própria vida está em jogo, as pessoas preferem uma satisfação imediata a uma satisfação futura. Mas estamos lidando com a ação em si e não com as motivações que a provocam. Pela mesma razão que o economista não pergunta por que o homem necessita de albumina, de carboidratos e de gorduras, não nos cabe perguntar por que a satisfação de necessidades vitais é imperativa e não admite qualquer demora. Devemos apenas entender que o consumo e o prazer de qualquer natureza pressupõem a preferência de uma satisfação imediata à de uma satisfação futura. O conhecimento que esta percepção nos proporciona é muito superior a quanta explicações desses fatos nos possam ser dadas pela fisiologia. Abrange todo tipo de satisfação de necessidade e não apenas a satisfação das necessidades vitais da sobrevivência.

É importante enfatizar este ponto porque a expressão "acumulação de meios de subsistência destinados a prover nossa subsistência", usada por Böhm-Bawerk, pode facilmente induzir a erro. Certamente, uma das tarefas dessa acumulação é prover os meios de satisfação das necessidades elementares da vida e, portanto, garantir a sobrevivência. Mas, além disso, deve ser suficientemente grande para satisfazer não somente os meios de manutenção da vida durante o período de espera, mas também todas as necessidades e desejos que – além da mera sobrevivência – são considerados mais urgentes do que a colheita dos frutos, fisicamente mais abundantes, resultantes de processos de produção que consomem mais tempo.

Böhm-Bawerk asseverava que toda ampliação do período de produção está condicionada ao fato de que "uma quantidade suficiente de bens esteja disponível para tornar possível transpor o intervalo médio entre o início do trabalho e a colheita do respectivo fruto".[3] A

---

[3] Böhm-Bawerk, *Kleinere Abhandlungen über Kapital und Zins*, vol.2, em *Gesammelte Schriften*, ed. F. X.

expressão "quantidade suficiente" precisa ser bem esclarecida. Não significa uma quantidade suficiente para assegurar a subsistência. A quantidade em questão deve ser suficientemente grande para garantir a satisfação de todas as necessidades cuja satisfação durante o período de espera é considerada mais urgente do que as vantagens que um período ainda maior de produção poderia proporcionar. Se a quantidade em questão fosse menor, um encurtamento do período de produção seria considerado mais vantajoso; o aumento na quantidade de produtos ou a melhoria de sua qualidade que se espera obter ao manter mais longo o período de produção deixariam de ser considerada uma remuneração suficiente para a restrição de consumo imposta durante o período de espera. O fato de a reserva para subsistência ser ou não suficiente é algo que não depende de quaisquer dados fisiológicos ou de outra natureza, suscetíveis de uma determinação objetiva pelos métodos da tecnologia ou da fisiologia. O termo metafórico "transpor"[4] induz ao erro, pois sugere a ideia de transpor um curso d'água cuja largura representa, para o engenheiro, um problema que pode ser objetivamente resolvido. A quantidade em questão é estabelecida pelos homens e é através de seus julgamentos subjetivos que eles decidem se ela é suficiente ou não.

Mesmo num mundo imaginário, no qual a natureza proporcionasse a todos os meios necessários à sobrevivência biológica (no estrito senso do termo), no qual os alimentos mais importantes não fossem escassos e o aprovisionamento para atender a necessidades elementares não fosse motivo de preocupação, o fenômeno da preferência temporal continuaria presente e dirigindo todas as ações.[5]

Observações em torno da evolução da teoria da preferência temporal

Parece plausível imaginar que o simples fato de os juros variarem em função do correspondente período de tempo tenha chamado a atenção dos economistas, que procuravam desenvolver a teoria dos juros, para o papel representado pelo tempo. Entretanto, os economistas clássicos foram impedidos de reconhecer a significação do

---

Weiss, Viena, 1926, p. 169.

[4] *Overbridge* no original. (N.T.)

[5] A preferência temporal não é especificamente humana. É uma característica inerente a todas as coisas vivas. O traço que distingue o homem consiste precisamente no fato de que, para ele, a preferência temporal não é inexorável e o prolongamento do período de provisão não é meramente intuitivo como no caso de certos animais que acumulam alimentos, mas o resultado de um processo de valoração.

elemento tempo, por adotarem uma teoria de valor defeituosa e um conceito de custo equivocado.

A ciência econômica deve a teoria da preferência temporal a William Stanley Jevons, e sua elaboração, principalmente, a Eugen von Böhm-Bawerk. Böhm-Bawerk foi o primeiro a formular corretamente o problema a ser resolvido, o primeiro a desmascarar os erros das teorias da produtividade em relação ao juro, e o primeiro a ressaltar a importância do papel representado pelo período de produção. Mas não conseguiu evitar inteiramente certas armadilhas colocadas no caminho de quem pretendesse elucidar o problema do juro. Sua demonstração da validez universal da preferência temporal é inadequada porque está baseada em considerações psicológicas. Na realidade, a psicologia jamais poderá demonstrar a validade de um teorema praxeológico. Poderá mostrar que algumas pessoas ou muitas se deixam influenciar por certos motivos, mas jamais poderá evidenciar que em cada ação humana há necessariamente certo elemento categorial que, sem qualquer exceção, está presente em todas as ações.[6]

A segunda falha do raciocínio de Böhm-Bawerk consiste no seu conceito equivocado de período de produção. Ele não tinha plena consciência do fato de que o período de produção é uma categoria praxeológica e que o seu papel na ação consiste exclusivamente nas escolhas que o agente homem faz entre períodos de produção de duração diferente. O tempo gasto no passado para a produção de bens de capital que hoje estão disponíveis não é levado em consideração. Esses bens de capital são valorados apenas em relação à sua utilidade para satisfação de futuras necessidades. O "período médio de produção" é um conceito vazio de significado. O que determina a ação é o fato de que, ao escolher entre várias maneiras de diminuir o desconforto futuro, a extensão do período de espera em cada caso é um elemento necessário.

Foi em consequência desses dois erros que Böhm-Bawerk, ao elaborar a sua teoria, não conseguiu evitar inteiramente o enfoque produtivista que ele mesmo havia tão brilhantemente refutado na sua história crítica das doutrinas do capital e do juro.

Estas observações não diminuem em nada os inestimáveis méritos das contribuições de Böhm-Bawerk. A ele devemos as bases sobre as quais, mais tarde, os economistas – entre os quais, como mais destacados, cabe citar Knut Wicksell, Frank Albert Fetter e Irving Fisher – puderam aperfeiçoar a teoria da preferência temporal.

---

[6] Para uma análise crítica detalhada dessa parte do raciocínio de Böhm-Bawerk, ver Mises, *NationalöKonomie*, p. 439-443.

Costuma-se enunciar a essência da teoria da preferência temporal dizendo-se que existe sempre uma preferência por bens presentes em relação a bens futuros. Ao se expressarem desta maneira, alguns economistas ficaram embaraçados pelo fato de que, em alguns casos, o emprego imediato é de menos valor do que o emprego futuro. Na realidade, essas exceções são aparentes; são causadas por uma abordagem errada do tema.

Existem prazeres que não podem ser simultâneos. Um homem não pode assistir ao mesmo tempo às apresentações da *Carmem* e de *Hamlet*. Ao comprar o bilhete de entrada, terá de escolher entre as duas apresentações. Se ganhar de presente os dois bilhetes, para a mesma noite, também terá de escolher. Poderá dizer, em relação ao bilhete recusado: "no momento, não me interessa" ou "pena que não seja para amanhã".[7] Entretanto, isto não quer dizer que ele prefira bens futuros a bens presentes. Não estará tendo que escolher entre bens futuros e bens presentes. Estará escolhendo entre dois prazeres que não pode ter ao mesmo tempo. Esse é o dilema de toda escolha. Nas circunstâncias atuais, por exemplo, a escolha poderá recair sobre *Hamlet*. Amanhã, a decisão poderia ser outra.

A segunda exceção aparente ocorre no caso de bens perecíveis. Podem ser abundantes em certas épocas do ano e escassos em outras. Todavia, a diferença entre gelo no inverno e gelo no verão não é a diferença entre um bem presente e um bem futuro. É a diferença entre um bem que perde sua utilidade, mesmo que não seja consumido, e outro que requer um processo de produção diferente. O gelo disponível no inverno só pode ser usado no verão se for submetido a um processo especial de conservação; na melhor das hipóteses, em relação ao gelo utilizável no verão, é apenas um dos fatores complementares necessários à produção. Não é possível aumentar a quantidade de gelo disponível no verão simplesmente pela restrição do consumo de gelo no inverno. Na prática, são duas mercadorias diferentes.

O caso do avarento também não contradiz a validade universal da preferência temporal. O avarento, ao gastar alguns de seus meios para uma mísera subsistência, prefere certa quantidade de satisfação no futuro próximo àquela que poderia ter no futuro remoto. Casos extremos em que o avarento se nega até mesmo uma alimentação mínima representam um desinteresse patológico pela vida, como no caso de alguém que se abstém de comer por medo de micróbios, ou que se suicida para não enfrentar uma situação difícil, ou ainda que

---

[7] Ver F. A. Fetter, *Economic Principles*, Nova York, vol. 1, p.239, 1923.

não consiga dormir por medo de que acidentes imprevisíveis possam acontecer enquanto dorme.

3
Os bens de capital

Tão logo sejam mitigadas as necessidades presentes, cuja satisfação é considerada mais urgente do que qualquer provisão para o futuro, as pessoas começam a poupar, para uso posterior, uma parte da quantidade disponível de bens de consumo. Esse adiamento do consumo permite que a ação humana procure atingir metas mais distantes no tempo. Objetivos em que não se poderia pensar antes, por causa da extensão do período de produção necessário, passam a ser viáveis. Também se torna possível escolher métodos de produção em que a quantidade produzida por unidade de insumo é maior do que em outros métodos que requerem um menor período de produção. A condição *sine qua non* para estender qualquer processo de produção é poupar, isto é, guardar um excedente da produção corrente sobre o consumo corrente. Poupar é o primeiro passo para aumentar o bem estar material e condição necessária para todo progresso posterior.

O adiamento do consumo e a acumulação de estoques de bens de consumo para futura utilização ocorreriam mesmo que não houvesse o estímulo da superioridade tecnológica de processos que necessitam de um maior período de produção. A maior produtividade desses processos que consomem mais tempo reforça consideravelmente a propensão para poupar. O sacrifício feito, ao restringir o consumo em períodos mais próximos, é compensado não apenas pela expectativa de consumir os bens poupados em períodos mais remotos; permite, igualmente, que tenhamos no futuro não só uma maior quantidade desses mesmos bens, mas que possamos dispor de outros bens que não poderiam ser produzidos sem esse sacrifício provisório. Se o agente homem, mantidas iguais as demais circunstâncias, não preferisse, sem exceção, consumir no futuro próximo a consumir no futuro mais remoto, ele pouparia sempre e nunca consumiria. O que limita a poupança e o investimento é a preferência temporal.

As pessoas que desejam engajar-se em processos com um maior período de produção devem primeiro acumular por meio da poupança, a quantidade de bens de consumo necessária à satisfação, durante o período de espera, de todas as necessidades cuja satisfação consideram mais urgente do que o incremento de bem estar que lhes será proporcionado pelo processo que exige um maior consumo de tempo.

A acumulação de capital começa com a formação de estoques de bens de consumo a serem consumidos mais tarde. Se esses excedentes são meramente guardados para consumo, representam apenas riqueza, ou mais precisamente uma reserva para dias piores e para emergências. Ficam fora da órbita da produção. Integram-se na atividade produtiva – do ponto de vista econômico, não físico – somente quando são empregados como meios de subsistência dos trabalhadores engajados em processos que consomem mais tempo. Quando gastos desta maneira, são fisicamente consumidos, mas economicamente não desaparecem. São substituídos inicialmente por produtos intermediários de um processo com um maior período de produção e, mais tarde, pelos bens de consumo que são o resultado final desses processos.

Todas essas iniciativas e processos são intelectualmente controlados pela contabilidade de capital, o ponto culminante do cálculo econômico em termos monetários. Sem a ajuda do cálculo monetário, os homens não teriam como saber – independentemente da duração do período de produção – se um determinado processo possibilita uma maior produtividade do que outro. Os gastos incorridos nos vários processos não podem ser comparados uns com outros sem a ajuda das expressões monetárias. A contabilidade de capital se baseia nos preços de mercado dos bens de capital disponíveis para a produção cuja soma denomina-se capital. Registra todos os gastos feitos com os recursos desse fundo, assim como o preço de todos os artigos produzidos graças a esses gastos. Estabelece finalmente o resultado final de todas essas transformações na composição do capital e, desse modo, o sucesso ou fracasso do processo como um todo. Mostra não apenas o resultado final; dá informações sobre cada um dos estágios intermediários. Permite que sejam extraídos balanços provisórios para cada dia que se queira bem como declarações de lucros e perdas para cada parte ou estágio do processo. É a indispensável bússola que orienta a produção na economia de mercado.

Na economia de mercado, a produção é uma atividade contínua e incessante, subdividida numa enorme variedade de processos parciais. Inúmeros processos de produção, com diferentes períodos de produção, estão funcionando simultaneamente. Complementam-se uns aos outros e, ao mesmo tempo, estão competindo entre si pelos escassos fatores de produção. Continuamente, ou novos capitais estão sendo acumulados através da poupança, ou capitais previamente acumulados são gastos através do excesso de consumo. A produção se distribui entre inúmeros indivíduos, fábricas, fazendas, oficinas e empresas, cada uma das quais serve apenas a objetivos limitados. Os produtos intermediários ou bens de capital, os produtos que vão ser usados em outras produções, mudam de mãos ao longo do processo produtivo; passam de um estabelecimento para outro, até que, finalmente, como bens de consumo, chegam àqueles que os consomem e desfrutam. O processo social de produção não para nunca. A cada instante, um sem número de processos está em curso; alguns mais próximos outros mais distantes de suas respectivas metas.

Cada operação nesse incessante afã de produzir riqueza baseia-se na poupança e no trabalho preparatório de gerações anteriores. Somos os afortunados herdeiros de nossos antepassados, cuja poupança permitiu a acumulação de bens de capital com os quais estamos trabalhando hoje. Nós, os filhos privilegiados da era da eletricidade, continuamos a nos beneficiar da poupança original dos primeiros pescadores que, ao produzirem as primeiras redes e canoas, dedicaram uma parte do seu tempo de trabalho para o aprovisionamento de um futuro mais remoto. Se os filhos desses legendários pescadores tivessem exaurido esses produtos intermediários – canoas e redes – sem repô-los por outros novos, teriam consumido capital, e o processo de poupança e acumulação de capital teria de começar de novo. Estamos, hoje, melhores do que as gerações anteriores, porque dispomos dos bens de capital que elas acumularam para nós.[8]

O empresário, o agente homem, é inteiramente absorvido por uma única tarefa: aproveitar da melhor maneira possível todos os meios disponíveis para melhoria das condições futuras. Não observa o presente estado de coisas com o intuito de analisá-lo ou compreendê-lo. Ao classificar os meios de produção e avaliar sua importância, adota regras simples e empíricas. Distingue três tipos de fatores de produção: os fatores materiais fornecidos pela natureza, o fator humano – trabalho – e os bens de capital – fatores intermediários produzidos no passado. Ele não se preocupa em analisar a origem dos bens de capital. Aos seus olhos, são meios que servem para aumentar a produtividade do trabalho. Com certa ingenuidade, atribui-lhes um poder produtivo próprio. Não se preocupa em rastrear sua utilidade até os fatores natureza e trabalho. Não pergunta como foram produzidos. Para eles tais bens só têm importância na medida em que possam contribuir para o sucesso de seus esforços.

Esse modo de pensar é admissível no caso de um empresário. Mas é inadmissível que um economista concorde com a visão superficial do empresário. É inadmissível que classifiquem o "capital" como um

---

[8] Estas considerações contestam definitivamente as objeções levantadas por Frank H. Knight contra a teoria da preferência temporal em seu artigo "Capital, Time and the Interest Rate", *Economica*, I, p. 257-286.

fator de produção independente juntamente com os recursos materiais fornecidos pela natureza e com o trabalho. Os bens de capital – os fatores de produção futura produzidos no passado – não são um fator independente. São o fruto da cooperação dos dois fatores originais – natureza e trabalho – gastos no passado. Não têm uma capacidade produtiva que lhes seja própria.

Também é inadmissível dizer que os bens de capital são trabalho e natureza armazenados. Eles são, na realidade, trabalho, natureza e tempo armazenados. A diferença entre produção sem a ajuda de bens de capital e produção com o emprego de bens de capital consiste no tempo. Bens de capital são estágios intermediários do caminho que vai do início da produção até a sua meta final, qual seja, colocar os bens de consumo à disposição das pessoas. Quem produz com a ajuda de bens de capital leva uma grande vantagem sobre quem não tem esta ajuda: está mais perto, no tempo, do objetivo final de seus esforços.

Não se trata apenas de uma questão quanto à alegada produtividade dos bens de capital. A diferença entre o preço de um bem de capital – por exemplo, uma máquina – e a soma dos preços dos fatores originais complementares de produção necessários à sua fabricação se deve inteiramente à diferença de tempo. Quem emprega a máquina está mais perto do objetivo representado pela correspondente produção. O período de produção para ele é menor do que para um competidor que tem de começar do nada. Ao comprar uma máquina, estará comprando não só os fatores originais de produção utilizados na sua fabricação, mas também o tempo, isto é, o tempo pelo qual encurtará o seu período de produção.

O valor do tempo, isto é, a preferência temporal ou o maior valor atribuído à satisfação de uma necessidade num futuro mais próximo do que num mais distante, é um elemento essencial da ação humana. É um elemento determinante em toda escolha e em toda ação. Não há um homem sequer que não leve em consideração a diferença entre "mais cedo" e "mais tarde". O elemento tempo intervém na formação de todos os preços de todas as mercadorias e serviços.

4
Período de produção, período de espera e período de provisão

Se quiséssemos medir a extensão do período de produção gasto na fabricação dos vários bens disponíveis hoje, teríamos de rastrear sua história até a época em que, pela primeira vez, foram utilizados fatores originais de produção. Teríamos de verificar quando recursos naturais e trabalho foram usados pela primeira vez em processos que – independentemente de contribuírem para a produção de outros bens – também contribuíram para a produção do bem em questão. Para resolver esse problema, seria necessário resolver o problema da imputação física. Seria necessário estabelecer, em termos quantitativos, em que medida ferramentas, matérias-primas e trabalho, que direta ou indiretamente foram usados na produção do bem em questão, contribuíram para sua produção. Teríamos de remontar nossas investigações ao momento em que se originou a acumulação de capital: a poupança daqueles que até então viviam da mão para a boca. Não são apenas dificuldades de natureza prática que impedem tais pesquisas históricas. Diante da própria impossibilidade de resolver o problema da imputação física, sequer conseguiríamos iniciar tais investigações.

Nem o próprio agente homem, nem a teoria econômica têm necessidade de medir o tempo gasto no passado para a produção dos bens disponíveis hoje. Não teriam o que fazer com tais dados, ainda que pudessem obtê-los. O problema com o qual se defronta o agente homem é o seguinte: como aproveitar da melhor maneira a quantidade existente de bens disponíveis. Ele faz suas escolhas empregando cada parte dos bens que estão à sua disposição de maneira a satisfazer as necessidades mais urgentes que ainda não foram satisfeitas. Para realizar este intento, precisa saber qual a extensão do período de espera que o separa do momento em que atingirá cada um dos diversos objetivos, entre os quais deverá escolher. Como já foi assinalado e precisa ser novamente enfatizado, não há necessidade de se olhar para trás e querer saber a história de cada um dos vários bens de capital disponíveis. O agente homem conta o período de espera e o período de produção sempre a partir do dia de hoje. Da mesma forma que de nada adiantaria saber quanto trabalho e que quantidade de fatores materiais de produção foram gastos na produção dos bens disponíveis agora, também de nada adiantaria saber se a sua produção consumiu mais ou menos tempo. As coisas são avaliadas exclusivamente do ponto de vista dos serviços que os fatores podem prestar para satisfação de futuras necessidades. Os sacrifícios já feitos e o tempo absorvido na sua produção não são cogitados; pertencem a um passado já morto.

É necessário que se compreenda que todas as categorias econômicas estão relacionadas com a ação humana e não têm nenhuma correlação direta com as propriedades físicas das coisas. O objeto do estudo da economia não são os bens e serviços; são as ações e as escolhas humanas. O conceito praxeológico de tempo não é o mesmo que o da física ou da biologia. Está relacionado com as noções de *mais cedo* ou *mais tarde*, na medida em que influenciam os julgamento de valor dos agentes. A distinção entre bens de capital e bens de consumo não é uma distinção rígida baseada nas propriedades físicas e fisiológicas dos bens em questão. Depende da posição dos agentes e das escolhas que eles têm a fazer. Uma provisão de bens prontos para serem consumidos é um bem de capital do ponto de vista de alguém que pretenda utilizá-la para a sua própria subsistência e para a dos seus operários durante um período de espera.

Um aumento na quantidade disponível de bens de capital é uma condição necessária para que se possam adotar processos cujo período de produção e, portanto, o respectivo período de espera sejam maiores. Se pretendermos atingir metas que estão mais distantes no tempo, precisamos recorrer a períodos de produção mais longos, porque é impossível atingir o fim pretendido num período de produção mais curto. Se quisermos recorrer a métodos de produção em que a quantidade produzida por unidade de insumo seja maior, precisamos estender o período de produção. Porque os processos em que a quantidade produzida por unidade de insumo é menor só foram adotados graças ao seu menor período de produção. Mas, por outro lado, isto não quer dizer que toda utilização dos novos bens de capital acumulados, graças à poupança adicional, implique na adoção de processos cujo período de produção – contado desde o dia de hoje até o dia em que o produto esteja disponível – seja maior do que o de todos os processos adotados anteriormente. Pode ocorrer que as pessoas, já tendo satisfeito as suas necessidades mais urgentes, queiram agora bens que possam ser produzidos num período comparativamente menor. A razão de estes bens não terem sido produzidos antes não decorre do fato de precisarem de um período de produção mais longo, mas do fato de que os correspondentes fatores eram empregados em outras produções consideradas mais urgentes.

Se quisermos afirmar que todo aumento na quantidade disponível de bens de capital resulta num aumento do período de produção e do período de espera, teremos de raciocinar da seguinte forma: se a representa os bens já anteriormente produzidos e b os bens produzidos pelos novos processos introduzidos graças ao aludido aumento de bens de capital, é evidente que as pessoas teriam de esperar mais tempo para dispor de a e b do que teriam de esperar para dispor apenas de a. Para poder produzir a e b, foi preciso adquirir não só os bens de capital necessários à produção de a, mas também aqueles necessários à produção de b. Se os meios de subsistência, poupados para tornar possível que os correspondentes operários produzissem b, tivessem sido consumidos imediatamente, outras necessidades estariam sendo atendidas mais cedo.

A maneira pela qual os economistas que se opõem à chamada escola "austríaca" habitualmente tratam o problema do capital pressupõe que a técnica empregada na produção é inexoravelmente determinada pelo nível de conhecimento tecnológico. Os economistas "austríacos", por outro lado, mostram que é o estoque disponível de bens de capital em cada momento que determina a escolha dos vários métodos de produção conhecidos.[9] A procedência do ponto de vista austríaco pode ser facilmente demonstrada, analisando-se o problema da escassez relativa de capital.

Examinemos a situação de um país com escassez de capital. Tomemos, por exemplo, a situação da Romênia em 1860. O que faltava, certamente, não era conhecimento tecnológico. Não havia nenhum segredo nos métodos tecnológicos praticados nos países do Ocidente. Estavam descritos em inúmeros livros e eram ensinados em muitas escolas. A elite jovem da Romênia havia recebido a mais ampla informação sobre eles nas universidades da Áustria, Suíça e França. Centenas de especialistas estrangeiros estavam prontos a aplicar seus conhecimentos e habilidades na Romênia. O que faltava eram os bens de capital necessários para transformar o atrasado aparato romeno de produção, transporte e comunicação segundo os padrões ocidentais. Se a ajuda fornecida aos romenos pelos países mais avançados se tivesse limitado apenas à transmissão de conhecimento tecnológico, seriam necessários muitíssimos anos até que a Romênia alcançasse o nível de vida ocidental. A primeira coisa que teriam de fazer seria poupar, para poder dispor dos trabalhadores e dos fatores materiais de produção a serem empregados nos processos produtivos de maior duração. Só assim lhes teria sido possível produzir sucessivamente as ferramentas indispensáveis à construção das indústrias que, na fase seguinte, produziriam o equipamento necessário à construção e operação das fábricas, fazendas, minas, estradas, linhas telegráficas e edificações verdadeiramente modernas. Muitas décadas se passariam até que conseguissem recuperar o tempo perdido. O único meio de acelerar este processo seria restringir o consumo corrente até o limite fisiologicamente tolerável, durante o período intermediário.

Entretanto, as coisas se passaram de maneira diferente. O Ocidente capitalista emprestou aos países menos desenvolvidos os bens de capital necessários para transformar, em curto período de tempo, grande parte dos seus métodos de produção. Poupou-lhes tempo e

---

[9] Ver F. A. Hayek, *The Pure Theory of Capital*, Londres, 1941, p.48. É certamente inadequado rotular com nacionalidades certas linhas de pensamento. Como Hayek observou muito bem (p. 47, nota 1), os economistas clássicos ingleses, desde Ricardo e particularmente J. S. Mill (este último provavelmente sob a influência de J. Rae) eram em alguns aspectos mais "austríacos" do que os seus sucessores anglo-saxões.

tornou-lhes possível multiplicar rapidamente a produtividade de sua mão de obra. O efeito para os romenos foi permitir-lhes usufruir imediatamente as vantagens decorrentes dos procedimentos tecnológicos modernos. Para eles, foi como se tivessem começado muito antes a poupar e a acumular bens de capital.

Escassez de capital significa: estar mais distante de atingir o objetivo desejado por não ter começado a persegui-lo antes. Por ter negligenciado de fazê-lo no passado, faltam os produtos intermediários, embora estejam disponíveis os fatores naturais com que produzi-los. Escassez de capital é carência de tempo. É a consequência de ter começado tarde a buscar o fim desejado. É impossível descrever as vantagens decorrentes da disponibilidade de bens de capital e as desvantagens resultantes da falta de bens de capital, sem evocar o elemento tempo, o *mais cedo* e o *mais tarde*.[10]

Ter bens de capital à disposição equivale a estar mais perto da meta desejada. Um incremento na quantidade de bens de capital disponíveis possibilita atingir fins mais distantes no tempo, sem se ser forçado a restringir o consumo. Uma redução de bens de capital, por outro lado, implica na renúncia de objetivos que anteriormente estavam ao nosso alcance ou, então, na restrição do consumo. Ter bens de capital significa, mantidas iguais às demais circunstâncias,[11] um ganho temporal. O capitalista, dado um determinado estágio tecnológico, em comparação com quem não dispõe de bens de capital, está em condições de atingir mais rapidamente uma determinada meta sem restringir o consumo e sem aumentar o aporte de trabalho e de fatores naturais de produção. Sua vantagem na partida se mede em tempo. Um rival dotado de menor quantidade de bens de capital só pode reduzir a diferença se restringir o seu consumo.

A vantagem que os povos do Ocidente conseguiram sobre os outros povos consiste no fato de terem, há mais tempo, criado as condições políticas e institucionais necessárias a um progresso praticamente ininterrupto do processo acumulação de capital e de investimento. Por isso, no meio do século XIX, já tinham atingido um nível de bem estar muito superior ao das nações e raças que não tinham ainda conseguido substituir o militarismo predatório pelas ideias do capitalismo multiplicador. Abandonados à sua própria sorte e sem a ajuda do capital estrangeiro, esses povos atrasados precisariam de muito mais tempo para melhorar os seus métodos de produção, transporte e comunicação.

---

[10] Ver W. S. Jevons, *The Theory of Political Economy*, 4. ed. Londres, 1924, p. 224- 229.

[11] Inclusive a igualdade na quantidade de fatores naturais disponíveis.

É impossível compreender o curso dos acontecimentos mundiais e o desenvolvimento das relações entre o Ocidente e o Oriente nos últimos séculos sem considerar a importância dessas grandes transferências de capital. O Ocidente supriu o Oriente não somente com o conhecimento tecnológico e terapêutico, mas também com os bens de capital necessários a uma imediata aplicação desse conhecimento. As nações do leste europeu, da Ásia e da África puderam colher mais cedo os frutos da indústria moderna graças ao capital estrangeiro nelas aplicado. De certo modo, foram eximidas da necessidade de restringir o seu consumo para poder acumular uma quantidade suficiente de bens de capital. Na realidade, consistiu nisso a alegada exploração dos países atrasados – tão lamentada pelos nacionalistas e pelos marxistas, e imputada ao Ocidente capitalista; as nações economicamente atrasadas foram fecundadas pela riqueza das nações mais avançadas.

Os benefícios auferidos foram mútuos. O que impelia os capitalistas ocidentais a realizarem investimentos no estrangeiro era a demanda doméstica existente. Os consumidores desses países queriam bens que não eram produzidos internamente, assim como desejavam uma redução no preço dos bens que apenas a um custo maior podiam ser produzidos internamente. Se os consumidores dos países capitalistas do Ocidente se tivessem comportado de outra maneira, ou se tivesse havido restrições insuperáveis à exportação de capital, não teria havido nenhum investimento estrangeiro. Teria havido maior expansão da produção doméstica, em vez de uma expansão lateral no exterior.

Não compete à cataláxia, e sim à história, examinar as consequências da internacionalização do mercado de capitais, seu funcionamento, e sua desintegração final, em consequência das políticas expropriatórias adotadas pelos países receptores dos aludidos capitais. A cataláxia limita-se a analisar os efeitos de uma maior ou menor disponibilidade de bens de capital. Comparemos as condições de dois sistemas isolados de mercado que denominaremos de A e B. Ambos são iguais em tamanho, população, recursos naturais e conhecimento tecnológico. Diferem entre si apenas um do outro pela quantidade de bens de capital, sendo essa quantidade maior em A do que em B. Isto implica dizer que, em A, são empregados inúmeros processos cuja produção é maior por unidade de insumo do que os processos empregados em B. Em B, não podem ser adotados os processos de maior produtividade, devido a sua relativa escassez de bens de capital. Sua adoção implicaria numa restrição do consumo. Em B, inúmeras tarefas são realizadas à mão, enquanto que, em A, são realizadas por máquinas que economizam o trabalho humano. Os bens produzidos em A têm maior durabilidade; em B, não podem ser fabricados, embora o aumento de durabilidade pudesse ser obtido com um aumento dos aportes correspondentemente menor. Em A, a produtividade do trabalho e, consequentemente, os salários e o padrão de vida dos assalariados são maiores do que em B.[12]

A PROLONGAÇÃO DO PERÍODO DE PROVISÃO ALÉM DA EXPECTATIVA DE VIDA DO ATOR

Os julgamentos de valor que determinam a escolha entre satisfações no futuro próximo ou remoto refletem uma valoração presente e não uma valoração futura. Comparam a significação atribuída hoje a uma satisfação no futuro próximo com a significação atribuída hoje a uma satisfação no futuro remoto.

O desconforto que o agente homem quer remover, na medida do possível, é sempre um desconforto atual, isto é, desconforto sentido no próprio momento da ação, embora refira se sempre a uma situação futura. O agente está descontente hoje com o que imagina que irá ocorrer numa determinada situação futura, e tenta alterá-la agindo de forma a atingir esse propósito.

Se a ação visa, principalmente, a melhorar as condições de outras pessoas e, por isso, é habitualmente denominada de altruística o desconforto que o agente quer remover é a sua insatisfação atual com a provável situação dessas outras pessoas nos vários períodos do futuro. Ao cuidar de outras pessoas, busca aliviar a sua própria insatisfação.

Portanto, não deve causar surpresa o fato de o agente homem, frequentemente, procurar prolongar o período de provisão para além do período esperado para a sua própria vida.

ALGUMAS APLICAÇÕES DA TEORIA DA PREFERÊNCIA TEMPORAL

Qualquer aspecto da ciência econômica está sujeito a deturpações intencionais ou os equívocos por parte daqueles que querem justificar as doutrinas falaciosas que respaldam os seus programas partidários. Para evitar essas distorções, tanto quanto possível, parece ser conveniente acrescentar algumas explicações quanto à exposição já feita acerca da teoria da preferência temporal.

---

[12] Ver John Bates Clark, *Essentials of Economic Theory*, Nova York, 1907, p. 133 e segs.

Existem escolas de pensamento que negam sumariamente que os homens sejam diferentes uns dos outros em relação às características inatas herdadas de seus ancestrais.[13] Na opinião desses autores, a única diferença entre os homens brancos da civilização ocidental e os esquimós é que estes últimos estariam mais atrasados que os primeiros na sua marcha para uma civilização industrial moderna. A diferença meramente temporal de alguns milhares de anos seria insignificante quando comparada com as muitas centenas de milênios absorvidos pela evolução do homem desde o estado simiesco dos seus antecessores hominídeos até o atual *homo-sapiens*. Não bastaria para comprovar a hipótese de que existem diferenças raciais entre as várias espécies humanas.

A praxeologia e a economia não têm nada a ver com essa controvérsia. Mas devem precaver-se para que não sejam envolvidas nesse choque de ideias antagônicas. Se os que fanaticamente rejeitam os ensinamentos da moderna genética não ignorassem a economia, certamente poderiam usar a teoria da preferência temporal em benefício próprio. Poderiam fazer referência ao fato de que a superioridade das nações ocidentais consiste meramente em terem começado antes a poupar e a acumular bens de capital. Poderiam explicar essa diferença temporal como decorrente de fatores acidentais como, por exemplo, um meio ambiente mais favorável.

É preciso que se enfatizem, para evitar equívocos, que o que possibilitou a dianteira temporal conseguida pelas nações ocidentais, foram fatores ideológicos que não podem ser reduzidos simplesmente a diferença de meio ambiente. O que denominamos de civilização humana tem sido, até hoje, uma passagem progressiva da cooperação baseada em vínculos hegemônicos para a cooperação baseada em obrigações contratuais. Enquanto muitas raças e povos permaneceram nos primeiros estágios desse movimento, outros avançaram continuamente. A proeminência das nações ocidentais consistiu no fato de terem conseguido, mais do que o resto da humanidade, conter o militarismo predatório, e de terem, assim, criado as instituições sociais necessárias à poupança e ao investimento em larga escala. Nem mesmo Marx contestou o fato de que a iniciativa privada e a propriedade privada dos meios de produção foram estágios indispensáveis ao progresso que levou o homem de sua primitiva penúria até as condições mais satisfatórias da Europa ocidental e dos Estados Unidos do século XIX. O que faltou às Índias Orientais, à China, ao Japão e aos países muçulmanos foram instituições que salvaguardassem os direitos in-

---

[13] À cerca do ataque marxista contra a genética, ver T. D. Lysenko, *Heredity and Variability*, Nova York, 1945. Uma avaliação crítica dessa controvérsia é feita por J. R. Baker, *Science and the Planned State*, Nova York, 1945, p. 71-76.

dividuais. A administração arbitrária dos paxás, dos cadis, dos rajás, dos mandarins e dos daimios não era propícia à acumulação de capital em larga escala. As garantias legais, protegendo efetivamente o indivíduo da expropriação e do confisco, foram as fundações sobre as quais floresceu o progresso econômico ocidental sem precedente. Essas leis não foram fruto do acaso, de acidentes históricos ou do meio ambiente geográfico. Foi um produto da razão.

Não podemos saber que curso teria tomado a história da África e da Ásia se esses povos não tivessem sofrido a influência ocidental. A realidade é que alguns desses povos estavam sujeitos ao domínio europeu, e outros – como a China e o Japão – foram forçados, pela coação do poder naval, a abrir suas fronteiras. As realizações do industrialismo ocidental chegaram a esses países, vindas do exterior. Os benefícios produzidos pelo capital estrangeiro emprestado ou investido no seu território eram bem recebidos. Mas foram muito lentos na absorção das ideologias que haviam feito florescer o industrialismo. Sua assimilação do modo de vida ocidental foi superficial.

Estamos no meio de um processo revolucionário que muito brevemente acabará com todas as variedades de colonialismo. Essa revolução não está limitada aos países que estiveram sob o domínio inglês, francês ou holandês. Mesmo nações que, sem qualquer violação de sua soberania política, se beneficiaram do capital estrangeiro estão obcecadas pela ideia de livrarem-se do que chamam de jugo dos capitalistas estrangeiros. Usam diversos artifícios para expropriar os estrangeiros: taxação discriminatória, repúdio a dívidas, confisco ostensivo, restrição das operações de câmbio. Estamos no limiar da completa desintegração do mercado internacional de capitais. As consequências econômicas desse evento são evidentes; sua repercussão política é imprevisível.

Para avaliar as consequências políticas da desintegração do mercado internacional de capitais é necessário lembrar os efeitos da sua internacionalização. Nas condições prevalecentes no final do século XIX, pouco importava se uma nação estava ou não preparada e equipada com o capital necessário para utilizar adequadamente os seus recursos naturais. O acesso aos recursos naturais de qualquer região era praticamente livre. Na sua procura de oportunidades lucrativas de investimento, os capitalistas e promotores não eram detidos pelas fronteiras nacionais. No que dizia respeito à melhor utilização possível dos recursos naturais conhecidos, a maior parte da superfície terrestre podia ser considerada um sistema de mercado mundialmente integrado. É verdade que, em algumas áreas, como nas Índias Orientais inglesas e holandesas e na Malásia, este resultado só pôde ser alcançado por regimes coloniais; provavelmente os governos autóctones desses territórios não conseguiriam criar uma base institucional indispensável à importação de capital. Mas a Europa meridional e oriental e o hemisfério ocidental integraram, por sua própria vontade, a comunidade do mercado internacional de capitais.

Os marxistas procuraram condenar os empréstimos e investimentos estrangeiros sob a suposição de que eram inspirados pelo desejo de guerra, conquista e expansão colonial. Na realidade, a internacionalização do mercado de capitais, juntamente com o livre comércio e a liberdade de migração, foram meios eficazes para suprimir os incentivos econômicos que conduziram à guerra e à conquista. Já não importava ao homem as fronteiras políticas de seu país. Para o empresário e para o investidor, elas não existiam. As nações que antes da Primeira Guerra Mundial lideravam os empréstimos e investimentos estrangeiros eram precisamente as que estavam comprometidas com as ideias do liberalismo pacifista e "decadente". As nações mais agressivas, como a Rússia, a Itália e o Japão, não eram exportadoras de capital; pelo contrário, necessitavam de capital estrangeiro para desenvolver os seus próprios recursos naturais. As aventuras imperialistas da Alemanha não tinham o apoio das suas grandes empresas industriais e financeiras.[14]

O desaparecimento do mercado internacional de capitais modifica inteiramente a situação. Deixa de haver liberdade de acesso aos recursos naturais. Se a um governo socialista de uma nação economicamente atrasada faltar o capital necessário para aproveitar os seus recursos naturais, não haverá possibilidade de remediar essa situação. Se esse sistema tivesse sido adotado há cem anos, teria sido impossível explorar os campos de petróleo do México, Venezuela e Irã, estabelecer as plantações de borracha da Malásia ou desenvolver a produção de bananas na América Central. É uma ilusão supor que as nações mais adiantadas se conformarão para sempre com esse estado de coisas. Recorrerão ao único caminho que lhes pode dar acesso às matérias-primas de que tanto precisam: recorrerão à conquista. A guerra é a alternativa à liberdade de investimento estrangeiro, que um mercado internacional de capitais tornaria possível.

A entrada de capital estrangeiro não prejudicou as nações receptoras. Foi o capital europeu que acelerou consideravelmente a maravilhosa evolução econômica dos Estados Unidos e dos domínios britânicos. Graças ao capital estrangeiro, os países da América Latina e

---

[14] Ver Mises, *Omnipotent Government*, New Haven, 1944, p.99, e os livros aí citados.

Ásia estão hoje equipados com instalações de produção e transporte que tão cedo não possuiriam se não tivessem recebido essa ajuda. Os salários reais e a produtividade agrícola esses países são hoje maiores do que seriam se não fosse o capital estrangeiro. O simples fato de quase todas as nações estarem hoje pedindo veementemente "ajuda internacional" é suficiente para evidenciar o irrealismo das fábulas marxistas e nacionalistas.

Entretanto, não basta desejar ardentemente bens de capital importados para ressuscitar o mercado internacional de capitais. Investimentos e empréstimos no exterior só são possíveis se as nações receptoras estão sincera e incondicionalmente comprometidas com o princípio da propriedade privada e não pretendem expropriar mais tarde os investidores estrangeiros. Foram essas desapropriações que destruíram o mercado internacional de capitais.

Os empréstimos intergovernamentais não são um substituto para o mercado internacional de capitais. Se forem feitos em bases comerciais, implicam, tanto quanto os empréstimos privados, no reconhecimento do direito de propriedade. Quando são concedidos como subsídio, sem maiores preocupações com o pagamento do principal e dos juros, geralmente implicam em restrições à soberania da nação devedora. Na verdade, tais empréstimos são, na sua maior parte, o preço pago pela assistência militar na próxima guerra. Considerações militares desse tipo já representavam um importante papel durante os anos em que as potências europeias preparavam as grandes guerras de nosso tempo. Exemplo marcante nos é proporcionado pelas somas gigantescas que os capitalistas franceses, pressionados pelo governo da Terceira República, emprestaram à Rússia Imperial. Os tzares usaram o empréstimo para compra de armamentos e não para melhorar o sistema russo de produção.

5
A CONVERSIBILIDADE DOS BENS DE CAPITAL

Os bens de capital são etapas intermediárias na consecução de um determinado objetivo. Se durante o período de produção resolver mudar de objetivo, nem sempre será possível usar os produtos intermediários já disponíveis para atingir o novo objetivo. Alguns dos bens de capital podem se tornar absolutamente inúteis e todas as despesas incorridas para produzi-los podem resultar em perda. Outros bens de capital poderão ser utilizados no novo projeto, se forem submetidos a uma adaptação; teria sido possível evitar essas despesas adicionais se o novo objetivo já tivesse sido escolhido desde o início. Um terceiro grupo de bens de capital pode ser empregado no novo processo, sem qualquer alteração; mas, se no momento em que foram fabricados já se soubesse que seriam utilizados para o novo objetivo, teria sido possível fabricar por um custo menor outros bens que poderiam prestar o mesmo serviço. Finalmente, existem também os bens de capital que podem ser empregados tanto no novo quanto no processo inicial.

Não seria necessário mencionar esses fatos óbvios se não fosse essencial refutar erros muito difundidos. Não existe um capital abstrato ou ideal, que não esteja materializado em bens concretos. Se deixarmos de considerar o papel representado pela parcela em dinheiro na composição do capital (trataremos deste problema numa das próximas seções), teremos de admitir que o capital esteja sempre materializado em bens de capital específicos e é afetado por tudo que ocorre em relação a eles. O valor de certo capital depende do valor dos bens de capital que o integram. O equivalente em moeda de certo capital é a soma dos equivalentes em moeda do conjunto de bens de capital a que nos estamos referindo ao falarmos de capital de forma abstrata. Não há o que possa ser denominado de capital "livre".O capital está sempre representado por bens de capital. Esses bens de capital são mais bem utilizados em certos propósitos, menos utilizáveis em outros, e absolutamente inúteis numa terceira classe de propósitos. Cada unidade de capital é, portanto, de alguma maneira, capital fixo, isto é, capital empregado num processo de produção definido. A distinção que o homem de negócios faz entre capital fixo e capital de giro corresponde a uma questão de grau e não de espécie. Tudo quanto seja válido em relação ao capital fixo também é válido, embora em menor grau, em relação ao capital de giro. Todos os bens de capitais têm um caráter mais ou menos específico. É claro que, no caso de alguns deles, é muito pouco provável que uma mudança nas necessidades e nos planos possa torná-los inteiramente inúteis.

Quanto mais um processo de produção se aproxima do objetivo final, mais estreitos são os laços entre os produtos intermediários e a mercadoria desejada. O ferro é menos específico do que tubos de ferro; e tubos de ferro, menos do que os componentes de uma máquina. A conversão de um processo de produção torna-se geralmente tão mais difícil quanto mais evoluído seja tal processo e quanto mais próximo esteja de seu ponto terminal: a produção de bens de consumo.

Ao contemplarmos o processo de acumulação de capital desde o seu verdadeiro início, podemos facilmente perceber que não existe nada que possa ser chamado de capital livre. Na realidade, o que existe é capital materializado em bens de um caráter mais específico ou menos específico. Quando o desejo de – ou a opinião sobre como satisfazer certas necessidades sofre uma mudança, o valor dos bens de capital também se altera. Os bens de capital adicionais só podem vir a existir se o consumo for menor do que a produção corrente. No próprio momento em que o capital adicional passa a existir, ele já está materializado em bens de capital reais. Esses bens tinham de ser produzidos antes que pudessem – como um excedente da produção sobre o consumo – tornarem-se bens de capital. O papel que a interposição de moeda representa na sequência desses eventos será analisado mais tarde. Por ora, basta destacar que mesmo os capitalistas cujo capital consiste em moeda ou créditos monetários não possuem capital livre. Seus fundos estão representados por moeda; são afetados por mudanças no poder aquisitivo da moeda e – na medida em que estejam investidos em títulos que dão direito a uma determinada soma em dinheiro – são afetados pela solvência do devedor.

É de todo conveniente que a enganadora distinção entre capital fixo e capital de giro ou livre seja substituída pela noção de conversibilidade de bens de capital. A conversibilidade de bens de capital consiste na possibilidade de ajustar sua utilização a uma mudança nos dados de produção. A conversibilidade pode ser maior ou menor; não é jamais perfeita, isto é, não ocorre forçosamente. No caso de fatores absolutamente específicos, não há conversibilidade possível. Uma vez que a conversão de bens de capital de uma utilização originalmente planejada para outros tipos de utilização torna-se necessária graças ao surgimento de mudanças não previstas nos dados, não se pode falar de conversibilidade em geral, sem se fazer referência a mudanças nos dados que já ocorreram ou que possam vir a ocorrer. Uma mudança radical nos dados poderia fazer com que bens de capital que eram considerados de fácil conversão passem a ser inconversíveis ou dificilmente conversíveis.

É óbvio que, na prática, o problema da conversibilidade é mais importante no caso de bens cuja utilidade consiste em prestar serviços durante um período de tempo do que no caso de bens de capital cuja utilidade se esgota com uma única utilização no processo de produção. A capacidade ociosa de fábricas e de mecanismos de transporte e o sucateamento de equipamentos projetados para serem mais usados do que o são na realidade são muito mais importantes do que o desperdício com tecidos ou roupas que saíram de moda e com bens fisicamente perecíveis. O problema da conversibilidade é um problema característico do capital e dos bens de capital, apenas na medida em que a contabilidade de capital torna-o especialmente visível em relação aos bens de capital. Na sua essência, é um fenômeno que também está presente no caso de bens de consumo que um indivíduo adquiriu para seu próprio uso. Se mudarem as circunstâncias que determinaram a sua aquisição, o problema da conversibilidade também se faz presente nesse caso.

Os capitalistas e os empresários, na sua qualidade de proprietários de capital, nunca são inteiramente livres; nunca estão em posição de escolher qualquer emprego para o seu capital. Estão sempre comprometidos, de uma maneira ou de outra. Seus recursos nunca estão fora do processo social de produção, mas investidos em negócios definidos. Possuem-se dinheiro em caixa, poderão ter feito um bom ou mau "investimento", dependendo das condições do mercado; mas será sempre um investimento. Ou bem deixaram passar o bom momento para comprar os fatores de produção que precisarão comprar mais cedo ou mais tarde, ou, ainda, esse bom momento não chegou. No primeiro caso, manter o dinheiro em caixa não foi uma boa decisão; no segundo caso, a escolha foi acertada.

Os capitalistas e os empresários, ao gastarem dinheiro na compra de fatores de produção, valoram os bens tendo exclusivamente em vista a antecipação que fazem do futuro estado de mercado. Pagam preços ajustados a condições futuras tais como eles as avaliam hoje. Os erros cometidos no passado na produção dos bens de capital disponíveis hoje não recaem sobre o comprador; incidem inteiramente sobre o vendedor. Nesse sentido, o empresário que emprega seu dinheiro para comprar bens de capital para produção futura não leva em consideração o passado. Sua atividade empresarial não é afetada por aquelas mudanças na valoração e nos preços dos fatores de produção que ele adquire, e que ocorreram no passado. Apenas nesse sentido pode-se dizer que o proprietário de dinheiro em caixa possui valores líquidos e que é livre.

6
A INFLUÊNCIA DO PASSADO SOBRE A AÇÃO

Quanto mais aumenta a acumulação de bens de capital, maior se torna o problema da conversibilidade. Os métodos primitivos dos agricultores e artesãos de eras passadas podiam ser ajustados mais facilmente a novas tarefas do que os métodos capitalistas modernos. Mas é precisamente o moderno capitalismo que se confronta com rápidas mudanças de condições. As mudanças no conhecimento tecnológico e na demanda dos consumidores, que atualmente ocorrem todos os dias, tornam obsoletos muitos dos planos que dirigem o curso da produção e suscitam a questão de saber se devemos ou não continuar no mesmo caminho.

O espírito de inovação arrebatadora pode conquistar os homens, pode triunfar sobre as inibições da inércia e da indolência, pode incitar os preguiçosos escravos da rotina a romperem com seus valores tradicionais, e pode, peremptoriamente, exortar as pessoas a seguirem novos caminhos e a buscarem novas metas. Os doutrinários podem tentar esquecer que somos, em todos os nossos esforços e tentativas, os herdeiros de nossos antepassados, e que nossa civilização, o produto de uma longa evolução, não pode ser transformada de um só golpe. Mas a propensão para inovação, por mais forte que possa ser, é mantida dentro de certos limites que forçam os homens a não se desviarem muito precipitadamente do caminho adotado pelos seus ancestrais. Toda riqueza material é um resíduo de atividades passadas e está materializada em bens de capital concretos, de conversibilidade limitada. Os bens de capital acumulados dirigem as ações dos vivos por caminhos que eles não teriam escolhido se sua possibilidade de escolha não tivesse sido restringida por ações consumadas no passado. A escolha dos fins e dos meios para realizá-los é influenciada pelo passado. Os bens de capital são um elemento conservador. Forçamnos a ajustar nossas ações às condições que foram engendradas pela nossa própria conduta anterior, bem como pelos pensamentos, escolhas e ações das gerações passadas.

Podemos imaginar como seriam as coisas se, dotados do conhecimento sobre recursos naturais, geografia, tecnologia e higiene de que hoje dispomos, tivéssemos podido, consequentemente, organizar todos os processos de produção e fabricar todos os bens de capital. Teríamos colocado os centros de produção em outros lugares; teríamos povoado a superfície da terra de outra maneira. Algumas áreas que hoje são densamente habitadas e com muitas fábricas e fazendas seriam menos ocupadas. Teríamos juntado mais pessoas, mais lojas e mais fazendas em outras áreas. Todos os estabelecimentos seriam equipados com as máquinas e ferramentas mais eficientes. Cada uma delas teria o tamanho ideal para a utilização mais econômica possível de sua capacidade de produção. No mundo de nossa planificação perfeita, não haveria atraso tecnológico, nem capacidade de produção ociosa, nem transporte desnecessário de homens ou de bens. A produtividade do esforço humano seria muito maior do que a prevalecente na nossa imperfeita situação atual.

As publicações dos socialistas estão cheias dessas fantasias utópicas. Quer se apresentem como marxistas ou socialistas não marxistas, como tecnocratas ou simplesmente como planejadores, estão todos ansiosos para nos mostrar como as coisas na realidade estão mal organizadas e como os homens poderiam ser mais felizes se lhes fossem atribuídos poderes ditatoriais. Exclusivamente por causa, dizem eles, das deficiências do modo de produção capitalista, a humanidade se vê impedida de usufruir de todas as comodidades que poderiam ser obtidas com o atual estágio do conhecimento tecnológico.

O erro fundamental desse racionalismo romântico consiste no desconhecimento do grau de inconversibilidade dos bens de capital disponíveis, assim como de sua escassez. Os produtos intermediários hoje disponíveis foram fabricados no passado pelos nossos ancestrais e por nós mesmos, em conformidade com as ideias, fins e processos tecnológicos então prevalecentes. Se desejarmos atingir outros fins e adotar outros processos tecnológicos, estaremos diante da seguinte alternativa: ou abandonamos uma grande parte dos bens de capital disponíveis e começamos a produzir novos equipamentos modernos, ou teremos de ajustar os nossos processos de produção, na medida do possível, ao caráter específico dos bens de capital disponíveis. A escolha é feita, como sempre ocorre na economia de mercado, pelos consumidores, que se manifestam comprando ou deixando de comprar qualquer produto. Ao escolherem entre imóveis velhos e imóveis novos dotados de todo conforto moderno, entre estrada de ferro e automóvel, entre luz elétrica e lampião a gás, entre tecidos de algodão e de raiom, entre meias de seda ou de náilon, os consumidores estarão implicitamente escolhendo entre continuar a empregar os bens de capital previamente acumulado ou deixá-los virar sucata. Quando um velho imóvel que ainda pode ser habitado durante anos não é prematuramente demolido e substituído por outro moderno porque os locatários não estão dispostos a pagar aluguéis mais altos, preferindo satisfazer outras necessidades em vez de viver num lar mais confortável, temos uma evidência de como o consumo presente é influenciado pelas condições do passado.

O fato de que nem todo avanço tecnológico seja instantaneamente usado em todas as suas possíveis aplicações não é mais surpreendente do que o fato de que nem todas as pessoas se desfazem de seu carro velho ou de suas roupas usadas só porque saiu um modelo novo de carro ou porque mudou a moda. Em todas essas situações as pessoas estão motivadas pela escassez de bens disponíveis.

Suponhamos que uma nova máquina, mais eficiente que as usadas anteriormente tenha sido inventada e construída. Se as fábricas equipadas com máquinas antigas, menos eficientes, irão ou não abandoná-las, apesar de ainda terem utilidade, e substituí-las pelo modelo novo, depende do grau de superioridade da nova máquina. Somente quando essa superioridade é suficientemente grande para compensar o investimento adicional necessário, justifica-se economicamente deixar de usar o equipamento antigo. Seja p o preço da nova máquina e q o preço que pode ser obtido vendendo-se a máquina velha como sucata, a o custo de fabricação com a máquina velha, de uma unidade do produto, b o custo de fabricação com a máquina nova, sem levar em consideração os gastos necessários à sua aquisição. Suponhamos ainda que a superioridade da nova máquina consista apenas numa melhor utilização da matéria-prima e do trabalho, e não na capacidade de fabricar uma maior quantidade de produtos, e que, sendo assim, a produção anual z permaneça inalterada. Nesse caso, a substituição da máquina velha pela nova é vantajosa, se o ganho z $(a\text{-}b)$ é suficientemente grande para compensar o gasto $p\text{-}q$. Podemos desprezar as diferenças de depreciação, pressupondo que as respectivas quotas anuais são de mesmo valor. As mesmas considerações também são válidas no caso de transferência de uma fábrica existente em um determinado local onde as condições de fabricação são menos favoráveis para um local que ofereça condições mais favoráveis.

O atraso tecnológico e a inferioridade econômica são duas coisas diferentes e não devem ser confundidas. Pode ocorrer que um centro produtor, considerado ultrapassado do ponto de vista tecnológico, tenha condições de competir com sucesso com outros centros melhor equipados, ou melhor, localizados. O grau de superioridade que o equipamento tecnicamente mais eficiente ou a localização mais adequada proporcionam será comparado com o gasto adicional necessário para trocar a máquina velha pela nova; essa comparação é decisiva. Dependerá da conversibilidade dos bens de capital em questão.

A distinção entre perfeição tecnológica e conveniência econômica não é, como nos querem fazer crer os românticos engenheiros sociais, uma característica do capitalismo. Na realidade, apenas o cálculo econômico, tal como só é possível numa economia de mercado, permite efetuar as operações matemáticas necessárias à percepção dos fatos mais relevantes.

Uma administração socialista não teria condições de formar uma ideia precisa do estado de coisas por meio de métodos aritméticos. Não teria, portanto, como saber se o que planeja e coloca em operação é a maneira mais adequada de empregar os meios disponíveis para satisfazer o que considera ser a mais urgente das necessidades ainda não satisfeitas. Mas se pudesse calcular, procederia da mesma maneira que qualquer homem de negócios. Não desperdiçaria fatores de produção escassos para satisfazer necessidade considerada menos urgentes, se isso impedisse a satisfação de necessidades mais urgentes. Não se apressaria em sucatear instalações ainda úteis, se o investimento necessário impedisse a expansão da produção de bens considerados como mais urgentemente necessários.

Se levarmos o problema da conversibilidade na devida conta, poderemos evitar erros muito comuns. Veja-se, por exemplo, o argumento usado em favor da proteção da indústria nascente. Seus defensores alegam que seria necessária uma proteção temporária para que fosse possível desenvolver indústrias de transformação nos locais em que as condições naturais para sua implantação são mais favoráveis ou, pelo menos, não são menos favoráveis do que nas áreas onde os competidores já estabelecidos acham-se instalados. Segundo o argumento em questão, as indústrias mais antigas estariam sendo beneficiadas por se terem estabelecido antes. Estariam sendo favorecidas por fatores históricos, acidentais, e manifestamente "irracionais". Essa vantagem impediria o estabelecimento de concorrentes em áreas cujas condições possibilitariam uma produção mais barata, ou pelo menos não mais cara, do que nos estabelecimentos mais antigos. Podem dizer que a proteção da indústria nascente é onerosa durante algum tempo. Mas os sacrifícios feitos seriam amplamente recompensados pelos ganhos a serem auferidos mais tarde.

A verdade é que a implantação de uma indústria nova só é economicamente vantajosa se a superioridade da nova localização é tão grande que supera as desvantagens resultantes do fato de abandonar os bens de capital inconversíveis e intransferíveis que foram investidos nos estabelecimentos já existentes. Se for esse o caso, as novas indústrias poderão competir com sucesso com as antigas, sem qualquer proteção do governo. Se não for esse o caso, a proteção que lhes é assegurada é um desperdício, mesmo que seja apenas temporário e que a nova indústria possa viver mais tarde pelos seus próprios meios. A tarifa aduaneira equivale virtualmente a um subsídio que os consumidores são obrigados a pagar como compensação pelo emprego de fatores escassos de produção em substituição aos bens de capital ainda utilizável que serão sucateados, e pelo fato desses fatores escassos terem sido desviados de outros empregos nos quais prestariam serviços mais valorizados pelos consumidores. Os consumidores são privados da oportunidade de satisfazer certas necessidades porque os bens de capital necessários estão sendo usados na produção de bens que já estariam disponíveis, se não existissem as tarifas.

Há uma tendência universal de as indústrias se deslocarem para os locais onde a potencialidade para produção seja mais propícia. Na economia de mercado livre, essa tendência é atenuada na medida em que se leva em consideração a inconversibilidade dos escassos bens de capital. Esse elemento histórico não dá às indústrias antigas uma superioridade permanente. Apenas impede o desperdício decorrente de investimentos que, por um lado, tornam ociosa uma capacidade de produção ainda utilizável e, por outro, restringem a disponibilidade de bens de capital que poderiam possibilitar a satisfação de necessidades ainda não satisfeitas. Na ausência de tarifas protetoras, a migração de indústrias é adiada até que os bens de capital investidos nas instalações existentes se tenham desgastado ou se tornado obsoletos em virtude de um desenvolvimento tecnológico tal, que torne indispensável a sua substituição por equipamentos novos. A história industrial dos Estados Unidos nos fornece inúmeros exemplos do deslocamento, dentro do país, de centros de produção industrial, sem que tenha sido necessária qualquer proteção por parte do governo. O argumento da indústria nascente é tão espúrio quanto todos os outros argumentos usados em favor do protecionismo.

Outra falácia muito popular refere-se ao fato de existirem patentes que não são utilizadas, mas cuja utilização seria benéfica. Uma patente é um monopólio legal garantido por certo número de anos ao investidor de um novo dispositivo. No momento, não estamos interessados na questão de ser ou não uma boa política conceder privilégios aos inventores.[15] Estamos lidando apenas com a afirmativa de que as "grandes empresas" fazem um mau uso do sistema de patentes, privando o público de benefícios que o progresso tecnológico poderia proporcionar-lhe.

Ao conceder uma patente a um inventor, as autoridades não investigam o significado econômico da invenção. Estão preocupadas apenas com a prioridade da ideia e limitam o seu exame a aspectos técnicos. Examinam com o mesmo zelo imparcial uma invenção que pode revolucionar a indústria e uma engenhoca tola cuja inutilidade é obvia. Assim sendo, a proteção da patente é concedida a um grande número de invenções sem nenhum valor. Seus autores são inclinados a superestimar a importância de sua invenção para o progresso do conhecimento tecnológico e alimentam esperanças exageradas em relação aos ganhos materiais que dela poderiam decorrer. Desapontados, queixam-se do absurdo de um sistema econômico que privaria as pessoas dos benefícios do progresso tecnológico.

As condições nas quais é economicamente viável substituir equipamento velho ainda útil por equipamento novo já foram analisadas anteriormente. Se essas condições não estão presentes, não vale a pena, seja para uma empresa privada numa economia de mercado

---

[15] Ver p. 449-450 e, adiante, p. 773-774.

ou para o administrador socialista de um sistema totalitário, adotar imediatamente o novo processo tecnológico. As novas máquinas a serem produzidas, a expansão das indústrias já existentes e a substituição de equipamento velho e desgastado serão feitas com base nas novas ideias. Mas o equipamento ainda utilizável não será sucateado. O novo processo será adotado paulatinamente. As indústrias equipadas com sistemas antigos durante certo tempo ainda serão competitivas com as indústrias modernamente equipadas. Quem duvidar do acerto dessas afirmativas devia-se perguntar se joga fora os seus rádios e aspiradores de pó cada vez que novos e melhores modelos são oferecidos à venda.

Não faz a menor diferença se a nova invenção está ou não protegida por uma patente. Uma firma que adquiriu uma licença já pagou para usar a nova invenção. Se, ainda assim, não usa o novo método é porque sua adoção não é lucrativa. De nada adianta que o monopólio garantido pelo governo e representado pela patente impeça os competidores de aplicá-la. O que conta é o grau de superioridade assegurada pela nova invenção em relação aos velhos métodos. Superioridade significa uma redução no custo de produção por unidade ou tal aumento na qualidade do produto, que os compradores se disponham a pagar preços compativelmente mais elevados. A ausência desse grau de superioridade capaz de tornar lucrativa a transformação constitui prova evidente de que os consumidores estão mais interessados em adquirir outros bens do que em desfrutar dos benefícios da nova invenção. Aos consumidores cabe a última palavra.

Esses fatos passam despercebidos a alguns observadores superficiais, por estarem obnubilados pelas práticas, adotadas por muitas das grandes empresas, de adquirir os direitos de uma patente no seu campo de atividade, sem aparentemente se preocuparem com a sua utilidade. Essa prática decorre de várias considerações:

1. Ainda não é possível determinar a importância econômica da inovação.

2. A inovação é, obviamente, inútil, mas a firma acha que pode desenvolvê-la de modo a torná-la útil.

3. A aplicação imediata não é lucrativa, mas a firma pretende usá-la mais tarde, quando tiver de substituir o seu equipamento desgastado.

4. A firma quer encorajar o inventor a continuar suas pesquisas, apesar do fato de até então os seus esforços não terem resultado numa inovação de aplicação prática.

5. A firma quer apaziguar inventores litigiosos, a fim de poupar as perdas de tempo e dinheiro e o desgaste nervoso que ações de indenização por pequenas infrações podem provocar.

6. A firma recorre ao suborno disfarçado ou cede à chantagem velada ao pagar por patentes inúteis de funcionários, engenheiros ou outras pessoas influentes de firmas ou instituições que são seus clientes ou podem vir a sê-lo.

Se um invento é tão superior ao processo antigo a ponto de tornar imperiosa a imediata substituição do equipamento velho pelas novas máquinas, a transformação será efetuada quer a patente esteja nas mãos dos proprietários do equipamento antigo, quer esteja nas mãos de uma firma independente. As afirmativas em sentido contrário implicam na suposição de que não só o inventor e seus advogados, mas também as pessoas que já atuam no setor industrial em questão, ou que estão dispostas a entrar se lhes surgir uma boa oportunidade, não são capazes de perceber a importância desse invento. O inventor vende os seus direitos à firma já instalada, e que usa o equipamento antigo, por uma bagatela, porque ninguém mais se interessa em adquiri-los; e essa velha firma é tão obtusa que não consegue perceber as vantagens que poderia obter da utilização do invento.

Ora, é claro que um melhoramento tecnológico não pode ser adotado se as pessoas não percebem a sua utilidade. Num regime socialista, a incompetência ou a teimosia de um chefe de departamento seria o bastante para impedir a adoção de um método de produção mais econômico. O mesmo ocorre em relação às invenções nos setores dominados pelo governo. Os exemplos mais conspícuos são proporcionados pelo fato de eminentes estrategistas militares não terem sido capazes de perceber a importância de novas descobertas. O grande Napoleão não percebeu a ajuda que os barcos a vapor certamente dariam aos seus planos para invadir a Inglaterra; tanto Foch como o estado-Maior alemão subestimaram, no limiar da Primeira Guerra Mundial, a importância da aviação; e, mais tarde, o eminente pioneiro da força aérea, general Billy Mitchell, passou por experiências bastante desagradáveis. As coisas ocorrem de uma maneira inteiramente diferente no âmbito de uma economia de mercado que não tenha seu funcionamento entravado pela mentalidade estreita da burocracia. No mercado, prevalece mais uma tendência a superestimar do que a subestimar as potencialidades de uma inovação. A história do capitalismo moderno mostra inúmeros exemplos de tentativas fracassadas de adotar inovações que se mostraram inúteis. Muitos empresários pagaram caro por seu infundado otimismo. Seria mais realista culpar o capitalismo por sua propensão à superavaliar inovações supérfluas do que por sua alegada não utilização de inovações úteis. É um fato inegável o de que grandes quantias têm sido desperdiçadas na compra de patentes sem qualquer utilidade e em malogradas tentativas de dar-lhes aplicação prática.

É um absurdo falar de uma suposta predisposição das grandes empresas modernas em relação ao progresso tecnológico. As grandes companhias gastam somas enormes na pesquisa de novos processos e novos equipamentos.

Aqueles que deploram o alegado boicote das invenções pelas empresas privadas não devem pensar que fizeram prova de suas assertivas referindo-se ao fato de que muitas patentes ou nunca foram utilizadas ou só o foram com muito atraso. É indubitável que o maior número delas não tem aplicação na prática. Quem alega haver boicote de inovações úteis não é capaz de citar um único exemplo de uma inovação que não esteja sendo usada nos países onde o direito de patente é reconhecido e que esteja sendo usada na União Soviética, que não reconhece o direito de patente.

A limitada conversibilidade dos bens de capital representa um papel importante na geografia humana. A atual distribuição de centros industriais e residenciais sobre a superfície terrestre é, numa certa medida, determinada por fatores históricos. O fato de determinados locais terem sido escolhidos num passado distante ainda produz consequências. Prevalece, sem dúvida, uma tendência universal de as pessoas se deslocarem para aquelas áreas que oferecem melhores potencialidades para a produção. Entretanto, essa tendência é limitada não apenas por fatores institucionais, tais como as barreiras migratórias; há também um fator histórico que representa um papel muito importante. Existem bens de capital de conversibilidade limitada investidos em áreas que, do ponto de vista do conhecimento atual, não são as mais indicadas. Sua inamovibilidade contrabalança a tendência de localizar usinas, fazendas e habitações segundo as informações que nos proporcionam hoje a geografia, a geologia, a fisiologia animal e vegetal, a climatologia e outros ramos da ciência. Face às vantagens de um deslocamento para locais que oferecem condições mais propícias devem ser colocadas as desvantagens do abandono de bens de capital de conversibilidade e transferibilidade limitadas.

Assim sendo, o grau de conversibilidade dos bens de capital existente afeta todas as decisões relativas à produção e ao consumo. Quanto menor for o grau de conversibilidade, maior será o retardamento na aplicação do avanço tecnológico. Apesar disso, seria absurdo qualificar esse retardamento de irracional ou retrógrado. Considerar, ao planejar a ação, todas as vantagens e desvantagens esperadas, e ponderá-las umas contra as outras, é uma manifestação de racionalidade. Não é o empresário que sobriamente efetua os seus cálculos, mas, o romântico tecnocrata que deve ser acusado de não querer ver a realidade. O que modera a rapidez do avanço tecnológico não é a imperfeita conversibilidade dos bens de capital, mas sua escassez. Não somos suficientemente ricos para renunciar aos serviços que os bens de capitais ainda utilizáveis podem proporcionar-nos. Uma disponibilidade de bens de capital não é um obstáculo ao progresso; ao contrário, é a condição indispensável de toda melhoria, de todo progresso. A herança que o passado nos deixou, materializada nos bens de capital hoje disponível, constitui a nossa riqueza e o meio eficaz de que dispomos para aumentar o bem estar. É verdade que seria ainda melhor se os nossos ancestrais e nós mesmos, nas nossas ações anteriores, tivéssemos conseguido antecipar melhor as condições em que vivemos hoje. A percepção desse fato nos permite compreender muitos dos fenômenos de nosso tempo. Mas não nos permite lançar qualquer culpa sobre o passado, nem revela qualquer defeito inerente à economia de mercado.

7
Acumulação, manutenção e consumo de capital

Os bens de capital são produtos intermediários que no curso ulterior das atividades de produção são transformados em bens de consumo. Todos os bens de capital, inclusive os que não são considerados perecíveis, são consumidos seja pelo desgaste de sua utilidade ao ser empregado no processo de produção, seja, antes disso, ao perder sua utilidade em consequência de uma mudança nas condições do mercado. Não é possível manter intacta certa quantidade de bens de capital. Eles são transitórios.

A noção de estabilidade da riqueza é consequência de um planejamento com esse objetivo. Refere-se ao conceito de capital, tal como a contabilidade o considera, e não aos bens de capital em si. A ideia de capital não tem nenhuma contrapartida no universo físico das coisas tangíveis. Só existe na mente das pessoas que fazem os planos. É um elemento do cálculo econômico. A contabilidade de capital serve apenas a um propósito: destina-se a nos informar como nosso dispositivo de produção e consumo age sobre o nosso poder de satisfazer futuras necessidades. A questão a que responde é a de saber se certa conduta aumenta ou diminui a produtividade de nossos esforços futuros.

O desejo de preservar a plena potencialidade dos bens de capital disponíveis, ou de aumentá-la, pode também orientar a atividade dos homens que não disponham da ferramenta mental do cálculo econômico. Os primitivos caçadores e pescadores certamente tinham plena consciência da diferença entre manter em bom estado de uso as suas ferramentas e aparelhos, ou gastá-los sem se preocupar com a sua adequada reposição. Um camponês antiquado, preso à rotina tradicional e sem conhecimentos de contabilidade, sabe muito bem a importância de abater uma parte do seu rebanho sem diminuí-lo. Nas condições elementares de uma economia estacionária ou de pequeno crescimento, é possível operar com sucesso, mesmo sem se conhecer a contabilidade de capital. Nesse caso, a manutenção de uma geralmente inalterada quantidade de bens de capital pode ser conseguida seja pela produção de unidades destinadas a repor as que foram gastas, seja pela acumulação de um fundo de bens de consumo que permita, mais tarde, dedicar tempo e trabalho à reposição dos bens de capital gastos sem que se torne necessário restringir temporariamente o consumo. Mas uma economia industrial em permanente evolução não pode dispensar o cálculo econômico e os seus conceitos fundamentais de capital e renda.

O realismo conceitual[16] perturbou a compreensão do conceito de capital.[17] Criou uma verdadeira mitologia do capital. Atribuiu-se ao "capital" uma existência própria e independente dos bens de capital que o constituem. O capital, diz-se, é autorreprodutor e, portanto, assegura a sua própria reposição. O capital, dizem os marxistas, gera lucro. Tudo isso é um disparate.

Capital é um conceito praxeológico. É um produto da razão e só existe na mente humana. É uma maneira de encarar os problemas da ação, um método para avaliar se a ação conseguiu atingir um objetivo determinado. Influi no curso da ação humana e, apenas nesse sentido, é um fator real. Está inescapavelmente ligado ao capitalismo, à economia de mercado.

O conceito de capital exerce sua influência na medida em que os homens, ao agirem, se guiam pela contabilidade de capital. Se o empresário empregar fatores de produção de tal sorte que o equivalente

---

[16] Ver nota 17 no cap. II. (N.T.)

[17] Ver Hayek, "The Mytlology of Capital", *The Quaterly Journal of Economics*, vol. 50, 1936, p. 223 e segs.

monetário dos produtos pelo menos iguale o equivalente monetário dos fatores despendidos, estará em condições de repor os bens de capital gastos por novos bens de capital cujo equivalente monetário seja igual ao equivalente monetário daqueles bens de capital despendidos. Mas o uso que faz da receita bruta, empregando-a para reposição de capital, para consumo ou para ampliação do capital existente, é sempre o produto de uma ação propositada por parte dos empresários e dos capitalistas. Não é um processo "automático"; é necessariamente o resultado de decisões deliberadas. E essas decisões podem ser frustrantes, se os cálculos em que se basearam estiverem viciados por negligência, erro ou má avaliação das condições futuras.

Só pode haver acumulação de capital adicional pela poupança, isto é, um excedente de produção sobre o consumo. Poupar pode consistir numa restrição do consumo. Mas a poupança também pode ser realizada sem a necessidade de reduzir o consumo ou aumentar o aporte de bens de capital, ou seja, através de um aumento da produção líquida. Tal aumento pode ocorrer de diferentes maneiras:

1. Por se terem tornado mais propícias às condições naturais. As colheitas são mais abundantes. As pessoas tiveram acesso a solo mais fértil e descobriram jazidas que dão um maior retorno por unidade aportada. Os cataclismos e as catástrofes que repetidamente frustram os esforços humanos tornaram-se menos frequentes. Reduziram-se as epidemias e as epizootias.

2. Por se ter conseguido aumentar a produtividade dos processos de produção já existentes, sem investir novos bens de capital e sem aumentar o período de produção. Por se terem tornado menos frequentes as perturbações institucionais. Diminuíram as perdas causadas por guerras, revoluções, greves, sabotagem e outros conflitos.

Se os excedentes assim conseguidos forem empregados como investimento adicional, eles aumentarão os rendimentos líquidos futuros. Será então possível expandir o consumo, sem prejuízo para a quantidade de bens de capital disponível e para a produtividade do trabalho.

O capital é sempre acumulado por indivíduos ou grupos de indivíduos que agem em concerto, e nunca pela *Volkswirschaft* ou pela sociedade.[18] Podem ocorrer que, enquanto alguns agentes estejam acumulando capital adicional, outros estejam ao mesmo

---

[18] A União, os estados e os municípios, na economia de mercado, também são agentes, representando a ação concertada de determinados grupos de indivíduos.

tempo consumindo capital previamente acumulado. Se esses dois processos são equivalentes, o total do capital disponível no mercado permanece inalterado e é como se não tivesse havido mudança na quantidade total de bens de capital disponíveis. Aqueles que acumularam capitais fizeram com que não fosse necessário diminuir o período de produção de alguns processos; mas não chegaram a tornar possível o fato de que fossem adotados processos que exigissem um maior período de produção. Vistas as coisas desse ângulo, podemos dizer que ocorreu uma transferência de capital. Mas devemos precaver-nos de confundir essa noção de transferência de capital com a transmissão da propriedade de um indivíduo ou grupo de indivíduos para outros.

A compra e venda de bens de capital, bem como os empréstimos concedidos às empresas não são em si mesmos transferências de capital. São transações cujo efeito é transferir a propriedade de determinados bens de capital para as mãos dos empresários que se dispõem a empregá-los para realizar projetos específicos. São passos de menor importância no curso de uma longa sequência de ações. O efeito conjunto de todas essas ações determina o sucesso ou fracasso do projeto como um todo. Mas nem os lucros nem os prejuízos produzem uma acumulação de capital ou um consumo de capital. O que faz variar a quantidade de capital disponível é a maneira pela qual aqueles que tiveram o lucro ou sofreram o prejuízo ajustarão o seu consumo.

A transferência de capital pode ser efetuada sem ou com a transmissão de propriedade dos bens de capital. O primeiro caso ocorre quando um homem consome capital enquanto outro homem, independentemente, acumula a mesma quantidade de capital. O segundo caso ocorre quando o vendedor dos bens de capital consome a importância recebida, enquanto o comprador lhe paga utilizando-se do excedente não consumido, ou seja, poupando uma parte de sua receita líquida.

O consumo de capital e a extinção física de bens de capital são duas coisas diferentes. Todos os bens de capital, mais cedo ou mais tarde, passam a fazer parte do produto final e deixam de existir devido ao uso, consumo ou desgaste. O que pode ser preservado por meio de um adequado ajuste do consumo é apenas o valor de um fundo de capital e nunca os concretos bens de capital. Pode ocorrer que acidentes climatológicos ou destruição feita pelo homem resultem numa tal extinção de bens de capital que nenhuma restrição do consumo possa, em curto prazo, repor os fundos de capital no nível anterior. Mas o que provoca uma exaustão do capital é sempre o fato de que a parcela das receitas líquidas destinada à manutenção do capital não é suficientemente grande.

8
A MOBILIDADE DO INVESTIDOR

A conversibilidade limitada dos bens de capital não implica na imobilidade de sua propriedade. O investidor tem a liberdade de alterar o seu investimento. Se for capaz de prever o futuro estado do mercado melhor do que as outras pessoas, poderá escolher apenas os investimentos que se valorizarão e evitar aqueles que perderão valor.

O lucro e a perda empresarial decorrem da aplicação de fatores de produção a projetos específicos. As especulações das bolsas de valores e transações análogas fora do mercado de títulos determinam sobre quem incidirão esses lucros e perdas. Há uma tendência em se fazer uma nítida distinção entre operações puramente especulativas e investimento verdadeiramente produtivo. A distinção é apenas de grau. Não há o que se possa denominar de investimento não especulativo. Numa economia em permanente mudança, a ação sempre implica em especulação. Os investimentos podem ser bons ou maus, mas são sempre especulativos. Uma mudança radical nas condições pode fazer com que um investimento considerado como perfeitamente seguro se transforme num investimento desastroso.

A especulação na bolsa de valores não pode desfazer o que já foi feito no passado em relação à conversibilidade limitada dos bens de capital existentes. O que pode fazer é impedir investimento adicional nos setores e empresas que, segundo a opinião dos especuladores, seriam um mau investimento. Ela indica como pode ser respeitada a tendência, prevalecente na economia de mercado, de expandir as iniciativas lucrativas e restringir o não lucrativo. Nesse sentido, a bolsa de valores torna-se simplesmente "o mercado", o ponto focal da economia de mercado, o mecanismo por excelência para fazer com que a demanda dos consumidores comande soberanamente a atividade econômica.

A mobilidade do investidor se manifesta no fenômeno equivocadamente denominado de fuga de capital. Os investidores individuais podem sair das aplicações que consideram inseguras, desde que estejam dispostos a arcar com as perdas já descontadas pelo mercado. Podem, assim, prevenir-se contra perdas ainda maiores, transferindo-as para pessoas que são menos realistas na sua avaliação dos futuros preços dos bens em questão. A fuga de capital não retira os bens de capital inconversíveis das linhas de produção onde estão investidos. Consiste apenas numa mudança de proprietário.

Não faz nenhuma diferença se o capitalista "foge" para outro investimento doméstico ou para um investimento no exterior. Um dos principais objetivos do controle de câmbio é evitar a fuga de capital para outros países. Entretanto, o controle de câmbio só consegue evitar que os proprietários de investimentos domésticos possam limitar suas perdas trocando a tempo um investimento que consideram inseguro por um investimento, no exterior, considerado seguro.

Se todos ou alguns investimentos domésticos são ameaçados de expropriação total ou parcial, o mercado desconta as consequências desfavoráveis dessa política por uma correspondente mudança nos respectivos preços. Quando isso ocorre, já é tarde para se recorrer à fuga a fim de evitar o dano. Os únicos investidores a saírem com uma perda pequena são os que foram suficientemente perspicazes para prever o desastre num momento em que a grande maioria ainda não se dava conta de sua proximidade nem de sua gravidade. Não há nada que os capitalistas e os empresários possam fazer que consiga dar mobilidade e transferibilidade aos bens de capital inconversíveis. Enquanto isto é geralmente admitido, pelo menos, em relação ao capital fixo, é negado em relação ao capital circulante. Afirma-se que um exportador pode exportar mercadorias e deixar de ingressar as divisas correspondentes. As pessoas se esquecem de que uma empresa não pode continuar a operar sem o seu capital circulante. Se um empresário exporta os seus próprios fundos que são habitualmente utilizados para aquisição de matérias-primas, trabalho e outros elementos necessários, terá de repô-los com dinheiro emprestado. O grão de verdade desse mito da mobilidade do capital circulante reside no fato de ser possível, para um investidor, evitar perdas que ameaçam o seu capital circulantes independentemente da possibilidade de evitar tais perdas em relação ao seu capital fixo. Mas, na essência, o processo de fuga de capital é o mesmo em ambos os casos; consiste apenas numa troca de investidor. O investimento em si não é afetado; o capital investido nunca emigra.

A fuga de capital para um país estrangeiro pressupõe uma disposição dos estrangeiros em trocar seus investimentos por outros no país de onde o capital foge. Um capitalista inglês não pode fugir de seu investimento na Inglaterra, se nenhum estrangeiro quiser comprá-los. Consequentemente, a fuga de capital não pode resultar nunca na tão falada deterioração do balanço de pagamentos. Tampouco pode fazer subir a taxa de câmbio. Se muitos capitalistas – sejam eles ingleses ou estrangeiros – quiserem desfazer-se de títulos ingleses, haverá uma queda nos preços desses títulos. Mas isso não afetará a taxa de câmbio entre a libra e as moedas estrangeiras.

O mesmo também é válido em relação ao capital investido em moeda. O possuidor de francos franceses que antecipa as consequências da política inflacionária do governo francês pode ou "fugir para bens reais", comprando mercadorias, ou então refugiar-se na compra de divisas estrangeiras. Mas terá de encontrar alguém que esteja disposto a receber francos franceses em troca. Só poderá "fugir" se ainda existir alguém que avalie o futuro do franco mais otimistamente do que ele. O que aumenta o preço das mercadorias e as taxas de câmbio não é a conduta dos que estão dispostos a se desfazer dos francos, mas a conduta dos que se recusam a recebê-los, a não ser por uma taxa de câmbio menor.

Os governos alegam que, ao recorrer ao controle das operações de câmbio para impedir a fuga de capital, estão agindo na defesa dos interesses vitais da nação. Na realidade, com essas medidas, prejudicam os interesses materiais de inúmeros cidadãos, sem beneficiar ninguém; menos ainda esse fantasma da *Volkswirtschaft*. Se há inflação na França, fazendo com que as consequências desastrosas recaiam somente sobre os franceses certamente não beneficia a totalidade da nação nem qualquer cidadão em particular. Se alguns franceses pudessem descarregar essas perdas em estrangeiros, vendendo-lhes notas bancárias francesas ou títulos resgatáveis por essas notas bancárias, uma parte das perdas recairia sobre estrangeiros. O resultado manifesto desses entraves a operações de câmbio é fazer com que alguns franceses empobreçam sem fazer com que algum francês enriqueça. Do ponto de vista nacionalista, não há como justificar esse comportamento.

A opinião pública sempre encontra algo de condenável em qualquer que seja a transação efetuada na Bolsa. Se os preços sobem, os especuladores são acusados de aproveitadores que se apropriam de direitos que pertencem a outras pessoas. Se os preços caem, os especuladores são denunciados por estarem dilapidando a riqueza nacional. Os lucros dos especuladores são considerados como roubo ou assalto, à custa da pobreza do povo. Costuma-se traçar uma linha divisória entre a renda desonesta desses intermediários, meros jogadores, e os lucros do industrial que abastece realmente os consumidores. Até mesmo especialistas em finanças não chegam a perceber que as transações em Bolsa não produzem lucros nem perdas; é apenas a consumação de lucros e perdas decorrentes do comércio e da indústria. Esses lucros e perdas, o resultado da aprovação ou desaprovação do público comprador aos investimentos efetuados no passado, torna-se visíveis na Bolsa. Pelo contrário, é a reação do público ao modo pelo qual os investidores organizaram as atividades produtivas que determinam a estrutura de preços no mercado de valores mobiliários. É, em última instância, a atitude dos consumidores que faz com que algumas ações subam e outras baixem. Quem não poupa nem investe não lucra nem perde em decorrência das flutuações das cotações da bolsa de valores. As transações no mercado de valores mobiliários simplesmente decidem quais os investidores que lucrarão e quais os que sofrerão perdas.[19]

9
MOEDA E CAPITAL; POUPANÇA E INVESTIMENTO

O capital é cifrado em termos de moeda e, na contabilidade, é representado por uma determinada soma monetária. Mas o capital também pode consistir em dinheiro em caixa. Como os bens de capital são intercambiados e como tais trocas são feitas nas mesmas condições que todas as demais, não há como deixar de utilizar a troca indireta e, consequentemente, a moeda. Na economia de mercado, nenhum participante pode privar-se da vantagem que significa manter um encaixe. Não só como consumidores, mas também como capitalistas e empresários, os indivíduos têm necessidade de manter reservas ou saldos monetários.

Aqueles que consideram este fato como algo estranho e contraditório estão desorientados por uma noção falsa de cálculo monetário e de contabilidade de capital. Tentam atribuir à contabilidade de capital metas que não podem ser atingidas. A contabilidade de capital é uma ferramenta mental de cálculo e computação utilizável pelos indivíduos e grupos de indivíduos que atuam na economia de mercado. O capital só pode ser expresso em cifras onde for possível efetuar o cálculo econômico. O único serviço que a contabilidade de capital pode prestar é o de informar aos indivíduos que atuam na economia de mercado se o equivalente monetário dos fundos destinados à atividade produtiva sofreu alguma mudança e em que medida. A contabilidade de capital não tem qualquer outra utilidade.

Se alguém tentasse determinar a magnitude denominada de capital nacional (*Volkswirtschaftliche*) ou de capital social como algo distinto tanto do capital de vários indivíduos como do conceito, sem sentido, de uma soma do capital de todos os indivíduos, se veria às voltas com um problema espúrio: qual seria o papel da moeda nesse conceito de capital social? Descobriria que existe uma enorme diferença entre

---

[19] A doutrina corrente de que a bolsa de valores "absorve" capital e moeda foi analisada e inteiramente refutada por F. Machlup, *The Stock Market, Credit and Capital Formation*. Trad. V. Smith, Londres, 1940, p. 6-153.

capital quando considerado do ponto de vista do indivíduo e quando considerado do ponto de vista da sociedade. Ora, isso é absurdo. É obviamente um contrassenso deixar de se referir à moeda ao calcular uma grandeza que não pode ser medida a não ser em termos de moeda. Não tem sentido recorrer ao cálculo monetário para avaliar uma grandeza que não possui qualquer sentido num sistema econômico no qual não pode haver moeda e nem preços em moeda para os fatores de produção. O nosso raciocínio, ao transpor as fronteiras da sociedade de mercado, deve, necessariamente, renunciar a qualquer referência a moeda e a preços monetários. O conceito de capital social só tem sentido como uma coleção de vários bens. É impossível comparar duas coleções desse tipo, a não ser declarando-se que uma delas é mais capaz de remover o desconforto sentido pela sociedade do que a outra (se algum ser mortal poderá algum dia pronunciar um julgamento de tal abrangência é outra questão). Nenhuma expressão monetária é aplicável a essas coleções. Os termos monetários são desprovidos de qualquer sentido para lidar com problemas relativos ao capital num sistema social em que não haja mercado para os fatores de produção.

Nos últimos anos, os economistas dedicaram uma atenção especial ao papel desempenhado pelos encaixes em relação à poupança e à acumulação de capital. Chegaram a muitas conclusões equivocadas.

Quando um indivíduo emprega certa quantidade de moeda, não para o consumo, mas para a compra de fatores de produção, a poupança é diretamente transformada em acumulação de capital. Se esse indivíduo empregar sua poupança para aumentar seu encaixe, por achar que essa é a melhor maneira de usá-la, provocará uma tendência de queda nos preços das mercadorias e um aumento no poder aquisitivo da unidade monetária. Se supusermos que a quantidade de moeda no sistema de mercado não se alterou, essa conduta do poupador não afetará diretamente a acumulação de capital e o seu emprego para uma expansão da produção.[20] O efeito característico da poupança do nosso poupador, isto é, o excedente de bens produzidos sobre bens consumidos, não desaparece em virtude do seu entesouramento. Os preços dos bens de capital não sobem tanto quanto subiriam se não tivesse havido o entesouramento. Mas o fato de que mais bens de capital estejam disponíveis não é afetado por haver certo número de pessoas que preferem aumentar os seus encaixes. Se ninguém empregar os bens – cujo não consumo foi provocado pela poupança adicional – para aumentar as suas despe-

---

[20] Indiretamente, a acumulação de capital é afetada pelas mudanças na riqueza e na renda que toda variação do poder aquisitivo provocado por mudanças nos encaixes acarreta.

sas de consumo, eles permanecem como um incremento dos bens de capital disponíveis, quaisquer que sejam os seus preços. Os dois processos – aumento dos encaixes de algumas pessoas e ampliações da acumulação de capital – ocorrem ao mesmo tempo.

Uma queda nos preços das mercadorias, tudo o mais se mantendo igual, causa uma queda no equivalente monetário do capital dos vários indivíduos. Mas isso não equivale a uma redução na quantidade de bens de capital e não requer um ajustamento das atividades produtoras a um suposto empobrecimento. O que mudou foram apenas os valores monetários usados no cálculo econômico.

Suponhamos agora que, graças a um aumento na quantidade de moeda escritural, ou de moeda *fiat*, ou uma expansão de crédito, seja criada a moeda fiduciária, necessária a uma expansão dos encaixes individuais. Nesse caso, três processos seguem seu curso independentemente: uma tendência de queda dos preços das mercadorias provocada pelo aumento na quantidade de bens de capital disponível e a consequente expansão das atividades produtoras; uma tendência de queda dos preços provocada por um aumento na demanda de moeda para encaixe; e, finalmente, uma tendência de alta dos preços provocada por um aumento na quantidade de moeda (*lato sensu*). Os três processos são, até certo ponto, síncronos. Cada um deles provoca os seus efeitos específicos que, segundo as circunstâncias, podem ser agravados ou atenuados pelos efeitos decorrentes dos outros dois. Mas a coisa mais importante é que os bens de capital resultantes de uma poupança adicional não são destruídos por essas variações monetárias coetâneas – variações na demanda e oferta de moeda (*lato sensu*). Toda vez que um indivíduo preferir poupar em vez de gastar, o processo de poupança se concilia perfeitamente com o processo de acumulação de capital e investimento. Não importa se o poupador aumenta ou não os seus encaixes. O ato de poupar tem sempre como contrapartida uma quantidade de bens produzidos e não consumidos, de bens disponíveis para futuras atividades produtivas. A poupança de qualquer indivíduo está sempre materializada em bens de capital.

A ideia de que a moeda entesourada é uma parte estéril da riqueza total, e que seu aumento causa uma diminuição da parte da riqueza consagrada à produção, só é correta na medida em que o aumento do poder aquisitivo da unidade monetária dá lugar a que novos fatores de produção sejam empregados na produção de ouro e na transferência do ouro, de sua utilização industrial para sua utilização como moeda. Mas esse efeito é provocado pelo empenho por maiores encaixes e não pela poupança. A poupança, na economia de mercado, só é possível através da abstenção do consumo de uma parte da renda. O fato de um poupador utilizar sua poupança para entesouramento afeta a determinação do poder aquisitivo da moeda e pode, assim, reduzir o valor nominal do capital, isto é, o seu equivalente em moeda; jamais poderá tornar estéril qualquer parte do capital acumulado.

CAPÍTULO 19
A Taxa de Juros

1
O Fenômeno do Juro

Já foi mostrada que a preferência temporal é uma categoria inerente a toda ação humana. A preferência temporal se manifesta no fenômeno do juro original, isto é, no menor valor de bens futuros em relação a bens presentes.

Juro não é apenas juro sobre capital. Juro não é apenas o ganho decorrente da utilização de capital. A correspondência, a que aludiam os economistas clássicos, entre os três fatores de produção – trabalho, capital e terra – e as três classes de renda – salários, juros e aluguel – não resiste a uma análise. O aluguel não é a renda específica da terra; é um fenômeno catalático geral. Representa na renda do trabalho e dos bens de capital o mesmo papel que na renda da terra. Além disso, não há nenhuma fonte homogênea de renda que possa ser chamada de lucro no sentido com que os economistas clássicos empregaram este termo. Lucro (no sentido de lucro empresarial) e juros não são mais características do capital do que o são da terra.

Os preços dos bens de consumo são, pela interação das forças que operam no mercado, rateados entre os vários fatores complementares que intervêm na sua produção. Como os bens de consumo são bens presentes, enquanto os fatores de produção são meios para produção de bens futuros, e como bens presentes têm um valor maior do que bens futuros de mesmo tipo e quantidade, a soma total rateada entre os diversos fatores de produção – mesmo no caso da construção imaginária da economia uniformemente circular – é menor do que o valor presente dos correspondentes bens de consumo. Essa diferença é o juro originário. Não tem nenhuma conexão específica com qualquer das três classes de fatores de produção que os economistas clássicos distinguiam. O lucro e a perda empresarial têm sua origem nas mudanças das condições de mercado e das consequentes mudanças nos preços que ocorrem durante o período de produção.

Para um observador superficial, a renda regular decorrente da caça, pesca criação de gado, exploração florestal e agrícola não suscita qualquer dúvida ou problema. A natureza produz os veados, os peixes e os bezerros e os faz crescer; graças a ela, as vacas dão leite e as galinhas põem ovos, as árvores produzem madeira e frutos e as sementes germinam as espigas. Quem detivesse o direito de se apropriar dessa riqueza recorrente gozaria de uma renda segura. Como um manancial de onde a água brota continuamente, o "fluxo de renda" fluiria sem cessar e proporcionaria, ininterruptamente, novas riquezas. O processo como um todo seria, para o nosso observador, um fenômeno natural. Mas, para o economista, estas coisas não são tão simples e suscitam o problema da determinação do preço da terra, do gado e de tudo o mais. Se os bens futuros não fossem comprados e vendidos com um desconto em relação aos bens presentes, o comprador da terra teria de pagar um preço igual à soma de todas as futuras receitas líquidas e este preço não deixaria margem alguma para uma renda corrente e reiterada.

As receitas anuais dos proprietários de terra e de gado não apresentam qualquer característica especial que as distingam, do ponto de vista cataláctico, das receitas decorrentes dos fatores de produção existentes que serão usados mais cedo ou mais tarde nos processos de produção. O poder de dispor sobre uma extensão de terra significa poder desfrutar de quantos frutos possam dela ser obtidos; o poder de dispor de uma mina significa poder desfrutar de todos os minerais que dela puderem ser extraídos. Da mesma maneira, a propriedade de uma máquina ou de um fardo de algodão significa o ato de decidir sobre qual será a sua cooperação na fabricação de todos os bens que com os mesmos podem ser fabricados. O erro fundamental implícito na abordagem do problema do juro a partir da produtividade ou do uso foi considerar o fenômeno do juro como decorrente dos serviços prestados pelos fatores de produção. Entretanto, a utilidade dos fatores de produção determina os preços a serem pagos por eles e não o juro. Esses preços exaurem completamente a diferença entre a produtividade de um processo que recebe a cooperação de um determinado fator e a produtividade de outro processo que não recebe essa cooperação. A diferença entre a soma dos preços dos fatores complementares de produção e os preços dos produtos, diferença essa que aparece mesmo na ausência de mudanças nos dados de mercado, resulta da maior valoração dos bens presentes em relação aos bens futuros. À medida que a produção segue o seu curso, os fatores de produção são transformados em bens presentes de maior valor. Esse incremento de valor, que é a fonte de ganhos específicos em favor dos proprietários dos fatores de produção, é à base do juro originário.

Os proprietários dos fatores materiais de produção – entendidos como distintos do puro empresário da construção imaginária de uma integração de funções catalácticas – colhem dois frutos cataliticamente diferentes: por um lado, os preços que se lhes pagam pela cooperação produtiva dos fatores que controlam e, por outro, o juro. Essas duas coisas não devem ser confundidas. Não tem sentido, para explicar o que seja juros, recorrer aos serviços prestados pelos fatores de produção no curso da produção.

O juro é um fenômeno homogêneo. Não existem diferentes fontes de juro. Juro auferido sobre um financiamento de bens duráveis ou sobre crédito para o consumo é, como qualquer outro tipo de juro, uma consequência do maior valor atribuído aos bens presentes em comparação com os bens futuros.

2
Juro originário

Juro originário é a relação entre o valor atribuído à satisfação de uma necessidade no futuro imediato e o valor atribuído à sua satisfação em períodos mais distantes no tempo. Manifesta-se na economia de mercado pelo menor valor dos bens futuros em relação aos bens presentes. É uma relação entre preços da mesma mercadoria, e não um preço em si mesmo. Prevalece uma tendência de equalização dessa relação, para todas as mercadorias. Na construção imaginária da economia uniformemente circular, a taxa de juro originário é a mesma para todas as mercadorias.

O juro originário não é "o preço pago pelo serviço do capital".[1] A maior produtividade dos métodos indiretos de produção que consomem mais tempo, a que se referem Böhm-Bawerk e alguns economistas mais recentes, para explicar o juro, não elucida o fenômeno. Ao contrário, é o fenômeno do juro originário que explica por que métodos de produção que consomem menos tempo são preferidos em relação a métodos que consomem mais tempo, apesar de estes terem uma maior produtividade por unidade de insumo. Além disso, é o fenômeno do juro originário que explica por que uma extensão de terra pode ser comprada e vendida a preços finitos. Se os serviços futuros que uma terra pode prestar fossem valorados da mesma maneira com que os seus serviços presentes são valorados, não haveria preço finito que fosse suficientemente alto para fazer o seu proprietário vendê-la. A terra não poderia ser comprada ou vendida por montantes definidos de moeda, nem trocada por bens que prestam apenas uma quantidade finita de serviços. Uma extensão de terra só poderia ser trocada por outra extensão de terra. Uma edificação que possa render uma

---

[1] Essa é a definição corrente de juro como, por exemplo, dada por Ely, Adams, Lorenz e Young, em *Outlines of Economics*, 3. ed., Nova York, 1920, p. 493.

renda anual de cem dólares, durante dez anos, teria por preço (sem computar o terreno onde foi construída) mil dólares no início do período, novecentos dólares no início do segundo ano e assim por diante.

O juro originário não é um preço determinado no mercado pela interação da demanda e da oferta de capital ou de bens de capital. Seu nível não depende do volume dessa demanda e oferta. Ao contrário, é a taxa de juro originário que determina tanto a oferta quanto a demanda de capital e de bens de capital. Determina que parcela dos bens disponíveis deva ser consagrada ao consumo no futuro imediato, e que parcela deve ser provisionada para períodos mais remotos do futuro.

As pessoas não poupam e acumulam capitais porque existe o juro. O juro não é nem o impulso que faz poupar nem a recompensa ou a compensação concedida pela abstenção do consumo imediato. É a relação entre o valor atribuído aos bens presentes e o valor atribuído aos bens futuros.

O mercado de empréstimos não determina a taxa de juros. Ajusta a taxa de juros dos empréstimos à taxa do juro originário manifestada no desconto de bens futuros.

O juro originário é uma categoria da ação humana. Intervém em qualquer valoração de coisas exteriores e não pode jamais desaparecer. Se algum dia se reproduzir a situação do fim do primeiro milênio da era cristã, quando algumas pessoas acreditavam que o fim do mundo estava iminente, os homens deixariam de fazer provisões para futuras necessidades materiais. Os fatores de produção, para essas pessoas, perderiam todo valor e se tornariam inúteis. A taxa de desconto de um bem futuro em relação a um presente não desapareceria; ao contrário, aumentaria acima de qualquer medida. Por outro lado, o desaparecimento do juro originário significaria que as pessoas não atribuem nenhuma importância ao fato de que uma necessidade seja satisfeita mais cedo ou mais tarde. Significaria que, a ter uma maçã hoje, amanhã, ou no próximo ano ou daqui a dez anos, preferem ter duas maçãs daqui a mil ou dez mil anos.

Não é sequer concebível um mundo no qual o juro originário não exista como um elemento inexorável de todo e qualquer tipo de ação. Haja ou não divisão do trabalho e cooperação social, e seja a sociedade organizada com base na propriedade privada ou pública dos meios de produção, o juro originário está sempre presente. Numa comunidade socialista, o seu papel não seria diferente do que é numa economia de mercado.

Böhm-Bawerk desmascarou de uma ver por todas as falácias que tentam ingenuamente explicar o juro como sendo decorrente da produtividade, isto é, a ideia de que o juro é a expressão da produtividade física dos fatores de produção. Apesar disso, Böhm-Bawerk, também, de certa forma, baseou sua própria teoria no conceito de produtividade. Ao se referir à superioridade tecnológica dos processos indiretos de produção que consomem mais tempo, Böhm-Bawerk evita o simplismo ingênuo da explicação com base na produtividade. Mas, de fato, retorna, embora de maneira mais sutil, à abordagem produtivista. Os economistas mais recentes que, negligenciando a ideia da preferência temporal, enfatizaram apenas a ideia de produtividade contida na teoria de Böhm-Bawerk, não podem deixar de concluir que o juro originário terá que desaparecer se os homens algum dia alcançarem um estado de coisas no qual nenhum alongamento do período de produção puder acarretar um aumento de produtividade.[2] Entretanto, esta seria uma conclusão inteiramente errada. O juro originário não pode desaparecer enquanto houver escassez e, portanto, ação.

Enquanto o mundo não se tornar o País da Fantasia, os homens se defrontarão com a escassez e precisarão agir e economizar; serão forçados a escolher entre satisfazer-se em um futuro mais próximo ou mais remoto, porque nem no primeiro e nem no segundo caso a satisfação plena poderá ser atingida. Portanto, uma mudança no emprego de fatores de produção – retirando tais fatores do seu uso para satisfação de necessidade no futuro próximo, a fim de empregá-los na satisfação de necessidade no futuro mais remoto – deverá, necessariamente, prejudicar o estado de satisfação no futuro próximo e melhorá-lo no futuro remoto. Se pretendermos que as coisas não se passem dessa maneira, ficaremos embaraçados em contradições insolúveis. Podemos, na melhor das hipóteses, imaginar uma situação na qual o conhecimento tecnológico tenha atingido tal nível, além do qual não haja mais progresso possível para os mortais. Nenhum novo processo que aumente a produção por unidade de aporte pode ser inventado. Mas, se supusermos que alguns fatores de produção são escassos, termos de admitir que nem todos os processos mais produtivos – independentemente do tempo que absorvam – estão sendo plenamente utilizados, e que, se processos de menor produtividade são utilizados, é simplesmente porque produzem o seu resultado em tempo menor do que outros processos de maior produti-

---

[2] Ver Hayek, "The Mythology of Capital". *The Quarterly Journal of Economics*, L, 1936, p. 223 e segs. Embora o professor Hayek tenha, depois disso, mudado em parte seu ponto de vista (ver artigo "Time-Preference and Productivity, a Reconsideration" *Economica*, vol.12, 1945, p. 22-25), a ideia criticada no texto ainda é largamente defendida por economistas.

vidade física. Escassez de fatores de produção significa que temos a possibilidade de fazer planos para melhorar o nosso bem estar, cuja realização não é viável em decorrência da insuficiência dos meios disponíveis. A escassez consiste precisamente nessa impossibilidade de realizar todas as melhorias desejáveis. As conotações da expressão de Böhm-Bawerk *métodos indiretos de produção* e a ideia de progresso tecnológico nela implícita confundiram o raciocínio dos que modernamente dão ênfase exagerada à produtividade. Entretanto, se há escassez, deve haver sempre oportunidades tecnológicas de melhorar o bem estar pelo prolongamento do período de produção de alguns setores da atividade industrial, oportunidades essas que não são aproveitadas, independentemente do progresso dos nossos conhecimentos tecnológicos. Se os meios são escassos, se persiste correlação praxeológica de meios e fins, logicamente terá de existir necessidades não satisfeitas em relação tanto ao futuro mais próximo quanto ao mais remoto. Existirão sempre bens aos quais teremos de renunciar porque a única maneira de produzi-los é muito demorada e nos impediria de satisfazer outras necessidades mais urgentes. O fato de não provermos mais amplamente para o futuro resulta do fato de ponderarmos e preferirmos atender a necessidades no futuro próximo, em vez de atender a necessidades do futuro mais remoto. A relação decorrente dessa valoração é o juro originário.

Num mundo em que o conhecimento tecnológico seja perfeito, imaginemos que um empresário faça um plano A, segundo o qual pretendesse erguer um hotel num local pitoresco, numa montanha de difícil acesso, cuja estrada tivesse de ser construída. Ao examinar a viabilidade do plano, ele se dá conta de que os meios disponíveis não são suficientes para executá-lo. Calculando as perspectivas de lucratividade do investimento, chega à conclusão de que a receita esperada não é suficientemente grande para cobrir os custos com o material e mão de obra a serem gastos e com os juros sobre o capital investido. Em consequência, renuncia ao projeto A e se propõe a realizar outro plano, B. Segundo esse plano B, o hotel deveria ser construído num local de mais fácil acesso, que não é tão pitoresco como o local anterior, do plano A, mas que permite uma construção por um custo menor ou num tempo mais curto. Se o juro sobre o capital investido não fosse considerado no cálculo, poderia advir a ilusão de que, no estado atual do mercado – disponibilidade de bens de capital e interesse da clientela —, seria justificável e execução do plano A. Sua realização, entretanto, implicaria em retirar fatores escassos de produção de empregos onde poderiam satisfazer necessidades consideradas mais urgentes pelos consumidores. Seria, claramente, um mau investimento, um desperdício dos meios disponíveis.

Um prolongamento do período de produção pode aumentar a quantidade produzida por unidade aportada ou produzir bens que não poderiam ser produzidos num período de produção menor. Mas imputar o valor dessa riqueza adicional aos bens de capital necessários ao prolongamento do período de produção não é uma explicação correta para o fenômeno do juro. Quem supuser que assim seja estará recaindo no mais crasso dos erros da abordagem produtivista, já irrefutavelmente desmascarado por Böhm-Bawerk. A contribuição dos fatores complementares de produção ao resultado do processo é a razão para que lhes seja atribuído um valor; essa contribuição justifica o preço pago por eles e está plenamente considerada nos mesmos. Não sobra nenhum resíduo que possa ser considerado como uma explicação para o juro.

Tem sido afirmado que, na construção imaginária da economia uniformemente circular, não haveria juro.[3] Entretanto, pode ser demonstrado que essa afirmativa é incompatível com as premissas em que está baseada a construção da economia uniformemente circular.

Comecemos por distinguir entre duas classes de poupança: poupança simples e poupança capitalista. Poupança simples consiste meramente em acumular bens de consumo para consumi-los mais tarde. Poupança capitalista consiste na acumulação de bens destinados a melhorar os processos de produção. O objetivo da poupança simples é o consumo futuro; é um mero adiamento do consumo. Mais cedo ou mais tarde os bens acumulados serão consumidos e não restará nada. O objetivo da poupança capitalista é, primeiro, aumentar a produtividade do esforço. Acumula bens de capital que serão empregados mais tarde na produção e não meramente reservados para consumo posterior. A vantagem decorrente da poupança simples é o consumo posterior da quantidade que não foi consumida. A vantagem decorrente da poupança capitalista é o aumento da quantidade de bens produzidos ou a produção de bens que não poderiam ser produzidos sem sua existência. Ao imaginarem uma economia uniformemente circular (estática), os economistas não levam em conta o processo de acumulação de capital; os bens de capital são um dado invariável, uma vez que, por definição, não ocorrem mudanças nos dados. Não há nem acumulação de novo capital através da poupança, nem consumo do capital disponível através de um excedente de consumo sobre a renda, ou seja, sobre a produção corrente menos os fundos necessários para a manutenção do capital. Cabe-nos, agora, demonstrar que essas premissas são incompatíveis com a ideia da inexistência de juro.

---

[3] Ver J. Schumpeter, *The Theory of Economic Development*. Trad. R. Opie, Cambridge, 1934, p. 34-46,54.

Não precisamos nos deter muito na poupança simples. O objetivo da poupança simples é prover para um futuro em que o poupador possivelmente estará menos bem suprido do que no presente. Contudo, uma das premissas básicas que caracterizam a construção imaginária da economia uniformemente circular é que o futuro não difere em nada do presente, que os agentes têm plena consciência disso e agem consequentemente. Assim sendo, nesse contexto não há lugar para o fenômeno da poupança simples.

O mesmo não ocorre com a poupança capitalista, ou seja, com o correspondente aumento do estoque de bens de capital. Não há, na economia uniformemente circular, nem poupança e acumulação de adicionais bens de capital nem consumo dos já existentes bens de capital. Ambos os fenômenos equivaleriam a uma mudança nos dados e, portanto, perturbariam o giro uniforme desse sistema imaginário. Ora, o volume de poupança e de acumulação de capital no passado – isto é, no período precedente ao estabelecimento da economia uniformemente circular – corresponde a uma determinada taxa de juro. Se – tendo sido estabelecida a economia uniformemente circular – os proprietários dos bens de capital deixassem de receber qualquer juro, as condições que determinaram a alocação dos estoques disponíveis de bens para satisfação de necessidades nos vários períodos do futuro ficariam transtornadas. O novo estado de coisas requereria uma nova alocação. Mesmo na economia uniformemente circular, a diferença na valoração da satisfação de necessidades nos vários períodos do futuro não pode desaparecer. Mesmo no contexto dessa construção imaginária, as pessoas atribuirão um maior valor a uma maçã disponível hoje do que a uma maçã disponível em dez ou cem anos. Se o capitalista deixar de receber juros, rompe-se o equilíbrio entre a satisfação de necessidades em períodos do futuro mais próximo ou do mais remoto. O fato de que um capitalista tenha mantido seu capital em 100.000 dólares está condicionado pelo fato de que 100.000 dólares hoje equivalem a 105.000 dólares daqui a um ano. Esses 5.000 dólares seriam, para o capitalista, suficientes para superar as vantagens advindas de um consumo instantâneo de uma parte dessa soma. A supressão dos pagamentos de juros provocaria o consumo do capital.

Esta é a principal deficiência do sistema estático que Schumpeter descreve. Não basta supor que o equipamento de capital de tal sistema tenha sido acumulado no passado, que esteja agora disponível na mesma quantidade de sua prévia acumulação e que, portanto, se tenha mantido inalterado nesse nível. É preciso também indicar as forças que mantêm essa inalterabilidade. O papel do capitalista como recebedor de juros, se for eliminado, será substituído pelo papel do capitalista como consumidor de capital. Deixaria de haver qualquer razão para que o proprietário de bens de capital se abstivesse de consumi-los imediatamente. Nas premissas implícitas na construção imaginária de uma situação estática (a economia uniformemente circular), não há necessidade de manter reserva para dias piores. Mas, mesmo se quiséssemos admitir, com evidente inconsistência lógica, que uma parte desses bens fosse destinada a constituir uma reserva e, portanto, fosse retirada do consumo corrente, pelo menos a parte do capital que corresponde ao excedente de poupança capitalista sobre poupança comum será consumida.[4]

Se não houvesse o juro originário, os bens de capital não seriam destinados ao consumo imediato e tampouco o capital seria consumido. Ao contrário, em tal situação inconcebível e inimaginável não haveria consumo, mas, apenas, poupança, acumulação de capital e investimento. O que, na realidade, provocaria o consumo do capital existente seria não o impossível desaparecimento do juro originário, mas a abolição do pagamento de juros aos proprietários de capital. Neste caso, os capitalistas consumiriam os seus bens de capital precisamente porque existe o juro originário e a satisfação presente é preferida à satisfação futura.

Portanto, é inadmissível supor que o juro possa ser abolido por qualquer instituição, lei ou manipulações bancárias. Quem pretender "abolir" o juro terá de convencer as pessoas de que uma maçã disponível daqui a cem anos terá o mesmo valor de hoje. O que pode ser abolido pelas leis e decretos é apenas o direito de os capitalistas receberem juros. Mas tais decretos provocariam o consumo de capital e rapidamente reconduziriam a humanidade à sua originária e natural pobreza.

3
O NÍVEL DA TAXA DE JUROS

Na poupança simples e na poupança capitalista praticada por agentes econômicos isolados, o distinto valor atribuído à satisfação de necessidades nos vários períodos do futuro se manifesta pela proporção entre o que as pessoas provêm para o futuro mais próximo e o que elas provêm para o futuro mais remoto. Numa economia de mercado, e supondo-se existirem as condições para o estabelecimento da construção imaginária de uma economia uniformemente circular, a taxa

---

[4] Ver Robbins, "On a Certain Ambiguity in the Conception of Stationary Equilibrium", *The Economic Journal*, vol.40, 1930, p. 211 e segs.

de juro originário é igual a relação entre uma determinada quantidade de moeda disponível e a quantidade disponível mais tarde, que lhe seja considerada como equivalente.

A taxa de juro originário direciona as atividades de investimento dos empresários. Determina o tamanho do período de espera e do período de produção de cada setor da indústria.

As pessoas frequentemente levantam a questão sobre qual taxa de juro, alta ou baixa, estimularia mais a poupança e a acumulação de capital, e qual a estimularia menos. Essa questão não faz sentido. Quanto menor o desconto atribuído aos bens futuros, menor a taxa de juro originário. As pessoas não poupam porque a taxa de juro originário aumentou, e a taxa de juro originário não baixa porque aumentou o volume de poupança. As mudanças na taxa de juro originário e no volume de poupança são – tudo o mais, especialmente as condições institucionais, sendo igual – dois aspectos do mesmo fenômeno. O desaparecimento do juro originário seria equivalente ao desaparecimento do consumo. O aumento ilimitado do juro originário seria equivalente ao desaparecimento da poupança e de qualquer provisão para o futuro.

A quantidade disponível de bens de capital não influencia nem a taxa de juro originário nem a poupança futura. Mesmo a maior abundância de capital não produz, necessariamente, uma diminuição da taxa de juro originário nem uma queda na propensão para poupar. O aumento da acumulação de capital e da quota de capital investido *per capita*, que é a marca característica das nações mais avançadas economicamente, não diminui, necessariamente, a taxa de juro originário nem enfraquece a propensão dos indivíduos para aumentar sua poupança. Ao lidarem com esses problemas, são muitas as pessoas que se confundem ao comparar meramente as taxas de juros de mercado, determinadas pelo mercado financeiro. Entretanto, essas taxas brutas não exprimem apenas o nível do juro originário. Elas contêm como será mostrado mais tarde, outros elementos, cujos efeitos explicam por que as taxas brutas são, em geral, maiores nos países mais pobres do que nos países mais ricos.

Costuma-se dizer que, tudo o mais sendo igual, quanto melhor os indivíduos estejam fornidos para o futuro imediato, melhor proveriam as necessidades do futuro mais remoto. Consequentemente, acrescentar o volume total de poupança e de acumulação de capital num sistema econômico dependeria da distribuição da população pelos grupos com diferentes níveis de renda. Numa sociedade em que haja uma razoável igualdade de renda, dizem ainda, haveria menos poupança do que numa sociedade em que haja maior desigualdade

Tais observações contêm um grão de verdade. Entretanto, são afirmativas sobre fatos psicológicos, faltando-lhes, por isso mesmo, a validade e necessidade universais, inerentes às afirmativas praxeológicas. Além disso, o "tudo o mais" cuja igualdade se pressupõe compreende as várias valorações individuais, ou seja, os julgamentos de valor subjetivos que ponderam os prós e os contras do consumo imediato ou de sua postergação. Certamente muitos indivíduos se comportarão da maneira descrita, mas outros agirão de maneira diferente. Os camponeses franceses, embora de renda e fortuna modestas, eram, no século XIX, amplamente reconhecidos como pessoas de hábitos parcimoniosos, enquanto que os ricos membros da aristocracia, herdeiros de grandes fortunas amealhadas no comércio e na indústria, eram não menos reconhecidos por sua prodigalidade.

Portanto, é impossível formular qualquer teorema praxeológico que relacione a quantidade de capital disponível pela nação como um todo ou pelos indivíduos pessoalmente, de um lado, com a quantidade de poupança ou de capital consumido, ou o nível da taxa de juro original, de outro. A alocação de recursos escassos para satisfação de necessidades em vários períodos do futuro é determinada por julgamentos de valor e indiretamente por todos aqueles fatores que constituem a individualidade do agente homem.

4
O JURO ORIGINÁRIO NUMA ECONOMIA MUTÁVEL

Até agora abordamos o problema do juro originário sobre certas premissas: que as operações mercantis sejam efetuadas com base no emprego de moeda neutra; que a poupança, a acumulação de capitais e a determinação da taxa de juros não sejam deformadas por interferências institucionais; e que a economia funcione como uma economia uniformemente circular. No próximo capítulo, abordaremos as duas primeiras premissas. Por ora nos ocuparemos do juro originário numa economia mutável.

Quem desejar prover para a satisfação de futuras necessidades precisará definir corretamente e com antecipação quais serão essas necessidades. Se a sua compreensão de como serão as coisas no futuro não se revelar acertada, sua provisão será insatisfatória ou até totalmente inútil. Não há o que se possa chamar de uma poupança abstrata que pudesse atender a qualquer tipo de necessidade, e que, ao mesmo tempo, permanecesse neutra em relação às mudanças de circunstâncias e de valorações. O juro originário, portanto, não poderá jamais apresentar-se, numa economia mutável, de uma forma pura e perfeita. Somente na hipótese da construção imaginária da economia uniformemente circular é que o juro originário decorre da mera passagem do tempo; com a passagem do tempo e com o progresso do processo de produção, um valor cada vez maior se agrega, como se assim fosse, aos fatores complementares de produção; ao término do processo de produção, o lapso de tempo incorporou ao preço do produto a sua quota de juro originário. Na economia mutável, durante o período de produção, ocorrem, no mesmo tempo, outras mudanças nas valorações. Alguns bens são mais valorados do que antes, outros menos. Essas alterações são a fonte do lucro e da perda empresarial. Somente os empresários que no seu planejamento prognosticaram corretamente a situação futura do mercado conseguem, ao vender seus produtos, colher um excedente sobre o custo de produção (no qual está incluído o juro originário líquido). Um empresário cuja compreensão do futuro não se revelar acertada só poderá vender seus produtos por preços que não chegam a cobrir os seus custos, inclusive o juro originário sobre o capital investido.

O juro não é um preço, como tampouco não o são o lucro e a perda empresarial; é uma grandeza que precisaria ser separada, por algum modo especial do cálculo, do preço dos produtos de uma operação comercial bem-sucedida. A diferença bruta entre o preço pelo qual uma mercadoria é vendida e os custos incorridos para sua produção (exclusive o juro sobre o capital investido) foi denominada de lucro na terminologia dos economistas clássicos ingleses.[5] A ciência econômica moderna concebe essa grandeza como um conjunto de elementos catalácticos diferentes. O excedente da receita bruta sobre as despesas que os economistas clássicos denominavam lucro inclui o preço do trabalho do próprio empresário utilizado no processo de produção, o juro sobre o capital investido e, finalmente, o lucro empresarial propriamente dito. Se tal excedente não existir, o empresário, além de não ter lucro propriamente dito, também não recebe a remuneração correspondente ao seu trabalho ao valor de mercado, nem o juro sobre o capital investido.

A decomposição do lucro bruto (no sentido clássico do termo) em remuneração salarial do empresário, juro e lucro empresarial não é mero expediente da teoria econômica. Tal distinção adquiriu importância nas práticas e rotinas comerciais pelo aperfeiçoamento dos sistemas de contabilidade e cálculo econômico, que evoluíram com total independência do raciocínio dos economistas. O empresário judi-

---

[5] Ver R. Whately, *Elements of Logic*, 9. ed., Londres, 1848, p. 354 e segs; E. Cannan, *A History of the Theories of Production and Distribution in English Political Economy from 1776 to 1843*, 3. ed., Londres, 1924, p. 189.

cioso e sensível não atribui importância prática ao conceito de lucro confuso e deturpado, como o empregavam os economistas clássicos. Sua noção de custo de produção inclui o valor potencial de mercado para os seus próprios serviços, o juro pago sobre capital emprestado e o juro potencial que poderia ganhar, se aplicasse, no mercado financeiro, o capital investido na empresa. Somente o que exceder os custos assim calculados é considerado como lucro pelo empresário.[6]

Separar o salário do empresário do conjunto representado pelo conceito de lucro dos economistas clássicos não oferece nenhuma dificuldade especial. É mais difícil separar o lucro empresarial do juro originário. Na economia mutável, o juro estipulado em contratos de empréstimo é sempre o juro bruto a partir do qual a taxa do juro originário puro deve ser computada por um processo especial de cálculo e repartição analítica. Já foi mostrado que em toda operação de empréstimo, mesmo sem considerar o problema das mudanças no poder aquisitivo da unidade monetária, há um componente de risco empresarial. A concessão de crédito é sempre, necessariamente, uma especulação empresarial que possivelmente pode resultar em fracasso e na perda de uma parte do total emprestado. Todo juro estipulado e pago nas operações de empréstimo inclui não apenas o juro originário, como também o lucro empresarial.

Esse fato, durante muito tempo, dificultou a formulação de uma teoria do juro. A elaboração da construção imaginária da economia uniformemente circular tornou possível distinguir, com precisão, o juro originário do lucro e da perda empresariais.

5
O CÁLCULO DO JURO

O juro originário é uma consequência de valorações que variam e flutuam incessantemente. Ele varia e flutua com elas. O costume de adotar taxas anuais é simplesmente uma prática comercial e um critério mais fácil para o cálculo. Não afeta o nível das taxas de juros determinadas pelo mercado.

As atividades dos empresários tendem a provocar o estabelecimento de uma taxa uniforme de juro originário na economia de mercado como um todo. Quando, num determinado setor do mercado, a mar-

---
[6] A confusão intencional que hoje em dia se faz em relação a todos os conceitos econômicos conduz ao obscurecimento dessa distinção. Assim, nos Estados Unidos, ao se referirem aos dividendos pagos pelas companhias, as pessoas falam de "lucros".

gem entre os preços dos bens presentes e dos bens futuros se afasta da margem prevalecente em outros setores, a propensão dos homens de negócio para atuar nos setores em que a margem é maior e evitar os setores em que é menor provoca uma tendência de equalização. A taxa final de juro originário é a mesma em todos os setores do mercado, numa economia uniformemente circular.

As pessoas, ao preferirem satisfazer uma determinada necessidade num período mais próximo do futuro do que satisfazê-la num período mais remoto, estão emitindo valorações que provocam o surgimento do juro originário. Não há nada que justifique a suposição de que esse desconto de satisfação aumente de forma contínua e uniforme ao longo de períodos do futuro cada vez mais remotos. Se fosse assim, o período de provisão seria infinito. Ora, o simples fato de os indivíduos serem diferentes quanto ao grau de provisão para suas futuras necessidades e de até mesmo o mais providente dos homens considerar inútil prover para além de um determinado período nos impede de considerar que o período de provisão possa ser infinito.

Não nos devemos confundir com os usos e costumes do mercado financeiro. É comum que os contratos de empréstimo estipulem uma taxa uniforme de juro, vigente durante toda a duração do contrato,[7] e que adotem uma taxa uniforme para cálculo dos juros compostos. A efetiva determinação das taxas de juros não depende desses ou de outros dispositivos aritméticos usados para calcular juros. Se a taxa de juros está fixada em contrato de forma inalterável por um período de tempo, as mudanças que ocorrerem na taxa de mercado estão refletidas nas correspondentes mudanças nos preços pagos pelo principal, levando-se na devida conta o fato de que o montante do principal a ser pago no vencimento do empréstimo está estipulado de forma inalterável. O resultado não se altera pelo fato de calcularmos com uma taxa de juro invariável e preços variáveis para o principal, ou com uma taxa de juro variável e um montante invariável para o capital, ou com a variação de ambas as grandezas.

Os termos de um contrato de empréstimo não são independentes da duração do mesmo. Não só porque os componentes da taxa bruta de juros do mercado, que fazem com que esta se desvie da taxa de juro originário, são afetados pela sua duração, como também, em decorrência de fatores que provocam mudanças na taxa de juro originário, os contratos de empréstimo são valorados e avaliados diferentemente segundo a sua duração.

---

[7] Também existem, é claro, os desvios em relação a essa prática habitual.

Capítulo 20
O Juro, a Expansão de Crédito e o Ciclo Econômico

1
Os Problemas

Na economia de mercado, na qual todas as trocas interpessoais se efetuam por intermédio de moeda, a categoria juro originário se manifesta primordialmente no juro dos empréstimos monetários.

Já foi salientado que na construção imaginária da economia uniformemente circular a taxa de juro originário é uniforme. Prevalece, em todo o sistema como um todo em uma única taxa de juros. A taxa de juros para empréstimos coincide com a taxa de juro originário manifestado pela relação entre os preços de bens futuros e bens presentes. Podemos denominá-la taxa de juros neutros.

A economia uniformemente circular pressupõe a neutralidade da moeda. Mas, não podendo a moeda ser neutra, surgem alguns problemas especiais.

Se a relação monetária – isto é, a relação entre a demanda por moeda para aumentar os encaixes individuais e a oferta de moeda para reduzir os encaixes individuais – varia, todos os preços de bens e serviços são afetados. Essas mudanças, entretanto, não afetam os preços dos vários bens e serviços ao mesmo tempo e nem na mesma proporção. Em consequência disso, ocorrem modificações na riqueza e na renda de vários indivíduos, as quais podem alterar os dados determinantes do nível de juro originário. O estado final da taxa de juro originário para o qual tende o sistema após as mudanças na relação monetária já não é o mesmo estado final para o qual tendia antes. Assim sendo, a moeda em si tem o poder de provocar mudanças duradouras na taxa de juro originário e de juro neutro.

Surge então um segundo problema, ainda mais importante, e que, certamente, também pode ser considerado como uma variante do mesmo problema anterior. As mudanças na relação monetária podem, em certas circunstâncias, afetar primeiramente o mercado de empréstimos, no qual a demanda e a oferta de empréstimos influenciam a taxa de mercado de juro para empréstimos; denominaremos essa relação de taxa bruta de juro (ou taxa de mercado). Pode tais mudanças na taxa bruta fazer com que a taxa líquida de juro, nela contida, se desvie de forma duradoura do nível que corresponde à taxa de juro originário, isto é, da diferença de valor entre bens presentes e bens futuros? Podem eventos no mercado de empréstimo eliminar, parcial ou totalmente, o juro originário? Nenhum economista hesitaria em responder negativamente a estas questões. Mas então surge outro problema: como é que a interação dos fatores de mercado reajusta a taxa bruta de juro à taxa de juro originário?

São problemas importantes. São estes problemas que os economistas tentam resolver ao estudar a atividade bancária, os meios fiduciários e o crédito comercial, a expansão de crédito, a gratuidade ou a não gratuidade do crédito, os ciclos econômicos e todos os outros problemas de troca indireta.

2
O COMPONENTE EMPRESARIAL NA TAXA BRUTA DE JURO DO MERCADO

As taxas de juro do mercado para empréstimos não são taxas de juro puro. Entre os componentes que contribuem para sua determinação existem elementos que não são juro. O emprestador de moeda é sempre um empresário. Toda concessão de crédito é um risco especulativo empresarial, cujo sucesso ou fracasso é incerto. O emprestador corre sempre o risco de perder uma parte ou todo o principal emprestado ou parte dele. A avaliação que faz desse risco determina a sua conduta na negociação das condições do empréstimo com o tomador.

Não pode haver, jamais, segurança total em operações de empréstimo ou em qualquer outro tipo de operação de crédito e de pagamentos futuros. Os devedores, garantidores e avalistas podem tornar-se insolventes; as garantias colaterais e as hipotecas podem perder o valor. O credor é sempre uma espécie de sócio do devedor ou um virtual proprietário dos bens que garantem a operação. Qualquer variação no valor desses bens pode afetá-lo. Sua sorte está ligada à do devedor ou às mudanças que ocorram no preço das garantias colaterais. O capital em si não rende juros; precisa ser empregado e investido não só para que renda juros, mas também para que não desapareça inteiramente. Nesse sentido, é muito verdadeiro o ditado *pecunia pecuniam parere non potest* (dinheiro não cria dinheiro), embora não fosse esse o sentido que lhe atribuíam os filósofos da Idade Média. O juro bruto só pode ser recebido por quem for bem-sucedido na concessão de crédito. Se efetivamente auferir algum juro líquido, este estará incluído numa renda que contém mais do que apenas o juro líquido. O juro líquido é uma grandeza que só pode ser separada da receita bruta do credor por meio de raciocínio analítico.

O componente empresarial incluído na receita bruta do credor é determinado pelos mesmos fatores que afetam qualquer atividade empresarial. Além disso, é co-determinado pelo quadro legal e institucional. Os contratos que colocam o devedor e sua fortuna ou as garantias colaterais como um amortecedor entre o credor e as consequências desastrosas de uma operação de empréstimo malfeita são condicionados pelas leis e pelas instituições. O credor está menos exposto a perdas do que o devedor, somente na medida em que o quadro legal e institucional lhe dê condições de forçar o devedor recalcitrante a pagar o seu débito. Entretanto, não há necessidade de a ciência econômica entrar numa análise detalhada dos aspectos legais envolvidos em títulos e debêntures, ações preferenciais, hipotecas e outros tipos de operações de crédito.

O componente empresarial está presente em todos os tipos de empréstimo. Costuma se distinguir entre empréstimo pessoal ou para consumo, de um lado, e comercial ou produtivo, de outro. O traço característico do primeiro tipo consiste em permitir que o tomador gaste receitas esperadas futuras. Ao adquirir o direito a uma parte dessas receitas futuras, o emprestador torna-se virtualmente um empresário, como se tivesse adquirido um direito nas receitas futuras de um negócio. O risco específico quanto ao resultado do seu empréstimo consiste na incerteza em relação a essas receitas futuras.

Costuma-se também distinguir entre empréstimos privados e públicos, servindo esta última qualificação para designar empréstimos a governos ou a repartições governamentais. O risco específico reside na duração do poder temporal. Impérios podem entrar em colapso e governos podem ser derrubados por movimentos revolucionários que não estejam dispostos a se responsabilizar por débitos contraídos por seus predecessores. Além disso, como já foi assinalado anteriormente, há[1] em todos os tipos de dívida pública de longo prazo, alguma coisa intrinsecamente malsã.

Sobre todos os tipos de pagamentos a prazo pende, como uma espada de Dámocles, o perigo da interferência governamental. A opinião pública sempre teve preconceito em relação aos credores;

---

[1] Ver p. 278-280.

identifica-os com o rico ocioso, e aos devedores com o trabalhador pobre. Abomina os primeiros como exploradores gananciosos e apieda-se dos últimos como vítimas inocentes da opressão. Considera a ação do governo que visa a reduzir os direitos dos credores como uma medida extremamente benéfica para a imensa maioria, à custa de uma pequena minoria de usurários insensíveis. A opinião pública ainda não percebeu que as inovações capitalistas do século XIX mudaram completamente a composição das classes credoras e devedoras. Na Atenas de Sólon, na Roma das leis agrárias e na Idade Média, os credores de um modo geral eram os ricos e os devedores, os pobres. Mas, nesta nossa época de títulos e debêntures, de bancos hipotecários, sociedades de poupança, apólices de seguro de vida e instituições de previdência social, as massas populares de menor renda são muito mais credoras do que devedoras. Por outro lado, os ricos, na qualidade de proprietários de ações, de fábricas, de fazendas e de imóveis, são muito mais devedores do que credores. Ao pedir a expropriação dos credores, as massas inadvertidamente estão indo contra os seus próprios interesses.

Sendo essa a opinião dominante no público, a possibilidade de o credor ser atingido por medidas anticredor não é contrabalançada pela possibilidade de ser ele beneficiado por medidas antidevedor. Esse desequilíbrio provocaria uma tendência unilateral de aumento do componente empresarial contido na taxa bruta de juros, se o risco político estivesse limitado ao mercado de empréstimos, e não afetasse da mesma maneira todos os tipos de propriedade privada dos meios de produção. Hoje, do jeito que as coisas estão, qualquer investimento corre o risco de sofrer as consequências de medidas anticapitalistas. Um capitalista não diminui a vulnerabilidade de sua riqueza por preferir investir diretamente na empresa em vez de emprestar seu capital ao governo ou a particulares.

Os riscos políticos implícitos nos empréstimos de dinheiro não afetam o nível de juro originário; afetam o componente empresarial incluído na taxa bruta de juros. No caso extremo – isto é, quando fosse iminente a anulação de todos os contratos que envolvem pagamentos a prazo – o componente empresarial cresceria ilimitadamente.[2]

---

[2] A diferença entre esse caso (caso *b*) e o caso do fim do mundo anteriormente aludido na p. 606 (caso *a*) é a seguinte: no caso *a*, o juro originário aumenta acima de qualquer medida porque os bens futuros perdem todo valor; no caso *b*, o juro originário não se altera, enquanto o componente empresarial aumenta acima de qualquer medida.

3
O PRÊMIO COMPENSATÓRIO[3] COMO UM COMPONENTE DA TAXA BRUTA DE JUROS DE MERCADO

A moeda seria neutra se as mudanças no poder aquisitivo da unidade monetária provocadas por variações dos encaixes afetassem, ao mesmo tempo e na mesma medida, os preços de todas as mercadorias e serviços. Com uma moeda neutra, seria concebível uma taxa de juros neutra, desde que não houvesse pagamentos a prazo. Se existem pagamentos a prazo e se não consideramos a condição empresarial do credor – e a consequente componente empresarial da taxa bruta de juros —, temos ainda assim que admitir, ao se estabelecerem os termos de um contrato de empréstimo, a possibilidade de futuras variações no poder aquisitivo da moeda. O principal deveria ser multiplicado periodicamente por um número índice que refletisse as mudanças ocorridas, para mais ou para menos, no poder aquisitivo. Com o ajuste do principal, o montante sobre o qual o juro é calculado também mudaria. Sendo assim, a taxa de juro seria neutra.

Com uma moeda neutra, a neutralização da taxa de juros também poderia ser obtida com outro tipo de ajuste, sempre que as partes pudessem prever corretamente as futuras mudanças do poder aquisitivo. Assim sendo, elas poderiam estipular uma taxa bruta de juros que contivesse uma provisão para essas mudanças, uma percentagem de acréscimo ou redução da taxa de juro originário. Podemos denominar essa provisão – positiva ou negativa – de prêmio compensatório. No caso de uma deflação pronunciada, o prêmio compensatório negativo poderia não só absorver totalmente a taxa de juro originário, como até mesmo transformar a taxa bruta numa taxa negativa, num montante a ser debitado ao credor. Se o prêmio compensatório for corretamente calculado, nem o credor nem o devedor terão suas posições afetadas por possíveis variações no poder aquisitivo da moeda. A taxa de juros é neutra.

Entretanto, todas essas hipóteses são imaginárias; não podem ser consideradas sem que se incorra em contradição. Numa economia real, a taxa de juros não pode ser neutra; na economia real não há taxa uniforme de juro originário; existe apenas uma tendência para que se estabeleça essa uniformidade. Antes de o juro originário atingir o seu estado final, surgem novas mudanças que desviam outra vez as taxas de juro para um novo estado final. Onde tudo está permanentemente em mudança e movimento, não pode haver taxa de juro neutra.

---

[3] Ver nota 13 do cap. XVII. (N.T.)

No mundo real, todos os preços flutuam e os agentes homens são obrigados a se ajustar a essas mudanças. Os empresários só iniciam novos empreendimentos e os capitalistas só mudam os seus investimentos porque antecipam as mudanças que ocorrerão e se preparam para lucrar com isso. A economia de mercado caracteriza-se essencialmente como um sistema social no qual prevalece um incessante estímulo para o progresso. Os indivíduos mais empreendedores e mais previdentes procuram obter lucro ajustando constantemente as atividades de produção, de forma a atender, da melhor maneira possível, às necessidades dos consumidores, tanto as conscientes como as latentes que ainda nem tenham sido sequer cogitadas. Essas atividades especulativas dos promotores alteram, permanentemente, todos os dias, a estrutura de preços e, consequentemente, também, o nível da taxa bruta de juro de mercado.

Quem antecipa uma alta de certos preços entra no mercado como um tomador de empréstimo e está disposto a pagar uma taxa bruta de juros maior do que aquela que aceitaria pagar se sua expectativa fosse a de um aumento menor, ou de nenhum aumento. Por outro lado, o emprestador, esperando também uma alta de preços, só concederá empréstimos caso a taxa bruta de juros seja maior do que seria se a expectativa fosse de uma alta menor, ou se não houvesse expectativa de alta. O tomador não é desencorajado por uma taxa elevada, se acredita que o seu projeto tem uma rentabilidade que compense esse maior custo. O emprestador se abstém de emprestar e entra ele mesmo no mercado, como empresário e comprador de bens e serviços, se a taxa bruta de juros não for compensadora em face dos lucros que poderá colher dessa outra maneira. A expectativa de uma alta de preços, portanto, gera uma tendência de aumento da taxa bruta de juro, enquanto a expectativa de uma baixa de preços gera uma tendência de diminuição. Quando a expectativa de mudança na estrutura de preços se limita a um grupo de mercadorias e serviços, e quando ainda essa expectativa é compensada por outra, em direção oposta, em relação a outros bens e serviços – quando portanto não houve variação na relação monetária – essas duas tendências opostas geralmente se anulam. Mas, se a relação monetária se altera sensivelmente e há uma expectativa de aumento ou diminuição geral nos preços de todas as mercadorias e serviços, uma das tendências prevalece sobre a outra. Surge, então, em todas as transações que implicam pagamentos a prazo, um prêmio compensatório, positivo ou negativo.[4]

---

[4] Ver Irving Fisher, *The Rate of Interest*, Nova York, 1907, p.77 e segs.

O papel que esse prêmio desempenha numa economia real, em movimento, é diferente daquele que lhe atribuímos na hipótese irrealizável formulada anteriormente. Ele não poderá anular inteiramente, nem mesmo quando se consideram apenas as operações de crédito, os efeitos das mudanças na relação monetária; ele não pode jamais fazer com que as taxas de juro sejam neutras. Não pode alterar o fato de a moeda ser dotada de uma força motriz própria. Mesmo se todos os agentes pudessem conhecer correta e completamente os dados quantitativos das mudanças da quantidade de moeda (no sentido amplo) no sistema econômico como um todo, com as datas em que tais mudanças ocorreriam e quais os indivíduos que seriam primeiramente afetados por elas, nem assim poderiam saber de antemão como, e em que medida, variaria a demanda por moeda para encaixe, nem qual a sequência temporal, ou em que medida variaria os preços das diversas mercadorias. O prêmio compensatório só poderia contrabalançar os efeitos das mudanças na relação monetária sobre as operações creditícias se precedesse as mudanças de preços provocadas pela alteração na relação monetária. Teria de ser o resultado de um raciocínio em virtude do qual os agentes tentassem conhecer de antemão a data e a intensidade das mudanças de preço em relação a todas as mercadorias e serviços que, direta ou indiretamente, interessassem ao seu próprio bem estar. Entretanto, tal conhecimento é impossível de ser alcançado porque implicaria em poder prever perfeitamente todas as futuras condições e valorações. A existência do prêmio compensatório não significa que possamos conhecer o futuro, ou eliminar sua incerteza, por meio de uma operação aritmética. Ele é fruto da compreensão que os promotores têm sobre o futuro, e dos seus cálculos, baseados nessa compreensão. Vai paulatinamente ganhando corpo, à medida que primeiramente alguns e depois, sucessivamente, um número cada vez maior de agentes toma conhecimento do fato de que o mercado está diante de mudanças na relação monetária provocadas por variações nos encaixes e, consequentemente, diante de uma tendência numa determinada direção. Somente quando as pessoas começam a comprar e a vender para se aproveitar dessa tendência, é que começa a existir o prêmio compensatório.

É necessário que se compreenda que esse prêmio é uma consequência das especulações quanto a previsíveis mudanças na relação monetária. O que provoca o surgimento do prêmio compensatório, no caso de haver expectativa de uma tendência inflacionária, são as primeiras manifestações daquele fenômeno que, mais tarde, quando generalizado, é conhecido por "fuga para os valores reais", e que acaba provocando uma alta de pânico (*crack-up boom*) e a derrocada do sistema monetário em questão. Como em todos os casos de prognósticos sobre circunstâncias futuras, é possível que os especuladores errem, que o movimento inflacionário ou deflacionário seja interrompido ou diminuído e que os preços resultantes sejam diferentes dos previstos.

O aumento da propensão para comprar ou vender, que gera o prêmio compensatório, geralmente afetam primeiro e em maior grau o mercado de empréstimos de curto prazo. Sendo assim, o prêmio compensatório atinge inicialmente o mercado de empréstimos de curto prazo e, somente mais tarde, em virtude da concatenação que existe entre todas as partes do mercado, atinge também o mercado de empréstimos de longo prazo. Entretanto, existem casos em que o prêmio compensatório aparece nos contratos de longo prazo independentemente do que esteja ocorrendo no mercado de curto prazo. Era esse o caso, especialmente no mercado internacional, na época em que ainda havia um ativo mercado internacional de capitais.

Ocorria, ocasionalmente, que os emprestadores tinham confiança na evolução em curto prazo de uma moeda estrangeira; nos contratos de curto prazo, feitos com base nessa moeda, não havia nenhum ou quase nenhum prêmio compensatório. Mas, como havia menos confiança na evolução da moeda em longo prazo, nos contratos de longo prazo se incluía um prêmio compensatório considerável. Consequentemente, os contratos de longo prazo feitos com base nessa moeda estabeleciam uma taxa maior do que a dos contratos do mesmo devedor feitos com base em ouro ou em outra moeda estrangeira.

Vimos uma das razões pelas quais o prêmio compensatório pode, no máximo, atenuar, mas nunca eliminar inteiramente as repercussões das mudanças na relação monetária, provocadas por variações dos encaixes, sobre o conteúdo das transações de crédito. (Uma segunda razão será apresentada na próxima seção.) O prêmio compensatório está sempre defasado em relação às mudanças no poder aquisitivo porque é gerado não pela mudança na quantidade de dinheiro (no sentido amplo), mas pelos – necessariamente posteriores – efeitos dessas mudanças sobre a estrutura de preços. Somente no estágio final de uma inflação continuada é que essa ordem se altera. O pânico da catástrofe monetária, a alta de pânico, não se caracteriza apenas por uma tendência de todos os preços aumentarem acima de qualquer medida, mas também por um aumento igualmente desmesurado do prêmio compensatório positivo. Para um eventual emprestador, nenhuma taxa bruta de juros, por maior que seja, será suficientemente grande para compensar as perdas que provavelmente ocorrerão em decorrência da queda do poder aquisitivo da unidade monetária. Ele se absterá de emprestar e preferirá comprar bens "reais" para si mesmo. O mercado de crédito fica completamente paralisado.

4
O MERCADO DE CRÉDITO

As taxas brutas de juros que se formam no mercado de crédito não são uniformes. O componente empresarial nelas contido varia segundo as características particulares de cada transação específica. Uma das maiores deficiências de todos os estudos históricos e estatísticos dedicados ao exame dos movimentos das taxas de juro consiste precisamente em negligenciar essa realidade. É inútil ordenar cronologicamente as taxas de juro do *open market* ou as taxas de redesconto dos bancos centrais. Os vários dados disponíveis para elaboração dessas séries são incomensuráveis. A taxa de redesconto do mesmo banco central tem significados diferentes conforme a época. As condições institucionais que afetam as atividades dos bancos centrais das várias nações, seus bancos privados e a organização de seus mercados de crédito são tão diferentes, que seria inteiramente ilusório comparar as taxas de juros nominais sem ponderar devidamente todas as diferenças específicas de cada caso. Sabemos *a priori* que, sendo iguais as demais circunstâncias, os emprestadores preferem taxas de juros maiores e os devedores, taxas menores. Mas as demais circunstâncias nunca são iguais. Prevalece no mercado de crédito uma tendência para equalização das taxas brutas de juros para empréstimos em que os fatores que determinam o componente empresarial e o prêmio compensatório sejam iguais. Esse conhecimento serve como ferramenta mental para interpretação dos fatos relativos à história das taxas de juro. Sem a ajuda desse conhecimento, o vasto material histórico e estatístico disponível seria apenas um conjunto de cifras sem significado. Ao ordenar cronologicamente os preços de certas mercadorias de primeira necessidade, o empirismo tem pelo menos uma aparente justificativa no fato de estar lidando com preços que se referem ao mesmo objeto físico. Na verdade, essa desculpa é improcedente, uma vez que os preços não se referem às propriedades imutáveis das coisas, e sim aos valores variáveis que o agente homem lhes atribui. Mas, no caso das taxas de juro, nem mesmo essa desculpa esfarrapada pode ser usada. As taxas brutas de juro, tal como ocorrem na realidade, só têm em comuns aquelas características apontadas pela teoria cataláctica. São fenômenos complexos; seus registros históricos não podem ser usados para formular uma teoria empírica ou *a posteriori* do juro. Não confirmam nem negam o que a teoria econômica ensina sobre esses problemas. Constituem, quando analisados cuidadosamente à luz dos ensinamentos da economia, um conjunto de documentos preciosos para a história econômica; para a teoria econômica são desprovidos de qualquer utilidade.

Costuma-se distinguir o mercado de empréstimos de curto prazo (mercado de dinheiro) do mercado de empréstimos de longo prazo (mercado de capitais). Uma análise mais rigorosa deveria ir além da mera classificação dos empréstimos segundo a sua duração. Ademais, as condições contratuais são bastante diferentes num caso e no outro. Em resumo: o mercado de crédito não é homogêneo. Mas a diferença mais importante decorre do componente empresarial incluído nas taxas brutas de juros. É a isso que as pessoas se referem quando afirmam que crédito é uma questão de confiança.

A conexão entre todos os setores do mercado de crédito e as taxas brutas de juro que nele se formam é provocada pela tendência em direção a uma taxa final de juro originário, tendência essa que é inerente às taxas líquidas de juro, que estão compreendidas nas taxas brutas. Tendo em vista essa tendência, a teoria cataláctica pode tratar a taxa de juro de mercado como se fosse um fenômeno uniforme, abstraindo-se, portanto, não só do componente empresarial que está sempre e necessariamente incluído nas taxas brutas de juro, como também do prêmio compensatório que às vezes também está incluído nas referidas taxas brutas.

Os preços de todas as mercadorias e serviços tendem constantemente para um estado final. Se esse estado final algum dia fosse atingido, mostraria na relação entre os preços dos bens presentes e dos bens futuros o estado final da taxa de juro originário. Entretanto, a economia real, em permanente mudança, nunca atinge esse imaginário estado final. Surgem continuamente novos dados, desviando o movimento dos preços que vinham tendendo para certo estado final e que passam a tender para outro estado final, ao qual corresponde uma taxa de juro originário diferente. Não há na taxa de juro originário, maior constância do que nos preços e salários.

Os empresários e os promotores que por sua ação previdente procuram ajustar o emprego dos fatores de produção às mudanças das condições de mercado baseiam seus cálculos nos preços, salários e taxas de juro determinados pelo mercado. Descobrem diferenças entre os preços atuais dos fatores complementares de produção e o preço previsto para o produto acabado menos a taxa de juro de mercado, e querem realizar o lucro que essa diferença representa. O papel da taxa de juros no planejamento do empresário é óbvio. Indica-lhe até que ponto pode retirar fatores de produção a serem empregados para satisfação de necessidades no futuro mais próximo e utilizá-los para satisfação de necessidades no futuro mais remoto. Mostra-lhe, em cada caso, o período de produção compatível com a diferença que o público atribui ao valor dos bens presentes em relação aos bens futuros. Evita que o empresário se lance em projetos cuja execução não seja compatível com a limitada quantidade de bens de capital efetivamente poupado pelo público.

É influenciando essa função primordial da taxa de juro que a força motriz da moeda pode, de certa maneira, tornar-se operativa. As mudanças na relação monetária provocadas por variações nos encaixes podem, em certas circunstâncias, afetar o mercado de crédito antes de afetar os preços das mercadorias e da mão de obra. O aumento ou diminuição na quantidade de moeda (no sentido amplo) pode aumentar ou diminuir a quantidade de moeda ofertada no mercado de crédito e, portanto, aumentar ou diminuir a taxa bruta de juros do mercado, embora não tenha havido nenhuma alteração na taxa de juro originário. Se isso ocorrer, a taxa de mercado afasta-se daquela que corresponde à taxa de juro originário e à quantidade de bens de capital disponíveis para produção. Nesse caso, a taxa de juro de mercado deixa de exercer a função de guia da atividade empresarial. Transtorna os cálculos dos empresários e desvia suas ações das atividades que poderiam melhor atender as necessidades mais urgentes dos consumidores.

Há ainda um segundo fato importante a considerar. Se, mantidas iguais as demais circunstâncias, a quantidade de moeda (no sentido amplo) aumenta ou diminui, provocando assim uma tendência geral de alta ou de baixa dos preços, deveria surgir um prêmio compensatório, positivo ou negativo, que elevaria ou reduziria a taxa bruta de juro do mercado. Mas, se essas mudanças na relação monetária afetam primeiro o mercado de crédito, o efeito sobre as taxas brutas de juro do mercado é exatamente o oposto. Embora seja necessário um prêmio compensatório, positivo ou negativo, para ajustar as taxas de mercado às mudanças na relação monetária, na realidade, as taxas brutas de juro baixam ou sobem, em sentido contrário. Essa é a segunda razão pela qual não se pode, por meio do prêmio compensatório, eliminar inteiramente as repercussões das mudanças na relação monetária, provocadas por variações nos encaixes, sobre o conteúdo dos contratos que contêm estipulações de pagamentos a prazo. Seus efeitos só ocorrem quando já é tarde demais, depois de já terem ocorrido as mudanças no poder aquisitivo, como foi mostrado acima. Vemos assim que, em certas circunstâncias, as forças que atuam em sentido contrário se manifestam no mercado antes que o prêmio compensatório possa manifestar-se de forma adequada.

5
OS EFEITOS DAS MUDANÇAS NA RELAÇÃO MONETÁRIA SOBRE O JURO ORIGINÁRIO

Como qualquer outra mudança nos dados de mercado, as mudanças na relação monetária podem afetar a taxa de juro originário. Os adeptos da visão inflacionista da história supõem que a inflação, de um modo geral, tende a aumentar os ganhos dos empresários. Raciocinam da seguinte maneira: os preços das mercadorias aumentam antes e mais do que os salários. Por um lado, os assalariados, que gastam a maior parte de sua renda no consumo e poupam pouco, são prejudicados e têm de restringir suas despesas. Por outro lado, as classes proprietárias, cuja propensão para poupar uma parte considerável de sua renda é muito maior, são favorecidas; não aumentam proporcionalmente o seu consumo, e sim a sua poupança. Desta forma, na comunidade como um todo, surge uma tendência para acumulação de novos capitais. O corolário da restrição de consumo imposto sobre a parte da população que consome a maior parte da produção anual do sistema econômico é a ocorrência de novos investimentos adicionais. Essa *poupança forçada* diminui a taxa de juro originário; acelera o ritmo de progresso econômico e o aperfeiçoamento de métodos tecnológicos.

Convém salientar que essa poupança forçada pode efetivamente ter sua origem num processo inflacionário, o que, aliás, já ocorreu algumas vezes no passado. Ao se lidar com os efeitos das mudanças na relação monetária sobre o nível da taxa de juros, não se deve esquecer de que tais mudanças podem realmente, em certas circunstâncias, alterar a taxa de juro originário. Mas há muitas outras coisas que também precisam ser consideradas.

Em primeiro lugar, é preciso se dar conta de que a inflação pode provocar uma poupança forçada, mas não necessariamente. Conforme as circunstâncias particulares de cada situação inflacionária, o aumento dos salários poderá ou não atrasar-se em relação ao aumento dos preços das mercadorias. Uma diminuição do poder aquisitivo da unidade monetária não implica, necessariamente, numa queda dos salários reais. Pode ocorrer que os salários nominais subam mais, ou antes, do que os preços das mercadorias.[5]

Além disso, é necessário lembrar que a maior propensão, das classes mais ricas, para poupar e para acumular capital é meramente um

---

[5] Estamos considerando a existência de um mercado de trabalho sem intervenções. Quanto ao argumento apresentado por lorde Keynes, ver adiante p. 879 e p. 895-897.

fato psicológico e não um fato praxeológico. Poderia ocorrer que essas pessoas, para as quais o processo inflacionário proporciona uma renda adicional, ao invés de poupar, prefiram aumentar o seu consumo. Não é possível prever, com a certeza apodítica que caracteriza todos os teoremas da economia, como agirão os que se beneficiam da inflação. A história nos pode dizer como eles agiram no passado. Mas não pode garantir que essa maneira de agir se repetirá no futuro.

Seria um erro grave esquecer que a inflação também gera forças que podem provocar consumo de capital. Um dos efeitos da inflação é falsear o cálculo econômico e a realidade; é fazer com que surjam lucros aparentes ou ilusórios. Se as quotas anuais de depreciação são determinadas sem se levar em conta o fato de que a substituição do equipamento desgastado exigirá um gasto superior ao montante pelo qual foi comprado, tais depreciações são obviamente insuficientes. Se, ao se venderem estoques e produtos, considera-se como superávit a totalidade da diferença entre o preço gasto na sua aquisição e o preço obtido na sua venda, o erro é o mesmo. Se o aumento nos preços de ações e de imóveis é considerado como um ganho, a ilusão também é evidente. O que faz com que as pessoas pensem que a inflação provoca uma prosperidade geral são precisamente esses ganhos ilusórios. As pessoas acham que estão sendo bem-sucedidas e gastam generosamente para aproveitar a vida; embelezam suas casas, constroem novas mansões e patrocinam espetáculos musicais. Ao gastar seus ganhos aparentes, o imaginário resultado de cálculos equivocados está, na verdade, consumindo o próprio capital. Pouco importa que sejam perdulários; podem ser homens de negócios ou especuladores da bolsa; podem ser assalariados cuja demanda por maiores salários seja atendida por empregadores complacentes que pensam estar ficando cada dia mais ricos; podem ser pessoas sustentadas por impostos cuja arrecadação geralmente absorve boa parte desses ganhos aparentes.

Finalmente, à medida que aumenta a inflação, um número cada vez maior de pessoas começa a perceber a queda do poder aquisitivo. Para aqueles que não estão engajados em negócios nem familiarizados com as operações da bolsa de valores, os principais veículos de poupança são a caderneta de poupança, a compra de títulos e de seguro de vida. Todos esses tipos de poupança são prejudicados pela inflação. Assim sendo, desencoraja-se a poupança e incentiva-se o gasto extravagante. A reação final do público, a "fuga para valores reais", é uma tentativa desesperada de salvar alguma coisa da ruína inevitável. Do ponto de vista da preservação de capital, não é um remédio, mas apenas uma medida de emergência que pode, no máximo, salvar parte dele.

O principal argumento dos defensores do inflacionismo e do expansionismo é, portanto, muito fraco. Pode-se admitir que, no passado, a inflação – às vezes, mas não sempre – tenha provocado uma poupança forçada e um aumento do capital disponível. Entretanto, isso não significa que esse mesmo efeito deva repetir-se no futuro. Ao contrário, é mais provável que nas condições atuais prevaleça a tendência para consumir capital e não para acumulá-lo. De qualquer forma, o efeito final dessas mudanças sobre a poupança, o capital e o juro originário depende das circunstâncias específicas de cada caso.

O mesmo é válido, *mutatis mutandis*, em relação às consequências e efeitos análogos de um processo deflacionário ou restricionista.

6
OS EFEITOS DA INFLAÇÃO E DA EXPANSÃO DE CRÉDITO SOBRE A TAXA BRUTA DE JUROS DO MERCADO

Quaisquer que sejam os efeitos finais de um processo inflacionário sobre o nível de taxa de juro originário, não existem qualquer relação entre esses efeitos e as alterações temporárias que uma mudança na relação monetária provocada por variação dos encaixes possa produzir na taxa bruta de juro do mercado. A injeção ou a retirada de moeda e de substitutos de moeda no mercado, ao afetar em primeiro lugar o mercado de crédito, perturba temporariamente a correlação entre as taxas brutas de mercado e a taxa de juro originário. A taxa de mercado aumenta ou diminui em função da diminuição ou do aumento da quantidade de moeda oferecida para empréstimos, sem qualquer ligação com as mudanças na taxa de juro originário que, possivelmente, ocorrerão mais tarde, em consequência das mudanças na relação monetária. A taxa de mercado se afasta do nível que corresponde ao da taxa de juro originário, fazendo com que comecem a atuar as forças que tendem a provocar novamente o ajuste da taxa de mercado à taxa de juro originário. Pode ocorrer que, durante o período de tempo necessário a esse ajustamento, o nível do juro originário varie, e essa variação possa também ser causada pelo processo inflacionário ou deflacionário, que havia dado origem ao aludido afastamento. Neste caso, a taxa final de juro originário, determinante da taxa final de mercado para a qual, por meio desse ajustamento, tende a taxa de mercado, não é a mesma que prevalecia antes de se iniciar o processo inflacionário ou deflacionário. Tal ocorrência pode afetar alguns aspectos do ajustamento, mas não afeta a sua essência.

O fenômeno com o qual devemos ocupar-nos é o seguinte: a taxa de juro originário é determinada pelo desconto de bens futuros em relação a bens presentes. Na sua essência, não depende da quantidade de moeda e de substitutos de moeda, se bem que mudanças nessa quantidade possam, indiretamente, afetar o seu nível. Mas a taxa bruta de juro do mercado é afetada pelas variações na relação monetária, fazendo com que um reajustamento deva, forçosamente, ocorrer. Qual é a natureza do processo que provoca esse reajustamento?

Na presente seção, nos ocupamos apenas da inflação e da expansão de crédito. Para simplificar a questão, suponhamos que a quantidade adicional de moeda e de substitutos de moeda seja injetada através do mercado de crédito e atinja o resto do mercado, via empréstimos concedidos. Tal hipótese corresponde precisamente às condições de uma expansão do crédito circulante.[6] Assim sendo, nosso exame equivale a uma análise do processo provocado pela expansão do crédito.

Ao proceder a essa análise, precisamos novamente fazer referência ao prêmio compensatório. Já foi mencionado que, quando uma expansão de crédito está apenas começando, o correspondente prêmio compensatório positivo ainda não se manifesta. Um prêmio compensatório só pode surgir quando a quantidade adicional de moeda (no sentido amplo) já começou a afetar os preços das mercadorias e serviços. Mas, na medida em que a expansão de crédito prossegue e que quantidades adicionais de meios fiduciários são injetados no mercado de crédito, aumenta a pressão sobre a taxa bruta de juro do mercado. A taxa bruta de mercado deveria aumentar em decorrência do contínuo aumento do prêmio compensatório positivo, provocado pelo progresso do processo expansionista. Mas, enquanto subsistir a expansão do crédito, a taxa bruta de mercado continua atrasada em relação ao valor que seria necessário para cobrir o juro originário e o prêmio compensatório positivo.

É necessário acentuar esse ponto para evidenciar a inconsistência dos critérios habitualmente adotados pelas pessoas para distinguir entre o que consideram taxas de juro altas ou baixas. É comum considerar apenas o valor numérico das taxas ou a tendência que as mesmas apresentam. A opinião pública considera como "normal" uma taxa entre 3% e 5%. Quando a taxa de mercado passa desse nível, ou quando as taxas de mercado – independentemente de sua relação aritmética – aumentam em relação ao nível anterior, as pessoas acreditam estar expressando-se corretamente ao falar de juros altos ou em

---

[6] Quanto às flutuações do "ciclo longo", ver adiante p. 656-657.
* Ver também nota 23 na seção 11 do cap. XVII. (N.T.)

alta. Diante desses erros, é necessário enfatizar que, numa situação de aumento geral de preços (queda no poder aquisitivo da unidade monetária), para que se possa considerar que a taxa bruta de juros do mercado não se tenha alterado, é preciso que ela contenha um adequado prêmio compensatório positivo. Nesse sentido, no outono de 1923 a taxa de desconto do Reichsbank alemão, de 90%, era uma taxa baixa – na verdade uma taxa ridiculamente baixa —, uma vez que era consideravelmente menor que o prêmio compensatório e não deixava nenhuma margem para os outros componentes da taxa bruta de juro do mercado. Essencialmente, esse mesmo fenômeno se manifesta em todos os casos de expansão creditícia prolongada. As taxas brutas de juro do mercado aumentam ao longo do curso da expansão, mas não acompanham o correspondente aumento dos preços em geral.

Ao analisar o processo de expansão do crédito, suponhamos que o processo de ajustamento do sistema econômico aos dados do mercado e o movimento em direção ao estabelecimento dos preços finais e das taxas de juro finais sejam perturbados por um novo dado, a saber, uma quantidade adicional de meios fiduciários ofertada no mercado de crédito. Pela taxa bruta de juro prevalecente no mercado na véspera dessa perturbação, todos os que quisessem tomar empréstimos, devidamente considerado o componente empresarial, poderiam obter todo o crédito que desejassem. Empréstimos adicionais só poderiam ser colocados a uma menor taxa bruta de mercado. Não importa se essa queda na taxa bruta de mercado se revele através de uma redução numérica na percentagem estipulada nos contratos de empréstimos. Poderia ocorrer que as taxas de juro nominais permanecessem inalteradas e que a expansão se manifestasse no fato de que, a essas taxas, fossem feitos empréstimos que não o seriam anteriormente, graças ao valor da componente empresarial a ser incluída. Esse resultado também equivale a uma queda nas taxas brutas de mercado e produz as mesmas consequências.

Uma queda na taxa bruta de juro do mercado afeta os cálculos do empresário no que diz respeito à lucratividade de seus projetos. O homem de negócios considera nos seus cálculos, quando planeja algum empreendimento, não só os fatores materiais de produção, os salários e os futuros preços dos produtos que irá produzir, mas também as taxas de juros. O resultado desses cálculos mostra ao homem de negócios se um determinado projeto será lucrativo ou não. Mostra-lhe que investimentos podem ser feitos no presente estágio da relação entre a valoração que o público faz dos bens futuros e a dos bens presentes. Compatibiliza suas ações com essa valoração. Impede-lhe de realizar projetos que o público não aprovaria por causa da correspondente extensão do período de espera. Força-o a empregar os bens de capital disponíveis de maneira a melhor satisfazer as necessidades mais urgentes dos consumidores.

Mas uma queda na taxa de juro decorrente de uma expansão do crédito falseia o cálculo empresarial. Embora a quantidade de bens de capital disponíveis não tenha aumentado, o cálculo emprega parâmetros que só seriam utilizáveis se esse aumento tivesse ocorrido. O resultado, portanto, é enganador. Esses cálculos fazem com que alguns projetos pareçam viáveis e exequíveis, quando um cálculo correto, baseados numa taxa de juro não deformada pela expansão de crédito, mostraria a sua inviabilidade. Os empresários se lançam na realização desses projetos; a atividade empresarial fica estimulada. Tem início um *boom*.

A demanda adicional provocada pelos empresários que estão expandindo os seus negócios tende a aumentar os preços dos bens de produção e dos salários. Com o aumento dos salários, o preço dos bens de consumo também aumenta. Além disso, os empresários também contribuem para o aumento dos bens de consumo, uma vez que, iludidos pelos falsos ganhos que a sua contabilidade indica, dispõem-se a consumir mais. A alta geral de preços espalha otimismo. Se pelo menos os preços dos bens de produção tivessem aumentado e os dos bens de consumo não tivessem sido afetados, os empresários seriam mais cautelosos. Teriam dúvidas quanto à viabilidade de seus planos, uma vez que o aumento no custo de produção perturbaria os seus cálculos. Mas a expansão da demanda por bens de consumo, possibilitando uma expansão de vendas apesar dos preços maiores, tranquiliza os empresários. Mantém-lhes a confiança na ideia de que a produção será lucrativa, apesar dos maiores custos envolvidos; decidem, então, ir adiante.

Evidentemente, para poderem continuar a produzir nesta maior escala provocada pela expansão do crédito, todos os empresários, tanto os que expandiram suas atividades como os que continuam produzindo o mesmo que antes, precisam de mais recursos, uma vez que os custos de produção são agora maiores. Se a expansão de crédito consiste numa única injeção, não repetida, de uma determinada quantidade de moeda fiduciária no mercado de crédito, o *boom* não poderá durar muito tempo. Os empresários não conseguem obter os recursos de que necessitam para dar continuidade aos seus projetos. A taxa bruta de juro do mercado aumenta porque a maior demanda por empréstimos não é contrabalançada por um correspondente aumento na quantidade de moeda disponível para empréstimo. Os preços das mercadorias caem porque alguns empresários vendem seus estoques e outros se abstêm de comprar. A atividade empresarial se contrai novamente. A alta termina porque as forças que a provocaram deixaram de atuar. A quantidade adicional de crédito circulante esgotou a sua capacidade de influir sobre preços e salários. Os preços, os salários e os vários encaixes individuais ajustam-se à nova relação monetária; deslocam-se em direção ao estado final que corresponde a essa nova relação monetária, sem serem desviados por novas injeções de meios fiduciários adicionais. A taxa de juro originário correlativo a essa nova estrutura do mercado age, com todo o seu peso, sobre a taxa bruta de juro do mercado. A taxa bruta de juro já não está mais sujeita às influências perturbadoras das mudanças na quantidade de moeda (no sentido amplo) provocadas por variações dos encaixes.

A principal falha de todas as tentativas de explicar o *boom* – tendência geral de expansão da produção e de aumento de todos os preços – consiste precisamente em não levar na devida conta as mudanças na quantidade de moeda ou dos meios fiduciários. Um aumento geral dos preços só pode ocorrer se houver uma queda na oferta de todas as mercadorias ou um aumento na quantidade de moeda (no sentido amplo). Admitamos, só para argumentar, que essas explicações não monetárias do período de alta e do ciclo econômico estejam corretas: os preços sobem e a atividade econômica se expande, sem que tenha havido qualquer aumento na quantidade de moeda. Se fosse assim, surgiria logo uma tendência de queda nos preços, a demanda por empréstimo aumentaria, as taxas brutas de juro do mercado subiriam e o *boom* teria vida curta. Na verdade, todas as teorias não monetárias do ciclo econômico supõem tacitamente – ou deveriam logicamente fazê-lo – a ideia de que a expansão do crédito é um fenômeno concomitante ao período de alta.[7] São forçadas a admitir que, na ausência de uma expansão do crédito, nenhuma alta poderia emergir e que o aumento da quantidade de moeda (no sentido amplo) é uma condição necessária da alta geral dos preços. Daí resulta, pois, que, examinadas mais de perto, tais explicações não monetárias das flutuações cíclicas limitam-se a afirmar que a expansão do crédito, embora seja um requisito indispensável para que pudesse ocorrer um *boom*, não constitui, por si só, uma condição suficiente para provocá-lo, sendo necessária a ocorrência de outras circunstâncias.

Mesmo nesse sentido mais restrito, os ensinamentos das teorias não monetárias são inúteis. É evidente que toda expansão do crédito deverá provocar um período de alta como o já descrito acima. Isso só

---

[7] Ver G. V. Haberler, *Prosperity and Depression*, nova ed. Revista da Liga das Nações, Genebra, 1939, p. 7.

não ocorrerá se a expansão do crédito for contrabalançada simultaneamente por outro fator. Se, por exemplo, enquanto os bancos expandirem o crédito, as pessoas estiverem convencidas de que o governo irá confiscar, pela via tributária, todo lucro "excedente", ou de que irá impedir que a expansão do crédito prossiga tão logo a "expansão do gasto público" (*pump-priming*)[8] resulte numa elevação de preços, não poderá haver um *boom*. Os empresários se absterão de expandir os seus negócios com a ajuda do dinheiro barato oferecido pelos bancos, porque não podem aumentar os seus ganhos. É necessário mencionar este fato porque ele explica o fracasso das medidas de expansão do investimento público adotadas ao tempo do *New Deal*, bem como outros eventos dos anos 1930.

O *boom* só pode perdurar enquanto a expansão do crédito progredir num ritmo cada vez maior. O *boom* terminará assim que quantidades adicionais de meios fiduciários deixem de ser injetadas no mercado de crédito. Mas não poderia durar eternamente, mesmo se a inflação e a expansão do crédito prosseguissem indefinidamente. Chegaria o momento em que a ilimitada expansão do crédito não poderia mais prosseguir. Chegaria o momento da alta de pânico (*crack-up boom*) e da quebra do sistema monetário.

A essência da teoria monetária consiste na percepção de que as mudanças na relação monetária provocadas por variações dos encaixes não afetam os vários preços, salários e taxas de juros, nem ao mesmo tempo, nem na mesma proporção. Se não houvesse essa desigualdade, a moeda seria neutra; as mudanças na relação monetária não afetariam a estrutura dos negócios, o tamanho e a orientação dos vários setores da indústria, o consumo, a riqueza e a renda dos vários estratos da população. Se fosse assim, a taxa bruta de juro do mercado também não seria afetada – nem transitória nem definitivamente – pelas mudanças no âmbito da moeda e do crédito circulante. O fato de que a taxa de juro originário seja afetada por essas mudanças decorre das repercussões desiguais que as mesmas provocam na riqueza e na renda dos vários indivíduos. O fato de que, independentemente das variações na taxa de juro originário, a taxa bruta de mercado seja temporariamente afetada é, em si mesmo, uma manifestação dessa desigualdade. Se a quantidade adicional de moeda entra no sistema econômico, de maneira a só atingir o

---

[8] Expansão do investimento público ou expansão dos gastos públicos – *pumppriming* – significa a tentativa do governo de aumentar o poder aquisitivo da população e, portanto, estimular a atividade econômica através de gastos ou investimentos em obras públicas ou programas sociais via déficit orçamentário, até que o déficit desapareça por força do aumento da atividade econômica. Extraído de *Mises Made Easier*, Percy L. Greaves, Jr., op. cit. (N.T.)

mercado de crédito após já ter provocado um aumento nos preços das mercadorias e dos salários, esses efeitos imediatos e temporários sobre a taxa bruta de mercado, se existirem, serão muito pequenos. A taxa bruta de juro do mercado é tão mais violentamente afetada quanto mais cedo a injeção da quantidade adicional de moeda ou de meios fiduciários atingirem o mercado de crédito.

Quando, numa expansão do crédito, a quantidade total de substitutos de moeda é utilizada para conceder empréstimos às empresas, a produção se expande. Os empresários tomam a iniciativa de expandir a produção, seja lateralmente (isto é, sem aumentar o período de produção da indústria considerada), seja longitudinalmente (isto é, estendendo o período de produção). Em ambos os casos, as instalações adicionais exigem o investimento de fatores de produção adicionais. Mas a quantidade de bens de capital disponíveis para investimento não aumentou. A expansão de crédito, por outro lado, também não provoca uma restrição do consumo. É verdade – como já foi assinalado anteriormente, ao tratarmos da poupança forçada – que, na medida em que a expansão aumenta, uma parte da população será compelida a restringir seu consumo. Mas dependerá das condições específicas de cada caso de expansão do crédito o fato de essa poupança forçada de alguns grupos de pessoas serem suficiente para compensar o aumento de consumo de outros grupos, provocando assim um aumento líquido da poupança no mercado como um todo. De qualquer modo, a consequência imediata da expansão do crédito é um aumento no consumo efetuado pelos assalariados cujos salários aumentaram graças ao acréscimo da demanda por mão de obra provocada pelos empresários que estão expandindo suas atividades. Suponhamos, só para argumentar, que o aumento de consumo daqueles assalariados favorecidos pela inflação e a poupança forçada dos outros grupos que se viram prejudicados por ela fossem iguais e que, portanto, o consumo total não se tivesse alterado. Nesse caso, a situação seria a seguinte: a alteração na produção teria sido efetuada pelo aumento do período de espera. Mas a demanda por bens de consumo não teria diminuído, o que teria sido necessário para que as reservas consumíveis durassem por um período maior. Evidentemente, este fato resultaria num aumento dos preços dos bens de consumo, o que provocaria uma tendência à poupança forçada. Entretanto, esse aumento nos preços dos bens de consumo fortaleceria a tendência de expansão da atividade econômica. Os empresários, a partir do fato de que a demanda e os preços estão subindo, concluiriam que vale a pena investir e produzir mais. Seguiriam adiante e a intensificação de suas atividades provocaria novo aumento nos preços dos bens de consumo. Os negócios se expandiriam enquanto os bancos continuassem a expandir o crédito.

Ao se iniciar a expansão creditícia, já estão em operação todos os processos de produção que são considerados rentáveis, nas condições vigentes no mercado. O sistema caminha para um estado no qual todos os que quisessem ganhar salário encontrariam emprego e todos os fatores de produção não conversíveis seriam empregados na medida em que a demanda dos consumidores e a quantidade disponível de fatores materiais não específicos e de mão de obra o permitissem. A produção só pode continuar a se expandir se a quantidade de bens de capital for aumentada por uma poupança adicional, isto é, por um excedente da produção sobre o consumo. O traço característico da alta provocada pela expansão do crédito consiste no fato de que esses bens de capital adicionais ainda não estão disponíveis. Os bens de capital necessários à expansão das atividades empresariais terão de ser retirados de outras linhas de produção.

Denominemos de p a quantidade de bens de capital disponíveis ao se iniciar a expansão de crédito, e de g a quantidade total de bens de consumo que p poderia, num certo período de tempo, colocar à disposição dos consumidores, sem prejuízo da produção futura. Nesse momento, os empresários, seduzidos pela expansão de crédito, se lançam na produção de uma quantidade adicional $g3$ de bens de consumo do mesmo tipo que os anteriormente produzidos, e de uma quantidade $g4$ de bens de uma espécie que até então não havia sido produzida. Para a produção de $g3$ é necessária uma quantidade $p3$ de bens de capital, e para a produção de $g4$, uma quantidade $p4$. Mas como, segundo a hipótese que formulamos, a quantidade de bens de capital disponíveis não se alterou, as quantidades $p3$ e $p4$ não existem. É precisamente este fato que distingue a alta "artificial" provocada pela expansão do crédito de uma expansão "normal" da produção que só pode ser provocada pela existência real de $p3$ e $p4$.

Denominemos de r a quantidade de bens de capital que precisa ser subtraída da produção total, num determinado período de tempo, a fim de ser reinvestida para repor aquelas partes de p que foram usadas durante o processo de produção. Se a quantidade r for usada para essa reposição, estaremos em condições de produzir de novo g no período seguinte; se r deixa de ser empregado com esse propósito, p será reduzido de r, e $p-r$ produzirá, no período seguinte, apenas $g-a$. Podemos ainda supor que o sistema econômico afetado pela expansão de crédito seja um sistema em crescimento. Produziria "normalmente", por assim dizer, no período de tempo precedente à expansão de crédito, um excedente de bens de capital $p1+p2$. Se não houvesse expansão de crédito, $p1$ seria empregado na produção de uma quantidade adicional $g1$ do mesmo tipo de bens produzidos anteriormente, e $p2$ na produção de uma quantidade *g2* de bens que até então não eram produzidos. A quantidade total de bens de capital que está à disposição dos empresários e com a qual podem contar nos seus planos é *r* + *p1* + *p2*. Entretanto, iludidos pelo dinheiro barato, eles agem como se *r* + *p1* + *p2* + *p3* + *p4* estivessem disponíveis e como se tivessem condições de produzir não apenas *g* + *g1* + *g2*, mas, além disso, *g3* + *g4*. Disputam entre si, oferecendo preços cada vez maiores, para obter uma parte do total de bens de capital, que é insuficiente para a realização de seus planos excessivamente ambiciosos.

Essa alta dos preços dos bens de produção pode, no início, superar o aumento nos preços dos bens de consumo. Pode, assim, provocar uma tendência de queda na taxa de juro originário. Mas, com o progresso do movimento expansionista, o aumento nos preços dos bens de consumo ultrapassará o aumento nos preços dos bens de produção. A elevação dos salários e os ganhos adicionais dos capitalistas, empresários e fazendeiros, embora sejam em grande parte meramente aparentes, intensificam a demanda por bens de consumo. Não há necessidade de analisar a afirmação dos defensores da expansão do crédito, segundo a qual um boom pode, realmente, por meio da poupança forçada, aumentar a quantidade total de bens de consumo. De qualquer modo, é certo que a intensificação da demanda por bens de consumo afeta, o mercado num momento em que os investimentos adicionais ainda não estão em condições de produzir. Aumenta a diferença entre os preços dos bens presentes em relação aos bens futuros. Uma tendência de aumento na taxa de juro originário substitui a tendência em sentido contrário que possivelmente teria vigorado nos estágios anteriores da expansão.

Essa tendência de alta da taxa de juro originário e o surgimento de um prêmio compensatório positivo explicam algumas características do período de alta. Os bancos se veem diante de uma maior demanda por empréstimos e adiantamentos. Os empresários estão dispostos a tomar empréstimos a taxas brutas de juros maiores. Continuam tomando emprestado, apesar de os bancos cobrarem juros cada vez maiores. Numericamente as taxas brutas de juro são superiores às que vigoravam no início da expansão. Não obstante, do ponto de vista cataláctico, são insuficientes para cobrir o juro originário mais o componente empresarial e o prêmio compensatório. Os bancos, ao concederem empréstimos em condições mais onerosas, acreditam ter feito o necessário para terminar com a especulação "malsã". Pensam que os críticos que os condenam por atiçar as chamas da alta frenética do mercado estão equivocados. Não percebem que ao injetar cada vez mais meios fiduciários no mercado, estão de fato alimentando o fogo. É o aumento continuado da quantidade de meios fiduciários que produz, alimenta e acelera o boom. O valor da taxa bruta de juro do mercado é apenas uma consequência do aumento dos meios fiduciários. Se quisermos saber se está havendo ou não expansão de crédito, devemos examinar a quantidade existente de meios fiduciários e não a expressão numérica da taxa de juros.

Costuma-se descrever o *boom* como um período de excesso de investimento. Entretanto, só é possível haver investimento adicional na medida em que haja uma quantidade adicional disponível de bens de capital. Como, exceção feita à poupança forçada, o período de alta em si não resulta numa restrição, mas, ao contrário, num aumento do consumo, é impossível que por seu intermédio surjam os bens de capital necessários aos novos investimentos. A essência da expansão do crédito não é o excesso de investimento; é o investimento no setor errado, isto é, o mau investimento. Os empresários empregam a quantidade disponível $r + p1 + p2 + p3 + p4$. Aumentam seus investimentos numa escala superior a que os bens de capital disponíveis permitiriam. Seus projetos são irrealizáveis por causa da insuficiência de bens de capital. Fracassarão, mais cedo ou mais tarde. O inevitável final da expansão de crédito torna visíveis os erros cometidos. Há indústrias que não podem ser utilizadas porque lhes faltam fatores complementares que ainda nem são produzidos; há mercadorias que não podem ser vendidas porque os consumidores estão mais interessados em comprar outros bens que, por sua vez, não são produzidos em quantidade suficiente; há instalações cuja construção está paralisada por ter ficado óbvio que são antieconômicas.

O erro de crer que a característica essencial do *boom* é o excesso de investimento e não o mau investimento se deve ao hábito de julgar a situação apenas pelos seus aspectos perceptíveis e tangíveis. O observador percebe apenas os maus investimentos, que são visíveis, e não chega a perceber que são inviáveis porque faltam outros – aqueles necessários à produção dos fatores complementares de produção e à produção de bens de consumo de que o público necessita com mais urgência. As condições tecnológicas obrigam a que a expansão da produção só tenha início após a expansão das instalações que produzem bens de uma ordem mais afastada dos bens de consumo acabados. Para expandir a produção de calçados, roupas, automóveis, móveis, casas, é preciso, primeiro, expandir a produção de ferro, aço, cobre e outros bens do mesmo gênero. Ao empregar a quantidade de $r + p1 + p2$, que seria suficiente para produzir $a + g1 + g2$, como se fosse $r + p1 + p2 + p3 + p4$ e, portanto, suficiente para produzir $a + g1 + g2 + g3 + g4$, é preciso, em primeiro lugar, aumentar a produção de produtos e estruturas que, por razões físicas, são necessários antes dos demais. A classe empresarial globalmente considerada está, por assim dizer, na posição de um mestre de obras cuja tarefa é construir uma casa com uma quantidade limitada de materiais de construção. Se o nosso mestre de obras superestimar a quantidade disponível, elaborará um projeto para o qual os meios ao seu dispor não são suficientes. Superdimensiona as fundações e, só mais tarde, ao prosseguir a construção, percebe que faltam materiais para terminar a estrutura da casa. É claro que o erro do nosso mestre de obras não foi fazer um excesso de investimento, mas empregar inadequadamente os meios que tinha à sua disposição.

Não menos errado é acreditar que a crise teria sido provocada por excessiva conversão de capital "circulante" em capital "fixo". O empresário, quando chega a crise, e a correspondente restrição ao crédito tem razão em lamentar o fato de ter gasto muito na ampliação de suas instalações e na compra de equipamento durável; estaria melhor se tivesse usado os seus recursos na gestão normal do seu negócio. Entretanto, não são as matérias-primas, os produtos básicos, os semiacabados e os alimentos que estão escassos no momento em que a alta se transforma em depressão. Ao contrário, a crise se caracteriza, precisamente, pelo fato de que esses bens são ofertados em tais quantidades, que seus preços caem acentuadamente.

As afirmativas acima explicam por que uma expansão nas instalações de produção, na capacidade de produção das indústrias pesadas e na fabricação de bens de produção duráveis constitui o traço mais marcante do *boom*. Os jornalistas especializados em economia e finanças estavam certos quando – por mais de cem anos – consideraram as cifras de produção dessas indústrias, assim como as da construção, como índice da flutuação da atividade econômica. Erraram apenas ao falar de um alegado excesso de investimento.

É claro que o *boom* afeta também as indústrias de bens de consumo; elas também investem mais e expandem sua capacidade de produção. Entretanto, as novas fábricas e as novas ampliações não produzem necessariamente os produtos mais intensamente desejados pelo público. Provavelmente foram construídas segundo o plano geral que visava a produzir $r + g1 + g2 + g3 + g4$. O fracasso desse plano superdimensionado torna evidente a sua inviabilidade.

Nem sempre o *boom* é acompanhado por uma alta acentuada dos preços das mercadorias. O aumento da quantidade de meios fiduciários tem sempre a capacidade potencial de fazer os preços subirem. Mas pode ocorrer que, ao mesmo tempo, forças atuando em sentido oposto sejam suficientemente fortes para manter o aumento dentro de certos limites ou até mesmo suprimi-los completamente. O período da história durante o qual o funcionamento suave e tranquilo do mercado foi repetidas vezes perturbado por iniciativas expansionistas não deixou de ser uma época de contínuo progresso econômico. O constante aumento da acumulação de novos capitais tornou possível o avanço tecnológico. A produção por unidade de aporte aumentou e as empresas encheram as prateleiras com quantidades crescentes de mercadorias baratas. Se o concomitante aumento na quantidade de moeda (no sentido amplo) tivesse sido menor do que realmente foi, teria havido uma baixa nos preços de todas as mercadorias. A expansão do crédito dos nossos tempos tem estado sempre inserida num contexto em que fatores poderosos contrabalançam sua tendência de aumentar os preços. Em geral, nesse choque de forças opostas houve uma preponderância daquelas que provocavam aumento dos preços. Mas, em alguns casos excepcionais, o movimento de alta foi apenas ligeiro. O exemplo mais notável nos foi proporcionado pelo *boom* americano de 1926-1929.[9]

As características essenciais de uma expansão de crédito não variam por existirem esses casos particulares. O que induz um empresário a se lançar num determinado projeto não são os preços altos ou os preços baixos em si, mas uma diferença entre os custos de produção, inclusive juros sobre o capital necessário, e os preços previstos para os produtos a serem produzidos. Uma diminuição da taxa bruta de mercado como a que é provocada pela expansão de crédito faz com que certos projetos passem a ser considerados lucrativos, quando anteriormente não o eram. Faz com que $r + p1 + p2$ sejam empregados como se fossem $r + p1 + p2 + p3 + p4$. Faz surgir uma estrutura de investimentos e de atividades produtoras que não é compatível com a quantidade real de bens de capital, e que mais cedo ou mais tarde entrará em colapso. Às vezes, as mudanças de preço de que estamos tratando são compensadas por uma tendência geral de aumento do poder aquisitivo, resultando dessa interação de forças contrárias o que geralmente se denomina de estabilização de preços; tal circunstância modifica apenas alguns aspectos acessórios do processo.

É evidente que, quaisquer que sejam as condições, nenhuma manipulação dos bancos poderá prover o sistema econômico com bens de capital. O que é necessário para uma saudável expansão da produção são bens de capital adicionais e não moeda ou meios fiduciários. O

---

[9] Ver M.N. Rothbard, *America's Great Depression*, Princeton, 1963.

boom provocado pela expansão do crédito é um castelo de cartas construído com notas e depósitos bancários. Não consegue ficar de pé.

O colapso surge quando os bancos, assustados com o ritmo acelerado do *boom*, começam a se abster de continuar expandindo o crédito. O *boom* só pode continuar enquanto os bancos estejam dispostos a conceder generosamente às empresas todos os créditos necessários à execução de seus projetos ambiciosos, em completo desacordo com a real disponibilidade de fatores de produção e com as valorações dos consumidores. Esses planos ilusórios, que parecem viáveis graças à deformação do cálculo econômico provocada pela política de dinheiro barato, só podem ser levados adiante se novos créditos forem concedidos a taxas brutas de mercado, artificialmente baixas em relação ao valor que teriam num mercado de crédito isento dessas manipulações. É essa margem que lhes dá uma falsa aparência de lucratividade. A mudança no comportamento dos bancos não cria a crise; apenas torna visíveis os danos provocados pelos equívocos cometidos pelas empresas durante o período de *boom*.

Mesmo que os bancos insistissem em manter teimosamente suas políticas expansionistas, o *boom* não poderia durar eternamente. Qualquer tentativa de substituir bens de capital não existente (especificamente às quantidades *p3 e p4*) por meios fiduciários está fadada ao fracasso. Se a expansão do crédito não for interrompida a tempo, o *boom* se transforma numa alta de pânico (*crack-up boom*); começa a fuga para os valores reais e o sistema monetário desmorona. Todavia, como regra geral, no passado os bancos não deixaram as coisas chegarem a esse extremo. Ficaram alarmados quando a catástrofe final ainda estava longe.[10]

Tão logo seja interrompido o fluxo de meios fiduciários adicionais, o castelo de cartas do *boom* desmorona. Os empresários veem-se obrigados a restringir suas atividades porque lhes faltam os fundos para manter a escala exagerada em que se engajaram. Os preços caem abruptamente porque essas empresas em dificuldades tentam fazer caixa vendendo seus estoques a qualquer preço. Fábricas são fecha-

---

[10] Não nos devemos iludir, pensando que essas mudanças nas políticas de crédito dos bancos foram causadas pela percepção dos banqueiros e das autoridades monetárias quanto às inevitáveis consequências de uma continuada expansão do crédito. O que fez os bancos mudarem sua conduta foram certas condições institucionais a serem analisadas mais adiante, p. 900-902 Sempre houve banqueiros competentes e conhecedores da ciência econômica; a própria formulação da teoria das flutuações econômicas, a teoria monetária (Escola Monetária – *Currency School*) foi, inicialmente, em grande parte elaborada por banqueiros ingleses. Mas a gestão dos bancos centrais e a condução das políticas monetárias dos vários governos foram, geralmente, confiadas a homens que não viam nenhum mal em expandir ilimitadamente o crédito e se consideravam ofendidos diante de qualquer crítica às suas iniciativas expansionistas.

das, construções são paralisadas antes de seu término, trabalhadores são dispensados. Como, de um lado, muitas empresas necessitam desesperadamente de dinheiro para evitar a insolvência e, de outro, nenhuma empresa inspira confiança, o componente empresarial da taxa bruta de juro do mercado sobe para níveis demasiadamente altos.

São circunstâncias acidentais, de ordem institucional e psicológica, que acabam transformando a crise em pânico. Podemos deixar para os historiadores a tarefa de descrever esses acontecimentos lamentáveis. Não é tarefa da teoria cataláctica descrever em detalhe as calamidades dos dias e semanas de pânico, nem alongar-se sobre seus aspectos por vezes grotescos. A economia não tem interesse no que é acidental e dependente das circunstâncias históricas específicas de cada caso. Ao contrário, seu propósito é distinguir o que é essencial e necessário daquilo que é meramente adventício. Não está interessada nos aspectos psicológicos do pânico, mas apenas no fato de que um *boom* provocado por uma expansão de crédito conduzirá inevitavelmente a um processo vulgarmente denominado de depressão. Cabe à economia reconhecer que a depressão, na realidade, é um processo de ajuste, uma tentativa de recolocar as atividades produtoras em consonância com as condições do mercado: a quantidade de fatores de produção disponíveis, as valorações dos consumidores e, sobretudo, a taxa de juro originário resultante das valorações dos consumidores.

Esses dados, entretanto, não são os mesmos que prevaleciam ao iniciar-se o processo expansionista. Muitas coisas mudaram desde então. A poupança forçada e, num grau ainda maior, a poupança voluntária habitual podem ter proporcionado novos bens de capital que não foram totalmente desperdiçados pelo mau investimento e pelo sobreconsumo induzido pelo boom. As mudanças na riqueza e na renda de vários indivíduos e grupos de indivíduos serão provocadas pelas particularidades de cada movimento inflacionário. Independentemente de terem qualquer relação causal com a expansão do crédito, os números e as características populacional podem ter mudado; o conhecimento tecnológico pode ter evoluído, a demanda por certos bens pode ter-se alterado. O estado final a que tende o mercado já não é o mesmo para o qual tendia antes das perturbações provocadas pela expansão creditícia.

Alguns investimentos feitos no período do boom, quando avaliados com o julgamento sóbrio do período de ajustamento, não mais obscurecido pela ilusão do período de alta revelam-se fracassos irremediáveis. Terão simplesmente de ser abandonados porque os meios correntes necessários à sua exploração não poderão ser recuperados com a venda de seus produtos; esse capital "circulante" é mais urgentemente necessário para satisfazer outras necessidades; a prova disso é que podem ser empregados de uma maneira mais lucrativa em outros setores. Há outros maus investimentos cujas perspectivas são menos desfavoráveis. Certamente, se não fosse o cálculo malfeito, não se teriam realizado. Os investimentos que forem inconversíveis estão perdidos. Mas, como são inconversíveis, são um *fait accompli* que coloca um novo problema para a ação futura. Se as receitas obtidas com a venda de seus produtos forem superiores aos custos de operação, é vantajoso continuar a produção. Embora os preços que o público comprador esteja disposto a pagar pelos produtos não sejam suficientes para tornar lucrativo o investimento inconversível como um todo, podem ser suficientes para remunerar pelo menos uma fração, por menor que seja do investimento. Nesse caso, o resto do investimento deve ser considerado como despesa sem contrapartida, como capital desperdiçado e perdido.

Se olharmos esse resultado do ponto de vista dos consumidores, a conclusão é, certamente, a mesma. Os consumidores estariam mais bem servidos se as ilusões criadas pela política de dinheiro fácil não tivessem seduzido os empresários a desperdiçar bens de capital escassos, investindo-os para satisfazer necessidades menos urgentes e, desta forma, impedindo que necessidades mais urgentes fossem atendidas. Agora, não há mais nada a fazer; a situação é irrevogável. Por ora, terão de renunciar a certas amenidades que poderiam desfrutar, se o *boom* não tivesse gerado o mau investimento. Mas, por outro lado, podem encontrar uma compensação parcial no fato de poderem desfrutar agora de uma satisfação que estaria fora de seu alcance se o curso regular da economia não tivesse sido perturbado pela orgia do *boom*. É uma compensação apenas superficial, uma vez que os bens que não chegaram a ser fabricados, por causa do emprego inadequado dos bens de capital, eram muito mais desejados do que esses que, por assim dizer, os "substituíram". Mas, nas circunstâncias e condições atuais, não lhes resta outra escolha.

O resultado final da expansão do crédito é um empobrecimento geral. Alguns podem ter aumentado sua riqueza; não deixaram que a histeria coletiva ofuscasse a sua razão, e se aproveitaram das oportunidades proporcionadas pela mobilidade dos investidores. Outros indivíduos ou grupos de indivíduos podem ter sido favorecidos, sem qualquer mérito próprio, pelo simples fato de que os bens que vendiam aumentaram de preço antes dos bens que compravam. Mas a imensa maioria terá de pagar a conta do mau investimento e do sobreconsumo ocorridos durante o *boom*.

Devemos evitar que o termo empobrecimento seja mal interpretado. Não significa, necessariamente, que tenha havido um empobrecimento em relação às condições que prevaleciam antes de iniciar-se a expansão do crédito. A ocorrência ou não de um empobrecimento nesse sentido depende das circunstâncias específicas de cada caso; não pode ser apoditicamente previsto pela cataláxia. A cataláxia, quando afirma que o empobrecimento é uma consequência inevitável da expansão do crédito, refere-se ao empobrecimento em relação ao estado de coisas que haveria de resultar se não tivesse havido a expansão de crédito e o *boom*. O traço característico da história econômica do capitalismo é o de ter havido, nesse período, um progresso econômico ininterrupto, um aumento constante na quantidade de bens de capital disponíveis e uma tendência permanente de melhoria do padrão de vida em geral. O ritmo desse progresso é tão rápido que, mesmo durante um período de *boom*, pode ser suficiente para compensar as perdas que estão, simultaneamente, sendo causadas pelo mau investimento e pelo excesso de consumo. Neste caso, o sistema econômico em geral prosperou durante o *boom;* terá empobrecido se comparado com a maior prosperidade que poderia ter havido, não fosse o desperdício.

A ALEGADA AUSÊNCIA DE DEPRESSÕES NUMA ORGANIZAÇÃO TOTALITÁRIA

Muitos autores socialistas afirmam que a recorrência de depressões e de crises econômicas é um fenômeno inerente ao sistema capitalista de produção. Por outro lado, dizem eles, num sistema socialista isso não ocorreria.

Como já ficou evidente, e serão novamente mostradas mais adiante, as flutuações cíclicas da atividade econômica não é uma decorrência do livre funcionamento do mercado, mas uma consequência da interferência do governo com o objetivo de reduzir a taxa de juro abaixo do nível que o mercado livre a fixaria.[11] Por ora, vamos examinar apenas a alegada estabilidade prometida pelo planejamento socialista.

Antes de tudo é essencial compreender que o que faz a crise surgir é o processo democrático de mercado. Os consumidores não aprovam a utilização que os empresários deram aos fatores de produção; manifestam sua desaprovação comprando ou deixando de comprar. Os empresários, seduzidos pelas ilusões de uma taxa bruta de juro do mercado artificialmente baixa, deixaram de fazer os investimentos que

[11] Ver adiante p. 897-899.

melhor atenderiam às necessidades mais urgentes do público. Tão logo termine a expansão do crédito, esses erros ficarão evidentes. As atitudes dos consumidores forçam os empresários a ajustar novamente suas atividades para que as necessidades sejam atendidas da melhor maneira possível. Esse processo de depuração dos erros cometidos no *boom*, e de realinhamento com os desejos dos consumidores, é o que habitualmente se denomina de depressão.

Numa economia socialista, só são considerados os julgamentos de valor do governo; as pessoas não têm meios de fazer prevalecer os seus julgamentos de valor. Um ditador não se preocupa em saber se as massas aprovam sua decisão sobre quanto deve ser consagrado ao consumo e ao investimento adicional. Se o ditador investir mais e assim restringir os meios disponíveis para consumo, o povo deve comer menos e calar a boca. Não há crise porque os indivíduos não têm oportunidade de manifestar sua insatisfação. Onde não há nenhuma atividade empresarial, esta não pode ser nem boa nem má. Pode haver escassez e fome, mas não depressão no sentido com que esse termo é usado na economia de mercado. Onde os indivíduos não têm liberdade de escolher, não há como protestar contra os métodos usados por aqueles que dirigem as atividades de produção.

7
OS EFEITOS DA DEFLAÇÃO E DA CONTRAÇÃO DO CRÉDITO SOBRE A TAXA BRUTA E JURO DO MERCADO

Suponhamos que durante um processo deflacionário a quantia total pela qual se reduzirá a quantidade de moeda (no sentido amplo) seja retirada do mercado de crédito. Assim sendo, o mercado de crédito e a taxa bruta de juro do mercado são afetados, desde o primeiro instante, pela mudança ocorrida na relação monetária, antes mesmo que tenha ocorrido qualquer mudança nos preços das mercadorias e serviços. Podemos, por exemplo, imaginar que um governo, ao desejar provocar uma deflação, coloque títulos da dívida pública no mercado e destrua o papel-moeda assim recebido. Esse procedimento foi adotado inúmeras vezes nos últimos duzentos anos. A ideia era, depois de um período prolongado de inflação, fazer com que a unidade monetária nacional voltasse a ter a sua paridade metálica. Na maior parte dos casos, esses projetos deflacionários foram logo abandonados em virtude da crescente oposição à sua execução e, mais ainda, do ônus que representavam para o Tesouro Nacional. Podemos também supor que os bancos, assustados com a crise provocada pela expansão do crédito, procurassem aumentar as suas reservas em relação ao seu próprio passivo, restringindo, portanto o crédito circulante. Uma terceira possibilidade consistiria em supor que a crise resultou na falência de bancos que concediam crédito circulante, e que a supressão dos meios fiduciários emitidos por esses bancos reduziria a quantidade de crédito disponível no mercado.

Em todos esses casos, segue-se uma tendência temporária de alta na taxa bruta de juro do mercado. Projetos que antes pareciam lucrativos deixam de sê-lo. Surge uma tendência de queda nos preços dos fatores de produção e, mais tarde, também nos preços dos bens de consumo. O mercado fica frouxo. O impasse só termina quando os preços e salários se ajustam à nova relação monetária. Quando isso ocorre, o mercado de crédito também se adapta ao novo estado de coisas e a taxa bruta de juro do mercado deixa de ser perturbada pela falta de oferta de empréstimos. Assim, uma alta na taxa bruta de juro do mercado, provocada por variações nos encaixes, produz uma temporária estagnação da atividade econômica. A deflação e a contração do crédito, tanto quanto a inflação e a expansão do crédito, são elementos perturbadores do funcionamento normal da atividade econômica. Não obstante, constituiria um erro grave considerar a deflação e a contração como se fossem simplesmente uma contrapartida da inflação e da expansão.

A expansão, no início, gera uma ilusória sensação de prosperidade. Faz com que a maioria, ou até mesmo todos, sintam-se melhor de vida. É sedutora; é preciso um esforço moral pouco comum para resistir à tentação. Por outro lado, a contração gera imediatamente situações que todos consideram desagradáveis. Sua impopularidade ultrapassa até mesmo a popularidade da expansão. Suscita uma oposição muito forte; as forças que a combatem logo se tornam irresistíveis.

A moeda *fiat* e os empréstimos baratos ao governo enchem as arcas do Tesouro; a deflação esvazia os seus cofres. A expansão do crédito é vantajosa para os bancos; a contração é uma punição. A inflação e a expansão são tentadoras enquanto que a deflação e a contração são desagradáveis.

Mas a diferença entre esses dois modos opostos de manipular a moeda e o crédito não consiste apenas no fato de um ser popular e o outro ser universalmente detestado. A deflação e a contração têm menos possibilidades de causar danos do que a inflação e a deflação, não apenas porque raramente se recorre a elas. São também menos desastrosas graças aos efeitos que lhes são inerentes. A expansão desperdiça fatores escassos de produção ao engendrar maus investimentos e excesso de consumo. Quando termina, é preciso um penoso processo de recuperação para eliminar o empobrecimento que provocou. A contração, entretanto, não provoca mau investimento nem excesso de consumo. A restrição temporária da atividade econômica coincide geralmente com uma queda no consumo por parte dos trabalhadores que foram dispensados e dos proprietários de fatores materiais de produção cujas vendas diminuíram. Não deixa sequelas. Quando a contração termina, o processo de recuperação não tem que repor as perdas ocorridas por consumo de capital.

A deflação e a restrição do crédito nunca representaram um papel digno de nota na história econômica. Os exemplos mais salientes nos foram proporcionados pela Inglaterra ao pretender retornar, depois das Guerras Napoleônicas e depois da Primeira Guerra Mundial, à paridade que prevalecia antes dessas guerras. Em ambos os casos, o Parlamento e o governo adotaram a política deflacionista, sem ponderar devidamente os prós e os contras dos dois métodos existentes para um retorno ao padrão-ouro. É compreensível que assim tenham agido no segundo decênio do século XIX, já que naquele tempo a teoria monetária não tinha ainda esclarecido essas questões. Fazer o mesmo cem anos depois foi simplesmente uma demonstração de imperdoável ignorância da teoria econômica, assim como da história econômica.[12]

A ignorância manifestou-se também ao se confundir deflação e contração com o processo de ajuste ao qual todo *boom* expansionista conduz. Se a crise vai provocar ou não uma restrição dos meios fiduciários em circulação é algo que depende da estrutura institucional do sistema de crédito que deu origem ao *boom*. Tal restrição pode ocorrer quando a crise resulta na falência de bancos que concediam crédito circulante, desde que essa restrição não seja compensada por uma correspondente expansão por parte dos bancos remanescentes. Mas esse não é um fenômeno que necessariamente tenha de acompanhar a depressão; é fora de dúvida que não ocorreu nos últimos oitenta anos na Europa, e a extensão com que ocorreu nos Estados Unidos depois do *Federal Reserve Act* de 1913 tem sido grandemente exagerada. A escassez de crédito que caracteriza a crise não é causada pela contração, mas pela abstenção em se continuar expandindo o crédito. Prejudica todas as empresas, não só as que estão condenadas a desaparecer, como também aquelas cujos negócios são estáveis e que poderiam florescer, se houvesse disponibilidade de crédito. Como os débitos vincendos não são pagos, os bancos ficam sem recursos para conceder créditos até mesmo para as empresas sólidas. A crise se generaliza e força todos os setores e todas as firmas a reduzirem suas

---

[12] Ver adiante p. 888.

atividades. Não há como evitar essas consequências secundárias do *boom* que as precedeu.

Logo que a depressão começa, ouve-se por toda parte um lamento contra a deflação e um clamor popular pedindo a continuação da política expansionista. Ora, é verdade que, mesmo que não tenha havido redução na quantidade de moeda propriamente dita e dos meios fiduciários disponíveis, a depressão ocasiona um aumento no poder aquisitivo da unidade monetária provocado pelo aumento nos encaixes. Toda empresa procura aumentar seus encaixes e esses esforços afetam a relação entre a oferta e a procura de moeda (no sentido amplo) para encaixe. Esse fenômeno pode ser efetivamente denominado deflação. Mas seria um erro grave pensar que a queda dos preços das mercadorias seja causada por esse empenho em aumentar os encaixes. A relação causal é no sentido inverso. Os preços dos fatores de produção – tanto materiais como humanos – atingiram um nível extremamente alto durante o período do *boom*. Precisam baixar para que os negócios se tornem novamente rentáveis. Os empresários aumentam seus encaixes porque se abstêm de comprar bens e contratar trabalhadores enquanto a estrutura de preços e salários não se ajustar à verdadeira situação do mercado. Assim sendo, qualquer tentativa do governo ou dos sindicatos para evitar ou retardar esse ajuste simplesmente prolonga a estagnação.

Até mesmo economistas, frequentemente, não conseguem compreender essa concatenação. Eles argumentam assim: a estrutura de preços que se desenvolveu durante o *boom* foi uma consequência da pressão expansionista. Se a expansão dos meios fiduciários terminasse, os preços e salários se estabilizariam. Desde que não haja deflação, não haveria uma queda nos preços e salários.

Esse raciocínio estaria certo se a pressão inflacionária não tivesse afetado primeiro o mercado de crédito, antes de produzir seus efeitos diretamente sobre os preços das mercadorias. Suponhamos que um governo de um país isolado emita uma quantidade adicional de papel-moeda com o propósito de distribuí-la entre os cidadãos de baixa renda. O aumento nos preços das mercadorias daí decorrente transtornaria a produção; tenderia a deslocar a produção, dos bens de consumo habitualmente adquiridos pelos grupos não subvencionados para os bens que os grupos subvencionados consomem. Se essa política de subvencionar certos grupos for mais tarde abandonada, os preços dos bens demandados pelos grupos até então subvencionados diminuirão, e os preços dos bens demandados pelos grupos não subvencionados aumentarão rapidamente. Mas isso não quer dizer que a unidade monetária voltaria a ter o mesmo poder aquisitivo que tinha no período pré-inflacionário. A estrutura de preços ficará para sempre afetada pela aventura inflacionária, a não ser que o governo retire do mercado a quantidade adicional de papel-moeda que injetou sob a forma de subvenções.

As coisas são diferentes quando a expansão do crédito afeta em primeiro lugar o mercado de empréstimos. Nesse caso, os efeitos inflacionários são agravados pelas consequências do capital mal investido e do excesso de consumo. Na disputa por uma parcela maior dos limitados bens de capital e mão de obras disponíveis, os empresários empurram o preço para um nível onde só podem manter caso a expansão continue em ritmo acelerado. Uma queda forte nos preços de todas as mercadorias e serviços é inevitável tão logo cesse o fluxo crescente de meios fiduciários.

Enquanto o *boom* prossegue, prevalece uma tendência geral de comprar a maior quantidade de mercadorias porque se espera que os preços subam ainda mais. Na depressão, por outro lado, as pessoas se abstêm de comprar porque esperam que os preços continuem a cair. A recuperação e o retorno à "normalidade" só começam quando os preços e salários estão tão baixos que um número de pessoas suficientemente grande presume que eles não baixarão mais. Portanto, a única maneira de abreviar o período de maus negócios é evitar qualquer tentativa de atrasar ou impedir a queda nos preços e salários.

Somente quando a recuperação começa a ganhar impulso é que a mudança na relação monetária, causada pelo aumento na quantidade de meios fiduciários, começa a se refletir na estrutura de preços.

A DIFERENÇA ENTRE EXPANSÃO DO CRÉDITO E INFLAÇÃO SIMPLES

Ao analisar as consequências da expansão do crédito, supusemos que os meios fiduciários adicionais entram no sistema de mercado via mercado de crédito, sob a forma de empréstimos às empresas. Tudo o que foi dito em relação aos efeitos da expansão de crédito refere-se a essa hipótese.

Existem situações, entretanto, nas quais os métodos técnicos e legais da expansão do crédito são usados com um propósito completamente diferente da verdadeira expansão de crédito do ponto de vista cataláctico. Considerações de natureza política e institucional às vezes fazem com que seja conveniente, para o governo, aproveitar-se das facilidades do sistema bancário como alternativa à emissão de moeda fiat. O Tesouro toma emprestado dos bancos e os bancos conseguem os recursos necessários ou através da emissão de notas bancárias adicionais ou creditando o governo numa conta corrente. Legalmente os bancos tornam-se credores do Tesouro; na realidade, a operação se resume a um caso típico da inflação provocada pela emissão de moeda *fiat*. Os meios fiduciários adicionais entram no mercado através do Tesouro, que os utiliza para pagar despesas do governo. São estes gastos públicos adicionais que estimulam a expansão das atividades econômicas. A emissão dessa moeda *fiat* recém-criada não interfere diretamente na taxa bruta de juro do mercado, qualquer que seja a taxa de juro que o governo pague ao banco. Só afetará o mercado de crédito e a taxa bruta de juro do mercado, não considerando o surgimento de um prêmio compensatório positivo, se uma parte dessa moeda *fiat* adicional chegar ao mercado de crédito num momento em que seus efeitos sobre os preços das mercadorias e sobre os salários ainda não se tiverem consumado.

Foi essa, por exemplo, a situação nos Estados Unidos durante a Segunda Guerra Mundial. Independentemente da política de expansão creditícia que já vinha sendo adotada antes do início da guerra, o governo contraiu pesadas dívidas com o sistema bancário. Do ponto de vista técnico, tais operações podiam ser consideradas como expansão creditícia; na realidade, foi uma forma de emitir papel-moeda. Outros países recorreram a técnicas ainda mais complicadas. O *Reich* alemão, por exemplo, durante a Primeira Guerra Mundial, vendeu títulos ao público. O *Reichsbank* financiava essas compras emprestando a maior parte dos recursos de que os compradores necessitavam, e recebendo os mesmos títulos como garantia colateral. Exceção feita à fração que o comprador pagava com seus próprios recursos, o papel que o banco e o público representavam na transação era meramente formal. Virtualmente as notas bancárias adicionais eram papel-moeda inconversível.

É importante prestar atenção a esses fatos para não confundir as consequências da expansão do crédito propriamente dita com a inflação provocada pelo governo mediante emissão de moeda *fiat*.

8
A TEORIA MONETÁRIA, OU DO CRÉDITO CIRCULANTE, RELATIVA AO CICLO ECONÔMICO

A teoria das flutuações cíclicas da atividade econômica, tal como foi elaborada pela Escola Monetária Inglesa (*Currency School*), era insatisfatória sob dois aspectos.

Em primeiro lugar, não chegava a perceber que o crédito circulante pode ser concedido não apenas pela emissão de notas bancárias em excesso sobre as reservas do banco, mas também pela criação de depósitos em conta corrente, sacáveis por meio de cheques, em excesso sobre as mesmas reservas (moeda-cheque, moeda-bancária). Consequentemente, não se dava conta de que depósitos à vista também podem ser usados como instrumento para expandir o crédito. Esse erro não é grave porque pode ser facilmente corrigido. Basta mostrar que tudo o que se refere à expansão de crédito é válido também para qualquer modalidade de expansão creditícia, pouco importando se os meios fiduciários adicionais são notas bancárias ou depósitos. Entretanto, as teorias da Escola Monetária, que inspiraram a legislação inglesa, foram elaboradas com o propósito de evitar que houvesse *booms* provocados por expansão de crédito e sua inevitável consequência, a depressão, numa época em que essa consequência fundamental ainda não era largamente compreendida. *O Peel Act* de 1844 e as normas legais que, seguindo seus passos, foram promulgadas em diversos países não atingiram os objetivos desejados; e esse fracasso abalou o prestígio da Escola Monetária. A Escola Bancária (*Banking School*) triunfou imerecidamente.

O segundo ponto fraco da Escola Monetária foi mais grave. Seus defensores limitaram-se a considerar o problema da drenagem de capitais para o exterior. Lidaram apenas com um caso particular, qual seja a expansão do crédito em um país, enquanto em outros não havia nenhuma, ou apenas uma pequena expansão. Isso foi suficiente para explicar, *grosso modo*, as crises inglesas do início do século XIX; mas era uma abordagem meramente superficial do problema. A questão essencial não chegou a ser levantada. Nada foi feito para esclarecer as consequências de uma expansão de crédito generalizada, não limitada a certo número de bancos com uma clientela restrita. As relações recíprocas entre a quantidade de moeda (no sentido amplo) e a taxa de juro não chegaram a ser analisadas. Os inúmeros projetos para diminuir, ou abolir completamente, os juros por meio de uma reforma bancária foram ridicularizados como charlatanismo, mas não chegaram a ser dissecados e refutados por meio de uma crítica consistente. A presunção ingênua da neutralidade da moeda estava sendo tacitamente ratificada. Assim sendo, o campo ficou livre para todas as tentativas inúteis de interpretação das crises e das flutuações da atividade econômica por meio da teoria da troca direta. Muitas décadas se passaram antes que o feitiço se quebrasse.

O obstáculo que a teoria monetária, ou do crédito circulante, teve de superar não consistiu apenas no erro teórico, mas também no preconceito político. A opinião pública é propensa a ver o juro simplesmente como um obstáculo institucional à expansão da produção. Não percebe que o desconto de bens futuros em relação a bens presentes é uma necessária e eterna categoria da ação humana e não pode ser abolida por manipulações bancárias. Os excêntricos e os demagogos consideram o juro como o produto de maquinações sinistras de exploradores desalmados. Essa antiga aversão ao juro tem sido plenamente reavivada pelo intervencionismo moderno. Tem-se mantido fiel ao dogma de que uma das principais atribuições de um bom governo é diminuir a taxa de juro o mais possível, ou aboli-la inteiramente. Todos os governos de hoje estão fanaticamente comprometidos com políticas de dinheiro fácil. Como já foi mencionado antes, o próprio governo inglês declarou que a expansão do crédito conseguiu "o milagre ... de transformar uma pedra em pão".[13] Um presidente do *Federal Reserve Bank* de Nova York chegou a dizer que "todo estado soberano onde exista uma instituição que funcione como um banco central moderno, e cuja moeda não seja conversível em ouro ou em qualquer outra mercadoria, pode libertar-se definitivamente do mercado monetário interno".[14] Muitos governos, universidades e institutos de pesquisa econômica subvencionam generosamente publicações cujo principal objetivo é louvar as virtudes da expansão creditícia desenfreada e difamar qualquer oponente como um mal-intencionado defensor dos interesses egoístas dos usurários.

Os movimentos ondulatórios que afetam o sistema econômico, a recorrência de períodos de *boom* seguidos de períodos de depressão, são a consequência inevitável das reiteradas tentativas de diminuir a taxa bruta de juro do mercado por meio da expansão do crédito. Não há meio de evitar o colapso final de um *boom* provocado pela expansão de crédito. A única alternativa possível é entre uma crise em curto prazo, provocada pela decisão voluntária de não se expandir mais o crédito, e uma catástrofe final e total do sistema monetário, mais tarde.

A única objeção jamais levantada contra a teoria do crédito circulante é realmente muito pouco convincente. Tem sido dito que a redução da taxa bruta de juro do mercado, abaixo do nível que teria alcançado num mercado de crédito sem entraves, poderia ser não o fruto de uma política intencional dos bancos ou das autoridades monetárias, mas uma consequência indesejada do seu próprio conservadorismo. Diante de uma situação que, por si só, resultaria numa alta da taxa de mercado, os bancos não aumentariam a taxa de juro de seus empréstimos e, assim, querendo ou não, iniciariam

---

[13] Ver p. 543-544.

[14] Beardsley Ruml, "Taxes for Revenue are Obsolete", *American Affairs*, 1946, vol.8, p.35-36.

um processo de expansão.[15] Tais afirmativas são infundadas. Mas, se admitíssemos sua procedência, só para argumentar, em nada ficaria afetada a essência da explicação monetária do ciclo econômico. Pouco importam os motivos que levam os bancos a expandirem o crédito e a cobrarem uma taxa de juro menor do que aquela que o mercado livre estabeleceria. O que importa, na verdade, é que os bancos e as autoridades monetárias consideram que o nível das taxas de juros tal como determinado pelo livre mercado de empréstimos é um mal, que o objetivo de uma boa política econômica é reduzi-lo, e que a expansão do crédito é um meio apropriado para alcançar esse objetivo sem prejudicar ninguém, a não ser os credores parasitários. São essas aberrações que induzem as autoridades a adotarem medidas que acabam provocando o colapso.

Considerando-se esses fatos, poderia parecer mais oportuno não discutir os problemas em questão agora, no contexto da teoria da economia de mercado, e relegar esse estudo para mais tarde, quando analisaremos o intervencionismo, ou seja, a interferência do governo nos fenômenos do mercado. É fora de dúvida que a expansão do crédito é uma das principais questões do intervencionismo. Não obstante, esses problemas devem ser analisados ao tratarmos da teoria da economia de mercado e não ao estudarmos o intervencionismo. Isto porque o problema essencial a ser examinado é a relação entre a quantidade de moeda e a taxa de juro, problema esse do qual as consequências da expansão do crédito constituem apenas um caso particular.

Tudo quanto foi dito em relação à expansão do crédito é igualmente válido em relação aos efeitos de qualquer aumento na quantidade de moeda propriamente dita, desde que essa quantidade adicional chegue ao mercado de crédito num estágio anterior ao da sua entrada no sistema do mercado. Se a quantidade adicional de moeda aumenta também a quantidade que é oferecida para empréstimos quando os salários e os preços das mercadorias ainda não se ajustaram completamente à mudança na relação monetária, os efeitos não serão diferentes dos produzidos por uma expansão do crédito. Ao analisar o problema da expansão do crédito, a cataláxia completa os ensinamentos da teoria da moeda e do juro; implicitamente desmascara os velhos erros relativos ao juro e arrasa os planos fantásticos para "abolir" o juro por meio de reformas monetárias ou bancárias.

---

[15] Machlup, em *The Stock Market, Credit and Capital Formation*, p.248, denomina de "inflacionismo passivo" a essa conduta dos bancos.

O que diferencia a expansão do crédito de um aumento na quantidade de moeda, possível de ocorrer numa economia que empregue unicamente moeda-mercadoria e não meios fiduciários dependem da quantidade do aumento e da sequência temporal de seus efeitos sobre as várias partes do mercado. Mesmo um rápido aumento na produção de metais preciosos não pode jamais ter a amplitude que a expansão do crédito é capaz de atingir. O padrão-ouro foi um obstáculo eficaz à expansão do crédito, pois forçava os bancos a não ultrapassarem certos limites nas suas iniciativas expansionistas.[16] As potencialidades inflacionárias intrínsecas ao padrão-ouro eram mantidas dentro dos limites das possibilidades de exploração das minas de ouro. Ademais, só uma parte do ouro adicional aumentava a oferta no mercado de crédito. A maior parte agia primeiro sobre os preços das mercadorias e sobre os salários, só afetando o mercado de crédito num estágio posterior do processo inflacionário.

Entretanto, o contínuo aumento na quantidade de moeda-mercadoria exerceu uma constante pressão expansionista sobre o mercado de crédito. A taxa bruta de juro do mercado, ao longo dos últimos séculos, esteve permanentemente submetida ao impacto de um fluxo de moeda adicional no mercado de crédito. Sem dúvida alguma, essa pressão, nos últimos 150 anos nos países anglo-saxões e nos últimos cem anos na Europa continental, foi largamente ampliada pela concomitante expansão do crédito circulante concedido pelos bancos, independentemente dos seus esforços intencionais – ocasionalmente reiterados – de reduzir a taxa bruta de juros do mercado por meio de uma maior expansão do crédito. Havia, assim, três tendências de redução da taxa bruta de juro do mercado que atuavam ao mesmo tempo, uma fortalecendo a outra. A primeira resultava do aumento regular da quantidade de moeda mercadoria; a segunda, do crescimento espontâneo dos meios fiduciários nas operações bancárias; a terceira era fruto de políticas intencionalmente contra o juro, patrocinadas pelas autoridades e aprovadas pela opinião pública. Evidentemente, é impossível assegurar quantitativamente qual o seu efeito conjunto ou qual a contribuição de cada uma; uma resposta a questões desse tipo só pode ser dada pela compreensão histórica.

O raciocínio cataláctico pode mostrar-nos apenas que uma suave, mas contínua pressão sobre a taxa bruta de juro do mercado – provocada pelo contínuo aumento da quantidade de ouro assim como pelo moderado aumento da quantidade de meios fiduciários – que não seja superada e intensificada por uma política intencional de dinheiro

---

[16] Ver p. 548-549.

fácil pode ser contrabalançada pelas forças de acomodação e ajuste inerentes à economia de mercado. A adaptabilidade da atividade econômica, desde que não seja sabotada por forças estranhas ao mercado, é suficientemente forte para anular os efeitos que possam ser provocados por ligeiras perturbações do mercado de crédito.

Os estatísticos tentaram investigar os grandes ciclos da atividade econômica por meio de métodos da sua especialidade. Tais tentativas são inúteis. A história do capitalismo moderno é um registro de contínuo progresso econômico, frequentemente interrompido por frenéticos *booms* e sua inevitável consequência, as depressões. Geralmente é possível discernir estatisticamente essas oscilações recorrentes da tendência geral de aumento do capital investido e da quantidade de bens produzidos. É impossível descobrir qualquer flutuação rítmica na própria tendência geral.

9
EFEITOS DA RECORRÊNCIA DO CICLO ECONÔMICO SOBRE A ECONOMIA DE MERCADO

As reiteradas tentativas de alcançar a prosperidade pela expansão do crédito, responsáveis pelas flutuações cíclicas da atividade econômica, se devem, em última análise, à popularidade de que goza a inflação e a expansão do crédito. Essa popularidade se manifesta claramente na terminologia corrente. O *boom* é considerado como estímulo aos negócios, à prosperidade e ao progresso. Sua consequência inevitável, o ajuste das condições à realidade do mercado, é considerado como crise, declínio, estagnação, depressão. As pessoas se revoltam diante da evidência de que o elemento perturbador provém dos maus investimentos e do excesso de consumo no período do *boom*, e que esse *boom* artificial está condenado ao fracasso. Ficam procurando a pedra filosofal que possa fazê-lo durar.

Já assinalamos anteriormente em que medida pode-se chamar de progresso econômico uma melhora na qualidade e um aumento na quantidade dos produtos. Se aplicássemos esse critério às várias fases das flutuações cíclicas da atividade econômica, teríamos de chamar o boom de retrocesso e a depressão de progresso. O *boom* desperdiça escassos fatores de produção através de maus investimentos e reduz o estoque disponível através do excesso de consumo; suas alegadas vantagens são pagas com o empobrecimento. A depressão, por outro lado, é o retorno a um estado de coisas em que todos os fatores de produção são empregados de maneira a melhor satisfazer as necessidades mais urgentes dos consumidores.

Tentativas desesperadas têm sido feitas para achar no *boom* alguma contribuição positiva ao progresso econômico. Tem-se dado ênfase ao papel que a poupança forçada representa na acumulação de capital. O argumento é inútil. Já foi mostrado antes que é muito discutível a afirmação segundo a qual a poupança forçada pode conseguir mais do que compensar uma parte do consumo de capital ocorrido no *boom*. Se aqueles que louvam os efeitos alegadamente benéficos da poupança forçada fossem coerentes, eles teriam de propugnar um sistema fiscal que subsidiasse os ricos com impostos arrecadados das pessoas de menor renda. A poupança forçada assim conseguida proporcionaria um aumento líquido do capital disponível, sem provocar simultaneamente um consumo de capital ainda maior.

Os defensores da expansão do crédito costumam também alegar que alguns dos maus investimentos feitos no *boom* tornam-se rentáveis posteriormente. Esses investimentos, dizem eles, foram feitos cedo demais, isto é, num momento em que a quantidade de bens de capital e as valorações dos consumidores ainda não justificavam a sua construção. Não obstante, o dano causado não foi muito grave, uma vez que esses projetos deveriam ser, de qualquer forma, executados mais tarde. Pode-se admitir que essa descrição fosse correta em relação a alguns casos de mau investimento provocado pelo *boom*. Mas ninguém se atreveria a dizer que essa afirmativa seja aplicável a todos os projetos cuja execução tenha sido encorajada pelas ilusões criadas por meio de uma política de dinheiro fácil. Seja como for, nada disso poderá alterar as consequências do *boom* nem desfazer ou atenuar a depressão que certamente virá em seguida. Os efeitos do mau investimento se fazem sentir de qualquer maneira, mesmo que esses maus investimentos possam ser considerados mais tarde, em outras condições, como investimentos saudáveis. Se, em 1845, tivesse sido construída uma estrada de ferro na Inglaterra – que não teria sido construída não fora a expansão do crédito —, a situação nos anos seguintes não seria afetada pelo fato de que em 1870 ou 1880 os bens de capital necessários à sua construção estariam disponíveis. O fato de que tenha sido mais tarde vantajoso poder dispor da estrada de ferro sem novos gastos de capital e trabalho não compensa de modo algum as perdas incorridas em 1847 em virtude de sua construção prematura.

O *boom* produz empobrecimento. Mas muito mais desastrosos são os seus danos morais. As pessoas ficam desanimadas e deprimidas. Quanto mais otimistas estão durante a prosperidade ilusória do *boom*, maior é o seu desespero e a sua sensação de frustração depois. O indivíduo está sempre pronto a atribuir a boa sorte à sua própria eficiência e a considerá-la uma recompensa bem merecida pelo seu talento, dedicação e probidade. Mas a reviravolta da sorte ele a atribui a outras pessoas e, sobretudo à absurdidade das instituições políticas e sociais. Não culpa as autoridades por terem provocado o *boom*; condena-as pelo inevitável colapso. Na opinião do público, mais inflação e mais expansão do crédito são os únicos remédios contra os males que a inflação e a expansão do crédito provocam.

Vejam, dizem eles, aí estão as fabricas e as fazendas cuja capacidade de produzir não está sendo usada ou, pelo menos, não a plena capacidade. Vejam as pilhas de mercadorias invendáveis e as multidões de trabalhadores desempregados. E vejam também as massas populares que ficariam felizes se pudessem satisfazer suas necessidades mais amplamente. Só está faltando crédito. Crédito adicional possibilitaria aos empresários prosseguir ou ampliar a produção. O desempregado encontraria emprego de novo e poderia comprar os produtos. Esse raciocínio parece plausível. No entanto é absolutamente falso.

Se as mercadorias não podem ser vendidas e os trabalhadores não conseguem achar emprego, a única razão possível é a de que os preços e os salários pedidos estão muito altos. Quem quiser vender seus estoques ou sua capacidade de trabalho terá de reduzir suas pretensões até encontrar um comprador. Essa é a lei do mercado. Esse é o expediente por meio do qual o mercado orienta a atividade dos indivíduos de forma a melhor contribuir para a satisfação das necessidades dos consumidores. Os maus investimentos do *boom* alocaram mal os fatores de produção não conversíveis em detrimento de outras alocações nas quais eram mais urgentemente necessários. Há uma desproporção na alocação dos fatores não conversíveis entre os vários setores da indústria. Essa desproporção só pode ser corrigida pela acumulação de novo capital e pelo seu emprego naqueles setores onde está fazendo falta. É um processo lento. Enquanto está em curso, é impossível utilizar plenamente a capacidade produtiva de algumas instalações para as quais faltam meios complementares de produção.

É inútil alegar que também existe capacidade ociosa nas fábricas que produzem bens cujo grau de especificidade é pequeno. Costuma-se dizer que o baixo nível de vendas desses bens não pode ser explicado por uma desproporcionalidade do capital fixo dos diversos setores; eles poderiam ser empregados em outros setores onde são necessários. Isso também é um erro. Se aciarias e usinas siderúrgicas de minas de cobre e serrarias não puderem funcionar a plena capacidade, a razão é uma só: não existem no mercado compradores em número suficiente para comprar toda a produção por preços que sejam superiores aos custos de exploração. Como o variável custo só pode consistir em preços de outros produtos e salários, e como o mesmo é válido em relação ao preço desses outros produtos, chegamos inevitavelmente à conclusão de que os salários são muito altos para que todos aqueles que desejam trabalhar encontrem emprego e para utilizar os equipamentos inconversíveis até o limite em que não se torne necessário retirar bens de capital não específico e mão de obra de outros empregos onde atenderiam melhor as necessidades mais urgentes.

Depois do colapso do *boom*, só existe uma maneira de retornar a uma situação em que haja uma firme melhoria do bem estar material: acumular capital, através de nova poupança, de modo a poder aparelhar adequada e harmoniosamente todos os setores da produção com os bens de capital necessários. É preciso prover aqueles setores indevidamente negligenciados durante o *boom* com os bens de capital que lhes faltam. Os salários terão de baixar; as pessoas terão de restringir o consumo temporariamente até repor o capital desperdiçado nos maus investimentos. Quem não gosta dos incômodos do período de ajustamento deve impedir, a tempo, a expansão do crédito.

Não adianta interferir no processo de ajustamento por meio de nova expansão de crédito. Na melhor das hipóteses, essas intervenções só conseguem interromper, perturbar e prolongar o processo curativo da depressão, se não chegarem a provocar um novo *boom* com todas as suas inevitáveis consequências.

O processo de ajustamento, mesmo que não haja uma nova expansão do crédito, se prolonga em decorrência dos efeitos psicológicos provocados pelo desapontamento e frustração. As pessoas demoram a se livrar da autoilusão de uma prosperidade irreal. Os homens de negócio tentam continuar projetos não lucrativos; tendem a não enxergar a realidade quando esta é desagradável. Os trabalhadores não aceitam reduzir seus ganhos ao nível exigido pela situação do mercado; querem, se possível, evitar uma diminuição do seu padrão de vida; não querem mudar de emprego nem de local de residência. Quanto maior tiver sido o seu otimismo nos dias do *boom*, maior será a sua resistência ao ajuste. Chegam a deixar passar boas oportunidades por terem perdido momentaneamente a autoconfiança e a capacidade de iniciativa. Mas o pior é que as pessoas são incorrigíveis. Depois de alguns anos redescobrirão a expansão do crédito e a velha história, uma vez mais, se repetirá.

O PAPEL DOS FATORES DE PRODUÇÃO DISPONÍVEIS NOS PRIMEIROS ESTÁGIOS DO *BOOM*

Numa economia real existem sempre estoques não vendidos (além das quantidades que por razões técnicas devem ser mantidas em estoque), trabalhadores desempregados e capacidade ociosa de instalações produtivas não conversíveis. O sistema caminha para uma situação em que não haja mais nem trabalhadores desempregados nem excedentes invendáveis.[17] Mas, como o surgimento de novos dados desvia continuamente o seu curso para um novo objetivo, jamais chegam a existir as condições para que haja uma economia uniformemente circular.

A existência da capacidade ociosa de investimentos inconversíveis é uma consequência dos erros cometidos no passado. As previsões dos investidores, como os eventos mais tarde viriam a mostrar, não estavam corretas; o mercado desejava mais intensamente outros bens em vez daqueles que podiam ser produzidos nas suas instalações. Do ponto de vista cataláctico, a acumulação de estoques além do necessário e o desemprego dos trabalhadores são fenômenos de natureza especulativa. O proprietário dos estoques se recusa a vender a preços de mercado porque espera obter um preço maior mais tarde. O trabalhador desempregado se recusa a mudar de ocupação ou de residência, ou a se satisfazer com um salário menor, porque espera obter mais tarde um emprego, com salário maior, no local onde mora, e no setor de atividade de sua preferência. Ambos hesitam em ajustar suas pretensões à situação real do mercado, porque esperam que ocorram mudanças que lhes sejam favoráveis. Sua hesitação é uma das razões que atrasam o ajuste do sistema às condições do mercado.

Os partidários da expansão do crédito argumentam dizendo que o necessário, numa situação dessas, é aumentar os meios fiduciários. Se assim fosse feito, dizem eles, as fábricas trabalhariam a plena capacidade, os estoques seriam vendidos pelos preços que seus proprietários consideram satisfatórios e os desempregados conseguiriam emprego pelo salário que consideram suficiente. Está implícito nessa doutrina muito popular que o aumento geral de preços provocado pelos meios fiduciários adicionais afetaria ao mesmo tempo e na mesma medida todas as outras mercadorias e serviços, enquanto os proprietários dos estoques excessivos e os trabalhadores desempregados se contentariam com os preços e salários nominais que hoje solicitam, em vão.

---

[17] Na economia uniformemente circular também pode haver capacidade ociosa do equipamento não conversível. Deixar de utilizá-lo perturba tanto o equilíbrio quanto o fato de deixar terras submarginais ociosas.

Se as coisas acontecessem dessa maneira, os preços reais e os salários reais obtidos por esses proprietários de estoques e pelos trabalhadores desempregados diminuiriam – em relação aos preços das outras mercadorias e serviços – ao nível que teriam de diminuir para encontrar compradores e empregadores.

A evolução do *boom* não é substancialmente afetada pelo fato de no seu início existir capacidade ociosa, estoques não vendidos e trabalhadores desempregados. Suponhamos que existam instalações de mineração de cobre ociosas, quantidades de cobre já extraídas sem comprador e mineiros desempregados. O preço do cobre está num nível tal, que não compensa explorar algumas minas; seus empregados são dispensados; existem especuladores que se abstêm de vender seus estoques. Para que essas minas voltem a ser lucrativas, voltem a dar emprego aos desempregados e possam vender seus estoques sem forçar os preços abaixo do custo de produção, é preciso que haja um incremento p na quantidade de bens de capital disponível, suficientemente grande para tornar possível um tal aumento no investimento e uma tal ampliação da produção e do consumo, que daí resulte um adequado aumento na demanda por cobre. Se, entretanto, esse incremento p não existe, e os empresários, iludidos pela expansão de crédito, agem como se p realmente existisse, as condições no mercado de cobre, enquanto durar o *boom*, serão como se os bens de capital disponíveis tivessem sido aumentados de uma quantidade p. Mas tudo que já foi dito acerca das inevitáveis consequências da expansão de crédito aplica-se também neste caso. A única diferença é que, no que diz respeito ao cobre, a inadequada expansão da produção não precisará ser feita através da retirada de capital e trabalho de outros setores onde estariam atendendo melhor os desejos dos consumidores. No que diz respeito ao cobre, o novo *boom* encontra um mau investimento de capital e um mau emprego de mão de obra, já efetuados no *boom* anterior, que ainda não foram absorvidos pelo processo de ajustamento.

Portanto, fica evidente que é inútil tentar justificar nova expansão do crédito fazendo-se referência a capacidade ociosa, a estoques não vendidos – ou, como as pessoas incorretamente dizem: invendáveis – e a trabalhadores desempregados. Uma nova expansão do crédito esbarra logo nos remanescentes dos maus investimentos anteriores, ainda não absorvidos pelo processo de ajustamento, e aparentemente conserta os erros cometidos. Na realidade, entretanto, o que ocorre é simplesmente uma interrupção do processo de ajustamento e de retorno a condições economicamente saudáveis.[18] A exis-

---

[18] Hayek em *Prices and Production*, 2. ed., Londres, 1935, p. 96 e segs., chega à mesma conclusão, seguindo

tência de capacidade ociosa e de desemprego não é um argumento válido contra a exatidão da teoria do crédito circulante. A crença, mantida pelos defensores da expansão do crédito e da inflação, de que a depressão se perpetuaria se não houvesse nova expansão do crédito e uma nova inflação, é inteiramente falsa. Os remédios que esses autores sugerem não fariam o *boom* durar para sempre; apenas perturbariam o processo de ajustamento.

Os erros das explicações não monetárias do ciclo econômico

Ao lidar com as inúteis tentativas de explicar as flutuações cíclicas da atividade econômica por meio de uma doutrina não monetária, é preciso, antes de mais nada, chamar a atenção para um ponto que até agora não foi devidamente considerado.

Houve escolas de pensamento que consideravam o juro como simplesmente o preço pago para poder dispor de uma quantidade de moeda ou de substitutos de moeda. Partindo dessa convicção, essas escolas muito logicamente deduziram que, ao abolir a escassez de moeda e de substitutos de moeda, estariam abolindo inteiramente o juro, o que resultaria na gratuidade do crédito. Todavia, se não endossamos esse ponto de vista e compreendemos a natureza do juro originário, surge um problema de cujo exame não nos podemos evadir. Uma quantidade adicional de crédito, provocada por um aumento na quantidade de moeda ou de meios fiduciários, certamente tem o poder de reduzir a taxa bruta de juro do mercado. Se o juro não é apenas um fenômeno monetário e, consequentemente, não pode ser abolido ou reduzido de forma duradoura por um aumento, por maior que seja, da quantidade de moeda e de meios fiduciários, cabe à economia mostrar como se restabeleceria o nível da taxa de juro, compatível com as circunstâncias não monetárias do mercado, depois de ter sido reduzido pela expansão monetária. Cabe à economia explicar que tipo de processo é capaz de corrigir o desvio sofrido pela taxa de juro de mercado, decorrente das variações dos encaixes, daquela taxa que corresponde à relação entre as valorações que as pessoas fazem dos bens presentes e futuros. Se a economia não for capaz de fornecer essa explicação, estaria implicitamente admitindo que o juro é um fenômeno monetário, que poderia inclusive desaparecer completamente em função de mudanças que ocorressem na relação monetária.

---

um raciocínio ligeiramente diferente.

Para as explicações não monetárias do ciclo econômico, a questão básica é a ocorrência reiterada de depressões. Entretanto, seus defensores não são capazes de apontar nas suas explicações da sequência de eventos econômicos qualquer indício que possa sugerir uma interpretação satisfatória dessas desordens enigmáticas. Procuram desesperadamente algum artifício que lhes possa dar a aparência de uma autêntica teoria do ciclo econômico.

O mesmo não ocorre com a teoria monetária ou do crédito circulante. A teoria monetária moderna já mostrou a inconsistência da suposta neutralidade da moeda. Já provou irrefutavelmente que existem na economia de mercado fatores que são inexplicáveis para uma doutrina que ignore a existência de uma força motriz própria da moeda. O sistema cataláctico que proclama a não neutralidade e a força motriz da moeda tem obrigação de se perguntar como as mudanças na relação monetária afetam a taxa de juro, primeiro no curto prazo e em seguida no longo prazo. O sistema seria defeituoso se não pudesse responder a essas questões. Seria contraditório se desse uma resposta que não explicasse, ao mesmo tempo, as flutuações cíclicas da atividade econômica. Mesmo que nunca tivessem existido meios fiduciários e crédito circulante, a moderna cataláxia estaria na obrigação de levantar o problema da correlação entre as mudanças na relação monetária e a taxa de juro.

Já foi mencionado antes que qualquer explicação não monetária do ciclo reconhece, necessariamente, que um aumento na quantidade de moeda ou de meios fiduciários é condição indispensável para o surgimento de um *boom*. É óbvio que não poderá ocorrer uma tendência de alta geral dos preços não causada por uma queda geral na produção e na quantidade de mercadoria colocada à venda, se não tiver havido um aumento na quantidade de moeda (no sentido amplo). Examinemos agora uma outra razão que também obriga os que combatem a explicação monetária a recorrer à teoria que eles mesmos difamam: essa teoria é a única que esclarece como uma injeção adicional de moeda e de meios fiduciários afeta o mercado de crédito e a taxa de juro do mercado. Somente aqueles que consideram a taxa de juro como mera consequência da escassez de moeda, institucionalmente imposta, podem deixar de reconhecer implicitamente a procedência da teoria do ciclo econômico baseada no crédito circulante. Isso explica por que nenhum crítico até hoje conseguiu apresentar uma objeção consistente a essa teoria.

O fanatismo com que os partidários de todas essas doutrinas não monetárias se recusam a admitir seus erros é, evidentemente, uma demonstração de preconceito político. Os marxistas foram os primeiros a interpretar a crise comercial como um mal inerente ao capitalismo, como uma consequência inevitável da sua produção "anárquica".[19] Os socialistas não marxistas e os intervencionistas estão igualmente interessados em demonstrar que a economia de mercado não é capaz, por si só, de evitar o ressurgimento da recessão. São os mais ávidos em condenar a teoria monetária, uma vez que a manipulação da moeda e do crédito é hoje o principal instrumento com o qual contam os governantes anticapitalistas para estabelecer governos onipotentes.[20]

As tentativas de relacionar as depressões econômicas com influências cósmicas – dos quais a mais notável é a teoria das manchas solares de William Stanley Jevons – fracassaram completamente. A economia de mercado tem conseguido de maneira bastante satisfatória ajustar a produção e as vendas a todas as condições naturais da vida humana e do seu meio ambiente. A suposição de que há pelo menos um fato natural – qual seja, a alegada variação rítmica das colheitas – que o mercado não saberia enfrentar é inteiramente arbitrária. Por que os empresários seriam incapazes de reconhecer essas incertezas da agricultura e de ajustar os seus planos de modo a absorver esses efeitos desastrosos?

Influenciadas pelo *slogan* marxista "anarquia da produção", as atuais doutrinas não monetárias sobre o ciclo econômico explicam essas flutuações cíclicas como decorrentes de uma tendência, alegadamente inerente à economia capitalista, a provocar uma desproporcionalidade no tamanho dos investimentos dos diversos setores da indústria. Entretanto, até mesmo essas doutrinas da desproporcionalidade não contestam o fato de que todo empresário tem o maior interesse em evitar esse tipo de erro, que lhe acarretaria perdas financeiras consideráveis. A essência da atividade dos empresários e dos capitalistas consiste precisamente em evitar projetos que não lhes pareçam lucrativos. Supor que prevalece, entre os homens de negócio, uma tendência a fracassar nas suas tarefas implica em supor que todos os homens de negócio têm uma visão muito curta. Seria supor que são tão idiotas que não conseguem evitar certas arapucas e, por isso, frequentemente se atrapalham na condução dos seus próprios negócios; a sociedade em geral teria de pagar a conta das deficiências de especuladores, promotores e empresários incompetentes.

Ora, é óbvio que os homens são falíveis, e os homens de negócio certamente não escapam dessa fraqueza humana. Mas convém não esquecer que, no mercado, funciona ininterruptamente um processo de seleção. Prevalece uma tendência permanente de eliminar os em-

---

[19] Sobre a falha básica dos marxistas e de outras teorias de subconsumo, ver p. 361-362.

[20] Sobre essas manifestações da moeda e do crédito, ver adiante p. 883-886.

presários menos eficientes, isto é, aqueles que não conseguem prever corretamente as necessidades futuras dos consumidores. Se um grupo de empresários produz mercadorias em quantidade superior à demanda dos consumidores e, consequentemente, não consegue vender esses bens a preços remunerativos, sofrendo as correspondentes perdas, outros grupos que produzem as mercadorias que estão sendo disputadas pelo público têm seus lucros aumentados. Alguns setores prosperam, enquanto outros enfrentam dificuldades. Nada disso pode produzir uma depressão geral.

Mas os que propõem essas doutrinas argumentam de outra maneira. Supõem eles que não só a classe empresarial mas também as pessoas em geral são incapazes do mais elementar discernimento. Como a classe empresarial não é um grupo social fechado ao qual ninguém pode ter acesso, como todo homem empreendedor tem, virtualmente, condições de desafiar aqueles que já fazem parte da classe empresarial, e como a história do capitalismo nos fornece inúmeros exemplos de gente que, começando do nada, foi brilhantemente capaz de se lançar na produção daqueles bens que, a seu juízo, melhor atenderiam as necessidades mais urgentes dos consumidores, supor que todos os empresários são habitualmente vítimas de certos erros implica tacitamente em dizer que falta inteligência a todos os homens práticos. Implica em dizer que não há empresário, nem alguém que aspire a sê-lo se surgir uma oportunidade, que seja suficientemente sagaz para compreender corretamente a situação do mercado. Mas, por outro lado, os teóricos, que não têm experiência própria na condução dos negócios e que se limitam a conjecturar sobre o comportamento dos outros, consideram-se suficientemente espertos para descobrir os erros que os homens de negócios cometem. Esses professores oniscientes jamais cometeriam os erros que qualquer pessoa pode cometer; sabem precisamente como resolver os problemas da empresa privada. Portanto, julgam plenamente justificável que lhes sejam atribuídos poderes ditatoriais para controlar a atividade econômica.

O mais surpreendente nessas doutrinas é que, além do mais, consideram que os homens de negócios, na sua limitada capacidade intelectual, insistem obstinadamente nos seus procedimentos errados, embora já tenham sido advertidos, há muito tempo, pelos doutos acadêmicos. Apesar de todo livro texto explicá-los, o homem de negócios não consegue deixar de repeti-los. O único meio de impedir a recorrência da depressão econômica seria entregar aos filósofos – segundo as idéias utópicas de Platão – o poder supremo.

Examinemos brevemente as duas variedades mais populares dessas doutrinas da desproporcionalidade.

A primeira é a doutrina dos bens duráveis. Esses bens retêm sua utilidade durante um certo tempo. Enquanto durar a vida útil de um bem durável, seu proprietário não cogitará substituí-lo por um novo. Assim sendo, uma vez que todos já fizeram suas compras, a demanda por esses artigos diminui. A atividade econômica se retrai. Só renasce quando, depois de algum tempo, as velhas casas, automóveis, geladeiras e similares já se desgastaram e os seus proprietários precisam comprar novas unidades.

Entretanto, os homens de negócio, em geral, são mais previdentes do que essa doutrina supõe. Procuram ajustar o volume de sua produção ao volume da demanda dos consumidores. Os padeiros consideram o fato de que uma dona de casa compra pão todos os dias e os fabricantes de caixões consideram o fato de que a venda anual de caixões não pode exceder o número de pessoas que morrem no mesmo período. A indústria de máquinas considera a "vida" média de seus produtos, tanto quanto o alfaiate, o sapateiro, o fabricante de automóveis, de rádios e de geladeiras, ou o construtor de casas. Existem sempre, certamente, empresários que num estado de espírito ilusoriamente otimista estão dispostos a expandir suas empresas além da conta. Para executar seus projetos, arrebatam fatores de produção de outras fábricas da mesma indústria e de outros setores industriais. Sua expansão resulta numa relativa redução da produção de outros campos de atividade. Um setor se expande enquanto outro se encolhe, até que os resultados decepcionantes do último e a lucratividade do primeiro restabeleçam o equilíbrio. Tanto o *boom* inicial como a recessão que se segue afetam apenas uma parte da atividade econômica.

A segunda variedade dessas doutrinas da desproporcionalidade é conhecida como o princípio da aceleração. Um aumento temporário na demanda por certa mercadoria resulta num aumento da produção da mercadoria em questão. Se mais tarde a demanda cai, os investimentos feitos para expandir a produção se revelam como maus investimentos. Isto se torna especialmente pernicioso no campo dos bens de produção duráveis. Se a demanda do bem de consumo a aumenta 10%, as empresas aumentam a produção do equipamento p necessário à sua produção em 10%. O resultante aumento na demanda por p é tão mais importante em relação à demanda anterior, quanto maior for a duração da utilidade de uma unidade p e, consequentemente, quanto menor fosse, até então, a demanda de reposição de unidades gastas de p. Se a vida útil de uma unidade p é de dez anos, a demanda anual de reposição de p é de 10% da quantidade de p previamente utilizada. O aumento de 10% na demanda por a duplica, portanto, a demanda por p e resulta numa expansão de 100% do equipamento r necessário à produção de p. Se, então, a demanda por a não continuar aumentando, 50% da capacidade de produção de r não serão utilizados. Se o aumento anual da demanda por a cai de 10% para 5%, 25% da capacidade de produção de r deixam de ser utilizados.

O erro fundamental dessa doutrina é o de considerar a atividade empresarial como uma resposta cega e automática a uma momentânea situação da demanda. Sempre que houvesse um aumento da demanda, tornando um setor da atividade econômica mais lucrativo, haveria um instantâneo aumento proporcional nas correspondentes instalações de produção. Essa ideia é insustentável. Os empresários erram frequentemente; e pagam pesado por seus erros. Mas quem agisse segundo o princípio da aceleração não seria um empresário, mas um autômato sem alma. O empresário, na realidade, é um *especulador*[21], alguém que utiliza sua compreensão do futuro estado do mercado para realizar operações comerciais que resultem em lucros. Essa compreensão antecipadora das condições do futuro incerto não é susceptível de qualquer regra ou sistematização. Não pode ser ensinada nem aprendida. Se não fosse assim, qualquer um poderia dedicar-se à atividade empresarial com a mesma chance de ser bem-sucedido. O que distingue o empresário ou promotor bem-sucedido das outras pessoas é precisamente o fato de ele não se deixar levar pelo que foi ou pelo que é, mas de agir em função da sua opinião sobre o que será. Ele vê o passado e o presente como as outras pessoas; mas sua visão do futuro é diferente. Suas ações são dirigidas por uma opinião do futuro que não é a mesma da maioria das pessoas. O impulso que determina suas ações resulta do fato de avaliar, diferentemente das outras pessoas, os fatores de produção e os futuros preços das mercadorias que com eles se podem produzir. Se, com a estrutura vigente de preços, produzir determinados artigos é muito lucrativo, sua produção só se expandirá se os empresários acreditarem que essas condições favoráveis de mercado permanecerão por um tempo suficiente para tornar rentáveis os respectivos investimentos. Se os empresários não pensassem assim, mesmo os lucros elevados das empresas em operação não seriam suficientes para justificar uma expansão. Essa relutância dos capitalistas e empresários em fazer investimentos não lucrativos é violentamente criticada por aqueles que não compreendem o funcionamento da economia de mercado.

---

[21] É digno de nota que o mesmo termo – especulação – seja empregado para designar as operações premeditadas dos promotores e empresários, e os raciocínios puramente acadêmicos dos teóricos que não resultam diretamente em qualquer ação.

Engenheiros de mentalidade tecnocrática lamentam que a prevalência da motivação pelo lucro impeça que os consumidores sejam fartamente supridos com os bens que o conhecimento tecnológico pode proporcionar. Os demagogos clamam contra a ganância dos capitalistas supostamente empenhados em manter a escassez.

Uma explicação satisfatória das flutuações da atividade econômica não se pode basear na hipótese de que firmas ou grupos de firmas se equivoquem quanto ao futuro do mercado e que, portanto, façam maus investimentos. O que ocorre no ciclo econômico é um crescimento *geral* da atividade econômica, uma propensão para expandir a produção em *todos* os setores da indústria, e a consequente depressão *geral*. Esses fenômenos não podem ser atribuídos ao fato de que alguns setores, motivados por lucros maiores, resolvam expandir-se, e ao correspondente investimento desproporcional nas indústrias que produzem os equipamentos necessários a essa expansão.

É fato bem conhecido o de que quanto mais o *boom* se prolonga, mais difícil se torna comprar máquinas e equipamentos. As fábricas que produzem esses bens ficam sobrecarregadas de pedidos. Seus clientes precisam esperar bastante tempo para receber suas encomendas. Isso mostra claramente que as indústrias de bens de produção não ampliam sua produção com a precipitação presumida pelo princípio da aceleração.

Mas, mesmo que, só para argumentar, admitíssemos que os capitalistas e os empresários se comportariam da maneira descrita pela doutrina da desproporcionalidade, ainda assim não teríamos como explicar de que modo poderiam fazê-lo sem que houvesse uma expansão do crédito. A própria deflagração desses investimentos adicionais aumentaria os preços dos fatores complementares de produção e a taxa de juro no mercado de crédito. Esses efeitos seriam um freio natural à tendência expansionista, se não houvesse expansão creditícia.

Os partidários das doutrinas da desproporcionalidade fazem referência a certas ocorrências na agricultura como se elas fossem uma confirmação dessa alegada falta de previsão, inerente à atividade econômica privada. Todavia, não é admissível considerar como típico da livre competição na economia de mercado o que ocorre com pequenas e médias explorações agrícolas. Em muitos países essa atividade não está mais sujeita à supremacia do mercado e dos consumidores. A interferência governamental procura proteger o agricultor das vicissitudes do mercado. Esses agricultores não operam num mercado livre; são privilegiados e protegidos de várias maneiras. Seu campo de atividade é como se fosse uma reserva na qual o atraso tecnológico, a obstinação tacanha e a ineficiência empresarial são artificialmente preservados às custas dos estratos não agrícolas da população. Se erram na condução de seus negócios, o governo força os consumidores, os contribuintes e os credores hipotecários a pagarem a conta.

É verdade que existe na produção agrícola o que se costuma chamar de ciclo milho suíno (*corn-hog cycle*) e diversos outros fenômenos da mesma natureza. Mas a recorrência de tais ciclos se deve ao fato de que as penalidades que o mercado aplica aos empresários ineficientes e ineptos não atingem a maior parte dos agricultores. Estão isentos de responsabilidade; são as crianças mimadas dos governos e dos políticos. Se assim não fosse, há muito tempo teriam falido e suas fazendas estariam sendo operadas por pessoas mais capazes.

Capítulo 21

Trabalho e Salários

1
Trabalho Introvertido
e Trabalho Extrovertido

Um homem pode superar a desutilidade do trabalho (renúncia ao prazer do ócio) por várias razões.

1. Pode trabalhar com o objetivo de fortalecer e agilizar sua mente e seu corpo. Neste caso, a desutilidade do trabalho não é preço a ser pago para a consecução desses objetivos; o contentamento que busca só pode ser alcançado pela superação da desutilidade do trabalho (pelo esforço despendido). Os exemplos mais evidentes são o esporte em si, praticado sem qualquer desejo de recompensa ou de sucesso social, e a busca da verdade e do conhecimento em si mesmos e não como meio de aumentar a própria eficiência e habilidade na execução de outras tarefas, visando a outros fins.[1]

2. Pode submeter-se à desutilidade do trabalho para servir a Deus. Sacrifica o ócio para agradar a Deus e para ser recompensado, no outro mundo, com a glória eterna, e, na peregrinação terrestre, com a satisfação insuperável proporcionada pela certeza de ter cumprido todos os deveres religiosos. (No caso de se estar servindo a Deus com objetivos terrenos – o pão de cada dia, o sucesso nos negócios —, sua conduta não difere substancialmente de outras tentativas para obter vantagens mundanas através do trabalho. Se a teoria que orienta sua conduta é ou não correta e se suas expectativas se materializarão ou não, são fatos irrelevantes para a qualificação cataláctica do seu modo de agir).[2]

3. Pode fatigar-se para evitar um inconveniente pior. Submete-se à desutilidade do trabalho para esquecer, para escapar de pensamentos depressivos, para não se aborrecer; o trabalho, neste caso, é como se fosse um jogo refinado. Esse jogo refinado não deve ser confundido com os simples jogos infantis, que são meramente geradores de

---

[1] O saber não visa a algo que esteja além do próprio saber. O que satisfaz o pensador é o pensar em si mesmo, e não a obtenção do conhecimento perfeito, meta inacessível ao homem.

[2] Parece ser desnecessário comentar que comparar a sede por conhecimento e o comportamento de uma vida piedosa com o esporte e os jogos não implica nenhuma conotação pejorativa para qualquer dos dois.

prazer. (Não obstante serem as crianças suficientemente sofisticadas para também se deliciar com jogos refinados).

4. Pode trabalhar porque prefere o produto que é capaz de obter com o seu esforço à desutilidade do trabalho e aos prazeres do ócio.

O trabalho referido nos itens 1, 2 e 3 é feito porque o que satisfaz ao indivíduo é a própria desutilidade do trabalho, não o seu produto. O indivíduo se esforça e se atormenta não para atingir um objetivo ao final de sua marcha, mas pelo próprio prazer de marchar. O alpinista não quer apenas chegar ao cume da montanha: quer escalá-la. Despreza o funicular que o levaria mais rapidamente e com menos esforço ao mesmo lugar, inclusive sabendo que o preço do bilhete será menor do que os custos da escalada (por exemplo, a remuneração do guia). O que o satisfaz é a superação do esforço, da desutilidade do trabalho que a escalada implica. Uma escalada mais fácil não lhe agradaria mais, e sim menos.

Podemos denominar o trabalho dos itens 1, 2 e 3 de trabalho introvertido e distinguí-lo do trabalho extrovertido do item 4. Algumas vezes o trabalho introvertido pode produzir resultados – como se fosse um subproduto – para cuja obtenção outras pessoas se submeteriam à desutilidade do trabalho. O devoto pode cuidar de pessoas doentes para merecer o reino dos céus; quem procura a verdade, exclusivamente preocupado com a busca do conhecimento, pode descobrir algo que tenha utilidade prática. Nessa medida, o trabalho introvertido pode influenciar a oferta no mercado de trabalho. Mas, como regra geral, só o trabalho extrovertido tem interesse para a cataláxia.

Os problemas psicológicos que o trabalho introvertido suscita são catalacticamente irrelevantes. Do ponto de vista da economia, o trabalho introvertido deve ser qualificado como consumo. Sua execução, em geral, requer não apenas os esforços pessoais dos indivíduos interessados, mas também um gasto de fatores materiais de produção e o produto do trabalho extrovertido de outras pessoas, as quais são pagas com o correspondente salário. A atividade religiosa requer locais para o culto e seu aparelhamento; o esporte requer diversos utensílios e aparelhos, instrutores e treinadores. Todas essas coisas pertencem à órbita do consumo.

2
O TRABALHO COMO FONTE DE ALEGRIA E DE TÉDIO

Só o trabalho extrovertido, ou seja, aquele que por si mesmo não gratifica o indivíduo, é um tema de estudo para a cataláxia. O traço característico desse tipo de trabalho é o de ser ele realizado para atingir um fim, que está além do trabalho em si e de sua desutilidade. As pessoas trabalham porque querem colher o fruto do trabalho. O trabalho em si provoca desutilidade, fadiga. Mas, além dessa desutilidade que é fatigante e que por si só faria com que o homem trabalhasse o menos possível, mesmo que sua capacidade de trabalho fosse ilimitada e que ele fosse capaz de trabalhar sem parar, surgem às vezes fenômenos emocionais especiais, sensações de alegria e tédio, que acompanham a realização de certos tipos de trabalho.

Ambos, a alegria e o tédio do trabalho, nada têm a ver com a desutilidade do trabalho. O prazer de trabalhar não pode, portanto, aliviar ou remover a desutilidade do trabalho. Tampouco deve o prazer de trabalhar ser confundido com a satisfação imediata que certos tipos de trabalho proporcionam. É um fenômeno concomitante que decorre seja da gratificação mediata do trabalho, o produto ou a remuneração, seja de alguma circunstância acessória.

As pessoas não se submetem à desutilidade do trabalho pelo eventual prazer de trabalhar, mas para obter uma gratificação mediata. Na realidade, o prazer de trabalhar pressupõe, na maior parte dos casos, a própria desutilidade do trabalho em questão.

As fontes de onde emanam o prazer de trabalhar são:

1. A expectativa de uma gratificação mediata pelo trabalho; a antecipação do prazer representado pelo reconhecimento de um trabalho bem feito e sua correspondente remuneração. Quem trabalha vê o seu trabalho como um meio de atingir determinado objetivo, e, à medida que o trabalho progride, sente a satisfação de estar aproximando-se do seu objetivo. Sua alegria é uma antecipação do prazer que lhe proporcionará a gratificação mediata. No contexto da cooperação social, essa alegria se manifesta pelo fato de ter sido capaz de encontrar o seu lugar no organismo social e de prestar serviços que os seus concidadãos apreciam, seja comprando seus produtos, seja remunerando o seu trabalho. O trabalhador se alegra, porque adquire respeito próprio e a consciência de que é capaz de se sustentar, e à sua família, sem depender da misericórdia alheia.

2. Ao executar o seu trabalho, o indivíduo sente o prazer da experiência estética proporcionado pela sua habilidade e pela sua obra. Não apenas o prazer contemplativo de ver coisas feitas por outras pessoas, mas o orgulho de quem pode dizer: eu sei fazer isso, este é o meu trabalho.

3. Tendo completado sua tarefa, o trabalhador sente prazer por ter superado com êxito o esforço e aborrecimento necessários à sua

execução. Fica feliz por se livrar de um encargo difícil, desagradável e penoso, por se liberar, momentaneamente, da desutilidade do trabalho. Sente a agradável sensação de "haver feito algo".

4 . Alguns tipos de trabalho satisfazem determinados desejos. Existem, por exemplo, ocupações que produzem satisfações eróticas – sejam elas conscientes ou subconscientes. Esses desejos podem ser normais ou perversos. Os fetichistas, os sádicos, os homossexuais e outros pervertidos também podem, às vezes, encontrar no trabalho uma oportunidade de satisfazer apetites estranhos. Existem ocupações que são especialmente atraentes para essas pessoas. A crueldade e o gosto de sangue florescem luxuriantemente sob o manto de várias ocupações.

As condições para que haja prazer em trabalhar são diferentes conforme o tipo de trabalho. Essas condições geralmente são mais homogêneas nos casos referidos nos itens 1 e 3 do que no item 2. É óbvio que estão raramente presentes no caso do item 4.

O prazer de trabalhar pode estar inteiramente ausente. Fatores físicos podem eliminá-lo completamente. Por outro lado, é possível incrementá-lo deliberadamente.

Bons conhecedores da alma humana têm procurado realçar sempre a alegria do trabalho. Grande parte das façanhas dos organizadores e líderes de exércitos de mercenários se deveu a esse fato. Sua tarefa era facilitada na medida em que a profissão das armas provoca satisfações do tipo descrito no item 4. Não obstante, esse tipo de satisfação não depende da lealdade ao chefe. Também a tem o soldado que abandona seu comandante em dificuldades e se coloca a serviço de novos líderes. Por isso, os chefes de mercenários sempre tiveram a preocupação de promover uma solidariedade grupal (*esprit de corps*) e uma noção de fidelidade que afastasse de suas tropas a tentação de desertar. Houve também, é claro, chefes que não se preocupavam com essas questões intangíveis. Nos exércitos e nas armadas do século XVIII, o único meio de garantir obediência e evitar a deserção eram os castigos violentos.

O industrialismo moderno não se interessou especificamente em aumentar a alegria do trabalho. Bastava o progresso material que proporcionava aos seus empregados, tanto na qualidade de assalariados como na de consumidores e compradores dos produtos. Uma vez que os candidatos a emprego se apinhavam na porta das fábricas e se engalfinhavam por uma colocação, parecia não haver necessidade de recorrer a outros expedientes. Os benefícios que as massas obtinham no sistema capitalista eram tão óbvios que nenhum empresário considerava necessário arengar os trabalhadores com propaganda pró-capitalista. O capitalismo moderno consiste essencialmente na produção em massa para atender às necessidades das massas. Os compradores dos produtos são, na sua maioria, as mesmas pessoas que, como assalariadas, contribuem para sua produção. Vendas crescentes eram, para os empregadores, uma informação segura da melhoria do padrão de vida das massas. Não se preocupavam com os sentimentos de seus empregados enquanto trabalhadores. Estavam exclusivamente preocupados em servi-los como consumidores. Mesmo hoje, apesar da mais persistente e fanática propaganda anticapitalista, praticamente não existe qualquer tipo de contrapropaganda.

Essa propaganda anticapitalista visa sistematicamente a substituir o prazer de trabalhar pelo tédio. O prazer de trabalhar dos tipos 1 e 2 depende, numa certa medida, de fatores ideológicos. O trabalhador sente satisfação em ter seu lugar na sociedade e em participar ativamente do esforço de produção. Quando essa ideologia é ridicularizada e substituída por outra que apresenta o trabalhador como vítima desamparada de exploradores impiedosos, o prazer de trabalhar se transforma numa sensação de aversão e tédio.

As ideologias, por mais apregoadas e enfatizadas que sejam, não podem afetar a desutilidade do trabalho; é impossível removê-la ou aliviá-la por meio da persuasão ou da sugestão hipnótica. Por outro lado, também não pode ser incrementada por meio de palavras e doutrinas. O fenômeno da desutilidade do trabalho é um dado irredutível. O livre e espontâneo exercício das próprias energias e funções vitais é muito mais agradável do que a severa disciplina do esforço necessário ao cumprimento de uma tarefa. A desutilidade do trabalho também é penosa para alguém que se entregue de corpo e alma ao seu trabalho. Esse alguém, da mesma forma que seus semelhantes, gostaria de ver reduzida a sua carga de trabalho, se isso pudesse ser feito sem prejuízo da gratificação mediata e da satisfação referida no item 3.

Entretanto, o prazer de trabalhar do tipo 1 e 2 e, às vezes, até mesmo o do tipo 3 pode ser eliminado por influências ideológicas e substituído pelo tédio do trabalho. O trabalhador começa a detestar o seu trabalho quando se deixa convencer de que se submete à desutilidade do trabalho não por preferir a remuneração combinada mas, simplesmente, por depender de um sistema social injusto. Iludido pelos *slogans* da propaganda socialista, não chega a perceber que a desutilidade do trabalho é um fato inexorável da condição humana, um dado irredutível que não pode ser substituído por dispositivos ou métodos de organização social.

Torna-se vítima da quimera marxista, segundo a qual, numa sociedade socialista, o trabalho não será um esforço, mas um prazer.[3]

O fato de que o tédio pelo trabalho tenha substituído o prazer de trabalhar não afeta a desutilidade nem a produção do trabalho. Tanto a demanda como a oferta de trabalho permanecem inalteradas. Porque as pessoas não trabalham pelo prazer de trabalhar, mas pela gratificação mediata. O que se altera é apenas a atitude emocional do trabalhador. Seu trabalho, sua posição no contexto da divisão social do trabalho, suas relações com outros membros da sociedade e com a sociedade em geral passam a ser vistos por um outro ângulo.

Ele começa a se considerar vítima indefesa de um sistema absurdo e injusto. Torna-se um resmungão mal-humorado, uma personalidade desequilibrada, uma presa fácil para todos os tipos de charlatães e de farsantes. Estar de bom humor ao executar uma tarefa e ao superar a desutilidade do trabalho torna as pessoas mais bem dispostas e fortalece suas energias. Sentir tédio ao trabalhar torna as pessoas mal-humoradas e neuróticas. Uma comunidade na qual o trabalho seja tedioso não passa de um conjunto de pessoas rancorosas, briguentas, coléricas e descontentes.

Não obstante, no que concerne às motivações para superar a desutilidade do trabalho, o papel representado pela alegria e pelo tédio do trabalho é meramente acidental e sem importância. Ninguém trabalha pelo simples prazer de trabalhar; o prazer de trabalhar não substitui a gratificação mediata do trabalho. A única maneira de fazer um homem trabalhar mais e melhor é pela oferta de uma maior recompensa. É inútil tentar enganá-lo com a alegria do trabalho. Foi o que aprenderam os ditadores da Rússia soviética, da Alemanha nazista e da Itália fascista, quando tentaram atribuir à alegria do trabalho uma função específica no seu sistema de produção.

Nem a alegria e nem o tédio do trabalho podem influenciar a quantidade de trabalho oferecido no mercado. Quando essas sensações estão presentes com a mesma intensidade em todos os tipos de trabalho, a afirmativa é óbvia. Mas dá no mesmo se supusermos que a alegria e o tédio dependem do tipo de trabalho em questão ou das características particulares do trabalhador. Vejamos, por exemplo, a alegria referida no item 4. A ânsia de certas pessoas por obter empregos que lhes deem a oportunidade de desfrutar daquele tipo de satisfação tende a baixar os salários no respectivo campo de atividade. Mas é precisa-

---

[3] Engels, *Herrn Eugen Dübrings Umwälzung der Wissenschaft*, 7. ed. Stuttgart, 1910, p. 377. Ver p. 174.

mente este efeito que faz com que outras pessoas, menos interessadas por aqueles prazeres duvidosos, prefiram setores alternativos do mercado de trabalho nos quais possam ganhar mais. Surge, assim, uma tendência oposta que neutraliza a primeira.

A alegria e o tédio do trabalho são fenômenos psicológicos que não influenciam a valoração subjetiva individual da desutilidade do trabalho e de sua correspondente gratificação mediata, nem o preço do trabalho no mercado.

3
O SALÁRIO

O trabalho é um fator de produção escasso. Como tal, é vendido e comprado no mercado. Se o trabalho foi executado pelo próprio vendedor do produto ou do serviço, o seu preço, do trabalho, está incluído no preço atribuído ao produto ou ao serviço. Quando se trata da compra e venda de trabalho puro e simples, seja por um empresário engajado no processo de produção para venda, seja por um consumidor desejoso de usar os serviços prestados para o seu próprio consumo, o preço assim pago recebe a denominação de salário.

Para o agente homem, o seu próprio trabalho é não apenas um fator de produção, mas também a fonte da desutilidade; ao valorar o seu trabalho, o homem considera não apenas a gratificação mediata esperada, mas também a desutilidade provocada. Mas para ele, assim como para qualquer outra pessoa, o trabalho oferecido à venda no mercado é apenas um fator de produção. O homem lida com o trabalho das outras pessoas da mesma maneira com que lida com todos os fatores de produção escassos. Avalia o trabalho pelos mesmos princípios que aplica na avaliação de outros bens. O nível dos salários é determinado no mercado do mesmo modo que o preço de qualquer mercadoria. Nesse sentido, podemos dizer que o trabalho é uma mercadoria. As conotações emocionais que as pessoas, sob a influência do marxismo, atribuem a esse termo não têm importância. Basta observar, incidentalmente, que os empregadores lidam com o trabalho do mesmo modo com que lidam com as mercadorias, porque a conduta dos consumidores força-os a agir dessa maneira.

Não se pode falar de trabalho e de salários sem que se recorra a certas restrições. Não existe um tipo uniforme de trabalho ou um nível geral de salários. O trabalho varia em qualidade e cada tipo de trabalho presta serviços diferentes. É avaliado pela sua contribuição como fator complementar para produção de determinados bens de consumo e serviços. Não se pode comparar diretamente o desempenho de um cirurgião com o de um estivador. Mas, indiretamente, os diversos setores do mercado de trabalho estão ligados entre si. Um aumento na demanda de cirurgiões, por maior que seja, não fará com que estivadores se apresentem para executar serviços cirúrgicos. Não obstante, a demarcação entre os vários setores do mercado de trabalho não é muito nítida. Há uma tendência permanente de os trabalhadores mudarem de ocupação, para outras semelhantes, sempre que as condições lhes pareçam melhores. Dessa maneira, toda mudança na oferta ou demanda em determinado setor acaba afetando indiretamente todos os outros setores. Todas as atividades produtoras competem indiretamente entre si. Se um número maior de pessoas entra para a profissão médica, haverá falta de gente para outras ocupações que, por sua vez, serão preenchidas por mão de obra vinda de outros setores, e assim por diante. Nesse sentido, existe uma relação entre todos os grupos profissionais, por mais diferentes que sejam os requisitos necessários a cada um deles. Uma vez mais defrontamo-nos com o fato de que a disparidade na qualidade de trabalho, indispensável para satisfação das necessidades, é maior do que a variedade de aptidões humanas inatas para realizar trabalho.[4]

Essa correlação existe não só entre os diferentes tipos de trabalho e os seus respectivos preços como também entre o trabalho e os fatores materiais de produção. Dentro de certos limites, o trabalho pode ser substituído por fatores materiais de produção e vice-versa. Essas substituições ocorrerão em maior ou menor grau, dependendo do nível dos salários e dos preços dos fatores materiais de produção.

Os salários – assim como os preços dos fatores materiais de produção – só podem ser determinados pelo mercado. Fora do mercado não existem salários, como também não existem preços. Onde existem salários, o trabalho é considerado como qualquer outro fator material de produção e é comprado e vendido no mercado. Usualmente denomina-se de mercado de trabalho o setor do mercado de bens de produção no qual o trabalho é contratado.

Como todos os outros setores do mercado, o mercado de trabalho é acionado por empresários desejosos de obter lucros. O empresário procura adquirir todos os tipos de trabalho de que necessita para a execução de seus planos pelo menor preço. Mas os salários que ele oferece devem ser suficientemente altos para atrair os trabalhadores de que precisa. O limite superior de sua oferta

---
[4] Ver p. 169-173.

é determinado pelo preço que espera obter na venda dos bens suplementares a serem fabricados ao empregar os trabalhadores em questão. O limite inferior é determinado pelas ofertas dos demais empresários, que também são guiados por considerações análogas. É isso que os economistas têm em mente ao afirmarem que o nível de salário para cada tipo de trabalho é determinado pela sua produtividade marginal. Outra maneira de exprimir a mesma verdade é dizer que os salários são determinados pela oferta de trabalho e de fatores materiais de produção, por um lado, e pelo preço que se espera obter pelos bens de consumo, por outro.

Essa explicação cataláctica da determinação dos salários tem sido alvo de ataques violentos, embora inteiramente errôneos. Diz-se frequentemente que há um monopólio da demanda por trabalho. A maior parte dos que defendem essa doutrina pensam constituir prova suficiente de suas alegações com referência a uma observação incidental de Adam Smith relativa a "uma espécie de combinação tácita mas constante e uniforme" entre os empregadores, com a finalidade de manterem baixos os salários.[5] Outros fazem vagas referências à existência de associações de grupos de homens de negócios. É evidente a falta de base de tudo isso. Entretanto, o fato de essas ideias deturpadas serem o principal fundamento ideológico do sindicalismo operário e da política trabalhista de todos os governos contemporâneos torna necessário analisá-las com a máxima atenção.

A atitude dos empresários em relação aos que vendem trabalho é a mesma que em relação aos que vendem fatores materiais de produção. Procuram adquirir todos os fatores de produção pelo menor preço. Mas se, nesse afã de reduzirem os seus custos, alguns empresários, ou alguns grupos de empresários, ou todos os empresários oferecem preços ou salários que são muito baixos, isto é, que são menores do que os que resultariam num mercado livre, eles só poderão adquirir o que desejam se o acesso à atividade empresarial estiver bloqueado por barreiras institucionais. Se não se impedir o surgimento de novos empresários ou a expansão dos já existentes, qualquer queda nos preços dos fatores de produção dissonante da estrutura do mercado enseja, necessariamente, novas oportunidades de se obterem lucros. Aparecem logo pessoas querendo aproveitar-se da margem entre o nível de salários existente e a produtividade marginal do trabalho; sua demanda por mão de

---

[5] Ver Adam Smith, *An Inquiry into the Nature and Causes of the Wealth of Nations*, Basiléia, 1791, vol. 1, livro I, cap. viii, p. 100. O próprio Adam Smith parece ter inconscientemente abandonado a ideia. Ver W.H.Hutt, *The Theory of Collective Bargaining*, Londres, 1930, p. 24-25.

obra fará com que os salários voltem ao nível compatível com a produtividade marginal do trabalho. A combinação tácita entre os empregadores a que se referiu Adam Smith, mesmo que tivesse existido, não poderia reduzir os salários abaixo do nível estabelecido pelo mercado, a não ser que para se ter acesso à atividade empresarial viesse a ser necessário não apenas a inteligência e o capital (este último está sempre disponível para empresas capazes de dar maiores retornos), mas também algum tipo de título institucional, uma carta patente, ou uma licença que só fosse concedida a pessoas privilegiadas.

Tem sido afirmado que um trabalhador desempregado estaria obrigado a aceitar qualquer salário, por menor que fosse, uma vez que depende exclusivamente de sua capacidade de trabalho e não tem nenhuma outra fonte de renda. Como não pode esperar, seria forçado a se contentar com qualquer remuneração que os empregadores lhe oferecessem. Sua fraqueza inerente o colocaria à mercê de uma ação coordenadora dos empregadores com o propósito de baixar os salários. Os patrões, se necessário, podem esperar mais tempo, uma vez que a sua demanda por mão de obra não seria tão urgente quanto a demanda dos trabalhadores pelos bens necessários à sua própria subsistência. O argumento é inconsistente: considera evidente o fato de que os empregadores embolsam a diferença entre o salário correspondente à produtividade marginal e o menor salário imposto, como se fosse um ganho monopolístico, sem repassá-lo para os consumidores sob a forma de uma redução nos preços. Ora, se houvesse uma redução nos preços correspondente à diminuição nos custos de produção, os empresários, enquanto empresários e vendedores dos produtos, não teriam nenhuma vantagem com a redução dos salários. Todo o ganho seria usufruído pelos consumidores e, portanto, também pelos assalariados na sua qualidade de compradores; os empresários mesmos só se beneficiariam na sua condição de consumidores. Para que pudessem reter esse ganho extra decorrente da "exploração" do menor poder de barganha dos trabalhadores, os empresários, na qualidade de vendedores dos produtos, teriam que se pôr de acordo e agir em concerto. Para isso teriam de implantar um monopólio universal de todas as atividades produtivas, o que só pode ocorrer se o acesso à atividade empresarial for impedido por barreiras institucionais.

O ponto essencial nesta questão é que a alegada combinação monopolística dos empregadores, a que se referem Adam Smith e uma boa parte da opinião pública, seria um monopólio de demanda. Mas já vimos antes que o monopólio de demanda é, na realidade, um monopólio de oferta de características especiais. Os empregadores só teriam condições de reduzir os salários por meio de uma ação conjunta se pudessem monopolizar um fator indispensável a qualquer tipo de produção e restringir monopolisticamente o emprego desse fator. Como não existe um fator material que seja indispensável a qualquer tipo de produção, seria necessário monopolizar todos os fatores de materiais de produção. Tal situação só pode existir numa comunidade socialista onde não há mercado, nem preços e nem salários.

Tampouco poderiam os proprietários dos fatores materiais de produção, os capitalistas e os proprietários de terras, formarem um cartel universal contra os interesses dos trabalhadores. O traço característico da atividade produtora no passado, e tanto quanto se possa prever também no futuro, é que a escassez de mão de obra excede a escassez da maior parte dos fatores de produção primários, fornecidos pela natureza. A relativamente maior escassez de mão de obra determina em que medida os relativamente abundantes fatores naturais primários podem ser usados. Existem terras não cultivadas, jazidas minerais não exploradas e assim por diante, porque não existe mão de obra suficiente para sua utilização.

Se os proprietários das terras que estão hoje cultivadas formassem um cartel para obter ganhos monopolísticos, não atingiriam o seu objetivo em virtude da competição dos proprietários das terras submarginais. Por sua vez, os proprietários dos fatores de produção já produzidos não poderiam formar um cartel sem a cooperação dos proprietários dos fatores primários.

Várias outras objeções foram apresentadas contra essa doutrina da exploração monopolística dos trabalhadores por meio de um conluio tácito ou declarado dos empregadores. Já foi demonstrado não ser verdade que os que estão procurando emprego não possam esperar e que, portanto, precisem aceitar qualquer salário que lhes seja oferecido, por menor que seja. Não é verdade que todo trabalhador desempregado esteja morrendo de fome; os trabalhadores também têm reservas e podem esperar; a prova é que, na prática, eles esperam até conseguir melhores condições. Por outro lado, esperar pode ser financeiramente desastroso para os empresários e para os capitalistas. Se não puderem empregar o seu capital, sofrerão perdas. Assim, todas essas discussões sobre uma alegada "vantagem dos empregadores" e "desvantagens dos trabalhadores" carecem de fundamento.[6]

---
[6] Todos esses e muitos outros pontos são cuidadosamente analisados por Hutt, op.cit., p. 35-72.

Todavia, essas considerações são acidentais e secundárias. O fato central é que um monopólio de demanda de mão de obra não pode existir, e não existe, num mercado livre, não obstruído. Só pode existir em decorrência de restrições institucionais que impeçam o acesso à atividade empresarial.

Contudo, há mais um ponto que precisa ser enfatizado. A doutrina da manipulação monopolística dos salários pelos empregadores se refere ao trabalho como se fosse uma entidade homogênea. Utiliza conceitos como demanda por "trabalho em geral" e oferta de "trabalho em geral". Mas essas noções, como já foi assinalado, não têm contrapartida na realidade. O que é comprado e vendido no mercado de trabalho não é "trabalho em geral", mas determinado tipo de trabalho capaz de prestar determinados serviços. Cada empresário está à procura de trabalhadores que sejam capazes de executar tarefas específicas, necessárias à realização de seus planos. Para contratar esses especialistas, precisa convencê-los a deixar a ocupação a que se dedicam no momento. O único meio de conseguí-lo é oferecendo maior remuneração. Toda inovação que um empresário pretenda realizar – a produção de um novo artigo, a aplicação de um novo processo de produção, a escolha de um novo local para uma fábrica ou simplesmente a expansão da produção atual, seja na sua própria empresa ou em outras – requer o emprego de trabalhadores que até então trabalhavam em algum outro lugar. Os empresários não se defrontam com uma escassez de "trabalho em geral", mas com uma escassez daqueles tipos específicos de trabalho de que necessitam nas suas empresas. A competição entre os empresários para conseguir melhores colaboradores é tão intensa quanto a competição para obter matérias primas, ferramentas e máquinas, ou para conseguir capital no mercado de crédito. A expansão das atividades de cada empresa, assim como da sociedade em geral, não está limitada apenas pela disponibilidade de bens de capital ou pela quantidade de "trabalho em geral". Cada setor de produção está também limitado pela quantidade de especialistas disponíveis. É claro que esta é uma dificuldade apenas temporária que desaparece a longo prazo, na medida em que maior número de trabalhadores, atraídos pela melhor remuneração oferecida aos que se especializam, procura se preparar para exercer as tarefas cuja carência de pessoal seja maior. Mas, na economia real, em permanente mudança, essa escassez de especialistas surge todos os dias e determina o comportamento dos empresários na sua busca por mão de obra.

Todo empregador deve tentar comprar os fatores de produção de que necessita, inclusive o trabalho, pelo menor preço possível.

Um empregador que pague mais do que estabelece o mercado para os serviços prestados pelos seus empregados será logo alijado da função empresarial. Por outro lado, o empregador que tentar pagar salários inferiores aos que correspondem à produtividade marginal do trabalho não conseguirá recrutar aquelas pessoas que lhe permitiriam utilizar melhor seu equipamento. Os salários, no mercado, tendem para um ponto no qual se tornam iguais ao preço do produto marginal, correspondente ao tipo de trabalho em questão. Se os salários estão abaixo desse ponto, o ganho obtido com o emprego de cada trabalhador adicional aumentará a demanda por trabalhadores e, consequentemente, fará com que os salários aumentem. Se os salários estão acima desse ponto, a perda incorrida com o emprego de cada trabalhador forçará o empregador a dispensar pessoal; a competição entre os trabalhadores desempregados criará uma tendência para que os salários diminuam.

4
Desemprego cataláctico

Se uma pessoa que está à procura de emprego não consegue o trabalho que prefere, terá de se conformar com um outro tipo de trabalho. Se não consegue encontrar um empregador disposto a lhe pagar tanto quanto gostaria de ganhar, terá de reduzir suas pretensões. Se não quiser, não conseguirá nenhum emprego. Permanecerá desempregado.

O que causa o desemprego – ao contrário do que pressupõe a já mencionada doutrina da impossibilidade de o trabalhador esperar – é precisamente o fato de que os que estão procurando emprego podem esperar e, na realidade, esperam. Quem não quiser esperar, sempre encontrará emprego numa economia de mercado, pois existem, invariavelmente, recursos naturais ainda não explorados e, com frequência, fatores de produção já produzidos e ainda não aproveitados. Basta que reduza suas pretensões ou que se conforme em mudar de local ou de ocupação.

Havia, e ainda hoje continua havendo, pessoas que trabalhavam por algum tempo e depois viviam, por um período, da poupança que acumularam trabalhando. Nos países em que o nível cultural das massas é baixo, torna-se frequentemente difícil recrutar trabalhadores dispostos a permanecer no emprego. O homem comum, nesses casos, é tão primário e tão apático que não conhece outra utilização para os seus ganhos, a não ser a de comprar o próprio ócio. Trabalha apenas para poder permanecer desempregado durante algum tempo.

Nos países civilizados, as coisas são diferentes. O trabalhador considera o desemprego um mal. Gostaria de evitá-lo, desde que o sacrifício necessário não fosse muito penoso. Comporta-se diante da possibilidade de emprego ou desemprego da mesma maneira que diante de qualquer outra ação ou escolha: pesando os prós e os contras de cada alternativa. Se escolhe o desemprego, esse desemprego é um fenômeno do mercado, de natureza idêntica à de quaisquer outros fenômenos de mercado. Podemos denominar esse tipo de desemprego de desemprego gerado pelo mercado ou *desemprego cataláctico*.

As várias considerações que podem induzir um homem a preferir o desemprego podem ser classificadas da seguinte maneira:

1. O indivíduo acredita que acabará encontrando um emprego bem remunerado, no lugar onde mora, e na ocupação que mais lhe agrada e para a qual já foi treinado. Procura evitar a despesa e o incômodo de ter que mudar de ocupação e local de residência. Pode haver circunstâncias especiais que onerem ainda mais esses custos. Um trabalhador que possui sua própria casa está mais fortemente ligado ao local de sua residência, do que as pessoas que vivem em apartamentos alugados. Uma mulher casada tem menos mobilidade que uma mulher solteira. Existem também ocupações que concorrem para diminuir a habilidade profissional, dificultando o retorno à profissão anterior. Um relojoeiro que trabalha durante algum tempo como lenhador pode perder a destreza necessária à sua ocupação anterior. Em todos esses casos, o indivíduo prefere o desemprego temporário porque acredita que sua escolha é mais vantajosa a longo prazo.

2. Existem certas ocupações cuja demanda está sujeita a consideráveis variações sazonais. Durante alguns meses do ano, ela é muito intensa; em outros meses, diminui muito ou desaparece completamente. A estrutura dos salários leva em consideração essas flutuações sazonais: os setores da atividade econômica que precisam contratar mão de obra em tais condições pagam, na alta estação, salários suficientemente altos a ponto de compensarem os inconvenientes da demanda irregular. Assim sendo, muitos trabalhadores, tendo poupado parte de seus melhores ganhos na alta estação, permanecem desempregados na baixa.

3. O indivíduo prefere o desemprego temporário a partir de considerações que na linguagem comum são qualificadas de não econômicas ou até mesmo de irracionais. Por exemplo, quando o indivíduo não aceita empregos por serem incompatíveis com suas convicções

religiosas, morais ou políticas; quando recusa ocupações que poderiam prejudicar o seu prestígio ou a sua posição social; quando se deixa levar por critérios tradicionais sobre o que é próprio ou o que é desonroso para um cavalheiro.

O desemprego no mercado livre, não obstruído, é sempre voluntário. Para o desempregado, o desemprego é o menor de dois males entre os quais ele tem que escolher. Às vezes, a situação do mercado pode fazer com que os salários diminuam. Mas, no mercado livre, para cada tipo de trabalho há sempre um salário pelo qual quem quiser encontrará emprego. O salário final é aquele pelo qual todos os desempregados encontram empregos e todos os empregadores conseguem mão de obra que desejam contratar. Seu nível é determinado pela produtividade marginal de cada tipo de trabalho.

As flutuações salariais são o instrumento pelo qual a soberania do consumidor se manifesta no mercado de trabalho. São a medida usada para alocar mão de obra aos vários setores de produção. Penalizam a desobediência com a redução dos salários nos setores relativamente bem-dotados de mão de obra, e gratificam a obediência com o aumento dos salários nos setores relativamente carentes de mão de obra. Dessa maneira, submetem o indivíduo a uma dura pressão social. É claro que, assim, limitam indiretamente a liberdade individual de escolha de sua ocupação. Mas essa pressão não é rígida. Deixa ao indivíduo uma margem para optar entre o que lhe convém mais e o que lhe convém menos. Dentro dessa margem, pode agir como melhor lhe convier. Esse grau de liberdade é o máximo de liberdade que um indivíduo pode gozar no sistema de divisão social do trabalho; e essa pressão é o mínimo de pressão indispensável à preservação do sistema de cooperação social. Só há uma alternativa à pressão cataláctica exercida pelo sistema de salários: a distribuição das ocupações e dos empregos por meio dos decretos inapeláveis de uma autoridade, de um órgão central de planejamento de todas as atividades. Isso equivale a suprimir toda liberdade.

É bem verdade que no sistema salarial o indivíduo não pode escolher o desemprego permanente. Mas nenhum outro sistema social imaginável poderia proporcionar-lhe o direito ao ócio sem limites. Que o homem não possa evitar a submissão à desutilidade do trabalho não é fruto de uma instituição social: é uma condição natural, inevitável, da vida e do comportamento humano.

De nada adianta qualificar metaforicamente o desemprego cataláctico de desemprego "friccional". Na construção imaginária da economia uniformemente circular, não há desemprego por definição. O desemprego é um fenômeno de uma economia real, cambiante. O fato de um trabalhador, dispensado em virtude de modificações introduzidas em algum processo de produção, prolongar a sua desocupação, não aceitar imediatamente qualquer oportunidade de emprego e esperar uma oportunidade mais propícia de trabalho não é uma consequência da morosidade de ajustamento às novas condições, mas um dos fatores que reduzem o ritmo desse ajustamento. Não é uma reação automática às mudanças que ocorreram, independentemente da vontade e da escolha dos candidatos a emprego em questão, mas o efeito de suas ações intencionais. É um desemprego especulativo e não friccional.

O desemprego cataláctico não deve ser confundido com *desemprego institucional*. O desemprego institucional não resulta de decisões dos indivíduos que estão desempregados; é o efeito da interferência estatal no mercado, com o propósito de impor, por coerção e compulsão, salários mais elevados do que os que o livre mercado determinaria. A análise do desemprego institucional será feita quando examinarmos os problemas do intervencionismo.

5
Salário bruto e salário líquido

O que o empregador compra no mercado de trabalho e o que recebe pelos salários pagos é sempre uma *performance* avaliada segundo o seu preço de mercado. Os usos e costumes prevalecentes nos vários setores do mercado de trabalho não influenciam os preços pagos por um desempenho específico. Os salários brutos tendem sempre para um ponto em que serão equivalentes ao preço pelo qual pode ser vendido no mercado o produto suplementar produzido pelo trabalhador marginal, levando-se na devida conta os preços dos materiais empregados e o juro originário do capital necessário.

Ao pesar os prós e contras da contratação de trabalhadores, o empregador não se pergunta quanto o trabalhador receberá efetivamente; quer saber apenas o seguinte: qual o preço total que terei de pagar para poder dispor dos serviços desse trabalhador? Ao se referir a salários, a cataláxia refere-se sempre ao preço total que o empregador paga por determinada quantidade de um tipo específico de trabalho, isto é, ao salário bruto. Se as leis ou as práticas comerciais obrigam o empregador a fazer outros gastos além do que é pago diretamente ao empregado, o salário líquido sofre a correspondente redução. Esses gastos adicionais não afetam o salário bruto; incidem sobre o assalariado, reduzem o salário líquido.

Convém examinar as seguintes consequências desse estado de coisas:

1. Não faz diferença se os salários são pagos a tempo ou por unidade produzida. Mesmo quando paga salários a tempo, o empregador só leva uma coisa em consideração: o desempenho que espera de cada empregado. Nos seus cálculos, já estão consideradas todas as oportunidades que o trabalho a tempo oferece aos malandros e aos embromadores. Ele dispensa os trabalhadores que não produzem o mínimo previsto. Por outro lado, um trabalhador que deseje ganhar mais deve ou trabalhar por tarefa ou procurar um emprego cujo pagamento seja maior porque a *performance* mínima prevista é também maior.

Tampouco faz diferença, num mercado livre, se os salários a tempo são pagos diária, semanal, mensal ou anualmente. Pouco importa se o aviso prévio para dispensa é maior ou menor, se o contrato de trabalho é por um período determinado ou vitalício, se o empregado tem direito a aposentadoria e a uma pensão para si mesmo ou para sua viúva e seus órfãos, se tem férias remuneradas ou não, se tem algum tipo de ajuda no caso de doença ou de invalidez ou se tem direito a qualquer outro benefício e privilégio. A questão que o empregador se coloca é sempre a mesma: compensa ou não celebrar este contrato? Não estarei pagando demais pelo que estou recebendo.

2. Consequentemente, a incidência dos chamados encargos sociais recai, em última análise, sobre o salário líquido do trabalhador. Pouco importa que o empregador tenha ou não o direito de deduzir as contribuições dos salários que paga aos empregados; de qualquer forma, essas contribuições oneram sempre o empregado e nunca o empregador.

3. O mesmo se aplica aos impostos sobre salários. Também neste caso, é indiferente se o empregador tem ou não o direito de deduzi-los na folha de pagamento.

4. A redução da jornada de trabalho também não é um benefício gracioso. Se o trabalhador não compensar a menor carga horária aumentando sua produtividade na mesma proporção, os salários sofrerão a correspondente redução. Se é promulgada uma lei que reduz as horas de trabalho e proíbe uma redução nos salários, surgem logo todas as consequências de um aumento salarial por decreto. O mesmo é válido em relação a todas as outras chamadas conquistas sociais, como férias remuneradas e assim por diante.

5. Se o governo outorga ao empregador um subsídio para que uma certa categoria de trabalhadores tenha emprego, os salários líquidos desses empregados terão um aumento equivalente ao subsídio recebido pelo empregador.

6. Se as autoridades derem a cada trabalhador empregado, cujo ganho seja inferior a um certo padrão mínimo, um abono que aumente sua remuneração até esse mínimo, o nível dos salários em geral não será diretamente afetado. Indiretamente poderá haver uma queda nos salários, uma vez que esse sistema poderia induzir as pessoas que até então não estavam trabalhando a procurarem emprego, o que provocaria um aumento na oferta de trabalho.[7]

6
Salários e subsistência

A vida do homem primitivo era uma luta incessante contra a insuficiência de meios de subsistência fornecidos pela natureza. Nesse esforço desesperado para sobreviver, muitos indivíduos e famílias inteiras, tribos e raças, sucumbiram. O homem primitivo esteve sempre ameaçado pelo espectro da fome e da morte. A civilização nos livrou desses perigos. A vida humana é ameaçada dia e noite por inúmeros perigos; pode ser destruída a qualquer momento por forças naturais que estão fora de nosso controle ou pelo menos não podem ser controladas no atual estágio do nosso conhecimento e de nossa capacidade. Mas o horror da morte pela fome já não aterroriza os que vivem na sociedade capitalista. Quem puder trabalhar, pode ganhar muito mais do que o necessário à mera subsistência.

---

[7] Nos últimos anos do século XVIII, o governo inglês, em meio a dificuldades provocadas pela longa guerra contra a França e pelo método inflacionário empregado para financiá-la, recorreu a esse expediente (o sistema *Speenhamland*). O objetivo real era evitar que os trabalhadores agrícolas abandonassem o campo para trabalhar nas fábricas, que pagavam melhor. O sistema *Speenhamland* foi portanto um subsídio disfarçado, outorgado aos aristocratas proprietários de terra, dispensando-os de pagar maiores salários.

* Em fevereiro de 1793, a Inglaterra entrou em guerra contra a França. A guerra foi financiada sobretudo por meio da inflação, fato que, agravado por colheitas fracas e pela vigência das *Corn Laws* (ver nota anterior), acarretou o aumento dos preços da alimentação mais rapidamente do que o nível dos salários, provocando grandes sofrimentos entre os trabalhadores e suas famílias. Em 1795, os magistrados de Berkshire, reunidos em Speenhamland, não querendo aumentar os salários de seus empregados, usaram a arrecadação de impostos para suplementar os salários e prover as famílias com o que consideravam suficiente para manter a subsistência. O sistema se difundiu rapidamente e foi adotado em outros países. Resultou em maiores ganhos para a aristocracia proprietária de terras, menores salários para os trabalhadores, menos incentivo para que os trabalhadores da agricultura procurassem os melhores salários da indústria, aumento da natalidade e constante aumento dos impostos. Este sistema durou até ser substituído em 1834 por um sistema de leis de amparo à pobreza com recursos públicos. Extraído de *Mises Made Easier*, Percy L. Greaves Jr., op. cit. (N.T.)

Existem, evidentemente, pessoas inválidas, incapazes de trabalhar. Existem também os incapacitados que só podem realizar certas tarefas e cuja incapacidade os impede de ganhar tanto quanto um trabalhador normal; às vezes, o que ganham é tão pouco que não é sequer suficiente para a sua própria manutenção. Essas pessoas só podem subsistir se outras pessoas as ajudarem. O parente mais próximo, os amigos, a caridade dos benfeitores e dos donativos, a assistência pública comunal cuidam dos destituídos. Quem vive da caridade alheia não contribui para o processo social de produção; são pessoas incapazes de prover os seus próprios meios de subsistência; vivem porque outras pessoas se ocupam delas. Os problemas de assistência à pobreza são problemas que dizem respeito ao consumo e não à produção. Por esse motivo, escapam ao âmbito de uma teoria da ação humana que se ocupa apenas com a provisão dos meios necessários ao consumo e não com a maneira como esses meios são consumidos. A teoria cataláctica lida com os métodos adotados para sustentar os destituídos por meio da caridade apenas na medida em que possam afetar a oferta de trabalho. As políticas para aliviar a pobreza têm servido, algumas vezes, para estimular a relutância ao trabalho e o ócio de pessoas perfeitamente capazes e saudáveis.

Na sociedade capitalista prevalece uma tendência de contínuo aumento da quota de capital investido *per capita*. A acumulação de capital ultrapassa o aumento demográfico. Consequentemente, a produtividade marginal do trabalho, os salários reais e o padrão de vida dos assalariados tendem a aumentar continuamente. Mas essa melhoria no bem-estar não é uma indicação da existência de uma lei inexorável da evolução humana; é uma tendência que resulta da interação de forças que só podem produzir seus efeitos no regime capitalista. É possível – e se considerarmos a orientação das políticas atuais é até provável – que o consumo de capital, por um lado, e um aumento ou uma insuficiente diminuição nos números demográficos, por outro, provoquem uma reversão dessa situação. Pode ser, então, que os homens aprendam de novo o que significa morrer de fome e que a relação entre a quantidade de bens de capital disponíveis e os números demográficos tornem-se desfavoráveis a ponto de fazer com que uma parte dos trabalhadores ganhe menos do que o necessário para sua mera subsistência. A simples aproximação de uma tal situação provocaria, certamente, dissenções irreconciliáveis na sociedade, conflitos cuja violência resultaria na desintegração dos laços sociais. A divisão social do trabalho não pode ser preservada, se parte dos membros da sociedade está condenada a ganhar menos do que o necessário para sobreviver.

A noção de um mínimo de subsistência ao qual alude a "lei de ferro dos salários", e que os demagogos repetem frequentemente, não tem serventia na formulação de uma teoria cataláctica da determinação dos salários. Um dos pilares sobre os quais repousa a cooperação social é o fato de que o trabalho realizado segundo o princípio da divisão do trabalho é tão mais produtivo do que os esforços de indivíduos isolados, que as pessoas saudáveis e normais não se sentem atormentadas pelo espectro da fome que ameaçava constantemente os seus antepassados. Numa comunidade capitalista, o mínimo de subsistência não representa nenhum papel do ponto de vista cataláctico.

Além do mais, a noção de um mínimo de subsistência carece da precisão e do rigor científicos que geralmente se lhe atribuem. O homem primitivo, melhor ajustado a uma existência mais animal do que humana, podia sobreviver em condições que seriam insuportáveis para os seus delicados descendentes, mimados que foram pelo capitalismo. Não existe o que se possa chamar de um mínimo de subsistência, biológica ou fisiologicamente determinados, válido para qualquer exemplar da espécie zoológica *homo sapiens*. A ideia de que é necessária uma quantidade específica de calorias para manter um homem saudável e reprodutivo, e de que uma quantidade adicional reporia as energias gastas no trabalho, é insustentável. Esses conceitos, que talvez interessem à criação de gado ou à vivissecção de cobaias, não ajudam o economista a compreender os problemas da ação humana consciente. A "lei de ferro dos salários" e a essencialmente idêntica doutrina marxista segundo a qual a determinação do "valor da força de trabalho" é dada pelo "tempo de trabalho necessário à sua produção e, consequentemente, também à sua reprodução"[8] são as noções menos defensáveis de tudo quanto jamais foi formulado no campo da cataláxia.

Apesar disso, é possível atribuir algum sentido às ideias implícitas na lei de ferro dos salários. Se considerarmos o assalariado como um simples semovente e acreditarmos que esse é o seu papel na sociedade; se supusermos que não aspira a mais do que comer e reproduzir-se e que desconhece qualquer outra maneira de utilizar o que ganha, podemos considerar a lei de ferro como uma teoria da determinação dos salários. Na realidade, os economistas clássicos, por estarem bloqueados pela esterilidade da sua própria teoria do valor, não foram capazes de conceber outra solução para esse problema. Que o preço natural do trabalho fosse aquele que permitisse ao assalariado subsistir e perpetuar a raça, sem au-

---

[8] Ver Marx, *Das Kapital*, 7. ed., Hamburgo, 1914, vol. 1, p.133. No "Manifesto comunista", seção 2, Marx e Engels formulam sua doutrina do seguinte modo: "O preço médio do trabalho assalariado é o salário mínimo, isto é, a quantidade de meios de subsistência que sejam absolutamente necessários para manter o trabalhador vivo e apto a trabalhar". É o que "for meramente suficiente para prolongar e reproduzir a sua existência".

mento ou diminuição, era a conclusão lógica, inescapável, a que teriam de chegar Torrens e Ricardo, a partir da insustentável teoria do valor que defendiam. Mas quando seus epígonos perceberam que não podiam mais aceitar tal lei manifestamente absurda, modificaram-na pelo recurso a uma complementação que implicava em abandonar completamente qualquer possibilidade de explicar economicamente a determinação dos salários. Tentaram preservar a noção tão acalentada de um mínimo de subsistência, substituindo o conceito do mínimo fisiológico pelo conceito do mínimo "social". Já não falavam mais de um mínimo necessário à subsistência do trabalhador e à preservação da oferta de mão de obra. Em vez disso, referiam-se ao mínimo necessário para preservação de um padrão de vida consagrado pela tradição histórica e pelos costumes e hábitos adquiridos no passado. Quando a experiência quotidiana já mostrava de maneira inequívoca que no regime capitalista os salários reais e o padrão de vida dos assalariados estavam em contínua ascensão; quando já se tornava cada vez mais evidente que as muralhas que separavam as diversas camadas da população não podiam mais ser preservadas, porque a melhoria das condições dos trabalhadores industriais estava arrasando com os velhos conceitos de classe e posição social, esses visionários proclamavam que são os costumes tradicionais e as convenções sociais que determinam o nível dos salários. Só pessoas cegas por ideias preconcebidas e por preconceitos partidários poderiam recorrer a tal explicação numa época em que a indústria supre as massas com novas mercadorias, até então desconhecidas, e torna acessível ao trabalhador médio satisfações com as quais, no passado, nenhum rei poderia sequer sonhar.

Não há nada de especialmente extraordinário no fato de que a Escola Historicista Alemã dos *wirtschaftliche Staatswissenschaften*[9] considerasse os salários, tanto quanto os preços das mercadorias e as taxas de juro, como "categorias históricas", nem tampouco no fato de que, para tratar do tema salários, recorresse ao conceito de "renda adequada à posição hierárquica do indivíduo na escala das classes sociais". A característica essencial dos ensinamentos dessa escola foi a de ter negado a existência da ciência econômica e ter pretendido substituí-la pela história. Mas o surpreendente é que nem Marx nem os marxistas tenham percebido que, ao endossarem essa doutrina espúria, estavam contribuindo decisivamente para solapar as bases do assim chamado sistema econômico marxista. Quando os artigos e as monografias publicados na Inglaterra no início da década de 1860 tornaram evidente que não era mais possível ater-se obstinadamente à teoria salarial dos economistas clássicos, Marx modificou sua teoria sobre o valor da contribuição do trabalho.

---

[9] Em português, "aspectos econômicos da ciência política". (N.T.)

Declarou então que "a extensão das assim chamadas necessidades naturais e a maneira pela qual serão atendidas são em si mesmas produto da evolução histórica" e "dependem em grande parte do grau de civilização atingido por um determinado país e, sobretudo, das condições, costumes e exigências de padrão de vida nos quais foi formada a classe trabalhadora". Assim sendo, "um elemento de natureza histórica e moral intervém decisivamente na determinação do valor do trabalho". Contudo, Marx se contradiz e confunde o leitor quando acrescenta que "para um determinado país, num momento dado, a quantidade média das necessidades vitais *indispensáveis* são um fato dado".[10] O que tem em mente já não são mais as "necessidades vitais indispensáveis", mas tudo aquilo considerado indispensável segundo os hábitos e costumes tradicionais, ou seja, os meios necessários para preservação de um padrão de vida adequado à situação do trabalhador na hierarquia social tradicional. Ao recorrer a essa definição, Marx virtualmente renuncia a qualquer explicação econômica ou cataláctica da determinação dos salários. Já não são considerados um fenômeno de mercado, mas um fator cuja origem nada tem a ver com a interação das forças que atuam no mercado.

Apesar disso, mesmo aqueles que acreditam que os salários efetivamente pagos e recebidos são um dado externo ao mercado, e a ele imposto, não podem deixar de formular uma teoria que explique a determinação dos salários como o resultado das valorações e decisões dos consumidores. Sem tal teoria cataláctica dos salários, nenhuma análise econômica do mercado pode ser completa e satisfatória do ponto de vista lógico. Não faz o menor sentido circunscrever as explicações catalácticas à determinação dos preços das mercadorias e às taxas de juros, e aceitar os salários como um dado histórico. Uma teoria econômica, digna desse nome, não se pode contentar com a afirmativa de que os salários são determinados por um "elemento de natureza histórica e moral". A função mais importante da ciência econômica é precisamente a de explicar as relações de troca ocorridas nas transações de mercado como fenômenos de mercado cuja determinação está sujeita a uma regularidade na concatenação e sequência dos eventos. É exatamente isso que distingue a concepção econômica da compreensão histórica, que distingue a teoria da história.

Podemos facilmente examinar uma situação histórica na qual os salários sejam impostos ao mercado, pelo recurso à compulsão e à coerção. Tal fixação coercitiva dos salários é um traço marcante nas políticas intervencionistas de nosso tempo. Mas, em relação a esse estado de coisas,

---

[10] Ver Marx, *Das Kapital*, p. 134. O termo usado por Marx, aqui traduzido como "necessidades vitais", é *Lebensmittel*. O dicionário Muret-Sanders (16. edição) traduz este termo como "artigos de alimentação, provisões, víveres, comida".

cabe à economia investigar as consequências provocadas por essa disparidade entre os dois salários: de um lado, o salário potencial que seria fixado no mercado livre pela interação da oferta e da procura por mão de obra; do outro lado, o salário imposto às partes contratantes pela compulsão e coerção, externas ao mercado.

É verdade que os assalariados estão convencidos de que os salários devem ser suficientes para, pelo menos, permitir que mantenham um padrão de vida compatível com a sua posição na hierarquia da escala social. Cada trabalhador individualmente tem a sua própria opinião sobre que reivindicações tem o direito de postular em função de *"status"*, "posição", "tradição" e "costume", da mesma maneira que tem opinião própria quanto à sua eficiência e à sua produtividade. Mas tais pretensões e tal julgamento em causa própria não têm qualquer relevância no que diz respeito à determinação dos salários. Não provocam o aumento nem a diminuição dos salários. O assalariado terá, às vezes, de se contentar com muito menos do que, em sua opinião, é adequado à sua posição e à sua eficiência. Se lhe é oferecido mais do que esperava, embolsa a diferença sem hesitação. A era do *laissez-faire*, quando deveria estar em plena vigência a lei de ferro e a doutrina marxista da determinação histórica dos salários, assistiu a uma progressiva, embora às vezes temporariamente interrompida, tendência de aumento dos salários reais. O padrão de vida dos assalariados elevou-se a um nível sem precedentes na história, nunca antes imaginado.

Os sindicatos querem que os salários nominais aumentem pelo menos na mesma proporção da queda do poder aquisitivo da unidade monetária, de maneira a garantir que o padrão de vida dos assalariados não diminua. Julgam-se com esse direito, mesmo quando em tempo de guerra ou quando diante de medidas adotadas para financiarem o esforço de guerra; na opinião deles, nem a inflação, nem a carga fiscal, mesmo em tempo de guerra, deveriam afetar o salário líquido *real* dos assalariados. Essa doutrina implica tacitamente na tese do *Manifesto comunista*, segundo a qual "a classe trabalhadora não tem pátria" e não tem "nada a perder, a não ser os seus grilhões"; consequentemente, permaneceria neutra nas guerras empreendidas pelos exploradores burgueses e não se importaria se o seu país fosse vencedor ou vencido. Não cabe à economia analisar tais afirmativas. Cabe-lhe apenas proclamar o fato de que não importa qual seja a justificativa invocada em favor da imposição de salários maiores do que os que seriam determinados no mercado não obstruído. Se, em decorrência dessas reivindicações, os salários reais se elevam acima do nível compatível com a produtividade marginal dos vários tipos de trabalho em questão, as inevitáveis consequências surgirão, qualquer que seja a filosofia subjacente.

Rememorando a história do gênero humano desde a aurora da civilização até os nossos dias, pode-se dizer que, em termos gerais, a produtividade do trabalho multiplicou-se, uma vez que os membros de uma nação civilizada produzem hoje muito mais do que os seus ancestrais. Mas esse conceito de produtividade do trabalho em geral é desprovido de qualquer significação praxeológica ou cataláctica, e não é passível de ser expresso em termos numerários; ainda menos admissível é usá-lo para explicar os problemas de mercado.

O sindicalismo de nossos dias usa um conceito de produtividade do trabalho formulado deliberadamente com o propósito de fornecer uma justificativa ética às pretensões sindicais. Define produtividade como sendo o valor total de mercado, em termos de moeda, que é acrescido aos produtos em virtude do processo produtivo (seja de uma firma, de todas as firmas ou de um setor de atividade) dividido pelo número de trabalhadores empregados na respectiva produção, ou então, como sendo a produção (de uma firma ou de um setor) por homem/hora trabalhada. Comparando as grandezas assim calculadas para o início e o fim de um determinado período de tempo, denominam de "aumento de produtividade do trabalho" a diferença pela qual a segunda cifra supera a primeira; e proclamam que essa diferença, de direito, pertence inteiramente aos trabalhadores. Exigem que esse montante seja inteiramente acrescido aos salários que os trabalhadores recebiam no início do período. Diante dessas reivindicações dos sindicatos, os empregadores, em sua maior parte, não contestam a doutrina subjacente e não questionam o conceito de produtividade do trabalho adotado. Aceitam-no implicitamente ao salientar que os salários já aumentaram muito, ou até mesmo mais do que o aumento de produtividade calculado dessa maneira.

Ora, esse modo de calcular a produtividade do trabalho realizado pelos operários de uma firma ou de uma indústria é inteiramente falacioso. Mil homens trabalhando quarenta horas por semana numa moderna fábrica americana de sapatos produzem m pares de sapatos por mês. Mil homens trabalhando com as ferramentas antiquadas em pequenas oficinas em algum país subdesenvolvido da Ásia produzem, no mesmo período de tempo, mesmo trabalhando mais de quarenta horas por semana, muito menos do que m pares. A diferença de produtividade entre os Estados Unidos e a Ásia, calculada segundo o critério adotado pela doutrina sindical, é enorme. Certamente, essa diferença não pode ser imputada às virtudes inerentes ao trabalhador americano. Ele não é mais diligente, esmerado, habilidoso e inteligente que os asiáticos. (Podemos até mesmo admitir que os operários de uma fábrica moderna realizem tarefas bem mais simples do que as necessárias para fazer um sapato à mão usando-se apenas ferramentas antiquadas). A superioridade da fábrica americana se deve inteiramente à superioridade de seu equipamento e à maneira equilibrada com que o empresário a dirige. O que impede os empresários dos países atrasados de adotarem os métodos americanos de produção é a falta de capital acumulado e não qualquer insuficiência de seus trabalhadores.

No início da "revolução industrial", as condições no Ocidente não eram muito diferentes do que são hoje no Oriente. A mudança radical de condições que propiciaram às massas o atual padrão de vida (um alto padrão, sem dúvida, quando comparado com o pré-capitalista ou com as condições soviéticas) é fruto do capital acumulado pela poupança, investido criteriosamente por um empresário competente. Nenhum progresso tecnológico teria sido possível se os bens de capital adicionais, necessários à utilização prática das novas invenções, já não estivessem disponíveis graças à poupança previamente realizada.

Embora os trabalhadores, na qualidade de trabalhadores, não tenham contribuído e nem contribuam ao aperfeiçoamento do sistema de produção, são eles (numa economia de mercado não sabotada pela interferência governamental ou pela violência sindical) os que mais se beneficiam do progresso material resultante, tanto na sua condição de trabalhadores como na de consumidores.

O que deslancha a cadeia de ações que resulta na melhoria das condições econômicas é a acumulação de novos capitais através da poupança. Esses recursos adicionais tornam possível a execução de projetos que, pela falta de bens de capital, não puderam ser executados anteriormente. Os empresários, ao procurarem adquirir os fatores de produção necessários à realização de novos projetos, competem com aqueles cujos projetos já estão em operação. No seu afã de conseguir a quantidade necessária de matéria prima e mão de obra, provocam uma alta de preços e de salários. Assim sendo, os assalariados, já no início do processo, se beneficiam com a abstenção de consumo praticada pelos poupadores. Mais adiante, no curso do processo, são novamente beneficiados, desta vez como consumidores, pela queda nos preços que o aumento de produção tende a provocar.[11]

A economia descreve assim o resultado final dessa cadeia de mudanças: um aumento do capital investido resulta, mantida estável a população economicamente ativa, num aumento da utilidade marginal do trabalho e, portanto, dos salários. O que eleva os salários é um crescimento do capital superior ao crescimento populacional, ou, em outras palavras, um aumento no capital investido *per capita*. No mercado livre, os salários tendem sempre a igualar a produtividade marginal de cada tipo de

---
[11] Ver p. 356-357.

trabalho, ou seja, tendem a igualar o valor acrescido, ou subtraído, ao valor da produção correspondente à contratação, ou à dispensa, de um trabalhador. Por esse valor, todos os que desejarem encontrarão emprego, e todos os que precisarem contratar trabalhadores encontrarão tantos quantos queiram. Se os salários forem aumentados acima desse valor de mercado, será inevitável o desemprego de uma parte da força de trabalho; pouco importa qual seja a doutrina adotada para justificar a imposição de salários superiores aos salários que o mercado determinaria.

Os salários, em última análise, são determinados pelo valor que os concidadãos atribuem aos serviços prestados pelos assalariados. O trabalho é avaliado como uma mercadoria, não porque os empresários e os capitalistas sejam duros e insensíveis, mas porque estão incondicionalmente sujeitos à supremacia dos consumidores, cuja imensa maioria, hoje, é composta de assalariados. Os consumidores não estão dispostos a satisfazer a pretensão, a presunção e a vaidade de ninguém; querem ser servidos da maneira melhor e mais barata possível.

UMA COMPARAÇÃO ENTRE A EXPLICAÇÃO HISTORICISTA DOS SALÁRIOS E O TEOREMA DA REGRESSÃO

Pode ser vantajoso comparar a doutrina marxista e da Escola Historicista Alemã, segundo a qual os salários são um dado histórico e não um fenômeno cataláctico, com o teorema da regressão do poder aquisitivo da moeda.[12]

O teorema da regressão estabelece o fato de que nenhum bem pode ser empregado como meio de troca, se no início mesmo de seu uso com esse propósito ele já não tivesse um valor de troca em virtude de suas outras utilizações. Este fato não afeta substancialmente o poder aquisitivo da moeda, determinado, no dia a dia, pela interação da oferta e demanda de moeda efetuada por aqueles que desejam mantê-la em caixa. O teorema da regressão não afirma que uma relação de troca qualquer entre moeda, de um lado, e mercadorias e serviços, de outro, seja um dado histórico, independente da situação do mercado. Explica apenas como um novo tipo de meio de troca pode vir a ser adotado e permanecer em uso. Somente nesse sentido reconhece que existe um componente histórico no poder aquisitivo da moeda.

---
[12] Ver p. 476-479.

As coisas se passam de maneira completamente diferente no caso da doutrina marxista e historicista. Segundo essas doutrinas, o atual nível de salários, tal como determinado no mercado, seria um dado histórico. As valorações dos consumidores, que indiretamente são os compradores de trabalho, e as dos assalariados, os vendedores de trabalho, não teriam a menor importância. Os salários, continua a doutrina, seriam fixados pelos eventos históricos do passado; não poderiam ir além, nem ficar aquém desse nível. O fato de que os salários são hoje maiores na Suíça do que na Índia só poderia ser explicado pela história, da mesma maneira que só a história pode explicar por que Napoleão I tornou-se um francês e não um italiano, um imperador e não um advogado corso. Seria inútil tentar explicar a diferença entre o salário de um pastor de ovelhas e o de um pedreiro, naqueles dois países, recorrendo-se a fatores que invariavelmente operam no mercado; para as doutrinas marxista e historicista, só a história dessas duas nações poderia fornecer uma explicação para essa diferença.

7
EFEITOS DA DESUTILIDADE DO TRABALHO SOBRE A DISPONIBILIDADE DE MÃO DE OBRA

As circunstâncias que fundamentalmente afetam a disponibilidade de mão de obra são:

1 – Um indivíduo só pode despender uma limitada quantidade de trabalho.

2 – Essa limitada quantidade de trabalho não pode ser realizada a qualquer momento. É indispensável que sejam intercalados períodos de descanso e de recreação.

3 – Os indivíduos não são capazes de realizar qualquer tipo de trabalho. Existem diferenças, tanto inatas como adquiridas, na aptidão para executar os diferentes tipos de trabalho. Certos tipos de trabalho requerem faculdades inatas que não podem ser adquiridas por meio de treinamento ou de ensino.

4 – A capacidade de trabalho deve ser convenientemente administrada para que não se deteriore ou desapareça de vez. São necessários cuidados especiais para preservar as aptidões de uma pessoa – tanto inatas como adquiridas – por tanto tempo quanto permite o inevitável declínio de suas forças vitais.

5 – Ao esgotar-se a capacidade de trabalho de um homem, tornando indispensável um período de recreação ou descanso, a fadiga prejudica a quantidade e a qualidade de seu desempenho.[13]

6 – Os homens preferem não trabalhar, ou seja, preferem o lazer ao trabalho; ou, no dizer dos economistas: eles atribuem desutilidade ao trabalho.

O homem autossuficiente, que trabalha em isolamento econômico para satisfazer as suas próprias necessidades, para de trabalhar no momento em que começa a preferir o lazer – a ausência de desutilidade do trabalho – ao incremento de satisfação que obteria com o prolongamento do trabalho. Tendo atendido suas necessidades mais urgentes, considera a satisfação de outras necessidades como menos desejável do que a satisfação do seu anseio por lazer.

O mesmo ocorre no caso dos assalariados. Eles também não estão dispostos a trabalhar até esgotar toda a sua capacidade de trabalho. Preferem parar de trabalhar no momento em que a gratificação mediata esperada já não supera a desutilidade do correspondente trabalho adicional.

A opinião popular, influenciada por atavismos e ofuscada por *slogans* marxistas, ainda não conseguiu perceber esse fato; considerava e ainda considera o assalariado como um servo, e os salários como o equivalente capitalista do mínimo de subsistência que o proprietário de escravos ou de gado tem que prover para os seus escravos ou para os seus animais. Segundo essa doutrina, o assalariado seria um homem que foi obrigado, pela sua pobreza, a aceitar a servidão. O formalismo dos advogados burgueses, continua a doutrina, denomina essa submissão de voluntária e interpreta a relação entre empregador e empregado como um contrato entre duas partes iguais. Na realidade, o trabalhador não seria livre, porque age sob coação; tem de se submeter ao jugo de uma virtual servidão, por não ter alternativa; o trabalhador seria o pária deserdado pela sociedade. Até mesmo o aparente direito de escolher o seu patrão seria uma farsa, porque o conluio tácito ou declarado entre os empregadores, fixando as condições de emprego de maneira uniforme, tornaria ilusória essa liberdade.

Para quem presume que os salários são mero reembolso das despesas do trabalhador com sua preservação e reprodução da força de trabalho, ou que o nível dos salários é fixado pela tradição, qualquer

---

[13] Outras flutuações na qualidade e quantidade do desempenho por unidade de tempo, como por exemplo a menor eficiência no período que se segue a uma interrupção para recreação, são praticamente destituídas de importância no que diz respeito à disponibilidade de mão-de-obra no mercado.

redução das obrigações impostas ao trabalhador por um contrato de trabalho será, logicamente, considerada um ganho unilateral do trabalhador. Se o nível dos salários não depende da quantidade e qualidade do desempenho, se o empregador não paga ao trabalhador o preço que o mercado atribui à sua contribuição, se o empregador não está adquirindo determinada quantidade e qualidade de trabalho, mas apenas comprando um escravo, se os salários são tão baixos que por razões naturais ou "históricas" não podem baixar mais, qualquer redução forçada da jornada de trabalho é um benefício para os assalariados. Se fosse assim, seria admissível considerar as leis que limitam as horas de trabalho como equivalentes aos decretos com que os governos europeus dos séculos XVII, XVIII e princípio do século XIX pouco a pouco reduziram e finalmente aboliram a corveia (trabalho obrigatório gratuito) que os camponeses eram obrigados a prestar aos senhores feudais, ou como equivalentes aos regulamentos que aliviaram a carga de trabalhos forçados dos condenados. Se fosse assim, a diminuição da jornada de trabalho provocada pelo industrialismo capitalista deveria ser considerada uma vitória dos explorados, os escravos assalariados, sobre o egoísmo impiedoso de seus exploradores. Todas as leis que impõem aos empregadores o dever de fazer determinados gastos em benefício dos empregados poderiam ser consideradas como "conquistas sociais", ou seja, como generosidades para cuja obtenção os empregados não precisam fazer qualquer sacrifício.

Presume-se, geralmente, que a correção dessa doutrina está suficientemente demonstrada pelo fato de que o indivíduo assalariado influi muito pouco na fixação das condições do contrato de trabalho. As decisões relativas à duração da jornada de trabalho, trabalho aos domingos e feriados, o tempo estabelecido para almoço e muitas outras coisas são fixadas pelo empregador, sem consulta aos empregados. Presume-se, por isso, que o assalariado tem de escolher entre ceder a essas imposições ou morrer de fome.

O erro principal desse raciocínio já foi salientado nas seções precedentes. Os empregadores não demandam por trabalho em geral, mas por homens que sejam capazes de executar o tipo de trabalho de que necessitam. Um empresário, da mesma forma que procura escolher para a sua fábrica a localização, o equipamento e as matérias primas mais adequadas, também procura contratar os trabalhadores mais eficientes. Procura organizar as condições de trabalho de maneira a torná-las atrativas àqueles tipos de trabalhadores que pretende contratar. É verdade que o trabalhador individual tem pouco a dizer em relação a essas disposições. Elas são, como o próprio nível dos salários, como os preços das mercadorias e como a forma dos artigos produzidos para o consumo das massas, o resultado da interação de inúmeras pessoas participando no processo social do mercado. Nesse sentido, são fenômenos de massa sobre os quais pouco influem as atuações de um único indivíduo. Entretanto, é uma deturpação da verdade afirmar que o eleitor individual não tem influência pelo fato de serem necessários milhares ou mesmo milhões de votos para decidir uma eleição, ou que os votos dos eleitores não vinculados a qualquer partido sejam destituídos de importância. Mesmo que admitíssemos essa tese, só para argumentar, seria absurdo concluir que a substituição de processos democráticos por princípios totalitários faria com que os funcionários públicos fossem representantes mais genuínos do povo do que os designados por eleições. A contrapartida dessas fábulas autoritárias no campo da democracia econômica do mercado são as afirmativas de que o consumidor individual é impotente diante dos fornecedores, e de que o empregado individual é impotente diante dos empregadores. Evidentemente, não há de ser um gosto individual, diferente do da maioria, que irá determinar as características dos artigos produzidos para consumo das massas. Os termos dos contratos de trabalho prevalecentes em cada área ou setor da indústria são determinados pelo conjunto da massa trabalhadora e não pelo trabalhador individual. Se é costume almoçar entre meio-dia e uma hora, um trabalhador que prefira almoçar entre duas e três da tarde terá pouca chance de satisfazer seu desejo. Neste caso, note-se bem, a pressão social a que está sujeito o indivíduo isolado não é exercida pelo empregador, mas pelos seus próprios companheiros de trabalho.

Os empregadores, na sua busca por trabalhadores adequados, são muitas vezes forçados a aceitar condições custosas e inconvenientes, quando não conseguem contratá-los em melhores termos. Em muitos países – alguns estigmatizados pelos anticapitalistas como países socialmente atrasados – os empregadores são obrigados a concordar com vários desejos dos trabalhadores motivados por considerações de ordem religiosa, de casta ou de condição social. São obrigados a ajustar horários de trabalho, feriados e muitos problemas técnicos em função desses desejos, por mais onerosos que sejam tais ajustes. Toda vez que um empregador solicita um trabalho especial considerado fatigante ou repulsivo pelos empregados, tem de pagar um valor suplementar para compensar a maior desutilidade a ser suportada pelo trabalhador.

Os termos do contrato de trabalho não se referem apenas a salários; abrangem todas as condições de trabalho. O trabalho em equipe nas fábricas e a interdependência das várias empresas tornam impossível o desvio das disposições habituais no país ou no setor considerado, resultando assim numa unificação e padronização dessas disposições. Mas esse fato não enfraquece nem elimina a contribuição dos empregados na sua elaboração.

Para os trabalhadores individuais, é certamente um dado inalterável, como o é o horário dos trens para um viajante individual. Não obstante, ninguém seria capaz de sustentar que, ao elaborar o seu horário, a companhia não leve em consideração os desejos dos possíveis usuários; sua intenção é, precisamente, atendê-los da melhor maneira possível.

A interpretação da evolução do industrialismo moderno tem sido inteiramente pervertida pelo preconceito anticapitalista dos governos e dos escritores e historiadores professamente pró-trabalhistas. O aumento do salário real, a diminuição da jornada de trabalho, a eliminação do trabalho infantil e a restrição do trabalho das mulheres, dizem eles, são o resultado da interferência de governos e sindicatos e da pressão da opinião pública despertada por autores humanitários. Se não fosse essa interferência e essa pressão, os empresários e os capitalistas se teriam apropriado de todas as vantagens decorrentes do aumento do capital investido e do consequente aprimoramento tecnológico. Assim sendo, pensam eles, o aumento no padrão de vida dos assalariados foi conseguido às custas da diminuição da renda "não ganha" dos capitalistas, empresários e proprietários de terra. Tais políticas, que beneficiam a muitos às custas tão somente de uns poucos exploradores egoístas, deveriam ter prosseguimento para reduzir cada vez mais os ganhos injustos das classes proprietárias.

A falsidade dessa interpretação é óbvia. Todas as medidas que restringem a oferta de trabalho oneram, direta ou indiretamente, os capitalistas, na medida em que aumentam a produtividade marginal do trabalho e reduzem a produtividade marginal dos fatores de produção. Ao restringirem a quantidade de trabalho sem reduzir a quantidade de capital, aumentam a parcela do produto líquido total que corresponde aos assalariados. Mas esse produto líquido total também sofrerá uma redução e, dependendo das condições específicas de cada caso, a maior quota-parte de um bolo menor poderá ser maior ou menor do que a quota-parte relativamente menor de um bolo maior. Os lucros e a taxa de juros não são diretamente afetados pela redução da quantidade total de trabalho. Os preços dos fatores materiais de produção diminuem e aumentam os salários por unidade produzida pelo trabalhador individual (o que não quer dizer que necessariamente aumente o salário *per capita* dos trabalhadores empregados). Os preços dos produtos também aumentam. Se todas essas mudanças resultam numa melhoria ou numa deterioração da renda média dos assalariados, é, como já foi dito, uma questão que depende das circunstâncias de cada caso.

Mas a suposição de que tais medidas não afetam a quantidade de fatores materiais de produção é inadmissível. A redução da jornada de trabalho, a restrição ao trabalho noturno e ao emprego de certos grupos de pessoas impedem a utilização plena de uma parte do equipamento disponível e equivalem a uma diminuição na quantidade de capital. Essa diminuição dos bens de capital existentes pode anular inteiramente o aumento potencial da produtividade marginal do trabalho em relação à produtividade marginal dos bens de capital.

Se, concomitantemente com a redução compulsória da jornada de trabalho, as autoridades ou os sindicatos proíbem uma correspondente redução dos salários que o funcionamento do mercado provocaria, ou se instituições já existentes impedem essa redução, a consequência será a mesma que resultaria de qualquer tentativa de manter os salários num nível superior ao determinado pelo mercado: desemprego institucional.

A história do capitalismo no mundo ocidental, nos últimos duzentos anos, registra um firme e constante aumento no padrão de vida dos assalariados. O traço característico do capitalismo é a produção em massa para consumo das massas, dirigida por indivíduos mais ativos e mais lúcidos que, persistentemente, procuram aprimorar os produtos de sua fabricação. Sua força motriz é o lucro, para cuja efetivação o empresário é constantemente obrigado a fornecer aos consumidores produtos em maior quantidade, de melhor qualidade e por um menor preço. Um excedente de lucros sobre prejuízos só existe numa economia em desenvolvimento e somente na medida em que o padrão de vida das massas melhora.[14] Por isso, o capitalismo é o sistema no qual as mentes mais ágeis e mais penetrantes são forçadas a usar toda a sua competência para promover o bem-estar de uma maioria apática.

A comparação de experiências históricas não pode ser feita pela recorrência a medições. A moeda, não sendo um padrão de valor e de satisfação de desejos, não pode ser usada para comparar o nível de vida das pessoas em épocas diferentes. Apesar disso, todo historiador, cujo julgamento não esteja obnubilado por preconceitos românticos, concorda com o fato de que o capitalismo multiplicou a existência de bens de capital em proporção muito superior ao aumento da população no mesmo período. O capital hoje existente, tanto *per capita* da população total como *per capita* da população economicamente ativa, é imensamente maior do que há cinquenta, cem ou duzentos anos atrás. Concomitantemente, houve um enorme aumento na parcela, recebida pelos assalariados, do conjunto total de mercadorias produzidas, conjunto esse que é muito maior do que no passado. O decorrente aumento no padrão de vida das massas pode ser considerado milagroso quando comparado às condições de épocas anteriores. Naqueles bons velhos tempos, mesmo

---
[14] Ver p. 354-360.

as pessoas abastadas levavam uma vida que pode ser considerada miserável se comparada com o padrão médio de um trabalhador americano ou australiano dos nossos dias. O capitalismo – diz Marx, sem se dar conta de que repetia os argumentos dos que faziam o panegírico da Idade Média – tem uma tendência inevitável de empobrecer cada vez mais os trabalhadores. A verdade é que o capitalismo despejou uma cornucópia de abundância sobre as massas de assalariados, que, não raro, fizeram todo o possível para sabotar a adoção daquelas inovações que tornariam suas vidas bem mais agradáveis. Como se sentiria mal um trabalhador americano se fosse forçado a viver como vivia um lorde medieval, sem água corrente, esgoto, calefação, instalações elétricas e outras comodidades cuja existência é hoje considerada fato natural!

A melhoria do bem-estar material do trabalhador modificou o valor por ele atribuído ao lazer. Tendo hoje ao seu alcance um maior número de comodidades, mais rapidamente chega ao ponto em que considera qualquer incremento na desutilidade do trabalho como um mal que já não é superado por qualquer novo incremento na remuneração do seu trabalho. Prefere diminuir a jornada de trabalho e poupar sua mulher e seus filhos dos dissabores do trabalho remunerado. Não foi a legislação trabalhista nem a pressão sindical que diminuiu a jornada de trabalho e tirou as mulheres e crianças das fábricas; foi o capitalismo que tornou o assalariado mais próspero, a ponto de lhe permitir mais tempo de lazer para si mesmo e para os seus dependentes. A legislação trabalhista do século XIX não fez mais do que ratificar as mudanças que a interação dos fatores do mercado já tinham provocado previamente. Quando, às vezes, a legislação se adiantou à evolução industrial, o rápido crescimento econômico compensou os efeitos desfavoráveis que tal precipitação, não fora isso, teria provocado. Essas leis, pretensamente favoráveis aos trabalhadores, quando estabeleceram medidas que não eram apenas uma ratificação de mudanças já ocorridas ou uma antecipação de mudanças que iriam ocorrer no futuro próximo, trouxeram mais prejuízos do que benefícios aos trabalhadores.

A expressão "conquistas sociais" é inteiramente ilusória. Se a lei obriga os trabalhadores que prefeririam trabalhar 46 horas por semana a não trabalhar mais do que 40 horas, ou se força os empregadores a efetuarem determinados gastos em benefício dos empregados, não está favorecendo os empregados às custas dos empregadores. Quaisquer que sejam as disposições da legislação social, sua incidência, em última análise, recai sobre o próprio empregado e não sobre o empregador. Afetam o montante do salário líquido. Se aumentam o preço que o empregador tem de pagar por unidade de desempenho acima do que seria o seu valor de mercado, criam desemprego institucional. A legislação social não impõe aos empregadores a obrigação de pagar mais pelo trabalho; impõe aos assalariados uma restrição quanto ao livre emprego de seus ganhos totais. Restringe a liberdade que o trabalhador deveria ter para organizar seus gastos segundo suas próprias decisões.

A conveniência de ser implantado um sistema de legislação social é, essencialmente, uma questão política. Pode-se tentar justificá-lo dizendo-se que aos assalariados falta o discernimento e a força moral para cuidar do seu próprio futuro. Mas, se for assim, como contestar aqueles que perguntam se não seria um paradoxo colocar o destino da nação nas mãos de eleitores que a própria lei considera incapazes de cuidar dos seus próprios interesses? Como responder àqueles que dizem ser um absurdo o fato de todo poder emanar de pessoas que precisam de um tutor para impedi-las de gastar totalmente sua própria renda? Seria razoável atribuir ao tutelado o direito de escolher o tutor? O fato de a Alemanha, país onde primeiro se implantou um sistema de legislação social, ter sido o berço das duas variedades modernas de detração da democracia – a marxista assim como a não marxista – não é acidental.

Consideração quanto à interpretação popular da "Revolução Industrial"

Costuma-se dizer que a história do industrialismo moderno, e especialmente a história da "Revolução Industrial" na Inglaterra, constitui uma evidência empírica da procedência da doutrina denominada "realista" ou "institucional", e refuta inteiramente o dogmatismo "abstrato dos economistas".[15]

Os economistas negam categoricamente que os sindicatos e a legislação trabalhista possam e tenham beneficiado a classe dos assalariados e elevado o seu padrão de vida de forma duradoura. Mas,

---

[15] A atribuição da expressão "Revolução Industrial" ao período dos reinados dos dois últimos reis da casa de Hanover – George III e George IV (1760-1830) – resultou do desejo de dramatizar a história econômica, de maneira a ajustá-la aos esquemas marxistas procustianos.* A transição dos métodos medievais de produção para o sistema de livre iniciativa foi um processo longo que começou séculos antes de 1760 e que, mesmo na Inglaterra, em 1830, ainda não tinha terminado. Entretanto, é verdade que o desenvolvimento industrial na Inglaterra acelerou-se bastante na segunda metade do século XVIII. Consequentemente, é admissível usar a expressão "Revolução Industrial" ao se examinarem as conotações emocionais que lhe foram imputadas pelo fabianismo, pelo marxismo e pela Escola Historicista.

* Relativo a Procusto, gigante salteador da Ática que, segundo a mitologia grega, despojava viajantes e torturava-os deitando-os num leito de ferro: se a vítima fosse maior, cortava-lhe os pés; se menor, esticava-a por meio de cordas até que atingisse as dimensões do leito. O termo serve para metaforizar o ato de se tentar ajustar arbitrariamente a realidade a um sistema ou teoria previamente concebidos. (N.T.)

dizem os antieconomistas, os fatos refutaram essas ideias capciosas. Segundo eles, os governantes e legisladores que regulamentaram as relações trabalhistas revelaram possuir uma melhor percepção da realidade do que os economistas. Enquanto a filosofia do *laissez-faire*, sem piedade nem compaixão, pregava que o sofrimento das massas era inevitável, o bom senso dos leigos em economia conseguia terminar com os piores excessos dos empresários ávidos de lucro. A melhoria da situação dos trabalhadores se deve, pensam eles, inteiramente à intervenção dos governos e à pressão sindical.

São essas ideias que impregnam a maior parte dos estudos históricos que tratam da evolução do industrialismo moderno. Os autores começam esboçando uma imagem idílica das condições prevalecentes no período que antecedeu a "Revolução Industrial". Naquele tempo, dizem eles, as coisas eram, de maneira geral, satisfatórias. Os camponeses eram felizes. Os artesãos também o eram, com a sua produção doméstica; trabalhavam nos seus chalés e gozavam de certa independência, uma vez que possuíam um pedaço de jardim e suas próprias ferramentas. Mas, aí, "a Revolução Industrial caiu como uma guerra ou uma praga" sobre essas pessoas.[16] O sistema fabril transformou o trabalhador livre em virtual escravo; reduziu o seu padrão de vida ao mínimo de sobrevivência; abarrotando as fábricas com mulheres e crianças, destruiu a vida familiar e solapou as fundações da sociedade, da moralidade e da saúde pública. Uma pequena minoria de exploradores impiedosos conseguiu habilmente subjugar a imensa maioria.

A verdade é que as condições no período que antecedeu à Revolução Industrial eram bastante insatisfatórias. O sistema social tradicional não era suficientemente elástico para atender às necessidades de uma população em contínuo crescimento. Nem a agricultura nem as guildas conseguiam absorver a mão de obra adicional. A vida mercantil estava impregnada de privilégios e monopólios; seus instrumentos institucionais eram as licenças e as cartas patentes; sua filosofia era a restrição e a proibição de competição, tanto interna como externa. O número de pessoas à margem do rígido sistema paternalista de tutela governamental cresceu rapidamente; eram virtualmente párias. A maior parte delas vivia, apática e miseravelmente, das migalhas que caíam das mesas das castas privilegiadas. Na época da colheita, ganhavam uma ninharia por um trabalho ocasional nas fazendas; no mais, dependiam da caridade privada e da assistência pública municipal. Milhares dos mais vigorosos jovens desse estrato social alistavam-se no exército ou na marinha de Sua Majestade; muitos deles morriam

---

[16] J.L. Hammond and Barbara Hammond, *The Skilled Labourer*, 1760-1832, 2. ed., Londres, 1920, p. 4.

ou voltavam mutilados dos combates; muitos mais morriam, sem glória, em virtude da dureza de uma bárbara disciplina, de doenças tropicais e de sífilis.[17]

Milhares de outros, os mais audaciosos e mais brutais, infestavam o país vivendo como vagabundos, mendigos, andarilhos, ladrões e prostitutos. As autoridades não sabiam o que fazer com esses indivíduos, a não ser interná-los em asilos ou casas de correção. O apoio que o governo dava ao preconceito popular contra a introdução de novas invenções e de dispositivos que economizassem trabalho dificultava as coisas ainda mais.

O sistema fabril desenvolveu-se, tendo de lutar incessantemente contra inúmeros obstáculos. Teve de combater o preconceito popular, os velhos costumes tradicionais, as normas e regulamentos vigentes, a má vontade das autoridades, os interesses estabelecidos dos grupos privilegiados, a inveja das guildas. O capital fixo das firmas individuais era insuficiente, a obtenção de crédito extremamente difícil e cara. Faltava experiência tecnológica e comercial. A maior parte dos proprietários de fábricas foi à bancarrota; comparativamente, foram poucos os bem-sucedidos. Os lucros, às vezes, eram consideráveis, mas as perdas também o eram. Foram necessárias muitas décadas para que se estabelecesse o costume de reinvestir a maior parte dos lucros e a consequente acumulação de capital possibilitasse a produção em maior escala.

A prosperidade das fábricas, apesar de todos esses entraves, pode ser atribuída a duas razões. Em primeiro lugar, aos ensinamentos da nova filosofia social que os economistas começavam a explicar e que demolia o prestígio do mercantilismo, do paternalismo e do restricionismo. A crença supersticiosa de que os equipamentos e processos economizadores de mão de obra causavam desemprego e condenavam as pessoas ao empobrecimento foi amplamente refutada. Os economistas do *laissez-faire* foram os pioneiros do progresso tecnológico sem precedentes dos últimos duzentos anos.

Um segundo fator contribuiu para enfraquecer a oposição às inovações. As fábricas aliviaram as autoridades e a aristocracia rural de um embaraçoso problema que estas já não tinham como resolver. As novas instalações fabris proporcionavam trabalho às massas pobres que, dessa maneira, podiam ganhar seu sustento; esvaziaram os asilos, as casas de correção e as prisões. Converteram mendigos famintos em pessoas capazes de ganhar o seu próprio pão.[18]

---

[17] Na guerra dos Sete Anos, 1.512 marinheiros ingleses morreram em combate, enquanto 133.708 morreram de doenças ou desapareceram. Ver W.L.Dorn, *Competition for Empire* 1740-1763, Nova York, 1940, p.114.

[18] No sistema feudal inglês, a maior parte da área rural constituía-se de campos e florestas. Grande parte

Os proprietários das fábricas não tinham poderes para obrigar ninguém a aceitar um emprego nas suas empresas. Podiam apenas contratar pessoas que quisessem trabalhar pelos salários que lhes eram oferecidos. Mesmo que esses salários fossem baixos, eram ainda assim muito mais do que aqueles indigentes poderiam ganhar em qualquer outro lugar. É uma distorção dos fatos dizer que as fábricas arrancaram as donas de casa de seus lares ou as crianças de seus brinquedos. Essas mulheres não tinham como alimentar os seus filhos. Essas crianças estavam carentes e famintas. Seu único refúgio era a fábrica; salvou-as, no estrito senso do termo, de morrer de fome.

É deplorável que tal situação existisse. Mas, se quisermos culpar os responsáveis, não devemos acusar os proprietários das fábricas, que – certamente movidos pelo egoísmo e não pelo altruísmo – fizeram todo o possível para erradicá-la. O que causava esses males era a ordem econômica do período pré-capitalista, a ordem dos "bons velhos tempos".

Nas primeiras décadas da Revolução Industrial, o padrão de vida dos operários das fábricas era escandalosamente baixo em comparação com as condições de seus contemporâneos das classes superiores ou com as condições atuais do operariado industrial. A jornada de trabalho era longa, as condições sanitárias dos locais de trabalho eram deploráveis. A capacidade de trabalho do indivíduo se esgotava rapidamente. Mas prevalece o fato de que, para o excedente populacional – reduzido à mais triste miséria pela apropriação das terras rurais, e para o qual, literalmente, não havia espaço no contexto do sistema de produção vigente —, o trabalho nas fábricas representava uma salvação. Representava uma possibilidade de melhorar o seu padrão de vida, razão pela qual as pessoas afluíram em massa, a fim de aproveitar a oportunidade que lhes era oferecida pelas novas instalações industriais.

A ideologia do *laissez-faire* e sua consequência, a "Revolução Industrial", destruíram as barreiras ideológicas e institucionais que impediam o progresso e o bem-estar. Demoliram a ordem social na qual um número cada vez maior de pessoas estava condenado a uma pobreza e a uma penúria humilhantes. A produção artesanal das épocas anteriores abastecia quase que exclusivamente os mais ricos. Sua expansão estava

---

dessas áreas era utilizada para o cultivo de grãos e criação de gado para consumo próprio. Com o advento da produção agrícola para o mercado e não para o senhor feudal, essas terras começaram a ser cercadas e apropriadas. Diversos atos do Parlamento, no século XVIII e parte do século XIX, endossaram esse movimento, que tinha oposição das classes inferiores. Tal situação resultou num aumento da produção agrícola e na criação de um proletariado rural, que veio a se tornar a força de trabalho usada pelas fábricas inglesas na "Revolução Industrial". (N.T.)

limitada pelo volume de produtos de luxo que o estrato mais rico da população pudesse comprar. Quem não estivesse engajado na produção de bens primários só poderia ganhar a vida se as classes superiores estivessem dispostas a utilizar os seus serviços ou o seu talento. Mas eis que surge um novo princípio: com o sistema fabril, tinha início um novo modo de comercialização e de produção. Sua característica principal consistia no fato de que os artigos produzidos não se destinavam apenas ao consumo dos mais abastados, mas ao consumo daqueles cujo papel como consumidores era, até então, insignificante. Coisas baratas, ao alcance do maior número possível de pessoas, era o objetivo do sistema fabril. A indústria típica dos primeiros tempos da Revolução Industrial era a tecelagem de algodão. Ora, os artigos de algodão não se destinavam aos mais abastados. Os ricos preferiam a seda, o linho, a cambraia. Sempre que a fábrica, com os seus métodos de produção mecanizada, invadia um novo setor de produção, começava fabricando artigos baratos para consumo das massas. As fábricas só se voltaram para a produção de artigos mais refinados, e portanto mais caros, num estágio posterior, quando a melhoria sem precedentes no padrão de vida das massas tornou viável a aplicação dos métodos de produção em massa também aos artigos melhores. Assim, por exemplo, os sapatos fabricados em série eram comprados apenas pelos "proletários", enquanto os consumidores mais ricos continuavam a encomendar sapatos sob medida. As tão malfaladas fábricas que exploravam os trabalhadores, exigindo-lhes trabalho excessivo e pagando-lhes salário de fome, não produziam roupas para os ricos, mas para pessoas cujos recursos eram modestos. Os homens e mulheres elegantes preferiam, e ainda preferem, ternos e vestidos feitos pelo alfaiate e pela costureira.

O fato marcante da Revolução Industrial foi o de ela ter iniciado uma era de produção em massa para atender às necessidades das massas. Os assalariados já não são mais pessoas mourejando para proporcionar o bem-estar de outras pessoas; são eles mesmos os maiores consumidores dos produtos que as fábricas produzem. A grande empresa depende do consumo de massa. Não há atualmente na América uma só grande empresa que não atenda aos desejos das massas. A própria essência da atividade empresarial capitalista é a de prover para o homem comum. Na qualidade de consumidor, o homem comum é o soberano que, ao comprar ou ao se abster de comprar, decide os rumos da atividade empresarial. Na economia de mercado não há outro meio de adquirir e preservar a riqueza, a não ser fornecendo às massas o que elas querem, da maneira melhor e mais barata possível.

Ofuscados por seus preconceitos, muitos historiadores e escritores não chegam a perceber esse fato fundamental. Segundo eles, os assalariados mourejam em benefício de outras pessoas. Nunca questionaram quem são essas "outras" pessoas.

O Senhor e a Senhora Hammond nos dizem que os trabalhadores eram mais felizes em 1760 do que em 1830.[19] Trata-se de um julgamento de valor arbitrário. Não há meio de comparar e medir a felicidade de pessoas diferentes, nem da mesma pessoa em momentos diferentes. Podemos admitir, só para argumentar, que um indivíduo nascido em 1740 estivesse mais feliz em 1760 do que em 1830. Mas não nos esqueçamos de que em 1770 (segundo estimativa de Arthur Young) a Inglaterra tinha 8,5 milhões de habitantes, enquanto que em 1830 (segundo o recenseamento) a população era de 16 milhões.[20] Esse aumento notável se deve principalmente à Revolução Industrial. Em relação a esses milhões de ingleses adicionais, as afirmativas dos eminentes historiadores só podem ser aprovadas por aqueles que endossam os melancólicos versos de Sófocles: "Não ter nascido é, sem dúvida, o melhor; mas para o homem que chega a ver a luz do dia, o melhor mesmo é voltar rapidamente ao lugar de onde veio".

Os primeiros industriais foram, em sua maioria, homens oriundos da mesma classe social que os seus operários. Viviam muito modestamente, gastavam no consumo familiar apenas uma parte dos seus ganhos e reinvestiam o resto no seu negócio. Mas, à medida que os empresários enriqueciam, seus filhos começaram a frequentar os círculos da classe dominante. Os cavalheiros de alta linhagem invejavam a *riqueza* dos *parvenus* e se indignavam com a simpatia que estes devotavam às reformas que estavam ocorrendo. Revidaram investigando as condições morais e materiais de trabalho nas fábricas e editando a legislação trabalhista.

A história do capitalismo na Inglaterra, assim como em todos os outros países capitalistas, é o registro de uma tendência incessante de melhoria do padrão de vida dos assalariados. Essa evolução coincidiu, por um lado, com o desenvolvimento da legislação trabalhista e com a difusão do sindicalismo, e, por outro, com o aumento da produtividade marginal. Os economistas afirmam que a melhoria nas condições materiais dos trabalhadores se deve ao aumento da quota de capital investido *per capita* e ao progresso tecnológico decorrente desse capital adicional. A legislação trabalhista e a pressão sindical, na medida em que não impunham a concessão de vantagens superiores àquelas que os trabalhadores teriam de qualquer maneira, em virtude de a acumulação de capital

---

[19] J. L. Hammond e Barbara Hammond, op. cit.
[20] F. C. Dietz, *An Economic History of England*, Nova York, 1942, p. 279 e 392.

se processar em ritmo maior do que o aumento populacional, eram supérfluas. Na medida em que ultrapassaram esses limites, foram danosas aos interesses das massas. Atrasaram a acumulação de capital, diminuindo assim o ritmo de crescimento da produtividade marginal e dos salários. Privilegiaram alguns grupos de assalariados às custas de outros grupos. Criaram o desemprego em grande escala e diminuíram a quantidade de produtos que os trabalhadores, como consumidores, teriam à sua disposição.

Os defensores da intervenção do governo na economia e do sindicalismo atribuem toda melhoria da situação dos trabalhadores às ações dos governos e dos sindicatos. Se não fosse por isso, dizem eles, o padrão de vida atual dos trabalhadores não seria maior do que nos primeiros anos da Revolução Industrial.

Certamente essa controvérsia não pode ser resolvida pela simples recorrência à experiência histórica. Os dois grupos não têm divergências quanto a quais tenham sido os fatos ocorridos. Seu antagonismo diz respeito à interpretação desses fatos, e essa interpretação depende da teoria escolhida. As considerações de natureza lógica ou epistemológica que determinam a correção ou a falsidade de uma teoria são, lógica e temporalmente, antecedentes à elucidação do problema histórico em questão. Os fatos históricos, por si só, não provam nem refutam uma teoria. Precisam ser interpretados à luz da compreensão teórica.

A maioria dos autores que escreveu sobre a história das condições de trabalho no sistema capitalista era ignorante em economia e disso se vangloriava. Entretanto, tal desprezo por um raciocínio econômico bem fundado não significa que esses autores tenham abordado o tema dos seus estudos sem preconceitos e sem preferência por uma determinada teoria; na realidade, estavam sendo guiados pelas falácias tão difundidas que atribuem onipotência ao governo e consideram a atividade sindical como uma bênção. Ninguém pode negar que os Webbs, assim como Lujo Brentano e uma legião de outros autores menores, estavam, desde o início de seus estudos, imbuídos de uma aversão fanática pela economia de mercado e de uma entusiástica admiração pelas doutrinas socialistas e intervencionistas. Foram certamente honestos e sinceros nas suas convicções e deram o melhor de si. Sua sinceridade e probidade podem eximi-los como indivíduos; mas não os eximem como historiadores. As intenções de um historiador, por mais puras que sejam, não justificam a adoção de doutrinas falaciosas. O primeiro dever de um historiador é o de examinar com o maior rigor todas as doutrinas a que recorrerá para elaborar suas interpretações históricas. Se negligencia fazê-lo e adota ingenuamente as ideias deformadas e confusas que têm grande aceitação popular, deixa de ser um historiador e passa a ser um apologista e um propagandista.

O antagonismo entre esses dois pontos de vista contrários não é apenas um problema histórico: está intimamente ligado aos problemas mais candentes da atualidade. É a razão da controvérsia naquilo que se denomina hoje, na América, de relações industriais.

Salientemos apenas um aspecto da questão: em vastas regiões – Ásia Oriental, Índias Orientais, sul e sudeste da Europa, América Latina – a influência do capitalismo moderno é apenas superficial. A situação nesses países, de uma maneira geral, não difere muito da que prevalecia na Inglaterra no início da "Revolução Industrial". Existem milhões de pessoas que não encontram um lugar seguro no sistema econômico vigente. Só a industrialização pode melhorar a sorte desses desafortunados; para isso, o que mais necessitam é de empresários e de capitalistas. Como políticas insensatas privaram essas nações do benefício que a importação de capitais estrangeiros até então lhes proporcionava, precisam proceder à acumulação de capitais domésticos. Precisam percorrer todos os estágios pelos quais a industrialização do Ocidente teve de passar. Precisam começar com salários relativamente baixos e com longas jornadas de trabalho. Mas, iludidos pelas doutrinas prevalecentes hoje em dia na Europa Ocidental e na América do Norte, seus dirigentes pensam que poderão consegui-lo de outra maneira. Encorajam a pressão sindical e promovem uma legislação pretensamente favorável aos trabalhadores. Seu radicalismo intervencionista mata no nascedouro a criação de uma indústria doméstica. Seu dogmatismo obstinado tem como consequência a desgraça dos trabalhadores braçais indianos e chineses, dos peões mexicanos e de milhões de outras pessoas que se debatem desesperadamente para não morrer de fome.

8
OS EFEITOS DAS VICISSITUDES DO MERCADO SOBRE OS SALÁRIOS

O trabalho é um fator de produção. O preço que o vendedor de trabalho pode obter no mercado depende das circunstâncias do mercado.

A qualidade e a quantidade de trabalho que um indivíduo está apto a fornecer são limitadas pelas suas características inatas ou adquiridas. As habilidades inatas não podem ser alteradas por meio de uma conduta que tenha esse propósito. São a herança do indivíduo, que lhe foi legada pelos seus ancestrais no dia do seu nascimento. Ele pode fazer bom uso dessa dádiva, cultivar os seus talentos e evitar que se esvaneçam prematuramente; mas não pode ultrapassar os limites que a natureza impôs às suas forças e à sua habilidade. Pode revelar um maior ou menor talento para vender a sua capacidade de trabalho pelo maior preço possível nas condições vigentes no mercado; mas não pode mudar sua natureza de forma a ajustá-la melhor às circunstâncias do mercado. Pode considerar-se um sujeito de sorte, se as condições do mercado forem tais que as suas aptidões sejam esplendidamente remuneradas; o fato de que seus talentos inatos sejam altamente apreciados por seus contemporâneos depende da chance, e não do mérito pessoal. Greta Garbo teria ganho muito menos do que ganhou se tivesse vivido cem anos antes da era do cinema. No que concerne aos seus talentos inatos, ela está na mesma posição de um fazendeiro cuja fazenda pode ser vendida por um preço elevado porque a expansão de uma cidade próxima converteu-a em área urbana.

Nos estritos limites das suas habilidades inatas, a capacidade de trabalho de um homem pode ser aprimorada, por meio de treinamento, para realização de determinadas tarefas. O indivíduo ou seus pais fazem despesas com um treinamento a fim de adquirir a aptidão necessária à realização de certos tipos de trabalho. Essa aprendizagem e esse treinamento aprimoram algumas características do indivíduo; fazem dele um especialista. Todo treinamento especializado aumenta o caráter específico da capacidade de trabalho de um homem. O trabalho e a preocupação, a desutilidade do esforço feito para adquirir uma habilidade especial, os ganhos não realizados durante o período de treinamento, os gastos incorridos, tudo isso o homem suporta na expectativa de que um futuro aumento de seus ganhos compense esses inconvenientes. Tais dispêndios são um investimento e, consequentemente, uma especulação. Que tenha valido a pena fazê-lo, ou não, depende da futura configuração do mercado; só a partir de então será possível dizer se o investimento deu lucro ou prejuízo. Ao se treinar, o trabalhador se torna um especulador e um empresário.

Portanto, o assalariado tem dois tipos de interesse pré-estabelecidos: o interesse que decorre do fato de possuir determinadas qualidades inatas e o que decorre da circunstância de ter adquirido determinadas aptidões.

O assalariado vende o seu trabalho no mercado pelo preço que o mercado, em cada caso e a cada dia, lhe permite. Na construção imaginária da economia uniformemente circular, a soma dos preços que o empresário tem que pagar por todos os fatores complementares de produção deve ser igual – levando-se devidamente em conta a preferência temporal – ao preço do produto. Numa economia real, as mudanças no mercado provocam diferenças entre essas duas grandezas. Os lucros e perdas daí decorrentes não afetam o assalariado; recaem exclusivamente sobre o empregador. A incerteza do futuro só afeta o empregado no que diz respeito aos seguintes itens:

1 – Os dispêndios em tempo, desutilidade e dinheiro efetuados para treinamento.

2 – As despesas incorridas com a mudança de residência em virtude de mudança do local de trabalho.

3- No caso de um contrato de trabalho por um determinado período de tempo, as mudanças no preço do tipo específico de trabalho ocorridas nesse meio tempo e mudanças na solvência do empregador.

9
O MERCADO DE TRABALHO

Denomina-se salário o preço pago pelo fator de produção trabalho humano. Como ocorre com os demais preços de fatores complementares de produção, seu nível, em última análise, é determinado pelos preços que se espera obter pelos produtos no momento em que o trabalho é comprado e vendido. Pouco importa se quem executa o trabalho vende os seus serviços a um empregador que os combina com os outros fatores materiais de produção e com os serviços de outras pessoas, ou se ele mesmo se engaja, por sua conta e risco, na tarefa de combinar os fatores de produção. O preço final do trabalho de uma mesma qualidade é, de qualquer forma, o mesmo no sistema de mercado. Os salários são sempre iguais ao valor do fruto do trabalho. O *slogan* popular segundo o qual "os trabalhadores têm direito a todo o fruto do seu trabalho" não é mais do que uma formulação absurda da pretensão de que os bens de consumo sejam distribuídos exclusivamente entre os trabalhadores, sem que nada caiba aos empresários e aos proprietários dos fatores materiais de produção. As mercadorias não podem, jamais, ser consideradas como produto exclusivo do trabalho; são o resultado da combinação intencional de trabalho com fatores materiais de produção.

Na economia cambiante, os salários de mercado tendem constantemente a se ajustar ao nível dos correspondentes salários finais. Esse ajustamento é um processo que absorve tempo. A extensão do período desse ajustamento depende do tempo necessário ao treinamento de operários para os novos empregos e à migração dos mesmos para novos locais de residência. Depende também de fatores subjetivos, como, por exemplo, o grau de informação e conhecimento dos trabalhadores em relação às condições e perspectivas do mercado de trabalho. Esse ajustamento é um risco especulativo na medida em que o treinamento para novo tipo de trabalho e a mudança de residência envolvem gastos que só serão efetuados por quem acredita que a futura situação do mercado de trabalho será compensadora.

Em relação a todas essas coisas, não há nada que seja uma característica exclusiva do trabalho, dos salários e do mercado de trabalho. O que dá uma feição particular ao mercado de trabalho é o fato de que o trabalhador não é apenas um fornecedor do fator de produção de trabalho, mas, também, um ser humano, e que é impossível separar o homem de sua *performance*. Várias referências a esse fato têm sido feitas em discursos extravagantes que tentam impugnar os ensinamentos da economia em matéria de salários. Não obstante, tais disparates não devem impedir a economia de dar a devida atenção a esse fato primordial.

Para o trabalhador, são questões da maior importância: o tipo de trabalho a escolher entre as alternativas de que dispõe; onde executá-lo; e em que condições e circunstâncias. Um observador insensível pode achar que as ideias e sentimentos que influenciam um trabalhador na escolha do tipo, local e condições de trabalho sejam meros preconceitos inúteis ou até mesmo ridículos. Entretanto, tais considerações acadêmicas, mesmo se feitas com imparcialidade, são desprovidas de interesse. Para um exame econômico desses problemas, não há nada de especialmente extraordinário no fato de o trabalhador considerar o esforço e a preocupação decorrentes do seu trabalho e de sua remuneração mediata, mas também do ponto de vista da interferência das condições e circunstâncias especiais de seu desempenho com o seu prazer de viver. O fato de que um trabalhador esteja disposto a renunciar à oportunidade de aumentar os seus ganhos para não ter de mudar-se para um lugar que considere menos desejável, e de que prefira ficar no local ou no país onde nasceu, é uma conduta ditada pelas mesmas considerações que fazem com que uma pessoa rica e distinta, sem ocupação, prefira a vida mais cara da capital à vida mais barata da cidade do interior. O trabalhador e o consumidor são a mesma pessoa; a divisão dessa unidade em duas funções sociais é mero fruto do raciocínio econômico. Os homens não podem separar as decisões relativas à utilização de sua capacidade de trabalho daquelas relativas ao desfrute de seus ganhos.

A descendência, a língua, a educação, a religião, a mentalidade, os laços de família e o meio social influem de tal maneira sobre o trabalhador, que a escolha do tipo e do local de trabalho não dependem apenas do nível da remuneração.

Podemos denominar de salário-base (S) o salário que, para cada tipo de trabalho, prevaleceria no mercado se os trabalhadores não discriminassem entre os vários locais e, para salários iguais, não preferissem um local em detrimento de outro. Se, entretanto, os trabalhadores, pelas considerações acima, valoram diferentemente o trabalho em locais diferentes, o salário de mercado (M) não coincidirá com o salário base (S). Denominemos de componente A a diferença máxima entre o salário de mercado e o salário-base ainda incapaz de provocar a migração de trabalhadores dos locais de menor salário de mercado para os de maior salário de mercado. O componente A de uma determinada região geográfica ou de um local específico pode ser positivo ou negativo.

Consideremos ainda que as várias regiões ou locais diferem no que concerne ao aprovisionamento de bens de consumo, em função do seu custo de transporte (no sentido mais abrangente do termo). Esses custos são menores em algumas áreas, maiores em outras. Além disso, existem diferenças em relação aos dispêndios materiais necessários para obter um mesmo grau de satisfação material. O homem, para conseguir idêntica satisfação, deverá gastar mais num local do que em outro, independentemente das circunstâncias que determinam o valor do componente A; ou, dito de outra forma, existem locais onde um homem pode evitar certos gastos, sem que isso implique uma redução da satisfação de seus desejos. Denominemos de componente de custo (C) as despesas nas quais um trabalhador terá de incorrer, em certos locais, para alcançar um mesmo grau de satisfação de seus desejos, ou que poderá poupar sem diminuir a satisfação de seus desejos. O componente de custo de uma determinada região geográfica ou de um local específico pode ser positivo ou negativo.

Se supusermos que não existem barreiras institucionais impedindo ou penalizando a transferência de bens de capital, de trabalhadores e de mercadorias de um local ou de uma região para outra, e que aos trabalhadores seja indiferente o local onde moram e trabalham, prevalecerá uma tendência de distribuição da população sobre a superfície da terra segundo a produtividade física dos fatores naturais de produção e a imobilização dos fatores de produção inconversíveis efetuada no passado. Haverá, se não considerarmos o componente de custo (C), uma tendência de equalização dos salários, para o mesmo tipo de serviço, sobre toda a superfície da terra.

Seria admissível qualificar de relativamente superpovoada uma região na qual o salário de mercado acrescido do componente de custo (positivo ou negativo) fosse menor do que o salário-base, e de relativamente subpovoada uma região na qual o salário de mercado acrescido do componente de custo (positivo ou negativo) fosse maior do que o salário-base. Mas essa definição não seria adequada; não explicaria as condições reais de formação dos salários nem a conduta dos assalariados. É melhor adotar outra definição. Podemos qualificar de relativamente superpovoada uma região na qual os salários de mercado são menores do que os salários-base acrescidos de ambos os componentes A e C (positivos ou negativos), isto é, onde $M<(S + A + C)$. Da mesma forma, qualificaremos de relativamente subpovoada uma região na qual $M > (S + A + C)$. Na ausência de barreiras institucionais à migração, os trabalhadores se deslocarão das regiões relativamente superpovoadas para as regiões relativamente subpovoadas, até que, por toda parte, $M = S + A + C$.

O mesmo também se aplica, *mutatis mutandis*, em relação à migração de indivíduos que trabalham por conta própria e vendem seu trabalho, alienando os produtos de sua fabricação ou prestando serviços pessoais.

Os conceitos relativos aos dois componentes acima referidos se aplicam da mesma forma às mudanças de setor de atividade ou de profissão.

É quase desnecessário acrescentar que as migrações em questão só podem ocorrer na medida em que não haja barreiras institucionais à mobilidade de capital, de trabalho e de mercadorias. Na época atual, de desintegração da divisão internacional do trabalho, em que todas as nações buscam a autossuficiência econômica, tais migrações só podem ocorrer em sua plenitude dentro das fronteiras de cada país.

O TRABALHO DOS ANIMAIS E DOS ESCRAVOS

Para os homens, os animais são um fator material de produção. Pode ser que um dia uma mudança nos sentimentos morais induza as pessoas a tratarem os animais mais delicadamente. Entretanto, enquanto os animais não forem deixados em paz e em liberdade, os homens os considerarão como simples instrumentos de sua própria ação. A cooperação social só existe entre seres humanos porque só eles são capazes de perceber o significado e as vantagens da divisão do trabalho e da cooperação pacífica.

O homem subjuga o animal e o considera, nos seus planos de ação, como um objeto material. Ao domar, domesticar e treinar animais, o homem frequentemente manifesta certo apreço pelas peculiaridades psicológicas dessas criaturas; interessa-se, por assim dizer, pela sua alma. Mas, mesmo assim, o abismo que separa o homem do animal continua sendo intransponível. A um animal não se pode proporcionar mais do que a satisfação de seus apetites por alimento e sexo, e uma proteção adequada contra danos que possam ser provocados pelo meio ambiente. Os animais são bestiais e não humanos, exatamente porque são como a lei de ferro dos salários imagina que os trabalhadores o sejam. Pela mesma razão que a civilização humana jamais teria surgido se os homens estivessem unicamente interessados em alimento e acasalamento, também os animais jamais poderão contrair laços sociais ou participar da sociedade humana.

Houve pessoas que consideraram os seus semelhantes como animais e assim os trataram. Usaram chicotes para obrigar escravos a remarem nas galés e a puxarem pesadas barcaças, como se fossem animais de tração. Entretanto, a experiência mostrou que os resultados desses métodos brutais são insatisfatórios. Mesmo as pessoas mais rudes e mais apáticas trabalham melhor por consentimento do que pelo medo do chicote.

O homem primitivo não fazia distinção entre a propriedade que exercia sobre mulheres, crianças e escravos, e a propriedade de gado e objetos inanimados. Mas, à medida que começa a querer que seus escravos prestem serviços diferentes dos que podem ser prestados por animais de carga e de tração, é obrigado a libertá-los da servidão. O incentivo pelo medo vai sendo substituído pelo incentivo baseado no interesse pessoal; começam a surgir entre o escravo e o senhor sentimentos humanos. Se já não são os grilhões e a vigilância que impedem o escravo de fugir, e se já não é obrigado a trabalhar pelo medo de ser açoitado, a relação entre o senhor e o escravo se transforma numa ligação social. O escravo pode, especialmente se ainda tiver fresca na memória a lembrança dos dias mais felizes em que era livre, lamentar seu infortúnio e ansiar pela libertação. Mas ele se adapta ao que parece ser um estado de coisas inevitável e se acomoda à própria sorte, de maneira a torná-la o mais suportável possível. Procura então satisfazer o seu senhor, executando com aplicação as tarefas que lhe são confiadas; o senhor, por seu lado, procura aumentar o zelo e a lealdade do escravo, tratando-o convenientemente. Desenvolve-se entre o lorde e o lacaio um tipo de relação que, inclusive, pode ser considerada como de amizade.

Pode ser que os defensores da escravidão não estivessem inteiramente errados ao afirmar que muitos escravos estavam satisfeitos com a sua situação e não pretendiam mudá-la. Existem, possivelmente, indivíduos, grupos de indivíduos e mesmo povos inteiros ou raças que apreciem a proteção e a segurança proporcionadas pela servidão; que, insensíveis à humilhação e à mortificação, estejam satisfeitos em poder trocar uma moderada quantidade de trabalho pelo privilégio de usufruir das comodidades de uma casa abastada; que considerem a submissão aos caprichos e maus humores de um senhor apenas um mal menor, ou nem mesmo isso. Evidentemente, as penosas condições dos trabalhadores escravos nas grandes plantações e fazendas, nas minas, nas oficinas e nas galés eram muito diferentes das descrições idílicas da boa vida dos empregados domésticos, arrumadeiras, cozinheiras e babás, e das condições dos lavradores, vaqueiros, boiadeiros e pastores que trabalhavam nas pequenas fazendas, embora em condição servil. Nenhum apologista da escravidão teve o desplante de exaltar a sorte dos escravos romanos, que viviam acorrentados e encarcerados nos ergástulos, ou dos negros nas plantações americanas de cana e algodão.[21]

A abolição da escravatura e da servidão não deve ser atribuída nem aos ensinamentos dos teólogos e dos moralistas, nem à fraqueza ou à generosidade dos senhores. Havia, entre os pregadores religiosos e os professores de ética, tanto os que defendiam eloquentemente a escravidão como os que a ela se opunham.[22] O trabalho escravo desapareceu porque não pôde suportar a competição do trabalho livre; sua inviabilidade econômica provocou o seu desaparecimento na economia de mercado.

O preço pago na compra de um escravo é determinado pelo benefício líquido que se espera obter de seu emprego (não só como trabalhador, mas também como progenitor), da mesma forma que o preço pago por uma vaca é determinado pelo benefício líquido que se espera obter de sua utilização. O proprietário de um escravo não aufere automaticamente uma renda específica; para ele, não há "exploração" no fato de o trabalho escravo não ser remunerado e no fato de o preço potencial de mercado dos serviços prestados ser possivelmente maior do que os custos de alimentá-lo, abrigá-lo e vigiá-lo. Quem compra um escravo por um determinado preço considera que obterá o ressarcimento de todos os custos na medida em que sejam previsíveis; no

---

[21] Margaret Mitchell, que na famosa novela *E o vento levou* (Nova York, 1936) tem uma postura favorável ao sistema escravagista do sul dos EUA evita cautelosamente referências aos que trabalhavam nas plantações, preferindo fixar sua atenção nos empregados domésticos, que, até mesmo para ela, constituíam uma elite entre os escravos.

[22] Ver, a propósito da doutrina americana pró-escravidão, Charles e Mary Beard, *The Rise of American Civilization*, 1944, vol.1, p.703-710; e C.E. Merriam, A History of American Political Theories, Nova York, 1924, p. 227-251.

preço pago, estão compreendidas todas essas circunstâncias e levada na devida conta a preferência temporal. O proprietário, quer utilize o escravo na sua própria casa, na sua atividade econômica, quer alugue os seus serviços para outra pessoa, não usufrui qualquer vantagem específica da existência da instituição da escravatura. O ganho específico vai para o caçador de escravos, isto é, para aquele que priva homens livres de sua liberdade, levando-os à escravidão. Mas, evidentemente, a lucratividade do caçador de escravos depende do nível de preço que os compradores estão dispostos a pagar para adquiri-los. Se esse preço for menor do que os custos de operação e transporte inerentes a esse tipo de atividade, ela deixa de ser lucrativa e terá de ser interrompida.

Ora, jamais, em tempo algum, em nenhum lugar, as iniciativas que utilizaram trabalho escravo puderam competir no mercado com as iniciativas que utilizaram trabalho livre. O trabalho servil só pôde ser utilizado quando não teve de enfrentar a competição do trabalho livre.

Se os homens forem tratados como gado, terão um desempenho do mesmo tipo que o do gado. Mas, sendo o homem menos forte que o boi ou o cavalo, e, em relação ao rendimento a ser obtido, sendo mais caro alimentar e vigiar um escravo do que alimentar e vigiar o gado, resulta que, tratado como escravo, o homem rende menos do que o animal doméstico por unidade de custo incorrido em alimento e vigilância. Para se obter de um trabalhador servil um desempenho humano, será necessário oferecer-lhe incentivos de natureza especificamente humana. Se o empregador pretende obter produtos que, em quantidade e qualidade, excedam os obtidos debaixo de chicote, terá de interessar o trabalhador no rendimento do seu trabalho. Em vez de punir a preguiça e a negligência, deverá recompensar a diligência, o talento e o zelo. Mas, por mais que se esforce, nunca obterá de um escravo, isto é, de um trabalhador que não aufere o valor total de mercado correspondente à sua contribuição, o desempenho equivalente ao de um homem livre, isto é, um homem contratado num mercado de trabalho sem obstruções. O limite superior acima do qual é impossível aumentar a qualidade e a quantidade dos produtos e serviços prestados por trabalho servil ou escravo é muito inferior aos padrões alcançados pelo trabalho livre. Na produção de artigos de qualidade superior, uma empresa que utilizasse mão de obra aparentemente barata, representada por trabalhadores não livres, jamais poderia competir com empresas que utilizassem trabalhadores livres.

As instituições sociais, em tempos passados, reservavam regiões inteiras ou setores da produção exclusivamente para emprego da mão de obra servil, protegendo-as da competição com os empresários que empregam trabalho livre. A escravidão e a servidão tornavam-se, assim, características essenciais de um rígido sistema de castas que não podia ser eliminado nem modificado pelos indivíduos. Onde não existiam tais instituições protetoras, os próprios donos dos escravos adotaram medidas que, pouco a pouco, acabariam por fazer desaparecer por completo o sistema de trabalho servil. Não foram sentimentos humanitários e de clemência que induziram os insensíveis e impiedosos proprietários da antiga Roma a relaxarem os grilhões de seus escravos, mas o desejo de tirar o maior rendimento possível da sua propriedade. Abandonaram o sistema centralizado de exploração de suas vastas terras, os latifúndios, e transformaram os escravos em virtuais arrendatários que cultivavam suas glebas, por conta própria, pagando ao proprietário simplesmente um aluguel ou uma parte da colheita. Nas atividades de transformação e de comércio, os escravos se tornaram empresários e os seus encaixes, o *peculium*, constituíam quase uma propriedade legal. Os escravos foram alforriados em grandes números, porque, livres, prestavam ao seu antigo dono, o *patronus*, serviços que valiam mais do que os que se podiam esperar de um escravo. A alforria não era um favor e uma generosidade da parte do proprietário. Era como uma operação de crédito, uma compra da liberdade para pagamento em prestações. O alforriado ficava obrigado a prestar ao antigo dono, durante muitos anos ou mesmo por toda a vida, determinados serviços ou pagamentos. O *patronus* tinha, além disso, direitos especiais de herança sobre os bens do antigo escravo, quando de sua morte.[23]

Com o desaparecimento do trabalho servil nas grandes explorações agrícolas e industriais, a escravidão deixou de ser um sistema de produção e tornou-se um privilégio político de uma casta aristocrática. Os suseranos tinham direito a determinados tributos em mercadorias ou em dinheiro e a determinados serviços a serem prestados pelos seus vassalos; além disso, os filhos de seus servos deviam prestar serviços, durante um certo tempo, como empregados domésticos ou como integrantes da guarda pessoal. Mas os camponeses e artesãos desprivilegiados faziam funcionar suas fazendas e suas oficinas por sua própria conta e risco. O senhor só recebia uma parte do resultado depois de terminado o processo de produção.

Mais tarde, a partir do século XVI, novamente voltou-se a utilizar trabalho servil na agricultura e até mesmo na produção industrial em larga escala. Na América, a escravidão negra tornou-se o sistema padrão das plantações coloniais. Na Europa oriental – no nordeste

---

[23] Ver Ciccotti, *Le déclin de l'esclavage antique*, Paris, 1910, p. 292 e segs.; Salvioli, *Le capitalisme dans le monde antique*, Paris, 1906, p.141 e segs.; Cairnes, *The Slave Power*, Londres, 1862, p. 234.

da Alemanha, na Boêmia, Morávia e Silésia, na Polônia, nos países bálticos, na Rússia e também na Hungria e adjacências – a agricultura em larga escala se desenvolveu com base no trabalho servil não remunerado. Em ambos os casos, as instituições políticas protegiam esses sistemas da competição com empresas que contratavam trabalhadores livres. Nas plantações coloniais, os altos custos de imigração e a falta de suficiente proteção legal e judicial ao indivíduo, diante do arbítrio das autoridades governamentais e da aristrocracia rural, impediram o surgimento de um número suficiente de trabalhadores livres e o desenvolvimento de uma classe de agricultores independentes. Na Europa oriental, o sistema de castas tornava impossível o acesso de pessoas estranhas à produção agrícola. A agricultura em larga escala era reservada aos membros da nobreza. As pequenas propriedades eram reservadas aos servos não livres. No entanto, ninguém contestava o fato de que as iniciativas que empregavam trabalho escravo não seriam capazes de competir com as que empregavam trabalho livre. Neste particular, os autores do século XVIII e princípio do século XIX, que escreveram sobre atividades agrícolas, eram tão unânimes quanto os escritores da antiga Roma que trataram de problemas rurais. Mas a abolição da escravatura e da servidão não chegava a ocorrer pelo livre jogo do sistema de mercado, uma vez que as instituições políticas impediam que as propriedades rurais dos nobres e as plantações coloniais se submetessem à soberania do mercado. A escravidão e a servidão foram abolidas pela ação política ditada pelo espírito da tão injuriada ideologia do *laissez-faire, laissez-passer*.

Hoje a humanidade novamente se defronta com a tentativa de substituir o trabalho do homem livre, que vende sua capacidade de trabalho no mercado como uma "mercadoria", pelo trabalho compulsório. Evidentemente, as pessoas pensam que existe uma diferença essencial entre as tarefas de que são incumbidos os camaradas numa comunidade socialista e as de que são incumbidos os escravos e os servos. Os escravos e os servos, dizem essas pessoas, mourejavam em benefício de um senhor que os explorava. No sistema socialista, continuam elas, o produto do trabalho vai para a sociedade da qual o trabalhador faz parte; de certo modo, o trabalhador trabalha para si mesmo. O que as pessoas que assim raciocinam não percebem é que identificar um camarada ou todos os camaradas com a entidade coletiva que se apropria do produto do trabalho é simplesmente uma ilusão. Tem menos importância o fato de que os objetivos dos dirigentes não coincidem com os anseios e desejos dos vários camaradas; o mais importante é que a contribuição individual à riqueza da entidade coletiva não é remunerada sob a forma de salários determinados pelo mercado. Uma comunidade socialista não tem como efetuar o cálculo econômico; não tem como determinar separadamente que parcela do total de bens produzidos corresponde aos diversos fatores complementares de produção. Como não pode apurar quanto a sociedade deve à contribuição de cada indivíduo, não lhe é possível remunerar os trabalhadores segundo o valor de sua contribuição.

Para distinguir trabalho livre de trabalho compulsório, não é necessário recorrer a sutilezas metafísicas quanto à essência da liberdade e da compulsão. Podemos denominar de trabalho livre o trabalho extrovertido, não gratificante em si mesmo, que um homem realiza para satisfazer direta ou indiretamente suas próprias necessidades, seja para satisfazê-las indiretamente, gastando o montante obtido com a venda de seu trabalho no mercado. Trabalho compulsório é o realizado sob pressão de outros incentivos. Se alguém não gostar desta terminologia, porque o emprego de palavras do tipo liberdade e compulsão possam sugerir juízos de valor incompatíveis com o exame desapaixonado dos problemas em questão, podemos muito bem recorrer a outros termos. Podemos substituir o termo trabalho livre pela expressão trabalho L e o termo trabalho compulsório por trabalho C. O problema crucial não pode ser afetado pelos termos adotados. O que importa é o seguinte: que tipo de incentivo pode estimular um homem a se submeter à desutilidade do trabalho, se a satisfação dos seus desejos não depende nem direta nem – em grau apreciável – indiretamente da quantidade e qualidade de *sua* atuação?

Suponhamos, só para argumentar, que muitos trabalhadores, talvez até mesmo a maior parte deles, resolvam espontaneamente esmerar-se para cumprir da melhor maneira possível as tarefas que lhes forem atribuídas por seus superiores. (Não precisamos levar em conta o fato de que uma comunidade socialista se confrontaria com problemas insolúveis ao ter que determinar as tarefas que deveriam caber aos vários indivíduos). Mas como lidar com os indolentes e com os negligentes? Não há outro meio, a não ser punindo-os; os seus superiores devem estar investidos da autoridade para constatar a falta, julgá-la segundo razões subjetivas e impor o correspondente castigo. Um vínculo hegemônico substitui o vínculo contratual. O trabalhador fica sujeito ao poder discricionário de seus superiores; está pessoalmente subordinado ao poder disciplinatório de seu chefe.

Na economia de mercado, o trabalhador vende os seus serviços da mesma maneira que outras pessoas vendem suas mercadorias. O empregador não é o senhor do empregado; é simplesmente um comprador, que compra os serviços de que precisa, ao preço de mercado. É evidente que, como ocorre com qualquer comprador, um empregador pode ter seus caprichos. Mas, se agir arbitrariamente ao contratar e ao dispensar seus empregados, terá de arcar com as consequências.

Um empregador ou um empregado encarregado da direção de um departamento de uma empresa pode agir com parcialidade ao contratar trabalhadores, despedi-los arbitrariamente ou reduzir os seus salários abaixo do valor de mercado. Mas, ao agir dessa maneira, estará comprometendo a rentabilidade de sua empresa e sua posição no sistema econômico. Na economia de mercado, tais caprichos acarretam o seu próprio castigo. A única proteção real e efetiva do assalariado, na economia de mercado, é a proporcionada pelo jogo dos fatores que afetam a formação dos preços. O mercado torna o trabalhador independente da vontade arbitrária do empregador e de seus auxiliares. Os trabalhadores ficam sujeitos, exclusivamente, à soberania do consumidor, à qual também estão sujeitos os seus empregadores. Ao comprar ou abster-se de comprar, os consumidores determinam os preços dos produtos e o emprego dos fatores de produção; desta forma determinam também o preço de mercado de cada tipo de trabalho.

O que faz do trabalhador um homem livre é precisamente o fato de o empregador, submetido à pressão da estrutura de preços do mercado, considerar o trabalho como uma mercadoria, um instrumento para obtenção de lucros. Para o empregador, o empregado é meramente um homem que, por considerações de ordem pecuniária, o ajuda a ganhar dinheiro. O empregador paga por serviços prestados e o empregado os executa para ganhar salários. Na relação entre empregador e empregado não existe favor ou desfavor. O homem contratado não deve gratidão ao empregador; deve determinada quantidade de trabalho de determinado tipo e qualidade.

É por isso que, na economia de mercado, o empregador não tem necessidade de punir o empregado. Todos os sistemas de produção que dispensam o funcionamento do mercado precisam dotar os dirigentes do poder de acicatar o trabalhador preguiçoso, a fim de que este se torne mais aplicado e mais zeloso. Como o encarceramento retira o trabalhador de seu local de trabalho, ou pelo menos reduz consideravelmente o valor de sua contribuição, o castigo corporal foi sempre a maneira clássica de forçar os escravos e os servos ao trabalho. Com a abolição do trabalho servil, o chicote perdeu a sua utilidade; a chicotada ficou sendo o símbolo da escravidão. Os membros de uma sociedade de mercado consideram o castigo corporal tão desumano e humilhante, que também o aboliram nas escolas, no código penal e na disciplina militar.

Quem acredita que uma comunidade socialista poderia prescindir da compulsão e da coerção contra o trabalhador indolente, porque todos espontaneamente cumpririam suas tarefas, está sendo vítima das mesmas ilusões inerentes à doutrina do anarquismo.

Capítulo 22
Os Fatores de Produção Originais de Natureza não Humana

1
Observações Gerais Relativas à Teoria da Renda

O conceito de renda formulado por Ricardo em sua teoria econômica já procurava resolver os problemas que a economia moderna aborda por meio da teoria da utilidade marginal.[1] A teoria de Ricardo, à luz de nossos conhecimentos atuais, resulta bastante insatisfatória; não há a menor dúvida de que a teoria do valor subjetivo é muito superior. Não obstante, o renome da teoria da renda é bem merecido; o cuidado com que foi formulada e aperfeiçoada produziu resultados notáveis. Não há razão para que a história do pensamento econômico sinta vergonha da teoria da renda.[2]

O fato de que terras de diferentes qualidade e fertilidade, isto é, terras que produzem rendas diferentes por unidade de aporte, tenham valores diferentes, não representa, para a teoria econômica moderna, um caso especial. A teoria de Ricardo, no que se refere à gradação da valoração e avaliação de terras, está integralmente compreendida na teoria moderna dos preços dos fatores de produção. Não é o conteúdo da teoria da renda que é objetável, e sim o fato de ela ter sido considerada como uma exceção no sistema econômico. Rendas diferenciais são um fenômeno geral e não se limitam apenas à formação do preço da terra. A falsa distinção entre "renda" e "quase renda" é insustentável. A terra e os serviços por ela prestados devem ser tratados da mesma maneira que qualquer outro fator de produção e seus respectivos serviços. O aumento de rendimento obtido com o uso de uma ferramenta melhor pode ser considerado como uma "renda" adicional em relação ao rendimento obtido com ferramentas menos adequadas que são usadas justamente por não se dispor de outras mais adequadas. Da mesma forma, o aumento de salário obtido por um trabalhador mais hábil e mais zeloso pode ser considerado como uma "renda" adi-

---

[1] Foi, segundo Fetter, *Encyclopaedia of the Social Sciences*, vol.13, p. 291, "uma teoria da marginalidade mal formulada".

[2] Ver Amonn, *Ricardo als Begründer der theoretischen Nationalökonomie*, Viena, 1924, p. 54 e segs.

cional em relação aos salários obtidos por outros trabalhadores menos talentosos e menos esforçados.

Os problemas que o conceito de renda pretendia resolver foram, na sua maior parte, provocados pelo emprego de uma terminologia inadequada. As noções gerais embutidas na linguagem comum e no pensamento não científico formaram-se sem que se levasse em consideração as exigências da investigação praxeológica e econômica. Os primeiros economistas cometeram o erro de adotá-las sem maior exame e sem hesitação. Quem se apegar ingenuamente a termos gerais como *terra* e *trabalho* pode sentir dificuldade em explicar por que uma determinada terra ou um determinado trabalho são mais valorados do que outros. Quem não se deixa iludir por simples palavras e avalia a relevância de um fator pela sua capacidade de atender a necessidades humanas considera evidente em si mesmo o fato de que serviços diferentes tenham valor e preço diferentes.

A teoria moderna do valor e dos preços não se baseia na classificação dos fatores de produção em terra, capital e trabalho. A distinção fundamental que faz é entre bens de uma ordem mais elevada e bens de uma ordem menos elevada, entre bens de produção e bens de consumo. Ao distinguir, entre os fatores de produção, os fatores originais (fornecidos pela natureza) dos fatores de produção produzidos (os produtos intermediários) e, por sua vez, entre os fatores originais, os fatores não humanos (externos) dos fatores humanos (trabalho), a ciência econômica moderna não fragmenta a uniformidade com que considera a determinação dos preços dos fatores de produção. A lei que rege a determinação dos preços dos fatores de produção é a mesma, qualquer que seja a sua classe ou tipo. O fato de que os diferentes serviços prestados por tais fatores sejam valorados, avaliados e tratados de maneira diferente só pode surpreender as pessoas que não chegam a perceber essas diferenças na sua capacidade de prestar serviços. Quem não é capaz de perceber o mérito de uma pintura pode achar estranho que um colecionador pague mais por um quadro de Velásquez do que por um quadro de um artista menos bem-dotado; para um conhecedor, isso é evidente em si mesmo. O agricultor não se surpreende com os maiores preços ou aluguéis que um comprador ou um arrendatário pagam por uma terra mais fértil. Os antigos economistas embaraçaram-se diante deste fato, única e exclusivamente porque raciocinavam com um termo geral, *terra*, negligenciando as diferenças de produtividade.

O maior mérito da teoria ricardiana da renda é o de ter constatado que a terra marginal não produz renda. A partir dessa constatação, bastaria mais um passo para descobrir o princípio da subjetividade do valor. Entretanto, iludidos pela noção de *custo real*, nem os economistas clássicos nem os seus epígonos lograram dar esse passo decisivo.

Enquanto o conceito de renda diferencial pode ser adotado, de um modo geral, pela teoria do valor subjetivo, o conceito de renda decorrente da teoria ricardiana, ou seja, o conceito de renda residual, deve ser rejeitado por inteiro. Tal conceito residual baseia-se na noção de custo *real* ou *físico*, que não faz nenhum sentido no contexto da explicação moderna dos preços dos fatores de produção. A razão pela qual o vinho da Borgonha custa mais caro do que o *Chianti* não está no maior preço dos vinhedos da Borgonha em comparação com os da Toscana. A causalidade é no sentido inverso. Por estarem as pessoas dispostas a pagar preços maiores pelo Borgonha do que pelo *Chianti*, os viticultores estão dispostos a pagar preços maiores pelos vinhedos da Borgonha do que pelos da Toscana.

Aos olhos do contador, os lucros parecem ser a parcela que restou depois de terem sido pagos todos os custos de produção. Numa economia uniformemente circular, não poderia surgir tal excedente do preço dos produtos em relação aos custos. Numa economia real as diferenças entre os preços dos produtos e a soma dos preços que o empresário pagou pelos fatores complementares de produção mais o juro sobre o capital investido podem ser positivas ou negativas, isto é, podem representar lucro ou prejuízo. Essas diferenças são causadas por mudanças ocorridas nos preços dos produtos no período de produção. Quem for mais bem-sucedido ao prever as mudanças a tempo, e agir consequentemente, recolhe lucros. Quem não consegue ajustar suas iniciativas empresariais à situação futura do mercado é penalizado com prejuízos.

A principal deficiência da teoria econômica ricardiana foi a de ter sido uma teoria da distribuição do produto global resultante do esforço conjunto de uma nação. Ricardo, assim como outros defensores da economia clássica, não conseguiu se libertar da concepção mercantilista de uma economia nacional (*Volkswirtschaft*). No seu entendimento, o problema da determinação dos preços estava subordinado ao da distribuição da riqueza. Caracterizar, como costuma ser feito, a filosofia econômica ricardiana como "típica da classe média inglesa do seu tempo"[3] é passar ao largo da realidade. Os empresários ingleses do início do século XIX não estavam interessados na produção global da indústria, nem em sua distribuição; estavam preocupados em realizar lucros e evitar prejuízos.

---
[3] Ver por exemplo, Haney, *History of Economic Thought*, ed. rev., Nova York, 1927, p.275.

A economia clássica errou ao atribuir à terra uma posição especial no seu esquema teórico. A terra, do ponto de vista econômico, é um fator de produção, e as leis que determinam a formação dos preços da terra são as mesmas que determinam a formação dos preços dos demais fatores de produção. Todas as peculiaridades da teoria econômica em relação à terra referem-se, invariavelmente, a alguma peculiaridade dos dados correspondentes ao caso analisado.

2
O FATOR TEMPO NA UTILIZAÇÃO DA TERRA

A ciência econômica, ao analisar o conceito terra, começa por uma distinção entre duas classes de fatores originários de produção: os humanos e os não humanos. Como os fatores não humanos estão geralmente ligados à utilização de certa parte do solo terrestre, empregamos o termo terra para designá-los.[4]

Ao se lidar com os problemas econômicos relativos à terra, isto é, com os fatores originários de produção não humanos, é necessário separar cuidadosamente o ponto de vista praxeológico do ponto de vista cosmológico. É compreensível que a cosmologia, no seu estudo dos eventos cósmicos, proclame a invariabilidade e a conservação da massa e da energia. Se compararmos os efeitos que a ação humana pode provocar sobre as condições ambientais da vida humana com os efeitos das forças da natureza, é admissível que se considere a natureza como permanente e indestrutível, ou – mais exatamente – imune à capacidade destrutiva do homem. A erosão do solo (no sentido mais abrangente do termo) que pode ser efetuada pela interferência humana é insignificante quando considerada em relação aos grandes períodos de tempo a que se refere a cosmologia. Ninguém pode saber hoje se, daqui a milhões de anos, as forças cósmicas transformarão desertos e solos áridos em terras que sejam consideradas extremamente férteis; ou se transformarão luxuriantes florestas tropicais em terra estéril. Precisamente por não ser possível antecipar tais mudanças, nem influir sobre os eventos cósmicos, que possivelmente poderão provocá-las, é inútil especular sobre as mesmas ao se lidar com os problemas da ação humana.[5]

As ciências naturais podem asseverar que as características do solo que o tornam utilizável para florestamento, criação de gado,

---

[4] A cataláxia não tem interesse em estudar as disposições legais que separam os direitos de caça, pesca e exploração de jazidas minerais dos demais direitos do proprietário de um pedaço de terra. O termo terra, tal como empregado pela cataláxia, compreende também as extensões aquáticas.

[5] Portanto, o problema da entropia também fica fora do âmbito da meditação praxeológica.

agricultura e utilização hídrica se regeneram periodicamente. Pode ser verdade que, se os homens tentassem deliberadamente devastar a capacidade produtiva da crosta terrestre, só o conseguiriam de forma imperfeita e em alguns locais. Mas não são esses fatos que realmente importam para a ação humana. A regeneração periódica da capacidade produtiva do solo não é um dado rígido que coloque o homem diante de uma situação imperativa e invariável. É possível usar o solo de tal maneira que sua regeneração seja retardada e adiada, ou que se esgote por certo período de tempo e só possa ser restabelecida por meio de um considerável aporte de capital e trabalho. Ao lidar com o solo, o homem tem de escolher entre métodos que diferem entre si quanto aos seus efeitos sobre a futura capacidade produtiva do solo. Tanto quanto em relação a qualquer outro setor de produção, o fator tempo também é levado em consideração na caça, na pesca, na pastagem, na criação de gado, no cultivo de vegetais, na exploração florestal e na utilização de recursos hídricos. Também nesse caso o homem tem de escolher entre satisfazer seus desejos mais cedo ou mais tarde; também nesse caso o fenômeno do juro originário, implícito em toda ação humana, exerce sua influência primordial.

Existem circunstâncias institucionais que fazem com que as pessoas prefiram a satisfação no futuro próximo e desprezem inteiramente, ou quase inteiramente, a satisfação no futuro mais distante. Se, por um lado, a terra não pertence a proprietários individuais e, por outro lado, todas as pessoas, ou apenas um grupo favorecido por privilégios especiais ou por uma situação de fato, podem usá-la temporariamente em seu próprio benefício, a futura capacidade produtiva da terra não é motivo de preocupação. O mesmo caso ocorre quando o proprietário acredita que será expropriado num futuro não muito distante. Em ambos os casos os agentes estão preocupados, exclusivamente, em extrair o máximo possível do solo, no período que lhes resta. Não estão preocupados com as consequências mais remotas, decorrentes do método de exploração que adotaram. O amanhã, para eles, não importa. A história registra inúmeros casos de destruição de florestas, de pesqueiros, de reservas de caça; muitos outros exemplos também podem ser apontados em outros tipos de utilização do solo.

Do ponto de vista das ciências naturais, a manutenção dos bens de capital e a preservação da capacidade produtiva do solo pertencem a duas categorias completamente diferentes. Os fatores de produção fabricados se desgastam, mais cedo ou mais tarde, no curso do processo de produção, e são pouco a pouco transformados em bens de consumo que, finalmente, são consumidos. Se não desejarmos que desapareçam os benefícios decorrentes da poupança e do capital anteriormente acumulados, além de produzirmos bens de consumo teremos também de produzir os bens de capital necessários à reposição dos que se desgastaram pelo uso. Se negligenciarmos esse fato, acabaremos, por assim dizer, consumindo os bens de capital. Estaríamos sacrificando o futuro ao presente; viveríamos na opulência hoje e passaríamos necessidade amanhã.

Mas costuma-se dizer que com a terra as coisas são diferentes; a terra não pode ser *consumida*. No entanto, tal afirmativa só tem sentido do ponto de vista da geologia. Mas, do ponto de vista geológico, também se poderia, ou se deveria, negar que uma fábrica ou uma estrada de ferro possam ser "comidas". O lastro de pedra de uma linha férrea, assim como o aço dos trilhos, das pontes, dos carros, dos motores, não desaparecem fisicamente. Somente do ponto de vista praxeológico se pode dizer que uma ferramenta, um trilho ou um forno metalúrgico foi consumido; que o capital foi "comido". É nesse mesmo sentido econômico que nos referimos ao consumo da capacidade produtiva do solo. Na exploração florestal, na agricultura e na utilização dos recursos hídricos, essa capacidade produtiva é considerada da mesma maneira que qualquer outro fator de produção; os agentes escolhem entre processos que permitem uma produção imediata mais elevada, às custas de uma menor produtividade posterior, e processos de menor produção imediata que não prejudicam a produtividade física futura. É possível forçar a produção atual a tal ponto, que no futuro o retorno (por unidade de capital e trabalho investido) se torne muito pequeno ou praticamente nulo.

Sem dúvida, a capacidade devastadora do homem tem limites (esses limites são atingidos mais rapidamente no caso de exploração florestal, caça e pesca do que na exploração agrícola). Isto representa apenas uma diferença quantitativa e não qualitativa entre consumo de capital e erosão do solo.

Ricardo atribui ao solo poderes "originais e indestrutíveis"[6]. Todavia, a economia moderna não pode deixar de enfatizar que o homem, ao atribuir um valor e um preço, não distingue entre fator de produção originário ou produzido; e que a indestrutibilidade cosmológica da massa e da energia – qualquer que seja o significado disso – não confere à utilização do solo um caráter essencialmente diferente dos demais fatores de produção.

---

[6] Ricardo, *Principles of Political Economy and Taxation*, p. 34.

3
A TERRA SUBMARGINAL

Os serviços que determinado pedaço de terra pode render durante determinado período de tempo são limitados. Se fossem ilimitados, os homens não considerariam a terra como um fator de produção e um bem econômico. Entretanto, a quantidade de solo disponível é tão vasta, a natureza é tão pródiga, que a terra ainda é abundante. Por isso, só as terras mais produtivas são utilizadas. Existem terras que as pessoas consideram – seja por sua produtividade, seja por sua localização – como demasiado pobres para serem cultivadas. Consequentemente, a terra marginal, isto é, o mais pobre dos solos cultivados, não produz renda no sentido ricardiano.[7] A terra submarginal seria considerada inteiramente sem valor, não fosse a possibilidade de vir a ter um aproveitamento no futuro.[8]

O fato de que a economia de mercado não tenha à sua disposição uma quantidade maior de produtos agrícolas se deve à escassez de capital e trabalho, e não à escassez de terra cultivável. Um aumento da superfície cultivável disponível – inalteradas as demais circunstâncias – só aumentaria a produção agropecuária se a fertilidade da terra adicional fosse maior do que a da terra marginal já cultivada. Por outro lado, se houvesse um aumento na quantidade de trabalho e capital disponíveis, a produção de produtos agrícolas aumentaria, desde que os consumidores não considerassem que outro emprego dessas quantidades adicionais de capital e trabalho pudessem atender melhor às suas necessidades mais urgentes.[9]

As substâncias minerais úteis contidas no solo são limitadas em quantidade. Embora algumas delas sejam o resultado de processos naturais, ainda em curso, que continuam aumentando os depósitos existentes, dadas a lentidão e a duração desses processos, esses aumentos são insignificantes para a ação humana. O homem tem de levar em conta que os depósitos minerais disponíveis são limitados. Cada mina e cada poço de petróleo é esgotável; muitos deles já se esgotaram. Podemos imaginar que novas jazidas serão descobertas

---

[7] Existem áreas nas quais praticamente todos os cantos são cultivados ou utilizados de alguma maneira. Mas isso é consequência de circunstâncias institucionais que impedem os habitantes dessas regiões de terem acesso a solos mais férteis ainda inexplorados.

[8] A avaliação de um pedaço de terra não deve ser confundida com a avaliação de suas melhorias, isto é, os investimentos de capital e trabalho, irremovíveis e inconversíveis, que facilitam sua utilização e aumentam a produção futura por unidade de aporte futuro.

[9] Essas observações, evidentemente, referem-se apenas às situações em que não haja barreiras institucionais à mobilidade de capital e trabalho.

e que novas técnicas serão inventadas, de modo a tornarem possível a exploração de depósitos que hoje não podem ser explorados ou só o podem a custos proibitivos. Podemos também presumir que o avanço tecnológico capacitará as gerações futuras a usarem substâncias que hoje não têm aproveitamento. Mas nada disso importa para as atuais atividades mineradoras e de prospecção de petróleo. Os depósitos de substâncias minerais e sua exploração não têm uma característica especial que faça com que o homem lhes dê um tratamento diferente. Para a cataláxia, a distinção entre solo usado para agricultura e para extração mineral é meramente uma diferença nos dados correspondentes a cada caso.

Embora as quantidades disponíveis dessas substâncias minerais sejam limitadas, e embora possamos inquietar-nos, de um ponto de vista acadêmico, com a possibilidade de que um dia estejam completamente esgotadas, os agentes homens não levam essa possibilidade em consideração. Sabem, e isso sim levam em consideração, que existem minas e poços que se esgotarão, mas não prestam a menor atenção ao fato de que em dia futuro todas as jazidas de um determinado mineral poderão estar esgotadas. Isso porque as disponibilidades dessas substâncias parecem ser tão abundantes que o homem não chega a explorá-las com a intensidade que lhe permitiria o conhecimento tecnológico atual. As minas são exploradas tão somente na medida em que não haja outro emprego mais urgente para as correspondentes quantidades de capital e trabalho. Existem, portanto, jazidas submarginais que não são exploradas. A produção nas minas que são exploradas é condicionada pela relação entre o preço dos minerais obtidos e o dos correspondentes fatores de produção necessários à sua obtenção.

4
A TERRA COMO LOCAL PARA SE ESTAR

O emprego do solo com a construção de residências, locais de trabalho e vias de transporte impede que esses locais tenham outras utilizações.

Não nos ocuparemos por ora da condição peculiar que teorias mais antigas atribuíam à renda de terrenos urbanos. Não há nada de especialmente notável no fato de as pessoas pagarem preços maiores por locais onde querem morar do que por outros locais que lhes agradam menos. É uma questão de fato a de que, para instalar uma indústria, um armazém ou um pátio ferroviário, as pessoas preferem locais que reduzam os custos de transporte, e estão dispostas a pagar preços maiores por esses locais, em função das economias que esperam obter.

O solo também é usado como local de recreação, para jardins e parques, e para o prazer de desfrutar a majestade e o esplendor da natureza. Com a difusão desse amor à natureza, que é um traço característico da mentalidade "burguesa", a demanda por tais prazeres aumentou enormemente. O solo das altas cadeias de montanhas, que era considerado mera extensão árida e estéril de rochas e geleiras, passou a ser altamente apreciado como fonte dos mais sublimes prazeres.

Desde tempos imemoriais o livre acesso a esses espaços tem sido permitido; mesmo quando são propriedade privada, seus proprietários, geralmente, não têm o direito de impedir a passagem de turistas e alpinistas, ou de cobrar entrada. Todo aquele que tiver a oportunidade de visitar essas áreas tem direito a usufruir de sua grandeza e considerá-la como se fosse sua. Embora o proprietário nominal não usufrua nenhuma vantagem com a satisfação que a sua propriedade proporciona aos que a visitam, o simples fato de ela servir ao bem-estar humano faz com que lhe seja atribuído um valor. Mas como existe uma servidão de passagem permitindo o livre trânsito pela área, e como não há outra utilização possível para a mesma, essa servidão de passagem exaure completamente as vantagens que o dono poderia extrair de sua propriedade. Levando-se em conta que os serviços que essas rochas e geleiras podem prestar são praticamente inesgotáveis, e que elas não sofrem desgaste nem precisam de aporte de capital e trabalho para sua conservação, essa situação não produz as mesmas consequências que ocorreram, em situações análogas, nos locais de exploração florestal, de caça e de pesca.

Se na vizinhança dessas montanhas o espaço disponível para construção de abrigos, hotéis e meios de transporte (estradas de ferro de cremalheira) é limitado, os proprietários desses locais podem vendê-los ou alugá-los em condições mais propícias e, assim, obter para si uma parte das vantagens que os turistas têm pelo livre acesso a esses pontos culminantes da natureza. Quando não é esse o caso, os turistas usufruem todas essas vantagens gratuitamente.

5
O PREÇO DA TERRA

Na construção imaginária da economia uniformemente circular, comprar e vender os serviços de um determinado pedaço de terra não difere em nada de comprar e vender qualquer outro fator de produção. Todos esses fatores são avaliados em função dos serviços que poderão prestar nos vários momentos do futuro, levando na devida conta a preferência temporal. Pela terra marginal (como também pela submarginal) não se paga preço algum. Pela terra que produz renda (ou seja, a terra que produz mais, por unidade de aporte de capital e trabalho, do que a terra submarginal) paga-se um preço tanto maior quanto maior for essa superioridade de produção. Esse preço é a soma de todas as suas rendas futuras, descontadas à taxa de juro originário.[10]

Na economia real, as pessoas, ao comprarem e venderem terras, levam na devida conta as mudanças previsíveis que possam vir a ocorrer nos preços de mercado dos serviços a serem prestados pela terra. Evidentemente, o fato de que se possam equivocar nessas previsões é uma outra questão. Compradores e vendedores fazem tudo o que está ao seu alcance na tentativa de antecipar os futuros eventos que possivelmente alterarão os dados de mercado, e agem em função dessas opiniões. Se esperam que a renda líquida anual de um pedaço de terra irá aumentar, o preço será maior do que seria se não houvesse essa expectativa. É isso que ocorre, por exemplo, no caso de terrenos suburbanos na vizinhança de cidades cuja população está se expandindo ou no caso de florestas e de terras aráveis em países nos quais os grupos de pressão provavelmente conseguirão aumentar o preço da madeira e dos cereais por meio de tarifas aduaneiras. Por outro lado, o medo de um confisco total ou parcial da renda líquida da terra tende a diminuir os preços da terra. Na linguagem comercial corrente, as pessoas falam da "capitalização" da renda e constatam que a taxa de capitalização é diferente para os diversos tipos de terra e que, para o mesmo tipo, varia de um trecho para outro. Essa terminologia é imprópria, uma vez que deturpa a natureza do processo.

Os compradores e vendedores de terra reagem diante da carga fiscal, da mesma maneira com que reagem diante de qualquer evento futuro que possa reduzir a renda líquida da terra. Os impostos territoriais reduzem o preço de mercado da terra na proporção do valor presente da futura carga fiscal. Todo novo gravame fiscal desse tipo, cuja revogação não seja esperada, resulta numa diminuição imediata do preço de mercado dos terrenos objetos dessa nova taxação. A teoria fiscal denomina esse fenômeno de *amortização* de impostos.

---

[10] Não é necessário reiterar que a construção imaginária da economia uniformemente circular não pode ser levada às suas últimas consequências, de maneira lógica e consistente (vide acima p. 304). Em relação aos problemas da terra, convém ressaltar dois aspectos: primeiro, que no contexto dessa construção imaginária, caracterizada pela ausência de mudanças na atividade econômica, não há lugar para compra e venda de terras. Segundo, que para integrar nessa construção imaginária as atividades mineradoras e de prospecção de petróleo é necessário atribuir às minas e poços um caráter permanente e supor que eles são inesgotáveis, que não variam na quantidade produzida e nem nos aportes correspondentes, necessários à produção.

Em muitos países os proprietários de terra ou de certas áreas rurais gozam de privilégios legais ou de um grande prestígio social. Tais circunstâncias também podem influir na determinação do preço da terra.

O MITO DA TERRA

As pessoas românticas condenam as teorias econômicas relativas à terra, por considerá-las fruto de uma mentalidade estreita e utilitarista. Os economistas, dizem essas pessoas, consideram a terra do ponto de vista do especulador insensível que degrada todos os valores eternos ao reduzi-los a questões de dinheiro e de lucro. Entretanto, continuam elas, uma gleba de terra é muito mais do que um mero fator de produção; é a fonte inesgotável da energia e da vida humanas. Para essas pessoas, a agricultura não é apenas um setor da produção; é a única atividade natural e respeitável, a única condição digna de uma existência realmente humana. Considerá-la meramente em função do retorno líquido a ser extraído da terra é uma iniquidade. A terra não produz apenas os frutos que alimentam o nosso corpo; produz, antes de mais nada, as forças morais e espirituais da civilização. As cidades, as indústrias e o comércio são fenômenos de depravação e decadência; sua existência é parasítica, destrói o que o homem do campo tem de incansavelmente recriar.

As primitivas tribos de caçadores e pescadores que há milhares de anos atrás começaram a cultivar o solo desconheciam esses devaneios românticos. Se as pessoas românticas tivessem vivido naquele tempo, louvariam os sublimes valores morais da caça e estigmatizariam o cultivo do solo como um sinal de depravação. Acusariam o homem do campo de profanar o solo que lhe havia sido dado pelos deuses para servir como terreno de caça; acusariam-no de degradá-lo, transformando-o num instrumento de produção.

Nos tempos pré-românticos, o solo era considerado como uma fonte de bem-estar, um meio para a satisfação das necessidades humanas. Os ritos mágicos e as cerimônias religiosas relativas à terra visavam exclusivamente à melhoria da fertilidade do solo e ao aumento das colheitas. As pessoas não estavam preocupadas em alcançar uma união mística com traços e poderes misteriosos, escondidos no solo; desejavam apenas safras melhores e maiores. Recorriam a ritos mágicos e a cânticos porque acreditavam ser essa a melhor maneira de atingir os seus objetivos. Seus sofisticados descendentes se equivocaram inteiramente ao interpretar essas cerimônias como de cunho "idealista". Um verdadeiro camponês não se compraz com sussurros extasiados sobre os misteriosos poderes do solo. Para ele a terra é um fator de produção e não um objeto de emoções sentimentais. Se ambiciona mais terra é porque deseja aumentar sua renda e melhorar o seu padrão de vida. Os agricultores são pessoas que compram e vendem terras, e, quando necessário, hipotecam-na; vendem o que o solo produz e ficam muito indignados se os preços não são tão altos quanto gostariam que fossem.

A população rural nunca se preocupou com o amor à natureza ou com a beleza da paisagem. Foram os habitantes das cidades que levaram essas emoções para o campo. Foram os moradores das cidades que passaram a encarar a terra como *natureza*, enquanto que para os homens do campo a terra só tinha valor em função de sua produtividade para exploração florestal, caça, colheitas e criação de gado. Desde tempos imemoriais, as rochas e geleiras dos Alpes eram, para os montanheses, apenas uma terra inútil. Só mudaram de opinião quando os citadinos se aventuraram a escalar os picos e a trazer dinheiro para os vales. Os pioneiros do alpinismo e do esqui eram ridicularizados pela população alpina até o momento em que perceberam que poderiam obter um ganho com essa excentricidade.

Os autores de poesia bucólica foram aristocratas e burgueses requintados e não pastores. Dafnis e Cloé resultam da preferência estética de gente que não tem nada a ver com a terra. O mito político que a terra hoje representa não brotou do limo das florestas e nem do barro dos campos, mas das ruas pavimentadas e dos salões atapetados. Os agricultores se servem desse mito por encontrarem nele uma maneira prática de obter privilégios políticos e aumentar o preço de seus produtos e de suas fazendas.

Capítulo 23

A Realidade do Mercado

1
A Teoria e a Realidade

A cataláxia, a teoria da economia de mercado, não é um conjunto de teoremas que só tenha validade em condições ideais e irrealizáveis e que só possa ser aplicado à realidade mediante restrições e modificações essenciais. Todos os teoremas da cataláxia são, sem qualquer exceção, rigorosamente válidos para todos os fenômenos da economia de mercado, sempre que estejam presentes as condições específicas definidas no próprio teorema. Por exemplo: é uma simples questão de fato constatar se determinada comunidade adota a troca direta ou indireta. Mas, onde houver troca indireta, todas as leis gerais relativas à teoria da troca indireta se aplicam em relação aos atos de troca e em relação aos meios de troca. Como já foi assinalado anteriormente,[1] conhecimento praxeológico é conhecimento exato e preciso da realidade. Todas as referências aos problemas epistemológicos das ciências naturais e todas as analogias decorrentes de comparações entre esses dois domínios da realidade e do conhecimento são ilusórias. Não há, além da lógica formal, outro conjunto de regras "metodológicas" que seja aplicável tanto à cognição alcançada por meio da categoria causalidade como à alcançada por meio da categoria finalidade.

A praxeologia lida com a ação humana em si, de uma maneira genérica e universal. Não lida nem com as condições específicas do meio ambiente onde o homem age, nem com o conteúdo concreto das valorações que impulsionam suas ações. Os dados com que a praxeologia lida são as características físicas e psicológicas do agente homem, seus desejos e julgamentos de valor, e suas teorias, doutrinas e ideologias desenvolvidas com o propósito de ajustá-lo às condições de seu meio ambiente, permitindo-lhe, assim, alcançar os objetivos almejados. Esses dados, embora permanentes em sua estrutura e rigorosamente definidos pelas leis que controlam a ordem do universo, estão permanentemente flutuando e variando; mudam de um instante para o outro.[2]

A realidade plena só pode ser compreendida por uma mente que recorra à concepção praxeológica e à compreensão histórica;

---
[1] Ver p. 67.
[2] Ver Strigl, *Die ökonomischen Kategorien und die Organisation der Wirtschaft*, Viena, 1923, p. 18 e segs.

e essa última requer que se tenha pleno domínio das ciências naturais. É o conjunto de conhecimentos que nos habilita a compreender e a prever.

O que cada setor da ciência nos pode oferecer é sempre fragmentário; precisa ser complementado com informações de todos os outros setores. Do ponto de vista do agente homem, a especialização do conhecimento e a sua divisão em várias ciências é meramente um dispositivo da divisão do trabalho. Da mesma maneira que o consumidor utiliza os produtos de vários setores de produção, o agente deve basear suas decisões em conhecimentos que lhe são fornecidos pelos diversos setores do pensamento e da investigação científica.

Nenhum desses setores pode ser desprezado se quisermos conhecer a realidade. A Escola Historicista e os Institucionalistas pretendem proscrever o estudo da praxeologia e da economia e se ocupar exclusivamente do mero registro dos dados ou, como costumam dizer hoje em dia, das instituições. Mas não se pode chegar a nenhuma conclusão sobre dados ou instituições sem se recorrer a um determinado conjunto de teoremas econômicos. Quando um institucionalista atribui a um determinado evento uma causa específica – por exemplo, o desemprego em massa às supostas deficiências do sistema capitalista de produção —, está presumindo um teorema econômico. Ao recusar-se a examinar mais profundamente o teorema tacitamente implícito nas suas conclusões, está apenas tentando evitar que se refutem os erros do seu raciocínio. Não tem sentido registrar fatos autênticos sem fazer qualquer referência a uma teoria. O simples registro de dois eventos como pertencentes a uma mesma classe já implica na existência de uma teoria. Não se pode dizer que exista uma conexão entre eles, sem se recorrer a uma teoria; e quando se trata da ação humana, sem se recorrer à praxeologia. É inútil tentar descobrir coeficientes de correlação se não se partir de um conceito teórico anteriormente formulado. O coeficiente pode ter um alto valor numérico, sem que isso signifique que haja uma conexão relevante entre os dois eventos considerados.[3]

2
O PAPEL DO PODER

A Escola Historicista e o Institucionalismo condenam a ciência econômica por desprezar o papel que o poder representa na vida real. A

---
[3] Ver Cohen e Nagel, *An Introduction to Logic and Scientific Method*, Nova York, 1939, p. 316-322.

noção básica da economia, qual seja, a do indivíduo que escolhe e que age, é, dizem os representantes dessas correntes, um conceito irrealista; o homem, na realidade, não é livre para escolher e agir; está sujeito à pressão social e à autoridade irresistível do poder. Não são os julgamentos de valor dos indivíduos, mas as interações das forças do poder, que determinam os fenômenos de mercado.

Essas objeções, tanto quanto as demais críticas à economia, carecem de fundamento.

A praxeologia, em geral, e a economia e a cataláxia, em particular, não afirmam nem supõem que o homem seja livre num sentido metafísico que se possa atribuir ao termo liberdade. O homem está irremediavelmente sujeito às condições naturais de seu meio ambiente. Ao agir, tem que se ajustar à inexorável regularidade dos fenômenos naturais. O homem é impelido a agir precisamente pela dificuldade de encontrar condições naturais para o seu bem-estar.[4]

Ao agir, o homem é guiado por ideologias. Escolhe meios e fins sob influência de ideologias. A influência de uma ideologia pode ser direta ou indireta. É direta quando o agente está convencido de que o conteúdo da ideologia é correto e de que, adotando-a, estará atendendo aos seus interesses. É indireta quando o agente considera falso o conteúdo da ideologia, mas é obrigado a ajustar suas ações ao fato de que essa ideologia é adotada por outras pessoas. Os usos e costumes de um meio ambiente são uma realidade que as pessoas não podem ignorar. Quem os considera espúrios deve, em cada caso, escolher entre as vantagens a serem obtidas com uma forma de agir mais eficiente e as desvantagens de desrespeitar os preconceitos, as superstições e as tradições populares.

O mesmo também se pode dizer em relação à violência. O homem, ao escolher, deve levar em conta que existe sempre a possibilidade de que alguma forma de compulsão violenta seja exercida sobre ele.

Todos os teoremas da cataláxia são igualmente válidos em relação às ações que sofrem a influência de pressões sociais ou físicas. A influência direta ou indireta de uma ideologia e a ameaça de coerção física são meramente dados da situação do mercado. Pouco

---

[4] A maior parte dos reformistas sociais, e entre eles, sobretudo, Fourier e Marx, silencia sobre o fato de que os meios fornecidos pela natureza para satisfazer as necessidades humanas são escassos. Segundo eles, o fato de não haver abundância de todas as coisas úteis é causado simplesmente pelo inadequado sistema capitalista de produção; na "fase superior" do comunismo desaparecerá a escassez. Um eminente autor menchevique, não podendo negar as barreiras que a natureza opõe ao bem-estar humano, denominou a natureza, no melhor estilo marxista, de "o mais impiedoso explorador". Ver Mania Gordon, *Workers Before and After Lenin*, Nova York, 1941, p.227 e 458.

importa, por exemplo, que tipo de considerações induz um homem a não oferecer um preço maior por uma mercadoria, deixando consequentemente de comprá-la. Para a formação do preço de mercado é irrelevante se foi por preferir gastar seu dinheiro com outra coisa, ou se está com medo de ser considerado um novo rico ou um perdulário por seus vizinhos; se está com medo de violar um decreto de tabelamento de preço estabelecido pelo governo ou se não se atreve a desafiar um competidor que esteja disposto a reagir violentamente. Qualquer que seja o caso, ao abster-se de oferecer um preço maior está contribuindo da mesma maneira para a formação do preço do mercado.[5]

É costume, hoje em dia, qualificar de poder econômico ou poder de mercado a posição que os proprietários e empresários ocupam no mercado. Essa terminologia, quando usada para descrever o que se passa no mercado, induz ao erro. Tudo o que acontece numa economia de mercado não obstruída é regido pelas leis da cataláxia. Todos os fenômenos de mercado são, em última instância, determinados pelas escolhas dos consumidores. Quem quiser aplicar a noção de poder aos fenômenos do mercado deve dizer: no mercado, todo poder emana dos consumidores. Os empresários são forçados, pela necessidade de auferir lucros e evitar perdas, a procurar, sempre, atender os desejos dos consumidores da melhor maneira possível; inclusive na gestão dos assuntos que costumam erradamente ser denominados de "internos", notadamente a gerência de pessoal. É inteiramente impróprio empregar o mesmo termo, "poder", para designar tanto a capacidade de uma firma fornecer aos consumidores melhores automóveis, sapatos ou margarina, quanto a força de que dispõe o governo para esmagar qualquer resistência usando as suas forças armadas.

Nem a propriedade dos fatores materiais de produção nem a capacidade empresarial ou tecnológica podem, na economia de mercado, conferir poder no sentido de coerção. Podem apenas conceder o privilégio de servir os verdadeiros senhores do mercado, os consumidores, de uma posição mais elevada do que as demais pessoas. A propriedade do capital é um mandato outorgado aos proprietários, à condição de ser empregado para satisfazer os consumidores da melhor maneira possível. Quem não respeitar essa condição perde sua fortuna e é relegado a uma posição em que a sua inépcia não mais prejudica o bem-estar das pessoas.

---

[5] As consequências econômicas da compulsão e da coerção sobre os fenômenos de mercado serão tratadas na sexta parte deste livro.

3
O PAPEL HISTÓRICO DA GUERRA E DA CONQUISTA

Muitos autores exaltam a guerra, a revolução, o derramamento de sangue e a conquista. Carlyle e Ruskin, Nietzsche, George Sorel e Spengler foram os arautos das ideias que Lênin e Stálin, Hitler e Mussolini puseram em prática.

O curso da história, dizem essas filosofias, não é determinado pelas atividades mesquinhas de traficantes e comerciantes materialistas, mas pelas proezas heroicas de guerreiros e conquistadores. Os economistas se equivocam ao tentarem extrair, da experiência do efêmero episódio liberal, uma teoria à qual atribuem validade universal. Essa época – de liberalismo, individualismo e capitalismo; de democracia, tolerância e liberdade; de desrespeito aos valores "verdadeiros" e "eternos"; de supremacia da ralé – está desaparecendo para nunca mais voltar. Está raiando nova era de virilidade que requer uma nova teoria da ação humana.

Na realidade, nenhum economista jamais se atreveu a negar que a guerra e a conquista foram da maior importância no passado ou que os hunos e os tártaros, os vândalos e os *vikings*, os normandos e os conquistadores representaram um enorme papel na história. Um dos determinantes da situação atual da humanidade é o fato de terem existido milhares de anos de conflitos armados. Entretanto, o que subsistiu e que é a essência da civilização humana não é o que nos foi legado pelos guerreiros. A civilização é fruto do espírito "burguês" e não do espírito de conquista. Todos os povos que não substituíram a pilhagem pelo trabalho desapareceram da cena histórica. Os traços de sua existência que porventura ainda restam são obras realizadas sob a influência da civilização dos povos subjugados. A civilização latina sobreviveu na Itália, na França e na Península Ibérica, a despeito de todas as invasões bárbaras. Se os empresários capitalistas não tivessem sucedido a lorde Clive e a Warren Hastings,[6] a dominação dos ingleses na Índia poderia ter sido uma reminiscência histórica tão insignificante quanto o foram os 150 anos de dominação turca na Hungria.

Não cabe aos economistas examinar esses esforços feitos no sentido de reviver os ideais dos *vikings*. Cabe-lhes apenas refutar as afirmações segundo as quais o fato de haver conflitos armados invalida os seus ensinamentos. Convém, a esse respeito, reiterar o seguinte:

---
[6] Lorde Clive, Robert Clive, barão de Plassey, 1725-1774, foi o fundador do Império Inglês na Índia. Warren Hastings, 1732-1818, foi o primeiro e mais famoso governador geral da Índia sob a dominação inglesa. (N.T.)

Primeiro: os ensinamentos da cataláxia não se referem a determinada época da história; aplicam-se sempre que a *propriedade privada dos meios de produção* e a *divisão do trabalho* estiverem presentes. Em qualquer lugar e em qualquer época, numa sociedade onde exista propriedade privada dos meios de produção, onde as pessoas não se limitem a produzir para as suas próprias necessidades, os teoremas da cataláxia são rigorosamente válidos.

Segundo: se independentemente do mercado e à sua margem existem roubos e assaltos, esses fatos são um dado para o mercado. Os agentes devem levar em consideração o fato de que podem ser vítimas de ladrões ou assassinos. Se o ato de matar e roubar torna-se tão comum que o de produzir passa a ser inútil, pode ocorrer finalmente que o trabalho produtivo deixe de existir e a humanidade entre num estado de guerra de todos contra todos.

Terceiro: para haver butim, é preciso haver alguma coisa para ser pilhada. Os heróis só podem viver se houver um número suficiente de burgueses a serem expropriados. A existência de produtores é uma condição para a sobrevivência dos conquistadores; mas os produtores não precisam dos conquistadores para nada.

Quarto: existem, é claro, além do sistema capitalista de propriedade privada dos meios de produção, outros sistemas imagináveis de sociedade baseada na divisão do trabalho. Os que são a favor do militarismo, coerentemente, defendem a implantação do socialismo. A nação inteira devia ser organizada nos moldes de uma comunidade de guerreiros, na qual aos não combatentes cabe apenas a tarefa de fornecer às forças armadas tudo aquilo de que estas precisam. (Os problemas do socialismo serão tratados na quinta parte deste livro).

4
O HOMEM COMO UM DADO DA REALIDADE

A economia se ocupa das ações reais de homens reais. Seus teoremas não se referem a homens perfeitos ou ideais, nem a um mítico homem econômico (*homo oeconomicus*) e nem à noção estatística de um homem médio (*homme moyen*). O homem, com todas as suas fraquezas e limitações, o homem tal como vive e age na realidade – eis o objeto dos estudos da cataláxia. Toda ação humana é tema para a praxeologia.

O campo de estudos da praxeologia não se limita à sociedade, às relações sociais e aos fenômenos de massa; abrange o estudo de todas as ações humanas. O termo "ciências sociais", e todas as suas conotações, é, nesse particular, uma fonte de erros.

O exame científico da ação humana só pode ser feito a partir da constatação da existência de objetivos que os indivíduos procuram realizar ao empreender determinada ação. Os objetivos em si não são passíveis de qualquer exame crítico. Ninguém pode ser chamado para estabelecer o que é necessário para que alguém seja feliz. O que um observador isento pode questionar é apenas se os meios escolhidos para atingir os objetivos são ou não adequados para produzir os resultados esperados pelo agente. Só nesse sentido, ou seja, só para analisar se os meios são compatíveis com os objetivos, é que a economia pode emitir uma opinião quanto às ações de indivíduos ou grupos de indivíduos, ou quanto às políticas dos partidos, dos grupos de pressão e dos governos.

Frequentemente os ataques arbitrários desfechados contra os julgamentos de valor de outras pessoas são feitos sob o disfarce de uma crítica ao sistema capitalista ou à conduta dos empresários. A economia é neutra em relação a manifestações desse tipo.

O economista não contesta a afirmativa de que, "no capitalismo, o equilíbrio na produção dos diferentes bens é reconhecidamente imperfeito",[7] alegando ser esse equilíbrio perfeito. O que o economista afirma é que na economia de mercado livre a produção corresponde à conduta dos consumidores manifestada pela forma como gastam sua renda.[8]

Não cabe ao economista censurar os seus semelhantes nem considerar condenável o resultado de suas ações. A alternativa ao sistema em que a produção é determinada pelos julgamentos de valores individuais é a ditadura autocrática. Nesse caso, são os julgamentos de valor dos ditadores – não menos arbitrários do que os de qualquer outra pessoa – que determinam o que deve ser produzido. O homem certamente não é perfeito. Suas fraquezas certamente contaminam todas as instituições humanas e, portanto, também a economia de mercado.

5
O PERÍODO DE AJUSTAMENTO

Toda mudança nos dados do mercado provoca os seus correspondentes efeitos. É necessário que transcorra algum tempo para que se

---

[7] Ver Albert L. Meyers, *Modern Economics*, Nova York, 1946, p.672.

[8] Essa é a característica geral da democracia, seja ela política ou econômica. Eleições democráticas não garantem que o homem eleito esteja isento de defeitos, mas apenas que a maioria dos eleitores preferem-no aos outros candidatos.

consumam todos esses efeitos, isto é, para que o mercado se ajuste ao novo estado de coisas.

A cataláxia, evidentemente, tem que lidar com todas as reações propositadas e conscientes dos vários indivíduos, e não apenas com o resultado final produzido no mercado pela interação dessas ações. Pode ocorrer que os efeitos de uma mudança nos dados sejam contrabalançados pelos efeitos de outra mudança ocorrida, geralmente, ao mesmo tempo e com a mesma intensidade. Assim sendo, o resultado final não provoca mudanças consideráveis nos preços de mercado. Um estatístico, que estivesse preocupado exclusivamente em observar os fenômenos de massa e o resultado da totalidade das transações do mercado, tal como se refletem nos preços de mercado, ignoraria o fato de que a não ocorrência de mudanças no nível de preços é meramente acidental e não uma consequência da continuidade dos dados e da ausência de ajustes específicos. Deixaria de perceber qualquer movimento ocorrido assim como as consequências sociais de tais movimentos. Todavia, qualquer mudança nos dados segue o seu próprio curso, provoca certas reações por parte dos indivíduos afetados e perturba a relação entre os vários membros do sistema de mercado, mesmo que, eventualmente, não tenham ocorrido mudanças consideráveis nos preços dos diversos bens e na quantidade total de capital existente no sistema de mercado como um todo.[9]

A história econômica só pode fornecer uma informação imprecisa, a *posteriori*, sobre a extensão dos períodos de ajustamento. Este tipo de informação não pode ser obtido por meio de medições, e sim por meio da compreensão histórica. Os vários processos de ajustamento, na realidade, não são isolados. Num mesmo momento está ocorrendo um grande número desses processos, cujos percursos se cruzam e se influenciam mutuamente. Desenredar essa intrincada teia e observar a cadeia de ações e reações provocada por uma determinada mudança nos dados é uma tarefa difícil para o historiador, e os resultados alcançados são, na sua maior parte, escassos e duvidosos.

Prever a extensão do período de ajustamento é a tarefa mais difícil daqueles que, por necessidade de sua função, precisam ter uma compreensão de como será o futuro: os empresários. Para se ter sucesso na atividade empresarial, não basta prever a direção que o mercado tomará a partir de certo evento; mais importante ainda é antecipar adequadamente a extensão dos vários períodos de ajustamento. A maior parte dos equívocos cometidos pelos

---

[9] Em relação às mudanças nos elementos que determinam o poder aquisitivo da moeda, ver p. 485 Em relação à acumulação e desacumulação de capital, ver p. 594-595.

empresários na condução dos seus negócios e a maior parte dos fracassos dos "especialistas" em previsões sobre o futuro do mercado são causadas por erros cometidos na avaliação da duração do período de ajustamento.

Ao se lidar com efeitos produzidos pelas mudanças nos dados, é costume distinguir entre os efeitos mais imediatos e os mais remotos, ou seja, os efeitos a curto prazo e a longo prazo. Essa distinção é muito mais antiga do que a terminologia usada hoje em dia para exprimi-la.

Para que se descubram os efeitos imediatos – de curto prazo – produzidos pela mudança num dado, geralmente não é necessário recorrer a uma investigação meticulosa e profunda. Os efeitos de curto prazo são, na sua maior parte, óbvios e raramente escapam a um observador comum, não familiarizado com investigações econômicas. A ciência econômica surgiu, precisamente, do fato de que alguns homens de gênio começaram a suspeitar que as consequências mais remotas de um evento podem ser diferentes dos efeitos imediatos, os quais são percebidos até pelas pessoas mais simplórias. O principal mérito da ciência econômica foi a descoberta de tais efeitos a longo prazo que, até então, não eram percebidos por um observador isento, e que eram negligenciados pelos governantes.

A partir dessas descobertas surpreendentes os economistas clássicos extraíram uma regra para a prática política. Os governos, os governantes e os partidos políticos, explicavam eles, deviam, ao planejar e agir, considerar não apenas as consequências de suas medidas, a curto prazo, mas também as de longo prazo. Ninguém contestaria nem discutiria a procedência dessa norma. A ação visa a substituir um estado de coisas menos satisfatório por outro mais satisfatório. Para saber se o resultado de uma ação será considerado mais ou menos satisfatório, é preciso prever corretamente todas as consequências, tanto a curto como a longo prazo.

Algumas pessoas criticam a ciência econômica por preferir estudar os efeitos a longo prazo e por dar pouca atenção aos efeitos de curto prazo. Essa crítica não tem fundamento. O único modo de a ciência econômica examinar os resultados de uma mudança nos dados é começar pelas suas consequências imediatas e analisar, passo a passo, da primeira reação às reações mais distantes, todas as consequências sucessivas, até chegar às consequências finais. A análise de longo prazo, necessariamente, inclui o exame das consequências de curto prazo.

É fácil compreender por que certos indivíduos, certos partidos e grupos de pressão procuram difundir a ideia de que só os efeitos a curto prazo têm importância. A política, dizem essas pessoas, não se deve ocupar dos efeitos a longo prazo de uma medida que traz benefícios a curto prazo, e não deve deixar de adotá-la só porque seus efeitos a longo prazo são prejudiciais. O que importa são os efeitos a curto prazo; "a longo prazo estaremos todos mortos".[10] A economia responde a esses críticos movidos pela paixão, ao afirmar que qualquer decisão deveria ser baseada numa ponderação cuidadosa de todas as suas consequências, tanto as de curto quanto as de longo prazo. Existem, certamente, nas ações individuais e na condução dos negócios públicos, situações em que os agentes podem ter boas razões para aceitarem efeitos de longo prazo bastante indesejáveis a fim de evitar situações de curto prazo ainda mais indesejáveis. Às vezes, pode ser conveniente queimar a mobília na lareira para esquentar a sala; quem age assim deveria saber quais os efeitos futuros de sua ação; só não deve é se iludir pensando ter encontrado um novo método maravilhoso de calefação.

Eis tudo o que a economia tem a opor ao frenesi dos apóstolos do curto prazo. A história, um dia, terá muito mais a dizer; terá de mostrar o papel que esse apoio ao princípio do curto prazo – essa ressurreição da famosa frase de Madame de Pompadour, *après nous le déluge* – representou na mais séria crise da civilização ocidental. Terá de mostrar de que forma, apoiados nessas ideias, os governos e partidos dilapidaram o capital moral e material herdado das gerações precedentes.

6
A LIMITAÇÃO DO DIREITO DE PROPRIEDADE E OS PROBLEMAS RELATIVOS AOS CUSTOS E AOS BENEFÍCIOS EXTERNOS

Os direitos de propriedade, tais como limitados pelas leis e protegidos pelo poder judicial e pela polícia, são o resultado de um longo período de evolução. A história de todo esse tempo é o registro dos violentos esforços feitos com o objetivo de abolir a propriedade privada. Seguidamente, déspotas e movimentos populares têm tentado restringir os direitos de propriedade privada ou aboli-los inteiramente. Essas tentativas falharam, é verdade. Mas deixaram traços nas ideias que influenciaram a forma legal e a definição de propriedade. Os conceitos legais de propriedade não levam na devida conta a função social da propriedade privada.

---
[10] Mises se refere à afirmativa feita por lorde Keynes. (N.T.)

Existem certas deficiências e incongruências que perturbam o desenvolvimento dos fenômenos do mercado.

O direito de propriedade, considerado de forma consistente, deveria, por um lado, conferir ao proprietário o direito de usufruir todas as vantagens que o bem possuído pode gerar, e deveria, por outro lado, onerá-lo com todos os inconvenientes resultantes de seu emprego. Assim sendo, as consequências seriam de exclusiva responsabilidade do proprietário, que, ao lidar com sua propriedade, levaria em conta todos os resultados esperados de sua ação, tanto os favoráveis como os desfavoráveis. Mas, se alguns dos benefícios de sua ação não podem ser auferidos e alguns dos inconvenientes não lhe são debitados, o proprietário, ao elaborar os seus planos, não se preocupará com *todos* os feitos de sua ação. Não considerará os benefícios que não aumentam a sua própria satisfação, nem os custos que não o oneram. Sua conduta se afastará da linha que teria seguido se as leis refletissem melhor os objetivos econômicos da propriedade privada. Realizará certos projetos só porque as leis o desobrigam da responsabilidade de alguns dos custos incorridos. Abster-se-á de realizar outros projetos simplesmente porque as leis o impedem de colher todas as vantagens decorrentes dos mesmos.

As leis relativas à responsabilidade e à indenização por danos causados eram e ainda são deficientes sob muitos aspectos. De um modo geral, aceita-se como um princípio o fato de que cada um é responsável pelos danos que suas ações infringirem a outras pessoas. Mas esse princípio sempre teve suas brechas, suas exceções legais. Em alguns casos, esse privilégio foi concedido intencionalmente àqueles que se dedicavam a atividades que as autoridades desejavam impulsionar. Quando, no passado, em muitos países, os proprietários das fábricas e das estradas de ferro não foram responsabilizados pelos danos que suas empresas infringiam à propriedade e à saúde de seus vizinhos, clientes, empregados e outras pessoas (através de fumaça, fuligem, barulho, poluição da água e acidentes causados por equipamento inadequado ou defeituoso), a ideia subjacente era a de que não se deveria enfraquecer o progresso da industrialização e o desenvolvimento dos meios de transporte. As mesmas doutrinas que inspiraram e ainda continuam inspirando muitos governos a incentivarem investimentos em fábricas e estradas de ferro através de subsídios, isenção de impostos, tarifas e crédito barato, contribuíram para o surgimento de uma situação jurídica na qual a responsabilidade dessas empresas foi prática ou formalmente aliviada. Mais tarde, começou a prevalecer a tendência oposta, e a responsabilidade dos industriais e das estradas de ferro passou a ser tratada com maior severidade do que a dos demais cidadãos e firmas. Também, nesses casos, os objetivos são políticos. Os legisladores desejavam proteger os pobres, os assalariados, os camponeses, contra os ricos capitalistas e empresários.

Que o fato de desobrigar o proprietário de algumas das desvantagens que resultam da maneira como ele conduz o seu negócio seja fruto de uma política deliberada adotada pelos governos e pelos legisladores, ou seja, um efeito não intencional da redação tradicional das leis, é, de qualquer forma, um dado que precisa ser levado em conta. Estamos diante do problema dos denominados *custos externos*. Esta situação faz com que algumas pessoas escolham certas maneiras de satisfazer suas necessidades simplesmente em função do fato de que uma parte dos custos incorridos não lhes é debitada, mas recai sobre outras pessoas.

O exemplo extremo nos é proporcionado pelo caso, já referido anteriormente,[11] das terras sem dono. Se a terra não tem dono, embora o formalismo jurídico possa qualificá-la de propriedade pública, as pessoas utilizam-na sem se importar com os inconvenientes de uma exploração predatória. Quem tiver condições de usufruir de suas vantagens – a madeira e a caça dos bosques, os peixes das extensões aquáticas e os depósitos minerais do subsolo – não se preocupará com os efeitos posteriores decorrentes do modo de exploração. Para essas pessoas, a erosão do solo, o esgotamento dos recursos exauríveis e qualquer outra redução da possibilidade de utilização futura são custos externos, não considerados nos cálculos pessoais de receita e despesa. Cortarão as árvores sem qualquer consideração para com as que ainda estão verdes ou para com o reflorestamento. Ao caçar e pescar não hesitarão em empregar métodos contrários à preservação das reservas de caça e pesca. Nos primórdios da civilização, quando ainda havia abundância de terras de qualidade não inferior à já utilizada, o uso de métodos predatórios era corrente. Quando a produtividade diminuía, o lavrador abandonava sua terra e se mudava para outro lugar. Só mais tarde, à medida que a população crescia e não havia mais disponibilidade de terra virgem de primeira classe, as pessoas começaram a considerar tais métodos predatórios um desperdício. Consolidava-se assim a instituição da propriedade privada da terra; a princípio, nas terras aráveis, e depois, passo a passo, estendendo-se aos pastos, às florestas, aos pesqueiros. As novas colônias de ultramar, especialmente os vastos espaços dos Estados Unidos, cujas fantásticas potencialidades agrícolas estavam praticamente intactas, quando lá chegaram os primeiros colonizadores, passaram pelos mesmos está-

---
[11] Ver p. 728-729.

gios. Até as últimas décadas do século XIX havia sempre uma zona geográfica aberta aos recém-chegados: a fronteira. Nem a existência dessas regiões inexploradas, nem o seu desaparecimento são peculiares à América. O que caracteriza as condições americanas é o fato de que, ao esgotarem-se as terras inexploradas, fatores institucionais e ideológicos impediram que os métodos de utilização da terra se ajustassem à nova circunstância.

Nas áreas centrais e ocidentais da Europa continental, onde a instituição da propriedade privada já estava firmemente estabelecida há muitos séculos, as coisas foram diferentes. Não houve erosão de solos já cultivados. Não houve devastação de florestas, apesar do fato de as florestas particulares terem sido, durante gerações, a única fonte de madeira para construção e mineração, e de combustível para as fundições e os fornos, para as cerâmicas e para as fábricas de vidro. Os proprietários dessas florestas foram impelidos a conservá-las movidos pelos seus próprios interesses egoístas. Nas áreas mais densamente habitadas e industrializadas, até alguns anos atrás, entre um quinto e um terço da superfície era ocupado por florestas de primeira classe administradas segundo os melhores métodos da tecnologia florestal.[12]

Não cabe à teoria cataláctica elaborar uma explicação dos complexos fatores que acarretaram as atuais condições de propriedade da terra nos Estados Unidos. Quaisquer que tenham sido, esses fatores produziram um estado de coisas no qual um grande número de agricultores e de companhias madeireiras podiam considerar os inconvenientes de não se cuidar do solo e de se conservarem as florestas como custos externos.[13]

O cálculo econômico torna-se ilusório e os seus resultados enganadores sempre que uma parte considerável dos custos incorridos sejam custos externos. Mas isto não é uma consequência das alegadas deficiências inerentes ao sistema de propriedade privada dos meios de produção. É, ao contrário, uma consequência das brechas deixadas no

---

[12] No final do século XVIII, os governos europeus começaram a promulgar leis visando à conservação de florestas. Entretanto, seria um grave erro atribuir a essas leis qualquer importância na conservação das florestas. Na segunda metade do século XIX, ainda não havia uma estrutura administrativa capaz de fazer com que essas leis fossem cumpridas. Além disso, os governos da Áustria e da Prússia, para não mencionar os estados alemães menores, não tinham suficiente poder para obrigar a aristocracia a respeitá-los. Nenhum funcionário público antes de 1914 teria tido a audácia de causar irritação a um magnata da Boêmia ou da Silésia, ou a um *Standesherr* alemão (aquele cujo feudo tivesse sido anexado a uma dos estados soberanos do império). Esses príncipes e condes cuidavam espontaneamente de suas florestas porque estavam seguros quanto à posse de seus domínios e porque procuravam preservar a fonte de suas rendas e o valor venal de suas terras.

[13] Poderia também ser dito que eles consideravam as vantagens a serem obtidas com a conservação do solo e das florestas como benefícios gratuitos a terceiros.

sistema. Poderiam ser eliminadas por meio de uma reforma das leis relativas à responsabilidade por danos infringidos e pelo cancelamento das barreiras institucionais que impedem o pleno funcionamento do sistema de propriedade privada.

O caso dos benefícios externos não é simplesmente uma inversão do caso dos custos externos. Tem características e campo de aplicação próprios.

Quando os resultados de uma ação não beneficiam apenas o agente, mas também outras pessoas, existem duas alternativas:

1. O agente considera as vantagens que espera auferir para si mesmo tão importantes que está disposto a arcar com todos os custos. O fato de sua ação também beneficiar outras pessoas não o impedirá de realizar aquilo que promoverá o seu próprio bem-estar. Quando uma companhia de estrada de ferro constrói um dique para proteger a sua linha férrea de deslizamentos ou avalanches, também está protegendo as casas nos terrenos adjacentes. Mas esse benefício auferido pelos vizinhos não impedirá a companhia de realizar um investimento que considera vantajoso.

2 – Os custos necessários à realização de um projeto são tão grandes que nenhum dos possíveis beneficiários está disposto a suportá-los inteiramente. O projeto só poderá ser realizado se um número suficiente de interessados compartilhar os seus custos.

Não seria necessário dizer mais nada sobre benefícios externos, se não fosse o fato de esse fenômeno ser inteiramente deturpado na literatura pseudoeconômica corrente.

Um projeto P não é lucrativo quando e porque os consumidores preferem a satisfação derivada de outro projeto à satisfação prevista com a realização de P. A execução de P desviaria capital e trabalho de algum outro projeto, considerado mais urgente pelos consumidores. O leigo e o pseudoeconomista não chegam a perceber esse fato. Teimosamente se recusam a reconhecer a escassez dos fatores de produção. No seu entendimento, P poderia ser realizado sem qualquer inconveniente, isto é, sem renúncia a qualquer outra satisfação; seria apenas a insensibilidade do sistema de lucro que estaria a impedir que a nação desfrutasse graciosamente os benefícios de P.

Ora – continuam esses críticos de visão curta —, o absurdo do sistema de lucro torna-se especialmente ultrajante se a não lucratividade de P se dever ao fato de o empresário não considerar nos seus cálculos as vantagens de P que para ele são benefícios externos. Do ponto de vista da sociedade como um todo, dizem esses críticos, tais vantagens não são externas; beneficiam pelo menos alguns membros da sociedade e aumentam o "bem-estar total". A não realização de *P* seria portanto uma perda para a sociedade. Por isso, quando a iniciativa privada, egoistamente, se recusa a realizar tais projetos não lucrativos, o dever do governo é preencher esse vazio. O governo deveria ou realizá-los através de empresas públicas ou subsidiá-los para torná-los atrativos ao empresário privado e ao investidor. Os subsídios poderiam ser concedidos seja diretamente em dinheiro, às custas do erário público, seja através de tarifas cuja incidência recairia sobre os compradores dos produtos.

Os que assim argumentam não percebem que os meios que o governo utiliza para fazer funcionar uma empresa deficitária ou para subsidiar um projeto não rentável terão de ser retirados da capacidade de gastar e investir dos contribuintes ou terão de ser obtidos de modo inflacionário. Nem o governo nem qualquer indivíduo têm a possibilidade de criar algo do nada. Maiores gastos do governo representam menores gastos do público. As obras públicas não são realizadas pelo poder milagroso de uma varinha de condão; são pagas com recursos tomados dos cidadãos. Se o governo não tivesse interferido, os cidadãos os teriam empregado em projetos lucrativos e que não serão realizados porque os meios correspondentes lhes foram subtraídos. Para cada projeto não rentável realizado com a ajuda do governo, há um outro que deixa de ser realizado em virtude da intervenção governamental. Com uma diferença: o projeto não realizado teria sido lucrativo, isto é, teria empregado os escassos meios de produção de maneira a atender às necessidades mais urgentes dos consumidores. Do ponto de vista dos consumidores, o emprego desses meios de produção para realização de um projeto não lucrativo é um desperdício. Priva-os das satisfações que preferem, dando-lhes em troca as que o projeto patrocinado pelo governo lhes pode oferecer.

As massas crédulas incapazes de ver além do que a vista alcança se entusiasmam com as realizações maravilhosas de seus governantes. Não chegam a perceber que são elas, as massas, que pagam a conta e que, consequentemente, têm que renunciar a muitas satisfações de que teriam usufruído se o governo tivesse gasto menos com projetos não rentáveis. Não têm imaginação suficiente para sequer vislumbrar as possibilidades que o governo não permitiu que viessem a existir.[14]

---

[14] Ver a brilhante análise sobre gastos públicos no livro *Economics In One Lesson*, de Henry Hazlitt, nova edição, Nova York, 1962, p. 21 e segs. Editado em português pelo Instituto Liberal, sob o título *Economia numa única lição*, Rio de Janeiro, José Olympio Editora e Instituto Liberal, 1986, p. 17 e segs.

Esses entusiastas da intervenção estatal ficam ainda mais extasiados quando a ação governamental possibilita que produtores submarginais continuem produzindo, competindo com usinas, lojas ou fazendas mais eficientes. Nesses casos, dizem eles, é óbvio que a produção total aumentou e que alguma coisa – que se não fosse a ajuda das autoridades não teria sido produzida – foi acrescentada à riqueza geral. O que ocorre, na realidade, é exatamente o oposto; o montante da produção total e da riqueza total diminui. Instalações que produzem por custos maiores entram em funcionamento, enquanto outras instalações que produzem por custos menores são forçadas a diminuir ou a paralisar a sua produção. Os consumidores não estão obtendo mais, e sim, menos.

Uma ideia que habitualmente tem muita aceitação é a de que o governo deve promover o desenvolvimento agrícola daquelas regiões do país maldotadas pela natureza. Nessas regiões, os custos de produção são maiores do que em outras áreas; é precisamente este fato que torna o seu solo submarginal. Se não forem ajudados por recursos públicos, os agricultores que trabalham essas terras não conseguiriam suportar a competição das fazendas mais férteis. A agricultura desapareceria ou não se desenvolveria e a região se tornaria uma parte atrasada do país. Com pleno conhecimento dessa realidade, as empresas que visam ao lucro evitam investir na construção de estradas de ferro que liguem essas regiões inóspitas aos centros de consumo. A situação difícil dos agricultores não é causada pela falta de meios de transporte. A causalidade é no sentido inverso: como as empresas percebem que as perspectivas agrícolas da região não são favoráveis, abstêm-se de investir em estradas de ferro que provavelmente não serão lucrativas, porque há falta de uma quantidade suficiente de bens a serem transportados. Se o governo, cedendo aos grupos de pressão interessados, constrói a estrada de ferro e a opera com déficit, certamente estará beneficiando os proprietários de terras dessas regiões pobres. Podem então esses agricultores, uma vez que uma parte dos custos de transporte é absorvida pelo erário público, competir com os que cultivam terras melhores e que não recebem ajuda oficial. Mas quem paga os favores concedidos a esses agricultores privilegiados são os contribuintes, que terão de prover os fundos necessários para cobrir o déficit. Tal liberalidade não afeta o preço nem a quantidade total disponível de produtos agrícolas. Simplesmente torna rentável a operação de fazendas que até então eram submarginais, e marginaliza outras fazendas cuja operação era até então lucrativa. Desloca a produção das terras, que poderiam produzir por custos menores, para terras cujos custos de produção são maiores. Em vez de aumentar, diminui a riqueza e a disponibilidade total de mercadorias, uma vez que as quantidades adicionais de capital e trabalho, necessárias ao cultivo de campos que exigem custos de produção maiores, são retiradas de outros empregos que tornariam possível a produção de outros bens de consumo. O governo consegue beneficiar algumas regiões do país, dando-lhes o que lhes falta, operando outros setores e gerando custos que excedem os ganhos do grupo privilegiado.

As externalidades da criação intelectual

O caso extremo de externalidades fica mais evidentemente exemplificado pela "produção" de base intelectual. O traço característico das fórmulas, isto é, os dispositivos mentais que orientam os procedimentos tecnológicos, é a inesgotabilidade dos serviços que podem prestar. Esses serviços, consequentemente, não são escassos e, portanto, não há necessidade de economizar o seu emprego. As considerações que resultaram no estabelecimento da instituição da propriedade privada dos bens econômicos não se aplicam nesse caso. As fórmulas ficam fora da esfera da propriedade privada, não por serem imateriais, intangíveis e impalpáveis, mas por ser inesgotável o serviço que podem proporcionar.

Só mais tarde as pessoas começaram a perceber que este estado de coisas também tem os seus inconvenientes, pois coloca os autores dessas fórmulas – especialmente os inventores de processos tecnológicos, os escritores e compositores – numa situação peculiar. Tais autores arcam com o custo de produção, enquanto o serviço prestado pelo produto por eles criado pode ser usufruído gratuitamente pelas demais pessoas. O que produzem é para eles inteiramente, ou quase, uma externalidade.

Se não houver direito autoral nem registro de patentes, os inventores e autores estarão na posição de um empresário. Têm uma vantagem temporária em relação a outras pessoas. Como podem começar a utilizar mais cedo sua invenção, ou seu manuscrito, ou colocá-lo à disposição de outras pessoas (fabricantes, editores), têm a possibilidade de auferir lucros enquanto sua obra não é de domínio público. Tão logo a invenção ou o texto do livro venham a ser conhecidos pelo público, tornam-se "bens livres", e ao inventor ou ao autor resta apenas a glória.

O problema em questão nada tem a ver com as atividades do gênio criador. Esses pioneiros e descobridores de coisas, até então desconhecidas, não produzem nem trabalham no sentido com que esses termos são empregados para evocar a atividade dos homens comuns. Tais seres excepcionais não se deixam influenciar pela reação de seus contemporâneos ao seu trabalho; não precisam de qualquer tipo de estímulo.[15]

Não é esse o caso da ampla classe dos intelectuais por profissão, cujos serviços a sociedade não pode dispensar. Deixemos de lado a questão dos autores de poesias, novelas e peças de teatro sem valor, ou a dos compositores de música popular de segunda categoria; tampouco nos preocupemos em elucidar se seria uma grande perda para a humanidade a não existência dessas obras. Fixemos nossa atenção no fato de que, para transmitir o conhecimento de uma geração a outra e para familiarizar os indivíduos com o conhecimento indispensável à realização de seus planos, há necessidade de livros, manuais e obras de divulgação científica. É pouco provável que as pessoas assumissem o encargo de redigir tais publicações se qualquer um pudesse reproduzi-las. É muito provável que o progresso tecnológico ficasse seriamente retardado se, para o inventor e para os que arcam com as despesas de suas experiências, os resultados obtidos fossem apenas externalidades.

As patentes e os direitos autorais resultam da evolução legal dos últimos séculos. Seu lugar no corpo tradicional dos direitos de propriedade ainda é controvertido. Muitas pessoas fazem restrições à sua existência e contestam a sua legitimidade; consideram-nos como privilégios remanescentes do período rudimentar de sua evolução, quando a proteção legal era concedida aos autores e inventores por meio de privilégios excepcionais outorgados pelas autoridades. Tais direitos são vistos com suspeição, pois só podem ser lucrativos se vendidos por preços monopolísticos.[16] Além disso, a equidade da legislação sobre patentes é contestada com base no fato de recompensar apenas aqueles que deram o toque final que possibilitou a utilização prática de descobrimentos e investigações já realizadas por outras pessoas. Esses precursores ficam de mãos vazias, embora sua contribuição para o resultado final seja, frequentemente, mais substancial do que a do detentor da patente.

Não cabe à cataláxia examinar os argumentos pró ou contra a instituição de patentes e de direitos autorais. Cabe-lhe apenas enfatizar o fato de que esse é um problema de delimitação dos direitos de propriedade e que, se as patentes e os direitos autorais fossem abolidos, os autores e inventores seriam, na sua maior parte, geradores de externalidades ou economias externas como também são chamadas.

---

[15] Ver p. 175-177.
[16] Ver p. 427-428.

Privilégios e quase privilégios

As restrições que as leis e as instituições impõem à liberdade de escolher e agir nem sempre são insuperáveis. Há casos em que, em certas condições, podem ser removidas. O privilégio da isenção de obrigações que são impostas a todas as pessoas pode ser concedido a alguns protegidos, seja pela própria lei, seja por um ato administrativo das autoridades encarregadas de fazer cumprir a lei. Alguns outros podem ser suficientemente inescrupulosos a ponto de desafiar a lei, apesar da vigilância das autoridades; sua insolência assegura-lhes um quase privilégio.

Uma lei que ninguém cumpre é ineficaz. Uma lei que não é válida para todos ou a que nem todos obedecem pode propiciar àqueles que estão isentos – seja em virtude da própria lei ou em virtude de sua audácia – a oportunidade de auferir rendas diferenciais ou ganhos monopolísticos.

No que diz respeito à determinação dos fenômenos do mercado, pouco importa que a isenção seja concedida legalmente como um privilégio ou ilegalmente como um quase privilégio. Tampouco importa se os custos, se houver, em que o indivíduo ou a firma favorecida tenham incorrido a fim de obter o privilégio ou o quase privilégio sejam legais (por exemplo, uma taxa a ser paga pelo licenciado) ou ilegais (por exemplo, propinas pagas a funcionários corruptos). Se uma proibição de importação é atenuada para permitir a entrada de uma certa quantidade de mercadoria, os preços são afetados pela quantidade importada e pelos custos incorridos para adquirir e utilizar o privilégio ou quase privilégio. Mas a estrutura de preços não é afetada pelo fato de a importação ser legal (por exemplo, uma licença concedida a algum grupo privilegiado mediante um sistema de quotas) ou proveniente de um contrabando ilegal.

Capítulo 24

Harmonia e Conflito de Interesses

1
A Origem dos Lucros e Perdas no Mercado

As contínuas mudanças das circunstâncias do mercado, que impedem o sistema econômico de se transformar numa economia uniformemente circular, e que provocam, permanentemente, lucros e perdas empresariais, são favoráveis a alguns membros da sociedade e desfavoráveis a outros. Daí a famosa conclusão: *o que um ganha, o outro perde; ninguém lucra sem que alguém tenha prejuízo*. Esse dogma já havia sido enunciado por autores antigos. Entre os modernos, Montaigne foi o primeiro a reiterá-lo; podemos, portanto, denominá-lo de *dogma de Montaigne*. Foi a quintessência das doutrinas do mercantilismo, antigo e moderno. Está na raiz de todas as doutrinas modernas que alegam existir, no contexto da economia de mercado, um irreconciliável conflito de interesses entre as várias classes sociais de uma nação e, mais ainda, entre os interesses de uma nação e os de todas as outras nações.[1]

Atualmente, o dogma de Montaigne é aplicável em relação aos efeitos provocados pelas mudanças de origem monetária do poder aquisitivo, no caso de pagamentos a prazo. Mas é inteiramente falso em quaisquer casos de lucro ou perda empresarial, ocorram eles numa economia estacionária, em que a quantidade total de lucros é igual à quantidade total de perdas, ou numa economia em desenvolvimento ou em retrocesso, na qual essas duas grandezas são diferentes.

Numa sociedade de mercado, livre de interferências, os ganhos de um indivíduo não decorrem da dor ou do sofrimento de seus concidadãos; decorrem do fato de ter aliviado a sensação de desconforto dessas mesmas pessoas. O que faz mal ao doente é a doença e não o médico que o cura. O ganho do médico não é decorrente da epidemia, mas da ajuda prestada àqueles que utilizam os seus serviços. Os lucros, em última análise, derivam sempre de uma

---
[1]. Ver Montaigne, *Essais*, Bordéus, ed. F. Strowski, 1906, vol. 1, livro I, cap. XXII, p. 135-136; A. Oncken, *Geschichte der Nationalökonomie*, Leipzig, 1902, p. 152-153; E. F. Heckscher, *Mercantilism*, trad. M. Shapiro, Londres, 1935, vol. 2, p. 26-27.

correta previsão das situações futuras. Aqueles que conseguiram antecipar melhor do que os outros os eventos futuros, e ajustar suas atividades correspondentes, obterão lucros por estarem em condições de atender às necessidades mais urgentes do público. Os lucros daqueles que produzem bens e serviços disputados pelos compradores não são a causa das perdas daqueles que produzem mercadorias pelas quais o público não está disposto a pagar um preço suficiente para cobrir os custos de sua produção. Essas perdas decorrem da falta da visão quanto à futura situação do mercado e quanto à demanda dos consumidores.

Eventos exteriores, capazes de afetar a oferta e a demanda, às vezes ocorrem tão repentina e inesperadamente que as pessoas costumam dizer que ninguém, razoavelmente, poderia tê-los previsto. Nesse caso, os invejosos podem considerar injustificáveis os lucros decorrentes dessas mudanças. Entretanto, tais juízos de valor não mudam a realidade. Um homem doente prefere ser curado por um doutor que cobra caro pelos seus serviços do que ficar sem assistência médica. Se não fosse assim, ele não consultaria o médico.

Na economia de mercado não existem conflitos entre os interesses de compradores e vendedores. Existem perdas decorrentes de uma previsão malfeita. Seria uma maravilha se todos os membros da sociedade de mercado pudessem, sempre, prever corretamente as condições futuras e ajustar suas ações correspondentemente. Se isso ocorresse, um exame retrospectivo mostraria que nenhuma parcela de capital e trabalho teria sido desperdiçada para satisfazer necessidades que fossem consideradas menos urgentes do que outras ainda não satisfeitas. Mas o homem não é onisciente.

Examinar esses problemas com uma atitude de ressentimento e inveja conduz ao erro. O mesmo ocorre quando as observações ficam limitadas à posição momentânea de vários indivíduos. Os problemas sociais devem ser analisados em relação ao funcionamento do mercado como um todo. O que garante a melhor satisfação possível das necessidades de cada membro da sociedade é precisamente o fato de aqueles que conseguiram antecipar mais corretamente a situação futura estarem auferindo lucros. Se os lucros devessem ser gravados em favor dos que foram prejudicados por uma mudança nos dados, ou seja, daqueles cujas previsões estavam erradas, o ajuste da oferta à procura estaria sendo dificultado e não aperfeiçoado. Se impedíssemos os médicos de ocasionalmente ganharem honorários elevados, estaríamos diminuindo, e não aumentando, o número dos que se dedicam à medicina.

Uma transação é sempre vantajosa tanto para o comprador como para o vendedor. Mesmo um homem que vende com prejuízo está numa situação melhor do que estaria se não conseguisse vender ou só o conseguisse por um preço ainda menor. Seu prejuízo decorre de sua previsão errada; a venda limita sua perda mesmo que o preço recebido seja baixo. Se comprador e vendedor não considerassem a transação que podem realizar, nas condições prevalecentes, como a mais vantajosa, não a fariam.

A afirmativa de que o ganho de um indivíduo é o prejuízo de um outro só tem validade no caso de roubo, guerra e pilhagem. O ladrão despoja sua vítima do produto de seu roubo. Mas guerra e comércio são duas coisas diferentes. Voltaire errou quando, em 1764, escreveu no verbete "Pátria" de seu *Dictionnaire philosophique*: "Ser um bom patriota é desejar que a sua própria comunidade se enriqueça pelo comércio e adquira poder pelas armas; é óbvio que um país só pode prosperar às custas de um outro e só pode sair vencedor causando danos a outras pessoas". Voltaire, assim como tantos outros autores que o precederam e que o seguiram, considerava desnecessário familiarizar-se com o pensamento econômico. Se tivesse lido os ensaios de seu contemporâneo David Hume, teria percebido como é errado confundir guerra com comércio exterior. Voltaire, que desmascarou tantas velhas superstições e tantas falácias populares, acabou sendo vítima da mais desastrosa de todas elas.

Quando o padeiro fornece pão ao dentista e o dentista alivia a dor de dente do padeiro, nem um nem outro estão sendo prejudicados. Não tem sentido considerar uma troca de serviços e a pilhagem da padaria como se fossem duas manifestações do mesmo fenômeno. A única diferença entre comércio externo e comércio interno é que, no primeiro caso, os bens e serviços são trocados através da fronteira que separa duas nações soberanas. É uma monstruosidade o fato de que o príncipe Luís Napoleão Bonaparte, que viria a ser o imperador Napoleão III, tenha escrito, muitas décadas depois de Hume, Adam Smith e Ricardo, a seguinte afirmação: "A quantidade de mercadorias que um país exporta está sempre em proporção direta com o número de obuses que pode descarregar sobre seus inimigos sempre que a sua honra e a sua dignidade o exijam".[2] Todos os ensinamentos da economia relativos aos efeitos da divisão internacional do trabalho e do comércio internacional não conseguiram, até agora, destruir a popularidade da falácia mercantilista, segundo a qual "o objetivo do comércio exterior é empobrecer os estrangeiros".[3] Cabe à história averiguar e revelar as

---

[2] Ver Luís Napoleão Bonaparte, *Extinction du pauperisme*, ed. popular, Paris, 1848, p. 6.

[3] Com essas palavras, H.G. Wells, *The World of William Clissold*, livro IV, seção 10, caracteriza a opinião de

fontes da popularidade dessa e de outras ilusões semelhantes. Para a ciência econômica, essa é uma questão já esclarecida há muito tempo.

2
A LIMITAÇÃO DA PROGENITURA

A escassez natural dos meios de subsistência faz com que cada ser vivo considere todos os outros seres vivos como inimigos mortais na luta pela sobrevivência, e gera uma impiedosa competição biológica. Mas, para o homem, esses insuperáveis conflitos de interesses desaparecem quando, e na medida em que, a divisão de trabalho substitua a economia autárquica de indivíduos, famílias, tribos e nações. Numa sociedade, não há conflito de interesse enquanto o tamanho ótimo da população não for atingido. Enquanto o emprego de braços adicionais resultar num aumento mais que proporcional dos rendimentos, a harmonia de interesses substitui o conflito. As pessoas deixam de ser rivais na luta pela alocação de parcelas de uma quantidade de bens estritamente limitada. Transformam-se em colaboradores na busca de objetivos comuns a todos. Um aumento da população não diminui – ao contrário, aumenta – a parcela de cada indivíduo.

Se os homens buscassem apenas alimento e satisfação sexual, a população tenderia a crescer acima do tamanho ótimo estabelecido pelos meios de subsistência disponíveis. Entretanto, os homens querem algo mais do que simplesmente viver e copular; querem viver *humanamente*. Uma melhoria das condições materiais resulta, certamente, num aumento populacional; mas esse aumento é menor do que o aumento que os meios de subsistência possibilitariam. Se não fosse assim, os homens nunca teriam conseguido estabelecer os laços sociais nem desenvolver a civilização. Quando se trata de ratos, camundongos e micróbios, todo aumento dos meios de subsistência aumenta a população até o limite permitido pela subsistência; nada é deixado para que outros objetivos sejam alcançados. O erro fundamental implícito na lei de ferro dos salários foi precisamente o de encarar os homens – ou pelo menos os assalariados – como seres guiados exclusivamente por impulsos animais. Seus defensores não chegaram a perceber que o homem difere das bestas na medida em que procura também atingir objetivos especificamente humanos, que podem ser qualificados de objetivos mais sublimes ou mais elevados.

---

um típico representante da nobreza britânica.

A lei de Malthus sobre a população é uma das maiores conquistas do pensamento. Juntamente com o princípio da divisão do trabalho, estabeleceu as bases da moderna biologia e da teoria da evolução; a importância desses dois teoremas fundamentais das ciências da ação humana só não supera a da descoberta da regularidade no entrelaçamento e na sequência dos fenômenos de mercado e de seu inevitável condicionamento aos dados do mercado. As objeções levantadas contra a lei de Malthus assim como contra a lei dos rendimentos são inúteis e triviais. Estas duas leis são, ambas, inquestionáveis. Mas o papel que lhes deve ser atribuído no corpo das ciências da ação humana é diferente daquele que Malthus lhes atribuía.

Os seres não humanos acham-se inteiramente sujeitos ao que estabelece a lei biológica descrita por Malthus.[4] No caso desses seres, a afirmativa de que os seus números populacionais tendem a exceder os meios de subsistência e de que os espécimes excedentes são eliminados por inanição é válida sem qualquer exceção. Em relação a esses animais, a noção de mínimo de subsistência tem um sentido inequívoco, perfeitamente definido. Mas o caso do homem é diferente. O homem coloca a satisfação dos impulsos puramente zoológicos, comum a todos os animais, numa escala de valores na qual também há lugar para objetivos especificamente humanos. O agente homem racionaliza igualmente os seus apetites sexuais; busca satisfazê-los pesando os prós e os contras. Não se submete cegamente a um estímulo sexual como se fosse um touro; abstém-se de copular se considera os custos – as previsíveis desvantagens – muito altos. Nesse sentido, podemos aplicar, sem qualquer conotação de valor ou ética, o termo *freio moral* empregado por Malthus.[5]

A racionalização da relação sexual já implica uma racionalização da proliferação. Mais tarde foram adotados outros métodos de racionalização do aumento da progenitura, independentemente da abstenção de copular. Houve quem recorresse às práticas extremas e repulsivas de abandonar ou matar recém-nascidos, e de provocar abortos. Finalmente descobriram maneiras de realizar o ato sexual de maneira a que não houvesse fecundação. Nos últimos cem anos, as técnicas de contracepção foram aperfeiçoadas e a frequência de seu emprego au-

---

[4] A lei de Malthus é, bem entendido, uma lei biológica e não praxeológica. Não obstante, seu conhecimento é indispensável à praxeologia para que esta possa conceber, pelo contraste, a característica essencial da ação humana. Como as ciências naturais não conseguiram descobri-la, os economistas tiveram que suprir essa lacuna. A história da lei da população refuta igualmente o mito popular a propósito do atraso das ciências da ação humana, as quais, supõe o mito, teriam necessidade de se apoiarem nas ciências naturais.

[5] Malthus também empregou esse termo sem qualquer implicação ética ou de valor. Ver Bonar, *Malthus and His Work*, Londres, 1885, p. 53. O termo *freio moral* pode perfeitamente ser substituído por *freio praxeológico*.

mentou consideravelmente, se bem que já fossem conhecidas e aplicadas há muito tempo.

A melhoria do padrão de vida das massas e o progresso das condições de higiene e dos métodos profiláticos e terapêuticos ocorridos nos países capitalistas reduziram consideravelmente a mortalidade, especialmente a mortalidade infantil, e prolongaram a duração média da vida. Hoje, nesses países, a redução da natalidade só pode estabilizar a população se for mais rigorosa do que a praticada nos períodos precedentes. A transição para o capitalismo – isto é, a remoção dos obstáculos que impediam o funcionamento da livre iniciativa e da empresa privada – consequentemente influenciou profundamente os costumes sexuais. A prática do controle da natalidade não é nenhuma novidade; o que é novo é a frequência com que a ela se recorre. Especialmente novo é o fato de que essa prática não está mais limitada ao estrato superior da população, mas estendeu-se a todas as pessoas. A desproletarização de todas as camadas da sociedade é um dos mais importantes efeitos sociais do capitalismo. O padrão de vida das massas de trabalhadores aumentou de uma tal maneira que eles também se transformaram em "burgueses", e passaram a pensar e agir como fazem os burgueses abastados. Preocupados em manter o seu padrão de vida e em assegurá-lo aos seus filhos, começam a praticar o controle da natalidade. Com o progresso e a difusão do capitalismo, o controle da natalidade torna-se uma prática universal. A transição para o capitalismo foi, portanto, acompanhada por dois fenômenos: o declínio da taxa de natalidade e o da taxa de mortalidade. A duração média da vida aumentou.

Na época de Malthus ainda não era possível perceber essas características demográficas do capitalismo. Hoje, já não se pode questioná-las. Mas, obnubilados por preconceitos românticos, muitos são os que as descrevem como manifestações de declínio e degenerescência dos povos de raça branca, envelhecidos e decrépitos, do mundo ocidental. Esses românticos ficam seriamente alarmados com o fato de que os asiáticos não praticam o controle da natalidade na mesma proporção com que é praticado na Europa Ocidental, na América do Norte e na Austrália. Como os modernos métodos de combate e prevenção de doenças também provocaram uma queda nas taxas de mortalidade desses povos orientais, sua população vem crescendo mais rapidamente do que a das nações ocidentais. Será que os naturais da Índia, da Malásia, da China e do Japão, que não contribuíram para o progresso tecnológico e terapêutico do Ocidente, mas que o receberam como um inesperado presente, ao final de tudo não irão oprimir os povos de descendência européia simplesmente em razão de sua superioridade numérica?

Esses temores são infundados. A experiência histórica mostra que todos os povos caucasianos reagem à queda na taxa de mortalidade produzida pelo capitalismo com uma queda na taxa de natalidade. É claro que, a partir de uma tal experiência histórica, não se pode deduzir nenhuma lei. Mas a reflexão praxeológica demonstra que existe, necessariamente, uma concatenação entre esses dois fenômenos. Uma melhoria nas condições de bem-estar torna possível um correspondente aumento populacional. Entretanto, se a quantidade adicional de meios de subsistência for inteiramente absorvida pelo número adicional de pessoas, nada sobra para um novo aumento no padrão de vida. A marcha da civilização se interrompe; a humanidade atinge uma fase de estagnação.

O caso fica ainda mais evidente se supusermos que, por um golpe de sorte, surja uma invenção profilática cuja aplicação prática não necessite nem de investimentos consideráveis e nem de gastos correntes expressivos. Evidentemente, a pesquisa médica moderna e, mais ainda, sua aplicação absorvem enormes quantidades de capital e trabalho. São produtos do capitalismo; não existiriam num regime não capitalista. Mas, até pouco tempo atrás, as coisas se passavam de maneira diferente. A utilização prática da vacina antivariola não resultou de pesquisas de laboratório dispendiosas e, na sua forma inicial rudimentar, podia ser aplicada por um custo insignificante. Ora, quais teriam sido os resultados da vacina antivariola, se sua aplicação se generalizasse num país pré-capitalista, não comprometido com controle de natalidade? Haveria um aumento populacional sem o correspondente aumento dos meios de subsistência; o padrão médio de vida diminuiria. Não teria sido uma bênção e sim uma maldição.

As condições na Ásia e na África são mais ou menos idênticas. Esses povos atrasados recebem do Ocidente os meios de combate e prevenção de doenças já prontos para serem usados. É verdade que, em alguns desses países, o capital estrangeiro e a adoção de tecnologia estrangeira pelo escasso capital nacional tendem a provocar um aumento no padrão de vida médio. Entretanto, isto não é suficiente para contrabalançar a tendência resultante da queda da taxa de mortalidade, não acompanhada por uma adequada queda da taxa de fertilidade. O contacto com o Ocidente ainda não afetou esses povos porque ainda não afetou sua mentalidade; não os liberou das velhas superstições, preconceitos e incompreensões; simplesmente alterou o seu conhecimento tecnológico e terapêutico.

Os reformistas dos povos orientais querem assegurar aos seus concidadãos o bem-estar material de que gozam as nações ocidentais. Iludidos pelas idéias marxistas, nacionalistas e militaristas, pensam esses reformistas que para atingir esse objetivo basta introduzir em seus países a tecnologia européia e americana. Nem os bolcheviques e nacionalistas, e tampouco os seus simpatizantes na Índia, na China e no Japão, chegam a perceber que aquilo que os seus povos mais precisam não é de tecnologia ocidental, mas da ordem social que, em conjunto com outras realizações, gerou esse conhecimento tecnológico. Faltam-lhes, antes de mais nada, liberdade econômica e iniciativa privada, empresários e capitalistas. No entanto, só se interessam por engenheiros e equipamentos. O que separa o Leste do Oeste é o sistema econômico e social. O espírito ocidental que criou o capitalismo é completamente estranho aos povos do Leste. Não basta importar a parafernália do capitalismo sem admitir o próprio capitalismo. Nenhuma conquista da civilização capitalista teria sido possível num ambiente não capitalista e nem poderia ter sido preservada num mundo em que não houvesse economia de mercado.

Se os asiáticos e africanos realmente desejam atingir o nível da civilização ocidental, terão de adotar a economia de mercado sem reservas. Só assim se livrarão de sua miséria proletária e praticarão o controle de natalidade como o fazem os países capitalistas. A melhoria do padrão geral de vida não continuaria a ser prejudicada por excessivo crescimento populacional. Mas, se os povos orientais se limitarem a aproveitar as realizações materiais do Ocidente sem adotar a sua filosofia básica e a correspondente ideologia social, permanecerão indefinidamente na atual situação de inferioridade e penúria. Suas populações poderão aumentar consideravelmente, mas jamais superarão as suas próprias dificuldades; certamente nunca chegarão a ser uma ameaça séria à independência das nações ocidentais. Enquanto houver necessidade de armamentos, os empresários, sob o signo do mercado, não deixarão de produzir engenhos bélicos mais eficientes, assegurando assim aos seus concidadãos equipamentos superiores aos que os orientais poderão produzir, por simples imitação. Os eventos militares das duas guerras mundiais provaram, uma vez mais, que os países capitalistas também são superiores na produção de armamentos. A civilização capitalista não pode ser destruída por um agressor externo; pode, isto sim, destruir-se a si mesma. Onde a atividade empresarial capitalista puder funcionar livremente, suas forças armadas estarão tão bem equipadas que os exércitos dos países atrasados, por numerosos que sejam, não lhes poderão superar. Tem havido muito exagero quanto ao perigo representado pelo fato de se tornarem universalmente conhecidas as fórmulas de produção de armas "secretas". Se houver uma nova guerra, a capacidade inventiva do mundo capitalista terá sempre uma dianteira em relação aos povos que apenas copiam e imitam.

Os povos que desenvolveram o sistema da economia de mercado e se mantiveram fiéis a ele são, sob todos os aspectos, superiores a todos os outros povos. O fato de preferirem manter a paz não é uma indicação de fraqueza ou de incapacidade para guerrear. Amam a paz porque sabem que os conflitos armados são perniciosos e desintegram a divisão social do trabalho. Mas, se a guerra for inevitável, mostram a sua maior eficiência também em assuntos militares. São capazes de repelir a agressão dos bárbaros, por mais numerosos que sejam.

O ajuste consciente da taxa de natalidade à disponibilidade de bens é uma condição indispensável da vida humana e da ação, da civilização e de qualquer melhoria de saúde e bem-estar. Saber se a abstenção sexual é o único método eficaz de controle da natalidade é uma questão que deve ser analisada segundo os preceitos da higiene mental e corporal. É absurdo confundir o tema invocando preceitos éticos elaborados numa época em que as condições eram diferentes. Seja como for, a praxeologia não tem interesse nos aspectos teológicos do problema. Cabe-lhe meramente estabelecer o fato de que onde não há limitação à proliferação não pode haver civilização e melhoria no padrão de vida.

Uma comunidade socialista teria necessidade de controlar a taxa de fertilidade por meio de um controle autoritário. Teria de regulamentar a vida sexual de seus súditos tanto quanto todas as demais atividades. Na economia de mercado, todo indivíduo procura não gerar filhos que não possam ser criados sem reduzir consideravelmente o padrão de vida de sua família. Assim sendo, o crescimento populacional é mantido numa taxa compatível com a quantidade de capital disponível e com o estado do conhecimento tecnológico. Os interesses de cada indivíduo coincidem com os de todos os outros indivíduos.

Os que se opõem ao controle da natalidade querem eliminar um procedimento indispensável à preservação da cooperação pacífica entre os homens, assim como à divisão social do trabalho. Onde quer que o padrão médio de vida seja prejudicado pelo aumento excessivo da população, surgem conflitos de interesses irreconciliáveis. Cada indivíduo torna-se novamente um rival de todos os outros indivíduos na luta pela sobrevivência. A aniquilação dos rivais passa a ser o único meio de aumentar o seu próprio bem-estar. Os filósofos e teólogos que sustentam ser o controle da natalidade contrário às leis de Deus e da Natureza recusam-se a ver as coisas como realmente são. Os meios necessários à melhoria das condições de vida e à própria sobrevivência são limitados; as condições naturais, sendo como são, reservam unicamente ao homem a possibilidade de escolher a guerra sem trégua contra todos os seus semelhantes ou a cooperação social. Mas a cooperação social torna-se impossível, se as pessoas cederem sem restrições ao impulso natural de proliferação. Ao restringir a procriação, o homem se ajusta às condições naturais de sua existência. A racionalização das paixões sexuais é uma condição indispensável da civilização e dos laços sexuais. A reprodução descontrolada, a longo prazo, em vez de aumentar, diminuiria o número de sobreviventes, tornando a vida de todos tão pobre e miserável como o foi, durante milhares de anos, para os nossos ancestrais.

3
A HARMONIA DOS INTERESSES "CORRETAMENTE ENTENDIDOS"

Desde tempos imemoriais os homens fazem fantasias sobre as condições paradisíacas que os seus ancestrais desfrutavam num primitivo "estado natural". Velhos mitos, fábulas e poemas se encarregaram de transmitir essa imagem de felicidade inicial às filosofias dos séculos XVII e XVIII; o termo *natural* indicava o que era bom e benéfico ao gênero humano, enquanto que o termo *civilização* tinha uma conotação de opróbrio. O homem, segundo essas ideologias, decaía ao se afastar das condições primitivas nas quais pouco se diferenciava dos outros animais. Naquele tempo, afirmavam os românticos apologistas do passado, não havia conflitos entre os homens. A paz reinava imperturbável no jardim do Éden.

Entretanto, a natureza não gera paz e boa vontade. O traço característico do "estado natural" é o conflito sem conciliação possível. Cada espécime é o rival de todos os outros espécimes. Os meios de subsistência são escassos e não garantem a sobrevivência de todos. Os conflitos não podem jamais desaparecer. Se um grupo de homens, unidos pelo objetivo de derrotar um grupo rival, consegue aniquilar os seus inimigos, surgem novos antagonismos entre os vencedores quanto à partilha do butim. A fonte de todos os conflitos é sempre o fato de que a parcela que cabe a cada homem reduz a parcela dos outros.

O que torna possível a existência de relações amistosas entre os seres humanos é a maior produtividade da divisão do trabalho. Onde há divisão de trabalho fica eliminado o conflito natural de interesses, porque já não se trata de distribuir uma quantidade de bens que não pode ser ampliada. Graças à maior produtividade do trabalho decorrente da divisão de tarefas, a quantidade de bens se multiplica. Surge um proeminente interesse comum – a preservação e a intensificação da cooperação social – que faz desaparecerem todas as colisões essenciais. A competição biológica é substituída pela competição cataláctica. Os interesses de todos os membros da sociedade se harmonizam. A própria causa dos conflitos irreconciliáveis da competição biológica – qual seja, o fato de que as pessoas geralmente desejam obter as mesmas coisas – transforma-se num fator favorável à harmonia de interesses. Uma vez que muitas pessoas, ou até mesmo todas as pessoas, querem pão, roupas, sapatos, carros, a produção em larga escala torna-se viável e reduz os custos de produção, a ponto de torná-los acessíveis por preços reduzidos. O fato de meu semelhante desejar adquirir sapatos, tanto quanto eu o desejo, não dificulta a minha aquisição; ao contrário, facilita. O que eleva o preço dos sapatos é o fato de a natureza não prover uma quantidade maior de couro e de outros materiais, além da inevitável desutilidade do trabalho a que temos de nos submeter a fim de transformar essas matérias-primas em sapatos. A competição cataláctica daqueles que, como eu, anseiam por sapato torna este produto mais barato, e não mais caro.

Esse é o significado do teorema da harmonia dos interesses corretamente entendidos de todos os membros da sociedade de mercado.[6] Quando os economistas clássicos fizeram essa afirmação, estavam tentando salientar dois pontos: primeiro, que todo mundo está interessado em preservar a divisão social do trabalho, o sistema que multiplica a produtividade dos esforços humanos; segundo, que, na sociedade de mercado, a demanda dos consumidores, em última análise, direciona todas as atividades produtoras. O fato de que nem todas as necessidades humanas possam ser satisfeitas não decorre de instituições sociais inadequadas ou de deficiências do sistema de economia de mercado. É uma condição natural da vida humana. A crença de que a natureza oferece ao homem riquezas inexauríveis e de que a miséria é decorrente do fracasso na organização de uma boa sociedade é inteiramente falaciosa. O "estado natural" que os reformistas e os utopistas descrevem como paradisíaco foi, na verdade, um estado de extrema pobreza e sofrimento. A "pobreza", dizia Bentham, "não é o produto das leis; é a condição primitiva da raça humana".[7] Mesmo aqueles que se encontram na base da pirâmide social estão em condição muito melhor do que estariam se não houvesse a cooperação social. Eles também se beneficiam com o funcionamento da economia de mercado e participam das vantagens da sociedade civilizada.

---

[6] Por interesses "corretamente entendidos" poderíamos também dizer interesses "a longo prazo".

[7] Ver Bentham, *Principles of the Civil Code*, in "Works", vol. 1, p. 309.

Os reformistas do século XIX também acreditavam na tão querida fábula do paraíso terrestre original. Frederick Engels a incorporou à teoria marxista da evolução social da humanidade. Entretanto, já não propunham o retorno à feliz *aurea aetas* (idade de ouro). Contrastavam a alegada depravação do capitalismo com a felicidade ideal que o homem desfrutaria no Eliseu socialista do futuro. Para esses reformistas, o modo de produção socialista aboliria os grilhões por meio dos quais o capitalismo impede o desenvolvimento das forças produtivas, e aumentaria a produtividade do trabalho e a riqueza acima de qualquer expectativa. A preservação da livre empresa e da propriedade privada dos meios de produção, segundo eles, beneficiaria exclusivamente a uma pequena minoria de exploradores parasitas e prejudicaria a imensa maioria dos trabalhadores. Portanto, prevaleceria na economia de mercado um conflito irreconciliável entre os interesses do "capital" e os do "trabalho". Essa luta de classes só pode desaparecer se o manifestamente injusto sistema capitalista de produção for substituído por um sistema de organização social mais justo, seja ele o socialismo ou o intervencionismo.

Tal é a filosofia social aceita quase que universalmente nos dias de hoje. Não foi criada por Marx, embora deva a sua popularidade principalmente aos escritos de Marx e dos marxistas. É endossada, hoje, não apenas pelos marxistas, como também pela maior parte dos partidos que enfaticamente proclamam o seu antimarxismo e defendem, da boca para fora, a livre iniciativa. É a filosofia social oficial da Igreja Católica Romana, assim como da Anglicana; é adotada por inúmeros eminentes paladinos das várias igrejas protestantes e da Igreja Ortodoxa Oriental. É uma parte essencial dos ensinamentos do fascismo italiano e do nazismo alemão, assim como de todas as variedades de doutrinas intervencionistas. Foi a ideologia da *Sozialpolitik* dos Hohenzollerns na Alemanha, dos monarquistas franceses que pretendiam a restauração da dinastia Bourbon-Orléans, do New Deal do presidente Roosevelt e dos nacionalistas da Ásia e da América Latina. Os antagonismos entre esses partidos e facções referem-se a questões circunstanciais – tais como dogmas religiosos, tipos de constituição, política externa – e sobretudo a características específicas do sistema social que deveria substituir o capitalismo. Mas todos concordam com a tese fundamental de que a própria existência do sistema capitalista prejudica a imensa maioria de trabalhadores, artesãos e pequenos agricultores, e clamam, em nome da justiça, pela abolição do capitalismo.[8]

---

[8] A doutrina oficial da Igreja Romana está delineada na encíclica *Quadragesimo Anno*, do Papa Pio XI (1931). A doutrina anglicana foi apresentada pelo finado William Temple, Arcebispo de Canterbury, no livro *Christianty and the Social Order* (Penguin Special, 1942). Representativo das ideias do protestantismo da Europa continental é o livro de Emil Brunner, *Justice and Social Order*, traduzido por M. Hottinger

Todos os autores políticos socialistas e intervencionistas baseiam a sua análise e a sua crítica da economia de mercado em dois erros fundamentais. Em primeiro lugar, deixam de perceber o caráter especulativo de todas as tentativas de prover para necessidades futuras, isto é, de toda ação humana. Supõem candidamente que não pode haver nenhuma dúvida quanto às medidas a serem adotadas para prover os consumidores da melhor maneira possível. Numa comunidade socialista, não haverá necessidade de um tzar da produção (ou de um comitê central para gerenciamento da produção) especular sobre o futuro. Ele terá, "simplesmente", de adotar aquelas medidas que são benéficas aos seus súditos. Os defensores de uma economia planificada nunca chegaram a perceber que o problema consiste em prover para necessidades futuras que podem ser diferentes das necessidades atuais, e empregar os vários fatores de produção disponíveis de maneira que permita melhor atender essas necessidades futuras ainda desconhecidas. Não perceberam que o problema consiste em alocar fatores de produção escassos aos vários setores de produção, de tal maneira que nenhuma necessidade considerada mais urgente fique sem ser atendida em virtude de os fatores de produção necessários ao seu atendimento terem sido empregados, isto é, desperdiçados, no atendimento de necessidades consideradas menos urgentes. Esse problema econômico não deve ser confundido com o problema tecnológico. O conhecimento tecnológico pode informar-nos apenas quanto ao que poderia ser realizado no atual estágio do saber científico. Não responde às questões sobre o que deveria ser produzido e em que quantidade, e nem sobre qual dos vários processos tecnológicos conhecidos deve ser adotado. Iludidos por serem incapazes de perceber essa questão essencial, os defensores de uma sociedade planejada pensam que o tzar nunca tomará decisões erradas. Na economia de mercado, os empresários e os capitalistas inevitavelmente cometem sérios erros por não saberem o que os consumidores querem e nem o que estão fazendo os seus competidores. O gerente geral de um estado socialista seria infalível porque somente ele teria o poder de determinar o que deverá

(Nova York, 1945). Um documento altamente significativo é a seção consagrada ao tema "A igreja e a desordem na sociedade", do relatório no qual o Conselho Mundial de Igrejas, em setembro de 1948, faz recomendações para a ação das 150 estranhas seitas, cujos delegados são membros do Conselho. Para as ideias de Nicolas Berdyaew, o mais eminente apologista da ortodoxia russa, ver seu livro *The Orign of Russian Communism*, Londres, 1937, especialmente p. 217-218 e 225. Constuma-se dizer que uma diferença essencial entre os marxistas e os outros partidos socialistas e intervencionistas consiste no fato de que os marxistas são partidários da luta de classes, enquanto as outras correntes consideram a luta de classes uma consequência deplorável do irreconciliável conflito inerente ao capitalismo, e pretendem superá-lo pela realização de reformas por eles recomendadas. Entretanto, os marxistas não preconizam e fomentam a luta de classe em si; para eles, a luta de classes é desejável por ser o instrumento por meio do qual as "forças produtivas" – essas forças misteriosas que direcionam o curso da evolução humana – inexoravelmente farão surgir a sociedade "sem classes", na qual não haverá classes e nem conflitos de classes.

ser produzido, e de que maneira, e porque nenhuma ação de outras pessoas poderia perturbar os seus planos.[9]

O segundo erro fundamental implícito na crítica socialista da economia de mercado decorre da sua equivocada teoria dos salários. Os teóricos do socialismo não chegam a perceber que os salários são o preço pago pela contribuição do assalariado, isto é, pela sua participação, sob a forma de trabalho, na produção do bem em questão, ou, como se costuma dizer, pelo valor que os seus serviços acrescentam ao valor dos materiais. Pouco importa se os salários são pagos por hora ou por tarefa; o que o empregador compra é sempre o desempenho e os serviços do trabalhador, e não o seu tempo. Portanto, não é verdade que numa economia de mercado livre o trabalhador não tenha qualquer interesse pessoal na execução de sua tarefa. Os socialistas estão inteiramente equivocados ao afirmarem que as pessoas pagas por hora, por dia, por semana, por mês ou por ano não são movidas por seu próprio interesse egoísta quando procuram trabalhar eficientemente. Não são ideais elevados ou um acurado senso de dever que impedem um trabalhador, que é remunerado em função do tempo trabalhado, de ser desleixado ou de vadiar no seu local de trabalho. Quem trabalhar mais e melhor obterá melhor pagamento, e quem quiser ganhar mais terá de aumentar a quantidade e melhorar a qualidade de sua *performance*. Os insensíveis empregadores não são tão ingênuos a ponto de se deixarem enganar por trabalhadores indolentes; não são tão negligentes quanto os governos que pagam salários a legiões de burocratas ociosos. Tampouco os assalariados são tão obtusos a ponto de não perceberem que a preguiça e a ineficiência são fortemente penalizadas no mercado de trabalho.[10]

Os autores socialistas, desconhecendo por completo a natureza cataláctica dos salários, elaboraram fábulas fantásticas sobre o aumento de produtividade do trabalho que adviria da implantação de seus planos. No regime capitalista, dizem eles, diminui muito o zelo do trabalhador porque ele tem consciência de que não recolherá o fruto de seu trabalho e de que o seu esforço e preocupação servem apenas para enriquecer o patrão, esse explorador parasita e ocioso. Já no regime socialista, todo trabalhador saberia que trabalha em benefício da sociedade da qual ele faz parte; esse conhecimento o incentivaria decisivamente a dar o melhor de si. Resultaria, daí, um enorme aumento na produtividade do trabalho e, consequentemente, na riqueza.

---

[9] A refutação completa dessa ilusão nos é proporcionada pela impossibilidade de haver cálculo econômico no regime socialista. Ver, adiante, a quinta parte deste livro.

[10] Ver p. 686-689.

Entretanto, identificar os interesses de cada trabalhador com os de uma comunidade socialista é simplesmente uma ficção legalista e formalista que não tem nada a ver com a realidade. Enquanto os sacrifícios que um trabalhador faz, ao intensificar os seus esforços, sobrecarregam apenas a ele mesmo, somente uma parcela infinitesimal do produto de seus esforços adicionais lhe traz benefícios e melhora o seu bem-estar. Por outro lado, enquanto o trabalhador usufrui inteiramente do prazer que possa encontrar ao ser desleixado e preguiçoso, a consequente redução do dividendo social diminui a parte que lhe cabe de maneira apenas infinitesimal. Numa tal sociedade socialista – enquanto deixam de existir todos os incentivos pessoais que numa sociedade capitalista são propiciados pelo egoísmo – a preguiça e a negligência passam a ser compensadoras. O egoísmo, do mesmo modo que numa sociedade capitalista incita as pessoas a serem mais diligentes, numa sociedade socialista, estimula a inércia e a lassidão. Os socialistas podem continuar tartamudeando sobre a miraculosa mudança na natureza humana a ser produzida pelo advento do socialismo, e sobre a substituição do mesquinho egoísmo pelo nobre altruísmo; mas não devem continuar a se comprazer com fábulas sobre os maravilhosos efeitos que poderiam ser provocados pelo egoísmo de cada indivíduo num regime socialista.[11]

Nenhum homem judicioso pode deixar de concluir, diante da evidência dessas considerações, que na economia de mercado a produtividade do trabalho é incomparavelmente maior do que seria no regime socialista. Entretanto, isto não basta para dirimir a questão estabelecida entre os defensores do capitalismo e do socialismo, de um ponto de vista praxeológico, ou seja, científico.

Um socialista de boa fé, que não seja fanático, preconceituoso, poderia dizer: "Pode-se admitir que a produção total P numa sociedade de mercado seja maior que a produção total p de uma sociedade socialista. Mas, se o sistema socialista distribui a produção igualmente entre todos os seus membros (de tal sorte que caiba a cada um uma parcela $p/z = d$), todos aqueles que numa sociedade de mercado tenham uma renda menor do que d serão beneficiados pela substituição do capitalismo pelo socialismo. Pode ocorrer que esse grupo de pessoas constitua a maioria da população. Consequentemente,

---

[11] A doutrina refutada neste texto teve o seu mais brilhante expositor em John Stuart Mill, *Principles of Political Economy*, ed. popular, Londres, 1867, p. 126 e segs. Entretanto, Mill recorreu a essa doutrina meramente para refutar uma objeção levantada contra o socialismo, segundo a qual a eliminação do incentivo proporcionado pelo egoísmo diminuiria a produtividade do trabalho. Ele não chegou a dizer que a produtividade do trabalho aumentaria no regime socialista. Para uma análise e refutação do raciocínio de Mill, ver Mises, *Socialism*, p. 173-181.

fica evidente que a doutrina da harmonia dos interesses corretamente entendidos de todos os membros da sociedade é insustentável. Há um grupo de pessoas prejudicadas pela própria existência da economia de mercado, e que estaria melhor se vivesse num sistema socialista". Os defensores da economia de mercado contestam que esse raciocínio seja conclusivo, por estarem convencidos de que p será tão inferior a P, que d será menor do que a renda daqueles que têm os salários mais baixos na economia de mercado. Não há dúvida de que essa objeção é procedente. Entretanto, não se baseia em considerações de natureza praxeológica e, portanto, não tem o caráter apodítico e incontestável inerente a uma demonstração praxeológica. Baseia-se num julgamento de relevância, na avaliação quantitativa da diferença entre as duas magnitudes P e p. No campo da ação humana, a percepção dessa diferença quantitativa é obtida pela compreensão, em relação à qual não pode haver concordância entre todos os homens. A praxeologia, a economia e a cataláxia não têm como resolver tais dissensões de natureza quantitativa.

Os defensores do socialismo poderiam ir mais além ainda e dizer: "Admitamos que cada indivíduo seja menos bem-sucedido no socialismo do que os mais pobres no capitalismo. Ainda assim, nós rejeitamos a economia de mercado, apesar de fornecer a todos mais bens do que o regime socialista. Nós desaprovamos o capitalismo por razões de natureza ética; por ser um sistema injusto e amoral. Preferimos o socialismo por razões habitualmente denominadas de não econômicas e toleramos o fato de que diminua o bem-estar das pessoas em geral".[12] Não se pode negar que essa arrogante indiferença em relação ao bem-estar material é um privilégio reservado aos intelectuais encastelados em suas torres de marfim, afastados da realidade, e aos anacoretas ascéticos. Na verdade, o que tornou popular o socialismo entre a imensa maioria dos seus adeptos foi a ilusão de que, sob esse sistema, teriam mais comodidades do que no regime capitalista. Mas, como quer que seja, é óbvio que esse tipo de argumentação pró-socialista é insensível ao argumento liberal relativo à maior produtividade do trabalho.

Se não fosse possível levantar outras objeções aos planos socialistas, além de mostrar que diminuiria o padrão de vida de todos,

---

[12] Esse modo de raciocinar foi utilizado principalmente por alguns destacados defensores do socialismo cristão. Os marxistas costumavam recomendar o socialismo na presunção de que este aumentaria a produtividade e traria uma riqueza material sem precedentes para as pessoas. Só mais recentemente é que mudaram de tática. Passaram a afirmar que o trabalhador russo é mais feliz do que o trabalhador americano, apesar do fato de seu padrão de vida ser muito menor; o fato de saber que vive num sistema social justo compensa amplamente todas as suas dificuldades materiais.

ou pelos menos da imensa maioria, a praxeologia não poderia proferir um julgamento definitivo. Os homens teriam que decidir com base em julgamentos de valor e julgamentos de relevância. Teriam que escolher entre dois sistemas, da mesma maneira que escolhem entre muitas outras coisas. Não haveria nenhum critério objetivo que permitisse resolver a questão de maneira a não deixar qualquer contradição e que fosse aceito por qualquer indivíduo de bom senso. A liberdade de escolha e o livre arbítrio de cada um não seriam restringidos por um imperativo racional. Entretanto, a realidade das coisas é inteiramente diferente. O homem não tem a possibilidade de escolha entre esses dois sistemas. A cooperação humana no sistema de divisão social do trabalho só é possível na economia de mercado. O socialismo é um sistema de organização social inviável por não dispor de um método de cálculo econômico. Esse problema fundamental será tratado na quinta parte deste livro.

Ao estabelecer esta verdade, não pretendemos negar a procedência conclusiva do argumento antissocialista decorrente da diminuição da produtividade que ocorreria no regime socialista. O peso dessa objeção aos planos socialistas é tão esmagador que nenhum homem judicioso hesitaria em escolher o capitalismo. Entretanto, ainda assim, seria apenas uma escolha entre sistemas alternativos de organização social, uma preferência a ser dada a um sistema em relação a outro. Contudo, essa alternativa não existe. O socialismo não pode ser realizado porque está além dos poderes do homem instaurá-lo como um sistema social. A escolha é entre o capitalismo e o caos. Um homem que escolher entre beber um copo de leite e um copo de uma solução de cianureto de potássio não estará escolhendo entre duas bebidas: estará escolhendo entre a vida e a morte. Uma sociedade que escolher entre capitalismo e socialismo não estará fazendo uma escolha entre dois sistemas sociais: estará escolhendo entre a cooperação social e a desintegração da sociedade. O socialismo não é uma alternativa ao capitalismo; é uma alternativa na qual os homens não viveriam como seres *humanos*. A tarefa da economia é demonstrar esse fato, assim como a tarefa da biologia e da química é mostrar que o cianureto de potássio não é uma bebida, mas um veneno mortal.

O poder de convencimento do argumento que compara a produtividade nos dois sistemas é tão irresistível que os defensores do socialismo foram forçados a abandonar suas antigas táticas e a recorrer a novos métodos. Deixaram de se referir ao tema produtividade e passaram a colocar em evidência o problema do monopólio. Todos os manifestos socialistas contemporâneos discorrem sobre o poder dos monopólios. Governantes e professores competem entre si no ardor com que condenam os perigos do monopólio. O principal argumento invocado hoje em dia em favor do socialismo é o referente ao monopólio.

Ora, é verdade que o surgimento de preços monopolísticos (não o monopólio em si, sem preços monopolísticos) cria uma divergência entre os interesses do monopolista e os dos consumidores. O monopolista não emprega o bem monopolizado segundo os desejos dos consumidores. Na medida em que haja preços monopolísticos, os interesses do monopolista prevalecem sobre os do público, restringindo a democracia do mercado. Em relação a preços monopolísticos, não há harmonia e, sim, conflito de interesses.

Essas afirmativas podem ser contestadas no caso de preços monopolísticos obtidos com a venda de artigos sujeitos a patentes ou direitos autorais. Pode-se dizer que se não houvesse uma legislação sobre patentes e direitos autorais os consumidores seriam privados dos correspondentes livros, composições musicais e inovações tecnológicas que sequer chegariam a existir. O público paga preços monopolísticos por coisas que ele jamais teria num regime de preços competitivos. Mas não é esse o aspecto da questão que nos interessa no momento; tem pouco a ver com a grande controvérsia contemporânea relativa ao monopólio. As pessoas, quando falam dos males do monopólio, implicitamente consideram que numa economia de mercado livre prevalece uma tendência inevitável a que os preços competitivos sejam substituídos por preços monopolísticos. É esse, dizem eles, o traço característico do capitalismo dito "maduro" ou "tardio"; quaisquer que tenham sido as condições nos primórdios do capitalismo, e qualquer que seja a validade das afirmativas dos economistas clássicos em relação à harmonia dos interesses corretamente entendidos, hoje não teria cabimento falar de tal harmonia.

Como já foi assinalado,[13] essa tendência à monopolização não existe. É fato inegável o de que muitas mercadorias são vendidas por preços monopolísticos em muitos países; até no mercado internacional existem artigos vendidos por preços monopolísticos. Entretanto, quase todos esses casos são uma consequência da interferência governamental na atividade econômica. Não decorrem da interação dos fatores que operam em um mercado livre. Não são fruto do capitalismo; são precisamente o resultado dos esforços feitos para neutralizar as forças que determinam os preços de mercado. Falar de capitalismo monopolista é uma distorção dos fatos. Seria muito mais apropriado falar de intervencionismo monopolista ou de estatismo monopolista.

---
[13] Ver p. 429.

Os casos de preços monopolísticos que ocorreriam mesmo num mercado não obstruído, onde não houvesse interferência dos governos nacionais ou de grupos de governos agindo de comum acordo, são de pouca importância. Limitam-se a algumas matérias-primas cujas jazidas são poucas e geograficamente concentradas, ou monopólios locais. Não se pode negar, entretanto, que, nesses casos, podem existir preços monopolísticos sem que haja políticas governamentais que favoreçam o estabelecimento de monopólios. É preciso que se compreenda que a soberania do consumidor não é perfeita e que existem limites ao funcionamento do processo democrático de mercado. Existem alguns casos, excepcionais e raros, de menor importância, mesmo numa economia de mercado não obstruída pela intervenção do governo, nos quais há um antagonismo entre os interesses dos proprietários dos fatores de produção e os interesses das demais pessoas. Entretanto, a existência de tais antagonismos de modo algum impede que todos tenham interesse em manter a economia de mercado. A economia de mercado é o único sistema de organização econômica da sociedade que pode funcionar e que efetivamente tem funcionado. O socialismo é irrealizável, em função de sua incapacidade de elaborar um método de cálculo econômico. O intervencionismo resulta, inevitavelmente, num estado de coisas que, do próprio ponto de vista de seus defensores, é menos desejável do que a situação que resultaria do mercado livre, cuja obstrução é o objetivo das políticas intervencionistas. Além disso, o sistema intervencionista é autodestrutivo, tão logo se tenta expandi-lo além de um campo restrito de aplicação.[14] Sendo assim, a única ordem social que pode preservar e intensificar ainda mais a divisão social do trabalho é a economia de mercado. Todos aqueles que não desejam desintegrar a cooperação social e nem retornar ao estado de barbarismo primitivo estão interessados na preservação da economia de mercado.

Os ensinamentos dos economistas clássicos relativos à harmonia dos interesses corretamente entendidos foram incompletos na medida em que não chegaram a perceber o fato de que o processo democrático do mercado não é perfeito, uma vez que em alguns casos de menor importância podem surgir preços monopolísticos, mesmo não havendo intervenção do governo na atividade econômica. Muito mais grave, entretanto, é o fato de não terem percebido que nenhum sistema socialista pode ser considerado como um sistema de organização econômica da sociedade. Basearam sua doutrina da harmonia de interesses na errônea suposição de que não existem exceções à regra segundo a qual os proprietários dos meios de produção são obrigados, pelo funciona-

---

[14] Ver a sexta parte deste livro.

mento do mercado, a empregar os seus recursos segundo o interesse dos consumidores. Hoje, esse teorema deve basear-se na percepção da impossibilidade de se efetuar o cálculo econômico num regime socialista.

4
A PROPRIEDADE PRIVADA

A propriedade privada dos meios de produção é a instituição fundamental da economia de mercado. É a instituição cuja existência caracteriza a economia de mercado. Onde não há propriedade privada dos meios de produção não há economia de mercado.

Propriedade significa o poder de desfrutar de todos os serviços que um bem possa proporcionar. Essa noção cataláctica de direito de propriedade não deve ser confundida com a sua definição legal, conforme consta das leis dos vários países. A ideia dos legisladores e dos tribunais foi a de definir o conceito legal de propriedade de tal maneira que o proprietário recebesse plena proteção do aparato governamental de coerção e compulsão, e de maneira a impedir que os seus direitos fossem usurpados por outras pessoas. Na medida em que esse objetivo tenha sido adequadamente atingido, o conceito legal de direito de propriedade corresponde ao conceito cataláctico. Entretanto, hoje em dia, existe uma tendência a abolir a instituição da propriedade privada através de uma mudança nas leis que definem o âmbito das ações que um proprietário tem o direito de empreender com as coisas que são de sua propriedade. Embora mantendo a expressão propriedade privada, essas reformas visam a substituir a propriedade privada pela propriedade pública. Essa tendência é o traço característico dos planos das várias escolas de socialismo cristão e de socialismo nacionalista. Poucos adeptos dessas escolas foram tão lúcidos quanto o filósofo nazista Othmar Spann ao enunciar explicitamente que a implementação de seus planos resultaria numa situação em que a instituição da propriedade privada seria preservada apenas num "sentido formal, enquanto de fato haveria apenas propriedade pública".[15] É preciso mencionar essas coisas a fim de evitar erros e confusões que são frequentemente cometidos. Ao tratar de propriedade privada, a cataláxia se refere ao controle que o proprietário tem sobre sua propriedade e não a conceitos, termos e definições legais. Propriedade privada significa que os proprietários determinam o emprego dos fatores de produção, enquanto que propriedade pública significa que o seu emprego é determinado pelo governo.

---
[15] Ver Spann, *Der wahre Staat*, Leipzig, 1921, p. 249.

A propriedade privada é uma instituição humana. Não tem nada de sagrado. Sua existência remonta aos primórdios da história, quando as pessoas, com os seus próprios meios, se apropriam do que até então não era propriedade de ninguém. Seguidas vezes os proprietários tiveram suas propriedades expropriadas. A história da propriedade privada pode ser rastreada até um ponto em que as ações que a originaram certamente não foram legais. Virtualmente, todo dono é o sucessor legal, direto ou indireto, de pessoas que se tornaram proprietárias pela apropriação arbitrária de coisas sem dono ou pela espoliação violenta de seus predecessores.

Entretanto, o fato de que seja formalmente possível rastrear todo título de propriedade até uma apropriação arbitrária ou uma expropriação violenta não tem qualquer significação para o funcionamento da sociedade de mercado. A propriedade na economia de mercado não está mais ligada às origens remotas da propriedade privada. Esses eventos, de um passado distante, perdidos na escuridão da história dos primórdios do gênero humano, deixaram de ter qualquer importância nos dias de hoje. Isso porque, numa economia de mercado livre, os consumidores reiteram todos os dias a decisão sobre quem deve possuir e em que quantidade. Os consumidores alocam os meios de produção àqueles que sabem como usá-los melhor para satisfazer as necessidades mais urgentes dos próprios consumidores. Só num sentido legal e formalista podem os proprietários ser considerados sucessores daqueles que se apropriaram ou que expropriaram. Na realidade, são mandatários dos consumidores, premidos pelo funcionamento do mercado a servi-los da melhor maneira possível. No regime capitalista, a propriedade privada é a consumação da autodeterminação dos consumidores.

O significado da propriedade privada na sociedade de mercado é radicalmente diferente do significado que lhe é atribuído num sistema familiar autárquico. Onde cada família é economicamente autossuficiente, os meios de produção de sua propriedade servem exclusivamente ao proprietário; só ele recolhe as vantagens decorrentes de seu emprego. Na sociedade de mercado, os proprietários de capital e de terras só podem usufruir de sua propriedade empregando-a para satisfazer as necessidades de outras pessoas. Precisam servir o consumidor para tirar alguma vantagem daquilo que lhes pertence. O próprio fato de serem possuidores de meios de produção força-os a se submeterem aos desejos do público. A propriedade só é um ativo para aqueles que sabem como empregá-la, da melhor maneira possível, em benefício dos consumidores. É uma função social.

5
Os conflitos do nosso tempo

É opinião corrente a de que as guerras civis e as guerras internacionais de nosso tempo têm sua origem no conflito de interesses econômicos inerentes à economia de mercado. Segundo essa opinião, a guerra civil é a rebelião das massas "exploradas" contra as classes "exploradoras". A guerra entre nações é a revolta das que "não têm" contra as que se apropriaram injustamente de uma parte dos recursos naturais da Terra e, com uma avidez insaciável, querem arrebatar uma parcela ainda maior dessa riqueza que se destina ao bem de todos. Quem, diante de tais fatos, falar de harmonia de interesses corretamente entendidos é ou um idiota ou um apologista infame de uma ordem social manifestamente injusta. Nenhum homem inteligente e honesto poderia deixar de reconhecer que existe hoje um conflito irreconciliável de interesses materiais que só pode ser resolvido pelas armas.

É certamente verdade que o nosso tempo está cheio de conflitos que dão origem à guerra. Entretanto, esses conflitos não decorrem do funcionamento do mercado livre. É admissível que sejam chamados de conflitos econômicos, porque dizem respeito àquele domínio da atividade humana que, em linguagem corrente, se denomina de atividade econômica. Mas seria um erro grave inferir daí que esses conflitos decorrem de situações inerentes ao funcionamento de uma sociedade de mercado. Na realidade, não decorrem do capitalismo; decorrem, precisamente, das políticas anticapitalistas elaboradas com o propósito de impedir o funcionamento do capitalismo. São o resultado de várias interferências governamentais na atividade econômica, das barreiras impostas ao comércio e às migrações, e da discriminação contra a mão de obra estrangeira, os produtos estrangeiros e o capital estrangeiro.

Nenhum desses conflitos poderia ter surgido numa economia de mercado sem obstruções. Imagine um mundo em que todos fossem livres para viverem como empresários ou como empregados, onde quisessem e como quisessem, e pergunte-se quais desses conflitos poderiam ainda existir. Imagine um mundo no qual o princípio da propriedade privada dos meios de produção exista em sua plenitude, no qual não haja instituições que impeçam a mobilidade do capital, do trabalho e das mercadorias; no qual as leis, os tribunais e os funcionários públicos não possam discriminar qualquer indivíduo ou grupo de indivíduos, sejam eles nacionais ou estrangeiros. Imagine um estado de coisas no qual os governos estejam devotados exclusivamente à tarefa de proteger a vida, a saúde e a propriedade dos indivíduos contra a agressão violenta ou fraudulenta. Em tal mundo, as fronteiras seriam desenhadas nos mapas, mas não impediriam alguém de procurar ser mais próspero, da forma que julgasse mais conveniente. Ninguém estaria interessado na expansão territorial de sua nação, uma vez que nada ganharia com isso. A conquista não traria vantagens e a guerra se tornaria obsoleta.

Antes do surgimento do liberalismo e da evolução do capitalismo moderno, a maior parte das pessoas consumia apenas o que pudesse ser produzido com matérias-primas disponíveis na sua própria região. O desenvolvimento da divisão internacional do trabalho alterou radicalmente esse estado de coisas. As massas passaram a consumir alimentos e matérias-primas importadas de países distantes. As nações mais avançadas da Europa só poderiam dispensar essas importações às custas de uma considerável redução no seu padrão de vida. Para poderem pagar os produtos de que necessitam, tais como minérios, madeira, óleo, cereais, gorduras, café, chá, cacau, frutas, lã e algodão, precisam exportar produtos manufaturados, muitos dos quais são fabricados a partir das matérias primas importadas. Seus interesses vitais são prejudicados pelas políticas comerciais protecionistas dos países produtores desses bens primários.

Há duzentos anos, pouco importava a um cidadão sueco ou suíço se um país não europeu era ou não capaz de utilizar eficientemente os seus recursos naturais. Mas, hoje, o atraso econômico de um país dotado de riquezas naturais prejudica os interesses de todos aqueles cujo padrão de vida poderia ser aumentado se essas riquezas naturais fossem utilizadas de maneira mais eficiente. O princípio da soberania ilimitada, *num mundo onde os governos interferem na atividade econômica*, é um desafio a todas as outras nações. O conflito entre as nações que têm recursos naturais e as que não os têm é um conflito real. Mas ele só existe num mundo em que qualquer governo soberano seja livre para prejudicar os interesses de todos os povos – inclusive o seu – ao privar os consumidores das vantagens que lhes seriam proporcionadas por uma melhor exploração de seus próprios recursos. O que provoca a guerra não é a soberania em si; é a soberania dos governos que não adotam os princípios da economia de mercado.

O liberalismo não pretende, nem nunca pretendeu, abolir a soberania dos vários governos nacionais, uma aventura que resultaria em guerras intermináveis. Pretende apenas obter um reconhecimento geral das vantagens da liberdade econômica. Se todos os povos se tornassem liberais e compreendessem que a liberdade econômica atende melhor aos seus próprios interesses, a soberania nacional não poderia mais provocar guerras e conflitos. O que é necessário para uma paz duradoura não são tratados e convenções internacionais, nem tribunais e organizações internacionais como a extinta Liga das Nações ou sua sucessora, as Nações Unidas. Se o princípio da economia de mercado for aceito universalmente, tais artifícios tornam-se desnecessários; se não for aceito, são inúteis. O advento de uma paz duradoura depende de uma mudança no plano das idéias dominantes. Enquanto os povos acreditarem no dogma de Montaigne e pensarem que só poderão prosperar às custas de outras nações, a paz não será mais do que o período de preparação para a próxima guerra.

O nacionalismo econômico é incompatível com a paz duradoura. No entanto, o nacionalismo econômico é inevitável onde exista intervenção do governo na atividade econômica. O protecionismo é indispensável onde não há liberdade de comércio. Onde existe interferência governamental na atividade econômica, a liberdade de comércio, mesmo a curto prazo, tornaria inatingíveis os objetivos que as medidas protecionistas visam a alcançar.[16]

É uma ilusão acreditar que uma nação poderia tolerar por muito tempo as políticas de outras nações que prejudicam os interesses vitais de seus próprios cidadãos. Suponhamos que no ano de 1600 tivesse existido uma organização como as Nações Unidas e que entre seus membros estivessem as tribos indígenas da América do Norte; a soberania desses indígenas teria sido reconhecida como inviolável. Teria sido concedido a eles o direito de impedir que qualquer estrangeiro entrasse em seu território e explorasse as riquezas naturais que eles mesmos não saberiam como utilizar. Alguém acredita, realmente, que essa convenção internacional teria impedido os europeus de invadirem esses países?

Muitos dos mais ricos depósitos de várias substâncias minerais estão localizados em áreas cujos habitantes são por demais ignorantes, inertes ou apáticos para fazerem uso das riquezas que a natureza colocou à sua disposição. Se os governos desses países impedem os estrangeiros de explorar esses depósitos, ou se sua maneira de conduzir os negócios públicos é tão arbitrária que nenhum investimento estrangeiro aí se sente seguro, todos os povos cujo bem-estar poderia ser melhorado por uma utilização mais adequada dessas riquezas são seriamente prejudicados. Pouco importa que as políticas desses governos sejam fruto de um atraso cultural ou da adoção de ideias intervencionistas e nacionalistas em voga. O resultado é o mesmo, tanto num caso como no outro.

---

[16] Ver p. 438-442, e adiante 929-931.

É inútil imaginar que esses conflitos se resolverão por si mesmos. Para que a paz seja duradoura, é necessário uma mudança nas ideologias. O que provoca a guerra é a filosofia econômica adotada quase universalmente pelos governos e pelos partidos políticos. Segundo essa filosofia, prevalece na economia de mercado não obstruído um conflito irreconciliável entre os interesses das várias nações. Segundo ela, a liberdade de comércio é prejudicial a uma nação; provoca o seu empobrecimento. É, portanto, dever do governo impedir os males do livre comércio pela imposição de tarifas alfandegárias. Podemos, só para argumentar, deixar de considerar o fato de que o protecionismo também prejudica os interesses da nação que a ele recorre. Mas não pode haver dúvida de que o protecionismo visa a prejudicar os interesses de povos estrangeiros, e o consegue. É uma ilusão presumir que os povos injuriados tolerarão o protecionismo de outras nações, se acreditarem ser suficientemente fortes para eliminá-lo pelo recurso às armas. A filosofia do protecionismo é uma filosofia de guerra. As guerras do nosso tempo não estão em contradição com as doutrinas econômicas populares; pelo contrário, são o resultado inevitável de uma aplicação consistente dessas doutrinas.

A Liga das Nações não falhou por ser deficiente na sua organização. Falhou por lhe faltar o espírito do genuíno liberalismo. Era uma reunião de governos imbuídos do espírito do nacionalismo econômico e inteiramente comprometidos com os princípios da guerra econômica. Enquanto os delegados se satisfaziam com meros discursos acadêmicos sobre a boa vontade entre os povos, os governos que representavam infligiam uns aos outros o maior dano possível. O protecionismo aduaneiro dos anos anteriores a 1914 era moderado em comparação ao das décadas de 1920 e 1930 – basta lembrar os embargos, o controle quantitativo do comércio, o controle cambial, a desvalorização da moeda e assim por diante.[17]

As perspectivas das Nações Unidas não são melhores, mas ainda piores. Cada nação considera as importações, especialmente as de produtos industrializados, como um desastre. O objetivo declarado de quase todos os países é o de impedir, tanto quanto possível, a importação de bens manufaturados. Quase todas as nações lutam contra o espectro de uma balança comercial desfavorável. Não visam à cooperação; querem proteger-se contra os pretensos danos da cooperação.

---

[17] Para uma avaliação das tentativas fracassadas da Liga das Nações de pôr fim à guerra econômica, ver Rappard, *Le nationalisme économique et la société des nations*, Paris, 1938.

Parte V

A Cooperação Social sem o Mercado

CAPÍTULO 25

A CONSTRUÇÃO IMAGINÁRIA DE UMA SOCIEDADE SOCIALISTA

1
A ORIGEM HISTÓRICA DA IDEIA SOCIALISTA

Os filósofos sociais do século XVIII, quando lançaram as bases da praxeologia e da economia, tiveram de se confrontar com uma distinção, aceita universalmente quase sem contestação, entre o mesquinho egoísmo individual e o estado – o representante dos interesses da sociedade como um todo. Entretanto, naquele tempo, o processo de deificação, que acabaria elevando os homens que dirigem o aparato de compulsão e coerção à categoria de deuses, ainda não havia atingido a sua plenitude. O que as pessoas tinham em mente ao se referir a governo não era ainda a noção quase teológica de uma deidade onipotente e onisciente, a personificação de todas as virtudes; o que tinham em mente eram os governos reais tal como se apresentavam na cena política. Eram as várias entidades soberanas cujas dimensões territoriais resultavam de guerras sangrentas, de intrigas diplomáticas e de casamentos entre dinastias hereditárias. Eram os príncipes, cujos domínios e renda ainda não estavam, em muitos países, separados do tesouro público, e as repúblicas oligárquicas, como Veneza, e alguns dos cantões suíços, nos quais o objetivo principal da gestão dos negócios públicos era o de enriquecer a aristocracia dirigente. Os interesses desses governantes, por um lado, não coincidiam com os interesses de súditos "egoístas", preocupados exclusivamente com a própria felicidade, e, por outro lado, também não coincidiam com os governos estrangeiros, interessados somente na expansão de seus territórios e no correspondente butim. Os autores de livros sobre esses antagonismos geralmente defendiam a causa do governo de seu próprio país. Supunham, bem candidamente, que os governantes são os defensores dos interesses da sociedade, os quais são irremediavelmente conflitantes com os dos indivíduos. Ao repelirem o egoísmo de seus súditos, os governos estariam promovendo o bem-estar da sociedade, oposto ao dos mesquinhos interesses individuais.

A filosofia liberal rejeitou essas noções. Do seu ponto de vista, na sociedade de mercado não obstruído não existem conflitos entre os interesses corretamente entendidos. Os interesses dos cidadãos não são opostos aos da nação, os interesses de cada nação não são opostos aos de outras nações.

Não obstante, ao demonstrarem essa tese, os próprios filósofos liberais contribuíram para o fortalecimento da noção do estado divino. Na sua análise, substituíram os governos reais de seu tempo pela imagem de um estado ideal. Construíram a vaga imagem de um governo cujo único objetivo seria o de promover a felicidade dos seus súditos. Na Europa do *Ancien Régime*, esse ideal, certamente, não correspondia à realidade. Na Europa daquele tempo, havia principelhos alemães que vendiam seus súditos como se fossem gado, para lutar nas guerras de nações estrangeiras; havia reis que aproveitavam qualquer oportunidade para conquistar os seus vizinhos mais fracos; havia a revoltante experiência da divisão da Polônia; havia a França governada sucessivamente pelos homens mais devassos, o regente Filipe de Orléans e Luís XV; e havia a Espanha governada pelo grosseiro amante de uma rainha adúltera. Como quer que fosse, os filósofos liberais imaginaram um estado que nada tinha em comum com aqueles governos de cortes e aristocracias corruptas. O estado, tal como o conceberam em seus escritos, seria governado por um ser sobre-humano perfeito, um rei cujo único objetivo seria o de promover o bem-estar de seus súditos. Partindo dessa premissa, levantaram a seguinte questão: será que as ações individuais dos cidadãos, quando livres de qualquer controle autoritário, não seguiriam caminhos que um rei bom e sábio desaprovaria? O filósofo liberal responde negativamente a essa pergunta. Ele admite, certamente, que os empresários são egoístas e visam ao seu próprio lucro. Entretanto, na economia de mercado, só podem auferir lucros se satisfizerem da melhor maneira possível as necessidades mais urgentes dos consumidores. Seus objetivos coincidem com os de um rei perfeito. Porque esse rei benevolente visa tão somente a que os meios de produção sejam empregados de forma a propiciar a maior satisfação dos consumidores.

Evidentemente, esse raciocínio implica em introduzir julgamentos de valor e preconceitos políticos na análise dos problemas. Esse governante paternal é meramente um *alter ego* do economista que, por meio desse artifício, eleva os seus próprios julgamentos de valor à dignidade de um padrão de valores absolutos e eternos válido universalmente. O economista em questão se identifica com o rei perfeito e denomina de bem-estar geral, bem comum, produtividade nacional (*wirtschaftliche*) os fins que ele mesmo escolheria se tivesse os poderes de um rei, fins esses que seriam diferentes dos perseguidos egoistamente pelos indivíduos. Sua ingenuidade o impede de perceber que esse hipotético chefe de estado é meramente uma hipótese gerada pelos próprios julgamentos de valor; acredita piamente ter descoberto uma maneira incontestável de distinguir o bem do mal. Sob a máscara do rei paternal e benevolente, o próprio ego do autor é entronizado como o arauto da lei moral absoluta.

A característica essencial da construção imaginária do regime desse rei ideal é a de estarem todos os seus cidadãos incondicionalmente sujeitos a um controle autoritário. O rei emite ordens e todos obedecem. Isso não é uma economia de mercado; deixa de haver a propriedade privada dos meios de produção. Mantém-se a terminologia da economia de mercado, mas, na realidade, já não há mais propriedade privada dos meios de produção, as compras e vendas não são mais verdadeiras, os preços de mercado deixam de existir. A produção não é dirigida pela conduta dos consumidores, revelada pelo mercado, mas por decretos autoritários. O governante atribui a cada um sua posição no sistema de divisão social do trabalho, determina o que deve ser produzido e de que maneira cada indivíduo está autorizado a consumir. Isso é o que, hoje em dia, pode ser corretamente denominado de socialismo do tipo germânico.[1]

Ora, os economistas comparavam esse sistema hipotético, que no entender deles corporificava a própria lei moral, com a economia de mercado. O que de melhor poderiam dizer da economia de mercado era que seus resultados não seriam diferentes dos engendrados pela supremacia do autocrata perfeito. Recomendavam a economia de mercado apenas porque, a juízo deles, atingiria os mesmos resultados que o rei perfeito desejaria atingir. Assim sendo, a simples identificação do que é moralmente bom e economicamente adequado com os planos do ditador totalitário que caracteriza os defensores do planejamento central e do socialismo não chegou a ser contestada por muitos dos antigos liberais. Pode-se até dizer que eles deram origem a essa confusão quando substituíram os depravados e inescrupulosos déspotas e políticos do mundo real pela imagem ideal do estado perfeito. É claro que, para o pensador liberal, esse estado perfeito era apenas um instrumento auxiliar de raciocínio, um modelo com o qual ele comparava o funcionamento da economia de mercado. Mas ninguém deve surpreender-se com o fato de que as pessoas se tenham perguntado por que não passar esse estado ideal do pensamento para a realidade.

Os antigos reformistas queriam implantar a boa sociedade, confiscando a propriedade privada e promovendo a sua redistri-

---
[1] Ver adiante p. 816-817.

buição; todos teriam uma parte igual e a permanente vigilância das autoridades garantiria a preservação desse sistema igualitário. Com o advento das operações em larga escala na indústria, na mineração e no transporte, esses planos se tornaram irrealizáveis. Não se poderia cogitar desarticular uma grande empresa e distribuir igualmente os pedaços.[2] O antigo programa de redistribuição foi superado pela idéia da socialização. Os meios de produção deveriam ser desapropriados, mas não seria necessário redistribuí-los. O estado deveria dirigir ele mesmo todas as fábricas e todas as explorações agrícolas.

Essas inferências se tornaram logicamente inevitáveis tão logo as pessoas começaram a atribuir ao *estado*, além de perfeição moral, também perfeição intelectual. Os filósofos liberais haviam descrito o seu estado imaginário como uma entidade não egoísta, preocupada exclusivamente com o maior bem-estar possível de seus súditos. Haviam descoberto que, no contexto da sociedade de mercado, o egoísmo dos cidadãos produziria os mesmos resultados que esse estado não egoísta pretendia realizar; para eles, era precisamente este fato que justificava a preservação da economia de mercado. Mas as coisas mudaram quando as pessoas começaram a atribuir ao *estado* não só as melhores intenções mas também a onisciência. A partir daí, era inevitável concluir que o estado infalível tinha melhores condições de ser mais bem-sucedido na condução das atividades produtoras do que indivíduos sujeitos ao erro. Evitar-se-iam assim todos aqueles erros em que frequentemente incidem empresários e capitalistas. Não haveria mais investimentos equivocados e nem desperdício dos escassos fatores de produção; a riqueza se multiplicaria. A "anarquia" da produção parece ser esbanjadora de recursos quando comparada com o planejamento do estado *onisciente*. O modo de produção socialista parece ser, então, o único sistema razoável, e a economia de mercado, a encarnação da irracionalidade. Para os que procuram defender racionalmente o socialismo, a economia de mercado é simplesmente uma incompreensível aberração da humanidade. Para os que sofrem a influência do historicismo, a economia de mercado é a ordem social própria de um estágio inferior da evolução humana, e será eliminada pelo inevitável processo de contínuo aperfeiçoamento com a finalidade de estabelecer o mais adequado sistema socialista. Ambas as linhas de pensamento concordam com o fato de que a própria razão exige a passagem para o socialismo.

---

[2] Existem ainda hoje nos EUA pessoas que querem desarticular a produção em larga escala e terminar com as grandes empresas.

O que essas mentes ingênuas chamam de razão não é mais do que uma tentativa de tornar absolutos os seus julgamentos de valor. Limitam-se a identificar o seu próprio raciocínio com a duvidosa noção de uma razão absoluta. Nenhum autor socialista parou para pensar na possibilidade de que a entidade abstrata à qual seriam atribuídos poderes ilimitados – seja ela chamada de humanidade, sociedade, nação, estado ou governo – poderia agir de uma maneira que ele mesmo não aprovasse. Um socialista defende o socialismo por estar plenamente convencido de que o supremo mandatário da comunidade socialista agirá sempre de uma maneira que ele – indivíduo socialista – considera razoável; de que procurará atingir aqueles objetivos que ele – indivíduo socialista – aprova inteiramente; de que tentará atingir aqueles objetivos escolhendo os meios que ele – indivíduo socialista – também escolheria. Os socialistas só consideram genuinamente socialista o sistema em que essas condições estejam inteiramente preenchidas; quaisquer outros sistemas, ainda que se qualifiquem de socialistas, são meras falsificações completamente diferentes do verdadeiro socialismo. Todo socialista é um ditador disfarçado. Desgraçados sejam os dissidentes! Perderam o direito à vida e devem ser "liquidados".

A economia de mercado torna possível a cooperação pacífica entre pessoas, apesar do fato de estas divergirem em relação aos seus julgamentos de valor. Nos planos socialistas, não há lugar para divergências. Seu princípio é a *Gleichschaltung*, a uniformidade perfeita, imposta pela polícia.

Existem pessoas que costumam considerar o socialismo uma religião. Na verdade, é uma religião de autodeificação. O estado e o governo de que falam os planejadores, o Povo para os nacionalistas, a Sociedade para os marxistas, a Humanidade para os positivistas comteanos, são nomes dos deuses dessas novas religiões. Mas todos esses ídolos são meramente um *alter ego* do próprio indivíduo reformista. Ao atribuir a seu ídolo aqueles atributos que os teólogos atribuem a Deus, está glorificando o seu próprio ego. É infinitamente bom, onipotente, onipresente, onisciente, eterno; é o único ser perfeito nesse mundo de imperfeições.

Não cabe à economia examinar a fé cega e o fanatismo. Os crentes são inacessíveis a qualquer argumento; consideram escandalosa qualquer crítica, uma blasfêmia de homens cruéis contra o imperecível esplendor de seu ídolo. A economia lida apenas com os planos socialistas e não com os fatores psicológicos que impeliram as pessoas a esposar a estatolatria.

2
A DOUTRINA SOCIALISTA

Karl Marx não foi o fundador do socialismo. O ideal socialista já estava plenamente elaborado quando Marx adotou o credo socialista. Nada havia a acrescentar à concepção praxeológica do sistema socialista, desenvolvida por seus predecessores, e Marx, efetivamente, nada acrescentou. Marx também não refutou as objeções quanto à viabilidade, conveniência e vantagem do sistema socialista, levantadas por autores anteriores e por seus contemporâneos. Não chegou sequer a tentar, pois tinha plena consciência de sua incapacidade em conseguí-lo. Para responder às críticas ao socialismo, limitou-se a criar a doutrina do polilogismo.[3]

Não obstante, os serviços que Marx prestou à propagação do socialismo não se limitaram à invenção do polilogismo. Mais importante ainda foi a sua doutrina da inevitabilidade do socialismo.

Marx viveu numa época em que a doutrina do meliorismo evolucionário era aceita por quase todos. A mão invisível da Providência conduz os homens, independentemente de suas vontades, de um estágio mais baixo e menos perfeito para um mais alto e mais perfeito. Prevalece, no curso da história do homem, uma tendência inevitável ao progresso e à melhoria. Cada estágio posterior da evolução da sociedade é, pelo fato mesmo de ser posterior, também um estágio mais alto e melhor. Nada é permanente na condição humana, salvo esse impulso irresistível para o progresso. Hegel, que morreu alguns anos antes de Marx entrar em cena, já havia apresentado essa doutrina na sua fascinante filosofia da história, e Nietzsche, que entrou em cena no momento em que Marx se retirava, tornou-a o ponto focal de seus não menos fascinantes escritos. Esse tem sido o mito dos últimos duzentos anos.

A grande contribuição de Marx foi a de integrar o credo socialista à doutrina meliorista. O advento do socialismo, achava ele, é inevitável, e isso basta para provar que o socialismo é um estágio mais elevado e mais perfeito do que o estágio capitalista que o precedeu. É inútil discutir os prós e contras do socialismo. Seu advento ocorrerá "com a inexorabilidade de uma lei da natureza".[4] Só débeis mentais podem ser tão idiotas a ponto de duvidar que um estágio posterior seja mais benéfico do que o estágio que o precedeu. Só apologistas

---

[3] Ver cap. 3. (N.T.)

[4] Ver Marx, *Das Kapital*, 7. ed., Hamburgo, 1914, vol.1, p.728.

venais, defensores das injustas pretensões dos exploradores, podem ser tão insolentes a ponto de encontrar defeitos no socialismo.

Se considerarmos marxistas os que estão de acordo com essa doutrina, teremos de considerar marxistas a imensa maioria dos nossos contemporâneos. Todas essas pessoas estão convencidas de que o advento do socialismo é, ao mesmo tempo, absolutamente inevitável e altamente desejável. A "onda do futuro" conduz a humanidade para o socialismo. É claro, divergem entre si sobre a quem caberá o comando da nau capitânia do estado socialista. Não faltam candidatos a esse posto.

Marx tentou provar sua profecia de duas maneiras. A primeira consiste no método dialético hegeliano. A propriedade privada capitalista é a primeira negação da propriedade privada individual, e deve dar origem à sua própria negação, qual seja, o estabelecimento da propriedade pública dos meios de produção.[5] No tempo de Marx, as hordas de escritores hegelianos que infestavam a Alemanha viam as coisas com essa simplicidade.

O segundo método consiste na demonstração das condições insatisfatórias provocadas pelo capitalismo. A crítica de Marx ao sistema capitalista de produção está inteiramente equivocada. Mesmo o mais ortodoxo dos marxistas não seria capaz de defender seriamente sua tese principal, a saber, que o capitalismo resulta num progressivo empobrecimento dos assalariados. Mas, se admitirmos, só para argumentar, todos os absurdos contidos na análise marxista sobre o capitalismo, ainda assim nada se acrescenta que possa contribuir para a demonstração dessas duas teses: que o advento do socialismo é inevitável e que é um sistema não apenas melhor do que o capitalismo, mas, sobretudo, o mais perfeito dos sistemas cuja implantação proporcionará aos homens a felicidade eterna na sua vida terrestre. Todos os silogismos sofisticados dos tediosos volumes publicados por Marx, Engels e centenas de autores marxistas não conseguem esconder o fato de que a única fonte da profecia de Marx é apenas uma pretensa inspiração por meio da qual Marx pretende ter adivinhado os planos dos misteriosos poderes que determinam o curso da história. Da mesma forma que Hegel, Marx também era um profeta, revelando ao povo o que uma voz interior lhe havia confiado.

O fato mais importante na história do socialismo entre 1848 e 1920 foi o de ninguém ter examinado os problemas essenciais relativos ao seu funcionamento. O tabu marxista estigmatizava como "não científica" toda tentativa de examinar os problemas econômicos de uma co-

---

[5] Ibid.

munidade socialista. Ninguém ousava enfrentar esse anátema. Tanto os amigos quanto os inimigos do socialismo assumiam tacitamente que este era um sistema de organização econômica perfeitamente viável. A vasta literatura socialista limitou-se a apontar supostas deficiências do capitalismo e a enaltecer as implicações culturais do socialismo. Jamais se ocupou dos aspectos econômicos do socialismo.

O credo socialista repousa em três dogmas: *Primeiro*: a *sociedade* é um ser onipotente e onisciente, imune às fraquezas e debilidades humanas. *Segundo*: o advento do socialismo é inevitável. *Terceiro*: sendo a história um contínuo progresso de estágios menos perfeitos para outros mais perfeitos, o advento do socialismo é desejável.

Para a praxeologia e para a economia, o único problema relativo ao socialismo que precisa ser analisado é o seguinte: pode o sistema socialista funcionar na base da divisão do trabalho?

3
O CARÁTER PRAXEOLÓGICO DO SOCIALISMO

O traço essencial do socialismo é o de que haja apenas *uma vontade* atuante. Pouco importa quem seja o titular dessa vontade. Esse comando pode caber a um rei, cuja dinastia remonte aos deuses, ou a um ditador, que governa por força de seu carisma; pode caber a um *führer* ou a um conjunto de líderes eleitos pelo voto popular. O fundamental é que o emprego de todos os fatores de produção seja comandado por um único centro de decisão. Uma única vontade escolhe, decide, dirige, age, ordena. O resto simplesmente obedece às ordens e segue as instruções. A "anarquia" da produção e a iniciativa das várias pessoas é substituída pela organização e pelo planejamento central. A cooperação social sob o signo da divisão do trabalho é mantida por um sistema de vínculos hegemônicos que permite ao hierarca exigir a obediência de seus vassalos.

Ao designar esse diretor pelo termo *sociedade* (como fazem os marxistas), *estado* (com E maiúsculo), *governo* ou *autoridade*, as pessoas tendem a esquecer que o diretor é sempre um ser humano e não uma noção abstrata ou uma mítica entidade coletiva. Podemos admitir que o diretor ou a junta de diretores seja composta por pessoas de capacidade superior, de máxima sabedoria e cheias de boas intenções. Mas precisaria que fôssemos idiotas para admitir que são oniscientes ou infalíveis.

Numa análise praxeológica dos problemas do socialismo, não estamos preocupados com o caráter moral e ético do diretor. Tampouco discutimos os seus julgamentos de valor e a sua escolha dos objetivos supremos. O que nos importa é saber se um ser mortal qualquer, equipado com a estrutura lógica da mente humana, pode estar à altura das tarefas que cabem a um diretor de uma sociedade socialista.

Suponhamos que esse diretor disponha de todo o conhecimento tecnológico de seu tempo. Além disso, que tenha um inventário completo de todos os fatores materiais de produção disponíveis e um registro de toda a mão de obra utilizável. Uma multidão de técnicos e especialistas trabalha em seus escritórios para lhe dar todas as informações e responder corretamente a todas as questões relativas a esses assuntos. Volumosos relatórios se acumulam sobre a sua mesa. É chegada a hora de agir. É preciso escolher entre uma infinidade de projetos, de forma a que nenhuma necessidade que ele mesmo considere mais urgente deixe de ser atendida porque os fatores de produção teriam sido utilizados para satisfazer necessidades que ele considera menos urgentes.

É importante notar que esse problema nada tem a ver com o valor que se possa atribuir aos objetivos pretendidos. Refere-se apenas aos meios cujo emprego permitirá atingir os objetivos desejados. Suponhamos que o diretor tenha decidido sobre os objetivos a serem perseguidos. Não questionamos a sua decisão. Tampouco levantaremos a questão de saber se as pessoas, os vassalos, aprovam ou não a decisão do diretor. Podemos supor, só para argumentar, que um misterioso poder faz com que todos concordem entre si e com o diretor, na escolha dos objetivos almejados.

Nosso problema, o problema único e crucial do socialismo, é um problema puramente econômico, e, como tal, diz respeito meramente aos meios e não aos fins últimos.

Capítulo 26

A Impossibilidade do Cálculo Econômico no Sistema Socialista

1
O Problema

O diretor quer construir uma casa; para isso pode recorrer a vários métodos. Cada um deles oferece, do ponto de vista do próprio diretor, vantagens e desvantagens em relação à utilização futura da edificação cujo aproveitamento terá, em função disso, uma duração diferente; cada um deles requer gastos diferentes em materiais e mão de obra, e absorve períodos de produção desiguais. Que método deve o diretor adotar? Ele não tem como reduzir ao mesmo denominador comum os vários materiais e os vários tipos de mão de obra a serem utilizados. Não tem como compará-los. Não tem como atribuir uma expressão numérica, nem ao período de espera (período de produção) nem à durabilidade da casa. Em suma, não tem como comparar os custos a serem incorridos com os benefícios a serem obtidos, por meio de uma operação aritmética qualquer. Os planos dos seus arquitetos enumeram uma vasta multiplicidade de matérias-primas e suas respectivas qualidades físicas e químicas; referem-se à produtividade física de várias máquinas, ferramentas e processos. Mas todos esses elementos são dados isolados, sem relação entre si. Não há como estabelecer qualquer conexão entre eles.

Imagine a perplexidade do diretor diante de um projeto qualquer. O que precisa saber é se a execução do projeto em questão aumentará ou não o bem-estar, isto é, se acrescentará algo à riqueza existente sem comprometer a satisfação de outras necessidades que ele considera urgentes. Mas nenhum dos relatórios que recebe contém qualquer indicação quanto à solução desse problema.

Só para argumentar, não levemos em consideração o dilema representado pela escolha dos bens de consumo a serem produzidos. Suponhamos que esse problema esteja resolvido. Ainda assim, persistiria a embaraçante escolha entre uma enorme quantidade de bens de produção e uma infinidade de processos que poderiam ser usados para fabricação de determinados bens de consumo. Haveria a necessidade de determinar a localização e o tamanho de cada indústria e de cada equipamento; de escolher que tipo de energia deveria ser usada e qual, entre as várias maneiras de produzi-la, deveria ser a escolhida. Todos esses problemas são suscitados diariamente em milhares e milhares de casos. Cada caso apresenta condições especiais e requer uma solução individual adequada às suas particularidades. O número de elementos a serem considerados na decisão do diretor é muito maior do que os que possam estar contidos numa mera descrição técnica das características físicas e químicas dos bens de produção disponíveis. A localização de cada unidade fabril deve ser levada em consideração, assim como a possibilidade de utilização de investimentos já feitos anteriormente. O diretor não terá que lidar simplesmente com carvão, mas com milhares e milhares de minas já em exploração em diversos locais, e com a possibilidade de explorar novas jazidas, com os vários processos de mineração que possam ser usados em cada caso, com as diferentes qualidades do carvão nas várias jazidas, com os vários métodos de utilização do carvão para produzir calor, energia e uma grande variedade de derivados. Pode-se dizer que o atual estágio do conhecimento tecnológico torna possível produzir quase tudo a partir de quase tudo. Nossos antepassados, por exemplo, conheciam apenas um número limitado de utilizações para a madeira. A tecnologia moderna acrescentou uma profusão de novos empregos aos já existentes; hoje a madeira pode ser usada para produzir papel, várias fibras têxteis, alimentos, remédios, e muitos outros produtos sintéticos.

Para abastecer uma cidade de água potável, costuma-se recorrer a dois métodos: ou trazê-la de longe por meio de aquedutos – método usado desde a Antiguidade – ou tratar quimicamente a água disponível nas cercanias. Por que não produzi-la sinteticamente? A tecnologia moderna poderia resolver facilmente os problemas técnicos, se fosse essa a solução escolhida. O homem comum, na sua inércia mental, se apressaria em ridicularizar um tal projeto como uma sandice. Entretanto, a única razão para não se utilizar a produção sintética de água potável – que talvez possa vir a ocorrer no futuro – reside no fato de que o cálculo econômico mostra ser esse um método mais caro do que outros métodos conhecidos. Elimine-se o cálculo econômico e não se terá como escolher racionalmente entre as várias alternativas.

Os socialistas objetam, com razão, que o cálculo econômico não é infalível. Dizem eles que os capitalistas às vezes se enganam nos seus cálculos. É claro que isso acontece e acontecerá sempre, já que a ação humana está voltada para o futuro e o futuro é sempre incerto. Os planos mais cuidadosamente elaborados se frustram, se as expectativas são desmentidas pelos fatos. Mas o problema que estamos examinando não é esse. O cálculo que efetuamos considera o nosso conhecimento atual e a previsão que fazemos hoje da situação futura. Não se trata de saber se o diretor será ou não capaz de prever a situação futura. O que estamos afirmando é que o diretor não tem como calcular com base no seu próprio julgamento de valor e na sua própria previsão da situação futura, seja ela qual for. Se investir hoje na indústria de alimentos enlatados, pode ocorrer que uma mudança nos hábitos ou nas considerações higiênicas sobre a comida em lata venha a transformar seu investimento num desperdício. Mas a questão não é essa; o problema consiste em como definir, hoje, a melhor maneira de construir uma fábrica de conservas da maneira mais econômica.

Algumas estradas de ferro construídas no início do século não o teriam sido, se as pessoas àquele tempo tivessem previsto o iminente progresso do automóvel e da aviação. Mas os que naquele tempo construíram estradas de ferro sabiam qual, entre as várias possíveis alternativas para a realização de seus planos, devia ser a escolhida, em função de suas próprias avaliações e previsões, e dos preços de mercado nos quais estavam refletidas as valorações dos consumidores. É precisamente esta possibilidade de discernir que faltará ao diretor. Sua situação será idêntica a de um navegante em alto mar que não conheça os métodos de navegação, ou à de um sábio da Idade Média a quem fosse atribuída a tarefa de fazer funcionar uma locomotiva.

Havíamos suposto que o diretor já se tinha decidido quanto à construção de uma determinada usina ou edificação. Entretanto, mesmo para tomar essa decisão, já teria sido necessário o cálculo econômico. Para decidir sobre a construção de uma usina hidrelétrica, é preciso saber se ela representa ou não a maneira mais econômica de produzir a energia necessária. Como se poderá saber, se não se tem como calcular os custos e nem o valor da energia produzida?

Podemos supor que no seu período inicial um regime socialista poderia, numa certa medida, basear-se na experiência do período capitalista anterior. Mas o que fará mais tarde, à medida que as condições mudam cada vez mais? Para que servem os preços de 1900 para o diretor em 1949? E que proveito pode o diretor em 1980 derivar do conhecimento dos preços de 1949?

O paradoxo do "planejamento" é a impossibilidade de se fazer um plano onde não exista cálculo econômico. O que se denomina de economia planificada pode ser tudo, menos economia. É apenas um sistema de tatear no escuro. Não permite uma escolha racional de meios que tenham em vista atingir objetivos desejados. O que se denomina de planejamento consciente é, precisamente, a eliminação da ação com um propósito consciente.

2
Erros passados na concepção do problema

O principal tema político dos últimos cem anos tem sido a substituição da iniciativa privada pelo planejamento socialista. Milhares de livros foram publicados a favor ou contra o planejamento comunista. Nenhum outro assunto tem sido tão exaustivamente discutido em círculos privados, na imprensa, em reuniões públicas, nos círculos acadêmicos, em campanhas eleitorais e nos parlamentos. Pela causa socialista, guerras foram travadas e muito sangue foi derramado. Apesar disso, durante todos esses anos, a questão essencial não chegou a ser levantada.

É verdade que alguns economistas eminentes – Hermann Heinrich Gossen, Albert Schäffle, Vilfredo Pareto, Nikolaas G. Pierson, Enrico Barone – chegaram a entrever o problema. Mas, com exceção de Pierson, não chegaram ao cerne da questão e não conseguiram perceber sua importância fundamental. Tampouco tentaram integrá-lo à teoria geral da ação humana. Essas falhas impediram que as pessoas dessem atenção às suas observações; por isso, foram logo esquecidas.

Seria um grave equívoco culpar a Escola Historicista e o Institucionalismo de terem negligenciado esse problema vital da humanidade. Essas duas linhas de pensamento denegriram fanaticamente a economia, a "ciência funesta", para servir à sua propaganda intervencionista ou socialista. Não conseguiram, entretanto, suprimir inteiramente o estudo da economia. É compreensível que os detratores da economia tenham deixado de perceber esse problema, mas é surpreendente que os economistas tenham incorrido nessa mesma falha.

São dois os erros fundamentais dos economistas matemáticos a serem apontados.

Os economistas matemáticos praticamente limitaram a sua análise àquilo que eles chamam de equilíbrio econômico ou situação estática. O recurso à construção imaginária da economia uniformemente circular é, como já foi assinalado antes, uma ferramenta mental indispensável ao raciocínio econômico.[1] Mas é um erro grave considerar

---
[1] Ver p. 301-306.

essa ferramenta auxiliar como algo mais do que uma construção imaginária, esquecendo-se do fato de que tal construção não tem contrapartida na realidade e nem pode ser consistentemente concebida até as suas últimas consequências lógicas. O economista matemático, obnubilado pelo preconceito de que a ciência econômica deve ser estruturada segundo o modelo da mecânica newtoniana, passível portanto de ser tratada por métodos matemáticos, se equivoca inteiramente quanto ao tema central de suas investigações. Já não lida com a ação humana, mas com um mecanismo sem vida própria, que atua misteriosamente por meio de forças não susceptíveis de uma análise mais profunda. Na construção imaginária da economia uniformemente circular, evidentemente, não existe a função empresarial. Dessa maneira, o economista matemático elimina o empresário nas suas considerações; elimina esse personagem agitado e irrequieto cuja constante intervenção impede que o sistema imaginário atinja o estado de equilíbrio perfeito e uma situação estática. Detesta o empresário por ser um elemento perturbador. Os preços dos fatores de produção, para o economista matemático, são determinados pela interseção de duas curvas e não pela ação humana.

Além do mais, ao traçar suas preciosas curvas de custos e preços, o economista matemático não chega a perceber que, para reduzir custos e preços a grandezas homogêneas, seria necessário que houvesse uma relação de troca comum que possibilitasse esse cálculo. Assim procedendo, forja a ilusão de que é possível calcular preços e custos, mesmo não dispondo desse denominador comum das relações de troca dos vários fatores de produção.

O resultado desse equívoco é que a construção imaginária de uma comunidade socialista emerge dos escritos dos economistas matemáticos como um sistema de organização econômica que pode efetivamente funcionar, sendo portanto uma alternativa habilitada a substituir o sistema baseado na propriedade privada dos meios de produção. O diretor da comunidade socialista estaria, assim, em condições de alocar os vários fatores de produção de uma maneira racional, isto é, com base no cálculo econômico. Seria, portanto, possível combinar a cooperação socialista e a divisão do trabalho com o emprego racional dos fatores de produção. Os homens poderiam adotar o socialismo e continuar empregando os meios disponíveis do modo mais econômico possível. O socialismo não implicaria em renunciar ao emprego racional dos fatores de produção. Seria uma variante *racional* de ação social.

As experiências dos governos socialistas da Rússia soviética e da Alemanha nazista pareciam confirmar a viabilidade dessas teses equivocadas. As pessoas não se davam conta de que esses não eram sistemas socialistas isolados. Funcionavam num contexto em que o sistema de preços ainda existia. Podiam recorrer ao cálculo econômico com base nos preços internacionais. Sem a ajuda desses preços, suas ações teriam sido desnorteadas e sem objetivo. Se não fossem os preços internacionais, não lhes teria sido possível calcular, contabilizar e nem elaborar seus tão decantados planos.

3
Sugestões recentes para o cálculo econômico socialista

Os textos socialistas tratam de tudo, menos do único problema essencial do socialismo, qual seja, o cálculo econômico. Até bem poucos anos atrás, os escritores socialistas ainda conseguiam evitar o exame desse tema primordial. Entretanto, mais recentemente, começaram a suspeitar que a técnica marxista de difamar a ciência econômica "burguesa" não bastava para justificar a utopia socialista. Tentaram substituir a arrogante metafísica hegeliana da doutrina marxista por uma teoria do socialismo. Esforçaram-se por conseguir encontrar uma forma de efetuar o cálculo econômico numa sociedade socialista. Evidentemente, não conseguiram realizar o seu intento. Não haveria necessidade de examinar suas sugestões espúrias, não fosse o fato de esse exame oferecer uma boa oportunidade para esclarecer alguns aspectos fundamentais, tanto da sociedade de mercado como da construção imaginária de uma sociedade sem mercado.

As várias formas propostas podem ser classificadas da seguinte maneira:

1. O cálculo econômico em termos de moeda seria substituído pelo cálculo em espécie. Esse método, evidentemente, não tem cabimento. Não se podem somar ou subtrair números de espécies diferentes (quantidades heterogêneas).[2]

2. Recomendam outros, ao amparo da teoria de que valor é trabalho acumulado, a adoção da hora de trabalho como unidade de cálculo. Essa sugestão não leva em consideração os fatores materiais

---
[2] Não valeria a pena sequer mencionar essa sugestão, não fora ela a solução adotada pelo grupo, tão ativo e atrevido, formado pelos "positivistas lógicos". Ver os escritos daquele que foi o organizador desse grupo, Otto Neurath, e que, em 1919, era o chefe do departamento de socialização da efêmera República Soviética de Munique, especialmente o seu *Durch die Kriegswirtschaft zur Naturalwirtschaft*, Munique, 1919, p. 216 e segs. Ver também C. Landauer, *Planwirtschaft und Verkehrswirtschaft*, Munique e Leipzig, 1931, p. 122.

originais de produção e ignora as diferenças existentes na capacidade de produção das diversas pessoas, bem como da mesma pessoa em momentos distintos.

3. A unidade deveria ser uma "quantidade" de utilidade. Mas o agente homem não mede a utilidade das coisas. Ordena-as em escalas de maior ou menor preferência. Os preços de mercado não são a expressão de uma equivalência, mas de uma divergência entre as valorações do comprador e do vendedor. Não é admissível, a essa altura, pretender ignorar o teorema fundamental da economia moderna, qual seja: o valor atribuído a uma unidade de um conjunto de n-1 unidades é maior do que o atribuído a uma unidade de um conjunto de n unidades.[3]

4. O cálculo econômico seria possível pelo estabelecimento de um quase mercado artificial. Essa proposição será analisada na seção 5 deste capítulo.

5. O cálculo seria possível com a ajuda de equações diferenciais da matemática cataláctica. Essa sugestão será analisada na seção 6 deste capítulo.

6. O cálculo seria tornado desnecessário pela aplicação do método de tentativa e erro (*trial and error*). Essa ideia será analisada na seção 4 deste capítulo.

4
TENTATIVA E ERRO

Os empresários e os capitalistas nunca sabem de antemão se os seus planos são a melhor maneira de alocar os fatores de produção aos diversos setores da atividade produtiva. Só mais tarde, ao efetuar os seus empreendimentos e seus investimentos, é que constatarão se acertaram ou não. O método aplicado seria, portanto, o método de tentativa e erro. Por que, então, dizem alguns autores, o diretor socialista não poderia recorrer a esse mesmo método?

O método de tentativa e erro só é aplicável quando se pode constatar, sem deixar margem a dúvidas e independentemente do próprio método em si, que a solução encontrada é a correta. Se um homem perde sua carteira, poderá procurá-la em vários lugares; ao encontrá-la, não há dúvida de que o método de tentativa e erro resolveu o seu problema. Quando Ehrlich estava procurando encontrar um remédio para a sí-

---
[3] Para um exame mais detalhado do teorema da utilidade marginal, ver cap. VII, seção 1. (N.T.)

filis, testou centenas de medicamentos até encontrar o que estava procurando: um remédio que matasse os espiroquetas sem causar dano ao corpo humano. A solução correta, a droga número 606, podia ser identificada porque era a que atendia a essas duas condições, o que poderia ser comprovado por testes de laboratório e por constatações clínicas.

As coisas são bastante diferentes quando a única identificação da solução correta reside no fato de ter sido aplicado um método que é considerado apropriado à solução do problema. Para reconhecer o resultado correto da multiplicação de dois fatores, basta aplicar corretamente o processo indicado pela aritmética. Alguém poderia tentar descobrir o resultado correto usando o método de tentativa e erro. Mas, nesse caso, o método de tentativa e erro não substitui o processo aritmético; se não fosse possível efetuar a operação por intermédio da aritmética de maneira a poder distinguir a solução certa da solução errada, de nada serviria o processo de tentativa e erro.

Quem quiser qualificar a ação empresarial como sendo uma aplicação do método de tentativa e erro não deve esquecer-se de que a solução correta é facilmente identificável: corresponde a um excedente de receitas sobre custos. O lucro informa ao empresário que os consumidores aprovam suas iniciativas; o prejuízo, que as desaprovam.

O problema do cálculo econômico num regime socialista reside precisamente no fato de que, na ausência de preços de mercado para os fatores de produção, não é possível apurar se houve lucro ou prejuízo.

Podemos supor que numa comunidade socialista exista um mercado para bens de consumo e que os preços em moeda desses bens de consumo sejam determinados nesse mercado. Podemos supor que o diretor aquinhoe, periodicamente, cada membro da comunidade com uma certa quantidade de moeda, e venda os bens de consumo àqueles que ofereçam os maiores preços. Podemos também supor que os vários bens de consumo sejam diretamente distribuídos e que os membros da comunidade sejam livres para transacioná-los entre si, utilizando para isso um meio de troca, uma espécie de moeda. Mas não haveria preços para os bens de produção, pois o traço característico do sistema socialista é o de que esses bens são alocados por determinação de uma autoridade central, e não através de operações de compra e venda no mercado. Sendo assim, não há condição de comparar receita e despesa por métodos aritméticos.

Nós não estamos afirmando que o cálculo econômico capitalista garanta invariavelmente a melhor solução para alocação dos fatores de produção. Soluções perfeitas, para qualquer problema, estão fora do alcance dos homens mortais. O que o funcionamento do mercado não obstruído pela interferência da compulsão e coerção pode nos assegurar é apenas a melhor solução acessível à mente humana, considerando-se o atual estágio do conhecimento tecnológico e a capacidade intelectual dos homens mais sagazes da época. Quando um homem descobre uma discrepância entre o atual estado de produção e um estado melhor, e que seja realizável, a motivação pelo lucro o incita a se esforçar ao máximo para realizá-lo.[4] O êxito na venda de seus produtos lhe mostrará em que medida estava certo ou errado nas suas previsões. O mercado todo dia testa de novo os empresários e elimina aqueles que não conseguem passar na prova, confiando a condução da atividade econômica aos que são mais capazes de atender as necessidades mais urgentes dos consumidores. Só nesse sentido é que se pode considerar a economia de mercado como um sistema de tentativa e erro.

5
O QUASE MERCADO

O traço característico do socialismo é a unidade e a indivisibilidade da vontade que dirige todas as atividades econômicas do sistema social. Quando os socialistas afirmam que a "ordem" e a "organização" devem substituir a "anarquia" de produção, que a ação consciente é preferível à alegada falta de planejamento do capitalismo, a verdadeira cooperação à competição, a produção para o uso à produção para o lucro, o que na realidade estão defendendo é a substituição da infinidade de planos dos consumidores individuais e daqueles que atendem os desejos dos consumidores – os empresários e os capitalistas – pelo poder exclusivo e monopolístico de *uma* única agência de governo. A essência do socialismo é a completa eliminação do mercado e da competição cataláctica. O sistema socialista é um sistema sem mercado, sem preços de mercado e sem competição; representa a centralização e a unificação da gestão de toda atividade econômica nas mãos de uma única autoridade. Na confecção do planejamento central e único que deve dirigir toda a atividade econômica, a contribuição dos cidadãos limita-se, se tanto, a eleger o diretor geral do sistema. No mais, são apenas subordinados, obrigados a obedecer incondicionalmente às ordens emitidas pelo diretor; são súditos, cujo bem-estar está a cargo do diretor. Todas as maravilhas que os socialistas atribuem ao socialismo, bem como todas as vantagens que segundo imaginam decorrerão de sua implantação, são uma consequência natural dessa centralização e dessa unificação absolutas.

---

[4] "Melhor" nesse caso significa, evidentemente, mais satisfatório segundo o ponto de vista dos consumidores.

O obsessivo interesse com que os líderes intelectuais do socialismo têm procurado demonstrar que o sistema socialista não implica em suprimir o mercado, os preços de mercado para os fatores de produção e a competição cataláctica, representa o pleno reconhecimento da procedência e da irrefutabilidade das devastadoras críticas das doutrinas socialistas feitas pelos economistas. O avassalador e fulminante triunfo da demonstração de que no sistema socialista não é possível o cálculo econômico não tem precedente na história do pensamento humano. Os socialistas não têm como negar sua esmagadora derrota. Já não afirmam que o socialismo seja incomparavelmente superior ao capitalismo por acabar com mercados, preços de mercado, competição. Ao contrário. Agora, apressam-se em justificar o socialismo, alegando que essas instituições podem ser mantidas mesmo no regime socialista. Querem esquematizar um socialismo no qual existam preços e competição.[5]

O que esses neossocialistas sugerem é realmente um paradoxo. Querem abolir o controle privado dos meios de produção, querem acabar com o mercado e seus preços e com a competição. Mas, ao mesmo tempo, querem organizar a utopia socialista de uma tal maneira que as pessoas possam agir *como se* essas instituições existissem. Querem que as pessoas brinquem de mercado como as crianças brincam de guerra, de estrada de ferro, ou de escola. Não percebem a diferença que existe entre as brincadeiras infantis e a realidade que as crianças procuram imitar.

Dizem esses neossocialistas: foi um erro lamentável o fato de que os antigos socialistas (isto é, todos os socialistas antes de 1920) tivessem acreditado que o socialismo exigisse, necessariamente, a abolição do mercado e do intercâmbio mercantil, e que esse aspecto fosse tanto o elemento essencial como a característica preeminente de uma economia socialista. Essa crença, admitem eles relutantemente, é absurda e sua implementação resultaria numa confusão caótica. Mas, felizmente, continuam eles, o socialismo dispõe de alternativas melhores. Basta que se instruam os gerentes das várias unidades de produção a gerirem suas unidades da mesma maneira como se faz no regime capitalista. O gerente de uma companhia privada não atua por sua própria conta e risco; atua em benefício da empresa, isto é, dos acionistas. No socialismo, continuará a agir com o mesmo zelo e atenção. A única diferença consistirá no fato de que os frutos de seus esforços enriquecerão a sociedade como um todo e não apenas os

---

[5] Aludimos, bem entendido, apenas àqueles socialistas que, como os professores H.D. Dickinson e Oskar Lange, estão familiarizados com a ciência econômica. As hordas de obtusos "intelectuais" não abandonarão sua crença supersticiosa na superioridade do socialismo. As superstições levam muito tempo para morrer.

acionistas. No mais, os gerentes comprarão e venderão, contratarão e pagarão os empregados, tentarão obter lucros da mesma maneira que o faziam até então. A transição do sistema gerencial do capitalismo maduro para o sistema gerencial de uma comunidade socialista planificada ocorrerá sem traumas. Nada mudará a não ser a propriedade do capital investido. A sociedade substituirá os acionistas e o povo embolsará os dividendos. Pronto!

O erro fundamental implícito nesta ou em propostas semelhantes é o de contemplar a realidade econômica do ângulo de um funcionário subalterno cujo horizonte não ultrapassa tarefas menores. Consideram a estrutura da produção industrial e a alocação de capital aos vários setores de produção como algo rígido, e não se dão conta da necessidade de alterar essa estrutura a fim de ajustá-la às mudanças de condições. Idealizam um mundo no qual não ocorram mais mudanças; no qual a história econômica tenha atingido seu estágio final. Não chegam a perceber que a atividade dos dirigentes de uma empresa consiste simplesmente em executar lealmente as tarefas que lhes foram confiadas pelos seus patrões, os acionistas, e que para executar as ordens recebidas são forçados a se ajustarem à estrutura de preços do mercado, os quais são determinados, em última instância, por outros fatores e não pela atividade gerencial. A atuação dos gerentes, dos diretores de empresa, suas decisões de comprar e vender, representam apenas uma pequena parte das operações de mercado. O mercado na sociedade capitalista realiza, além disso, todas as operações necessárias à alocação dos bens de capital aos diversos setores da atividade econômica. Os empresários e os capitalistas criam sociedades anônimas e outros tipos de empresa, aumentam e diminuem o seu tamanho, dissolvem umas, criam outras; compram e vendem ações e títulos de empresas já existentes ou novas; concedem, negam ou recuperam créditos; em suma, realizam todos os atos cuja totalidade é denominada de mercado financeiro ou de mercado de capitais. São essas transações financeiras de promotores e especuladores que dirigem a produção de modo a atender da melhor maneira possível as necessidades mais urgentes dos consumidores. Essas transações constituem o mercado propriamente dito. Ao eliminá-las, não se preserva uma parte do mercado; o que resta é um fragmento que não pode subsistir sozinho e nem pode funcionar como um mercado.

O papel de um diretor de empresa na condução da atividade econômica é muito mais modesto do que imaginam os aludidos teóricos. Sua função é apenas gerencial; auxilia os empresários e capitalistas, desincumbindo-se de tarefas subordinadas. O gerente não substitui jamais o empresário.[6] Os especuladores, promotores, investidores e banqueiros, ao determinarem a estrutura das bolsas de valores e de mercadorias e o mercado financeiro, delimitam a órbita na qual as tarefas menores são confiadas aos gerentes. Ao se desincumbir dessas tarefas, o gerente tem que ajustar sua atuação à estrutura do mercado, a qual depende de fatores que vão muito além das funções gerenciais.

O problema de que estamos tratando não diz respeito às atividades gerenciais; está relacionado à alocação de capital aos vários setores da atividade econômica. A questão é a seguinte: em quais setores deveria haver aumento ou redução de produção, em quais setores deveriam ser alterados os objetivos de produção, que novos setores devem ser criados? O honesto e experiente diretor de empresa não tem como responder a essas questões. Quem confunde atividade empresarial com gerência ignora o verdadeiro problema econômico. Nas disputas trabalhistas, as partes em confronto não são a direção da empresa e a mão de obra; são o empresário (ou o capital) e os assalariados. O sistema capitalista não é um sistema gerencial; é um sistema empresarial. Não se está diminuindo o mérito do dirigente de empresa ao se registrar o fato de que não é a sua conduta que determina a alocação dos fatores de produção aos vários setores da atividade econômica.

Ninguém jamais imaginou que uma comunidade socialista pudesse convidar promotores e especuladores para exercer uma atividade de risco e entregar os seus lucros a um fundo comum. Aqueles que sugerem um quase-mercado para o sistema socialista nunca pensaram em preservar a bolsa de ações e de mercadorias, o mercado futuro, os banqueiros e os emprestadores de dinheiro, como se fossem quase-instituições. Não se pode *brincar* de especulação e de investimento. Os especuladores e os investidores arriscam o seu próprio dinheiro, o seu próprio destino. É esse fato que os obriga a se submeterem aos consumidores, que são os soberanos da economia capitalista. Se suas iniciativas não afetam o seu patrimônio, deixam de exercer a sua função social; deixam de ser empresários para se tornarem apenas um grupo de homens a quem o diretor da economia delegou a direção de uma atividade econômica. Mas terão de enfrentar o mesmo problema que o diretor era incapaz de resolver: o problema do cálculo econômico.

Conscientes do fato de que essa idéia simplesmente não faz sentido, os defensores do quase-mercado, às vezes, recomendam vagamente uma outra saída: a autoridade socialista deveria agir como agem os bancos, emprestando dinheiro a quem estivesse disposto a pagar mais pelo empréstimo. Essa idéia também não tem sentido. Quem quer

---
[6] Ver p. 365-368.

que possa habilitar-se a esses fundos não tem propriedades próprias, o que é auto-evidente numa sociedade socialista. Podem oferecer a esse hipotético banqueiro oficial qualquer taxa de juros, por mais alta que seja, pois não correm nenhum risco financeiro pessoal. Não aliviam em nada a responsabilidade do diretor-banqueiro. O risco inerente aos empréstimos que lhes são feitos não é garantido pelos bens pessoais do tomador, como o são numa sociedade capitalista. Esse risco recai exclusivamente sobre a sociedade, que é a única dona de todos os recursos disponíveis. Se o diretor-banqueiro, sem hesitação, emprestasse os recursos disponíveis àqueles que se propõem a pagar um juro maior, estaria simplesmente premiando a audácia, a imprudência e o otimismo leviano. Estaria abdicando em favor de visionários inescrupulosos ou de salafrários. Deveria reservar a si a decisão de como devem ser utilizados os recursos da sociedade. Mas, sendo assim, voltamos ao ponto de partida: o diretor, ao pretender conduzir a atividade econômica, não pode recorrer à divisão do trabalho intelectual que, no regime capitalista, nos proporciona um método prático de efetuar o cálculo econômico.[7]

O emprego dos meios de produção pode ser controlado seja pela empresa privada ou pelo aparato social de coerção e compulsão. No primeiro caso, há um mercado, há preços de mercado para todos os fatores de produção e é possível o cálculo econômico. No segundo caso, não. É inútil iludir-se na esperança de que os órgãos da economia coletiva serão "onipresentes" e "oniscientes".[8] A praxeologia não lida com os atos de uma divindade onipresente e onisciente; lida com os atos de homens dotados apenas de uma mente humana. E a mente humana só pode planejar se puder fazer uso do cálculo econômico.

Uma sociedade socialista com mercado e preços é algo tão contraditório como um triângulo quadrado. A produção é dirigida ou por empresários que visam ao lucro ou pela decisão de um diretor a quem é concedido o poder supremo e exclusivo. Serão produzidos ou os bens com cuja venda o empresário espera obter maiores lucros ou os bens que o diretor quer que sejam produzidos. A questão é a seguinte: a quem deve caber a decisão, aos consumidores ou ao diretor? Quem deve decidir, em última instância, se uma determinada quantidade de fatores de produção deveria ser empregada para produzir o bem de consumo a ou o bem de consumo b? Essa questão não admite respostas evasivas. Deve ser respondida de maneira direta e sem ambiguidades.[9]

---

[7] Ver Mises, *Socialism*, p. 137-142; Hayek, *Individualism and Economic Order*, Chicago, 1948, p.119-208; T.J.B. Hoff, *Economic Calculation in the Socialist Society*, Londres, 1949, p. 129 e segs.

[8] Ver H.D. Dickinson, *Economics of Socialism*, Oxford, 1939, p.191.

[9] Para uma análise mais detalhada de um estado corporativista, ver adiante p. 921-925.

6
AS EQUAÇÕES DIFERENCIAIS DA ECONOMIA MATEMÁTICA

Para melhor compreender a ideia de que as equações diferenciais da matemática econômica possibilitariam o cálculo econômico na sociedade socialista, convém recordar o que realmente significam essas equações.

Ao concebermos a construção imaginária de uma economia uniformemente circular, supusemos que todos os fatores de produção estão sendo empregados de uma tal maneira que cada um deles presta o serviço mais valioso que lhe é possível prestar. Nessas condições, nenhuma mudança no emprego de qualquer desses fatores poderia satisfazer melhor as necessidades das pessoas. Essa situação, em que não adianta recorrer a qualquer nova mudança na distribuição dos fatores de produção, é representada por meio de sistemas de equações diferenciais. Não obstante, essas equações não nos dão informação sobre as ações humanas por meio das quais esse hipotético estado de equilíbrio teria sido atingido. O que elas informam é o seguinte: se, nesse estado de equilíbrio estático, m unidades de a são empregadas para produzir p, e n unidades de a para produzir q, nenhuma outra mudança no emprego das unidades disponíveis de a poderia resultar num aumento da satisfação de necessidades (mesmo se admitirmos que a é perfeitamente divisível e adotarmos a unidade de a como infinitesimal, seria um erro grave afirmar que a utilidade marginal de a seria a mesma em ambas as utilizações).

Esse estado de equilíbrio é uma construção puramente imaginária. No mundo real, cambiante, jamais chega a existir. Não corresponde à situação vigente hoje, nem a qualquer outra situação possível.

Na economia de mercado, é a ação empresarial que continuamente faz variar as relações de troca e realoca os fatores de produção. Um homem empreendedor descobre uma discrepância entre os preços dos fatores complementares de produção e os futuros preços dos produtos (segundo imagina que serão) e tenta tirar vantagem dessa diferença em seu próprio benefício. Esse futuro preço que o empreendedor tem em mente não é, certamente, o hipotético preço de equilíbrio. A nenhum ator da cena econômica interessa a noção de equilíbrio ou de preços de equilíbrio; esses conceitos são estranhos à vida real e à ação; são ferramentas auxiliares do raciocínio praxeológico, cujo emprego é necessário quando a mente humana não tem outro meio de conceber a incessante mobilidade da ação, a não ser contrastando-a com a noção de um repouso perfeito. Para o teórico, toda mudança é um passo adiante no caminho que, se não ocorrerem novas mudanças, conduzirá finalmente ao estado de equilíbrio. Nem os teóricos, nem os capitalistas e os empreendedores, nem os consumidores têm possibilidade de, com base no seu conhecimento da realidade presente, formar uma opinião sobre o nível futuro desse preço de equilíbrio. Nem há necessidade de que se tenha essa opinião. O que impulsiona um homem a mudar e a inovar não é a visão de preços de equilíbrio, mas a antecipação do nível de preços de um limitado número de artigos, que prevalecerá no mercado na época prevista para sua venda. O que o empresário tem em mente, ao se engajar num determinado projeto, são apenas os primeiros passos de uma transformação que, se não ocorrerem novas mudanças além das provocadas pelo seu próprio projeto, resultariam no estabelecimento do estado de equilíbrio.

Mas, para se utilizarem as equações que descrevem o estado de equilíbrio, é necessário conhecer a gradação de valor dos bens de consumo nesse estado de equilíbrio. Essa gradação é um dos elementos dessas equações que se presumem já serem conhecidos.

Entretanto, o diretor conhece apenas as suas próprias valorações atuais e ignora o que serão quando atingido o hipotético estado de equilíbrio. Com base nas suas valorações atuais, está convencido de que a alocação dos fatores de produção não é a mais satisfatória e pretende modificá-la. Mas ele mesmo não sabe qual será o seu julgamento de valor no dia em que o equilíbrio for alcançado. Essas futuras valorações refletirão as condições que resultarão das sucessivas mudanças na produção, provocadas por ele mesmo.

Chamemos o dia de hoje de *D1* e de *Dn* o dia em que o equilíbrio venha a ser estabelecido. Denominemos, da mesma maneira, as seguintes grandezas correspondentes a esses dois dias: *V1* e *Vn*, a escala de valorações dos bens de primeira ordem; *O1* e *On*, a disponibilidade[10] total de fatores originais de produção; *P1* e *Pn*, a disponibilidade total de fatores de produção já produzidos; resumamos chamando *O1 + P1* de *M1*, e *On + Pn* de *Mn*. Finalmente, designemos o estágio de conhecimento tecnológico por *T1* e *Tn*. Para resolver as equações, precisamos conhecer *Vn, On + Pn = Mn e Tn*. Mas o que conhecemos atualmente é apenas *V1, O1 + P1 = M1 e T1*.

---

[10] Por *disponibilidades* entendemos o inventário completo, no qual todas as existências disponíveis são relacionadas por classes e com as respectivas quantidades. Cada classe compreende apenas os ítens que têm, em relação a todos os aspectos (por exemplo, em relação também à sua localização), precisamente a mesma importância para satisfação de necessidades.

Ao aludir ao fato de que a ausência de novas mudanças nos dados é condição necessária para estabelecer o equilíbrio, estamos referindo-nos apenas àquelas mudanças que poderiam perturbar o ajuste da atividade econômica em decorrência do próprio funcionamento dos elementos que já estão operando hoje. Seria inadmissível presumir que as grandezas no dia *D1* pudessem ser iguais às do dia *Dn*, porque o estado de equilíbrio seria atingido se não ocorressem novas mudanças nos dados. O sistema não poderia atingir o estado de equilíbrio se novos elementos, vindos de fora do sistema, desviassem-no da direção que o levaria ao equilíbrio.[11] Enquanto o equilíbrio não é atingido, o sistema está permanentemente movimentando-se, o que faz mudar os dados. A simples tendência ao estabelecimento de equilíbrio, não perturbada por mudanças vindas de fora do sistema, constitui, em si mesma, um processo de sucessivas mudanças nos dados.

P1 representa um conjunto de bens cujos valores não correspondem aos de hoje. Resultam de ações praticadas com base em valorações passadas, em função de um estágio de conhecimento tecnológico e de informações sobre disponibilidades de fatores primários de produção que são diferentes das atuais. Uma das razões pelas quais o sistema não está em equilíbrio reside precisamente no fato de que *P1* não está ajustado às condições atuais. Há fábricas, ferramentas e disponibilidades de outros fatores de produção que não existiriam se a situação fosse de equilíbrio; e outras fábricas, ferramentas e fatores de produção deveriam existir para que o equilíbrio pudesse estabelecer-se. O equilíbrio só pode ocorrer quando essas partes perturbadoras de *P1*, na medida em que ainda sejam utilizáveis, forem devidamente gastas e substituídas por outras que correspondam aos demais dados sincrônicos, quais sejam, *V*, *O* e *T*. O que o agente homem precisa saber não é a situação no estado de equilíbrio, mas qual a melhor maneira de transformar gradualmente *P1* em *Pn*. E, para isso, as equações são inúteis.

Não se pode conduzir o exame dessas questões eliminando-se *P* e considerando-se apenas *O*. Sem dúvida, tanto a qualidade como a quantidade dos fatores de produção já produzidos, ou seja, dos produtos intermediários, dependem exclusivamente da forma como são utilizados os fatores originais de produção. Mas a informação que poderia ser obtida dessa maneira só tem validade no caso de situações de equilíbrio. Não nos informa quanto aos métodos e procedimentos necessários para atingir a situação de equilíbrio. A disponibilidade

---

[11] Evidentemente, podemos presumir que *T1* é igual a *Tn*, se estivermos dispostos a admitir que o conhecimento tecnológico já atingiu o seu nível definitivo e final.

de produtos intermediários, que hoje é *P1*, não é a mesma que existiria na situação de equilíbrio. Temos de levar em consideração a realidade, isto é, *P1*, e não uma condição hipotética *Pn*.

Esse hipotético futuro estado de equilíbrio só poderá existir quando todos os métodos de produção tiverem sido ajustados às valorações dos diversos agentes e ao correspondente estágio de conhecimento tecnológico. Aí, então, todos estarão trabalhando na localização mais apropriada e com os métodos tecnológicos mais adequados. A economia de hoje é diferente. Funciona com disponibilidades de meios que não correspondem ao estado de equilíbrio e que, portanto, não podem ser consideradas por um sistema de equações que descreve esse estado por meio de símbolos matemáticos. Para o diretor cuja tarefa é agir hoje, nas condições atuais, é inútil conhecer quais serão as condições que prevalecerão quando o equilíbrio for atingido. O que ele precisa é descobrir como proceder, da maneira mais econômica, com os meios de que dispõe hoje, e que lhe foram legados por uma época em que as valorações, o conhecimento tecnológico e as informações sobre localização eram diferentes. O que precisa saber é qual o próximo passo a ser dado. Para isso, as equações não lhe ajudam em nada.

Suponhamos que um país isolado, cujas condições econômicas sejam similares às da Europa central no meio do século XIX, seja governado por um ditador perfeitamente familiarizado com a tecnologia americana de nossos dias. Esse governante saberia, de uma maneira geral, a que objetivos deveria conduzir a economia sob seu comando. Entretanto, mesmo o pleno conhecimento das condições da América de hoje de nada lhe valeria para solucionar o problema que tem diante de si: que medidas adotar para transformar, da maneira mais apropriada e mais conveniente, o sistema econômico vigente no sistema desejado.

Mesmo supondo, só para argumentar, que por milagrosa inspiração o diretor, sem necessidade de recorrer ao cálculo econômico, conseguisse resolver da melhor maneira possível todos os problemas relativos ao ajuste de todas as atividades econômicas, de modo a atingir o objetivo que tem em mente, restariam ainda problemas essenciais que não poderiam ser resolvidos sem o cálculo econômico. Isso porque a tarefa do diretor não consiste em iniciar uma civilização e começar a história econômica a partir do zero. Os elementos com os quais terá de operar não são apenas os recursos naturais ainda virgens. São também os bens de capital produzidos no passado e que não são conversíveis, ou não são perfeitamente conversíveis, em novos projetos. É precisamente nesses bens – produzidos em circunstâncias em que as valorações, o conhecimento tecnológico e muitas outras coisas eram muito diferentes do que são hoje – que está cristalizada a nossa riqueza. Sua estrutura, qualidade, quantidade e localização são de primordial importância nas futuras decisões da atividade econômica. Alguns deles possivelmente se revelarão absolutamente inaproveitáveis; permanecerão como "capacidade ociosa". Mas a maior parte deles deverá ser utilizada, a não ser que prefiramos começar de novo da extrema pobreza e indigência do homem primitivo e que encontremos a maneira de sobreviver durante o período que nos separa do dia em que estará concluída a reconstrução do aparato de produção. O diretor não se poderá limitar a edificar a nova sociedade sem se importar com a sorte do seus súditos até que fique pronta a sua construção. Terá de procurar empregar, da melhor maneira possível, todos os bens de capital já existentes.

Não só os tecnocratas, mas também os socialistas de todos os matizes, reiteram incessantemente que o que torna possível a realização de seus planos ambiciosos é a enorme riqueza já acumulada. Mas, ao mesmo tempo, não chegam a perceber o fato de que grande parte dessa riqueza consiste em bens de capital já existentes e que, portanto, são mais ou menos antiquados do ponto de vista das nossas atuais valorações e do nosso atual conhecimento tecnológico. Para eles, o único objetivo da atividade econômica é o de transformar o aparato de produção de tal maneira, que as futuras gerações possam desfrutar de um melhor padrão de vida. Para eles, os seus contemporâneos são simplesmente uma geração perdida cujo único propósito devia ser o de usar seus esforços e preocupações em benefício dos que ainda não nasceram. Entretanto, na realidade, nossos semelhantes não pensam dessa maneira. Querem não só criar um mundo melhor para os seus bisnetos, como querem também usufruir a sua própria vida. Querem utilizar da melhor maneira possível todos os bens de capital que hoje estão disponíveis. Aspiram a um futuro melhor, mas querem atingir esse objetivo da maneira mais econômica. E, para isso, não podem prescindir do cálculo econômico.

Foi um erro grave acreditar que seria possível, mediante operações matemáticas, definir um hipotético estado de equilíbrio, com base no conhecimento das condições de um estado de não equilíbrio. Não menos errado foi supor que esse conhecimento das condições de um hipotético estado de equilíbrio pudesse ser de alguma utilidade para o agente homem na sua busca da melhor solução para os problemas do seu dia a dia. Não há, portanto, necessidade de enfatizar o fabuloso número de equações que teriam de ser resolvidas cotidianamente – o que por si só já tornaria esse método inviável —, mesmo se essa fosse realmente uma alternativa razoável para o cálculo econômico de mercado.[12]

---

[12] Em relação a esse problema algébrico, ver Pareto, *Manuel d'économie politique*, 2. ed., Paris, 1927, p.233 e segs.; e Hayek, *Collectivist Economic Planning*, Londres, 1935, p.207-214. Fica evidenciado que a construção de computadores eletrônicos não afeta o nosso problema.

Parte VI

A Intervenção no Mercado

Capítulo 27
O Governo e o Mercado

1
A Ideia de um Terceiro Sistema

A distinção entre propriedade privada dos meios de produção (economia de mercado ou capitalismo) e propriedade pública dos meios de produção (socialismo, comunismo ou "planejamento central") é bastante nítida. Cada um desses dois sistemas de organização econômica da sociedade pode ser descrito e definido de maneira precisa e sem ambiguidades. Não podem jamais ser confundidos um com o outro; não podem ser misturados ou combinados; não podem transitar gradualmente de um para o outro; são mutuamente incompatíveis. Um fator de produção ou é de propriedade privada ou pública. Se, no contexto de um sistema de cooperação social, alguns meios de produção são de propriedade pública, enquanto os demais são controlados por entidades privadas, isto não configura um sistema misto combinando socialismo e propriedade privada. O sistema continua sendo uma sociedade de mercado, enquanto o setor socializado não se tornar inteiramente separado do setor não socializado, passando a ter uma existência estritamente autárquica. (Nesse último caso, estaríamos diante de dois sistemas que coexistem independentemente lado a lado – um capitalista e outro socialista). Empresas estatais funcionando num sistema no qual existam empresas privadas e um mercado, assim como países socialistas que trocam bens e serviços com países não socialistas, estão integrados num sistema de economia de mercado. Estão sujeitos à lei do mercado e têm a possibilidade de recorrer ao cálculo econômico.[1]

Se quisermos considerar a ideia de colocar lado a lado com esses sistemas, ou entre eles, um terceiro sistema de cooperação humana sob o signo da divisão do trabalho, teremos que partir da noção de economia de mercado e não da noção de socialismo. A noção de socialismo com seu monismo e centralismo rígidos, em que *uma* só vontade tem o poder de escolher e agir, não dá margem a qualquer tipo de compromisso ou concessão; não é um sistema passível de ajustes ou alterações. Mas o mesmo não ocorre em relação

---

[1] Ver p. 316-317.

à economia de mercado. Neste sistema, a coexistência do mercado com o poder de coerção e compulsão do governo dá margem a diversas possibilidades. Seria realmente necessário ou conveniente, perguntam-se as pessoas, que o governo se mantenha à distância do mercado? Não seria uma tarefa do governo interferir e corrigir o funcionamento do mercado? Será que não há outra alternativa além de capitalismo ou socialismo? Será que não existem outros sistemas viáveis de organização social que não sejam nem o comunismo e nem a pura economia de mercado?

Como resposta a essas questões foram arquitetadas diversas terceiras soluções que, segundo os seus criadores, estariam tão distantes do socialismo como do capitalismo. Alegam esses autores que tais sistemas não são socialistas porque preservam a propriedade privada dos meios de produção, e que não são capitalistas porque eliminam as "deficiências" da economia de mercado. Um tratamento científico dessa questão deveria ser necessariamente neutro em relação a quaisquer julgamentos de valor e, portanto, não poderia condenar nenhum aspecto do capitalismo como sendo prejudicial, defeituoso ou injusto; não faz sentido recomendar, em bases puramente emocionais, o intervencionismo. Cabe à ciência econômica analisar essas questões e buscar a verdade; não pode ser invocada para louvar ou condenar a realidade a partir de postulados preconcebidos e de preconceitos. Em relação ao intervencionismo, cabe à ciência econômica apenas perguntar e responder: como é que funciona?

2
O INTERVENCIONISMO

Existem duas maneiras de se chegar ao socialismo.

A primeira (podemos denominá-la de modelo leninista ou russo) é puramente burocrática. Todas as fábricas, lojas e fazendas são formalmente estatizadas (*verstaatlicht*); passam a ser departamentos do governo dirigidos por funcionários públicos. Cada unidade do aparato de produção mantém com o órgão superior central a mesma relação que uma agência local dos correios mantém com o Departamento dos Correios.

A segunda maneira (podemos denominá-la de modelo alemão ou de Hindenburg) preserva nominal e aparentemente a propriedade privada dos meios de produção, fazendo parecer que continuam a existir mercados, preços, salários e juros. Entretanto, já não existem empresários, mas apenas gerentes de empresas (*Betriebsführer* na terminologia nazista). Esses gerentes de empresa parecem estar efetivamente no comando das empresas que lhes foram confiadas; compram e vendem, contratam e dispensam trabalhadores, fixam remunerações, contraem dívidas, pagam juros e amortizam empréstimos. Mas, ao exercer a sua atividade, são obrigados a obedecer incondicionalmente às ordens emitidas pela agência central do governo encarregada de dirigir a produção. Essa agência (a *Reichswirtschaftsministerium* na Alemanha nazista) instrui os gerentes de empresa sobre o que e como produzir, a que preços e de quem comprar, por que preços e a quem vender. Designa o emprego de cada trabalhador e fixa o seu salário. Decreta a quem, e em que termos, os capitalistas devem confiar os seus fundos. Em tais circunstâncias, o mercado torna-se uma impostura. Os salários, preços e taxas de juros são fixados pelo governo; são salários, preços e taxas de juros apenas na aparência; na realidade, são meramente as expressões quantitativas das ordens do governo que determinam o emprego, a renda, o consumo e o padrão de vida de cada cidadão. O governo dirige toda a atividade econômica. Os gerentes de empresa obedecem ao governo e não à demanda dos consumidores e à estrutura de preços do mercado. Isso é socialismo, disfarçado pelo uso da terminologia capitalista. Alguns rótulos da economia de mercado capitalista são mantidos, mas com um significado inteiramente diferente do que têm na economia de mercado.

É necessário salientar este fato a fim de evitar que se confunda socialismo com intervencionismo. O intervencionismo ou a economia de mercado obstruída difere do modelo alemão de socialismo pelo simples fato de ainda ser uma economia de mercado. As autoridades interferem no funcionamento da economia de mercado, mas não desejam eliminá-lo completamente. Querem que a produção e o consumo sigam caminhos diferentes dos que seguiriam se não houvesse as obstruções, e querem atingir esse objetivo por meio de ordens, comandos e proibições, para cujo cumprimento contam com o respaldo do poder de polícia e o seu correspondente aparato de compulsão e coerção. Tais medidas, entretanto, são atos *isolados* de intervenção. Não pretendem, as autoridades, integrá-las num sistema que determinaria todos os preços, salários e taxas de juros, colocando em suas mãos o controle absoluto da produção e do consumo.

O sistema de economia de mercado obstruído, ou intervencionismo, procura preservar o dualismo de duas distintas esferas: a atividade do governo de um lado e a liberdade econômica do sistema de mercado de outro. O que caracteriza o intervencionismo é o fato de que o governo não limita suas atividades à preservação da propriedade privada dos meios de produção e à proteção contra as tentativas de violência ou fraude; o governo interfere na atividade econômica através de ordens e proibições.

A intervenção é sempre um decreto emitido, direta ou indiretamente, pela autoridade responsável pelo aparato administrativo de coerção e compulsão que força os empresários e os capitalistas a empregarem alguns dos fatores de produção de maneira diferente daquela que o fariam se estivessem obedecendo apenas aos ditames do mercado. Um tal decreto pode ser uma ordem para fazer ou para deixar de fazer alguma coisa. O decreto não precisa ser necessariamente emitido diretamente pelo poder legitimamente constituído e estabelecido.

Pode ocorrer que algumas outras agências se arroguem o direito de emitir tais ordens ou proibições, e as imponham por meio do seu próprio aparato de coerção e opressão. Se o governo legitimamente constituído tolera esse procedimento ou até mesmo o apoia por meio de seu aparato policial, as coisas se passam como se a ordem fosse do próprio governo. Se o governo se opõe à ação violenta dessas outras agências, e, embora o desejando, não consegue evitá-las nem com o emprego de suas forças armadas, advém a anarquia.

É importante lembrar que intervenção do governo significa sempre ou ação violenta ou ameaça de ação violenta. Os fundos gastos pelo governo em qualquer de suas atividades são obtidos por meio de impostos. E os impostos são pagos porque os contribuintes não se atrevem a desobedecer aos agentes do governo; eles sabem que qualquer desobediência ou resistência seria inútil. Enquanto perdurar esse estado de coisas, o governo tem possibilidade de arrecadar tanto quanto queira para suas despesas. Governo é, em última instância, o emprego de homens armados, de policiais, guardas, soldados e carrascos. A característica essencial do governo é a de poder fazer cumprir os seus decretos batendo, matando e prendendo. Quem pede maior intervenção estatal está, em última análise, pedindo mais compulsão e menos liberdade.

Chamar atenção para esse fato não implica em condenar a existência do governo, pois, na realidade, a cooperação social pacífica seria impossível na ausência de um instrumento que impeça, pela força se preciso, a ação de indivíduos ou grupos de indivíduos antissociais. Não nos enganemos proclamando, como fazem muitos, que o governo é um mal, embora um mal necessário e indispensável. Aquilo que é necessário para atingir um fim é um meio; é o custo a ser incorrido para atingir o fim desejado. Considerar tal custo como um mal, no sentido moral da expressão, é um julgamento arbitrário. Não obstante, diante das tendências modernas de deificação do governo e do estado, convém que nos lembremos de que os romanos, ao simbolizarem o estado por um feixe de varas em torno de um machado, eram mais realistas do que os nossos contemporâneos que atribuem ao estado todas as características de uma divindade.

3
A DELIMITAÇÃO DAS FUNÇÕES GOVERNAMENTAIS

Várias escolas de pensamento, ostentando nomes pomposos do tipo filosofia da lei e ciência política, procuram, inutilmente, determinar quais seriam as legítimas funções do governo. Partindo de suposições inteiramente arbitrárias, colocam-se no papel de juízes supremos dos assuntos terrenos, estabelecem valores e uma noção de justiça que pretensamente alegam ser absolutos e eternos. Confundem os seus próprios julgamentos de valor, baseados na intuição, com a voz do Todo-Poderoso ou com a natureza das coisas.

Na realidade, não há nada que possa ser considerado como um critério perpétuo do que seja justo ou injusto. A natureza ignora a noção de bem e mal. "Não matarás", certamente, não é uma lei natural. O traço característico das condições da natureza está no fato de que um animal tenta matar outros e de que muitas espécies não conseguem sobreviver a não ser matando outras. A noção de bem e mal é uma invenção do homem, um preceito utilitário concebido para tornar possível a cooperação social sob o signo da divisão do trabalho. Todas as regras morais e leis humanas são meios para realização de determinados fins. Só examinando seriamente a sua utilidade para consecução dos objetivos que se pretende alcançar é que podem ser qualificadas de boas ou más.

Da noção de lei natural algumas pessoas deduzem a legitimidade da instituição da propriedade privada dos meios de produção. Outros recorrem à lei natural para justificar a abolição da propriedade privada dos meios de produção. Sendo a ideia de lei natural arbitrária, tais discussões não podem chegar a qualquer conclusão.

O estado e o governo não são fins; são meios. Só os sádicos sentem prazer em fazer mal a outra pessoa. As autoridades estabelecidas recorrem à coerção e à compulsão para poderem salvaguardar o tranquilo funcionamento de um sistema específico de organização social. A amplitude com que poderá ser utilizada a coerção e a compulsão, assim como o conteúdo das leis que o aparato policial deve fazer respeitar, são condicionados pela ordem social adotada. Sendo o estado e o governo criados com o objetivo de garantir o funcionamento de um sistema social, a limitação das funções governamentais dependerá necessariamente das características desse sistema social. O único critério para apreciar as leis e os métodos usados para sua implementação é verificar se são ou não eficientes para salvaguardar a ordem social que desejam preservar.

A noção de justiça só faz sentido quando referida a um sistema de normas específico que se presume incontestável e à prova de críticas. Muitas são as pessoas que se apegaram à doutrina de que a noção de bem e de mal se acha estabelecida desde tempos imemoriais e para a eternidade. A tarefa dos legisladores e das cortes de justiça seria descobrir o que é certo e justo à luz de um imutável conceito de justiça. Essa doutrina, que resultou num conservadorismo inflexível e na petrificação de velhos costumes e instituições, foi contestada pela doutrina da lei natural. Às leis positivas do país foi contraposta a noção de uma lei "superior", a lei natural. Com base num hipotético e arbitrário direito natural, as leis e instituições vigentes seriam qualificadas de justas ou injustas. Bom legislador seria aquele que elaborasse leis positivas que coincidissem com a lei natural.

Os erros básicos implícitos nessas duas doutrinas já foram desmascarados há muito tempo. Quem por elas não se deixou iludir sabe que o apelo à justiça num debate relativo à elaboração de novas leis é um caso de círculo vicioso. *De lege ferenda* (em relação a uma lei a ser feita) não cabe falar de justiça. A noção de justiça só pode ser logicamente, invocada *de lege data* (no caso de lei existente). Só faz sentido quando significa aprovar ou desaprovar um comportamento específico com base nas leis vigentes no país. Ao se proporem mudanças no sistema legal de uma nação, ao se reescreverem ou se revogarem leis existentes e se elaborarem novas leis, a questão não é de justiça; o que cabe é examinar a utilidade ou conveniência dessas mudanças para o bem-estar geral. Não há o que possa ser considerado como uma noção absoluta de justiça sem que referência seja feita a um sistema específico de organização social. Não é a justiça que define a escolha de um determinado sistema social; é, ao contrário, o sistema social que define o que deveria ser considerado bom e mau. Fora do contexto social não existe bem ou mal. Para um hipotético indivíduo isolado e autossuficiente, as noções de justo e injusto são desprovidas de interesse. Tal indivíduo só poderia distinguir entre o que lhe é mais vantajoso e o que lhe é menos vantajoso. A idéia de justiça se refere sempre à cooperação social.

Não tem sentido justificar ou rejeitar o intervencionismo com base numa ideia fictícia e arbitrária de justiça absoluta. É inútil considerar as legítimas tarefas de governo a partir de algum padrão de valores imutáveis preestabelecidos. Ainda menos admissível é deduzir quais devam ser as funções adequadas de governo a partir da própria noção de governo, estado, lei e justiça. Era precisamente isso o que havia de absurdo nas especulações do escolasticismo medieval, de Fichte, de Schelling, de Hegel e da *Bergriffsjurisprudenz*[2] alemã. Conceitos são ferramentas do raciocínio; não podem jamais ser considerados princípios reguladores de normas de conduta.

Afirmar que as noções de estado e de soberania implicam logicamente em supremacia absoluta e que, portanto, excluem qualquer ideia de limitação das atividades do estado é mero exercício supérfluo de ginástica mental. Ninguém contesta que o estado tem o poder de estabelecer um regime totalitário num território em que seja soberano. A questão a ser respondida é se tal regime seria vantajoso do ponto de vista da preservação e do funcionamento da cooperação social. Em relação a essa questão, a exegese sofisticada de noções e conceitos não tem a menor utilidade; ela terá de ser respondida pela praxeologia e não por uma pseudometafísica do estado e do direito.

A filosofia do direito e a ciência política não conseguem atinar com uma razão que justifique por que o governo não deveria controlar preços e não punir os que desrespeitassem o tabelamento de preços, da mesma maneira que pune assassinos e ladrões. Para os defensores dessas doutrinas, a instituição da propriedade privada seria meramente um favor revogável concedido graciosamente pelo soberano todo-poderoso aos insignificantes indivíduos.

Revogar, total ou parcialmente, as leis que concedem esse favor seria um ato legítimo e normal; nenhuma objeção razoável poderia ser apresentada contra as medidas de expropriação e confisco. O legislador teria a liberdade de substituir o sistema de propriedade privada dos meios de produção por qualquer outro sistema social, da mesma maneira que tem a liberdade de substituir o hino nacional até então adotado. O preceito "*car tel est notre bon plaisir*" seria a única norma a ser obedecida pelo legislador soberano.

Em contraposição a todo esse formalismo e dogmatismo legal, é necessário enfatizar novamente que o único propósito das leis e do aparato social de coerção e compulsão é salvaguardar o funcionamento regular da cooperação social. É óbvio que o governo tem o poder de decretar o tabelamento de preços e o de prender quem comprar ou vender por preços maiores que os tabelados. Mas a questão está em saber se, com essa medida, o governo conseguirá ou não atingir os objetivos que pretendia atingir ao adotá-la. Es-

---

[2] Literalmente, jurisprudência ideal. Escola de juristas alemães segundo a qual as leis ideais são aquelas baseadas na análise lógica de conceitos legais. (N.T.)

tamos diante de uma questão exclusivamente praxeológica e econômica. Nem a filosofia do direito, nem a ciência política têm qualquer contribuição a dar para esclarecê-la.

O problema que temos de examinar ao analisar o intervencionismo não consiste em procurar definir quais seriam as tarefas "naturais", "justas" e "adequadas" do governo. A questão a examinar é a seguinte: como funciona um sistema intervencionista? Poderá esse sistema alcançar aqueles objetivos que o governo, ao adotá-lo, pretende atingir?

A forma confusa e a falta de critério com que têm sido examinados os problemas relativos ao intervencionismo são verdadeiramente surpreendentes. Existem pessoas, por exemplo, que argumentam assim: é óbvio que os regulamentos de tráfego nas estradas públicas são necessários. Ninguém alega que a liberdade do motorista foi diminuída pela interferência do governo. Portanto, os defensores do *laissez-faire* se contradizem ao condenar a interferência do governo nos preços de mercado e aceitar a regulamentação do tráfego feita pelo governo.

O equívoco desse argumento é evidente. A regulamentação do tráfego nas vias públicas compete evidentemente ao órgão, estadual ou municipal, responsável pelo bom funcionamento das mesmas. Compete à direção da companhia de estradas de ferro estabelecer o horário dos trens, assim como compete ao gerente do hotel decidir se deverá haver música no restaurante. Se a estrada de ferro ou o hotel pertencem ao governo, cabe-lhe determinar essas coisas. Se há um teatro de ópera do estado, cabe ao governo decidir quais as óperas que deveriam e quais as que não deveriam ser apresentadas; isso não significa, entretanto, que também caiba ao governo decidir sobre essas coisas num teatro de propriedade particular.

Os intervencionistas repetem seguidamente que não pretendem acabar com a propriedade privada dos meios de produção, com as atividades empresariais, e nem abolir o mercado. Os defensores da *soziale Marktwirtschaft* (economia social de mercado), a mais recente variante do intervencionismo, também proclamam que consideram a economia de mercado como o melhor e mais desejável sistema de organização econômica da sociedade, e que se opõem à onipotência do governo, característica do socialismo. É claro que esses defensores de uma solução intermediária rejeitam com a mesma veemência o liberalismo manchesteriano ou do tipo *laissez-faire*. É necessário, dizem eles, que o estado intervenha no mercado, onde e quando o "livre jogo das forças econômicas" resulte em situações consideradas "socialmente" indesejáveis. Ao fazer essa afirmativa, consideram evidente o fato de que cabe ao governo determinar em cada caso quais são os fatos econômicos "socialmente" desejáveis e quais os que não o são, e, consequentemente, se deve ou não haver uma interferência no mercado.

Todos esses defensores do intervencionismo não chegam a perceber que a implementação de seus programas implica no total domínio do governo sobre todos os assuntos econômicos, o que, forçosamente, haverá de conduzir à implantação de um regime socialista que não é diferente daquele denominado de modelo alemão ou de Hindenburgo. Se compete ao próprio governo decidir se determinada situação econômica justifica ou não a intervenção do estado, já não há mais atividade econômica regulada pelo mercado. Já não são os consumidores que, em última análise, determinam o que deve ser produzido, em que quantidade, de que qualidade, por quem, quando e como – cabe ao governo decidir estas questões. Seus representantes intervirão sempre que o resultado do funcionamento do mercado for diferente do que eles mesmos consideram como "socialmente" desejável. Ou seja, o mercado é livre na medida em que fizer precisamente o que o governo deseja. É "livre" para fazer o que as autoridades consideram "certo", mas não para fazer o que consideram "errado"; a decisão quanto ao que é certo e o que é errado cabe exclusivamente ao governo. Dessa maneira, a doutrina e a prática do intervencionismo vão gradativamente abandonando o que originalmente as distinguia do socialismo puro e simples, para terminar adotando um regime totalitário de planejamento central.

4
A PROBIDADE COMO PADRÃO SUPREMO DAS AÇÕES INDIVIDUAIS

Há uma opinião muito difundida segundo a qual seria possível, mesmo não havendo intervenção do estado na atividade econômica, desviar a economia de mercado da direção que seguiria se fosse deixada exclusivamente ao sabor da motivação pelo lucro. Os defensores de uma reforma social a ser realizada segundo os princípios do cristianismo ou de uma "verdadeira" moralidade sustentam que as pessoas bem-intencionadas, ao atuarem no mercado, deviam ser guiadas também pela consciência. Se as pessoas estivessem dispostas a se preocuparem com suas obrigações morais e religiosas e não apenas com o lucro, não seria necessária a compulsão e a coerção do governo para que as coisas funcionassem bem. O importante, alegam esses reformistas, não é mudar o governo e as leis do país; o importante é a purificação moral do homem, o retorno aos mandamentos de Deus e aos preceitos da lei moral; é a renúncia à cobiça e ao egoísmo. Desta forma, será possível conciliar a propriedade privada dos meios de produção com a justiça, a probidade e a equidade. Os efeitos desastrosos do capitalismo serão, assim, eliminados, sem prejuízo para a liberdade de iniciativa individual. O Moloch do capitalismo seria destronado sem que fosse entronizado o Moloch do estado.

Por ora, não precisamos interessar-nos pelos julgamentos de valor arbitrário em que tais opiniões se baseiam. As razões que esses críticos apresentam para condenar o capitalismo são irrelevantes; seus erros e falácias não têm importância. O que realmente importa é a ideia de erigir um sistema social sobre uma base dupla: a propriedade privada e princípios morais que restrinjam a utilização da propriedade privada. O sistema preconizado, dizem seus defensores, não será socialista, nem capitalista, nem intervencionista. Não será socialista porque preservará a propriedade privada dos meios de produção; não será capitalista porque a consciência prevalecerá sobre o interesse pelo lucro; não será intervencionista porque não haverá necessidade de o governo intervir no mercado.

Na economia de mercado, o indivíduo é livre para agir nos limites que lhe são impostos pela propriedade privada e pelo mercado. Suas escolhas são inapeláveis. Seus concidadãos terão de levá-las em conta ao decidirem sobre suas próprias ações. A coordenação das ações autônomas de todos os indivíduos é realizada pelo funcionamento do mercado. A sociedade não diz a uma pessoa o que fazer e o que não fazer. Não há necessidade de tornar a cooperação obrigatória por meio de ordens ou proibições. A não cooperação se penaliza a si mesma. Ajustar-se às exigências do esforço produtivo da sociedade e procurar atingir os seus próprios objetivos pessoais não são coisas conflitantes. Consequentemente, não há necessidade de uma agência do governo para arbitrar conflitos que não existem. O sistema pode funcionar e cumprir o seu papel, sem a interferência de uma autoridade que emita ordens e proibições e que castigue quem não as acata.

Fora do âmbito da propriedade privada e do mercado, encontra-se o mundo da compulsão e da coerção; são as barreiras que a sociedade organizada construiu para proteger a propriedade privada contra a violência, a malícia e a fraude; é o reino da coação, bem distinto do reino da liberdade. São regras que discriminam entre o que é legal e o que é ilegal, o que é permitido e o que é proibido; é o implacável aparelho composto de armas, prisões e patíbulos, e das pessoas que os manejam, sempre prontas a submeter pela força aqueles que se atreverem a desobedecer.

Ora, os reformistas, de cujos planos estamos ocupando-nos, sugerem que, além das normas destinadas à proteção e preservação da propriedade privada, outras regras éticas deveriam ser estatuídas. Querem que a produção e o consumo sejam diferentes do que seriam se fossem realizados numa ordem social em que os indivíduos tivessem como única obrigação o respeito ao direito de propriedade de seus concidadãos. Querem proscrever aqueles estímulos que motivam a ação individual (denominados de egoísmo, avidez, afã de lucro) e substituí-los por impulsos de outra natureza (denominados de senso do dever, probidade, altruísmo, temor de Deus, caridade). Estão convencidos de que tal reforma moral seria o bastante para garantir um modo de funcionamento do sistema econômico melhor do que o capitalismo não obstruído, sem para tanto haver necessidade de se recorrer às medidas governamentais próprias do intervencionismo e do socialismo.

Os defensores dessas doutrinas não chegam a perceber o papel que aquelas motivações, que condenam como viciosas, representam no funcionamento da economia de mercado. Não compreendem que a única razão pela qual a economia de mercado pode funcionar, sem necessidade de ingerências ou ordens superiores que indiquem a cada um o que fazer e como fazê-lo, está no fato de não obrigar ninguém a desviar-se da linha de conduta que melhor serve aos seus próprios interesses. O que integra as ações individuais no sistema social de produção é o fato de cada um procurar atingir seus próprios objetivos. Ao condescender com a sua própria "avidez", cada agente dê a sua contribuição para que as atividades produtoras sejam ordenadas da melhor maneira possível. Por isso, no âmbito da propriedade privada e das leis que a protegem das transgressões decorrentes de ação violenta ou fraudulenta, não há antagonismo entre os interesses dos indivíduos e os da sociedade.

A economia de mercado se converteria numa confusão caótica se essa prevalência da propriedade privada – que os reformistas denigrem como sendo fruto do egoísmo – fosse eliminada. Simplesmente porque não se poderia instaurar uma ordem social satisfatória e eficaz apenas incitando as pessoas a escutarem a voz da consciência e a substituírem a motivação pelo lucro por considerações atinentes ao bem-estar geral. Não bastaria instar um indivíduo a *não* comprar pelo menor preço e a *não* vender pelo maior preço. Não bastaria instar-lhe a *não* buscar lucros e a *não* evitar perdas. Seria preciso estabelecer, sem ambiguidade, as regras de conduta que fossem aplicáveis em cada caso concreto.

Diz o reformista: o empresário é desalmado e egoísta quando, aproveitando-se de sua própria superioridade, vende por preços menores do que os de um competidor menos eficiente, forçando-o assim a encerrar suas atividades. Mas como deveria proceder um empresário "altruísta"? Não vender nunca por um preço menor que os seus competidores? Ou será que existem situações em que seria justificável procurar vender por preços menores que os seus competidores?

Diz ainda o reformista: o empresário é desalmado e egoísta quando, aproveitando-se da situação do mercado, procura vender por preços tão altos que as pessoas pobres ficam impedidas de comprar sua mercadoria. Mas como deveria proceder o "bom" empresário? Deveria presentear a sua mercadoria? Por menor que seja o preço solicitado, sempre haverá quem não possa comprar ou, pelo menos, não tanto quanto compraria se o preço fosse ainda mais baixo. De todas as pessoas desejosas de adquirir a mercadoria, quais as que deveriam ser excluídas pelo empresário?

Não é necessário, por ora, examinarmos as consequências decorrentes da fixação de preços diferentes dos que seriam estabelecidos pelo funcionamento do mercado não obstruído. Se o vendedor evita vender por preços menores do que os do seu competidor menos eficiente, pelo menos parte de seu estoque não será vendida. Se o vendedor oferece a mercadoria por um preço menor do que o determinado pelo mercado não obstruído, sua oferta será insuficiente para atender a todos os que estejam dispostos a pagar este menor preço. Analisaremos mais tarde essas e outras consequências de qualquer desvio dos preços de mercado.[3] Por ora, devemos apenas entender que não basta dizer ao empresário que ele *não* deve orientar-se pelo mercado. É indispensável que se lhe diga até onde pode ir na fixação dos seus preços para compra e venda. Se já não é a motivação pelo lucro que dirige as ações dos empresários e que determina o que deverão produzir e em que quantidades; se os empresários já não são obrigados, através da motivação pelo lucro, a usarem o melhor de suas habilidades para servir o consumidor, então é necessário que se lhes deem, em cada caso, instruções específicas. Será impossível evitar que sua conduta seja guiada por ordens e proibições, ou seja, precisamente pelo tipo de regulamentação que caracteriza a interferência do governo na atividade econômica. Toda tentativa de evitar essa intervenção apelando para a voz da consciência, para a caridade ou para a fraternidade é inútil.

Os partidários de uma reforma social cristã alegam que, no passado, esse ideal de noção do dever e de obediência à lei moral conseguiu abrandar a cobiça e o desejo de maior lucro. Todos os males do nosso tempo seriam causados por um afastamento dos preceitos da religião. Se as pessoas não tivessem desobedecido aos mandamentos e não ti-

---
[3] Ver adiante p. 859-868.

vessem cobiçado ganhos injustos, a humanidade continuaria a usufruir da bem-aventurança que desfrutou na Idade Média, quando pelo menos a elite vivia segundo os princípios do Evangelho. Bastaria, portanto, retornar àqueles bons tempos e cuidar para que nenhuma nova apostasia privasse os homens dos seus efeitos benéficos.

É desnecessário analisar as condições sociais e econômicas do século XIII, louvado por esses reformistas como a melhor época de toda a história. O que nos interessa apenas é a noção de preços e salários *justos*, noção essa fundamental nos ensinamentos dos teólogos e que os reformistas querem converter em padrão supremo da conduta econômica.

É evidente que, para os que a defendem, essa noção de preços e salários justos está, e sempre esteve, relacionada com uma determinada ordem social que consideram como a melhor possível. Recomendam a adoção de seu projeto visionário e sua preservação para sempre; mudanças futuras são inconcebíveis. Qualquer alteração do melhor estado de coisas possível só poderia significar uma deterioração. A visão de mundo desses filósofos não leva em conta a incessante luta do homem para melhorar as suas condições de vida. Mudança histórica e melhoria geral do padrão de vida são noções que lhes escapam. Denominam de "justo" todo modo de conduta compatível com a tranquila manutenção de sua utopia; e de injusto tudo o mais.

Entretanto, a noção de preços e salários justos que aqueles que não são filósofos têm em mente é muito diferente. O não filósofo entende por preço justo aquele que melhora, ou pelo menos não prejudica, sua receita e sua posição social. Qualquer preço que coloque em risco sua riqueza e sua situação é considerado como injusto. Considera "justo" que os preços dos bens e serviços que ele vende aumentem, e que diminuam os preços dos bens e serviços que compra. Para o agricultor, nenhum preço de trigo, por maior que seja, parecerá injusto. Para o assalariado, nenhum salário, por maior que seja, parecerá injusto. Mas o agricultor rapidamente denunciará qualquer queda no preço do trigo como uma violação das leis humanas e divinas, e o assalariado se revolta quando seus salários diminuem. Todavia, a sociedade de mercado não tem outro modo de ajustar a produção às mudanças nas preferências dos consumidores. As mudanças de preços no mercado forçam as pessoas a restringirem a produção de artigos menos desejados e a expandirem a produção de artigos que os consumidores desejam com maior urgência. O absurdo de todas as tentativas de estabilizar preços consiste precisamente no fato de que a estabilização impediria qualquer nova melhoria e resultaria em rigidez e estagnação. A flexibilidade dos preços e salários é o meio pelo qual se processa o ajuste, a melhoria e o progresso. Condenar como injusta qualquer alteração nos preços e salários, e desejar a preservação do que consideram justo, equivale na verdade a combater as mudanças que poderiam tornar as condições sociais mais satisfatórias.

Nada há de injusto no fato de que tenha prevalecido por muito tempo uma tendência de os preços agrícolas se estabelecerem num nível tal, que a maior parte da população do campo se tenha deslocado para trabalhar nas indústrias de transformação. Se não fosse por essa tendência, 90% ou mais da população continuaria trabalhando na agricultura, e as indústrias de transformação não se teriam desenvolvido. Todos os estratos da população, inclusive os agricultores, estariam em pior situação. Se a doutrina escolástica do preço justo tivesse vigorado, as condições econômicas do século XIII ainda prevaleceriam. A população seria bem menor do que é hoje e o nível de vida seria muito inferior.

As duas variantes da doutrina do preço justo, a filosófica e a popular, manifestam a mesma condenação dos preços e salários determinados pelo mercado livre. Mas essa atitude negativa não nos dá nenhuma resposta à questão de saber quais deveriam ser os preços e os salários justos. Se a moralidade for tomada como o padrão supremo da ação econômica, é preciso que se diga a cada agente, sem ambiguidades, o que fazer, que preços cobrar, que preços pagar em cada caso; é preciso submeter – por meio do aparato de compulsão e coerção – todos os que ousem desobedecer às ordens recebidas. É preciso entronizar uma autoridade suprema que estabeleça normas de conduta para cada caso, modificando-as se necessário, interpretando-as corretamente e fazendo-as respeitar. Assim sendo, substituir o egoísta afã de lucro pela justiça social e pela moralidade requer, para sua implementação, exatamente aquelas medidas de intervenção do governo que os partidários da purificação moral da humanidade desejavam evitar. Qualquer desvio da livre economia de mercado requer, para ser implantado, uma regulamentação autoritária. Que essa autoridade esteja investida num governo laico ou numa teocracia religiosa, não faz a menor diferença.

Os reformistas, ao exortarem as pessoas a se afastarem do egoísmo, estão querendo dirigir-se aos empresários e aos capitalistas e, às vezes, embora timidamente, também aos assalariados. Entretanto, a economia de mercado é um sistema no qual o consumidor é soberano. Tais exortações deveriam ser dirigidas aos consumidores e não aos produtores. Deveriam persuadir os consumidores a renunciar à preferência por mercadorias melhores e mais baratas, convencendo-os a comprar mercadorias piores e mais caras, a fim de não prejudicar o produtor menos eficiente. Deveriam persuadi-los a diminuir suas próprias compras para dar aos mais pobres a oportunidade de comprar mais. Quem quiser que o consumidor aja dessa maneira terá de dizer-lhe claramente o que comprar, em que quantidade, de quem e por que preços; terá que dispor de um aparato de coerção e compulsão para fazer com que essas ordens sejam acatadas. Mas, se assim for, terá adotado exatamente o sistema de controle autoritário que a reforma moral pretendia tornar desnecessário.

O grau de liberdade que os indivíduos podem usufruir num contexto de cooperação social depende da harmonização do ganho privado com o bem público. Na medida em que o indivíduo, ao perseguir o seu próprio bem-estar, aumenta também – ou pelo menos não prejudica – o bem-estar de seus semelhantes, as pessoas podem dedicar-se às suas atividades como bem entenderem, sem que isso coloque em risco a preservação da sociedade e os interesses alheios. Surge, assim, um reino de liberdade e de iniciativa individual, um reino no qual o homem é livre para escolher e para agir como bem entender. É a existência dessa liberdade – que os socialistas e intervencionistas desdenhosamente intitulam de "liberdade econômica" – que torna possível a existência de todas as demais liberdades compatíveis com a cooperação social sob o signo da divisão do trabalho. É a economia de mercado ou capitalismo, com seu corolário político (os marxistas diriam: com sua "superestrutura"), o governo representativo.

Os que alegam existir um conflito entre a avidez dos vários indivíduos ou entre a avidez dos indivíduos, de um lado, e o bem comum, de outro, não têm alternativa a não ser propor a supressão do direito de os indivíduos escolherem e agirem por conta própria. Terão de substituir a livre escolha dos cidadãos pela hegemonia de um comitê central da produção. Na sua visão de uma boa sociedade, não há espaço para a iniciativa privada. A autoridade ordena e todos são obrigados a obedecer.

5
O SIGNIFICADO DE *LAISSEZ-FAIRE*

Na França no século XVIII a expressão *laissez-faire, laissez-passer* foi a fórmula adotada pelos defensores da causa da liberdade para condensarem a sua filosofia. Aspiravam a implantar uma sociedade de mercado não obstruído. Para poder atingir esse objetivo, propunham a abolição de todas as leis que impedissem pessoas mais esforçadas e mais eficientes de superar seus competidores menos esforçados e menos eficientes, e que impedissem a livre circulação de bens e de pessoas. Era esse o significado dessa famosa máxima.

Nessa nossa época em que prevalece uma preferência passional pela onipotência governamental, a expressão *laissez-faire* está desacreditada. A opinião pública a considera hoje uma manifestação de depravação moral e de suprema ignorância.

Na visão dos intervencionistas, a escolha estaria entre "forças automáticas" e "planejamento consciente".[4] É evidente, acrescentam eles, que confiar em processos automáticos é pura estupidez. Nenhuma pessoa razoável poderia seriamente recomendar não se fazer nada e deixar as coisas seguirem seu curso sem a interferência de uma ação intencional. Um plano, pelo simples fato de apresentar um ordenamento racional, é incomparavelmente superior à ausência de qualquer planejamento. *Laissez-faire*, dizem eles, significa: deixem perdurar as desgraças; não tentem melhorar a sorte da humanidade por meio de ações razoáveis.

Esse argumento é inteiramente falacioso; defende o planejamento baseando-se exclusivamente numa interpretação metafórica inadmissível. Baseia-se apenas nas conotações implícitas ao termo "automático", usado habitualmente, num sentido metafórico, para explicar o funcionamento do mercado.[5] Automático, segundo o *Concise Oxford Dictionary*,[6] significa "inconsciente, ininteligente, meramente mecânico". Automático, segundo o *Webster's Collegiate Dictionary*,[7] significa "não sujeito ao controle da vontade ... feito sem pensar e sem intenção ou direção consciente". Que vitória para o defensor do planejamento poder dispor desse trunfo!

Na realidade, a opção não é entre um mecanismo rígido e sem vida de um lado e o planejamento consciente do outro. A alternativa não é ter ou não ter um plano. A questão essencial é: quem deve fazer o plano? Deveria cada indivíduo planejar para si mesmo ou caberia a um governo benevolente planejar por todos? A disputa não é *automatismo "versus" ação consciente*; é *ação individual autônoma "versus" ação exclusiva do governo*. É *liberdade "versus" onipotência governamental*.

Laissez-faire não significa: deixem funcionar as forças mecânicas e desalmadas. Significa: deixem os indivíduos escolherem de que maneira desejam cooperar na divisão social do trabalho; deixem que os consumidores determinem o que os empresários devem produzir. Planejamento significa: deixem ao governo a tarefa

---

[4] Ver A.H. Hansen, "Social Planning for Tomorrow", in *The United States After the War*, Cornell University Lectures, Ithaca, 1945, p. 32-33.

[5] Ver p. 375-377.

[6] 3. ed. Oxford, 1934, p. 74.

[7] 5. ed. Springfield, 1946, p. 73.

de escolher e a capacidade de impor suas decisões por meio do aparato de coerção e compulsão.

No regime de *laissez-faire*, diz o planejador, os bens produzidos não são aqueles de que as pessoas "realmente" precisam, e sim aqueles cuja venda proporciona maiores retornos. O objetivo do planejamento é dirigir a produção no sentido de satisfazer as "verdadeiras" necessidades. Mas quem deve decidir quais são as "verdadeiras" necessidades?

O professor Harold Laski, ex-presidente do Partido Trabalhista inglês, por exemplo, fixaria como objetivo de um plano geral de investimentos "que a poupança fosse usada para construir habitações e não cinemas".[8] Não vem ao caso o fato de que alguém possa concordar com o ponto de vista do professor de que habitação seja mais importante do que fitas de cinema. O que importa é que os consumidores, ao gastarem diariamente uma parte do seu dinheiro adquirindo entradas de cinema, estão manifestando uma opinião diferente. Se o povo inglês, o mesmo povo que votou maciçamente no Partido Trabalhista, deixasse de frequentar os cinemas e preferisse gastar esse dinheiro em habitações melhores, a motivação pelo lucro faria com que se investisse mais na construção de casas e de apartamentos e menos em superproduções cinematográficas. No fundo, o desejo do Sr. Laski era afrontar a vontade dos consumidores, e substituí-la pela sua própria vontade. Era suprimir a democracia do mercado e arvorar-se em tzar da produção. Talvez estivesse convencido de que suas razões fossem mais elevadas e de que, como se fosse um super-homem, tivesse sido chamado para impor os seus valores à massa de seres inferiores. Mas, então, deveria ter a franqueza de reconhecê-lo claramente.

Toda essa louvação apaixonada da proeminência da ação governamental não passa de um pobre disfarce para a *autodeificação* do intervencionista. O grande deus estado só é assim considerado porque se espera que faça exclusivamente aquilo que o defensor do intervencionismo gostaria que fosse feito. O único plano genuíno é aquele aprovado pessoalmente pelo próprio planejador. Todos os outros planos são meras falsificações. Ao se referir a "plano", o que o autor de um livro sobre os benefícios do planejamento tem em mente é, sem dúvida, o seu próprio plano. Não lhe ocorre a possibilidade de que o plano implementado pelo governo possa ser diferente do seu. Os vários planejadores só concordam num ponto: na sua rejeição ao *laissez-faire*, isto é, a que o indivíduo possa escolher e agir. O desacordo entre

---

[8] Ver "Revolution by Consent", contendo discursos de Laski feitos pelo rádio, reeditados em *Talks*, vol.10, n. 10, p.7, outubro, 1945.

eles é total, quando se trata de definir o plano a ser adotado. Sempre que se lhes mostram os manifestos e incontáveis defeitos das políticas intervencionistas, reagem dizendo que essas falhas são o resultado de um intervencionismo espúrio; o que nós defendemos, dizem eles, é o bom intervencionismo e não o mau intervencionismo. E, é claro, bom intervencionismo é o preconizado por quem assim o qualifica.

Laissez-faire significa: deixem o homem comum escolher e agir; não o forcem a se submeter a um tirano.

6
A INTERFERÊNCIA DIRETA DO GOVERNO NO CONSUMO

Ao analisar os problemas econômicos do intervencionismo não precisamos nos ocupar daquelas medidas do governo cujo objetivo é influenciar imediatamente a escolha de bens de consumo pelos consumidores. Toda interferência do governo na atividade econômica afeta indiretamente o consumo; por alterar os dados do mercado, altera também as valorações e a conduta dos consumidores. Mas, se o objetivo do governo é apenas forçar o indivíduo a consumir bens diferentes daqueles que consumiria, se não houvesse a coerção governamental, não haveria problema especial a ser examinado pela ciência econômica. É fora de dúvida que um forte e implacável aparato policial é capaz de obrigar o indivíduo a consumir o que não deseja.

Ao lidar com as escolhas dos consumidores, não perguntamos quais os motivos que o levaram a comprar *a* e a não comprar *b*. Investigamos apenas os efeitos que essa efetiva conduta dos consumidores provoca sobre os preços de mercado e, portanto, sobre a produção. Esses efeitos não dependem das razões que levaram os indivíduos a comprarem *a* e a não comprarem *b*; dependem apenas dos atos concretos de comprar e de abster-se de comprar. É indiferente para a formação do preço de máscaras contra gases que as pessoas as comprem por vontade própria ou porque o governo as força a ter uma máscara contra gases. O que importa é o tamanho da demanda.

Os governos que desejam manter uma aparência externa de liberdade, mesmo quando a cerceiam, procuram disfarçar a sua interferência direta no consumo sob o manto de uma interferência na atividade das empresas. O propósito da chamada lei seca americana era o de impedir que os cidadãos do país bebessem bebidas alcoólicas. Mas, hipocritamente, a lei não tornava ilegal e nem penalizava o ato de beber em si. Simplesmente proibia a fabricação, a venda e o transporte de bebidas alcoólicas, ou seja, as transações comerciais que precedem o ato de beber. A idéia implícita é a de que as pessoas entregam-se ao vício da bebida somente porque empresários inescrupulosos as induzem a isso. Na realidade, é claro que a lei seca visava a usurpar a liberdade que tem cada um de gastar seu dinheiro e viver sua vida como melhor lhe aprouvesse. As restrições impostas às empresas eram apenas a forma instrumental de atingir esse objetivo.

Os problemas relativos à interferência direta do governo no consumo não são problemas catalácticos; vão muito além do âmbito da cataláxia e dizem respeito aos aspectos fundamentais da vida humana e da organização social. Se é verdade que o governo recebe sua autoridade de Deus e que a Divina Providência o fez guardião das massas ignorantes e estúpidas, então cabe-lhe certamente regulamentar todos os aspectos da conduta humana. O governante enviado de Deus sabe melhor que os seus súditos o que seria bom para eles; é seu dever protegê-los do mal que infligiriam a si mesmos se tivessem liberdade para agir.

Muitas pessoas que se consideram "realistas" não chegam a perceber a importância dos princípios que estamos abordando. Alegam que esses temas não podem ser tratados a partir de um ponto de vista que consideram como filosófico e acadêmico. Argumentam que a abordagem de tais temas se baseia exclusivamente em considerações de natureza prática. Ninguém poderia negar, continuam eles, que existem pessoas que fazem mal a si mesmas e a suas famílias ao consumirem drogas estupefacientes. Só um ideologista visionário seria tão dogmático a ponto de se opor a que o governo regulamentasse o tráfico de drogas; os benefícios dessa interferência não podem ser contestados.

Entretanto, o caso não é assim tão simples. O ópio e a morfina são certamente drogas nocivas que geram dependência. Mas, uma vez que se admita que é dever do governo proteger o indivíduo contra sua própria insensatez, nenhuma objeção séria pode ser apresentada contra outras intervenções. Não faltariam razões para justificar a proibição de consumo de álcool e nicotina. E por que limitar-se apenas à proteção do corpo? Por acaso os males que um homem pode infringir à sua mente e à sua alma não são mais graves do que os danos corporais? Por que não impedi-lo de ler maus livros e de assistir a maus espetáculos, de contemplar pinturas e esculturas ruins e de ouvir música de má qualidade? As conseqüências causadas por ideologias nocivas são, certamente, muito mais perniciosas, tanto para o indivíduo como para a sociedade, do que as causadas pelo uso de drogas.

Essas preocupações não são apenas espectros imaginários que apavoraram pensadores solitários. É um fato inegável o de que nenhum governo paternalista, antigo ou moderno, jamais hesitou em regulamentar as ideias, crenças e opiniões de seus súditos. Se for abolida a liberdade de o homem determinar o seu próprio consumo, todas as outras liberdades também serão abolidas. Os que ingenuamente defendem a intervenção do governo no consumo iludem-se ao negligenciar o que desdenhosamente chamam de aspecto filosófico do problema. Contribuem inadvertidamente para o estabelecimento da censura, da inquisição, da intolerância religiosa e da perseguição aos dissidentes.

Ao estudarmos a cataláxia do intervencionismo não estamos analisando as consequências políticas da interferência direta do governo no consumo dos cidadãos. Estamos preocupados exclusivamente com aquelas interferências que visam forçar os empresários e os capitalistas a empregarem os fatores de produção de maneira diferente da que empregariam se obedecessem unicamente às ordens do mercado. Não estamos levantando a questão de saber se uma tal intervenção é boa ou má, segundo um ponto de vista qualquer preconcebido. Estamos limitando-nos a perguntar se a intervenção pode ou não atingir os objetivos dos que a defendem e a recomendam.

Corrupção

Uma análise do intervencionismo ficaria incompleta sem uma referência ao fenômeno corrupção.

Não há praticamente uma intervenção sequer do governo no mercado que, do ponto de vista dos cidadãos por ela afetados, não possa ser qualificada como um confisco ou como um donativo. Como regra geral, favorece um indivíduo ou um grupo de indivíduos às custas de outro indivíduo ou de outros grupos de indivíduos. Mas, em muitos casos, o mal causado a algumas pessoas não corresponde a qualquer vantagem que tenha beneficiado outras pessoas.

Não existe um método que se possa qualificar de justo e equitativo para exercer o tremendo poder que o intervencionismo coloca nas mãos do legislador e do governante. Os defensores do intervencionismo pretendem substituir os efeitos da propriedade privada e dos interesses estabelecidos – que consideram "socialmente" nocivos – pelo ilimitado arbítrio do legislador sábio e desinteressado e de seus infatigáveis auxiliares, os burocratas. Para essas pessoas, o homem comum é uma criança desamparada, necessitando urgentemente de tutela paternal para protegê-lo das artimanhas de um bando de trapaceiros. Rejeitam todas as noções tradicionais de lei e de legalidade em nome de uma ideia de justiça "mais elevada e mais nobre". O que quer que façam é sempre bem visto porque prejudica os que desejam reter egoisticamente aquilo que, segundo esse conceito mais elevado de justiça, devia pertencer a outras pessoas.

As noções de egoísmo e altruísmo, da forma como empregadas nesses raciocínios, são contraditórias e inúteis. Conforme assinalado antes, toda ação visa a atingir um estado de coisas que convém mais ao agente do que prevaleceria na ausência da ação. Nesse sentido, toda ação deve ser qualificada de egoísta. O homem que faz donativos para alimentar crianças famintas o faz porque atribui maior valor à satisfação que espera obter dessa doação do que à que obteria se gastasse seu dinheiro de outra maneira, ou porque espera ser recompensado num outro mundo. O político, nesse sentido, é sempre egoísta, quer defenda um programa popular a fim de ser eleito, quer permaneça fiel às suas convicções – impopulares —, privando-se assim dos benefícios que poderia obter se os traísse.

Na terminologia anticapitalista, as palavras *egoísta* e *altruísta* são usadas para classificar as pessoas segundo o ponto de vista de uma doutrina que considera a igualdade de riqueza e de renda como a única situação natural e justa; que estigmatiza os que possuem ou ganham mais do que a média como exploradores, e que condena as atividades empresariais como prejudiciais ao bem comum. Exercer uma atividade empresarial, depender direta ou indiretamente da aprovação ou desaprovação dos consumidores, cortejar o comprador para merecer a sua preferência e ter lucro ao conseguir satisfazê-lo melhor do que os seus competidores é, do ponto de vista da ideologia dos burocratas, algo egoísta e vergonhoso. Somente os que estão na folha de pagamento do governo podem ser considerados altruístas e nobres.

Infelizmente os governantes e os funcionários públicos não são anjos. Percebem logo que suas decisões podem significar, para os empresários, perdas consideráveis ou, às vezes, ganhos extraordinários. Existem certamente burocratas que não aceitam suborno; mas existem outros que anseiam por uma oportunidade "segura" de "partilhar" os ganhos permitidos por suas decisões.

É inevitável que haja favoritismo na aplicação de medidas protecionistas. Tomemos, por exemplo, o caso das licenças de exportação ou importação. Essas licenças valem dinheiro.

A quem deveria o governo dar uma licença e a quem deveria negá-la? Não há nenhum critério neutro e objetivo que permita tornar essa decisão livre de preconceitos e favoritismos. Pouco importa se para obtenção da licença seja necessário fazer pagamentos "por baixo da mesa". O escândalo é o mesmo quando a licença é concedida a pessoas que tenham prestado – ou que se espera venham a prestar – outros tipos de serviços significativos (por exemplo, como eleitores) às pessoas que detêm o poder de conceder a licença.

A corrupção é uma consequência natural do intervencionismo. Podemos deixar aos historiadores e aos advogados a tarefa de lidar com os problemas decorrentes desse fato.[9]

---

[9] É muito comum, atualmente, justificar as revoluções de inspiração comunista pela denúncia à corrupção do governo derrubado. Uma parte da imprensa americana e alguns membros do governo dos EUA procuraram justificar o apoio que deram primeiro aos comunistas chineses e depois aos cubanos, acusando de corruptos os regimes de Chiang Kaishek e mais tarde o de Batista. Mas, se for assim, toda revolução comunista contra um governo que não esteja plenamente comprometido com o *laissez-faire* seria justificável.

Capítulo 28

O Intervencionismo via Tributação

1
O Imposto Neutro

Para manter em funcionamento o aparato social de compulsão e coerção são necessários gastos em trabalho e em mercadorias. Num sistema liberal de governo, essas despesas são pequenas em comparação com a soma das rendas pessoais. Quanto mais o governo estende o seu campo de ação, maiores são as suas despesas.

Se o próprio governo possui e explora fábricas, fazendas, florestas e minas, seria concebível que pudesse cobrir uma parte ou mesmo toda a sua necessidade financeira com os juros e os lucros obtidos pela exploração desse patrimônio. Mas a administração estatal de atividades econômicas é geralmente tão ineficiente que acarreta mais prejuízos do que lucros. Os governos, para fazerem face às suas despesas, recorrem à tributação, isto é, forçam os cidadãos a ceder-lhes uma parte de sua riqueza ou de sua renda.

Poder-se-ia imaginar um sistema de impostos que fosse neutro, isto é, que não desviasse o funcionamento do mercado das direções que seguiria se não houvesse qualquer taxação. Entretanto, a vasta literatura sobre questões fiscais, assim como as políticas adotadas pelos governos, nunca deram muita atenção à possibilidade de um imposto *neutro*; a preocupação tem sido a de descobrir o imposto *justo*.

O imposto neutro afetaria a situação dos cidadãos tão somente na medida em que uma parte do trabalho e dos bens materiais é absorvida pelo aparato governamental. Na construção imaginária da economia uniformemente circular, o governo arrecada impostos e gasta o total arrecadado, nem mais nem menos, para custear as suas despesas. Uma parte da renda de cada cidadão é usada para cobrir as despesas públicas. Se supusermos que nessa economia uniformemente circular prevalece uma perfeita igualdade de renda, de tal sorte que a renda de cada família é proporcional ao número de seus membros, tanto um imposto *per capita* como um imposto proporcional à renda seriam impostos neutros. Nessa hipótese, não haveria diferença entre essas duas modalidades de impostos. Uma parte da renda de cada cidadão seria absorvida pelas despesas públicas e não haveria efeitos secundários provocados pela taxação.

A economia cambiante é inteiramente diferente dessa construção imaginária de uma economia uniformemente circular com igualdade de rendas. A mudança incessante e a desigualdade de riqueza e de renda são características necessárias e essenciais da economia cambiante de mercado, o único sistema de economia de mercado que pode existir na realidade. No contexto desse sistema, nenhum imposto pode ser neutro. A ideia de um imposto neutro é tão irrealizável como a de moeda neutra, embora, evidentemente, as razões dessa inevitável não neutralidade sejam diferentes num caso e no outro.

Um imposto *per capita* que gravasse de maneira igual e uniforme todos os cidadãos, sem considerar o tamanho de sua riqueza e de sua renda, oneraria mais os que têm menos recursos. Restringiria mais a produção de artigos consumidos pelas massas do que a de artigos consumidos principalmente pelos cidadãos mais ricos. Por outro lado, não reduziria tanto a poupança e a acumulação de capital como ocorreria com uma taxação que onerasse mais os cidadãos mais ricos. Não diminuiria a relação entre a produtividade marginal dos bens de capital e a produtividade marginal do trabalho, tanto quanto ocorreria com uma taxação que onerasse mais os de maior riqueza e renda; consequentemente, retardaria menos a tendência de elevação dos salários.

As políticas fiscais de todos os países hoje em dia orientam-se exclusivamente pela ideia de que os impostos deveriam ser proporcionais à "capacidade de pagamento" de cada cidadão. Nas considerações que acabaram resultando na aceitação geral do princípio da capacidade de pagamento havia uma vaga ideia de que, ao taxar mais pesadamente os que têm mais do que os que têm menos, o imposto seria um pouco mais neutro. Por mais que assim seja, na verdade qualquer referência à neutralidade do imposto foi logo abandonada. O princípio da capacidade de pagamento foi elevado à dignidade de um postulado de justiça social. Hoje, as pessoas consideram os objetivos fiscais e orçamentários da taxação como secundários; a função primordial da taxação é reformar as condições sociais segundo um critério de justiça. Assim sendo, um imposto é considerado tão mais satisfatório quanto menos neutro for e quanto mais servir de instrumento para desviar a produção e o consumo das direções a que seriam conduzidos num mercado não obstruído.

2
O IMPOSTO TOTAL

A ideia de justiça social, implícita no princípio da capacidade de pagamento, é a de que deveria haver perfeita igualdade financeira entre todos os cidadãos. Enquanto subsistir alguma diferença de renda e de patrimônio, pode-se plausivelmente afirmar que essas rendas e fortunas maiores, por menor que seja o seu valor absoluto, indicam uma capacidade de pagamento ainda não tributada, assim como pode-se afirmar que qualquer desigualdade de renda e de riqueza existente indicam uma diferença de capacidade. O princípio da capacidade de pagamento, levado às suas últimas consequências lógicas, exige que se atinja a mais completa igualdade de renda e de riqueza mediante o confisco de todas as rendas e fortunas acima do mínimo de que disponha o mais pobre dos cidadãos.[1]

O conceito de imposto total é a antítese do de imposto neutro. O imposto total tributa – confisca – toda renda e toda propriedade. O governo pode, então, com os recursos públicos assim arrecadados, alocar a cada um montante suficiente para cobrir as despesas necessárias à sua subsistência. Ou, o que dá no mesmo, o governo, ao tributar, isenta o montante que considera como a parte que deve legitimamente caber a cada um e complementa a parte dos que têm menos que isso.

A ideia de imposto total não pode ser levada às suas últimas consequências lógicas. Se para os empresários e capitalistas não decorrer qualquer benefício ou perda pessoal em função da forma como utilizam os meios de produção, resulta-lhes indiferente agir de uma ou de outra maneira. Sua função social se esvaece e eles se tornam administradores da propriedade pública, desinteressados e sem responsabilidade. Já não estão obrigados a ajustar a produção aos desejos dos consumidores. Tributar somente a renda e isentar o patrimônio equivale a incentivar os proprietários a consumirem parte de sua riqueza, prejudicando assim o interesse geral. Um imposto total sobre a renda seria uma maneira inepta de transformar o capitalismo em socialismo. Se o imposto total incide tanto sobre o patrimônio como sobre a renda, já não pode ser considerado um imposto, isto é, um meio de arrecadar o necessário para cobrir as despesas do governo, numa economia de mercado; torna-se uma medida para implantação do socialismo. Tão logo seja consumada, o capitalismo terá sido substituído pelo socialismo.

Mesmo considerado como um meio para implantar o socialismo, o imposto total é contestável. Alguns socialistas formularam planos de uma reforma tributária pró-socialista. Propunham um imposto de 100% sobre a propriedade e sobre as doações, ou o confisco total da renda da terra e de toda renda não ganha – o que significa, na terminologia socialista, toda renda que não seja decorrente de trabalho pessoalmente rea-

---
[1] Ver Harley Lutz, *Guideposts to a Free Economy*, Nova York, 1945, p. 76.

lizado. O exame dessas propostas é desnecessário; basta saber que são inteiramente incompatíveis com a preservação da economia de mercado.

3
OBJETIVOS FISCAIS E NÃO FISCAIS DA TRIBUTAÇÃO

Os objetivos fiscais e não fiscais da tributação são conflitantes.

Examinemos, por exemplo, o imposto sobre consumo de bebidas alcoólicas. Na condição de fonte de renda do governo, quanto mais render, melhor. É claro que, ao aumentar o preço da bebida, o imposto restringe a sua venda e o seu consumo. É necessário tentar descobrir, experimentalmente, qual o nível de imposto que proporcionaria a maior arrecadação. Mas se o imposto é usado para reduzir o máximo possível o consumo de bebidas alcoólicas, quanto maior for o imposto, melhor. Acima de certo limite, o imposto faz com que o consumo diminua consideravelmente e, concomitantemente, a arrecadação também. Se o imposto atingir plenamente o objetivo não fiscal de fazer com que as pessoas se abstenham de consumir bebidas alcoólicas, a arrecadação torna-se zero. Deixa de ter um objetivo fiscal; seu efeito equivale ao de uma proibição. O mesmo é válido não apenas em relação a todos os tipos de impostos indiretos, mas também em relação aos impostos diretos. Impostos discriminatórios aplicados sobre as grandes empresas, acima de certo limite, resultariam no completo desaparecimento dessas grandes empresas. Os impostos sobre o capital, sobre a herança e sobre a propriedade, da mesma forma que o imposto sobre a renda, também são autodestrutivos, se levados a extremos.

Não há como conciliar o conflito entre os objetivos fiscais e não fiscais da tributação. O poder de tributar implica no poder de destruir, conforme muito bem observou Marshall,[2] presidente do Supremo Tribunal. Esse poder pode ser usado para destruir a economia de mercado e tem sido esse o propósito de muitos governos e partidos políticos. Na medida em que o socialismo venha a substituir o capitalismo, desaparecerá esse dualismo de dois domínios de ação coexistentes, o público e o privado. O governo faz desaparecer o campo das ações individuais autônomas e torna-se totalitário. Já não depende dos meios extorquidos dos cidadãos para custear suas despesas. Já não existe uma separação entre recursos públicos e recursos privados.

A tributação só pode existir numa economia de mercado. Um dos aspectos característicos da economia de mercado é que nela não haja

---
[2] John Marshall – 1755-1835. Jurista norte-americano que presidiu o Supremo Tribunal por 35 anos. (N.T.)

interferência do governo nos fenômenos do mercado e que o aparato governamental seja pequeno, de modo a absorver apenas pequena parte da renda total dos indivíduos. Sendo assim, os impostos são um meio adequado para obtenção dos recursos necessários ao funcionamento do governo. São um meio adequado porque são de pouca monta e não perturbam sensivelmente a produção e o consumo. Se os impostos crescerem acima de um limite moderado, deixam de ser impostos e se transformam num instrumento de destruição da economia de mercado.

Essa metamorfose de imposto em arma de destruição é uma característica das finanças públicas nos dias de hoje. Não nos estamos referindo aos juízos de valor, inteiramente arbitrários, emitidos em resposta à questão de saber se impostos elevados causam danos ou benefícios e se os gastos efetuados com os recursos arrecadados são sensatos e benéficos.[3] O que importa é a certeza de que, quanto maior a tributação, menos compatível será com a preservação da economia de mercado. Não há necessidade de saber se "algum país chegou a se arruinar em decorrência de grandes despesas feitas pelo público e para o público".[4] É inegável que a economia de mercado pode ser arruinada por grandes despesas públicas e que tem sido a intenção de muitas pessoas arruiná-la dessa maneira.

Os homens de negócios se queixam do caráter opressivo de uma tributação excessiva. Os governantes ficam preocupados com o risco de "matar a galinha dos ovos de ouro". Entretanto, o verdadeiro ponto crucial do tema tributação está no fato paradoxal de que quanto mais aumentarem os impostos, mais debilitada fica a economia de mercado e, consequentemente, o próprio sistema tributário. Portanto, torna-se evidente a incompatibilidade, em última análise, entre preservação da propriedade privada e medidas confiscatórias. Cada imposto em si, bem como o sistema tributário de um país como um todo, tornam-se autodestrutivos quando ultrapassam certos limites.

4
Os três tipos de intervencionismo fiscal

Os vários métodos de tributação que podem ser usados para manipular a economia – isto é, como instrumentos de uma política intervencionista – podem ser classificados em três grupos:

---

[3] Esse é o método corrente de lidar com problemas de finanças públicas. Ver, por exemplo, Ely, Adams, Lorenz e Young, *Outlines of Economics*, 3.ed., Nova York, 1920, p.702.

[4] Ibid.

1. O imposto visa a suprimir totalmente ou restringir a produção de determinadas mercadorias. Assim sendo, também interfere indiretamente no consumo. Pouco importa que esse objetivo seja atingido pela imposição de impostos especiais, ou pela isenção de certos produtos de um imposto geral incidente sobre todos os outros produtos, ou pela tributação apenas daqueles produtos que o consumidor teria preferido se não houvesse a discriminação fiscal. A isenção de impostos é utilizada como um mecanismo intervencionista, no caso das tarifas aduaneiras; o produto doméstico não é onerado pela tarifa que afeta apenas a mercadoria importada. Muitos países recorrem à discriminação fiscal para manipular a produção interna. Tentam, por exemplo, privilegiar a produção do vinho, obtida geralmente por pequenos e médios viticultores, em detrimento da produção da cerveja, obtida em grandes destilarias, submetendo a cerveja a um imposto de consumo maior do que o do vinho.

2. O imposto expropria uma parte da renda e do patrimônio.

3. O imposto expropria totalmente a renda e o patrimônio.

Não é necessário examinar o terceiro grupo, uma vez que se trata apenas de um meio para implantar o socialismo e, como tal, escapa ao âmbito do estudo do intervencionismo.

O primeiro grupo não difere, em seus efeitos, das medidas restritivas cujo estudo é o objeto do próximo capítulo.

O segundo grupo está incluído nas medidas confiscatórias que serão estudadas no capítulo XXXII.

CAPÍTULO 29
A RESTRIÇÃO DA PRODUÇÃO

1
A NATUREZA DA RESTRIÇÃO

Examinaremos neste capítulo as medidas que são direta e primordialmente adotadas com o objetivo de desviar a produção (no sentido mais abrangente do termo, inclusive comércio e transporte) das direções que teria seguido numa economia de mercado não obstruída. É claro que toda interferência autoritária na atividade econômica desvia a produção dos caminhos que tomaria se fosse apenas orientada pela preferência manifestada pelos consumidores no mercado. O traço característico da interferência restritiva na produção é que o desvio da produção assim provocado não é simplesmente um efeito secundário não intencional e inevitável; o objetivo principal da autoridade é, precisamente, provocar esse efeito. Como qualquer outro ato de intervenção, as medidas restritivas também afetam o consumo; mas também não é esse o objetivo principal das medidas restritivas que estamos examinando neste capítulo. O governo quer interferir na produção. O fato de que suas medidas afetem também o consumo é, para o governo, ou totalmente contrário aos seus interesses ou pelo menos uma consequência indesejável com a qual terá de conviver por ser inevitável e por ser considerada um mal menor em comparação com as consequências da não intervenção.

Restringir a produção significa proibir ou tornar mais difícil ou mais cara a produção, o transporte ou a distribuição de determinados artigos, ou ainda a utilização de certos métodos de produção, transporte e distribuição. A autoridade elimina desta forma alguns dos meios disponíveis para satisfação de necessidades humanas. O efeito dessa intervenção é que as pessoas ficam impedidas de usar seus conhecimentos e aptidões, seu trabalho e seus meios materiais de produção, de maneira a lhes proporcionar o maior retorno e a maior satisfação de suas necessidades. Tal interferência, portanto, torna as pessoas mais pobres e menos satisfeitas.

Esse é o ponto crucial da questão. Todas as sutilezas e bizantinices desperdiçadas na tentativa de invalidar essa tese fundamental são inúteis. No mercado não obstruído prevalece uma tendência irresistível a empregar cada fator de produção da maneira que melhor satisfaça as necessidades mais urgentes dos consumidores. Ao interferir nesse processo, o governo só consegue reduzir a satisfação e nunca aumentá-la.

A exatidão dessa tese já foi provada de uma maneira excelente e irrefutável em relação àquele que é historicamente o mais importante tipo de interferência do governo na produção: os obstáculos impostos ao comércio internacional. Nessa matéria, os ensinamentos dos economistas clássicos, especialmente os de Ricardo, esclarecem definitivamente a questão. Tudo o que se pode conseguir com uma proteção aduaneira é desviar a produção dos locais onde ela é maior, por unidade de aporte, para locais onde é menor. Não aumenta a produção; restringe-a.

As pessoas divagam sobre o que imaginam ser incentivos do governo à produção. Mas o governo não tem o poder de incentivar um setor de produção, a não ser restringindo outros. Retira os fatores de produção de setores em que seriam empregados se não houvesse obstrução ao mercado, para empregá-los em outros setores. Importa pouco o tipo de procedimentos administrativos que são usados para obter esse resultado. Pode-se subsidiar diretamente ou disfarçar o subsídio estabelecendo-se tarifas; de qualquer forma o consumidor é quem paga a conta. O que importa é o fato de que as pessoas são forçadas a renunciar a algumas satisfações a que atribuem maior valor em troca de satisfações a que atribuem menor valor. Na raiz de todo raciocínio intervencionista está sempre a ideia de que o governo ou o estado é uma entidade que paira fora e acima do processo de produção, que possui alguma coisa que não tenha sido extraída dos cidadãos e que pode gastar essa alguma coisa mítica para atingir determinados fins. Essa é a fábula de Papai Noel, elevada por lorde Keynes à dignidade de doutrina econômica, entusiasticamente apoiada por todos aqueles que esperam obter vantagens pessoais com os gastos do governo. Diante dessas falácias populares é preciso enfatizar o truísmo de que um governo só pode gastar ou investir o que tira dos cidadãos, e de que o que gasta ou investe diminui, na mesma medida, o gasto e o investimento que seriam feitos pelos cidadãos.

Embora o governo não tenha poderes para tornar as pessoas mais prósperas por meio de interferências na atividade econômica, tem, certamente, o poder de torná-las menos satisfeitas, ao restringir a produção.

2
O PREÇO DA RESTRIÇÃO

O fato de que restringir a produção implica, invariavelmente, numa diminuição da satisfação individual não significa que a restrição deva ser, necessariamente, considerada como prejudicial.

Um governo não recorre injustificadamente a medidas restritivas; deseja atingir certos objetivos e considera a restrição como o meio adequado de realizá-lo. Para avaliar a conveniência de uma política restritiva é preciso responder a duas questões: os meios escolhidos pelo governo são adequados para atingir o objetivo pretendido? A realização desse objetivo compensa a privação impostas aos cidadãos? Ao levantar estas questões, estamos considerando a restrição de produção como se fosse um imposto. O pagamento de impostos também diminui diretamente a satisfação do contribuinte. Mas é o preço pago pelos serviços que o governo presta à sociedade e a cada um de seus membros. Na medida em que o governo preencha a sua função social e que os impostos sejam limitados apenas ao montante necessário para o bom funcionamento do aparato governamental, o pagamento de impostos é um custo necessário e compensador.

A conveniência desse modo de considerar as medidas restritivas torna-se ainda mais evidente nos casos em que se recorre à restrição como uma alternativa à tributação. O grosso da despesa com a defesa nacional é custeada com a arrecadação de impostos. Mas, em certos casos, recorre-se a outro processo. Pode ocorrer às vezes que a capacidade de resposta a uma agressão dependa da existência de certos setores industriais que não existiriam espontaneamente. Essas indústrias precisam ser subsidiadas e os subsídios concedidos devem ser considerados como qualquer outro gasto com a defesa nacional. A situação é a mesma se o governo conceder indiretamente os subsídios através da imposição de uma tarifa de importação para os produtos em questão. A diferença reside apenas em que, neste caso, tais custos são absorvidos diretamente pelos consumidores, enquanto que no caso de um subsídio do governo os custos são suportados indiretamente, via impostos mais elevados.

Ao promulgar medidas restritivas, os governos e os parlamentares raramente têm consciência das consequências de sua intromissão na atividade econômica. Recusam-se teimosamente a tentar entender os verdadeiros efeitos do protecionismo e ficam possuídos por um sentimento de júbilo, convencidos de que tarifas protecionistas são capazes de elevar o padrão de vida dos residentes no país. A condenação dos economistas ao protecionismo é irrefutável e destituída de qualquer preferência político-partidária; não decorre de um ponto de vista preconceituoso. Mostra que a proteção aduaneira não pode atingir os objetivos pretendidos pelos governos ao promulgá-la. Os economistas não questionam os objetivos em si da ação governamental; simplesmente condenam, como inadequados, os meios escolhidos para atingi-los.

Especialmente populares, entre as medidas restritivas, são aquelas denominadas de legislação trabalhista. Também nesse caso, os governos e a opinião pública enganam-se a respeito dos efeitos. Acreditam que a restrição da jornada de trabalho e a proibição do trabalho de menores são "conquistas sociais" dos assalariados, cujos ônus terão de ser suportados pelos empregadores. Na realidade, essas leis apenas reduzem a oferta de mão de obra e, portanto, aumentam a produtividade marginal do trabalho em relação à produtividade marginal do capital. Mas a redução da oferta de mão de obra resulta numa diminuição da quantidade total de bens produzidos e, consequentemente, no consumo médio *per capita*. O tamanho do bolo diminui, mas a parcela do bolo menor que cabe aos assalariados é proporcionalmente maior do que a parcela do bolo maior que lhes cabia anteriormente; ao mesmo tempo, reduz-se a parcela dos capitalistas.[1] Conforme sejam os dados de cada caso concreto, o salário real dos vários grupos de assalariados poderá aumentar ou diminuir.

A aprovação quase generalizada que tem sido dada à legislação trabalhista baseia-se no erro de supor que os salários não têm relação causal com o valor que o trabalho dos assalariados acrescenta aos materiais. Os salários, diz a "lei de ferro", são determinados pelo mínimo necessário para atender às necessidades vitais; não podem jamais superar o nível de subsistência. A diferença entre o valor produzido pelo trabalhador e o salário que lhe é pago fica com o patrão explorador. Se esse excedente for reduzido pela diminuição da jornada de trabalho, o esforço e a preocupação do assalariado serão menores, seu salário permanecerá o mesmo e o empregador será privado de uma parte do seu injusto lucro. Assim, a diminuição da produção total repercutiria apenas sobre a renda da burguesia exploradora.

Já mostramos anteriormente que o papel representado pela legislação trabalhista na evolução do capitalismo ocidental foi, até alguns anos atrás, muito menos importante do que nos leva a crer a veemência com que o assunto tem sido discutido. A legislação trabalhista, na maior parte dos casos, representou simplesmente o reconhecimento legal de mudanças de situação já consumadas pela rápida evolução da atividade econômica.[2] Mas, nos países que demoraram a adotar o modo capitalista de produção e que ainda

---

[1] Os lucros e perdas empresariais não são afetados pela legislação trabalhista, uma vez que dependem do maior ou menor acerto com que o empresário se ajusta às novas condições do mercado. Nesse particular, a legislação trabalhista contribui apenas como um fator capaz de provocar mudanças.

[2] Ver p. 698-702.

usam métodos atrasados de produção, o problema da legislação trabalhista é crucial. Iludidos pelas doutrinas do intervencionismo, os políticos desses países acreditam poder melhorar a sorte dos menos favorecidos adotando a legislação trabalhista dos países capitalistas mais avançados. Consideram que esses problemas devem ser examinados apenas pelo que erradamente denominam de "lado humano" e, por isso, não chegam a perceber o lado real da questão.

É um fato verdadeiramente lamentável o de que, na Ásia, milhões de crianças sejam carentes e famintas, os salários sejam extremamente baixos em comparação com os padrões americanos e da Europa ocidental, a jornada de trabalho seja longa e as condições sanitárias nos locais de trabalho deploráveis. Mas a única maneira de eliminar esses males é trabalhar, produzir, poupar mais e, assim, acumular mais capital. Essa é a única maneira de se obter uma melhoria duradoura. As medidas restritivas preconizadas pelos que se autointitulam de filantropos e humanistas são inúteis. Além de não melhorarem a situação, a tornariam ainda pior. Se os pais são tão pobres que não conseguem alimentar adequadamente os seus filhos, proibir o trabalho de menores é condenar as crianças a morrerem de fome. Se a produtividade marginal do trabalho é tão baixa que um operário só consegue ganhar em dez horas salários inferiores aos padrões americanos, proibi-lo de trabalhar mais de oito horas por dia em nada lhe favorece.

O que está em discussão não é o desejo de aumentar o bem-estar dos assalariados. Os apologistas dessas leis que supostamente protegem os interesses dos trabalhadores procuram deliberadamente confundir a questão, repetindo incessantemente que mais lazer, maiores salários reais e a liberação das crianças e das mulheres casadas da necessidade de trabalhar fariam com que as famílias dos trabalhadores fossem mais felizes. Recorrem à falsidade e à calúnia, ao qualificarem como "exploradores e inimigos dos trabalhadores" todos aqueles que consideram essas leis como prejudiciais aos interesses vitais dos assalariados. Não há divergências em relação aos fins que se pretendem atingir; a diferença está apenas nos meios a serem aplicados para atingi-los. A questão não é ser ou não ser a favor da melhoria do bem-estar das massas. A questão está exclusivamente em verificar se decretos governamentais diminuindo a jornada de trabalho e proibindo o trabalho de mulheres e crianças são o melhor meio de elevar o padrão de vida dos trabalhadores. Esse é um problema puramente cataláctico, que deve ser resolvido pela ciência econômica. Discursos emocionais a nada conduzem; são apenas um disfarce para o fato de esses farisaicos defensores da restrição serem incapazes de apresentar objeções válidas à sólida e bem fundamentada argumentação dos economistas.

O fato de que o padrão de vida do operário médio americano seja incomparavelmente superior ao do operário médio indiano, de que a jornada de trabalho nos Estados Unidos seja menor e de que as crianças sejam mandadas à escola e não às fábricas não é conquista do governo e nem das leis do país. É o resultado de haver mais capital investido *per capita* do que na Índia e, consequentemente, da maior produtividade marginal do trabalho. O mérito não é da "política social"; é fruto do *laissez-faire* que prevaleceu no passado, que permitiu o desenvolvimento do capitalismo. É esse mesmo *laissez-faire* que os asiáticos deviam adotar se quiserem melhorar a sorte de seus povos.

As causas da pobreza da Ásia e de vários países atrasados são as mesmas que prevaleciam nos primórdios do capitalismo ocidental. Enquanto os números populacionais aumentavam rapidamente, políticas restritivas retardavam o ajuste dos métodos de produção às necessidades de um crescente número de bocas. Foram os economistas do *laissez-faire*, cujo mérito não poderá ser jamais esquecido – embora os livros-textos de nossas universidades os repudiem como pessimistas e defensores da cupidez da burguesia exploradora – que abriram o caminho para a liberdade econômica, o que viria a elevar o padrão médio de vida a níveis sem precedentes.

A economia não é uma ciência dogmática, como pretendem os partidários da onipotência estatal que se autointitulam de "heterodoxos". A economia não aprova e nem desaprova as medidas restritivas do governo. Cabe-lhe apenas esclarecer as consequências dessas medidas. A escolha das políticas a serem adotadas é de incumbência do povo. Mas, ao escolher, os cidadãos, se pretendem atingir os seus objetivos, deviam considerar os ensinamentos da economia.

Existem certamente casos para os quais as pessoas podem considerar justificáveis certas medidas restritivas. Os regulamentos de prevenção de incêndios são restritivos e aumentam o custo de produção. Mas a diminuição da produção daí decorrente é o preço a ser pago para evitar um grande desastre. A decisão sobre cada medida restritiva deve ser tomada com base em meticulosa ponderação dos custos e dos benefícios. Nenhuma pessoa razoável se oporia a isso.

3
A RESTRIÇÃO COMO UM PRIVILÉGIO

Toda alteração dos dados do mercado afeta os vários indivíduos e grupos de indivíduos de forma diferente. Para uns é um benefício, para outros uma calamidade. Esses efeitos só se exaurem mais tarde, quando a produção já se tiver ajustado às novas circunstâncias. Assim, uma medida restritiva, embora desvantajosa para a imensa maioria, pode, temporariamente, ser vantajosa para algumas pessoas. Para os favorecidos, a medida equivale à obtenção de um privilégio; defendem-na porque querem ser privilegiados.

O exemplo típico é, mais uma vez, o protecionismo aduaneiro. A imposição de tarifas sobre mercadorias importadas onera os consumidores. Mas os produtores domésticos as consideram um benefício; para eles, estabelecer novas tarifas ou elevar as já existentes é excelente negócio.

O mesmo também é válido para muitas outras medidas restritivas. Se o governo restringe – seja diretamente, seja por discriminação fiscal – a atividade das grandes empresas, fortalece a competitividade das pequenas empresas. Se dificulta o funcionamento das grandes lojas de departamentos ou das cadeias de lojas, os pequenos lojistas se beneficiam.

É importante compreender que as vantagens assim concedidas têm uma duração limitada. A longo prazo, o privilégio concedido a uma classe de produtores perde sua capacidade de gerar ganhos específicos. O setor privilegiado atrai novos empresários e a competição tende a eliminar os ganhos específicos decorrentes do privilégio. Por isso, a avidez dos "amigos do rei" por novos privilégios é insaciável; querem novos privilégios porque os antigos perderam a eficácia.

Por outro lado, a supressão de uma medida restritiva a cuja existência a estrutura de produção já estivesse ajustada significa uma nova alteração dos dados do mercado; favorece os interesses de alguns e prejudica os de outros. Ilustremos a questão recorrendo a um exemplo de tarifa aduaneira para um artigo qualquer. Digamos que na Ruritânia, em 1920, foi implantada uma tarifa sobre a importação de couro. O fato provocou um grande desenvolvimento das empresas engajadas na atividade curtumeira. Com isso, novos curtumes se estabeleceram e os ganhos inesperados que essa atividade usufruiu em 1920 e nos anos seguintes foi aos poucos desaparecendo. Restou apenas o fato de que uma parte da produção mundial de couro foi deslocada de onde a produção por unidade de aporte era maior para a Ruritânia, onde a produção é mais cara. Os residentes da Ruritânia pagam preços maiores pelos artigos de couro do que pagariam se não houvesse a tarifa. Uma vez que a Ruritânia utilizou uma parcela maior de capital e trabalho na indústria curtumeira do que utilizaria se o comércio de couro fosse livre, algumas outras indústrias do país encolheram ou, pelo menos, foram impedidas de crescer. Menos couro é importado do exterior e uma quantidade menor de produtos ruritânios é exportada para fazer face ao pagamento do couro importado. O volume do comércio externo da Ruritânia diminui; ninguém, dentro ou fora do país, se beneficia da existência da tarifa. Ao contrário, todos são prejudicados pela diminuição da produção mundial. Se a política adotada pela Ruritânia em relação ao couro for também adotada por todos os outros países e em relação a todas as outras mercadorias, de uma maneira drástica a ponto de abolir todo comércio internacional e de tornar autárquicas todas as nações, todos os povos estariam sendo privados das vantagens que a divisão internacional do trabalho lhes proporciona.

É óbvio que, a longo prazo, a revogação da tarifa Ruritânia sobre o couro só traria benefícios tanto para os ruritânios como para os estrangeiros. Entretanto, a curto prazo, prejudicaria os interesses dos capitalistas que investiram na indústria curtumeira. Prejudicaria também os interesses de curto prazo dos operários especializados em trabalhos de couro. Parte deles teria que emigrar ou mudar de ocupação. Esses capitalistas e esses trabalhadores lutam ardentemente contra qualquer tentativa de diminuir ou de abolir a tarifa em questão.

Isso mostra claramente a grande dificuldade, de natureza política, para abolir as medidas restritivas, uma vez que a estrutura de produção já esteja ajustada à sua existência. Embora seus efeitos sejam perniciosos a todos, seu desaparecimento, a curto prazo, é desvantajoso para alguns grupos. Esses grupos, que têm interesse na preservação das medidas restritivas, são evidentemente minorias. Na Ruritânia, só a pequena parcela da população que está engajada na atividade curtumeira pode ser prejudicada com a abolição da tarifa sobre a importação de couro. A imensa maioria é formada por compradores de produtos de couro e seria beneficiada pela correspondente diminuição de preço. Fora das fronteiras da Ruritânia, só seriam prejudicadas aquelas pessoas que estão engajadas em atividades que se retrairão graças à expansão que ocorreria na indústria de couro.

Os adversários do livre comércio reagem, apresentando uma última objeção, que é mais ou menos a seguinte: "Está bem, aceito o argumento de que só os ruritânios engajados na curtição de peles tenham interesse imediato em preservar a tarifa sobre o couro. Mas todo ruritânio trabalha em algum setor de produção. Se todos os produtos domésticos são protegidos por uma tarifa, suprimi-las para adotar o livre comércio implica em prejudicar os interesses de todas as indústrias e, portanto, de todos os grupos de capitalistas e de trabalhadores, vale dizer, de toda a nação. Logo, eliminar as tarifas, a curto prazo, seria prejudicial a todos os cidadãos. E o que importa são os interesses de curto prazo".

Três erros estão implícitos nesse raciocínio. Primeiro, não é verdade que todos os setores da atividade industrial seriam prejudicados pela passagem ao livre comércio. Ao contrário. Os setores em que os custos comparativos de produção sejam menores expandirão as suas atividades em decorrência da liberação do comércio; seus interesses de curto prazo seriam favorecidos pela abolição das tarifas. As tarifas sobre os produtos capazes de competir no mercado internacional são desnecessárias porque, no regime de livre comércio, esses setores poderiam não apenas sobreviver, mas, inclusive, expandir as suas atividades. Na realidade, a proteção outorgada às mercadorias cujos custos comparativos são mais elevados na Ruritânia do que no estrangeiro faz com que recursos de capital e trabalho que poderiam ser usados nos setores mais competitivos sejam utilizados nos setores sob proteção aduaneira.

Em segundo lugar, a alegação de que o importante são os interesses a curto prazo é inteiramente falaciosa. A curto prazo, toda mudança nos dados do mercado prejudica aqueles que não souberam antecipá-la a tempo. Quem desejar defender consistentemente a alegação suprarreferida terá que defender também a perfeita rigidez e imutabilidade dos dados do mercado e opor-se a qualquer mudança, inclusive qualquer progresso tecnológico e terapêutico.[3] Se as pessoas, ao agirem, preferissem sempre evitar um inconveniente no futuro próximo a um outro inconveniente no futuro mais distante, retornariam ao estágio animal. A própria essência da ação humana, diferentemente do comportamento animal, consiste em renunciar conscientemente a alguma satisfação mais próxima para poder desfrutar de uma satisfação maior no futuro mais distante.[4]

Finalmente, ao discutir a abolição de todas as tarifas da Ruritânia, é preciso não esquecer o fato de que os interesses de curto prazo dos curtumeiros são prejudicados pela supressão da tarifa sobre um item, enquanto são beneficiados pela supressão da tarifa sobre os outros produtos cujos custos comparativos são mais elevados. É verdade que os salários dos trabalhadores em couro diminuirão durante algum tempo em comparação com os de outros setores, e que algum tempo decorrerá até que se estabeleça enfim a proporção adequada entre os níveis salariais dos diversos setores de produção da Ruritânia. Mas, concomitantemente com a queda temporária

---

[3] Essa consistência foi defendida por alguns filósofos nazistas. Ver Sombart, *A New Social Philosophy*, p. 242-245.

[4] Ver p. 554-563.

de seus salários, esses trabalhadores se beneficiarão de uma queda nos preços de vários artigos que habitualmente compram. E essa melhoria não seria meramente um fenômeno passageiro; seria a consumação dos benefícios duradouros proporcionados pelo livre comércio que, ao deslocar cada setor industrial para os locais onde o custo comparativo é menor, aumenta a produtividade do trabalho e a quantidade total de bens produzidos. Essa é, a longo prazo, a vantagem duradoura que o livre comércio proporciona a todos os membros da sociedade num regime de mercado.

A resistência à supressão da proteção aduaneira por parte daqueles que estão engajados na indústria de couro seria compreensível, se essa fosse a única tarifa existente. Seria possível justificar tal atitude como decorrente do interesse de manter um *status*, do interesse de uma casta que seria temporariamente prejudicada pela abolição de um privilégio, embora sua simples preservação já não represente um benefício para os seus membros. Mas, nesse caso hipotético, a resistência dos curtumeiros seria inútil. A vontade da maioria da nação haveria de prevalecer. O que reforça as fileiras protecionistas é o fato de que a tarifa sobre o couro não é exceção, que muitos setores industriais estão na mesma situação e lutam pela preservação das tarifas no seu setor. Não se trata, certamente, de uma aliança baseada nos interesses especiais de cada grupo. Quando todos estão protegidos pela mesma medida, não só perdem na sua condição de consumidores o que ganham como produtores, mas, além disso, são prejudicados pela diminuição geral na produtividade do trabalho provocada pelo deslocamento de indústrias de locais mais favoráveis para locais menos favoráveis. Por outro lado, a abolição de todas as tarifas beneficiaria a todos no longo prazo, enquanto a curto prazo o prejuízo provocado pela supressão da tarifa de algum item em particular seria, ainda a curto prazo, pelo menos parcialmente compensado pelas consequências da supressão das tarifas sobre os produtos que os membros desse grupo compram e consomem.

Muitas pessoas consideram a proteção tarifária um privilégio concedido aos assalariados de um país, granjeando-lhes, para toda a existência, um padrão de vida maior do que teriam no regime de livre comércio. Esse argumento é usado não só nos Estados Unidos como também em todos os países em que os salários médios reais são maiores do que em outros países.

Ora, se houvesse perfeita mobilidade de capital e trabalho, certamente prevaleceria, em todo o mundo, uma tendência à equalização do preço pago pelo trabalho da mesma espécie e qualidade.[5] Entretanto,

---
[5] Para uma análise detalhada, ver p 715.

mesmo se houvesse total liberdade de comércio para as mercadorias, essa tendência não poderia existir no nosso mundo cheio de barreiras à migração e de instituições que impedem os investimentos estrangeiros. A produtividade marginal do trabalho é maior nos Estados Unidos do que na Índia, porque o capital investido *per capita* é maior, e porque os trabalhadores indianos são impedidos de se mudarem para a América e, assim, competirem no mercado de trabalho americano. Para explicar as razões dessa diferença, não há necessidade de recorrer a diferenças de recursos naturais entre os Estados Unidos e a Índia, ou a diferenças raciais entre o trabalhador americano e o indiano. Quaisquer que sejam essas diferenças, o fato de existirem entraves à mobilidade de capital e trabalho é razão bastante para explicar a não existência da tendência à equalização. A abolição das tarifas americanas não poderia eliminar essa realidade e, portanto, também não poderia trazer consequências negativas ao padrão de vida do assalariado americano.

Ao contrário. Numa situação em que haja restrição à mobilidade de capital e trabalho, a transição para o livre comércio de mercadorias deve necessariamente aumentar o padrão de vida americano. As indústrias americanas cujos custos são maiores (a produtividade americana é menor) se contrairão, expandindo-se as de custos menores (a produtividade é maior).

No regime de livre comércio, os fabricantes de relógios suíços aumentariam suas vendas no mercado americano e as vendas de seus concorrentes americanos se reduziriam. Mas essa é apenas uma parte das consequências do livre comércio. Ao venderem e produzirem mais, os suíços ganhariam mais e comprariam mais. Não importa se essas compras adicionais serão feitas nos Estados Unidos, no seu próprio país ou em qualquer outro, por exemplo, na França. Aconteça o que acontecer, os dólares adicionais que ganharam acabarão retornando para os Estados Unidos e aumentarão as vendas de alguma indústria americana. Os suíços terão de gastar os dólares obtidos, a não ser que tenham resolvido dar, de graça, os seus produtos.

A popularidade do argumento contrário a este se deve à ilusória ideia de que a América poderia expandir suas compras de produtos importados reduzindo o encaixe de seus cidadãos. Essa falácia tão inconsistente supõe que as pessoas comprem coisas sem levar em consideração o seu encaixe, como se a própria existência de encaixes decorresse apenas da existência de um saldo não gasto por não haver mais nada a comprar. Já mostramos anteriormente por que essa doutrina mercantilista é inteiramente falsa.[6]

---
[6] Ver p. 520-524.

Os efeitos da proteção aduaneira nos salários e no padrão de vida dos assalariados é algo bastante diferente.

Num mundo em que o comércio de mercadorias seja livre, enquanto a migração de trabalhadores e o investimento estrangeiro sejam obstaculizados, prevalece uma tendência a que seja estabelecida uma relação específica entre os salários pagos nos diversos países para o mesmo tipo e qualidade de trabalho; não poderia haver, nesse caso, uma tendência à equalização de salários. Mas os preços finais pagos pela contribuição do trabalho nos vários países guardam entre si uma certa relação numérica. Por esse preço final, quantos quisessem trabalhar conseguiriam emprego, e quem precisasse contratar mão de obra poderia recrutar tantos trabalhadores quantos fossem necessários. Haveria "pleno emprego".

Suponhamos que só existam dois países – a Ruritânia e a Laputânia. Na Ruritânia, o salário final é o dobro do da Laputânia. Num determinado momento, o governo da Ruritânia resolve decretar uma dessas medidas erroneamente denominadas de "conquistas sociais", e impõe aos empregadores a obrigação de um gasto adicional, proporcional ao número de empregados. Por exemplo, reduz a jornada de trabalho sem permitir a correspondente redução dos salários. O resultado é uma diminuição da quantidade de bens produzidos e um aumento no preço de todas as mercadorias. O trabalhador terá mais tempo para lazer, mas o seu padrão de vida sofrerá uma redução. Que mais se poderia esperar de uma diminuição geral na quantidade de bens disponíveis?

Essa consequência é um evento interno da Ruritânia. Independe do comércio exterior. O fato de a Ruritânia não ser uma autarquia e comprar e vender da Laputânia não altera os seus aspectos essenciais. Mas afeta a Laputânia. Os ruritânios, ao produzirem e consumirem menos, também comprarão menos da Laputânia. Por sua vez, na Laputânia, não haverá uma queda geral da produção. Mas algumas indústrias que produziam para exportar para a Ruritânia terão doravante que produzir para o mercado interno. O volume de comércio exterior da Laputânia se reduzirá; ela se tornará, querendo ou não, mais autárquica. Para os protecionistas, isto será considerado uma vantagem. Na realidade, representa uma deterioração do padrão de vida; a produção a custos menores é substituída pela produção a custos maiores. Ocorre com a Laputânia o mesmo que ocorreria com os residentes de um país autárquico, se um cataclismo reduzisse a produtividade de uma de suas indústrias. Na medida em que haja divisão de trabalho, todos são afetados quando se reduz a quantidade com que outras pessoas contribuem para abastecer o mercado.

Entretanto, essas consequências finais e inexoráveis da nova lei "trabalhista" da Ruritânia não afetarão os diversos setores industriais da Laputânia da mesma maneira. Ambos os países terão de passar por uma série de etapas, até que se processe o completo ajustamento da produção aos novos dados. Esses efeitos de curto prazo são diferentes dos efeitos de longo prazo; são mais espetaculares do que os de longo prazo. Enquanto quase ninguém pode deixar de perceber os efeitos de curto prazo, os de longo prazo só são percebidos pelos economistas.

Enquanto não é difícil esconder do público os efeitos de longo prazo, alguma coisa precisa ser feita em relação aos facilmente identificáveis efeitos de curto prazo, sem o que se esvaeceria o entusiasmo em favor da legislação supostamente pró-trabalhador.

O primeiro efeito de curto prazo a se manifestar é o enfraquecimento da competitividade de alguns setores de produção da Ruritânia em relação à Laputânia. Com a elevação dos preços na Ruritânia, torna-se possível a expansão das vendas de alguns produtos laputânios. Esse efeito é apenas temporário; no final de tudo, as vendas das indústrias laputânias na Ruritânia diminuirão. É possível que, apesar dessa queda geral das exportações laputânias para a Ruritânia, algumas indústrias da Laputânia venham a expandir suas vendas no longo prazo (isso dependerá da nova configuração dos custos comparativos). Mas não há, necessariamente, uma correlação entre esses efeitos de curto e de longo prazo. As adaptações graduais no período de transição provocam mudanças caleidoscópicas que podem ser inteiramente diferentes do resultado final. No entanto, a atenção do público, cuja visão é normalmente curta, está completamente voltada para os efeitos de curto prazo. Está voltada para as queixas dos empresários que se sentem prejudicados pela nova lei da Ruritânia, que dá aos laputânios a oportunidade de vender por um preço menor tanto na Ruritânia como na Laputânia; está voltada para as demissões de operários, decorrentes da redução na produção, a que serão forçados alguns empresários ruritânios. O público começaria então a suspeitar que há algo de errado no raciocínio dos autointitulados "trabalhistas heterodoxos".

Mas o quadro muda se, na Ruritânia, for estabelecida uma tarifa suficientemente alta a ponto de impedir que os laputânios possam expandir suas vendas no mercado ruritânio, ainda que apenas temporariamente. Nesse caso, os efeitos a curto prazo da nova medida, mais espetaculares, ficam de tal maneira disfarçados que o público não chega a percebê-los.

Os efeitos de longo prazo, é claro, são inevitáveis. Mas são provocados por uma outra sequência de efeitos de curto prazo que, por serem menos desagradáveis, tornam-se menos visíveis. As alegadas "conquistas sociais" obtidas com a redução da jornada de trabalho não chegam a ser desmascaradas pelo surgimento imediato dos efeitos que todos, e sobretudo os que perderam o emprego, consideram indesejáveis.

Hoje em dia, a principal função das tarifas e de outros artifícios protecionistas é a de disfarçar os efeitos reais das políticas intervencionistas elaboradas com o propósito de elevar o padrão de vida das massas. O nacionalismo econômico é o complemento necessário dessas políticas populares que pretendem aumentar o bem-estar material dos assalariados quando, na realidade, o estão reduzindo.[7]

4
A RESTRIÇÃO COMO SISTEMA ECONÔMICO

Existem casos, como já foi mostrado antes, em que uma medida restritiva pode atingir o objetivo visado quando de sua aplicação. Se aqueles que recorrem a uma tal medida por considerarem que a realização do seu objetivo é mais importante do que as desvantagens provocadas pela restrição – isto é, do que a diminuição da quantidade de bens materiais disponíveis para consumo —, a restrição se justifica, do ponto de vista dos seus julgamentos de valor. Arcam com os custos e pagam um preço a fim de obter algo que valoram por mais do que aquilo que gastaram ou a que renunciaram. Ninguém, sobretudo um teórico, tem condições de questioná-los sobre a justeza de seus julgamentos de valor.

O único meio adequado de lidar com medidas que restringem a produção é considerá-las um sacrifício para atingir determinado objetivo. Equivalem a quase despesas com o quase consumo; representam o emprego de coisas que poderiam ter sido produzidas e consumidas com vistas à realização de algum outro objetivo. Essas coisas são impedidas de existir, mas os autores de tais medidas consideram preferível esse quase consumo ao aumento dos bens disponíveis que teria ocorrido na ausência da medida protecionista.

Em relação a certas medidas restritivas, esse ponto de vista é universalmente aceito. Se um governo decreta que uma extensão de terra deve ser mantida em seu estado natural, na forma de um

---
[7] Ver também o que foi dito sobre o papel dos cartéis, p. 427-432.

parque nacional, ninguém qualificaria essa iniciativa de algo mais do que uma despesa. O governo priva os cidadãos dos produtos que poderiam ser obtidos cultivando essa terra, a fim de lhes proporcionar outras satisfações.

Portanto, a restrição da produção não pode representar mais do que um papel complementar, subalterno, num sistema de produção. Não se pode imaginar um sistema de atividade econômica composto apenas de medidas restritivas; nenhum conjunto de medidas dessa natureza poderia ser integrado como um sistema econômico. Não podem formar um sistema de produção. Pertencem à esfera do consumo e não à esfera da produção.

Ao examinar os problemas do intervencionismo, nossa intenção é analisar a postulação daqueles que defendem a interferência do governo na atividade econômica como sendo um sistema alternativo. Nenhuma postulação que defenda medidas restritivas à produção pode ser considerada uma alternativa de sistema econômico. Medidas restritivas, na melhor das hipóteses, diminuem o nível de produção e de satisfação. A riqueza provém do emprego dado a uma certa quantidade de fatores de produção. Restringir essa quantidade não aumenta – antes pelo contrário, diminui – o montante de bens produzidos. Mesmo que os objetivos pretendidos pudessem ser alcançados por um decreto governamental, a redução da jornada de trabalho jamais poderia ser considerada uma medida favorável à produção; invariavelmente representa uma maneira de diminuí-la.

O capitalismo é um sistema social de produção. O socialismo, dizem os socialistas, também é um sistema social de produção. Mas, em relação às medidas que restringem a produção, nem os intervencionistas ousam dizer o mesmo. O máximo que podem dizer é que, no capitalismo, a produção é muito grande, e que seria melhor produzir um pouco menos para que outros objetivos pudessem ser atingidos. Eles mesmos terão de admitir que existem limites à imposição de restrições.

A ciência econômica não afirma que a restrição seja um mau sistema de produção. Afirma que a restrição não é, de modo algum, um sistema de produção; é muito mais um sistema de quase consumo. A maior parte dos objetivos que os intervencionistas pretendem atingir por meio de medidas restritivas não pode ser alcançada dessa maneira. Mas, mesmo que as medidas restritivas sejam adequadas à consecução dos objetivos pretendidos, continuam sendo apenas restritivas.[8]

---

[8] Quanto às objeções a essa tese levantadas do ponto de vista do efeito de Ricardo, ver adiante p. 875-879.

A enorme popularidade do restricionismo hoje em dia se deve ao fato de que as pessoas não percebem suas consequências. Ao lidar com o problema de redução da jornada de trabalho por decreto do governo, o público não se dá conta do fato de que deverá haver uma queda na produção e de que muito provavelmente o padrão de vida dos assalariados também diminuirá. Um dos dogmas da "heterodoxia" atual é a crença de que tal medida "pró-trabalhador" é uma "conquista social" dos trabalhadores cujos custos serão inteiramente suportados pelos empregadores. Quem se atrever a questionar esse dogma é estigmatizado como sicofanta, defensor dos iníquos interesses dos exploradores. Passa a ser perseguido impiedosamente, acusado de querer a miséria para os assalariados, e de querer restabelecer as longas jornadas de trabalho dos primeiros tempos do industrialismo moderno.

Face a essas calúnias, é importante enfatizar uma vez mais que a riqueza e o bem-estar são frutos da produção e não da restrição. O fato de que nos países capitalistas o assalariado médio possa consumir mais, usufruir um maior lazer do que os seus ancestrais e sustentar sua mulher e filhos sem obrigá-los a trabalhar não é uma conquista social e nem decorre de medidas governamentais. É o resultado do maior capital acumulado e investido pelas empresas que visam o lucro e que, assim, aumentam a produtividade marginal do trabalho.

Capítulo 30

A Interferência na Estrutura de Preços

1
O Governo e a Autonomia do Mercado

A interferência na estrutura de preços do mercado significa que a autoridade pretende estabelecer preços para as mercadorias, serviços e taxas de juros, diferentes dos que existiriam no mercado não obstruído. O governo decreta – ou autoriza, tácita ou explicitamente, determinados grupos de pessoas a decretar – preços e taxas que passam a ser considerados como máximos ou como mínimos, e utiliza o poder de coerção e compulsão para fazer com que tais decretos sejam obedecidos.

Ao recorrer a tais medidas, o governo pretende favorecer ou o comprador – no caso de preços máximos —, ou o vendedor – no caso de preços mínimos. O preço máximo tem por objetivo possibilitar ao comprador adquirir o que deseja por um preço menor do que o que existiria no mercado não obstruído. O preço mínimo tem por objetivo possibilitar ao vendedor colocar a sua mercadoria ou os seus serviços por um preço maior do que o do mercado não obstruído. Os grupos a serem favorecidos pelas autoridades serão escolhidos em função do balanço das forças políticas. Às vezes, os governos recorrem a preços máximos, outras vezes a preços mínimos, para várias mercadorias. Às vezes, decretam salários máximos, outras vezes salários mínimos. Em relação aos juros, nunca recorreram à fixação de taxas mínimas; a interferência tem sido sempre no sentido de estabelecer taxas máximas. A poupança, o investimento e a atividade bancária sempre foram vistos com desconfiança.

Se essa interferência nos preços das mercadorias, dos salários e das taxas de juro abrangesse todos os preços, salários e taxas de juro, ela equivaleria à substituição da economia de mercado pelo socialismo (modelo alemão). Assim sendo, virtualmente desapareceriam o mercado, a troca interpessoal, a propriedade privada dos meios de produção, a atividade empresarial e a iniciativa privada. O indivíduo já não teria possibilidade de isoladamente influenciar o processo de produção; todo indivíduo seria obrigado a obedecer às ordens de um comitê central de controle de produção. Aquilo que no conjunto dessas ordens é denominado de preços, salários e juros já não são preços, salários e juros no sentido cataláctico desses termos. São meras determinações quantitativas fixadas pelo diretor, sem qualquer relação com o processo de mercado. Se os governos que recorrem ao controle de preços e os reformistas que os apoiam tivessem apenas a intenção de implantar um regime socialista modelo alemão, não haveria necessidade de a ciência econômica dedicar atenção especial ao controle de preços. Bastaria referir-se ao que já foi dito na análise do socialismo.

Muitos partidários da interferência governamental nos preços continuam a se confundir em relação a esse problema. Não chegam a perceber a diferença fundamental entre uma economia de mercado e uma sociedade sem mercado. A inconsistência de suas ideias se reflete numa linguagem vaga e ambígua, e numa terminologia confusa.

Existem, e sempre existiram, partidários do controle de preços que se dizem a favor da economia de mercado. Afirmam, sem rodeios, que a fixação de preços, salários e taxas de juro pode fazer com que o governo atinja os seus objetivos, sem que com isso sejam abolidos o mercado e a propriedade privada dos meios de produção. Chegam mesmo a dizer que o controle de preços é o melhor, senão o único, meio de preservar o sistema de iniciativa privada e de evitar o advento do socialismo. Ficam indignados se alguém questiona a correção de sua doutrina e lhes mostra que o controle de preços, se não tornar as coisas piores – mesmo do ponto de vista dos próprios governantes e intervencionistas —, conduz inevitavelmente ao socialismo. Alegam não serem nem socialistas nem comunistas, e terem como objetivo a liberdade econômica e não o totalitarismo.

São as convicções desses intervencionistas que devemos examinar. O problema é saber se é possível ao poder público atingir os seus objetivos ao fixar preços, salários e juros num nível diferente daquele que o mercado não obstruído determinaria. É fora de dúvida que um governo forte e decidido tem poder para estabelecer esses valores máximos e mínimos e para punir qualquer desobediência. Mas a questão não é essa; a questão é saber se, recorrendo a esses meios, a autoridade poderá ou não atingir os seus objetivos.

A história registra um sem-número de tentativas de tabelamento de preços e de leis contra a usura. Diversas vezes, imperadores, reis e ditadores revolucionários tentaram se intrometer com os fenômenos do mercado. Punições severas foram aplicadas aos comerciantes e agricultores que se recusaram a obedecer. Muitas pessoas foram vítimas de perseguições que contavam com o apoio entusiasmado das massas. Não obstante, todas essas tentativas fracassaram. A explicação desses fracassos, encontrada nos textos de juristas, teólogos e filósofos, coincide plenamente com as convicções dos governantes e das massas. O homem, dizem eles, é intrinsecamente egoísta e pecador, e as autoridades, infelizmente, foram muito indulgentes na aplicação da lei; teria sido necessário mais firmeza e peremptoriedade por parte dos detentores do poder.

Foi em relação a um problema específico que pela primeira vez se percebeu a questão central a ser discutida. Há muito tempo que os vários governos vêm adotando a prática de degradar o meio circulante. Essa degradação consistia em substituir uma parte do ouro e prata contidos nas moedas por outros metais mais baratos, ou então em reduzir o peso e tamanho das moedas, embora mantendo-lhes o mesmo nome e obrigando a que fossem aceitas pelo valor nominal. Mais tarde os governos tentaram impor aos seus súditos idêntico constrangimento, obrigando-os a aceitarem uma taxa de câmbio entre ouro e prata e, também, a aceitarem a moeda bancária (*credit money*) e o papel-moeda como equivalentes à moeda metálica. Nos últimos séculos da Idade Média, os precursores do pensamento econômico, ao investigarem quais as razões que faziam fracassar todas essas tentativas, descobriram uma regularidade que mais tarde viria a ser denominada de lei de Gresham. Haveria ainda um longo caminho a percorrer, desta primeira percepção isolada até o ponto em que os filósofos do século XVIII se deram conta da existência de uma interconexão de todos os fenômenos de mercado.

Ao descreverem os resultados de suas investigações, os economistas clássicos e seus sucessores recorreram, algumas vezes, a expressões idiomáticas que poderiam ser facilmente mal interpretadas por quem assim o desejasse. Usaram de vez em quando a expressão "impossibilidade" de controle de preços. O que na realidade queriam dizer era não que fosse impossível adotar tais medidas, mas que elas não conduziriam aos objetivos pretendidos pelo governo e tornariam as coisas ainda piores em vez de melhorá-las. A sua conclusão foi a de que essas medidas eram não só ineficazes mas contraproducentes.

É preciso se dar conta de que o problema de controle de preços não é apenas um dos problemas a ser tratado pelos economistas; não é um problema em relação ao qual possa haver opiniões divergentes entre os economistas. A questão central, na verdade, é a seguinte: existe algo que se possa chamar de ciência econômica? Existem regularidades na seqüência e na interconexão dos fenômenos de mercado? Quem responder negativamente a essas duas questões estará negando a própria possibilidade, racionalidade e existência da economia enquanto ramo do conhecimento humano. Estará retornando às crenças em vigor ao tempo em que ainda não existia a economia como ciência. Estará dizendo que não existem leis econômicas e que preços, salários e juros também podem ser determinados fora do mercado. Estará afirmando que a polícia tem o poder de determinar *ad libitum* os fenômenos de mercado. Um partidário do socialismo não precisa, necessariamente, negar a ciência econômica; seus postulados não implicam forçosamente na indeterminação dos fenômenos de mercado. Mas o intervencionista, ao defender o controle de preços, está, inevitavelmente, invalidando a própria existência da economia. Onde as leis de mercado são negadas, não há lugar para a ciência econômica.

A Escola Historicista Alemã, pelo menos, era consistente ao condenar radicalmente a economia e ao pretender substituí-la pela *wirtschaftliche Staatswissenschaften* (os aspectos econômicos da ciência política). O mesmo se pode dizer de muitos adeptos do fabianismo inglês e do institucionalismo americano. Mas os autores que não rejeitam inteiramente a economia estão em contradição consigo mesmos ao afirmarem que podem atingir os seus objetivos usando o controle de preços. Os pontos de vista do economista e do intervencionista são logicamente irreconciliáveis. Se só as circunstâncias do mercado podem determinar os preços, estes não podem ser manipulados ao sabor da compulsão governamental. Um decreto do governo é apenas um dado a mais para ser processado pelo funcionamento do mercado; não produz, necessariamente, os resultados que o governo desejava obter ao recorrer a ele. Pode ocorrer que o resultado final da interferência seja, do ponto de vista das próprias intenções do governo, ainda mais indesejável do que a situação existente que o governo pretendia alterar.

Essas proposições não podem ser invalidadas simplesmente ao se colocar o termo lei econômica entre aspas e ao se criticar a própria noção de lei. Em relação às leis da natureza, temos consciência da inexorabilidade dos fenômenos físicos e biológicos, e de que o agente homem tem de se submeter a essas regularidades, se quiser ser bem-sucedido. Em relação às leis da ação humana, devemos ter consciência de que também existe essa mesma inexorabilidade dos fenômenos no campo da ação humana e que, portanto, o agente homem terá de reconhecer a existência dessas regularidades, se quiser ser bem-sucedido. As leis da praxeologia se revelam ao homem pelo mesmo gênero de sinais com que se revelam as leis naturais, ou seja, o fato de que o seu poder de atingir os fins escolhidos é um poder limitado e condicionado. Se não existissem as leis praxeológicas, o homem ou seria onipotente e jamais sentiria qualquer desconforto que não pudesse remover total e instantaneamente, ou não poderia agir de forma alguma.

Essas leis do universo não devem ser confundidas com as leis do país, feitas pelos homens, e nem com os preceitos morais, adotados pelos homens. As leis do universo, por meio das quais a física, a biologia e a praxeologia nos proporcionam conhecimento, independem da vontade humana; são fatos ontológicos básicos que limitam rigidamente a capacidade de ação do homem. Os preceitos morais e as leis do país são meios pelos quais os homens procuram atingir certos fins. Se esses fins podem ou não ser atingidos dessa maneira, depende das leis do universo. As leis feitas pelo homem são convenientes quando são propícias à consecução desses fins, e são contraproducentes no caso contrário. São passíveis de serem examinadas segundo sua conveniência ou inconveniência. Em relação às leis do universo, qualquer dúvida sobre a sua conveniência é supérflua e inútil. São o que são e se aplicam por si mesmas. Sua violação é automaticamente punida. Mas, no caso das leis feitas pelo homem, são necessárias sanções especiais para sua implementação.

Só os loucos se atrevem a desrespeitar as leis físicas e biológicas. Mas é muito comum desdenharem-se as leis praxeológicas. Os governantes não gostam de admitir que o seu poder possa ser limitado por leis outras que não as da física ou da biologia. Nunca atribuem seus fracassos e frustrações à violação das leis econômicas.

No repúdio ao conhecimento econômico, a Escola Historicista Alemã tem um lugar de destaque. Seus catedráticos consideravam inaceitável a idéia de que seus majestosos ídolos, os Hohenzollern, eleitores de Brandenburgo e reis da Prússia, não fossem onipotentes. Para refutar os ensinamentos dos economistas, exumaram velhos documentos e compilaram numerosos volumes a fim de historiar os feitos administrativos desses gloriosos príncipes. Essa, escreveram eles, é uma abordagem realista dos problemas do estado e do governo. Nossos trabalhos, diziam eles, baseiam-se em fatos verdadeiros e na vida real, e não nas abstrações anêmicas e generalizações vagas dos doutrinadores britânicos. Na verdade, o que está transcrito nesses pesados tomos é um extenso registro de políticas e medidas que falharam exatamente porque não levaram em conta a lei econômica. Não existe uma coleção mais alentada de eventos típicos do que a contida nas *Acta Borussica*.[1]

---

[1] *Acta Borussica* – nome dado aos tomos que contêm uma coleção oficial de documentos relativos à história dos eleitores de Brandemburgo e dos reis da Prússia. Foram preparados sob a supervisão de Gustav von Schmoller (1838-1917), um líder da Escola Historicista. Borussia era o nome original da região que viria a ser a Prússia. Extraído de *Mises Made Easier* – Percy L. Greaves Jr., op. cit. (N.T.)

Entretanto, a ciência econômica não se pode contentar com um arquivo de casos práticos, por mais abundantes que sejam. Precisa examinar cuidadosamente a maneira pela qual o mercado reage à interferência do governo na estrutura de preços.

2
A REAÇÃO DO MERCADO À INTERFERÊNCIA DO GOVERNO

O traço característico do preço de mercado é fazer com que a oferta e a demanda tendam a ser iguais. O tamanho da demanda coincide com o tamanho da oferta, não só na construção imaginária da economia uniformemente circular. A noção de estado de repouso completo como foi desenvolvida pela teoria elementar dos preços, é uma descrição fiel do que se passa a cada instante no mercado. Quando um preço de mercado se afasta do nível em que oferta e demanda são iguais, se não houver obstrução, a tendência de retorno ao equilíbrio se manifesta automaticamente.

Mas, se o governo fixa os preços num nível diferente do que seria estabelecido pelo mercado não obstruído, esse equilíbrio de oferta e demanda fica, evidentemente, perturbado. Ocorre então que – no caso de preços máximos – compradores potenciais, mesmo dispostos a pagar o preço fixado pela autoridade ou até mesmo um preço maior, não conseguem comprar. Ocorre ainda que – no caso de preços mínimos – vendedores potenciais, mesmo dispostos a vender pelo preço fixado pela autoridade ou até mesmo por um preço menor, não conseguem vender. O preço já não é capaz de separar os compradores e vendedores potenciais que podem comprar e vender daqueles que não podem fazê-lo. Torna-se necessário estabelecer um novo critério para escolher quem deverá comprar ou vender. Pode ser que sejam escolhidos os que chegarem primeiro, ou aqueles a quem circunstâncias especiais (tais como amizade ou parentesco) confiram uma posição privilegiada, ou então as pessoas violentas que afastam os seus rivais recorrendo à intimidação. Se a autoridade não desejar que a alocação de recursos seja determinada pela sorte ou pela violência, terá de regulamentar a quantidade que cada indivíduo pode comprar. Terá de recorrer ao racionamento.[2]

---
[2] Por uma questão de simplicidade, lidaremos nesta seção apenas com preços máximos para mercadorias e, na próxima, apenas com salários mínimos. Não obstante, nossos argumentos são, *mutatis mutandis*, igualmente válidos no caso de preços mínimos para mercadorias e salários máximos.

Mas o racionamento não atinge o âmago da questão. Atribuir aos diversos indivíduos uma parcela dos bens disponíveis já produzidos é apenas uma tarefa secundária do mercado. Sua função principal é orientar a produção futura. É direcionar o emprego dos fatores de produção, de modo a atender às necessidades mais urgentes dos consumidores. Se o tabelamento de preços estabelecido pelo governo refere-se apenas a um bem de consumo ou a um número limitado de bens de consumo, enquanto os preços dos fatores complementares de produção continuam livres, a produção de bens de consumo diminuirá. Os produtores marginais interromperão a fabricação desses bens, a fim de não sofrerem perdas. Os fatores de produção que não sejam de caráter absolutamente específico serão empregados, em maior escala, na produção de outros bens que não estão sujeitos ao tabelamento de preços. Uma parte dos fatores de produção de caráter absolutamente específico, maior do que se não houvesse o tabelamento, ficará ociosa. Surge uma tendência a se deslocarem as atividades produtivas da produção dos bens afetados pelo tabelamento para a produção de outros bens. Esse resultado, entretanto, é manifestamente contrário às intenções do governo. Ao recorrer ao tabelamento de preços, o que a autoridade desejava era tornar essas mercadorias mais acessíveis aos consumidores. Escolheu precisamente essas mercadorias por considerá-las de primeira necessidade e, portanto, merecedoras de medidas especiais que possibilitassem até aos mais pobres um amplo acesso a elas. Mas o resultado da interferência do governo é a diminuição ou interrupção total da produção dessas mercadorias. O fracasso é total.

Seria inútil o governo tentar remover essas indesejáveis consequências tabelando ao mesmo tempo os preços dos fatores de produção necessários à produção dos bens de consumo que foram tabelados. Tal medida só seria bem-sucedida se todos os fatores de produção necessários à fabricação das mercadorias tabeladas fossem de caráter absolutamente específico. Como não é esse o caso, o governo será obrigado a complementar a sua primeira medida – fixação do preço de um bem de consumo abaixo do preço de mercado – ampliando a relação de mercadorias sujeitas ao tabelamento de preço, até abranger não só todos os bens de consumo e todos os fatores materiais de produção, mas também os salários. Todos os empresários, capitalistas e empregados serão obrigados a continuar produzindo, pelos preços, salários e juros fixados pelo governo, aquelas quantidades que o governo determinar, e a vender os produtos para as pessoas – produtores ou consumidores – indicadas pelo governo. O setor de produção que ficasse de fora dessa regulamentação atrairia capital e trabalho, que seriam deslocados daqueles outros setores – regulamentados – nos quais o governo interferiu por considerá-los tão importantes.

A ciência econômica não afirma que a interferência do governo nos preços de apenas uma ou de várias mercadorias seja injusta, nociva ou inviável. Afirma que tal interferência produz resultados que são o oposto dos pretendidos; que a situação piora, em vez de melhorar, do próprio *ponto de vista do governo e dos que apoiam suas medidas intervencionistas*. Antes da intervenção, o governo considerava os preços de alguns bens muito altos. Como resultado do tabelamento, a oferta desses bens diminui ou desaparece completamente. O governo interfere porque considera que essas mercadorias são de primeira necessidade, são indispensáveis. Mas sua ação reduz a quantidade disponível. É, portanto, do próprio ponto de vista do governo, absurda e contraditória.

Se o governo não estiver disposto a aceitar essas indesejadas e indesejáveis consequências e perseverar cada vez mais no seu intento, até fixar os preços de todos os bens e de todos os serviços e obrigar todas as pessoas a continuarem produzindo e trabalhando por esses preços e salários, acabará eliminando completamente o mercado. A economia de mercado será substituída pela economia de planejamento central, pelo socialismo modelo alemão, a *Zwangswirtschaft* (economia estatizada). Já não é mais o consumidor que, ao comprar ou abster-se de comprar, dirige a produção; essa função passa a ser exclusivamente do governo.

Existem apenas duas exceções à regra segundo a qual o tabelamento de preços diminui a oferta e, portanto, produz um estado de coisas contrário aos objetivos que determinaram a sua imposição. Uma diz respeito ao conceito de renda absoluta e a outra, aos preços monopolísticos.

A fixação de preços máximos resulta numa redução da oferta porque os produtores marginais sofrem perdas e interrompem a produção. Os fatores de produção não específicos são utilizados na produção de outros produtos que não estão sujeitos ao tabelamento de preços. A utilização dos fatores absolutamente específicos diminui. Se o mercado não tivesse sido obstruído, esses fatores teriam sido utilizados até o limite determinado pela falta de uma oportunidade de usar os fatores não específicos como fatores complementares necessários à satisfação de necessidades mais urgentes. Assim sendo, só pode ser usada uma parcela menor da disponibilidade desses fatores absolutamente específicos; consequentemente, a parcela não utilizada aumenta. Mas, se a quantidade desses fatores absolutamente específicos é tão exígua que, pelos preços do mercado não obstruído, a disponibilidade existente estaria sendo plenamente utilizada, há uma possibilidade de que a interferência do governo não acarrete uma redução na oferta. O preço máximo não restringiria a produção na medida em que não absorvesse inteiramente a renda absoluta do fornecedor marginal do fator absolutamente específico. Mas, de qualquer maneira, provocaria uma discrepância entre a demanda e a oferta do produto.

Assim, a diferença entre o valor da renda urbana de uma parcela de terra e o correspondente valor da renda agrícola pode representar uma margem que permita a existência de um controle de aluguéis sem que se registre uma redução do espaço oferecido à locação. Se a fixação dos aluguéis máximos for dosada de uma tal maneira que o proprietário nunca venha a preferir usar a terra para a agricultura em vez de destiná-la à construção de edificações, a oferta de habitação e de espaços comerciais não será afetada. Todavia, a demanda de apartamentos e escritórios aumentará, criando assim a própria escassez que os governos queriam evitar ao tabelar os aluguéis. O fato de as autoridades recorrerem ou não ao racionamento do espaço disponível tem pouca importância do ponto de vista cataláctico. De qualquer forma, o tabelamento de aluguéis não elimina o fenômeno cataláctico da renda urbana; simplesmente transfere a renda dos proprietários para os inquilinos.

É claro que, na prática, os governos que recorrem ao controle de aluguéis nunca ajustam o tabelamento a essas considerações. Ou congelam os aluguéis brutos pelo valor prevalecente na véspera da intervenção, ou então permitem um pequeno acréscimo desses aluguéis. Como a proporção dos dois itens que compõem o aluguel bruto – a renda urbana propriamente dita e o preço pago pela utilização da edificação – varia segundo as características específicas de cada imóvel, o efeito do congelamento, em cada caso, é bastante diferente. Em alguns casos, a expropriação do proprietário em benefício do inquilino envolve apenas uma fração da diferença entre a renda urbana e a renda agrícola; em outros casos, é bem maior do que essa diferença. Seja como for, o tabelamento de aluguéis provoca uma escassez de habitação. Aumenta a demanda sem aumentar a oferta.

Se o congelamento de aluguéis for aplicado não só aos imóveis já existentes, mas também aos que ainda vão ser construídos, a construção de novos imóveis deixa de ser remunerativa. Ou para completamente, ou cai a um nível muito baixo; a escassez se agrava. Mas, mesmo se a fixação dos aluguéis para novos imóveis for deixada livre, a construção de novas unidades diminui. Os potenciais investidores são desencorajados porque consideram a possibilidade de o governo, mais tarde, alegar uma nova situação de emergência e expropriar uma parte de sua receita da mesma maneira como fez com os imóveis antigos.

A segunda exceção se refere aos preços monopolísticos. A diferença entre um preço monopolístico e o preço competitivo da mercadoria em questão provê uma margem na qual o tabelamento de preços poderia ser estabelecido sem contrariar os objetivos visados pelo governo. Se o preço competitivo é p e o menor preço monopolístico possível é

m, um preço máximo c, c sendo maior que p e menor que m, tornaria desvantajoso para o vendedor elevar o preço acima de p. O preço máximo poderia restabelecer o preço competitivo e aumentar a demanda, a produção e a quantidade oferecida à venda. Uma vaga percepção dessa concatenação está na raiz de algumas sugestões que pedem a interferência do governo a fim de preservar a competição e de fazê-la funcionar da maneira mais benéfica possível.

Não precisamos aprofundar-nos sobre o fato de que todas essas medidas seriam paradoxais em relação aos casos de preços monopolísticos resultantes da interferência governamental. Se o governo se opõe a preços monopolísticos decorrentes de novas invenções, bastaria que não concedesse patentes. Seria absurdo conceder patentes e depois destituí-las de valor, obrigando o patenteado a vender pelo preço competitivo. Se o governo não aprova a existência de cartéis, seria melhor que se abstivesse de medidas restritivas (tais como tarifas) que favorecem os conluios.

As coisas são diferentes nos raros casos em que os preços monopolísticos existem sem a ajuda dos governos. Nesses casos, o preço máximo fixado pelo governo poderia restabelecer uma situação competitiva, se fosse possível, mediante cálculos teóricos, descobrir o preço, no caso de o mercado ser competitivo. Já foi mostrado antes que todas as tentativas de calcular preços sem mercado são inúteis.[3] Os resultados insatisfatórios de todas as tentativas feitas com o propósito de determinar o preço justo ou correto para os serviços de utilidade pública são bastante conhecidos pelos especialistas no assunto.

As referências feitas a essas duas exceções explicam por que, em alguns casos, muito raros, os preços máximos, quando aplicados com muita cautela e dentro de limites muito estreitos, não reduzem a oferta da mercadoria ou do serviço em questão. Isso não invalida a regra geral: o tabelamento de preços produz um estado de coisas que, do próprio ponto de vista do governo que o decretou, é mais indesejável do que a situação que viria a existir se não tivesse havido o controle de preços.

Observações sobre as causas do declínio da civilização antiga

A compreensão dos efeitos da intervenção do governo nos preços de mercado permite-nos entender as causas econômicas de um evento histórico da maior importância: o declínio da civilização romana.

---

[3] Ver p. 460-462.

Não é preciso esclarecer se a organização econômica do Império Romano poderia ou não ser qualificada como capitalista. De qualquer forma, não há dúvida de que o Império Romano no século II, o período dos Antoninos – os "bons imperadores" —, havia atingido alto grau de divisão do trabalho e de comércio inter-regional. Diversos centros metropolitanos, um número considerável de cidades médias e inúmeras pequenas cidades eram as sedes de uma civilização refinada. Os habitantes dessas aglomerações urbanas eram abastecidas de alimentos e matérias-primas, não apenas pelos distritos rurais vizinhos, mas também pelas províncias distantes. Parte dessas provisões fluía para as regiões urbanas como renda de ricos proprietários de terras que residiam nas cidades. Mas parte considerável era comprada da população rural que, em troca, recebia os produtos fabricados pelos moradores das cidades. Havia um comércio intenso entre as várias regiões do império. Não apenas nas indústrias de transformação, mas também na agricultura, havia uma tendência cada vez maior à especialização. As várias partes do império já não eram mais economicamente autossuficientes; haviam-se tornado interdependentes. O que provocou a queda do império e a ruína de sua civilização foi a desintegração dessa interdependência econômica e não as invasões bárbaras. Os agressores externos simplesmente se aproveitaram de uma oportunidade que lhes foi oferecida pelo enfraquecimento interno do império. De um ponto de vista militar, as tribos que invadiram o império nos séculos IV e V não eram superiores aos exércitos que as legiões haviam derrotado facilmente algum tempo antes. Mas o império havia mudado; sua estrutura econômica e social tornara-se medieval.

A liberdade que Roma concedia ao comércio interno e externo sempre foi limitada. Em relação ao comércio de cereais e outros gêneros de primeira necessidade, era ainda mais limitada do que em relação às demais mercadorias. Era considerado injusto e imoral pedir pelo trigo, azeite e vinho – gêneros de primeira necessidade daquele tempo – preços maiores do que os habituais, e as autoridades municipais rapidamente reprimiam o que considerassem especulação. Impedia-se assim o desenvolvimento de um eficiente comércio atacadista dessas mercadorias. A política da *annona*,[4] que era equivalente à estatização ou municipalização do comércio de cereais, pretendia corrigir essa falha; mas seus efeitos foram bastante insatisfatórios. Os cereais se tornaram escassos nas aglomerações urbanas e os agricultores se queixavam de que o cultivo não

---

[4] *Annona* – política adotada pelo Império Romano, e que consistia em distribuir gratuitamente cereais para a população pobre das cidades. (N.T.).

era remunerador.⁵ A interferência das autoridades impedia que a oferta se ajustasse a uma crescente demanda.

A hora da verdade chegou quando os imperadores, diante dos distúrbios políticos dos séculos III e IV, resolveram recorrer à degradação da moeda. A combinação de uma política de preços máximos com a deterioração da moeda provocou a completa paralisação tanto da produção como do comércio dos gêneros de primeira necessidade, e desintegrou a organização econômica da sociedade. Quanto mais eficaz era o tabelamento de preços imposto pelas autoridades, maior o desespero das massas urbanas que não tinham onde comprar alimentos. O comércio de grãos e de outros gêneros de primeira necessidade desapareceram por completo. Para não morrer de fome, as pessoas fugiam da cidade para o campo e tentavam produzir, para si mesmas, cereais, azeite, vinho e o de que mais necessitassem. Por outro lado, os grandes proprietários rurais reduziram a produção de excedentes agrícolas e passaram a produzir nos seus domínios – as vilas – os produtos artesanais de que precisavam. A agricultura em larga escala, já seriamente comprometida pela ineficiência do trabalho escravo, tornava-se completamente inviável pela falta de preços compensadores. Os proprietários rurais não conseguiam mais vender nas cidades; os artesãos urbanos perdiam a sua clientela. Para atender às suas necessidades, os proprietários rurais passaram a contratar diretamente os artesãos para trabalharem em suas vilas. Abandonaram a agricultura em larga escala e se converteram em meros recebedores de rendas de seus arrendatários e meeiros. Esses *coloni* eram escravos alforriados ou proletários urbanos que voltavam para o campo. As grandes propriedades rurais foram tornando-se cada vez mais autárquicas. As cidades, o comércio interno e externo, as manufaturas urbanas deixaram de exercer a sua função econômica. A Itália e as províncias retornaram a um estágio mais atrasado da divisão social do trabalho. A estrutura econômica da antiga civilização, que havia alcançado um nível tão alto, retrocedeu ao que hoje é conhecido como a organização feudal típica da Idade Média.

Os imperadores se alarmaram com essa evolução que solapava o seu poder militar e financeiro. Mas reagiram de maneira infrutífera, sem atingir a raiz do mal. A compulsão e coerção a que recorreram não podiam reverter a tendência de desintegração social que, ao contrário, era causada precisamente pelo excesso de compulsão e coerção. Nenhum romano tinha consciência do fato de que o processo era provocado pela interferência do governo nos preços, e pela deterioração da moeda. Em vão os imperadores promulgaram leis contra os moradores que *relicta*,

---

⁵ Ver Rostovtzeff, *The Social and Economic History of the Roman Empire*, Oxford, 1926, p. 187.

civitate rus habitare maluerit[6] (abandonavam a cidade, preferindo viver no campo). O sistema da *leiturgia* – serviços públicos que deviam ser prestados pelos cidadãos ricos – apenas acelerou ainda mais o retrocesso da divisão do trabalho. As leis que dispunham sobre as obrigações especiais dos armadores, os *navicularii*, não conseguiram sustar o declínio da navegação, da mesma maneira que as leis relativas aos cereais não conseguiram impedir a escassez de produtos agrícolas nas cidades.

A maravilhosa civilização da Antiguidade desapareceu por não ter sabido ajustar o seu código moral e o seu sistema legal às exigências da economia de mercado. Uma ordem social está fadada a desaparecer se as ações necessárias ao seu bom funcionamento são rejeitadas pelos padrões morais, são consideradas ilegais pelas leis do país e punidas pelos juízes e pela polícia. O Império Romano se esfacelou por ter ignorado o liberalismo e o sistema de livre iniciativa. O intervencionismo e o seu corolário político, o governo autoritário, destruíram o poderoso império, da mesma forma que necessariamente, destruirão, sempre, qualquer entidade social.

3
O SALÁRIO MÍNIMO

A quintessência da sabedoria política intervencionista consiste em aumentar o preço do trabalho, seja por decreto governamental, seja pela ação violenta ou pela ameaça de uma tal ação, por parte dos sindicatos. Aumentar os salários acima do nível que teriam num mercado não obstruído é considerado um postulado das leis da moralidade, e também uma medida indispensável do ponto de vista econômico. Quem se atrever a desafiar esse dogma ético e econômico é considerado depravado e ignorante. Muitos dos nossos contemporâneos veem as pessoas que são suficientemente temerárias para "atravessar uma linha de piquetes" da mesma forma que os membros de uma tribo primitiva viam os que violavam os preceitos de um tabu. Milhões de pessoas exultam quando um desses "fura-greves" recebe o seu bem merecido castigo das mãos dos grevistas, enquanto a polícia, o ministério público e os tribunais mantêm uma arrogante neutralidade, quando não tomam abertamente o partido dos grevistas.

O salário de mercado tende para um nível que permite àqueles que quiserem trabalhar conseguir emprego, e aos que desejarem contratar trabalhadores empregar tantos quantos desejam. Tende para aquilo que

---
[6] *Corpus Juris Civilis*, 1, un. C.X. 37.

hoje em dia é denominado de pleno emprego. Onde não houver interferência do governo e dos sindicatos no mercado de trabalho só pode existir desemprego cataláctico ou voluntário. Mas tão logo uma pressão externa ou uma coerção, seja da parte do governo, seja da dos sindicatos, tente elevar os salários acima do valor de mercado, surge o desemprego institucional. Enquanto prevalece no mercado de trabalho não obstruído uma tendência a que desapareça o desemprego cataláctico, o desemprego institucional não pode desaparecer enquanto o governo ou os sindicatos conseguirem impor a sua vontade. Se o salário mínimo se aplica apenas a algumas ocupações, enquanto outros setores do mercado de trabalho continuam livres, os que por esse motivo perderam o seu emprego tentarão empregar-se nos setores livres, aumentando assim a oferta de trabalho nos mesmos. Se o sindicalismo se restringe principalmente à mão de obra qualificada, o aumento salarial conseguido pelos sindicatos não conduz ao desemprego institucional; simplesmente diminui o nível salarial nos setores em que os sindicatos não são tão eficientes ou não existem. A consequência natural do aumento salarial para os trabalhadores organizados é uma queda salarial para os trabalhadores não organizados. Mas, com a generalização da interferência governamental sobre os salários e com o apoio que o estado vem dando ao sindicalismo, as coisas mudaram. O desemprego institucional tornou-se um fenômeno de massa crônico e permanente.

Escrevendo em 1930, lorde Beveridge, que mais tarde viria a ser um defensor da ingerência governamental e sindical no mercado de trabalho, assinalava que o efeito potencial do fato de uma "política de salários altos" provocar o desemprego é algo que "não pode ser negado por nenhuma autoridade competente".[7] De fato, negar esse efeito equivale a desconhecer a existência de qualquer regularidade na sequência e na interconexão dos fenômenos de mercado. Os economistas mais antigos, que simpatizavam com o movimento sindical, tinham plena consciência do fato de que o sindicalismo só pode atingir seus objetivos se ficar restrito a uma minoria de trabalhadores. Aprovavam o sindicalismo como expediente benéfico aos interesses de um grupo privilegiado de trabalhadores, sem se importarem com as consequências para todos os demais assalariados.[8] Ninguém até hoje conseguiu demonstrar que o sindicalismo poderia melhorar a situação e elevar o padrão de vida de *todos* os assalariados.

É importante lembrar também que o próprio Marx nunca sustentou que os sindicatos pudessem aumentar os salários em geral. "A

---

[7] Ver W.H. Beveridge, *Full Employment in a Free Society*, Londres, 1944, p. 92 e segs.

[8] Ver Hutt, *The Theory of Collective Bargaining*, p. 10-21.

tendência geral da produção capitalista – dizia ele – não é aumentar, mas diminuir o nível médio dos salários". Sendo essa a tendência, tudo o que o sindicalismo pode conseguir em relação aos salários é "tirar o melhor partido possível das eventuais chances de melhorá-los".[9] Os sindicatos, para Marx, só tinham importância na medida em que atacassem "o próprio sistema da escravidão salarial e os métodos atuais de produção".[10] Deviam compreender que "em vez do lema *conservador: Um bom salário-dia, por um bom dia de trabalho!*", deveriam inscrever na sua bandeira a palavra de ordem *revolucionária: Abaixo o sistema salarial!*".[11] Os marxistas mais consistentes sempre se opuseram às tentativas de impor salários mínimos, por considerá-las prejudiciais aos interesses da classe trabalhadora como um todo. Sempre houve, desde que teve início o moderno movimento trabalhista, um antagonismo entre os sindicatos e os socialistas revolucionários. Os sindicatos americanos e ingleses mais antigos dedicavam-se exclusivamente à obtenção de salários mais elevados. Não viam o socialismo com bons olhos, tanto o "utópico" como o "científico". Na Alemanha havia uma rivalidade entre os adeptos do credo marxista e os líderes sindicais. Finalmente, nas últimas décadas que antecederam à Primeira Guerra Mundial, os sindicatos triunfaram: conseguiram virtualmente converter o Partido Social Democrata aos princípios do intervencionismo e do sindicalismo. Na França, George Sorel procurava imbuir nos sindicatos aquele espírito de agressão e de guerra revolucionária que Marx lhes recomendava. Em todos os países não socialistas existe hoje um conflito ostensivo entre duas facções sindicais. Um grupo considera o sindicalismo como um instrumento para melhorar a situação dos trabalhadores no contexto do capitalismo. O outro grupo quer usar os sindicatos como organizações a serviço da causa comunista, só os aprovando na medida em que sejam os pioneiros na derrubada violenta do sistema capitalista.

Os problemas do sindicalismo trabalhista foram ofuscados e completamente confundidos por um verbalismo pseudo-humanitário. Os defensores do salário mínimo, seja decretado e imposto pelo governo, seja obtido pela violenta ação sindical, afirmam estar lutando pela melhoria da situação das massas trabalhadoras. Não permitem que alguém conteste o dogma de que os salários mínimos sejam o meio apropriado para elevar permanentemente os salários de todos os assalariados. Orgulham-se de ser os únicos verdadeiros amigos dos

---

[9] Ver Marx, *Value, Price and Profit*, ed. E. Marx Aveling, Chicago, Charles H. Kerr & Company, p.125.

[10] Ver A.Lozovsky, *Marx and the Trade Unions*, Nova York, 1935, p. 17.

[11] Ver Marx, op. cit, p.126-127.

"trabalhadores" e do "homem comum", do "progresso" e dos eternos princípios de "justiça social".

Entretanto, o problema é precisamente o de saber se existe alguma outra maneira de aumentar o padrão de vida dos que querem trabalhar que não seja o aumento da produtividade marginal do trabalho mediante o incremento de capital *per capita*. Os teóricos do sindicalismo procuram fugir dessa questão essencial e nunca mencionam o único ponto realmente importante: a relação entre o número de trabalhadores e a quantidade de bens de capital disponíveis. Não obstante, algumas políticas sindicais implicam tacitamente no reconhecimento da validade dos teoremas catalácticos relativos à determinação dos salários. Os sindicatos lutam para reduzir a oferta de mão de obra por meio de leis contra a imigração e de medidas que impeçam os não sindicalizados ou os ainda inexperientes de competir nos setores sindicalizados do mercado de trabalho. Por outro lado, opõem-se à exportação de capitais. Essas políticas seriam absurdas, se fosse verdade que a quota de capital disponível *per capita* não tivesse importância na determinação dos salários.

A essência da doutrina sindical está contida no *slogan* "exploração". Segundo a versão sindical da teoria da exploração, que é diferente do credo marxista, o trabalho é a única fonte de riqueza, e os gastos com trabalho são os únicos custos reais. De direito, toda a receita obtida com a venda de um produto deveria pertencer aos trabalhadores. Ainda segundo essa doutrina, o trabalhador manual pode legitimamente reivindicar para si a "produção total do trabalho". O mal que o sistema capitalista de produção faz ao trabalhador fica evidente pelo fato de permitir que os proprietários de terras, capitalistas e empresários retenham para si uma parte do que pertence de direito aos trabalhadores. A parcela retida por esses parasitas sociais é chamada de renda não ganha. Os trabalhadores têm razão em lutar pela elevação passo a passo dos salários, até que não sobre mais nada para a classe dos exploradores socialmente inúteis. Ao visar a esse objetivo, os sindicatos dão prosseguimento à luta, deflagrada há gerações, pela emancipação dos escravos e dos servos, e pela abolição dos impostos, tributos, dízimos e do trabalho obrigatório gratuito que pesava sobre o campesinato em benefício da aristocracia proprietária de terras. O movimento trabalhista é uma luta pela liberdade e pela igualdade, em favor dos inalienáveis direitos do homem. Sua vitória final é fora de dúvida, uma vez que a tendência inevitável da evolução histórica é eliminar todos os privilégios de classe e instaurar definitivamente o reino da liberdade e da igualdade. As tentativas dos empregadores reacionários para impedir o progresso estão condenadas ao fracasso.

Tais são os princípios da doutrina social contemporânea. É verdade que algumas pessoas, embora inteiramente de acordo com esse ideário, só apoiam as conclusões práticas dos radicais com algumas reservas e sob certas condições. Esses moderados não pretendem abolir inteiramente a parcela que deveria caber à "direção"; contentam-se em limitá-la a um valor "justo". Como as opiniões relativas a qual seja o valor justo da receita dos empresários e dos capitalistas variam muito, a diferença entre o ponto de vista dos radicais e o dos moderados tem pouca importância. Os moderados também endossam o princípio de que os salários reais deveriam aumentar sempre e nunca baixar. Em ambas as guerras mundiais, poucos foram os que nos Estados Unidos questionaram o pleito dos sindicatos segundo o qual os salários líquidos dos trabalhadores, mesmo numa emergência nacional, deveriam crescer mais do que o custo de vida.

Segundo a doutrina sindical, não há nenhum inconveniente em confiscar, parcial ou totalmente, a renda dos capitalistas e dos empresários. Ao tratar desse assunto, empregam o termo lucros com o mesmo sentido empregado pelos economistas clássicos. Não distinguem lucro empresarial de juro sobre o capital investido e de compensação pelos serviços técnicos prestados pelo empresário. Trataremos mais tarde das consequências decorrentes do confisco de juros e lucros; veremos também o que a teoria sindical entende por "capacidade de pagar" e por participação nos lucros.[12] Já examinamos o argumento em favor do aumento do poder aquisitivo acima do valor que teria no mercado.[13] Falta-nos analisar o significado do pretenso efeito de Ricardo.

Foi Ricardo quem, pela primeira vez, enunciou a tese de que um aumento nos salários encorajaria os capitalistas a substituírem mão de obra por equipamentos e vice-versa.[14] Portanto, concluem os apologistas do sindicalismo, uma política de aumentos salariais acima do valor que teriam no mercado de trabalho não obstruído é sempre benéfica. Gera progresso tecnológico e aumenta a produtividade do trabalho. Salários mais altos pagam-se por si mesmos. Ao forçarem os empregadores que relutam em aumentar os salários, os sindicatos estariam cumprindo o papel de vanguarda do progresso e da prosperidade.

Muitos economistas aprovam essa tese de Ricardo, embora poucos entre eles sejam suficientemente consistentes para endossar a inferência que dela tiram os sindicalistas. Na verdade, o efeito de Ricardo é um ar-

---

[12] Ver adiante p. 909-915.

[13] Ver p. 361-363.

[14] Ver Ricardo, *Principles of Political Economy and Taxation*, cap. i, seção v. O termo "efeito de Ricardo" é usado por Hayek em *Profits, Interest and Investment*, Londres, 1939, p.8.

gumento que só pode impressionar os principiantes em economia; é um dos maiores erros econômicos.

A confusão começa com o equívoco de que a máquina "substitui" a mão de obra. Na realidade, o que a máquina faz é tornar a mão de obra mais eficiente. O mesmo aporte de trabalho possibilita a obtenção de uma maior quantidade ou de uma melhor qualidade de produtos. O uso da máquina em si não resulta *diretamente* numa redução do mínimo de operários empregados na fabricação de um artigo A. O que provoca esse efeito secundário é o fato de que – tudo o mais sendo igual – um aumento da oferta de A diminui a utilidade marginal de uma unidade de A em comparação com as unidades de outros artigos; por consequência, a mão de obra é deslocada da produção de A para a produção de outros artigos. O progresso tecnológico ocorrido na produção de A torna possível realizar certos projetos que antes não poderiam ser executados porque os trabalhadores necessários estavam ocupados na produção de A, cuja demanda pelos consumidores era considerada mais urgente. A redução do número de trabalhadores na indústria produtora de A é provocada pela maior demanda desses outros setores aos quais é oferecida a oportunidade de expansão. Consequentemente, tudo o que se costuma dizer sobre "desemprego tecnológico" fica devidamente refutado.

As ferramentas e as máquinas são primordialmente meios para aumentar a produção por unidade de aporte e não dispositivos para economizar mão de obra. Parecem ser dispositivos para economizar mão de obra se considerados exclusivamente do ponto de vista do setor da atividade econômica em questão. Vistos do ângulo dos consumidores e da sociedade em geral, são instrumentos que aumentam a produtividade do esforço humano. Aumentam a oferta e tornam possível consumir mais bens materiais e usufruir mais lazer. Que bens serão consumidos em quantidade maior e até que ponto as pessoas preferirão usufruir mais lazer depende dos julgamentos de valor de cada indivíduo.

O emprego de mais e melhores ferramentas só é viável na medida em que o capital necessário esteja disponível. A poupança – isto é, um excedente da produção sobre o consumo – é condição indispensável de todo aperfeiçoamento tecnológico. O mero conhecimento tecnológico é inútil se não houver capital para utilizá-lo. Os empresários indianos estão familiarizados com os métodos americanos de produção; o que os impede de adotá-los é a falta de capital e não os baixos salários da Índia.

Por outro lado, a poupança capitalista necessariamente gera o emprego de máquinas e ferramentas adicionais. O papel que a poupança simples – isto é, a acumulação de bens de consumo como uma reserva para dias mais difíceis – representa na economia de mercado é de menor importância. No regime capitalista, a poupança é geralmente poupança capitalista. O excesso de produção sobre o consumo é investido seja diretamente no próprio negócio ou na fazenda do poupador, seja indiretamente nas empresas de outras pessoas por meio dos depósitos de poupança, ações ordinárias ou preferenciais, títulos, debêntures e hipotecas.[15] Na medida em que as pessoas mantenham o seu consumo abaixo de sua renda líquida, cria-se capital adicional que é empregado na expansão do capital fixo do aparato de produção. Como já foi assinalado anteriormente, esse resultado não pode ser afetado por uma tendência síncrona de aumento dos encaixes.[16] Por um lado, o que é invariavelmente necessário para o emprego de mais e melhores ferramentas é a acumulação adicional de capital; por outro lado, não há melhor emprego para o capital adicional do que a utilização de mais e melhores ferramentas.

A tese de Ricardo e a doutrina sindical que dela deriva invertem as coisas. Uma tendência de alta dos salários não é a causa, mas o efeito, do progresso tecnológico. A atividade econômica com fins lucrativos é obrigada a empregar os métodos de produção mais eficientes. O que impede um empresário de melhorar o equipamento de sua empresa é somente a falta de capital. Se o capital necessário não estiver disponível, nenhum aumento salarial poderá proporcioná-lo.

O máximo que os salários mínimos podem conseguir em relação ao emprego de maquinaria é desviar investimentos adicionais de um setor para outro. Suponhamos que num país economicamente subdesenvolvido, a Ruritânia, o sindicato dos estivadores consiga forçar os empresários a pagarem salários que são comparativamente maiores do que os pagos nas outras atividades econômicas. Pode ocorrer então que o emprego mais rentável para o capital adicional seja utilizar dispositivos mecânicos para carga e descarga dos navios. Mas o capital assim empregado foi subtraído de outros setores da atividade econômica da Ruritânia, nos quais, não fosse a pressão sindical, teria sido empregado de uma maneira mais vantajosa. O efeito dos altos salários dos estivadores não é um aumento, mas uma diminuição da produção total da Ruritânia.[17]

Salários reais só podem aumentar, mantidas inalteradas as demais circunstâncias, na medida em que o capital se torne mais

---

[15] Como estamos lidando com as condições de uma economia de mercado não obstruído, podemos desprezar os efeitos de consumo de capital provocados pelos empréstimos públicos.

[16] Ver p. 601-602.

[17] O exemplo é meramente hipotético. Um sindicato tão poderoso provavelmente impediria a utilização de dispositivos mecânicos para carga e descarga de navios, a fim de "criar mais empregos".

abundante. Se o governo ou os sindicatos conseguem forçar salários superiores aos que teriam sido estabelecidos pelo mercado de trabalho não obstruído. A oferta de trabalho excede a sua demanda. Surge o desemprego institucional.

Firmemente comprometidos com os princípios do intervencionismo, os governos tentam impedir esta indesejada consequência de sua interferência pelo recurso a medidas conhecidas hoje em dia como política de pleno emprego: auxílio-desemprego, arbitragem de questões trabalhistas, realização de obras públicas por meio de gastos suntuários, inflação e expansão creditícia. Todos esses remédios são piores do que os males que pretendiam corrigir.

O auxílio dado aos desempregados não acaba com o desemprego. Facilita para quem prefere permanecer ocioso. Quanto mais próximo este subsídio estiver do nível que teriam os salários no mercado não obstruído, menor será o incentivo para o beneficiado procurar emprego. É uma maneira de prolongar o desemprego e não de suprimi-lo. As desastrosas consequências financeiras desse tipo de auxílio-desemprego são por demais conhecidas.

A arbitragem não é um método adequado para decidir disputas quanto a valor de salários. A sentença do árbitro se fixar os salários exatamente no valor potencial de mercado ou num valor mais baixo, não terá efeitos práticos; se fixá-los acima do valor potencial de mercado, as consequências serão as mesmas que as provocadas por qualquer outro modo de fixar salários mínimos acima do nível de mercado, qual seja, desemprego institucional. Não importa que razões o árbitro tenha invocado para justificar sua decisão. O que importa não é saber se os salários podem ser considerados "justos" segundo algum critério arbitrário; é saber se provocam ou não um excesso de oferta de mão de obra sobre a demanda por mão de obra. Para algumas pessoas, pode parecer justo fixar os salários num nível tão alto que uma grande parte da força de trabalho fique condenada a um longo período de desemprego. Mas ninguém poderá dizer que isso seja conveniente e benéfico para a sociedade.

Se os recursos para realização de obras públicas são obtidos através de impostos ou de empréstimo, o aumento de recursos do Tesouro equivale à diminuição da capacidade de investir e de consumir dos cidadãos. Nenhum emprego adicional pode ser criado dessa maneira.

Mas se o governo recorre à inflação para custear os seus gastos — aumentando a quantidade de moeda e expandindo o crédito —, o máximo que consegue é um aumento geral de todos os preços e serviços. Se, no curso dessa inflação, o aumento dos salários não acompanhar o aumento de preços das mercadorias, o desemprego institucional pode diminuir ou mesmo desaparecer completamente. Mas o que o faz diminuir ou desaparecer é precisamente o fato de que houve uma redução dos salários *reais*. Lorde Keynes considerava a expansão do crédito um método eficiente para eliminação do desemprego; acreditava que uma "diminuição gradual e automática dos salários reais em decorrência do aumento dos preços" não encontraria tanta resistência por parte dos trabalhadores, quanto uma redução no valor nominal dos salários.[18] Todavia, o sucesso de um plano tão ardiloso implicaria um grau de ignorância e estupidez dos assalariados altamente improvável. Enquanto os trabalhadores acreditassem que o estabelecimento de salários mínimos lhes beneficia, não se deixarão enganar por esse tipo de subterfúgio.

Na prática, todos esses expedientes de uma suposta política de pleno emprego mais cedo ou mais tarde conduzem à instauração de um socialismo modelo alemão. Levando-se em conta que os membros de uma comissão de arbitramento indicados pelos empregadores nunca chegam a um acordo com os indicados pelos sindicatos quanto à remuneração que possa ser considerada justa, a decisão virtualmente fica com os membros indicados pelo governo. Assim, o governo se investe no poder de determinar o valor que devem ter os salários.

Quanto mais proliferam as obras públicas e quanto mais o governo toma iniciativas para suprir a "incapacidade da empresa privada de gerar emprego para todos", mais se retrai o campo de ação da iniciativa privada. Isso nos coloca, mais uma vez, diante da alternativa: capitalismo ou socialismo.

Uma política de salários mínimos que produza resultados duradouros é inteiramente inconcebível.

Aspectos catalácticos do sindicalismo trabalhista

O único problema cataláctico em relação aos sindicatos de operários é o de procurar saber se é ou não possível, por meio de coerção e de pressão, aumentar os salários de todos os que desejam ter salários maiores do que os que teriam num mercado não obstruído.

Efetivamente, em todos os países, os sindicatos adquiriram o privilégio de poder usar a violência. Os governos renunciaram ao seu atri-

---

[18] Ver Keynes, *The General Theory of Employment, Interest and Money*, Londres, 1936, p. 264. Para um exame crítico dessa ideia, ver Albert Hahn, *Deficit Spending and Private Enterprise*, Postwar Reajustments Bulletin n. 8, U.S. Chamber of Commerce, p. 28- 29; Henry Hazlitt, *The Failure of the "New Economics"*, Princeton, 1959, p. 263-295. Sobre o sucesso do estratagema keynesiano nos anos 30, ver p. 895-897

buto mais essencial, qual seja, a exclusividade do poder de recorrer à coerção violenta e à compulsão. É claro que as leis que qualificam como crime o recurso à ação violenta – salvo em caso de legítima defesa – não foram formalmente revogadas e nem modificadas. Entretanto, a violência sindical tem sido amplamente tolerada. Os sindicatos operários, na prática, gozam de liberdade para impedir pela força quem pretender opor-se às suas ordens relativas a salários e a outras condições de trabalho. Gozam de liberdade para infringir, impunemente, danos corporais a quem furar a greve e aos empresários e seus mandatários que empregam quem fura greve. Gozam de liberdade para destruir a propriedade desses empregadores e até mesmo de injuriar os seus clientes. As autoridades, apoiadas pela opinião pública, fecham os olhos a tudo isso. A polícia não detém esses infratores, o ministério público não os denuncia, e os tribunais não chegam sequer a tomar conhecimento dessas questões. Em casos excepcionais, quando a violência ultrapassa todos os limites, são tomadas algumas medidas tímidas e pouco convincentes para tentar reprimi-la. Mas geralmente fracassam. O fracasso, às vezes, se deve à ineficiência burocrática ou à insuficiência de meios à disposição das autoridades, mas, na realidade, quase sempre se deve à relutância do aparato governamental em interferir eficazmente.[19]

Há muito tempo que as coisas se passam dessa maneira em todos os países não socialistas. O economista, ao expor esses fatos, não culpa nem acusa; simplesmente explica como os sindicatos adquiriram o poder de tornar obrigatórios os seus salários mínimos e qual é o verdadeiro significado do termo negociação coletiva.

Os defensores do sindicalismo costumam dizer que negociação coletiva significa apenas substituir a negociação que cada trabalhador faria individualmente pela negociação sindical. Numa economia de mercado plenamente amadurecida, a negociação de mercadorias e serviços homogêneos, que são frequentemente comprados e vendidos em grandes quantidades, não é feita da mesma maneira que a negociação de mercadorias e serviços não fungíveis. O comprador ou vendedor de mercadorias ou de serviços fungíveis fixa provisoriamente um preço e ajusta-o mais tarde em função da resposta que receba dos interessados, até que possa comprar ou vender a quantidade que deseja. Tecnicamente, não há outro procedimento possível. O hipermercado não pode regatear com seus clientes. Ele fixa o preço de um artigo e espera. Se o público não comprar a quantidade esperada, ele reduz o preço. Uma fábrica que precise de

---

[19] Ver Sylvester Petro, *The Labor Policy of the Free Society*, Nova York, 1957; Roscoe Pound, *Legal Immunities of Labor Unions*, Washington, D.C., American Entreprise Association, 1957.

quinhentos soldadores estabelece um salário que, a seu ver, permitirá a contratação de quinhentos homens. Se só conseguir contratar um número menor, será forçado a oferecer um salário maior. Todo empregador é obrigado a aumentar os salários que oferece até o nível em que nenhum concorrente possa seduzir os seus empregados oferecendo-lhes salários mais altos. O que torna inoperante a imposição de salários mínimos é precisamente o fato de que acima desse nível não haverá uma demanda capaz de absorver toda a oferta de mão de obra.

Se os sindicatos fossem efetivamente órgãos de negociação, a negociação coletiva não poderia elevar os salários acima do valor que teriam no mercado não obstruído. Enquanto ainda houver trabalhadores desempregados disponíveis, não há razão para um empregador aumentar a sua oferta. Catalacticamente falando, uma verdadeira negociação coletiva não poderia ser diferente de uma negociação individual. Deveria, como no caso da negociação individual, dar uma oportunidade aos desempregados que ainda não conseguiram encontrar emprego.

Mas o que os líderes sindicais e a legislação "trabalhista" chamam eufemisticamente de negociação coletiva é algo bastante diferente. É uma negociação entre duas partes; uma armada, e disposta a usar suas armas, e outra desarmada, sob coação. Não é uma transação de mercado; é uma injunção imposta ao empregador. E o seu efeito é o mesmo de um decreto governamental que conta com o poder de polícia e com os tribunais para sua implementação: gera desemprego institucional.

A opinião pública e um vasto número de pseudoeconomistas tratam esses problemas de uma maneira inteiramente equivocada. A questão não se limita ao direito de livre associação; implica em responder se a uma associação de cidadãos privados deve ser concedido o privilégio de recorrer impunemente à ação violenta. É o mesmo problema que o da Ku-Klux-Klan.

Tampouco é correto considerar o assunto como se fosse uma questão de "direito de greve". O problema não é o direito de greve, mas o direito de – pela intimidação ou pela violência – forçar outras pessoas a fazer greve, e o direito adicional de impedir qualquer pessoa de trabalhar num estabelecimento que esteja em greve. Não há diferença entre um sindicato que invoca o direito de greve para justificar esses atos de intimidação e violência e um grupo religioso que invocasse o direito de liberdade de consciência para justificar a perseguição de dissidentes.

As leis que em alguns países negavam aos empregados o direito de formar sindicatos foram inspiradas pela ideia de que tais sindicatos não têm outro modo de agir que não seja a intimidação e a violência. As autoridades que às vezes empregam suas forças armadas para proteger os empregadores, seus mandatários e sua propriedade contra a investida violenta dos grevistas não estão sendo hostis ao "trabalhador". Estão simplesmente fazendo o que todo governo considera seu principal dever: preservar a exclusividade do direito de usar a violência.

A ciência econômica não tem necessidade de examinar os problemas jurídicos das greves e das várias leis de greve, especialmente a do *New Deal* nos Estados Unidos, que era reconhecidamente dirigida contra os empregadores e que colocava os sindicatos em posição privilegiada. Para a ciência econômica, o que importa é o seguinte: se por decreto do governo ou por pressão e compulsão dos sindicatos os salários são fixados em valores superiores aos que teriam no mercado, a consequência inevitável é o desemprego institucional.

Capítulo 31

Manipulação da Moeda e do Crédito

1
O Governo e a Moeda

Os meios de troca e a moeda são fenômenos de mercado. O que faz com que alguma coisa se torne um meio de troca ou moeda é o comportamento das partes nas transações de mercado. A rigor, as autoridades só deveriam envolver-se com problemas monetários quando fossem chamadas a se manifestar, como em qualquer situação em que tivesse havido uma troca de outros objetos; ou seja, quando fossem chamadas a decidir se o não cumprimento de obrigações contratuais justifica ou não o emprego de compulsão pelo aparato governamental, para fazer com que a parte inadimplente cumpra o que foi pactuado. Se ambas as partes cumprem as suas mútuas obrigações simultaneamente, via de regra não surgem conflitos que levem as partes a recorrerem ao judiciário. Mas se as obrigações de uma das partes, ou de ambas, são diferidas, pode ocorrer que os tribunais sejam chamados a decidir como deveriam ser interpretados os termos do contrato. Se a questão envolve o pagamento de uma soma em dinheiro, torna-se necessário definir o significado dos termos monetários usados no contrato.

Cabe, assim, às leis e aos tribunais do país definir o que as partes contratantes tinham em mente ao se referirem a uma soma em dinheiro e ao estabelecerem como deve ser cumprida essa obrigação de pagar. Devem portanto determinar o que é e o que não é moeda de curso legal. Ao se desincumbirem dessa tarefa, as leis e os tribunais não estão *criando* moeda. Um certo bem só pode vir a se tornar moeda se as pessoas que trocam mercadorias e serviços passarem a usá-lo frequentemente como meio de troca. Numa economia de mercado não obstruído, as leis e os juízes, ao atribuírem a qualidade de curso legal a alguma coisa, estarão simplesmente confirmando aquilo que, segundo as práticas comerciais vigentes, era o que as partes tinham em mente ao fazerem referência no seu contrato a um determinado tipo de moeda. Interpretam as praxes comerciais da mesma maneira que definem o significado de qualquer outro termo usado no contrato.

Já há muito tempo a cunhagem de moedas vem sendo considerada prerrogativa dos governantes do país. Entretanto, essa atividade governamental, originalmente, tinha por objetivo padronizar e certificar os pesos e as medidas. A efígie da autoridade gravada numa moeda metálica representava um certificado de garantia do seu peso e de sua pureza. Mais tarde, quando os governantes recorreram à substituição de parte do metal precioso por metais menos nobres e mais baratos, fizeram-no furtivamente e com plena consciência do fato de estarem engajados numa operação fraudulenta, em prejuízo dos governados. As pessoas, tão logo perceberam esse artifício, passaram a só aceitar as moedas adulteradas mediante um desconto em relação às antigas. Os governos reagiram, recorrendo à compulsão e à coerção. Tornaram ilegal a discriminação entre moeda "boa" e "má", tanto nas transações à vista como nas a prazo, e determinaram a paridade da moeda "má". O resultado obtido, entretanto, não foi o que os governos pretendiam. Seus decretos não conseguiram impedir que os preços das mercadorias (em termos da moeda desvalorizada) se ajustassem ao efetivo estado da relação monetária. Além disso, começaram a surgir os efeitos descritos pela lei de Gresham.

A história da interferência do governo, entretanto, não é apenas um registro de práticas de degradação da moeda e de tentativas fracassadas de evitar suas inexoráveis consequências catalácticas. Houve governos que não usaram a prerrogativa de cunhar moedas para enganar aquela parte do público que havia confiado na integridade de seus governantes e que, por ignorância, estavam dispostas a aceitar as moedas adulteradas pelo seu valor nominal. Esses governos consideravam a fabricação de moedas não uma fonte de ganhos fiscais subreptícios, mas um serviço público destinado a salvaguardar o funcionamento tranquilo do mercado. Mas mesmo esses governos – por ignorância ou por diletantismo – recorreram frequentemente a medidas que eram equivalentes à interferência na estrutura de preços, embora não fosse esse o seu objetivo. Uma vez que tanto o ouro quanto a prata eram usados simultaneamente como moeda, as autoridades resolveram, ingenuamente, unificar o sistema monetário, decretando uma taxa de câmbio fixa entre os dois metais preciosos. O sistema bimetálico revelou-se um completo fracasso; não havia bimetalismo, mas dois padrões que se alternavam. O metal cuja taxa de câmbio em relação ao outro metal fosse menor do que a taxa de câmbio legalmente fixada era mais usado como moeda, enquanto o outro desaparecia de circulação. Por fim, os governos desistiram do bimetalismo e adotaram o monometalismo. A política de compra de prata adotada pelos Estados Unidos durante muitas décadas não pode ser considerada uma política monetária. Era apenas uma maneira de aumentar o preço da prata em benefício dos proprietários das minas, de seus empregados e dos estados em cujas fronteiras se situavam as jazidas. Era um mal disfarçado subsídio. Sua significação monetária consistia apenas no fato de ser financiada pela emissão adicional de papel-moeda que, embora ostentasse a inscrição *Silver Certificate* (lastreado em prata)[1] não diferia essencialmente das emissões de papel-moeda feitas pelo *Federal Reserve* (banco central americano).[2]

Contudo, a história econômica também registra casos de políticas monetárias bem concebidas e bem-sucedidas, implantadas por governos cuja única intenção era dotar seus países de um sistema monetário que funcionasse fluentemente. O liberalismo do *laissez-faire* não aboliu a tradicional prerrogativa governamental de cunhagem de moedas. Mas nas mãos dos governos liberais o caráter desse monopólio estatal foi completamente alterado; o monopólio deixou de ser considerado instrumento de intervenção econômica. Deixou de ser usado com propósitos fiscais ou para favorecer alguns grupos em detrimento de outros. As atividades monetárias do governo tinham um só objetivo: facilitar e simplificar o uso do meio de troca que o comportamento das pessoas havia transformado em moeda. Todos concordavam com a ideia de que um sistema monetário nacional tinha de ser confiável. Para ser confiável era preciso que as peças metálicas – isto é, as moedas metálicas cujo poder liberatório estava plenamente assegurado pelas leis – fossem feitas a partir de lingotes convenientemente analisados e marcados, e de tal maneira que qualquer falsificação pudesse ser facilmente identificada. O timbre do governo tinha como única função a de certificar o peso e a pureza do metal. As peças gastas pelo uso ou que por qualquer outro motivo ficassem com seu peso abaixo dos rígidos limites de tolerância perdiam sua qualidade de moeda de curso legal; as próprias autoridades retiravam essas peças de circulação e as recunhavam. Quem recebesse uma moeda cuja efígie estivesse visível não precisava recorrer a balanças ou a análises químicas para saber o peso e a qualidade de seu conteúdo. Por outro lado, os indivíduos tinham o direito de trazer lingotes de ouro para serem transformados em moedas sem qualquer custo, ou no máximo mediante um pagamento que não superava as despesas de cunhagem. Assim, várias moedas nacionais tornaram-se, verdadeiramente, moedas de ouro. Surgia a estabilidade da taxa de câmbio entre a moeda de um país e a de todos os demais países que

---

[1] Parênteses do tradutor.

[2] Parênteses do tradutor.

adotavam os mesmos princípios. O padrão-ouro internacional foi implantado sem que houvesse necessidade de tratados intergovernamentais ou de instituições de caráter mundial.

Em muitos países o padrão-ouro foi implantado em decorrência do funcionamento da lei de Gresham. Na Inglaterra, o governo apenas ratificou os resultados provocados pela lei de Gresham; transformou uma situação de fato em uma situação de direito. Em outros países, os governos abandonaram o bimetalismo no exato momento em que a relação de troca entre ouro e prata no mercado iria provocar o desaparecimento da prata como meio circulante. Em todos esses países, para adoção do padrão-ouro foi suficiente que a administração formalizasse a promulgação das leis correspondentes.

Nos países em que se tentou adotar o padrão-ouro em substituição a um meio circulante de prata ou de papel-moeda, as coisas não foram tão simples. Quando a Alemanha, nos anos 70 do século XIX, quis adotar o padrão-ouro, o meio circulante nacional era a prata. Não lhe foi possível realizar o seu intento simplesmente imitando o procedimento daqueles países em que a adoção do padrão-ouro foi mera ratificação de uma situação de fato. Era preciso substituir as moedas de prata em poder do público por moedas de ouro. Isso tomava tempo e implicava em complicadas operações financeiras que envolviam grandes compras de ouro e vendas de prata. As condições foram idênticas nos países que pretenderam substituir por ouro moeda-crédito ou moeda-*fiat* existentes.

É importante compreender esses fatos porque ilustram a diferença entre as condições que prevaleciam na época liberal e as que prevalecem hoje na era do intervencionismo.

2
O ASPECTO INTERVENCIONISTA DA MOEDA DE CURSO LEGAL

A manifestação mais simples e mais antiga de intervencionismo monetário consiste na diminuição do teor de metal nobre nas moedas ou a diminuição de seu peso e tamanho, visando a favorecer a posição dos devedores. As autoridades atribuem às moedas adulteradas o mesmo poder liberatório das moedas verdadeiras. Todos os pagamentos a prazo podem ser efetuados com as moedas de menor valor e pelo seu valor nominal. Os devedores são favorecidos às custas dos credores. Mas, ao mesmo tempo, as futuras operações de crédito ficam mais onerosas para os tomadores. A taxa bruta de juros no mercado tende a subir, tendo em vista a possibilidade de que se repita esse favorecimento aos devedores. Se por um lado beneficia os que já são devedores, por outro dificulta a situação dos que desejam ou precisam contrair uma dívida.

O inverso da redução de dívidas – o agravamento de dívidas via medidas monetárias – também tem sido praticado, embora mais raramente. Entretanto, nunca com o propósito de favorecer os credores às custas dos devedores. Sempre que isso ocorreu, foi como um efeito não intencional de mudanças monetárias, consideradas absolutamente necessárias, por outras razões. Ao recorrerem a essas mudanças monetárias, os governos não se importavam com os seus efeitos sobre os pagamentos diferidos, seja porque considerassem impossível evitá-los, seja porque pensavam que os credores e os devedores, ao estabelecerem os termos do contrato, já tivessem previsto essas mudanças e, portanto, se precavido contra os seus efeitos. Os melhores exemplos desse tipo de intervenção nos são fornecidos pela Inglaterra depois das Guerras Napoleônicas e novamente depois da Primeira Guerra Mundial. Em ambos os casos a Inglaterra, algum tempo depois do fim das hostilidades, por meio de uma política deflacionária, estabeleceu para a libra a mesma paridade em ouro de antes da guerra. A ideia de conduzir a substituição da moeda-crédito do período da guerra pelo padrão-ouro, adotando como paridade legal a nova relação de troca entre a libra e o ouro então vigente no mercado, foi rejeitada. Essa alternativa foi considerada uma espécie de falência nacional, uma rejeição parcial da dívida pública e uma forma maliciosa de reduzir os direitos daqueles cujos créditos se haviam originado no período que precedeu a suspensão da convertibilidade incondicional da libra esterlina. As pessoas pensavam que os males causados pela inflação poderiam ser curados por meio de uma subsequente deflação. Entretanto, o retorno à paridade de antes da guerra não poderia indenizar os credores pelos prejuízos que sofreram por terem recebido uma moeda desvalorizada em pagamento de seus créditos. Além disso, seria uma dádiva a quem tivesse concedido empréstimos e um desastre para quem tivesse tomado empréstimo. Mas os governantes, responsáveis pela política deflacionária, não tinham consciência das implicações dessas suas medidas. Não chegavam a perceber as consequências que eles mesmos considerariam indesejáveis; e, mesmo que as tivessem percebido a tempo, não saberiam evitá-las. A política que adotaram favoreceu realmente os credores às custas dos devedores, especialmente os portadores de títulos do governo às custas dos contribuintes. Nos anos 20 do século XIX a agricultura inglesa foi seriamente prejudicada; cem anos mais tarde, o comércio exterior foi gravemente comprometido. Não obstante, seria um erro considerar essas duas reformas monetárias inglesas uma intervenção que tivesse por objetivo prejudicar os devedores. Essa foi apenas a consequência não intencional de uma política que visava a atingir outros objetivos.

Os governantes, sempre que tomam medidas que provocam uma redução das dívidas, ou seja, sempre que favorecem os devedores, apressam-se a declarar que tal fato não se repetirá. Atribuem a circunstâncias excepcionais, que não mais se repetirão, o fato de ter sido necessário recorrer a medidas de emergência, absolutamente inaceitáveis em quaisquer outras circunstâncias. Uma vez e nunca mais, dizem eles. É fácil compreender por que os autores e partidários de medidas que provocam uma redução das dívidas sentem necessidade de fazer essas promessas. Se a anulação parcial ou total dos direitos dos credores se tornasse uma política habitual, ninguém mais emprestaria dinheiro. Ninguém mais aceitaria pagamentos a prazo, se houvesse uma expectativa de que serão decretadas medidas que reduzam os direitos dos credores.

Portanto, não tem cabimento considerar a redução de dívidas uma medida de política econômica que possa servir de alternativa a qualquer outra forma de organização econômica permanente da sociedade. Não é, de forma alguma, uma medida construtiva; é uma bomba que só pode causar destruição. Se for usada uma única vez, ainda é possível reconstruir o sistema de crédito por ela atingido. Mas, se as explosões se repetem, a destruição do sistema econômico é total.

A inflação e a deflação não devem ser consideradas apenas do ângulo dos seus efeitos sobre os pagamentos a prazo. Já foi mostrado que as mudanças de origem monetária do poder aquisitivo não afetam os preços das várias mercadorias e serviços ao mesmo tempo e com a mesma intensidade, e foi mostrado também o papel que essa desigualdade tem no mercado.[3] Mas se a inflação e a deflação forem consideradas um meio de reordenar as relações entre credores e devedores, é preciso levar em conta que os objetivos buscados pelo governo ao usá-las como tal não serão atingidos, a não ser de forma muito imperfeita, e que, além disso, as consequências paralelas serão, do ponto de vista do próprio governo, muito indesejáveis. Como acontece sempre que o governo intervém na estrutura de preços, os resultados obtidos são não apenas o oposto do que se pretendia, mas também engendram uma situação que, na própria opinião dos governantes, é mais indesejável do que a que teria prevalecido sem a intervenção.

Se o objetivo do governo ao recorrer à inflação é favorecer os devedores às custas dos credores, só terá êxito em relação aos paga-

---
[3] Ver p. 479-481.

mentos diferidos que já tenham sido estabelecidos anteriormente. A inflação não torna os novos créditos mais baratos; ao contrário, torna-os mais caros, pelo surgimento de um prêmio compensatório positivo. Se a inflação for levada às suas últimas consequências, o crédito desaparece em decorrência da impossibilidade de se aceitarem pagamentos a prazo.

3
A EVOLUÇÃO DOS MÉTODOS DE MANIPULAÇÃO DOS MEIOS DE PAGAMENTO

Um meio de pagamento metálico não dá ensejo a que o governo o manipule. É claro que o governo tem o poder de outorgar o curso forçado à moeda. Mas, se o fizer, o funcionamento da lei de Gresham pode frustrar os objetivos que o próprio governo pretende alcançar. Visto desse ângulo, o padrão metálico se constitui num obstáculo a qualquer tentativa de interferir nos fenômenos de mercado por meio de políticas monetárias.

Ao examinar a evolução que resultou no poder dos governos manipularem os sistemas monetários de seus países, devemos começar pela alusão a uma das falhas mais graves cometida pelos economistas clássicos. Tanto Adam Smith quanto Ricardo consideravam um desperdício os gastos necessários à preservação de um meio de pagamento metálico. Para eles, a substituição da moeda metálica por papel-moeda possibilitaria empregar o capital e o trabalho, usados na produção de ouro e prata com propósitos monetários, na produção de outros bens que poderiam melhor satisfazer as necessidades humanas. Partindo dessa suposição, Ricardo elaborou o seu famoso *Proposals for an Economical and Secure Currency* (Proposta de uma moeda segura e econômica),[4] publicado pela primeira vez em 1816. A proposta de Ricardo caiu no esquecimento. Foi somente algumas décadas após a sua morte que diversos países vieram a adotar os princípios básicos de sua proposta, sob a denominação de *gold exchange standard* (padrão conversível em ouro), a fim de reduzir o alegado desperdício inerente ao funcionamento do padrão-ouro, hoje em dia intitulado "clássico" ou "ortodoxo".

No padrão-ouro clássico, parte dos encaixes dos indivíduos consiste em moedas de ouro. No padrão conversível em ouro, os encaixes dos indivíduos consistem unicamente em substitutos de moeda.

---
[4] Parênteses do tradutor.

Esses substitutos de moeda são resgatáveis, pelo seu valor ao par, em ouro ou em moedas estrangeiras de países que adotam o padrão-ouro ou o padrão conversível em ouro. As instituições monetárias e bancárias procuram impedir que o público retire ouro do Banco Central para mantê-lo pessoalmente como encaixe, embora só a convertibilidade imediata e total possa garantir a estabilidade de uma moeda nacional face às moedas estrangeiras.

Ao tratar dos problemas do padrão conversível em ouro, todos os economistas – inclusive o autor deste livro – não se deram conta do fato de que esse sistema coloca nas mãos do governo o poder de manipular facilmente os meios de pagamento de seu país. Os economistas supunham candidamente que nenhum governo de um país civilizado usaria intencionalmente o padrão conversível em ouro como um instrumento de política inflacionária. É claro que não devemos exagerar a importância do papel que teve o padrão conversível em ouro nas iniciativas inflacionárias das últimas décadas; o fator principal foi a ideologia inflacionista. O padrão conversível em ouro foi apenas um veículo conveniente para a realização de projetos inflacionários. O fato de um país não adotá-lo nunca impediu a implantação de medidas inflacionárias. Nos Estados Unidos, em 1933, ainda estava em vigor, de uma maneira geral, o padrão-ouro clássico. Esse fato não impediu o inflacionismo do *New Deal*. Os Estados Unidos, numa só tacada – confiscando o ouro de propriedade de seus cidadãos – aboliram o padrão-ouro clássico e desvalorizaram o dólar em relação ao ouro.

Uma nova modalidade de padrão conversível em ouro, que se desenvolveu no período entre as duas guerras mundiais, pode ser denominada de padrão flexível conversível em ouro, ou, simplificando, *padrão flexível*. Nesse sistema, o Banco Central ou o Fundo de Estabilização da Taxa de Câmbio (ou qualquer que seja o nome do órgão governamental correspondente) troca livremente os substitutos de moeda por ouro ou por divisas, e vice-versa. A taxa pela qual essas trocas são efetuadas não é invariavelmente fixa, mas sujeita a variações. A paridade, costuma-se dizer nesses casos, é flexível. Essa flexibilidade, entretanto, é quase sempre uma flexibilidade para baixo. As autoridades têm usado o poder de que dispõem para reduzir a equivalência da moeda nacional em relação ao ouro e às outras moedas cuja equivalência relativamente ao ouro não foi alterada; nunca usaram o seu poder para aumentá-la. O eventual aumento da paridade em relação à moeda de um outro país reflete apenas a maior queda ocorrida na equivalência dessa outra moeda (em relação ao ouro ou a outras divisas de valor estável); destina-se simplesmente a ajustar o câmbio da moeda mais desvalorizada ao seu verdadeiro valor em relação ao ouro.

Quando a queda na paridade é muito grande, diz-se ter havido uma desvalorização. Se a alteração não é tão acentuada, as publicações especializadas em finanças descrevem-na como um enfraquecimento da moeda face às demais moedas internacionais.[5] Em ambos os casos é comum dizer que o país em questão aumentou o preço do ouro.

A caracterização do padrão flexível do ponto de vista cataláctico não deve ser confundida com a sua descrição do ponto de vista legal. Detalhes de natureza constitucional não alteram os aspectos catalácticos da questão. Pouco importa se o poder de alterar a paridade foi conferido ao legislativo ou ao executivo; pouco importa se a autorização dada aos governantes é ilimitada ou, como foi o caso da legislação do *New Deal* nos Estados Unidos, limitada a um valor abaixo do qual as autoridades não poderiam mais desvalorizar a moeda. O que importa, do ponto de vista econômico, é que o princípio da paridade rígida foi substituído pelo princípio da paridade flexível. Qualquer que seja a situação constitucional, nenhum governo poderia permitir-se a "aumentar o preço do ouro", se a opinião pública não estivesse de acordo com essa manifestação. Se, por outro lado, a opinião pública for favorável a essa medida, nenhuma medida jurídica poderia impedi-la ou mesmo retardá-la por um período de tempo curto. O que aconteceu na Inglaterra em 1931, nos Estados Unidos em 1933, na França e na Suíça em 1936 mostra claramente que o aparato de um governo representativo é capaz de funcionar com extrema rapidez quando a opinião pública apoia as proposições dos assim chamados especialistas quanto à necessidade e conveniência de uma desvalorização da moeda.

Um dos principais objetivos da desvalorização da moeda, seja em grande ou pequena escala, é – como será mostrado na seção seguinte – restabelecer o funcionamento normal do comércio exterior. Essa relação com o comércio exterior torna impossível a um pequeno país manipular a sua moeda sem levar em conta o que estão fazendo os países com os quais o seu comércio é mais intenso. Os países pequenos são forçados a seguir na esteira da política monetária de um país estrangeiro. No que concerne à política monetária, tornam-se, voluntariamente, satélites de uma potência externa. Ao manter sua moeda rigidamente ao par em relação à moeda de um "país soberano", acompanham automaticamente todas as alterações que o "soberano" introduz na paridade de sua própria moeda em relação ao ouro e a moedas de outros países. Passam a integrar um *bloco* monetário e a fazer parte de uma *zona* monetária. O bloco ou zona monetária mais conhecido é o da libra esterlina.

---

[5] Ver p. 533-535.

O padrão flexível não deve ser confundido com o que se passa num país que simplesmente proclama uma paridade oficial de sua moeda em relação ao ouro e à moeda estrangeira, sem fazer com que essa paridade seja efetiva. O traço característico do padrão flexível é que qualquer quantidade dos substitutos de moeda nacionais podem ser de fato trocados, à paridade estabelecida, por ouro ou moeda estrangeira, e vice-versa. A essa paridade, o Banco Central (ou que nome tenha a correspondente agência do governo) compra e vende qualquer quantidade de moeda nacional e de moeda estrangeira de pelo menos um país que adote o padrão-ouro ou o padrão flexível. As notas bancárias nacionais são realmente conversíveis.

Na falta dessa característica essencial do padrão flexível, decretos oficiais estabelecendo uma determinada paridade têm um significado bastante diferente e produzem efeitos também bastante diferentes.[6]

4
OS OBJETIVOS DA DESVALORIZAÇÃO DA MOEDA

O padrão flexível é um instrumento usado na engenharia da inflação. Foi implantado com o único propósito de fazer com que a adoção de reiteradas medidas inflacionárias se tornassem, tecnicamente, tão simples quanto possível para as autoridades.

No período do *boom* que terminou em 1929, os sindicatos haviam conseguido, em quase todos os países, impor salários maiores do que os que seriam estabelecidos pelo mercado, se obstruído apenas pelas barreiras migratórias. Esses salários já haviam provocado um considerável desemprego institucional em muitos países, embora a expansão do crédito prosseguisse ainda num ritmo acelerado. Quando finalmente chegou a inevitável depressão e os preços das mercadorias começaram a cair, os sindicatos, firmemente apoiados pelos governos, mesmo os considerados antitrabalhistas, obstinadamente mantiveram a política de altos salários. Ou rechaçavam categoricamente qualquer redução salarial, ou consentiam apenas reduções insuficientes. O resultado foi um tremendo aumento do desemprego institucional. (Por outro lado, os trabalhadores que conseguiram manter o seu emprego melhoraram de padrão de vida, uma vez que os seus salários reais aumentaram). A carga do auxílio-desemprego se tornou insuportável. Os milhões de desempregados tornavam-se uma séria ameaça à paz interna. Os países industriais viram-se diante do espectro da revolução. Mas os

---

[6] Ver adiante seção 6 deste capítulo.

líderes sindicais continuaram intransigentes e nenhum governante teve a coragem de enfrentá-los abertamente.

Diante dessa situação dramática, os assustados governantes recorreram a um artifício há muito recomendado pelos ideólogos da inflação. Como os sindicatos se recusavam a ajustar os salários à realidade da relação monetária e aos preços das mercadorias, os governantes preferiram ajustar a relação monetária e os preços das mercadorias ao nível dos salários. Não eram os salários, diziam eles, que estavam muito altos; era a própria moeda nacional que estava supervalorizada em relação ao ouro e às moedas estrangeiras; era preciso fazer o correspondente ajuste. A desvalorização seria a panaceia.

Os objetivos da desvalorização eram:

1 – Preservar o nível dos salários nominais ou até mesmo aumentá-lo, embora reduzindo os salários reais.

2 – Aumentar, em termos de moeda nacional, os preços das mercadorias, especialmente dos produtos agrícolas, ou pelo menos impedir que diminuíssem mais.

3 – Favorecer os devedores às custas dos credores.

4 – Fomentar as exportações e reduzir as importações.

5 – Atrair o turismo e tornar mais oneroso (em termos de moeda nacional) para os cidadãos do país viajarem ao exterior.

Entretanto, nem os governos nem os intelectuais que defendiam tal política tiveram a franqueza de reconhecer abertamente que um dos principais objetivos da desvalorização era a redução dos salários reais. Preferiam, quase todos, dizer que o objetivo da desvalorização era a remoção de um alegado "desequilíbrio fundamental" entre o "nível" de preços interno e externo. Referiam-se à necessidade de diminuir os custos domésticos de produção. Mas, cuidadosamente, silenciavam sobre o fato de que os dois custos que desejavam reduzir pela desvalorização eram, por um lado, os salários reais e, por outro, os juros e o principal nos contratos vigentes de empréstimos de longo prazo.

Não é possível levar a sério os argumentos usados em favor da desvalorização. São confusos e contraditórios. A desvalorização não foi uma política que se tivesse originado de uma serena ponderação entre os prós e os contras. Foi uma capitulação dos governos às lideranças sindicais que, para não perderem seu prestígio, recusavam-se a admitir que a política salarial havia falhado e havia provocado desemprego institucional numa escala sem precedentes. Foi um expediente desesperado de governantes fracos e ineptos motivados pelo desejo de prolongar a sua permanência no cargo. Ao justificarem sua política, esses demagogos não se preocupavam com contradições; prometiam às indústrias de transformação e aos agricultores que a desvalorização faria subirem os preços e, ao mesmo tempo, prometiam aos consumidores que o tabelamento de preços impediria qualquer aumento no custo de vida.

Apesar de tudo, os governos ainda podiam alegar que sua conduta se devia ao fato de estar a opinião pública inteiramente dominada pelas doutrinas falaciosas do sindicalismo, o que inviabilizava a adoção de qualquer outra política. Mas os autores que saudavam a flexibilidade das taxas de câmbio como o melhor e mais desejável sistema não podem alegar a mesma coisa. Enquanto os governos ainda tentavam salientar que a desvalorização era uma medida de emergência que não se deveria repetir, esses autores proclamavam que o padrão flexível era o sistema monetário mais apropriado e tentavam demonstrar os alegados males inerentes à estabilidade das taxas de câmbio. No seu cego afã de agradar os governos e os poderosos grupos de pressão dos sindicatos e dos agricultores, não hesitaram em exagerar tremendamente as aparentes vantagens do câmbio flexível. Mas os inconvenientes da flexibilidade apareceram logo; o entusiasmo pela desvalorização desvaneceu-se rapidamente. Nos anos da Segunda Guerra Mundial, pouco mais de uma década depois de ter sido implantado o padrão flexível na Inglaterra, até mesmo lorde Keynes e seus adeptos já haviam descoberto que a estabilidade de câmbio tem seus méritos. Um dos objetivos reconhecidos do Fundo Monetário Internacional é a estabilização das taxas de câmbio.

Quando se examina a desvalorização, não com os olhos de um apologista das políticas dos governos e dos sindicatos, mas com os olhos de um economista, é preciso, antes de mais nada, deixar claro que suas alegadas vantagens são apenas temporárias. Além disso, tais vantagens dependem da condição de que o país em questão seja o único a desvalorizar sua moeda, enquanto todos os demais se abstenham de fazê-lo. Se os outros países desvalorizarem sua moeda na mesma proporção, o comércio exterior não sofre alteração alguma; se desvalorizarem mais, todas essas vantagens transitórias, quaisquer que sejam, são exclusivamente em seu favor. Uma aceitação geral dos princípios do padrão flexível resultaria portanto numa corrida entre as nações, cada uma desvalorizando mais do que a outra. Ao final dessa competição, os sistemas monetários de todas as nações estariam arruinados.

As tão faladas vantagens que a desvalorização proporciona ao comércio exterior e ao turismo se devem inteiramente ao fato de que o ajuste dos preços e salários domésticos ao estado de coisas criado pela desvalorização requer algum tempo. Enquanto esse processo de ajustamento não se completa, a exportação é encorajada e a importação desencorajada. Não obstante, isso significa apenas que nesse intervalo os cidadãos do país que desvalorizou sua moeda estão obtendo menos em troca do que estão vendendo no exterior, e pagando mais pelo que estão comprando no exterior; o consumo interno, consequentemente, sofre uma redução. Esse efeito pode parecer benéfico para aqueles que medem o bem-estar de uma nação pela sua balança comercial. Numa linguagem clara, essa realidade pode ser descrita da seguinte forma: o cidadão inglês precisa exportar mais bens ingleses para poder comprar aquela quantidade de chá que corresponderia, antes da desvalorização, a uma menor quantidade de bens ingleses.

A desvalorização, dizem seus defensores, alivia a carga dos devedores. Isso, sem dúvida, é verdade. Favorece os devedores às custas dos credores. Aqueles que ainda não perceberam que, nos dias de hoje, os credores não devem ser identificados com os ricos e nem os devedores com os pobres podem considerar a desvalorização como um benefício. Na realidade, são os que compraram imóveis urbanos e rurais a prazo e os acionistas das empresas endividadas que colhem os ganhos às custas da maioria das pessoas cuja poupança está investida em títulos, debêntures, depósitos a prazo e apólices de seguro.

É preciso ainda considerar os empréstimos externos. Quando a Inglaterra, os Estados Unidos, a França, a Suíça e outros países europeus credores desvalorizam suas moedas, estão fazendo uma doação aos países devedores.

Um dos principais argumentos apresentados em favor do padrão flexível é a consequente diminuição da taxa de juros no mercado interno. No padrão-ouro clássico, ou num rígido padrão conversível em ouro, costuma-se dizer, um país tem que ajustar a taxa de juro do mercado interno às condições do mercado financeiro internacional. No padrão flexível, fica livre para adotar políticas monetárias que permitam fixar a taxa de juros que mais convenha às necessidades do bem-estar de sua população.

O argumento é evidentemente insustentável em relação àqueles países cuja dívida com os países estrangeiros excede o volume de créditos concedidos ao exterior. Quando, durante o século XIX, algumas dessas nações devedoras adotaram uma política monetária consistente, foi possível a seus cidadãos e a suas empresas contrair empréstimos no exterior em termos de sua própria moeda. Essa possibilidade desapareceu totalmente com a mudança na política monetária desses países. Nenhum banqueiro internacional concederia um empréstimo em liras italianas ou tentaria colocar uma emissão de títulos em liras. Em relação aos créditos estrangeiros, as mudanças na política monetária do país devedor são inúteis. Em relação aos créditos internos, a desvalorização reduz apenas os débitos já contratados; os novos débitos têm seus juros aumentados pelo surgimento de um prêmio compensatório positivo.

Isso também é válido em relação às taxas de juros cobradas pelas nações credoras. Não há necessidade de acrescentar nada para demonstrar que os juros não são um fenômeno monetário e não podem, a longo prazo, ser afetados por medidas de caráter monetário.

É verdade que as desvalorizações a que recorreram os vários governos entre 1931 e 1938 fizeram com que os salários diminuíssem e, consequentemente, reduziram o desemprego institucional. O historiador, ao estudar esse período, talvez possa afirmar que as referidas desvalorizações tenham sido um êxito, pois evitaram que as multidões de desempregados provocassem uma revolução, e que, dada a ideologia dominante, não teria havido alternativa melhor. Mas o historiador terá também de acrescentar que o remédio adotado não suprimiu as causas do desemprego institucional, que são as falsas ideias do sindicalismo trabalhista. A desvalorização foi uma esperteza usada para iludir a pressão sindical. Funcionou porque não abalava o prestígio do sindicalismo. Mas, precisamente por ter deixado intacto o prestígio do sindicalismo, só pôde funcionar por pouco tempo. Os líderes sindicais logo aprenderam a distinguir entre salários nominais e salários reais; hoje, a política sindical visa a aumentar os salários reais. Já não é mais possível enganá-los, fazendo apenas diminuir o poder aquisitivo da unidade monetária. A desvalorização esgotou a sua utilidade como recurso à redução do desemprego institucional.

O conhecimento desses fatos nos permitem compreender corretamente o papel que tiveram as ideias de lorde Keynes nos períodos entre as duas guerras mundiais. Keynes não acrescentou nenhuma ideia nova; limitou-se a vestir com outras roupagens as falácias inflacionistas, mil vezes refutadas pelos economistas. Suas teses eram ainda mais contraditórias e inconsistentes do que as dos seus precursores, como Silvio Gesell, e já haviam sido rejeitadas como excentricidades monetárias. Keynes simplesmente soube como disfarçar o pleito por inflação e por expansão do crédito com uma terminologia sofisticada de economia matemática. Os autores intervencionistas não tinham mais argumentos plausíveis para defender as políticas de gastos imprudentes; não conseguiam refutar o teorema econômico relativo ao desemprego institucional. Em tal conjuntura, a "revolução keynesiana" foi saudada com os versos de Wordsworth: *"Bliss was in that dawn to be alive, but to be young was very heaven"*.[7] (Era sublime estar vivo naquela aurora, mas ser jovem era o próprio paraíso). Foi entretanto um paraíso que durou pouco. Podemos admitir que para os governos americano e inglês, nos anos 30, não restasse outro caminho a não ser a desvalorização da moeda, a inflação e a expansão do crédito, e o déficit público. Os governos não se podem abstrair da pressão da opinião pública; não se podem rebelar contra a preponderância da ideologia dominante, por mais capciosa que seja. Mas isso não exime os governantes, que poderiam ter renunciado em vez de levar adiante políticas desastrosas para o país; e menos ainda os intelectuais, que tentaram prover uma justificativa pseudocientífica para o inflacionismo, a mais grosseira de todas as falácias populares.

5
A EXPANSÃO DO CRÉDITO

Já assinalamos anteriormente que seria um erro considerar a expansão do crédito exclusivamente como uma forma de interferência do governo no mercado. Os meios fiduciários não surgiram na forma de uma política de governo, visando deliberadamente a aumentar os preços e os salários nominais e a diminuir as taxas de juros e as dívidas. Surgiram como uma evolução do funcionamento da atividade bancária. Quando os banqueiros, cujos recibos por depósitos à vista eram usados pelo público como substitutos de moeda, começaram a emprestar uma parte dos fundos que lhes haviam sido confiados, estavam fazendo apenas o que lhes parecia a melhor gestão do seu próprio negócio. Consideravam que não haveria inconveniente em não manter em seus cofres, como reservas líquidas, o montante total dos recibos emitidos. Tinham confiança em que nunca lhes faltaria o numerário necessário ao atendimento de suas obrigações, e que poderiam recomprar à vista as notas bancárias emitidas, mesmo que tivessem emprestado uma parte dos depósitos. As notas bancárias tornaram-se meios fiduciários pelo próprio funcionamento do mercado não obstruído. O pai da expansão de crédito foi o banqueiro e não a autoridade pública.

---

[7] Ver P.A. Samuelson, *"Lord* Keynes and the General Theory", *Econometrica,* 1946, vol. 14, p. 187; reimpresso em *The New Economics,* ed. S. E. Harris, Nova York, 1947, p. 145.

Hoje, entretanto, a expansão de crédito é exclusivamente uma prática governamental. A participação dos bancos e banqueiros privados na emissão de meios fiduciários é subalterna e limitada a aspectos técnicos. São os governos que comandam o funcionamento da atividade bancária; são eles que determinam as circunstâncias de todas as operações creditícias. Enquanto os bancos privados, no mercado não obstruído, têm a sua capacidade de expandir o crédito estritamente limitada, os governos procuram expandir ao máximo o volume de créditos injetados na economia. A expansão do crédito é a principal ferramenta do governo na sua luta contra a economia de mercado. É a varinha de condão que trará a abundância de bens de capital, que diminuirá a taxa de juros ou a abolirá de uma vez por todas, que financiará o desperdício dos gastos públicos, que expropriará os capitalistas, que conseguirá promover o *boom* permanente e tornar prósperas todas as pessoas.

As inevitáveis consequências da teoria da expansão do crédito são mostradas pela teoria do ciclo econômico. Nem mesmo os economistas que ainda se recusam a reconhecer a correção da teoria monetária das flutuações cíclicas da atividade econômica se atrevem a pôr em dúvida as conclusões irrefutáveis dessa teoria em relação aos efeitos da expansão do crédito. Tais economistas também são obrigados a reconhecer que a alta é inteiramente condicionada pela expansão do crédito, que não pode subsistir sem que o crédito continue a se expandir e que se transforma em depressão tão logo cesse a expansão do crédito. Sua própria explicação do ciclo econômico se resume em afirmar que o que verdadeiramente produz a alta são outros fatores e não a expansão de crédito. Embora reconhecendo que não poderia haver uma alta generalizada sem que houvesse expansão do crédito, esta não seria, dizem eles, o resultado de uma política que visasse à redução da taxa de juros e o encorajamento dos investimentos adicionais para os quais faltam os necessários bens de capital. Seria algo que, sem uma interferência ativa das autoridades, surge, de uma maneira milagrosa, sempre que aqueles outros fatores entram em funcionamento.

É óbvio que esses economistas incorrem em manifesta contradição quando se opõem à ideia de eliminar as flutuações econômicas abstendo-se de expandir o crédito. Os que defendem uma ingênua visão inflacionista da história são pelo menos consistentes ao inferirem de sua doutrina – inteiramente falaciosa e contraditória, é claro – que a expansão do crédito é a panaceia econômica. Mas aqueles que reconhecem que sem a expansão creditícia não haveria o *boom* – condição indispensável da depressão – contradizem sua própria doutrina ao se oporem às medidas que restringem a expansão do crédito. Tanto os porta-vozes dos governos e dos poderosos grupos de pressão como os defensores da "heterodoxia" dogmática que dominam os departamentos de economia das universidades concordam com a ideia de que se deveria tentar evitar a ocorrência de depressões e com a de que, para isso, seria necessário não provocar períodos de *boom*. Apesar de não conseguirem apresentar argumentos plausíveis contra as propostas que recomendam a rejeição de políticas favoráveis à expansão do crédito, recusam-se teimosamente a escutar qualquer sugestão nesse sentido. Menosprezam apaixonadamente qualquer plano que impeça a expansão creditícia, baseados na suposição de que isso perpetuaria a depressão. Tal atitude demonstra claramente a correção da tese de que o ciclo econômico é fruto de políticas que intencionalmente visam a diminuir a taxa de juros e a engendrar *booms* artificiais.

É um fato inegável o de que hoje em dia as medidas que favorecem a redução da taxa de juros são geralmente consideradas altamente desejáveis, e o de que a expansão do crédito é meio eficaz para atingir esse objetivo. É esse preconceito que impele todos os governos a lutarem contra o padrão-ouro. Todos os partidos políticos e todos os grupos de pressão estão firmemente comprometidos com uma política de dinheiro fácil.[8]

O objetivo da expansão do crédito é favorecer os interesses de alguns grupos da população às custas de outros. Efetivamente isso é o que de melhor se pode obter com o intervencionismo, quando não são todos os grupos que saem prejudicados. Mas, apesar de empobrecer a comunidade em geral, pode ainda enriquecer alguns estratos da população; que grupos serão privilegiados é algo que depende das circunstâncias específicas de cada caso.

A ideia que deu origem ao que costuma ser denominado de *controle qualitativo do crédito* consiste em canalizar o crédito adicional de tal maneira que só alguns grupos privilegiados tenham acesso aos seus supostos benefícios. Os novos créditos, argumenta-se, não deveriam ser utilizados na bolsa de valores e não deveriam provocar uma alta dos preços das ações. Deveriam, preferivelmente, beneficiar as "legítimas atividades produtoras" da indústria, da mineração, do comércio

---

[8] Se um banco não expandir o crédito emitindo moeda fiduciária adicional (sob a forma de notas bancárias ou de moeda bancária, depósito à vista), não poderá gerar um *boom*, mesmo se cobrar uma taxa de juros menor do que a estabelecida no mercado não obstruído. Estará apenas fazendo uma doação aos seus tomadores de empréstimos. Aqueles que desejam impedir a ocorrência de *booms* e sua sequela inevitável, a depressão, não devem inferir da teoria do ciclo econômico que os bancos não deveriam diminuir a taxa de juros; o importante é que eles se abstenham de expandir o crédito. É claro que a expansão do crédito provoca necessariamente uma redução da taxa de juros no mercado. O professor Haberler (*Prosperity and Depressions*, p. 65-66) não percebeu esse ponto essencial, e sua crítica, por isso, ficou sem sentido.

"genuíno" e, sobretudo, da agricultura. Outros defensores do controle qualitativo do crédito procuram impedir que os créditos adicionais sejam usados para investimentos em capital fixo e, portanto, imobilizados; em vez disso, preferem vê-los utilizados em ativos líquidos. Conforme seja o plano que resolvam adotar, as autoridades indicam concretamente aos bancos os tipos de empréstimos que devem ser concedidos ou recusados.

Ora, todos esses projetos são inúteis. Essa discriminação nos empréstimos não substitui a contenção da expansão do crédito, a única maneira de realmente impedir uma alta nas cotações da Bolsa e uma expansão nos investimentos em capital fixo. A maneira pela qual a quantidade adicional de crédito encontra o seu caminho no mercado financeiro é de importância secundária. O que importa é a existência de um fluxo de crédito recém-criado. Se os bancos concederem mais crédito aos agricultores, estes podem liquidar empréstimos recebidos de outras fontes e pagar suas compras à vista. Se concederem mais empréstimos como capital de giro para as empresas, liberam recursos que estariam até então sendo assim utilizados. De qualquer maneira, criam uma disponibilidade adicional de moeda para a qual seus proprietários procuram encontrar a aplicação mais rentável. Logo esses fundos estarão sendo investidos na Bolsa ou se materializarão em ativos fixos. A noção de que seja possível proceder a uma expansão do crédito sem provocar uma elevação dos preços das ações e sem expandir os ativos imobilizados é absurda.[9]

Dois fatos condicionavam a típica evolução dos acontecimentos nos períodos de expansão do crédito até algumas décadas atrás: a) a expansão se processava sob um regime de padrão-ouro, e b) não existia uma ação coordenada entre os vários países e seus respectivos bancos centrais. O primeiro desses fatos significava que os governos não estavam dispostos a abandonar a conversibilidade de suas notas bancárias segundo uma paridade rigidamente fixada. O segundo fato resultava em não ser a expansão do crédito, nos diversos países, quantitativamente uniforme. Alguns países eram mais rápidos do que outros e seus bancos viam-se logo diante do risco de sofrer uma drenagem de suas reservas em ouro e em divisas. Para poder preservar a sua própria solvência, esses bancos eram forçados a restringir drasticamente o crédito. Instauravam assim o pânico e tinha início a depressão no mercado interno. O pânico logo se alastrava para os outros países. Os homens de negócio desses outros países, assustados, pediam mais empréstimos para aumentar a sua liquidez e poder en-

---
[9] Ver Machlup, *The Stock Market, Credit and Capital* Formation, p. 256-261.

frentar qualquer contingência. A crescente demanda por novos créditos fazia com que as autoridades monetárias, já alarmadas pela crise no primeiro país, recorressem também à contração. Em alguns dias ou semanas, a depressão se tornava um fenômeno internacional.

A política de desvalorização alterou, numa certa medida, essa sequência de eventos. As autoridades monetárias, quando ameaçadas por uma drenagem externa, já não recorrem à restrição de crédito e à elevação da taxa de juros cobrada pelo Banco Central. Elas desvalorizam a moeda. Mas a desvalorização não resolve o problema. Se o governo não se importa com o nível que as taxas de câmbio possam atingir, poderá continuar, durante algum tempo, a sua política de expansão do crédito. Mas, um dia, a alta desastrosa (*crack-up boom*) aniquilará o sistema monetário. Por outro lado, se as autoridades querem evitar que as desvalorizações ocorram a intervalos de tempo cada vez menores, terão de evitar que a sua expansão creditícia supere a praticada pelos outros países com cujas moedas pretende manter uma taxa de câmbio estável.

Muitos economistas supõem que, toda vez que as autoridades recorrerem à expansão do crédito, períodos de *boom* e de depressão se sucederão, numa alternância quase regular. Presumem eles que os efeitos futuros da expansão do crédito serão idênticos aos que vêm sendo observados desde o fim do século XVIII na Inglaterra e desde meados do século XIX na Europa ocidental e central e na América do Norte. Mas devemos questionar se as circunstâncias ainda seriam as mesmas. Os ensinamentos da teoria monetária do ciclo econômico já são hoje em dia tão conhecidos, até mesmo fora do círculo acadêmico, que o otimismo ingênuo – que, no passado, inspirou os empresários no período de *boom* – provavelmente foi substituído por certo ceticismo. Pode ser que os empresários, no futuro, reajam à expansão do crédito de uma forma diferente da que reagiram no passado. Pode ser que não queiram expandir suas atividades usando o dinheiro fácil disponível, por terem em mente as consequências do inevitável fim do período de *boom*. Alguns sinais pressagiam essa mudança. Mas ainda é cedo para se saber ao certo.

A teoria monetária do ciclo econômico também afetou o curso dos eventos num outro aspecto. Embora nenhum detentor de cargo público – seja ele um funcionário de banco estatal ou do Banco Central, seja um professor de uma universidade neo-ortodoxa – esteja disposto a admiti-lo, a opinião pública, de um modo geral, já não desconhece as duas principais teses da teoria do crédito circulante, a saber: que a causa da depressão é o *boom* que a precedeu e que esse *boom* é criado pela expansão do crédito. A percepção desses fatos faz com que a imprensa especializada faça soar um alarme tão logo surjam os primeiros sinais do *boom*. Até mesmo as autoridades começam a se preocupar com a necessidade de impedir um maior aumento nos preços e nos lucros, e começam realmente a restringir o crédito. Tão logo termina o *boom*, tem início a recessão. Por isso, na última década, a duração do ciclo tem sido muito menor. Ainda existe uma alternância de períodos de euforia e de crise, mas esses períodos têm durado menos tempo e se sucedem com mais frequência. Já estamos longe do período "clássico" de dez anos e meio do ciclo de colheitas a que se referia William Stanley Jevons. E, mais importante ainda, se o *boom* acabar mais cedo, o volume de investimentos equivocados será menor, o que atenua a subsequente depressão.

A QUIMERA DAS POLÍTICAS ANTICÍCLICAS

Um elemento essencial das doutrinas "heterodoxas", defendidas por socialistas e intervencionistas, consiste na afirmativa de que a recorrência das depressões é um fenômeno inerente ao próprio funcionamento da economia de mercado. Mas enquanto os socialistas sustentam que só a substituição do capitalismo pelo socialismo pode cortar o mal pela raiz, os intervencionistas atribuem ao governo o poder de corrigir o mau funcionamento da economia de mercado de maneira a instaurar o que eles denominam de "estabilidade econômica". Esses intervencionistas teriam razão se o objetivo de seus planos fosse a renúncia total a políticas de expansão do crédito. Entretanto, essa ideia é rejeitada de antemão. O que propõem é expandir o crédito cada vez mais e impedir as depressões adotando "medidas anticíclicas".

No contexto desses planos, o governo parece ser uma divindade situada fora da órbita dos assuntos humanos, uma divindade que independe das ações dos seus súditos e que tem o poder de interferir nas aspirações destes. Imaginam os intervencionistas que o governo dispõe de meios e de recursos próprios que não provêm dos governados e que podem ser usados, sem restrições, da maneira que os dirigentes entendam ser mais conveniente. Para fazer o melhor uso desse poder, basta seguir os conselhos dos especialistas.

O mais preconizado desses remédios consiste em contrariar a tendência do ciclo pela execução de um programa de obras públicas e de investimentos em empresas estatais. A ideia não é nova, como seus defensores gostariam de nos fazer crer. No passado, quando surgia a depressão, a opinião pública sempre pedia que o governo realizasse obras públicas a fim de criar empregos e evitar a queda nos preços. Mas o problema está em como financiar essas obras públicas. Se o governo tributar os cidadãos ou tomar-lhes um empréstimo, nada estará acrescentando ao que os keynesianos denominam de despesa agregada. Estará apenas restringindo o poder de os cidadãos consumirem ou investirem, na mesma medida em que aumenta o seu. Entretanto, se o governo recorrer aos sedutores métodos inflacionários, as coisas, em vez de melhorarem, pioram mais ainda. A deflagração da crise poderá ser retardada por algum tempo. Mas quando chega o inevitável desfecho, a crise é tanto maior quanto mais tempo o governo a tenha adiado.

Os teóricos do intervencionismo não chegam a perceber quais são os verdadeiros problemas a serem analisados. O fundamental para eles é "planejar os investimentos públicos com bastante antecedência e ter sempre uma estante cheia de projetos bem estudados, que possam ser iniciados logo que necessário". Essa, dizem eles, "é a política certa, cuja adoção recomendamos a todos os países".[10] Entretanto, o problema não é elaborar projetos, mas dispor dos meios materiais para executá-los. Os intervencionistas acreditam que isso poderia ser facilmente obtido diminuindo-se os gastos do governo no período de *boom* e aumentando-os no momento da depressão.

Ora, restringir os gastos de governo pode ser, certamente, uma boa medida. Mas não provê os fundos de que um governo precisará mais tarde para expandir suas despesas. Um indivíduo pode proceder assim; pode acumular poupança quando sua renda é alta e gastá-la mais tarde quando sua renda diminuir. Mas a situação não é a mesma quando se trata de uma nação ou do conjunto de todas as nações. O Tesouro pode guardar uma parte considerável das abundantes receitas fiscais que são arrecadadas no período de *boom*. Enquanto mantiver esses fundos fora de circulação, sua política é realmente deflacionária e anticíclica, e pode enfraquecer o *boom* criado pela expansão do crédito. Mas esses fundos, quando novamente postos em circulação, alteram a relação monetária e geram uma tendência de queda do poder aquisitivo da unidade monetária. De forma alguma esses fundos podem prover os bens de capital necessários à execução das obras públicas já projetadas.

O erro fundamental desses intervencionistas consiste no fato de ignorarem a escassez de bens de capital. Para eles, a depressão é causada simplesmente por uma misteriosa debilidade da propensão das pessoas a consumir e a investir. Enquanto o verdadeiro problema consiste unicamente em produzir mais e gastar menos, a fim de aumentar a quantidade de bens de capital disponíveis, os intervencionistas que-

---

[10] Ver Liga das Nações, *Economic Stability in the Post-War World*, Relatório da Delegação sobre Depressões Econômicas, parte 2, Genebra, 1945, p. 173.

rem aumentar ao mesmo tempo o consumo e o investimento. Querem que o governo realize projetos que são antieconômicos, precisamente porque os fatores de produção necessários à sua execução terão que ser retirados de outras linhas de utilização nas quais estariam atendendo a desejos cuja satisfação os consumidores consideram mais urgente. Não percebem que essas obras públicas agravam o verdadeiro problema, que é a escassez de bens de capital.

Caberia ainda imaginar outro modo de utilizar as reservas acumuladas pelo governo no período do *boom*. O Tesouro poderia investir o seu excedente na compra de grandes estoques de materiais de que irá precisar mais tarde, quando a depressão vier, e que serão necessários para executar as obras públicas planejadas, assim como estocar os bens de consumo de que irão necessitar as pessoas a serem empregadas nessas obras. Mas, se as autoridades agissem dessa maneira, intensificariam ainda mais o *boom*, acelerariam a erupção da crise e tornariam as consequências ainda mais sérias.[11]

Toda essa conversa sobre medidas governamentais, anticíclicas, tem apenas um objetivo: desviar a atenção do público da verdadeira causa das flutuações cíclicas da atividade econômica. Todos os governos estão firmemente comprometidos com a política de dinheiro barato, expansão de crédito e inflação. Quando surgem as inevitáveis consequências dessas políticas de curto prazo, recorrem sempre ao mesmo remédio: adotam novas medidas inflacionárias.

6
O CONTROLE DE CÂMBIO E OS ACORDOS BILATERAIS

Se um governo fixa a taxa de câmbio de sua moeda-crédito ou *fiat* em relação ao ouro ou às moedas estrangeiras por um valor maior do que o de mercado – isto é, se fixa um preço máximo para o ouro e para as divisas estrangeiras abaixo do preço de mercado —, produzem-se as consequências previstas na lei de Gresham. Resulta um

---

[11] Ao referirem-se às políticas anticíclicas, os intervencionistas invocam sempre os supostos êxitos dessas políticas na Suécia. É verdade que entre 1932 e 1939 o governo sueco efetivamente duplicou os seus gastos e investimentos. Mas isso foi um efeito e não a causa da prosperidade da Suécia na década de 1930. Essa prosperidade deveu-se inteiramente ao rearmamento alemão. Esta política dos nazistas, por um lado, aumentou a demanda alemã por produtos suecos e, por outro lado, restringiu a capacidade da Alemanha competir com os próprios produtos suecos no mercado mundial. Assim, as exportações suecas cresceram de 1932 a 1938 (em milhares de toneladas): minério de ferro, de 2.219 para 12.485; ferro gusa, de 31.047 para 92.980; ligas ferrosas, de 15.453 para 28.605; outros tipos de ferro e aço, de 134.237 para 256.146; máquinas, de 46.230 para 70.605. O número de desempregados, que era de 114.000 em 1932 e de 165.000 em 1933, caiu, com o impulso do rearmamento alemão, para 115.000 em 1934, para 62.000 em 1935, atingindo 16.000 em 1938. O autor desse "milagre" não foi Keynes e sim Hitler.

estado de coisas que, muito inadequadamente, costuma ser denominado de escassez de divisas.

O traço característico de um bem econômico é a escassez, ou seja, as disponibilidades de qualquer bem econômico são sempre insuficientes para atender a todas as suas possibilidades de utilização. Um objeto cuja oferta seja ilimitada não é um bem econômico; nenhum preço é cobrado ou pago por ele. Sendo a moeda necessariamente um bem econômico, a noção de uma moeda que não seja escassa é absurda. Os governos que se queixam da escassez de divisas, na realidade, têm em mente algo diferente; preocupa-lhes o inevitável resultado de suas políticas de fixação da taxa de câmbio. Como o governo fixa para a sua moeda um valor acima do mercado, a demanda por divisas excede a oferta. Se o governo, por meio da inflação, reduzir o poder aquisitivo da unidade monetária nacional em relação ao ouro, às moedas estrangeiras, e às mercadorias e serviços, e se abstiver de qualquer tentativa de controle da taxa de câmbio, não poderá haver escassez no sentido com que o governo emprega esse termo. Quem estiver disposto a pagar o preço de mercado poderá comprar todas as divisas que desejar.

Mas o governo está decidido a não tolerar qualquer aumento das taxas de câmbio (em termos da moeda nacional inflacionada). Confiando no poder dos tribunais e da polícia, proíbe quaisquer transações em moeda estrangeira por valores diferentes do preço máximo oficial.

Na opinião do governo e de seus seguidores, o aumento na taxa de câmbio foi provocado por um balanço de pagamentos desfavorável e por compras dos especuladores. Para remediar esse mal, o governo recorre a medidas que restringem a demanda por divisas. Passam a ter direito a comprá-las somente aqueles que pretendem utilizá-las em projetos aprovados pelo governo. Mercadorias que o governo considere como supérfluas não poderão mais ser importadas; pagamentos de juro e principal, de empréstimos com estrangeiros, são proibidos; os cidadãos não devem mais viajar para o exterior. O governo não percebe que essas medidas não podem "melhorar" o balanço de pagamentos. Se caem as importações, as exportações também caem. Os cidadãos que foram impedidos de comprar mercadorias importadas, de pagar dívidas a estrangeiros e de viajar ao exterior não vão entesourar o dinheiro não gasto, aumentando os seus encaixes. Irão aumentar as suas compras de bens de consumo ou de produção, provocando, assim, maior tendência de aumento dos preços domésticos. E quanto mais os preços internos aumentam, mais difícil fica exportar.

Quando a situação chega a esse ponto, o governo dá mais um passo: promove a estatização das operações de câmbio. Qualquer cidadão que adquirir divisas – procedentes, por exemplo, de uma exportação – é obrigado a vendê-las ao correspondente órgão central, pela taxa de câmbio oficial. Se essa estipulação, que equivale a um imposto de exportação, fosse efetivamente aplicada, o comércio exterior diminuiria muito ou seria completamente abolido. Certamente não é isso que o governo deseja. Mas também não quer admitir que sua interferência não produziu os resultados pretendidos e resultou numa situação que é, do próprio ponto de vista do governo, muito pior do que a situação anterior. Aí, então, o governo recorre a um artifício: subsidia as exportações na medida necessária a compensar as perdas que sua política infringe aos exportadores.

Por outro lado, o órgão central de controle de câmbio, aferrando-se obstinadamente à ficção de que as taxas de câmbio "na realidade" não subiram e que a taxa oficial de câmbio é uma taxa real, vende divisas aos importadores pela taxa oficial. Se essa política pudesse ser efetivamente seguida, equivaleria a pagar um bônus aos comerciantes, que obteriam, assim, lucros caídos do céu ao vender mercadorias importadas no mercado interno. Para evitá-lo, as autoridades recorrem a outro artifício. Ou aumentam as tarifas de importação, ou estabelecem um imposto sobre os importadores, ou oneram, de alguma forma, a compra de divisas.

Assim, evidentemente, o controle de câmbio funciona. Mas só funciona porque virtualmente reconhece a taxa de câmbio do mercado. O exportador troca sua receita em moeda estrangeira ao câmbio oficial e recebe, além disso, um subsídio, o que, no conjunto, equivale à taxa de câmbio do mercado. O importador paga pela moeda estrangeira a taxa de câmbio oficial e mais um imposto, taxa ou tarifa, que, no conjunto, equivale à taxa de câmbio do mercado. Os únicos personagens incapazes de perceber o que realmente está acontecendo, que se deixam iludir pela terminologia dos burocratas, são os autores de livros e de artigos sobre novos métodos de gerência de câmbio e sobre novas experiências monetárias.

A monopolização da compra e venda de divisas pelo governo confere às autoridades o controle absoluto do comércio exterior. Não afeta a determinação das taxas de câmbio. Pouco importa se o governo proíbe a publicação pela imprensa das taxas reais de câmbio. Enquanto ainda houver comércio exterior, só as taxas reais e efetivas serão levadas em conta por quem opera no mercado.

Para melhor dissimular o verdadeiro estado de coisas, os governos procuram eliminar toda referência às taxas reais de câmbio. O comércio exterior, pensam eles, não deveria mais ser efetuado por intermédio de moeda. Deveria ser feito na base de trocas. Surgem então os acordos de troca e de compensação com governos estrangeiros. Cada um dos dois países contratantes vende ao outro uma quantidade de bens e serviços e recebe em troca uma quantidade de outros bens e serviços. O texto desses tratados evita cuidadosamente qualquer referência a taxas reais de câmbio. Não obstante, as partes contratantes calculam o valor de suas compras e vendas em termos dos preços de mercado internacionais, expressos em ouro. Esses acordos de troca e de compensação substituem o comércio triangular ou multilateral da era liberal pelo comércio bilateral. Mas de forma alguma modificam o fato de que a moeda nacional do país perdeu parte do seu poder aquisitivo em relação ao ouro, às divisas e às mercadorias em geral.

O controle de câmbio, sendo uma política que resulta na estatização do comércio exterior, é um passo na direção da substituição da economia de mercado pelo socialismo. Sobre qualquer outro aspecto sua inutilidade é evidente. Não tem a menor possibilidade de, seja a curto ou a longo prazo, afetar a determinação da taxa de câmbio de moedas estrangeiras.

Capítulo 32
Confisco e Redistribuição

1
A Filosofia do Confisco

Está implícita no intervencionismo a ideia de que interferir nos direitos de propriedade não afeta a produção. Daí porque, ingenuamente, se costuma recorrer ao intervencionismo confiscatório. O fruto das atividades produtivas é considerado um dado que independe das disposições, meramente contingenciais, da ordem social vigente. A tarefa do governo consiste em distribuir a renda nacional, "equitativamente", entre os vários membros da sociedade.

Os intervencionistas e os socialistas sustentam que todas as mercadorias são produzidas por um processo social de produção. Quando esse processo chega ao seu término e são colhidos os seus frutos, tem início um segundo processo, o de distribuição, que aloca uma parte a cada membro da comunidade. O traço característico da ordem capitalista é a desigualdade na alocação dessas quotas. Algumas pessoas – os empresários, os capitalistas e os proprietários de terra – se apropriam de uma parcela maior do que a que lhes caberia. Consequentemente, as parcelas de outras pessoas ficam diminuída. Cabe ao governo, por uma questão de justiça, expropriar o excedente dos privilegiados e distribuí-lo entre os não privilegiados.

Ora, na economia de mercado, esse pretenso dualismo de dois processos independentes, o da produção e o da distribuição, não existe. Só há um processo em marcha. Os bens não são primeiro produzidos e depois distribuídos. Não existem bens sem dono, esperando o momento de serem distribuídos. Os produtos, quando começam a existir, já são propriedade de alguém. Para distribuí-los é preciso primeiro confiscá-los. Certamente, para o aparato governamental de compulsão e coerção, é muito fácil recorrer ao confisco e à expropriação. Mas isso não quer dizer que um sistema durável de colaboração social possa ser estruturado com base no confisco e na expropriação.

Quando os *vikings*, após uma pilhagem, deixavam atrás de si uma comunidade de camponeses autárquicos, as vítimas sobreviventes recomeçavam a trabalhar, a lavrar a terra e a reconstruir o que tivesse sido danificado. Quando os piratas retornavam, alguns anos mais tarde, encontravam de novo algumas coisas para saquear. Mas o capitalismo não resiste a essas reiteradas incursões predatórias. A acumulação de capital e os investimentos baseiam-se na expectativa de que não haverá expropriação. Se não houver essa expectativa, as pessoas preferirão consumir o seu capital em vez de conservá-lo para que seja expropriado. Esse é o erro inerente a todos os planos que pretendem fazer coexistir a propriedade privada e a expropriação.

2
A REFORMA AGRÁRIA

Os antigos reformistas sociais pretendiam apenas estabelecer uma comunidade de agricultores autárquicos. As parcelas de terra atribuídas a cada membro da comunidade deveriam ser iguais. Na visão desses utopistas, não haveria lugar para a divisão do trabalho e nem para a especialização em atividades industriais. Constitui erro evidente qualificar tal sistema de *socialismo agrário*. Não é mais do que a justaposição de uma série de economias familiares economicamente autossuficientes.

Na economia de mercado, o solo é um meio de produção como qualquer outro fator material de produção. Os planos que pretendem uma distribuição mais ou menos igual da terra entre a população agrária meramente conferem privilégios a um grupo de produtores menos eficientes às custas da imensa maioria dos consumidores. O funcionamento do mercado tende a eliminar os agricultores cujo custo de produção é maior do que o custo marginal necessário à produção daquela quantidade de produtos agrícolas que os consumidores estão dispostos a comprar. O mercado determina o tamanho das fazendas, assim como os métodos de produção a serem utilizados. Se o governo interfere a fim de estabelecer uma nova estrutura de produção agrícola, inevitavelmente provoca uma alta dos preços dos produtos agrícolas. Se, num regime competitivo, *m* agricultores, cada um deles operando uma fazenda de mil acres, produzem todos os alimentos que os consumidores estão dispostos a adquirir, e se o governo resolve interferir, substituindo-os por *5m* agricultores, cada um operando uma fazenda de duzentos acres, são os consumidores que sofrerão as consequências.

É inútil apelar para o direito natural e outras ideias metafísicas para justificar a reforma agrária. A verdade nua e crua é que essas medidas elevam os preços dos produtos agrícolas, além de prejudicar também a produção não agrícola. Quanto mais mão de obra for empregada por unidade de produtos agrícolas, mais pessoas estarão trabalhando na agricultura e menos pessoas estarão disponíveis para trabalhar nas indústrias de transformação. Diminui a quantidade total de mercadorias disponíveis para consumo e um certo grupo de pessoas se beneficia às custas da maioria.

3
Taxação confiscatória

Atualmente, o principal instrumento do intervencionismo confiscatório é a taxação. Pouco importa se o imposto sobre a propriedade e sobre a renda são arrecadados com o objetivo alegadamente social de redistribuir a renda ou apenas com o de aumentar a receita do estado. O que importa são as consequências da intervenção.

O homem comum encara esses problemas com mal disfarçada inveja. Pergunta ele: por que alguém deveria ser mais rico do que eu? O intelectual, mais altivo, dissimula o seu ressentimento fazendo considerações de natureza filosófica. Argumenta dizendo que um homem que possui dez milhões não poderá ser muito mais feliz se acrescentar à sua fortuna mais noventa milhões. Inversamente, um homem que possui cem milhões não terá a sua felicidade diminuída se sua riqueza ficar reduzida a dez milhões. O mesmo raciocínio é aplicado às rendas pessoais mais elevadas.

Julgamentos desse tipo são julgamentos feitos de um ponto de vista pessoal. Baseiam-se em supostos sentimentos individuais. Entretanto, os problemas são de natureza social; devem ser avaliados em relação às suas consequências sociais. O que importa não é a felicidade de um Creso qualquer e nem os seus méritos ou deméritos pessoais; é a sociedade e a produtividade do esforço humano.

Uma lei que proibisse qualquer indivíduo de acumular mais de dez milhões ou de ganhar mais do que um milhão por ano desestimularia, precisamente, as atividades dos empresários que melhor atendem aos desejos dos consumidores. Se uma lei dessas tivesse sido promulgada nos Estados Unidos há cinquenta anos atrás, muitos dos hoje multimilionários estariam vivendo em condições bem mais modestas. Mas todos os novos setores da indústria que abastecem as massas com artigos nunca antes imaginados estariam operando, se estivessem, numa escala muito menor e seus produtos estariam fora do alcance do homem comum. Impedir a expansão das atividades de empresários mais eficientes, cujos produtos continuam a merecer a aprovação do público, é uma atitude manifestamente contrária aos interesses dos consumidores. Uma vez mais se coloca a questão: quem é o soberano, o consumidor ou o governo?

No mercado não obstruído, o comportamento dos consumidores, comprando ou abstendo-se de comprar, determina em última análise a renda e a riqueza de cada indivíduo. Deveria o governo ser investido no poder de sobrepor-se à vontade dos consumidores?

Os incorrigíveis adoradores do estado objetam: o que impulsiona o grande empresário não é o desejo de maior riqueza, mas a ânsia de poder. Esses "potentados empresariais" não diminuiriam as suas atividades, mesmo que fossem obrigados a entregar ao fisco todo o excedente que tivessem ganho. Sua ânsia por maior poder não é afetada por meras considerações a respeito de se ganhar mais dinheiro. Admitamos, só para argumentar, que este perfil psicológico seja correto. Mas em que consiste o poder de um homem de negócios, senão em sua riqueza? Que "poder" teriam um Rockefeller ou um Ford, se tivessem sido impedidos de enriquecer. Os idólatras do estado que querem proibir a acumulação de riqueza precisamente pelo poder econômico assim adquirido são, pelo menos, mais consistentes.[1]

Os impostos são necessários. Mas o sistema de taxação discriminatória universalmente aceito sob o nome enganador de imposto progressivo sobre a renda e a herança não é um sistema de taxação. É, mais exatamente, uma maneira de expropriar os capitalistas e empresários bem-sucedidos. É incompatível com a preservação da economia de mercado, digam o que quiserem os acólitos do governo. O mais que pode fazer é contribuir para o advento do socialismo. Embora seja difícil de acreditar, o exame da evolução do imposto de renda, desde a sua criação em 1913 até os nossos dias, indica que muito brevemente esse imposto absorverá 100% de toda a renda que ultrapasse a média salarial dos indivíduos.

A ciência econômica não se ocupa das doutrinas metafísicas espúrias aduzidas em favor do imposto progressivo; interessa-lhe apenas suas repercussões no funcionamento da economia de mercado. Os autores e políticos intervencionistas encaram esses problemas com base numa noção arbitrária do que seja "socialmente desejável". Dizem eles que "o propósito da cobrança de impostos não é arrecadar dinheiro", já que o governo "pode obter todo o dinheiro de que precisa imprimindo-o". O verdadeiro propósito da taxação é "deixar menos dinheiro nas mãos do contribuinte".[2]

Os economistas abordam a questão de outro ângulo. Eles formulam a seguinte pergunta: quais são os efeitos da taxação confiscatória

---

[1] Não há necessidade de reiterar que o uso de terminologia própria à dominação política é inteiramente inadequada no estudo de problemas econômicos. Ver p. 330-332.

[2] Ver A. B. Lerner, *The Economics of Control Principles of Welfare Economics*, Nova York, 1944, p. 307-308.

sobre a acumulação de capital? A maior parte daquela parcela das rendas mais altas que é confiscada pela taxação teria sido usada para a acumulação de capital adicional. Se o governo utiliza essa receita para fazer face a despesas correntes, o resultado é uma diminuição na acumulação de capital. O mesmo também é válido, e com mais razão, no caso de impostos sobre heranças. Os herdeiros se veem obrigados a vender parte do patrimônio que lhes foi legado. Esse capital, é claro, não é destruído; apenas muda de dono. Mas os recursos dos compradores, que são usados para adquirir os bens vendidos pelos herdeiros, teriam constituído um incremento do capital disponível. A acumulação de capital fica reduzida. O progresso tecnológico fica prejudicado; a quota de capital investido por trabalhador empregado é diminuída; o aumento da produtividade marginal do trabalho e o correspondente aumento dos salários reais é interrompido. Obviamente, é um equívoco acreditar que essa taxação confiscatória prejudica apenas as suas vítimas imediatas.

Os capitalistas, diante da perspectiva de que o imposto sobre a renda ou sobre a propriedade atinja 100%, preferirão consumir o seu capital em vez de deixá-lo para o fisco.

A taxação confiscatória bloqueia o progresso e o desenvolvimento econômico, não apenas pelo seu efeito sobre a acumulação de capital. Provoca, além disso, uma tendência à estagnação e à perpetuação de práticas comerciais que não poderiam persistir no regime competitivo do mercado livre.

Uma das características inerentes ao capitalismo é não respeitar os interesses estabelecidos e forçar todo capitalista e todo empresário a ajustar, incessantemente, a sua conduta às novas condições do mercado. Numa economia de mercado livre, os capitalistas e os empresários não têm descanso. Enquanto estiverem em atividade, não poderão jamais usufruir os frutos de seu sucesso ou do sucesso de seus antepassados e deixar que prevaleça a rotina. Se esquecerem que sua tarefa é servir o consumidor da melhor maneira possível, serão logo deslocados de sua posição eminente e relegados à condição de um homem comum. Sua liderança e o seu patrimônio são continuamente ameaçados pelos novos empresários.

Todo homem engenhoso pode iniciar uma nova atividade econômica. Pode ser pobre, seus recursos podem ser escassos e a maior parte deles pode ter sido obtida por empréstimo. Mas, se satisfaz o desejo do consumidor de uma maneira melhor e mais barata, obterá lucros "excessivos" e vencerá. Reinvestirá a maior parte de seus lucros no seu negócio, fazendo-o crescer rapidamente. É a atividade desses novos empresários que imprime à economia de mercado o seu "dinamismo". Esses *nouveaux-riches* são os precursores do progresso econômico. A ameaça de sua concorrência força as firmas mais antigas e as grandes companhias a ajustarem sua conduta, de modo a servir melhor o público, para não serem obrigadas a encerrar suas atividades.

Mas, atualmente, os impostos frequentemente absorvem a maior parte dos lucros "excessivos" dos novos empresários, que ficam, assim, impedidos de acumular capital, expandir o seu próprio negócio, crescer e enfrentar os interesses estabelecidos. O próprio fisco se encarrega de evitar que as firmas mais antigas tenham de enfrentar a competição das mais novas. Podem, assim, impunemente, condescender com a rotina, desprezar os desejos do público e resistir às mudanças, tornando-se conservadoras. É claro que o imposto sobre a renda também as impede de acumular novos capitais; mas o mais importante para elas é que se impeça aos perigos os recém-chegados de acumular capital. O sistema fiscal as privilegia. Nesse sentido, o imposto progressivo impede o progresso econômico e fomenta a rigidez e o imobilismo. Enquanto no mercado não obstruído a propriedade do capital é um passivo que força o proprietário a servir o consumidor, os métodos tributários modernos transformam-no num privilégio.

Os intervencionistas alegam que a grande empresa está se tornando rígida e burocrática e que já não é possível às novas e talentosas pequenas empresas ameaçar os interesses estabelecidos das famílias ricas mais antigas. Entretanto, essa alegação só se justifica na medida em que tal situação é o resultado das próprias políticas intervencionistas.

Os lucros são a força motriz da economia de mercado. Quanto maior forem os lucros, melhor estarão sendo atendidas as necessidades dos consumidores. Porque, no mercado livre, só se pode auferir lucros eliminado-se os obstáculos existentes entre os desejos dos consumidores e a configuração existente da atividade produtora. Quem melhor servir o público, maiores lucros terá. Ao combater o lucro, os governos deliberadamente sabotam o funcionamento da economia de mercado.

Taxação confiscatória e risco empresarial

Uma falácia muito comum supõe que o lucro empresarial seja uma recompensa pelo risco assumido. Considera o empresário como um jogador que investe numa loteria depois de ter pesado as chances de ganhar um prêmio, em relação ao risco de perder o que apostou. Essa opinião se manifesta muito claramente na descrição das operações de Bolsa como uma espécie de jogo de azar. Segundo essa fábula, largamente difundida, o mal causado pela taxação confiscatória seria o de modificar a relação entre as chances favoráveis e desfavoráveis da loteria. Os prêmios seriam reduzidos, enquanto os riscos permaneceriam inalterados. Os capitalistas e os empresários seriam, assim, desencorajados de assumir novos riscos.

Esse raciocínio está todo errado. O proprietário de capital não escolhe entre investimentos mais arriscados, menos arriscados, ou investimentos seguros. O próprio funcionamento do mercado obriga-o a investir os seus fundos de maneira a atender as necessidades mais urgentes dos consumidores da melhor maneira possível. Se o sistema tributário adotado pelo governo resulta num consumo de capital ou restringe a acumulação de novos capitais, os recursos necessários às novas iniciativas ficam escassos, impedindo a realização dos investimentos que teriam sido feitos se não houvesse a taxação. Os desejos dos consumidores são atendidos numa escala menor. Mas essa consequência não decorre de uma relutância dos capitalistas em assumir riscos; decorre de uma diminuição do capital disponível.

Não existe investimento sem risco. Se os capitalistas se comportassem da maneira descrita nessa fábula, e procurassem sempre fazer o investimento mais seguro, sua própria conduta tornaria esse tipo de investimento inseguro e não lucrativo. O capitalista não tem como fugir à lei do mercado que obriga o investidor a atender os desejos dos consumidores e a produzir tudo aquilo que possa ser produzido, levando-se em conta as condições vigentes de disponibilidade de capital e de conhecimento tecnológico, e as valorações dos consumidores. Um capitalista nunca escolhe o investimento que, segundo seus prognósticos, oferece menores possibilidades de sofrer perdas; escolhe aquele no qual espera realizar o maior lucro possível.

Os capitalistas que não se consideram capazes de avaliar corretamente as tendências do mercado não investem o seu capital em ações; emprestam-no a quem está disposto a correr o risco empresarial. Desta forma, fazem uma espécie de sociedade com aqueles a quem consideram mais capazes de avaliar as circunstâncias do mercado. O capital investido em ações costuma ser denominado de capital de *risco*. Entretanto, como já foi assinalado antes, o sucesso ou fracasso de investimentos em ações preferenciais, títulos, debêntures, hipotecas e outras formas de empréstimo também dependem, em última análise, dos mesmos fatores que determinam o sucesso ou o fracasso do capital de risco.[3] Não há investimento algum que fique imune às vicissitudes do mercado.

---

[3] Ver p. 618-620.

Um sistema tributário que pudesse reforçar a oferta de capital para empréstimos em detrimento do capital de risco provocaria uma elevação da taxa bruta de juros e, ao mesmo tempo, ao aumentar a parcela de capital de empréstimo em relação à parcela investida diretamente no capital das empresas, tornaria as operações de empréstimo mais inseguras. Esse processo, portanto, teria vida curta.

O fato de um capitalista, como regra geral, não concentrar seus investimentos em ações ordinárias e empréstimos, numa única empresa ou em um único setor de atividade, mas preferir distribuir seus fundos entre diversos tipos de investimento, não significa um desejo de reduzir os "riscos do jogo". Seu objetivo é aumentar as possibilidades de lucro.

Ninguém investe se não achar que está fazendo um bom investimento. Ninguém escolhe deliberadamente um mau investimento. É o surgimento de circunstâncias não previstas pelo investidor que faz com que um investimento se torne um mau negócio.

Como já foi assinalado antes, não existe o que se possa denominar de capital não investido.[4] O capitalista não tem liberdade de escolher entre investimento e não investimento. Tampouco pode, ao escolher seus investimentos, se afastar dos desejos mais urgentes dos consumidores. Precisa tentar antecipar esses futuros desejos corretamente. Os impostos podem reduzir a quantidade disponível de bens de capital ao provocar um consumo de capital. Mas não restringem o emprego de todos os bens de capital disponíveis.[5]

Se os impostos sobre a renda e sobre o patrimônio das pessoas muito ricas forem excessivamente altos, um capitalista pode preferir manter todos os seus recursos em caixa ou em contas bancárias sem juro. Desta forma, consome parte do seu capital, não paga imposto de renda e reduz o imposto sobre a herança a ser pago pelos seus herdeiros. Mas mesmo essa conduta não afeta o emprego do capital disponível. Afeta os preços. Porém nenhum bem de capital deixa de ser utilizado por essa razão. E o funcionamento do mercado força os investimentos nos setores em que se espera satisfazer os desejos mais urgentes, ainda não satisfeitos, do público comprador.

---

[4] Ver p. 599-601.

[5] Ao usar a expressão "bens de capital disponíveis" deve-se levar em conta o problema da conversibilidade; ou seja, o fato de que alguns bens de capital são inconversíveis.

Capítulo 33
Sindicalismo e Corporativismo

1
O Sindicalismo

O termo *sindicalismo* é empregado para designar duas coisas inteiramente diferentes.

Sindicalismo, para os seguidores de Georges Sorel, é uma excelente tática revolucionária a que se recorre para se conseguir a implantação do socialismo. Os sindicatos, pensam eles, não deveriam desperdiçar seus esforços procurando melhorar a situação dos assalariados no contexto de uma ordem capitalista. Deveriam partir para a *ação direta*, para uma ação violenta e firme no sentido de destruir todo o sistema capitalista. Não deveriam renunciar à luta – no verdadeiro sentido do termo – para atingir o seu objetivo final, o socialismo. O proletariado não deve deixar-se enganar por conceitos ilusórios da burguesia, tais como liberdade, democracia, governo representativo. Devem buscar a salvação na luta de classes, na convulsão social violenta e na impiedosa aniquilação da burguesia.

Essa doutrina representou, e ainda representa, um papel preponderante na atividade política moderna. Está subjacente nas ideias que sustentam o bolchevismo russo, o fascismo italiano e o nazismo alemão. Entretanto, esse é um tema essencialmente político e, como tal, não precisa ser considerado numa análise cataláctica.

O segundo significado do termo sindicalismo se refere a um programa de organização econômica da sociedade. Enquanto o socialismo visa a substituir a propriedade privada dos meios de produção pela propriedade estatal, o sindicalismo quer que a propriedade das instalações produtivas seja dos trabalhadores nelas empregados. *Slogans* do tipo "as estradas de ferro para os ferroviários" ou "as minas para os mineiros" indicam de forma inequívoca esse objetivo dos sindicalistas.

As ideias socialistas e as do sindicalismo no sentido de *ação direta* foram formuladas por intelectuais que não podem deixar de ser considerados burgueses mesmos pelos adeptos de qualquer seita marxista. Mas a idéia do sindicalismo como um sistema de organização social é um autêntico produto da "mentalidade proletária". Quase todos os empregados, ingenuamente, consideram-no como um meio justo e eficaz de melhorar o seu padrão de vida.

Eliminai os parasitas ociosos, os empresários e os capitalistas, e destinai suas "rendas não ganhas" aos trabalhadores. Não há nada mais simples!

Se esses planos merecessem algum estudo mais sério, não seria oportuno efetuá-lo no contexto desta nossa análise dos problemas do intervencionismo. Isto porque o sindicalismo não é socialismo, nem capitalismo e nem intervencionismo. É um sistema à parte, diferente dos outros três. Ninguém pode levar a sério o programa sindicalista, e ninguém jamais o fez. Ninguém até hoje foi tão confuso e leviano a ponto de defender abertamente o sindicalismo como um sistema social. O papel representado pelo sindicalismo na discussão dos temas econômicos está circunscrito à sua influência sobre certos programas que contêm, inadvertidamente, algumas características sindicalistas; há certas interferências do governo e dos sindicatos de trabalhadores nos fenômenos de mercado. Há, além disso, o socialismo de guildas e o corporativismo,[1] que pretendiam conseguir evitar a onipotência do governo, inerente a todas as iniciativas socialistas e intervencionistas, descaracterizando-o através de uma mistura com o sindicalismo.

2
As falácias do sindicalismo

A raiz da ideia sindicalista se encontra na crença de que os empresários e os capitalistas são autocratas irresponsáveis que podem conduzir arbitrariamente os seus negócios. Uma tal ditadura, pensam eles, não pode ser tolerada. O movimento liberal, que substituiu o despotismo dos reis hereditários e da aristocracia de sangue pelo governo representativo, deveria completar sua obra e pôr um fim à tirania dos capitalistas e dos empresários, substituindo-a pela "democracia industrial". A revolução econômica deveria conduzir a seu ponto culminante a libertação do povo que já havia sido iniciada pela revolução política.

O erro fundamental desse argumento é óbvio. Os empresários e capitalistas não são autocratas irresponsáveis; estão incondicionalmente sujeitos à soberania dos consumidores. O mercado é uma de-

---

[1] O sindicalismo de guildas surgiu na Inglaterra na segunda década do século XX e ganhou impulso logo após a Primeira Guerra Mundial. Propunha a propriedade pública de todas as indústrias, que seriam dirigidas por seus empregados, organizados num grande sindicato nacional. O corporativismo, que em larga medida copiou o socialismo de guildas inglês, foi o sistema adotado no programa econômico do Partido Fascista Italiano e implementado por Benito Mussolini (1883-1945). (N.T.)

mocracia dos consumidores. Os sindicalistas pretendem transformá-lo numa democracia dos produtores. Essa ideia é falaciosa porque o único propósito da produção é o consumo.

Para o sindicalista, o defeito mais sério do sistema capitalista e que ele condena como fruto da ação brutal e insensível de pessoas que só pensam em obter lucros é precisamente o resultado da supremacia dos consumidores. Nas condições competitivas da economia de mercado não obstruído, os empresários são obrigados a aprimorar os métodos tecnológicos de produção, quaisquer que sejam os interesses dos trabalhadores. O empregador é obrigado a não pagar a um trabalhador mais do que o consumidor estaria disposto a lhe reembolsar pela correspondente contribuição do trabalhador em questão. Se um empregado pedir um aumento porque sua mulher teve um novo filho e o empregador recusar, com base no fato de que o recém-nascido não contribui para a produção da fábrica, o empregador, no caso, estará agindo na condição de mandatário dos consumidores. Os consumidores não estão dispostos a pagar mais por qualquer mercadoria simplesmente porque o trabalhador tem muitos filhos. A ingenuidade dos sindicalistas fica evidente no fato de que eles jamais concederiam – àqueles que produzem os artigos que eles próprios, sindicalistas, consomem – os mesmos privilégios que reclamam para si.

Segundo os princípios sindicalistas, as ações das empresas deveriam ser confiscadas dos "proprietários absenteístas" e distribuídas igualmente entre os empregados; o pagamento de juros e do principal das dívidas deveria ser abolido. Os empregados, transformados em acionistas, elegeriam uma nova "diretoria". Esse tipo de confisco e redistribuição não trará igualdade para os trabalhadores em âmbito nacional ou mundial. Daria mais aos empregados das empresas em que a quota de capital por trabalhador é maior, e menos aos empregados daquelas em que essa quota é menor.

É significativo o fato de que os sindicalistas, ao lidarem com esses temas, façam sempre referência à função de gerência e direção, e nunca à atividade empresarial. No entender de um empregado subalterno típico, para se conduzir uma empresa basta realizar aquelas tarefas secundárias que o empresário delega a diretores e gerentes. Para ele, as instalações produtoras existentes são estabelecimentos permanentes, que não mudam nem desaparecem. Produzirão sempre os mesmos produtos. Ignoram completamente o fato de que as situações variam incessantemente e de que a estrutura industrial tem de se ajustar permanentemente para poder resolver novos problemas que surgem diariamente. Sua visão do mundo é estacionária. Nela não há lugar para novos setores da atividade, novos produtos, novos e melhores métodos para produzir os produtos antigos. Assim sendo, o sindicalista ignora os problemas essenciais da função empresarial: prover o capital para novas indústrias e para expansão das já existentes, restringir a produção de artigos cuja demanda diminuiu, promover o avanço tecnológico. Não se está cometendo uma injustiça ao se considerar o sindicalismo como a filosofia econômica de pessoas que têm vistas curtas, de conservadores fossilizados, temerosos de qualquer inovação, cuja inveja os impede de ter produtos melhores, mais baratos e em maior quantidade. São como aqueles doentes que guardam rancor do médico que consegue curá-los de uma doença.

3
Influxos sindicalistas nas políticas econômicas populares

A popularidade do sindicalismo se manifesta em vários postulados das políticas econômicas contemporâneas. A essência dessas políticas consiste sempre em conceder privilégios a um grupo minoritário às custas da imensa maioria. Resultam invariavelmente numa diminuição da riqueza e da renda da maioria.

Muitos sindicatos procuram restringir o acesso de novos trabalhadores ao setor de atividade por eles dominado. Enquanto o público quer livros, revistas e jornais mais baratos e em maior quantidade, e poderia obtê-los se o mercado não fosse obstruído, os sindicatos dos tipógrafos impedem que novos trabalhadores trabalhem nas empresas gráficas. Tal atitude provoca, como seria de se esperar, um aumento nos salários dos membros do sindicato. Mas a consequência é uma queda nos salários dos trabalhadores que foram impedidos de trabalhar nessas atividades, e um encarecimento do material impresso. O mesmo efeito ocorre quando o sindicato se opõe à utilização de novas técnicas ou quando obriga o empregador a atender a uma série de exigências que implicam na contratação de mais operários do que seria necessário para uma determinada tarefa.

O sindicalismo radical propugna a completa abolição do pagamento de dividendos aos acionistas e de juros aos credores. Os intervencionistas, no seu entusiasmo por soluções intermediárias, procuram contentar os sindicalistas, dando aos empregados uma parte dos lucros. A participação nos lucros é um *slogan* muito popular. Não há necessidade de se examinarem novamente as falácias implícitas nessa filosofia. Basta mostrar as consequências absurdas que seriam provocadas por tal sistema.

Em certos casos, pode ser uma boa política para empresas pequenas, que empregam trabalhadores altamente qualificados, conceder uma gratificação extra aos empregados quando os negócios vão bem. Mas seria uma falsa ilusão presumir que aquilo que eventualmente é conveniente para uma firma específica possa funcionar satisfatoriamente como um sistema geral. Não há razão para que um soldador ganhe mais porque seu empregador tem maiores lucros, e outro soldador ganhe menos porque seu empregador tem lucros menores ou nem chega a tê-los. Os próprios trabalhadores não aceitariam esse tipo de remuneração. Não subsistiria nem mesmo por um período curto.

Uma caricatura do sistema participação nos lucros é o princípio denominado de *capacidade de pagar* (*ability-to-pay*), recentemente introduzido no programa do sindicalismo americano. Enquanto o esquema de participação nos lucros visa a distribuir entre os empregados uma parte dos lucros já realizados, o esquema baseado na capacidade de pagar visa a distribuir lucros futuros que algum observador externo supõe que o empregador poderá vir a ganhar no futuro. A administração Truman, ao aceitar essa nova tese sindical, complicou ainda mais as coisas ao anunciar a criação de uma comissão para "apuração dos fatos". Essa comissão teria poderes para examinar a contabilidade dos empregadores a fim de avaliar a capacidade de pagar um aumento salarial. Ora, a contabilidade só pode informar sobre receitas e despesas, lucros e perdas ocorridos no passado; estimativas quanto ao volume da produção, das vendas, dos custos ou dos lucros e perdas que possivelmente ocorrerão no futuro são antecipações especulativas e não fatos. Em matéria de lucros futuros não existem fatos observáveis.[2]

O ideal sindicalista não pode ser alcançado pela distribuição dos ganhos de uma empresa entre os empregados sem deixar recursos para juros sobre o capital investido e lucros. Se quisermos abolir o que é chamado de "renda não ganha", teremos de adotar o socialismo.

4
O SOCIALISMO DE GUILDAS E O CORPORATIVISMO

As ideias que serviram de base ao socialismo de guildas e ao corporativismo se originaram em duas correntes distintas de pensamento.

Apologistas das instituições medievais sempre louvaram as vantagens das guildas. Bastaria, para suprimir os supostos males da

---
[2] Ver F. R. Fairchild, *Profits and the Ability to Pay Wages*, Irvington-on-Hudson, 1946, p.47.

economia de mercado, retornar aos métodos já bem testados no passado. Tais diatribes, entretanto, permaneceram estéreis. Os críticos nunca chegaram a tornar explícitas suas sugestões ou a elaborar planos para restabelecer aquela ordem social. O máximo que fizeram foi proclamar a alegada superioridade das antigas assembléias quase representativas do tipo *État généraux* franceses e dos *Ständische Landtage* alemães em relação às modernas assembléias parlamentares. Mas, mesmo no que diz respeito a esse tema constitucional, suas ideias eram bastante vagas.

A segunda fonte do socialismo de guildas pode ser atribuída a condições específicas da Inglaterra. Quando o conflito com a Alemanha se agravou e acabou resultando na guerra de 1914, os socialistas ingleses mais jovens ficaram numa situação embaraçosa. A idolatria dos fabianos pelo estado e a exaltação das instituições alemãs e prussianas tornavam-se verdadeiramente paradoxais num momento em que seu país estava envolvido num conflito sem tréguas contra a Alemanha. Teria sentido combater um país cujo sistema social os intelectuais ingleses mais "progressistas" desejavam ver implantado no seu próprio país? Seria possível louvar a liberdade inglesa em comparação com a servidão alemã e, ao mesmo tempo, recomendar a adoção dos métodos de Bismark e de seus sucessores? Os socialistas ingleses procuraram então formular uma versão inglesa de socialismo, tão diferente quanto possível da versão teutônica. O problema consistia em conseguir elaborar um projeto socialista sem a presença de um estado totalitário; algo como uma variante individualista do coletivismo.

A solução desse problema é tão impossível quanto desenhar um quadrado triangular. Não obstante, os jovens intelectuais de Oxford tentaram, confiantemente, traçá-lo. Adotaram o nome de *socialismo de guildas*, nome esse tomado por empréstimo do pequeno grupo pouco conhecido de apologistas das instituições medievais. Procuraram caracterizar o seu projeto como sendo uma espécie de autogestão industrial, dando a impressão de estarem adotando um dos mil enraizados princípios do regime político inglês: a autonomia das coletividades locais em relação ao governo central. O papel principal nesse esquema caberia aos sindicatos que formavam o grupo de pressão mais forte da Inglaterra. De tudo fizeram para tornar o seu sistema aceitável pelos seus concidadãos.

Entretanto, apesar dessa aparência enganadora e apesar da propaganda ruidosa e insistente, não foi possível enganar as pessoas inteligentes. O plano era contraditório e evidentemente impraticável. Ao cabo de alguns anos foi relegado ao esquecimento no seu país de origem.

Adveio, então, uma ressurreição. Os fascistas italianos precisavam desesperadamente de um programa econômico autenticamente seu. Depois de se terem separado da Internacional Socialista, não podiam mais se apresentar como socialistas. Tampouco podiam, os orgulhosos descendentes das invencíveis legiões romanas, fazer concessões ao capitalismo ocidental ou ao intervencionismo prussiano, essas falsas ideologias dos bárbaros que haviam destruído o glorioso Império Romano. Precisavam encontrar uma filosofia social que fosse pura e exclusivamente italiana. Se ignoravam ou não que o seu evangelho era uma mera réplica do socialismo de guildas inglês é fato de menor importância. De qualquer forma, o *stato corporativo* não era mais do que uma edição rebatizada do socialismo de guildas. As diferenças se limitavam a detalhes.

O corporativismo foi aparatosamente anunciado pela propaganda bombástica dos fascistas, e o sucesso da campanha foi esmagador. Muitos autores estrangeiros saudaram entusiasticamente as milagrosas virtudes do novo sistema. Os governos da Áustria e Portugal declararam o seu firme comprometimento com as nobres ideias do corporativismo. A encíclica papal *Quadragésimo anno* (1931) continha passagens que poderiam – embora não necessariamente – ser interpretadas como um endosso ao corporativismo. De qualquer forma, autores católicos defenderam essa interpretação em livros publicados com o *imprimatur* das autoridades eclesiásticas.

Apesar disso, nem os fascistas italianos e nem os governos da Áustria e Portugal jamais tentaram seriamente implantar a utopia corporativista. Os italianos apuseram a várias instituições o rótulo *corporativista* e transformaram as cadeiras de economia política das universidades em cadeiras de *economia política e corporativa*. Mas ninguém jamais se ocupou de organizar aquilo que era considerado o caráter essencial do corporativismo: a autogestão dos vários setores do comércio e da indústria. Antes pelo contrário, o governo fascista, logo de início, adotou firmemente os mesmos princípios de economia política patrocinados por todos os governos não ostensivamente socialistas de nossos dias: o intervencionismo. Para, em seguida, gradativamente, chegar ao sistema socialista alemão, ou seja, o controle total das atividades econômicas pelo estado.

A ideia básica tanto do socialismo de guildas e do corporativismo é a de que cada setor da atividade econômica constitui uma unidade monopolística, a guilda ou a *corporazione*.[3] Essa entidade goza de plena autono-

---

[3] A melhor descrição do socialismo de guildas foi elaborada por Sidney e Beatrice Webb, *A Constitution for the Socialist Commonwealth of Great Britain*, Londres, 1920; o melhor livro sobre corporativismo é o de Ugo Papi, *Lezioni di economia generale e corporativa*, Pádua, 1934, vol. 3.

mia; tem liberdade para resolver os seus assuntos internos sem a interferência de terceiros que não sejam membros da guilda. As relações entre as várias guildas são estabelecidas por negociação direta ou por decisão de uma assembléia geral dos delegados de todas as guildas. O governo, normalmente, não deve intervir; o estado só é chamado em casos excepcionais, quando as guildas não chegam a um acordo entre si.[4]

Ao elaborar o seu projeto, os socialistas de guildas tinham em mente as condições de funcionamento dos governos locais ingleses e as relações entre as várias autoridades locais e o governo central da Inglaterra. Seu objetivo era estabelecer a autogestão de cada setor da indústria; pretendiam instaurar, segundo palavras dos Webbs, "o direito de autodeterminação de cada profissão".[5] Da mesma maneira que cada municipalidade se ocupa dos assuntos da comunidade local e o governo nacional se encarrega dos assuntos que dizem respeito à nação, a guilda, e apenas ela, deveria ter jurisdição sobre seus assuntos internos, ficando a intervenção do governo adstrita àqueles casos que as próprias guildas não pudessem resolver.

Entretanto, num sistema de cooperação social com base na divisão do trabalho, nada há que se identifique com o interesse exclusivo dos membros de algum estabelecimento, companhia ou setor industrial, e que não seja também de interesse dos demais membros da coletividade. Não existem questões internas de qualquer guilda ou *corparazione* cujas soluções não afetem a toda a nação. Um setor da atividade econômica não está a serviço apenas daqueles que nele trabalham; está a serviço de todos. Se, num setor da atividade econômica, houver ineficiência, desperdício dos fatores escassos de produção ou relutância em se adotarem os métodos de produção mais adequados, todos saem prejudicados. Não se pode deixar que os membros da guilda decidam sobre o método tecnológico a ser adotado, sobre a quantidade e qualidade dos produtos, sobre a jornada de trabalho e mil coisas mais, porque essas decisões afetam a toda a comunidade. Na economia de mercado, o empresário, ao tomar essas decisões, está incondicionalmente sujeito às leis do mercado; na realidade, são os consumidores que tomam as decisões. Se o empresário tentar desobedecê-los, sofrerá perdas e logo perderá sua posição empresarial. Por outro lado, as guildas monopolísticas não precisam temer a competição; gozam do direito inalienável de

---

[4] Mussolini declarou no Senado, em 13 de janeiro de 1934: "Solo in un secondo tempo, quando le categorie non abbiano trovato la via dell'accordo e dell'equilibrio, lo Stato potrà intervenire". Citado por Papi, op. cit., p. 225.

[5] Sidney e Beatrice Webb, op. cit., p. 227 e segs.

exclusividade no seu setor de produção. De servidores do consumidor transformam-se em senhores. Ficam livres para recorrer a práticas que favorecem seus membros às custas do resto da população.

Pouco importa que a guilda seja comandada exclusivamente por trabalhadores ou que os capitalistas e antigos empresários, em alguma medida, ainda participem de sua direção. Carece também de importância o fato de os representantes dos consumidores disporem ou não de assentos no conselho diretor da guilda. O que importa é que a guilda, se autônoma, não estará sujeita à pressão que a forçaria a ajustar seu funcionamento de modo a atender os consumidores da melhor maneira possível; terá liberdade para dar precedência aos interesses de seus membros sobre os interesses dos consumidores. O esquema do socialismo de guildas e do corporativismo, não leva em consideração o fato de que o único propósito da produção é o consumo. Há uma inversão total de valores; a produção torna-se um fim em si mesmo.

O governo americano, ao lançar o plano da *National Recovery Administration* (Administração para a recuperação econômica nacional), no período do *New Deal*, tinha plena consciência do fato de que estava estabelecendo as bases de um aparato administrativo que lhe permitiria controlar plenamente a atividade econômica. A falta de visão dos socialistas de guildas e dos corporativistas consiste em acreditar que a guilda ou a *corporazione* autônoma possam ser consideradas formas viáveis de cooperação social.

É muito fácil a uma guilda conduzir os seus assuntos pretensamente internos de tal sorte que os interesses de seus membros sejam plenamente atendidos. Jornada de trabalho menor, melhores salários, nenhum progresso tecnológico ou melhoria na qualidade dos produtos que pudessem trazer inconvenientes a seus membros – muito bem. Mas quais seriam os resultados se todas as guildas recorressem às mesmas políticas?

No sistema de guildas, já não há lugar para o mercado. Já não existem preços no sentido cataláctico do termo. As guildas que monopolizam o fornecimento de produtos essenciais adquirem uma posição ditatorial. Os produtores de alimentos básicos e de combustível e os fornecedores de energia elétrica e de transporte podem, impunemente, oprimir toda a população. Alguém pode imaginar que a maioria tolerará essa situação? É fora de dúvida que qualquer tentativa de implantar a utopia corporativista conduziria logo a conflitos violentos, se o governo não interferisse quando esses setores vitais abusassem de sua posição privilegiada. O que os doutrinadores imaginavam como uma medida de exceção – a interferência do governo – tornar-se-ia a regra geral. O socialismo de guildas e o corporativismo se transformariam em controle estatal de todas as atividades produtivas. Estaria então implantado o sistema prussiano – a *Zwangswirtschaft* (economia de compulsão) – precisamente o que se queria evitar.

Não há necessidade de examinar outros equívocos fundamentais do sistema de guildas. É tão falho quanto qualquer outro projeto sindicalista. Não leva em consideração a necessidade de deslocar capital e trabalho de um setor para outro e de estabelecer novos setores de produção. Ignora inteiramente o problema de poupança e de acumulação de capital. Em resumo, é um disparate.

Capítulo 34
A Economia de Guerra

1
A Guerra Total

Economia de mercado implica em cooperação pacífica. Esfacela-se em pecados quando os cidadãos resolvem transformar-se em guerreiros e, em vez de trocarem mercadorias e serviços, passam a combater uns aos outros.

As guerras travadas pelas tribos primitivas não afetavam a cooperação social com base na divisão do trabalho. De uma maneira geral, não havia cooperação entre os grupos beligerantes antes do início das hostilidades. Eram guerras sem limites ou guerras totais; visavam à vitória total ou à derrota total. Os vencidos eram eliminados, ou expulsos do seu território, ou escravizados. A ideia de que um tratado pudesse resolver o conflito e tornar possível a convivência pacífica entre ambas as partes não passava pela mente dos contendores.

O espírito de conquista só se detém diante de um poder capaz de lhe resistir com sucesso. Os construtores de império procuravam expandir os seus domínios até onde fosse possível. Os grandes conquistadores asiáticos, assim como os imperadores romanos, só se detinham quando não conseguiam avançar mais; limitavam-se então a adiar a agressão. De modo algum renunciavam aos seus planos ambiciosos; os estados independentes eram considerados apenas como futuros objetivos a serem assaltados.

Essa filosofia de conquista sem limite também inspirou os governantes da Europa medieval. O objetivo de todos os monarcas era a máxima expansão do reino. Mas os meios para fazer a guerra, que as instituições do feudalismo proporcionavam, eram muito escassos. Os vassalos não eram obrigados a lutar pelo seu soberano mais do que um tempo limitado. O egoísmo dos vassalos ao insistir nos seus direitos diminuía a agressividade do rei. Assim, foi possível uma coexistência pacífica de um certo número de estados soberanos. No século XVI, um francês, Bodin, formulou a teoria da soberania nacional. No século XVII, um holandês, Grotius, a complementou com uma teoria das relações internacionais na paz e na guerra.

Com a desintegração do feudalismo, os soberanos não podiam mais contar com a convocação dos vassalos. Resolveram então "nacionalizar" as forças armadas. Doravante os guerreiros seriam mercenários a serviço do rei. A organização, o equipamento e o apoio logístico dessas tropas implicavam grandes dispêndios para o erário do monarca. A ambição desses príncipes era ilimitada, mas considerações de natureza financeira os forçavam a moderar seus propósitos. Já não pensavam em conquistar países inteiros; contentavam-se com a conquista de algumas cidades ou de uma província. Seria uma imprudência política passar desses limites, porque as outras potências européias estariam certamente atentas para impedir que uma delas se tornasse tão poderosa a ponto de ameaçar a segurança das demais. Um conquistador muito impetuoso deve sempre temer uma coalizão de todos aqueles que se sentem ameaçados pelo seu poderio.

Todas essas circunstâncias de natureza militar, financeira e política engendraram o tipo de guerra limitada que prevaleceu na Europa durante os trezentos anos que precederam a Revolução Francesa. As lutas eram travadas entre exércitos relativamente pequenos, formados por soldados profissionais. A guerra não era uma questão entre povos; era do exclusivo interesse dos governantes. Os cidadãos detestavam a guerra pelos danos que ela lhes causava e pela carga tributária que se lhes impunha. Consideravam-se vítimas de eventos nos quais não tinham uma participação ativa. Mesmo os exércitos em luta respeitavam a "neutralidade" dos civis; entendiam, tacitamente, estar combatendo o soberano inimigo e os exércitos sob seu comando, mas não as populações não combatentes. Nas guerras travadas no continente europeu, a propriedade dos civis era considerada inviolável. Em 1856, o Congresso de Paris tentou estender esse princípio à guerra naval. Cada vez mais, as mentes mais lúcidas começavam a discutir a possibilidade de abolir completamente a guerra.

Examinado a situação a que se tinha chegado com essas guerras limitadas, os filósofos concluíam que as guerras eram absolutamente inúteis. Homens morriam ou ficavam mutilados, riquezas eram destruídas, países eram devastados em benefício exclusivamente dos reis e das oligarquias dominantes. Os povos em si nada ganhavam com a vitória. O cidadão, enquanto indivíduo, não ficava mais rico se os seus governantes expandissem o reino pela anexação de uma nova província. Para o povo, a guerra não compensava. A única razão para a existência de conflitos armados era a cobiça dos autocratas. A substituição do despotismo real pelo governo representativo, pensavam eles, abolirá completamente as guerras. As democracias seriam, certamente, pacíficas; não teriam interesse em que suas nações se estendessem por um território maior ou menor. As questões territoriais seriam, portanto, tratadas sem preconceitos e sem paixões; seriam resolvidas pacificamente. Para que a paz fosse duradoura, bastaria destronar os déspotas, o que, evidentemente, não poderia ser conseguido pacificamente. Seria necessário, em primeiro lugar, aniquilar os mercenários a serviços dos reis. Mas essa guerra revolucionária do povo contra os tiranos seria a última guerra: a guerra para abolir definitivamente a guerra.

Essa ideia já estava vagamente presente no espírito dos líderes revolucionários franceses quando, após haverem repelido os exércitos prussianos e austríacos, resolveram lançar-se numa campanha de agressão aos seus vizinhos. Sob o comando de Napoleão, os próprios franceses adotaram prontamente os métodos mais brutais de expansão e de conquistas territoriais, até que uma coalizão de todas as potências européias pusesse fim às suas ambições. E a ideia da paz duradoura logo ressurgiu. Era um dos pontos principais do liberalismo do século XIX, tal como consistentemente elaborado nos princípios da tão injuriada Escola Manchesteriana.

Os liberais britânicos e os seus colegas do continente eram suficientemente sagazes para perceber que a garantia de uma paz duradoura não dependia apenas de um governo do povo, mas de um governo do povo sob um regime de irrestrito *laissez-faire*. Entendiam que o mercado livre, tanto no plano doméstico como no plano internacional, era o pré-requisito indispensável à preservação da paz. Somente num mundo sem barreiras comerciais e migratórias deixaria de haver os incentivos para guerras e conquistas. Plenamente convencidos da irrefutabilidade das ideias liberais, abandonaram o conceito de uma última guerra destinada a abolir todas as guerras. Todos os povos haveriam de reconhecer, espontaneamente, as vantagens do livre comércio e da convivência pacífica, e pôr um freio nos seus respectivos déspotas, sem qualquer ajuda externa.

A maior parte dos historiadores não chegou a compreender por que a guerra "limitada" do *Ancien Régime* foi substituída pela guerra "sem limites" do nosso tempo. Para eles, a mudança foi provocada pelo novo tipo de estado, surgido em consequência da Revolução Francesa, e que de dinástico se converteu em nacional. Dão importância apenas a fenômenos circunstanciais e confundem as causas e os efeitos. Falam da composição dos exércitos, dos princípios táticos e estratégicos, de novas armas e de novas formas de transporte, e de muitas outras questões relacionadas com a arte militar e com a técnica administrativa.[1] Entretanto, nada disso explica por que as nações modernas preferiram a agressão à paz.

Existe pleno acordo em relação ao fato de que a guerra total é um produto do nacionalismo agressivo. Mas isso é apenas um círculo vicioso; denominamos de nacionalismo agressivo a ideologia que conduz à moderna guerra total. O nacionalismo agressivo é uma consequência necessária das políticas intervencionistas e do planejamento central. Enquanto o *laissez-faire* elimina as causas dos conflitos internacionais, a interferência do governo na atividade econômica e o socialismo criam conflitos para os quais não se consegue encontrar qualquer solução pacífica. Enquanto num regime de livre comércio e de liberdade de migração nenhum indivíduo se preocupa com o tamanho do território de seu país, num regime de medidas protecionistas adotadas pelo nacionalismo econômico quase todo cidadão tem um interesse substancial nessas questões territoriais. O aumento do território sujeito à soberania do seu próprio governo significa uma melhoria material para si mesmo ou pelo menos um alívio em relação às restrições que são impostas ao seu bem-estar, por um governo estrangeiro. O que transformou a guerra limitada entre exércitos reais em guerra total, num conflito entre povos inteiros, não foram as tecnicalidades da arte militar; foi a substituição da filosofia do *laissez-faire* pelo estado provedor (*welfare state*).

Se Napoleão I tivesse atingido seu objetivo, o império francês se teria estendido para além das fronteiras de 1815; a Espanha e Nápoles seriam governadas por reis da casa Bonaparte-Murat, em vez de por reis de outra família francesa, os Bourbons. O palácio de Kassel teria sido ocupado por algum favorito do regime francês, em vez de por um dos Eleitores[2] da família Hesse. Nada disso tornaria mais prósperos os cidadãos franceses. Tampouco se beneficiaram os cidadãos da Prússia pelo fato de seu rei, em 1866, ter expulso os príncipes de Hanover, Hesse-Kassel e Nassau de seus palácios. Mas, se Hitler tivesse conseguido realizar seu intento, os alemães acreditavam que por isso iriam ter um melhor padrão de vida; confiavam no fato de que, com a aniquilação dos franceses, dos poloneses e dos tchecos, cada membro da raça alemã ficaria mais rico. A luta por mais *Lebensraum* (espaço vital) era uma luta do próprio povo alemão.

---

[1] A melhor apresentação desse tipo de interpretação tradicional encontra-se no livro *Makers of Modern Strategy Military Thought from Machiavelli to Hitler*, ed. F. M. Earle, Princeton University Press, 1944; ver especialmente a contribuição de R. R. Palmer, p. 49-53.

[2] O autor se refere aos príncipes alemães que tinham o direito de "eleger" o rei imperador do Império Alemão. Esta norma vigorou de 1257 a 1806. (N.T.)

Um regime de *laissez-faire* torna possível a coexistência pacífica de um grande número de nações; já num regime em que o governo controla a atividade econômica, tal coexistência é impossível. O erro trágico do presidente Wilson foi ignorar esse ponto essencial. A guerra total moderna nada tem em comum com a guerra limitada das velhas dinastias. É uma guerra contra as barreiras comerciais e migratórias, uma guerra dos países comparativamente superpovoados contra os comparativamente subpovoados. É uma guerra com a finalidade de abolir as instituições que impedem o surgimento da tendência de nivelamento dos salários no mundo inteiro. É uma guerra dos agricultores que trabalham terras pobres contra os governos que os impedem de terem acesso a solos muito mais férteis que continuam desocupados. É, em resumo, uma guerra dos assalariados e dos agricultores que se autodescrevem como os que "não têm", os desprivilegiados, contra os assalariados e agricultores de outras nações, considerados como os que "têm", os privilegiados.

O reconhecimento desse fato não quer dizer que o triunfo nessas guerras eliminaria os males de que o agressor se queixa. Esses conflitos, entre interesses vitais, só poderão desaparecer se uma filosofia que defenda a mútua cooperação vier a substituir, de uma forma geral e completa, as ideias, hoje prevalecentes, que defendem um suposto antagonismo insuperável entre as várias subdivisões sociais, políticas, religiosas, linguísticas e raciais da humanidade.

É inútil pretender que tratados, conferências e organismos burocráticos como a Liga das Nações ou as Nações Unidas resolvam o problema. Pouco vale, no combate às ideologias, a ação de plenipotenciários, funcionários e técnicos. O espírito de conquista não pode ser detido pela papelada burocrática; é preciso que haja uma mudança radical nas ideologias e nas políticas econômicas.

2
A GUERRA E A ECONOMIA DE MERCADO

A economia de mercado, dizem os socialistas e os intervencionistas, é, na melhor das hipóteses, um sistema tolerável apenas em tempos de paz. Quando advém a guerra, essa benevolência torna-se inadmissível. Colocaria em perigo os interesses vitais de toda a nação em benefício exclusivamente dos interesses egoístas dos capitalistas e dos empresários. A guerra, e sobretudo a moderna guerra total, exige peremptoriamente o controle do governo sobre a atividade econômica.

Quase ninguém tem ousado contestar esse dogma, que durante as duas guerras mundiais foi um pretexto cômodo para a adoção de inúmeras medidas de interferência na atividade econômica, e que, em alguns países, gradativamente conduziu a um completo "socialismo de guerra". Cessadas as hostilidades, surgiu um novo *slogan*. O período de transição da guerra para a paz e de "reconversão", dizia-se, requer ainda mais controle do governo do que o período de guerra. Além do mais, por que retornar a um sistema social que só pode funcionar, se funcionar, nos intervalos entre guerras? O mais sensato, portanto, seria manter permanentemente o dirigismo econômico, a fim de se estar preparado para qualquer emergência.

Um exame dos problemas que os Estados Unidos tiveram de enfrentar durante a Segunda Guerra Mundial será suficiente para mostrar a inconsistência desse raciocínio.

Para ganhar a guerra, era preciso que a América do Norte efetuasse uma transformação radical de suas atividades produtoras. Todo consumo civil que não fosse absolutamente indispensável teria de ser eliminado. As indústrias e a agricultura teriam de reduzir ao mínimo a produção de bens que não fossem de interesse militar; no mais, teriam de se dedicar completamente à tarefa de abastecer as forças armadas.

A realização desse programa não implica necessariamente no estabelecimento de controles e de prioridades. Se o governo tivesse arrecadado os recursos necessários ao esforço de guerra por meio de impostos, ou se os tivesse tomado por empréstimo aos cidadãos, todos seriam obrigados a diminuir seu consumo drasticamente. Os empresários e os agricultores produziriam os bens solicitados pelo governo porque a venda de bens aos cidadãos privados teria diminuído. O governo, sendo agora, em virtude do fluxo de recursos obtidos com impostos e por empréstimo, o maior comprador no mercado, estaria em condições de obter aquilo de que precisava. Mesmo se o esforço de guerra fosse em grande parte financiado pela expansão dos meios de pagamento e por empréstimos junto aos bancos comerciais, o resultado final seria o mesmo. A inflação certamente provocaria uma nítida tendência de aumento dos preços de todos os bens e serviços. O governo teria de pagar preços nominais maiores. Mas continuaria sendo o maior comprador no mercado; poderia pagar mais do que os cidadãos que, por um lado, não tinham o direito de emitir a moeda de que necessitassem e, por outro lado, estavam com a capacidade de compra bastante reduzida em decorrência da pressão fiscal.

Mas o governo adotou deliberadamente uma política que lhe tornaria impossível apoiar-se no mecanismo do mercado livre. Recorreu ao controle de preços e decretou a ilegalidade de qualquer aumento de preços. Além disso, demorou a tributar as rendas inchadas pela inflação; rendeu-se aos sindicatos, que exigiam que os salários dos trabalhadores fossem mantidos num nível que lhes permitisse ter o mesmo padrão de vida de antes da guerra. Na realidade, a categoria mais numerosa do país, a que em tempo de paz consumia a maior parte do total de bens produzidos, passou a ter, durante a guerra, ainda mais dinheiro para gastar.

Os assalariados – e numa certa medida também os agricultores e os fornecedores do governo – frustraram os esforços do governo no sentido de orientar a produção para o esforço de guerra. Estimularam o aumento, e não a diminuição, da produção de bens que, em tempo de guerra, são considerados supérfluos. Foram essas circunstâncias que fizeram com que a Administração recorresse a um sistema de prioridades e de racionamento. As deficiências do método adotado para financiar o esforço de guerra tornaram necessário o controle do governo sobre a atividade econômica. Se não se tivesse provocado a inflação e se a renda líquida de todos os cidadãos – não apenas dos que auferem maiores rendas – tivesse sido reduzida a uma fração do que era em tempos de paz, esses controles seriam desnecessários. Tornaram-se inevitáveis em virtude da aceitação da doutrina segundo a qual os salários reais em tempo de guerra deveriam ser até superiores aos do período de paz.

Os bens materiais que possibilitaram a vitória das forças armadas americanas, e que abasteceram os seus aliados, são fruto do esforço da empresa privada e não de decretos governamentais e da papelada burocrática. O economista não tira qualquer conclusão desses fatos históricos. Mas é conveniente mencioná-los porque os intervencionistas nos querem fazer crer que basta um decreto proibindo o emprego de aço para construção de apartamentos para que, automaticamente, sejam produzidos aviões e navios de guerra.

Os lucros decorrem do ajustamento das atividades produtoras à mudança na demanda dos consumidores. Quanto maior for a discrepância entre o estado anterior das atividades produtoras e o que corresponde à nova estrutura da demanda, maior será o ajuste necessário e maiores os lucros. A súbita passagem da paz à guerra modifica completamente a estrutura do mercado, obriga a que sejam feitas transformações radicais, tornando-se, assim, fonte de grandes lucros para muitas pessoas. Os planejadores e os intervencionistas consideram esses lucros um escândalo. Para eles, a primeira obrigação do governo em tempo de guerra é impedir o surgimento de novos milionários. Não é justo, dizem eles, deixar que algumas pessoas enriqueçam enquanto outras morrem ou se mutilam.

Na guerra, nada pode ser considerado justo. Não é justo que os deuses estejam sempre do lado dos exércitos mais poderosos e que os mais bem equipados derrotem os seus adversários. Não é justo que soldados na linha de frente percam a vida no anonimato, enquanto os comandantes confortavelmente instalados no seu quartel-general, a quilômetros de distância das trincheiras, alcancem a glória e a fama. Não é justo que João seja morto, que Pedro fique aleijado para o resto da vida, enquanto Paulo volta para casa são e salvo e desfrute os privilégios concedidos aos ex-combatentes.

Pode-se admitir que não seja justo que a guerra proporcione lucros aos empresários que mais contribuem para equipar as forças armadas. Mas seria tolice negar que o incentivo do lucro produz as melhores armas. Não foi a Rússia socialista que ajudou a América capitalista com empréstimo e arrendamento;[3] os russos estariam condenados à derrota, se não fossem as bombas de fabricação americana que começaram a cair sobre a Alemanha, e se não tivessem sido equipados com armas produzidas pelas grandes empresas americanas. A coisa mais importante na guerra não é evitar a ocorrência de grandes lucros; é equipar da melhor maneira possível os soldados e marinheiros de seu próprio país. Os piores inimigos de uma nação são esses demagogos torpes que colocam a sua inveja acima dos interesses vitais de seu país.

É claro que, a longo prazo, a guerra é incompatível com a preservação da economia de mercado. O capitalismo é, essencialmente, um sistema para nações pacíficas. Mas isso não significa concluir que uma nação, em caso de agressão armada, deveria substituir a empresa privada pelo dirigismo estatal. Se o fizesse, ficaria privada dos mais eficazes meios de defesa. Não há registro de uma nação socialista que tenha derrotado uma nação capitalista. Apesar do seu socialismo de guerra, os alemães foram derrotados em ambas as guerras mundiais.

A incompatibilidade da guerra com o capitalismo, na realidade, significa que a guerra e a civilização de alto nível são incompatíveis. Se a eficiência do capitalismo fosse orientada pelo governo no sentido de produzir instrumentos de destruição, a engenhosidade da empresa privada produziria armas suficientemente capazes de tudo destruir. O que torna a guerra e o capitalismo incompatíveis é exatamente a incomparável eficiência do sistema de produção capitalista.

A economia de mercado, sujeita à soberania do consumidor individual, produz bens e serviços que tornam mais agradável a vida

---

[3] O autor se refere ao Lend-Lease Act. Ver nota 51, p. 553 cap. 17, seção 19, subseção 1. (N.T.)

de cada um. Atende à demanda dos indivíduos por mais conforto. Por isso, torna-se desprezível aos olhos dos apóstolos da violência, que exaltam o "herói", o que destrói e mata, e que desprezam o burguês e sua "alma de mercador" (Sombart). A humanidade está hoje colhendo os frutos das sementes plantadas por esses homens.

3
Guerra e autarquia

Se um homem economicamente autossuficiente entra em conflito com um outro indivíduo autossuficiente, não surge problema semelhante aos de uma "economia de guerra". Mas se o alfaiate declarar guerra ao padeiro, terá, desse momento em diante, de produzir o seu próprio pão. Se não lograr fazê-lo, ficará em situação desfavorável: o padeiro pode esperar mais por uma roupa nova do que o alfaiate por pão fresco. O problema econômico da guerra, portanto, não é o mesmo para o padeiro e para o alfaiate.

A divisão internacional do trabalho desenvolveu-se na presunção de que não haveria mais guerras. Na filosofia da Escola de Manchester, livre comércio e paz eram considerados mutuamente interdependentes. Os homens de negócios que lidavam com o comércio internacional não consideravam a possibilidade de guerras em seus planos.

As mudanças provocadas pela divisão internacional do trabalho também passaram despercebidas aos estados maiores militares e aos estudiosos da arte da guerra. O método adotado pela ciência militar consiste em extrair os seus princípios gerais da experiência das guerras passadas. Um estudo das campanhas de Turenne e de Napoleão I, por mais minucioso que fosse, não se poderia ocupar de problemas que ainda não existiam numa época em que, praticamente, não havia divisão internacional do trabalho.

Os peritos militares europeus desdenharam o estudo da Guerra Civil Americana. Para eles, não havia o que aprender naquela guerra. Havia sido combatida por exércitos irregulares chefiados por comandantes não profissionais. Civis, como Lincoln, interferiam na condução das operações militares. Mas, na Guerra Civil, pela primeira vez, os problemas de divisão do trabalho inter-regional representaram um papel decisivo. A economia sulista era predominantemente agrícola; sua capacidade industrial era mínima. Os confederados dependiam da Europa para se abastecerem de bens manufaturados. Sendo as forças navais da União suficientemente fortes para efetuar o bloqueio de seu litoral, esse abastecimento não pôde ser feito.

Os alemães, em ambas as guerras, tiveram de enfrentar a mesma situação. Dependiam de matérias-primas e de alimentos vindos de além-mar. Mas não puderam furar o bloqueio imposto pela Inglaterra; ambas as guerras foram decididas nas batalhas do Atlântico. Os alemães perderam porque não conseguiram impedir que os ingleses tivessem acesso ao mercado mundial e porque não conseguiram proteger as suas próprias linhas de abastecimento por via marítima. O problema estratégico foi determinado pela configuração da divisão internacional do trabalho.

Os belicistas alemães pretendiam adotar políticas que, pensavam eles, lhes permitiriam empreender a guerra, apesar da situação desvantajosa de seu comércio exterior. Sua panaceia era o *Ersatz*, o substituto.

Um substituto é um bem ou menos adequado ou mais caro ou ao mesmo tempo menos adequado e mais caro do que o bem original que irá substituir. Sempre que a tecnologia consegue produzir ou descobrir algo que seja ou mais adequado ou mais barato do que o produto usado até então, esse novo produto representa uma inovação tecnológica; é uma melhoria e não um *Ersatz*. A característica essencial do *Ersatz*, no sentido com que esse termo é empregado na doutrina econômica-militar, é a de ser de qualidade inferior ou de custo mais elevado, ou ambos.[4]

A *Wehrwirtschaftslehre*, ou seja, a doutrina alemã da economia de guerra, sustenta que, em se tratando de uma guerra, o custo de produção e a qualidade não são o mais importante. A preocupação com custos de produção e com a qualidade dos produtos é própria da atividade econômica com fins lucrativos. Mas o espírito heroico de uma raça superior não se preocupa com esses espectros oriundos de mentes gananciosas. A única coisa importante é a preparação para a guerra. Uma nação guerreira deve procurar ser autárquica para poder ser independente do comércio exterior. Deve fomentar a produção de substitutos, independentemente de considerações cupidinosas. Não pode dispensar o controle governamental da produção porque o egoísmo dos indivíduos conturbaria os planos do líder. Mesmo em tempos de paz, o comandante em chefe deve ter poderes ditatoriais sobre a economia.

Essas duas afirmações da doutrina do *Ersatz* são equivocadas.

Em primeiro lugar, não é verdade que a qualidade e a adequabilidade do substituto sejam de pouca importância. Se os soldados

---

[4] Nesse sentido, o trigo produzido sob proteção de tarifa aduaneira no território do Reich também é *Ersatz*; é produzido por um custo maior do que o trigo estrangeiro. A noção de *Ersatz* é uma noção cataláctica e não deve ser definida com base nas características físicas e tecnológicas dos artigos assim qualificados.

forem enviados mal nutridos para os campos de batalha, e equipados com armas de qualidade inferior, as chances de vitória serão menores. Sua ação será menos bem-sucedida e as baixas serão maiores. A consciência de sua inferioridade técnica pesará sobre o seu espírito. O *Ersatz* compromete tanto a qualidade do material como o moral da tropa.

Não menos equivocada é a afirmativa de que o maior custo de produção dos substitutos seja um aspecto sem importância. Maior custo significa que será necessário gastar mais mão de obra e mais fatores materiais de produção para obter o mesmo resultado que o adversário, produzindo o produto adequado, obterá com menor gasto. Equivale a desperdiçar fatores de produção escassos, sejam matérias-primas, seja trabalho humano. Na paz, o desperdício resulta numa diminuição do padrão de vida; na guerra, numa diminuição do abastecimento necessário às operações militares. No estágio atual do conhecimento tecnológico, não é exagero dizer que qualquer coisa pode ser obtida a partir de qualquer outra. Mas o que importa é escolher, entre a grande variedade de métodos possíveis, aqueles cuja produção é maior por unidade de insumo. Qualquer desvio desse princípio é autopunitivo. As consequências são igualmente desastrosas, na guerra e na paz.

Um país como os Estados Unidos, que praticamente não dependem da importação de matérias-primas, pode recorrer à produção de substitutos como, por exemplo, borracha sintética, em caso de guerra. As desvantagens seriam pequenas diante dos benefícios. Mas um país como a Alemanha comete um erro irreparável se presumir que poderá triunfar com gasolina sintética, borracha sintética, *Ersatz* de têxteis, *Ersatz* de gorduras. Em ambas as guerras mundiais a Alemanha estava na posição do alfaiate lutando com o seu fornecedor de pão. Nem mesmo toda a brutalidade dos nazistas poderia modificar essa realidade.

4
A INUTILIDADE DA GUERRA

O que distingue o homem dos animais é a percepção que ele possui das vantagens advindas da cooperação mediante a divisão do trabalho. O homem reprime seu inato instinto de agressão para poder cooperar com outros seres humanos. Quanto mais desejar melhorar o seu bem-estar material, maior terá de ser a amplitude do sistema de divisão do trabalho. Concomitantemente, terá de restringir cada vez mais a atividade bélica. A emergência da divisão internacional do trabalho requer a completa abolição da guerra. Essa é a essência da filosofia de *laissez-faire* manchesteriana.

Essa filosofia é, evidentemente, incompatível com a estatolatria. No seu contexto, ao estado, aparato social de compulsão pela violência, é confiada a missão de proteger o tranquilo funcionamento da economia de mercado, defendendo-a dos ataques de indivíduos ou grupos de indivíduos antissociais. Sua função é indispensável e benéfica, mas é apenas complementar. Não há razão para idolatrar o poder de polícia e atribuir-lhe onipotência e onisciência. Há coisas que o estado certamente não consegue realizar. Não lhe é possível, por exemplo, fazer desaparecer a escassez de fatores de produção, tornar as pessoas mais prósperas, aumentar a produtividade do trabalho. Tudo o que pode fazer é impedir que malfeitores frustrem os esforços das pessoas que desejam incrementar o bem-estar material.

A filosofia liberal de Bentham e de Bastiat não tinham ainda conseguido abolir as barreiras comerciais e a interferência do governo na atividade econômica, quando a pseudoteologia do estado-divindade começou a exercer sua influência. Os esforços para melhorar as condições dos assalariados e dos pequenos agricultores, por meio de decretos governamentais, fizeram com que se afrouxassem cada vez mais os laços que ligavam a economia de cada país à dos demais países. O nacionalismo econômico, complemento necessário do intervencionismo, prejudica os interesses de povos estrangeiros, lançando assim a semente do conflito internacional. Conduz à ideia de corrigir esse estado de coisas insatisfatório por meio da guerra. Por que deveria uma nação poderosa tolerar o desafio de uma menos poderosa? Não seria uma insolência da pequena Laputânia pretender lesar os interesses dos cidadãos da grande Ruritânia por meio de barreiras alfandegárias e migratórias, do controle de câmbio, das limitações ao comércio e da expropriação dos investimentos ruritânios na Laputânia? Não seria mais fácil o exército ruritânio destruir as irrisórias forças armadas laputânias?

Era essa a ideologia dos belicistas alemães, italianos e japoneses. É preciso reconhecer que, pelo menos, era consistente do ponto de vista dos ensinamentos "heterodoxos". O intervencionismo gera nacionalismo econômico e o nacionalismo econômico gera beligerância. Se os homens e as mercadorias são impedidos de cruzar as fronteiras, por que não haveriam os exércitos de fazê-lo?

Desde que a Itália, em 1911, atacou a Turquia, a luta armada tem sido contínua. Praticamente não houve dia sem tiroteio em alguma parte do mundo. Os tratados de paz assinados não foram mais do que simples armistícios. Além disso, afetavam apenas os exércitos das grandes potências. Algumas das nações menores continuavam em guerra. Some-se a tudo isso as não menos perniciosas guerras civis e revoluções.

Como estamos longe, hoje, das regras do direito internacional do tempo das guerras limitadas! A guerra moderna é impiedosa, não poupa nem as mulheres grávidas e nem as crianças; significa matança e destruição indiscriminadas. Não respeita os direitos dos neutros. Milhões de pessoas são mortas, escravizadas ou expulsas dos locais em que seus ancestrais viveram durante séculos. Ninguém pode prever o próximo capítulo dessa luta sem fim.

Isso tem pouco a ver com a bomba atômica. A raiz do mal não é a construção de novas e terríveis armas; é o espírito de conquista. É provável que os cientistas venham a descobrir algum meio de defesa contra a bomba atômica. Mas isso não muda a situação; apenas prolonga por algum tempo o processo de completa destruição da humanidade.

A civilização moderna é fruto da filosofia do *laissez-faire*. Não poderá ser preservada sob a ideologia da onipotência do governo. A estatolatria deve muito às doutrinas de Hegel. Não obstante, podemos fechar os olhos a muitos dos seus erros, por ter cunhado a expressão "a inutilidade da vitória" (*die Ohnmacht des Sieges*).[5] Para preservar a paz, não basta derrotar os agressores. O principal é livrar-se das ideologias que dão origem à guerra.

---

[5] Ver Hegel *Vorlesungen über die Philosophie der Weltgeschichte*, ed. Lasson, Leipezig, 1920, vol. 4, p. 930-931.

Capítulo 35

Estado Provedor *Versus* Mercado

1
A Acusação Contra a Economia de Mercado

As objeções que os partidários das várias escolas da *Sozialpolitik* levantam contra a economia de mercado revelam um grande desconhecimento de economia. Repetem, no mais das vezes, os erros já refutados há muito tempo pelos economistas. Culpam a economia de mercado pelas consequências das próprias políticas anticapitalistas que eles mesmos defendem por estimá-las necessárias e benéficas. Imputam à economia de mercado a responsabilidade pelo inevitável fracasso e frustração do intervencionismo.

Às vezes acabam reconhecendo que a economia de mercado não é assim tão má, como as teorias "heterodoxas" que eles defendem nos querem fazer crer. Afinal de contas, ela produz. Dia a dia aumenta a quantidade e melhora a qualidade dos produtos. Foi capaz de gerar uma riqueza sem precedentes. Mas, retrucam os defensores do intervencionismo, o mercado é deficiente do ponto de vista social. Não eliminou a pobreza e a miséria. É um sistema que confere privilégios a uma minoria, os ricos, às custas da imensa maioria. É um sistema iníquo. O princípio do lucro deve ser substituído pelo princípio do bem-estar geral (*welfare*).

Podemos tentar, só para argumentar, interpretar o conceito de bem-estar de maneira aceitável pela imensa maioria das pessoas que não sejam ascetas. Quanto mais bem-sucedidos formos nesse esforço, mais teremos que destituir a ideia de bem-estar de qualquer significado e conteúdo concretos. Acabaríamos enunciando uma paráfrase da categoria ação humana, ou seja, o impulso para reduzir o desconforto tanto quanto possível. Como todos reconhecem, esse objetivo pode ser mais rapidamente alcançado, ou até mesmo exclusivamente alcançado, por meio da divisão social do trabalho, pela cooperação social entre os homens. O homem que vive em sociedade, diferentemente do homem autárquico, se vê obrigado a modificar sua indiferença biológica em relação ao bem-estar dos que não são de sua própria família. Ajusta sua conduta às exigências da cooperação social e considera o sucesso dos seus semelhantes condição indispensável ao seu próprio sucesso. Nesse sentido, pode-se dizer que o objetivo da cooperação social é a realização do máximo de felicidade para o maior número de pessoas.

Ninguém diria que esse objetivo é indesejável; que *não* é uma boa coisa conseguir que o maior número possível de pessoas seja o mais feliz possível. Todas as críticas feitas a essa famosa frase de Bentham concentram-se sobre as ambiguidades ou equívocos em relação à noção de felicidade; mas a tese central de que o bem, seja ele o que for, deveria estar ao alcance do maior número possível de pessoas não é afetada.

Entretanto, se interpretarmos "bem-estar" dessa maneira, o conceito perde seu significado. Pode ser invocado para justificar qualquer tipo de organização social. Não faltaram apologistas da escravidão que dissessem ser esse o melhor meio de fazer os negros felizes; e ainda hoje, no sul dos Estados Unidos, muitas pessoas de raça branca acreditam que a segregação rígida seja tão benéfica aos de raça preta quanto alegadamente o é para os brancos. A tese principal do racismo do tipo Gobineau[1] e nazista é que a hegemonia da raça superior convém aos verdadeiros interesses, mesmo das raças inferiores. Um princípio que é tão amplo, a ponto de abranger todas as doutrinas, por mais conflitantes que sejam, não tem utilidade.

Mas, para os propagandistas do estado provedor, o termo bem-estar é usado com um propósito específico. Recorrem intencionalmente a esse termo porque sua aceitação geral inviabiliza qualquer oposição. Nenhum homem decente gosta de se apresentar como alguém que é contrário ao bem-estar geral. Arrogando para si o direito exclusivo de denominar o seu próprio programa como o programa de bem-estar, os defensores do estado provedor esperam triunfar usando um artifício lógico vulgar: procuram fazer com que suas ideias não sejam criticadas, dando a elas uma designação que seja agradável a todos. Ao usarem essa terminologia, deixam implícito que todos os seus oponentes são uns salafrários mal intencionados que só querem fazer prevalecer os seus próprios interesses egoístas em detrimento da grande maioria de pessoas honradas.

A tragédia da civilização ocidental reside precisamente no fato de que pessoas sérias podem recorrer a esses artifícios de raciocínio sem que alguém as conteste. Das duas, uma: ou os economistas que se dizem a favor do bem-estar geral não têm consciência da impossibilidade lógica de sua proposição, o que diz mal de sua capacidade de raciocinar, ou escolheram propositadamente esse artifício para se abrigarem atrás de uma palavra que presumivelmente desarma os seus opositores. Em ambos os casos, seus próprios atos os desqualificam.

---

[1] Joseph Arthur Gobineu (1816-1882) – diplomata (foi embaixador da França no Brasil) e escritor, autor de inúmeras obras defendendo a superioridade da raça ariana. (N.T.)

Não é necessário acrescentar nada ao que já foi dito nos capítulos anteriores em relação aos efeitos de todos os tipos de intervencionismo. A extensa e enfadonha literatura em favor do chamado estado provedor não conseguiu apresentar até hoje um só argumento que invalidasse as nossas conclusões. Só nos falta agora examinar a crítica que os defensores do estado provedor fazem à economia de mercado.

Toda condenação feita pelos partidários da escola do bem-estar, em última análise, resume-se a três pontos: o capitalismo é mau porque existe pobreza, desigualdade de renda e riqueza, e insegurança.

2
A POBREZA

Podemos imaginar uma sociedade de agricultores na qual cada membro cultivaria um pedaço de terra de tamanho suficiente para prover-lhe, e à sua família, com as necessidades de sobrevivência. Podemos incluir nesse quadro a existência de alguns especialistas: artesãos, como por exemplo ferreiros, e profissionais liberais, como por exemplo médicos. Podemos ir mais além e presumir que alguns indivíduos não possuam uma fazenda, mas trabalhem como empregados nas fazendas de outras pessoas. O empregador os remunera pela sua colaboração e lhes dá ajuda em caso de doença ou quando a idade os incapacita para o trabalho.

Esse esquema de uma sociedade ideal serviu de base a muitos projetos utópicos. Em certa medida e durante algum tempo, chegou a existir em algumas comunidades. Provavelmente o exemplo histórico que mais se aproxima desse ideal é o das comunidades estabelecidas pelos padres jesuítas no que é hoje o Paraguai. Entretanto, não há necessidade de examinar os méritos desse sistema de organização social. A própria evolução histórica os desintegrou. A experiência foi muito limitada, considerando-se o número de pessoas que hoje vive sobre a face da terra.

A fraqueza intrínseca desse tipo de sociedade reside no fato de que um aumento na população resulta num empobrecimento progressivo. Quando a propriedade de um fazendeiro, no caso de sua morte, é dividida entre seus filhos, as parcelas acabam ficando tão pequenas que já não podem prover a subsistência de uma família. Todos são proprietários, mas todos são muito pobres. As condições que prevaleceram em grandes áreas da China nos dão uma triste ilustração da miséria dos lavradores de pequenos pedaços de terra. A alternativa dessa situação é o surgimento de uma enorme massa de proletários sem terra. Um grande abismo separa então os pobres deserdados dos afortunados agricultores. Tornam-se uma classe de párias cuja existência coloca a sociedade diante de um problema insolúvel. Procuram em vão um meio de ganhar a vida. A sociedade não sabe o que fazer com eles. São carentes.

Quando, na época que precedeu o desenvolvimento do capitalismo moderno, os estadistas, os filósofos, os advogados aludiam aos pobres e aos problemas da pobreza, estavam referindo-se a essas multidões de miseráveis. O *laissez-faire* e sua sequela, o industrialismo, transformou o pobre num assalariado. Numa economia de mercado não obstruído, existem pessoas com rendas mais altas e mais baixas. Não existem pessoas que, embora estejam dispostas a trabalhar, não consigam emprego por falta de espaço para elas no sistema social de produção. Mas o liberalismo e o capitalismo, mesmo no seu apogeu, estavam limitados a regiões relativamente pequenas da Europa ocidental e central, à América do Norte e à Austrália. No resto do mundo, centenas de milhões de pessoas ainda vegetavam à beira da inanição. São os pobres ou os miseráveis, no primitivo sentido do termo, um excedente incapaz de se manter, um fardo para si mesmos e uma ameaça latente para a minoria de seus semelhantes mais afortunados.

A penúria dessas massas miseráveis – geralmente constituídas de pessoas de cor – não foi causada pelo capitalismo, mas pela ausência de capitalismo. Se não fosse o *laissez-faire*, o destino dos povos da Europa ocidental teria sido ainda pior que o dos *coolies* asiáticos. O que está errado na Ásia é o nível extremamente baixo de capital *per capita* em comparação com o capital investido no Ocidente. A ideologia que lá prevalece e o seu consequente sistema social impedem a evolução da atividade empresarial motivada pelo lucro. A acumulação doméstica de capital é pequena e a hostilidade ao investimento estrangeiro é manifesta. Em muitos desses países o aumento populacional chega mesmo a superar o aumento de capital disponível.

Não se pode imputar às potências européias a pobreza existente nas suas antigas colônias. Ao investir capital, os estrangeiros fizeram o que lhes era possível para melhorar o bem-estar material. Não é culpa da raça branca o fato de que os povos orientais sejam relutantes em abandonar seus mitos tradicionais e rejeitem o capitalismo por ser uma ideologia alienígena.

Na medida em que haja capitalismo sem obstruções, já não se pode falar de pobreza no sentido com que esse termo é empregado numa sociedade não capitalista. Aí, então, o aumento populacional já não representa um excedente de bocas a alimentar, mas braços adicionais cujo emprego produzirá mais riqueza. Quem puder e quiser trabalhar não será um miserável. Considerado do ponto de vista de uma nação economicamente subdesenvolvida, o conflito entre "capital" e "trabalho" nos países capitalistas parece um conflito entre classes superiores privilegiadas. Para um asiático, o empregado da indústria automobilística americana é um "aristocrata". Pertence aos 2% da população de renda mais elevada. Não apenas as pessoas de cor, mas também os eslavos, os árabes e alguns outros povos consideram que foi às custas da diminuição de seu próprio bem-estar que a renda média dos cidadãos dos países capitalistas – cerca de 12% a 15% do total da humanidade – foi obtida. Não chegam a perceber que a prosperidade desses grupos alegadamente privilegiados não foi obtida – sem levarmos em consideração os efeitos das barreiras migratórias – às custas de sua própria pobreza, e nem que o principal obstáculo à melhoria de suas condições de vida é a sua própria aversão ao capitalismo.

No contexto do sistema capitalista, a noção de pobreza diz respeito apenas àquelas pessoas que não são capazes de cuidar de si. Mesmo sem considerar o caso das crianças, tais pessoas sempre existirão. O capitalismo, mesmo ao melhorar o padrão de vida das massas, as condições de higiene, os métodos profiláticos e terapêuticos, não pode evitar que haja pessoas fisicamente incapazes para o trabalho, embora existam hoje, com pleno vigor, muitas pessoas que no passado estariam condenadas a ser deficientes físicos por toda a vida. Mas, também, por outro lado, muitos daqueles que teriam morrido mais cedo, em virtude de defeitos congênitos, doenças ou acidentes, sobrevivem como pessoas fisicamente incapacitadas. Além disso, o aumento da expectativa de vida tende a aumentar o número de idosos que já não são capazes de ganhar a vida.

O problema dos incapacitados é um problema específico da civilização humana e da sociedade. Animais aleijados morrem logo; de fome ou nas garras dos adversários de sua espécie. O homem selvagem não se apiedava dos inválidos; muitas tribos praticavam métodos brutais de extermínio, aos quais os nazistas recorreram no nosso tempo. A própria existência de um número relativamente maior de inválidos é, por mais paradoxal que pareça, um traço característico da civilização e do bem-estar material.

O cuidado com os inválidos que não tenham meios de subsistência nem parentes que deles se ocupem foi, durante muito tempo, considerado uma questão de caridade. Os fundos necessários às vezes eram fornecidos pelos governos, mas, geralmente, eram contribuições voluntárias. As ordens e as congregações católicas, assim como algumas instituições protestantes, conseguiram realizar um trabalho notável na arrecadação de contribuições e no seu adequado emprego. Hoje existem também inúmeras instituições não confessionais que, com a mesma nobreza de espírito, procuram realizar essa tarefa.

A caridade-sistema é criticada por apresentar dois defeitos. Um é a exiguidade de meios disponíveis. Entretanto, quanto mais o capitalismo progride e a riqueza aumenta, mais suficientes se tornam os recursos empregados na caridade. Por um lado, as pessoas estão mais dispostas a fazer doações, na medida em que seu próprio bem-estar aumenta. Por outro lado, o número de necessitados diminui concomitantemente. Mesmo para quem tem apenas uma renda modesta, existe a possibilidade, por meio de poupança e de seguros, de prover para o caso de acidentes, doenças, velhice, educação dos filhos e manutenção de viúvas e órfãos. É muito provável que os fundos das instituições de caridade teriam sido suficientes nos países capitalistas, se o intervencionismo não tivesse sabotado as instituições essenciais da economia de mercado. A expansão do crédito e o aumento inflacionário da quantidade de moeda tornou inútil qualquer esforço para poupar e acumular reservas para os dias menos tranquilos. Maior ainda é o dano que outras medidas intervencionistas causam aos interesses vitais dos assalariados, dos empregados em geral, dos profissionais liberais e dos pequenos empresários. Aqueles que vivem da caridade, na sua maior parte, são carentes porque o intervencionismo os tornou assim. Ao mesmo tempo, a inflação e as tentativas de reduzir a taxa de juro abaixo da que seria o nível de mercado realizam uma virtual expropriação das dotações dos hospitais, asilos, orfanatos e estabelecimentos similares. Quando os defensores do estado provedor lamentam a insuficiência de fundos disponíveis para a assistência humanitária, estão lamentando um dos resultados de políticas que eles mesmos recomendaram.

O segundo defeito atribuído à caridade é o de não ser ela mais de que esmola e compaixão. O indigente não tem nenhum direito legal à generosidade com que é tratado. Ele depende da piedade, provocada por sua própria penúria, de pessoas benevolentes. O que recebe lhe é dado de presente e ele deve, por isso, ser grato. Viver de esmolas é vergonhoso e humilhante. É uma situação intolerável para quem tem um mínimo de respeito próprio.

Essas queixas são procedentes. Toda caridade padece do mesmo defeito. É um sistema que corrompe doadores e recebedores. Os primeiros ficam orgulhosos com a sua própria virtude e os segundos se tornam submissos e servis. Não obstante, é somente em virtude da mentalidade própria de um ambiente capitalista que as pessoas sentem uma certa indignidade no ato de dar e receber esmolas. Fora do campo das trocas a dinheiro, transacionadas entre comprador e vendedor, na forma característica das relações comerciais, todas as relações humanas estão contaminadas por essa mesma falta de dignidade. Aqueles que condenam o capitalismo por sua insensibilidade e frieza deploram precisamente essa falta de calor humano nas transações de mercado. Para esses críticos, a cooperação na base do *do ut des*[2] desumaniza todos os laços sociais; substitui a fraternidade e a disposição de ajudar por uma relação contratual. Esses críticos condenam a ordem legal do capitalismo por negligenciar o "lado humano". Falta-lhes coerência quando condenam a caridade como sistema, invocando sua dependência em relação a sentimentos de piedade.

A sociedade feudal se assentava em atos de generosidade e na gratidão dos favorecidos. O poderoso soberano concedia um benefício ao vassalo, que lhe ficava devendo uma fidelidade pessoal. Tais relações eram humanas na medida em que os subordinados tinham que beijar as mãos dos seus superiores e manifestar sua lealdade a eles. Numa sociedade feudal, o caráter generoso dos atos de caridade não representava uma ofensa; fazia parte dos usos e costumes. Foi somente com o advento de uma sociedade baseada inteiramente em vínculos contratuais que surgiu a ideia de que o indigente teria um direito legal, um direito de ser mantido pela sociedade.

Os argumentos metafísicos apresentados em favor de um tal direito de subsistência baseiam-se na doutrina do direito natural. Perante Deus ou perante a natureza todos os homens são iguais e dotados com o inalienável direito à vida. Entretanto, a referência à igualdade inata está certamente mal colocada ao lidar com os efeitos da desigualdade inata. É um fato deplorável o de que a incapacidade física impeça a inúmeras pessoas de participarem de processo de cooperação social. As inexoráveis leis da natureza são as únicas responsáveis pelo fato de que essas pessoas sejam marginalizadas. São os enteados de Deus ou da natureza. Podemos ratificar inteiramente os preceitos éticos e religiosos que consideram ser um dever do homem dar assistência aos seus confrades fadados ao infortúnio. Mas reconhecer esse dever não responde à questão sobre que métodos deveriam ser usados para cumpri-lo. Não nos obriga a escolher métodos que colocam em risco a sociedade e diminuem a produtividade do esforço humano. As pessoas saudáveis e as incapacitadas não obteriam qualquer benefício com a queda da quantidade de bens disponíveis.

---

[2] "Toma lá, dá cá". (N.T.)

Esses problemas não são de caráter praxeológico e não cabe à economia dizer qual é a melhor solução possível. Pertencem mais ao âmbito da patologia e da psicologia. Referem-se ao fato biológico de que o medo da penúria e das consequências degradantes de viver da caridade alheia é fator importante na preservação do equilíbrio fisiológico do homem. Estimulam o homem a se manter em boa forma física, a evitar doenças e acidentes, e a recuperar-se o mais rápido possível de qualquer ferimento sofrido. A experiência do sistema de previdência social, especialmente a do mais antigo e mais completo sistema, o alemão, mostrou claramente os efeitos indesejáveis que resultam da eliminação desses incentivos.[3] Nenhuma comunidade civilizada teve a insensibilidade de permitir que os seus incapacitados morressem sem qualquer tipo de ajuda. Mas a substituição da caridade voluntária por um direito de subsistência ou de sustento não parece compatível com a natureza humana, tal como ela é. São considerações de conveniência prática, e não preconceitos metafísicos, que tornam desaconselhável estabelecer um direito legal de subsistência.

É, além do mais, uma ilusão acreditar que a promulgação dessas leis pudesse livrar o indigente dos aspectos degradantes inerentes a quem recebe esmolas. Quanto mais generosas forem essas leis, mais casuística será a sua aplicação. O discernimento das pessoas cuja consciência as obriga a cometer atos de caridade é substituído pelo discernimento de um burocrata. É difícil imaginar que uma mudança dessa ordem possa melhorar a sorte dos incapacitados.

3
A DESIGUALDADE

A desigualdade de renda e de riqueza é uma característica inerente à economia de mercado. Sua eliminação a destruiria completamente.[4]

O que as pessoas que propõem a igualdade têm em mira é sempre um aumento do seu próprio poder de consumir. Ao apoiar o princípio da igualdade como um postulado político, ninguém pensa em repartir sua renda com os que têm menos. Quando os assalariados americanos falam de igualdade, estão querendo dizer que os dividendos dos acionistas deveriam ser distribuídos entre eles. Não está propondo uma redução de sua própria renda em benefício dos 95% da população da terra cuja renda é menor do que a sua.

---
[3] Ver Sulzbach, *German Experience with Social Insurance*, Nova York, 1947, p. 22-32.
[4] Ver p. 339-340 e p. 918-922.

A desigualdade de renda representa um papel numa sociedade de mercado bastante diferente do que representa numa sociedade feudal ou em outros tipos de sociedades não capitalistas.[5] Entretanto, no curso da evolução histórica, essa desigualdade pré-capitalista teve uma importância enorme.

Comparemos a história da China com a da Inglaterra. A China chegou a desenvolver uma civilização de alto nível. Há dois mil anos atrás, estava muito mais adiantada do que a Inglaterra. Mas, no fim do século XIX, a Inglaterra era um país rico e civilizado, enquanto a China era um país pobre. Seu estágio de civilização era praticamente o mesmo que já havia alcançado há alguns séculos atrás; era uma civilização estagnada.

Os esforços feitos pela China para implementar os princípios de igualdade de renda foram muito maiores do que os feitos pela Inglaterra. A terra foi dividida e subdividida. Não havia uma classe proletária numerosa sem terras. Na Inglaterra do século XVIII, essa classe era muito numerosa. Durante muito tempo, as práticas restritivas das atividades não agrícolas, consagradas pelas ideologias tradicionais, retardaram o surgimento da moderna atividade empresarial. Mas quando a filosofia do *laissez-faire*, ao destruir completamente as falácias do restricionismo, abriu o caminho para o capitalismo, a evolução do sistema industrial pôde processar-se num ritmo acelerado porque a força de trabalho necessária já estava disponível.

O que gerou a "era da máquina" não foi, conforme imaginava Sombart, uma especial obsessão por enriquecer, surgida misteriosamente do dia para a noite e que se apossou das mentes de algumas pessoas, transformando-as em "homens capitalistas". Sempre houve quem estivesse disposto a lucrar, promovendo o ajuste da produção de modo a atender melhor às necessidades do público. Mas essas pessoas estavam paralisadas pela ideologia que estigmatizava o desejo de ganhar como imoral e erigia barreiras com o propósito de impedi-lo. A substituição das doutrinas favoráveis ao sistema tradicional de restrições pelo *laissez-faire* removeu esses obstáculos ao progresso material e deu lugar a uma nova era.

A filosofia liberal combatia o tradicional sistema de castas porque sua preservação era incompatível com o funcionamento da economia de mercado. Defendia a abolição dos privilégios para poder liberar aqueles que, graças à sua engenhosidade, produziam uma quantidade maior de produtos mais baratos e de melhor qualidade. Utilitaristas e

---

[5] Ver p. 372.

economistas, neste particular, estavam de acordo com as ideias dos que combatiam os privilégios de classe em virtude de um alegado direito natural e a teoria da igualdade de todos os homens. Ambos os grupos defendiam o princípio da igualdade de todos perante a lei. Mas essa coincidência de pontos de vista em alguns aspectos não eliminou as diferenças fundamentais entre essas duas correntes de pensamento.

Para a escola do direito natural, todos os homens são biologicamente iguais e, portanto, têm o inalienável direito a uma parcela igual de todas as coisas. A primeira afirmativa contraria frontalmente os fatos. A segunda conduz a absurdos tais, se interpretada consistentemente, que os seus defensores acabam abandonando completamente a lógica e passam a considerar certas instituições, por mais discriminatórias e iníquas que sejam, como perfeitamente compatíveis com a inalienável igualdade de todos os homens. Os eminentes cidadãos da Virgínia, cujas idéias inspiraram a Revolução Americana, admitiram que fosse preservada a escravidão negra. O sistema de governo mais despótico que a história jamais conheceu, o bolchevismo, se apresenta como a própria encarnação do princípio de igualdade e liberdade entre todos os homens.

Os defensores da igualdade perante a lei tinham plena consciência da inata desigualdade entre os homens e de que é precisamente essa desigualdade que dá origem à cooperação social e à civilização. Para eles, o princípio da igualdade perante a lei não foi concebido com o propósito de corrigir os fatos inexoráveis do universo ou para fazer desaparecer a desigualdade natural. Era, muito pelo contrário, uma maneira de assegurar para a humanidade inteira o máximo de benefícios que os homens podem extrair dessa desigualdade. Portanto, nenhuma instituição criada pelo homem deveria impedir alguém de atingir aquela posição na qual pudesse melhor servir seus concidadãos. Para os liberais, o problema da desigualdade era visto pelo ângulo social e utilitário, e não segundo um alegado direito inalienável dos indivíduos. A igualdade perante a lei, diziam eles, é boa porque serve melhor os interesses de todos. Permite que os eleitores decidam quem deve governar e que os consumidores decidam quem deve dirigir as atividades produtoras. Elimina, assim, as causas de conflitos violentos, o que assegura o estabelecimento de uma ordem social mais satisfatória.

Foi o triunfo dessa filosofia liberal que produziu todos os fenômenos que, em seu conjunto, são denominados de civilização ocidental moderna. Entretanto, essa nova ideologia só poderia triunfar num ambiente onde o ideal de igualdade de renda fosse ainda muito fraco. Se os ingleses do século XVIII estivessem encantados com a quimera da igualdade de renda, a filosofia do *laissez-faire* não lhes teria despertado o interesse, assim como ainda hoje não o faz entre os chineses ou os maometanos. Nesse sentido, o historiador deve reconhecer que a herança ideológica do feudalismo e do sistema senhorial muito contribuiu para o advento da civilização moderna, por mais diferente que esta seja daquela.

Os filósofos do século XVIII, que não lograram compreender os princípios da nova teoria utilitária, continuaram perorando acerca da superioridade da China e dos países islâmicos. Certamente conheciam muito pouco sobre a estrutura social do mundo oriental. O que achavam louvável nas vagas informações de que dispunham era a ausência de uma aristocracia hereditária e de grandes latifúndios. Pelo que imaginavam, esses povos teriam conseguido implantar os princípios igualitários com mais êxito do que as suas próprias nações.

Mais tarde, no século XIX, essas teses foram redescobertas pelos nacionalistas dos vários países. A mais em voga era o pan-eslavismo, cujos defensores exaltavam a superioridade do *mir*[6] e do *artel*[7] russos e do *zadruga*[8] iugoslavo. A crescente confusão semântica acabou convertendo o significado de termos políticos no seu oposto; o epíteto democrático passou a ser prodigamente utilizado. Os povos muçulmanos, que nunca conheceram outra forma de governo que não fosse o mais completo absolutismo, passaram a ser chamados de democráticos. Os nacionalistas indianos se vangloriam ao falar da tradicional democracia hindu!

Os economistas e os historiadores são indiferentes a esse tipo de efusão emocional. Ao descreverem as civilizações asiáticas como civilizações inferiores, não estão expressando um julgamento de valor. Meramente consignam o fato de que esses povos não souberam estabelecer as condições ideológicas e institucionais que, no Ocidente, produziram a civilização capitalista, cuja superioridade os asiáticos hoje implicitamente reconhecem ao clamarem pelo menos por seus implementos terapêuticos e tecnológicos e por sua paraférnália. O reconhecimento do fato de que, no passado, a cultura de muitos povos asiáticos era mais avançada do que a dos seus contemporâneos ocidentais implica em procurar saber as causas que impediram o progresso no Oriente. No caso da civilização hindu, a resposta é óbvia:

---

[6] *Mir* – comunidade rural. A terra era de propriedade comum dos lavradores, a cada um dos quais era atribuído um lote. O sistema não conseguiu sustentar a população crescente e foi abolido em 1906. (N.T.)

[7] *Artel* – mutirão. (N.T.)

[8] *Zadruga* – comunidade rural de quinze a setenta adultos e suas crianças, que viviam como uma grande família. A casa central do chefe da família possuía uma cozinha e um refeitório que atendia a todos. A propriedade não podia ser vendida. (N.T.)

o férreo controle do inflexível sistema de castas tolheu a iniciativa individual e cortou pela raiz qualquer possibilidade de desvio dos padrões tradicionais. Mas a China e os países muçulmanos, exceção feita à escravidão de um relativamente pequeno número de pessoas, não estavam sujeitos a um regime de castas. Eram governados por autocratas. Até mesmo os escravos e os eunucos não eram impedidos de exercer funções elevadas. É a essa igualdade diante do déspota que as pessoas se referem quando hoje mencionam os supostos costumes democráticos desses povos orientais.

Esses povos e seus governantes estavam comprometidos com uma noção de igualdade econômica que, embora vaga e mal definida, era muito clara em um aspecto: o de condenar peremptoriamente que qualquer indivíduo privado acumulasse uma grande fortuna.

Os governantes consideravam súditos ricos como uma ameaça à sua supremacia política. Todas as pessoas, governantes e governados, estavam convencidos de que ninguém poderia acumular muitos recursos, a não ser privando outras pessoas do que, de direito, lhes pertencia, e que, portanto, o patrimônio dos poucos ricos era a causa da pobreza de muitos. A situação de comerciantes prósperos em todos os países orientais era extremamente precária. Ficavam à mercê dos funcionários públicos. Mesmo propinas generosas não conseguiam evitar o confisco de seus bens. O regozijo era geral, sempre que uma pessoa próspera era vitimada pela inveja e pelo ódio dos governantes.

Essa mentalidade anticrematística deteve o progresso da civilização no Oriente e manteve as massas à beira da morte por inanição. Uma vez que a acumulação de capital era impedida, não poderia haver progresso tecnológico. O capitalismo chegou ao Oriente como uma ideologia importada, imposta por exércitos e navios estrangeiros sob a forma ou de domínio colonial ou de jurisdição extraterritorial. Esses métodos violentos certamente não eram os mais adequados para mudar a mentalidade tradicionalista dos orientais. Mas o reconhecimento desse fato não invalida a constatação de que foi a aversão à acumulação de capital que condenou centenas de milhões de asiáticos à pobreza e à fome.

A noção de igualdade que os nossos defensores do estado paternalista têm em mente é uma réplica da ideia asiática de igualdade. Embora seja vaga sobre todos os aspectos, é bem nítida ao condenar as grandes fortunas. Opõe-se às grandes empresas e aos grandes patrimônios. Preconiza várias medidas para tolher o crescimento de empresas privadas e para impor mais igualdade por meio de taxação confiscatória de rendas e de propriedades. E apela para a inveja das massas menos avisadas.

As consequências econômicas imediatas das políticas confiscatórias já foram examinadas anteriormente.[9] É óbvio que a longo prazo tais políticas resultam necessariamente não só numa redução da acumulação de capital, como também no consumo de capital previamente acumulado. Não só impedem a criação de maior prosperidade material como até mesmo revertem essa tendência, dando origem a uma pobreza cada vez maior. Se os ideais asiáticos triunfassem, o Oriente e o Ocidente acabariam por se igualar no mesmo nível de miséria.

Os partidários do estado provedor não pretendem ser apenas os defensores dos interesses da sociedade em geral contra os interesses egoístas das empresas ávidas por lucros; sustentam, além disso, que estão cuidando dos objetivos permanentes da nação e não das preocupações de curto prazo dos especuladores, empreendedores e capitalistas, que só se preocupam com o próprio lucro, sem nunca se importar com o futuro da sociedade. Essa segunda pretensão é evidentemente incompatível com a preferência que tal escola dá às medidas de curto prazo em detrimento de considerações de longo prazo. Mas a consistência lógica não é uma das virtudes dos defensores do estado provedor. Não levemos em conta essa contradição de suas proposições e examinêmo-las sem considerar a sua inconsistência.

A poupança, a acumulação de capital e o investimento retiram recursos que seriam usados no consumo corrente para empregá-los na melhoria das situações futuras. O poupador renuncia a um aumento da satisfação imediata a fim de melhorar o seu próprio bem-estar e o de sua família no futuro. Suas intenções certamente são egoístas no sentido popular do termo. Mas os efeitos de sua conduta egoísta favorecem os interesses permanentes da sociedade como um todo, bem como os de todos os seus membros. Seu comportamento engendra todos os fenômenos aos quais mesmo os mais fanáticos defensores do estado provedor atribuem os epítetos de "desenvolvimento econômico" e de "progresso social".

As políticas recomendadas pela escola paternalista desestimulam a poupança dos cidadãos particulares. Por um lado, as medidas que provocam uma redução das grandes rendas e fortunas reduz seriamente ou até mesmo destrói inteiramente a capacidade de poupança das pessoas mais ricas. Por outro lado, as pessoas de rendas mais modestas, cuja poupança já havia contribuído anteriormente para a acumulação de capital, acabam retornando ao consumo. No passado, quando um homem poupava, comprando certificados bancários ou apólices de se-

---

[9] Ver p. 909-914.

guro, o banco, ou a companhia de seguros, investia uma importância equivalente. Mesmo se o poupador mais tarde consumisse a sua poupança, não havia desinvestimento e nem consumo de capital. O investimento total das instituições de crédito e das companhias de seguro aumentavam regularmente, apesar dessas retiradas.

Hoje, prevalece uma tendência de forçar os bancos e as companhias de seguro a investirem cada vez mais em títulos do governo. As aplicações das instituições de seguro social consistem, quase que inteiramente, de títulos da dívida pública. Na medida em que a dívida pública foi usada para gastos correntes, a poupança dos indivíduos não resultou em acumulação de capital. Enquanto no mercado não obstruído o investimento coincide com a acumulação de capital, na economia intervencionista a poupança dos indivíduos pode ser dissipada pelo governo. O cidadão restringe seu consumo a fim de prover para o seu próprio futuro; ao fazê-lo, contribui com sua parcela para o desenvolvimento econômico da sociedade e para a melhoria do padrão de vida dos seus semelhantes. Mas o governo se interpõe e anula os benéficos efeitos sociais dessa conduta individual. Esse exemplo é o bastante para refutar o clichê paternalista que procura contrastar, de um lado, o egoísmo dos indivíduos de mentalidade estreita, preocupados exclusivamente com os prazeres do momento e sem nenhuma consideração com o bem-estar dos seus concidadãos e com os interesses permanentes da sociedade, e, do outro, o governo benevolente e clarividente, infatigável na sua dedicação para promover o bem-estar duradouro de toda a sociedade.

Os propagandistas do estado provedor costumam levantar duas objeções. Primeiramente, a de que a motivação dos indivíduos é o egoísmo, enquanto o governo atua com a intenção de servir a todos. Admitamos, para argumentar, que os indivíduos sejam demoníacos e os governantes angelicais. Mas o que conta na vida real – apesar da opinião contrária de Kant – não são as boas intenções, mas os resultados. O que torna possível a evolução da sociedade é precisamente o fato de que a cooperação pacífica sob o signo da divisão do trabalho, a longo prazo, atende melhor aos interesses egoístas de todos os indivíduos. A superioridade da sociedade de mercado consiste no fato de que o seu funcionamento confirma esse princípio.

A segunda objeção advém da afirmação de que, no sistema do estado provedor, a acumulação de capital pelo governo e os consequentes investimentos públicos substituem a acumulação e o investimento privados. Refere-se ao fato de que nem todos os fundos que o governo tomou por empréstimo no passado foram gastos em despesas correntes. Uma parte considerável foi investida na construção de estradas, ferrovias, portos, aeroportos, usinas elétricas e outras obras públicas. Outra parte não menos considerável foi despendida em gastos militares que dificilmente poderiam ser financiados de outra maneira. Mas a questão não é essa. O que importa é o fato de que uma parcela da poupança privada é empregada pelo governo em seus gastos correntes e que nada impede o governo de aumentá-la até absorver a totalidade da poupança.

É óbvio que, se o governo impede os cidadãos de acumularem e de investirem o capital adicional, a responsabilidade pela formação de novos capitais, se é que existe algum, recai sobre o governo. Os propagandistas do estado provedor vêem no governo uma materialização da Divina Providência que, sábia e imperceptivelmente, conduz a humanidade a estágios mais elevados e mais perfeitos de um inexorável processo evolutivo; não chegam a perceber a complexidade do problema e suas ramificações.

Para haver acréscimo de poupança e acumulação de capital, ou mesmo para que o capital atual seja simplesmente preservado, é preciso que haja redução no consumo de hoje a fim de que possa haver maior oferta de bens amanhã. Há necessidade de uma abstinência, de uma renúncia a satisfações que poderiam ser desfrutadas imediatamente.[10] A economia de mercado cria um contexto no qual essa abstinência é praticada numa certa medida, e no qual o capital acumulado daí decorrente é investido para produzir aquilo que melhor satisfaz as necessidades mais urgentes dos consumidores. A questão é saber se a acumulação de capital pelo governo pode substituir a acumulação privada, e de que maneira o governo investiria o capital adicional acumulado. Esses problemas não dizem respeito apenas a uma sociedade socialista; são igualmente importantes num contexto intervencionista que tenha eliminado total ou quase totalmente a capacidade privada de poupança. Até mesmo os Estados Unidos estão se aproximando cada vez mais de uma situação desse tipo.

Consideremos um governo que controle a aplicação de uma parte considerável da poupança dos cidadãos. Os investimentos da previdência social, das companhias de seguro, das instituições de poupança e dos bancos comerciais são, em grande medida, determinados pelas autoridades e canalizados para títulos da dívida pública. Os cidadãos privados continuam sendo os poupadores. Mas, se a sua poupança irá

---

[10] Estabelecer esse fato não é, certamente, uma ratificação das teorias que procuravam descrever o juro como a "recompensa" da abstinência. No mundo real, não há um tribunal mítico que recompensa ou pune. O que é realmente o juro originário foi mostrado no cap. XIX. Mas, diante das pseudoironias de Lasalle (*Herr Bastiat – Schulze von Delitzsch in Gesammelte Reden und Schriften*, ed. Bernstein, vol. 5, p. 167), reiteradas por inúmeros livros-texto, é preciso ratificar que poupança é privação (*Entbehrung*), na medida em que priva o poupador de desfrutar imediatamente de algum prazer.

ou não produzir uma acumulação de capital e, assim, aumentar a quantidade de bens de capital disponível para uma melhoria do aparato de produção, depende do emprego que o governo dará aos recursos que tomou emprestado. Se o governo desperdiça essas importâncias, seja em gastos correntes ou em maus investimentos, interrompe-se o processo de acumulação de capital iniciado com a poupança individual, ao qual se seguiram as operações de investimento de bancos e companhias de seguro. Um contraste das duas hipóteses pode clarear a questão: numa economia de mercado não obstruído, João poupa cem dólares e os deposita numa caderneta de poupança. Se soube escolher uma instituição bancária que seja judiciosa na aplicação dessa poupança, ocorre um aumento no capital disponível, que produz um aumento da produtividade marginal do trabalho. Parte desse aumento de produção vai para João, na forma de juros. Se João errar na sua escolha e aplicar os seus cem dólares numa instituição falida, nada receberá.

Suponhamos que Paulo, no ano de 1940, tenha poupado cem dólares e os tenha aplicado num sistema de previdência social pertencente ao estado.[11] Em troca, passou a ser credor de algum benefício futuro que lhe deverá ser pago pelo governo. Se o governo gastou os cem dólares em despesas correntes, não houve investimento adicional e, portanto, também não houve aumento na produtividade do trabalho. A dívida contraída pelo governo terá de ser paga pelos futuros contribuintes. Em 1970, um certo Pedro poderá ver-se obrigado a pagar o compromisso assumido pelo governo, embora ele mesmo não tenha auferido nenhum benefício com o fato de Paulo ter poupado cem dólares em 1940.

Fica assim evidente que não precisamos referir-nos à União Soviética para compreender o papel representado pela intervenção do estado nas finanças públicas. O argumento ilusório de que a dívida pública não onera a sociedade porque "a devemos a nós mesmos" é enganador. Os Paulos de 1940 não devem a si mesmos; são os Pedros de 1970 que devem aos Paulos de 1940. Este tipo de sistema é a consagração da ideia segundo a qual as questões de curto prazo podem ser resolvidas sem levar em consideração consequências de longo prazo. O governante de 1940 resolveu o seu problema transferindo-o para o governante de 1970. A essa altura, o governante de 1940 ou estará morto ou estará escrevendo suas memórias, louvando sua grande obra social.

As fábulas de Papai Noel dos defensores do estado provedor se caracterizam pela total incapacidade de compreender o papel repre-

---

[11] Não faz a menor diferença se Paulo aplica esses cem dólares por vontade própria ou se a lei obriga o seu empregador a fazê-lo. Ver p. 687.

sentado pelo capital. Precisamente por isso, não se pode aceitar a designação de "economia do bem-estar" (*welfare economics*) autoatribuída a essa doutrina. Quem não leva em consideração a escassez de bens de capital disponíveis não é um economista; é um fabulista. Não lida com a realidade, mas com um fabuloso mundo de abundância. Todas as generosidades verbais dessa escola contemporânea do estado provedor baseiam-se, implicitamente, na pressuposição de que existe uma abundância de bens de capital. Se fosse assim, certamente seria fácil remediar todos os males, dar a cada um "segundo suas necessidades" e fazer com que todo mundo fosse perfeitamente feliz.

É verdade que alguns partidários do estado provedor chegam a perceber, ainda que apenas vagamente, a natureza dos problemas em questão. Dão-se conta de que é preciso manter intacto o capital existente, para que no futuro a produtividade do trabalho não seja diminuída.[12] Entretanto, mesmo esses autores não compreendem que a simples preservação do capital depende da competência com que novos investimentos sejam feitos – o que é sempre o resultado de especulações bem-sucedidas – e que os esforços para manter intacto o capital pressupõem a utilização do cálculo econômico e, portanto, o funcionamento da economia de mercado. Outros propagandistas do estado provedor ignoram completamente o assunto. Pouco importa se endossam ou não, neste particular, o esquema marxista, ou se recorrem à invenção de novas noções quiméricas tais como "o caráter de autoperpetuação" das coisas úteis.[13] De qualquer forma, seus ensinamentos procuram justificar a doutrina que atribui a culpa de todos os males a um excesso de poupança e a uma insuficiência da capacidade de consumo, e recomendam o aumento da despesa como se fosse uma panaceia.

Quando pressionados pelos economistas, alguns socialistas e propagandistas do estado provedor admitem que só se pode evitar a queda do padrão médio de vida se for preservado o capital já acumulado, e que o progresso econômico depende da acumulação de capital adicional. Assim sendo, dizem eles, daqui por diante caberá ao governo a tarefa de preservar o capital existente e de acumular novos capitais. Uma tarefa de tal importância não pode mais ser deixada ao egoísmo dos indivíduos, preocupados exclusivamente com o seu próprio enriquecimento e o de suas famílias; as autoridades cuidarão disso com a preocupação do bem comum.

---

[12] Referimo-nos especialmente ao professor A. C. Pigou, às várias edições de seu livro *The Economics of Welfare* e a diversos de seus artigos. Para uma crítica das ideias do professor Pigou, ver Hayek, *Profits, Interest and Investment*, Londres, 1939, p. 83-134.

[13] Ver F. H. Knight, "Professor Mises and the Theory of Capital", *Economica*, 1941, vol. 8, p. 409-427.

O cerne da questão consiste exatamente na forma com que o egoísmo produz os seus efeitos. Num sistema em que haja desigualdade, o egoísmo impele o homem a poupar e a procurar investir sua poupança de maneira a melhor atender às necessidades mais urgentes dos consumidores. Num sistema igualitário, essa motivação desaparece. A redução do consumo num futuro imediato é uma abstinência facilmente percebida, contrária aos interesses egoístas do indivíduo. A maior disponibilidade futura que se espera obter em decorrência dessa abstinência imediata é menos perceptível ao homem de inteligência média. Além disso, seus efeitos benéficos, num sistema em que a poupança seja drenada para o setor público, estão de tal forma diluídos que dificilmente um indivíduo os consideraria como uma compensação adequada para aquilo a que está hoje renunciando. Os teóricos que defendem o estado provedor ingenuamente pressupõem que a expectativa de que os frutos da poupança de hoje sejam igualmente distribuídos entre as futuras gerações fará com que todos, egoisticamente, poupem mais. São vítimas da mesma ilusão que levava Platão a supor que, se as pessoas fossem impedidas de saber quais crianças eram os seus verdadeiros filhos, tratariam a todas como se seus filhos fossem. Melhor fariam esses partidários do estado provedor, se dessem atenção à observação de Aristóteles, segundo a qual o resultado mais provável nesse caso seria que todos os pais ficassem igualmente indiferentes a todas as crianças.[14]

O problema de manter o nível de capital existente e de aumentá-lo é insolúvel num sistema socialista no qual não se pode recorrer ao cálculo econômico. Uma sociedade socialista não dispõe de método para verificar se o capital existente está aumentando ou diminuindo. Mas, no sistema intervencionista e no sistema socialista que ainda possam recorrer ao cálculo econômico com base nos preços estabelecidos no exterior, a situação não é tão grave. Nesse caso, ainda é possível compreender o que está ocorrendo.

Se em tal país prevalece um regime democrático, os problemas de preservação e de acumulação de capital adicional tornam-se o tema central dos antagonismos políticos. Não faltarão demagogos a propor que se dedique ao consumo mais do que o partido no poder ou os outros partidos estejam dispostos a aceitar. Estarão sempre dispostos a afirmar que "na atual emergência" não se pode pensar em acumular capital e que, pelo contrário, justifica-se plenamente o consumo de uma parte do capital já existente. Os vários parti-

---

[14] Ver Aristóteles, *Politics*, livro II, cap. iii no *The Basic Works of Aristotle*, ed. R. McKeon, Nova York, 1945, p. 1148 e segs.

dos competirão entre si nas promessas feitas aos eleitores no sentido de aumentar os gastos públicos e de, ao mesmo tempo, reduzir os impostos que não onerem exclusivamente os ricos. No tempo do *laissez-faire,* as pessoas consideravam o governo como uma instituição cujo funcionamento implicava em despesas que deveriam ser custeadas pelos impostos arrecadados dos cidadãos. No orçamento de cada indivíduo, o estado era um item da despesa. Hoje, a maioria dos cidadãos considera o governo como uma entidade que distribui benefícios. Os assalariados e os agricultores esperam receber do erário público mais do que contribuem para a sua receita. Consideram o estado como uma fonte de benefícios e não como um coletor de impostos. Essas crenças populares foram racionalizadas e elevadas à categoria de uma doutrina quase econômica por lorde Keynes e seus discípulos. Gastos públicos e déficits orçamentários são apenas sinônimos de consumo de capital. Se as despesas correntes, por mais benéficas que sejam consideradas, são financiadas, através de impostos sobre a herança, pelo confisco daquela parte das maiores rendas que teria sido utilizada para investimento, ou se o são por aumento da dívida pública, o estado se converte no grande consumidor do capital existente. O fato de que hoje em dia na América ainda haja, provavelmente[15], um excedente anual de acumulação de capital em relação ao correspondente consumo de capital não invalida a afirmativa de que o conjunto das políticas financeiras do governo federal, dos estados e dos municípios provoca um crescente consumo de capital.

Muitos daqueles que têm consciência das indesejáveis consequências do consumo de capital tendem a acreditar que um governo popular seja incompatível com políticas financeiras saudáveis e consistentes. Não percebem que a culpa não é da democracia, mas das doutrinas que visam a substituir a concepção do governo guarda-noturno, ridicularizada por Lassalle, pela concepção do governo Papai Noel. O que determina o curso da política econômica de uma nação são sempre as ideias econômicas aceitas pela opinião pública. Nenhum governo, seja democrático ou ditatorial, pode libertar-se da influência da ideologia dominante na sociedade.

Os que defendem uma limitação das prerrogativas parlamentares em matéria de orçamento e de impostos, ou mesmo a substituição de um governo representativo por um governo autoritário, estão iludidos pela imagem quimérica de um perfeito chefe de estado. Esse homem, tão benevolente quanto sábio, se devotaria sinceramente à

---

[15] As tentativas de responder a essa questão por meio de estatísticas são inúteis nessa nossa era de inflação e de expansão do crédito.

promoção do bem-estar duradouro de seus súditos. Na realidade, entretanto, esse caudilho seria um homem mortal como todos os outros, e estaria, antes de mais nada, preocupado com a perpetuação de seu poder e o de sua família, de seus amigos e do seu partido. Na medida em que possa, recorrerá a medidas impopulares apenas para atender a esses objetivos. Não investe nem acumula capital; constrói fortalezas e equipa exércitos.

Os tão famosos planos das ditaduras soviética e nazista consistiam em restringir o consumo corrente em favor dos "investimentos". Os nazistas nunca ocultaram que todos esses investimentos eram uma preparação para a guerra de agressão que pretendiam deflagrar. Os soviéticos foram, de início, mais discretos; mais tarde, proclamaram orgulhosamente que todo o seu planejamento estava dominado por considerações de poderio militar. A história não registra nenhum caso de acumulação de capital economicamente produtivo que tenha sido realizado pelo governo. O capital investido na construção de estradas, ferrovias e outras obras públicas úteis foi sempre obtido pela poupança individual dos cidadãos ou por empréstimo. Mas a maior parte dos fundos arrecadados através da dívida pública foi gasta em despesas correntes. O que os indivíduos haviam poupado foi dissipado pelo governo.

Mesmo aqueles que consideram a desigualdade de renda e de riqueza uma coisa deplorável não podem negar que ela favorece a acumulação de novos capitais. E é somente o capital adicional que pode produzir progresso tecnológico, aumento de salários e um melhor padrão de vida.

4
A INSEGURANÇA

A vaga noção de segurança social que os doutrinadores do estado provedor têm em mente quando denunciam a insegurança diz respeito a algo parecido com uma garantia de um padrão de vida que deveria ser assegurado a todos os membros da sociedade, qualquer que tenha sido o seu merecimento.

Segurança, nesse sentido – afirmam os apologistas de épocas passadas – era o que existia no regime social da Idade Média. Não há necessidade de se aprofundar o exame dessas afirmativas. A situação real, mesmo no caso do tão decantado século XIII, era diferente do quadro ideal pintado pela filosofia escolástica; os esquemas desse tipo representavam uma descrição das condições como deveriam ser e não como eram na realidade.

Mas mesmo essas descrições utópicas dos filósofos e teólogos não deixavam de se referir à existência de uma numerosa classe de mendigos miseráveis, que dependiam inteiramente das esmolas que lhes eram dadas pelos ricos. Não é essa exatamente a ideia de segurança social que se tem em mente hoje em dia ao se empregar esse termo.

O conceito de segurança que os assalariados e os pequenos agricultores postulam atualmente coincide com o conceito de estabilidade mantido pelos capitalistas.[16] Da mesma forma que os capitalistas querem usufruir permanentemente uma renda que não fique sujeita às vicissitudes das mutáveis condições humanas, os assalariados e os pequenos agricultores também querem que suas rendas não fiquem na dependência do mercado. Ambos os grupos querem proteger-se do fluxo dos acontecimentos históricos. Nenhuma nova ocorrência deveria afetar negativamente a sua própria posição; por outro lado, evidentemente, nada têm a objetar a uma melhoria do seu bem-estar material. Aquela estrutura do mercado à qual já ajustaram as suas atividades não deveria ser mais alterada de maneira a obrigá-los a novos ajustamentos. O agricultor num vale das montanhas européias fica indignado se tiver de enfrentar a competição dos agricultores das planícies canadenses que produzem a um custo menor. O pintor de paredes fica furioso se a introdução de uma nova tecnologia afeta as condições do mercado de trabalho de seu setor. É claro que os desejos dessas pessoas só poderiam ser atendidos num mundo perfeitamente estagnado.

A característica essencial da sociedade de mercado não obstruído é a de não respeitar interesses estabelecidos. De nada valem as posições conquistadas no passado, quando se tornam obstáculos ao progresso. Os que defendem a segurança têm, portanto, inteira razão em condenar o capitalismo por ele gerar insegurança. Mas estão inteiramente errados quando atribuem aos capitalistas e aos empresários a responsabilidade por esse fato. O que prejudica os interesses estabelecidos é o anseio dos consumidores por satisfazer suas necessidades da melhor maneira possível. O que dá origem à insegurança do produtor não é a cobiça de uns poucos ricos, mas a propensão individual de procurar aproveitar-se das oportunidades de melhorar o seu próprio bem-estar. O que enfurece o pintor de paredes é o fato de que seus concidadãos preferem casas mais baratas a mais caras. E o próprio pintor de paredes, ao preferir mercadorias mais baratas, também contribui para que haja insegurança em outros setores do mercado.

---

[16] Ver p. 276-279.

Certamente é penoso estar sempre tendo que se ajustar a novas situações. A mudança, entretanto, é a própria essência da vida. Numa economia de mercado não obstruído, a falta de segurança, isto é, a falta de proteção para os interesses estabelecidos, para as posições já conquistadas, é o princípio do qual decorre uma contínua melhoria do bem-estar material. Não tem sentido argumentar fazendo-se referência aos sonhos bucólicos de um Virgílio ou dos poetas e pintores do século XVIII; não é preciso examinar o tipo de segurança desfrutado pelos antigos pastores de rebanhos. Ninguém estaria realmente disposto a trocar de lugar com eles.

A ânsia por segurança tornou-se especialmente intensa na grande depressão iniciada em 1929. Os milhões de desempregados acolheram a ideia com entusiasmo. "Eis aí o que é o capitalismo", bradavam os líderes dos grupos de pressão dos agricultores e dos assalariados. Entretanto, os males não haviam sido criados pelo capitalismo, mas, ao contrário, pelas tentativas de "reformar" e de "melhorar" o funcionamento do mercado por meio do intervencionismo. O desastre financeiro foi o resultado inevitável das tentativas de diminuir a taxa de juros por meio da expansão de crédito. O desemprego institucional foi o resultado inevitável da política de fixação de salários acima do nível de mercado.

5
A JUSTIÇA SOCIAL

Pelo menos em um aspecto os atuais propagandistas do estado provedor são melhores do que os antigos socialistas e reformistas. Já não enfatizam um conceito de justiça social cujas normas arbitrárias devem ser obedecidas por todos os indivíduos, por mais desastrosas que sejam as consequências. Endossam o ponto de vista utilitarista e não se opõem ao princípio de que o único padrão para avaliar a conveniência de um sistema social é julgá-lo em função de sua aptidão para atingir os objetivos desejados pelo agente homem.

Não obstante, ao examinarem o funcionamento da economia de mercado, esquecem suas boas intenções. Invocam um conjunto de princípios metafísicos e condenam *a priori* a economia de mercado por não se enquadrar neles. É como se introduzissem pela porta dos fundos uma ideia de padrão absoluto de moralidade que eles mesmos não deixariam entrar pela porta da frente. Ao tentarem encontrar os remédios contra a pobreza, a desigualdade, a insegurança, aos poucos começam a cair nos mesmos erros das escolas socialistas e intervencionistas anteriores. Enredam-se cada vez mais num conjunto de contradições e absurdos. Acabam invariavelmente apelando para a mesma tábua de salvação a que recorreram todos os reformistas "heterodoxos": a sabedoria superior do governante perfeito. Palavras como estado, governo, sociedade são sinônimos habilmente usados para designar o ditador superdotado.

Os teóricos do estado provedor, sobretudo os *kathedersozialisten* (socialistas acadêmicos ou de cátedra) alemães e os institucionalistas americanos, publicaram milhares de volumes repletos de informações meticulosas sobre condições insatisfatórias. Imaginavam estar assim ilustrando claramente as deficiências do capitalismo. Na verdade, apenas ilustraram o fato de que as necessidades humanas são praticamente ilimitadas e que, portanto, há muito ainda que se pode fazer para melhorar ainda mais as condições de vida da humanidade. O que essas publicações nunca fizeram foi provar a possibilidade que teria o estado provedor de remediar os males apontados.

Não é preciso nos dizer que uma maior abundância das várias mercadorias seria bem-vinda a todos. A questão está em procurar saber se existe um outro meio de atingir maior abundância que não seja o aumento da produtividade do esforço humano pelo investimento de capital adicional. Todo o "blablablá" dos propagandistas do estado provedor visa apenas a obscurecer esse ponto, que é o único que realmente importa. Apesar de a acumulação de capital ser o meio indispensável para qualquer progresso econômico, essas pessoas falam de "poupança excessiva" e de "excesso de investimento", da necessidade de gastar mais e produzir menos. São, assim, os arautos do retrocesso econômico, pregando uma filosofia de decadência e de desintegração social. Uma sociedade organizada segundo esses preceitos pode parecer justa com base em algum padrão arbitrário de justiça social. Mas será certamente uma sociedade de pobreza progressiva para todos os seus membros.

Há mais de um século, a opinião pública dos países ocidentais vem sendo iludida pela ideia de que existe algo que se denomina de "a questão social" ou de "o problema do trabalho". O significado implícito dessas expressões é que a própria existência do capitalismo seria prejudicial aos interesses das massas, especialmente aos dos assalariados e dos pequenos agricultores. A preservação de um sistema tão manifestamente injusto não pode ser tolerada; é indispensável que se realizem reformas de base.

A verdade é que o capitalismo não só multiplicou os números populacionais, como ao mesmo tempo aumentou, de forma inédita, o padrão de vida das pessoas. O pensamento econômico e a experiência histórica não conseguiam sugerir um outro sistema social que seja tão benéfico para as massas como o capitalismo. Os resultados falam por si mesmos. A economia de mercado não precisa de apologistas e de propagandistas. A ela se aplicam as palavras gravadas, na catedral de S. Paulo, sobre o túmulo de seu construtor, *Sir* Christofer Wren: *Si monumentum requiris circumspice.*[17]

---

[17] Se buscas teu momento, olha à tua volta.

CAPÍTULO 36
A Crise do Intervencionismo

1
Os Frutos do Intervencionismo

As políticas intervencionistas praticadas durante muitas décadas pelos governos do Ocidente capitalista acabaram produzindo os efeitos que os economistas haviam previsto. Produziram guerras, revoluções, tiranos opressores do povo, depressões econômicas, desemprego em massa, consumo de capital, fome.

Não foram, entretanto, esses eventos que levaram o intervencionismo a entrar em crise. Os doutrinadores do intervencionismo e seus seguidores alegam que todas essas consequências indesejáveis são características inevitáveis do capitalismo. Para eles, são precisamente esses desastres que demonstram claramente a necessidade de intensificar o intervencionismo. Os fracassos das políticas intervencionistas não prejudicam em nada a popularidade da doutrina que lhes serve de base. Ao contrário, ela fica ainda mais fortalecida em virtude da interpretação dada aos fatos. Como a experiência histórica não basta para que se refute uma teoria econômica falsa, os propagandistas do intervencionismo puderam prosseguir na sua faina, apesar do mal que já haviam causado.

Apesar disso, a era do intervencionismo está chegando ao fim. O intervencionismo já exauriu todas as suas potencialidades e deverá desaparecer.

2
A exaustão do fundo de reserva

A ideia subjacente a todas as políticas intervencionistas é a de que a renda e a fortuna da parcela mais rica da população é um fundo do qual pode ser extraído o necessário para melhorar a situação dos mais carentes. A essência da política intervencionista é tirar de um grupo para dar a outro. Consiste em confiscar e distribuir. Em última análise, qualquer medida que exproprie os ricos em benefício dos pobres é considerada justificável.

Na esfera fiscal, o imposto progressivo sobre a renda e sobre o patrimônio é a mais típica manifestação dessa doutrina. Tributar os ricos e gastar os recursos assim obtidos para melhorar a situação dos mais pobres é o princípio adotado pelos orçamentos públicos modernos. No campo das relações industriais, a redução da jornada de trabalho, o aumento dos salários e uma série de outras medidas são recomendadas no pressuposto de que favoreçam o empregado às custas do empregador. Atualmente, todas as questões políticas e sociais são abordadas tendo-se em vista esse princípio.

Os métodos utilizados na gestão das empresas estatais nos brindam com um exemplo bastante ilustrativo. Essas empresas frequentemente são um fracasso financeiro; sua contabilidade demonstra a existência de perdas que terão de ser suportadas pelo erário público. Pouco importa se os déficits são devidos à notória ineficiência da gestão pública ou se são devidos, pelo menos em parte, aos preços ou tarifas com que suas mercadorias ou serviços são vendidos ao público. O que importa é que os contribuintes terão de cobrir esses déficits. Os intervencionistas concordam plenamente com essa solução; rejeitam veementemente as duas outras soluções possíveis: vender as empresas para empresários privados ou aumentar os preços cobrados ao público de maneira a eliminar o déficit. A primeira dessas propostas é considerada evidentemente reacionária, porque contraria a tendência histórica, no sentido de uma cada vez maior socialização dos meios de produção. A segunda é considerada antissocial, porque onera as massas consumidoras. É mais justo fazer com que os contribuintes, isto é, os cidadãos mais ricos, suportem esse ônus. Sua capacidade de pagar é maior do que a do cidadão comum, que se utiliza dos trens, do metrô, dos ônibus pertencentes às empresas estatais. Pretender que essas utilidades públicas sejam economicamente autossuficientes, dizem os intervencionistas, é uma relíquia das ideias retrógradas de economistas ortodoxos. Acabariam querendo, concluem eles, que as estradas de rodagem e as escolas públicas também fossem autossuficientes.

Não é necessário argumentar com os que defendem essa política de déficit. É óbvio que o recurso ao princípio da "capacidade de pagar" depende de que ainda existam rendas e fortunas suscetíveis de serem taxadas. É inútil tentar recorrer a esse método quando os fundos já foram exauridos por impostos e por outras medidas intervencionistas.

É esta precisamente a situação hoje na maior parte dos países europeus. Os Estados Unidos ainda não foram tão longe; mas se a atual tendência de suas políticas econômicas não for logo modificada, em poucos anos estará na mesma situação.

Para clareza da discussão, deixemos de lado as outras consequências inevitáveis que adviriam da completa adoção do princípio da "capacidade de pagar", e concentremo-nos nos seus aspectos financeiros.

O intervencionismo, ao preconizar gastos públicos adicionais, não tem consciência do fato de que os fundos disponíveis são limitados. Não percebe que aumentar a despesa em um departamento implica em restringi-la em outro departamento. Imagina que os recursos sejam abundantes; a renda e a riqueza dos mais ricos podem ser drenadas sem limites. Ao recomendar maiores verbas para o ensino público, está apenas enfatizando a necessidade de maiores gastos com a educação. Não lhe ocorre questionar se por acaso não seria mais conveniente aumentar as verbas de outro departamento, como por exemplo o da saúde. Não lhe ocorre que sérios argumentos podem ser apresentados em favor da diminuição dos gastos públicos e da carga fiscal. Para ele, quem propõe cortes no orçamento está apenas defendendo os injustificáveis interesses dos mais ricos.

No nível atual dos impostos sobre a renda e sobre as heranças, esse fundo de reserva do qual os intervencionistas esperam tirar os recursos para os gastos públicos se está reduzindo rapidamente. Praticamente já desapareceu em quase todos os países europeus. Nos Estados Unidos, os recentes aumentos do imposto sobre a renda resultaram num aumento insignificante da arrecadação, comparativamente ao que seria arrecadado se o imposto fosse menos progressivo. Os diletantes e os demagogos são extremamente favoráveis a sobretaxas elevadas aplicadas sobre os mais ricos, mas, na verdade, o correspondente aumento de arrecadação é muito pequeno.[1] Dia a dia se torna mais evidente que grandes aumentos dos gastos públicos não podem ser financiados "espremendo-se os ricos"; acabam tendo que ser suportados pelas massas. Já não se pode esconder o absurdo representado por uma política de esbanjamento de gastos que seriam sempre cobertos pelos recursos obtidos com o imposto progressivo. O famigerado princípio segundo o qual as receitas públicas devem ser fixadas em função das despesas – enquanto os particulares são obrigados a conter os seus gastos no limite de seus ganhos – acabará por desmoralizar a si mesmo. Doravante os governos terão de compreender que um dólar não pode ser gasto duas vezes e que os vários itens da

---

[1] Nos Estados Unidos, a sobretaxa, segundo lei de 1942, era de 52% para o intervalo de renda entre $22.000 e $26.000. Se a sobretaxa ficasse nesse nível, a perda de arrecadação sobre a renda de 1942 teria sido de $249 milhões ou 2,8% da arrecadação do imposto de renda pessoa física para aquele ano. No mesmo ano o total das rendas líquidas acima de $10.000 era de $8.912 milhões. O confisco total dessas rendas não teria gerado uma arrecadação igual à obtida no mesmo ano sobre todas as faixas de renda, qual seja: $9.046 milhões. Ver *A Tax Program for a Solvent America*, Committee on Post-war Tax Policy, Nova York, 1945, p. 116-117, 120.

despesa pública conflitam entre si. Cada centavo de despesa adicional terá de ser arrecadado precisamente das pessoas que até agora têm tentado fazer com que a carga fiscal recaia sobre outros grupos. Os que querem subsídios terão eles mesmos de pagar a conta. Os déficits das empresas estatais recairão sobre o grosso da população.

A situação das relações entre empregador e empregado será análoga. É crença popular que os assalariados estão obtendo "ganhos sociais" às custas da diminuição da renda das classes exploradoras. Os grevistas, diz-se, não fazem greve contra os consumidores, mas contra "a direção". Não há necessidade de se aumentar o preço dos produtos quando o custo da mão de obra aumenta; a diferença deve ser arcada pelos empregadores. Quando a receita dos empresários e capitalistas é cada vez mais absorvida por impostos, por maiores salários e por outras "conquistas sociais" dos empregados, e ainda é limitada por tabelamentos de preços, a hora da verdade não demora a chegar. Torna-se então evidente que qualquer aumento salarial terá de afetar os preços dos produtos e que as conquistas sociais de cada grupo correspondem integralmente às perdas sociais de outros grupos. Toda greve torna-se, mesmo no curto prazo e não apenas no longo, uma greve contra o resto da população. Um ponto essencial na filosofia social do intervencionismo é a pressuposição da existência de fundos inesgotáveis que podem ser drenados permanentemente. O sistema intervencionista entra em colapso quando essa fonte seca: desmorona o mito do Papai Noel econômico.

3
O FIM DO INTERVENCIONISMO

O interlúdio intervencionista deverá chegar ao fim porque o intervencionismo não pode conduzir a um sistema permanente de organização da sociedade. Por três razões.

Primeira: as medidas restritivas sempre diminuem a produção e a quantidade de bens disponível para consumo. Quaisquer que sejam os argumentos apresentados em favor de determinadas restrições ou proibições, tais medidas em si não podem jamais constituir um sistema social de produção.

Segunda: todas as variedades de interferência nos fenômenos de mercado não só deixam de alcançar os objetivos desejados como também provocam um estado de coisas que o próprio autor da intervenção, do ponto de vista do seu próprio julgamento de valor, considera pior do que a situação que pretendia alterar. Se, para corrigir os indesejados efeitos de uma intervenção, recorre-se a intervenções cada vez maiores, acaba-se destruindo a economia de mercado, substituindo-a pelo socialismo.

Terceira: o intervencionismo pretende confiscar o que uma parte da população tem de "excedente" e distribuí-lo a uma outra parte. Uma vez que esse excedente já tenha sido totalmente confiscado, torna-se impossível prosseguir com essa política.

Inúmeros países, graças a sua política cada vez mais intervencionista, sem que tenham adotado o socialismo completo do tipo russo, estão aproximando-se do que se denomina de economia de planejamento central, ou seja, do socialismo modelo alemão do tipo Hindenburg. Em relação às políticas econômicas, existe hoje em dia muito pouca diferença entre as várias nações, e, numa mesma nação, entre os vários partidos políticos e grupos de pressão. Os nomes históricos dos partidos perderam o seu significado. No que diz respeito à política econômica, subexistem atualmente apenas duas facções: os partidários do método leninista de estatização total e os intervencionistas. Os defensores da economia de mercado têm muito pouca influência no curso dos eventos. A liberdade econômica ainda existente decorre mais do fracasso das medidas adotadas pelos governantes do que de uma política intencional.

É difícil dizer quantos, entre os partidários do intervencionismo, têm consciência do fato de que as políticas que recomendam conduz ao socialismo, e quantos ainda acreditam estar defendendo um sistema intermediário, uma suposta "terceira solução" para o problema da organização econômica da sociedade. De qualquer forma, sem dúvida, todos os intervencionistas acreditam que cabe ao governo, e somente ao governo, decidir em cada caso se as coisas devem ser deixadas ao sabor do mercado ou se deve haver intervenção. Isto significa dizer que os intervencionistas estão dispostos a tolerar a supremacia do consumidor apenas na medida em que esta produza um resultado que eles mesmos aprovem. Tão logo aconteça na economia algo que desagrade às várias instituições burocráticas ou que desperte a ira de um grupo de pressão, as pessoas clamam por novas intervenções, controles e restrições. Se não fosse a ineficiência do legislador e a lassidão, negligência e corrupção de muitos dos funcionários, os últimos vestígios da economia de mercado já teriam desaparecido há muito tempo.

A incomparável eficiência do capitalismo nunca foi tão evidente quanto nessa nossa era de atroz anticapitalismo. Apesar dos governos, dos partidos políticos e dos sindicatos sabotarem o funcionamento do mercado, o espírito empresarial ainda consegue aumentar a quantidade e melhorar a qualidade dos produtos, além de torná-los mais acessíveis aos consumidores. Os países que ainda não abandonaram inteiramente o sistema capitalista possibilitam ao homem comum um padrão de vida do qual teriam inveja os príncipes e nababos de outras eras. Há algum tempo atrás, os demagogos culpavam o capitalismo pela pobreza das massas. Hoje o condenam pelo "exagero" das ofertas colocadas à disposição do homem comum.

Já foi mostrado que somente num sistema que possibilite o cálculo de lucros e perdas é possível atribuir tarefas subalternas aos gerentes, isto é, a auxiliares responsáveis cujo discernimento seja confiável.[2] O que caracteriza o gerente como tal, e o distingue de um mero técnico, é que, na esfera de suas atribuições, é ele quem determina os métodos e as ações a serem empregados de maneira a obter o maior lucro. Num sistema socialista em que não haja cálculo econômico, nem contabilidade de capital e nem determinação de lucros e perdas, não há lugar para a atividade gerencial. Mas enquanto ainda puder calcular com base nos preços existentes nos mercados estrangeiros, a sociedade socialista poderá também utilizar, numa certa medida, uma hierarquia quase gerencial.

Considerar a nossa era como uma era de transição é apenas um expediente medíocre. No mundo real, a mudança é permanente. Toda era é uma era de transição. O que devemos fazer é distinguir entre sistemas sociais que são capazes de durar e os que são inevitavelmente transitórios, porque são autodestrutivos. Já foi mostrado de que maneira o intervencionismo se autoliquida e desemboca inevitavelmente no socialismo do tipo alemão. Alguns países europeus já atingiram essa fase, e ninguém pode saber se os Estados Unidos os seguirão. Mas enquanto os Estados Unidos permanecerem como uma economia de mercado e não adotarem o sistema de pleno controle governamental sobre a atividade econômica, os países da Europa ocidental ainda terão a possibilidade de calcular. Falta-lhes ainda a característica mais essencial da forma de gestão socialista: ainda recorrem ao cálculo econômico. Permanecem, portanto, de toda maneira, bastante diferentes do que seriam se o mundo todo se tornasse socialista.

Diz-se frequentemente que o mundo não pode permanecer indefinidamente metade capitalista e metade socialista. Entretanto, não há razão para supor que seja impossível uma tal divisão do mundo e a correspondente coexistência dos dois sistemas. Se puderem persistir

---

[2] Ver p. 364-368.

os dois sistemas, os países que rejeitarem o capitalismo poderão seguir o seu caminho enquanto assim o desejarem. Seu funcionamento poderá resultar em desintegração social, caos e miséria para o povo. Mas nem um baixo padrão de vida e nem o empobrecimento progressivo mudam um sistema econômico. A mudança para um sistema mais eficiente só ocorrerá se as pessoas forem capazes de perceber as vantagens que essa mudança poderá proporcionar-lhes. A mudança poderá também advir pela invasão estrangeira efetuada por quem disponha de um melhor aparato militar decorrente da maior eficiência do seu próprio sistema econômico.

Os otimistas esperam que pelo menos as nações que no passado implantaram e desenvolveram a economia de mercado e a civilização capitalista permaneçam atreladas a esse sistema no futuro. Existem indícios tanto para negar como para confirmar essa expectativa. É inútil especular sobre o que resultará do grande conflito ideológico entre os princípios da propriedade privada e da propriedade estatal, do individualismo e do totalitarismo, da liberdade e do regime autoritário. Tudo o que se pode dizer de antemão sobre o resultado dessa luta pode ser resumido nas três afirmações a seguir:

1. Não temos razões para supor que nesse conflito estejam intervindo forças ou tendências que possam assegurar a vitória final das ideologias cuja aplicação assegure a preservação e a intensificação dos laços sociais e a melhoria do padrão de vida material da humanidade. Não há nada que nos possa fazer crer que o progresso em direção a melhores condições seja inevitável ou que seja impossível a regressão para uma situação bastante insatisfatória.

2. Os homens terão de escolher entre economia de mercado e socialismo. Não poderão fugir à escolha entre essas alternativas adotando uma posição "intermediária", qualquer que seja a denominação que lhe queiram dar.

3. A implantação universal do socialismo tornaria o cálculo econômico impossível e resultaria num completo caos e na desintegração da cooperação social proporcionada pela divisão do trabalho.

Parte VII

A Importância da Ciência Econômica

Capítulo 37
O Caráter Peculiar da Ciência Econômica

1
A Singularidade da Economia

O que confere à economia sua posição única e peculiar, tanto na órbita do conhecimento puro como na da aplicação prática do saber, é o fato de que os seus teoremas não são passíveis de comprovação ou de refutação com base em experiências. Certamente, uma medida proposta por um raciocínio econômico correto produz os efeitos desejados, e uma medida proposta por um raciocínio econômico equivocado não atinge os objetivos pretendidos. Mas, ainda assim, esses resultados são sempre uma experiência histórica, ou seja, experiência de fenômenos complexos. Não servem, como já foi assinalado antes, para provar ou refutar qualquer teorema econômico.[1]

A adoção de medidas econômicas erradas resulta em consequências não desejadas. Mas esses efeitos não possuem jamais aquele poder de convencimento que nos é propiciado pelos "fatos experimentais" no campo das ciências naturais. Só a razão, sem qualquer ajuda da comprovação experimental, pode demonstrar a procedência ou a improcedência de um teorema econômico.

A consequência nefasta desse estado de coisas é impedir que as mentes menos preparadas possam perceber a realidade dos fatos com que lida a economia. Para o homem comum, "real" é tudo aquilo que ele não pode alterar e a cuja existência tem que ajustar suas ações, se deseja atingir seus objetivos. A constatação da realidade é uma experiência dura. Ensina os limites impostos à satisfação dos desejos. É a contragosto que o homem reconhece que existem coisas – todas aquelas que decorrem de relações causais entre eventos – que não podem ser alteradas com base em crenças que decorrem de seus desejos e não de fatos. Não obstante, a experiência sensorial fala uma linguagem facilmente compreensível. Não se pode argumentar contra uma experiência feita corretamente. A realidade de fatos estabelecidos experimentalmente não pode ser contestada.

---
[1] Ver p. 57-58.

Mas, no campo do conhecimento praxeológico, nem o sucesso e nem o fracasso falam uma linguagem clara que todos compreendam. A experiência decorrente exclusivamente de fenômenos complexos não consegue evitar interpretações em que os desejos substituem a realidade. A propensão, existente nos homens menos preparados, de atribuir uma onipotência aos seus pensamentos, por mais confusos e contraditórios que sejam, nunca é desmentida pela experiência de forma clara e sem ambiguidade. O economista jamais tem condições de refutar os impostores da mesma maneira que o médico pode refutar os curandeiros e os charlatães. A história só ensina àqueles que sabem como interpretá-la com base em teorias corretas.

2
A ECONOMIA E A OPINIÃO PÚBLICA

O significado dessa diferença epistemológica fundamental fica mais evidente se nos dermos conta de que a utilização prática dos ensinamentos da ciência econômica pressupõe que eles sejam aceitos e apoiados pela opinião pública. Na economia de mercado, a implantação de inovações tecnológicas necessita apenas de que algum ou alguns indivíduos mais esclarecidos percebam a sua utilidade. Os pioneiros do progresso não podem ser detidos pela obtusidade e pela inépcia das massas; não precisam obter de antemão o apoio das pessoas para os seus projetos; realizam-nos, em que pese serem às vezes motivo de escárnio. Mais tarde, quando os produtos novos, melhores e mais baratos surgirem no mercado, esses zombadores correrão atrás deles. O homem, por mais limitado que seja, sabe distinguir a diferença entre um sapato mais caro e um mais barato e apreciar a utilidade de um novo produto.

Mas, no campo da organização social e das políticas econômicas, as coisas se passam de maneira diferente. Nesse terreno, as melhores teorias são inúteis se não tiverem o apoio da opinião pública. Não podem funcionar se não tiverem o apoio da maioria da população. Qualquer que seja o sistema de governo, não há possibilidade de se governar uma nação de forma duradoura com base em doutrinas rejeitadas pela opinião pública. No final, prevalece sempre a filosofia que tem o apoio da maioria. A longo prazo, um governo impopular não pode subsistir. A diferença entre democracia e despotismo não afeta o resultado final. Afeta apenas a maneira pela qual se processará o ajuste entre o sistema de governo e a ideologia defendida pela opinião pública. Os autocratas impopulares só podem ser destronados por levantes revolucionários, enquanto que governantes democráticos impopulares são pacificamente substituídos na eleição seguinte.

A supremacia da opinião pública determina não apenas o caráter peculiar que a economia ocupa no conjunto do pensamento e do conhecimento; determina o próprio curso da história. As costumeiras discussões quanto ao papel que o indivíduo representa na história são superficiais. É sempre o indivíduo que pensa, age e realiza. As novas ideias e as inovações decorrem sempre de homens excepcionais. Mas esses grandes homens não podem conseguir ajustar a ordem social segundo suas ideias, se não conseguirem convencer a opinião pública.

O florescimento da sociedade humana depende de dois fatores: da capacidade intelectual de homens excepcionalmente dotados e da habilidade desses ou de outros homens para tornar essas ideologias aceitáveis pela maioria.

3
A ILUSÃO DOS ANTIGOS LIBERAIS

As massas, as legiões de homens comuns, não concebem ideias, sejam elas verdadeiras ou falsas. Apenas escolhem entre as ideologias elaboradas pelos líderes intelectuais da humanidade. Mas essa escolha é decisiva e determina o curso dos eventos. Se preferirem doutrinas falsas, nada poderá impedir o desastre.

A filosofia social do Século das Luzes não se deu conta dos perigos que poderiam advir da prevalência de ideias falsas. As objeções habitualmente apresentadas contra o racionalismo dos economistas clássicos e dos pensadores utilitaristas são inconsistentes. Mas havia uma deficiência nas suas doutrinas: pressupunham ingenuamente que tudo quanto fosse lógico e razoável prevaleceria. Não chegaram a imaginar a possibilidade de a opinião pública apoiar ideias espúrias cuja aplicação viesse a ser danosa à prosperidade e ao bem-estar e a concorrer para a desagregação da cooperação social.

Hoje em dia é moda desmerecer aqueles pensadores que criticavam a fé que os filósofos liberais depositavam no homem comum. Apesar disso, foram pensadores como Burke e Haller, Bonald e de Maistre que chamaram atenção para o problema essencial que os liberais não haviam percebido. Foram eles que souberam avaliar o comportamento das massas mais realisticamente do que os seus adversários.

Esses pensadores conservadores, sem dúvida, iludiam-se ao pensar que o sistema tradicional de governo paternalista e a rigidez das instituições econômicas pudessem ser preservadas. Louvavam o *Ancient Régime* pela prosperidade que havia proporcionado e por haver até mesmo humanizado a guerra. Mas não perceberam que precisamente essas realizações haviam dado lugar a um aumento demográfico e, portanto, a um excedente populacional para o qual não havia mais espaço no antigo sistema de restricionismo econômico. Ignoraram o surgimento de uma classe de pessoas que não poderia ser absorvida, se prevalecesse a ordem social que desejavam perpetuar. Não conseguiram oferecer uma solução para o mais sério problema que a humanidade teria de enfrentar com o advento da "Revolução Industrial".

O capitalismo deu ao mundo aquilo de que ele precisava: um melhor padrão de vida para um população em constante crescimento. Mas os liberais, os pioneiros e os defensores do capitalismo não chegaram a perceber um ponto essencial: um sistema social, por mais benéfico que seja, não pode funcionar sem o apoio da opinião pública. Não previram o êxito que a propaganda anticapitalista teria. Depois de haverem destruído o mito da missão divina de uma realeza sagrada, os liberais se deixaram seduzir pelas não menos ilusórias doutrinas que sustentam o poder irresistível da razão, a infalibilidade da *volonté générale*, e a divina inspiração das maiorias. A longo prazo, pensavam eles, nada pode impedir a melhoria progressiva das condições sociais. Ao desmascarar antigas superstições, a filosofia do Iluminismo havia, de uma vez por todas, implantado a supremacia da razão. Os resultados das políticas de liberdade seriam uma demonstração irresistível das vantagens da nova ideologia; nenhum homem inteligente se atreveria a questioná-la. Estava implícita na convicção desses filósofos que a imensa maioria das pessoas é inteligente e capaz de pensar corretamente.

Não ocorreu aos antigos liberais que a maioria poderia interpretar a experiência histórica com base em outras filosofias. Não imaginaram a popularidade que viriam a ter, nos séculos XIX e XX, ideias que eles considerariam como reacionárias, supersticiosas e inconsistentes. Estavam tão convencidos do fato de que todos os homens são dotados com a faculdade de raciocinar corretamente, que não souberam interpretar adequadamente os presságios. Consideravam todos esses maus augúrios apenas como recaídas passageiras, episódios acidentais, sem importância para o filósofo que contemplava a história da humanidade *sub specie aeternitatis*. Digam os reacionários o que quiserem, há um fato que não poderão negar: que o capitalismo propiciou a uma população em rápido crescimento um padrão de vida cada vez melhor.

Pois foi precisamente este fato que a imensa maioria contestou. O ponto essencial das teses de todos os autores socialistas, e particularmente das de Marx, é a afirmativa de que o capitalismo resulta no progressivo empobrecimento das massas trabalhadoras. Em relação aos países capitalistas, o equívoco desse teorema não pode ser negado. Em relação aos países subdesenvolvidos, que só foram afetados superficialmente pelo capitalismo, o crescimento demográfico sem precedentes não parece confirmar a interpretação de que as massas estão cada vez mais em pior situação. Esses países são pobres em comparação com outros mais avançados. Sua pobreza é fruto do rápido crescimento populacional. Preferem ter mais filhos do que elevar o seu padrão de vida. A decisão é deles. Mas não se pode negar o fato de que tiveram os recursos necessários para prolongar a duração média de vida. Teria sido impossível criar tantas crianças sem um aumento dos meios de subsistência.

Apesar disso, não apenas os marxistas mas muitos autores "burgueses" afirmam que a predição de Marx quanto à evolução do capitalismo foi, de um modo geral, confirmada pela história dos últimos cem anos.

Capítulo 38
A Importância do Estudo da Economia

1
O Estudo da Economia

As ciências naturais se baseiam, em última análise, em fatos constatados por experiências em laboratório. As teorias físicas e biológicas são colocadas em confronto com esses fatos e são rejeitadas quando conflitam com eles. A perfeição dessas teorias tanto quanto o aperfeiçoamento da tecnologia e da terapêutica dependem de pesquisas de laboratório cada vez maiores e melhores. Essas experiências consomem tempo, esforços árduos de especialistas e gastos materiais vultosos. A pesquisa não pode mais ser conduzida por cientistas sem recursos, por mais talentosos que sejam. A pesquisa, hoje em dia, é feita em enormes laboratórios financiados pelos governos, pelas universidades, por fundações e por grandes empresas. O trabalho nessas instituições tornou-se uma rotina profissional. Os técnicos que lá trabalham registram fatos e experiências que serão usados pelos pioneiros – os quais às vezes são os próprios experimentadores – na elaboração de suas teorias. No que concerne ao progresso das teorias científicas, a contribuição do pesquisador comum é apenas auxiliar; às vezes, entretanto, suas descobertas têm aplicação prática imediata para a melhoria de métodos utilizados na atividade econômica e na terapêutica.

Por ignorarem a diferença epistemológica radical entre as ciências naturais e as ciências da ação humana, as pessoas pensam que para aprimorar o conhecimento econômico é necessário organizar a pesquisa econômica segundo os já testados métodos dos institutos de pesquisa médica, física e química. Grandes somas são gastas no que é denominado de pesquisa econômica. Na realidade, esses institutos não fazem mais do que estudar a história econômica recente.

É certamente louvável que se estimule o estudo da história econômica. Entretanto, por mais instrutivo que seja o resultado de tais estudos, não se deve confundi-los com o estudo da economia. Deles não se pode esperar que resultem fatos ou dados no sentido com que esses termos são usados em relação a eventos testados em laboratório.

Não fornecem material para a construção *a posteriori* de hipóteses e teoremas. Ao contrário, esses estudos são desprovidos de qualquer significação, se não forem interpretados à luz de teorias elaboradas *a priori* sem qualquer referência a eles. Não é preciso acrescentar nada ao que já foi dito a esse respeito nos capítulos anteriores. Nenhuma controvérsia relativa às causas de um evento histórico pode ser esclarecida com base no exame de fatos, sem que se recorra a específicas teorias praxeológicas.[1]

A criação de institutos para a pesquisa do câncer pode eventualmente contribuir para a descoberta de métodos destinados a combater e prevenir essa doença maligna. Mas um instituto de pesquisa sobre o ciclo econômico não pode oferecer qualquer ajuda a quem deseja evitar a recorrência de depressões. Por mais exatos e confiáveis que sejam, os dados apurados em relação às depressões econômicas do passado são de pouca utilidade para o nosso conhecimento. Os especialistas não discordam quanto aos dados; discordam quanto aos teoremas a que devem recorrer para interpretá-los.

Mais importante ainda é o fato de ser impossível coletar dados relativos a um evento concreto sem considerar quais são as teorias adotadas pelo historiador desde o início de seu trabalho. O historiador não relata todos os fatos, mas apenas aqueles que considera relevantes, em função das suas teorias; omite os dados que considera sem importância para a interpretação dos eventos. Se adotar teorias erradas, seu relato torna-se praticamente inútil.

Nenhuma análise de um momento da história econômica, ainda que de um período muito recente, por mais fiel que seja, pode substituir o raciocínio econômico. A economia, da mesma maneira que a lógica e a matemática, é um exercício de raciocínio abstrato. A ciência econômica não pode ser experimental e empírica. O economista não precisa de instalações custosas para realizar os seus estudos. Precisa apenas da capacidade de pensar lucidamente e de discernir, diante da infinidade de eventos que lhe são apresentados, entre os essenciais e os meramente acidentais.

Não há nenhum conflito entre a história econômica e a ciência econômica. Cada ramo do conhecimento tem seu próprio mérito e utilidade. Os economistas nunca pretenderam subestimar a importância da história econômica. Os autênticos historiadores também

---

[1] Ver em relação a esses problemas epistemológicos essenciais, p. 57-68; em relação à economia quantitativa, p. 84-86 e 412-415; e em relação ao conflito de interpretações sobre as condições de trabalho no capitalismo, p. 704-711.

nunca se opuseram ao estudo da economia. O antagonismo entre essas duas disciplinas foi deliberadamente provocado pelos socialistas e pelos intervencionistas, que não puderam refutar as objeções, levantadas pelos economistas, às suas doutrinas. A Escola Historicista e os Institucionalistas tentaram desvirtuar a ciência econômica e substituí-la por estudos "empíricos" com o evidente propósito de neutralizar os argumentos dos economistas. A história econômica, para eles, foi um meio de destruir o prestígio da ciência econômica e de difundir as teses do intervencionismo.

2
A ECONOMIA COMO PROFISSÃO

Os primeiros economistas se dedicavam apenas ao estudo dos problemas de economia. Sua preocupação, ao fazer conferências e escrever livros, era a de transmitir aos seus concidadãos os resultados de suas reflexões. Tentavam, assim, influenciar a opinião pública para que prevalecessem as políticas mais consistentes. Nunca imaginaram que a economia pudesse ser concebida como uma profissão.

O desenvolvimento da profissão de economista é uma sequela do intervencionismo. O economista profissional é o especialista ao qual se precisa recorrer para que sejam elaboradas as várias medidas de intervenção do governo na atividade econômica. É um especialista no campo da legislação econômica, a qual, nos dias de hoje, tem invariavelmente o objetivo de perturbar o funcionamento da economia de mercado.

Existem milhares e milhares desses especialistas profissionais empregados nos órgãos do governo, nos diversos partidos políticos e grupos de pressão, nas redações dos jornais e revistas. Outros são contratados por empresas como consultores ou têm seu escritório independente. Alguns gozam de reputação nacional ou internacional; muitos acham-se entre as pessoas de maior prestígio de seu país. Ocorre serem frequentemente convidados a dirigir grandes bancos ou grandes empresas; são eleitos para o legislativo; são designados ministros do governo. Como grupo profissional, chegam a rivalizar com os advogados no comando político do país. O papel destacado que representam é uma das características mais marcantes dessa nossa época de intervencionismo.

Não há dúvida de que uma classe de homens tão influentes compreende indivíduos extremamente talentosos, até mesmo pessoas das mais eminentes de nosso tempo. Mas a filosofia que inspira as suas atividades limita-lhes a visão. Em virtude de suas relações com partidos políticos e grupos de pressão, que procuram obter privilégios especiais para os seus membros, passam a ter uma visão unilateral. Fecham os olhos às consequências de longo prazo das políticas que defendem; só se importam com os interesses imediatos do grupo a que estão servindo. O objetivo final de seus esforços é a prosperidade de seu cliente às custas de outras pessoas. Procuram convencer-se de que o destino da humanidade coincide com os interesses de curto prazo de seu grupo; tentam vender essa ideia para o público. Ao lutarem por um preço maior da prata, do trigo ou do açúcar, por salários maiores para os membros do seu sindicato ou por uma tarifa sobre produtos estrangeiros mais baratos, proclamam estar lutando pelo bem supremo, por liberdade e por justiça, pelo florescimento de sua nação e pela civilização.

O público encara a prática de *lobby* com desconfiança e suspeição, e culpa os lobistas pelos aspectos funestos da legislação intervencionista. Entretanto o mal tem raízes mais profundas. A filosofia dos vários grupos de pressão está entranhada nas assembléias legislativas. Nos parlamentos de hoje, existem representantes dos triticultores, dos criadores de gado, das cooperativas agrícolas, das minas de prata, dos vários sindicatos, das indústrias que não podem suportar a competição com produtos estrangeiros sem a proteção das tarifas, e de muitos outros grupos de pressão. Poucos são os que colocam os interesses nacionais acima dos interesses do seu grupo. O mesmo ocorre nos vários órgãos da administração pública. O ministro da agricultura se considera um defensor dos interesses dos produtores agrícolas; seu principal objetivo consiste em aumentar o máximo possível os preços dos produtos agrícolas. O ministro do trabalho se considera um defensor dos sindicatos; sua primeira meta é fazer com que os sindicatos sejam temidos e respeitados. Cada ministério cuida de sua própria vida e seus interesses conflitam com os de outros ministérios.

Muita gente atualmente deplora a falta de verdadeiros estadistas. Ora, onde predominam as ideias intervencionistas, só aqueles que se identificam com os interesses de um grupo de pressão podem fazer uma carreira política. A mentalidade de um líder sindical ou de um dirigente de associação rural não é a mesma que a de um estadista de visão. O verdadeiro estadista procura invariavelmente estabelecer políticas de longo prazo; aos grupos de pressão só interessam os resultados de curto prazo. A causa do lamentável fracasso do regime de Weimar e da Terceira República francesa foi o fato de seus políticos não serem mais do que representantes dos interesses de grupos de pressão.

3
A PREVISÃO ECONÔMICA COMO PROFISSÃO

Quando os empresários finalmente se dão conta de que o *boom* criado pela expansão do crédito acabará invariavelmente resultando numa recessão, torna-se importante para eles saber quando ocorrerá essa mudança da conjuntura. Procuram então o economista, na presunção de que ele poderá responder a essa questão.

O economista sabe que o *boom* deverá resultar numa depressão; mas não sabe e nem pode saber quando ocorrerá a crise. Depende das circunstâncias específicas de cada caso. Inúmeros eventos políticos podem influenciar os acontecimentos. Não existem regras para predizer a duração do *boom* e quando ocorrerá a consequente depressão. E mesmo que essas regras existissem, de nada adiantariam aos empresários. O que um determinado empresário precisa, a fim de evitar perdas, é saber que a crise é iminente, enquanto os outros empresários ainda estão pensando que o *boom* irá perdurar. Essa específica percepção lhe permitirá ajustar convenientemente os seus negócios de maneira a passar incólume pela crise. Se o fim do período de *boom* pudesse ser calculado segundo alguma fórmula, todos os empresários saberiam qual seria esse momento. Seus esforços para se ajustarem a essa informação provocariam imediatamente o surgimento de todos os fenômenos da depressão. Seria tarde demais para que qualquer deles pudesse deixar de ser penalizado.

Se fosse possível saber a situação futura do mercado, o futuro não seria incerto. Não haveria nem lucro e nem perda empresarial. O que as pessoas esperam dos economistas está além da capacidade do ser humano.

A própria ideia de que o futuro seja passível de previsão, de que algumas fórmulas possam substituir aquela percepção específica que é a essência da atividade empresarial, e de que o conhecimento dessas fórmulas possa permitir que qualquer pessoa assuma o comando da atividade econômica é, sem dúvida, uma consequência do conjunto de falácias e equívocos que alimentam as atuais políticas anticapitalistas. Não há, no conjunto da obra habitualmente denominada de filosofia marxista, a menor referência ao fato de que a principal razão de ser da ação humana é preparar-se para um futuro *incerto*. O fato de o termo especulador ser atualmente utilizado com uma conotação pejorativa demonstra claramente que os nossos contemporâneos nem sequer suspeitam do que consiste o problema fundamental da ação humana.

Discernimento empresarial não é algo que possa ser comprado ou vendido. O empresário bem-sucedido que consegue auferir lucros é precisamente aquele cujas ideias não são as adotadas pela maioria das pessoas. Para obter lucros, não basta fazer uma previsão correta; é preciso prever melhor do que os outros. O prêmio vai para os dissidentes que não se deixaram enganar pelos erros comumente aceitos pela maioria. O que dá origem ao lucro do empresário é o atendimento de futuras necessidades que os seus concorrentes não souberam identificar.

Os empresários e os capitalistas só colocarão em risco o seu próprio bem-estar material, se estiverem plenamente convencidos da consistência de seus planos. Jamais arriscariam o seu patrimônio só porque um especialista assim os aconselhou. Os tolos que aplicam recursos nas bolsas de valores ou de mercadorias, seguindo informações confidenciais, estão fadados a perder o seu dinheiro, qualquer que seja a fonte de sua "informação".

Na realidade, qualquer empresário judicioso tem plena consciência da incerteza do futuro. Tem consciência de que o economista, no máximo, pode elaborar uma interpretação dos dados estatísticos do passado, mas não uma informação segura sobre o que irá ocorrer no futuro. Para o capitalista e para o empresário, as opiniões dos economistas sobre o futuro valem apenas como conjecturas discutíveis. São céticos e não se deixam enganar facilmente. Mas, como consideram importante e útil conhecer todas as informações de relevância para os seus negócios, interessam-se por jornais e revistas especializados em prognósticos econômicos. Com a preocupação de estar a par de todas as informações disponíveis, as grandes empresas empregam equipes de economistas e estatísticos.

As previsões econômicas não podem fazer desaparecer a incerteza do futuro e nem destituir a atividade empresarial de seu caráter intrinsecamente especulativo. Mesmo assim, podem prestar alguns serviços, uma vez que reúnem e interpretam dados disponíveis sobre as tendências econômicas e sobre a evolução econômica do passado recente.

4
A ECONOMIA E AS UNIVERSIDADES

As universidades estatais sofrem inevitavelmente a influência do partido no poder. As autoridades procuram nomear professores cujas idéias coincidem com as do governo. Todos os governos não socialistas de hoje, por estarem firmemente comprometidos com o intervencionismo, só nomeiam professores intervencionistas. Para os governantes é dever da universidade difundir, entre as novas gerações, a doutrina social do governo.[2] De nada lhes servem os economistas.

---

[2] G. Santayana conta de um professor de filosofia da Universidade de Berlim – na época, Universidade

Não obstante, o intervencionismo também prevalece em muitas das universidades independentes.

Segundo uma antiga tradição, as universidades têm por objetivo não só o ensino, mas também a promoção do saber e da ciência. O dever do professor universitário não é apenas transmitir aos estudantes conhecimentos desenvolvidos por outros homens; espera-se que ele contribua, com seu próprio trabalho, para aumentar o acervo do conhecimento humano. Presume-se que ele seja um membro efetivo da comunidade universal dos eruditos, um inovador e um pioneiro na busca de maior e melhor conhecimento. Nenhuma universidade pode admitir que o seu corpo docente seja inferior ao de qualquer outra. Todo professor universitário considera estar contribuindo para o progresso do conhecimento, tanto quanto os grandes mestres da ciência.

Essa ideia de que a contribuição de todos os professores seja equivalente é, sem dúvida, inadmissível. Há uma enorme diferença entre o trabalho criativo do gênio e a monografia de um especialista. Entretanto, no campo da pesquisa empírica, é possível manter essa ficção. O grande inovador e o simples executante de trabalhos de rotina recorrem, nas suas investigações, aos mesmos métodos de pesquisa; realizam experiências em laboratório ou coletam documentos históricos. A aparência externa de seu trabalho é a mesma; suas publicações referem-se aos mesmos assuntos e problemas. São da mesma espécie.

As coisas são bastante diferentes no caso das ciências teóricas como a filosofia e a economia. Nesses campos, nada há que possa ser realizado por meio de investigações rotineiras, mais ou menos estereotipadas. Não existem tarefas que requeiram o esforço consciencioso e abnegado do diligente monografista. Não há pesquisa empírica; tudo tem que ser alcançado pela capacidade de refletir, de meditar e de raciocinar. Não há especializações, uma vez que todos os problemas são interligados. A abordagem de qualquer parte não pode ser feita sem o conhecimento do todo. Certa vez, um eminente historiador descreveu o significado psicológico e acadêmico da tese de doutorado como sendo algo que dava ao autor a orgulhosa certeza de que havia um pequeno setor do saber, por menor que fosse, em relação ao qual ele era insuperável. Essa agradável sensação não está ao alcance de quem escreve uma tese sobre um tema econômico. Na ciência econômica não existem setores isolados nem compartimentos estanques.

Real Prussiana – para quem "a missão de um professor era ir, penosamente, carregando o seu fardo, a reboque do governo", *Persons and Places*, Nova York, 1945, vol.2, p.7.

Nunca viveram ao mesmo tempo mais que uma vintena de pessoas cuja contribuição à ciência econômica pudesse ser considerada essencial. O número de homens criativos é, na ciência econômica, tão pequeno quanto em outros campos do conhecimento. Além disso, muitos dos economistas mais criativos não militam na atividade de ensino. Mas há uma demanda enorme por milhares de professores de economia nas universidades e nos colégios. A tradição universitária exige que cada um deles demonstre o seu valor publicando contribuições originais e não apenas compilando livros-texto e manuais. O salário e a reputação de um professor universitário dependem mais do seu trabalho literário do que da sua capacidade didática. Um professor não pode deixar de publicar livros. Se não tiver a necessária vocação para escrever sobre economia, acaba escrevendo sobre história econômica ou sobre economia descritiva. E, então, para não perderem prestígio, esses professores proclamam enfaticamente que os problemas de que estão tratando são problemas econômicos propriamente ditos e não apenas história econômica. Dizem, inclusive, que os seus escritos abordam a verdadeira economia – empírica, indutiva, científica —, enquanto que a análise dedutiva de "teóricos de gabinete" são meras especulações ociosas. Se não adotassem essa postura, teriam de reconhecer a existência de duas classes de professores de economia: a dos que contribuíram para o avanço do pensamento econômico e a dos que com nada contribuem, embora possam ter feito um bom trabalho em outras disciplinas, como por exemplo no campo da história econômica recente. Assim sendo, a atmosfera universitária torna-se inadequada ao ensino da economia. Muitos professores – felizmente não todos – procuram denegrir o que chamam de "mera teoria". Procuram substituir a análise econômica pelo ensino de uma coleção de informações históricas e estatísticas. Procuram dividir a economia em diversos setores; especializam-se em agricultura, em trabalho, em América Latina e muitas outras subdivisões análogas.

Uma das tarefas do ensino universitário é, certamente, familiarizar o estudante com a história econômica em geral, e com suas evoluções mais recentes em particular. Mas tais ilustrações serão inúteis se não estiverem firmemente baseadas num conhecimento profundo da ciência econômica. A economia não é passível de subdivisão em seções; lida invariavelmente com a interconexão de todos os fenômenos da ação. Os problemas cataláticos não podem ser bem percebidos pelo estudo isolado de cada setor da produção. Não é possível, por exemplo, analisar o trabalho e os salários sem considerar os preços das mercadorias, as taxas de juros, os lucros e as perdas, a moeda e o crédito, e todas as demais questões pertinentes. Os verdadeiros problemas relativos à determinação dos salários não podem ser sequer enunciados num curso que se limite a estudar o trabalho. Não existe o que possa ser denominado "economia do trabalho" ou "economia da agricultura". A ciência econômica é um corpo único e indivisível.

O que esses especialistas expõem nas suas conferências e publicações são as doutrinas dos vários grupos de pressão, e não economia. Por ignorarem a ciência econômica, acabam sendo vítimas de ideologias que visam a conceder privilégios para os seus respectivos grupos. Mesmo os especialistas que não defendem abertamente um grupo de pressão e que pretendem manter uma serena neutralidade endossam, às vezes sem se darem conta, as teses principais da doutrina intervencionista. Ao lidarem com as inúmeras variedades de interferência do governo na atividade econômica, não querem ser acusados de fazer uma crítica meramente negativa. Por isso, ao criticarem uma medida intervencionista, procuram logo propor a adoção de um outro tipo de intervencionismo que consideram melhor do que o anterior. Sem perceberem, endossam a tese central tanto do intervencionismo como do socialismo, qual seja, a de que a economia de mercado livre prejudica deslealmente os interesses vitais da imensa maioria, em benefício de insensíveis exploradores. A seu ver, um economista que demonstre a inutilidade do intervencionismo é uma pessoa que foi subornada para defender os interesses iníquos das grandes empresas. É, pois, imperativo que se impeçam esses patifes de terem acesso à universidade e de terem os seus artigos publicados nas revistas especializadas das associações de professores.

Os estudantes ficam desnorteados. Nos cursos de matemática econômica, são atulhados com fórmulas que descrevem hipotéticos estados de equilíbrio nos quais já não há mais ação. Percebem logo que essas equações não têm a menor utilidade para a compreensão das atividades econômicas. Ouvem nas conferências dos especialistas justificativas detalhadas em favor de medidas intervencionistas. Passam a crer que as coisas são mesmo paradoxais, porque o equilíbrio que lhes ensinaram não existe e os salários e os preços agrícolas nunca são tão altos quanto desejam os sindicatos e os agricultores. É óbvio, concluem, que é preciso fazer uma reforma radical. Mas que tipo de reforma?

A maioria dos estudantes aceita sem qualquer inibição as panaceias intervencionistas recomendadas por seus professores. A situação social será perfeitamente satisfatória quando o governo fixar adequadamente o salário mínimo ou quando a venda de margarina e a importação de açúcar forem proibidas. Eles não chegam a perceber as contradições de seus professores, que um dia lamentam a selvageria da competição e no dia seguinte condenam os males do monopólio; que um dia reclamam da queda de preços e no outro da alta do custo de vida. O estudante termina o seu curso e tenta, o mais rapidamente possível, conseguir um emprego no governo ou num grupo de pressão poderoso.

Mas existem muitos jovens que são suficientemente lúcidos para perceber as inconsistências do intervencionismo. Aceitam a rejeição da economia de mercado livre pregada por seus professores; mas não acreditam que medidas intervencionistas isoladas poderão conseguir atingir os fins pretendidos. Levam o pensamento de seus preceptores às últimas consequências: tornam-se socialistas. Saúdam o sistema soviético como a aurora de uma nova e melhor civilização.

Não obstante, o que tem feito com que as universidades de hoje em dia, de uma maneira geral, tenham se transformado em sementeiras socialistas não é só a situação prevalecente nos departamentos de economia, mas também os ensinamentos ministrados nos outros departamentos. Nos departamentos de economia, ainda podem ser encontrados alguns poucos economistas e mesmo os demais professores podem estar familiarizados com algumas das objeções levantadas a respeito da viabilidade do regime socialista. Infelizmente, o mesmo não ocorre no caso de muitos professores de filosofia, história, literatura, sociologia e ciência política. Interpretam a história com base na versão vulgarizada e deturpada do materialismo dialético. Mesmo muitos dos que combatem veementemente o marxismo por causa de seu materialismo e ateísmo estão dominados pelas ideias apresentadas no *Manifesto comunista* e no programa da Internacional Comunista. Explicam a existência de pressões, desemprego, inflação, guerra e pobreza como sendo males necessariamente inerentes ao capitalismo, e insinuam que esses fenômenos só podem desaparecer com a erradicação do capitalismo.

5
Educação geral e economia

Nos países em que não existem disputas entre vários grupos linguísticos, a educação pública pode funcionar se for limitada ao ensino da leitura, da escrita e da aritmética. Para os alunos mais brilhantes, é possível acrescentar noções elementares de geometria, ciências naturais e as principais leis do país. Mas, quando se pretende ir mais adiante, surgem sérias dificuldades. O ensino primário torna-se necessariamente uma doutrinação. Não é possível apresentar a um adolescente todos os aspectos de um problema e deixá-lo escolher a solução certa.

Tampouco seria possível encontrar professores que pudessem transmitir imparcialmente opiniões que eles mesmos não aprovam. O partido que controlar a educação pública pode propagar o seu ideário e denegrir o de seus adversários.

No que diz respeito à educação religiosa, os liberais do século XIX resolveram o problema separando a Igreja do estado. Nos países liberais, a religião não é ensinada nas escolas públicas. Mas os pais podem mandar seus filhos às escolas confessionais suportadas pelas comunidades religiosas.

Entretanto, o problema não se restringe ao ensino de religião e de certas teorias das ciências naturais conflitantes com a Bíblia. Mais importante ainda é o ensino de história e de economia.

O público tem consciência desse problema no que diz respeito aos aspectos internacionais do ensino de história. Já se cogita atualmente libertar o ensino de história da influência do nacionalismo e do chauvinismo. Mas poucas são as pessoas que percebem que o problema da imparcialidade e da objetividade também está presente quando se lida com os aspectos domésticos da história. A filosofia social do professor ou do autor do livro-texto falseiam a narrativa. Quanto mais for preciso sintetizar e condensar o texto a fim de torná-lo mais compreensível às mentes ainda imaturas de crianças e de adolescentes, piores serão os efeitos.

Os marxistas e os intervencionistas alegam que o ensino de história está deformado pela visão do liberalismo clássico. Querem substituir a interpretação "burguesa" pela sua própria interpretação da história. Do ponto de vista marxista, a Revolução Inglesa de 1688, a Revolução Americana, a grande Revolução Francesa e os movimentos revolucionários do século XIX na Europa continental foram movimentos burgueses. Resultaram na derrota do feudalismo e no estabelecimento da supremacia burguesa. As massas proletárias não foram emancipadas; de dominadas pela aristocracia passaram a dominadas pela classe dos capitalistas exploradores. Para libertar o trabalhador é necessário abolir o sistema capitalista de produção. Esse objetivo, dizem os intervencionistas, será alcançado pela *Sozialpolitik* ou pelo *New Deal*. Os marxistas ortodoxos, por outro lado, afirmam que somente pela derrubada violenta do sistema burguês de governo será efetivamente possível emancipar o proletariado.

É impossível abordar qualquer capítulo da história sem tomar partido em relação a esses temas bastante controvertidos e às doutrinas econômicas subjacentes. Os livros-texto e os professores não podem pretender uma altiva neutralidade em relação ao postulado de que a "revolução inacabada" só se completará pela revolução comunista. Toda afirmação relativa a acontecimentos ocorridos nos últimos trezentos anos implica num prévio juízo acerca dessas controvérsias. Não se pode evitar a escolha entre a filosofia da Declaração de Independência ou do discurso de Gettysburg e a do *Manifesto comunista*. A alternativa existe e não adianta bancar o avestruz enfiando a cabeça na areia para não ter que se manifestar.

No ensino secundário e mesmo nos cursos preparatórios para a universidade, o ensino de história e economia é, virtualmente, doutrinação. A maior parte dos estudantes certamente não é suficientemente madura para formar uma opinião própria com base no que lhe é transmitido pelos professores.

Se a escola pública fosse mais eficiente do que realmente é, os partidos políticos haveriam de querer urgentemente dominar o sistema de ensino para poder determinar o modo como esses assuntos deveriam ser ensinados. Entretanto, a educação geral representa um papel de menor importância na formação das ideias políticas, sociais e econômicas das novas gerações. O impacto da imprensa, do rádio e das condições do meio ambiente são muito mais importantes do que os professores e os livros-texto. A propaganda das igrejas, dos partidos políticos e dos grupos de pressão exerce sobre as massas uma influência maior do que as escolas, qualquer que seja o ensino nelas ministrado. O que se ensina na escola é facilmente esquecido e não pode resistir ao contínuo martelamento do meio social onde vive o homem.

6
A ECONOMIA E O CIDADÃO

A economia não pode ser relegada às salas de aula e aos departamentos de estatística, e nem pode ser deixada a cargo de círculos esotéricos. A economia é a filosofia da vida humana e da ação, e diz respeito a todos e a tudo. É o âmago da civilização e da própria existência do homem.

Mencionar este fato não significa ceder à fraqueza tão comum que consiste em supervalorizar a importância de seu próprio ramo do conhecimento. Não são os economistas que atribuem essa importância à ciência econômica; são as pessoas em geral.

Todos os temas políticos da atualidade tratam de problemas comumente denominados de econômicos. Todos os argumentos usados hoje em dia nos debates sociais e políticos são de natureza essencialmente praxeológica e econômica. Todas as mentes se preocupam com doutrinas econômicas. Filósofos e teólogos parecem estar mais interessados em problemas econômicos do que nos problemas que as gerações passadas consideravam objeto da filosofia e da teologia. Os romances e as peças teatrais de hoje tratam, todos, de temas humanos – inclusive as relações sexuais – sob o ângulo de doutrinas econômicas. O mundo todo, consciente ou inconscientemente, pensa em economia. Ao se filiar a um partido político, ao colocar o seu voto, o cidadão implicitamente está manifestando-se sobre teorias econômicas.

Nos séculos XVI e XVII a religião era o tema central das controvérsias políticas européias. Nos séculos XVIII e XIX, na Europa como na América, a questão dominante era governo representativo *versus* absolutismo. Hoje, é economia de mercado *versus* socialismo. Esse é, certamente, um problema cuja solução depende inteiramente da análise econômica. É inútil recorrer a *slogans* vazios ou ao misticismo do materialismo dialético.

Ninguém tem como fugir à sua responsabilidade pessoal. Quem – seja quem for – não usar o melhor de sua capacidade para examinar esses problemas estará voluntariamente submetendo seus direitos inatos a uma autodesignada elite de super-homens. Em assuntos tão vitais, confiar cegamente nos "entendidos" e aceitar passivamente mitos e preconceitos vulgares equivale a renunciar à sua própria autodeterminação e submeter-se à dominação de outras pessoas. Para o homem consciente, nada é mais importante na atualidade do que a economia. Está em jogo o seu próprio destino e o de sua descendência.

São muito poucos os que podem contribuir com alguma ideia que produza consequências para o acervo do pensamento econômico. Mas todos os homens sensatos precisam familiarizar-se com as lições da economia. Nos dias que correm, esse é um dever cívico primordial.

Queiramos ou não, o fato é que a economia não pode continuar sendo um esotérico ramo do conhecimento, acessível apenas a um grupo de estudiosos e de especialistas. A economia lida com problemas fundamentais da sociedade; concerne a todos e pertence a todos. É a preocupação mais importante e mais característica de todos os cidadãos.

7
A ECONOMIA E A LIBERDADE

O papel proeminente que as ideias econômicas representam na administração pública explica por que os governos, os partidos políticos e os grupos de pressão procuram restringir a liberdade de pensamento econômico. Procuram propagar a "boa" doutrina e silenciar as "más" doutrinas. Para eles, a verdade não tem força suficiente para impor-se por si mesma. Para poder prevalecer, a verdade precisa ser respaldada pela ação violenta da polícia ou de outros grupos armados. A verdade de uma doutrina depende de que seus defensores sejam capazes de derrotar pela força os partidários das outras doutrinas. Fica implícita a noção de que Deus ou alguma entidade mítica dirige o curso das atividades humanas e confere a vitória aos que lutam pela boa causa. O poder vem de Deus e sua missão sagrada é exterminar os heréticos.

Não vale a pena repisar as contradições e inconsistências dessa doutrina de intolerância e perseguição de dissidentes. Jamais em tempo algum o mundo conheceu um sistema de propaganda e de opressão tão bem arquitetado como o que é adotado pelos governos contemporâneos, pelos partidos políticos e pelos grupos de pressão. Apesar disso, todos esses edifícios desmoronarão como castelos de cartas, tão logo uma grande ideologia os enfrente.

Não só nos países governados por bárbaros ou por déspotas, mas também nas assim chamadas democracias ocidentais, o estudo de economia está praticamente proscrito. A discussão pública sobre os problemas econômicos ignora quase que inteiramente tudo o que os economistas disseram nos últimos duzentos anos. Preços, salários, juros, lucros são manipulados como se sua determinação não estivesse sujeita a qualquer lei. Os governos decretam e tentam impor valores máximos para as mercadorias e mínimos para os salários. As autoridades exortam os empresários a reduzir os lucros, a diminuir os preços e a aumentar os salários, como se esses assuntos dependessem apenas da boa vontade dos indivíduos. Nas relações econômicas internacionais, as pessoas recorrem irresponsavelmente a um mercantilismo primário. São poucos os que têm consciência dos erros de todas essas doutrinas em voga, e que compreendem por que tais políticas invariavelmente provocam desastres.

Esta é a triste realidade. Mas só há uma maneira de modificá-la: prosseguir, sem descanso, na busca da verdade.

CAPÍTULO 39

A Economia e os Problemas Essenciais da Natureza Humana

1
A ciência e a vida

Costuma-se censurar a ciência moderna por ela se abster de expressar julgamentos de valor. Essa neutralidade em relação a valor (*Wertfreiheit*), dizem os críticos, de nada serve ao homem que vive e que age, pois o homem precisa de que se lhe digam quais devem ser os seus objetivos. A ciência, se não puder responder a essa questão, é estéril. Essa objeção não tem fundamento. A ciência não formula julgamentos de valor, mas provê o agente homem com informações necessárias para que ele faça a sua própria valoração. Só não pode ajudar o homem quando este pergunta se a vida vale ou não a pena ser vivida.

Essa questão, evidentemente, tem sido suscitada, e continuará sendo. Para que servem todos esses esforços e atividades humanas se, ao final de tudo, ninguém escapa da morte e da decomposição? O homem vive à sombra da morte. Quaisquer que tenham sido as suas realizações ao longo de sua peregrinação, terá de morrer um dia e abandonar tudo o que construiu. Cada momento pode ser o seu último momento. O futuro só contém uma certeza: a morte. Visto desse ângulo, todo esforço humano parece ter sido vão e fútil.

Além disso, a ação humana deveria ser considerada como algo inútil, mesmo quando julgada do ponto de vista dos objetivos que pretendia atingir. A ação humana jamais poderá produzir uma satisfação completa; serve apenas para reduzir parcial e temporariamente o desconforto. Logo que um desejo é satisfeito, surgem outros. A civilização, costuma-se dizer, torna as pessoas mais pobres porque multiplica as necessidades; desperta mais desejos do que os que consegue mitigar. Toda essa azáfama de homens diligentes e trabalhadores, toda essa pressa, esse dinamismo, esse alvoroço, não têm o menor sentido porque não traz felicidade e nem paz. Não se pode alcançar a paz de espírito e a serenidade pela ação e pela ambição temporal; só através da renúncia e da resignação. O único tipo de conduta adequada ao sábio é o recolhimento à inatividade de uma vida puramente contemplativa.

Entretanto, todos esses receios, dúvidas e escrúpulos são superados pela força irresistível da energia vital do homem. Certamente, o homem não poderá escapar da morte. Mas, no momento, está vivo; é a vida e não a morte que se apodera dele. Qualquer que seja o futuro que lhe tenha sido reservado, não pode fugir das necessidades da hora presente. Enquanto tiver vida, o homem não pode deixar de obedecer ao seu impulso básico, o *elã vital*. É da natureza do homem procurar preservar e fortalecer a sua vida; procurar diminuir o seu desconforto; buscar o que possa ser chamado de felicidade. Em cada ser humano existe um *id*, inexplicável e não analisável, que é a fonte de todos os impulsos, a força que nos impele à vida e à ação, a ânsia original e permanente por uma existência mais plena e mais feliz. Existe enquanto o homem vive e só desaparece quando sua vida se extingue.

A razão humana está a serviço desse impulso vital. A função biológica da razão é preservar e promover a vida e adiar a sua extinção tanto quanto possível. O pensamento e a ação não conflitam com a natureza; ao contrário, são o principal traço da natureza humana. O que mais apropriadamente distingue o homem dos demais seres vivos é o fato de *conscientemente* lutar contra as forças hostis à sua vida.

Portanto, tudo o que se tem dito sobre o primado dos elementos irracionais é vazio de significado. No universo, cuja existência a nossa razão não pode explicar, analisar ou conceber, há um pequeno setor nos limites do qual o homem pode, numa certa medida, diminuir o seu desconforto. Esse setor, reservado ao homem, é o domínio da razão e da racionalidade, da ciência e da ação propositada. A sua mera existência, por mais exígua que seja, por deficientes que sejam os seus resultados, não permite que o homem se entregue à resignação e à letargia. Nenhuma sutileza filosófica poderá jamais impedir um indivíduo sadio de recorrer às ações que ele mesmo considera adequadas para satisfazer as suas necessidades. Pode ser que no recôndito da alma humana exista o desejo de uma existência vegetativa, inativa e pacífica. Mas, no ser humano, esses desejos, quaisquer que possam ser, são superados pelo afã de agir e de melhorar as condições de sua própria vida. Quando prevalece o espírito de renúncia, o homem morre; ele não se transforma num vegetal.

É claro que a praxeologia e a economia não informam ao homem se ele deve preservar ou renunciar à vida. A vida em si e todas as forças desconhecidas que a originam e que a mantêm é um dado irredutível, e, como tal, fora do âmbito da ciência. O tema central de que se ocupa a praxeologia é exclusivamente a ação – a mais típica manifestação da vida *humana*.

2
A ECONOMIA E OS JULGAMENTOS DE VALOR

Embora haja muitas pessoas que condenam a economia por sua neutralidade em relação a julgamentos de valor, há também os que a condenam por sua suposta indulgência em relação aos mesmos. Uns dizem que a economia deve necessariamente expressar juízos de valor e que, portanto, não é realmente uma ciência, uma vez que a ciência tem que ser indiferente a valores. Outros sustentam que a verdadeira ciência econômica deve e pode ser imparcial e que só os maus economistas infringem esse postulado.

A confusão existente na discussão desses problemas é de natureza semântica e se deve à forma inadequada de muitos economistas empregarem certos termos. Suponhamos que um economista investigue se uma medida a pode produzir um resultado p para cuja realização foi recomendada; e que chegue à conclusão de que a não resultará em p, mas em g, um efeito que mesmo os que propõem a medida a consideram indesejável. Se esse economista enunciar o resultado de sua investigação dizendo que a é uma medida "má", não estará formulando um juízo de valor. Estará apenas dizendo que, do ponto de vista dos que desejam atingir o resultado p, a medida a é inadequada. É nesse sentido que os economistas que defendem o livre comércio condenam o protecionismo. Eles demonstram que a proteção, ao contrário do que pensam os seus adeptos, diminui, em vez de aumentar, a quantidade total de produtos e que, portanto, é indesejável do ponto de vista dos que preferem que a oferta de produtos seja a maior possível. Os economistas criticam as políticas em função dos resultados que pretendem atingir. Quando, por exemplo, um economista diz que uma política de salários mínimos é má, o que está dizendo é que os seus efeitos contrariam os propósitos dos que a recomendam.

É sob esse mesmo prisma que a praxeologia e a economia consideram o princípio fundamental da existência humana e da evolução social, qual seja, que a cooperação sob a divisão social do trabalho é um modo de ação mais eficiente do que o isolamento autárquico dos indivíduos. A praxeologia e a economia não dizem que o homem deveria cooperar pacificamente no contexto da sociedade; dizem apenas que o homem deve agir dessa maneira *se* deseja atingir resultados que de outra forma não conseguiria. A obediência às regras morais necessárias ao estabelecimento, à preservação e à intensificação da cooperação social não é considerada um sacrifício a uma entidade mítica qualquer, mas o recurso ao meio mais eficiente, como se fosse um preço a ser pago para receber em troca algo a que se dá mais valor.

Todos os dogmatismos e todas as escolas antiliberais uniram as suas forças para impedir que as doutrinas heteronômicas do intuicionismo e dos mandamentos revelados fossem substituídas por uma ética autônoma, racionalista e voluntarista. Todas elas condenam a filosofia utilitarista pela impiedosa austeridade de sua descrição e análise da natureza humana e das motivações últimas da ação humana. Não há necessidade de acrescentar nada, em refutação a essas críticas, ao que está contido nas páginas deste livro. Um ponto apenas precisa ser novamente mencionado, porque, de um lado, representa a essência da doutrina de todos os mistificadores contemporâneos e, de outro, oferece ao intelectual comum uma bem-vinda desculpa para não ter que se submeter à incômoda disciplina dos estudos econômicos.

Dizem esses críticos que a economia, no seu apriorismo racionalista, pressupõe que os homens visem unicamente, ou pelo menos primordialmente, ao bem-estar material. Mas, na realidade, os homens preferem os objetivos irracionais aos objetivos racionais. São guiados mais pela necessidade de atender a mitos e a ideais do que pelo desejo de ter um melhor padrão de vida.

Em resposta, o que a economia tem a dizer é o seguinte:

1 – A economia não pressupõe, e nem considera um postulado, que os homens visem unicamente, ou pelo menos primordialmente, ao que é denominado de bem-estar material. A economia, enquanto ramo da ciência geral que estuda a ação humana, lida com a ação humana, isto é, com a ação propositada do homem no sentido de atingir os objetivos escolhidos, quaisquer que sejam esses objetivos. Aplicar aos fins escolhidos o conceito de *racional* ou *irracional* não faz sentido. Podemos qualificar de irracional o dado irredutível, isto é, aquelas coisas que o nosso pensamento não pode analisar e nem decompor em outros dados irredutíveis. Nesse sentido, todos os objetivos escolhidos pelo homem são, no fundo, irracionais. Não é mais nem menos racional desejar a riqueza como o fez Creso ou aspirar à pobreza como o faz um monge budista.

2 – O que os críticos têm em mente ao empregar o termo objetivos racionais é o desejo de maior bem-estar material e de melhor padrão de vida. Para saber se a sua afirmativa – de que os homens em geral e os nossos contemporâneos em particular estão mais interessados em mitos e sonhos do que em melhorar o seu padrão de vida – é ou não correta, basta verificar os fatos. Não há necessidade de muita inteligência para saber a resposta certa, e não precisamos aprofundar a discussão. Mesmo porque a economia nada tem a dizer a favor ou contra os mitos em geral; mantém a sua neutralidade em

relação à doutrina sindical, à doutrina de expansão dos meios de pagamento, e a todas as outras doutrinas, na medida em que os seus partidários as considerem e as defendam como mitos. A economia só lida com essas doutrinas na medida em que sejam consideradas como um meio para atingir determinados fins. A economia não afirma que o sindicalismo trabalhista seja um mau mito; afirma apenas que é um meio inadequado para aumentar os salários dos que desejam ter salários maiores. Compete a cada indivíduo decidir se prefere seguir o mito ou se prefere evitar as consequências inevitáveis que advirão de sua realização.

Nesse sentido, podemos dizer que a economia é apolítica ou não política, embora seja a base de todo tipo de ação política. Podemos ainda dizer que a economia é perfeitamente neutra em relação a todos os julgamentos de valor, uma vez que ela se refere sempre aos meios e nunca à escolha dos objetivos últimos que o homem pretende atingir.

3
O CONHECIMENTO ECONÔMICO E A AÇÃO HUMANA

A liberdade de o homem escolher e agir sofre restrições de três tipos. Em primeiro lugar, estão as leis físicas a cujas inexoráveis determinações o homem tem que se submeter se quiser permanecer vivo. Em segundo lugar, estão as características e aptidões congênitas de cada indivíduo e sua inter-relação com o meio ambiente; tais circunstâncias, indubitavelmente, influenciam tanto a escolha dos fins e a dos meios, embora nosso conhecimento de como isso se processa seja bastante impreciso. Finalmente, existe a regularidade das relações de causa e efeito entre os meios utilizados e os fins alcançados; ou seja, as leis praxeológicas, que são distintas das leis físicas e fisiológicas.

A elucidação e o exame formal dessa terceira categoria de leis do universo é o objeto de estudo da praxeologia e do seu ramo melhor desenvolvido até o momento, a economia. O conhecimento acumulado pela ciência econômica é um elemento essencial da civilização humana; é a base sobre a qual se assentam o industrialismo moderno, bem como todas as conquistas morais, intelectuais, tecnológicas e terapêuticas dos últimos séculos. Cabe aos homens decidirem se preferem usar adequadamente esse rico acervo de conhecimento que lhes foi legado ou se preferem deixá-lo de lado. Mas, se não conseguirem usá-lo da melhor maneira possível ou se menosprezarem os seus ensinamentos e as suas advertências, não estarão invalidando a ciência econômica; estarão aniquilando a sociedade e a raça humana.

Índice Remissivo

Ação humana, 31-179
  análise da, 123-131
  apriorística, 65-69, 93-96
  ação e cálculo, 245-247
  causalidade e, 46-53
  mudança e, 72-75, 269-275, 305
  consciente/propositada, 31-35, 50-53, 218-219
  cooperação e, 183-185, 340
  definição, 31, 40
  cálculo econômico e, 283
  conhecimento econômico (cognição) e, 999
  fins, metas e meios, 38-40, 123-127, 128, 246-259
  ambiente e, 74-75
  problema epistemológico da, 21-28, 54-101
  troca e, 129-131, 237-247
  orientada para o futuro, 133-134
  história e, 74-93, 473
  ideias e, 212-237
  individual, 65-75, 819-829
  herança e, 72-74
  insegurança e, 960-962
  instintos, impulsos, emoções e, 40-41, 52-54, 209
  juro (originário) e, 605
  utilidade marginal e, 152-163
  mercado e, 823-829
  significado da, 70-72, 88, 123-126
  cálculo monetário e, 279-283
  moeda e, 473-475
  moralidade, probidade, justiça e, 823-829
  motivos e, 91, 288-291, 295-300, 770-771, 835
  passado, influência do, 583-592
  pré-requisitos, 37-41
  psicologia e, 31-36
  realidade e, 65-69
  razão, pensamento e, 50, 62, 103-123, 218-221, 664n
  escassez e, 290-291, 607
  egoísmo e, 298, 770-771, 835
  especulação e, 87, 138-139, 146-148
  teoria da, 23-31
  tempo e, 131-138, 555-602
  dado irredutível, 41-43
  incerteza e, 87, 138-153
  valores e, 121-131, 246, 393-395.
  Ver também Cooperação.
Ação humana
  economia e, 21-30, 47-48, 995-999.
  Ver também Ação humana; Comportamento consciente/intencional; Cooperação; Interconexão; Economia de mercado/funcionamento do mercado
Acordos bilaterais, 549, 904-908
Agostinho, Santo, 64
Agricultura, 424, 431, 451, 455, 460, 752. Ver também Terra.
Ajuda externa, 573-575
Alemanha
  cartéis e, 429-431
  moeda, 497, 650
  nazismo e, 26, 107, 232, 326n., 799, 904n.
  padrão socialista, 548, 787, 816-817, 822, 859-860, 879, 936-937
  Volkswirtschaft (economia nacional), 384-388, 468, 595, 600, 727
  Guerras Mundiais, Primeira e Segunda, 632, 650, 921, 936-937
Alter ego, 48-52
Altruísmo, 576, 825
Aluguel (renda), 603, 725-727, 866-868
Amonn, Alfred Otto, 725n.
"Anarquia da produção", 295, 315, 664, 788
Anarquismo, 189, 236, 346n., 664-665
Anderson, Benjamin McAlester, 477n.
Animais, 31-38, 40-41, 52-53, 209
Anticíclicas, políticas, 902-904
Antropomorfismo, 99, 237
Apostas, 150-151
Apriorismo
  metodologia do, 62, 65, 93-98
  praxeologia e, 59-63, 93-94
  realidade e, 65-69
  tempo e, 131-138
Aquino, Santo Tomás de, 64
Aristóteles, 255, 958n.
Artistas, 296n., 726. Ver também Gênio
Asceticismo, 54, 119, 222-224
Assis, São Francisco de, 119, 197
Atividade bancária livre, 511-520
Austríacos, economistas, 23, 156, 571-573
Austríacos, Serviço de Poupança dos Correios, 517-518
Autarquia econômica, 205, 244, 325n., 378, 384-388, 850
  guerra e autarquia, 934-937

Automatismo (vs. ação consciente), 829-830
Avaliação e valoração, 393-397

Bailey, Samuel, 270
Baker, John Randall, 577n.
Balanço de pagamentos, 522-530
Banco central, sistema de. Ver Bancos/sistema bancário
Bancos/sistema bancário
  booms e, 639
  britânicos, 513, 532, 651
  centrais, 517, 531, 533, 539-540
  Federal Reserve Act de 1913, 649
  livres, 511-520
  internacionais, 550-553
  intervencionismo e, 504-520, 630-656
  liberalismo e, 514-515
  privados, 539
  suíços, 539-540.
  Ver também Expansão do crédito; Teorias do ciclo econômico; Moeda
Barone, Enrico, 798
Bastiat, Frédéric, 187n., 938
Beard, Charles e Mary, 718n.
Beethoven, Ludwig van, 120
Bens de capital (fatores de produção), 317-322, 566-570, 571-573, 695
  conversibilidade e, 580-592, 595-599, 640, 811-812
  empresários e, 354-390, 360, 361
  poupança e, 318, 611-613, 876-877, 948-960
  tempo e, 566-570, 570-576
Bens de produção. Ver Bens de capital; Fatores de produção
Bens
  consumidores, 126-127, 395-400, 566-570
  econômicos, 126
  livres, 126
  conhecimento (receitas, fórmulas, etc.), 164, 427, 753
  lei dos rendimentos e, 163-167
  imateriais (serviços), 127, 177-179, 287-289
  ordens (tipos) de, 126-127, 395-396.
  Ver também Bens de capital
Bentham, Jeremy, 217, 238, 767, 938, 942
Berdyaew, Nicolas, 769n.
Bergmann, Eugen, 254n.
Bergson, Henri, 60n., 78, 135n., 271n.
Bernard, Claude, 54n.
Bernoulli, Daniel, 161-162

Beveridge, William Henry, 872
Bimetalismo, 545-546, 884-886
Bismarck, Otto, 385, 430, 922
Bodin, Jean, 283, 927
Böhm-Bawerk, Eugen, 159, 252n., 311n., 318, 396, 556-558, 563-565, 605-609
Bolsa de valores: expansão do crédito e, 896-902
  especulação e, 596-599
Bomba atômica, 939
Bonald, Louis, 977
Bonaparte, Luís Napoleão, 759
Bonar, James, 761n.
Booms/explosões econômicas
  características dos, 633-645, 901-902
  curso dos, 639-645, 654-660, 901-902
  crack-up boom, 496, 506, 635, 901.
  Ver também Expansão do crédito; Teorias do ciclo econômico
Brentano, Lujo, 710
Brunner, Emil, 768n.
Budismo, 54
Burke, Edmund, 977
Burocracia, gerência burocrática, 363-372

Cairnes, John Elliott, 254, 720n.
Cálculo
  ação e, 130, 245-246
  monetário, 281-283, 493-495
  socialismo e, 795-815
  valoração e, 130, 251-258.
  Ver também Cálculo econômico.
Câmbio/divisas estrangeiras
  balanço de pagamentos e, 522-530
  acordos bilaterais, 904-908
  controle de, 597-598, 904-908
  fundos de estabilização de câmbio (*foreign exchange equalization accounts*), 534-535, 891
  drenagem de recursos para o exterior e, 511, 535, 550, 651, 900-901
  poder aquisitivo e, 527
  especulação e, 529
  comércio e, 524-530, 531-532.
  Ver também Moeda; Comércio doméstico e exterior (internacional)

Índice Remissivo

Cannan, Edwin, 614n.

Cantillon, Richard, 23

Capital, consumo de, 319, 610-611. Ver também Mau investimento; Retrocesso econômico

Capital
  contabilidade, 282, 317-322, 567, 592-595, 599-602, 695
  acúmulo de, 318, 570-580, 599-602
  consumo de, 319, 610-611
  conversibilidade de, 580-583, 586, 591
  corrida ao, 597-598
  mercado internacional e, 577-580
  moeda e, 599-602
  capital social, *Volkswirtschaftliche* (capital nacional), riqueza, 322, 600-603

Capitalismo, 322-328, 674
  incapacitação/incapacidades e, 206, 945.
  Ver também Bens de capital; Cálculo; Empresários/promotores; Revolução Industrial; Investimentos; Mercado; Moeda; Lucros/ perdas, Poupança

Capitalista, definição de, 311, 371-374

Caridade, 297, 689, 945-948

Carlyle, Thomas, 30, 741

Cartéis, 424, 427-431, 518, 681

Casey, R. P., 114n.

Caso, probabilidade de, 144-148

Cassel, Gustav, 242n.

Cassirer, Ernst, 65n.

Castas, sistema de. Ver Privilégios

Cataláctico, desemprego, 681-685

Cataláxia, 23, 253-313, 737

Causalidade, 47-48, 50-51, 52-53, 141, 259. Ver também Teleologia

Censura, 383, 833-834

Cernuschi, Henri, 518

Chamberlin, Edward H., 383n.

Chasles, Philarete, 238

Cheyney, Edward Potts, 69n.

Ciclo econômico, 255, 617-668, 657, 898, 901.
  Ver também Expansão do crédito; Teorias do ciclo econômico; *Booms*/explosões econômicas; Mau investimento

Ciclo milho suíno (*corn-hog cycle*), 669

Ciência
  econômica vs. física, 27-28, 30, 46, 49, 76, 84, 93-98, 257, 270, 995-996
  história e, 76, 95-98

natural, 58, 87-88, 216-218, 728, 761n.
  Ver também Ação humana; Economia; Praxeologia; Pesquisa

Ciências físicas/naturais, 23, 58-59, 69, 87-88, 97-98, 129, 141, 216-218, 261-262, 728-729, 761n.

Ciências sociais: Ver Ação humana; Economia; Praxeologia

Coletiva, negociação. Ver Trabalho Comércio doméstico e exterior (internacional)
  antigamente, 868-869
  cartéis e, 424, 428-431, 518, 681
  livre, 112-116, 199-205
  lei de associação de Ricardo, 201-205.
  Ver também Câmbio/divisas estrangeiras; Comércio internacional; Economia de mercado/ funcionamento do mercado; Protecionismo

Comércio internacional
  balanço de pagamentos, 522, 553, 895
  acordos bilaterais, 904-908
  britânico, 111-113
  mercado de capitais, 577-580
  moeda, câmbio/divisas estrangeiras e, 520-530.
  Ver também Câmbio/divisas estrangeiras; Comércio doméstico e exterior (internacional); Protecionismo

Companhias
  intervenção e, 909-916
  organização de, 366-369, 614n., 805-806.
  Ver também Empresários/promotores; Lucros/ perdas

Comportamento consciente/intencional, 31-37 742-743, 995-999. Ver também Ação humana

Compreensão da história: 78-87, 98, 118-121, 146, 149, 152

Conexidade dos preços, 456-457. Ver também Interconexão

Conferência de Bretton Woods, 552

Confisco (contínuo), 909-916
  risco empresarial e, 914-916
  tributação e, 911-916

Conflito (e harmonia) de interesses, 757-785

Confusão semântica, 327-329, 347, 424-425, 492-493, 951

Conquista, 740-742, 927. Ver também Guerra

Conselho Mundial de Igrejas, 769n.

Conservação, propriedade privada e, 746-750, 749n.

Consistente, moeda. Ver Moeda, poder aquisitivo

Construções imaginárias, 252-256, 291, 313
  autísticas (isoladas/autossuficientes), 256, 299-300
  economia uniformemente circular, 300-312, 391
  moeda e, 252-256, 484-487
  socialismo e, 785-795
  sociedade socialista e, 785-795
  estado de repouso e, 300-306
  economia estacionária e, 307-308, 312-313, 354-355

Consumidores
  publicidade e, 381-383
  interferência governamental e, 832-836
  preços monopolísticos e, 449-452
  política dos, 375-380
  soberania dos, 92-93, 296, 316-317, 328-331, 359-360, 370, 371-376, 575, 696, 740, 777, 828-829, 950-951

Consumo, produção, 359, 360, 372-376, 740.
Ver também Consumidores, soberania dos; Empresários/promotores.

Contabilidade de partidas dobradas, 283, 364-366

Contabilidade, cálculo monetário
  capital, 281-282, 317-322, 566, 592-593, 598-599
  contabilidade de custo, 400-412
  método, 262-265

Contabilidade, 262-265, 276, 282, 364-366

Contratual, sociedade, 242-245, 342-343, 577, 722-735

Controle de preços: 460-462, 859-871

Conversibilidade de bens de capital, 580-582, 587, 591

Cooperação monetária internacional, 550-553

Cooperação
  governo e, 338-347
  social, 183-218, 241-251, 340-343, 760, 815, 997
  socialista (fora do mercado), 785-815
  Ver também Trabalho, divisão de; Economia de mercado/funcionamento do mercado

Copérnico, Nicolau, 88, 230

Corn Laws **britânicas,** 113

Corporativismo e sindicalismo, 917-921

Corrida aos bens/valores reais, 496, 506, 639.
Ver também Inflação/inflacionismo

Corrupção política, 834-836

Crack-up boom **(alta desastrosa),** 496, 506, 639

Crédito
  circulação, 504, 509, 651-656, 906
  mercadoria, 503-504
  contração do, 646-650
  manipulação do, 883-909
  controle qualitativo do, 899-900

Credores vs. devedores, 618, 619-620, 886, 895

Creso, 911, 998

Cristianismo, 64, 823, 826. Ver também Religião

Curso legal, moeda de, 505n., 520, 522, 546, 883, 885, 886-888. Ver também Moeda, tipos de Custo
  contabilidade, 401-412
  definição, 130, 461
  externo, 746-753
  fixo, 408, 410
  lei da vantagem comparativa, 199-205

Custos/benefícios externos, 746-755

Dado irredutível
  instintos animais e, 53
  história e, 88-89
  ação humana e, 41-43, 46, 53, 128
  Ver também Causalidade; Teleologia

Dámocles, espada de, 619

Darwinismo, 212, 216-218

Davanzati, Bernardo, 283

Deflação/deflacionismo, 490-493, 646-650, 888.
Ver também Teorias do ciclo econômico; Inflação/inflacionismo; Moeda

Demanda, elasticidade da, 85, 414. Ver também Medição

Democracia do mercado, 330, 451, 743n., 775.
Ver também Economia de mercado/funcionamento do mercado

Democracia política
  defesa da, 107n., 190, 217, 959
  século XVIII, 216
  eleições na, 743n., 951
  controle majoritário, 107, 193, 234, 238, 959
  Ver também Governo

Depressões econômicas. Ver *Booms* econômicos/explosão econômica; Ciclo econômico

Desemprego
  cataláctico, 654-656, 568-685
  friccional, 685
  institucional, 685, 700-702, 872, 877-878, 880-881, 892-893, 895-897
  tecnológico, 173-174, 875-876
  salários e, 430-431, 695-696, 872-873

Índice Remissivo 1005

Desenvolvimento/progresso econômico, 28-30, 183-185, 193-195, 206, 207, 354-360, 517-576, 577, 688-689, 706n., 716-723, 775-777, 943-945, 948-960. Ver também Revolução Industrial; Investimentos; Poupança

Desigualdade, 121, 171, 197-199, 216-218, 948-960
riqueza, renda e, 347-349, 837-839
Ver também Cooperação; Lei de associação de Ricardo; Igualdade perante a lei

Desutilidade do trabalho. Ver Trabalho

Desvalorização, 539-540, 891-897. Ver também Moeda

Deus/Criador/deuses/divindade, 21, 98, 103, 183, 187-188, 191, 196, 197, 207-208, 216, 217, 295, 524, 765, 789, 823-824, 833, 934, 947, 993

Dewey, Thomas E., 86

Dickinson, Henry Douglas, 804n., 807n.

Dietz, Frederick Charles, 709n.

Dietzgen, Eugen, 105n.

Diferenciais, equações, 808-815. Ver também Economia matemática/quantitativa

"Dinheiro quente" (*hot money*), 538-540

Direitos autorais, 336, 427, 449-450, 753-754, 773

Direitos naturais, 217, 344

Distribuição funcional vs. mercado, 311, 311n., 400, 457-459, 909-910

Ditadura, 147, 191-193, 226, 743, 786, 959-960
socialismo mundial, 336
Ver também Governo; Totalitarismo

Dívida interna (nacional), 956-958. Ver também Governo.

Dívida pública, 277-280, 956-958

Dívidas, agravamento ou redução das, 619-620, 886-888, 895. Ver também Taxa de juros, teoria da; Empréstimo de recursos

Divisão do trabalho. Ver Trabalho

Dorn, Walter Louis, 706n.

Douglas, Clifford Hugh, 231

Douglas, Paul, 414

Drenagem de recursos para o exterior, moeda e, 511, 531, 535, 550, 651, 900-901

Drogas, proibição das, 833-834

Duopólio, 426-427. Ver também Monopólio

Econometria, 412-414. Ver também Economia quantitativa/matemática; Medição

Economia de mercado/funcionamento do mercado, 287-313, 315-388, 371-376, 737-755
autonomia do mercado, 859
capitalismo e, 322-329
acusação contra a, 941-943
cataláxia e, 287-313, 683-685
mudança, ajuste à, 152, 371-376, 743-745
consumidores e, 328-332, 359-360, 371-376, 696, 740, 823-829
democracia do mercado, 330, 451, 743n., 775
governo e, 815-836, 859-868, 965-971
desigualdade e, 948-960
propriedade privada e, 741-742, 746-753, 775-777
produção e, 315-317, 349-360
ciclo econômico e, 656-659
guerra e, 931-934
estado provedor e, 941-963
Ver também Competição; Moeda; Preços/formação dos preços; Lucro/perdas; Valor/valores

Economia mista, impossibilidade de uma, 316-317, 815. Ver também Economia de mercado obstruída; Intervenção; Política (solução) intermediária

Economia quantitativa: Ver Economia quantitativa/matemática; Medição

Economia quantitativa/matemática
equações diferenciais, 416, 419, 808-815
equação de troca, 306, 481
equilíbrio, 306, 418
método da, 152, 306, 391-393, 412-419, 441-443, 798-799, 808-815
"velocidade de circulação", 468, 496
Ver também Medição; Estatística

Economia uniformemente circular (construção imaginária)
definição, 302-306, 309-312
juro e, 605, 613, 617
terra e, 660n., 734n.
moeda e, 483-486
preços e, 391, 417-418, 660n.
estado de repouso e, 300-306

Economia: 981-994, 995-999
definição, 23-30, 251, 276n., 287, 324, 419, 461, 570-571, 668, 975-979, 982, 988-993, 996-999
negação da, 23-30, 289-291
educação e, 981-994, 988
epistemologia e, 23-27, 57-103
previsão econômica e, 152-153, 985-987
liberdade e, 993-994
vida/ação humana e, 995-999
sociedade regida pelas leis de mercado e, 287-785

Economia quantitativa/matemática, 808-815
metodologia (modo de proceder) da, 93-98
probabilidade e, 140-149
opinião pública e, 975-977
razão e, 121-123
religião e, 98-99
ciência da, 23-30, 276n., 287-292
teoria da, 27-30, 988
objetivos finais e, 46, 128
ausência de julgamento de valor, 30, 46-47, 996-999
julgamentos de valor e, 30, 46, 358, 996-999
Ver também Ação humana; Mercado/funcionamento do mercado

Econômica, história, 54n., 276n., 391-393, 413, 743-745

Econômicas, médias, 273-274

Econômico, atraso, 762-764, 846-848. Ver também Desenvolvimento econômico/progresso; Revolução Industrial

Econômico, cálculo, 245-246, 246-283, 395-401, 410, 795-815
comércio e, 364-369
ouro/prata e, 276
moeda e, 252, 256, 262-265, 275-276, 281-283, 317, 493-495, 567, 592
socialismo e, 795-815, 968-971

Eddington, Arthur Stanley, 86n., 261n.

Educação, 375, 711-712, 986-988
economia e, 981-994

Ego, 31, 48-52, 71

Ehrlich, Paul, 801

Einstein, Albert, 66, 136n.

Eleições, 743n. Ver também Democracia política

Ellis, Howard, 477n.

Ely, Richard T., 422n., 605n., 841n.

Empatia vs. compreensão, 79, 119

Empirismo, 59, 98. Ver também Ciências físicas/naturais

Empresários/promotores
atividades dos, 278, 281, 307-313, 389-391, 397-399, 668, 808, 913
expansão do crédito e, 633-634, 668
definição, 90, 349-361, 363-372, 583, 679-680
economia uniformemente circular e, 305-306, 309-312
juros e, 618-620
monopólio e, 422, 442
lucros/perdas e, 349-363, 461, 596, 613, 846n.
economia estacionária e, 312-313
Ver também Consumidores; Economia de mercado/funcionamento do mercado; Preços/formação dos preços; Lucros/perdas

Empréstimo de recursos
bancos e, 530-540
governo e, 276-279, 579
risco e, 618-624, 886-888, 895-897
guerra e, 932
Ver também Expansão do crédito; Taxa de juros, teoria da; Preferência temporal

Encaixes, 470, 478, 483-484, 485, 499, 520-522, 535-536, 599, 649. Ver também Moeda

Engels, Frederick, 106, 115, 174, 206, 244n., 290n., 325, 676n., 690n., 768. Ver também Marx/marxismo

Engenharia social, 146-147, 384-387, 430-431, 687-688, 698-702, 844-848, 892, 941-963, 965-968. Ver também Ditadura; Planejamento econômico; Totalitarismo

Englis, Karel, 50n.

Entesouramento, 446n., 470-471, 600-603

Epicurismo, 40, 187

Epistemológicos, problemas, 23-27, 57-103
moeda e, 473-476

Equação de troca, 419, 467, 481. Ver também Economia quantitativa/matemática

Equilíbrio, 306, 357, 419, 486-487, 808-815. Ver também Economia quantitativa/matemática

Erro, luta contra o, 228-231

Escala de necessidades/valores, 127-130

Escola Bancária (*Banking School*), 509-510, 515, 651

Escola Historicista, historicismo, 23-26, 92, 111, 252n., 256, 326, 691, 738, 798, 862-863

Escolha, 23, 74. Ver também Ação humana; Valor/valores

Escravos/escravidão/servidão, 243, 342, 717-723, 927, 942

Especiais, interesses. Ver Interesses estabelecidos (constituídos); Privilégios

Especialização. Ver Trabalho, divisão de

Especulação, 306, 309-310, 363, 389-390, 398, 668
mudança e, 743-746
socialismo e, 770, 805-808
bolsa de valor e, 596-599
incerteza e, 138-139, 146-147, 596
Ver também Ação humana; Empresários/promotores

Espinas, Alfred, 23n.

Estabelecidos (constituídos), interesses. Ver Interesses estabelecidos (constituídos); Privilégios

Estabilização/segurança vs. mudança, 270-281, 487, 960-962

Estacionária, economia, 304, 307-308, 312-313, 354-355

Estado de repouso, 300-306

Estado provedor vs. mercado, 941-963. Ver também Engenharia social; Justiça/reforma social

Estados Unidos
sindicatos e, 881, 920-921
moeda, crédito e, 435, 553, 635, 641, 649
New Deal, 431, 451, 635, 881, 925
impostos e, 653, 966-967
Segunda Guerra Mundial e ajuda externa, 552-553, 931

Estatismo, 225, 788, 792, 821

Estatística: 57n., 89, 391-393, 397, 407-408, 412-419
índices numéricos, 272-275
preços e, 391-393, 412-414, 743
Ver também Economia quantitativa/matemática

Estatolatria, 276, 938-939. Ver também Governo; Nacionalismo

Ética. Ver Moralidade/ética

Etnólogos, 116-117

Eudemonismo, 40, 46

Evolução
biológica, 237
lógica e, 60-64

Excesso de consumo, 656. Ver também Mau investimento

Excesso de investimento, 639-641. Ver também Mau investimento

Expansão do crédito
definição, 504, 513n., 896-902
efeitos da, 630-645, 896-902
inflação vs., 649-651
pressão sobre a, 547, 550, 879
Ver também Teoria monetária, ou do crédito circulante, relativa ao ciclo econômico

Experiência histórica (empírica), dados históricos, 57-59, 68-69, 87-88, 94, 97-98. Ver também Ciências físicas/naturais

Exterior, comércio. Ver Comércio doméstico e exterior (internacional)

Fabianismo inglês, 862, 921

Fabril, sistema, 706-707. Ver também Revolução Industrial; Tecnologia

Fácil, dinheiro. Ver Expansão do crédito

Fairchild, Fred Rogers, 921n.

Fascismo, 917

Fatores de produção (bens de ordens superiores), 126-127, 395-401
fatores originais (de natureza não humana), 725-737
disponíveis (capacidade não utilizada) em um *boom,* 659-661
Ver também Bens de capital; Bens

Federal Reserve Act **de 1913,** 648

Felicidade, 39-40

Ferguson, Adam, 244n.

Fetter, Frank Albert, 320n., 330n., 565, 725n.

Feudalismo, 827, 927-928

Feuerbach, Ludwig, 40

Fichte, Johann, 821

Fiduciária, moeda, 503, 504-515, 631, 650. Ver também Moeda

Finais, causas. Ver Teleologia

Final, estado de repouso, 301-303

Fisher, Irving, 255, 272, 419n, 468n, 513-514, 565, 622n.

Físicas, ciências. Ver Ciências físicas/naturais

Fisiocracia francesa, 29

Flaubert, Gustave, 326n.

Foch, Ferdinand, 590

Fourier, Charles, 100, 101n., 174, 295

Franklin, Benjamin, 110n.

Freud, Sigmund, 62

Friccional, desemprego, 685

Führer, princípio de liderança, 792, 871, 959. Ver também Ditadura

Fullarton, Princípio de, 515

Fundo Monetário Internacional, 553, 895

Futuro: Ver Mudança; Cálculo econômico; Especulação; Incerteza

Galileo, Galilei, 68, 230

Garbo, Greta, 712

Gênio criador. Ver Gênio

Gênio, 75, 121, 171, 175-176, 296n., 326, 375, 753

Gerência burocrática vs. lucro/perda, 363-372, 805-810, 919, 968-970. Ver também Cálculo econômico; Lucros/perdas

Gesell, Silvio, 896

Gestaltpsychologie, 74-75, 184

Giddings, Franklin Henry, 184n.

Godwin, William, 100n.

Goethe, Johann Wolfgang, 283

Gordon, Manya, 739n.

Gossen, Hermann Heinrich, 160, 396, 798

Governo (domínio) da minoria, 235, 236n. Ver também Governo majoritário

Governo majoritário, 107, 189, 193, 238, 743n. Ver também Democracia política; Governo da minoria

Governo mundial, 279, 781, 931. Ver também Organizações internacionais

Governo
  autocrático, 785-786
  gerência burocrática, 368-371
  coerção, 101-103, 189, 233-234, 344, 818, 821, 824
  confisco e redistribuição, 909-916
  corrupção e, 834-836
  dívida/vínculos/empréstimo, 276-279, 537, 619, 954, 956-958, 960
  democrático, governo majoritário, 107, 189-190, 193, 234, 238, 743n., 958-959
  laissez-faire vs. planejamento, 829-831
  liberalismo e, 189, 338-347
  licença e, 432, 753-755
  mercado e, 815-836, 859-881
  moeda e, 883-936
  necessidade de um, 101-103, 189, 344, 818, 825
  Ver também Intervenção; Monopólio, governo e; Socialismo; Totalitarismo

Gregory, T. E., 547n.

Greidanus, Tjardus, 499n.

Gresham, lei de, 283, 522, 861
  na prática, 505n., 884-887, 889, 904

Grillparzer, Franz, 176

Grotius, Hugo, 927

Guerra, 938-939
  autarquia e, 934-936
  serviço militar obrigatório, 342
  de defesa, 342-343
  economia de, 938-939
  financiamento da, 279-280, 342, 931-934
  livre comércio vs. nacionalismo e, 578-580, 759, 781-785, 929-931, 938-939
  inutilidade da, 938-939

  história da, 740-743
  socialismo e, 931-934
  tecnologia e, 590
  total, 210-211, 927-931

Guerras Mundiais, Primeira e Segunda, 433, 540, 590, 632, 650, 904n, 921, 930, 933-934, 936-937

Guerras/conflitos
  Guerra Civil Americana, 936
  Revolução Americana, 497
  Revolução Francesa, 346n., 497, 928-929
  Guerras Napoleônicas, 590, 929-930
  Guerra dos Sete Anos (1756-1763), 706n.
  Guerras Mundiais, Primeira e Segunda, 540, 590, 632, 650, 921, 930, 933-934, 936-937

Guilherme II, imperador (Alemanha), 91

Haberler, Gottfried, 634n., 899n.

Hahn, Albert, 879n.

Haller, Karl Ludwig, 977

Hammond, John Lawrence e Barbara, 705n., 709

Haney, Lewis Henry, 727n.

Hansen, Alvin Harvey, 830n.

Harmonia e conflito de interesses, 757-785, 825-829

Hayek, Friedrich August, 336n., 338n., 419n., 466n., 573n., 593n., 607n., 661n., 807n., 812n., 875n., 957n.

Hazlitt, Henry, 751n., 879n.

Hedonismo, 39, 46

Heekscher, Eli F., 757n.

Hegel, Georg Wilhelm Friedrich, 54, 103, 105, 191, 790-791, 821, 939. Ver também Marx, Karl

Hegemônicos, vínculos (cooperação em virtude de comando), 242-245, 342, 577, 722

Heráclito, 215

Herzfeld, Marianne, 540n.

História, 74-93, 975-977
  capitalismo, propriedade privada e, 29, 322-329, 571-575, 693-696, 701-702, 777
  tipos ideais e, 88-93
  ideias e, 115, 976
  visão inflacionista da, 540-545
  julgamentos de relevância, 86-87, 121
  natural e humana, 87-88
  origem da ideia socialista e, 785-789
  praxeologia e, 53-54, 57-59, 69, 88

compreensão e, 79-80, 80-87, 119-120, 149
ausência de julgamento de valor, 76-80
guerra, conquista e, 740-742

Hitler, Adolf, 107, 115, 741, 904n.

Hoff, Trygve J. B., 807n.

Hogben, Lancelot, 109n.

Holismo, 21, 184-197, 467

Homem econômico vs. homem real, 92-93, 295-299, 742

Homem econômico. Ver *Homo oeconomicus*

Homem
  agente, 31-54, 742-743
  econômico, 91-93, 296, 742
  primitivo, 60-61, 63-65, 184-186, 688
  Ver também Ação humana; Desigualdade

Homme moyen (homem médio), 742

Homo: agens, 38; *oeconomicus*, 92-93, 296, 742
  sapiens, 38, 50, 60

Hume, David, 23, 104, 187, 255, 484-487, 759

Husserl, Edmund, 134n.

Hutt, William Harold, 679n., 681n., 872n.

Id, 36, 996

Ideais, tipos, 88-93, 307-311

Idealismo "utópico", 22, 100, 103, 943. Ver também Justiça social/reforma

Ideias
  inovação/invenção, 175-176, 375, 588-590, 753-754
  papel das, 75-76, 221-238

Ideologia
  influência da, 28, 228-231, 739
  Realpolitik e, 234
  tradicionalismo e, 236
  visão de mundo e, 222-236
  Ver também Ideias; Marx, Karl; Poder; Polilogismo

Igualdade perante a lei, 950-951. Ver também Governo; Desigualdade; Justiça

Iluminismo, época do, 294

"Impiedoso", individualismo, 343, 825

Imputação física, 571

Incerteza, 134-135, 138-152, 353-354, 985-987

Inconsciente vs. subconsciente, 35-38

Índia, 54, 235-236

Índices numéricos, 272-275, 513-514. Ver também Medição

Indireta, troca, 465-554. Ver também Moeda

Individual, variação e, 75-76
  liberdade e, 338-347
  mercado e, 375-379
  sociedade e, 183-185, 206-207, 222-228
  Ver também Ação humana; Cooperação

Individualismo
  coletivismo vs., 192, 829-831
  metodológico, 69-70, 71
  "impiedoso", 343, 825

Indústrias novas, 587-588

Infantil, trabalho, 701, 702, 707, 847

Inflação/inflacionismo, curso da, 496-497
  expansão do crédito e, 650-651
  redução/agravamento da dívida e, 886-888
  definição, 490-493
  efeitos da, 476-487, 540-545, 627-646, 932
  taxas de câmbio e, 529-530
  Alemanha e, 632, 650
  taxa de juros e, 630-645
  Ver também Moeda

Inglaterra
  leis dos bancos da, 510, 517, 651
  capitalismo na, 709
  Corn Laws, 113
  Escola Monetária e, 255, 513, 651
  deflação, 648-649
  economistas da, 29, 187, 573n.
  fabianismo, 862, 921
  livre comércio e, 112-116
  padrão-ouro, 546
  crises monetárias, 540, 886, 888, 892-897
  Peel Act (1849), 652
  planejamento e socialismo, 812, 831, 921-922
  sistema *Speenhamland* e, 688n.

Insegurança, 960-962

Instintos e impulsos, 36, 40-41, 52-53, 211-218, 996

Institucionalismo, 23, 256, 738, 798, 862

Interconexão (concatenação) do mercado, 21-22, 283, 456-457, 739, 743, 862, 872, 988, 999

Interesses
  harmonia e conflito de, 757-785, 823-829
  "corretamente entendidos", 766-775
  de curto prazo vs. de longo prazo, 114, 356, 743-745, 850-851, 895-896, 956-957
  estabelecidos (constituídos), 327, 335, 399, 961

Intergovernmental Commodity Control Agreements, 432n.

Intervenção, governamental
  consumo e, 832-834
  corrupção e, 834-836

crise de, 965-971
trabalho, salários e, 701-702
mercado e, 375-379, 815-916
moeda, sistema bancário e, 440-442, 617-668, 883-909
New Deal e, 376, 431, 925
preços e, 419-443, 859-881
poupança, propriedade privada e, 965-968
Ver também Tributação

Intolerância, 188

Inveja, 122

Investidor, mobilidade do, 596-599

Investimento, mau, 459-460, 639-641, 644, 656-659, 666. Ver também Expansão do crédito; *Booms*/explosões econômicas

Investimentos no estrangeiro, 573-575, 577-580

Investimentos
conversibilidade/inconversibilidade e, 408, 459, 580-582, 585, 591-592, 655-656
no estrangeiro, 571-575, 577-580, 586-588, 591
especulação e, 596
Ver também Mau investimento; Poupança

Irracionalidade, 44-47, 136-138, 998. Ver também Racionalidade; Dado irredutível; Valor/valores

James, William, 196

Jefferson, Thomas, 91-92

Jevons, William Stanley, 157, 558, 564, 574n., 664, 902

Jogos de azar, 140, 142-144, 146, 149-155

Jogos, 150-151

Justiça social/reforma, 822-823, 823-829, 838, 962-963

Justiça, 187, 819-820, 823-829. Ver também Moralidade/ética; Justiça social/reforma

Justo, preço, 826, 827

Kant, Emanuel, 64

Kaufmann, Felix, 66n., 137n.

Kautsky, Karl, 174

Kempis, Thomás de, 267

Kepler, Johannes, 88

Keynes, John Maynard
moeda, padrão-ouro e, 545n., 895
inflação e, 540, 545
desemprego, trabalho e, 628n., 879, 895-896
gastos e, 501, 844, 904n., 959

Knight, Frank H., 96n., 352n., 569n., 957n.

Ku Klux Klan, 881

Laissez-faire
Revolução Industrial e, 705-708
significado de, 829-832
paz e, 929-931, 934, 937
produção e, 28-29, 706-708, 848, 948-951

Landauer, Carl, 800n.

Lange, Oskar, 804n.

Langlois, Charles Victor, 79n.

Laski, Harold, 831

Lassalle, Ferdinand, 955n., 959

Laum, Bernard, 325n.

Lavoisier, Antoine Laurent, 230

Lei de ferro dos salários, 45n., 689-690, 760, 846

Lei de Weber-Fechner da psicofísica, 161-163

Leibniz, Gottfiied Wilhelm, 38n.

Leis de associação (de Ricardo), 199-205, 209-210, 217
custos comparativos, 106, 199-205
utilidade marginal, 155-163
população (malthusiana), 45n., 165, 217, 760-765
praxeologia, 862-863
preço, 393-401, 401-412
regularidade (lei de Gregory King), 283
rendimentos, 163-167, 403-412
Ver também Gresham, lei de; Economia/funcionamento do mercado

Lend-lease (*Lend-lease Act*, empréstimos e arrendamentos), 552

Lênin, Nikolai, 115, 741, 969

Lerner, Abba, 912n.

Lévy-Bruhl, Lucien, 63-64

Liberalismo
sistema bancário e, 511-520
definição, 186-187, 193-197, 950-951
progresso econômico e, 29, 193-195
liberdade e, 343-347
filosofia do, 216, 785-786, 950-951, 977-979
praxeologia e, 193-195
religião e, 187-188, 195-197, 227-228
cooperação social e, 184-193, 823-829
Ver também *Laissez-faire*

Índice Remissivo

Liberdade, 338-347
 competição e, 333-335
 inimigos da, 183-193, 832-834
Licenças, 432, 755-756
Liga das Nações, 780-785, 931
Lincoln, Abraham, 84
List, Frederick, 112
Livre comércio. Ver Comércio doméstico e exterior (internacional)
Livre-arbítrio, 75
Locke, John, 38n.
Lógica, 49-50, 60-63, 63-65, 116-118, 133, 288-231
Lógicos, positivistas, 800n. Ver também Positivismo
Lorenz, Max Otto, 605n., 841n. Ver Lucros/perdas
Lozovsky, A., 873n.
Lucros, participação nos, 920
Lucros/perdas
 contabilidade e, 262-265, 727
 condenação dos, 360-361
 empresariais, 349-363, 397-400, 461, 757-759, 846n., 985-986
  ilusórios/imagináveis, 493-495
  mercado e, 757-759
  mudanças, moeda e, 493-495, 627-630, 650-651
   ganho monopolístico vs., 422-424
  psíquicos, 130-131, 256, 295-299, 349
  tributação e, 297n., 914-916
  guerra e, 933-934
  Ver também Empresários/promotores
Lutz, Harley, 839n.
Lysenko, Trofim Denisovich, 577n.

Machlup, Fritz, 599n., 654n., 900n.
MacIver, Robert Morrison, 184n.
Maistre, Joseph, 977
Malthus, Thomas Robert, 45n., 165, 217, 760-765
Manchesteriano, 822, 929, 934, 938
Mangoldt, Hans Karl Emil, 351n.
Marginal, produtividade, 356-358, 682-683.
 Ver também Competição; Preços/formação dos preços; Lucros/perdas
Marginal, utilidade, 155-163, 471, 520, 725.
 Ver também Valor/valores

Marshall, Alfred, 452n.
Marshall, John, 840
Marx, Karl, ideias de (marxismo)
 "anarquia de produção," 664
 capitalismo e, 192, 323, 326-328, 701
 interesses de classe, 767-768, 768n.
 comunismo e, 739n.
 crises econômicas, inerentes ao capitalismo, 664
 doutrina da exploração, 361, 690-694, 874
 doutrina sobre ideologias, 25, 29, 54, 107-116, 257, 290, 317, 789-792, 991
 trabalho, salários e, 690-694, 696-697, 698, 978
 polilogismo, 106-116, 789
 produção e, 179
 produção para o consumo/produção pelo lucro, 359
 proletariado e, 105, 115, 119
 propriedade e, 326, 577, 790
 ataque à razão, 25, 103-121
 religião, "ópio das massas", 114
 socialismo e, 317, 323, 326, 767, 772, 789-795
Massa, produção em, 674, 707-708. Ver também Capitalismo; Sistema fabril
Materialismo vs. "valores superiores", 27-28, 41, 48-52, 194, 195, 238, 265-268
Maupassant, Guy de, 326n.
Maximização dos lucros, 164, 295-300
Maxwell, James Clark, 108
McDougall, William, 40n.
Medição econômica, 84-85, 158, 255, 255-258 270-275
 renda/riqueza nacional, 268
 Ver também Economia quantitativa/matemática; Estatística
Medição econômica: Ver Economia quantitativa/matemática; Medição; Estatística
Medidas monetárias não ortodoxas, pessoas que defendem. "*Monetary cranks*", 231
Medieval, escolasticismo, 821, 960
Meio ambiente e herança, 75
Meio de troca, 68, 260, 465. Ver também Moeda
Meios e fins da ação. Ver Meios e fins
Meios e fins, 54, 25-127, 246, 259, 281, 338, 555, 576. Ver também Ação humana; Cooperação
Meliorismo, 236-238, 790-791
Menger, Carl, 157, 159, 396, 473-476
Mentalidade anticapitalista, 123, 326-327, 619-620, 674-675, 701, 836n.

Mercado de crédito (mercado de empréstimos), 471, 606, 617, 624-627, 650-655, 663

Mercantilismo, 82, 524, 528, 727, 757

Metafísica, 41, 50, 58, 59, 184-197

Metáforas, uso de, 149, 152, 331-332, 532, 829-831

Methodenstreit (disputa sobre método), 24

Método estático, 304-305, 418. Ver também Equilíbrio

Metodologia
  dualismo, 42
  econômica, 23-27, 44-47, 80
  individualismo, 69-71
  monismo, 42, 50, 815
  singularismo, 72-75

Meyers, Albert, 743n.

Meyerson, Emile, 66n.

Mill, John Stuart, 23, 141, 255, 484-487, 573n., 771n.

Mises, Ludwig, 40n., 54n., 232n., 255n., 323n., 371n., 469n., 477n., 565n., 579n., 771n.,807n.

Misticismo, 63-64, 110, 207-210

Mitchell, Billy, 590

Mitchell, Margaret, 718n.

Mobilidade de investimentos, 575, 579, 580-587, 591

Mobilidade/migração de trabalhadores, 173n., 441, 715-716, 929-931

Moeda (dinheiro), tipos de nota bancária, 508-511, 517-518, 522n.
  certificado de moeda, 503, 505, 509
  moeda-bancária, 517
  moeda-mercadoria, 497-498, 503
  moeda-crédito, 498
  definição, 253, 260-261, 465, 468
  moeda-*fiat*, 498, 650
  moeda fiduciária, 503, 504-515
  ouro/em espécie/barra de ouro, exportação/importação, 520-530, 553
  "dinheiro quente", 537-540
  moeda de curso legal, 505n., 520, 522, 883-888
  moeda neutra, impossibilidade de uma, 253, 305, 465-466, 484-487, 491, 511
  papel-moeda, 491, 889
  metais preciosos (ouro/prata), 497
  meios de troca secundários, 535-540, 883
  substitutos da, 502-504, 505n., 517
  moedas fracionárias, 503
  Ver também Expansão do crédito

Moeda (troca indireta), 94-95, 253, 465-553
  capital e, 599-602
  encaixes, 470-472, 480, 483-484, 506-508
  manipulação da moeda e do crédito, 883-997
  definição, 468-473
  demanda de, 468-476, 476-480
  desvalorização, 539 (suíça, 1936), 540 (britânica, 1939), 886-888, 892-897 (Keynes e)
  força motriz da, 484-487
  cálculo econômico e, 265-268, 274-280
  governo e, 480-482, 546-550, 653
  moeda entesourada, 470
  taxas de câmbio interlocais, 524-530
  relação monetária, 478, 485, 501, 530-535, 627-630
  origem da, 473-476
  poder aquisitivo e, 272-273, 478, 487-490, 527-530, 891
  teoria quantitativa da, 65, 283, 473, 478-483
  teorema da regressão, 477-478, 696-697
  oferta de, 468-476
  Ver também Inflação/inflacionismo

Moeda
  desvalorização, 539-540, 891-897
  governo, 883-897
  manipulação e, 883-909.

Moloch, 201, 823

Monetário, cálculo, 281-283, 465n., 493-495, 533, 599-600. Ver também Contabilidade de capital; Cálculo econômico

"*Monetary cranks*" (pessoas que defendem medidas monetárias não ortodoxas), 231

Monopólio
  agricultura e, 424, 431
  cartéis, 428-432, 518, 681
  direitos autorais, 427, 449-450, 753-754, 773-774
  definição, 336-337, 420-443
  demanda e, 447-448
  decorrente de uma falha, 435-437
  ganho monopolístico vs. lucro empresarial, 422, 436, 442, 447
  governo e, 424-425, 427-433, 450-451, 774
  incompleto, 425-426
  de licença, 432, 755-756
  de espaço limitado, 439-440
  marginal, 428, 432-433, 437-438
  patentes, 427-429, 450, 588-590, 753-754
  preços monopolísticos, 337, 419-443, 449, 451, 462, 773-775, 867-868
  socialismo mundial, 336
  Ver também Competição

Montaigne, Michel, 757, 780

Moralidade/ética
  ação humana e, 37-39, 128, 216-218

desigualdade e, 948-956
lucros e, 359, 360-362
probidade, justiça e, 187, 818-823, 823-829, 871
cooperação social e, 184-193, 215-216
Ver também Deus/Criador; Religião; Justiça/reforma social
Morgenstern, Oskar, 151n.
Mudança, ajustamento à, 356-357, 743-745.
Ver também Interesses, de curto prazo vs. de longo prazo; Especulação
Mügge, M. A., 176n.
Mussolini, Benito, 115, 741, 918n.

Nacional, soberania, 779-781, 927-931, 938-939
Nacional/social, renda/riqueza (*Volkswirtschaft*), 268, 354n., 384-387, 468, 595, 600, 727
Nacionalismo econômico, 227, 232, 779-780, 853-855, 929-930. Ver também Intervencionismo; Mercantilismo; Nazismo
Nações Unidas, 431, 783-785, 931
Nagel, Ernest, 738n.
Não utilizada, capacidade de produção, 459, 656-657
Napoleão I, 590
Narcóticos, 833-834
Natalidade, controle de, 760-765
Natural, estado de repouso, 300-301
Natureza, lei natural, 21-23, 216, 218, 293-295, 766-767, 819-821, 862-863, 949
Nazismo, 26, 107, 232, 326n., 384, 768, 799-800
Necessidades/valores, escala de, 127-130
Negócios (comércio, atividade empresarial)
cálculo, 364-369
previsão econômica, 985-987
reputação comercial e, 443-447
na prática, 295-299, 569-570, 666-667, 744, 914-916
propaganda, 381-383
controle socialista dos, 313
Ver também Soberania do consumidor; Cálculo econômico; Empresários; Intervencionismo
Neumann, John, 151n.
Neurath, Otto, 800n.
New Deal, 431, 451, 635, 881, 925
Newton, Isaac, 64

Nietzsche, Friedrich Wihelm, 176, 213, 741
"Nível de preços", 274, 465-466, 481

Objetivo absoluto (destino), 53-54
Obstruída, economia de mercado 815-971.
Ver também Intervenção; Governo, mercado
Oligopólio, 426-427
Ver também Monopólio
Oncken, August, 757n.
Onisciência e onipotência, 98-103
Opinião pública, economia e, 619-620, 975-977. Ver também Mentalidade anticapitalista
Oppenheimer, Franz, 107
Organizações internacionais, 431, 782-785, 931
Originário, juro, 605-610, 631
Ouro
padrão flexível conversível em ouro, 532-533, 889-992
pontos de exportação/importação do ouro, 525-526
paradoxo (ouro vs. ferro), 93, 157
"preço" da onça de ouro a 35 dólares (1934-1972), 554
produção, 482-483
padrão-ouro, 497-499, 531, 535, 545-550, 655, 885-886
Ver também Moeda

Padrão (nível) de vida, 206-207, 688-691, 695-696, 943-948
Padrão flexível (troca em ouro), 890-895
Padrão-prata, 545-546, 884-886
Padrões monetários
bimetálico/duplo/alternantes, 884-886
de facto, 546, 886
de jure, 886
padrão flexível (troca em ouro), 889-892, 893
ouro, 545-550, 895
monometálico, 546.
Palmer, Robert, 930n.
Pânicos. Ver Ciclo econômico
Papai Noel (estado provedor, *welfare state*), fábula de, 844, 956, 959, 968
Papi, Ugo, 923n.
Paradoxo do valor, 93, 157. Ver também Valor/valores
Paraguai, 943

Pareto, Vilfredo, 798, 812n.
Pascal, Blaise, 140
Passado, influência do, 134-135, 583-592
Passfield, *Lady*. Ver Webb, Beatrice
Patentes, 427-429, 450, 588-590, 753-754, 773
Paulo, tzar da Rússia, 149
Paz, 186-188, 340, 780-785. Ver também Cooperação; Liberalismo; Guerra
Pedro III, tzar da Rússia, 149
Pesquisa, ciências físicas vs. economia, 981-983
Petro, Sylvester, 880n.
Pierson, Nikolaas Gerard, 798
Pigou, Arthur Cecil, 957n.
Pitágoras, 65, 110
Planejamento
  econômico, 316-317, 342-347, 770, 829-832
  burocracia e, 368-372, 375-380
  estado provedor e, 941-963
  Ver também Ditadura; Intervenção; Socialismo; Totalitarismo
Pobreza, 688-690, 711, 847-848, 943-948
Poder aquisitivo
  mudanças de origem monetária e de origem material, 487-497, 600n.
  câmbio/divisas estrangeiras e, 527
  relação monetária e, 468-473, 476-484, 487-497, 499-502
  medição do, 270-271
  teorema da regressão e, 696-697
Poder, 232-236. Ver também Ideologia
Poder
  ideologia e, 234-236
  mercado e, 338-349, 738-740
Poincaré, Henri, 66
Polilogismo, 25, 26, 27, 106-121
Política (solução) intermediária, 822, 969. Ver também Estado provedor
Pompadour, Madame de, 746
População, 45n., 165, 217, 715-716
Positivismo, 23, 42, 49, 51, 58, 85, 800n.
Pound, Roscoe, 880n.
Poupança, 570-580, 599-602
  abstinência e, 955n
  vantagem da, 566-570, 592-603, 695-696, 953
  bens de capital e, 318-321, 566-570, 876
  forçada, 627-630, 636-638, 656-657
  simples (dias piores), 562, 567, 569, 594-595, 611, 876-877

Ver também Investimentos; Preferência temporal
Pragmatismo, 49, 59, 104, 162n.
Praxeologia
  apriorismo e, 59-63, 478
  ataque à, 25-27
  definição, 21-23, 36, 46, 53-54, 59-69, 125, 128, 179, 287-289, 737-738, 997-999
  economia e, 21-23, 125, 128, 417, 561, 577, 593, 997
  liberdade e, 338-347
  história e, 53, 57-59
  ação humana e, 61-69, 98-100
  leis da, 862-863
  liberalismo e, 193-195
  método da, 43-47, 66-69, 125-126, 216, 291-292, 473-476, 737
  objetivo da, 229
  polilogismo e, 107-116
  predição e, 152-153
  psicologia e, 36, 159-163, 562-565
  tempo e, 93-94, 131-138
Pré-capitalista, era, 707, 868-871, 946-947, 948. Ver também Feudalismo
Preços sem mercado, quimera dos, 460-462
Preços/formação dos preços, 389-462
  avaliação e, 393-395
  troca (permuta) e, 252-257
  variação e, 268-270, 743-745
  competição e, 337, 419-421
  contabilidade de custo e, 262-265, 401-412
  custos e, 130-131, 414-415
  discriminação, 453-456
  empresários e, 356-357, 391, 395-400
  fatores de produção e, 395-401, 734-735
  preço final (hipotético), 302-303
  reputação comercial, 443-447
  interferência governamental e, 462, 844-848, 859-881
  renda e, 457-459
  inflação, expansão do crédito e, 478-484, 491-492, 495-497, 630-645
  interconexão e, 456-457
  preços justos, 826-829
  "nível" (termo impróprio), 274, 465-468, 481
  relação monetária e, 478-484, 499-502
  monopólio e, 336-337, 419-443, 446, 447-452, 462, 773-775, 867-868
  sem mercado, 460-462
  prêmio compensatório, 620-624
  produção e, 459-460
  lucros e, 130-131
  poder aquisitivo e, 493-498, 542-544
  preço estático ou de equilíbrio (constructos imaginários), 301-303, 412-419, 808

estatística e, 391-393, 412-419, 743
Ver também Consumidores, soberania dos; Trabalho, salários e; Economia de mercado/funcionamento do mercado; Valor/valores

Predição
previsões econômicas, 985-987
econômica, 138-149, 397-401, 743-745
empresarial, 258-259, 367-368, 740
praxeológica, 152-152
Ver também Cálculo econômico; Incerteza

Preestabelecida, doutrina da harmonia harmonia "natural", 294n., 766-767

Presente, passado e futuro, 134-135

Pressão, grupos de, 379-380, 969, 984-985, 988.
Ver também Interesses estabelecidos (constituídos); Intervenção; Privilégios

Previdência social, 688, 702, 947, 954, 956-957

Previsão econômica
negócios, 743-745, 985-987
empresário e, 367-369, 397-400, 985-987
incerteza e, 139-139, 152-153

Primitivo, homem, 59-63, 63-64, 186, 688

Princípio da aceleração, 666-668

Princípio da capacidade de pagamento
fixação do salário, 920-921
tributação, 838-839, 966

Privada, propriedade: Ver Propriedade

Privilégios/grupos de pressão, 326-328, 375-380, 399, 755-756, 961. Ver também Política dos produtores; Protecionismo

Probabilidade, 140-149

Probidade: Ver Justiça; Moralidade

Problema econômico (escassez), 259, 290-291, 607

Produção
"anarquia" de, 295, 315, 664, 788
bens de capital e, 317-322, 566-570, 580-582
contabilidade de custo e, 363-369, 401-412, 433-434
definição, 177-179
empresário e, 349-360
interferência governamental e, 843-858, 863-868
propriedade estatal e, 316-317, 751
taxa de juros e, 624-650
terra e, 725-736
mau investimento e, 655-656
mudanças, moeda e, 624-650
serviços pessoais e, 177-179, 287-289
preços e, 395-400, 459-460
razão e, 178-179
poupança e, 318, 566-577, 599-602

espiritual/intelectual, 178-179
tempo e, 555-565, 570-577, 611-616
guerra e, 931
Ver também Consumidores, soberania dos; Cooperação; Trabalho; Economia de mercado/funcionamento do mercado; Lucros/perdas

Produtores, política dos, 375-380, 918

Progenitura, limitação da, 760-765

Programas políticos, 226-227

Progresso
inflação desnecessária, 540-545
meliorismo, 236-238
poupança e, 354-360, 566-580
ciclo econômico e, 655-656, 668
Ver também Desenvolvimento econômico/progresso; Poupança

Promotores: Ver Empresários/promotores

Propaganda
anticapitalista, 323, 360-361; 674-676
comercial, 381-383

Propriedade
propriedade estatal e funcionamento da, 316-317, 440
definição legal de, 746-748, 775
privada, 322, 371-372, 775-777
direitos de, 746-753
reforma social e, 823-825

Protecionismo, 112, 375-378, 781, 844, 848-855

Proudhon, Pierre Joseph, 231, 290

Psicologia, praxeologia e, 36, 159-163, 380, 562-565

Psiquiatria, 36, 230-232, 380

Pública, dívida, 276-279, 956-958. Ver também Governo

Públicas, finanças: Ver Gastos públicos; Tributação

Públicas, obras, 902

Publicidade, 380-383

Públicos, gastos
políticas anticíclicas, 902-904
efeitos dos, 278-279, 841, 844, 878-879, 959, 965-966
Ver também Governo, dívida/vínculos/empréstimo; Tributação

Públicos, serviços, 339-440, 868

Quase mercado, 802-808

Quase privilégios, 755-756. Ver também Privilégios

Racionalidade, 44-47, 136-138, 218, 998
irracionalidade e, 44-47, 121, 216-217
liberalismo e, 197
Ver também Ação humana

Racionamento: Ver Controle de preços

Racismo, 25-26, 121. Ver também Polilogismo

Rae, John, 573n.

Rappard, William E., 781n.

Razão
Iluminismo, 98
apriorística, 59-63, 65-69, 93-98
defesa da, 121-123, 221-222, 996
ação humana e, 42-43, 51-52, 66, 93-98, 214-216, 217-218
Marx e, 25
revolta contra a, 25, 103-125

Realidade, *a priori*, 65-69

Recursos mal utilizados (capacidade não utilizada): Ver Mau investimento

Recursos naturais, 171n., 430, 450, 739, 748-749, 779

Regularidade/interconexão, 21-22, 23-27, 47-48, 283, 457, 739, 743, 862, 872, 988, 999

Reichsbank alemão, 632, 650

Relevância: julgamentos de, 79, 86-87, 118-119. Ver também Valor/valores

Religião, 21-22, 98-100, 183, 184-186
conflitos, 184-193, 222-228
economia e, 187n., 292-295
doutrina do preço justo, 823-829
liberalismo e, 195-197
marxismo e, 114
misticismo e, 64, 207-210
primitiva, 48-49, 98
protestantismo, 768n.
catolicismo, 768n
Ver também Cooperação; Deus/Criador; Harmonia de interesses; Moralidade

Renda
capital e, 318-319, 561
distribuição e, 311n., 838-839
desigualdade de riqueza e, 347-349, 948-960
nacional, 268, 354n.
preços e, 457-459
"ganho não merecido", 360

Rendimentos, lei dos, 163-167, 403-412

Reputação comercial, 443-447

Restrição
competição e, 337-338
sistema econômico de, 855-857
privilégio de, 849-855
preço da, 844-848

Ver também Governo; Intervenção

Retrocesso econômico vs. Desenvolvimento econômico, 236-237, 307, 358-359

Revolução Americana, 497

Revolução Francesa, 346n., 497, 928-929

Revolução Industrial, 28, 695, 702-711. Ver também Desenvolvimento/progresso econômico

Revolução, 740
Americana, 497
comunista, 836n.
Francesa, 346n., 497, 928-929
política, 346n.
Russa, 115, 121, 149, 192
Ver também Revolução Industrial; Razão, revolta contra a

Ricardo, David, 106, 110, 573n., 690
moeda e, 491, 889
lei de associação/cooperação, 121,187, 199-205, 209-210, 217
renda, 725-727, 730

Ricardo, efeito de, 857n., 875-878
comércio e, 759, 844

Ricardo, lei de associação de, 199-205, 209, 217

Riqueza, desigualdade de, 347-349, 600n., 948-960. Ver também Consumidores, soberania dos; Lucro/perdas; Poupança

Risco empresarial, 914-916. Ver também Jogos de azar; Probabilidade; Especulação; Incerteza

Robbins, Lionel Charles, 137n., 611n.

Robinson Crusoé, economia de, 256, 299, 319, 397

Roma, queda de, 869-871

Romênia, século XIX, 573

Rostovtzeff (Rostovtsev), Mikhail Ivanovich, 870n.

Rougier, Louis, 104n.

Rousseau, Jean Jacques, 206

Ruml, Beardsley, 653n.

Ruritânia, 28, 535, 552, 849-851, 854-855, 877, 938

Ruskin, John, 741

Rússia
cálculo na, 799-800
economia da, 317, 799
trabalhadores da, 772n.
revolução, 115, 121, 149
socialismo, 816

experiência socialista, 323n.
tecnologia da, 25-26
Ver também Cálculo econômico; Marxismo; Socialismo

Saber, busca pelo, 25, 59-63, 671
Salário, 671-723
   soberania do consumidor e, 330, 696
   lei de ferro do, 45n., 689-690, 760, 846
   preços justos e, 826-827
   legislação trabalhista e, 845-848, 871, 879
   sindicatos e, 441-442, 879-881
   doutrina marxista do, 690-691, 696-697, 701
   salário mínimo, 871-881
   manipulação da moeda e, 892-896
   argumento do poder aquisitivo e, 361-363
   socialismo e, 770-771
   tecnologia e, 173-174, 875-876
   Ver também Trabalho
Salvioli, Guiseppe, 720n.
Samuelson, Paul Anthony, 897n.
Santayana, George, 986n.
Satisfação de necessidades. Ver Ação humana; Valor/valores
Schäffle, Albert, 798
Schelling, Friedrich Wilhelm, 821
Schopenhauer, Arthur, 54
Schültz, Alfred, 50n., 134n.
Schultz, Henry, 414
Schumpeter, Joseph, 419, 609n., 610
Seguro, 143, 147n. Ver também Probabilidade
Seignobos, Charles, 79n.
Serviço militar obrigatório, 342
Servidão. Ver Escravidão/escravos
Sindicalismo, 694, 917-921
Sindicatos. Ver Trabalho
Sismondi, Jean Charles, 326
Smith, Adam, 23, 187n., 679, 759
   sobre moeda, 491, 889
Soberania dos consumidores. Ver Consumidores, soberania dos
Soberania nacional, 782-785
Social, cooperação; Ver Cooperação, social
Socialismo de guildas e corporativismo, 921-925
Socialismo, sociedade socialista, 317, 785-795, 795-815

agrário, 910
britânico, 921
capitalismo vs., 316-317, 342-347, 400, 766-775, 801-802, 815-816
   depressões no, 645-646
cálculo econômico no, 795-815
   do tipo alemão, 384-387, 548, 787, 816-818, 859-860, 866, 969-970
de guildas, 921-925
origem histórica do, 103-106, 785-789, 917
construção imaginária do, 785-789
trabalho e, 174-175
marxistas e, 103-106, 317, 323, 326, 767-772, 789-792
economia matemática e, 808-815
teoria do valor e, 256-257
caráter praxeológico do, 792-794
modelo russo de, 816, 968-969
mundial, 336
Ver também Marxismo
Sociedade, 183-218, 338-347
   troca e, 241-251. Ver também Cooperação social
Sociologia do conhecimento, 25, 116, 257
Sociologia, definição, 57n.
Sófocles, 709
Sólon de Atenas, 620
Solvay, Ernest, 231, 290
Sombart, Werner, 244, 851n., 949
Sorel, Georges, 213, 741, 917
Sozialpolitik. Ver Engenharia social
Spann, Othmar, 776
Speenhamland, sistema, 688n.
Spencer, Herbert, 244
Spengler, Oswald, 741
Spinoza, Benedictus, 26
Stálin, Josef, 115, 741
Stirner, Max, 191
Strigl, Richard, 320n., 737n.
Subconsciente vs. consciente, 35-38
Subconsumo, mito do, 361-363
Subjetivismo, 23, 46-47, 86, 93, 127-129, 295-299, 460. Ver também Valor/valores
Suborno, 332, 835-836
Subsídios, 688n., 750-753, 844, 845. Ver também Gastos públicos; Engenharia social
Suécia, prosperidade da, 904n.
Suíça
   crise monetária (1936), 539-540

monopólio estatal para o comércio de cereais, 456
Sulzbach, Walter, 948n.

Tarifas
  cartéis e, 428-431
  efeitos das, 844, 848-855
  indústrias novas e, 587-588
  preços monopolísticos e, 428-431
  Ver também Protecionismo

Taxa de juros, teoria da
  abstinência e, 955
  cálculo da, 615-616
  expansão do crédito, ciclo econômico e, 617-668
  definição, 603-616, 618-624, 627-639
  deflação, contração do crédito e, 646-651
  depressões, totalitarismo e, 645-646
  empresário e, 618-620
  taxa bruta de juros do mercado, 618-624, 630-645
  inflação, expansão do crédito e, 630-645
  mercado e, 611-613, 618-627, 655-656
  relação monetária e, 531-535
  juro originário, 605-611, 613-615, 627-636
  prêmio compensatório e, 620-624
  Ver também Preferência temporal

Tecnologia
  cálculo econômico e, 257-260, 410, 608
  economia e, 459-460, 583-592
  progresso e, 28, 459, 542, 585, 590, 707
  investimento e, 355-357, 459-460, 811-812
  trabalho e, 173-174, 876
  papel da, 126, 363
  Ver também Revolução Industrial

Teleologia, 50-51, 52-53, 141. Ver também Causalidade

Temple, William, 768n.

Tempo, 131-138
  ação e, 136-138, 555-603
  bens de capital e, 566-570, 570-577, 580-582
  terra e, 727-730

Temporal, preferência, 559-567, 564n., 569n., 570, 576-580. Ver também Taxa de juros, teoria da

Teocracia, 191-197

Teorema da regressão, 476-478, 696-697. Ver também Moeda

Teoria monetária, ou do crédito circulante, relativa ao ciclo econômico. Ver Teorias do ciclo econômico

Teorias do ciclo econômico
  princípio da aceleração, 666-667

teoria do crédito circulante, 651-656, 902
  políticas anticíclicas, 902-904
  corn-hog, 668
  escola monetária, 255, 508, 511, 513, 641n., 651
  doutrina da desproporcionalidade do ciclo econômico, 664-668
  doutrina dos bens duráveis, 665-666
  crédito monetário ou circulante, 255, 651-656, 898-899, 901
  não monetárias, 634-635, 656-668
  argumento do poder aquisitivo, 362-363
  teoria das manchas solares, 664
  subconsumo, 361-362, 664n.

Terra
  contabilidade de capital e, 318-321
  conservação e, 748-750
  custos/benefícios externos e, 746-753
  mito da terra, 735-736
  proprietário/propriedade da, 112, 371-372
  preços e, 457-459, 711, 734-735
  reforma agrária, 910
  renda (aluguel), teoria da, 603-604, 725-727, 730-732, 734-735
  submarginal, 731-732
  impostos, 734-735
  tempo e, 727-730
  Ver também Fatores de produção originais; Propriedade

Tirala, Lothar Gottlieb, 117n.

Títulos. Ver Governo, dívida/títulos/empréstimo; Empréstimo de recursos; Dívida pública

Tolstoy, Leon, 120

Tooke, Thomas, 517

Torrens, Robert, 691

Totalitarismo, 29, 190-193, 336, 342
  depressões no, 645-646
  Ver também Coletivismo; Socialismo

Trabalho, 167-175, 178-179, 671-723
  países atrasados e, 694-695, 847-848
  infantil, 701-702, 706-707, 847
  definição, 672, 676-677
  desutilidade do, 94, 166-175, 671-676, 697-703
  divisão de, cooperação e, 183-185, 186-187, 197-206, 711-712, 757-759, 766-775
  empresários e, 349-360
  extrovertido, 174-175, 671-676
  interferência governamental e, 375-380, 430-431, 441, 701-702, 844-848, 855-857, 871-881
  divisão internacional do, 715, 716, 934, 936, 938-939
  introvertido, 174-175, 175-176, 671-676
  teoria marxista do, 688-694

Índice Remissivo

migração/mobilidade do, 173n., 714-716, 722-723
produção e, 676-683, 700-711, 713-723
razão e, 167, 175, 178-179, 567-569
escravo, 716-723
socialismo e, 174, 768-775
greves e, 881
subsistência e, 563, 688-696
sindicalismo e, 917-921
desemprego e, 872-876, 895-897
sindicatos e, 441-442, 679-681, 694, 879-881, 893, 920-921
salários e, 457, 676-683, 693-696, 706-707, 711-712, 713-716, 770-771, 879-881
trabalho e salários, 167-175, 671-723
trabalhador, definição, 310, 722-723

Tributação/impostos, 837-842
confiscatória, 904-916
efeitos da, 264, 297n., 342, 840-841, 966-968
interferência por meio da, 837-842, 911-995, 965-971
terra e, 734-735, 839
imposto neutro, 837-838
imposto progressivo (capacidade de pagamento), 838-839
imposto total, 838-839
Ver também Governo; Gastos públicos

Troca autística, 241, 299-300

Troca autística/economia, 241-242, 299-300

Troca direta, 252-253, 386, 473-476

Troca indireta. Ver Moeda

Troca interpessoal, 125-131, 241-251. Ver também Ação humana

Trotsky, Leon, 101n., 115, 121, 336n.

Truman, Harry S., 921

União Monetária Latina, 546

Universalismo vs. Individualismo metodológico, 69-70, 73-74, 184-193

Universidades, economia e, 986-990

Utilitarismo, 39, 46, 104, 188-189, 217-218

Valor de uso, subjetivo vs. objetivo, 156

Valor, paradoxo do, 92, 157-158

Valor/valores, 38-39, 42, 130-131, 155-163, 246, 255-256, 393-395, 395-400
teoria clássica do, 23, 92, 157-158, 255-256, 564
cálculo econômico e, 130-131, 245-246, 246-258

economia e, 30, 46-47, 995-999
teoria do valor-trabalho, 256-257
utilidade marginal e, 152-163
moeda e, 476-484, 496-501
valor de uso objetivo vs. valor de uso subjetivo, 156, 163
preços e, 130-131, 252-256, 270-275, 393-395, 395-400, 457-462, 725-727
escalas de, 127-129, 136-138, 155-163, 295-299
teoria socialista do, 256-257
preferência temporal e, 555-459, 562-563, 611-613

"Velocidade" de circulação, 468, 496. Ver também Economia quantitativa/matemática

Vínculos, hegemônicos (comando) vs. contratuais (voluntários), 242-245

Violência, 211-216, 673-674, 739, 741-743. Ver também Coerção governamental; Guerra

Visão de mundo
ideologia e, 222-232, 237
Ver também Ideias; Ideologia

Visão inflacionista da história, 540-545

Volkswirtschaft. Ver Nacional/social, renda/riqueza

Voltaire, François-Marie, 759

Walras, Leon, 157

Webb, Beatrice e Sidney, 331n., 710, 924n.

Weber, Max, 57n., 161

Wells, Herbert George, 759n.

Wertfreiheit, neutralidade quanto a valores, ausência de julgamento de valor, 76, 995-999

Whately, Richard, 23n., 614n.

Wicksell, Knut, 565

Wicksteed, Philip Henry, 137n.

Wiese, Leopold, 211n.

Wieser, Friedrich, 255, 255n.

Wilson, Woodrow, 931

Wren, Sir Christopher, 964

Yates, Douglas, 176n.

Young, Allyn, 605n., 841n.

Young, Arthur, 709

Anotações

Anotações

Anotações